7년 연속  전체 수석  합격자 배출

강정훈

감정평가 및 보상법규

2차 | 기출문제분석

강정훈 편저

동영상강의 www.pmg.co.kr

브랜드만족 1위 박문각

근거자료 후면표기

제7판

박문각

박문각 감정평가사

본 **감정평가 및 보상법규 기출문제분석 제7판** 교재를 다음과 같이 활용하여 주시기 바랍니다.

1. "이 문제에 대한 논점이 무엇이다."라는 식의 단순 기출문제 풀이나 분석은 지양하시고, 문제를 여러 각도에서 바라보고 분석해 내는 힘을 기르시기를 부탁드립니다. 따라서 **[문제의 분석 및 논점파악]** 부분을 충분히 활용해주시기 바랍니다.

2. 단순히 예시답안만을 제공한 것이 아니라 문제에 대한 많은 법령과 판례 자료들을 제공하였으며 그러한 내용을 함께 공부해주시기 바랍니다.

3. 본 편저자의 **감정평가 및 보상법규** 기출문제 예시답안은 개인적인 의견제시에 불과하니 본 예시답안에 구애(拘礙)받지 마시고, 독자 여러분의 예리한 논리로 본 예시답안을 뛰어 넘으시기 바랍니다. 특히 최근 법령 개정으로 인한 내용을 반영하였지만 기출문제의 특성상 역사적인 과거 상황과 매치되지 않는 부분도 있사오니 참고하여 주시기 바랍니다.

4. 과거 출제 및 채점위원의 강평이 있는 시험은 그 강평을 요약해 놓았으니 교수님 강평을 참조하여 출제자의 의도에 접근하시기 바라며, 합격자 예시답안 목차를 함께 제공하였으니 저자의 예시답안이나 독자 여러분의 예시답안과 비교하는 용도로 활용해주시기 바랍니다.

5. 과거 기출문제의 분석을 통해 어떠한 논점이 중요하며, 어떠한 논점에서 반복하여 출제되고 있으며, 출제경향은 어떻게 변화하고 있고, 앞으로의 출제예상 논점은 무엇인지를 분석해 보려는 시각을 가지고 기출문제를 접근하시기 바랍니다. 그런 시각에서 접근하면 다음 연도의 기출문제도 적중하실 수 있습니다.

6. 본 기출문제 해설이나 예시답안에 관련된 판례를 많이 실었으나, 더 많은 판례는 저자가 출간한 **감정평가 및 보상법규 판례정리분석** 교재를 참조하여 판례 공부를 풍부하게 하시기 바랍니다. 최근 **감정평가 및 보상법규** 기출문제가 거의 보상법규 3법 판례를 중심으로 출제되고 있기 때문입니다.

7. 문제의 내용에 따라서는 관련 논점의 일반론만 제시한 문제가 있으며, 되도록 과거 법령의 문제를 현행 법령으로 수정하여 답안을 작성하였으나, 문제의 해결상 출제 당시의 법령에 근거한 문제도 있습니다. 이러한 경우에는 개별문제에서 현행법과 과거 출제 당시의 법령을

함께 충분히 설명하였습니다. 과거 법령으로 되어 있는 것은 그대로 큰 의미가 있어 원안으로 두었습니다.

8 최근 분법·제정된 감정평가 및 감정평가사에 관한 법률과 부동산 가격공시에 관한 법률의 개정 내용을 반영하였고, 공익사업을 위한 토지 등의 취득 및 보상에 관한 법률 등 최근 2024년도 9월 현재까지 개정법령을 충실히 반영하여 **감정평가 및 보상법규 기출문제분석**을 만들었습니다. 최근 2024년 8월까지 토지보상법 등 관련 대법원 판례정보 모두를 반영하였는바, 수험 공부에 많은 참고가 되리라 생각합니다.

9 본 **감정평가 및 보상법규 기출문제분석** 교재 출간에 많은 도움을 주신 박문각 박용 회장님과 노일구 부장님 등 출판사 관계자 여러분들께 진심으로 감사 인사드립니다. 늘 새로운 도전과 응전 앞에 담담하게 나아가시는 감정평가사 수험생 여러분들의 합격을 진심으로 기원합니다. 본서 편집과 자료 수집에 많은 도움을 준 김가연 예비감정평가사에게 고마운 마음을 전합니다. 본서의 부족함에 대해 많은 질책과 피드백을 주시면 다음 **감정평가 및 보상법규 기출문제분석** 개정판에서 더욱 충실히 반영하여 명저가 될 수 있도록 노력하겠습니다.

좌우명 : 미래는 준비하는 자의 것이다.

※ 본서의 기출문제 예시답안에 대한 의견 주실 이메일 주소 : **kbw1472@daum.net**

편저자 강정훈

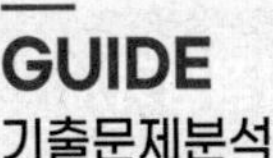

※ 제1회~제35회 기출문제분석

회	공익사업 토지 등의 취득	공익사업 토지 등의 보상	부동산가격공시/감정평가	출제위원
1	사업인정 및 권리구제(50) **환매요건(10)**	실농보상(10)	공시지가의 작성과 지가고시의 성질, 효력(30)	김남진 김철용 이동과
2	피수용자의 법적 지위(50)	보상액의 산정시기(10) 간접보상의 대상사업과 보상기준(10)	감정평가업자의 의무와 책임(30)	김남진 김철용 이진호
3	재결의 불복(50)	개발이익배제(20) 채권보상(10) **이주대책(10)**	공시지가의 적용(10)	서원우 이동과 류해웅
4	–	현행법상 보상기준 및 정당보상의 관계사례(50) **생활보상적 성격의 보상(20)**	**개별공시지가 결정의 법적 성질(30)**	석종현 박윤흔 류해웅
5	공용수용의 효과(50)	농업보상(20)	**개별공시지가 산정의 절차상 하자에 대한 불복방법(30)**	류지태 강희중
6	보존등기가 되어있지 아니한 토지에 대한 보상절차와 내용(30)	사업인정실효시 손실보상청구권 인정 여부(40)	부동산가격공시위원회의 구성과 권한(30)	박수혁 홍정선 김해룡
7	무효인 재결과 취소할 수 있는 재결 예시와 양자의 구별실익(50)	수몰민에 대한 보상(20) 어업에 관련된 영업보상(10)	**개별공시지가의 검증(20)**	김철용 석종현 손성태
8	토지수용법과 공특법의 협의비교(20) / 토지사용기간 만료시 법률관계(10)	**헌법 제23조 제3항의 효력논의(50)**	표준지공시지가와 개별공시지가를 비교(20)	강구철 홍준형 이동과
9	–	**개발이익배제의 정당보상 및 개발이익환수와의 관계사례(40)** 사회적 제약과 특별한 희생(20)	감정평가법률관계의 성질, 내용, 법적 지위(사례 20) 감정평가행위와 지가산정행위의 이동(20)	류해웅 박수혁 이선영
10	**사기업자의 사업인정가능성(10)** 보증소의 형태, 성질(사례 30)/확장수용(20)/토지수용법과 공특법 상호관계, 통합설(20)	토지수용위원회, 부동산가격공시위원회, 보상협의회를 비교논술(20)	–	박수혁 박균성 이동과
11	원처분 및 재결주의(사례 30) 집행정지(10) 지상권 소멸절차(10)	간접보상의 이론적 근거, 실제유형과 보상의 한계(20)	감정평가사의 고의에 의한 평가에 건설교통부장관이 취할 수 있는 절차와 내용(사례 30)	류지태 이선영 김원태
12	토지수용법46조(사례 30) 사업인정의 법적 성질과 권리구제(30)	손실보상 없이 공유수면매립사업을 시행시 권리구제(사례30)	감정평가업자의 손해배상책임(10)	류해웅 홍준형 강구철
13	사업인정과 부관(사례 40) **환매권의 목적물과 행사요건(20)**	잔여지 및 잔여건물의 보상방법(20)	**개별공시지가의 하자승계 여부(20)**	류지태 강구철 이선영
14	–	경계, 분리이론에서 특별한 희생의 구별기준(20) 간접침해에 대한 구제수단(20)	인근 토지소유자가 훈령에 위배된 표준지공시지가를 다툴 수 있는지(사례 40) / 자격이 취소된 감정평가사의 권리구제(사례 20)	석종현 강구철 이동과
15	협의를 결한 사업인정의 절차상하자(사례 40)	**생활보상(20)** 손실보상원칙(10)	이유제시 절차하자와 치유(사례 30)	박수혁 송희성
16	재결의 부작위시 행정쟁송방법(사례 40)/토지 물건인도 거부시 실효성 확보수단(20)	휴업보상(10)	가중처벌위험을 규정한 **시행령 별표의 법적 성질**과 협의의 소익(사례 30)	류지태 김민호 송시헌

17	사업인정에 대한 사전결정, **사업인정과 재결의 하자승계(사례 40)**	존속보장과 가치보장(15) 개발이익의 배제(15)	감정평가업자의 등록취소처분–무효와 취소의 구별과 청문절차의 하자 (사례 30)	강구철 김연태 박균성
18	–	**보상규정 결여(사례 20)** 현금, 채권보상 이외 기타 손실보상, 완화제도(20) 영업보상(사례 30)	**감정평가업자의 성실의무와 의무이행 확보수단 비교(30)**	경북대 한남대 로스쿨
19	**환매권의 소송수단 및 인용 가능성(사례 40)** **사적 공용수용(20)**	–	**개공결정시 토지가격비준표 (사례 20)** **개공결정시 산정지가검증(사례 20)**	산업인력 공단
20	–	**이주대책의 사례(45점)** 임시창고건물철거조건 취소소송과 임시창고건물철거에 따른 **손실보상 (30)**	**감정평가업자의 인가취소 등 부공법 시행령 제77조 별표의 재판규범성(25점)**	산업인력 공단
21	토지보상법상 사업인정 이후의 피수용자의 권리 및 권리구제수단 (사례 20)	토지보상법상 보상평가액 책정과 피수용자의 수용주장 정당성 (사례20)	**개별공시지가결정의 이의신청과 하자의 승계(사례 30)** **성실의무 위반에 따른 과징금, 벌금, 과태료의 법적 성질과 중복부과의 적법성 (30)**	산업인력 공단
22	철도이설사업을 위한 협의취득에 따른 대집행 가능성(사례 20점)	사실상 사도 토지보상액 불복과 정당보상에 위배되는지 여부에 대한 법적 주장 관철수단 (사례 50점)	업무정지처분취소소송의 위법성 판단과 국가배상청구소송에서 위법성 판단 관계(사례 20점), 갱신등록거부처분의 절차하자 위법성(사례 10점)	산업인력 공단
23	환매권 행사 권리구제방법 및 환매대금 증액 대응수단(40점) 사업인정고시의 효과(10점)	잔여지가격감소에 대한 권리구제방법과 잔여지수용청구의 요건 및 행정소송의 형식(30점)	감정평가법인 설립인가취소처분 취소소송에서 집행정지신청인용 여부(20점)	산업인력 공단
24	도시관리계획의 위법성과 신뢰보호의 원칙(40점)	재결 선행처분에 대한 소송대상의 여부(10점)	개별공시지가의 위법성과 손해배상책임(30점) / 부감법 시행령 [별표 3]과 협의의 소익(20점)	산업인력 공단
25	조합설립인가의 법적 성질 및 하자의 정도, 쟁송의 형태(20점) 사업인정 전후의 협의의 차이(10점)	수용재결 및 이의재결에 대한 소송대상의 문제(20점)	표공의 법률상 이익과 판결의 효력 등 (30점) 경매평가에서 국가배상의 요건(20점)	산업인력 공단
26	보증소의 의의 및 특수성(20점) 잔여지 감가보상(20점)	무허가건축물의 보상대상 여부(10점) 주거이전비의 지급 가능성(20점)	감정평가실무기준의 법적 성질(20점) 감정평가기준(10점)	산업인력 공단
27	사업인정과 수용재결의 하자의 승계(20점) 토지보상법 제72조 완전수용에 대한 불복으로 이의신청 및 보증소(30점)	이주대책 거부처분의 사전통지 및 이유제시(20점) 이주대책 거부사유 소송 도중 처분사유 추가 · 변경(20점)	부감법 시행령 [별표 2]의 법적 성질 및 협의의 소익(10점)	산업인력 공단
28	토지보상법 제21조 개정취지, 절차의 하자, 하자의 승계, 사업인정의 의제 및 사업인정의 요건, 수용권 남용	보증소, 공법상 제한받는 토지의 평가, 이주민지원규정의 법적 성질, 이주대책의 강행규정, 이주대책의 행정쟁송방법, 사실상 사도에 대하여 도정법상 매도청구권 행사에 의한 평가와 토지보상법상 수용재결 평가의 차이. 해당 사업과 무관한 개발이익의 반영 여부	한 문제도 출제되지 않음.	산업인력 공단
29	(1–1) 토지보상법 시행규칙 제54조 제2항 주거이전비 규정 강행규정 여부	(1–2) 공익사업시행지구 밖 영업손실의 간접손실보상	(2–1) 자격증 명의대여 또는 자격증 부당행사 감정평가법령상 징계절차 (2–2) 징계처분 취소소송 계속 중 처분사유 추가·변경 (3–1) 개별공시지가 검증과 토지가격비준표 적용의 위법성 (4–1) 중앙부동산가격공시위원회 설명	산업인력 공단

30	(4) 협의가 수용재결 신청 전 필요적 절차인지 여부와 협의성립확인의 법적 성격 효과를 설명(10점)	(2-1) 골프장 잔여시설에 대한 대체시설의 설치비용 보상 여부(10점) (2-2) 골프장 잔여시설의 지가 및 건물가격 하락분에 대한 보상청구의 소송방법(20점) (3) 수산업협동조합의 간접손실보상 가능성과 보상규정 결여(20점)	(1-1) 개별공시지가 정정처분의 취소소송의 적법성(15점) (1-2) 이의신청 도과시에도 개별공시지가 정정 가능한지 여부(10점) (1-3) 개별공시지가에 기초한 부담금부과시 내용상 하자의 치유가능성(15점)	산업인력공단
31	(1-3) 광평대군 및 풍납토성 판례: 공물의 수용가능성(15점)	(1-1) 보상금증감청구소송의 의의와 특수성(15점) (1-2) 공법상제한받는 토지의 평가(공원구역의 지정)(10점)	(2-1) 개별공시지가의 정정사유(5점) (2-2) 개별공시지가의 이의신청에 대한 소의 대상과 제소기간(10점) (2-3) 개별공시지가 산정업무의 위법에 대한 국가배상과 개별공시지가제도의 입법목적 (3) 공인회계사의 자산재평가 행위가 감정평가업자로서의 업무에 해당하는지 여부(20점) (4) 감정평가법상 감정평가의 기준과 감정평가 타당성조사 설명(10점)	산업인력공단
32	(1-1) 피수용자의 재결신청청구한 경우 사업시행자가 재결신청을 하지 않은 경우 불복방법(15점) (1-3) 잔여지수용청구권의 법적 성질과 갑의 잔여지수용청구권의 요건(영 제39조)(15점)	(1-2) 농업손실보상의 재결전치주의(10점)	(2-1) 개별공시지가결정 이의신청 결과를 통지받은 후 제소기간(10점) (2-2) 개별공시지가와 수용재결의 하자의 승계(20점) (3-1) 과징금부과처분의 변경처분에 대한 소송의 대상 여부(10점) (3-2) 과징금부과처분에 대한 일부취소판결가능 여부(재량행위의 경우에는 전부취소판결함)(10점) (4) 감정평가법 제25조상 감정평가법인등의 내용 서술(10점)	산업인력공단
33	(1-1) 수용재결을 취소할 수 있는지 여부(도정법상 이전고시가 효력이 발생한 경우와 그렇지 않은 경우 구분)(10점)	(1-2) 사실상 사도 요건과 사실상 사도로 인정되는 경우와 그렇지 않은 경우의 보상기준(10점) (1-3) 주거이전비 권리구제에 적합한 소송(20점)	(2-1)「표준지공시지가 조사 · 평가기준」의 법적 성질과 甲 주장의 타당성(20점) (2-2) 개별공시지가의 이의신청과 행정심판 제기가능성(10점) (3) 자격증 부당행사에 따른 자격취소처분이 적법한지 여부(20점) (4) 감정평가법인등의 손해배상책임 요건(10점)	산업인력공단
34	(1-1) 사업인정과 사업인정고시의 법적 성질(10점)(2009두1051/2017두71031) (1-2) 수용자체 위법 불복으로 대상적격과 피고적격(20점)(2008두1504)	(1-3) 보상금 불복 적합한 소송의 형태(10점)(2008두822/2018두227/2007다8129)/2007두13845	(2-1) 개별공시지가 이의신청을 거치지 않고 행정심판 제기 여부와 개별공시지가 결정 위법성(15점)(2008두19987) (2-2) 개별공시지가와 재산세부과처분 하자의 승계(15점)(93누8542/96누6059/2018두50147) (3) 징계 집행정지 인용가능성과 본안청구기각시 징계의 효력과 국토부장관이 취해야 할 조치(20점)(2020두34070) (4) 감정평가법 제21조 사무소개설 등 설명(10점)	산업인력공단
35	(1-1) 환매권 및 환매대금증액청구소송의 법적 성질(15점) (1-2) 환매대금과 보상금 상당 차액 선이행 또는 동시이행항변 주장가능 여부(10점) (1-3) 수용재결취소사유와 선결문제 민사소송(15점)	-	(2-1) 개별공시지가 정정불가 통지 취소소송의 대상 여부(15점) (2-2) 개별공시지가 정정 소급효(15점) (3-1) 징계처분의 일부취소의 법리(10점) (3-2) 감정평가법인이 부담하는 성실의무내용(10점) (4) 감정평가법상 손해배상책임에서 필요한 조치와 행정상 제재 설명(10점)	산업인력공단

CONTENTS
이 책의 차례

PREFACE GUIDE

PART 01 감정평가 및 보상법규 기출문제

PART 02 기출문제 논점

CONTENTS
이 책의 차례

PART 03 기출문제 분석 및 예시답안

PART

01

감정평가 및 보상법규 기출문제

제35회(2024) ~ **제1회**(1990)

Chapter

01 2024년 제35회 기출문제

문제

01

A지방자치단체는 도로사업 부지를 취득하기 위하여 甲의 토지를 협의취득하여 공공용지의 협의취득을 원인으로 하는 소유권이전등기를 하였고, 乙의 토지에 대하여는 수용재결에 의하여 소유권을 취득한 후 소유권이전 등기를 마쳤다. 그러나 甲과 乙의 토지(이하 '이 사건 토지'라 함)가 관내의 택지개발예정지구에 포함되자 A지방자치단체는 이 사건 토지가 도로사업에 더 이상 제공될 수 없는 상황에서 도로사업의 목적 달성이 불가능하다고 판단하여, 당초 협의취득 및 수용의 목적이 된 해당 도로사업을 폐지하였다. 이에 따라 甲과 乙에게 「공익사업을 위한 토지 등의 취득 및 보상에 관한 법률」에 의한 환매권이 발생하였다. 甲은 협의취득 당시에 수령한 보상금 상당 금액을 공탁한 후, A지방자치단체에게 환매의 의사 표시를 하고 소유권이전등기청구소송을 제기하였다. 한편, 乙이 환매권을 행사할 무렵 환매금액에 관한 A지방자치단체와 乙의 협의가 성립되지 아니하여, A지방자치단체는 환매 대상 토지의 현재 가격이 취득일 당시에 비하여 현저히 상승하였음을 들어 환매대금의 증액을 구하는 소송을 제기하였다. 다음 물음에 답하시오. 40점

(1) 乙의 환매권 및 乙에 대한 환매대금증액청구소송의 법적 성질을 각각 설명하시오. 15점

(2) 甲의 소유권이전등기청구소송에서, A지방자치단체는 환매 대상 토지 가격의 상승에 따른 환매대금증액청구권을 내세워 증액된 환매대금과 보상금 상당액의 차액을 지급할 것을 선(先)이행 또는 동시이행의 항변으로 주장할 수 있는지에 관하여 설명하시오. 10점

(3) 만약 乙의 토지에 대한 수용재결에 취소사유에 해당하는 하자가 있어 乙이 환매권 행사 이전에 수용재결의 하자를 이유로 자신의 소유권 회복을 위한 소유권이전등기 말소청구소송을 제기한 경우, 그 승소 여부를 검토하시오(단, 수용재결에 불가쟁력이 발생하였음). 15점

참조 조문

〈공익사업을 위한 토지 등의 취득 및 보상에 관한 법률〉

제91조(환매권)

① 공익사업의 폐지·변경 또는 그 밖의 사유로 취득한 토지의 전부 또는 일부가 필요 없게 된 경우 토지의 협의취득일 또는 수용의 개시일(이하 이 조에서 '취득일'이라 한다) 당시의 토지소유자 또는 그 포괄승계인(이하 '환매권자'라 한다)은 다음 각 호의 구분에 따른 날부터 10년 이내에 그 토지에 대하여 받은 보상금에 상당하는 금액을 사업시행자에게 지급하고 그 토지를 환매할 수 있다.

1. 사업의 폐지·변경으로 취득한 토지의 전부 또는 일부가 필요 없게 된 경우 : 관계 법률에 따라 사업이 폐지·변경된 날 또는 제24조에 따른 사업의 폐지·변경 고시가 있는 날
2. 그 밖의 사유로 취득한 토지의 전부 또는 일부가 필요 없게 된 경우 : 사업완료일

② ~ ③ 〈생략〉

④ 토지의 가격이 취득일 당시에 비하여 현저히 변동된 경우 사업시행자와 환매권자는 환매금액에 대하여 서로 협의하되, 협의가 성립되지 아니하면 그 금액의 증감을 법원에 청구할 수 있다.

⑤ 제1항부터 제3항까지의 규정에 따른 환매권은 「부동산등기법」에서 정하는 바에 따라 공익사업에 필요한 토지의 협의취득 또는 수용의 등기가 되었을 때에는 제3자에게 대항할 수 있다.

문제 02

甲은 2023.8.23. 父로부터 A광역시 B구 소재의 토지(이하 '이 사건 토지'라 함)를 증여받았고, 이 사건 토지에 관하여 증여 당시에는 2023.1.1.을 기준일로 하는 개별공시지가가 ㎡당 2,200,000원으로 결정 · 고시되어 있었다. 甲은 이를 기초로 하여 산정한 증여세를 납부하고자 하였으나, 개별공시지가에 오류가 있음을 발견하여 「부동산 가격공시에 관한 법률」 제12조에 따른 개별공시지가 정정결정을 신청하였다. 그런데 B구의 구청장 乙은 甲의 정정결정신청에 대하여 정정불가 결정을 통지하였다. 한편 그 이후 乙은 이 사건 토지에 관하여 토지특성조사의 착오 등 지가산정에 잘못이 있다고 하여 B구 부동산가격공시위원회의 심의를 거쳐 위 개별공시지가를 ㎡당 3,900,000원으로 정정하여 결정 · 고시하였다. 이에 관할 세무서장 丙은 이 사건 토지의 가액이 ㎡당 3,900,000원이라고 보아 이를 기초로 증여재산의 가액을 산정하여 증여세부과처분을 하였다. 다음 물음에 답하시오(단, 각 물음은 상호독립적임). 30점

(1) 甲이 乙의 정정불가 결정 통지를 대상으로 취소소송을 제기할 수 있는지를 설명하시오. 15점

(2) 甲은 乙의 개별공시지가 정정결정과 관련하여 i) 정정 사유가 있다고 하더라도 그 사유가 명백하여야만 비로소 정정할 수 있는데, 정정 사유가 명백하지 않음에도 불구하고 乙이 개별공시지가를 정정한 것은 위법하다고 주장하고 있다. 또한, ii) 설령 乙의 개별공시지가 정정결정이 타당하다고 하여도 이 사건 토지에 관하여 증여 당시 고시되어 있던 종전의 개별공시지가를 기초로 하지 아니한 丙의 증여세부과처분은 위법하다고 주장하고 있다. 甲의 주장이 타당한지에 관하여 각각 설명하시오. 15점

참조 조문

〈부동산 가격공시에 관한 법률〉

제12조(개별공시지가의 정정)

시장 · 군수 또는 구청장은 개별공시지가에 틀린 계산, 오기, 표준지 선정의 착오, 그 밖에 대통령령으로 정하는 명백한 오류가 있음을 발견한 때에는 지체 없이 이를 정정하여야 한다.

〈행정소송법〉

제19조(취소소송의 대상)

취소소송은 처분 등을 대상으로 한다. 다만, 재결취소소송의 경우에는 재결 자체에 고유한 위법이 있음을 이유로 하는 경우에 한한다.

문제 03

A감정평가법인(이하 'A법인'이라 함)은 B민간임대아파트 분양전환대책위원회(이하 'B대책위원회'라 함)와의 용역계약에 따라 해당 아파트의 분양전환 가격산정을 위한 감정평가서를 제출하였다. B대책위원회는 임대사업자 X의 의뢰를 받은 Y감정평가법인의 감정평가 결과와 A법인의 감정평가 결과가 크게 차이가 나자 국토교통부장관에게 각 감정평가에 대한 타당성조사 실시를 요청하였고, 국토교통부장관은 한국감정원으로 하여금 타당성조사를 실시하도록 하였다. 한국감정원은 B임대아파트 분양 전환 가격산정을 위한 감정평가가 모두 부적정하다는 타당성조사 결과를 국토교통부장관에게 통지하였다. 다음 물음에 답하시오. 20점

(1) 국토교통부장관은 타당성조사 결과에 근거하여 고의로 잘못된 평가를 한 A법인 소속 감정평가사 甲에 대하여 업무정지 6개월의 징계처분을 하였다. 이에 불복한 甲이 징계처분취소소송을 제기하였는바, 법원은 해당 징계 처분을 업무정지 3개월의 징계처분으로 감경하는 판결을 할 수 있는지에 관하여 설명하시오. 10점

(2) 국토교통부장관은 고의로 잘못된 평가를 한 甲이 소속된 A법인에 대하여 성실 의무에 위반하였다는 사유로 과징금부과처분을 하였다. A법인은 자신이 부담하여야 하는 성실의무를 충실히 이행하였다고 주장하며 과징금부과처분에 불복하고자 한다. 이때 A법인이 부담하는 성실의무의 내용을 설명하시오. 10점

문제 04

「감정평가 및 감정평가사에 관한 법률」 제28조 제1항에 따른 손해배상책임을 보장하기 위하여 감정평가법인등이 하여야 하는 '필요한 조치'의 내용과 '필요한 조치'를 하지 아니한 경우 「감정평가 및 감정평가사에 관한 법률」에 따른 행정상 제재를 설명하시오. 10점

참조 조문

〈감정평가 및 감정평가사에 관한 법률〉

제28조(손해배상책임)

① 감정평가법인등이 감정평가를 하면서 고의 또는 과실로 감정평가 당시의 적정가격과 현저한 차이가 있게 감정평가를 하거나 감정평가 서류에 거짓을 기록함으로써 감정평가 의뢰인이나 선의의 제3자에게 손해를 발생하게 하였을 때에는 감정평가법인등은 그 손해를 배상할 책임이 있다.

Chapter 02

2023년 제34회 기출문제

문제 01

A대도시의 시장은 국토의 계획 및 이용에 관한 법률에 따른 도시관리계획으로 관할구역 내 oo동 일대 90,000㎡ 토지에 공영주차장과 자동차정류장을 설치하는 도시계획시설사업결정을 한 후 지방공기업법에 따른 A대도시 X지방공사(이하 'X공사'라 함)를 도시계획시설사업의 시행자로 지정하고, X공사가 작성한 실시계획에 대해 실시계획인가를 하고 이를 고시하였다. 이에 따라 공익사업을 위한 토지 등의 취득 및 보상에 관한 법률(이하 '토지보상법'이라 함)에 의해 사업인정 및 고시가 이루어졌다. 한편, X공사는 사업대상구역 내에 위치한 20,000㎡ 토지를 소유한 甲과 토지수용을 위한 협의를 진행하였으나 협의가 성립되지 아니하여 관할 지방 토지수용위원회에 토지수용의 재결을 신청하였다. 다음 물음에 답하시오(단, 각 물음은 상호독립적임). 40점

(1) 토지보상법의 사업인정과 사업인정고시의 법적 성질에 관하여 설명하시오. 10점

(2) 甲은 수용 자체가 위법이라고 주장하면서 관할 지방토지수용위원회의 수용재결과 중앙토지수용위원회의 이의재결을 거친 후 취소소송을 제기하였다. 취소소송의 대상적격과 피고적격에 관하여 설명하시오. 20점

(3) 甲은 자신의 토지에 대한 보상금이 적으며, 일부 지장물이 손실보상의 대상에서 제외되었다는 이유로 관할 지방토지수용위원회의 수용재결에 불복하여 중앙토지수용위원회에 이의신청을 거쳤으나, 기각재결을 받았다. 甲이 이에 대하여 불복하는 경우 적합한 소송 형태를 쓰고 이에 관하여 설명하시오. 10점

참조 조문

〈국토의 계획 및 이용에 관한 법률〉

제88조(실시계획의 작성 및 인가 등)

① 도시・군계획시설사업의 시행자는 대통령령으로 정하는 바에 따라 그 도시・군계획시설사업에 관한 실시계획(이하 "실시계획"이라 한다)을 작성하여야 한다.

② 도시・군계획시설사업의 시행자(국토교통부장관, 시・도지사와 대도시 시장은 제외한다. 이하 제3항에서 같다)는 제1항에 따라 실시계획을 작성하면 대통령령으로 정하는 바에 따라 국토교통부장관, 시・도지사 또는 대도시 시장의 인가를 받아야 한다. 다만, 제98조에 따른 준공검사를 받은 후에 해당 도시・군계획시설사업에 대하여 국토교통부령으로 정하는 경미한 사항을 변경하기 위하여 실시계획을 작성하는 경우에는 국토교통부장관, 시・도지사 또는 대도시 시장의 인가를 받지 아니한다.

제96조(「공익사업을 위한 토지 등의 취득 및 보상에 관한 법률」의 준용)

① 제95조에 따른 수용 및 사용에 관하여는 이 법에 특별한 규정이 있는 경우 외에는 「공익사업을 위한 토지 등의 취득 및 보상에 관한 법률」을 준용한다.

② 제1항에 따라 「공익사업을 위한 토지 등의 취득 및 보상에 관한 법률」을 준용할 때에 제91조에 따른 실시계획을 고시한 경우에는 같은 법 제20조 제1항과 제22조에 따른 사업인정 및 그 고시가 있었던 것으로 본다. 다만, 재결 신청은 같은 법 제23조 제1항과 제28조 제1항에도 불구하고 실시계획에서 정한 도시·군계획시설사업의 시행기간에 하여야 한다.

〈공익사업을 위한 토지 등의 취득 및 보상에 관한 법률〉

제28조(재결의 신청)

① 제26조에 따른 협의가 성립되지 아니하거나 협의를 할 수 없을 때(제26조 제2항 단서에 따른 협의 요구가 없을 때를 포함한다)에는 사업시행자는 사업인정고시가 된 날부터 1년 이내에 대통령령으로 정하는 바에 따라 관할 토지수용위원회에 재결을 신청할 수 있다.

제83조(이의의 신청)

① 중앙토지수용위원회의 제34조에 따른 재결에 이의가 있는 자는 중앙토지수용위원회에 이의를 신청할 수 있다.

② 지방토지수용위원회의 제34조에 따른 재결에 이의가 있는 자는 해당 지방토지수용위원회를 거쳐 중앙토지수용위원회에 이의를 신청할 수 있다.

③ 제1항 및 제2항에 따른 이의의 신청은 재결서의 정본을 받은 날부터 30일 이내에 하여야 한다.

제84조(이의신청에 대한 재결)

① 중앙토지수용위원회는 제83조에 따른 이의신청을 받은 경우 제34조에 따른 재결이 위법하거나 부당하다고 인정할 때에는 그 재결의 전부 또는 일부를 취소하거나 보상액을 변경할 수 있다.

② 제1항에 따라 보상금이 늘어난 경우 사업시행자는 재결의 취소 또는 변경의 재결서 정본을 받은 날부터 30일 이내에 보상금을 받을 자에게 그 늘어난 보상금을 지급하여야 한다. 다만, 제40조 제2항 제1호·제2호 또는 제4호에 해당할 때에는 그 금액을 공탁할 수 있다.

문제 02

지적공부상 지목이 전인 갑 소유의 토지('이 사건 토지'라 함)는 면적이 2,000㎡이고, 이 중 330㎡ 토지에 주택이 건축되어 있고 나머지 부분은 밭으로 사용되고 있다. 그럼에도 불구하고 A도 B시의 시장(이하 'B시장'이라 함)은 지목이 대인 1개의 표준지의 공시지가를 기준으로 토지가격비준표를 사용하여 2022.5.31. 이 사전 토지에 대하여 개별공시지가를 결정, 공시하였다. B시장은 이 사건 토지에 대한 개별공시지가와 이의신청 절차를 갑에게 통지하였다. 다음 물음에 답하시오(단, 각 물음은 상호 독립적임). 30점

(1) 甲이 B시장의 개별공시지가결정이 위법, 부당하다는 이유로 부동산 가격공시에 관한 법령에 따른 이의신청을 거치지 않고 행정심판법에 따른 취소심판을 제기할 수 있는지 여부와 이 사건 토지에 대한 개별공시지가결정의 위법성에 관하여 설명하시오. 15점

(2) 甲은 개별공시지가결정에 대하여 부동산 가격공시에 관한 법령에 따른 이의신청이나 행정심판법에 따른 행정심판과 행정소송법에 따른 행정소송을 제기하지 않았다. 그 후 B시장은 2022.9.15. 이 사건 토지에 대한 개별공시지가를 시가표준액으로 하여 재산세를 부과, 처분하였다. 이에 甲은 2022.12.5. 이 사건 토지에 대한 개별공시지가결정의 하자를 이유로 재산세부과처분에 대하여 취소소송을 제기하였다. 甲의 청구가 인용될 수 있는지 여부에 관하여 설명하시오. 15점

참조 조문

〈부동산 가격공시에 관한 법률〉

제10조(개별공시지가의 결정 · 공시 등)

① 시장 · 군수 또는 구청장은 국세 · 지방세 등 각종 세금의 부과, 그 밖의 다른 법령에서 정하는 목적을 위한 지가산정에 사용되도록 하기 위하여 제25조에 따른 시 · 군 · 구부동산가격공시위원회의 심의를 거쳐 매년 공시지가의 공시기준일 현재 관할 구역 안의 개별토지의 단위면적당 가격(이하 "개별공시지가"라 한다)을 결정 · 공시하고, 이를 관계 행정기관 등에 제공하여야 한다.

② 제1항에도 불구하고 표준지로 선정된 토지, 조세 또는 부담금 등의 부과대상이 아닌 토지, 그 밖에 대통령령으로 정하는 토지에 대하여는 개별공시지가를 결정 · 공시하지 아니할 수 있다. 이 경우 표준지로 선정된 토지에 대하여는 해당 토지의 표준지공시지가를 개별공시지가로 본다.

③ 〈생략〉

④ 시장 · 군수 또는 구청장이 개별공시지가를 결정 · 공시하는 경우에는 해당 토지와 유사한 이용가치를 지닌다고 인정되는 하나 또는 둘 이상의 표준지의 공시지가를 기준으로 토지가격비준표를 사용하여 지가를 산정하되, 해당 토지의 가격과 표준지공시지가가 균형을 유지하도록 하여야 한다.

⑤ 시장 · 군수 또는 구청장은 개별공시지가를 결정 · 공시하기 위하여 개별토지의 가격을 산정할 때에는 그 타당성에 대하여 감정평가법인등의 검증을 받고 토지소유자, 그 밖의 이해관계인의 의견을 들어야 한다. 다만, 시장 · 군수 또는 구청장은 감정평가법인등의 검증이 필요 없다고 인정되는 때에는 지가의 변동상황 등 대통령령으로 정하는 사항을 고려하여 감정평가법인등의 검증을 생략할 수 있다.

제11조(개별공시지가에 대한 이의신청)

① 개별공시지가에 이의가 있는 자는 그 결정・공시일부터 30일 이내에 서면으로 시장・군수 또는 구청장에게 이의를 신청할 수 있다.

② 시장・군수 또는 구청장은 제1항에 따라 이의신청 기간이 만료된 날부터 30일 이내에 이의신청을 심사하여 그 결과를 신청인에게 서면으로 통지하여야 한다. 이 경우 시장・군수 또는 구청장은 이의신청의 내용이 타당하다고 인정될 때에는 제10조에 따라 해당 개별공시지가를 조정하여 다시 결정・공시하여야 한다.

③ 제1항 및 제2항에서 규정한 것 외에 이의신청 및 처리절차 등에 필요한 사항은 대통령령으로 정한다.

〈부동산 가격공시에 관한 법률 시행령〉

제21조(개별공시지가의 결정 및 공시)

① 시장・군수 또는 구청장은 매년 5월 31일까지 개별공시지가를 결정・공시하여야 한다. 다만, 제16조 제2항 제1호의 경우에는 그 해 10월 31일까지, 같은 항 제2호의 경우에는 다음 해 5월 31일까지 결정・공시하여야 한다.

② 시장・군수 또는 구청장은 제1항에 따라 개별공시지가를 공시할 때에는 다음 각 호의 사항을 해당 시・군 또는 구의 게시판 또는 인터넷 홈페이지에 게시하여야 한다.

1. 조사기준일, 공시필지의 수 및 개별공시지가의 열람방법 등 개별공시지가의 결정에 관한 사항
2. 이의신청의 기간・절차 및 방법

③ 개별공시지가 및 이의신청기간 등의 통지에 관하여는 제4조 제2항 및 제3항을 준용한다.

제22조(개별공시지가에 대한 이의신청)

① 법 제11조 제1항에 따라 개별공시지가에 대하여 이의신청을 하려는 자는 이의신청서에 이의신청 사유를 증명하는 서류를 첨부하여 해당 시장・군수 또는 구청장에게 제출하여야 한다.

② 시장・군수 또는 구청장은 제1항에 따라 제출된 이의신청을 심사하기 위하여 필요할 때에는 감정평가법인등에게 검증을 의뢰할 수 있다.

문제 03

A감정평가법인(이하 'A법인'이라 함)에 근무하는 B감정평가사(이하 'B'라 함)는 2020.4. 경 갑 소유의 토지(이하 '갑 토지'라 함)를 감정평가하면서 甲 토지와 이용가치가 비슷하다고 인정되는 부동산 가격공시에 관한 법률에 따른 표준지공시지가를 기준으로 감정평가를 하지도 않았고 적정한 실거래가보다 3배 이상 차이가 나는 금액으로 甲 토지를 감정평가하였다. 그러나 그 사실은 3년여가 지난 후 발견되었고 이에 따라 국토교통부장관은 감정평가관리 · 징계위원회(이하 '위원회'라 함)에 징계의결을 요구하였으며 위원회는 3개월의 업무정지를 의결하였고, 국토교통부장관은 위원회의 의결에 따라 2023.7.10. B에 대해서 3개월의 업무정지처분(2023.8.1.부터)을 결정하였으며 A법인과 B에게 2023.7.10. 위 징계사실을 통보하였다. 이에 B는 위 징계가 위법하다는 이유로 2023.7.14. 취소소송을 제기하면서 집행정지를 신청하였다. 집행정지의 인용가능성과 본안에서 B의 청구가 기각되는 경우 징계의 효력과 국토교통부장관이 취해야 할 조치에 관하여 설명하시오. 20점

참조 조문

〈감정평가 및 감정평가사에 관한 법률〉

제39조(징계)

① 국토교통부장관은 감정평가사가 다음 각 호의 어느 하나에 해당하는 경우에는 제40조에 따른 감정평가관리 · 징계위원회의 의결에 따라 제2항 각 호의 어느 하나에 해당하는 징계를 할 수 있다. 다만, 제2항 제1호에 따른 징계는 제11호, 제12호에 해당하는 경우 및 제27조를 위반하여 다른 사람에게 자격증 · 등록증 또는 인가증을 양도 또는 대여한 경우에만 할 수 있다.

1. 제3조 제1항을 위반하여 감정평가를 한 경우
2. 제3조 제3항에 따른 원칙과 기준을 위반하여 감정평가를 한 경우

〈생략〉

⑦ 제1항에 따른 징계의결은 국토교통부장관의 요구에 따라 하며, 징계의결의 요구는 위반사유가 발생한 날부터 5년이 지나면 할 수 없다.

제39조의2(징계의 공고)

① 국토교통부장관은 제39조 제1항 및 제2항에 따라 징계를 한 때에는 지체 없이 그 구체적인 사유를 해당 감정평가사, 감정평가법인등 및 협회에 각각 알리고, 그 내용을 대통령령으로 정하는 바에 따라 관보 또는 인터넷 홈페이지 등에 게시 또는 공고하여야 한다.

제40조(감정평가관리 · 징계위원회)

① 다음 각 호의 사항을 심의 또는 의결하기 위하여 국토교통부에 감정평가관리 · 징계위원회(이하 "위원회"라 한다)를 둔다.

〈생략〉

4. 제39조에 따른 징계에 관한 사항

〈감정평가 및 감정평가사에 관한 법률 시행령〉

[별표 3] 감정평가업자의 설립인가 취소와 업무정지의 기준(제29조 관련)

1. 일반기준

가. 위반행위의 횟수에 따른 행정처분의 기준은 최근 1년간(제2호 하목의 경우에는 최근 3년간을 말한다) 같은 위반행위(근거 법조문 내에서 위반행위가 구분되어 있는 경우에는 그 구분된 위반행위를 말한다)로 행정처분을 받은 경우에 적용한다. 이 경우 위반횟수는 같은 위반행위에 대하여 행정처분을 받은 날과 그 처분 후에 다시 같은 위반행위를 하여 적발된 날을 각각 기준으로 하여 계산한다.

〈생략〉

다. 국토교통부장관은 위반행위의 동기・내용 및 위반의 정도 등을 고려하여 처분기준의 2분의 1 범위에서 그 기간을 늘릴 수 있다. 다만, 늘리는 경우에도 총 업무정지기간은 2년을 넘을 수 없다.

2. 개별기준

위반행위	근거 법조문	행정처분기준		
		1차 위반	2차 위반	3차 이상 위반
라. 법 제3조 제1항을 위반하여 감정평가를 한 경우	법 제32조 제1항 제4호	업무정지 1개월	업무정지 3개월	업무정지 6개월
마. 법 제3조 제3항에 따른 원칙과 기준을 위반하여 감정평가를 한 경우	법 제32조 제1항 제5호	업무정지 1개월	업무정지 2개월	업무정지 4개월

문제 04

감정평가 및 감정평가사에 관한 법률 제21조에 따른 '사무소 개설 등'에 관하여 설명하시오. 10점

2023년 제34회 감정평가 및 보상법규 기출문제 총평 및 쟁점

제34회 시험은 보상법규 3법의 중요 판례가 기출문제로 출제되었다. 앞으로 감정평가 및 보상법규 공부는 3법 조문과 관련 판례를 세부적으로 학습하여야 고득점을 맞을 수 있을 것이라고 본다. 불의타는 감정평가법 제21조 사무소개설 등이 나왔지만 조문과 최근의 업계 동향을 잘 기술하면 무난한 점수를 잘 받으리라고 본다.

[문제 1-1]은 토지보상법상 사업인정과 사업인정고시의 효력에 대한 기본문제이다. 토지보상법 제2조 제7호와 토지보상법 제20조, 제21조, 제22조 등을 기술하고, 대법원 판례는 2009두1051, 2017두71031, 2019두47629 판례 정도 언급하면 좋은 점수를 받을 수 있을 것이다.

[문제 1-2]는 수용 자체가 위법이라고 주장하면서 수용재결과 이의재결 중 어느 것을 소송의 대상으로 삼아야 하는지 문제로 2008두1504 판결로 원처분주의로 수용재결을 대상으로 관할토지수용위원회를 피고로 적으면 무난한 점수를 받을 수 있을 것이다.

[문제 1-3]은 보상금에 대한 불복이다. 대표적인 보상금증감청구소송을 적는 문제이며 대표적인 판례가 많이 있다. 보상금증감청구소송은 형식적 당사자소송, 확인급부소송, 법률관계의 대상 등 기본개념을 적고, 보상금증감청구소송의 유형별 대법원 판례 2008두822, 2007두13845, 2007다8129, 2018두227 판례를 잘 정리하면 된다.

[문제 2-1]은 여러 번 출제된 개별공시지가에 대한 제소기간 판례 2008두19987 판결을 중심으로 출제되었다. 다만 2,000㎡ 전체 토지 중에 300㎡만 주택으로 사용 중인데, 전체 토지를 1개 대지 표준지를 기준으로 토지가격비준표를 적용하여 개별공시지가를 도출하였다면 이는 위법한 개별공시지가가 된다. 어떤 것이 위법인지 여부를 밝혀주어야 하는데 먼저 표준지 선정의 위법, 토지가격비준표의 법규성 여부와 적정한 토지가격비준표의 적용 오류 등을 짚어주면서 위법을 검토하고, 그 위법의 정도는 통설과 판례에 따라 중대명백설로 정리하면 된다.

[문제 2-2]는 전통적인 하자의 승계 법리이다. 개별공시지가와 과세처분 사이의 하자의 승계는 93누8542, 96누6059 판결을 적고 2007두13845 판결을 추가적으로 하자의 승계 법리 판례로 적어주면 좋은 성적을 받을 수 있을 것이다.

[문제 3]은 종전에도 많이 출제되던 집행정지 인용가능성과 감정평가사 B의 청구 기각 판결에 대하여 징계의 효력과 국토교통부장관이 취해야 할 조치에 관하여 물어보았다. 종전 기출문제 채점위원 강평에서 집행정지에 대하여 적극적 요건/소극적 요건으로 나누었다.

(1) 적극적 요건
  1) 정지대상인 처분 등이 존재할 것
  2) 적법한 본안소송이 계속 중일 것
  3) 회복하기 어려운 손해
  4) 긴급한 필요의 존재

(2) 소극적 요건
  1) 공공복리에 중대한 영향이 없을 것
  2) 본안청구가 이유 없음이 명백하지 아니할 것

이렇게 나누어 쓰고, 집행정지 인용가능성 여부를 판단하면 된다.

감정평가사 B의 청구가 기각되는 경우를 상정(청구기각과 동시에 집행정지결정 취소 전제함)하여 감정평가사의 징계의 의미, 그 효력을 적고, 최근에 징계 절차에 대한 내용이 개정되어 감정평가법 제39조의2 징계의 공고 등의 내용을 서술하면 된다. 특히 집행정지 기간 중에는 징계 효력이 일시적으로 정지되지만 해당 감정평가사의 청구 기각이 된 경우(청구 기각과 동시에 집행정지결정도 취소 전제함)에는 바로 업무정지 효력이 발생된다는 점에 유의해야 한다.

감정평가 및 감정평가사에 관한 법률

제39조의2(징계의 공고)

① 국토교통부장관은 제39조 제1항 및 제2항에 따라 징계를 한 때에는 지체 없이 그 구체적인 사유를 해당 감정평가사, 감정평가법인등 및 협회에 각각 알리고, 그 내용을 대통령령으로 정하는 바에 따라 관보 또는 인터넷 홈페이지 등에 게시 또는 공고하여야 한다.

② 협회는 제1항에 따라 통보받은 내용을 협회가 운영하는 인터넷 홈페이지에 3개월 이상 게재하는 방법으로 공개하여야 한다.

③ 협회는 감정평가를 의뢰하려는 자가 해당 감정평가사에 대한 징계 사실을 확인하기 위하여 징계 정보의 열람을 신청하는 경우에는 그 정보를 제공하여야 한다.

④ 제1항부터 제3항까지에 따른 조치 또는 징계 정보의 공개 범위, 시행·열람의 방법 및 절차 등에 관하여 필요한 사항은 대통령령으로 정한다.

[문제 4]는 최근에 법령이 개정되어 감정평가사 사무소 개설 신고제도는 폐지되고 협회에서 운영하는 방안으로 되었다. 해당 조문을 잘 적으면 된다.

감정평가 및 감정평가사에 관한 법률

제21조(사무소 개설 등)

① 제17조에 따라 등록을 한 감정평가사가 감정평가업을 하려는 경우에는 감정평가사사무소를 개설할 수 있다.

② 다음 각 호의 어느 하나에 해당하는 사람은 제1항에 따른 개설을 할 수 없다.

1. 제18조 제1항 각 호의 어느 하나에 해당하는 사람
2. 제32조 제1항(제1호, 제7호 및 제15호는 제외한다)에 따라 설립인가가 취소되거나 업무가 정지된 감정평가법인의 설립인가가 취소된 후 1년이 지나지 아니하였거나 업무정지 기간이 지나지 아니한 경우 그 감정평가법인의 사원 또는 이사였던 사람
3. 제32조 제1항(제1호 및 제7호는 제외한다)에 따라 업무가 정지된 감정평가사로서 업무정지 기간이 지나지 아니한 사람

③ 감정평가사는 그 업무를 효율적으로 수행하고 공신력을 높이기 위하여 합동사무소를 대통령령으로 정하는 바에 따라 설치할 수 있다. 이 경우 합동사무소는 대통령령으로 정하는 수 이상의 감정평가사를 두어야 한다.

④ 감정평가사는 감정평가업을 하기 위하여 1개의 사무소만을 설치할 수 있다.

⑤ 감정평가사사무소에는 소속 감정평가사를 둘 수 있다. 이 경우 소속 감정평가사는 제18조 제1항 각 호의 어느 하나에 해당하는 사람이 아니어야 하며, 감정평가사사무소를 개설한 감정평가사는 소속 감정평가사가 아닌 사람에게 제10조에 따른 업무를 하게 하여서는 아니 된다.

해당 문제는 최근에 불거진 감정평가사 사무소 감정평가사의 부당행사에 대한 징계처분과 관련하여 성실의무와 감정평가사의 사회적 책임을 강조하는 감정평가사로서 자세 등에 대한 내용을 쓰면 무난하다고 본다. 법리적으로 쓴다면 2008두167 판결 정도를 쓸 수 있을 것이고, 최근 전세사기 등 사회적 쟁점과 관련하여 행정상 책임, 민사상 책임, 형사상 책임 등을 언급하면 더 좋은 성적을 받았으리라 본다.

Chapter

03 2022년 제33회 기출문제

문제

01

X는 도시 및 주거환경정비법 (이하 '도시정비법'이라 함)에 따른 재개발 정비사업조합이고, 甲은 X의 조합원으로서, 해당 정비사업구역 내에 있는 A토지와 B토지의 소유자이다. A토지와 B토지는 연접하고 있고 그 지목이 모두 대(垈)에 해당하지만, A토지는 사도법에 따른 사도가 아닌데도 불특정 다수인의 통행에 장기간 제공되어 왔고, B토지는 甲이 소유한 건축물의 부지로서 그 건축물의 일부에 임차인 乙이 거주하고 있다. X는 도시정비법 제72조 제1항에 따라 분양신청기간을 공고하였으나 甲은 그 기간 내에 분양신청을 하지 않았다. 이에 따라 X는 甲을 분양대상자에서 제외하고 관리처분계획을 수립하여 인가를 받았고, 그에 불복하는 행정심판이나 행정소송은 없었다. X는 도시정비법 제73조 제1항에 따른 甲과의 보상협의가 이루어지지 않자 A토지와 B토지에 관하여 관할 토지수용위원회에 수용재결을 신청하였고, 관할 토지수용위원회는 A토지와 B토지를 수용한다는 내용의 수용재결을 하였다. 다음 물음에 답하시오. 40점

(1) 甲이 수용재결에 대한 취소소송을 제기하면서, 'X가 도시정비법 제72조 제1항에 따라 분양신청기간과 그 기간 내에 분양신청을 할 수 있다는 취지를 명백히 표시하여 통지하여야 하는데도 이러한 절차를 제대로 거치지 않았다'고 주장할 경우에, 甲의 주장이 사실이라면 법원은 그것을 이유로 수용재결을 취소할 수 있는지 설명하시오 (단, 사실심 변론종결 전에 도시정비법에 따른 이전고시가 효력을 발생한 경우와 그렇지 않은 경우를 구분하여 설명할 것). 10점

(2) 공익사업을 위한 토지 등의 취득 및 보상에 관한 법률 시행규칙(이하 '토지보상법 시행규칙'이라 함) 제26조 제1항에 따른 '사실상의 사도'의 요건을 설명하고, 이에 따라 A토지가 사실상의 사도로 인정되는 경우와 그렇지 않은 경우에 보상기준이 어떻게 달라지는지 설명하시오. 10점

(3) 주거이전비에 관하여 甲은 토지보상법 시행규칙 제54조 제1항에 따른 요건을 갖추고 있고, 乙은 같은 조 제2항에 따른 요건을 갖추고 있다. 관할 토지수용위원회는 수용재결을 하면서 甲의 주거이전비에 관하여는 재결을 하였으나 乙의 주거이전비에 관하여는 재결을 하지 않았다. 甲은 주거이전비의 증액을 청구하고자 하고, 乙은 주거이전비의 지급을 청구하고자 한다. 甲과 乙의 권리구제에 적합한 소송을 설명하시오. 20점

참조 조문

〈도시 및 주거환경정비법〉

제72조(분양공고 및 분양신청)

① 사업시행자는 제50조 제9항에 따른 사업시행계획인가의 고시가 있은 날(사업시행계획인가 이후 시공자를 선정한 경우에는 시공자와 계약을 체결한 날)부터 120일 이내에 다음 각 호의 사항을 토지등소유자에게 통지하고, 분양의 대상이 되는 대지 또는 건축물의 내역 등 대통령령으로 정하는 사항을 해당 지역에서 발간되는 일간신문에 공고하여야 한다. 다만, 토지등소유자 1인이 시행하는 재개발사업의 경우에는 그러하지 아니하다.

1. ~ 2. 〈생략〉
3. 분양신청기간
4. 〈생략〉

③ 대지 또는 건축물에 대한 분양을 받으려는 토지등소유자는 제2항에 따른 분양신청기간에 대통령령으로 정하는 방법 및 절차에 따라 사업시행자에게 대지 또는 건축물에 대한 분양신청을 하여야 한다.

제73조(분양신청을 하지 아니한 자 등에 대한 조치)

① 사업시행자는 관리처분계획이 인가·고시된 다음 날부터 90일 이내에 다음 각 호에서 정하는 자와 토지, 건축물 또는 그 밖의 권리의 손실보상에 관한 협의를 하여야 한다. 다만, 사업시행자는 분양신청기간 종료일의 다음 날부터 협의를 시작할 수 있다.

1. 분양신청을 하지 아니한 자
2. ~ 4. 〈생략〉

② 사업시행자는 제1항에 따른 협의가 성립되지 아니하면 그 기간의 만료일 다음 날부터 60일 이내에 수용재결을 신청하거나 매도청구소송을 제기하여야 한다.

〈공익사업을 위한 토지 등의 취득 및 보상에 관한 법률 시행규칙〉

제54조(주거이전비의 보상)

① 공익사업시행지구에 편입되는 주거용 건축물의 소유자에 대하여는 해당 건축물에 대한 보상을 하는 때에 가구원수에 따라 2개월분의 주거이전비를 보상하여야 한다. 〈단서 생략〉

② 공익사업의 시행으로 인하여 이주하게 되는 주거용 건축물의 세입자(무상으로 사용하는 거주자를 포함하되, 법 제78조 제1항에 따른 이주대책대상자인 세입자는 제외한다)로서 사업인정고시일등 당시 또는 공익사업을 위한 관계 법령에 따른 고시 등이 있은 당시 해당 공익사업시행지구 안에서 3개월 이상 거주한 자에 대해서는 가구원수에 따라 4개월분의 주거이전비를 보상해야 한다. 〈단서 생략〉

문제 02

국토교통부장관은 표준지로 선정된 A토지의 2022.1.1. 기준 공시지가를 1㎡당 1,000만원으로 결정・공시하였다. 국토교통부장관은 A토지의 표준지공시지가를 산정함에 있어 부동산 가격공시에 관한 법률 및 같은 법 시행령이 정하는 '토지의 일반적인 조사사항' 이외에 국토교통부 훈령인 표준지공시지가 조사・평가 기준상 상업・업무용지 평가의 고려사항인 '배후지의 상태 및 고객의 질과 양', '영업의 종류 및 경쟁의 상태' 등을 추가적으로 고려하여 평가하였다. 甲은 X시에 상업용지인 B토지를 소유하고 있다. X시장은 A토지를 비교표준지로 선정하여 B토지에 대한 개별공시지가를 1㎡당 1,541만원으로 결정・공시 후 이를 甲에게 통지하였다. 甲은 국토교통부장관이 A토지의 표준지공시지가를 단순히 행정청 내부에서만 효력을 가지는 국토교통부 훈령 형식의 표준지공시지가 조사・평가 기준이 정하는 바에 따라 평가함으로써 결과적으로 부동산 가격공시에 관한 법령이 직접 규정하지 않는 사항을 표준지공시지가 평가의 고려사항으로 삼은 것은 위법하다고 주장하고 있다. 다음 물음에 답하시오. 30점

(1) **표준지공시지가 조사・평가 기준의 법적 성질에 비추어 甲 주장의 타당성 여부를 설명하시오.** 20점

(2) **甲은 부동산 가격공시에 관한 법률 제11조에 따라 X시장에게 B토지의 개별공시지가에 대한 이의를 신청하였으나 기각되었다. 이 경우 甲이 기각결정에 불복하여 행정심판법상의 행정심판을 제기할 수 있는지 설명하시오.** 10점

참조 조문

〈부동산 가격공시에 관한 법률〉

제11조(개별공시지가에 대한 이의신청)

① 개별공시지가에 이의가 있는 자는 그 결정・공시일부터 30일 이내에 서면으로 시장・군수 또는 구청장에게 이의를 신청할 수 있다.

〈부동산 가격공시에 관한 법률 시행령〉

제6조(표준지공시지가 조사・평가의 기준)

① 법 제3조 제4항에 따라 국토교통부장관이 표준지공시지가를 조사・평가하는 경우 참작하여야 하는 사항의 기준은 다음 각 호와 같다. 〈각 호 생략〉

② 표준지에 건물 또는 그 밖의 정착물이 있거나 지상권 또는 그 밖의 토지의 사용・수익을 제한하는 권리가 설정되어 있을 때에는 그 정착물 또는 권리가 존재하지 아니하는 것으로 보고 표준지공시지가를 평가하여야 한다.

③ 제1항 및 제2항에서 규정한 사항 외에 표준지공시지가의 조사・평가에 필요한 세부기준은 국토교통부장관이 정한다.

〈표준지공시지가 조사·평가 기준〉

제23조(상업·업무용지)

① 상업·업무용지(공공용지를 제외한다)는 토지의 일반적인 조사사항 이외에 다음 각 호의 사항 등을 고려하여 평가하되, 인근지역 또는 동일수급권 안의 유사지역에 있는 토지의 거래사례 등 가격자료를 활용하여 거래사례비교법으로 평가한다. 〈단서 생략〉

1. 배후지의 상태 및 고객의 질과 양
2. 영업의 종류 및 경쟁의 상태
3. ~ 6. 〈생략〉

문제 03

감정평가사 甲은 A감정평가법인(이하 'A법인'이라 함)에 형식적으로만 적을 두었을 뿐 A법인에서 감정평가사 본연의 업무를 전혀 수행하지 않았고 그 법인의 운영에도 관여하지 않았다. 이에 대해 국토교통부장관은 감정평가관리·징계위원회의 의결에 따라 사전통지를 거쳐 감정평가사 자격취소처분을 하였다. 처분사유는 '甲이 A법인에 소속만 유지할 뿐 실질적으로 감정평가업무에 관여하지 아니하는 방법으로 감정평가사의 자격증을 대여하였다'는 것이었고, 그 법적 근거로 감정평가 및 감정평가사에 관한 법률 (이하 '감정평가법'이라 함) 제27조 제1항, 제39조 제1항 단서 및 제2항 제1호가 제시되었다. 甲은 사전통지서에 기재된 의견제출 기한 내에 청문을 신청하였으나 국토교통부장관은 '감정평가법 제13조 제1항 제1호에 따라 감정평가사 자격취소를 하려면 청문을 실시하여야 한다는 규정이 있지만, 명의대여를 이유로 하는 감정평가사 자격취소의 경우에는 청문을 실시하여야 한다는 규정이 없을 뿐 아니라 청문을 실시할 필요도 없다'는 이유로 청문을 실시하지 않았다. 甲에 대한 감정평가사 자격취소처분이 적법한지 설명하시오. 20점

참조 조문

〈감정평가 및 감정평가사에 관한 법률〉

제13조(자격의 취소)

① 국토교통부장관은 감정평가사가 다음 각 호의 어느 하나에 해당하는 경우에는 그 자격을 취소하여야 한다.

1. 부정한 방법으로 감정평가사의 자격을 받은 경우
2. 제39조 제2항 제1호에 해당하는 징계를 받은 경우

제27조(명의대여 등의 금지)

① 감정평가사 또는 감정평가법인등은 다른 사람에게 자기의 성명 또는 상호를 사용하여 제10조에 따른 업무를 수행하게 하거나 자격증·등록증 또는 인가증을 양도·대여하거나 이를 부당하게 행사하여서는 아니 된다.

제39조(징계)

① 국토교통부장관은 감정평가사가 다음 각 호의 어느 하나에 해당하는 경우에는 제40조에 따른 감정평가관리·징계위원회의 의결에 따라 제2항 각 호의 어느 하나에 해당하는 징계를 할 수 있다. 다만, 제2항 제1호에 따른 징계는 제11호, 제12호에 해당하는 경우 및 제27조를 위반하여 다른 사람에게 자격증·등록증 또는 인가증을 양도 또는 대여한 경우에만 할 수 있다.

9. 제25조, 제26조 또는 제27조를 위반한 경우

② 감정평가사에 대한 징계의 종류는 다음과 같다.

1. 자격의 취소
2. 등록의 취소
3. 2년 이하의 업무정지
4. 견책

제45조(청문)

국토교통부장관은 다음 각 호의 어느 하나에 해당하는 처분을 하려는 경우에는 청문을 실시하여야 한다.

1. 제13조 제1항 제1호에 따른 감정평가사 자격의 취소
2. 제32조 제1항에 따른 감정평가법인의 설립인가 취소

문제 04

「감정평가 및 감정평가사에 관한 법률」상 감정평가법인등의 손해배상책임의 성립요건에 관하여 설명하시오. 10점

2022년도 제33회 감정평가 및 보상법규 기출문제 총평 및 쟁점

제33회 시험은 보상법규 3법을 중심으로 기출문제가 출제되어 감평행정법 공부에 대한 부담을 덜 수 있는 문제들이 출제되었다.

[문제 1-1]은 수용재결 이후에 도시정비법상 이전고시 효력 발생여부에 따라 수용재결을 취소할 수 있는지 여부를 묻고 있다.

아래 대판 2017.3.16, 2013두11536을 중심으로 출제되었다.

> “도시 및 주거환경정비법(이하 ‘도시정비법’이라 한다) 제54조 제1항, 제2항, 제55조 제1항에 따르면, 주택재개발정비사업을 시행하는 사업시행자는 준공인가와 공사의 완료에 관한 고시가 있은 때에는 지체 없이 대지확정측량과 토지의 분할절차를 거쳐 관리처분계획에 정한 사항을 분양받을 자에게 통지하고 대지 또는 건축물의 소유권을 이전하여야 하고, 그 내용을 당해 지방자치단체의 공보에 고시한 후 이를 시장·군수에게 보고하여야 하며, 대지 또는 건축물을 분양받을 자는 고시가 있은 날의 다음 날에 그 대지 또는 건축물에 대한 소유권을 취득하고, 이 경우 종전의 토지 또는 건축물에 설정된 지상권 등 등기된 권리 및 주택임대차보호법 제3조 제1항의 요건을 갖춘 임차권은 소유권을 이전받은 대지 또는 건축물에 설정된 것으로 본다. 이와 같이 대지 또는 건축물의 소유권 이전에 관한 고시의 효력이 발생하면 조합원 등이 관리처분계획에 따라 분양받을 대지 또는 건축물에 관한 권리의 귀속이 확정되고 조합원 등은 이를 토대로 다시 새로운 법률관계를 형성하게 되는데, 이전고시의 효력 발생으로 대다수 조합원 등에 대하여 권리귀속 관계가 획일적·일률적으로 처리되는 이상 그 후 일부 내용만을 분리하여 변경할 수 없고, 그렇다고 하여 전체 이전고시를 모두 무효화시켜 처음부터 다시 관리처분계획을 수립하여 이전고시 절차를 거치도록 하는 것도 정비사업의 공익적·단체법적 성격에 배치되어 허용될 수 없다(대판 2012.3.22, 2011두6400 全合, 대판 2014.9.25, 2011두20680 등 참조).
> 위와 같은 정비사업의 공익적·단체법적 성격과 이전고시에 따라 이미 형성된 법률관계를 유지하여 법적 안정성을 보호할 필요성이 현저한 점 등을 고려할 때, 이전고시의 효력이 발생한 이후에는 조합원 등이 해당 정비사업을 위하여 이루어진 수용재결이나 이의재결의 취소 또는 무효확인을 구할 법률상 이익이 없다고 해석함이 타당하다(대판 2017.3.16, 2013두11536 [손실보상금등]).

즉 사실심 변론종결 전에 도정법상 이전고시의 효력이 발생된 경우에는 수용재결의 취소를 다툴 법률상 이익이 없다고 판시하고 있고, 만약 도정법상 이전고시의 효력이 발생되지 않았다면 수용재결의 효력을 다툴 수 있어 수용재결 취소를 할 수 있다.

수용재결의 효력을 다투는 부분에 있어서 도정법상 전원합의체 판결(대판 2012.3.22, 2011두6400 全合)이 나온 이후에 정립된 것으로 해당 판례를 물어본 것으로 보인다.

도정법을 공부하지 않은 분들은 해당 판례를 알 수 없어 좀 어렵게 느껴질 수 있는 문제이지만 크게 변별력은 없는 문제로 평가된다. 10점 분량이므로 목차 구성을 도시정비법에 따른 이전고시가 효력을 발생한 경우와 도시정비법에 따른 이전고시 효력이 발생하지 않은 경우로 나누어 목차를 구성했다면 좋은 득점을 받았을 수 있다고 본다. 절차의 하자 구성도 가능하고, 하자의 승계 법리도 가능한 문제이다. 다만 배점이 낮은 관계로 이것 모두를 기술하는 것은 배점상 무리라고 보이고, 현실적인 배점안에서 최선을 기울이는 것이 좋을 것이다.

[문제 1-2]는 전형적인 사실상 사도 문제로써 토지보상법 제26조 제2항에 따른 사실상 사도의 요건에 대한 규정을 잘 기술해 주면 된다.

토지보상법 시행규칙 제26조 제2항

제1항 제2호에서 "사실상의 사도"라 함은 「사도법」에 의한 사도 외의 도로(「국토의 계획 및 이용에 관한 법률」에 의한 도시·군관리계획에 의하여 도로로 결정된 후부터 도로로 사용되고 있는 것을 제외한다)로서 다음 각 호의 1에 해당하는 도로를 말한다.

1. 도로개설 당시의 토지소유자가 자기 토지의 편익을 위하여 스스로 설치한 도로
2. 토지소유자가 그 의사에 의하여 타인의 통행을 제한할 수 없는 도로
3. 「건축법」 제45조에 따라 건축허가권자가 그 위치를 지정·공고한 도로
4. 도로개설 당시의 토지소유자가 대지 또는 공장용지 등을 조성하기 위하여 설치한 도로

특히 토지보상법 시행규칙 제26조 제2항 제2호 "토지소유자가 그 의사에 의하여 타인의 통행을 제한할 수 없는 도로"에 대한 대법원 해석은 다음과 같다.

"공익사업을 위한 토지 등의 취득 및 보상에 관한 법률 시행규칙 제26조 제2항 제2호가 규정한 '토지소유자가 그 의사에 의하여 타인의 통행을 제한할 수 없는 도로'는 사유지가 종전부터 자연발생적으로 또는 도로예정지로 편입되어 있는 등으로 일반 공중의 교통에 공용되고 있고 그 이용상황이 고착되어 있어, 도로부지로 이용되지 아니하였을 경우에 예상되는 표준적인 이용상태로 원상회복하는 것이 법률상 허용되지 아니하거나 사실상 현저히 곤란한 정도에 이른 경우를 의미한다고 할 것이다. 이때 어느 토지가 불특정 다수인의 통행에 장기간 제공되어 왔고 이를 소유자가 용인하여 왔다는 사정이 있다는 것만으로 언제나 도로로서의 이용상황이 고착되었다고 볼 것은 아니고, 이는 당해 토지가 도로로 이용되게 된 경위, 일반의 통행에 제공된 기간, 도로로 이용되고 있는 토지의 면적 등과 더불어 그 도로가 주위 토지로 통하는 유일한 통로인지 여부 등 주변 상황과 당해 토지의 도로로서의 역할과 기능 등을 종합하여 원래의 지목 등에 따른 표준적인 이용상태로 회복하는 것이 용이한지 여부 등을 가려서 판단해야 할 것이다(대판 2013.6.13, 2011두7007)."

사실상 사도로 인정되는 경우에는 인근 토지 평가액의 1/3 이내로 평가하고, 만약 사실상 사도가 아닌 경우로 판명된다면 정상평가하여 보상을 해주면 되는 쟁점이다. 해당 쟁점은 자주 다룬 쟁점으로 개/목/소/이/주/인으로 대별되는 사실상 사도에 대한 법령과 판례를 보여주면 된다. 그동안 자기의 편익을 위하여 스스로 설치한 도로와 타인의 통행을 제한할 수 없는 도로에 대한 해석이 시험에 아직 나오지 않았었는데, 타인 통행을 제한할 수 없는 도로에 대한 해석이 나와서 이 부분을 잘 기술했다면 좋은 점수를 받았으리라 생각된다.

[문제 1-3]의 경우에는 토지보상법 시행규칙 제54조 제1항에 따른 소유자의 주거이전비, 토지보상법 시행규칙 제52조 제2항은 세입자에 대한 주거이전비 규정임을 보여주어야 한다.

갑의 경우에는 관할토지수용위원회에서 수용재결을 하면서 주거이전비 재결을 하였고, 을의 경우에는 주거이전비 재결을 하지 않았다. 다음의 대법원 판례를 중심으로 정리하면 된다. 甲의 경우에는 소유자로써 주거이전비 증액을 요구하고 있기 때문에 토지보상법 제85조 제2항에 따라 보상금증액청구소송을 제기하면 되고, 乙의 경우에는 세입자로써 재결이 나오지 않았으므로 사업시행자를 상대로 공법상 당사자소송을 제기하면 될 것이다. 주거이전비 보상청구권의 법적 성격(=공법상의 권리) 및 그 보상에 관한 분쟁의 쟁송절차(=행정소송)에 대한 대판 2008.5.29, 2007다8129를 중심으로 출제되었다. 주거이전비는 이 전형적인 판례

말고도 3-14주차에 드린 동시이행관계 판례, 주거이전비를 안 주면 손실보상이 완료된 것이 아니어서 벌금의 대상이 될 수 없다는 판례까지 기술했다면 아주 좋은 성적이 나올 것이다.

대판 2008.5.29, 2007다8129[주거이전비등]

[판시사항]

[1] 구 공익사업을 위한 토지 등의 취득 및 보상에 관한 법령에 의하여 주거용 건축물의 세입자에게 인정되는 주거이전비 보상청구권의 법적 성격(=공법상의 권리) 및 그 보상에 관한 분쟁의 쟁송절차(=행정소송)

[2] 구 공익사업을 위한 토지 등의 취득 및 보상에 관한 법령에 따라 주거용 건축물의 세입자가 주거이전비 보상을 소구하는 경우 그 소송의 형태

[판결요지]

[1] 구 공익사업을 위한 토지 등의 취득 및 보상에 관한 법률(2007.10.17. 법률 제8665호로 개정되기 전의 것) 제2조, 제78조에 의하면, 세입자는 사업시행자가 취득 또는 사용할 토지에 관하여 임대차 등에 의한 권리를 가진 관계인으로서, 같은 법 시행규칙 제54조 제2항 본문에 해당하는 경우에는 주거이전에 필요한 비용을 보상받을 권리가 있다. 그런데 이러한 주거이전비는 당해 공익사업 시행지구 안에 거주하는 세입자들의 조기이주를 장려하여 사업추진을 원활하게 하려는 정책적인 목적과 주거이전으로 인하여 특별한 어려움을 겪게 될 세입자들을 대상으로 하는 사회보장적인 차원에서 지급되는 금원의 성격을 가지므로, 적법하게 시행된 공익사업으로 인하여 이주하게 된 주거용 건축물 세입자의 주거이전비 보상청구권은 공법상의 권리이고, 따라서 그 보상을 둘러싼 쟁송은 민사소송이 아니라 공법상의 법률관계를 대상으로 하는 행정소송에 의하여야 한다.

[2] 구 공익사업을 위한 토지 등의 취득 및 보상에 관한 법률(2007.10.17. 법률 제8665호로 개정되기 전의 것) 제78조 제5항, 제7항, 같은 법 시행규칙 제54조 제2항 본문, 제3항의 각 조문을 종합하여 보면, 세입자의 주거이전비 보상청구권은 그 요건을 충족하는 경우에 당연히 발생하는 것이므로, 주거이전비 보상청구소송은 행정소송법 제3조 제2호에 규정된 당사자소송에 의하여야 한다. 다만, 구 도시 및 주거환경정비법(2007.12.21. 법률 제8785호로 개정되기 전의 것) 제40조 제1항에 의하여 준용되는 구 공익사업을 위한 토지 등의 취득 및 보상에 관한 법률 제2조, 제50조, 제78조, 제85조 등의 각 조문을 종합하여 보면, 세입자의 주거이전비 보상에 관하여 재결이 이루어진 다음 세입자가 보상금의 증감 부분을 다투는 경우에는 같은 법 제85조 제2항에 규정된 행정소송에 따라, 보상금의 증감 이외의 부분을 다투는 경우에는 같은 조 제1항에 규정된 행정소송에 따라 권리구제를 받을 수 있다.

[문제 2-1]의 경우에는 「표준지공시지가 조사·평가기준」의 법적 성질은 법령보충적 행정규칙으로 법규성 여부를 고찰하면 되고, 갑 주장의 타당성 여부를 법규성 여부에 따라 심도 있게 고찰하면 되는 문제이다. 논리적으로 학설을 간단히 언급하고, 판례를 위주로 쓰면 된다. 법령보충적 행정규칙 판례는 토지가격비준표, 토지보상법 시행규칙 제22조 등을 함께 언급한다면 충분한 가점을 받을 수 있겠다.

[문제 2-2]는 개별공시지가의 이의신청에 대한 대판 2010.1.28, 2008두19987을 중심으로 검토하고, 최근에 제정된 행정기본법 제36조 제4항을 중심으로 검토하면 된다. 판례를 정확히 언급하는 것과 새로운 행정기본법 규정을 통해 권리구제의 다양성을 보여주는 것이 득점포인트이다.

대판 2010.1.28, 2008두19987[개별공시지가결정처분취소]

[판시사항]

개별공시지가에 대하여 이의가 있는 자가 행정심판을 거쳐 행정소송을 제기하는 경우 제소기간의 기산점

[판결요지]

부동산 가격공시 및 감정평가에 관한 법률 제12조, 행정소송법 제20조 제1항, 행정심판법 제3조 제1항의 규정 내용 및 취지와 아울러 부동산 가격공시 및 감정평가에 관한 법률에 행정심판의 제기를 배제하는 명시적인 규정이 없고 부동산 가격공시 및 감정평가에 관한 법률에 따른 이의신청과 행정심판은 그 절차 및 담당 기관에 차이가 있는 점을 종합하면, 부동산 가격공시 및 감정평가에 관한 법률이 이의신청에 관하여 규정하고 있다고 하여 이를 행정심판법 제3조 제1항에서 행정심판의 제기를 배제하는 '다른 법률에 특별한 규정이 있는 경우'에 해당한다고 볼 수 없으므로, 개별공시지가에 대하여 이의가 있는 자는 곧바로 행정소송을 제기하거나 부동산 가격공시 및 감정평가에 관한 법률에 따른 이의신청과 행정심판법에 따른 행정심판청구 중 어느 하나만을 거쳐 행정소송을 제기할 수 있을 뿐 아니라, 이의신청을 하여 그 결과 통지를 받은 후 다시 행정심판을 거쳐 행정소송을 제기할 수도 있다고 보아야 하고, 이 경우 행정소송의 제소기간은 그 행정심판 재결서 정본을 송달받은 날부터 기산한다.

[문제 3]의 경우에는 감정평가사의 명의대여와 부당행사여부를 구분하고, 부당행사에 해당함에도 불구하고 자격취소처분을 하면서 명의대여를 한 것으로 처분사유를 밝히고 있는바, 처분의 이유제시상의 하자가 존재한다. 또한 감정평가사 甲은 사전통지서에 기재된 기한 내에 청문을 신청하였다면 행정절차법에 따라 신분자격의 박탈의 경우에는 청문을 하는 것이 타당한데, 감정평가법에서는 청문절차 규정이 없다는 이유로 청문을 실시하지 않은 것은 행정절차법 위반이라고 할 것이다. 물론 감정평가법 제45조에서 부정한 방법으로 자격을 취득한 경우와 감정평가법인 설립인가취소의 경우인 경우에만 청문을 하도록 규정하고 있어 명의대여로는 청문규정이 없다고 하지만 행정절차법이 최근에 개정되어 신분 · 자격의 박탈의 경우에는 청문을 하도록 규정하고 있는바, 청문 절차는 일반법인 행정절차법을 따르는 것이 타당하다고 본다. 다만 감정평가법상 감정평가사 징계당사자는 감정평가관리 · 징계위원회에 출석하여 구술 또는 서면으로 자기에게 유리한 진술을 할 수 있지만, 이는 청식청문 절차라고 볼 수 없으므로 감정평가사 甲에 대한 자격취소처분은 절차의 하자로서 위법하다고 할 것이다.

이 문제는 전형적인 절차의 하자 목차로도 좋은 성적이 가능하고, 쟁점이 배점에 비해서 너무 많이 숨어 있어서 답안 쓰기가 좀 어려운 부분이 있었을 것이다. 부당행사와 명의대여를 구분해서 해당 사안은 부당행사인데 명의대여로 보고 자격취소한 것은 위법한 행정작용에 해당된다. 부당행사에 대한 판례의 요건을 구체적으로 기술한다면 좋은 성적을 받았을 것이다. 행정절차법에 신분자격의 박탈의 경우에는 청문 절차를 거칠 수 있도록 하여 행정절차법으로 논의를 끌고 가는 방법도 있고, 징계위원회에 구술 또는 서면으로 자기에게 유리한 진술을 할 수 있는 부분으로 끌고 가서 논의를 할 수 있겠다. 아무래도 이 문제의 출제 의도는 최근에 행정절차법이 개정되어 신분 · 자격의 박탈의 경우에는 청문을 할 수 있도록 개정한 내용을 알고 있느냐는 질문한 것으로 보인다. 전형적인 수험가의 목차가 아니라 보상법규식의 목차를 구성해서 논의를 해 보았다. 수험가의 전형적인 절차의 하자로 구성해도 무방하다고 본다.

대판 2013.10.31, 2013두11727[징계(업무정지)처분취소]

[판시사항]

감정평가사가 자신의 감정평가경력을 부당하게 인정받는 한편, 소속 법인으로 하여금 설립과 존속에 필요한 감정평가사의 인원수만 형식적으로 갖추게 하거나 법원으로부터 감정평가 물량을 추가로 배정받을 수 있는 자격을 얻게 할 목적으로 자신의 등록증을 사용한 경우, 부동산 가격공시 및 감정평가에 관한 법률 제37조 제2항이 금지하는 자격증 등의 부당행사에 해당하는지 여부(적극)

[판결요지]

부동산 가격공시 및 감정평가에 관한 법률(이하 '법'이라 한다) 제37조 제2항에 의하면, 감정평가업자(감정평가법인 소속 감정평가사를 포함한다)는 다른 사람에게 자격증·등록증 또는 인가증(이하 '자격증 등'이라 한다)을 양도 또는 대여하거나 이를 부당하게 행사해서는 안 된다. 여기에서 '자격증 등을 부당하게 행사'한다는 것은 감정평가사 자격증 등을 본래의 용도가 아닌 다른 용도로 행사하거나, 본래의 행사목적을 벗어나 감정평가업자의 자격이나 업무범위에 관한 법의 규율을 피할 목적으로 이를 행사하는 경우도 포함한다. 따라서 감정평가사가 감정평가법인에 가입한다는 명목으로 자신의 감정평가사 등록증 사본을 가입신고서와 함께 한국감정평가협회에 제출하였으나, 실제로는 자신의 감정평가경력을 부당하게 인정받는 한편, 소속 감정평가법인으로 하여금 설립과 존속에 필요한 감정평가사의 인원수만 형식적으로 갖추게 하거나 법원으로부터 감정평가 물량을 추가로 배정받을 수 있는 자격을 얻게 할 목적으로 감정평가법인에 소속된 외관만을 작출하였을 뿐 해당 감정평가법인 소속 감정평가사로서의 감정평가업무나 이와 밀접한 관련이 있는 업무를 수행할 의사가 없었다면, 이는 감정평가사 등록증을 그 본래의 행사목적을 벗어나 감정평가업자의 자격이나 업무범위에 관한 법의 규율을 피할 목적으로 행사함으로써 자격증 등을 부당하게 행사한 것이라고 볼 수 있다.

행정절차법

제22조(의견청취)

① 행정청이 처분을 할 때 다음 각 호의 어느 하나에 해당하는 경우에는 청문을 한다.

1. 다른 법령등에서 청문을 하도록 규정하고 있는 경우
2. 행정청이 필요하다고 인정하는 경우
3. 다음 각 목의 처분을 하는 경우
   가. 인허가 등의 취소
   나. 신분·자격의 박탈
   다. 법인이나 조합 등의 설립허가의 취소

제23조(처분의 이유 제시)

① 행정청은 처분을 할 때에는 다음 각 호의 어느 하나에 해당하는 경우를 제외하고는 당사자에게 그 근거와 이유를 제시하여야 한다.

1. 신청 내용을 모두 그대로 인정하는 처분인 경우
2. 단순·반복적인 처분 또는 경미한 처분으로서 당사자가 그 이유를 명백히 알 수 있는 경우
3. 긴급히 처분을 할 필요가 있는 경우

② 행정청은 제1항 제2호 및 제3호의 경우에 처분 후 당사자가 요청하는 경우에는 그 근거와 이유를 제시하여야 한다.

[문제 4]는 감정평가법인등의 손해배상책임의 성립요건이다. 이는 감정평가법 제28조와 관련 판례를 기술하면 되는 문제이다. 감고적 3손인 요건과 아울러 최근에 감정평가사 법령이 개정되어 “감정평가법인등은 감정평가 의뢰인이나 선의의 제3자에게 법원의 확정판결을 통한 손해배상이 결정된 경우에는 국토교통부령으로 정하는 바에 따라 그 사실을 국토교통부장관에게 알려야 한다. 또한 국토교통부장관은 감정평가 의뢰인이나 선의의 제3자를 보호하기 위하여 감정평가법인등이 갖추어야 하는 손해배상능력 등에 대한 기준을 국토교통부령으로 정할 수 있다.〈신설 2021.7.20.〉”는 규정까지 쓰면 완벽하다. 무난한 문제지만 누가 더 디테일하게 판례를 구체화했느냐에 따라 점수차이가 날 것이다.

감정평가 및 감정평가사에 관한 법률

제28조(손해배상책임)

① 감정평가법인등이 감정평가를 하면서 고의 또는 과실로 감정평가 당시의 적정가격과 현저한 차이가 있게 감정평가를 하거나 감정평가 서류에 거짓을 기록함으로써 감정평가 의뢰인이나 선의의 제3자에게 손해를 발생하게 하였을 때에는 감정평가법인등은 그 손해를 배상할 책임이 있다.

대판 1999.5.25, 98다56416[손해배상(기)]

[판시사항]

[1] 감정평가업자가 토지를 개별적으로 감정평가하는 경우, 그 주의의무의 내용

[2] 감정평가업자가 과실로 감정평가 당시의 적정가격과 현저한 차이가 있게 감정평가함으로써 감정평가 의뢰인에게 손해가 발생한 경우, 손해배상책임을 지는지 여부(적극)

[3] 감정평가업자가 감정평가 당시의 적정가격과 현저한 차이가 있게 감정평가한 경우에 해당한다고 본 사례

[4] 금융기관이 감정평가업자의 담보목적물에 대한 부당 감정을 이유로 손해배상청구를 한 데 대하여 감정평가업자가 부당 감정과는 관계없이 여신부적격자에게 대출을 하여 손해를 입은 것이라는 주장을 한 경우, 그에 대한 입증책임의 귀속(=감정평가업자)

[5] 감정평가업자가 담보목적물에 대하여 부당한 감정을 함으로써 감정 의뢰인이 그 감정을 믿고 정당한 감정가격을 초과한 대출을 한 경우, 그 손해액의 산출 방법

[판결요지]

[1] 타인의 의뢰에 의하여 일정한 보수를 받고 토지 등의 경제적 가치를 판정하여 그 결과를 가액으로 표시하는 감정평가를 업으로 행하는 감정평가업자가 토지를 개별적으로 감정평가하는 경우에는 실지조사에 의하여 대상 물건을 확인하고, 당해 토지와 용도, 지목, 주변환경 등이 동일 또는 유사한 인근지역에 소재하는 하나 또는 둘 이상의 표준지의 공시지가를 기준으로 공시 기준일로부터 가격시점까지의 지가변동율, 도매물가상승율 및 지가변동에 영향을 미치는 관계 법령에 의한 토지의 사용·처분 등의 제한 또는 그 해제, 토지의 형질변경이나 지목의 변경 등의 기타 사항을 종합적으로 참작하고 평가 대상 토지와 표준지의 지역요인 및 개별요인에 대한 분석 등 필요한 조정을 하는 방법으로 신의와 성실로써 공정하게 감정평가를 하여야 할 주의의무가 있다.

[2] 감정평가업자가 과실로 감정평가 당시의 적정가격과 현저한 차이가 있게 감정평가함으로써 감정평가 의뢰인에게 손해를 발생하게 한 때에는 그 손해를 배상할 책임이 있다.

[3] 감정평가업자가 평가 대상 토지가 보전임지에서 전용허가를 받았음에도 불구하고 그 경위 및 그로 인한 사용상의 제한 내역을 조사하지 않은 채 건축물신고수리통보서만을 근거로 기준에 적합하지 않은 비교표준지를 선정하여 감정가격을 산출한 경우, 감정평가 당시의 적정가격과 현저한 차이가 있게 감정평가한 경우에 해당한다고 본 사례

[4] 금융기관이 감정평가업자를 상대로 감정평가업자가 실시한 담보목적물에 대한 부당 감정을 믿고 그 감정가격에 근거하여 제3자에게 대출을 하여 손해를 입었음을 원인으로 하여 손해배상청구를 하는 경우에 있어서, 금융기관이 감정평가업자의 부당감정과는 관계없이 제3자가 여신적격자가 아님에도 불구하고 대출을 해 줌으로써 손해를 입은 것이라는 취지의 주장은 면책 주장에 해당하는 것이므로 면책의 효과를 주장하는 자에게 그에 대한 입증책임이 있다.

[5] 담보목적물에 대하여 감정평가업자가 부당한 감정을 함으로써 감정 의뢰인이 그 감정을 믿고 정당한 감정가격을 초과한 대출을 한 경우에는 부당한 감정가격에 근거하여 산출된 담보가치와 정당한 감정가격에 근거하여 산출된 담보가치의 차액을 한도로 하여 대출금 중 정당한 감정가격에 근거하여 산출된 담보가치를 초과한 부분이 손해액이 된다.

Chapter 04

2021년 제32회 기출문제

문제 01

국토교통부장관은 2013.11.18. 사업시행자를 'A공사'로, 사업시행지를 'X시 일대 8,958,000㎡'로, 사업시행기간을 '2013.11.부터 2017.12.까지'로 하는 '◇◇공구사업'에 대해서 「공익사업을 위한 토지 등의 취득 및 보상에 관한 법률」에 따른 사업인정을 고시하였고, 사업시행기간은 이후 '2020.12.까지'로 연장되었다. 甲은 ㉮토지 78,373㎡와 ㉯토지 2,334㎡를 소유하고 있는데, ㉮토지의 전부와 ㉯토지의 일부가 사업시행지에 포함되어 있다. 종래 甲은 ㉮토지에서 하우스 딸기농사를 지어 왔고, ㉯토지에서는 농작물직거래판매장을 운영하여 왔다. 甲과 A공사는 사업시행지 내의 토지에 대해 「공익사업을 위한 토지 등의 취득 및 보상에 관한 법률」에 따른 협의 매수를 하기 위한 협의를 시작하였다. 다음 물음에 답하시오(아래의 물음은 각 별개의 상황임). 40점

(1) 협의 과정에서 일부 지장물에 관하여 협의가 이루어지지 않아 甲이 A공사에게 재결신청을 청구했으나 A공사가 재결신청을 하지 않는 경우, 甲의 불복방법에 관하여 검토하시오. 15점

(2) ㉮토지에 대하여 협의가 성립되지 않았고, A공사의 수용재결신청에 의하여 ㉮토지가 수용되었다. 甲은 ㉮토지가 수용되었음을 이유로 A공사를 상대로 「공익사업을 위한 토지 등의 취득 및 보상에 관한 법률」에 따른 재결절차를 거치지 않은 채 곧바로 농업손실보상을 청구할 수 있는지를 검토하시오. 10점

(3) 협의가 성립되지 않아 사업시행지 내의 ㉯토지가 수용되었다. 그 후 甲은 ㉯토지의 잔여지에 대해서 2020.11.12. 잔여지수용청구를 하였다. 잔여지수용청구권의 법적 성질과 甲의 잔여지수용청구가 인정될 수 있는지를 검토하시오. 15점

참조 조문

〈공익사업을 위한 토지 등의 취득 및 보상에 관한 법률〉

제28조(재결의 신청)

① 제26조에 따른 협의가 성립되지 아니하거나 협의를 할 수 없을 때(제26조 제2항 단서에 따른 협의 요구가 없을 때를 포함한다)에는 사업시행자는 사업인정고시가 된 날부터 1년 이내에 대통령령으로 정하는 바에 따라 관할 토지수용위원회에 재결을 신청할 수 있다.

② 〈생략〉

제30조(재결 신청의 청구)

① 사업인정고시가 된 후 협의가 성립되지 아니하였을 때에는 토지소유자와 관계인은 대통령령으로 정하는 바에 따라 서면으로 사업시행자에게 재결을 신청할 것을 청구할 수 있다.

② 〈이하 생략〉

제77조(영업의 손실 등에 대한 보상)

① 영업을 폐업하거나 휴업함에 따른 영업손실에 대하여는 영업이익과 시설의 이전비용 등을 고려하여 보상하여야 한다.

② 농업의 손실에 대하여는 농지의 단위면적당 소득 등을 고려하여 실제 경작자에게 보상하여야 한다. 다만, 농지소유자가 해당 지역에 거주하는 농민인 경우에는 농지소유자와 실제 경작자가 협의하는 바에 따라 보상할 수 있다.

③ 〈이하 생략〉

문제 **02**

甲은 A시에 토지를 소유하고 있다. A시장은 갑의 토지 등의 비교표준지로 A시 소재 일정 토지(2020.1.1. 기준 공시지가는 1㎡당 1,000만원이다)를 선정하고, 甲의 토지 등과 비교표준지의 토지가격비준표상 총 가격배율을 1.00으로 조사함에 따라 甲의 토지의 가격을 1㎡당 1,000만원으로 산정하였다. A시장으로부터 산정된 가격의 검증을 의뢰받은 감정평가사 乙은 甲의 토지가 비교표준지와 비교하여 환경조건, 획지조건 및 기타조건에 열세에 있고, 특히 기타조건과 관련하여 비교표준지는 개발을 위한 거래가 이어지고 있으나, 甲의 토지 등은 개발 움직임이 없다는 점을 '장래의 동향'으로 반영하여 91%의 비율로 열세에 있다고 보아, 비교표준지의 공시지가를 약 83.9%의 비율로 감액한 1㎡당 839만원을 개별공시지가로 정함이 적정하다는 검증의견을 제시하였다. A시장은 A시 부동산가격공시위원회의 심의를 거쳐 이 검증의견을 그대로 받아들여 2020.5.20. 甲의 토지의 개별공시지가를 1㎡당 839만원으로 결정 · 공시하고, 甲에게 개별통지하였다. 甲은 토지가격비준표에 제시된 토지특성에 기초한 가격배율을 무시하고 乙이 감정평가방식에 따라 독자적으로 지가를 산정하여 제시한 검증의견을 그대로 반영하여 개별공시지가를 결정한 것은 위법하다고 보아, 「부동산 가격공시에 관한 법률」 제11조에 따라 2020.6.15. 이의신청을 제기하였고, 2020.7.10. 이의를 기각하는 내용의 이의신청결과가 甲에게 통지되었다. 다음 물음에 답하시오(아래의 물음은 각 별개의 상황임). 30점

(1) 甲은 2020.9.10. 개별공시지가결정에 대해 취소소송을 제기하였다. 甲이 제기한 취소소송은 제소기간을 준수하였는가? 10점

(2) 甲이 개별공시지가결정에 대해 다투지 않은 채 제소기간이 도과하였고, 이후 甲의 토지에 대해 수용재결이 있었다. 甲이 보상금의 증액을 구하는 소송에서 개별공시지가결정의 위법을 주장하는 경우, 甲의 주장은 인용될 수 있는가? 20점

참조 조문

〈부동산 가격공시에 관한 법률〉

제11조(개별공시지가에 대한 이의신청)

① 개별공시지가에 이의가 있는 자는 그 결정·공시일부터 30일 이내에 서면으로 시장·군수 또는 구청장에게 이의를 신청할 수 있다.

② 시장·군수 또는 구청장은 제1항에 따라 이의신청 기간이 만료된 날부터 30일 이내에 이의신청을 심사하여 그 결과를 신청인에게 서면으로 통지하여야 한다. 이 경우 시장·군수 또는 구청장은 이의신청의 내용이 타당하다고 인정될 때에는 제10조에 따라 해당 개별공시지가를 조정하여 다시 결정·공시하여야 한다.

〈부동산 가격공시에 관한 법률 시행령〉

제18조(개별공시지가의 검증)

① 〈생략〉

② 법 제10조 제5항 본문에 따라 검증을 의뢰받은 감정평가법인등은 다음 각 호의 사항을 검토·확인하고 의견을 제시해야 한다.

1. 비교표준지 선정의 적정성에 관한 사항
2. 개별토지 가격 산정의 적정성에 관한 사항
3. 산정한 개별토지가격과 표준지공시지가의 균형 유지에 관한 사항
4. 산정한 개별토지가격과 인근 토지의 지가와의 균형 유지에 관한 사항
5. 표준주택가격, 개별주택가격, 비주거용 표준부동산가격 및 비주거용 개별부동산가격 산정 시 고려된 토지 특성과 일치하는지 여부
6. 개별토지가격 산정 시 적용된 용도지역, 토지이용상황 등 주요 특성이 공부(公簿)와 일치하는지 여부
7. 그 밖에 시장·군수 또는 구청장이 검토를 의뢰한 사항

〈행정심판법〉

제3조(행정심판의 대상)

① 행정청의 처분 또는 부작위에 대하여는 다른 법률에 특별한 규정이 있는 경우 외에는 이 법에 따라 행정심판을 청구할 수 있다.

문제 03

감정평가사 甲과 乙은 「감정평가 및 감정평가사에 관한 법률」에 따른 감정평가준칙을 위반하여 감정평가를 하였음을 이유로 업무정지처분을 받게 되었으나, 국토교통부장관은 그 업무정지처분이 「부동산 가격공시에 관한 법률」에 따른 표준지공시지가 공시 등의 업무를 정상적으로 수행하는 데에 지장을 초래할 우려가 있음을 들어, 2021.4.1. 甲과 乙에게 업무정지처분을 갈음하여 각 3천만원의 과징금을 부과하였다. 다음 물음에 답하시오. 20점

(1) 甲은 부과된 과징금이 지나치게 과중하다는 이유로 국토교통부장관에게 이의신청을 하였고, 이에 대해서 국토교통부장관은 2020.4.30. 갑에 대하여 과징금을 2천만원으로 감액하는 결정을 하였다. 甲은 감액된 2천만원의 과징금도 과중하다고 생각하여 과징금부과처분의 취소를 구하는 소를 제기하고자 한다. 이 경우 甲이 취소를 구하여야 하는 대상은 무엇인지 검토하시오. 10점

(2) 乙은 2021.6.1. 자신에 대한 3천만원의 과징금부과처분의 취소를 구하는 소를 제기하였다. 이에 대한 심리 결과 법원이 적정한 과징금 액수는 1천 5백만원이라고 판단하였을 때, 법원이 내릴 수 있는 판결의 내용에 관하여 검토하시오. 10점

문제 04

「감정평가 및 감정평가사에 관한 법률」 제25조에 따른 감정평가법인등의 '성실의무 등'의 내용을 서술하시오. 10점

Chapter

05 2020년 제31회 기출문제

문제

01

A시 시장 甲은 1990년에 「자연공원법」에 의하여 A시내 산지 일대 5㎢를 '×시립공원'으로 지정·고시한 다음, 1992년에 ×시립공원 구역을 구분하여 용도지구를 지정하는 내용의 '×시립공원 기본계획'을 결정·공고하였다. 甲은 2017년에 ×시립공원 구역 내 10,000㎡ 부분에 다목적 광장 및 휴양관(이하 '이 사건 시설'이라 한다)을 설치하는 내용의 '×시립공원 공원계획'을 결정·고시한 다음, 2018년에 甲이 사업시행자가 되어 이 사건 시설에 잔디광장, 휴양관, 도로, 주차장을 설치하는 내용의 '×시립공원 공원사업'(이하 '이 사건 시설 조성사업'이라 한다) 시행계획을 결정·고시하였다. 甲은 이 사건 시설 조성사업의 시행을 위하여 그 사업구역 내에 위치한 토지(이하 '이 사건 B토지'라 한다)를 소유한 乙과 손실보상에 관한 협의를 진행하였으나 협의가 성립되지 않자 수용재결을 신청하였다. 관할 지방토지수용위원회의 수용재결 및 중앙토지수용위원회의 이의재결에서 모두 이 사건 B토지의 손실보상금은 1990년의 ×시립공원 지정 및 1992년의 ×시립공원 용도지구 지정에 따른 계획제한을 받는 상태대로 감정평가한 금액을 기초로 산정되었다. 다음 물음에 답하시오. 40점

(1) 乙은 위 중앙토지수용위원회의 이의재결이 감정평가에 관한 법리를 오해함으로써 잘못된 내용의 재결을 한 경우에 해당한다고 판단하고 있다. 乙이 「공익사업을 위한 토지 등의 취득 및 보상에 관한 법률」에 따라 제기할 수 있는 소송의 의의와 특수성을 설명하시오. 15점

(2) 乙이 물음 1)에서 제기한 소송에서 이 사건 B토지에 대한 보상평가는 1990년의 ×시립공원 지정·고시 이전을 기준으로 하여야 한다고 주장한다. 乙의 주장은 타당한가? 10점

(3) 한편, 丙이 소유하고 있는 토지(이하 '이 사건 C토지'라 한다)는 「문화유산법」상 보호구역으로 지정된 토지로서 이 사건 시설 조성사업의 시행을 위한 사업구역 내에 위치하고 있다. 甲은 공물인 이 사건 C토지를 이 사건 시설 조성사업의 시행을 위하여 수용할 수 있는가? 15점

참조 조문

〈공익사업을 위한 토지 등의 취득 및 보상에 관한 법률〉

제19조(토지 등의 수용 또는 사용)

① 사업시행자는 공익사업의 수행을 위하여 필요하면 이 법에서 정하는 바에 따라 토지 등을 수용하거나 사용할 수 있다.

② 공익사업에 수용되거나 사용되고 있는 토지 등은 특별히 필요한 경우가 아니면 다른 공익사업을 위하여 수용하거나 사용할 수 없다.

〈공익사업을 위한 토지 등의 취득 및 보상에 관한 법률 시행규칙〉

제23조(공법상 제한을 받는 토지의 평가)

① 공법상 제한을 받는 토지에 대하여는 제한받는 상태대로 평가한다. 다만, 그 공법상 제한이 당해 공익사업의 시행을 직접 목적으로 하여 가하여진 경우에는 제한이 없는 상태를 상정하여 평가한다.

② 당해 공익사업의 시행을 직접 목적으로 하여 용도지역 또는 용도지구 등이 변경된 토지에 대하여는 변경되기 전의 용도지역 또는 용도지구 등을 기준으로 평가한다.

〈자연공원법〉

제19조(공원사업의 시행 및 공원시설의 관리)

① 공원사업의 시행 및 공원시설의 관리는 특별한 규정이 있는 경우를 제외하고는 공원관리청이 한다.

② 공원관리청은 공원사업을 하려는 경우에는 환경부령으로 정하는 기준에 따라 공원사업 시행계획을 결정하고 고시하여야 한다.

제22조(토지 등의 수용)

① 공원관리청은 공원사업을 하기 위하여 필요한 경우에는 공원사업에 포함되는 토지와 그 토지에 정착된 물건에 대한 소유권 또는 그 밖의 권리를 수용하거나 사용할 수 있다.

② 제19조 제2항에 따라 공원사업 시행계획을 결정·고시한 때에는 「공익사업을 위한 토지 등의 취득 및 보상에 관한 법률」 제20조 제1항 및 제22조에 따른 사업인정 및 사업인정의 고시를 한 것으로 보며, 재결신청은 같은 법 제23조 제1항 및 제28조 제1항에도 불구하고 공원사업 시행계획에서 정하는 사업기간 내에 할 수 있다.

③ 〈생략〉

④ 제1항에 따른 수용 또는 사용에 관하여는 이 법에 특별한 규정이 있는 경우를 제외하고는 「공익사업을 위한 토지 등의 취득 및 보상에 관한 법률」을 준용한다.

〈문화유산법〉

제83조(토지의 수용 또는 사용)

① 국가유산청장이나 지방자치단체의 장은 문화유산의 보존·관리를 위하여 필요하면 지정문화유산이나 그 보호구역에 있는 토지, 건물, 나무, 대나무, 그 밖의 공작물을 「공익사업을 위한 토지 등의 취득 및 보상에 관한 법률」에 따라 수용(收用)하거나 사용할 수 있다.

문제 02

A시의 시장 甲은 2018.5.31. 乙·丙 공동소유의 토지 5,729㎡(이하 '이 사건 토지'라고 한다)에 대하여 2018.1.1. 기준 개별공시지가를 ㎡당 2,780,000원으로 결정·고시하였다. 乙은 2018.6.19. 甲에게 「부동산 가격공시에 관한 법률」 제11조에 따라 이 사건 토지의 개별공시지가를 ㎡당 1,126,850원으로 하향 조정해 줄 것을 내용으로 하는 이의신청을 하였다. 이에 대하여 甲은 이 사건 토지의 개별공시지가결정 시 표준지 선정에 문제가 있음을 발견하고, A시 부동산가격공시위원회의 심리를 거쳐 2018.7.1. 위 개별공시지가를 ㎡당 2,380,000원으로 정정하여 결정·고시하였고, 동 결정서는 당일 乙에게 송달되었다. 丙은 2018.6.20. 위 이의신청과는 별개로 이 사건 토지의 개별공시지가를 ㎡당 1,790,316원으로 수정해 달라는 취지의 행정심판을 청구하였고, B행정심판위원회는 2018.8.27. 이 사건 토지의 개별공시지가를 ㎡당 2,000,000원으로 하는 변경재결을 하였고, 동 재결서 정본은 2018.8.30. 丙에게 송달되었다. 다음 물음에 답하시오. 30점

(1) 부동산 가격공시에 관한 법령상 개별공시지가의 정정사유에 관하여 설명하시오. 5점

(2) 위 사례에서 乙과 丙이 취소소송을 제기하려고 할 때, 소의 대상과 제소기간의 기산일에 관하여 각각 설명하시오. 10점

(3) 한편, 丁은 A시의 개별공시지가 산정업무를 담당하고 있는 공무원이다. 丁은 개발예정지구인 C지역의 개별공시지가를 산정함에 있어 토지의 이용 상황을 잘못 파악하여 지가를 적정가격보다 훨씬 높은 가격으로 산정하였다. 이를 신뢰한 乙은 C지역의 담보가치가 충분하다고 믿고 그 토지에 근저당권설정 등기를 마치고 수백억원의 투자를 하였지만, 결국 수십억원에 해당하는 큰 손해를 보았다. 이에 乙은 丁의 위법한 개별공시지가 산정으로 인하여 위 손해를 입었다고 주장하며, 국가배상소송을 제기하고자 한다. 동 소송에서 乙은 丁의 직무상 행위와 자신의 손해 사이의 인과관계를 주장한다. 乙의 주장의 타당성에 관하여 개별공시지가제도의 입법목적을 중심으로 설명하시오. 15점

참조 조문

〈부동산 가격공시에 관한 법률〉

제12조(개별공시지가의 정정)

시장·군수 또는 구청장은 개별공시지가에 틀린 계산, 오기, 표준지 선정의 착오, 그 밖에 대통령령으로 정하는 명백한 오류가 있음을 발견한 때에는 지체 없이 이를 정정하여야 한다.

〈행정소송법〉

제19조(취소소송의 대상)

취소소송은 처분 등을 대상으로 한다. 다만, 재결취소소송의 경우에는 재결 자체에 고유한 위법이 있음을 이유로 하는 경우에 한한다.

제20조(제소기간)

① 취소소송은 처분 등이 있음을 안 날부터 90일 이내에 제기하여야 한다. 다만, 제18조 제1항 단서에 규정한 경우와 그 밖에 행정심판청구를 할 수 있는 경우 또는 행정청이 행정심판청구를 할 수 있다고 잘못 알린 경우에 행정심판청구가 있은 때의 기간은 재결서의 정본을 송달받은 날부터 기산한다.

②~③ 〈생략〉

문제 03

甲과 乙은 감정평가사 자격이 없는 공인회계사로서, 甲은 A주식회사의 부사장 겸 본부장이고 乙은 A주식회사의 상무의 직에 있는 자이다. 甲과 乙은 A주식회사 대표 B로부터 서울 소재의 A주식회사 소유 빌딩의 부지를 비롯한 지방에 있는 같은 회사 전 사업장 물류센터 등 부지에 대한 자산 재평가를 의뢰받고, 회사의 회계처리를 목적으로 부지에 대한 감정평가 등 자산재평가를 실시하여 그 결과 평가대상 토지(기존의 장부상 가액 3천억원)의 경제적 가치를 7천억원의 가액으로 표시하고, 그 대가로 1억 5,400만원을 받았다. 이러한 甲과 乙의 행위는 「감정평가 및 감정평가사에 관한 법률」상의 감정평가업자의 업무에 해당하는지 여부에 관하여 논하시오. 20점

문제 04

「감정평가 및 감정평가사에 관한 법률」에 따른 감정평가의 기준 및 감정평가 타당성 조사에 관하여 각각 설명하시오. 10점

Chapter 06

2019년 제30회 기출문제

문제 01

관할 A시장은 「부동산 가격공시에 관한 법률」에 따라 甲소유의 토지에 대해 공시기준일을 2018.1.1.로 한 개별공시지가를 2018.6.28. 결정·공시하고('당초 공시지가') 甲에게 개별 통지하였으나, 이는 토지가격비준표의 적용에 오류가 있는 것이었다. 이후 甲소유의 토지를 포함한 지역 일대에 개발 사업이 시행되면서 관련법에 의한 부담금 부과의 대상이 된 甲의 토지에 대해 A시장은 2018.8.3. 당초 공시지가에 근거하여 甲에게 부담금을 부과하였다. 한편 甲소유 토지에 대한 당초 공시지가에 이의가 있는 인근 주민 乙은 이의신청기간이 도과한 2018.8.10. A시장에게 이의를 신청하였고, A시장은 甲소유 토지에 대한 당초 공시지가를 결정할 때 토지가격비준표의 적용에 오류가 있었음을 이유로 「부동산 가격공시에 관한 법률」 제12조 및 같은 법 시행령 제23조 제1항에 따라 개별공시지가를 감액하는 정정을 하였고, 정정된 공시지가는 2018.9.7. 甲에게 통지되었다. 다음 물음에 답하시오(아래 설문은 각각 별개의 독립된 상황임). 40점

(1) 甲은 정정된 공시지가에 대해 2018.10.22. 취소소송을 제기하였다. 甲의 소송은 적법한가? 15점

(2) 甲은 이의신청기간이 도과한 후에 이루어진 A시장의 개별공시지가 정정처분은 위법하다고 주장한다. 甲의 주장은 타당한가? 10점

(3) 만약, A시장이 당초 공시지가에 근거하여 甲에게 부담금을 부과한 것이 위법한 것이더라도, 이후 A시장이 토지가격비준표를 제대로 적용하여 정정한 개별공시지가가 당초 공시지가와 동일하게 산정되었다면, 甲에 대한 부담금 부과의 하자는 치유되는가? 15점

참조 조문

〈부동산 가격공시에 관한 법률〉

제11조(개별공시지가에 대한 이의신청)

① 개별공시지가에 이의가 있는 자는 그 결정·공시일부터 30일 이내에 서면으로 시장·군수 또는 구청장에게 이의를 신청할 수 있다.

②~③ 생략

제12조(개별공시지가의 정정)

시장·군수 또는 구청장은 개별공시지가에 틀린 계산, 오기, 표준지 선정의 착오, 그 밖에 대통령령으로 정하는 명백한 오류가 있음을 발견한 때에는 지체 없이 이를 정정하여야 한다.

〈부동산 가격공시에 관한 법률 시행령〉

제23조(개별공시지가의 정정사유)

① 법 제12조에서 "대통령령으로 정하는 명백한 오류"란 다음 각 호의 어느 하나에 해당하는 경우를 말한다.

1. 법 제10조에 따른 공시절차를 완전하게 이행하지 아니한 경우
2. 용도지역·용도지구 등 토지가격에 영향을 미치는 주요 요인의 조사를 잘못한 경우
3. 토지가격비준표의 적용에 오류가 있는 경우

② 생략

문제 02

甲은 골프장을 보유·운영해 왔는데, 그 전체 부지 1,000,000㎡ 중 100,000㎡가 도로 건설 사업부지로 편입되었고, 골프장은 계속 운영되고 있다. 위 사업부지로 편입된 부지 위에는 오수처리시설이 있었는데, 수용재결에서는 그 이전에 필요한 비용으로 1억원의 보상금을 산정하였다. 다음 물음에 답하시오. 30점

(1) **甲은 골프장 잔여시설이 종전과 동일하게 운영되려면 위 오수처리시설을 대체하는 새로운 시설의 설치가 필요하다고 보아 그 설치에 드는 비용 1억 5천만원을 보상받아야 한다고 주장한다. 甲의 주장은 법적으로 타당한가?** 10점

(2) **甲은 골프장 잔여시설의 지가 및 건물가격 하락분에 대하여 보상을 청구하려고 한다. 이때 甲이 제기할 수 있는 소송에 관하여 설명하시오.** 20점

참조 조문

〈공익사업을 위한 토지 등의 취득 및 보상에 관한 법률〉

제73조(잔여지의 손실과 공사비 보상)

① 사업시행자는 동일한 소유자에게 속하는 일단의 토지의 일부가 취득되거나 사용됨으로 인하여 잔여지의 가격이 감소하거나 그 밖의 손실이 있을 때 또는 잔여지에 통로·도랑·담장 등의 신설이나 그 밖의 공사가 필요할 때에는 국토교통부령으로 정하는 바에 따라 그 손실이나 공사의 비용을 보상하여야 한다. 다만, 잔여지의 가격 감소분과 잔여지에 대한 공사의 비용을 합한 금액이 잔여지의 가격보다 큰 경우에는 사업시행자는 그 잔여지를 매수할 수 있다.

②~⑤ 생략

제75조의2(잔여 건축물의 손실에 대한 보상 등)

① 사업시행자는 동일한 소유자에게 속하는 일단의 건축물의 일부가 취득되거나 사용됨으로 인하여 잔여 건축물의 가격이 감소하거나 그 밖의 손실이 있을 때에는 국토교통부령으로 정하는 바에 따라 그 손실을 보상하여야 한다. 다만, 잔여 건축물의 가격 감소분과 보수비(건축물의 나머지 부분을 종래의 목적대로 사용할 수 있도록 그 유용성을 동일하게 유지하는 데에 일반적으로 필요하다고 볼 수 있는 공사에 사용되는 비용을 말한다. 다만, 「건축법」 등 관계 법령에 따라 요구되는 시설 개선에 필요한 비용은 포함하지 아니한다)를 합한 금액이 잔여 건축물의 가격보다 큰 경우에는 사업시행자는 그 잔여 건축물을 매수할 수 있다.

②~⑤ 생략

문제 03

×군에 거주하는 어업인들을 조합원으로 하는 A수산업협동조합(이하 'A조합'이라 함)은 조합원들이 포획 · 채취한 수산물의 판매를 위탁받아 판매하는 B수산물위탁판매장(이하 'B위탁판매장'이라 함)을 운영하여 왔다. 한편, B위탁판매장 운영에 대해서는 관계 법령에 따라 관할지역에 대한 독점적 지위가 부여되어 있었으며, A조합은 B위탁판매장 판매액 중 일정비율의 수수료를 지급받아 왔다. 그런데 한국농어촌공사는 「공유수면 관리 및 매립에 관한 법률」에 따라 ×군 일대에 대한 공유수면매립면허를 받아 공유수면매립사업을 시행하였고, 해당 매립사업의 시행으로 인하여 사업대상지역에서 어업활동을 하던 A조합의 조합원들은 더 이상 조업을 할 수 없게 되었다. A조합은 위 공유수면매립사업지역 밖에서 운영하던 B위탁 판매장에서의 위탁판매사업의 대부분을 중단하였고, 결국에는 B위탁판매장을 폐쇄하기에 이르렀다. 이에 따라 A조합은 공유수면매립사업으로 인한 위탁판매수수료 수입의 감소에 따른 영업 손실의 보상을 청구하였으나, 한국농어촌공사는 B위탁판매장이 사업시행지 밖에서 운영되던 시설이었고 「공유수면 관리 및 매립에 관한 법률」상 직접적인 보상 규정이 없음을 이유로 보상의 대상이 아니라고 주장한다. 한국농어촌공사의 주장은 타당한가? 20점

문제 04

「공익사업을 위한 토지 등의 취득 및 보상에 관한 법률」 제26조는 수용재결 신청 전에 사업시행자로 하여금 수용대상 토지에 관하여 권리를 취득하거나 소멸시키기 위하여 토지소유자 및 관계인과 교섭하도록 하는 협의제도를 규정하고 있다. 이에 따른 협의가 수용재결 신청 전의 필요적 전치절차인지 여부와 관할 토지수용위원회에 의한 협의성립의 확인의 법적 효과를 설명하시오. 10점

2019년도 제30회 감정평가 및 보상법규 기출문제 총평 및 쟁점

이번 제30회 보상법규 시험은 매우 현실적인 부동산 가격공시 문제와 보상법 문제가 출제되었다. 감정평가사제도 관련 문제는 출제되지 않은 특징이 있고, 그동안의 출제 관례를 깨고 부동산 가격공시 문제가 1번 40점으로 출제된 특징이 있다. 그리고 토지보상법 문제를 무려 60점 이상 출제한 것은 이번 연도 손실보상 규모가 30조원에 이르는 상황을 반영하여 토지보상법의 비중을 높인 것으로 보인다. 표준지공시지가와 개별공시지가가 언론에 많이 나오면서 국민들이 많은 관심을 가지고 있고, 이를 기준으로 각종 부담금이나 재산세 등이 과세가 됨으로써 이에 대한 불복 문제가 초미의 관심사이며, 특히 감정평가법인등이 개별공시지가 검증 업무를 하고 있어 이에 대한 현실적인 문제를 1번으로 반영한 것으로 판단된다.

[문제 1]

① (설문 1)에서는 정정된 개별공시지가 취소소송의 적법성을 다루고 있다. 따라서 개별공시지가의 처분성 논의와, 정정된 개별공시지가에 대한 제소기간 산정일 판단이 중요한 논점일 것이다. 서울법학원 수강생분들은 이미 3기 3주차에서 정정된 개별공시지가의 효력 및 제소기간에 대해 다룬 바 있어 쉽게 접근할 수 있었다고 생각된다.

본 설문은 대판 1994.10.7, 93누15588 판결을 토대로 "부동산 가격공시에 관한 법률상 토지특성조사의 착오 기타 위산·오기 등 지가산정에 명백한 잘못이 있을 경우에는 시장·군수 또는 구청장이 지방부동산가격공시위원회의 심의를 거쳐 경정 결정할 수 있고, 다만, 경미한 사항일 경우에는 지방부동산가격공시위원회의 심의를 거치지 아니할 수 있다고 규정되어 있는바, 여기서 토지특성조사의 착오 또는 위산·오기는 지가산정에 명백한 잘못이 있는 경우의 예시로서 이러한 사유가 있으면 경정 결정할 수 있는 것으로 보아야 하고 그 착오가 명백하여야 비로소 경정 결정할 수 있다고 해석할 것은 아니다. 개별공시지가의 지가산정에 명백한 잘못이 있어 경정 결정 공고되었다면 당초에 결정 공고된 개별공시지가는 그 효력을 상실하고 경정 결정된 새로운 개별공시지가의 공시기준일에 소급하여 그 효력을 발생한다."는 판례를 기초로 하여 해당 쟁송의 기준시점을 잡아서 논리를 전개해 나간다면 좋은 점수를 획득할 수 있을 것이다.

② (설문 2)에서는 이의신청기간이 도과한 후에 이루어진 정정처분의 위법성을 다루고 있다. 사안에서는 이의신청 기간이 도과되어 이의신청에 따른 이의신청이 불가능하다고 판단된다. 그러나 개별공시지가 정정 규정(제12조)에서 '명백한 오류가 있음'이 발견될 경우 지체 없이 정정해야 함을 규정하고 있고, 또한 (질의회신지 제58320-780)에서는 "표준지 선정 착오 등 명백한 오류가 있음을 발견할 때에는 이의신청 절차와는 별도로 개별공시지가의 정정절차를 이행하여야 한다."로 언급하고 있다. 이를 토대로 사안해결에 접근해야 할 것이다.

해당 문제는 대판 2010.1.28, 2008두19987 판결을 토대로 "부동산 가격공시에 관한 법률이 이의신청에 관하여 규정하고 있다고 하여 이를 행정심판법상에서 행정심판의 제기를 배제하는 '다른 법률에 특별한 규정이 있는 경우'에 해당한다고 볼 수 없으므로, 개별공시지가에 대하여 이의가 있는 자는 곧바로 행정소송을 제기하거나 부동산 가격공시에 관한 법률에 따른 이의신청과 행정심판법에 따른 행정심판청구 중 어느 하나만을 거쳐 행정소송을 제기할 수 있을 뿐 아니라, 이의신청을 하여 그 결과 통지를 받은 후 다시 행정심판을 거쳐 행정소송을 제기할 수도 있다고 보아야 하고, 이 경우 행정소송의 제소기간은 그 행정심판 재결서 정본을 송달받은 날부터 기산한다."라는 대법원 판결을 언급하면서 이의신청과 별도 개별공시지가 정정에 대한 쟁점을 구분하여 정리한다면 더욱 좋은 점수를 받을 수 있을 것으로 보인다.

③ (설문 3)에서는 하자치유의 범위를 살펴보건대, 단순 "취소사유 및 절차·형식상 하자"의 경우 치유가 가능하나, "무효사유 및 내용상 하자"의 경우 치유가 불가능함을 보여주고 있다. 따라서 토지가격비준표 적용 오류의 하자 종류에 따라 하자의 치유가능성 여부가 달라지는 것을 볼 수 있다.

해당 문제는 대판 2001.6.26, 99두11592 판결을 중심으로 선행처분인 개별공시지가결정이 위법하여 그에 기초한 개발 부담금 부과처분도 위법하게 된 경우, 그 후 적법한 절차를 거쳐 공시된 개별공시지가 결정이 종전의 위법한 공시지가결정과 그 내용이 동일하다는 사정만으로 그 개발 부담금 부과처분의 하자가 치유되어 적법하게 되는지 여부(소극)를 묻는 문제이다.

[문제 2]

올해 가장 논의가 많이 되었던 잔여지와 잔여시설에 대한 보상 쟁점이다.

올해 한국감정평가학회 춘계세미나에서 잔여지 및 잔여시설물 보상에 대한 중앙토지수용위원회 운영 규정(안)에 대한 용역 발주 세미나가 있었다. 잔여지 관련 논문과 규정(안)도 강의 중에 나누어 드린 바 있다. 최근 보상이 급증하면서 잔여지뿐만 아니라 잔여시설물에 대한 보상이 중요한 화두가 되고 있어서 이에 대한 보상 가이드라인이 정확히 설정되어야 할 시점이다. 그런 차원에서 서울법학원에서 수험 공부를 하신 분들은 이미 상당 부분 관련 논문과 자료들을 공부했고, 해당 규정과 판례를 정리하였다면 어렵지 않게 정리할 수 있는 문제로 보인다.

보상금증감청구소송은 역대 최근 10년간 무려 6번이나 출제된 아주 중요한 쟁점이어서 수차례 학습과 모의고사도 많이 치렀고, 특히 대판 2008.8.21, 2007두13845 판례를 모조리 외울 정도로 공부를 많이 한 논제이다. 특히 2019년 7월 1일부로 개정 시행되는 토지보상법 제85조 제소기간 관련 부분에 있어서 개정된 내용도 알고 있는지 여부에 대한 부분을 물어 본 것으로 보인다. 물론 종전 규정을 그대로 쓰더라도 감점은 없지만 개정된 내용을 정확히 언급한다면 상당히 좋은 가점을 받을 것으로 예상된다.

① (설문 1)의 경우 고등법원판례에 기초한 사실관계로, 토지보상법 제75조 제1항에 따른 이전비에 불복하여 토지보상법 제73조 및 제75조의2에 근거한 잔여지 및 잔여 건축물 가격보상을 유추적용할 수 있는지 여부를 판단하는 문제이다.

판례는 유추적용의 근거가 없고, 법 제75조에 따른 이전비가 타당하므로, 제73조 및 제75조의2의 유추적용을 부정하고 있는 바, 이에 근거한 답안작성이 필요할 것이다.

② (설문 2)는 수용재결 이후 보상에 대해 제기할 수 있는 소송에 관한 물음으로, 보상금뿐만 아니라 잔여지와 같은 보상 범위에 관해 종합적으로 판단할 수 있는 보상금증감청구소송의 검토가 필요하다. 다만, 甲의 권리구제수단을 종합적으로 검토하기 위해 특별법상 행정심판인 이의신청(법 제83조)도 간단히 언급하는 것이 좋을 듯하다.

[문제 3]

간접손실보상으로 수차례 서울법학원 모의고사 문제에서 풀어본 문제이다.

수산업협동조합 문제로 시험 직전에도 많이 풀어본 내용인데, 공익사업시행지구 밖의 위탁판매 수수료 감소, 즉 공익사업시행지구 밖의 영업손실에 대한 보상이 쟁점이다. 이론적으로 접근한 수험생 분들도 많은 듯하다. 본 문제는 사회적 경제적 손실인 간접손실보상과 물리적 기술적 손실인 간접침해 보상을 구분하면서 공익사업시행지구 밖의 사회적 경제적 손실인 간접보상의 개념과 요건, 특별한 희생의 문제, 헌법상 제23조 손실보상대상인지, 토지보상법 시행규칙 제64조에 해당되는지 여부 등을 종합적으로 고려하여 판단해야 할 문제로 판단된다.

① 간접손실보상의 개념 및 요건 해당 여부에 대한 검토가 중요하다.
② 간접손실보상이 헌법 제23조의 손실보상 대상에 해당하는지 판단이 중요하다.
③ 사안에서는 토지보상법 시행규칙 제64조의 영업손실보상을 구체적으로 판단하기 어려운 바, 구체적 보상규정 결여 시 헌법 제23조 제3항의 효력논의로 유추적용 가능성도 언급하는 것이 좋다. 다만 간접손실보상규정 흠결에 대해 독일에서 넘어온 일부 학자분들의 견해도 있는데 이를 언급하여 정리하는 것도 좋은 방법론으로 보인다. 그러나 실제 배점이 20점으로 작아서 논의를 깊이 할 수 없어 실전 답안은 결론만 적어야 할 것이다.

[문제 4]

문제 4번에서 출제자는 최근 대법원 판례인 2018.12.13, 2016두51719 판결[협의성립확인신청수리처분취소] 사건을 기반으로 출제한 것으로 보인다. 사실 이번 4번 문제를 보면 출제자는 최신 판례를 토대로 이 문제를 1번 또는 2번으로 출제하려는 의도가 엿보이나 수험생들이 최신 판례를 내면 당황하니까 아마도 4번 문제로 출제한 것으로 추정된다. 출제의도는 사업인정 후 토지보상법 제26조 협의의 법적 성질, 협의성립확인 제도, 협의의 필요적 전치 여부, 협의성립확인의 효과를 중점으로 물어보았다. 최근 대법원 2016두51719 판결로 진정한 소유자에게 동의를 받지 않은 경우 협의성립확인신청수리처분 취소가 가능하다는 논점까지 썼다면 큰 가점을 받았을 것으로 보인다.
① '협의가 수용재결 신청 전의 필요적 전치 절차'를 묻고 있으므로, 법 제16조 · 제26조의 협의의 관계를 중심으로 판단해야 할 것이다.
② 협의성립확인의 일반론으로 개념과 효력을 일목요연하게 설명하는 것이 좋다.

Chapter 07

2018년 제29회 기출문제

문제 01

A도 도지사 甲은 도내의 심각한 주차난을 해결하기 위하여 A도내 B시 일대 40,000㎡(이하 '이 사건 공익사업구역'이라 함)를 공영주차장으로 사용하고자 사업계획을 수립하고 「공익사업을 위한 토지 등의 취득 및 보상에 관한 법률」(이하 '토지보상법'이라 함)에 따른 절차를 거쳐, 국토교통부장관의 사업인정을 받고 이를 고시하였다. 이후 甲은 이 사건 공익사업구역 내 주택 세입자 乙 등이 이 사건 공익사업이 시행되는 동안 임시로 거주할 수 있도록 B시에 임대아파트를 건립하여 세입자에게 제공하는 등 이주대책을 수립 · 시행하였다. 한편, 乙은 「공익사업을 위한 토지 등의 취득 및 보상에 관한 법률 시행규칙」(이하 '토지보상법 시행규칙이라 함) 제54조 제2항에 해당하는 세입자이다. 다음 물음에 답하시오. 40점

(1) 乙은 토지보상법 시행규칙에 따른 주거이전비를 받을 수 있는 권리를 포기한다는 취지의 '임대아파트 입주에 따른 주거이전비 포기각서'를 甲에게 제출하고 위 임대아파트에 입주하였지만, 이후 관련 법령이 임대아파트와 같은 임시수용시설 등을 제공받는 자를 주거이전비 지급대상에서 배제하지 않고 있는 점을 알게 되었다. 이에 乙은 위 포기각서를 무시하고 토지보상법 시행규칙상의 주거이전비를 청구하였다. 乙의 주거이전비 청구의 인용여부에 관하여 논하시오. 30점

(2) 한편, 丙은 이 사건 공익사업구역 밖에서 음식점을 경영하고 있었는데, 이 사건공익사업으로 인하여 자신의 음식점의 주출입로가 단절되어 일정 기간 휴업을 할 수밖에 없게 되었다. 이때 丙은 토지보상법령상 보상을 받을 수 있는가? 10점

참조 조문

〈공익사업을 위한 토지 등의 취득 및 보상에 관한 법률 시행규칙〉

제54조(주거이전비의 보상)

① 공익사업시행지구에 편입되는 주거용 건축물의 소유자에 대하여는 해당 건축물에 대한 보상을 하는 때에 가구원수에 따라 2개월분의 주거이전비를 보상하여야 한다. 다만, 건축물의 소유자가 해당 건축물 또는 공익사업시행지구 내 타인의 건축물에 실제 거주하고 있지 아니하거나 해당 건축물이 무허가 건축물 등인 경우에는 그러하지 아니하다.

② 공익사업의 시행으로 인하여 이주하게 되는 주거용 건축물의 세입자(무상으로 사용하는 거주자를 포함하되, 법 제78조 제1항에 따른 이주대책대상자인 세입자는 제외한다)로서 사업인정고시일 등 당시 또는 공익사업을 위한 관계 법령에 따른 고시 등이 있은 당시 해당 공익사업시행지구 안에서 3개월 이상 거주한 자에 대해서는 가구원수에 따라 4개월분의 주거이전비를 보상해야 한다. 다만, 무허가건축물 등에 입주한 세입자로서 사업인정고시일 등 당시 또는 공익사업을 위한 관계 법령에 따른 고시 등이 있은 당시 그 공익사업지구 안에서 1년 이상 거주한 세입자에 대하여는 본문에 따라 주거이전비를 보상해야 한다.

02

甲은 2014.3.경 감정평가사 자격을 취득한 후, 2015.9.2.부터 2017.8.3.까지 '乙 감정평가법인'의 소속 감정평가사였다. 또한 甲은 2015.7.7.부터 2017.4.30.까지 '수산업협동조합 중앙회(이하 '수협'이라 함)'에서 상근계약직으로 근무하였다. 관할 행정청인 국토교통부장관 A는 甲이 위와 같이 수협에 근무하면서 일정기간 동안 동시에 乙 감정평가법인에 등록하여 소속을 유지하는 방법으로 감정평가사 자격증을 대여하거나 부당하게 행사했다고 봄이 상당하여, 「감정평가 및 감정평가사에 관한 법률」(이하 '감정평가법'이라 함) 제27조가 규정하는 명의대여 등의 금지 또는 자격증 부당행사 금지에 위반하였다는 것을 이유로 징계처분을 내리고자 한다. 다음 물음에 답하시오. 30점

(1) 국토교통부장관 A가 甲에 대하여 위와 같은 사유로 감정평가법령상의 징계를 하고자 하는 경우, 징계절차에 관하여 설명하시오. 20점

(2) 위 징계절차를 거쳐 국토교통부장관 A는 甲에 대하여 3개월간의 업무정지 징계처분을 하였고, 甲은 해당 처분이 위법하다고 보고 관할법원에 취소소송을 제기하였다. 이 취소소송의 계속 중 국토교통부장관 A는 해당 징계처분의 사유로 감정평가법 제27조의 위반사유 이외에, 징계처분 당시 甲이 국토교통부장관에게 등록을 하지 아니하고 감정평가업무를 수행하였다는 동법 제17조의 위반사유를 추가하는 것이 허용되는가? 10점

참조 조문

〈감정평가 및 감정평가사에 관한 법률〉

제17조(등록 및 갱신등록)

① 제11조에 따른 감정평가사 자격이 있는 사람이 제10조에 따른 업무를 하려는 경우에는 대통령령으로 정하는 바에 따라 실무수습 또는 교육연수를 마치고 국토교통부장관에게 등록하여야 한다.

②~④ 생략

제27조(명의대여 등의 금지)

① 감정평가사 또는 감정평가법인등은 다른 사람에게 자기의 성명 또는 상호를 사용하여 제10조에 따른 업무를 수행하게 하거나 자격증·등록증 또는 인가증을 양도·대여하거나 이를 부당하게 행사하여서는 아니 된다.

② 누구든지 제1항의 행위를 알선해서는 아니 된다.

03

서울의 A구청장은 이 사건 B토지의 비교표준지로 A구의 C토지(2017.1.1. 기준공시지가는 1㎡당 810만원임)를 선정하고 이 사건 B토지와 비교표준지 C의 토지가격비준표상 토지특성을 조사한 결과 총 가격배율이 1.00으로 조사됨에 따라 이 사건 각 토지의 가격을 1㎡당 810만원으로 산정하였다. 감정평가사 D는 A구청장으로부터 이와 같이 산정된 가격의 검증을 의뢰받고 이 사건 각 토지가 비교표준지와 비교하여 환경조건, 획지조건 및 기타조건에서 열세에 있어 비교표준지의 공시지가를 약 83.9%의 비율로 감액한 1㎡당 680만원을 개별공시지가로 정함이 적정하다는 검증의견을 제시하였다. A구청장은 이 검증의견을 받아들여 2017.5.30.에 이 사건 각 토지의 개별공시지가를 1㎡당 680만원으로 결정 · 공시하였다.

B토지 소유자는 1㎡당 680만원으로 결정 · 공시된 B토지의 개별공시지가에 대하여 1㎡당 810만원으로 증액되어야 한다는 취지로 이의신청을 제기하였다. B토지 소유자의 이의신청에 따라 A구청장은 감정평가사 E에게 이 사건 토지의 가격에 대한 검증을 의뢰하였다. 검증을 담당한 감정평가사 E는 토지특성 적용 및 비교표준지 선정에는 오류가 없으나 인근 지가와의 균형을 고려하여 개별공시지가를 1㎡당 700만원으로 증액함이 상당하다는 의견을 제시하였다(이 사건 토지가 비교표준지와 비교하여 환경조건 및 획지조건에서 열세에 있다고 보아 비교표준지의 공시지가에 대하여 약 86.5%의 비율로 감액).

이에 A구청장은 A구 부동산가격공시위원회의 심의를 거쳐 이 검증의견을 받아들여 B토지에 대하여 1㎡당 700만원으로 개별공시지가결정을 하였다. 이에 대하여 B토지 소유자는 토지가격비준표와 달리 결정된 개별공시지가결정은 위법하다고 주장한다. 이 주장은 타당한가? 20점

참조 조문

〈부동산 가격공시에 관한 법률〉

제10조(개별공시지가의 결정・공시 등)

① 시장・군수 또는 구청장은 국세・지방세 등 각종 세금의 부과, 그 밖의 다른 법령에서 정하는 목적을 위한 지가산정에 사용되도록 하기 위하여 제25조에 따른 시・군・구부동산가격공시위원회의 심의를 거쳐 매년 공시지가의 공시기준일 현재 관할 구역 안의 개별토지의 단위면적당 가격(이하 "개별공시지가"라 한다)을 결정・공시하고, 이를 관계 행정기관 등에 제공하여야 한다.

②~③ 생략

④ 시장・군수 또는 구청장이 개별공시지가를 결정・공시하는 경우에는 해당 토지와 유사한 이용가치를 지닌다고 인정되는 하나 또는 둘 이상의 표준지의 공시지가를 기준으로 토지가격비준표를 사용하여 지가를 산정하되, 해당 토지의 가격과 표준지공시지가가 균형을 유지하도록 하여야 한다.

⑤ 〈이하 생략〉

〈부동산 가격공시에 관한 법률 시행령〉

제18조(개별공시지가의 검증)

① 생략

② 법 제10조 제5항 본문에 따라 검증을 의뢰받은 감정평가법인등은 다음 각 호의 사항을 검토・확인하고 의견을 제시해야 한다.

1. 비교표준지 선정의 적정성에 관한 사항
2. 개별토지가격 산정의 적정성에 관한 사항
3. 산정한 개별토지가격과 표준지공시지가의 균형 유지에 관한 사항
4. 산정한 개별토지가격과 인근 토지의 지가와의 균형 유지에 관한 사항
5. 표준주택가격, 개별주택가격, 비주거용 표준부동산가격 및 비주거용 개별부동산가격 산정 시 고려된 토지 특성과 일치하는지 여부
6. 개별토지가격 산정 시 적용된 용도지역, 토지이용상황 등 주요 특성이 공부(公簿)와 일치하는지 여부
7. 그 밖에 시장・군수 또는 구청장이 검토를 의뢰한 사항

문제

04 부동산 가격공시에 관한 법령상 중앙부동산가격공시위원회에 관하여 설명하시오. 10점

2018년도 제29회 감정평가사 제2차 시험 감정평가 및 보상법규 채점평

많은 수험생들이 제시된 사례형 문제에 대하여 사실관계를 정확히 분석한 후 쟁점별로 충실하게 서술한 우수한 답안도 많았지만, 문제를 정확하게 이해하지 못하고 논점을 벗어난 답안을 작성하거나, 학설과 판례를 충분히 숙지하고 있지 못해 핵심에서 벗어난 답안이 많았다. 따라서 기본에 충실한 법적인 문제해결능력을 갖추기 위해서는 최신 판례와 이론을 중심으로 행정법과 보상법규를 체계적으로 공부할 것을 권장한다. 참고로 일부 문제에 참조 조문을 제시하였으므로, 답안 작성 과정에서 참고 및 활용하기 바란다.

[문제 1]

(물음 1)은 토지보상법 시행규칙상의 주거이전비에 관한 규정을 무시한 주거이전비 포기각서의 효력에 관한 문제이다. 질문의 취지를 정확히 파악하고 서술한 양호한 답안도 있었으나, 많은 수험생들이 판례를 정확히 언급하지 못하고, 토지보상법 시행규칙의 법규성에 관한 기본적 전제를 논한 다음, 문제에 대한 답을 체계적으로 서술하지 못했다.

(물음 2)는 손실보상에 관한 기본적인 문제이다. 관련 토지보상법 시행규칙을 정확히 인용하고 서술할 것을 요구하였으나, 관련 법조문을 정확히 인용한 경우는 적었다.

[문제 2]

(물음 1)은 징계권자가 국토교통부장관이고 징계발의는 국토교통부장관의 직권으로 또는 협회의 요청에 의하여 하고, 감정평가관리・징계위원회의 의결에 따라 국토교통부장관이 징계를 하는 절차이다. 그러나 의외로 감정평가관리・징계위원회의 심의・의결의 성격에만 중점을 두고 전반적인 절차를 도외시하거나, 불이익처분에 대한 행정절차에만 집중한 답안도 많았다.

(물음 2)는 처분사유의 추가・변경에 관한 문제로서 최근 여러 시험에서 가장 많은 출제빈도를 나타내는 문제였다. 인정을 할 것인가에 관한 학설, 인정한다면 어떤 요건하에 인정될 수 있을 것인가를 설명하고 문제의 사안이 그 요건을 충족하는지를 설명하는 것이 핵심사항이다.

[문제 3]

토지가격비준표의 법적 성격과, 개별공시지가 산정 시 토지가격비준표의 구속력에 대한 근거법령의 해석 및 판례의 변화를 설명하는 문제이다. 제시된 문제의 쟁점, 위법사항 그리고 근거법률을 바탕으로 결론을 적시하여야 한다. 그러나 일부 수험생은 토지가격비준표의 성격만으로, 근거법률의 해석만으로 결론을 도출하려 하거나 또는 근거법률에 대한 설명이 전혀 없는 경우가 많았다.

[문제 4]

법령상 중앙부동산가격공시위원회의 역할에 관한 문제이다. 중앙부동산가격위원회의 구성과 역할은 법령에 상세한 규정이 있는 만큼, 법령의 내용을 서술하면 된다. 관련 법령의 내용을 체계적이고 정확하게 이해하는 것이 무엇보다 중요하다.

Chapter 08

2017년 제28회 기출문제

문제 01

甲은 A시의 관할구역 내 X토지를 소유하고 있다. A시는 그동안 조선업의 지속적인 발전으로 다수의 인구가 거주하였으나 최근 세계적인 불황으로 인구가 급격하게 감소하고 있다. 국토교통부장관은 A시를 국제관광 특구로 발전시킬 목적으로 「기업도시개발 특별법」이 정하는 바에 따라 X토지가 포함된 일단의 토지를 기업도시개발구역으로 지정하고, 개발사업시행자인 乙이 작성한 기업도시개발계획(동법 제14조 제2항에 따른 X토지 그 밖의 수용 대상이 되는 토지의 세부목록 포함. 이하 같다)을 승인・고시하였다. 乙은 협의취득에 관한 제반 절차를 준수하여 X토지에 대한 수용재결을 신청하였고 중앙토지수용위원회는 그 신청에 따른 수용재결을 하였다. 다음 물음에 답하시오. 40점

(1) 甲은 기업도시개발계획승인에 대한 취소소송의 제소기간이 도과한 상태에서, 「공익사업을 위한 토지 등의 취득 및 보상에 관한 법률」 제21조 제2항에 따른 중앙토지수용위원회 및 이해관계자의 의견청취절차를 전혀 시행하지 않은 채 기업도시개발계획승인이 발급된 것이 위법함을 이유로 수용재결 취소소송을 제기하려고 한다. 甲의 소송상 청구가 인용될 수 있는 가능성에 관하여 설명하시오(단, 소송요건은 충족된 것으로 본다). 20점

(2) 甲은 수용재결 취소소송을 제기하면서, 乙이 기업도시개발계획승인 이후에 재정상황이 악화되어 수용재결 당시에 이르러 기업도시개발사업을 수행할 능력을 상실한 상태가 되었음에도 불구하고 수용재결을 한 위법이 있다고 주장한다. 甲의 소송상 청구가 인용될 수 있는 가능성에 관하여 설명하시오(단, 소송요건은 충족된 것으로 본다). 10점

(3) 중앙토지수용위원회는 보상금을 산정하면서, X토지는 그 용도지역이 제1종 일반주거지역이기는 하지만 기업도시개발사업의 시행을 위해서 제3종 일반주거지역으로 변경되지 않은 사정이 인정되므로 제3종 일반주거지역으로 변경이 이루어진 상태를 상정하여 토지가격을 평가한다고 설시하였다. 이에 대해 乙은 X토지를 제1종 일반주거지역이 아닌 제3종 일반주거지역으로 평가한 것은 공법상 제한을 받는 토지에 대한 보상금 산정에 위법이 있다고 주장하면서 보상금감액청구소송을 제기하고자 한다. 乙의 소송상 청구가 인용될 수 있는 가능성에 관하여 설명하시오(단, 소송요건은 충족된 것으로 본다). 10점

참조 조문

〈공익사업을 위한 토지 등의 취득 및 보상에 관한 법률〉

제21조(협의 및 의견청취 등)

① 생략

② 별표에 규정된 법률에 따라 사업인정이 있는 것으로 의제되는 공익사업의 허가 · 인가 · 승인권자 등은 사업인정이 의제되는 지구지정 · 사업계획승인 등을 하려는 경우 제1항에 따라 제49조에 따른 중앙토지수용위원회와 협의하여야 하며, 대통령령으로 정하는 바에 따라 사업인정에 이해관계가 있는 자의 의견을 들어야 한다.

③ 생략

〈공익사업을 위한 토지 등의 취득 및 보상에 관한 법률 시행규칙〉

제23조(공법상 제한을 받는 토지의 평가)

① 공법상 제한을 받는 토지에 대하여는 제한받는 상태대로 평가한다. 다만, 그 공법상 제한이 당해 공익사업의 시행을 직접 목적으로 하여 가하여진 경우에는 제한이 없는 상태를 상정하여 평가한다.

② 당해 공익사업의 시행을 직접 목적으로 하여 용도지역 또는 용도지구 등이 변경된 토지에 대하여는 변경되기 전의 용도지역 또는 용도지구 등을 기준으로 평가한다.

〈기업도시개발 특별법〉

제11조(개발계획의 승인 등)

① 제4조에 따라 개발구역의 지정을 제안하는 자는 지정 제안 시 기업도시개발계획(이하 "개발계획"이라 한다)을 작성하여 국토교통부장관의 승인을 받아야 한다. 〈이하 생략〉

②~③ 생략

④ 관계 중앙행정기관의 장은 제3항에 따른 협의를 요청받은 날부터 20일 이내에 의견을 제출하여야 한다.

⑤~⑧ 생략

제14조(토지 등의 수용 · 사용)

① 시행자는 개발구역에서 개발사업을 시행하기 위하여 필요할 때에는 「공익사업을 위한 토지 등의 취득 및 보상에 관한 법률」 제3조에 따른 토지 · 물건 또는 권리(이하 "토지 등"이라 한다)를 수용 또는 사용(이하 "수용 등"이라 한다)할 수 있다.

② 제1항을 적용하는 경우에 수용 등의 대상이 되는 토지 등의 세부 목록을 제11조 제6항에 따라 고시한 때에는 「공익사업을 위한 토지 등의 취득 및 보상에 관한 법률」 제20조 제1항 및 제22조에 따른 사업인정 및 사업인정의 고시가 있은 것으로 본다.

③~⑨ 생략

⑩ 제1항에 따른 토지 등의 수용 등에 관하여 이 법에 특별한 규정이 있는 경우를 제외하고는 「공익사업을 위한 토지 등의 취득 및 보상에 관한 법률」을 준용한다.

02

도지사 A는 "X국가산업단지 내 국도 대체우회도로개설사업"(이하 '이 사건 개발사업'이라 함)의 실시계획을 승인 · 고시하고, 사업시행자로 B시의 시장을 지정하였다. B시의 시장은 이 사건 개발사업을 시행함에 있어 사업시행으로 인하여 건물이 철거되는 이주대상자를 위한 이주대책을 수립하면서 훈령의 형식으로 'B시 이주민지원규정'을 마련하였다.

위 지원규정에서는 ① 이주대책대상자 선정과 관련하여, 「공익사업을 위한 토지 등의 취득 및 보상에 관한 법률」 및 그 시행령이 정하고 있는 이주대책대상자 요건 외에 '전세대원이 사업구역 내 주택 외 무주택'이라는 요건을 추가적으로 규정하는 한편, ② B시의 이주택지 지급 대상에 관하여, 과거 건축물양성화기준일 이전 건물의 거주자의 경우 소지가(조성되지 아니한 상태에서의 토지가격) 분양대상자로, 기준일 이후 건물의 거주자의 경우 일반우선 분양대상자로 구분하고 있는 바, 소지가 분양대상자의 경우 1세대당 상업용지 3평을 일반분양가로 추가 분양하도록 하고, 일반우선분양대상자의 경우 1세대 1필지 이주택지를 일반분양가로 우선분양할 수 있도록 하고 있다.

B시의 시장은 이주대책을 실시하면서 이 사건 개발사업 구역 내에 거주하는 甲과 乙에 대하여, 甲은 공익사업을 위한 토지 등의 취득 및 보상에 관한 법령이 정한 이주대책대상자에 해당됨에도 위 ①에서 정하는 요건을 이유로 이주대책대상자에서 배제하는 부적격 통보를 하였고, 소지가 분양대상자로 신청한 乙에 대해서는 위 지원규정을 적용하여 소지가 분양대상이 아닌 일반우선분양대상자로 선정하고, 이를 공고하였다. 다음 물음에 답하시오. 30점

(1) 甲은 'B시 이주민지원규정'에서 정한 추가적 요건을 이유로 자신을 이주대책대상자에서 배제한 것은 위법하다고 주장한다. 甲의 주장이 타당한지에 관하여 설명하시오. 15점

(2) 乙은 자신을 소지가 분양대상자가 아닌 일반우선 분양대상자로 선정한 것은 위법하다고 보아 이를 소송으로 다투려고 한다. 乙이 제기하여야 하는 소송의 형식을 설명하시오. 15점

문제 03

지목은 대(垈)이지만 그 현황이 인근 주민의 통행에 제공된 사실상 도로인 토지를 대상으로 「도시 및 주거환경정비법」에 따른 매도청구권을 행사하는 경우와 「공익사업을 위한 토지 등의 취득 및 보상에 관한 법률」에 따른 수용재결이 행하여지는 경우에 관하여 다음 물음에 답하시오. 20점

(1) 매도청구권 행사에 따른 쟁송절차와 수용재결에 따른 보상금을 다투는 쟁송절차의 차이점을 설명하시오. 10점

(2) 토지의 감정평가방법과 그 기준에 있어 매도청구권이 행사되는 경우와 수용재결이 행하여지는 경우의 차이점을 설명하시오. 10점

문제 04

甲소유의 토지를 포함하는 일단의 토지가 「공공토지의 비축에 관한 법률」에 따라 X읍–Y읍 간 도로사업용지 비축사업(이하 '이 사건 비축사업'이라 함) 지역으로 지정되었고, 한국토지주택공사를 사업시행자로 하여 2014.3.31. 이 사건 비축사업에 대하여 「공익사업을 위한 토지 등의 취득 및 보상에 관한 법률」에 따른 사업인정 고시가 있었다. 한편, 관할 도지사는 X읍–Z읍 간 도로확포장공사와 관련하여 2016.5.1. 도로구역을 결정·고시하였는데, 甲의 토지는 도로확포장공사가 시행되는 도로구역 인근에 위치하고 있다. 이후 이 사건 비축사업을 위하여 甲소유의 토지에 대해서 2016.7.5. 관할 토지수용위원회의 수용재결이 있었는바, 위 도로확포장공사로 인하여 상승된 토지가격이 반영되지 않은 감정평가가격으로 보상금이 결정되었다. 이에 甲은 도로확포장공사로 인한 개발이익이 배제된 보상금 결정은 위법하다고 주장하는바, 甲의 주장이 타당한지에 관하여 설명하시오. 10점

2017년도 제28회 감정평가사 제2차 시험 감정평가 및 보상법규 채점평

[문제 1]

「공익사업을 위한 토지 등의 및 보상에 관한 법률」에 따른 의제사업인정을 위한 의견청취절차의 위반과 그에 후속하는 수용재결에 관한 문제이다. (설문 1)에서는 이에 관한 학설과 판례를 충실하게 설명하면서 사안에 적합한 결론을 도출한 우수한 답안도 있었지만 기본적인 법리에 대한 이해가 부족하거나 논리적인 전개가 아쉬운 답안도 적지 않았다. (설문 2)는 의제사업 인정 이후에 중대한 사정변경이 생겼음에도 불구하고 이에 대한 고려 없이 수용재결을 한 것에 위법이 있는지 여부를 쟁점으로 논리적이고 차별화된 답안의 구성이 필요한 것으로 보인다. (설문 3)은 해당 공익사업의 시행을 직접 목적으로 용도지역을 변경하지 않은 경우에 해당 공익사업의 시행이 아니었다면 용도지역이 변경되었을 것이 객관적으로 명백하다면 용도지역이 변경된 것으로 평가되어야 한다는 판례를 기반으로 한 설문이다. 이러한 문제에 대하여 법령해석, 판례해설, 계획재량까지 훌륭하게 설명한 답안도 있었지만 설문의 취지를 전혀 이해하지 못한 답안도 있었다.

[문제 2]

(설문 1)은 훈령 형식을 통한 이주대상자의 권리제한이 법적으로 허용되는지 여부를 묻는 문제이다. 법치행정의 원리, 특히 법률유보의 원칙상 국민의 권리를 제한하기 위해서는 법률 내지 적어도 법규명령상의 근거가 필요하다. 따라서 사례상 문제가 된 훈령 형식의 규정의 법적 성질이 무엇인지가 핵심적 쟁점이다. 그럼에도 상당수의 답안이 쟁점에 대한 정확한 파악이 없이, 이주대책의 성격을 장황하게 기술하거나 막연히 재량을 근거로 답안을 작성한 경우도 있었다.

(설문 2)는 분양대상자의 유형 선정에 대해 불복하기 위한 소송유형을 묻는 문제로서, 이 역시 행정소송의 기본체계 및 관련 판례의 입장을 이해하고 있으면 답안을 작성하기 평이한 문제라고 보인다. 행정상 법률관계에 대한 소송유형의 결정을 위해서는 기본적으로 그 법률관계가 공법관계인지 사법관계인지, 공법관계라면 부대등한 관계로서 항고소송의 대상인지 대등관계로서 당사자소송의 대상인지가 판단되어야 한다. 특히 이주대책과 관련한 수분양권의 문제를 처분으로 이해하고 있는 판례의 입장을 알고 있다면 크게 어렵지 않았을 문제라 생각한다.

[문제 3]

「도시 및 주거환경정비법」에 따른 매도청구절차와 수용재결절차의 비교에 관한 설문이다. 「공익사업을 위한 토지 등의 취득 및 보상에 관한 법률」에 따른 평가방법・기준이 「감정평가 및 감정평가사에 관한 법률」에 따른 평가방법・기준과 어떻게 다른지에 관해 이해하고 있는지를 물어보는 문제이고, 실무적으로 매우 중요함에도 불구하고 충분하게 서술한 답안이 많지 않아 아쉬움이 있었다.

[문제 4]

개발이익이 보상금에 포함되는지 여부를 기본 쟁점으로 하는 것으로 기본적으로 보상금과의 관계에서 해당 공익사업으로 인한 개발이익과 다른 공익사업으로 인한 개발이익의 구별 문제와 그 외에 사업인정 시점과 개발이익의 문제에 대한 쟁점 등 대부분의 수험생들은 비교적 쟁점을 정확하게 파악하고 답안을 작성하였다.

Chapter 09

2016년 제27회 기출문제

문제 01

「공익사업을 위한 토지 등의 취득 및 보상에 관한 법률」(이하 '토지보상법'이라 함)의 적용을 받는 공익사업으로 인하여 甲은 사업시행자인 한국도시철도공단 乙에게 협의절차를 통해 자신이 거주하고 있던 주거용 건축물을 제공하여 생활의 근거를 상실하게 되었다고 주장하면서 토지보상법 제78조 제1항에 따른 이주대책의 수립을 신청하였다. 이에 대해 乙은 "위 공익사업은 선형사업으로서 철도건설에 꼭 필요한 최소한의 토지만 보상하므로 사실상 이주택지공급이 불가능하고 이주대책대상자 중 이주정착지에 이주를 희망하는 자의 가구수가 7호(戶)에 그치는 등 위 공익사업은 토지보상법 시행령 제40조 제2항에서 규정하고 있는 이주대책을 수립하여야 하는 사유에 해당되지 아니한다"는 이유를 들어 甲의 신청을 거부하였다. 다음 물음에 답하시오. 40점

(1) 乙이 甲에 대한 거부처분을 하기에 앞서 행정절차법상 사전통지와 이유제시를 하지 아니한 경우 그 거부처분은 위법한가? 20점

(2) 만약 甲이 거부처분 취소소송을 제기하였다면, 乙은 그 소송 계속 중에 처분의 적법성을 유지하기 위해 "甲은 주거용 건축물에 계약체결일까지 계속하여 거주하고 있지 아니하였을 뿐만 아니라 이주정착지로의 이주를 포기하고 이주정착금을 받은 자에 해당하므로 토지보상법 시행령 제40조 제2항에 따라 이주대책을 수립할 필요가 없다"는 사유를 추가·변경할 수 있는가? 20점

참조 조문

〈공익사업을 위한 토지 등의 취득 및 보상에 관한 법률〉

제78조(이주대책의 수립 등)

① 사업시행자는 공익사업의 시행으로 인하여 주거용 건축물을 제공함에 따라 생활의 근거를 상실하게 되는 자(이하 "이주대책대상자"라 한다)를 위하여 대통령령으로 정하는 바에 따라 이주대책을 수립·실시하거나 이주정착금을 지급하여야 한다.

② 〈이하 생략〉

〈공익사업을 위한 토지 등의 취득 및 보상에 관한 법률 시행령〉

제40조(이주대책의 수립·실시)

① 〈생략〉

② 이주대책은 국토교통부령으로 정하는 부득이한 사유가 있는 경우를 제외하고는 이주대책대상자 중 이주정착지에 이주를 희망하는 자의 가구 수가 10호(戶) 이상인 경우에 수립·실시한다. 다만, 사업시행자가 「택지개발촉진법」 또는 「주택법」 등 관계 법령에 따라 이주대책대상자에게 택지 또는 주택을 공급한 경우(사업시행자의 알선에 의하여 공급한 경우를 포함한다)에는 이주대책을 수립·실시한 것으로 본다.

③ 〈이하 생략〉

제41조(이주정착금의 지급)

사업시행자는 법 제78조 제1항에 따라 다음 각 호의 어느 하나에 해당하는 경우에는 이주대책대상자에게 국토교통부령으로 정하는 바에 따라 이주정착금을 지급해야 한다.

1. 이주대책을 수립·실시하지 아니하는 경우
2. 이주대책대상자가 이주정착지가 아닌 다른 지역으로 이주하려는 경우
3. 이주대책대상자가 공익사업을 위한 관계 법령에 따른 고시 등이 있은 날의 1년 전부터 계약체결일 또는 수용재결일까지 계속하여 해당 건축물에 거주하지 않은 경우
4. 이주대책대상자가 공익사업을 위한 관계 법령에 따른 고시 등이 있은 날 당시 다음 각 목의 어느 하나에 해당하는 기관·업체에 소속(다른 기관·업체에 소속된 사람이 파견 등으로 각 목의 기관·업체에서 근무하는 경우를 포함한다)되어 있거나 퇴직한 날부터 3년이 경과하지 않은 경우
   가. 국토교통부
   나. 사업시행자
   다. 법 제21조 제2항에 따라 협의하거나 의견을 들어야 하는 공익사업의 허가·인가·승인 등 기관
   라. 공익사업을 위한 관계 법령에 따른 고시 등이 있기 전에 관계 법령에 따라 실시한 협의, 의견청취 등의 대상자였던 중앙행정기관, 지방자치단체, [공공기관의 운영에 관한 법률] 제4조에 따른 공공기관 및 [지방공기업법]에 따른 지방공기업

〈행정절차법〉

제21조(처분의 사전 통지)

① 행정청은 당사자에게 의무를 부과하거나 권익을 제한하는 처분을 하는 경우에는 미리 다음 각 호의 사항을 당사자 등에게 통지하여야 한다.
   1. 처분의 제목
   2. 당사자의 성명 또는 명칭과 주소
   3. 처분하려는 원인이 되는 사실과 처분의 내용 및 법적 근거
   4. 제3호에 대하여 의견을 제출할 수 있다는 뜻과 의견을 제출하지 아니하는 경우의 처리방법
   5. 의견제출기관의 명칭과 주소
   6. 의견제출기한
   7. 그 밖에 필요한 사항

제23조(처분의 이유 제시)

① 행정청은 처분을 할 때에는 다음 각 호의 어느 하나에 해당하는 경우를 제외하고는 당사자에게 그 근거와 이유를 제시하여야 한다.
   1. 신청 내용을 모두 그대로 인정하는 처분인 경우
   2. 단순·반복적인 처분 또는 경미한 처분으로서 당사자가 그 이유를 명백히 알 수 있는 경우
   3. 긴급히 처분을 할 필요가 있는 경우

② 행정청은 제1항 제2호 및 제3호의 경우에 처분 후 당사자가 요청하는 경우에는 그 근거와 이유를 제시하여야 한다.

문제 02

甲은 2015.3.16. 乙로부터 A광역시 B구 소재 도로로 사용되고 있는 토지 200㎡(이하 '이 사건 토지'라 함)를 매수한 후 자신의 명의로 소유권 이전등기를 하였다. 한편, 甲은 A광역시지방토지수용위원회에 "사업시행자인 B구청장이 도로개설공사를 시행하면서 사업인정고시가 된 2010.4.6. 이후 3년 이상 이 사건 토지를 사용하였다"고 주장하면서 「공익사업을 위한 토지 등의 취득 및 보상에 관한 법률」(이하 '토지보상법'이라 함) 제72조 제1호를 근거로 이 사건 토지의 수용을 청구하였다. 이에 대해 A광역시지방토지수용위원회는 "사업인정고시가 된 날로부터 1년 이내에 B구청장이 재결신청을 하지 아니하여 사업인정은 그 효력을 상실하였으므로 甲은 토지보상법 제72조 제1호를 근거로 이 사건 토지의 수용을 청구할 수 없다"며 甲의 수용청구를 각하하는 재결을 하였다. 다음 물음에 답하시오. 30점

(1) A광역시지방토지수용위원회의 각하재결에 대하여 행정소송을 제기하기 전에 강구할 수 있는 甲의 권리구제수단에 관하여 설명하시오. 10점

(2) 甲이 A광역시지방토지수용위원회의 각하재결에 대하여 행정소송을 제기할 경우 그 소송의 형태와 피고적격에 관하여 설명하시오. 20점

참조 조문

〈공익사업을 위한 토지 등의 취득 및 보상에 관한 법률〉

제23조(사업인정의 실효)

① 사업시행자가 제22조 제1항에 따른 사업인정의 고시(이하 "사업인정고시"라 한다)가 된 날부터 1년 이내에 제28조 제1항에 따른 재결신청을 하지 아니한 경우에는 사업인정고시가 된 날부터 1년이 되는 날의 다음 날에 사업인정은 그 효력을 상실한다.

② 〈이하 생략〉

제72조(사용하는 토지의 매수청구 등)

사업인정고시가 된 후 다음 각 호의 어느 하나에 해당할 때에는 해당 토지소유자는 사업시행자에게 해당 토지의 매수를 청구하거나 관할 토지수용위원회에 그 토지의 수용을 청구할 수 있다. 이 경우 관계인은 사업시행자나 관할 토지수용위원회에 그 권리의 존속(存續)을 청구할 수 있다.

1. 토지를 사용하는 기간이 3년 이상인 경우
2. 〈이하 생략〉

문제 03

국방부장관은 국방 · 군사에 관한 사업을 위하여 국토교통부장관으로부터 甲소유의 토지를 포함한 200필지의 토지 600,000㎡에 관하여 「공익사업을 위한 토지 등의 취득 및 보상에 관한 법률」 제20조에 따른 사업인정을 받았다. 그러나 국토교통부장관은 사업인정을 하면서 동법 제21조에 규정된 이해관계인의 의견을 청취하는 절차를 거치지 않았다. 한편, 국방부장관은 甲과 손실보상 등에 관하여 협의하였으나 협의가 성립되지 않았다. 국방부장관은 재결을 신청하였고 중앙토지수용위원회는 수용재결을 하였다. 甲은 수용재결에 대한 취소소송에서 사업인정의 절차상 하자를 이유로 수용재결의 위법성을 주장할 수 있는가? (단, 국토교통부장관의 사업인정에 대한 취소소송의 제소기간은 도과하였음) 20점

문제 04

국토교통부장관은 감정평가법인등 甲이 「감정평가 및 감정평가사에 관한 법률」(이하 '감정평가법'이라 함) 제10조에 따른 업무 범위를 위반하여 업무를 행하였다는 이유로 甲에게 3개월 업무정지처분을 하였다. 甲은 이러한 처분에 불복하여 취소소송을 제기하였으나 소송계속 중 3개월의 정지기간이 경과되었다. 감정평가법 제32조 제5항에 근거하여 제정된 감정평가법 시행령 제29조 [별표 3] '감정평가법인등의 설립인가의 취소와 업무의 정지에 관한 기준'에 따르면, 위 위반행위의 경우 위반횟수에 따라 가중처분을 하도록 규정하고 있다(1차 위반 시 업무정지 3개월, 2차 위반 시 업무정지 6개월, 3차 위반 시 업무정지 1년). 甲은 업무정지처분의 취소를 구할 법률상 이익이 있는가? 10점

2016년도 제27회 감정평가사 제2차 시험 감정평가 및 보상법규 채점평

제시된 사례형 문제에 대하여 사실관계를 정확히 분석한 후 쟁점별로 충실하게 서술한 우수한 답안도 많았지만, 설문을 정확하게 이해하지 못하고 논점을 벗어나 작성하거나 학설과 판례를 충분히 숙지하고 있지 못한 채 핵심에서 벗어나서 작성한 답안이 적지 않았다. 따라서 기본기에 충실한 법적인 문제해결능력을 갖추기 위해서는 최신 판례와 이론을 중심으로 행정법과 보상법규를 체계적으로 공부할 것을 권장한다. 참고적으로 이번 시험에 처음으로 일부 문제에 참조 조문을 제시하였는 바, 답안의 작성과정에서 참고 및 활용 바란다.

[문제 1]

(물음 1)은 이주대책 수립 신청거부처분을 하기에 앞서 사전통지와 이유제시를 거치지 않은 경우 그 법적 효과를 묻는 문제이다. 불필요하게 이주대책에 대하여 장황하게 작성하거나 실체적 위법성을 기술한 논점 이탈의 답안보다는 거부처분의 절차적 하자에 초점을 맞추어 사전통지와 이유제시로 구분하여 학설과 판례를 정확히 언급할 필요가 있다.

(물음 2)는 처분사유의 추가·변경의 허용성에 관한 문제로서, 이에 관한 판례와 학설을 적절히 언급하고, 허용범위 및 한계를 작성함과 아울러 기본적 사실관계의 동일성을 기준으로 사안 포섭을 제대로 하는 것이 중요하다.

[문제 2]

(물음 1)은 토지수용위원회의 각하재결에 대하여 행정소송 제기 전에 강구할 수 있는 권리구제수단에 관한 문제로서, 「공익사업을 위한 토지 등의 취득 및 보상에 관한 법률」상의 이의신청에 관한 내용을 체계적으로 서술하고 특별행정심판으로서의 성질을 갖고 있다고 서술할 필요가 있다.

(물음 2)는 수용청구를 각하하는 토지수용위원회의 재결에 대해 토지소유자가 불복하여 제기하는 소송의 형태 및 피고를 누구로 하는가에 관한 문제이다. 이에 관하여는 토지수용위원회의 재결에 불복하여 제기하는 형식적 당사자소송 형태 및 피고적격의 결론도 중요하지만 그와 같은 결론의 도출과정에 주안점을 두어 관련 법령, 학설, 판례 등 쟁점을 충실하게 서술하는 것이 중요하다.

[문제 3]

선행 행정행위인 사업인정에 대한 절차상 하자가 후행 행정행위인 수용재결에 승계되는지 여부에 관한 문제이다. 설문의 사실관계로부터 하자 승계의 논점을 도출하는지 여부를 중점적으로 보았고, 하자 승계에 관한 학설, 판례 등 기본쟁점을 빠짐없이 골고루 서술하는 것이 중요하다.

[문제 4]

영업정지처분의 정지기간이 도과된 후에 취소를 구할 법률상 이익이 인정되는지 여부를 묻는 문제이다. 행정소송법 제12조 후단을 언급하면서 협의의 소의 이익에 관한 대법원 판례의 태도를 기술하면 무난하다고 본다. 제재적 처분기준의 법적 성질을 법령보충적 행정규칙으로 잘못 이해하고 작성한 부실한 답안도 있었다. 그러나 제재적 처분기준을 대통령령의 형식으로 명확히 알고 있는 전제에서 제재적 처분의 전력이 장래의 행정처분의 가중요건으로 법령에 규정되어 있는 경우에 협의의 소의 이익이 인정된다고 서술하는 답안 기술이 요망된다.

Chapter 10

2015년 제26회 기출문제

문제 01

「공익사업을 위한 토지 등의 취득 및 보상에 관한 법률」(이하 '공익사업법'이라 한다)에 따라 도로확장건설을 위해 사업인정을 받은 A는 해당 지역에 위치한 甲의 토지를 수용하고자 甲과 협의를 시도하였다. A는 甲과 보상액에 관한 협의가 이루어지지 않자 공익사업법상의 절차에 따라 관할 토지수용위원회에 재결을 신청하였다. 그런데 관할 토지수용위원회는 「감정평가에 관한 규칙(국토교통부령)」에 따른 '감정평가실무기준(국토교통부 고시)'과는 다르게 용도지역별 지가변동률이 아닌 이용상황별 지가변동률을 적용한 감정평가사의 감정결과를 채택하여 보상액을 결정하였다. 그 이유로 해당 토지는 이용상황이 지가변동률에 더 큰 영향을 미친다는 것을 들었다. 다음 물음에 답하시오. 40점

(1) 甲은 보상액 결정이 '감정평가실무기준(국토교통부 고시)'을 따르지 않았으므로 위법이라고 주장한다. 甲의 주장은 타당한가? 20점

(2) 甲은 위 토지수용위원회의 재결에 불복하여 공익사업법에 따라 보상금의 증액을 구하는 소송을 제기하고자 한다. 이 소송의 의의와 그 특수성을 설명하시오. 20점

문제 02

B시에 거주하는 甲은 2005년 5월 자신의 토지 위에 주거용 건축물을 신축하였다. 그런데 甲은 건축허가요건을 충족하지 못하여 행정기관의 허가 없이 건축하였다. 甲은 위 건축물에 입주하지 않았으나, 친척인 乙이 자신에게 임대해 달라고 요청하여 이를 허락하였다. 乙은 필요시 언제든 건물을 비워주겠으며, 공익사업시행으로 보상의 문제가 발생할 때에는 어떠한 보상도 받지 않겠다는 내용의 각서를 작성하여 임대차계약서에 첨부하였다. 乙은 2006년 2월 위 건축물에 입주하였는데, 당시부터 건축물의 일부를 임의로 용도변경하여 일반음식점으로 사용하여 왔다. 甲의 위 토지와 건축물은 2015년 5월 14일 국토교통부장관이 한 사업인정고시에 따라서 공익사업시행지구에 편입되었다. 甲은 이 사실을 알고 동년 6월에 위 건축물을 증축하여 방의 개수를 2개 더 늘려 자신의 가족과 함께 입주하였다. 다음 물음에 답하시오. 30점

(1) 위 甲의 건축물은 「공익사업을 위한 토지 등의 취득 및 보상에 관한 법률」에 따른 손실보상의 대상이 되는지, 만일 된다면 어느 범위에서 보상이 이루어져야 하는지 설명하시오. 10점

(2) 甲과 乙은 주거이전비 지급대상자에 포함되는지 여부를 지급요건에 따라서 각각 설명하시오. 20점

문제 03

甲은 C시 소재 전(田) 700㎡(이하 '이 사건 토지'라고 한다)의 소유자로서, 여관 신축을 위하여 부지를 조성하였는데, 진입로 개설비용 3억원, 옹벽공사비용 9천만원, 토목설계비용 2천만원, 토지형질변경비용 1천만원을 각 지출하였다. 그런데 건축허가를 받기 전에 국토교통부장관이 시행하는 고속도로건설공사에 대한 사업인정이 2014년 7월 15일 고시되어 이 사건 토지 중 500㎡(이하 '이 사건 수용대상토지'라고 한다)가 공익사업시행지구에 편입되었고, 2015년 7월 17일 관할 토지수용위원회에서 수용재결이 있었다. 그 결과 이 사건 토지에서 이 사건 수용 대상 토지를 제외한 나머지 200㎡(이하 '이 사건 나머지 토지'라고 한다)는 더 이상 여관 신축의 용도로는 사용할 수 없게 되어 그 부지조성 비용은 이 사건 나머지 토지의 정상적인 용도에 비추어 보았을 때에는 쓸모없는 지출이 되고 말았다. 이에 甲은 이 사건 나머지 토지에 들인 부지조성비용에 관하여 손실보상의 지급을 청구하고자 한다. 다음 물음에 답하시오. 20점

(1) 위 청구권의 법적 근거에 관하여 설명하시오. 10점

(2) 甲은 다른 절차를 거치지 않고 바로 국가를 상대로 손실보상을 청구하는 소송을 제기할 수 있는가? 10점

문제 04

감정평가사 甲은 토지소유자 乙로부터 그 소유의 토지(이하 '이 사건 토지'라고 한다)를 물류단지로 조성한 후에 형성될 이 사건 토지에 대한 추정시가를 평가하여 달라는 감정평가를 의뢰받아 1천억원으로 평가하였다(이하 '이 사건 감정평가'라고 한다). 甲은 그 근거로 단순히 인근 공업단지 시세라고 하며 공업용지 평당 3백만원 이상이라고만 감정평가서에 기재하였다. 그러나 얼마 후 이 사건 토지에 대한 경매절차에서 법원의 의뢰를 받은 감정평가사 丙은 이 사건 토지의 가격을 1백억원으로 평가하였다. 평가금액 간에 10배에 이르는 현저한 차이가 발생하자 사회적으로 문제가 되었다. 이에 국토교통부장관은 적법한 절차를 거쳐 甲에게 "부동산의 적정한 가격을 산정하기 위해서는 정확한 자료를 검토하고 이를 기반으로 가격형성요인을 분석하여야 함에도 그리하지 않은 잘못이 있다."는 이유로 징계를 통보하였다. 이에 대해 甲은 이 사건 감정평가는 미래가격 감정평가로서 비교표준지를 설정할 수 없어 부득이하게 인근 공업단지의 시세를 토대로 평가하였던 것이고, 미래가격 감정평가에는 구체적인 기준이 따로 없으므로 일반적인 평가방법을 따르지 않았다고 해서 자신이 잘못한 것은 아니라고 주장한다. 甲의 주장은 타당한가? 10점

2015년도 제26회 감정평가사 제2차 시험 감정평가 및 보상법규 채점평

2015년도 제26회 감정평가사 시험에 응시한 모든 수험생들의 노고에 감사의 마음을 전합니다.

채점자의 가슴 속을 시원하게 해주는 우수한 답안도 많았지만, 그 반대로 설문을 정확하게 이해하지 못하는 답안, 자신이 아는 내용을 논리적으로 서술하지 못하는 답안, 손실보상청구와 국가배상청구를 근본적으로 혼동하는 답안과 같이, 법리를 다루는 기본적인 능력을 갖추지 못한 답안이 적지 않았다. 감정평가사 또한 법률가의 일종이라는 자부심을 가지고, 그에 걸맞는 법리적인 능력을 갖추기 위해 노력할 것을 주문한다. 이를 위해 대학에서 개설되는 행정법 관련 교과목(행정법 1, 행정법 2, 행정구제법 등)을 충분한 시간을 두고 체계적으로 수강할 것을 추천한다.

[문제 1]

'감정평가실무기준'의 대외적 구속력 여부와 보상금증감청구소송의 본질에 관한 문제이다. '감정평가실무기준'과 관련하여서는 이른바 법령보충적 행정규칙의 대외적 구속력 여부에 관한 학설과 판례의 일반적인 입장을 설명하고, 더 나아가 '감정평가실무기준'에 관한 판례를 구체적으로 설명한 답안에 높은 점수를 부여하였다. 보상금증감청구소송의 본질과 관련하여서는 관련 법령, 학설, 판례를 충분히 설명하면 높은 점수를 부여하였다.

[문제 2]

무허가건축물에 대한 평가와 그 주거이전비 보상에 관한 문제이다. 무허가건축물에 대한 평가와 관련하여서는 단순히 답만 제시하는 데 그치지 않고 더 나아가 관련 법령, 학설, 판례를 충실하게 소개한 답안에 높은 점수를 부여하였다. 주거이전비 보상과 관련하여서는 관련 법령에 대한 정확한 이해 및 설문의 사실관계에 대한 정확한 분석 여부를 중점적으로 보았고, 합의서의 효력에 관한 판례 등 쟁점을 빠짐없이 골고루 서술한 답안에 높은 점수를 부여하였다.

[문제 3]

잔여지 손실보상과 그 절차에 관한 문제이다. 관련 법령과 판례를 충실히 설명한 답안에 높은 점수를 부여하였다. 설문의 취지에 따르면 잔여지 매수 또는 수용청구에까지 이르는 사안은 아니지만 관련 내용을 서술한 답안에 대해서도 적절한 점수가 부여되었다. 아울러, 공익사업시행지구 밖의 토지에 관한 손실보상(공익사업을 위한 토지 등의 취득에 관한 법률 제79조), 사업폐지에 따른 손실보상(공익사업을 위한 토지 등의 취득에 관한 법률 시행규칙 제57조), 간접손실보상 일반이론에 관한 내용을 서술한 답안에 대해서도 적절한 점수가 부여되었다.

[문제 4]

감정평가법인등의 성실의무(감정평가 및 감정평가사에 관한 법률 제37조)와 그와 관련된 조건부 감정평가(감정평가에 관한 규칙 제6조)에 관한 문제이다. 관련 법령과 판례를 충실히 설명한 답안에 높은 점수를 부여하였다.

Chapter 11

2014년 제25회 기출문제

문제 01

S시의 시장 A는 K구의 D지역(주거지역)을 「도시 및 주거환경정비법」(이하 "도정법"이라 함)상 정비구역으로 지정·고시하였다. 그러자 이 지역의 주민들은 조합을 설립하여 주택재개발사업을 추진하기 위해 도정법에서 정한 절차에 따라 조합설립추진위원회를 구성하였고, 동 추진위원회는 도정법 제16조의 규정에 의거하여 D지역의 일정한 토지등 소유자의 동의, 정관, 공사비 등 정비사업에 드는 비용과 관련된 자료 등을 첨부하여 A로부터 X조합설립인가를 받아 등기하였다. X조합은 조합총회를 개최하고 법 소정의 소유자 동의 등을 얻어 지정개발자로서 Y를 사업시행자로 지정하였다. 다음 물음에 답하시오. 40점

(1) D지역의 토지소유자 중 甲이 "추진위원회가 주민의 동의를 얻어 X조합을 설립하는 과정에서 '건설되는 건축물의 설계의 개요' 등에 관한 항목 내용의 기재가 누락되었음에도 이를 유효한 동의로 처리하여 조합설립행위에 하자가 있다."고 주장하며 행정소송으로 다투려고 한다. 이 경우 조합설립인가의 법적 성질을 검토한 다음, 이에 기초하여 쟁송의 형태에 대해 설명하시오. 20점

(2) Y는 정비사업을 실시함에 있어 이 사업에 반대하는 토지등소유자 乙 등의 토지와 주택을 취득하기 위하여 「공익사업을 위한 토지 등의 취득 및 보상에 관한 법률」에 의거한 乙 등과 협의가 성립되지 않아 지방토지수용위원회의 수용재결을 거쳤는데, 이 수용재결에 불복하여 Y가 중앙토지수용위원회에 이의재결을 신청하여 인용재결을 받았다. 이 경우 乙 등이 이 재결에 대해 항고소송을 제기한다면 소송의 대상은 무엇인가? 20점

문제 02

甲은 A시의 시외로 나가는 일반도로에 접한 자신 소유의 X토지에 교통로를 개설하고 대형음식점을 운영하고 있다. A시에서는 X토지와 이에 접하여 연결된 Y·W토지의 소유권을 취득하여 혼잡한 교통량을 분산할 목적으로 「국토의 계획 및 이용에 관한 법률」에 의거하여 우회도로를 설치한다는 방침을 결정하고, A시의 시장은 X·Y·W토지의 개별공시지가 및 이 개별공시지가 산정의 기초가 된 P토지의 표준지공시지가와 생산자물가상승률 등을 반영하여 산정한 보상기준가격을 내부적으로 결정하고 예산확보를 위해 중앙부처와 협의 중이다. 다음 물음에 답하시오. 30점

(1) 甲은 보상이 있을 것을 예상하여 더 많은 보상금을 받기 위해 「부동산 가격공시에 관한 법률」에 의거하여 감정평가사를 통해 산정된 P토지의 표준지공시지가에 불복하여 취소소송을 제기하려고 한다. 이 경우 甲에게 법률상 이익이 있는지 여부를 검토하시오. 15점

(2) 위 취소소송에 P토지의 소유자인 丙이 소송에 참가할 수 있는지 여부와 甲이 확정 인용판결을 받았다면 이 판결의 효력은 Y·W토지의 소유자인 乙에게도 미치는지에 대하여 설명하시오. 15점

문제 03

법원으로부터 근저당권에 근거한 경매를 위한 감정평가를 의뢰받은 감정평가사 乙이 감정평가 대상토지의 착오로 실제 대상토지의 가치보다 지나치게 낮게 감정평가액을 산정하였다. 토지소유자인 甲이 이에 대해 이의를 제기하였음에도 경매담당 법관 K는 乙의 감정평가액을 최저입찰가격으로 정하여 경매절차를 진행하였으며, 대상토지는 원래의 가치보다 결국 낮게 丙에게 낙찰되어 甲은 손해를 입게 되었다. 甲이 법관의 과실을 이유로 국가배상을 청구할 경우 이 청구의 인용가능성을 검토하시오. 20점

문제 04

「공익사업을 위한 토지 등의 취득 및 보상에 관한 법률」상 사업인정 전 협의와 사업인정 후 협의의 차이점에 대하여 설명하시오. 10점

2014년도 제25회 감정평가 및 보상법규 채점평

2014년도 제25회 감정평가사 시험에 응시한 모든 수험생들의 노고에 감사의 마음을 전합니다.

[문제 1]

문제 1은 감정평가실무상 감정, 재감정의 업무수행에서 흔하게 접하게 되는 "도시 및 주거환경정비법"(이하 '도정법'이라 함)과 관련하여 조합설립인가의 법적 성질과 그 쟁송형태, 그리고 현행 "공익사업을 위한 토지 등의 취득 및 보상에 관한 법률"(이하 '공익사업법'이라 함)상 수용재결의 단계를 거쳐 이의재결이 인용된 경우 항고소송의 대상이 무엇인지, 두 가지 쟁점을 병렬적으로 묻고 있다.

〈1문〉은 종래까지 (구)주택건설촉진법・도시개발법 등에 따른 조합설립행위에 대한 인가를 강학상 인가로 보아 온 판례의 입장과 학설, 그리고 2009년 대법원 전원합의체에 의해 도정법상 조합설립행위에 대한 인가를 강학상 특허로 본 판례와 학설을 이해하고, 이에 따라 쟁송형태가 어떻게 되는지를 논증하는 것이 질문의 핵심이다. 변경 전의 판례와 학설에 의하면 인가의 기본행위와의 관계에서 보충성과 유효요건이란 점에서 기본행위인 조합설립행위라는 민사관계에 하자가 있으므로 민사소송의 형식을 취하게 되나(다른 견해도 있음), 변경 후의 판례에 따라 조합설립인가를 특허로 보게 되면 조합설립행위는 설립인가(특허)의 성립요건이므로 이에 대한 하자에 관한 쟁송형태는 당연히 항고쟁송(항고소송)이어야 한다. 이 문제에서 쟁송형태에 관해 어떠한 결론을 낼지는 조합설립인가의 법적 성질을 어떻게 파악하는지에 따라 다르므로 평가의 중심은 판례와 학설에 따른 논증의 정도와 논리적 체계성이다. 수험생의 대다수는 〈1문〉의 출제의도와 질문을 잘 파악하고 있고 답안지의 양적 안배에서도 충분히 기술하고 있음에도 주어진 질문에 답하는 논증의 수준은 크게 높지 않았다.

〈2문〉은 행정소송법 제19조의 원처분주의 원칙이 공익사업법상 수용재결과 이의재결에 어떻게 적용되는지 기본적인 쟁점에 관한 질문이다. 이 문제에 대해서는 행정소송법상 원처분주의와 재결주의의 명확한 이해, 제3자효 행정행위의 인용재결이 행정소송법 제19조 단서의 재결 자체의 고유한 위법에 해당되는지 여부, 현행 공익사업법 제85조에 의할 때 이의 인용재결이 있은 경우에 무엇이 항고소송의 대상이 되는지 여부가 질문의 핵심이다. 이 〈2문〉도 〈1문〉과 마찬가지로 대부분의 수험생들이 무엇을 질문하는지 알고 있었지만, 원처분주의와 재결주의에 대한 정확한 개념 정의가 부정확한 경우가 많았다. 특히, 이 문제와 같이 평이한 쟁점의 경우 법률, 판례, 학설에 의한 입체적이고 유기적인 논증을 통해 질문에 알찬 답안을 법리적으로 기술하여야 함에도 불구하고 상당수 수험생들은 이런 점을 소홀히 하여 피상적이거나 중요 판례를 제외하고 기술하는 등 논증의 치밀성과 체계성이 떨어지는 답안도 상당수 있었다. 결국, 이 문제에서도 기본기가 충실하고 이해 위주로 공부한 수험생이 후한 점수를 받았다고 본다.

[문제 2]

문제 2는 표준지공시지가 불복과 관련된 행정소송의 가능성에 관한 것으로 물음은 2가지이다. 〈1문〉은 표준공시지가에 불복하여 취소소송을 제기할 수 있는지, 즉 법률상 이익이 있는지 여부를 검토하는 것이고, 〈2문〉은 제3자의 소송참가 가능성과 판결의 효력에 대해 검토하는 것이다. 〈1문〉의 경우에는 최근 중앙행정심판위의 재결도 있었지만, 표준지공시지가에 대한 취소소송의 법률상 이익 여부를 묻는 문제로 난이도가 그리 높지 않은 문제라고 할 수 있다. 상당수의 수험생들도 논점을 명확히 인식하고 있었으며, 관련 학설과 판례를 중심으로 답안을 작성하였다. 다만, 수험생들의 학설에 대한 정확한 이해와 판례에 대한 충분한 분석은 부족해 보였다.

〈2문〉은 제3자의 소송참가와 제3자에 대한 취소소송의 효력에 대해 정확히 알고 있는지 묻는 문제이다. 〈1문〉과 마찬가지로 상당수의 수험생들이 충분히 예상할 수 있었던 평이한 문제라고 생각된다. 그런데 이 문제 또한 논리전개에 있어서 미흡한 부분이 많았다고 생각한다.

결론적으로 문제 2는 다수의 학생들이 비교적 쉽게 논점을 파악하기는 하였으나, 답안 작성에서는 미흡한 부분이 많았다. 향후 법학과 관련하여 공부를 할 때에는 정확한 이해를 바탕으로 쟁점별로 정리하는 훈련을 해야 할 것으로 보인다.

[문제 3]

문제 3은 경매담당 법관의 경매절차 진행과정에 있어서의 과실 여부와 그와 관련된 국가배상청구의 가능성에 관한 것이다. 국가배상청구 문제는 감정평가사 업무와 관련해서 매우 중요할 뿐만 아니라, 이미 다수 출제된 적이 있어서 수험생들에게도 익숙하였을 것으로 생각한다. 그래서인지 예상대로 상당수 답안들이 공무원(법관)의 직무행위로 인한 국가배상청구소송 가능성을 주제로 하여 매우 잘 정리된 목차와 내용들을 기술하였다. 구체적으로는 법관이 공무원인지, 그 행위가 위법한지, 고의 또는 과실은 있는지 등 국가배상법 제2조의 기본적인 요건에 충족되는지를 논리적으로 연결하여 기술하였다. 또한 관련 요건의 서술에 있어서 대법원 판례를 검토하는 형식으로 작성한 답안도 많았다. 이 문제는 수험생 입장에서 국가배상법의 이론에 대해 깊이 있는 고민을 해본 사람이라면 쉽게 답안을 작성할 수 있었을 것이라고 생각한다.

[문제 4]

문제 4는 공익사업을 위한 토지 등의 취득방법이 최근 실무에서 협의에 의한 경우가 많다는 점에 착안하여 공익사업법상 사업인정 전후 협의의 차이점을 묻는 것으로 관련 법조와 학설, 판례를 토대로 사업인정 전후 협의의 차이점을 어느 정도 논증하는지가 핵심이다. 예상대로 대다수 수험생들이 이 문제의 답안을 기술하였으나, 공익사업법을 중심으로 한 논증의 정도는 수험생에 따라 상당히 달랐다.

Chapter 12

2013년 제24회 기출문제

문제 01

甲은 S시에 600㎡의 토지를 소유하고 있다. S시장 乙은 2002년 5월 「국토의 계획 및 이용에 관한 법률」에 의거하여 수립한 도시관리계획으로 甲의 토지가 포함된 일대에 대하여 공원구역으로 지정하였다가 2006년 5월 민원에 따라 甲의 토지를 주거지역으로 변경지정하였다. 乙은 2010년 3월 정부의 녹색도시조성 시책에 부응하여 도시근린공원을 조성하고자 甲의 토지에 대하여 녹지지역으로 재지정하였다. 다음 물음에 답하시오. 40점

(1) 甲은 乙이 2010년 3월 그의 토지에 대하여 녹지지역으로 재지정한 것은 신뢰보호의 원칙에 위배될 뿐만 아니라 해당 토지 일대의 이용상황을 고려하지 아니한 결정이었다고 주장하며, 녹지지역 지정을 해제할 것을 요구하고자 한다. 甲의 주장이 법적으로 관철될 수 있는가에 대하여 논하시오. 20점

(2) 乙은 공원조성사업을 추진하기 위하여 甲의 토지를 수용하였는데, 보상금산정 시 녹지지역을 기준으로 감정평가한 금액을 적용하였다. 그 적법성 여부를 논하시오. 20점

문제 02

甲은 S시에 임야 30,000㎡를 소유하고 있다. S시장은 甲소유의 토지에 대하여 토지의 이용상황을 실제 이용되고 있는 '자연림'으로 하여 개별공시지가를 산정한 다음 A감정평가법인에 검증을 의뢰하였는데, A감정평가법인이 그 토지의 이용상황을 '공업용'으로 잘못 정정하여 검증지가를 산정하고, 시(市) 부동산가격공시위원회가 검증지가를 심의하면서 그 잘못을 발견하지 못하였다. 이에 따라 甲소유 토지의 개별공시지가가 적정가격보다 훨씬 높은 가격으로 결정 · 공시되었다. B은행은 S시의 공시지가를 신뢰하고, 甲에게 70억원을 대출하였는데, 甲이 파산함에 따라 채권회수에 실패하였다. 다음 물음에 답하시오. 30점

(1) B은행은 S시를 대상으로 국가배상을 청구하였다. S시의 개별공시지가 결정행위가 국가배상법 제2조상의 위법행위에 해당하는가에 관하여 논하시오. 20점

(2) S시장은 개별공시지가제도의 입법목적을 이유로 S시 담당 공무원들의 개별공시지가 산정에 관한 직무상 행위와 B은행의 손해 사이에 상당인과관계가 없다고 항변한다. S시장의 항변의 타당성에 관하여 논하시오. 10점

문제 **03**

乙은 감정평가사 甲이 감정평가업무를 행하면서 고의로 잘못된 평가를 하였다는 것을 이유로, 「감정평가 및 감정평가사에 관한 법률」 제32조 제1항 제11호 및 동법 시행령 제29조 [별표 3]에 따라 6개월의 업무정지처분을 하였고, 乙은 이에 불복하여 취소소송을 제기하였다. 소송의 계속 중에 6개월의 업무정지기간이 만료하였다. 甲은 위 취소소송을 계속할 이익이 인정되는가? 20점

문제 **04**

「공익사업을 위한 토지 등의 취득 및 보상에 관한 법률」상 보상금증액청구소송을 하면서 해당 재결에 대한 선행처분으로서 수용대상 토지가격 산정의 기초가 된 표준지공시가격 결정이 위법함을 독립한 사유로 다툴 수 있는가에 관하여 논하시오. 10점

2013년도 제24회 감정평가사 제2차 시험 감정평가 및 보상법규 채점평

[문제 1]

문제1은 행정계획을 전제로 하여 발생될 수 있는 분쟁을 해결하는 문제로서 행정계획의 변경청구권을 묻는 〈1문〉과 계획 제한된 토지의 평가를 묻는 〈2문〉으로 구성되어 있다.

〈1문〉은 녹지지정의 해제는 도시관리계획이라는 수단을 통하여 행하여야 하기 때문에 녹지지정의 해제청구는 도시계획의 변경신청 또는 변경청구를 의미하는 점을 서술하여야 한다. 행정계획의 변경신청 가능성과 행정계획변경청구권의 인정여부를 묻는 문제로 난이도가 그리 높지 않은 문제라 할 수 있다. 그러나 상당수의 수험생들이 문제의 취지나 출제의도를 정확하게 파악하지 못하여 녹지지역재지정처분의 취소청구소송으로 이해하여 답안을 작성하였기 때문에 중요한 논점을 언급하지 못하였다. 이는 모두 행정법의 기초지식과 기본 법리에 대한 이해부족을 단적으로 드러낸 것이라 할 수 있는 만큼, 보다 성의 있고 내실 있는 기본기 확립이 필요할 것으로 보인다.

〈2문〉은 계획 제한된 토지의 평가에 관한 문제로 상당수의 수험생들이 예상할 수 있었던 문제로 일반적 계획 제한된 토지에 대한 평가와 특정 공익사업의 시행을 목적으로 가해진 제한된 토지의 평가를 구분하여 설명하였다면 별다른 어려움 없이 해결할 수 있었던 문제이다.

[문제 2]

본문은 개별공시지가의 검증의 오류와 관련한 국가배상청구의 가능성에 관한 것으로 물음은 두 가지이다. 첫째, S시의 개별공시지가 결정행위가 국가배상법 제2조상의 위법행위 해당성, 둘째, S시장은 개별공시지가 제도의 입법목적을 이유로 S시의 담당공무원들의 개별 공시지가 산정에 관한 직무상 행위와 B은행의 손해 사이에 상당인과관계가 없다고 항변하는데, 그 타당성을 논하라는 내용이다.

첫 번째 질문은 국가배상법 제2조의 위법행위에 해당하는가를 판단하는 것이다. 국가배상법 제2조의 기본적인 요건으로서 그 행위가 위법성에 대한 판단과 과실에 대한 판단을 논리적으로 연결하여 기술하면 된다.

두 번째 질문에 대하여는 개별공시지가 제도의 입법목적을 논리적으로 서술하고 개별공시지가가 은행의 담보평가 등 사적인 부동산 거래의 직접적인 평가 근거로 활용됨을 목적으로 하는 것인가에 대한 검토 후 판례의 입장을 고려하여 상당인과관계를 논하는 것이 좋다.

이 문제는 감정평가사가 하는 일상에 관련되어 있고, 담보평가의 중요성 및 입법목적과 직접적으로 연결되어 있어 매우 중요하므로 수험생들도 이미 익숙하게 공부하였을 것으로 생각된다. 공시지가의 결정 및 검증 작업에서 발생하는 오류가 국가배상 및 손해배상과 어떤 인과관계에 놓여 있는가를 정확히 파악하는 것은 감정평가사 직업의 수행에 있어 필수적이다. 금번 출제 및 채점은 이런 사전 지식을 충분히 습득하고 있는가를 판단할 수 있는 좋은 기회가 되었다고 생각한다.

[문제 3]

제재처분의 기간이 경과한 경우 취소소송을 계속할 이익이 있는지에 관하여는 전형적인 소송법상의 주요 쟁점으로 다루어지기 때문에 예상대로 상당수의 답안들이 협의의 소익을 주제로 하여 매우 잘 정리된 목차와 내용들을 기술하였다. 우선 제재처분의 기준을 정하고 있는 대통령령의 법적 성질이 어떠한지를 검토한 후 협의의 소익에 관한 일반적인 내용 및 제재처분의 기준에 관하여 장차 동일한 위반행위에 대한 가중처벌에 관한 규정이 존재하는 경우, 법률의 형식과 행정규칙의 형식으로 규정되어 있는 경우, 협의의 소익을 인정할 것인지에 관한 대법원 전원합의체 판결 전후를 비교하여 검토하는 형식의 답안이 많았으며, 매우 평이하고 무난한 문제였기 때문에 이미 대다수의 수험생들이 예상문제로 많은 연습을 하였을 것으로 생각된다.

[문제 4]

문제4는 하자의 승계를 묻는 것으로 수험생들이 충분히 예상할 수 있었던 문제로 대법원의 판결이 나와 있는 상황이므로 이 문제의 쟁점과 관련 판례를 알고 있다면 어려움 없이 해결할 수 있는 문제라 할 것이다. 다만, 제한된 시간으로 인하여 답안의 구성이 잘못되었거나 목차만으로 구성된 답안지 등도 있었으며 소의 병합이나 청구의 변경 등을 중점적으로 서술한 답안지도 있었다. 시험에서는 문제당 배점을 고려하여 주어진 시간을 잘 분배하는 것이 필요한 것으로 보인다.

Chapter 13

2012년 제23회 기출문제

01

A도는 2008년 5월경 국토교통부장관으로부터 관계 법령에 따라 甲의 농지 4,000㎡를 포함한 B시와 C시에 걸쳐있는 토지 131,000㎡에 '2009 세계엑스포' 행사를 위한 문화시설을 설치할 수 있도록 하는 공공시설입지승인을 받았다. 그 후 A도는 편입토지의 소유자들에게 보상협의를 요청하여 甲으로부터 2008년 12월 5일 「공익사업을 위한 토지 등의 취득 및 보상에 관한 법률」에 의하여 위 甲의 농지를 협의취득하였다. A도는 취득한 甲의 토지 중 1,600㎡를 2009년 5월 31일부터 2011년 4월 30일까지 위 세계엑스포 행사 및 기타 행사를 위한 임시주차장으로 이용하다가 2012년 3월 31일 농지로 원상복구하였다. 그 후 1,600㎡의 토지는 인근에서 청소년수련원을 운영하는 제3자에게 임대되어 청소년들을 위한 영농체험 경작지로 이용되고 있다. 40점

(1) 甲은 농지로 원상복구된 토지 1,600㎡에 대한 환매권을 행사하려고 한다. 甲의 권리구제방법에 대하여 설명하시오. 25점

(2) A도는 환매권 행사 대상토지의 가격이 현저히 상승된 것을 이유로 증액된 환매대금과 보상금 상당액의 차액을 선이행하거나 동시이행할 것을 주장하려 한다. 환매대금 증액을 이유로 한 A도의 대응수단에 대하여 설명하시오. 15점

02

한국수자원공사는 「한국수자원공사법」 제9조 및 제10조에 근거하여 수도권(首都圈) 광역상수도사업 실시계획을 수립하여 국토교통부장관의 승인을 얻은 후, 1필지인 甲의 토지 8,000㎡ 중 6,530㎡를 협의취득하였다. 협의취득 후 甲의 잔여지는 A지역 495㎡, B지역 490㎡, 그리고 C지역 485㎡로 산재(散在)하고 있다. 30점

(1) 甲은 위 잔여지의 토지가격의 감소를 이유로 손실보상을 청구하려고 한다. 이 경우 잔여지의 가격감소에 대한 甲의 권리구제방법을 설명하시오. 15점

(2) 호텔을 건립하기 위해 부지를 조성하고 있던 甲은 자신의 잔여지를 더 이상 종래의 사용목적대로 사용할 수 없게 되자 사업시행자와 매수에 관한 협의를 하였으나, 협의가 성립되지 아니하였다. 이에 甲은 관할 토지수용위원회에 잔여지의 수용을 청구하였지만, 관할 토지수용위원회는 이를 받아들이지 않았다. 이 경우 잔여지수용청구의 요건과 甲이 제기할 수 있는 행정소송의 형식을 설명하시오. 15점

문제 03

20년 이상 감정평가업에 종사하고 있는 감정평가사 甲은 2년 전에 국토교통부장관 乙의 인가를 받아 50명 이상의 종업원을 고용하는 감정평가법인을 설립하였다. 그 후 乙은 甲이 정관을 거짓으로 작성하는 등 부정한 방법으로 감정평가법인의 설립인가를 받았다는 이유로, 「감정평가 및 감정평가사에 관한 법률」 제32조 제1항 제13호에 따라 설립인가를 취소하였다. 甲은 乙의 인가취소가 잘못된 사실관계에 기초한 위법한 처분이라는 이유로 취소소송을 제기하면서 집행정지신청을 하였다. 甲의 집행정지신청의 인용 여부를 논하시오. 20점

문제 04

「공익사업을 위한 토지 등의 취득 및 보상에 관한 법률」상 사업인정고시의 효과에 대하여 설명하시오. 10점

2012년도 제23회 감정평가사 제2차 시험 감정평가 및 보상법규 채점평

채점하면서 읽은 반성문과 내년 수업계획서를 보면서 감정평가사 준비생의 고뇌와 노력을 충분히 느낄 수 있었다. 그리고 우수한 답안을 보면서 감정평가사 시험 준비생들의 실력이 만만치 않다는 것을 확인할 수 있었다.

4문제 전체를 번호 순서대로 쓰지 않거나 아는 문제만 집중적으로 쓴 답안이 제법 있었다. 가능하면 답안을 번호순으로 작성하고, 또 문제별로 구분할 수 있도록 작성할 필요가 있다. 글씨가 나빠 채점자가 읽기 어려운 답안은 당연히 개선되어야 한다. 그리고 답안이 아닌 각오나 반성문은 아예 답안과 명확하게 구분하여 작성되기를 바란다.

[문제 1]

- 환매권에 대한 개념과 요건 그리고 절차와 방법 등에 대한 설명을 하고, 구체적 사례의 적용을 하면서 甲의 청구가 인용되는 결론을 도출한 답안이 많았다. 관련 법조문에 따른 요건 설명과 문제와의 적용도 언급되어야 하고, 환매권의 법적 성질에 대한 설명도 권리구제와 관련하여 언급되어야 한다. 환매권 행사방법으로 환매협의로 인한 이전등기와 소유권이전등기청구소송도 적절하게 언급한 답안도 적지 않게 눈에 띄었다. 배점이 25점인 만큼 문제 1의 (1)에 대한 설명이 충분하게 이루어져야 할 것이다. 결론만 적는 것은 제대로 된 답안이 아니다.
- 환매대금 증액을 이유로 한 A도의 대응에 대해서는 증액청구방법이 주된 논점이지만 환매대금 증액청구의 의의부터 언급이 되어야 한다. 개발이익 귀속문제와 "현저히 변동된 경우"의 의미를 설명하고, 선이행 내지 동시이행항변과 「공익사업을 위한 토지 등의 취득 및 보상에 관한 법률」상의 증액청구방법을 거론

하고 결론을 맺은 답안도 적지 않았다. A도의 선이행이나 동시이행항변 주장에 대한 부분은 질문에 있기 때문에 정확하게 언급하는 것이 필요하다. 환매권 행사의 법적 효과와 관련 대법원 판례를 충실하게 설명한 답안도 제법 있었다.

[문제 2, 3]

1. 쟁점개요

문제 2는 잔여지감가보상, 잔여지수용청구 등 잔여지보상의 유형과 구체적 요건, 그리고 소송형식 등을 묻는 문제이다. 잔여지보상의 문제는 보상실무에 있어서 중요하고 반드시 숙지해야 할 내용이다.

반면, 문제 3은 집행정지의 요건과 판단 등을 묻는 것으로서, 행정소송의 기초적 지식을 묻는 문제이다.

문제 2의 경우 수험생들도 대체로 잔여지보상에 관한 기본적 지식을 갖추고 있었고, 최근 판례의 내용에 대해서도 충분히 숙지하고 있었다. 다만, 잔여지감가보상과 잔여지수용청구의 요건을 서로 구별하지 못하거나, 보상금증감청구소송에 관한 최근 판례의 내용을 숙지하면서도 정작 잔여지감가보상의 소송형식에 관한 대법원 판례의 내용을 정확히 아는 수험생은 그리 많지 않았다.

문제 3의 경우에는 집행정지에 관한 내용에 대하여 비교적 무난히 답안을 작성한 경우가 많았으나, 구체적인 요건을 정확히 기술한 경우는 드물었다.

2. 문제 2의 쟁점사항

문제 2의 경우에는 잔여지감가보상의 요건과 관련하여, 이를 직접 규율하고 있는 「공익사업을 위한 토지 등의 취득 및 보상에 관한 법률」 제73조 제1항의 내용을 해석하는 것이 쟁점이다. 이와 관련하여 같은 법 시행령의 내용을 열거할 뿐, 위 규정의 해석과 의미를 정확히 기술한 답안은 적었다.

또한 잔여지감가보상의 권리구제수단과 관련하여, 재결을 거치지 아니하고 당사자소송을 통해 실현할 수 있는지, 아니면 재결을 경유하여 항고소송을 제기하여야 하는지가 쟁점이었다. 그러나 재결의 처분성에 관한 불필요한 논증에 많은 지면을 할애할 뿐, 해당 문제의 쟁점에 대해 분명히 언급하고 있는 경우는 많지 않았다.

또한 잔여지수용청구의 소송형식에 대해서는 학설상 대립이 있지만, 많은 수험생들은 최근 대법원 판례의 내용을 정확히 숙지하여 보상금증감소송을 언급하고 있었다. 다만, 이러한 소송의 유형구분에 있어서 너무 획일적인 답안이 많았고, 보상금증감소송이 법적으로 '형식적 당사자소송'에 해당하는 점에 대해 기술한 경우는 적었다.

3. 문제 3의 쟁점사항

문제 3의 경우에는 집행정지의 의의, 특성 및 요건을 정확히 기술하면 되는 것으로, 비교적 평이하고 무난한 문제였다. 그러나 집행정지의 요건과 관련하여, 적극적 요건과 소극적 요건을 구별하지 못하거나, 획일적으로 이를 암기하여 작성한 답안이 많았다.

[문제 4]

사업인정고시의 효과는 기초적인 문제라 2차 시험 준비가 충분하지 않은 수험생들도 이에 대해서는 거의 다 언급하였다. 제대로 쓴 답안 사이의 점수 차이는 배점 비중이 큰 문제 1만큼 크게 차이 나지 않았으나 사업인정의 의의, 사업인정고시의 효과, 사업인정의 실효 및 수용재결과의 관계까지 깔끔하게 언급한 답안은 그렇게 많지 않은 것으로 기억된다. 4번째 문제이다 보니 시간에 쫓기어 소제목만 달거나 법조문과 함께 나열한 답안도 적지 않았다. 먼저 문제 4를 작성한 것으로 보이는 답안도 제법 있었다.

2011년 제22회 기출문제

문제
01

A군에 사는 甲은 국토의 계획 및 이용에 관한 법률에 따라 지정된 개발제한구역 내에 과수원을 경영하고 있다. 甲은 영농의 편의를 위해 동 과수원 토지 내에 작은 소로(小路)를 개설하고, 종종 이웃 주민의 통행에도 제공해 왔다. A군은 甲의 과수원 부지가 속한 일단의 토지에 폐기물처리장을 건설하고자 하는 乙을 폐기물관리법에 따라 폐기물처리장 건설사업자로 지정하면서 동 처리장 건설사업실시계획을 승인하였다. 甲과 乙 간에 甲토지에 대한 협의매수가 성립되지 않아 乙은 甲토지에 대한 수용재결을 신청하고, 관할 지방토지수용위원회의 수용재결을 받았다. 동 수용재결에서는 "사실상 사도(私道)의 부지는 인근 토지에 대한 평가액의 3분의 1 이내로 평가한다."고 규정하고 있는 토지 등의 취득 및 보상에 관한 법률 시행규칙(이하 '토지보상법 시행규칙') 제26조 제1항 제2호의 규정에 따라, 甲의 토지를 인근 토지가에 비하여 3분의 1의 가격으로 평가하였다. 이 수용재결에 대하여 이의가 있는 甲은 적절한 권리구제수단을 강구하고자 한다. 다음의 물음에 답하시오. 50점

(1) 토지보상액에 대해 불복하고자 하는 甲의 행정쟁송상 권리구제수단을 설명하시오. 20점

(2) 甲이 제기한 쟁송에서 피고 측은 甲의 토지에 대한 보상액이 낮게 평가된 것은 토지보상법 시행규칙 제26조 제1항 제2호의 규정에 의한 것으로서 적법하다고 주장한다. 피고의 주장에 대해 법적으로 판단하시오. 15점

(3) 甲은 토지보상법 시행규칙 제26조 제1항 제2호의 규정은 헌법 제23조상의 재산권보장 및 정당보상의 원칙을 위배하여 위헌적인 것이라고 주장한다. 甲의 주장을 관철할 수 있는 법적 수단을 설명하시오. 15점

02

다음 각각의 사례에 대하여 답하시오. 30점

(1) 국토교통부장관은 감정평가법인등 甲에 대하여 법령상 의무 위반을 이유로 6개월의 업무정지처분을 하였다. 甲은 업무정지처분 취소소송을 제기하였으나 기각되었고 동 기각판결은 확정되었다. 이에 甲은 위 처분의 위법을 계속 주장하면서 이로 인한 재산상 손해에 대해 국가배상 청구소송을 제기하였다. 이 경우 업무정지처분 취소소송의 위법성 판단과 국가배상 청구소송의 위법성 판단의 관계를 설명하시오. 20점

(2) 감정평가법인등 乙은 국토교통부장관에게 감정평가사 갱신등록을 신청하였으나 거부당하였다. 그런데 乙은 갱신등록 거부처분에 앞서 거부사유와 법적 근거, 의견제출의 가능성 등을 통지받지 못하였다. 위 갱신등록 거부처분의 위법성 여부를 검토하시오. 10점

문제

03

A시는 시가지 철도이설사업을 시행하기 위하여 공익사업을 위한 토지 등의 취득 및 보상에 관한 법률 제16조에 따라 주택용지를 협의취득하면서 그에 따른 일체의 보상금을 B에게 지급하였고, B는 해당 주택을 자진 철거하겠다고 약정하였다. B가 자진 철거를 하지 않을 경우 B의 주택에 대하여 대집행을 할 수 있는지를 판단하시오. 20점

Chapter 15

2010년 제21회 기출문제

문제 01

국토교통부장관은 전국을 철도로 90분 이내에 연결하기 위한 기본계획을 수립하였다. 이 계획에 기초하여 C공단 C이사장은 A지역과 B지역을 연결하는 철도건설 사업에 대하여 「공익사업을 위한 토지 등의 취득 및 보상에 관한 법률」(이하 '토지보상법') 제20조에 따른 국토교통부장관의 사업인정을 받았다. P는 B-3공구 지역에 임야 3,000제곱미터를 소유하고 장뇌삼을 경작하고 있으며, 터널은 P소유 임야의 한가운데를 통과한다. C공단의 C이사장은 국토교통부장관이 제정한 K지침에 따라 P에 대하여 "구분지상권"에 해당하는 보상으로 900만원(제곱미터당 3,000원 기준)의 보상금을 책정하고 협의를 요구하였다. P는 장뇌삼 경작임야에 터널이 건설되고 기차가 지나다닐 경우 농사가 불가능하다고 판단하여 C이사장의 협의를 거부하였다. 40점

(1) P는 본인 소유 토지의 전체를 C이사장이 수용하여야 한다고 주장한다. 보상에 관한 C이사장의 결정과 P의 주장 내용의 정당성을 판단하시오. 20점

(2) 토지보상법상 P가 주장할 수 있는 권리와 이를 관철시키기 위한 토지보상법상의 권리구제수단에 관하여 논술하시오. 20점

문제 02

뉴타운(New Town) 개발이 한창인 A지역 인근에 주택을 소유한 P는 자신의 주택에 대하여 전년도 대비 현저히 상승한 개별공시지가를 확인하고 향후 부과될 관련 세금의 상승 등을 우려하여 「부동산 가격공시에 관한 법률」 제11조에 따른 이의신청을 하였으나 기각되었다. 이에 P는 확정된 개별공시지가에 대하여 다시 행정심판을 제기하였으나 행정심판위원회는 그 청구를 받아들이지 않았으나, 그 후 P는 자신이 소유한 주택에 대하여 전년도보다 높은 재산세(부동산보유세)를 부과 받게 되었다. 30점

(1) P가 이의신청과 행정심판을 모두 제기한 것은 적법한지에 대하여 설명하시오. 10점

(2) P가 소유 주택에 대하여 확정된 개별공시지가가 위법함을 이유로, 그 개별공시지가를 기초로 부과된 재산세에 대한 취소청구소송을 제기할 수 있는지에 대하여 논술하시오. 20점

문제 03

감정평가법인등 P와 건설업자 Q는 평소에 친밀한 관계를 유지하고 있다. P는 Q의 토지를 평가함에 있어 친분관계를 고려하여 Q에게 유리하게 평가하였다. 국토교통부장관은 P의 행위가 「감정평가 및 감정평가사에 관한 법률」을 위반하였다고 판단하여 과징금, 벌금 또는 과태료의 부과를 검토하고 있다. 30점

(1) 과징금, 벌금, 과태료의 법적 성질을 비교하여 설명하시오. 20점

(2) 국토교통부장관은 과징금과 벌금을 중복하여 부과하고자 한다. 중복 부과처분의 적법성에 관하여 판단하시오. 10점

Chapter 16

2009년 제20회 기출문제

A시는 도시개발사업을 하면서 주거를 상실하는 거주자에 대한 이주대책을 수립하였다. 이주대책의 주요내용은 다음과 같다. 이를 근거로 다음 물음에 답하시오. 45점

- 기준일 이전부터 사업구역 내 자기 토지상 주택을 소유하고 협의계약 체결일까지 해당 주택에 계속 거주한 자가 보상에 합의하고 자진 이주한 경우 사업구역 내 분양아파트를 공급한다.
- 분양아파트를 공급받지 않은 이주자에게는 이주정착금을 지급한다.
- 무허가건축물대장에 등록된 건축물 소유자는 이주대책에서 제외한다.

(1) 이주대책의 이론적 및 헌법적 근거를 설명하시오. 5점

(2) 주택소유자 甲이 보상에 합의하고 자진 이주하지 아니한 경우에도 이주대책에 의한 분양아파트의 공급 혹은 이주정착금의 지급을 요구할 수 있는지의 여부를 검토하시오. 20점

(3) 무허가건축물대장에 등록되지 않은 건축물 소유자 乙이 해당 건축물이 무허가건축물이라는 이유로 이주대책에서 제외된 경우에 권리구제를 위하여 다툴 수 있는 근거와 소송방법에 관하여 검토하시오. 20점

甲은 하천부지에 임시창고를 설치하기 위하여 관할청에 하천점용허가를 신청하였다. 이에 관할청은 허가기간 만료 시에 위 창고건물을 철거하여 원상복구할 것을 조건으로 이를 허가하였다. 다음 물음에 답하시오. 30점

(1) 甲은 위 조건에 대하여 취소소송으로 다툴 수 있는지 검토하시오. 20점

(2) 甲은 창고건물 철거에 따른 손실보상을 청구할 수 있는지 검토하시오. 10점

감정평가 및 감정평가사에 관한 법률 시행령 제29조 [별표 3](감정평가법인등의 설립인가의 취소와 업무의 정지에 관한 기준)은 재판규범성이 인정되는지의 여부를 설명하시오. 25점

2009년도 제20회 수석합격자 총평

[문제 1]

물음 (1)의 이론적 근거는 인간다운 생활보장, 법적 근거는 결합설이라고 서술하였다.
물음 (2)는 이주대책기준의 구속력 유무로 행정규칙의 법규성을 논하고 이주대책대상자 선정기준의 구속력을 부정하는 최근 판례를 소개하면서 판례는 선정기준을 기속으로 보고 있다고 검토하였다. 이주대책 내용의 경우 제34조설 이외 헌법적 근거로 판례의 재량으로 보는 견해를 비판한 논의를 개인적으로 접한 경우가 없어 별도의 깊은 논의는 하지 않았으며 A시의 이주대책기준의 구속력을 모두 부정하고 토지보상법상 요건을 검토하였다. 수분양권의 성립시기에서 계획수립시설을 취한 뒤 이미 계획수립이 이루어진 이후로 이주대책을 수립할 수 있고 이주대책이 수립되지 않았다면 이주정착금 지급을 요구할 수 있다고 사안을 검토하였다.
물음 (3)의 경우 다툴 수 있는 근거로 적법건물이라고 가정한 뒤 사인의 공권의 성립의 이유를 근거로 다툴 수 있다고 검토하였다. 해당 거부가 처분의 요건을 갖추었는지 알기 위해 확인·결정의 법적 성질을 검토하고 처분임을 밝힌 뒤, 소송방법으로 항고심판, 항고소송, 당사자소송을 검토하고 사례를 해결하였다.

[문제 3]

법규명령 형식의 행정규칙의 법규성 논의로써, 배점에 맞추기 위해 관련 논점을 많이 쓰려고 노력했다. 재판규범성의 의미와 법규성의 의미를 검토하였고, 법규성을 긍정하는 견해와 법규성을 부정하는 견해를 나누어 후자의 경우 행정규칙의 법규성 인정논의도 추가적으로 검토하였다.

Chapter 17

2008년 제19회 기출문제

문제 01

서울특별시장은 도시관리계획결정에서 정해진 바에 따라 근린공원을 조성하기 위하여 그 사업에 필요한 토지들을 공익사업을 위한 토지 등의 취득 및 보상에 관한 법률의 규정에 의거하여 협의를 거쳐 취득하고자 하였으나 협의가 성립되지 않아 중앙토지수용위원회에 재결을 신청하였다. 중앙토지수용위원회의 수용재결(수용의 개시일 : 2005.6.30.)에 따라 서울특별시장은 보상금을 지급하고 필요한 토지를 취득한 후, 6개월간의 공사 끝에 공원을 조성하였다. 공원조성공사가 완료된 후 2년이 지난 뒤 위 토지를 포함한 일대의 토지들이 택지개발예정지구로 지정되었다(고시일 : 2008.6.30.). 국토교통부장관에 의하여 택지개발사업의 시행자로 지정된 대한주택공사는 택지개발사업실시계획의 승인을 얻어 공원시설을 철거하고, 그 지상에 임대주택을 건설하는 공사를 시행하고 있다. 이에 공원조성사업을 위해 수용된 토지의 소유자 甲은 2008.8.30. 서울특별시에 환매의 의사표시를 하였으나, 서울특별시는 甲에게 환매권이 없다고 하여 수용된 토지를 되돌려 주지 않았다. 이러한 경우에 甲이 소유권회복을 위해 제기할 수 있는 소송수단 및 그 인용가능성에 대하여 검토하시오. 40점

참조 조문

〈공익사업을 위한 토지 등의 취득 및 보상에 관한 법률〉

제4조(공익사업)

이 법에 따라 토지 등을 취득하거나 사용할 수 있는 사업은 다음 각 호의 어느 하나에 해당하는 사업이어야 한다.

1. (생략)
2. (생략)
3. 국가나 지방자치단체가 설치하는 청사・공장・연구소・시험소・보건시설・문화시설・공원・수목원・광장・운동장・시장・묘지・화장장・도축장 또는 그 밖의 공공용 시설에 관한 사업
4. (생략)
5. 국가, 지방자치단체, 「공공기관의 운영에 관한 법률」 제4조에 따른 공공기관, 「지방공기업법」에 따른 지방공기업 또는 국가나 지방자치단체가 지정한 자가 임대나 양도의 목적으로 시행하는 주택 건설 또는 택지 및 산업단지 조성에 관한 사업
6. (생략)
7. (생략)
8. (생략)

문제

02

토지에 대한 개별공시지가 결정을 다투려고 하는 경우 다음 각각의 사안에 대하여 논술하시오. 40점

(1) 甲은 A시장이 자신의 소유토지에 대한 개별공시지가를 결정함에 있어서 부동산 가격공시에 관한 법률 제10조 제4항에 의하여 국토교통부장관이 작성한 토지가격비준표를 고려하지 않았다고 주장한다. 이에 A시장은 토지가격비준표를 고려하지 않은 것은 사실이나, 같은 법 제10조 제5항의 규정에 따른 산정지가 검증이 적정하게 행해졌으므로, 甲소유의 토지에 대한 개별공시지가 결정은 적법하다고 주장한다. A시장 주장의 타당성을 검토하시오. 20점

(2) 乙은 A시장이 자신의 소유토지에 대한 개별공시지가를 결정함에 있어서 부동산 가격공시에 관한 법률 제10조 제5항에 의하여 받아야 하는 산정지가 검증을 거치지 않았다는 이유로 개별공시지가 결정이 위법하다고 주장하였다. A시장은 乙의 주장이 있자 산정지가 검증을 보완하였다. 乙이 검증절차의 위법을 이유로 개별공시지가 결정을 다투는 소송을 제기하려는 경우 그 방법 및 인용가능성은? 20점

문제

03

사적(私的) 공용수용의 의의 및 요건에 대하여 설명하시오. 20점

Chapter 18

2007년 제18회 기출문제

문제 01

甲은 A도의 일정지역에서 20년 이상 제조업을 운영하여 왔다. A도지사는 「(가칭)청정자연보호구역의 지정 및 관리에 관한 법률」을 근거로 甲의 공장이 포함되는 B지역 일대를 청정자연보호구역으로 지정하였다. 그 결과 B 지역 내의 모든 제조업자들은 법령상 강화된 폐수 배출허용기준을 준수하여야 한다. 이에 대하여 甲은 변경된 기준을 준수하는 것이 기술적으로 어려울 뿐만 아니라 수질정화시설을 갖추는 데 과도한 비용이 소요되므로 이는 재산권의 수용에 해당하는 것으로 손실보상이 주어져야 한다고 주장한다.

(1) 사례와 같은 甲재산권의 규제에 대한 보상규정이 위 법률에 결여되어 있는 경우 甲 주장의 타당성을 검토하시오. 20점

(2) 사례와 같은 재산권 침해 논란을 입법적으로 해결할 필요가 있는 경우 도입할 수 있는 '현금보상이나 채권보상 이외의 보상방법' 및 '기타 손실을 완화할 수 있는 제도'에 관하여 검토하시오. 20점

문제 02

감정평가법인등의 성실의무와 그 의무이행확보수단을 기술한 후 이들 각 수단의 법적 성질을 비교 · 검토하시오. 30점

문제 03

공부상 지목이 과수원(果)으로 되어 있는 토지의 소유자 甲은 토지상에 식재되어 있던 사과나무가 이미 폐목이 되어 과수농사를 할 수 없는 상태에서 사과나무를 베어내고 인삼밭(田)으로 사용하여 왔다. 또한 甲은 이 토지의 일부에 토지의 형질변경허가 및 건축허가를 받지 않고 2005년 8월 26일 임의로 지상 3층 건물을 건축하고, 영업허가 등의 절차 없이 식당을 운영하고 있다.

(1) 2007년 5월 25일 甲의 토지를 대상으로 하는 공익사업이 인정되어 사업시행자가 甲에게 토지의 협의매수를 요청하였지만 甲은 식당영업에 대한 손실보상을 추가로 요구하면서 이를 거부하고 있다. 甲의 식당영업손실 보상에 관한 주장이 타당한 지에 대하여 논하시오. 15점

(2) 위 토지 및 지장물에 대한 보상평가기준에 대하여 설명하시오. 15점

■ **2007년도 제18회 수석합격자 예시답안 목차**(강정훈 제18회 수석합격 78점)

[문제 1] 40점

〈문제 1-1〉 (20점)

Ⅰ 논점의 정리

Ⅱ 손실보상의 의의 및 요건(특별한 희생인지 여부)

1. 손실보상의 의의 및 요건
2. 특별한 희생인지 여부(소결)

Ⅲ 보상규정이 결여된 경우(헌법 제23조 제3항의 효력논의)

1. 문제점
2. 학설 및 판례의 태도
3. 소결

Ⅳ 甲 주장의 타당성

〈문제 1-2〉 (20점)

Ⅰ 입법적 해결의 근본적 목적(취지)

Ⅱ 현금보상이나 채권보상 이외의 보상방법

1. 대토보상의 현실적 필요성(법 제63조 개정)
2. 공사비 등의 보상
3. 검토

Ⅲ 기타 손실을 완화할 수 있는 제도

1. 현행 법령의 문제점
2. 개특법상 매수청구권제도
3. 기타 세금 감면, 규제완화 등

Ⅳ 소결

[문제 2] (30점)

Ⅰ 논점의 정리(개정 법령의 취지)

Ⅱ 감정평가법인등의 성실의무와 그 의무이행확보수단

1. 감정평가법 제25조 성실의무
2. 감정평가법 제26조 비밀준수의무와 동법 제27조 명의대여금지의무
3. 그 의무이행확보수단
   (1) 행정상 의무이행확보수단
   (2) 형사상 의무이행확보수단
   (3) 민사상 의무이행확보수단
4. 소결

Ⅲ 각 수단의 법적 성질의 비교・검토

1. 행정상 의무이행확보수단과 형사상 의무이행확보수단 비교・검토
2. 행정상 의무이행확보수단과 민사상 의무이행확보수단 비교・검토
3. 민사상 의무이행확보수단과 형사상 의무이행확보수단 비교・검토
4. 소결

Ⅳ 결

1. 감정평가법상 성실의무가 갖는 문제점
2. 의무이행확보수단의 강화와 남겨진 문제

[문제 3] 30점

〈문제 3-1〉 (15점)

Ⅰ 논점의 정리(영업손실보상법령의 개정취지)

Ⅱ 영업손실보상의 대상 (개정 토지보상법 시행규칙 제45조 세부 검토)

1. 영업손실보상의 의의
2. 사업인정고시전부터 적법한 장소일 것(일정한 장소에서 명확성을 기함)
3. 인적 물적 시설을 갖춘 영업(영리목적 삭제)
4. 관계 법령에 인허가등을 받아 그 내용대로 행하는 영업

Ⅲ 甲 주장의 타당성

1. 적법한 장소여부에 대한 타당성
2. 인적 물적 시설을 갖춘 계속적 영업
3. 인허가 등을 받아 그 내용대로 행하는 영업

Ⅳ 소결

〈문제 3-2〉 (15점)

Ⅰ 토지 및 지장물의 보상원칙

Ⅱ 위 토지 및 지장물 보상평가 기준

1. 토지보상법 제67조상의 시가보상
2. 개발이익배제의 원칙(법 제67조 제2항, 법 제70조)
3. 토지 및 지장물에 대한 구체적인 보상평가 기준
4. 소결

Ⅲ 영업손실보상 평가 기준 법령의 문제점

1. 영업장소의 적법성 문제
2. 보상평가기준의 추상성

Ⅳ 결

Chapter 19

2006년 제17회 기출문제

문제 01

甲은 세계풍물 야외전시장을 포함하는 미술품 전시시설을 건립하고자 한다. 甲은 자신이 계획하고 있는 시설이 「공익사업을 위한 토지 등의 취득 및 보상에 관한 법률」(이하 '토지보상법'이라 한다) 제4조 제4호의 "미술관"에 해당하는지에 관하여 국토교통부장관에게 서면으로 질의하였다. 이에 대하여 국토교통부장관은 甲의 시설이 토지보상법 제4조 제4호에 열거된 "미술관"에 속한다고 서면으로 통보하였다. 그 후 甲은 국토교통부장관에게 사업인정을 신청하였다.

(1) 이 경우 국토교통부장관은 사업인정을 해주어야 하는가? 20점

(2) 국토교통부장관은 甲에게 사업인정을 해준 후 2006년 2월 1일 사업시행지 내의 토지소유자인 乙 등에게 이를 통지하고 고시하였다. 이후 甲은 乙 등과 협의가 되지 않자 관할 토지수용위원회에 수용재결을 신청하였고, 2006년 8월 1일 관할 토지수용위원회는 乙 등 소유의 토지를 수용한다는 내용의 수용재결을 하였다. 관할 토지수용위원회의 재결서를 받은 乙은 상기 미술관의 건립으로 인하여 문화재적 가치가 있는 乙 등 조상 산소의 석물 · 사당의 상실이 예견됨에도 불구하고 이러한 고려가 전혀 없이 이루어진 위법한 사업인정이라고 주장하면서 위 수용재결에 대한 취소소송을 제기하였다. 乙은 권리구제를 받을 수 있는가? 20점

문제 02

국토교통부장관은 감정평가사 甲이 부정행위를 통해 자격증을 취득했음을 이유로 「감정평가 및 감정평가사에 관한 법률」 제13조 제1항 제1호에 의하여 2006년 2월 1일 자격을 취소하였다. 이에 甲은 국토교통부장관이 자격취소 시 같은 법 제45조에 의한 청문을 실시하지 않은 것을 이유로 2006년 8월 1일 자격취소처분에 대한 무효확인소송을 제기하였다. 甲의 소송은 인용될 수 있는가? 30점

03

「공익사업을 위한 토지 등의 취득 및 보상에 관한 법률」상 공시지가를 기초로 한 보상액 산정에 있어서 개발이익의 배제 및 포함을 논하시오. 15점

04

재산권의 가치보장과 존속보장에 관하여 서술하시오. 15점

■ 2006년도 제17회 수석합격자 예시답안 목차

[문제 1]

Ⅰ 문제제기

Ⅱ 관련 행정작용의 법적 성질

1. 사업인정
   (1) 의의
   (2) 법적 성질
2. 수용재결
   (1) 의의
   (2) 법적 성질

Ⅲ 물음 (1)에 대하여

1. 문제점
2. 국토교통부장관의 서면통보의 법적 성질
   (1) 강학상 확약인지
      1) 의의
      2) 확약에 해당하는지
   (2) 예비결정에 해당하는지
      1) 의의
      2) 예비결정에 해당하는지
3. 물음의 해결
   (1) 예비결정의 법적 성질 및 효과
   (2) 사안의 경우

Ⅳ 물음 (2)에 대하여

1. 문제점
2. 하자승계 논의의 전제조건 충족 여부
   (1) 전제조건
   (2) 사안의 경우
3. 하자승계 논의
   (1) 학설
   (2) 판례
   (3) 검토의견
4. 물음의 해결
   (1) 결합하여 하나의 행정목적을 추구하는지
   (2) 당사자에게 예측가능성, 수인가능성이 없는지
   (3) 하자승계 여부

[문제 2]

Ⅰ 문제제기

Ⅱ 해당 행정작용의 법적 성질

1. 강학상 철회인지
   (1) 의의
   (2) 사안의 경우
2. 재량행위성

Ⅲ 위법성 판단

1. 판단기준
2. 청문이 필요적 절차인지
   (1) 청문의 의의
   (2) 청문을 실시하는 경우
   (3) 청문의 예외사유
   (4) 사안의 경우
3. 절차상 하자만으로 독자적 위법성이 인정되는지
   (1) 문제점
   (2) 학설 및 판례
   (3) 검토 및 사안의 경우
4. 위법성의 정도
   (1) 판단기준
   (2) 사안의 경우

Ⅳ 무효확인소송에서 인용 가능성

Ⅴ 취소소송으로 소변경 가능성

[문제 3]

Ⅰ 서

Ⅱ 토지보상법상 보상기준(제70조와 제67조 제2항 소개)

Ⅲ 개발이익의 배제의 위헌성 여부

1. 문제점
2. 위헌이라는 견해
3. 합헌이라는 견해

Ⅳ 결

[문제 4]

Ⅰ 서

Ⅱ 재산권의 가치보장과 존속보장의 의의

1. 존속보장
2. 가치보장

Ⅲ 가치보장과 존속보장의 구별기준

1. 공용수용
2. 공용사용 및 공용제한
3. 신뢰보호원칙에서 존속보장과 가치보장

Ⅳ 결

Chapter 20

2005년 제16회 기출문제

문제 01

사업시행자인 甲은 사업인정을 받은 후에 토지소유자 乙과 협의절차를 거쳤으나 협의가 성립되지 아니하여 중앙토지수용위원회에 재결을 신청하였다. 그러나 丙이 乙 명의의 토지에 대한 명의신탁을 이유로 재결신청에 대해 이의를 제기하자, 중앙토지수용위원회는 상당한 기간이 경과한 후에도 재결처분을 하지 않고 있다. 甲이 취할 수 있는 행정쟁송수단에 대해 설명하시오. 40점

문제 02

감정평가사 甲은 감정평가를 함에 있어 감정평가준칙을 준수하지 아니하였음을 이유로 국토교통부장관으로부터 2개월의 업무정지처분을 받았다. 이에 甲은 처분의 효력발생일로부터 2개월이 경과한 후 제소기간 내에 국토교통부장관을 상대로 업무정지처분 취소소송을 제기하였다. 甲에게 소의 이익이 있는지의 여부를 판례의 태도에 비추어 설명하시오(감정평가 및 감정평가사에 관한 법률 시행령 제29조 [별표 3]은 업무정지처분을 받은 감정평가사가 1년 이내에 다시 업무정지의 사유에 해당하는 위반행위를 한 때에는 가중하여 제재처분을 할 수 있도록 규정하고 있다). 30점

문제 03

토지 · 물건의 인도 · 이전의무에 대한 실효성 확보수단에 대해 설명하시오. 20점

문제 04

휴업보상에 대해 약술하시오. 10점

■ 2005년도 제16회 수석합격자 총평 및 예시답안 목차

[문제 1]

문제에서 묻고자 하는 바를 알아내는 것은 쉬웠으나 그 내용을 모두 볼 수 없었기에 행정쟁송의 제기와 관련해서 소송요건까지만을 검토하고 인용가능성 부분은 제외하였다. 또한 행정쟁송의 형태도 의무이행심판과 부작위위법확인소송 및 의무이행소송의 가능성만을 기술하였는데 가처분 같은 경우 어느 정도 알고는 있지만 논리적으로 구성할 자신은 없었기에 위의 세 유형만을 부가하였다.
행정쟁송제기에 있어 부작위의 경우에 있어서 내부적 요건을 세분하여 계속해서 사안을 포섭하기 위해 노력했고, 의무이행소송의 가능성 부분은 목차로 기술하진 않고 통으로 기술하였다. 그리고 사례해결부분에서는 최근 행정소송법 개정안에 대한 언급을 마지막 두 줄에 했다.

Ⅰ 문제제기

Ⅱ 관련 행정작용의 검토
1. 재결의 의의 및 취지
2. 재결의 법적 성질

Ⅲ 부작위 해당 여부 등의 검토
1. 문제점
2. '부작위' 해당 여부 검토
(1) 신청 및 신청권
(2) 법률상 의무
(3) 상당한 기간과 처분의 부존재
(4) 사안의 경우
3. 기타요건의 검토
4. 사안의 적용

Ⅳ 행정쟁송의 검토
1. 의무이행심판
2. 부작위위법확인소송
3. 의무이행소송의 제기가능성

Ⅴ 사례해결

[문제 2]

항상 1순위의 문제로서 두 가지 유형의 답안이 있는데, 협의의 소의 이익을 먼저 기술하는 유형을 기억하고 시험장에 들어갔다. 특히 2번 문제와 관련해서 문제가 되는 부분은 '전문과 후문의 법률상 이익을 보는 견해' 부분이다. 기술하자니 소설이 될 가능성도 있어 처음부터 동일하다는 전제하에 이 부분을 이끌어 나갔다.

Ⅰ 문제제기

Ⅱ 행정소송법 제12조 후문의 법률상 이익
1. 문제점
2. 행정소송법 제12조 후문의 법률상 이익의 의미
3. 행정소송법 제12조 후문의 법률상 이익의 구체적 유형

Ⅲ 가중처분의 가능성과 소의 이익
1. 문제점
2. 감정평가법 시행령 제29조 [별표 3]의 법적 성질
(1) 학설
(2) 판례
(3) 검토
3. 가중처분의 가능성과 소의 이익
(1) 법규명령의 경우
(2) 행정규칙의 경우
(3) 소결 및 사안의 검토

Ⅳ 사례해결

[문제 3]

항상 수험생들이 준비하는 문제라 생각된다. 내용은 방대한데 배점은 20점으로 얼마 되지 않기 때문에 가능한 모든 내용을 모두 넣고 요약적으로 쓰기 위해 노력했다. 직접강제부분은 목차로 만들지 않았고 대신에 해결방안에서 제97조 벌금과 함께 기술하였다.

Ⅰ 서

Ⅱ 실효성 확보수단의 검토
1. 대행
2. 대집행
(1) 의의 및 취지
(2) 요건 및 절차

Ⅲ 토지·물건의 인도거부 시 대집행의 가능성
1. 문제점
2. 대집행 가능성의 논의
(1) 학설
(2) 판례 및 검토
3. 구체적 해결방안
(1) 구체적 해결사례
(2) 직접강제의 가능성 등

Ⅳ 결

[문제 4]

실무를 통해 알고 있는 문제지, 법규에서 꼭 쓰려고 준비했던 문제는 아니다. 하지만 실무에 푸는 방식을 말로 풀어쓴다고 생각한다면 풍부하게 쓸 수 있다고 생각된다. 실제로 산식을 써주는 것도 좋을 것으로 생각된다.

Ⅰ 개설

Ⅱ 영업의 휴업보상
1. 영업장소 이전의 경우
2. 일부편입에 의한 시설보수 등의 경우
3. 임시영업소를 설치하는 경우

Chapter 21

2004년 제15회 기출문제

문제 01

공익사업시행자 X는 A시 지역에 공익사업을 시행하기 위하여 사업인정을 신청하였고, 이에 국토교통부장관으로부터 사업인정을 받았다. 한편, 이 공익사업의 시행에 부정적이었던 토지소유자 Y는 국토교통부장관이 사업인정 시 공익사업을 위한 토지 등의 취득 및 보상에 관한 법률 제21조에 의거 관계도지사와 협의를 거쳐야 함에도 이를 거치지 않은 사실을 알게 되었다. Y는 이러한 협의를 결한 사업인정의 위법성을 이유로 관할법원에 사업인정의 취소소송을 제기하였다. Y의 주장은 인용가능한가? 40점

문제 02

국토교통부장관이 감정평가 및 감정평가사에 관한 법률(이하 '감정평가법')을 위반한 감정평가법인에게 업무정지 3개월의 처분을 행하였다. 이에 대응하여 해당 법인은 위 처분에는 이유가 제시되어 있지 않아 위법하다고 하면서 업무정지처분취소소송을 제기하였다. 그러나 국토교통부장관은 (1) 감정평가법에 청문규정만 있을 뿐 이유제시에 관한 규정이 없고, (2) 취소소송 심리도중에 이유를 제시한 바 있으므로 그 흠은 치유 내지 보완되었다고 주장한다. 이 경우 국토교통부장관의 주장에 관하여 검토하시오. 30점

문제 03

생활보상에 관하여 약술하시오. 20점

문제 04

공익사업을 위한 토지 등의 취득 및 보상에 관한 법률에 규정되어 있는 손실보상의 원칙을 약술하시오. 10점

■ 2004년도 제15회 법규 수석합격자 총평 및 예시답안 목차

[문제 1]

협의의 처분성 여부 등을 논해야 할 것 같으나, 실제 시험장에서 잘 기억나지 않았고 어설프게 쓰는 것보다는 제21조의 입법취지와 판례를 보충하여 이를 대신하고, 인용가능성의 물음인 바, 사정판결을 8점 정도 기술하였다. 재량행위에 있어서 절차하자의 독자적 위법성 인정은 이견이 없으나, 1번과 2번 문제에서 겹치고 통설이 기속과 재량을 구분하지 아니하므로 이에 의거하여 기술하였다. 위법성 정도에서 권리이익에 중점을 두어 무효로 귀결시킬 경우 사정판결을 기술하는 데 문제가 될 수 있어서 중대명백설로만 구분하였다.

Ⅰ 문제제기

Ⅱ 행정작용의 검토
- 1. 사업인정
  - (1) 의의
  - (2) 법적 성질
- 2. 관계 도지사와의 협의
  - (1) 법률규정
  - (2) 입법취지

Ⅲ 협의절차 하자의 위법성
- 1. 개설
- 2. 독자적 위법성 인정 여부
  - (1) 학설
  - (2) 판례의 태도
  - (3) 검토
  - (4) 사안의 경우
- 3. 위법성 정도
  - (1) 학설
  - (2) 판례의 태도
  - (3) 사안의 경우

Ⅳ 사정판결의 가능성
- 1. 의의
- 2. 요건
- 3. 효과
- 4. 사안의 경우

Ⅴ 사례의 해결

[문제 2]

대부분의 수험생이 잘 아는 내용이나 이유제시의 예외사유와 하자의 치유의 논점상 반복금지효를 기술하는 것이 필요하다고 생각한다. 또한 이를 기술하기 위해서는 1번 문제와 중복되는 부분은 생략하였다.

Ⅰ 문제의 제기

Ⅱ 업무정지처분의 법적 성질

Ⅲ 이유제시의 의무성(문제 1)
- 1. 이유제시의 의의 및 기능
- 2. 이유제시의 의무성
  - (1) 개설
  - (2) 제외사유
- 3. 이유제시의 정도

Ⅳ 이유제시 하자의 치유가능성(문제 2)
- 1. 하자치유의 의의
- 2. 하자의 치유가능성
  - (1) 학설
  - (2) 판례의 태도
  - (3) 검토
- 3. 하자치유의 시기
  - (1) 학설 및 판례
  - (2) 검토
- 4. 반복금지효의 위반 여부

Ⅴ 사례의 해결

[문제 3]

3번은 논술문제이나 논지를 세워 협의설과 통합설로 하고, 서론에서 결론으로 작성하는 것이 답안 분량측면이나 생활보상의 내용 기술에 있어서 단순화가 가능하다는 생각이다.

Ⅰ 서

Ⅱ 생활보상의 개념

1. 학설
2. 검토

Ⅲ 생활보상의 법적 근거

1. 헌법적 근거
2. 법률적 근거

Ⅳ 생활보상의 내용

Ⅴ 결

[문제 4]

Ⅰ 개설

Ⅱ 토지보상법상 손실보상의 원칙

1. 사업시행자 보상
2. 사전보상
3. 현금보상 등
4. 개인별 보상
5. 일괄보상
6. 사업시행 이익과 상계금지
7. 시가보상
8. 개발이익의 배제

Chapter 22

2003년 제14회 기출문제

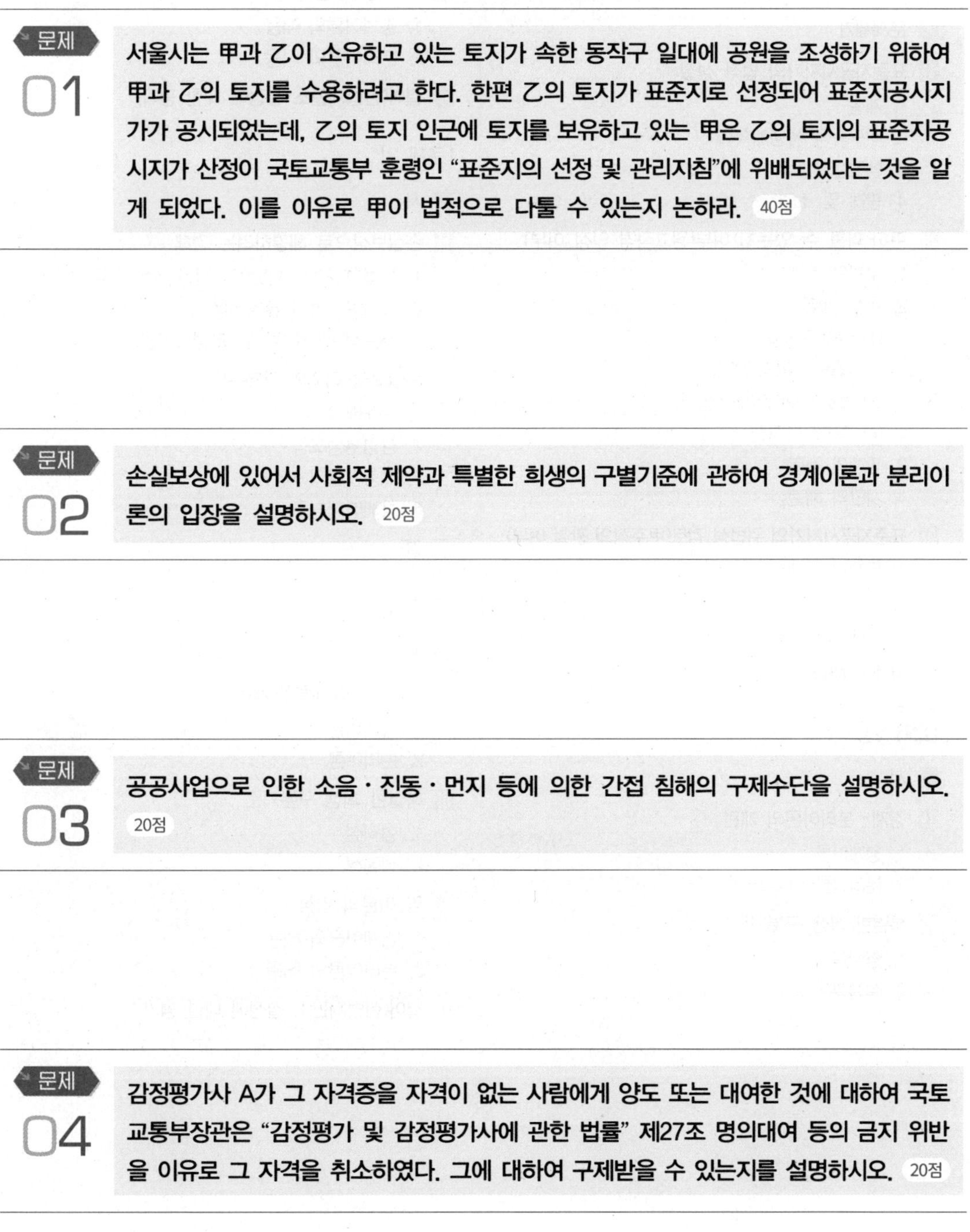

문제 01

서울시는 甲과 乙이 소유하고 있는 토지가 속한 동작구 일대에 공원을 조성하기 위하여 甲과 乙의 토지를 수용하려고 한다. 한편 乙의 토지가 표준지로 선정되어 표준지공시지가가 공시되었는데, 乙의 토지 인근에 토지를 보유하고 있는 甲은 乙의 토지의 표준지공시지가 산정이 국토교통부 훈령인 "표준지의 선정 및 관리지침"에 위배되었다는 것을 알게 되었다. 이를 이유로 甲이 법적으로 다툴 수 있는지 논하라. 40점

문제 02

손실보상에 있어서 사회적 제약과 특별한 희생의 구별기준에 관하여 경계이론과 분리이론의 입장을 설명하시오. 20점

문제 03

공공사업으로 인한 소음 · 진동 · 먼지 등에 의한 간접 침해의 구제수단을 설명하시오. 20점

문제 04

감정평가사 A가 그 자격증을 자격이 없는 사람에게 양도 또는 대여한 것에 대하여 국토교통부장관은 "감정평가 및 감정평가사에 관한 법률" 제27조 명의대여 등의 금지 위반을 이유로 그 자격을 취소하였다. 그에 대하여 구제받을 수 있는지를 설명하시오. 20점

■ 2003년도 제14회 법규 수석합격자 예시답안 목차

[문제 1]

Ⅰ 문제제기

Ⅱ 표준지공시지가의 법적 성질
1. 개설
2. 비구속적 행정계획설
3. 행정행위설
4. 판례 및 소결

Ⅲ 甲이 다툴 수 있는지 여부(원고적격 인정 여부)
1. 문제의 소재
2. 학설 검토
(1) 권리구제설
(2) 법률상 이익구제설
(3) 보호가치이익구제설
(4) 적법성보장설
3. 판례의 검토
4. 사안의 해결

Ⅳ 표준지공시지가의 위법성 검토(甲주장의 관철 여부)
1. 문제의 소재
2. 학설
3. 판례 및 소결

Ⅴ 사례의 해결

[문제 2]

Ⅰ 서

Ⅱ 경계·분리이론의 개관
1. 경계이론
2. 분리이론

Ⅲ 특별한 희생 구분기준
1. 형식설
2. 실질설

Ⅳ 양 이론의 입장
1. 경계이론의 적용
2. 분리이론의 적용

Ⅴ 결어(헌법재판소 결정에 대한 평가)

[문제 3]

Ⅰ 서

Ⅱ 손실보상으로 해결하려는 견해
1. 헌법 제23조 제3항의 직접 또는 유추적용
2. 토지보상법의 유추적용
3. 수용적 침해이론 및 조정보상법리

Ⅲ 손실보상 이외의 구제수단
1. 손해배상
2. 환경분쟁조정
3. 고충민원의 제기
4. 방해배제청구

Ⅳ 결

[문제 4]

Ⅰ 서

Ⅱ 경계·분리이론의 개관
1. 경계이론
2. 분리이론

Ⅲ 특별한 희생 구분기준
1. 형식설
2. 실질설

Ⅳ 양 이론의 입장
1. 경계이론의 적용
2. 분리이론의 적용

Ⅴ 결어(헌법재판소 결정에 대한 평가)

Chapter 23

2002년 제13회 기출문제

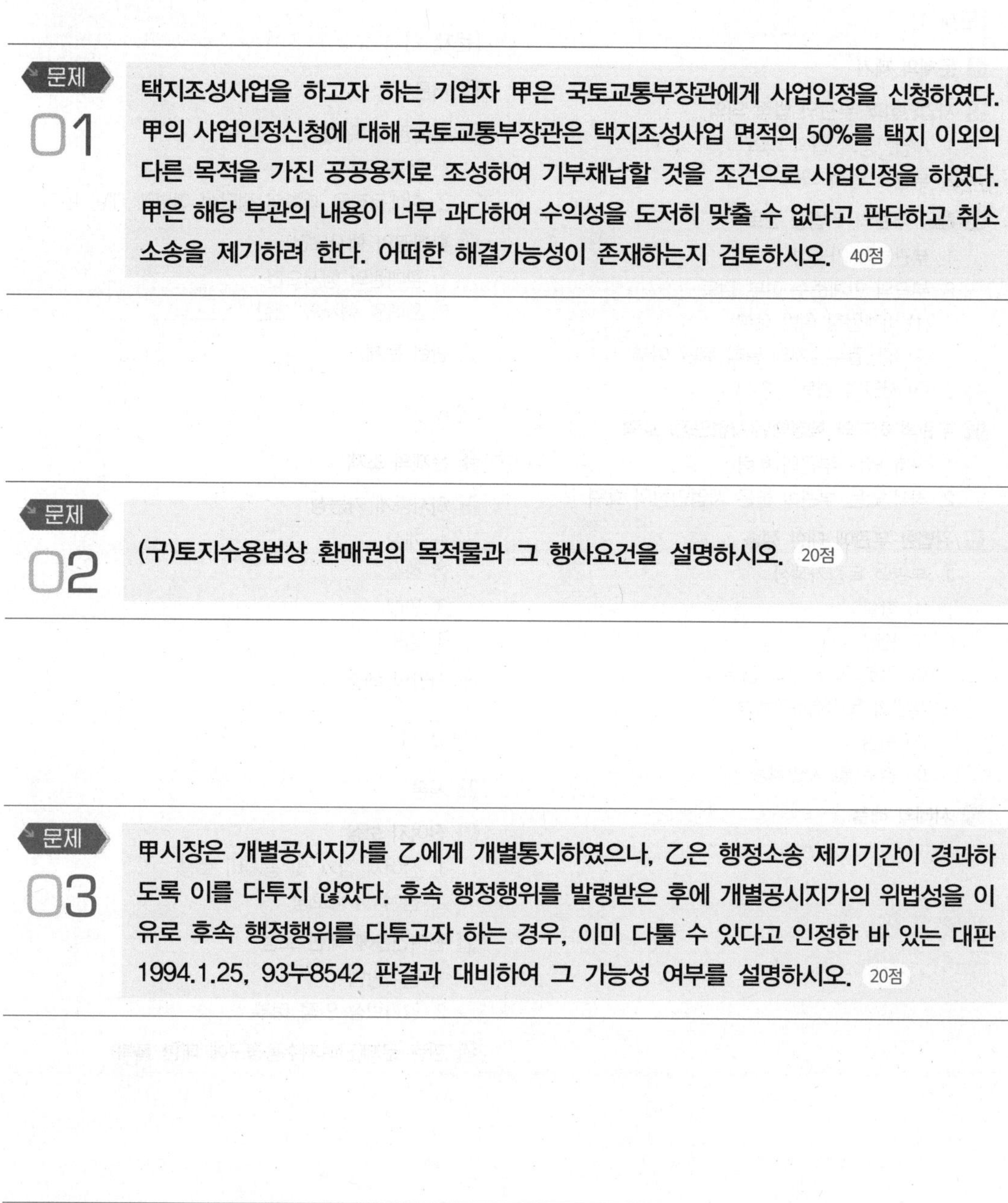

문제 01

택지조성사업을 하고자 하는 기업자 甲은 국토교통부장관에게 사업인정을 신청하였다. 甲의 사업인정신청에 대해 국토교통부장관은 택지조성사업 면적의 50%를 택지 이외의 다른 목적을 가진 공공용지로 조성하여 기부채납할 것을 조건으로 사업인정을 하였다. 甲은 해당 부관의 내용이 너무 과다하여 수익성을 도저히 맞출 수 없다고 판단하고 취소소송을 제기하려 한다. 어떠한 해결가능성이 존재하는지 검토하시오. 40점

문제 02

(구)토지수용법상 환매권의 목적물과 그 행사요건을 설명하시오. 20점

문제 03

甲시장은 개별공시지가를 乙에게 개별통지하였으나, 乙은 행정소송 제기기간이 경과하도록 이를 다투지 않았다. 후속 행정행위를 발령받은 후에 개별공시지가의 위법성을 이유로 후속 행정행위를 다투고자 하는 경우, 이미 다툴 수 있다고 인정한 바 있는 대판 1994.1.25, 93누8542 판결과 대비하여 그 가능성 여부를 설명하시오. 20점

문제 04

공공사업시행 시 잔여지 및 잔여건물 보상에 관하여 설명하시오. 20점

■ 2002년도 제13회 법규 수석합격자 예시답안 목차

[문제 1]

Ⅰ 문제의 제기

Ⅱ 사업인정과 부관의 법적 의의

1. 사업인정의 법적 의의
2. 부관의 법적 의의

Ⅲ 해당 부관의 위법성 검토

1. 부관부착 가능성
2. 부관의 한계준수 여부 검토
   (1) 비례원칙 위반 여부
   (2) 부당결부금지의 원칙 위반 여부
   (3) 사안의 검토

Ⅳ 부관의 하자와 행정행위(사업인정) 효력

1. 하자 있는 부관의 효력
2. 하자 있는 부관이 붙은 사업인정의 효력

Ⅴ 위법한 부관에 대한 쟁송

1. 부관의 독립가쟁성
   (1) 학설
   (2) 판례
   (3) 검토 및 사안의 경우
2. 부관의 독립취소가능성
   (1) 학설
   (2) 검토 및 사안적용

Ⅵ 사례의 해결

[문제 2]

Ⅰ 서론

Ⅱ 환매권의 목적물

1. 법률규정
2. 환매목적물 제한의 정당성 여부에 대한 논의

Ⅲ 환매권의 행사요건

1. 환매권의 행사요건
2. 환매권 행사의 제한

Ⅳ 관련 문제

[문제 3]

Ⅰ 문제의 소재

Ⅱ 하자승계 가능성

1. 개설
2. 학설
3. 판례
4. 검토

Ⅲ 사안의 해결

[문제 4]

Ⅰ 서론

Ⅱ 잔여지 보상

1. 잔여지 감가 및 공사비 보상
2. 잔여지수용보상

Ⅲ 잔여건물에 대한 보상

1. 평가방법
2. 감가보상 인정 여부

Ⅳ 관련 문제(잔여지수용청구에 대한 불복)

Chapter 24

2001년 제12회 기출문제

문제 01

공익사업을 위한 토지 등의 취득 및 보상에 관한 법률(이하 '토지보상법') 제67조 및 동법 제70조는 다음과 같이 규정하고 있다. 이 규정과 관련하여 아래의 물음에 답하시오.

(구)토지수용법 제46조(산정의 시기 및 방법)

① 손실액의 산정은 제25조 제1항의 규정에 의한 협의의 경우에는 협의성립 당시의 가격을 기준으로 하고 제29조의 규정에 의한 재결의 경우에는 수용 또는 사용의 재결 당시의 가격을 기준으로 한다.

② 제1항의 규정에 의한 보상액의 산정방법은 다음 각 호와 같다.

1. 협의취득 또는 수용하여야 할 토지에 대하여는 지가공시 및 토지 등의 평가에 관한 법률에 의한 공시지가를 기준으로 하되, 그 공시기준일로부터 협의성립 시 또는 재결 시까지의 관계 법령에 의한 해당 토지의 이용계획, 해당 공익사업으로 인한 지가의 변동이 없는 지역의 대통령령이 정하는 지가변동률, 도매물가상승률 기타 해당 토지의 위치·형상·환경·이용상황 등을 참작하여 평가한 적정가격으로 보상액을 정한다.
2. 사용하여야 할 토지에 대하여는 그 토지 및 인근 토지의 지료·임대료 등을 참작한 적정가격으로 보상액을 정한다.

③ 제2항의 규정에 의한 공시지가는 제16조의 규정에 의한 사업인정고시일 전의 시점을 공시기준일로 하는 공시지가로서 해당 토지의 협의성립 또는 재결 당시 공시된 공시지가 중 해당 사업인정고시일에 가장 근접한 시점에 공시된 공시지가로 한다.

〈공익사업을 위한 토지 등의 취득 및 보상에 관한 법률〉

제67조(보상액의 가격시점 등)

① 보상액의 산정은 협의에 의한 경우에는 협의 성립 당시의 가격을, 재결에 의한 경우에는 수용 또는 사용의 재결 당시의 가격을 기준으로 한다.

② 보상액을 산정할 경우에 해당 공익사업으로 인하여 토지 등의 가격이 변동되었을 때에는 이를 고려하지 아니한다.

제70조(취득하는 토지의 보상)

① 협의나 재결에 의하여 취득하는 토지에 대하여는 「부동산 가격공시에 관한 법률」에 따른 공시지가를 기준으로 하여 보상하되, 그 공시기준일부터 가격시점까지의 관계 법령에 따른 그 토지의 이용계획, 해당 공익사업으로 인한 지가의 영향을 받지 아니하는 지역의 대통령령으로 정하는 지가변동률, 생산자물가상승률(「한국은행법」 제86조에 따라 한국은행이 조사·발표하는 생산자물가지수에 따라 산정된 비율을 말한다)과 그 밖에 그 토지의 위치·형상·환경·이용상황 등을 고려하여 평가한 적정가격으로 보상하여야 한다.

② 토지에 대한 보상액은 가격시점에서의 현실적인 이용상황과 일반적인 이용방법에 의한 객관적 상황을 고려하여 산정하되, 일시적인 이용상황과 토지소유자나 관계인이 갖는 주관적 가치 및 특별한 용도에 사용할 것을 전제로 한 경우 등은 고려하지 아니한다.

③ 사업인정 전 협의에 의한 취득의 경우에 제1항에 따른 공시지가는 해당 토지의 가격시점 당시 공시된 공시지가 중 가격시점과 가장 가까운 시점에 공시된 공시지가로 한다.

④ 사업인정 후의 취득의 경우에 제1항에 따른 공시지가는 사업인정고시일 전의 시점을 공시기준일로 하는 공시지가로서, 해당 토지에 관한 협의의 성립 또는 재결 당시 공시된 공시지가 중 그 사업인정고시일과 가장 가까운 시점에 공시된 공시지가로 한다.

⑤ 제3항 및 제4항에도 불구하고 공익사업의 계획 또는 시행이 공고되거나 고시됨으로 인하여 취득하여야 할 토지의 가격이 변동되었다고 인정되는 경우에는 제1항에 따른 공시지가는 해당 공고일 또는 고시일 전의 시점을 공시기준일로 하는 공시지가로서 그 토지의 가격시점 당시 공시된 공시지가 중 그 공익사업의 공고일 또는 고시일과 가장 가까운 시점에 공시된 공시지가로 한다.

⑥ 취득하는 토지와 이에 관한 소유권 외의 권리에 대한 구체적인 보상액 산정 및 평가방법은 투자비용, 예상수익 및 거래가격 등을 고려하여 국토교통부령으로 정한다.

(1) 토지보상법 제70조 제1항 및 동조 제3항과 제4항의 입법취지에 대하여 설명하시오. 10점

(2) 토지보상법 제70조 제1항이나 부동산 가격공시에 관한 법률 등에 의하여 손실보상액을 산정함에 있어, 보상선례를 참작할 수 있는가에 대하여 설명하시오. 10점

(3) 토지보상법 제67조 및 동법 제70조에서 규정하는 산정방법에 의하여 보상액을 산정하는 것이 정당보상에 합치되는지 논하시오. 10점

문제 02

사업시행자 甲이 산업단지를 조성하기 위해 매립·간척사업을 시행하게 됨에 따라 해당 지역에서 수산업법 제44조의 규정에 의한 신고를 하고 어업에 종사해 온 乙은 더 이상 신고한 어업에 종사하지 못하게 되었다. 그러나 甲은 乙에게 수산업법 제81조 제1항 제1호의 규정에 의한 손실보상을 하지 아니하고 공유수면매립사업을 시행하였다. 이 경우 乙의 권리구제방법은? 30점

문제 03

(구)토지수용법상 사업인정의 법적 성질과 권리구제에 대하여 논하시오. 30점

문제 04

감정평가 및 감정평가사에 관한 법률 제28조 제1항의 규정에 의한 감정평가법인등의 손해배상책임에 대하여 설명하시오. 10점

2001년도 제12회 출제 및 채점위원 강평(류해웅)

※ 출제 및 채점위원 강평은 요약된 내용이다.

Ⅰ 채점 후 소감

1. 문제에 대해 이해를 바탕으로 답안을 작성하도록 하여야 한다. 문제의 내용에 대해 이해하고 답안을 쓰는 것이 무엇보다 중요하다. 이를 위해서는 폭넓은 공부를 하여야 한다.
2. 실제 적용에 대한 관심을 가지고 준비하여야 한다. 수험생들이 피상적으로 기본서나 수험서를 가지고 공부하는 것만으로 앞으로의 출제에 대비하기 어렵다. 막연히 보상법규를 보지 말고 관련 문제가 현실적으로 어떻게 작동하고, 어떠한 문제점을 지니고 있는가에도 관심을 가져야 할 것이다.
3. 관련 문제에 대해 판례의 이해를 높여야 한다. 아직, 판례를 논쟁점과 연관하여 준비하는 것이 부족하다. 판례는 수험준비는 물론 답안의 작성에서 고득점을 할 수 있는 중요한 자료임을 고려하여 평소 관련 문제와 함께 정리하여 익히도록 하여야 할 것이다.
4. 답안의 구성을 어떻게 할 것인가에 대한 구상을 바탕으로 답안을 써야 하며, 글씨는 또박또박 쓰도록 하여야 하고 휘갈겨 쓰지 않도록 하여야 한다.
5. 하나의 문제가 무엇에 대하여 논하라거나 설명하라고 할 때에는 서론이나 문제제기를 하여야 하나, 그렇지 않고 작은 문제로 나누어 답하도록 할 때는 질문에만 충실하게 답안을 작성해도 무방할 것이다(합격자 예시답안의 강평부분에 있는 글).

Ⅱ 강평

[문제 1]

1. 출제의도

수용의 경우 보상은 협의성립 당시의 가격과 재결 당시의 가격을 기준으로 하는 일반원칙을 채용하고 있다. 그러나 가격시점의 보상액은 공시지가기준일로부터 시점수정하여 산정하는 방식에 의거하고 있다. 시점수정은 개발이익을 배제한 적정가격으로 보상액을 정하기 위한 제도이다. 이로 말미암아 보상액이 정당보상에 합치하는가에 대한 논의가 거듭되고 있으며, 시점수정에 의한 보상액의 산정 시 기타사항으로 보상선례를 참작할 수 있는가에 대하여 견해가 나누어지고 있다. 특히 보상선례의 참작에 대한 최근 판례동향을 바르게 이해하고 이에 대한 비판을 기대하면서 출제하였다.

2. 채점기준

(1) 입법취지, (2) 보상선례의 참작가능성, (3) 정당보상에의 합치 여부로 나누어 묻고 있다.
각각 10점을 배정하였다. 각 문제마다 2개의 소제목에 따라 다시 각각 5점씩 배점하였다.
보상액에서 개발이익의 배제(5점), 보상의 기준시점과 산정의 기준시점 간의 조정수단(5점) / 보상선례의 의의와 (구)토지수용법 제46조 제2항 제1호의 해석(5점), 보상선례에 관한 판례 동향과 비판(5점) / 보상기준(공시지가)과 정당보상(5점), 보상액의 산정방법(개발이익의 배제)과 정당보상(5점)으로 세분하여 배점하였다.

[문제 2]

1. 출제의도

(1) 보상법규를 실무에 얼마만큼 응용하여 이해하고 있는가를 알아보기 위해서이다. 보상법규의 이해를

바탕으로 실제 문제를 해결할 수 있는 나름의 지식을 갖는 것은 매우 중요함에도 불구하고 소홀히 다루어져 왔기 때문이다.

(2) 공공사업으로 인해 침해된 권리는 손실보상과 손해배상을 연계하여 권리구제가 이루어져야 한다는 것을 이해하고 있는가를 알아보기 위해서이다. 손실보상청구에 대해서는 어느 정도 이해하고 있으나 손해배상과 연계시켜 파악하지 못하고 있다.

(3) 실무문제에 대한 판례에 관심을 가지고 있는가를 알아보기 위해서이다. 판례는 실제문제와 연관하여 공부하기에 적합하다. 그러나 수험생들은 교재에만 매달려 보상법규의 응용력이 부족하다. 따라서 최근의 판례에서 보상법규의 문제로 중요하다고 판단되는 사례를 문제로 구성하였다.

2. 채점기준

사안은 기업자 甲이 이미 해당 사업을 실시하기 위한 적법절차를 거쳤으나 신고어업에 종사하는 乙에게 수산업법 제81조 제1항 제1호의 규정에 의한 손실보상을 하지 않았을 따름이다. 결과적으로 乙의 권리구제는 보상금을 받거나 그에 상당하는 손해배상을 받는 것밖에 없다. 따라서 이 문제에 대한 채점기준은 세 영역으로 나누어 배점하였다. 즉, (1) 권리구제의 유형(10점), (2) 권리구제의 절차(10점), (3) 손해배상의 범위(10점)로 구성하였다. (1)에서는 권리구제의 유형으로 손실보상청구와 불법행위로 인한 손해배상청구를, (2)에서는 손실보상청구소송과 손해배상청구소송의 절차를, (3)에서는 손실보상액 상당액의 손해배상액을 예상하였다.

[문제 3]

1. 출제의도

수험생들이 사업인정의 절차법적 이해에 치중하고 있는 경향이 있어 일반절차를 제외하고 법적 성질과 권리구제를 문제로 구성하였다. 사업인정의 법적 성질에 대해서는 학설대립을 중심으로 논하고, 권리구제에 대해서는 사업인정에 대한 쟁송과 사업인정의 위법이 재결에 승계될 수 있는가에 대해 논하기를 기대하였다.

2. 채점기준

서론으로 의의를 논하고 본론에서 법적 성질과 권리구제에 대해 논하고 결론으로 자기의견이나 주장을 기술하면 될 것이다. 사업인정의 의의(5점), 법적 성질(10점), 권리구제(10점), 결론(5점)

[문제 4]

1. 출제의도

지공법은 출제자가 항상 어떤 문제를 출제할 것인가에 대하여 고심하는 법률이다. 이번 출제에서도 객관성을 갖는 문제를 고르는 데 퍽 어려움이 있었다. 출제자는 감정평가법인등의 의무와 책임에 관한 문제를 구성하기로 하였고, 이론적으로 비교 검토가 요구되는 감정평가법인등의 손해배상책임을 문제로 구성하였다.

2. 채점기준

손해배상의 의의(5점), 손해배상책임의 요건(5점), 민사상의 손해배상책임과의 구별을 하는 경우 가산점을 주도록 하였다.

■ 2001년도 제12회 법규 수석합격자 예시답안 목차

[문제 1]

Ⅰ 문제의 제기

Ⅱ (구)토지수용법 제46조 제2항 제1호 및 제3항의 입법취지

1. 보상규정의 검토
2. 입법취지

Ⅲ 보상선례 등의 참작 가능 여부

1. 문제의 소재
2. 학설
3. 판례
4. 소결

Ⅳ 정당보상에 합치하는지 여부

1. 문제의 소재
2. 공시지가기준 보상과 정당보상 여부

[문제 2]

Ⅰ 문제의 제기

Ⅱ 손실보상의 청구가능성

1. 손실보상의 청구요건
2. 사안의 경우

Ⅲ 손해배상의 청구가능성

1. 손해배상 청구의 가능성
2. 손해배상의 절차

Ⅳ 취소소송 제기 가능성

Ⅴ 결과제거청구권

Ⅵ 결론

[문제 3]

Ⅰ 문제의 제기

Ⅱ 사업인정의 법적 성질

1. 확인행위인지 형성행위인지 여부
2. 쟁송법상 처분
3. 재량행위성 인정
4. 복효적 행정행위

Ⅲ 사업인정과 권리구제

1. 사전적 권리구제
2. 사후적 권리구제
   (1) 실체적 권리구제(① 손실보상, ② 손해배상)
   (2) 절차적 권리구제(① 행정심판, ② 행정소송)
3. 사업인정의 위법과 재결단계에서의 불복(하자승계 논의)
4. 결과제거 청구권

Ⅳ 결론

[문제 4]

Ⅰ 의의

Ⅱ 지공법의 규정과 민법 제750조와의 관계

Ⅲ 손해배상책임의 요건

Ⅳ 손해배상의 범위

Ⅴ 손해배상의 보장

Chapter 25

2000년 제11회 기출문제

문제 01

토지소유자인 甲은 중앙토지수용위원회의 수용재결에 불복하여 이의신청을 제기하였으나 기각되었다. 이에 따라 甲은 행정소송으로서 취소소송을 제기하고자 한다.

(1) 이때 甲은 무엇을 대상으로 행정소송을 제기할 수 있는가와 관련하여 판례의 태도를 설명하고 이를 논평하시오. 30점

(2) 甲이 행정소송을 제기하는 경우에 이것이 토지에 대한 수용효력에 영향을 미치는가를 설명하시오. 10점

문제 02

감정의뢰인 甲은 감정평가사 乙이 고의로 자신의 토지를 잘못 평가하였음을 주장하여 국토교통부장관에게 乙에 대한 제재조치를 요구하였다. 이에 따라 국토교통부장관은 감정평가 및 감정평가사에 관한 법률상의 권한을 행사하여 일정한 제재조치를 취하고자 한다. 이 경우에 국토교통부장관이 취할 수 있는 절차와 구체적인 제재조치 내용을 설명하시오. 30점

문제 **03**

공공사업의 시행으로 인하여 공공사업지구 밖에서 발생한 피해에 대한 보상의 이론적 근거, 실제유형과 보상의 한계에 대하여 논술하시오. 20점

문제 **04**

공공사업시행 시 사업인정을 받은 토지상의 지상권자가 지상권의 손실보상을 청구하는 경우 그 지상권의 소멸절차를 설명하시오. 10점

2000년도 제11회 출제 및 채점위원 강평(이선영)

※ 출제 및 채점위원 강평은 요약된 내용이다.

제11회 감정평가사 시험에는 (구)토지수용법에서 2문, (구)공특법에서 1문, 지공법에서 1문이 각각 출제되었다. 특히 지공법에서의 출제는 거의 지가공시제도에 많았으나 최근 감정평가제도에 대하여도 점차 빈도가 높아지는 경향이므로 수험생의 관심이 요구된다고 하겠다.
여느 경우와 마찬가지로 주관식 답안의 작성은 문제의 핵심을 잘 파악하여 체계적으로 논리를 전개하는 것이 중요하며, 문제의 배점을 고려하여 논리가 전개되어야 좋은 득점을 기대할 수 있다. 배점을 고려하지 않은 답안 작성은 작전 성과의 경중을 염두에 두지 않고 총탄・포탄을 쏟아 붓는 것이나 다름없다. 채점자는 배점기준에 따를 뿐이고 수험생에게 동정을 베풀지 아니한다.

[문제 1]

1. 논점

문제에 의하면 중앙토지수용위원회의 수용재결에 불복하여 행정소송으로서 취소소송을 제기하고 그 소송은 수용재결의 불복인 취소소송이므로 손실보상재결의 불복인 당사자소송이 아닌 점이 분명하다. 따라서 행정소송을 제기하는 경우 그 대상을 중앙토지수용위원회의 수용재결로 할 것인가, 이의재결을 할 것인가, (구)토지수용법의 규정내용과 판례의 태도는 어떠한가, 행정소송의 제기가 수용효력에 미치는 영향은 어떠한가 하는 점이 논점이 될 수 있다.

2. 강평

(1) 행정소송의 대상과 판례의 태도에 대한 논평을 요구하고 있으므로 원처분주의와 재결주의에 관한 학설과 판례의 단순 설명보다는 손실보상 재결과 비교되는 수용재결의 내용, 판례의 태도와 학설, (구)토지수용법 제75조의2 제1항의 해석문제 등을 중심으로 한 주관적 입장의 논평을 함으로써 취소소송 대상에 대한 충분한 이해를 하고 있음을 채점자가 알 수 있을 것이다.

(2) 토지수용위원회의 시심적 재결로서 수용의 효력은 발생하고 행정대집행도 가능하며, 이에 대한 집행정지는 인정하지 않는다는 것이다. 그러나 행정소송법은 집행부정지 원칙과 집행정지의 예외규정을 두고 있는 결과 (구)토지수용법과의 관계에 의문이 생기게 된다. 행정소송법이 이러한 규정에도 불구하고 (구)토지수용법 기타 개별법에서 집행부정지 효력을 특별히 규정하는 것은 개별법의 목적을 달성하기 위한 필요성에 기인한다고 할 수도 있다. 따라서 이의 재결에 대한 행정소송이 토지수용효력에 미치는 영향은 공공사업의 원활한 시행 및 집행정지의 남용방지라는 (구)토지수용법의 특수한 목적과 재산권 보호와의 관계를 서로 관련시켜 설명하면 될 것이다.
그러나 합격자 예시답안에는 행정소송법에서 예외적으로 인정되고 있는 집행정지의 남용과 공공사업의 적기 시행 필요성에 관한 언급이 결여되어 있다.

[문제 2]

1. 논점

감정평가사의 법적 지위가 감정평가주체로서의 지위인가, 감정평가법인등으로서의 지위인가 하는 점과 제재대상이 감정평가사인가, 감정평가법인등인가 하는 점이 논점이 될 수 있다. 문제로 보아서는 감정평가주체로서의 지위를 가진 감정평가사에 대하여 그 제재조치의 절차와 내용의 설명을 요구하는 것이라고 볼 수 있다. 문제 2의 출제는 감정평가법인등이 아닌 감정평가사의 감정평가상 책임을 묻는 문제라는 점에서 이는 앞으로 지공법상 감정평가제도를 이해함에 있어서 새로운 방향을 제시할 것이다.

2. 강평

(1) 문제의 소재

감정평가사에게 감정평가권을 부여하고 있으며 동시에 감정평가를 목적물로 하는 감정평가업을 허용하고 있다. 전자를 감정평가의뢰자와의 공법관계, 후자를 사법관계라고 한다.

문제는 감정평가의뢰인이 고의로 자신의 토지를 잘못 평가하였다고 주장하면서 국토교통부장관에게 감정평가사에 대한 제재조치를 요구하고 있으므로 이는 감정평가의뢰인과 감정평가법인등과의 사법관계가 아니라 감정평가사와의 공법관계이다.

(2) 제재절차

지공법에는 감정평가에 대한 타당성 조사를 위한 청문규정을 두고 있지 않으므로 직접 감정평가사에게 해당 감정평가의 타당성을 소명하게 하거나 감정평가협회에 위탁하여 타당성 조사를 하게 할 수도 있다. 감정평가사에 대한 제재절차는 이와 같이 감정평가에 대한 타당성 조사의 결과에 따라 고의 또는 잘못 평가 여부를 판단하게 된다.

(3) 제재내용

성실의무 위반에 대하여 지공법은 구체적 제재내용의 근거규정을 두고 있고 동법 시행령 제39조 제1항 [별표 2]에서 감정평가법인등과 감정평가사를 구분하여 제재기준을 마련하고 있다.

[문제 3]

1. 논점

공익사업에 따른 손실보상은 공공사업지구 내에서 일어나는 것이 원칙이다. 그러나 문제 3은 공공사업지구 밖에서 일어난 피해보상에 대하여 그 이론적 근거, 실제유형, 보상의 한계 등을 논술하도록 하고 있다. 여기서 공공사업지구 밖에서 발생한 피해보상의 의의, 현행 손실 보상과의 관계 및 그 필요성, (구)공특법상의 규정례와 기타사례, 현실적·실정법상의 보상한계 등이 논점이 될 수 있다.

2. 강평

논술의 범위와 대상이 다소 포괄적이기는 하지만 (구)토지수용법과 (구)공특법에서 규정하고 있는 공공사업지구 밖의 손실보상규정과 소위 생활보상규정의 취지를 체계적으로 이해하고 있다면 배점에 맞추어 논술이 가능한 문제이다.

공공사업지구 밖의 피해보상에 대하여는 이론적으로 재산상의 손실을 보전하기 위하여 또는 전업에 따른 종래의 생활을 유지·회복시키기 위하여 인정될 수 있고, 이에 대한 견해의 대립도 있을 수 있다. 그리고 공공사업지구 밖의 피해보상의 유형은 (구)토지수용법과 (구)공특법에 규정하고 있는 사항 이외 현실적으로 표출되고 있는 피해 또는 손실보상에 대한 유형을 예시하면 좋을 것이다.

그리고 공공사업지구 밖에서 발생한 피해보상을 공법상 손실보상으로 할 것인가, 사법상 손해배상으로 할 것인가 하는 범위와 기준의 설정이 어렵고, 피해발생 유형이 다양하여 일일이 입법화할 수 없을 뿐만 아니라 국가재정상 피해발생 유형마다 보상을 할 수 없는 한계가 있음을 논술하면 될 것이다. 공공사업지구 밖의 피해보상에 대하여도 헌법상 정당보상과 손실보상법정주의 개념을 이해할 필요가 있다.

[문제 4]

1. 논점

공익사업에 따른 손실보상은 공공사업지구 내에서 일어나는 것이 원칙이다. 그러나 문제 3은 공공사업지구 밖에서 일어난 피해보상에 대하여 그 이론적 근거, 실제유형, 보상의 한계 등을 논술하도록 하고 있다. 여기서 공공사업지구 밖에서 발생한 피해보상의 의의, 현행 손실 보상과의 관계 및 그 필요성, (구)공특법상의 규정례와 기타사례, 현실적·실정법상의 보상한계 등이 논점이 될 수 있다.

2. 강평

문제는 사업인정을 받은 공공사업이라는 점, 지상권자가 지상권에 대한 손실보상청구를 하고 있다는 점 등에 주목해야 한다. 즉, 사업인정을 받은 공공사업이므로 (구)토지수용법을 적용해야 하고, 지상권의 손실보상을 청구하고 있으므로 기업자는 손실보상대상이 되는지를 판단하여 물건조사를 작성하여야 한다. 지상권소멸은 토지소유권의 수용절차와 마찬가지로 협의에 의한 소멸과 재결에 의한 소멸절차로 구분할 수 있다.

■ 2000년도 제11회 합격자 예시답안 목차

[문제 1]

Ⅰ 문제의 제기

Ⅱ 원처분주의와 재결주의(물음 1)

1. 일반론
   (1) 원처분주의
   (2) 재결주의
2. 판례의 태도
3. 판례의 태도에 대한 논평
   (1) 찬성하는 견해
   (2) 반대하는 견해
   (3) 소결

Ⅲ 집행정지의 문제(물음 2)

1. 집행부정지의 원칙
   (1) 행정소송법의 규정
   (2) (구)토지수용법의 규정
   (3) 소결
2. 물음 (2)의 수용효력에의 영향

Ⅳ 문제의 해결

1. 물음 (1)의 경우
2. 물음 (2)의 경우

[문제 2]

Ⅰ 서

Ⅱ 성실의무

1. 개설
2. 성실의무
3. 문제의 경우

Ⅲ 국토교통부장관이 취할 수 있는 절차

1. 개설
2. 청문
   (1) 의의
   (2) 법적 근거
3. 이유제시
   (1) 의의
   (2) 법적 근거
4. 절차상 하자

Ⅳ 국토교통부장관의 제재조치

1. 지공법상 제재조치
   (1) 행정상 제재
   (2) 형사상 제재
   (3) 민사상 제재
2. 문제의 경우

Ⅴ 결

[문제 3]

Ⅰ 서

Ⅱ 이론적 근거

Ⅲ 간접보상의 유형

1. (구)공특법 시행규칙상의 규정
2. 기타의 간접보상

Ⅳ 간접보상의 한계

1. 손실보상의 대상의 문제
2. 손실보상의 측정의 문제
3. 손실보상의 시기의 문제
4. 공공사업의 위축의 우려

Ⅴ 결

[문제 4]

Ⅰ 서

Ⅱ 협의

Ⅲ 재결, 협의성립 확인, 화해

Ⅳ 결

Chapter 26

1999년 제10회 기출문제

문제 01

식량자원화 시대에 즈음하여, A회사는 비료공장을 건설하고자 공장부지를 매입하려고 하였으나, 여의치 않아 국토교통부장관에게 신청하여 사업인정을 받았다. 그 후 (구)토지수용법상의 협의가 성립되지 못하였고, 중앙토지수용위원회의 재결에 의하여 수용이 행하여졌다. 피수용자인 甲은 사기업을 위한 해당 토지의 수용은 위법하다고 주장하고, 비록 적법하다고 하더라도 보상금이 충분하지 못하다는 이유로 이의신청을 하였지만, 중앙토지수용위원회는 기각재결을 하였다. 이에 甲은 행정소송을 제기하고자 한다.

(1) 사기업인 A회사의 비료공장건설사업에 대한 사업인정의 적법 여부 및 위법하다고 인정되는 경우의 권익구제방법을 논술하시오. 10점

(2) 甲이 보상금증액을 청구하는 소송을 제기하는 경우, 그 소송의 형태와 성질 등의 내용을 논술하시오. 30점

문제 02

토지수용위원회, 부동산가격공시위원회, 보상협의회를 비교 논술하시오. 20점

문제 03

(구)토지수용법상의 확대보상을 설명하고, 확장수용청구가 거부된 경우 그 불복방법을 논급하시오. 20점

문제 04

공공용지의 취득과 손실보상에 관한 중요한 법으로 (구)토지수용법과 (구)공공용지의 취득 및 손실보상에 관한 특례법이 있다. 이 두 법령의 상호관계를 설명하고, 두 법령의 통합설(공익사업을 위한 토지 등의 취득 및 보상에 관한 법률 2003.1.1. 통합시행)을 논평하시오. 20점

1999년도 제10회 출제 및 채점위원 강평(박수혁)

* 출제 및 채점위원 강평은 요약된 내용이다.

[문제 1]

I 채점기준

1. 사기업을 위한 수용(15점)
   ① 사기업을 위한 수용의 인정 여부(3점)
   ② 법적 근거(헌법 제23조 제3항, 토지수용법 제3조, 개별법 규정)(2점)
   ③ 인정기준 및 범위(4점)
   ④ 권익구제방법(4점)
   ⑤ 결론(2점)
2. 보상금증감청구소송(25점)
   ① 서론(3점)
   ② 형식적 당사자소송인가, 특수한 형태의 소송인가(6점)
   ③ 필요적 공동소송인가, 필요적 병합소송인가(3점)
   ④ 확인소송인가, 형성소송인가(3점)
   ⑤ 소송의 내용(8점)
   - 소송의 당사자(2점)
   - 소송의 대상(원재결인가 이의재결인가)(4점)
   - 제소기간(2점)
   ⑥ 결론(2점)

II 구체적 논점

1. 물음 (1)

구체적 논점의 핵심적인 내용은 사기업의 비료공장 건설을 위한 사업인정과 그 수용의 가능성이고, 그 밖에 그것이 위법인 경우의 권익구제방법이다. 따라서 이러한 큰 논점을 제일 먼저 문제의 제기부분에 제시하는 것이 바람직하겠다.

모름지기 법규적 논술에는 법적 근거의 제시가 필수적이고, 이 경우 국법질서 중 최고의 실정법인 헌법적 근거의 제시도 당연히 포함되어야 한다. 그러나 (구)토지수용법 제3조만 언급하고, 헌법 제23조 제3항이나 특허법, 실용신안법, 상표법, 공공철도건설법, 민자유치법 등 많은 개별근거법의 근거규정에 대한 언급을 빠트린 경우는 너무 많아서 아쉬웠다.

위법한 사업인정에 대한 권리구제방법은 (구)토지수용법에 규정되어 있지 않으므로 일반 행정심판법 및 행정소송법에 의해서 권리구제가 가능하며 현행 행정소송법이 원처분주의와 행정심판임의주의를 취하므로 행정심판을 거치지 않고 행정소송의 제기가 가능하다.

2. 물음 (2)

(1) 보증소의 취지

종래에는 이의재결 중 보상재결부분에만 불복할 경우에 이의재결의 전체를 취소한 후 다시 이의재결에 의하는 등 피수용자의 권리구제가 우회적이었으므로 권리구제의 적정화, 소송경비의 절감 등을 위해 1990년 4월 7일 토지수용법에 신설되었다. 즉, 피수용자의 권리구제의 효율성을 도모하기 위하여 인정된 제도라 할 수 있다.

(2) 소송의 형태(형식적 당사자소송인가, 특수한 형태의 소송인가)

형식적 당사자소송이란 행정청의 처분 등을 원인으로 하는 법률관계에 관한 소송으로서, 직접 다투는 것은 아니지만 실질적으로 처분 등을 다투면서도 행정청을 피고로 하지 않고 그 법률관계의 한쪽 당사자를 피고로 하는 소송이다. 즉, 실질은 항고소송이면서 형식은 당사자소송을 취하고 있다고 할 수 있다. 우리나라 행정소송법은 당사자소송만을 규정하고 있다. 이 소송의 형태는 분쟁의 실질적인 이해관계자만을 소송당사자로 하고, 행정청을 배제함으로써 신속한 권리구제를 도모하고 소송절차를 간소화하려는 데에 그 필요성이 있다. 그러나 공정력과의 문제로 개별법과의 명시적 규정이 있는 경우에만 인정될 것이다. (구)토지수용법상의 보상금증감청구소송이 형식적 당사자소송인지에 대해 논란이 있다. 대법원은 이를 공법상의 당사자소송이라 판시하고 있다.

◎ 현행 토지보상법은 토지수용위원회를 피고에서 제외하고 있어 교수님의 특수한 형태의 소송에 대한 설명은 생략합니다.

(3) 소송의 구조(필요적 공동소송인가, 필요적 병합소송인가)

과거 토지수용법에서는 보상금증감청구소송에서 피수용자(기업자)가 제기하는 경우에는 재결청 외의 기업자(피수용자)를 각각 피고로 한다고 규정하였다. 제기방식에 있어서 피고의 공동인지, 소송의 병합인지 논란이 있었고, 대법원은 필요적 공동소송으로 보았다. 그러나 이러한 논란 역시 현행 토지보상법에서 토지수용위원회를 피고에서 제외하고 있으므로 의미가 없게 되었다.

(4) 소송의 성질(형성소송인가, 확인 급부소송인가)

① 의의

행정소송은 일반적인 민사소송의 경우와 같이 그 성질에 따라(또는 청구의 내용에 따라) 형성의 소, 이행의 소, 확인의 소로 분류할 수 있는데 본 소송과 관련해서는 형성소송인지, 확인·급부의 소인지 논의가 있다.

② 형성의 소

공정력을 가진 보상재결의 적극적 변경 또는 소극적 변경(증액 또는 감액)을 구하는 소송이다.

③ 확인·급부의 소

재결의 취소, 변경과 같은 우회적 절차를 거칠 필요 없이 직접 정당보상액을 확인하고 부족액의 급부를 구하는 것으로 본다.

④ 평가

해당 소송은 특수한 형태의 소송(취소소송과 당사자소송이 결합된 소송)으로 보아야 할 것이며, 따라서 취소소송이 갖는 대표적 성질인 형성소의 성질과 당사자소송이 갖는 성질인 확인·급부의 소의 성질이 모두 존재한다고 본다.

(5) 소송의 내용

소송당사자와 관할법원, 제소기간 등을 설명하면 될 것이다.

[문제 2]

Ⅰ 채점기준

1. 서론(2점)
2. 법적 근거(4점)
3. 법적 지위(4점)

4. 조직 및 운영(4점)
5. 권한(심의사항 등)(4점)
6. 결론(2점)

Ⅱ 구체적 논점

먼저 위 3위원회의 근거법을 제시하면, 토지수용위원회는 (구)토지수용법, 부동산가격공시위원회의 근거법은 (구)지가공시법, 보상협의회는 (구)공특법에 근거가 있다. 각 위원회의 법적 지위에 대하여는 그것이 임의기관인지, 필수기관인지, 또 의결기관인지, 심의기관적 성격인지, 아니면 자문적 성격의 기구인지를 논급하면 될 것이다. 그 밖의 조직 및 운영, 권한 등에 관한 구체적 내용을 적시하면 될 것이다.

[문제 3]

Ⅰ 채점기준

1. 서론(2점)
2. 잔여지수용청구(5점)
3. 이전이 곤란한 경우 물건수용의 청구(5점)
4. 사용에 갈음한 수용의 청구(5점)
5. 불복방법(3점)

Ⅱ 구체적 논점

문제의 제기 또는 개설에서 확장수용의 의의와 한계 및 종류에 대한 개설적 언급이 있어야 하겠다. 예시하면 다음과 같다. "공용수용은 국민의 재산권에 대한 중대한 침해로서 엄격한 형식과 절차하에 이루어져야 한다. 일반적으로 수용의 대상이 되는 수용목적물의 범위는 비례의 원칙하에 필요최소한도 내에서 행하여져야 하나, 예외적으로 피수용자의 권리보호나 형평성 등의 문제하에서 확장수용이 인정된다. (구)토지수용법상 확장수용으로는 (구)토지수용법 제48조의 잔여지수용과 완전수용 및 동법 제49조의 이전에 갈음하는 수용이 있다. 이하에서는 확장수용청구권의 법적 성질, 확장수용의 내용, 청구거부 시 그 불복방안에 대하여 기술하겠다."

본론에서는 다음과 같이 논급되면 바람직하겠다.

(1) 의의 및 종류

확장수용이란 필요범위를 넘어 수용하는 경우를 말하는데, 이러한 확장수용에는 완전수용, 잔지수용, 이전수용 등이 있다. 확장수용은 피수용자 또는 기업자의 청구에 의하여 행하여지며 확장수용을 청구하는 권리를 확장수용청구권이라 한다.

(2) 확장수용청구권의 법적 성질

사법상 매매설, 공법상 특별행위설, 공용수용설로 보는 견해로 갈라지나, 공용수용설이 통설이고 타당하다.

(3) 확장수용의 내용

완전수용, 잔지수용, 이전수용의 각각에 대하여 그 의의, 성질. 청구요건, 청구절차 등을 설명하면 된다.

(4) 확장수용청구가 거부된 경우 그 불복방법

확장수용청구가 받아들여지지 않은 경우를 설명하고, 이 경우의 불복방법을 논술하면 될 것이다. 비교적 잘 된 답안은 대강 다음 내용으로 기억된다. "관할 토지수용위원회가 청구거부 시 그에 대한 불복절차에 대하여 (구)토지수용법상 명문규정이 없으므로 일반행정심판과 행정소송법이 적용된다고 보여진다. 따라서 피수용자는 거부처분취소심판이나 취소소송의 제기가 가능하다고 본다. 그러나 판례는 보상금증감청구소송의 제기를 통하여 해결하면 된다고 판시한 바 있다."

■ 1999년도 제10회 합격자 예시답안 목차

[문제 1]

〈1-1〉

Ⅰ 문제의 제기

Ⅱ 사용수용의 인정 여부 및 위법성 판단

1. 사용수용의 인정 여부
2. 사업인정의 법적 성질
3. 사용수용의 요건
4. 해당 사안의 판단

Ⅲ 위법성 인정 시 권익구제방법

〈1-2〉

Ⅰ 문제의 제기

Ⅱ 보상금증감청구소송의 형태

1. 재결청 공동피고 규정
2. 형식적 당사자소송설
3. 특수소송설
4. 3설
5. 판례
6. 소결

Ⅲ 보상금증감청구소송의 성질

1. 형성소송설로 보는 견해
2. 확인급부소송설
3. 판례
4. 소결

Ⅳ 타 관련 문제

1. 청구범위
2. 당사자소송의 특례로서 행정심판전치주의

Ⅴ 결

[문제 2]

Ⅰ 서

Ⅱ 토지수용위원회

1. 법적 성격
2. 설치 및 구성

Ⅲ 부동산가격공시위원회

1. 법적 성격
2. 설치 및 구성
3. 심의사항

Ⅳ 보상협의회

1. 법적 성격
2. 설치 및 구성
3. 심의사항

Ⅴ 결

[문제 3]

Ⅰ 서

Ⅱ 확장수용의 종류 및 내용

1. 잔여지수용
2. 완전수용
3. 이전에 갈음하는 수용
4. 지대수용

Ⅲ 확장수용청구 거부 시 불복방법

1. 행사방법
2. 보상금증감청구소송 여부
3. 재결주의

Ⅳ 결

Chapter 27

1998년 제9회 기출문제

문제 01

택지개발사업이 시행되는 지역에 농지 4,000㎡를 소유하고 있던 甲은 보상금으로 사업주변지역에서 같은 면적의 농지를 대토하고자 하였다. 이 지역의 농지가격수준은 사업이 시행되기 이전만 하더라도 주변지역과 같게 형성되고 있었다. 그러나 해당 사업으로 인해 주변지역의 지가가 상승하여 甲은 보상금으로 3,000㎡ 밖에 매입할 수 없었다. 40점

(1) 甲이 받은 보상은 정당보상에 해당한다고 볼 수 있는가?

(2) 甲과 사업주변지역 토지소유자와의 불공평관계에서 나타나는 문제점과 개선 대책은?

문제 02

공익사업을 위한 토지 등의 취득 및 보상에 관한 법률 시행규칙 제23조는 용도지역 지구의 지정과 같은 공법상 제한을 받는 토지를 평가할 때에는, 제한받는 상태대로 평가하도록 규정하고 있다. 이와 같은 기준에 의거하여 토지를 평가하도록 하는 이론적 근거에 대하여 설명하시오. 20점

토지소유자 A는 감정평가법인 B에게 소유부동산의 감정평가를 의뢰하고, B는 이를 접수하여 소속 감정평가사인 C로 하여금 감정평가업무에 착수하게 하였다. 이 경우 다음 사항을 설명하시오. 20점

(1) A와 B의 법률관계의 성질 및 내용은?

(2) A가 국토교통부장관이고 C의 업무내용이 표준지공시지가의 조사 · 평가라면 A와 B의 법률관계와 C의 법적 지위는?

부동산 가격공시에 관한 법률상의 감정평가행위와 지가산정행위의 같은 점과 다른 점을 약술하시오. 20점

1998년도 제9회 출제 및 채점위원 강평(박순혁)

* 출제 및 채점위원 강평은 요약된 내용이다.

[문제 1]

Ⅰ 채점기준

1. 보상금과 정당보상(20점)
   ① 정당보상에 관한 학설과 보상기준
   ② 정당보상 여부의 검토

2. 피수용자와 사업주변지역 토지소유자와의 불균등관계(20점)
   ① 개발이익의 사유화
   ② 불균등의 문제점과 해소방안

Ⅱ 구체적 논점

1. 물음 (1)

정당보상 여부가 핵심논점인 바, 이를 논하기 위해서는 정당보상에 관한 학설・판례와 그 보상기준을 제시하여야 할 것이다. 정당보상 여부의 구체적 기준 검토에 있어서는 공시지가기준과 개발이익의 배제 문제도 논급되어야 할 것이다.

① 공시지가를 기준으로 한 보상액 산정제도는 (구)토지수용법 제26조 제2항 제1호 및 동조 제3항에서 “협의취득 또는 수용하여야 할 토지에 대하여는… 공시지가를 기준으로 하되”라고 하고 있는 바, 보상액 산정은 우선 공시지가를 기준으로 한다는 실정법적 근거에 입각하고 있다. 또 공시지가제도는 실정법적 근거 이전에 ‘합리적 지가형성 도모’나 ‘국토의 효율적 이용’ 등을 고려할 때에도 이론상 타당하다고 할 것이다.

② 개발이익의 배제와 관련하여 사업시행으로 인한 주변지가의 상승(개발)이익은 자신의 정당한 노력에 의하지 않은 불로소득이므로 보상액 산정에서 배제함이 정의와 공평의 원칙에 부합된다는 견해를 지지하는 견해와 이를 부정하는 견해가 있다. 대법원은 “개발이익은 객관적 가치에 해당하지 않으므로 피수용자의 손실에 포함되지 않는다.”라고 판시하여 개발이익의 배제가 정당보상임을 인정하는 입장을 취한 바 있다.

③ 이와 같은 이론을 문제에 적용시켜볼 때, 비록 甲에게 개발이익이 배제되어 3000㎡ 밖에 대토할 수 없더라도 정당보상의 원칙이 부정되었다고 할 수는 없을 것이고, 공시지가의 수준을 정당보상에 합치되도록 상향조정하는 것이 중요한 선결과제라 하겠다.

2. 물음 (2) 피수용자와 사업주변지역 토지소유자와의 불균등관계

피수용자에게 개발이익을 배제하고 사업주변지역 토지소유자에게 개발이익을 부여하는 것은 개발이익을 사유화하게 되고 정의와 형평의 원칙에 반하게 되는 바, 불균등의 문제가 발생하게 된다. 따라서 그 해소방안이 요구된다.

헌법상의 대원칙인 완전보상주의가 충실하게 실현되는 대전제하에 개별법이 채택하고 있는 개발이익의 환수를 위한 새로운 법제의 도입과 그 보완・개선이 이루어져야 한다. 이러한 대원칙에는 생활보상이 새로운 바람직한 보상 개념으로 제시되고 있다. 그 밖에 각종 토지세제의 개선과 현물보상의 확대도 검토할 만한 문제이다.

[문제 2]

I 채점기준

1. 서론(2.5점)

2. 공용제한과 보상(5점)
   (1) 재산의 제한과 보상(5점)
   (2) 특별희생과 내재적 · 사회적 제약(5점)

3. 결어(2.5점)

II 논점

현대국가의 재산권제도는 재산권 행사에 대한 사회적 구속성이라는 내재적 한계를 인정하고 있다. 공법상 제한이 사회적 제약을 넘어 특별한 희생이 될 경우에만 재산권 침해로서 손실보상의 대상이 될 수 있다. (구)공특법 제6조 제4항에 의거 용도지역 · 지구의 지정이 제한받는 상태대로 평가하는 이론적 근거도 특별한 희생에 해당하지 않는 사회적 제약이기 때문이다.

[문제 3]

I 채점기준

1. A와 B의 법률관계의 성질 및 내용(10점)
   (1) 법률관계의 성질
   (2) 법률관계의 내용

2. A와 B의 법률관계 및 C의 법적 지위(10점)
   (1) A와 B의 법률관계의 성질
   (2) C의 법적 지위

II 구체적 논점

물음 (1)은 토지소유자(A)와 감정평가법인(B)과의 관계는 한마디로 감정평가의뢰관계인데, 그 관계의 성질과 내용을 묻는 문제이다. 또 물음 (2)에서는 국토교통부장관(A)과 감정평가법인(B)의 업무내용이 표준지공시지가의 조사 · 평가인 경우라면 A와 B의 법률관계의 성질과 소속평가사(C)의 지위를 묻는 문제이다.

1. 법률관계의 성질

원칙적으로 감정평가의뢰관계의 법적 성질에 관하여 지가공시법 등 관련 실정법에 특별한 규정이 있으면 그 규정에 의한다. 그렇지 않은 경우 일반법이론에 따라 논하여야 한다. 일반적으로 법률관계를 공법관계와 사법관계로 나누고, 공법관계는 권력관계와 비권력관계로 나누고 있다. 이렇게 나누어 볼 때 토지소유자와 감정평가법인 사이의 감정평가 의뢰관계는 상호 대등관계로서 사법관계의 성질을 띤다고 할 것이다. 그러나 감정평가업무가 단순한 사인 상호 간의 업무와 다른 공법적 성질을 띤 업무이고, 감정평가사 개인이 아닌 감정평가법인과의 관계인 때에는 단순히 사업관계와는 다른 공법적 성질의 관계라고 볼 수도 있다.

물론 상호 간에는 일방의 감정평가업무 위임과 타방의 그 대가지불을 내용으로 하는 유상의 쌍무적인 계약관계가 성립된다고 볼 것이다.

2. 법률관계의 내용

토지소유자와 감정평가법인과의 법률관계의 내용은 그 법률관계의 성질이 공법관계인가 사법관계인가에 따라 달라진다. 어느 관계이든지 권리와 의무관계임에는 틀림없다. 즉, 일방의 감정평가업무의 의뢰와 타방의 그 반대급부의 대가의 지급이 이루어진다. 그러나 그것이 공법관계라고 볼 경우에는 공권과 공의무가 인정되어 공익성이 더욱 강조되고 때로는 보호와 감독이 이루어진다.

물음 (2)에서는 A와 B의 법률관계는 행정관청인 국토교통부장관이 그 소관업무인 표준지공시지가의 조사평가업무를 의뢰한 경우이므로, 지가공시법 등의 실정법 규정을 근거로 제시하지 않더라도 공공성이 크게 인정된다. 따라서 공법관계로 보는 데 무리가 없다. 공법상의 권리의무관계가 성립된다고 할 것이다. 또 감정평가법인에 소속하고 있는 감정평가사는 국토교통부장관의 업무를 수탁받아 행하는 관계에 서므로 관계 법령에 따라 자신의 책임아래 업무를 수행하게 된다. 따라서 공무수탁사인으로서의 지위를 인정할 수 있을 것이다. 특히 감정평가사를 공무원으로 보는 경우도 있는 바, 공시지가의 조사평가와 관련하여 형법 제129조 내지 제132조의 적용에 있어서 그러하다.

[문제 4]

I 채점기준

1. 의의(5점)

2. 같은 점(5점)
   (1) 지가형성행위
   (2) 평가기준

3. 다른 점(10점)
   (1) 평가주체
   (2) 평가목적
   (3) 평가방법
   (4) 평가절차
   (5) 경제적 가치성 판단 유무
   (6) 행정구제절차

■ 1998년도 제9회 합격자 예시답안 목차

[문제 1]

Ⅰ 문제의 제기

Ⅱ 甲의 보상의 정당보상 여부

1. 정당보상의 의의
2. 구체적 보상기준의 정당보상 여부
   (1) 학설의 견해
   (2) 구체적 검토(공시지가기준, 개발이익의 배제)
   (3) 소결

Ⅲ 피수용자와 사업주위 토지소유자 간 형평성 검토

1. 불균형관계의 문제점
2. 개선대책
   (1) 개발이익의 환수를 위한 법제의 보완
   (2) 현물보상의 확대 및 생활보상의 지향

Ⅳ 사례의 해결

[문제 2]

Ⅰ 개요

Ⅱ 특별한 희생에 대한 학설

1. 형식적 기준설
2. 실질적 기준설
3. 절충설

Ⅲ (구)공특법 제6조 제4항의 경우

[문제 3]

Ⅰ 문제의 소재

Ⅱ A와 B의 법률관계의 성질과 내용

1. 법률관계의 성질
2. 법률관계의 내용

Ⅲ 업무내용이 표준지공시지가의 조사평가의 경우

1. 법률관계의 성질
2. C의 법적 지위
   (1) 공무수탁사인으로서의 지위
   (2) 벌칙적용에 있어 공무원으로서의 지위

[문제 4]

Ⅰ 개요

Ⅱ 동일한 점

1. 지가형성행위
2. 감정평가사가 관여

Ⅲ 상이한 점

1. 행위의 성질 측면
2. 주체의 측면
3. 목적의 측면
4. 산정 및 평가방법의 측면

Chapter 28

1997년 제8회 기출문제

문제 01

법률이 공익목적을 위하여 재산권의 수용·사용 또는 제한을 규정하고 있으면서도 그에 따른 보상규정을 두고 있지 않은 경우 재산권을 침해당한 자가 보상을 청구할 수 있는지 여부가 헌법 제23조 제3항의 정당한 보상과의 관련하에 문제된다. 이 문제에 관한 해결 방법을 논하라. 50점

문제 02

표준지공시지가와 개별공시지가를 비교하라. 20점

문제 03

(구)토지수용법상의 협의와 (구)공공용지의 취득 및 손실보상에 관한 특례법상의 협의를 비교하라. – 개정법 수정 : 공익사업을 위한 토지 등의 취득 및 보상에 관한 법률상 사업인정 전 협의와 사업인정 후 협의를 비교하라. 20점

문제 04

공익사업을 위한 토지 등의 취득 및 보상에 관한 법률상의 토지사용기간 만료 시의 법률관계를 설명하라. 10점

1997년도 제8회 출제 및 채점위원 강평(강규철)

* 출제 및 채점위원 강평은 요약된 내용이다.

[문제 1]

Ⅰ 채점기준

1. 서론(5점)
2. 손실보상의 기준 등(5점)
3. 손실보상의 실정법적 근거에 관한 학설(20점)
4. 판례(15점)
5. 결론(5점)

Ⅱ 논점

서론에서는 헌법상 재산권의 의의를 언급하고 헌법 제23조의 재산권 보장조항의 규범구조를 설명하고 이와 관련하여 재산권의 제한 및 보상에 관한 법률의 유보의 의미를 언급하여야 할 것이다. 우리나라에서는 공용제한에 대한 보상은 불과 몇 개의 법률에서 그것도 추상적으로 규정하고 있는 바, 이런 우리 실정을 밝혀 문제의 핵심적 논점을 제기하여야 한다.

서론에서 이러한 논점을 제기하여 재산권의 내재적 제한에 속할 수 있는지에 관한 재산권의 내재적 제약과 특별한 희생에 관한 기준을 설명하고, 공용제한이라 하더라도 재산권의 본질적 내용을 침해할 경우 보상이 필요하다고 해석하여야 할 논리적 설명을 가하여야 할 것이다. 다음으로 보상에 관하여 법률상 근거가 명확하면 그 이상으로 헌법상의 근거를 문제시할 필요는 없다. 그러나 법률상의 보상규정이 없거나 명확하지 않을 경우 직접 헌법 제23조 제3항의 규정에 의거하여 보상을 청구할 수 있는지 여부에 관하여 의견이 갈리고 있으며, 그러한 의견은 위의 헌법규정이 어떠한 효력을 가지는가에 관한 의견의 대립이 있다.

[문제 2]

Ⅰ 채점기준

1. 의의와 결어(5점)
2. 표준지공시지가와 개별공시지가의 조사·산정방법, 절차, 기간, 공시사항의 차이점 및 이의신청절차, 개별공시지가의 검증, 확인절차 등을 언급하고 적용범위 내지 효력에 있어서 지공법상 규정의 차이점을 설명 / 표준지공시지가와 개별공시지가의 법적 성질 / 표준지공시지가와 개별공시지가의 하자승계 가능성, 개별공시지가 과세처분 간 하자승계가능성(15점)

[문제 3]

Ⅰ 채점기준

1. 서론(5점)
2. (구)토지수용법상의 협의와 (구)공특법상의 협의의 이동 및 비교(10점)
3. 문제점 및 개선방향(5점)

Ⅱ 논점

서론에서는 현행 공공용지의 취득방식에는 강제취득방식인 (구)토지수용법에 의한 토지수용과 사법적 형식에 의할 수 있도록 규정한 (구)공특법에 의한 임의취득으로 대별될 수 있다. 그러나 양자의 취득방식은 그 취득형식에도 불구하고 동일한 사회적 기능을 가지며, 또한 (구)토지수용법이 손실보상에 관해 (구)공특법을 준용하고 있다는 점에서 그 실질적인 면에 있어서 (구)공특법도 공법적 성격을 갖고 있음을 언급하여야 한다.

1. 다른 점

(구)공특법상 협의	(구)토지수용법상 협의
민법상 계약, 민법 적용	사법상 계약설, 공법상 계약설(통설・판례)
법률규정에 의한 물권변동이 아님 따라서 등기를 요함	등기를 요하지 않음
승계취득	원시취득
협의성립 확인 없음	협의성립 확인 있음

2. 유사점

① 계약의 목적이 공익사업으로 한정됨
② 당사자의 일방이 사실상 우월적 지위
③ 협의불성립 시 수용권이 발동될 가능성이 있어 심리적으로 협의에 응할 것이 강제되고 있다.
④ 계약내용결정방식에 있어서 제한된다.

[문제 4]

논점은 (구)토지수용법상의 토지사용 개념을 설명하고 그 사용기간 만료 시의 법률관계를 구체적으로 언급함에 있다. 토지사용은 보통사용절차에 의한 사용과 약식절차에 의한 사용으로 구별하여 설명할 수 있으나, 기업자는 토지의 사용기간이 만료되었을 때 또는 사업의 폐지변경 기타의 사유로 인하여 사용할 필요가 없게 되었을 때는 지체 없이 토지를 원상회복하여 토지소유자에게 반환할 의무를 진다. 또한 토지소유자의 청구가 있을 때에는 미리 손실을 보상한 경우를 제외하고는 그 토지를 원상회복시켜야 하는 법률상의 의무를 지며, 토지소유자는 그 권리를 발생시키는 법률관계를 형성시키게 됨을 기술하면 된다.

■ 1997년도 제8회 합격자 예시답안 목차

[문제 1]

Ⅰ 문제 제기

Ⅱ 손실보상의 요건

1. 재산권에 대한 공권적 침해
2. 공공의 필요
3. 법률상의 기초
4. 특별한 희생

Ⅲ 헌법 제23조 제3항의 법적 효력

1. 방침규정설
2. 입법자에 대한 직접효력설
3. 국민에 대한 직접효력설
4. 유추적용설

Ⅳ 보상규정을 결한 경우 손실보상가능 여부

[문제 2]

Ⅰ 서

Ⅱ 표준지공시지가와 개별공시지가의 이동

1. 개념
2. 절차
3. 효력
4. 법적 성질

Ⅲ 표준지공시지가와 개별공시지가와의 관계

[문제 3]

Ⅰ 서

Ⅱ (구)토지수용법상 협의와 (구)공특법상의 협의의 이동(異同)

1. 협의의 이행시기
2. 공익성 판단 여부
3. 법적 성질
4. 협의성립 확인의 유무

Ⅲ (구)토지수용법상 협의와 (구)공특법상 협의 중에 따르는 문제점

1. 사업기간의 장기화
2. 용지취득비 상승
3. 개선방안

[문제 4]

Ⅰ 서

1. 토지의 보통사용절차
2. 토지사용의 약식절차

Ⅱ 토지사용기간 만료 시 법률관계

1. 반환 및 원상회복의 의무
2. 손실보상청구

Chapter 29

1996년 제7회 기출문제

문제 01

무효인 재결과 취소할 수 있는 재결을 예시하여 설명하고 양자의 구별실익을 논급하시오. 50점

문제 02

개별공시지가의 검증 20점

문제 03

수몰민 보상 20점

문제 04

어업에 관련된 영업보상 10점

1996년도 제7회 출제 및 채점위원 강평(박순혁)

* 출제 및 채점위원 강평은 요약된 내용이다.

[문제 1]

서론에서 재결의 의의를 언급하고 재결하자와 관련시켜 무효사유와 취소사유가 있다는 원칙적인 설명을 하고, 이와 관련하여 무효와 취소의 구별학설에 관하여 언급하되 통설인 중대명백설의 입장을 취하여 논리를 전개해야 할 것이다. 무효인 재결과 취소인 재결의 항목을 큰 배점으로 설정하고, 그 구체적인 예를 들어야 한다. 구별실익은 선결문제, 행정쟁송제기요건과 관계(제소기간, 행정심판전치주의), 행정쟁송의 형식과 관계, 사정재결 및 사정판결과의 관계, 하자의 승계와의 관계, 하자의 치유와 전환과 관계 등에 있다.

[문제 2]

논점은 검증의 의의를 설명하고, 검증절차 및 그 성질에 대하여 구체적으로 언급하고 검증제도에 대한 종합적인 평가를 함에 있다. 절차와 관련하여서는 검증의 종류, 검증의뢰기관, 검증기관, 검증기간, 토지소유자 등의 의견청취 등에 관하여 언급하고, 검증의 성질은 검증절차를 누락한 절차하자를 지닌 개별공시지가의 효력에 미치는 영향을 중심으로 검토하여야 할 것이다. 평가에서는 검증제도에 대하여 긍정적 또는 부정적 평가를 하여야 할 것이나, 검증제도의 문제점 및 개선방안을 언급하는 것도 무방하다고 할 것이다.

[문제 3]

논점은 수몰민의 의의를 언급하고, 댐건설사업의 경우에서 보듯이 수몰되어 피수용자가 종전과 같이 생업을 유지할 수 없거나 생활재건을 하지 못하게 된다는 점을 지적하고 그 보상내용(예컨대 이주대책 등 생활재건조치, 소수잔존자 보상 간접보상 등)을 구체적으로 언급함에 있다. 다만, 수몰민의 범위를 좁게 이해하는 경우에는 수몰된 사업시행지 내 피수용자를 의미하는 것이나, 넓게 보는 경우 소수잔존자를 포함시켜 생활보상의 관점에서 검토할 수도 있을 것이다.

[문제 4]

논점은 어업관련 영업보상의 의의를 설명하고 그 내용을 구체적으로 언급함에 있다. 일반적으로 영업보상이란 공공사업의 시행으로 인하여 종래에 영위하던 영업을 폐지하거나 휴업이 불가피하게 된 경우에 그로 인한 손실에 대한 보상을 말한다. 수산업법은 어업을 수산동식물을 포획채취 또는 양식하는 사업으로 규정하면서, 이를 면허어업과 허가 및 신고어업으로 구분하고 있다. 따라서 어업보상의 내용을 언급함에 있어서는 어업권침해에 대한 경우와 어업 그 자체에 대한 침해의 경우로 구분하여 설명하되, 취소정지제한 등의 경우로 구분하여 언급하는 것이 논점이다. 또한 무허가 어업 등에 대한 보상에 대하여도 언급하여야 할 것이다.

■ 1996년도 제7회 수석합격자 총평 및 예시답안 목차

[문제 1]

Ⅰ 서
1. (구)토지수용법상 재결의 의의
2. 본문의 논점
3. 논의의 전개방향

Ⅱ (구)토지수용법상의 재결
1. 재결의 의의 및 법적 성질
2. 재결기관
3. 재결의 내용 및 효과

Ⅲ 무효와 취소의 구별에 관한 학설
1. 개설
2. 논리적 견해
3. 관념론적 견해
4. 목적론적 견해
5. 명백설

Ⅳ 무효인 재결과 취소할 수 있는 재결의 구분 예시
1. 무효인 재결
(1) 사업인정의 누락
(2) 토지수용위원회의 관할위반
(3) 기타
2. 취소할 수 있는 재결
(1) 기업자의 과실로 인한 협의 누락
(2) 적법하게 조직되지 않은 재결청의 행위
(3) 기타

Ⅴ 무효인 재결과 취소할 수 있는 재결의 구분실익
1. 효력 및 쟁송형태
2. 공정력 및 구성요건적 효력
3. 흠의 치유
4. 사정재결 및 사정판결
5. 행정쟁송의 제기요건
(1) 제소기간
(2) 행정심판임의주의

Ⅵ 결론

[문제 2]

Ⅰ 서
1. 개별공시지가의 결정절차
2. 개별공시지가 검증의 의의
3. 검증의 법적 근거
4. 검증의 종류 및 방법

Ⅱ 검증제도의 문제점 및 보완방안
1. 검증을 위한 사전준비
2. 검증기간의 문제
3. 검증보수의 현실화

[문제 3]

Ⅰ 서

Ⅱ 이주대책((구)공특법 제8조)
1. 개념
2 이주대책의 범위
3. 이주대책의 의제
4. 실시절차
5. 이주대책의 내용
6. 이주정착금의 지급
7. 이주대책비의 부담 및 지원

Ⅲ 간접보상
1. 개념
2. 간접보상의 내용

Ⅳ 결론

[문제 4]

Ⅰ 서

Ⅱ 영업보상
1. 영업보상의 법적 근거
2. 영업의 폐지 및 휴업보상의 기준

Ⅲ 어업에 관련된 영업보상

Chapter 30

1995년 제6회 기출문제

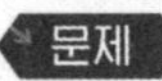

01

공익사업을 위한 토지 등의 취득 및 보상에 관한 법률 제23조에 의한 「사업인정의 실효」가 있는 경우 이로 인하여 불이익을 받게 되는 피수용자에게 손실보상청구권이 있는지 여부를 논하시오. 40점

02

(구)공공용지의 취득 및 손실보상에 관한 특례법에서 「보존등기가 되어 있지 아니한 토지에 대한 보상절차와 내용」을 설명하시오. – 법령 개정으로 공익사업을 위한 토지 등의 취득 및 보상에 관한 법률에서 삭제[법률 제8665호, 2007.10.17. 일부개정] 30점

소유사실확인서 발급제도 폐지(현행 제18조 삭제)

(1) 현재는 소유권 보존등기 또는 실제의 소유자에게 이전등기가 되어 있지 아니한 토지 등이 있는 때에는 시장·구청장 또는 읍·면장이 발급한 확인서에 의하여 정당한 권리자로 인정되는 자에게 보상금을 지급하고 있으나, 확인서에 의한 등기는 실체적 권리관계에 부합하는 등기로 추정할 수 없어 사업시행자가 소유권을 안정적으로 확보할 수 없고, 확인서를 발급받는 자가 취득세·등록세 및 양도소득세를 탈세할 우려가 있는 등 부작용이 있으므로 관계 법률에 따라 소유권 보존등기 또는 이전등기를 한 정당한 권리자에게 보상금을 지급할 필요성이 있음.

(2) 소유사실확인서 발급제도를 폐지함.

문제

03

부동산 가격공시에 관한 법률이 규정하고 있는 부동산가격공시위원회의 구성과 권한을 설명하시오. 30점

1995년도 제6회 출제 및 채점위원 강평(박순혁)

* 출제 및 채점위원 강평은 요약된 내용이다.

[문제 1]

1. 당부의 말
   ① 용어는 한자로 써주는 편이 바람직하나 틀린 한자를 쓰는 것보다는 차라리 한글로 쓰는 편이 바람직하다.
   ② 글씨를 읽기 쉽게 또박또박 써주는 것이 무엇보다도 중요하다. 즉, 수험생의 정신자세가 성실하다는 것이 나타나도록 답안을 쓸 필요가 있다.
   ③ 사례문제의 출제가능성에 대비하여야 한다.

2. 논점
   좋은 답안을 쓰기 위해서는 무엇보다 출제자의 의도 및 논점을 파악하는 것이 중요하다. 이 문제의 경우 그 출제의도를 파악하기에 다소 어려움이 따를 수도 있을 것이다. 토지수용에서 손실보상청구권 일반에 대한 언급과 아울러 사업인정의 실효에 따른 손실에 대한 보상을 묻는다고 생각하면 될 것이다. 사업인정의 실효이므로 재결신청에 대한 언급이 논리전개상 필요하다. 손실보상청구권의 의의와 손실보상청구권의 존재 여부를 검토하면 된다. 다만, 사업인정의 실효로 인한 손실의 내용을 구체적으로 예시하면서 공공성, 보상규정, 특별한 희생 등의 요건충족으로 논리를 전개한다면 보다 좋은 점수를 얻을 수 있을 것이다.

■ 1995년도 제6회 합격자 예시답안 목차

[문제 1]

Ⅰ 문제제기

Ⅱ 사업 인정

1. 사업인정의 의의
2. 사업인정의 절차
3. 사업인정의 효력 및 효과

Ⅲ 사업인정의 실효 및 손실보상

1. 사업인정의 실효
2. 손실보상

Ⅳ 손실보상청구권의 존재 여부

1. 손실보상의 의의
2. 손실보상청구권의 성립요건
3. 손실보상청구권의 존재 여부

Ⅴ 결어

[문제 3]

Ⅰ 서

Ⅱ 부동산가격공시위원회

1. 중앙부동산가격공시위원회의 구성
2. 시·군·구 부동산가격공시위원회의 구성

Ⅲ 부동산가격공시위원회의 권한

1. 중앙부동산가격공시위원회의 권한
2. 시·군·구 부동산가격공시위원회의 권한

Ⅳ 부동산가격공시위원회의 운영

Ⅴ 결어

Chapter 31

1994년 제5회 기출문제

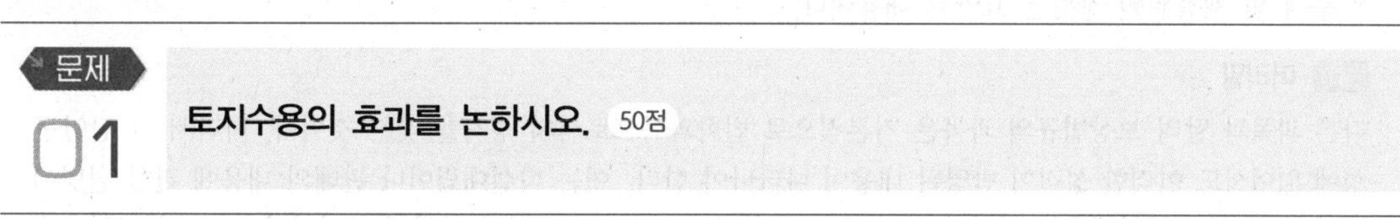

문제 01

토지수용의 효과를 논하시오. 50점

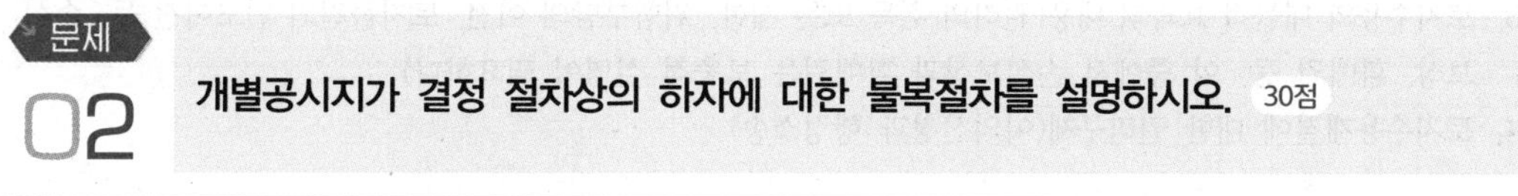

문제 02

개별공시지가 결정 절차상의 하자에 대한 불복절차를 설명하시오. 30점

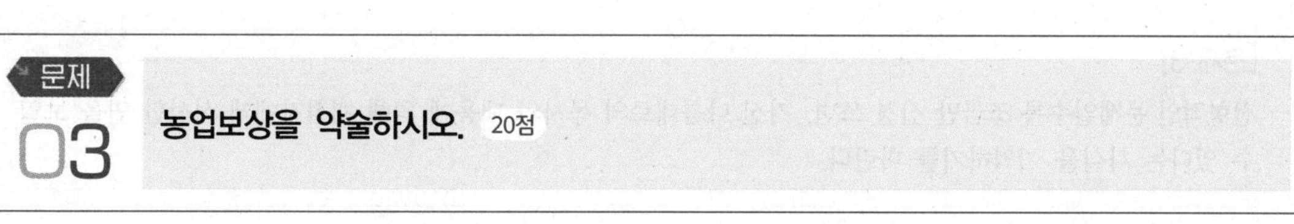

문제 03

농업보상을 약술하시오. 20점

✔ 1994년도 제5회 출제 및 채점위원 강평(류지태)

* 출제 및 채점위원 강평은 요약된 내용이다.

I 머리말

다른 과목과 달리 보상법규의 과목은 기본적으로 법학과목으로서의 성격을 갖는 것이다. 따라서 그 답안구성에 있어서도 이러한 성격이 반영된 내용이 나타나야 한다. 이는 학설대립이나 판례의 내용에 관한 설명에 있어서, 단순한 주장내용의 나열이 아닌 수험자 나름대로의 입장표명이 답안에 나타나야 함을 필요로 하게 된다. 적지 않은 수험자들이 암기에만 급급하여 자신의 목소리를 표현하지 못하고 있으며, 이로 인해 점수에서 상당한 불이익을 받고 있다고 생각한다.

II 문제에 대한 검토

[문제 1]

토지수용의 효과에 관한 것이다. 이는 다른 말로 하면 공용수용의 효과를 묻는 것과 다름없다.

1. 토지수용의 개념과 제도적 의의
2. 토지수용효과의 발생시기
3. 토지수용의 대물적 효과의 내용(권리의 취득 또는 제한, 위험부담의 이전, 토지물건의 인도이전 등, 손실보상, 환매권 등. 이 중에서 손실보상과 환매권은 보충적 설명이 필요하다)
4. 토지수용재결에 대한 권리구제(이의신청과 행정소송)

[문제 2]

두 개의 약술형 문제로 구성되어 있다. 그중에서 중요한 비중을 갖는 것은 개별토지가격절차상의 하자에 관한 문제이다. 여기에는 개별토지가격결정의 법적 성질문제이다. 행정계획설은 개별토지가격결정보다 표준지공지가의 법적 성질문제에 들어가서야 비로소 논의가 타당하다는 점에 유의하여야 한다. 두 번째로는 절차상의 하자의 의미에 대한 설명이 필요하다. 구체적으로 어떠한 하자유형이 가능한지에 관해 정리되어야 한다. 다음으로는 하자에 대한 권리구제가 언급되어야 한다. 여기에는 행정심판과 행정소송이 검토되어야 하는데, 행정심판에서는 이른바 지가재조사청구의 성질규명이 선행되어야 한다. 행정소송은 소송유형에 관한 논의를 중심으로 하면 족할 것이고, 특별한 설명은 불필요하다.

[문제 3]

전형적인 문제일수록 조금만 신경 쓰면, 자신 나름대로의 목차와 내용에 의해 채점자에게 신선한 면을 보일 수 있다는 사실을 기억하기를 바란다.

■ 1994년도 제5회 합격자 예시답안 목차

[문제 1]

Ⅰ 서설
1. 공용수용의 의의
2. 공용수용의 일반적 효과

Ⅱ 수용의 효과발생시기
1. 수용 제 절차의 종결시기
(1) 협의의 성립
(2) 화해조서의 작성
(3) 재결
(4) 수용 제 절차의 종결 시 효과
2. 수용시기에 있어서의 효과

Ⅲ 기업자에 대한 효과
1. 손해보상금의 지급 또는 공탁의무
2. 권리의 취득
3. 목적물의 인도 이전 불이행시 대행・대집행 청구권
4. 위험부담의 이전
5. 담보물권자의 물상대위

Ⅳ 피수용자에 대한 효과
1. 목적물의 인도・이전의무
2. 손실보상청구권과 기타 청구권
3. 환매권

Ⅴ 결론

[문제 2]

Ⅰ 서
1. 개별지가의 의의
2. 개별지가의 법적 성질

Ⅱ 절차상의 하자의 예
1. 개별지가 결정절차
2. 절차상의 하자(① 유형, ② 효과)

Ⅲ 개별지가결정에 대한 불복절차
1. 재조사 청구
2. 재조사 청구를 하지 않고 행정심판법에 의한 행정심판 제기
3. 재조사 청구 후 바로 행정소송을 제기하는 경우

Ⅳ 결

[문제 3]

Ⅰ 서

Ⅱ 농업보상 내용
1. 농경지에 의한 평가
2. 농작물의 평가
3. 농업용 자산의 평가
4. 영농보상
5. 이농비

Ⅲ 잠업의 평가와 축산평가

Ⅳ 결

Chapter 32

1993년 제4회 기출문제

01

A시는 도로건설용지로 사용하기 위하여 甲소유 토지 1,000㎡를 수용하기 위해 재결을 신청하였다. 이에 관할 지방토지수용위원회는 1993년 8월 20일자로 수용재결을 하려고 한다. 이 경우 수용위원회가 재결을 함에 있어서 적용할 현행법상의 보상기준에 대하여 논하고, 그 보상기준과 정당보상과의 관계를 언급하라. 50점

02

부동산 가격공시에 관한 법률에 근거하여 시장·군수·구청장이 행하는 개별공시지가 결정의 법적 성질에 대하여 설명하라. 30점

공익사업을 위한 토지 등의 취득 및 보상에 관한 법률이 규정하고 있는 생활보상적 성격을 지닌 보상에 관하여 설명하라. 20점

1993년도 제4회 출제 및 채점위원 강평(석종현)

* 출제 및 채점위원 강평은 요약된 내용이다.

[문제 1]

1. 머리말

출제된 문제의 논점을 제대로 파악하는 것이 고득점의 지름길이다. 논점이라는 것이 특별한 것이 아니라 주어진 문제에 나타나 있다는 점에 착안하여야 할 것이다. 보상기준을 논하고 그 보상기준과 정당보상과의 관계를 언급하라고 명시되어 있기 때문에, 그에 따라 헌법상의 보상기준을 학설에 따라 설명하고 구체적 보상기준을 논하는 것으로 충분한 것이다. 그런데도 수험생들은 재결절차 또는 수용절차를 중심으로 답안을 작성하거나 손실보상의 일반론 중심으로 답안을 작성하는 경우가 적지 않았다.

2. 강평

사례에서 재결시점을 1993년 8월 20일자로 한다는 것을 명기한 것은 공시기준일인 1월 1일부터 8월 20일까지 이 기간에 생긴 지가상승분 또는 지가하락분에 대하여 어떤 기준을 적용하여 보상액을 산정하여야 하는지에 대하여 언급하는 것이 바람직하다는 것이다. 채권보상과 개발이익의 배제를 언급하는 것은 타당하나 공시지가 적용에 의한 보상이 정당보상인지의 여부에 대해서는 언급이 없으며, 오히려 개발이익의 환수를 언급하고 있는 것은 문제가 있다.

사례문제에서는 일단 문제의 제기를 하는 것이 바람직하다고 본다. 서론부분을 문제의 제기라고 한 답안은 거의 없었다. 문제의 제기에서는 보상기준에 관한 학설 중 어떤 학설을 취하는지의 여부에 따라 보상액의 산정이 다르게 될 수 있다는 점을 지적할 필요가 있다.

[문제 2]

학설을 설명하는 경우에 논거와 관련된 쟁점을 제대로 정리하지 않는 것은 바람직하지 못하며, 좋은 점수를 받기가 어려울 것이다.

[문제 3]

생활보상은 광의와 협의의 개념이 있는데, 학설은 협의의 개념을 취하여 설명하는 경우도 있고 광의의 개념을 취하여 설명하는 경우도 있다. 따라서 수험생은 먼저 광의의 개념을 취할 것인지, 협의의 개념을 취할 것인지를 정하고 그에 따라 (구)특례법상의 생활보상적 성격을 지닌 보상을 설명하는 것이 타당하다. 생활보상의 개념을 광의로 보는 견해는 그것을 주거총체가치의 보상, 소수잔존자보상, 이주대책 등 생활재건조치 등으로 구분하고 있다.

■ 1993년도 제4회 합격자 예시답안 목차

[문제 1]

Ⅰ 서설

1. 서
2. 관할 토지수용위원회의 재결
3. 보상재결에서의 보상기준

Ⅱ 행정상 손실보상의 기준

1. 손실보상의 의의
2. 손실보상의 기능
3. 손실보상의 기준(완전보상설, 상당보상설, 절충설)

Ⅲ 현행법상의 보상기준

1. 헌법상의 보상기준
2. 개별법상의 일반적 보상기준
3. 개별법상의 구체적인 보상기준

Ⅳ 행법상 보상기준과 정당보상과의 관계

1. 채권보상과 정당한 보상과의 관계
   (1) 채권보상제도의 도입
   (2) 채권보상의 위헌성 여부
2. 개발이익을 배제한 보상이 정당한 보상인가?
3. 개발이익의 환수 등과 관련하여

Ⅴ 결어

1. 사례의 해결
2. 결

[문제 2]

Ⅰ 서설

1. 개별토지가격의 의의
2. 개별토지가격 결정의 법적 성질 규명의 실익

Ⅱ 개별토지가격 결정의 법적 성질

1. 입법행위설
2. 행정행위설
3. 소결

Ⅲ 개별토지가격 결정의 절차

Ⅳ 개별토지가격 결정에 대한 불복

1. 지가의 재조사청구
2. 행정소송 제기 가능성 여부
   (1) 입법행위설에 의한 경우
   (2) 행정행위설에 의한 경우
   (3) 판례의 태도

Ⅴ 결어

[문제 3]

Ⅰ 서설

1. 서
2. 생활보상관념의 인정

Ⅱ 생활보상의 성격 및 특색

1. 성격
2. 특색

Ⅲ (구)특례법상의 생활보상의 내용

1. 간접보상
2. 이주대책
3. 주거용 건물과 관련한 보상
4. 기타

Ⅳ 결

Chapter 33

1992년 제3회 기출문제

문제 01

토지수용의 재결에 대한 불복을 논하라. 50점

문제 02

공익사업을 위한 토지 등의 취득 및 보상에 관한 법률상 개발이익의 배제에 대하여 논하라. 20점

문제 03

다음 문제를 약술하라.

(1) **채권보상** 10점

(2) **이주대책** 10점

(3) **공시지가의 적용** 10점

1992년도 제3회 출제 및 채점위원 강평(류해웅, 이동과)

* 출제 및 채점위원 강평은 요약 정리한 내용이다.

[문제 1]

I 강평 1

기본적으로 피수용자의 권리구제를 묻는 것이다. 재결에 대한 이의신청, 취소소송, 보상금증감청구소송이 있지만 본래 출제자가 의도한 것은 보상금증감청구소송에 중점이 두어져 있었다.

II 강평 2

보상금증감청구소송의 개념설명이 부족하였다. 보상금증감청구소송을 인정하게 된 이유나 취지를 적어주었으면 하는 아쉬움이 있다.

〈주의사항〉

수험자는 문제의 출제의도와 문제의 핵심, 그리고 논하여야 할 사항을 파악하여 그 논점을 빠짐없이 논술하고, 문제와 관계없는 것은 서술하지 않아야 한다. 필요하다고 생각되는 곳에 한자를 쓰는 것도 득점에 도움이 된다. 그러나 잘못된 한자를 쓰는 것은 감점원인이다. 글씨는 알아볼 수 있어야 하고 너무 작거나 크지 않아야 한다. 법규과목의 답안이므로 그 전개되는 논리는 법에 근거하여야 하고 법리에 합치하여야 한다.

[문제 2]

I 강평 1

보상의 기준을 통한 개발이익의 배제는 수용의 경우와 협의취득의 경우로 나누어 보상액 산정의 기준시점과 산정방법에 대하여 설명하면 된다. 특히 각각의 경우에 보상액의 산정방법과 관련하여 어떠한 공시지가를 적용하는가에 대한 설명이 분명히 되어야 한다. 법적 검토는 개발이익을 배제하더라도 피수용자에게 정당보상이 가능한가의 문제가 중심이 될 것이며, 그 밖에 수용당하는 자와 주변의 토지소유자와의 형평성과 관련하여 개발이익의 환수의 문제점에 대하여 논하면 될 것이다.

II 강평 2

개발이익의 배제 판례에 의하여 (구)토지수용법을 중심으로 더 상세히 논하였으면 하는 아쉬움이 남는다.

[문제 3]

I 강평 1

대체로 최근에 도입된 제도이거나 새로운 관심의 대상이 되는 것을 출제하였다. 채권보상은 금전보상의 예외로서 새로이 채택된 것이며, 생활보상으로서 이주대책을, 공시지가 적용에 대하여는 대상과 방법을 묻고자 하였다.

채권보상의 도입이유는 최근 산업의 발전과 도시화의 진전에 따라 사회간접시설의 수요가 급격히 늘어만 가고 있으나 지가의 상승으로 인해 사회간접시설의 설치가 날로 어려워지고 복리국가의 건설에 장해요인이 되고 있다. 이에 따라 정부의 재정적 부담을 완화하여 사회간접시설의 설치를 원활히 하기 위해 현금보상원칙의 예외로서 채권보상제도가 도입되었다.

II 강평 2

모두 보상법규에 있어서 중요한 문제이므로 수험자가 어느 정도 이해하고 있는지를 알아보고자 출제하였다.

■ 1992년도 제3회 합격자 총평 및 예시답안 목차

[문제 1]

Ⅰ 서

Ⅱ 재결에 대한 이의신청

1. 의의
2. 요건
3. 청구인적격
4. 제기절차
5. 의의신청에 대한 재결
6. 이의신청제기의 효과
7. 이의신청에 대한 재결의 종류

Ⅲ 위법한 재결에 대한 취소소송

1. 원처분주의
2. 취소소송의 제기요건
3. 당사자주의
4. 소송물 및 대상
5. 심리의 내용 및 범위
6. 판결

Ⅳ 보상액 증감을 위한 행정소송

1. 의의
2. 필요성
3. 법적 근거
4. (구)토지수용법상 문제점
5. 소결

Ⅴ 결어

[문제 2]

Ⅰ 서

Ⅱ 개발이익의 개념 및 범위

Ⅲ 손실보상에 있어 개발이익의 배제방법

1. 공시지가의 적용
2. 지가변동률

Ⅳ 정당보상 여부

Ⅴ 결어

[문제 3]

Ⅰ 채권보상

1. 의의
2. 정당보상과의 관계
3. 요건
4. 제한
5. 발행절차
6. 문제점

Ⅱ 이주대책

1. 의의
2. 이론적 성격
3. 대상
4. 시행절차 및 내용
5. 이주대책비의 부담 및 지원
6. 이주대책 위탁

Ⅲ 공시지가의 적용

1. 의의
2. 구체적 내용

Chapter 34

1991년 제2회 기출문제

문제 01

피수용자의 법적 지위에 관하여 설명하여라. 50점

문제 02

감정평가법인등의 의무와 책임을 설명하여라. 30점

문제

03

다음 문제를 약술하라.

(1) 보상액의 산정시기 10점

(2) 간접보상의 대상사업과 보상기준 10점

1991년도 제2회 출제 및 채점위원 강평(김남진, 석종현)

* 출제 및 채점위원 강평은 요약된 내용이다.

[문제 1]

I 강평 1

1. '법적 지위'라고 하면 관계자의 권리의무(내지 책임) 및 권리구제의 문제에 대해 언급함이 보통이다.
2. 답안은 크게 ① 서론, ② 피수용자의 의의, ③ 피수용자의 권리, ④ 피수용자의 의무, ⑤ 피수용자의 변동, ⑥ 피수용자의 권리구제 정도로 서술될 수 있다. 그 중심은 피수용자의 권리의무에 두어져야 할 것으로 생각된다.
3. 권리구제에는 사전절차에 따른 권리구제와 사후적 권리구제로 나누어 볼 수 있다. 사전적 권리구제로는 청문권(의견진술), 문서열람권 등으로 생각할 수 있고, 사후적 권리구제로는 이의신청, 행정소송, 손해보상(손실보상, 손해배상)에 관해 설명함이 일반적이다.

II 강평 2

1. 답안은 일단 공용수용의 당사자로서의 피수용자의 지위를 정리하고 그 내용으로서 피수용자의 권리와 의무를 중심으로 설명하는 것이 바람직하다. 그러므로 목차구성은 ① 서언, ② 피수용자의 권리, ③ 피수용자의 의무, ④ 피수용자의 권리구제, ⑤ 기타 관련 논점, ⑥ 결어 등으로 하는 것으로 족하다.
2. 서언에서는 피수용자의 의의, 법적 지위가 보장되어야 하는 이유와 그 내용 및 수용제도에 있어서의 최근의 이론적 동향을 간략하게 지적하는 것으로 족하다.

[문제 2]

I 강평 1

법률문제와 관련하여 의무, 책임을 논하는 경우 그것은 실정법상의 그것을 말하는 것이므로, 윤리, 도덕의무는 필수적 기재사항은 아니라고 말할 수 있다. 따라서 실정법상의 의무책임만 설명하여도 된다.

II 강평 2

감정평가법인등에 대하여 의무와 책임이 강조되는 이유에 대한 설명이 미비하다. 그리고 의무위반에 대해서는 제재로서의 처벌을 받게 되는데, 그에 관한 설명이 전혀 없는 것은 문제가 있다. 그 외에도 자격의 취소나 국토교통부장관의 감정평가법인등에 대한 지도·감독에 관한 설명도 논점이며, 아울러 감정평가법인등의 권익보호를 위한 제도적 장치에 대한 설명도 논점이라고 할 수 있다.
감정평가법인등의 의무와 책임의 문제는 거시적으로는 공시지가제도의 도입과 함께 감정평가를 인정하게 된 현실적인 부동산 문제와 국가의 토지정책과 관련되는 문제이기 때문에 그 제도적인 체계 내에서 감정평가업의 의의와 그와 관련하여 요구되는 의무와 책임의 문제로 파악하여 평가하여야 하는 문제라는 점에 유의할 필요가 있다.

[문제 3]

I 강평 1

관계 법령에 정해져 있는 것으로 관계조문을 충실히 기술하는 것으로서 족한 문제라 할 수 있다.

Ⅱ 강평 2

1. 보상액의 산정시기

보상액의 산정시기의 의의, 수용보상액의 산정시기, 협의보상액의 산정시기 등으로 구분하여 언급하는 것으로 족하다. 고득점을 받기 위해서는 보상기준과 산정시기를 관련시켜 검토할 필요가 있다. 또한 산정시기와 직접적인 관련이 있는 개발이익의 문제를 검토하고 그에 관한 현행법상의 태도에 관하여 언급하는 것이 바람직하다.

2. 간접보상의 대상사업과 보상기준

간접보상이 생활보상적 성격을 가지는 것인지의 여부에 대하여 언급하고 생활보상적 성격을 긍정하는 경우에는 그 이론적 배경과 근거 등에 대해서 간략하게 지적해 주는 것이 바람직하다.

■ 1991년도 제2회 합격자 예시답안 목차

[문제 1]

Ⅰ 서

Ⅱ 피수용자의 개념

Ⅲ 임의매수제도와 공용수용제도

Ⅳ 수용개념의 변화와 피수용자의 법적 지위

Ⅴ 수용유사적 침해 및 수용적 침해와 피수용자의 법적 지위

Ⅵ 보상개념의 변화와 피수용자의 법적 지위
1. 가치보장과 존속보장
2. 생활보상

Ⅶ 피수용자의 권리와 의무
1. 피수용자의 권리의 종류
2. 피수용자의 의무

Ⅷ 피수용자의 권리의무의 승계

Ⅸ 수용사무의 위임

Ⅹ 결

[문제 2]

Ⅰ 서설

Ⅱ 실정법상의 의무

Ⅲ 윤리 도덕적 의무

Ⅳ 민사상의 의무

Ⅴ 형사상의 책임

Ⅵ 결어

[문제 3]

Ⅰ 보상액의 산정시기
1. 서설
2. 보상액 산정시기
3. 보상액 산정기준

Ⅱ 간접보상의 대상사업과 보상기준
1. 간접보상의 의의
2. 간접보상의 성질
3. 간접보상의 대상사업
4. 간접보상기준
5. 결어

Chapter 35

1990년 제1회 기출문제

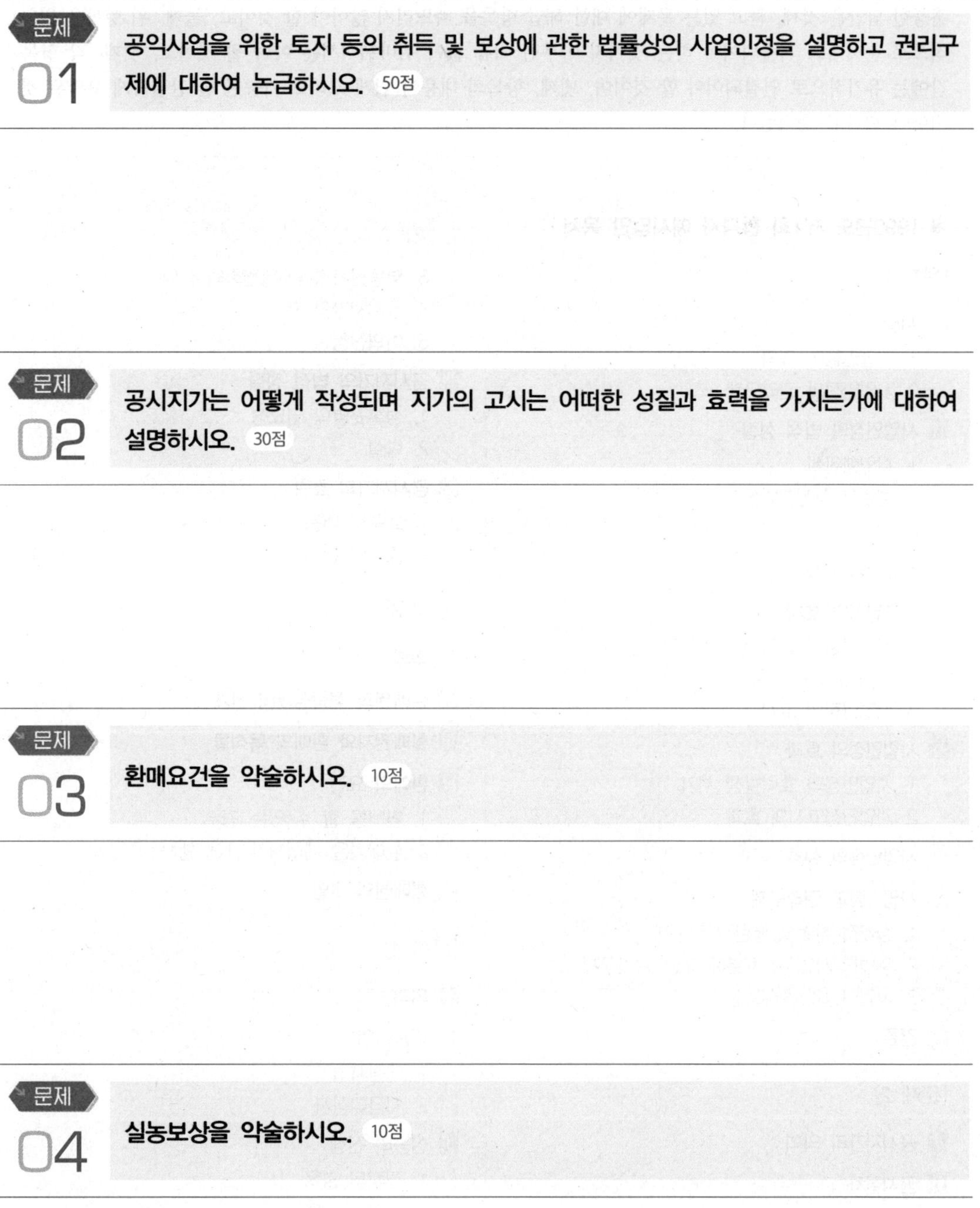

문제 01

공익사업을 위한 토지 등의 취득 및 보상에 관한 법률상의 사업인정을 설명하고 권리구제에 대하여 논급하시오. 50점

문제 02

공시지가는 어떻게 작성되며 지가의 고시는 어떠한 성질과 효력을 가지는가에 대하여 설명하시오. 30점

문제 03

환매요건을 약술하시오. 10점

문제 04

실농보상을 약술하시오. 10점

1990년도 제1회 출제 및 채점위원 강평(김남진, 김철용)

* 출제 및 채점위원 강평은 요약된 내용이다.

훌륭한 답안은 첫째, 묻고 있는 문제에 대한 해답 항목을 빠뜨리지 않아야 할 것이고, 둘째, 위 항목은 원칙적으로 순서대로 기술되어야 하는 것이지 아무런 이유 없이 뒤바뀌어서는 아니 될 것이고, 셋째, 각 항목 간에는 유기적으로 연결되어야 할 것이며, 넷째, 항목의 내용이 쉽게 그리고 가능한 한 간결하게 요약된 것이어야 한다고 생각한다.

■ 1990년도 제1회 합격자 예시답안 목차

[문제 1]

Ⅰ 서설
1. 사업인정의 의의
2. 사업인정과 권리구제

Ⅱ 사업인정의 법적 성질
1. 확인행위설
2. 설권적 형성행위설
3. 결어

Ⅲ 사업인정 기관

Ⅳ 사업인정의 절차
1. 사업인정의 신청
2. 협의 및 의견청취
3. 사업인정의 고시

Ⅴ 사업인정의 효과
1. 사업인정의 효력발생 시기
2. 사업인정고시의 효과

Ⅵ 사업인정의 실효

Ⅶ 사업인정과 권리구제
1. 절차적 참여를 통한 사전구제
2. 위법한 사업인정처분에 대한 권리구제
3. 사업인정과 손실보상

Ⅷ 결론

[문제 2]

Ⅰ 공시지가의 의의

Ⅱ 공시절차
1. 표준지 선정
2. 표준지 가격의 조사·평가
3. 부동산가격공시위원회의 심의
4. 공시지가의 고시
5. 이의신청

Ⅲ 공시지가의 법적 성질
1. 성질규명의 필요성
2. 학설

Ⅳ 공시지가의 효력
1. 효력의 내용
2. 효력의 한계

[문제 3]

Ⅰ 의의

Ⅱ 환매권과 적합성과의 관계

Ⅲ 환매권자와 환매의 목적물

Ⅳ 환매의 요건
1. 환매를 할 수 있는 경우
2. 환매권은 제척기간 내에 행사

Ⅴ 환매권의 소멸

[문제 4]

Ⅰ 의의

Ⅱ 적용범위
1. 대상사업
2. 지급대상자

Ⅲ 실농비 산정
1. 전작의 경우
2. 답작의 경우

Ⅳ 결어

PART

02

기출문제 논점

Chapter 01

감평행정법

Ⅰ 행정법 기본

1. 행정법의 법원

(1) 일반원칙

(2) 행정법의 시간적 효력

2. 사법과 공법의 구별(공법관계)

3. 행정상 권리관계(사인의 공법행위)

4. 구성요건적 효력과 선결문제(제35회 1-3번 15점)(수용재결 취소사유 불가쟁력 발생/소유권이전 등기말소청구소송을 제기 승소여부)

Ⅱ 행정작용

1. 행정상 입법

(1) 법규명령

(2) 행정규칙

(3) 법규명령 형식의 행정규칙

(4) 법령보충적 행정규칙

2. 행정계획

(1) 법적 성질

(2) 계획재량과 통제

3. 행정행위

(1) 분류

① 기속행위, 재량행위

② 법률행위적 행정행위, 준법률행위적 행정행위

③ 일반처분, 개별처분

④ 제3자효 행정행위

(2) 행정행위 부관

① 종류 : 조건, 기한, 부담, 철회권 유보
② 부관의 한계
③ 독립쟁송 가능성
④ 독립취소 가능성

(3) 행정행위 하자와 효과

① 무효와 취소의 구별
② 주체, 절차, 내용, 형식에 관한 하자

(4) 하자의 승계

(5) 하자 있는 행정행위의 치유와 전환(내용상 하자의 치유가능성)

(6) 행정행위 취소와 철회

(7) 행정행위 실효

(8) 다단계 행정행위 : 확약, 가행정행위, 사전결정, 부분허가

4. 공법상 계약

5. 행정상 사실행위

6. 행정지도

7. 행정조사

8. 행정의 실효성 확보수단

(1) 행정강제

① 행정상 강제집행 – 대집행, 강제징수, 집행벌(이행강제금), 직접강제
② 행정상 즉시강제

(2) 행정벌

① 행정형벌
② 행정질서벌(과태료)

(3) 기타 실효성 확보수단(과징금, 변형된 과징금, 가산세, 명단공표, 공급거부, 관허사업제한 등)

9. 행정절차

① 사전통지
② 의견청취(청문, 공청회, 의견제출)

③ 처분의 이유제시
④ 고지제도
⑤ 절차하자의 독자적 위법성, 치유가능성, 치유시기
⑥ 기타 : 인허가 의제제도, 환경영향평가

10. 정보공개제도

Ⅲ 행정구제

1. 행정상 손해배상

2. 행정상 손실보상(토지보상법 범위 內)

3. 행정쟁송

(1) 행정심판

① 심판종류 : 취소심판, 무효등확인심판, 의무이행심판
② 이의신청 / 행정심판 구별

(2) 행정소송

1) 항고소송

① 취소소송
② 소송요건 : 대상적격, 원고적격, 협의의 소의 이익, 제소기간, 관할, 피고적격 등
③ 심리 : 심리범위, 심리일반원칙, 심리과정(소병합, 소변경, 소이송, 소송참가, 처분사유 추가변경), 입증책임
④ 판결 : 판결의 종류(각하, 기각, 인용, 사정판결), 위법판단 기준 시, 판결의 효력(형성력, 기속력, 기판력)/일부취소판결(과징금의 일부취소 제32회, 징계의 일부취소 제35회)
⑤ 가구제 : 집행정지, 가처분
⑥ 부작위위법확인소송
⑦ 무효등확인소송
⑧ 무명항고소송 : 의무이행소송, 예방적 금지소송 등

2) 당사자소송

Chapter 02

토지보상법

Ⅰ 총칙

1. 목적물(종류, 제한, 확장) / 당사자 / 공익사업 종류

① 피수용자의 법적 지위(제2회 50점)
② 사적공용수용(제10회 10점)
③ 사적공용수용 의의 및 요건(제19회 20점)

2. 공익사업준비

출입허가 / 인용의무 / 장해물 제거 등 / 증표 등 휴대

3. 사업인정 전(前) 협의취득

보존등기되지 않은 토지의 보상절차와 내용(제6회 30점)

Ⅱ 공용수용절차

사업인정받은 토지의 지상권 소멸절차(제11회 10점)

1. 사업인정

의의 / 법적 성질 / 요건 / 절차 및 내용 / 효과 / 실효 / 권리구제 등

① 사업인정을 설명하고 권리구제(제1회 50점)
② 사업인정 법적 성질과 권리구제(제12회 30점)
③ 사업인정 시 부가된 부관의 독립쟁송 가능성, 독립취소 가능성(제13회 40점)
④ 도지사와 협의를 누락한 사업인정 취소소송의 인용가능성(제13회 30점)
⑤ 사업인정 요건(사전결정)(제17회 1번 20점)
⑥ 사업인정고시의 효과(제23회 10점)
⑦ 사업인정 의제의 성질 및 의견청취절차(제28회 40점)
⑧ 사업인정 요건과 수용권 행사의 남용(제28회 40점)
⑨ 사업인정과 사업인정고시의 효력(제34회 10점)

2. 조서작성

협의절차 준용(협의성립확인)

① (구)공특법상 협의와 (구)토지수용법상 협의의 비교(제8회 20점)

3. 협의

협의가 수용재결 신청 전 필요적 절차인지 여부와 협의성립확인의 법적 효과(제30회 10점)

4. 수용재결(화해)

의의 / 법적 성질 / 절차 / 내용 / 효과 / 실효 / 권리구제 / 하자승계

① 수용재결에 대한 불복 설명(제3회 50점)
② 무효인 재결과 취소인 재결의 예시와 구별실익 설명(제7회 50점)
③ 보상금증감청구소송의 형태와 성질 등 설명(제10회 30점)
④ 이의신청을 거쳐 재결취소소송을 제기 시 소의 대상과 집행부정지(제11회 40점)
⑤ 수용재결 부작위에 대한 행정쟁송수단 사례형(제16회 40점)
⑥ 사업인정과 수용재결의 하자승계 사례형(제17회 1번 20점)
⑦ 사업인정과 수용재결의 하자승계(제27회 20점)
⑧ 재결신청의 청구(제32회 15점)
⑨ 수용 자체 불복 시 취소소송의 대상적격과 피고적격 설명(제34회 20점)

Ⅲ 공용수용의 효과

토지수용의 효과에 대해 설명(제5회 50점)

1. 권리취득(상실)

2. 손실보상청구권 – 별도목차(손실보상)

3. 보상금 지급 또는 공탁의무

4. 수용목적물의 인도·이전의무

5. 인도 또는 이전의 대행, 대집행

토지·물건의 인도·이전의무에 대한 실효성 확보수단(제16회 20점)

6. 위험부담

7. 물상대위

8. 환매권

(의의 / 근거 / 법적 성질 / 환매권자 / 환매목적물 / 환매권의 성립시기 / 행사요건과 행사기간, 행사방법, 환매대금 / 효과 및 소멸 / 공익사업의 변환 / 권리구제 등)

① 환매권의 요건 설명(제1회 10점)
② 환매목적물 및 행사요건 설명(제13회 20점)

③ 소유권회복을 위한 소송수단 및 환매권 행사요건 · 시기, 공익사업변환 사례형(제19회 40점)
④ 환매권 및 환매대금증액청구소송/선이행 또는 동시이행항변가능성 사례형(제35회 40점)

9. 사용만료 시 원상회복 및 반환의무

토지사용기간 만료 시 법률관계(제8회 20점)

Ⅳ 행정상 손실보상

1. 의의

2. 근거

3. 손실보상청구권의 성질

4. 손실보상의 요건

(공공필요 / 재산권에 대한 적법한 침해 / 특별한 희생 / 보상규정 존재)

➲ 1~4까지는 손실보상 일반론으로 헌법 제23조 논점에 포함하였음

5. 손실보상기준(헌법상 - 제23조 제3항 '정당한 보상' / 토지보상법)

① 토지보상법상 보상기준과 정당보상 관계(제4회 50점)
② 보상액 산정의 시기(제2회 10점)
③ 개발이익의 배제(제3회 20점)
④ 개발이익의 배제와 사업지역 주변 토지소유자와 형평성(제9회 40점)
⑤ 개발이익의 배제(제12회 30점)
⑥ 개발이익의 배제 및 포함(제17회 15점)
⑦ 해당 사업과 무관한 개발이익의 반영 여부(제28회 10점)

6. 손실보상의 원칙 / 방법

① 보상액의 산정시기(제2회 10점)
② 채권보상 설명(제3회 10점)
③ 손실보상 원칙을 약술(제15회 10점)
④ 공용제한에 따른 재산권 침해 논란을 입법적으로 해결할 필요가 있는 경우 도입할 수 있는 보상방법(현금보상 · 채권보상 제외) 및 기타손실을 완화할 수 있는 제도(제18회 20점)
⑤ 공법상 제한을 받는 토지의 평가(제28회 40점)
⑥ 재결절차를 거치지 않은 채 곧바로 손실보상을 청구할 수 있는지(제32회 10점)

7. 손실보상의 내용

(1) 재산권의 객관적 가치보상(토지재산권 / 건축물 / 권리)

① 불법형질변경된 토지와 무허가건축물의 보상평가기준(제8회 15점)
② 어업과 관련된 영업보상(제7회 10점) – 어업보상 문제임
③ (구)토지수용법상 확대보상을 설명하고, 확장수용청구가 거부된 경우 불복방법(제10회 20점)
④ 잔여지 및 잔여건물 보상에 관하여 설명(제13회 20점)
⑤ 잔여지수용(제21회 1번 40점)
⑥ 잔여지에 대한 손실보상(제23회 30점)
⑦ 완전수용에 대한 불복(제27회 30점)
⑧ 잔여지 수용청구 인정 여부(제32회 15점)

(2) 부대적 손실보상(실비변상적 보상 / 일실손실보상)

① 무허가건축물 내 식당영업의 손실보상 여부(제18회 15점)
② 휴업보상 약술(제16회 10점)
③ 농업손실보상 설명(제1회 10점, 제5회 20점)

(3) 생활보상

① 생활보상적 성질을 지닌 보상에 관하여 설명(제4회 20점)
생활보상에 대해 설명(제15회 20점)
② 수몰민 보상(제7회 20점)
③ 이주대책 약술(제3회 10점)
④ 이주대책 이론적/헌법적 근거(제20회 1번 5점)
⑤ 자진이주하지 않은 자를 이주정착금 지급대상으로 규정한 사업시행자의 이주대책 기준이 마련된 경우 자진이주하지 않은 주택소유자는 분양아파트의 공급 혹은 이주정착금의 지급을 요구할 수 있는지의 여부를 검토(제20회 1번 20점)
⑥ 무허가건축물대장에 등록되지 않은 건축물소유자 乙이 해당 건축물이 무허가건축물이라는 이유로 이주대책에서 제외된 경우 권리구제를 위하여 다툴 수 있는 근거와 소송방법(제20회 1번 20점)
⑦ 토지보상법상 이주대책 시 절차의 하자(제27회 1번 20점)
⑧ 이주대책거부처분 취소소송 시 처분사유・추가변경(제27회 1번 20점)
⑨ 이주대책의 법적 성질 및 행정쟁송방법(제28회 30점)
⑩ 토지보상법 시행규칙 제54조 제2항 주거이전비 규정 강행규정 여부(제29회 30점)

(4) 간접손실

(의의 / 근거 / 절차 및 내용 / 권리구제)

① 간접손실의 이론적 근거, 유형, 보상한계를 설명(제11회 20점)
② 간접침해의 구제수단(제14회 20점)
③ 공익사업시행지구 밖 영업손실의 간접손실보상(제29회 10점)
④ 수산업협동조합의 간접손실보상가능성과 보상규정 결여(제30회 20점)

8. 기타

(토지수용위원회 / 보상협의회 / 보상전문기관 등)

① 부동산가격공시위원회, 토지수용위원회, 보상협의회의 비교(제10회 20점)

V 헌법 제23조(손실보상 일반론)

① 경계이론과 분리이론 입장에서 사회적 제약과 특별한 희생의 구별기준(제14회 20점)
② 재산권 가치보장과 존속보장 설명(제17회 15점)
③ 사업인정 실효로 인한 재산상 손실이 있는 경우 손실보상청구권 존재 여부(제6회 40점)
④ 보상규정 없이 공용침해를 규정한 법률에 근거한 공용침해 시 보상청구 가능성(제8회 50점)
⑤ 수산업법에 보상규정이 존재함에도 보상 없이 공유수면매립한 경우 신고어업에 종사하여 온 자의 권리구제방법(제12회 30점)
⑥ 하천점용허가 만료 시 임시창고건물 자진 철거 조건으로 허가받은 경우 해당 조건을 취소소송으로 다툴 수 있는지와 손실보상청구 가능성(제20회 30점)
⑦ 지하 일부분 터널통과에 따른 지상임야에서 장뇌삼 경작이 불가능하게 된 경우 토지 전부를 수용해야 하는지와 토지소유자의 토지보상법상 권리와 토지보상법상 권리구제수단(제21회 40점)
⑧ 보상재결에 대한 불복(제22회 20점)
⑨ 토지보상법 시행규칙 제26조 제1항의 법적 성질(제22회 30점)
⑩ 환매권의 행사요건 충족 및 환매금액의 다툼(제23회 40점)
⑪ 사업인정고시의 효과(제23회 10점)
⑫ 잔여지에 대한 손실보상(제23회 30점)
⑬ 공법상 제한이 가하여진 토지의 평가기준(제24회 40점)
⑭ 토지보상법상 원처분주의(제25회 20점)
⑮ 보상액 결정 감정평가실무기준(제26회 20점)
⑯ 보상금증감청구소송의 의의 및 특수성(제26회 20점)
⑰ 토지보상법상 손실보상의 범위(제26회 10점)
⑱ 토지보상법상 주거이전비 쟁송(제26회 20점)
⑲ 부지조성비용 손실보상 청구(제26회 10점)
⑳ 직접 국가를 상대로 손실보상청구 가능성(제26회 10점)

㉑ 토지보상법상 이주대책 시 절차의 하자(제27회 20점)
㉒ 이주대책거부 취소소송 시 처분사유・추가변경(제27회 20점)
㉓ 확장수용 중 완전수용의 불복(제27회 30점)
㉔ 사업인정과 수용재결의 하자의 승계(제27회 20점)
㉕ 사업인정 의제의 성질 및 의견청취 절차(제28회 40점)
㉖ 사업인정 요건과 수용권 행사의 남용(제28회 40점)
㉗ 공법상 제한을 받는 토지의 평가(제28회 40점)
㉘ 이주대책의 법적 성질 및 행정쟁송방법(제28회 30점)
㉙ 사실상 사도의 도정법상 매도청구권 평가와 토지보상법상 수용재결 평가 차이(제28회 20점)
㉚ 해당 사업과 무관한 개발이익의 반영 여부(제28회 10점)
㉛ 토지보상법 시행규칙 제54조 제2항 주거이전비 규정 강행규정 여부(제29회 30점)
㉜ 공익사업시행지구 밖 영업손실의 간접손실보상(제29회 10점)
㉝ 골프장 잔여시설에 대한 대체시설의 설치비용 보상 여부(제30회 10점)
㉞ 골프장 잔여시설의 지가 및 건물가격 하락분에 대한 보상청구의 소송방법(제30회 20점)
㉟ 수산업협동조합의 간접손실보상가능성과 보상규정 결여(제30회 20점)

ZOOM! 과거 특이한 문제

① 보상규정 없는 법률에 따라 공용제한이 이루어진 후 해당 지역 내의 모든 제조업자들은 법령상 강화된 폐수배출허용기준을 준수하여야 한다. 해당 지역 내 제조업자(공장) 甲은 변경된 기준이 기술적으로 어려울 뿐만 아니라 수질정화시설을 갖추는 데 과도한 비용이 소요되므로 이는 수용에 해당하는 것으로 손실보상이 주어져야 한다고 주장한다. 甲주장의 타당성을 검토(제18회 1번 20점)
② 일반적 계획제한을 받는 토지를 공법상 제한받는 대로 평가하는 이론적 근거(제9회 20점)

Chapter
03 부동산공시법

1. 표준지공시지가

① 표준지공시지가 절차, 성질, 효력(제1회 30점)
② 표준지공시지가 적용(제3회 10점)
③ 표준지 인근 토지소유자가 표준지의 공시지가가 국토교통부 훈령인 '표준지선정관리지침'에 위배되었다는 이유로 표준지공시지가를 다툴 수 있는지 여부(제14회 40점)
④ 표준지공시지가와 개별공시지가의 비교(제8회 20점)

2. 개별공시지가

① 개별공시지가의 법적 성질(제4회 30점)
② 개별공시지가의 불복절차(제5회 30점)
③ 개별공시지가의 검증(제7회 20점)
④ 개별공시지가와 과세처분의 하자승계(제13회 20점, 제21회 20점, 제34회 15점)
⑤ 개별공시지가의 내용상 하자와 절차상 하자의 구별 및 하자의 치유가능성(제19회 40점)
⑥ 개별공시지가의 이의신청의 성질(제21회 10점)
⑦ 개별공시지가 검증과 토지가격비준표 적용의 위법성(제29회 20점)
⑧ 개별공시지가 정정처분의 취소소송의 적법성(제30회 15점)
⑨ 이의신청 경과 시에도 개별공시지가 정정 가능한지 여부(제30회 10점)
⑩ 개별공시지가에 기초한 부담금부과 시 내용상 하자의 치유가능성(제30회 15점)
⑪ 개별공시지가와 수용재결의 하자승계(제32회 20점)
⑫ 이의신청을 거치지 않은 채 행정심판의 제기 가능성 및 개별공시지가의 위법성 고찰(제34회 15점)
⑬ 개별공시지가 정정불가 통지에 대한 취소소송/개별공시지가 정정의 소급효(제35회 30점)

3. 주택가격(표준주택가격 / 개별주택가격 / 공동주택가격)

4. 토지(주택)가격비준표

5. 중앙부동산가격공시위원회 설명(제29회 10점)

Chapter

04 감정평가법

1. 감정평가사

(1) 자격(합격증 / 자격증 발급행위 / 결격사유 / 자격취소)

① 자격증 양도에 따른 자격취소 시 권리구제(제14회 20점)

② 업무정지처분의 효력기간이 지난 경우에 업무정지처분취소소송이 가능한지(제16회 30점)

(2) 자격등록 및 갱신등록

(3) 권리

① 감정평가법상 '사무소 개설 등'(제34회 10점)

(4) 징계제도

① 징계처분 취소소송 계속 중 처분사유 추가·변경(제29회 10점)

② 징계처분 취소소송 시 집행정지의 인용 가능성 및 후속 조치 검토(제34회 20점)

2. 감정평가법인등

(1) 권리

(2) 의무

(3) 책임

1) 민사상 책임 – 손해배상책임(제36조)

2) 행정상 책임 – 인가취소 또는 업무정지 / 과징금 / 과태료

① 변형된 과징금 일부취소판결법리(제32회 20점)

3) 형사상 책임 – 행정형벌(벌금, 징역) 등

① 고의로 감정평가를 잘못한 경우 행정청이 취할 수 있는 제재적 조치의 절차와 내용(제11회 30점) – 문제에서는 평가사에 대한 물음이었으나 현행법에서는 업자로 보는 것이 타당함

② 감정평가법인등의 의무와 책임(제2회 30점)

③ 감정평가법인등의 손해배상책임(제12회 10점)

④ 업자에 대한 업무정지처분을 하면서 이유제시를 누락한 경우 하자의 치유가능성과 치유시기(제15회 30점)

⑤ 업자의 성실의무와 그 의무이행확보수단을 기술 후 각 수단의 법적 성질을 비교·검토(제18회 30점)

⑥ [별표 2]의 재판규범성이 인정되는지 여부(제20회 25점)
⑦ 감정평가법인등에 대한 과징금, 과태료, 벌금의 법적 성질 및 과징금과 벌금의 중복 부과 가능성(제21회 30점)
⑧ 업무정지처분취소소송과 국가배상청구소송과의 관계(기판력)(제22회 20점)
⑨ 거부처분이 사전통지의 대상인지와 절차 하자의 독자적 논의(제22회 10점)
⑩ 감정평가법인 설립인가취소소송에 대한 집행정지(제23회 20점)
⑪ 가중처벌 규정과 협의의 소익(제24회 20점)
⑫ 재개발조합 설립인가의 법적 성질과 권리구제 형태(제25회 20점)
⑬ 제3자의 소송참가와 판결의 효력(제25회 20점)
⑭ 국가배상청구소송(제25회 20점)
⑮ 잘못된 감정평가(제26회 10점)
⑯ 감정평가법상 [별표]의 법적 성질과 협의의 소익(제27회 10점)
⑰ 자격증 명의대여 또는 부당행사 징계절차(제29회 20점)
⑱ 감정평가법인등의 성실의무(제32회 10점)
⑲ 감정평가사 징계의 일부취소법리/감정평가법인등의 성실의무내용(제35회 20점)
⑳ 감정평가법 제28조 제1항의 필요한 조치 및 행정상 제재(제35회 10점)

3. 기타

① 평가의뢰인(사인인 경우와 국토교통부장관인 경우), 평가법인, 소속평가사의 법률관계(제9회 20점)
② 지공법상 감정평가행위와 지가산정행위의 같은 점과 다른 점(제9회 20점)

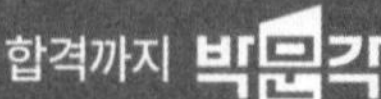
합격까지 박문각

PART

03

기출문제 분석 및 예시답안

제35회(2024) ~ 제1회(1990)

Chapter 01

2024년 제35회 기출문제 분석

문제 01

A 지방자치단체는 도로사업 부지를 취득하기 위하여 甲의 토지를 협의 취득하여 공공용지의 협의 취득을 원인으로 하는 소유권이전등기를 하였고, 乙의 토지에 대하여는 수용재결에 의하여 소유권을 취득한 후 소유권이전등기를 마쳤다. 그러나 甲과 乙의 토지(이하 '이 사건 토지'라 함)가 관내의 택지개발예정지구에 포함되자 A지방자치단체는 이 사건 토지가 도로사업에 더 이상 제공될 수 없는 상황에서 도로사업의 목적 달성이 불가능하다고 판단하여, 당초 협의 취득 및 수용의 목적이 된 해당 도로사업을 폐지하였다. 이에 따라 甲과 乙에게 「공익사업을 위한 토지 등의 취득 및 보상에 관한 법률」에 의한 환매권이 발생하였다. 甲은 협의 취득 당시에 수령한 보상금 상당 금액을 공탁한 후, A지방자치단체에게 환매의 의사표시를 하고 소유권이전등기청구소송을 제기하였다. 한편 乙이 환매권을 행사할 무렵 환매금액에 관한 A 지방자치단체와 을의 협의가 성립되지 아니하여, A지방자치단체는 환매대상 토지의 현재가격이 취득일 당시에 비하여 현저히 상승하였음을 들어 환매대금의 증액을 구하는 소송을 제기하였다. 다음 물음에 답하시오. 40점

(1) 乙의 환매권 및 乙에 대한 환매대금증액청구소송의 법적 성질을 각각 설명하시오. 15점

(2) 甲의 소유권이전등기청구소송에서, A지방자치단체는 환매 대상 토지 가격의 상승에 따른 환매대금증액청구권을 내세워 증액된 환매대금과 보상금 상당액의 차액을 지급할 것을 선(先)이행 또는 동시이행의 항변으로 주장할 수 있는지에 관하여 설명하시오. 10점

(3) 만약 乙의 토지에 대한 수용재결에 취소사유에 해당하는 하자가 있어 을이 환매권 행사 이전에 수용재결의 하자를 이유로 자신의 소유권 회복을 위한 소유권이전등기 말소청구소송을 제기한 경우, 그 승소 여부를 검토하시오(단, 수용재결에 불가쟁력이 발생하였음). 15점

참조 조문

〈공익사업을 위한 토지 등의 취득 및 보상에 관한 법률〉

제91조(환매권)

① 공익사업의 폐지・변경 또는 그 밖의 사유로 취득한 토지의 전부 또는 일부가 필요 없게 된 경우 토지의 협의취득일 또는 수용의 개시일(이하 이 조에서 "취득일"이라 한다) 당시의 토지소유자 또는 그 포괄승계인(이하 "환매권자"라 한다)은 다음 각 호의 구분에 따른 날부터 10년 이내에 그 토지에 대하여 받은 보상금에 상당하는 금액을 사업시행자에게 지급하고 그 토지를 환매할 수 있다.

1. 사업의 폐지・변경으로 취득한 토지의 전부 또는 일부가 필요 없게 된 경우 : 관계 법률에 따라 사업이 폐지・변경된 날 또는 제24조에 따른 사업의 폐지・변경 고시가 있는 날
2. 그 밖의 사유로 취득한 토지의 전부 또는 일부가 필요 없게 된 경우 : 사업완료일

②~③ 〈생략〉

④ 토지의 가격이 취득일 당시에 비하여 현저히 변동된 경우 사업시행자와 환매권자는 환매금액에 대하여 서로 협의하되, 협의가 성립되지 아니하면 그 금액의 증감을 법원에 청구할 수 있다.

⑤ 제1항부터 제3항까지의 규정에 따른 환매권은 「부동산등기법」에서 정하는 바에 따라 공익사업에 필요한 토지의 협의취득 또는 수용의 등기가 되었을 때에는 제3자에게 대항할 수 있다.

예시답안

[물음 1-1] 15점 환매권의 법적 성질과 환매대금증액소송의 법적 성질

Ⅰ 논점의 정리

공익사업을 위한 토지 등의 취득 및 보상에 관한 법률(이하 '토지보상법')상 환매권의 법적 성질에 대하여 설명하고, 환매대금증액청구소송의 법적 성질에 대하여 민사소송인지 공법상 당사자소송인지 견해가 대립하는바, 관련 규정과 판례를 토대로 설명하고자 한다.

Ⅱ 환매권의 의의, 취지 및 법적근거

환매권이란 공익사업에 필요하여 취득한 토지가 사업의 폐지・변경 기타 사유로 인해 필요 없게 되거나 또는 일정기간이 경과하도록 그 사업에 현실적으로 이용되지 아니하는 경우에 해당 토지소유자이었던 자가 일정한 대가를 지급하고 원래의 토지를 다시 취득할 수 있는 권리를 말하며, 피수용자의 감정 존중과 재산권의 존속보장에 그 취지가 있다. 법적 근거로는 토지보상법 제91조에 근거한다.

Ⅲ 환매권의 법적 성질

1. 환매권의 법적 성질

(1) 공권인지 사권인지 여부

1) 학설

① 공권설 : 환매제도는 공법적 수단에 의해 상실된 권리를 회복하는 제도로, 공법상 주체인 사업시행자에 대해 사인이 가지는 공법상 권리라고 한다. 공법적 원인에 기한 결과를 회복하는 수단 역시 공법적인 것이어야 함이 논리적이라 한다(유력설).

② 사권설 : 환매권은 환매권자 자신의 이익을 위해서 환매의 의사를 표시함으로써 토지를 재취득하는 것이라는 점, 환매권의 행사는 공익성의 소멸을 그 요건으로 하고 있으므로 사업시행자는 더 이상 수용권의 주체로서의 지위를 갖지 않는다는 점을 볼 때 환매권은 사법상 권리라고 본다.

2) 대법원 판례/헌법재판소 결정의 태도 - 사권

관련 판례(헌재 1994.2.24, 92헌마283)

➡ 청구인들이 주장하는 환매권의 행사는 그것이 공공용지의 취득 및 손실보상에 관한 특례법 제9조에 의한 것이든, 토지수용법 제71조에 의한 것이든, 환매권자의 일방적 의사표시만으로 성립하는 것이지, 상대방인 사업시행자 또는 기업자의 동의를 얻어야 하거나 그 의사 여하에 따라 그 효과가 좌우되는 것은 아니다. 따라서 이 사건의 경우 피청구인이 설사 청구인들의 환매권 행사를 부인하는 어떤 의사표시를 하였다 하더라도, 이는 환매권의 발생 여부 또는 그 행사의 가부에 관한 사법관계의 다툼을 둘러싸고 사전에 피청구인의 의견을 밝히고, 그 다툼의 연장인 민사소송절차에서 상대방의 주장을 부인하는 것에 불과하므로, 그것을 가리켜 헌법소원심판의 대상이 되는 공권력의 행사라고 볼 수는 없다.

관련 판례(대판 2012.4.26, 2010다6611)

➡ 한편 '국가보위에 관한 특별조치법 제5조 제4항에 의한 동원대상지역 내의 토지의 수용·사용에 관한 특별조치령' 제39조 제1항에 규정된 환매권 행사로 인한 매수의 성질은 사법상 매매와 같은 것으로서 환매 대상이 되는 것은 당초 국가가 수용한 목적물 내지 권리와 동일하다고 보아야 한다. 따라서 위와 같이 어느 공유자가 국가와 1필지 토지에 관하여 구분소유적 공유관계에 있는 상태에서 국가로부터 그 공유자가 가지는 1필지의 특정 부분에 대한 소유권을 수용당하였다가 그 후 환매권을 행사한 경우 그 공유자가 환매로 취득하는 대상은 당초 수용이 된 대상과 동일한 1필지의 특정 부분에 대한 소유권이고, 이와 달리 1필지 전체에 대한 공유지분이라고 볼 수는 없다.

3) 소결

생각건대, 공·사법의 구별은 법형식으로 이해할 것이 아니라, 법률관계 당사자와 추구하는 이익을 기준으로 보건대 수용법률관계가 목적을 달성하여 소멸한 후에도 사업시행자가 공권력의 주체라고 보기 어렵고(주체), 환매권은 공익을 위한 것이 아니라 전적으로 사인의 이익만을 위해 인정되는 권리(이익)이다. 따라서 환매권은 사법관계로서 사인이 가지는 권리 역시 사권인바 환매권에 대한 분쟁(환매가격)은 사법상의 민사소송절차에 의할 것으로 판단된다.

(2) 형성권과 채권적 효력설

1) 형성권

환매권은 제척기간 내에 이를 일단 행사하면 형성권으로 매매의 효력이 생기는 것으로서 〈형성권〉의 성질을 지니며, 판례에서도 환매요건이 발생하면 환매권자가 지급받은 보상금에 상당하는 금액을 사업시행자에게 미리 지급하고 일방적 의사표시를 함으로써 사업시행자의 의사와 관계없이 환매가 성립한다고 판시하고 있다.

> **관련 판례(대판 2012.8.30, 2011다74109)**
>
> ➡ 공익사업을 위한 토지 등의 취득 및 보상에 관한 법률 제91조에 의한 환매는 환매기간 내에 환매의 요건이 발생하면 환매권자가 지급 받은 보상금에 상당한 금액을 사업시행자에게 미리 지급하고 일방적으로 의사표시를 함으로써 사업시행자의 의사와 관계없이 환매가 성립한다. 따라서 환매기간 내에 환매대금 상당을 지급하거나 공탁하지 아니한 경우에는 환매로 인한 소유권이전등기 청구를 할 수 없다.

2) 채권적 효력설

환매권은 사업시행자에게 보상금에 상당한 금액을 지급하고 일방적 의사표시를 함으로써 환매가 성립하지만, 환매권 규정을 의사표시만으로 소유권을 회복하는 것으로 볼 수는 없다. 현재 소유자의 동의에 의해 양자간 매매계약이 성립하고 당사자 간 채권·채무 관계를 발생시키는 것으로 보아야 함으로 채권적 효력이 있다. 이때 소송은 소유권이전등기청구소송 내지 소유권등기말소청구소송의 유형을 취해야 한다.

3) 소결

판례의 태도에 따라 환매권은 형성권의 성질을 가지며, 채권·채무관계가 되는 것으로서 채권적 효력을 가진다고 봄이 타당하다. 따라서 환매권 의사표시를 하였음에도 불구하고 사업시행자의 이행이 없을 경우 소송의 형태는 소유권이전등기청구소송으로 하여야 한다.

(3) 검토

관련 판례의 태도에 따르면 환매권은 〈사법상 권리〉이며, 일방적 의사표시를 함으로써 환매가 성립하는바 〈형성권〉의 성질을 가지며, 이에 따라 원토지소유자와 사업시행자 간 채권·채무관계가 되는 것으로서 〈채권적 효력〉을 가진다고 봄이 타당하다.

Ⅳ 환매대금증액소송의 법적 성질

1. 환매대금증액소송의 의의 및 근거

환매대금증액소송이란 토지의 가격이 취득일 당시에 비하여 현저히 변동된 경우 사업시행자와 환매권자는 환매금액에 대하여 서로 협의하되, 협의가 성립되지 아니하면 그 금액의 증감을 법원에 청구할 수 있는 것을 말하며, 토지보상법 제91조 제4항에 근거한다.

2. 법적 성질과 소송의 형태

(1) 사권으로 민사소송(대판 2013.2.28, 2010두22368)

토지보상법

제91조 제4항(환매권)
토지의 가격이 취득일 당시에 비하여 현저히 변동된 경우 사업시행자와 환매권자는 환매금액에 대하여 서로 협의하되, 협의가 성립되지 아니하면 그 금액의 증감을 법원에 청구할 수 있다.

토지보상법 시행령

제48조(환매금액의 협의요건)
법 제91조 제4항에 따른 "토지의 가격이 취득일 당시에 비하여 현저히 변동된 경우"는 환매권 행사 당시의 토지가격이 지급한 보상금에 환매 당시까지의 해당 사업과 관계없는 인근 유사토지의 지가변동률을 곱한 금액보다 높은 경우로 한다.

대판 2013.2.28, 2010두22368[환매대금증감][미간행]

【판시사항】
[1] 구 공익사업을 위한 토지 등의 취득 및 보상에 관한 법률 제91조에 규정된 환매권의 존부에 관한 확인을 구하는 소송 및 같은 조 제4항에 따라 환매금액의 증감을 구하는 소송이 민사소송에 해당하는지 여부(적극)
[2] 구 공익사업을 위한 토지 등의 취득 및 보상에 관한 법률 제91조 제1항에서 정한 환매권 행사기간의 의미

【주문】
원심판결을 파기하고, 사건을 서울고등법원에 환송한다.

【이유】
상고이유를 판단한다.
1. 상고이유 제1점에 대하여

구 공익사업을 위한 토지 등의 취득 및 보상에 관한 법률(2010.4.5. 법률 제10239호로 일부 개정되기 전의 것, 이하 '구 공익사업법'이라 한다) 제91조에 규정된 환매권은 상대방에 대한 의사표시를 요하는 형성권의 일종으로서 재판상이든 재판 외이든 위 규정에 따른 기간 내에 행사하면 매매의 효력이 생기는 바(대판 2008.6.26, 2007다24893 참조), 이러한 환매권의 존부에 관한

확인을 구하는 소송 및 구 공익사업법 제91조 제4항에 따라 환매금액의 증감을 구하는 소송 역시 민사소송에 해당한다.
기록에 의하면, 이 사건 소 중 주위적 청구는 구 공익사업법 제91조에 따라 환매권의 존부 확인을 구하는 소송이고, 예비적 청구는 같은 조 제4항에 따라 환매대금 증액을 구하는 소송임을 알 수 있으므로, 위 각 소송은 모두 민사소송에 해당한다고 보아야 한다.
따라서 원심이 위 각 소송을 모두 행정소송법 제3조 제2호에 규정된 당사자소송이라고 판단한 부분에는 공법상 당사자소송에 관한 법리를 오해한 잘못이 있다.
그런데 기록에 의하면, 민사소송인 이 사건 소가 서울행정법원에 제기되었는데도 피고는 제1심법원에서 관할위반이라고 항변하지 아니하고 본안에 대하여 변론을 한 사실을 알 수 있는바, 공법상의 당사자소송 사건인지 민사사건인지 여부는 이를 구별하기가 어려운 경우가 많고 행정사건의 심리절차에 있어서는 행정소송의 특수성을 감안하여 행정소송법이 정하고 있는 특칙이 적용될 수 있는 점을 제외하면 심리절차면에서 민사소송절차와 큰 차이가 없는 점 등에 비추어 보면, 행정소송법 제8조 제2항, 민사소송법 제30조에 의하여 제1심법원에 변론관할이 생겼다고 봄이 상당하다.
그렇다면 이 사건 소송이 공법상 당사자소송에 해당한다고 판단한 원심판결에는 당사자소송에 관한 법리를 오해한 잘못이 있으나, 앞서 본 바와 같이 제1심법원에 변론관할이 생긴 이상 원심의 위와 같은 잘못은 판결 결과에 영향이 없다. 피고의 이 부분 상고이유 주장은 이유 없다.
(출처: 대판 2013.2.28, 2010두22368[환매대금증감])

(2) 공권으로 공법상 당사자소송(행정소송)(종전 판례 : 99두3416) – 현재는 규정이 삭제됨

대판 2000.11.28, 99두3416[환매대금이의재결처분취소]

【판시사항】

[1] 공공용지의 취득 및 손실보상에 관한 특례법 제9조 소정의 환매권 행사 방법
[2] 토지수용법 제75조의2 제2항에 의하여 사업시행자가 환매권자를 상대로 하는 환매가격의 증감에 관한 소송의 종류(=공법상 당사자소송)
[3] 환매권자의 환매대금 지급의무의 발생 시기(=환매권 행사시) 및 환매대상토지의 취득 당시 지급한 보상액과 재결이나 행정소송 절차에서 정한 환매가격과의 차액에 대한 지연손해금의 발생 여부(적극)

【판결요지】

[1] 공공용지의 취득 및 손실보상에 관한 특례법 제9조 제1항에 의하면 환매기간 내에 환매의 요건이 발생하는 경우, 환매대상토지의 가격이 취득 당시에 비하여 현저히 하락하거나 상승하였다고 하더라도, 환매권자는 수령한 보상금 상당액만을 사업시행자에게 미리 지급하고 일방적으로 매수의 의사표시를 함으로써 사업시행자의 의사와 관계없이 환매가 성립된다.
[2] 공공용지의 취득 및 손실보상에 관한 특례법 제9조 제3항, 같은 법 시행령 제7조 제1항, 제3항 및 토지수용법 제73조 내지 제75조의2의 각 규정에 의하면 토지수용법 제75조의2 제2항에 의하여 사업시행자가 환매권자를 상대로 하는 소송은 공법상의 당사자소송으로 사업시행자로서는 환매가격이 환매대상토지의 취득 당시 지급한 보상금 상당액보다 증액 변경될 것을

전제로 하여 환매권자에게 그 환매가격과 위 보상금 상당액의 차액의 지급을 구할 수 있다.
(출처: 대판 2000.11.28, 99두3416[환매대금이의재결처분취소])

(3) **소결 - 민사소송**

과거 공특법은 환매대금 불복에 대하여 재결절차를 준용하도록 하여 공법상 당사자소송으로 되어 있었고, (구)토지수용법은 민사소송으로 되어 있었는데, 해당 법률이 2003년 1월 1일 통합이 되면서 법원(민사소송)에 제기하도록 규정되었다. 따라서 (구)공특법 재결절차 준용규정은 삭제되어 현재는 사권으로 민사법원에서 환매대금증액청구소송을 수행하게 된다.

[물음 1-2] 10점 환매대상 토지 가격에 따른 환매대금증감청구권에 따른 선이행 또는 동시이행의 항변 주장 가능여부

Ⅰ 논점의 정리

토지보상법 제91조 제4항 및 동법 시행령 제48조에서 현저히 변동된 경우에 해당되는지 여부와 이를 토대로 선이행 또는 동시이행 항변 가능성에 대하여 설명한다.

Ⅱ A 지방자치단체 환매대상 토지가격 상승 주장으로 "현저한 변동"

1. 토지보상법 제91조 제4항 규정

토지보상법

제91조 제4항(환매권)
토지의 가격이 취득일 당시에 비하여 현저히 변동된 경우 사업시행자와 환매권자는 환매금액에 대하여 서로 협의하되, 협의가 성립되지 아니하면 그 금액의 증감을 법원에 청구할 수 있다.

2. 현저히 변동된 경우의 의미

토지보상법 시행령 제48조는 현저히 변동된 경우란, 환매권 행사 당시의 토지가격이 지급한 보상금에 환매 당시까지의 해당 사업과 관계없는 인근 유사토지의 지가변동률을 곱한 금액보다 높은 경우로 한다고 규정하고 있다.

토지보상법 시행령

제48조(환매금액의 협의요건)
법 제91조 제4항에 따른 "토지의 가격이 취득일 당시에 비하여 현저히 변동된 경우"는 환매권 행사 당시의 토지가격이 지급한 보상금에 환매 당시까지의 해당 사업과 관계없는 인근 유사토지의 지가변동률을 곱한 금액보다 높은 경우로 한다.

3. 선이행 또는 동시이행 항변에 대한 대법원 판례(2006다49277)

관련 판례(대판 2006.12.21, 2006다49277[소유권이전등기])

➡ 공익사업을 위한 토지 등의 취득 및 보상에 관한 법률 제91조에 의한 환매는 환매기간 내에 환매의 요건이 발생하면 환매권자가 지급받은 보상금에 상당한 금액을 사업시행자에게 미리 지급하고 일방적으로 의사표시를 함으로써 사업시행자의 의사와 관계없이 환매가 성립하고, 토지 등의 가격이 취득 당시에 비하여 현저히 변경되었더라도 같은 법 제91조 제4항에 의하여 당사자 간에 금액에 관하여 협의가 성립하거나 사업시행자 또는 환매권자가 그 금액의 증감을 법원에 청구하여 법원에서 그 금액이 확정되지 않는 한, 그 가격이 현저히 등귀한 경우이거나 하락한 경우이거나를 묻지 않고 환매권을 행사하기 위하여는 지급받은 보상금 상당액을 미리 지급하여야 하고 또한 이로써 족한 것이며, 사업시행자는 소로써 법원에 환매대금의 증액을 청구할 수 있을 뿐 환매권 행사로 인한 소유권이전등기 청구소송에서 환매대금 증액청구권을 내세워 증액된 환매대금과 보상금 상당액의 차액을 지급할 것을 선이행 또는 동시이행의 항변으로 주장할 수 없다.

4. 소결

토지보상법 시행령 제48조에 따라 판단하면 사안의 경우 A지방자치단체의 환매 대상 토지 가격의 상승은 현저한 변동에 해당한다고 봄이 타당하며, 관련 판례의 태도에 따라 A지방자치단체는 소로써 법원에 환매대금의 증액을 청구할 수 있을 뿐 환매권 행사로 인한 소유권이전등기 청구소송에서 환매대금 증액청구권을 내세워 증액된 환매대금과 보상금 상당액의 차액을 지급할 것을 선이행 또는 동시이행의 항변으로 주장할 수 없다고 판단된다.

✔ [물음 1-3] 15점 소유권이전등기말소청구소송 승소여부(선결문제)

Ⅰ 논점의 정리

乙이 소유권이전등기말소청구소송을 제기한 경우의 승소 여부에 대하여 선결문제의 효력부인 가능 여부를 토대로 설명한다.

Ⅱ 수용재결 등 관련 행정작용의 법적 성질

1. 수용재결의 의의(토지보상법 제34조, 제50조)

재결이란 사업인정의 고시가 있은 후 협의불성립 또는 불능의 경우에 사업시행자의 신청에 의해 관할 토지수용위원회가 행하는 공용수용의 종국적 절차를 말하며, 공익과 사익의 조화에 취지가 있다.

2. 수용재결의 법적 성질

① 재결은 수용권 자체의 행사가 아니라 수용권의 구체적 내용을 결정하고 권리취득 및 상실을 결정하는 〈형성적 행정행위〉로 봄이 타당하다. ② 토지수용위원회는 형식적 요건이 미비되지 않는

한 재결신청이 있으면 재결을 하여야 하므로, 재결의 발령 자체는 〈기속행위〉이다. 다만, 재결단계에서 공공성의 판단, 사업시행자의 사업수행의 의사나 능력을 판단한다는 점에 비추어 〈재량행위〉로 볼 수 있다. ③ 수용재결은 사업시행자에게는 재산권 취득의 수익적 효과를, 피수용자에게는 재산권 박탈의 침익적 효과를 부여하는바 복효적 행정행위 중 〈제3자효 행정행위〉에 해당한다.

> **관련 판례(대판 1993.4.27, 92누15789)**
>
> ➡ 토지수용에 관한 토지수용위원회의 수용재결은 구체적으로 일정한 법률효과의 발생을 목적으로 하는 점에서 일반의 행정처분과 다를 바 없으므로 수용재결처분이 무효인 경우에는 재결 자체에 대한 무효확인을 소구할 수 있다.

3. 수용재결의 취소사유

재결의 주체, 내용, 절차, 형식상의 하자가 있는 경우에 재결은 위법성이 문제된다. 이때 취소사유인지 여부는 중대명백설에 따라 판단된다. 중대하고 명백할 경우에는 무효사유가 될 것이며, 중대성과 명백성 중 하나라도 이르지 않는 경우에는 취소사유로 봄이 타당하다.

Ⅲ 선결문제

1. 선결문제의 의의

선결문제란 소송에서 본안판단을 함에 있어 행정행위의 위법여부 등의 확인 및 효력부인에 대한 해결이 필수적으로 전제가 되는 법문제를 말한다. 행정소송법 제11조에서는 "처분 등의 효력 유무 또는 존재 여부는 민사소송의 수소법원이 이를 심리·판단할 수 있다"고 규정하고 있다.

2. 구성요건적 효력과 선결문제

구성요건적 효력이란 하자 있는 행정행위라도 무효가 아닌 한 제3자의 국가기관은 그 행정행위의 존재 및 내용을 존중하여 스스로의 판단기초 내지 구성요건으로 삼아야 하는 구속력을 말한다. 종래의 학설은 선결문제를 공정력에 관련하여 언급하여 왔으나, 이는 다른 국가기관에 대한 구속력이란 점에서 구성요건적 효력과 관련하여 다루어져야 할 문제라고 보아야 한다.

3. 선결문제의 유형 판단

(1) 위법성 확인의 경우

학설은 위법성 확인에 대하여 긍정설과 부정설이 대립하나, 국가배상청구소송에서 선결문제로서 행정행위의 위법성 판단은 단순한 위법성 심사에 그치는 것이므로 행정행위의 구성요건적 효력에 반하지 않는바 민사법원에서 행정행위의 위법성 확인이 가능하다고 봄이 타당하다.

관련 판례(대판 1972.4.28, 72다337[손해배상]).

➡ 미리 그 행정처분의 취소판결이 있어야만, 그 행정처분의 위법임을 이유로 한 손해배상청구를 할 수 있는 것은 아니다.

(2) 효력부인의 경우

1) 학설

학설은 민사법원에서도 구성요건적 효력이 미치는바 민사법원은 행정행위의 효력을 부인할 수 없다는 〈부정설〉, 예외적으로 행정행위의 효력을 부인할 수 있어야 한다는 〈긍정설〉이 대립한다.

2) 대법원 판례

관련 판례(대판 1973.7.10, 70다1439)

➡ 국세 등의 부과 및 징수처분 등과 같은 행정처분이 당연무효임을 전제로 하여 민사소송을 제기한 때에는 그 행정처분의 당연무효인지의 여부가 선결문제이므로, 법원은 이를 심사하여 그 행정처분의 하자가 중대하고 명백하여 당연무효라고 인정될 경우에는 이를 전제로 하여 판단할 수 있으나, 그 하자가 단순한 취소사유에 그칠 때에는 법원은 그 효력을 부인할 수 없다 할 것이다.

3) 검토

대법원은 위법한 조세처분에 의한 과오납조세 부당이득반환청구소송에서 "과세처분의 하자가 취소할 수 있는 정도에 불과할 때에는 과세관청이 이를 스스로 취소하거나 항고소송 절차에 의하여 취소되지 않는 한 그로 인한 조세의 납부가 부당이득이 된다고 할 수 없다(대판 1973.7.10, 70다1439)"고 하여 부정설의 입장을 취하였다. 취소소송의 배타적 관할 및 구성요건적 효력을 고려할 때 민사법원에서 행정행위의 효력부인은 할 수 없다고 봄이 타당하다고 판단된다.

4. 승소여부 판단

관련 판례의 태도에 따르면 민사법원에서 행정행위의 효력부인을 할 수 없다고 보여지는바, 乙의 토지에 대한 수용재결에 취소사유에 해당하는 하자가 있어, 소유권이전등기말소청구소송을 제기한 경우 민사법원은 효력부인을 할 수 없고, 기각판결이 될 것으로 판단되며, 이에 따라 乙은 승소하지 못할 것으로 생각된다.

(환매권 소유권이전등기 관련 대법원 판례)

대판 2021.4.29, 2020다280890

【판시사항】

공익사업을 위한 토지 등의 취득 및 보상에 관한 법률 제91조 제1항에서 환매권을 인정하는 취지 / 도시계획시설사업의 시행자로 지정되어 도시계획시설사업의 수행을 위하여 필요한 토지를 협의취득하였으나 시행자 지정이 처음부터 효력이 없거나 토지의 취득 당시 해당 도시계획시설사업의 법적 근거가 없었던 것으로 볼 수 있는 등 협의취득이 당연무효인 경우, 협의취득일 당시의 토지소유자가 위 조항에서 정한 환매권을 행사할 수 있는지 여부(소극)

【판결요지】

공익사업을 위한 토지 등의 취득 및 보상에 관한 법률(이하 '토지보상법'이라 한다) 제91조 제1항은 해당 사업의 폐지・변경 또는 그 밖의 사유로 취득한 토지의 전부 또는 일부가 필요 없게 된 경우 취득일 당시의 토지소유자 또는 그 포괄승계인(이하 '토지소유자'라 한다)은 그 토지에 대하여 받은 보상금에 상당하는 금액을 사업시행자에게 지급하고 그 토지를 환매할 수 있다고 규정하고 있다. 토지보상법이 환매권을 인정하는 취지는, 토지의 원소유자가 사업시행자로부터 토지 등의 대가로 정당한 손실보상을 받았다고 하더라도 원래 자신의 자발적인 의사에 기하여 그 토지 등의 소유권을 상실하는 것이 아니어서 그 토지 등을 더 이상 당해 공익사업에 이용할 필요가 없게 된 때, 즉 공익상의 필요가 소멸한 때에는 원소유자의 의사에 따라 그 토지 등의 소유권을 회복시켜 주는 것이 공평의 원칙에 부합한다는 데에 있다.

한편 구 공익사업을 위한 토지 등의 취득 및 보상에 관한 법률(2007.10.17. 법률 제8665호로 개정되기 전의 것, 이하 '구 토지보상법'이라 한다) 제4조 제7호, 구 국토의 계획 및 이용에 관한 법률(2007.1.19. 법률 제8250호로 개정되기 전의 것, 이하 '구 국토계획법'이라 한다) 제95조 제1항에 의하면, 구 국토계획법에 따른 도시계획시설사업은 구 토지보상법 제4조의 공익사업에 해당하는데, 구 국토계획법 제86조 제5항은 같은 조 제1항 내지 제4항에 따른 행정청이 아닌 자가 도시계획시설사업을 시행하기 위해서는 대통령령이 정하는 바에 따라 건설교통부장관 등으로부터 시행자로 지정을 받도록 규정하고 있다.

이러한 토지보상법 및 구 국토계획법의 규정 내용과 환매권의 입법 취지 등을 고려하면, 도시계획시설사업의 시행자로 지정되어 그 도시계획시설사업의 수행을 위하여 필요한 토지를 협의취득하였다고 하더라도, 시행자 지정이 처음부터 효력이 없거나 토지의 취득 당시 해당 도시계획시설사업의 법적 근거가 없었던 것으로 볼 수 있는 등 협의취득이 당연무효인 경우, 협의취득일 당시의 토지소유자가 소유권에 근거하여 등기 명의를 회복하는 방식 등으로 권리를 구제받는 것은 별론으로 하더라도 토지보상법 제91조 제1항에서 정하고 있는 환매권을 행사할 수는 없다고 봄이 타당하다.

(출처: 대판 2021.4.29, 2020다280890[소유권이전등기])

Ⅳ 결

관련 판례의 태도에 따르면 민사법원은 수용재결의 효력을 부인할 수 없다고 판단되는바, 기각판결을 하여야 하고 이에 따라 승소하지 못한다고 생각된다.

문제 02

甲은 2023.2.23. 父로부터 A광역시 B구 소재의 토지(이하 '이 사건 토지'라 함)을 증여받았고, 이 사건 토지에 관하여 증여 당시에는 2023.1.1.을 기준일로 하는 개별공시지가가 ㎡당 2,200,000원으로 결정·고시되어 있었다. 갑은 이를 기초하여 산정한 증여세를 납부하고자 하였으나, 개별공시지가에 오류가 있음을 발견하여 「부동산 가격공시에 관한 법률」 제12조에 따른 개별공시지가 정정결정을 신청하였다. 그런데 B구의 구청장 을은 갑의 정정결정신청에 대하여 정정불가 결정을 통지하였다. 한편 그 이후 을은 이 사건 토지에 관하여 토지특성조사의 착오 등 지가산정에 잘못이 있다고 하여 B구 부동산가격공시위원회의 심의를 거쳐 위 개별공시지가를 ㎡당 3,900,000원으로 정정하여 결정·고시하였다. 이에 관할 세무서장 丙은 이 사건 토지의 가액이 ㎡당 3,900,000원이라고 보아 이를 기초로 증여재산의 가액을 산정하여 증여세부과처분을 하였다. 다음 물음에 답하시오(단, 각 물음은 상호독립적임). 30점

(1) 甲이 乙의 정정불가 결정 통지를 대상으로 취소소송을 제기할 수 있는지를 설명하시오. 15점

(2) 甲은 乙의 개별공시지가 정정결정과 관련하여 ⅰ) 정정 사유가 있다고 하더라도 그 사유가 명백하여야만 비로소 정정할 수 있는데, 정정 사유가 명백하지 않음에도 불구하고 을이 개별공시지가를 정정한 것은 위법하다고 주장하고 있다. 또한, ⅱ) 설령 乙의 개별공시지가 정정 결정이 타당하다고 하여도 이 사건 토지에 관하여 증여 당시 고시되어 있던 종전의 개별공시지가를 기초로 하지 아니한 병의 증여세 부과처분은 위법하다고 주장하고 있다. 甲의 주장이 타당한지에 관하여 각각 설명하시오. 15점

참조 조문

〈부동산 가격공시에 관한 법률〉

제12조(개별공시지가의 정정)

시장·군수 또는 구청장은 개별공시지가에 틀린 계산, 오기, 표준지 선정의 착오, 그 밖에 대통령령으로 정하는 명백한 오류가 있음을 발견한 때에는 지체 없이 이를 정정하여야 한다.

〈행정소송법〉

제19조(취소소송의 대상)

취소소송은 처분 등을 대상으로 한다. 다만, 재결취소소송의 경우에는 재결 자체에 고유한 위법이 있음을 이유로 하는 경우에 한한다.

예시답안

[물음 2-1] 15점 개별공시지가 정정불가 통지를 대상으로 취소소송 제기할 수 있는지 여부

Ⅰ 논점의 정리

취소소송으로 적법하게 제기하기 위해서는 취소소송의 요건으로 대상적격, 원고적격, 협의의 소익, 제소기간, 관할, 피고적격 등이 있다. 사안에서 甲이 乙의 정정불가 결정 통지를 대상으로 취소소송을 제기할 수 있는지 여부에 대하여 취소소송의 대상적격이 문제되는바, 이하에서 관련 규정과 판례에 따라 설명하고자 한다.

Ⅱ 개별공시지가 및 개별공시지가의 정정

1. 개별공시지가의 의의(부동산공시법 제10조) 및 법적 성질

부동산 가격공시에 관한 법률(이하 '부동산공시법')상 개별공시지가란 시장・군수・구청장이 개별토지에 대해 시・군・구 부동산평가위원회의 심의를 거쳐 매년 결정・공시하는 단위면적당 가격을 말한다. 개별공시지가는 조세 및 부담금 산정의 기준이 되어 행정의 효율성 제고하기 위한 정책적인 가격의 성격을 가진다. 대법원 판례는 개별공시지가가 각종 조세부담의 기준이 됨으로 국민들의 권리와 의무에 직접적인 영향을 미치는 처분으로 보고 있다.

2. 개별공시지가의 정정(부동산공시법 제12조)

개별공시지가의 정정이란 개별공시지가에 위산・오기 등 명백한 오류가 있는 경우 이를 직권으로 정정할 수 있는 제도로서 개별공시지가의 적정성을 담보하기 위함에 취지가 있다.

Ⅲ 개별공시지가의 정정 불가 통지의 처분성

1. 행정소송법 제19조

취소소송이란 관할 토지수용위원회의 위법한 수용재결의 취소나 변경을 구하는 소송을 말하며, 행정소송법 제19조에서는 취소소송은 처분 등을 대상으로 한다고 규정하고 있다. 여기서 "처분 등"이라고 함은 행정소송법 제2조에서 "행정청이 행하는 구체적 사실에 관한 법집행으로서의 공권력의 행사 또는 그 거부와 그 밖에 이에 준하는 행정작용 및 행정심판에 대한 재결"을 말한다고 규정하고 있다.

> **행정소송법**
> **제19조(취소소송의 대상)**
> 취소소송은 처분 등을 대상으로 한다. 다만, 재결취소소송의 경우에는 재결 자체에 고유한 위법이 있음을 이유로 하는 경우에 한한다.

2. 개별공시지가 정정 불가 통지

대판 2002.2.5, 2000두5043[개별공시지가정정불가처분취소]

【판시사항】

개별토지가격합동조사지침 제12조의3 소정의 개별공시지가 경정결정신청에 대한 행정청의 정정불가 결정 통지가 항고소송의 대상이 되는 처분인지 여부(소극)

【판결요지】

개별토지가격합동조사지침(1991.3.29. 국무총리훈령 제248호로 개정된 것) 제12조의3은 행정청이 개별토지가격결정에 위산·오기 등 명백한 오류가 있음을 발견한 경우 직권으로 이를 경정하도록 한 규정으로서 토지소유자 등 이해관계인이 그 경정결정을 신청할 수 있는 권리를 인정하고 있지 아니하므로, 토지소유자 등의 토지에 대한 개별공시지가 조정신청을 재조사청구가 아닌 경정결정신청으로 본다고 할지라도, 이는 행정청에 대하여 직권발동을 촉구하는 의미밖에 없으므로, 행정청이 위 조정신청에 대하여 정정불가 결정 통지를 한 것은 이른바 관념의 통지에 불과할 뿐 항고소송의 대상이 되는 처분이 아니다.

(출처: 대판 2002.2.5, 2000두5043[개별공시지가정정불가처분취소])

3. 소결

관련 판례의 태도에 따르면 정정불가 결정 통지는 관념의 통지에 불과하여 항고소송의 대상이 되는 처분이 아니므로, 취소소송의 대상에 해당하지 못하는바 요건 불비로 취소소송을 제기할 수 없다고 판단된다.

Ⅳ 결

사안의 경우 개별공시지가 정정불가 결정 통지는 판례의 태도에 따라 관념의 통지로서 처분에 해당하지 않고 사실행위에 불과하므로 甲은 취소소송을 제기할 수 없다고 판단된다.

[물음 2-2] 15점 개별공시지가 정정한 것은 위법 주장 및 정정된 개별공시지가의 소급효

I 논점의 정리

(ⅰ) 부동산 가격공시에 관한 법률(이하 '부동산공시법')상 개별공시지가 정정결정이 위법하다는 주장에 대하여 부동산공시법 제12조 내용이 예시적 사항인지를 토대로 설명하고, (ⅱ) 직권정정의 효력인 소급효를 토대로 증여세 부과처분의 위법성 여부에 대하여 설명한다.

Ⅱ 개공을 정정한 것은 위법하다는 주장의 타당성

1. 부동산 공시법 제12조

부동산공시법

제12조(개별공시지가의 정정)
시장·군수 또는 구청장은 개별공시지가에 틀린 계산, 오기, 표준지 선정의 착오, 그 밖에 대통령령으로 정하는 명백한 오류가 있음을 발견한 때에는 지체 없이 이를 정정하여야 한다.

2. 명백하지 않음에도 개별공시지가를 정정할 수 있는지 여부

관련 판례(대판 1994.10.7, 93누15588[토지초과이득세부과처분취소])

➡ 개별토지가격합동조사지침 제12조의3에 의하면 토지특성조사의 착오 기타 위산·오기 등 지가산정에 명백한 잘못이 있을 경우에는 시장·군수 또는 구청장이 지방토지평가위원회의 심의를 거쳐 경정결정할 수 있고, 다만, 경미한 사항일 경우에는 지방토지평가위원회의 심의를 거치지 아니할 수 있다고 규정되어 있는바, 여기서 토지특성조사의 착오 또는 위산·오기는 지가산정에 명백한 잘못이 있는 경우의 예시로서 이러한 사유가 있으면 경정결정할 수 있는 것으로 보아야 하고 그 착오가 명백하여야 비로소 경정결정할 수 있다고 해석할 것은 아니다.

3. 甲 주장의 타당성

부동산공시법 제12조 규정의 정정사유는 예시적 사항에 불과하고, 판례는 명백하여야 비로소 경정결정할 수 있다고 해석할 것은 아니라고 판시한바, 명백하지 않더라도 정정을 할 수 있다고 봄이 타당하고, 이에 따라 甲 주장의 타당성은 인정되지 않는다고 판단된다.

■ 개별공시지가 정정 결정행위에 대한 위법성 판단기준

개별공시지가 결정의 적법 여부는 부동산 가격공시 및 감정평가에 관한 법률 등 관련 법령이 정하는 절차와 방법에 따라 이루어진 것인지에 의하여 결정될 것이지 당해 토지의 시가나 실제 거래가격과 직접적인 관련이 있는 것은 아니므로, 단지 그 공시지가가 감정가액이나 실제 거래가격을 초과한다는 사유만으로 그것이 현저하게 불합리한 가격이어서 그 가격 결정이 위법하다고 단정할 수는 없다.
(출처: 대판 2013.10.11, 2013두6138[취득세등부과처분취소])

Ⅲ 정정된 개별공시지가의 소급효

1. 정정된 개별공시지가의 소급효

개별공시지가가 정정된 경우에는 새로이 개별공시지가가 결정·공시된 것으로 본다. 다만, 그 효력발생시기에 대해 판례는 개별토지가격이 지가산정에 명백한 잘못이 있어 경정결정·공고되었다면 당초에 결정·공고된 개별토지가격은 그 효력을 상실하고 경정결정된 새로운 토지가격이 공시기준일에 소급하여 그 효력을 발생한다고 한다.

> 개별공시지가가 토지특성조사의 착오 등 지가산정에 명백한 잘못이 있어 경정결정되어 공고된 이상 당초에 결정·공고된 개별공시지가는 그 효력을 상실하고 경정결정된 새로운 개별공시지가가 그 공시기준일에 소급하여 효력을 발생하므로, 과세처분을 함에 있어서 기준이 되는 개별공시지가가 경정된 경우에는 경정된 개별공시지가에 의하여야 하고, 위와 같이 경정된 개별공시지가를 소급적용하여 과세처분을 한다고 하여 납세자의 신뢰를 저버리는 것이라거나 불이익변경금지의 원칙에 반한다거나 소급과세로서 조세법률주의에 어긋나는 것이라고 볼 수 없다.
> (출처: 대판 1999.10.26, 98두2669[양도소득세부과처분취소])

2. 甲 주장의 타당성

판례의 태도에 따르면 정정된 개별공시지가는 소급효를 가진다고 봄이 타당하고, 당초에 결정·공고된 개별공시지가는 효력을 상실하는바 정정된 개별공시지가를 기준으로 행해진 증여세부과와 처분은 타당하다고 판단된다. 따라서 甲주장은 타당성이 결여된다고 판단된다.

Ⅳ 결

(ⅰ) 부동산공시법 제12조 정정사유는 예시적 규정에 불과하고, 판례의 태도에 따르면 명백하지 않더라도 정정을 할 수 있다고 봄이 타당한바 甲주장의 타당성은 결여된다고 판단된다.

(ⅱ) 정정된 개별공시지가는 소급효를 가지고 당초 개별공시지가는 효력을 상실하는바 사안의 증여세부과와 처분은 타당성이 인정되고 이에 따라 甲주장의 타당성은 결여된다고 판단된다.

문제 03

A감정평가법인(이하 'A법인'이라 함)은 B민간임대아파트 분양전환대책위원회(이하 'B대책위원회'라 함)와의 용역계약에 따라 해당 아파트의 분양전환 가격산정을 위한 감정평가서를 제출하였다. B대책위원회는 임대사업자 X의 의뢰를 받은 Y감정평가법인의 감정평가 결과와 A법인의 감정평가 결과가 크게 차이가 나자 국토교통부장관에게 각 감정평가에 대한 타당성 조사 실시를 요청하였고, 국토교통부장관은 한국감정원으로 하여금 타당성 조사를 실시하도록 하였다. 한국감정원은 B임대아파트 분양 전환 가격산정을 위한 감정평가가 모두 부적정하다는 타당성조사 결과를 국토교통부장관에게 통지하였다. 다음 물음에 답하시오. 20점

(1) **국토교통부장관은 타당성조사 결과에 근거하여 고의로 잘못된 평가를 한 A법인 소속 감정평가사 甲에 대하여 업무정지 6개월의 징계처분을 하였다. 이에 불복한 갑이 징계처분취소소송을 제기하였는바, 법원은 해당 징계 처분을 업무정지 3개월의 징계처분으로 감경하는 판결을 할 수 있는지에 관하여 설명하시오.** 10점

(2) **국토교통부장관은 고의로 잘못된 평가를 한 갑이 소속된 A법인에 대하여 성실의무에 위반하였다는 사유로 과징금부과처분을 하였다. A법인은 자신이 부담하여야 하는 성실의무를 충실히 이행하였다고 주장하며 과징금부과처분에 불복하고자 한다. 이때 A법인이 부담하는 성실의무의 내용을 설명하시오.** 10점

예시답안

[문제 3-1] 10점 업무정지처분 6개월을 3개월로 일부취소판결 여부 등

I 논점의 정리

감정평가 및 감정평가사에 관한 법률(이하 '감정평가법')상 업무정지처분의 법적 성질 및 행정소송법 제4조 제1호 변경의 해석과 관련하여 일부취소판결이 허용될 수 있는지에 대하여 설명한다.

II 업무정지처분의 법적 성질

1. 업무정지처분의 의의

감정평가법 제39조에서는 감정평가사에 대한 징계로서 자격의 취소, 등록의 취소, 2년 이하의 업무정지, 견책 등을 규정하고 있다. 업무정지처분은 감정평가사가 감정평가 업무를 함에 있어 일정한 기간 동안 업무를 하지 못하도록 하는 의무를 부과하는 것을 말한다.

2. 업무정지처분의 법적 성질

업무정지처분은 부작위 하명에 해당하며, 감정평가법에서는 2년 이하의 업무정지로 규정하여 법문언상 재량행위에 해당한다. 다만, 국토교통부장관은 징계위원회의 의결에서 정한 업무정지를 기속적으로 하여야 한다.

Ⅲ 행정소송법 제4조 제1호 변경의 의미

1. 취소소송의 의의 및 성질

취소소송이란 '행정청의 위법한 처분 등을 취소 또는 변경하는 소송'을 말한다(제4조 제1호). 취소소송의 성질의 경우 견해가 대립하나 형성소송설이 통설·판례이다. 행정소송법 제4조 제1호가 규정하는 취소소송의 개념상 형성소송설이 타당하다고 판단된다.

2. 변경의 의미에 대한 견해의 대립과 판례

(1) 학설

학설은 행정소송법 제4조 제1호에서의 '변경'에 대하여 ① 일부취소로 보는 〈소극적 변경설〉과 ② 새로운 처분을 내용으로 하는 판결이 가능하다고 보는 〈적극적 변경설〉이 대립한다.

(2) 대법원 판례

판례는 행정소송법 제4조 제1호의 변경을 소극적 의미로서 일부취소로 보고 있다.

(3) 검토

적극적 변경판결은 법원이 처분권한을 행사하는 것과 같은 결과를 가져오므로 권력분립의 원칙에 위배된다. 따라서 명문의 규정이 없는 한 소극적 변경인 일부취소를 의미한다고 보는 것이 타당하다고 판단된다.

3. 일부취소판결의 가능성 검토

(1) 일부취소 판결 허용기준

처분의 일부취소의 가능성은 일부취소의 대상이 되는 부분의 분리취소가능성에 따라 결정된다. 일부취소되는 부분이 분리가능하고, 당사자가 제출한 자료만으로 일부취소되는 부분을 명확히 확정할 수 있는 경우에는 일부취소가 가능하지만, 일부취소되는 부분이 분리가능하지 않거나 당사자가 제출한 자료만으로 일부취소되는 부분을 명확히 확정할 수 없는 경우에는 일부취소를 할 수 없다.

[1] 과세처분취소소송의 처분의 적법 여부는 과세액이 정당한 세액을 초과하느냐의 여부에 따라 판단되는 것으로서 당사자는 사실심 변론종결 시까지 객관적인 조세채무액을 뒷받침하는 주장과 자료를 제출할 수 있고 이러한 자료에 의하여 적법하게 부과될 정당한 세액이 산출되는 때에는 그 정당한 세액을 초과하는 부분만 취소하여야 할 것이고 전부를 취소할 것이 아니다(대판 2000.6.13, 98두5811[양도소득세부과처분취소]).

[2] 공정거래위원회가 위반행위에 대한 과징금을 부과하면서 여러 개의 위반행위에 대하여 외형상 하나의 과징금 납부명령을 하였으나 여러 개의 위반행위 중 일부의 위반행위에 대한 과징금 부과만이 위법하고 소송상 그 일부의 위반행위를 기초로 한 과징금액을 산정할 수 있는 자료가 있는 경우에는, 하나의 과징금 납부명령일지라도 그 일부의 위반행위에 대한 과징금액에 해당하는 부분만을 취소하여야 한다(대판 2019.1.31, 2013두14726[시정조치등취소청구]).

(2) 업무정지처분은 재량행위

재량행위인 경우에는 처분청의 재량권을 존중하여 전부 취소하여 처분청이 재량권을 행사하여 다시 적정한 처분으로 하도록 하는 것이 판례의 입장이다. 따라서 〈사안의 경우〉 업무정지처분은 재량행위로서 전부취소를 하여야 한다고 판단된다.

관련 판례(대판 1992.7.24, 92누4840)

➡ 과세처분취소소송에 있어 처분의 적법 여부는 정당한 세액을 초과하느냐의 여부에 따라 판단되는 것으로서, 당사자는 사실심 변론종결 시까지 객관적인 조세채무액을 뒷받침하는 주장과 자료를 제출할 수 있고, 이러한 자료에 의하여 적법하게 부과될 정당한 세액이 산출되는 때에는 그 정당한 세액을 초과하는 부분만 취소하여야 할 것이고 전부를 취소할 것이 아니지만, 상속재산 일부에 대하여도 적법한 가액평가의 자료가 없어서 정당한 상속세액을 산출할 수 없는 경우에는 과세처분 전부를 취소할 수밖에 없다.

Ⅳ 결

판례는 재량행위의 경우에는 일부취소를 부정하는 입장이다. 사안의 업무정지처분은 법문언상 재량행위의 성질을 가지는바, 일부취소를 할 수 없다고 봄이 타당하다. 따라서 전부취소를 하고 다시 적정한 처분을 하도록 함이 타당하다고 판단되는바, 3개월의 징계처분으로 감경하는 판결은 인정될 수 없다고 생각된다.

[문제 3-2] 10점 감정평가법인이 부담하는 성실의무의 내용

Ⅰ 논점의 정리

감정평가법상 고의로 잘못된 평가를 한 갑이 소속된 A감정평가법인의 성실의무 위반에 대한 국토교통부장관의 과징금부과처분에 대하여 불복하고자 하는 경우, A감정평가법인이 부담하는 성실의무의 내용에 대하여 관련 규정과 판례를 토대로 설명한다.

Ⅱ 성실의무의 내용(법 제25조부터 제27조)

감정평가 및 감정평가사에 관한 법률

제25조(성실의무 등)

① 감정평가법인등(감정평가법인 또는 감정평가사사무소의 소속 감정평가사를 포함한다. 이하 이 조에서 같다)은 제10조에 따른 업무를 하는 경우 품위를 유지하여야 하고, 신의와 성실로써 공정하게 하여야 하며, 고의 또는 중대한 과실로 업무를 잘못하여서는 아니 된다.

② 감정평가법인등은 자기 또는 친족 소유, 그 밖에 불공정하게 제10조에 따른 업무를 수행할 우려가 있다고 인정되는 토지등에 대해서는 그 업무를 수행하여서는 아니 된다.

③ 감정평가법인등은 토지등의 매매업을 직접 하여서는 아니 된다.

④ 감정평가법인등이나 그 사무직원은 제23조에 따른 수수료와 실비 외에는 어떠한 명목으로도 그 업무와 관련된 대가를 받아서는 아니 되며, 감정평가 수주의 대가로 금품 또는 재산상의 이익을 제공하거나 제공하기로 약속하여서는 아니 된다.

⑤ 감정평가사, 감정평가사가 아닌 사원 또는 이사 및 사무직원은 둘 이상의 감정평가법인(같은 법인의 주・분사무소를 포함한다) 또는 감정평가사사무소에 소속될 수 없으며, 소속된 감정평가법인 이외의 다른 감정평가법인의 주식을 소유할 수 없다.

⑥ 감정평가법인등이나 사무직원은 제28조의2에서 정하는 유도 또는 요구에 따라서는 아니 된다.

제26조(비밀엄수)

감정평가법인등(감정평가법인 또는 감정평가사사무소의 소속 감정평가사를 포함한다. 이하 이 조에서 같다)이나 그 사무직원 또는 감정평가법인등이었거나 그 사무직원이었던 사람은 업무상 알게 된 비밀을 누설하여서는 아니 된다. 다만, 다른 법령에 특별한 규정이 있는 경우에는 그러하지 아니하다.

제27조(명의대여 등의 금지)

① 감정평가사 또는 감정평가법인등은 다른 사람에게 자기의 성명 또는 상호를 사용하여 제10조에 따른 업무를 수행하게 하거나 자격증・등록증 또는 인가증을 양도・대여하거나 이를 부당하게 행사하여서는 아니 된다.

② 누구든지 제1항의 행위를 알선해서는 아니 된다.

Ⅲ 감정평가법인 성실의무와 과징금 관련 대법원 판례

대판 2021.10.28, 2020두41689[과징금부과처분취소청구]

【판시사항】

[1] 감정평가업자가 감정평가법인인 경우, 감정평가법인이 감정평가 주체로서 구 부동산 가격공시 및 감정평가에 관한 법률 제37조 제1항에 따라 부담하는 성실의무의 의미

[2] 제재적 행정처분이 재량권의 범위를 일탈·남용하였는지 판단하는 방법

【판결요지】

[1] 구 부동산 가격공시 및 감정평가에 관한 법률(2016.1.19. 법률 제13796호 부동산 가격공시에 관한 법률로 전부 개정되기 전의 것) 제37조 제1항에 따르면, 감정평가업자(감정평가법인 또는 감정평가사사무소의 소속감정평가사를 포함한다)는 감정평가업무를 행함에 있어서 품위를 유지하여야 하고, 신의와 성실로써 공정하게 감정평가를 하여야 하며, 고의 또는 중대한 과실로 잘못된 평가를 하여서는 아니 된다. 한편 감정평가업자가 감정평가법인인 경우에 실질적인 감정평가업무는 소속감정평가사에 의하여 이루어질 수밖에 없으므로, 감정평가법인이 감정평가의 주체로서 부담하는 성실의무란, 소속감정평가사에 대한 관리·감독의무를 포함하여 감정평가서 심사 등을 통해 감정평가 과정을 면밀히 살펴 공정한 감정평가결과가 도출될 수 있도록 노력할 의무를 의미한다.

[2] 제재적 행정처분이 재량권의 범위를 일탈하였거나 남용하였는지는, 처분사유인 위반행위의 내용과 그 위반의 정도, 그 처분에 의하여 달성하려는 공익상의 필요와 개인이 입게 될 불이익 및 이에 따르는 제반 사정 등을 객관적으로 심리하여 공익침해의 정도와 처분으로 인하여 개인이 입게 될 불이익을 비교·교량하여 판단하여야 한다.

(출처: 대판 2021.10.28, 2020두41689[과징금부과처분취소청구])

Ⅳ 결

판례의 태도에 따르면 감정평가법인등의 성실의무란 소속감정평가사에 대한 관리·감독의무를 포함하여 공정한 감정평가결과가 도출될 수 있도록 노력할 의무를 말한다. 따라서 A감정평가법인은 소속 감정평가사 甲의 잘못된 평가에 대하여 충분한 노력 의무를 행했는지 여부에 따라 성실의무 위반 여부가 판단될 것으로 생각된다.

문제 04

「감정평가 및 감정평가사에 관한 법률」 제28조 제1항에 따른 손해배상책임을 보장하기 위하여 감정평가법인등이 하여야 하는 '필요한 조치'의 내용과 '필요한 조치'를 하지 아니한 경우 「감정평가 및 감정평가사에 관한 법률」에 따른 행정상 제재를 설명하시오. 10점

참조 조문

〈감정평가 및 감정평가에 관한 법률〉

제28조(손해배상책임)

① 감정평가법인등이 감정평가를 하면서 고의 또는 과실로 감정평가 당시의 적정가격과 현저한 차이가 있게 감정평가를 하거나 감정평가 서류에 거짓을 기록함으로써 감정평가 의뢰인이나 선의의 제3자에게 손해를 발생하게 하였을 때에는 감정평가법인등은 그 손해를 배상할 책임이 있다.

Ⅰ 감정평가법 제28조 손해배상책임의 의의 및 취지

감정평가법인등의 손해배상책임이란 감정평가사가 고의 또는 과실로 부당한 감정평가를 함으로써 타인에게 손해를 발생하게 한 때에 그 손해를 배상하는 것을 말하며, 의뢰인 및 제3자의 보호 도모 및 토지 등의 적정가격 평가 유도에 그 취지가 있다.

Ⅱ 민법 제750조 손해배상책임과 감정평가법 제28조 손해배상책임 대법원 판례

감정평가업자의 부실감정으로 인하여 손해를 입게 된 감정평가의뢰인이나 선의의 제3자는 지가공시 및 토지 등의 평가에 관한 법률상의 손해배상책임과 민법상의 불법행위로 인한 손해배상책임을 함께 물을 수 있다. (출처: 대판 1998.9.22, 97다36293[손해배상(기)])

Ⅲ 필요한 조치의 내용

(1) 손해배상을 위한 보험가입 등

감정평가 및 감정평가사에 관한 법률 시행령

제23조(손해배상을 위한 보험 가입 등)

① 감정평가법인등은 법 제28조 제1항에 따른 손해배상책임을 보장하기 위하여 보증보험에 가입하거나 법 제33조 제4항에 따라 협회가 운영하는 공제사업에 가입해야 한다.

② 감정평가법인등은 제1항에 따라 보증보험에 가입한 경우에는 국토교통부령으로 정하는 바에 따라 국토교통부장관에게 통보해야 한다.

> ③ 감정평가법인등이 제1항에 따라 보증보험에 가입하는 경우 해당 보험의 보험 가입 금액은 감정평가사 1명당 1억원 이상으로 한다.
> ④ 감정평가법인등은 제1항에 따른 보증보험금으로 손해배상을 하였을 때에는 10일 이내에 보험계약을 다시 체결해야 한다.

(2) 감정평가법 제28조 제3항 및 제4항 신설 규정

> **감정평가법**
>
> **제28조 제3항 및 제4항**
>
> ③ 감정평가법인등은 제1항에 따라 감정평가 의뢰인이나 선의의 제3자에게 법원의 확정판결을 통한 손해배상이 결정된 경우에는 국토교통부령으로 정하는 바에 따라 그 사실을 국토교통부장관에게 알려야 한다.
> ④ 국토교통부장관은 감정평가 의뢰인이나 선의의 제3자를 보호하기 위하여 감정평가법인등이 갖추어야 하는 손해배상능력 등에 대한 기준을 국토교통부령으로 정할 수 있다.

Ⅳ 필요한 조치를 하지 아니한 경우 행정상 제제조치

(1) 감정평가법 제32조상 법인설립인가취소 및 2년 이내의 업무정지

> **감정평가법**
>
> **제32조(인가취소 등)**
>
> ① 국토교통부장관은 감정평가법인등이 다음 각 호의 어느 하나에 해당하는 경우에는 그 설립인가를 취소(제29조에 따른 감정평가법인에 한정한다)하거나 2년 이내의 범위에서 기간을 정하여 업무의 정지를 명할 수 있다. 다만, 제2호 또는 제7호에 해당하는 경우에는 그 설립인가를 취소하여야 한다.
> 12. 제28조 제2항을 위반하여 보험 또는 한국감정평가사협회가 운영하는 공제사업에 가입하지 아니한 경우

(2) 표준지공시지가업무등 공적업무를 수행중인 경우에는 변형된 과징금 부과

> **감정평가법**
>
> **제41조(과징금의 부과)**
>
> ① 국토교통부장관은 감정평가법인등이 제32조 제1항 각 호의 어느 하나에 해당하게 되어 업무정지처분을 하여야 하는 경우로서 그 업무정지처분이 「부동산 가격공시에 관한 법률」 제3조에 따른 표준지공시지가의 공시 등의 업무를 정상적으로 수행하는 데에 지장을 초래하는 등 공익을 해칠 우려가 있는 경우에는 업무정지처분을 갈음하여 5천만원(감정평가법인인 경우는 5억원) 이하의 과징금을 부과할 수 있다.

(3) 400만원 이하의 과태료 부과(법 제52조 제2항)

감정평가법 제52조(과태료)

② 다음 각 호의 어느 하나에 해당하는 자에게는 400만원 이하의 과태료를 부과한다.

5. 제28조 제2항을 위반하여 보험 또는 협회가 운영하는 공제사업에의 가입 등 필요한 조치를 하지 아니한 사람

Ⅴ 행정상 제제조치에 대한 불복

행정상 제재조치 중에서 설립인가 취소나 업무정지 처분, 과징금을 부과받은 경우에는 행정쟁송을 통하여 불복할 수 있고, 과태료처분에 대해서는 질서위반행위규제법에 따라 이의제기와 과태료재판을 통해 불복할 수 있다.

Chapter 02

2023년 제34회 기출문제 분석

문제 01

A대도시의 시장은 국토의 계획 및 이용에 관한 법률에 따른 도시관리계획으로 관할구역 내 oo동 일대 90,000㎡ 토지에 공영주차장과 자동차정류장을 설치하는 도시계획시설사업결정을 한 후 지방공기업법에 따른 A대도시 X지방공사(이하 'X공사'라 함)를 도시계획시설사업의 시행자로 지정하고, X공사가 작성한 실시계획에 대해 실시계획인가를 하고 이를 고시하였다. 이에 따라 공익사업을 위한 토지 등의 취득 및 보상에 관한 법률(이하 '토지보상법'이라 함)에 의해 사업인정 및 고시가 이루어졌다. 한편, X공사는 사업대상구역 내에 위치한 20,000㎡ 토지를 소유한 甲과 토지수용을 위한 협의를 진행하였으나 협의가 성립되지 아니하여 관할 지방 토지수용위원회에 토지수용의 재결을 신청하였다. 다음 물음에 답하시오(단, 각 물음은 상호독립적임). 40점

(1) 토지보상법의 사업인정과 사업인정고시의 법적 성질에 관하여 설명하시오. 10점

(2) 甲은 수용 자체가 위법이라고 주장하면서 관할 지방토지수용위원회의 수용재결과 중앙토지수용위원회의 이의재결을 거친 후 취소소송을 제기하였다. 취소소송의 대상적격과 피고적격에 관하여 설명하시오. 20점

(3) 甲은 자신의 토지에 대한 보상금이 적으며, 일부 지장물이 손실보상의 대상에서 제외되었다는 이유로 관할 지방토지수용위원회의 수용재결에 불복하여 중앙토지수용위원회에 이의신청을 거쳤으나, 기각재결을 받았다. 甲이 이에 대하여 불복하는 경우 적합한 소송 형태를 쓰고 이에 관하여 설명하시오. 10점

참조 조문

〈국토의 계획 및 이용에 관한 법률〉

제88조(실시계획의 작성 및 인가 등)

① 도시・군계획시설사업의 시행자는 대통령령으로 정하는 바에 따라 그 도시・군계획시설사업에 관한 실시계획(이하 "실시계획"이라 한다)을 작성하여야 한다.

② 도시・군계획시설사업의 시행자(국토교통부장관, 시・도지사와 대도시 시장은 제외한다. 이하 제3항에서 같다)는 제1항에 따라 실시계획을 작성하면 대통령령으로 정하는 바에 따라 국토교통부장관, 시・도지사 또는 대도시 시장의 인가를 받아야 한다. 다만, 제98조에 따른 준공검사를 받은 후에 해당 도시・군계획시설사업에 대하여 국토교통부령으로 정하는 경미한 사항을 변경하기 위하여 실시계획을 작성하는 경우에는 국토교통부장관, 시・도지사 또는 대도시 시장의 인가를 받지 아니한다.

제96조(「공익사업을 위한 토지 등의 취득 및 보상에 관한 법률」의 준용)

① 제95조에 따른 수용 및 사용에 관하여는 이 법에 특별한 규정이 있는 경우 외에는 「공익사업을 위한 토지 등의 취득 및 보상에 관한 법률」을 준용한다.

② 제1항에 따라 「공익사업을 위한 토지 등의 취득 및 보상에 관한 법률」을 준용할 때에 제91조에 따른 실시계획을 고시한 경우에는 같은 법 제20조 제1항과 제22조에 따른 사업인정 및 그 고시가 있었던 것으로 본다. 다만, 재결 신청은 같은 법 제23조 제1항과 제28조 제1항에도 불구하고 실시계획에서 정한 도시·군계획시설사업의 시행기간에 하여야 한다.

〈공익사업을 위한 토지 등의 취득 및 보상에 관한 법률〉

제28조(재결의 신청)

① 제26조에 따른 협의가 성립되지 아니하거나 협의를 할 수 없을 때(제26조 제2항 단서에 따른 협의 요구가 없을 때를 포함한다)에는 사업시행자는 사업인정고시가 된 날부터 1년 이내에 대통령령으로 정하는 바에 따라 관할 토지수용위원회에 재결을 신청할 수 있다.

제83조(이의의 신청)

① 중앙토지수용위원회의 제34조에 따른 재결에 이의가 있는 자는 중앙토지수용위원회에 이의를 신청할 수 있다.

② 지방토지수용위원회의 제34조에 따른 재결에 이의가 있는 자는 해당 지방토지수용위원회를 거쳐 중앙토지수용위원회에 이의를 신청할 수 있다.

③ 제1항 및 제2항에 따른 이의의 신청은 재결서의 정본을 받은 날부터 30일 이내에 하여야 한다.

제84조(이의신청에 대한 재결)

① 중앙토지수용위원회는 제83조에 따른 이의신청을 받은 경우 제34조에 따른 재결이 위법하거나 부당하다고 인정할 때에는 그 재결의 전부 또는 일부를 취소하거나 보상액을 변경할 수 있다.

② 제1항에 따라 보상금이 늘어난 경우 사업시행자는 재결의 취소 또는 변경의 재결서 정본을 받은 날부터 30일 이내에 보상금을 받을 자에게 그 늘어난 보상금을 지급하여야 한다. 다만, 제40조 제2항 제1호·제2호 또는 제4호에 해당할 때에는 그 금액을 공탁할 수 있다.

설문 1 **대판 2011.1.27, 2009두1051[토지수용재결처분취소]**

【판시사항】

[1] 사업인정기관이 공익사업을 위한 토지 등의 취득 및 보상에 관한 법률상의 사업인정을 하기 위한 요건

[2] 사업시행자가 사업인정을 받은 후 그 사업이 공용수용을 할 만한 공익성을 상실하거나 사업인정에 관련된 자들의 이익이 현저히 비례의 원칙에 어긋나게 된 경우 또는 사업시행자가 해당 공익사업을 수행할 의사나 능력을 상실한 경우, 그 사업인정에 터 잡아 수용권을 행사할 수 있는지 여부(소극)

【판결요지】

[1] 사업인정이란 공익사업을 토지 등을 수용 또는 사용할 사업으로 결정하는 것으로서 공익사업의 시행자에게 그 후 일정한 절차를 거칠 것을 조건으로 일정한 내용의 수용권을 설정하여 주는 형성행위이므로, 해당 사업이 외형상 토지 등을 수용 또는 사용할 수 있는 사업에 해당한다고 하더라도 사업인정기관으로서는 그 사업이 공용수용을 할 만한 공익성이 있는지의 여부와 공익성이 있는 경우에도 그 사업의 내용과 방법에 관하여 사업인정에 관련된 자들의 이익을 공익과 사익 사이에서는 물론, 공익 상호 간 및 사익 상호 간에도 정당하게 비교·교량하여야 하고, 그 비교·교량은 비례의 원칙에 적합하도록 하여야 한다. 그뿐만 아니라 해당 공익사업을 수행하여 공익을 실현할 의사나 능력이 없는 자에게 타인의 재산권을 공권력적·강제적으로 박탈할 수 있는 수용권을 설정하여 줄 수는 없으므로, 사업시행자에게 해당 공익사업을 수행할 의사와 능력이 있어야 한다는 것도 사업인정의 한 요건이라고 보아야 한다.

[2] 공용수용은 헌법상의 재산권 보장의 요청상 불가피한 최소한에 그쳐야 한다는 헌법 제23조의 근본 취지에 비추어 볼 때, 사업시행자가 사업인정을 받은 후 그 사업이 공용수용을 할 만한 공익성을 상실하거나 사업인정에 관련된 자들의 이익이 현저히 비례의 원칙에 어긋나게 된 경우 또는 사업시행자가 해당 공익사업을 수행할 의사나 능력을 상실하였음에도 여전히 그 사업인정에 기하여 수용권을 행사하는 것은 수용권의 공익 목적에 반하는 수용권의 남용에 해당하여 허용되지 않는다.

대판 2019.2.28, 2017두71031[사업인정고시취소]〈풍납토성 보존을 위한 사업인정사건〉

【판시사항】

[1] 사업인정의 법적 성격 및 사업인정기관이 공익사업을 위한 토지 등의 취득 및 보상에 관한 법률상의 사업인정을 하기 위한 요건

[2] 문화재의 보존을 위한 사업인정 등 처분에 대하여 재량권 일탈·남용 여부를 심사하는 방법 및 이때 구체적으로 고려할 사항

[3] 국가지정문화재에 대하여 관리단체로 지정된 지방자치단체의 장이 문화재보호법 제83조 제1항 및 공익사업을 위한 토지 등의 취득 및 보상에 관한 법률에 따라 국가지정문화재나 그 보호구역에 있는 토지 등을 수용할 수 있는지 여부(적극)

[4] 사업시행자에게 해당 공익사업을 수행할 의사와 능력이 있어야 한다는 것이 사업인정의 한 요건인지 여부(적극)

【판결요지】

[1] 사업인정이란 공익사업을 토지 등을 수용 또는 사용할 사업으로 결정하는 것으로서 공익사업의 시행자에게 그 후 일정한 절차를 거칠 것을 조건으로 일정한 내용의 수용권을 설정하여 주는 형성행위이다. 그러므로 해당 사업이 외형상 토지 등을 수용 또는 사용할 수 있는 사업에 해당하더라도 사업인정기관으로서는 그 사업이 공용수용을 할 만한 공익성이 있는지 여부와 공익성이 있는 경우에도 그 사업의 내용과 방법에 관하여 사업인정에 관련된 자들의 이익을 공익과 사익 사이에서는 물론, 공익 상호 간 및 사익 상호 간에도 정당하게 비교·교량하여야 하고, 비교·교량은 비례의 원칙에 적합하도록 하여야 한다.

대판 2019.12.12, 2019두47629[영업휴업보상등]

【판시사항】

[1] 공익사업을 위한 토지 등의 취득 및 보상에 관한 법률 제20조에서 정한 사업인정의 법적 성격 및 효력

[2] 산업입지 및 개발에 관한 법률에 따른 산업단지개발사업의 경우, 토지소유자 및 관계인에 대한 손실보상 여부 판단의 기준시점(=산업단지 지정 고시일)

[3] '지역·지구 등'을 지정하는 경우 지형도면 작성·고시방법과 '지역·지구 등' 지정의 효력이 지형도면을 고시한 때 발생하고, '지역·지구 등' 지정과 운영에 관하여 다른 법률의 규정이 있더라도 이를 따르도록 정한 토지이용규제 기본법 제3조, 제8조에도 불구하고 산업입지 및 개발에 관한 법률에 따른 산업단지 지정의 효력은 산업단지 지정 고시를 한 때에 발생하는지 여부(적극) 및 산업단지개발사업의 경우 산업단지 지정 고시일을 손실보상 여부 판단의 기준시점으로 보아야 하는지 여부(적극)

【판결요지】

[1] 공익사업을 위한 토지 등의 취득 및 보상에 관한 법률 제20조 제1항, 제22조 제3항은 사업시행자가 토지 등을 수용하거나 사용하려면 국토교통부장관의 사업인정을 받아야 하고, 사업인정은 고시한 날부터 효력이 발생한다고 규정하고 있다. 이러한 사업인정은 수용권을 설정해 주는 행정처분으로서, 이에 따라 수용할 목적물의 범위가 확정되고, 수용권자가 목적물에 대한 현재 및 장래의 권리자에게 대항할 수 있는 공법상 권한이 생긴다.

설문 2 **대판 2010.1.28, 2008두1504[수용재결취소등]**

【판시사항】

[1] 토지소유자 등이 수용재결에 불복하여 이의신청을 거친 후 취소소송을 제기하는 경우 피고적격(=수용재결을 한 토지수용위원회) 및 소송대상(=수용재결)

【판결요지】

공익사업을 위한 토지 등의 취득 및 보상에 관한 법률 제85조 제1항 전문의 문언 내용과 같은 법 제83조, 제85조가 중앙토지수용위원회에 대한 이의신청을 임의적 절차로 규정하고 있는 점, 행정소송법 제19조 단서가 행정심판에 대한 재결은 재결 자체에 고유한 위법이 있음을 이유로 하는 경우에 한하여 취소소송의 대상으로 삼을 수 있도록 규정하고 있는 점 등을 종합하여 보면, 수용재결에 불복하여 취소소송을 제기하는 때에는 이의신청을 거친 경우에도 수용재결을 한 중앙토지수용위원회 또는 지방토지수용위원회를 피고로 하여 수용재결의 취소를 구하여야 하고, 다만 이의신청에 대한 재결 자체에 고유한 위법이 있음을 이유로 하는 경우에는 그 이의재결을 한 중앙토지수용위원회를 피고로 하여 이의재결의 취소를 구할 수 있다고 보아야 한다.

【참조조문】

공익사업을 위한 토지 등의 취득 및 보상에 관한 법률 제83조, 제84조, 제85조 제1항, 행정소송법 제19조

【전문】

【원고, 피상고인】 원고

【피고, 상고인】 중앙토지수용위원회외 1인

【원심판결】 서울고법 2007.12.18. 선고 2007누12769 판결

【주문】

원심판결 중 피고 중앙토지수용위원회에 대한 수용재결취소청구에 관한 부분과 피고 대한민국에 대한 부분을 파기하고, 이 부분 사건을 서울고등법원에 환송한다.

【이유】

상고이유를 판단한다.

'공익사업을 위한 토지 등의 취득 및 보상에 관한 법률'(이하 '공익사업법'이라고 한다) 제85조 제1항 전문은 사업시행자·토지소유자 또는 관계인은 중앙토지수용위원회 또는 지방토지수용위원회의 수용재결에 대하여 불복이 있는 때에는 재결서를 받은 날부터 60일 이내에, 이의신청을 거친 때에는 이의신청에 대한 재결서를 받은 날부터 30일 이내에 각각 행정소송을 제기할 수 있다고 규정하고 있다.

위와 같은 공익사업법 제85조 제1항 전문의 문언 내용과 공익사업법 제83조, 제85조가 중앙토지수용위원회에 대한 이의신청을 임의적 절차로 규정하고 있는 점, 행정소송법 제19조 단서가 행정심판에 대한 재결은 재결 자체에 고유한 위법이 있음을 이유로 하는 경우에 한하여 취소소송의 대상으로 삼을 수 있도록 규정하고 있는 점 등을 종합하여 보면, 수용재결에 불복하여 취소소송을 제기하는 때에는 이의신청을 거친 경우에도 수용재결을 한 중앙토지수용위원회 또는 지방토지수용위원회를 피고로 하여 수용재결의 취소를 구하여야 하고, 다만 이의신청에 대한 재결 자체에 고유한 위법이 있음을 이유로 하는 경우에는 그 이의재결을 한 중앙토지수용위원회를 피고로 하여 이의재결의 취소를 구할 수 있다고 보아야 한다.

그럼에도 원심은, 수용재결에 불복하여 중앙토지수용위원회의 이의재결을 거친 경우 수용재결 자체의 취소를 구하는 항고소송은 이의재결을 한 중앙토지수용위원회만이 피고적격이 있다는 이유로 수용재결을 한 피고 중앙토지수용위원회를 상대로 수용재결의 취소를 구하는 부분의 소를 각하하였다. 이러한 원심의 판단에는 수용재결에 불복하여 취소소송을 제기하는 경우의 소송대상 및 피고적격에 관한 법리를 오해하여 판결 결과에 영향을 미친 위법이 있다. 이 점을 지적하는 상고취지는 이유 있다.

그러므로 원심판결 중 피고 중앙토지수용위원회에 대한 수용재결취소청구에 관한 부분 및 이와 합일확정될 필요가 있는 피고 대한민국에 대한 부분을 파기하고 이 부분 사건을 다시 심리·판단하게 하기 위하여 원심법원에 환송하기로 하여, 관여 대법관의 일치된 의견으로 주문과 같이 판결한다.

설문 3 대판 2010.8.19, 2008두822[토지수용이의재결처분취소등]

【판시사항】

[1] 구 '공익사업을 위한 토지 등의 취득 및 보상에 관한 법률' 제74조 제1항에 의한 잔여지 수용청구를 받아들이지 않은 토지수용위원회의 재결에 대하여 토지소유자가 불복하여 제기하는 소송의 성질 및 그 상대방

[2] 구 '공익사업을 위한 토지 등의 취득 및 보상에 관한 법률' 제74조 제1항의 잔여지 수용청구권 행사기간의 법적 성질(=제척기간) 및 잔여지 수용청구 의사표시의 상대방(=관할 토지수용위원회)

[3] 토지소유자가 자신의 토지에 숙박시설을 신축하기 위해 부지를 조성하던 중 그 토지의 일부가 익산 −장수 간 고속도로 건설공사에 편입되자 사업시행자에게 부지조성비용 등의 보상을 청구한 사안에서, 부지조성비용이 별도의 보상대상으로 인정되지 않는다면 토지소유자에게 잔여지의 가격 감소로 인한 손실보상을 구하는 취지인지 여부에 관하여 의견을 진술할 기회를 부여하고 그 당부를 심리·판단하였어야 함에도, 이러한 조치를 취하지 않은 원심판결에 석명의무를 다하지 않아 심리를 제대로 하지 않은 위법이 있다고 한 사례

【판결요지】

[1] 구 '공익사업을 위한 토지 등의 취득 및 보상에 관한 법률'(2007.10.17. 법률 제8665호로 개정되기 전의 것) 제74조 제1항에 규정되어 있는 잔여지 수용청구권은 손실보상의 일환으로 토지소유자에게 부여되는 권리로서 그 요건을 구비한 때에는 잔여지를 수용하는 토지수용위원회의 재결이 없더라도 그 청구에 의하여 수용의 효과가 발생하는 형성권적 성질을 가지므로, 잔여지 수용청구를 받아들이지 않은 토지수용위원회의 재결에 대하여 토지소유자가 불복하여 제기하는 소송은 위 법 제85조 제2항에 규정되어 있는 '보상금의 증감에 관한 소송'에 해당하여 사업시행자를 피고로 하여야 한다.

대판 2019.11.28, 2018두227[보상금]

어떤 보상항목이 공익사업을 위한 토지 등의 취득 및 보상에 관한 법령상 손실보상대상에 해당함에도 관할 토지수용위원회가 사실을 오인하거나 법리를 오해함으로써 손실보상대상에 해당하지 않는다고 잘못된 내용의 재결을 한 경우에는, 피보상자는 관할 토지수용위원회를 상대로 그 재결에 대한 취소소송을 제기할 것이 아니라, 사업시행자를 상대로 공익사업을 위한 토지 등의 취득 및 보상에 관한 법률 제85조 제2항에 따른 보상금증감소송을 제기하여야 한다.

대판 2008.5.29, 2007다8129[주거이전비등]

구 공익사업을 위한 토지 등의 취득 및 보상에 관한 법률(2007.10.17. 법률 제8665호로 개정되기 전의 것) 제78조 제5항, 제7항, 같은 법 시행규칙 제54조 제2항 본문, 제3항의 각 조문을 종합하여 보면, 세입자의 주거이전비 보상청구권은 그 요건을 충족하는 경우에 당연히 발생하는 것이므로, 주거이전비 보상청구소송은 행정소송법 제3조 제2호에 규정된 당사자소송에 의하여야 한다. 다만, 구 도시 및 주거환경정비법(2007.12.21. 법률 제8785호로 개정되기 전의 것) 제40조 제1항에 의하여 준용되는 구 공익사업을 위한 토지 등의 취득 및 보상에 관한 법률 제2조, 제50조, 제78조, 제85조 등의 각 조문을 종합하여 보면, 세입자의 주거이전비 보상에 관하여 재결이 이루어진 다음 세입자가 보상금의 증감 부분을 다투는 경우에는 같은 법 제85조 제2항에 규정된 행정소송에 따라, 보상금의 증감 이외의 부분을 다투는 경우에는 같은 조 제1항에 규정된 행정소송에 따라 권리구제를 받을 수 있다.

대판 2022.11.24, 2018두67[손실보상금사건]

공익사업을 위한 토지 등의 취득 및 보상에 관한 법률(이하 '토지보상법'이라 한다) 제85조 제2항에 따른 보상금의 증액을 구하는 소(이하 '보상금 증액 청구의 소'라 한다)의 성질, 토지보상법상 손실보상금 채권의 존부 및 범위를 확정하는 절차 등을 종합하면, 토지보상법에 따른 토지소유자 또는 관계인(이하 '토지소유자 등'이라 한다)의 사업시행자에 대한 손실보상금 채권에 관하여 압류 및 추심명령이 있더라도, 추심채권자가 보상금 증액 청구의 소를 제기할 수 없고, 채무자인 토지소유자 등이 보상금 증액 청구의 소를 제기하고 그 소송을 수행할 당사자적격을 상실하지 않는다고 보아야 한다.

[물음 1]

Ⅰ 논점의 정리

Ⅱ 사업인정의 의의 및 법적 성질(토지보상법 제2조 제7호, 제20조)

1. 사업인정의 의의 및 취지
2. 사업인정의 법적 성질
   (1) 처분성
   (2) 형성적 행정행위로 특허 및 재량행위
   (3) 제3자효 행정행위

Ⅲ 사업인정고시(법 제22조)

1. 사업인정고시 의의 및 취지
2. 사업인정고시의 법적 성질
3. 사업인정고시의 효과

Ⅳ 결

[물음 2]

Ⅰ 논점의 정리

Ⅱ 관련 행정작용의 의의 및 취지

1. 수용재결(법 제34조)
2. 이의재결(법 제83조, 제86조)

Ⅲ 대상적격(행정소송법 제19조)

1. 의의 및 취지
2. 원처분주의와 재결주의
   (1) 의의
   (2) 원처분주의 법적 근거
   (3) 행정심판 재결의 고유한 하자의 의미
3. 대법원 판례(2008두1504)
4. 소결

Ⅳ 피고적격(행정소송법 제13조)

1. 의의 및 취지
2. 재결의 고유한 하자가 없는 경우 피고적격
3. 사안의 경우

Ⅴ 결

[물음 3]

Ⅰ 논점의 정리

Ⅱ 적합한 소송의 형태

1. 관련 규정(토지보상법 제85조 제2항)
2. 관련 판례(2018두227)
3. 검토

Ⅲ 보상금증감청구소송

1. 의의 및 취지(토지보상법 제85조 제2항)
2. 법적 성질
   (1) 형식적 당사자소송
   (2) 확인·급부소송
3. 요건 및 특수성
   (1) 제소기간 및 당사자
   (2) 소송의 대상
   (3) 심리 범위
   (4) 관할 및 효력, 취소소송과의 병합
4. 판례의 유형별 검토
   (1) 2008두822
   (2) 2007다8129
   (3) 2018두67

Ⅳ 결

예시답안

[물음 1] 사업인정과 사업인정고시의 법적 성질

Ⅰ 논점의 정리

공익사업을 위한 토지 등의 취득 및 보상에 관한 법률(이하 '토지보상법')상 사업인정과 사업인정고시의 법적 성질에 대하여 이하 검토하고자 한다. 이는 향후 법적 분쟁을 함에 있어서 중요한 법리적 고찰이 된다.

Ⅱ 사업인정의 의의 및 법적 성질(토지보상법 제2조 제7호, 제20조)

1. 사업인정의 의의 및 취지

사업인정이란 공익사업을 토지 등을 수용 또는 사용할 사업으로 결정하는 것을 말한다. 사업인정은 공용수용의 1단계 절차로서 형식적으로는 해당 사업이 토지보상법 제4조 각 호에 해당함을 판단하고, 실질적으로는 관계 제 이익의 정당한 형량 과정을 거쳐 일정한 절차의 이행을 조건으로 수용권을 설정하는 국토교통부장관의 행정작용이다. 이는 공용수용 행정에 있어서 수용행정 적정화, 피수용자의 사전적 권리구제에 취지가 인정된다.

2. 사업인정의 법적 성질

(1) 처분성

사업인정은 일정한 절차를 거칠 것을 조건으로 수용권을 설정하는 형성적 행정행위로서 행정소송법 제2조상 처분에 해당한다.

(2) 형성적 행정행위로 특허 및 재량행위

사업인정은 단순한 확인행위가 아니라 형성적 행위로 특허에 해당하고, 해당 사업이 비록 토지를 수용할 수 있는 사업에 해당된다 하더라도 행정청으로서는 그 사업이 공용수용을 할 만한 공익성이 있는지의 여부를 모든 사정을 참작하여 구체적으로 판단하여야 하는 것이므로 사업인정의 여부는 행정청의 재량에 속하며 재량행위에 해당한다.

(3) 제3자효 행정행위

사업인정은 해당 사업이 수용할 수 있는 사업임을 결정하는 행위로 차후에 수용재결을 통해서 피수용자의 토지 등의 권리를 사업시행자에게 넘겨주는 효과를 발생시키기 위한 첫 단계 행위이다. 따라서 사업인정의 상대방인 사업시행자에게 수익적 효과의 발생과 더불어 공용수용 법률관계의 타방인 피수용자에게 침익적 효과가 동시에 발생하므로 제3자효 행정행위에 해당한다.

Ⅲ 사업인정고시(토지보상법 제22조)

1. 사업인정고시 의의 및 취지

국토교통부장관은 토지보상법 제20조에 따른 사업인정을 하였을 때에는 지체 없이 그 뜻을 사업시행자, 토지소유자 및 관계인, 관계 시・도지사에게 통지하고 사업시행자의 성명이나 명칭, 사업의 종류, 사업지역 및 수용하거나 사용할 토지의 세목을 관보에 고시하여야 한다. 토지보상법 제25조 토지보전의무를 통한 보상투기를 방지하기 위해 고시한 날로부터 효력이 발생한다.

2. 사업인정고시의 법적 성질

사업인정고시는 특정한 사실을 알리는 행위로서 사업인정과는 분리하여 준법률행위적 행정행위 중 통지로 보는 견해, 사업인정과 사업인정고시를 통일적으로 파악하여 특허로 보는 견해가 있다. 해당 논의는 불복과 관련하여 실익이 있으므로 사업인정과 사업인정고시를 분리하여 검토하지 말고 통일적으로 〈특허〉로 파악함이 타당하다.

3. 사업인정고시의 효과

사업인정이 고시되면 수용권 설정, 수용목적물 범위확정, 관계인의 범위확정, 토지등 보전의무, 토지・물건 조사권, 보상액 산정시기의 고정 등의 효과가 발생한다.

Ⅳ 결

사업인정 및 사업인정 고시는 수용목적물을 수용하기 위한 1단계 절차로서 처분성이 인정되고, 토지보전의무가 발생되어 보상투기를 방지하는 측면이 있다. 다만 토지보상법에서는 사업인정 등에 대하여 불복하는 별도의 규정이 없어서 일반 행정심판법 및 행정소송법에 따라 불복하게 된다는 점에 특징이 있다.

[물음 2] 수용자체 불복에 대한 취소소송에서 소송의 대상 및 피고적격(2008두1504)

Ⅰ 논점의 정리

토지소유자 甲은 토지보상법상 수용재결과 이의재결을 거친 후 수용 자체가 위법이라면서 취소소송을 제기하는 바, 취소소송의 대상적격과 피고적격에 관하여 원처분주의 대법원 2008두1504 판결 관점에서 검토하고자 한다.

Ⅱ 관련 행정작용의 의의 및 취지

1. 수용재결(토지보상법 제34조)

사업인정고시 이후 협의 불성립・불능의 경우, 사업시행자의 재결신청에 의해 관할 토지수용위원회가 행하는 수용 또는 사용 결정을 행하는 공용수용의 종국적 절차이다. 공익과 사익의 조화, 공익사업의 원활한 진행에 취지가 인정된다.

2. 이의재결(토지보상법 제83조, 제86조) - 이의신청은 특별법상 행정심판

관할 토지수용위원회의 위법・부당한 재결에 불복하여 토지보상법 제83조에 따라 이의신청을 거친 경우 그 위법・부당에 대한 중앙토지수용위원회의 판단을 의미하며, 토지소유자 등 관련 당사자의 권익구제에 그 취지가 있다.

Ⅲ 대상적격(행정소송법 제19조) - 원처분주의와 재결주의 논의

1. 의의 및 취지

취소소송은 처분 등을 대상으로 한다. 다만 재결취소소송의 경우에는 재결 자체에 고유한 위법이 있음을 이유로 하는 경우에 한한다. 소 남용 방지 및 소송 경제상 취지가 있다.

2. 원처분주의와 재결주의

(1) 의의

〈원처분주의〉는 원처분을 소의 대상으로 하되 재결에 고유한 위법이 있는 경우 재결을 다툴 수 있게 하는 것이다. 〈재결주의〉는 재결을 소의 대상으로 하는 것을 말한다. 원처분주의로 할 것인지 재결주의로 할 것인지는 입법정책의 문제이고, 우리나라는 원처분주의를 채택하고 있다.

(2) 원처분주의 법적 근거

행정소송법 제19조에서 "취소소송은 처분 등을 대상으로 한다."라고 규정한다. 토지보상법 제85조 제1항에서도 "제34조에 대한 재결에 불복할 때에는 재결서를 받은 날부터 90일 이내"라고 하여 원처분주의를 관철하고 있다.

(3) 행정심판 재결의 고유한 하자의 의미(96누14661)

대법원 판례에 따라 행정소송법 제19조에서 말하는 "재결의 고유한 위법"이란 원처분에는 없고 재결에만 있는 재결청의 권한 또는 구성의 위법, 재결의 절차나 형식의 위법, 내용의 위법 등을 뜻하고, 그중 내용의 위법에는 위법·부당하게 인용재결을 한 경우가 해당한다.

3. 대법원 판례(2008두1504)

수용재결에 불복하여 취소소송을 제기하는 때에는 이의신청을 거친 경우에도 수용재결을 한 중앙토지수용위원회 또는 지방토지수용위원회를 피고로 하여 수용재결의 취소를 구하여야 하고, 다만 이의신청에 대한 재결 자체에 고유한 위법이 있음을 이유로 하는 경우에는 그 이의재결을 한 중앙토지수용위원회를 피고로 하여 이의재결의 취소를 구할 수 있다고 보아야 한다.

4. 소결

해당 사안에서는 원처분주의 관점에서 수용재결과 이의재결 중에서 수용재결을 소송의 대상으로 삼는 것이 타당하다고 판단된다.

Ⅳ 피고적격(행정소송법 제13조)

1. 의의 및 취지

행정소송법 제13조(피고적격) 제1항에서는 "취소소송은 다른 법률에 특별한 규정이 없는 한 그 처분등을 행한 행정청을 피고로 한다. 다만, 처분등이 있은 뒤에 그 처분등에 관계되는 권한이 다른 행정청에 승계된 때에는 이를 승계한 행정청을 피고로 한다."라고 규정하여 피고적격은 처분 등을 행한 행정청이 된다. 따라서 수용재결이 소의 대상이 되는 경우는 수용재결을 한 관할토지수용위원회가 되고, 이의재결이 소의 대상이 된 경우에는 이의재결을 한 중앙토지수용위원회가 피고가 될 것이다.

2. 재결의 고유한 하자가 없는 경우 피고적격

토지보상법 제85조 제1항에 따라 사업시행자, 토지소유자 또는 관계인은 동법 제34조에 따른 수용재결에 불복할 때 행정소송을 제기할 수 있다. 이때 대법원 판례(2008두1504)는 수용재결에 불복하여 취소소송을 제기하는 때에는 이의신청을 거친 경우에도 수용재결을 한 중앙토지수용위원회 또는 지방토지수용위원회를 피고로 하여 수용재결의 취소를 구하여야 한다고 판시하였다.

3. 사안의 경우

사안에서 이의재결에 고유한 하자가 있는지에 대한 내용이 불명확한바, 토지소유자 甲은 수용재결을 한 관할 토지수용위원회를 피고적격으로 하여 취소소송을 제기하는 것이 타당하다고 생각한다. 만약 이의재결에 고유한 하자 있다고 인정된다면 중앙토지수용위원회를 피고적격으로 취소소송을 제기하는 것이 합당하다고 판단된다.

Ⅴ 결

원처분주의에 입각하여 행정소송법 제19조, 토지보상법 제85조 제1항과 대법원 2008두1504 판결에 따라 해당사안은 수용재결이 소송의 대상이 되고, 피고적격은 행정소송법 제20조와 토지보상법 제85조 제1항에 따라 원처분을 한 관할토지수용위원회가 피고가 된다고 생각된다.

[물음 3] 보상금 불복 시 적합한 소송 형태

Ⅰ 논점의 정리

토지소유자 甲이 토지보상법상 보상금이 적다고 이의신청을 거쳤으나 기각재결을 받은 경우 이에 대한 불복으로 보상금증감청구소송을 제기할 수 있는 바, 이하에서 구체적으로 설명하고자 한다.

Ⅱ 적합한 소송의 형태

1. 관련 규정(토지보상법 제85조 제2항)

토지보상법 제85조 제2항에 따라 수용재결의 보상금에 대해 불복하는 경우에는 보상금증감청구소송을 제기하여야 한다.

2. 관련 판례(2008두227)

어떤 보상항목이 공익사업을 위한 토지 등의 취득 및 보상에 관한 법령상 손실보상대상에 해당함에도 관할 토지수용위원회가 사실을 오인하거나 법리를 오해함으로써 손실보상대상에 해당하지 않는다고 잘못된 내용의 재결을 한 경우에는, 피보상자는 관할 토지수용위원회를 상대로 그 재결에 대한 취소소송을 제기할 것이 아니라, 사업시행자를 상대로 공익사업을 위한 토지 등의 취득 및 보상에 관한 법률 제85조 제2항에 따른 보상금증감소송을 제기하여야 한다.

3. 검토 <보상금증액청구소송>

생각건대 갑이 〈적은〉 보상금에 대해 불복하고자 하는 점을 고려할 때 토지소유자 甲은 사업시행자를 피고로 하여 〈보상금증액청구소송〉으로 다툼이 타당하다고 판단된다.

Ⅲ 보상금증감청구소송 - 해당 사안은 구체적으로 보상금증액청구소송

1. 의의 및 취지(토지보상법 제85조 제2항)

보상금에 대한 직접적인 이해당사자인 사업시행자와 토지소유자 및 관계인이 보상금의 증액을 소송의 제기를 통해 직접 다툴 수 있도록 하는 당사자소송이다. 이는 종래의 취소소송을 통한 권리구제의 우회를 시정하여 분쟁의 일회적 해결을 도모하고자 함에 그 제도적 취지가 있다.

2. 법적 성질

(1) 형식적 당사자소송

토지보상법 제85조 제2항 개정으로 재결청이 피고에서 삭제되었으므로 종전에는 필요적 공동소송이었으나, 지금은 실질적으로 수용재결의 내용을 다투면서도 그 법률관계의 한쪽 당사자를 피고로 하는 소송이므로 전형적인 형식적 당사자소송에 해당한다.

(2) 확인 · 급부소송

형성소송설과 확인 · 급부소송설이 대립하지만 판례는 실질적으로 보상액을 확인하고 지급을 명한다는 점에서 확인 · 급부소송의 입장이다. 생각건대 재결청 개입 없이 당사자 사이의 보상금증감의 분쟁을 종국적으로 해결하려는 취지를 고려하여 〈확인 · 급부소송〉으로 봄이 타당하다.

3. 요건 및 특수성

(1) 제소기간 및 당사자

본래 당사자 소송은 제소기간이 없으나, 토지보상법 제85조 제1항을 준용하여 재결서 정본을 받은 날부터 90일 이내, 이의재결서 정본을 받은 날부터 60일 이내에 제기할 수 있다. 또한 사업시행자는 토지소유자 및 관계인, 토지소유자 및 관계인은 사업시행자를 피고로 하여 소를 제기한다.

(2) 소송의 대상

법률관계를 소송의 대상으로 삼는다. 피수용자는 통상 보상금의 증액을 요구하고, 사업시행자는 감액을 요구한다. 소송의 대상은 법률관계인 보상금이다.

(3) 심리 범위

보상금의 범위, 금액이 심리범위에 해당하고 판례는 보상금항목 간의 유용, 지연가산금, 잔여지 수용도 심리범위에 포함한다는 태도를 보인다.

(4) 관할 및 효력, 취소소송과의 병합

보상금증감청구소송은 관할 법원에 제기하며, 기속력, 형성력 등의 효력이 발생한다. 또한 관할 토지수용위원회는 별도의 재결을 할 필요가 없다. 민사소송법은 주관적 예비적 병합을 인정하고 있는데, 보상금증감청구소송 또한 분쟁의 일회적 해결 측면에서 취소소송과 병합할 수 있다고 판단된다.

4. 판례의 유형별 검토

(1) 2008두822

토지보상법 제74조 제1항에 규정되어 있는 잔여지수용청구권은 손실보상의 일환으로 토지수용위원회의 재결이 없더라도 그 청구에 의하여 수용의 효과가 발생하는 형성권적 성질을 가지므로, 잔여지수용청구를 받아들이지 않은 토지수용위원회의 재결에 대하여 토지소유자가 불복하여 제기하는 소송은 위 법 제85조 제2항에 규정되어 있는 보상금의 증감에 관한 소송에 해당하여 사업시행자를 피고로 하여야 한다.

(2) 2007다8129

세입자의 주거이전비 보상에 관하여 재결이 이루어진 다음 세입자가 보상금의 증감 부분을 다투는 경우에는 같은 법 제85조 제2항에 규정된 행정소송에 따라, 보상금의 증감 이외의 부분을 다투는 경우에는 같은 조 제1항에 규정된 행정소송에 따라 권리구제를 받을 수 있다.

(3) 2018두67

토지보상법 제85조 제2항에 따른 보상금의 증액을 구하는 소의 성질, 토지보상법상 손실보상금 채권의 존부 및 범위를 확정하는 절차 등을 종합하여 보면, 토지보상법에 따른 토지소유자 또는 관계인의 사업시행자에 대한 손실보상금 채권에 관하여 압류 및 추심명령이 있더라도, 추심채권자가 보상금 증액 청구의 소를 제기할 수 없고, 채무자인 토지소유자 등이 보상금 증액 청구의 소를 제기하고 그 소송을 수행할 당사자적격을 상실하지 않는다고 보아야 한다.

Ⅳ 결

토지소유자 갑이 보상금에 불복하는 경우에 적합한 소송은 토지보상법 제85조 제1항에 따른 수용재결 취소소송이 아니라, 토지보상법 제85조 제2항에 따른 보상금증감청구소송으로 형식적 당사자소송이 합당한 소송으로 판단된다. 이는 일회적 권리구제 실현을 통하여 국민의 재산권 보호를 위하여 매우 유용한 소송의 형태로 평가되며, 최근 당사자적격 판례에서는 압류 및 추심명령이 있더라도 당사자적격을 상실하지 않는다고 판시하여 국민의 권리구제 측면에 도모한 바 있다.

문제 02

지적공부상 지목이 전인 갑 소유의 토지('이 사건 토지'라 함)는 면적이 2,000㎡이고, 이 중 330㎡ 토지에 주택이 건축되어 있고 나머지 부분은 밭으로 사용되고 있다. 그럼에도 불구하고 A도 B시의 시장(이하 'B시장'이라 함)은 지목이 대인 1개의 표준지의 공시지가를 기준으로 토지가격비준표를 사용하여 2022.5.31. 이 사전 토지에 대하여 개별공시지가를 결정, 공시하였다. B시장은 이 사건 토지에 대한 개별공시지가와 이의신청 절차를 갑에게 통지하였다. 다음 물음에 답하시오(단, 각 물음은 상호 독립적임). 30점

(1) 甲이 B시장의 개별공시지가결정이 위법, 부당하다는 이유로 부동산 가격공시에 관한 법령에 따른 이의신청을 거치지 않고 행정심판법에 따른 취소심판을 제기할 수 있는지 여부와 이 사건 토지에 대한 개별공시지가결정의 위법성에 관하여 설명하시오. 15점

(2) 甲은 개별공시지가결정에 대하여 부동산 가격공시에 관한 법령에 따른 이의신청이나 행정심판법에 따른 행정심판과 행정소송법에 따른 행정소송을 제기하지 않았다. 그 후 B시장은 2022.9.15. 이 사건 토지에 대한 개별공시지가를 시가표준액으로 하여 재산세를 부과, 처분하였다. 이에 甲은 2022.12.5. 이 사건 토지에 대한 개별공시지가결정의 하자를 이유로 재산세부과처분에 대하여 취소소송을 제기하였다. 甲의 청구가 인용될 수 있는지 여부에 관하여 설명하시오. 15점

참조 조문

〈부동산 가격공시에 관한 법률〉

제10조(개별공시지가의 결정·공시 등)

① 시장·군수 또는 구청장은 국세·지방세 등 각종 세금의 부과, 그 밖의 다른 법령에서 정하는 목적을 위한 지가산정에 사용되도록 하기 위하여 제25조에 따른 시·군·구부동산가격공시위원회의 심의를 거쳐 매년 공시지가의 공시기준일 현재 관할 구역 안의 개별토지의 단위면적당 가격(이하 "개별공시지가"라 한다)을 결정·공시하고, 이를 관계 행정기관 등에 제공하여야 한다.

② 제1항에도 불구하고 표준지로 선정된 토지, 조세 또는 부담금 등의 부과대상이 아닌 토지, 그 밖에 대통령령으로 정하는 토지에 대하여는 개별공시지가를 결정·공시하지 아니할 수 있다. 이 경우 표준지로 선정된 토지에 대하여는 해당 토지의 표준지공시지가를 개별공시지가로 본다.

③ 〈생략〉

④ 시장·군수 또는 구청장이 개별공시지가를 결정·공시하는 경우에는 해당 토지와 유사한 이용가치를 지닌다고 인정되는 하나 또는 둘 이상의 표준지의 공시지가를 기준으로 토지가격비준표를 사용하여 지가를 산정하되, 해당 토지의 가격과 표준지공시지가가 균형을 유지하도록 하여야 한다.

⑤ 시장·군수 또는 구청장은 개별공시지가를 결정·공시하기 위하여 개별토지의 가격을 산정할 때에는 그 타당성에 대하여 감정평가법인등의 검증을 받고 토지소유자, 그 밖의 이해관계인의 의견을 들어야 한다. 다만, 시장·군수 또는 구청장은 감정평가법인등의 검증이 필요 없다고 인정되는 때에는 지가의 변동상황 등 대통령령으로 정하는 사항을 고려하여 감정평가법인등의 검증을 생략할 수 있다.

제11조(개별공시지가에 대한 이의신청)

① 개별공시지가에 이의가 있는 자는 그 결정·공시일부터 30일 이내에 서면으로 시장·군수 또는 구청장에게 이의를 신청할 수 있다.

② 시장·군수 또는 구청장은 제1항에 따라 이의신청 기간이 만료된 날부터 30일 이내에 이의신청을 심사하여 그 결과를 신청인에게 서면으로 통지하여야 한다. 이 경우 시장·군수 또는 구청장은 이의신청의 내용이 타당하다고 인정될 때에는 제10조에 따라 해당 개별공시지가를 조정하여 다시 결정·공시하여야 한다.

③ 제1항 및 제2항에서 규정한 것 외에 이의신청 및 처리절차 등에 필요한 사항은 대통령령으로 정한다.

〈부동산 가격공시에 관한 법률 시행령〉

제21조(개별공시지가의 결정 및 공시)

① 시장·군수 또는 구청장은 매년 5월 31일까지 개별공시지가를 결정·공시하여야 한다. 다만, 제16조 제2항 제1호의 경우에는 그 해 10월 31일까지, 같은 항 제2호의 경우에는 다음 해 5월 31일까지 결정·공시하여야 한다.

② 시장·군수 또는 구청장은 제1항에 따라 개별공시지가를 공시할 때에는 다음 각 호의 사항을 해당 시·군 또는 구의 게시판 또는 인터넷 홈페이지에 게시하여야 한다.

1. 조사기준일, 공시필지의 수 및 개별공시지가의 열람방법 등 개별공시지가의 결정에 관한 사항
2. 이의신청의 기간·절차 및 방법

③ 개별공시지가 및 이의신청기간 등의 통지에 관하여는 제4조 제2항 및 제3항을 준용한다.

제22조(개별공시지가에 대한 이의신청)

① 법 제11조 제1항에 따라 개별공시지가에 대하여 이의신청을 하려는 자는 이의신청서에 이의신청 사유를 증명하는 서류를 첨부하여 해당 시장·군수 또는 구청장에게 제출하여야 한다.

② 시장·군수 또는 구청장은 제1항에 따라 제출된 이의신청을 심사하기 위하여 필요할 때에는 감정평가법인등에게 검증을 의뢰할 수 있다.

설문 1 대판 2010.1.28, 2008두19987[개별공시지가결정처분취소]

【판시사항】

개별공시지가에 대하여 이의가 있는 자가 행정심판을 거쳐 행정소송을 제기하는 경우 제소기간의 기산점

【판결요지】

부동산 가격공시 및 감정평가에 관한 법률 제12조, 행정소송법 제20조 제1항, 행정심판법 제3조 제1항의 규정 내용 및 취지와 아울러 부동산 가격공시 및 감정평가에 관한 법률에 행정심판의 제기를 배제하는 명시적인 규정이 없고 부동산 가격공시 및 감정평가에 관한 법률에 따른 이의신청과 행정심판은 그 절차 및 담당 기관에 차이가 있는 점을 종합하면, 부동산 가격공시 및 감정평가에 관한 법률이 이의신청에 관하여 규정하고 있다고 하여 이를 행정심판법 제3조 제1항에서 행정심판의 제기를 배제하는 '다른 법률에 특별한 규정이 있는 경우'에 해당한다고 볼 수 없으므로, 개별공시지가에 대하여 이의가 있는 자는 곧바로 행정소송을 제기하거나 부동산 가격공시 및 감정평가에 관한 법률에 따른 이의신청과 행정

심판법에 따른 행정심판청구 중 어느 하나만을 거쳐 행정소송을 제기할 수 있을 뿐 아니라, 이의신청을 하여 그 결과 통지를 받은 후 다시 행정심판을 거쳐 행정소송을 제기할 수도 있다고 보아야 하고, 이 경우 행정소송의 제소기간은 그 행정심판 재결서 정본을 송달받은 날부터 기산한다.

【참조조문】

부동산 가격공시 및 감정평가에 관한 법률 제12조, 행정소송법 제20조 제1항, 행정심판법 제3조 제1항

【전문】

【원고, 피상고인】 원고

【피고, 상고인】 용인시 기흥구청장

【원심판결】 서울고법 2008.10.16. 선고 2008누14748 판결

【주문】

상고를 기각한다. 상고비용은 피고가 부담한다.

【이유】

상고이유를 본다.

1. 제소기간을 도과하였는지 여부에 관하여

부동산 가격공시 및 감정평가에 관한 법률(이하 '가격공시법'이라 한다) 제12조는 제1항에서 "개별공시지가에 대하여 이의가 있는 자는 개별공시지가의 결정·공시일부터 30일 이내에 서면으로 시장·군수 또는 구청장에게 이의를 신청할 수 있다."고 한 다음, 제2항에서 "시장·군수 또는 구청장은 제1항의 규정에 의한 이의신청기간이 만료된 날부터 30일 이내에 이의신청을 심사하여 그 결과를 신청인에게 서면으로 통지하여야 한다. 이 경우 시장·군수 또는 구청장은 이의신청의 내용이 타당하다고 인정될 때에는 제11조의 규정에 따라 당해 개별공시지가를 조정하여 다시 결정·공시하여야 한다."고 규정하고 있다.

한편, 행정소송법 제20조 제1항은 "취소소송은 처분 등이 있음을 안 날부터 90일 이내에 제기하여야 한다. 다만, 제18조 제1항 단서에 규정한 경우와 그 밖에 행정심판청구를 할 수 있는 경우 또는 행정청이 행정심판청구를 할 수 있다고 잘못 알린 경우에 행정심판청구가 있은 때의 기간은 재결서의 정본을 송달받은 날부터 기산한다."고 하고 있고, 행정심판법 제3조 제1항은 "행정청의 처분 또는 부작위에 대하여 다른 법률에 특별한 규정이 있는 경우를 제외하고는 이 법에 의하여 행정심판을 제기할 수 있다."고 규정하고 있다.

이와 같은 관련 법령의 규정 내용 및 취지와 아울러 가격공시법에 행정심판의 제기를 배제하는 명시적인 규정이 없고 가격공시법에 따른 이의신청과 행정심판은 그 절차 및 담당 기관에 차이가 있는 점을 종합하면, 가격공시법이 이의신청에 관하여 규정하고 있다고 하여 이를 행정심판법 제3조 제1항에서 행정심판의 제기를 배제하는 '다른 법률에 특별한 규정이 있는 경우'에 해당한다고 볼 수 없으므로, 개별공시지가에 대하여 이의가 있는 자는 곧바로 행정소송을 제기하거나 가격공시법에 따른 이의신청과 행정심판법에 따른 행정심판청구 중 어느 하나만을 거쳐 행정소송을 제기할 수 있을 뿐 아니라, 이의신청을 하여 그 결과 통지를 받은 후 다시 행정심판을 거쳐 행정소송을 제기할 수도 있다고 보아야 하고, 이 경우 행정소송의 제소기간은 그 행정심판 재결서 정본을 송달받은 날부터 기산한다.

같은 취지에서 원심이 이 사건 소가 제소기간을 도과하여 제기되었다는 취지의 피고의 본안 전 항변을 배척한 것은 정당하고, 거기에 주장하는 바와 같은 가격공시법상의 이의신청제도에 관한 법리오해 등의 위법이 없다.

2. 이 사건 처분의 적법 여부에 관하여
   원심은, 그 판시와 같은 이유로 피고가 이 사건 토지에 대한 2006년도 개별공시지가를 결정・공시하는 이 사건 처분을 함에 있어 그 비교표준지를 잘못 선정하였다고 보아 이 사건 처분은 위법하다고 판단하였는바, 이러한 원심의 판단도 관련 법령과 기록에 비추어 정당하고, 거기에 주장하는 바와 같은 비교표준지 선정에 관한 법리오해 등의 위법이 없다.
3. 결론
   그러므로 상고를 기각하고 상고비용은 패소자의 부담으로 하여, 관여 대법관의 일치된 의견으로 주문과 같이 판결한다.

대판 1994.6.14, 94누1715[개별토지가격결정처분취소]

지가공시 및 토지 등의 평가에 관한 법률 제10조, 개발토지가격합동조사지침(국무총리훈령 제248호) 제7조에 의하면, 개별지가는 건설부장관이 제공하는 토지가격비준표(지가형성요인에 관한 표준적인 비교표)를 사용하여 표준지와 당해 토지의 특성의 차이로 인한 조정율을 결정한 후 이를 표준지의 공시지가에 곱하는 방법으로 결정함이 원칙이라 할 것이고, 특별한 사정이 없는 한 이와 다른 방식에 의한 개별지가결정은 허용되지 않는다고 할 것이다. 다만, 위 지침 제8조 등에 의하면, 필요하다고 인정될 경우에는 위와 같이 표준지의 공시지가에 토지가격비준표에 의한 조정률을 곱하여 산출한 가격을 당해 토지와 비교표준지의 개별요인의 차이, 당해 토지와 비교표준지와의 지방세과세표준액의 차이와 토지가격비준표에 의한 조정율과의 균형 및 기타 그 지역의 특수한 지가형성요인 등을 고려하여 가감조정할 수 있으나, 이 경우에도 일단 표준지의 공시지가를 기준으로 토지가격비준표에 의한 조정율을 적용하여 가격을 산출한 후 그 가격을 기초로 위와 같은 여러 요인을 종합하여 가감조정하여야 할 것이다. 원심이 적법하게 확정한 바와 같이 이 사건 토지들에 대한 1991.1.1.자 개별지가는 비교표준지의 공시지가에 토지가격비준표에 의한 조정율을 적용하는 방식에 의하지 아니하고, 이 사건 토지들의 전년도 개별지가에 판시 비교표준지의 전년도 대비 지가상승률을 곱하는 방식으로 산정된 것이라면, 이는 관계 법령의 규정에 의하지 아니한 위법한 것이라고 보아야 할 것이므로 이와 같은 취지의 원심의 판단은 정당하고, 원심판결에 소론과 같은 위법이 있다고 볼 수 없다.
원심의 위와 같은 판단이 정당한 이상 원심판결에 소론과 같이 개별지가 결정을 위한 표준지선정에 관한 법리를 오해한 위법이 있다고 하더라도 이는 판결에 영향을 미친 것이라고 할 수 없다. 논지는 모두 이유가 없다.
그러므로 상고를 기각하고 상고비용은 패소자의 부담으로 하기로 관여 법관의 의견이 일치되어 주문과 같이 판결한다.

[물음 1]

Ⅰ 논점의 정리

Ⅱ 부동산공시법상 개별공시지가 이의신청을 거치지 않고 행정심판 제기할 수 있는지

1. 개별공시지가 의의 및 취지(부동산공시법 제10조), 법적 성질
2. 개별공시지가의 이의신청(부공법 제11조)
   (1) 의의 및 취지
   (2) 성격
      1) 강학상 이의신청과 특별법상 행정심판의 구별실익
      2) 학설 및 관련 판례
      3) 검토
3. 처분에 대한 이의신청(행정기본법 제36조 제4항)
4. 소결

Ⅲ 개별공시지가의 위법성 고찰

1. 표준지 선정에 있어서 위법
   (1) 표준지공시지가 선정기준
   (2) 검토
2. 토지가격비준표 적용상의 위법
3. 개별공시지가결정의 위법성 검토

[물음 2]

Ⅰ 논점의 정리

Ⅱ 관련 행정작용의 법적 성질

1. 개별공시지가의 법적 성질
2. 재산세 부과처분

Ⅲ 하자의 승계 인정 여부

1. 하자의 승계의 의의 및 취지
2. 하자의 승계의 전제요건 충족 여부
   (1) 하자의 승계 전제 요건
   (2) 사안의 경우
3. 하자의 승계 인정 여부
   (1) 학설
   (2) 판례의 태도(판례의 유형별 검토)
   (3) 검토

Ⅳ 결

예시답안

[물음 1] 부동산공시법상 이의신청을 거치지 않고 행정심판을 제기할 수 있는지

Ⅰ 논점의 정리

〈물음1〉에서 부동산 가격공시에 관한 법률(이하 '부동산공시법')상 이의신청이 있음에도 이를 거치지 않고 행정심판법상 취소심판을 제기할 수 있는지 대법원 2008두19987 판결을 중심으로 검토한다. 〈물음2〉에서는 甲 소유토지 2,000㎡ 중 330㎡는 주택부지로 이용하고, 1,670㎡ 은 현황 밭인 '전'임에도 불구하고 지목이 垈인 표준지공시지가를 선정하여 개별공시지가를 결정한 경우 그 결정의 위법성에 대해 검토한다.

Ⅱ 부동산공시법상 개별공시지가 이의신청을 거치지 않고 행정심판 제기할 수 있는지

1. 개별공시지가의 의의 및 취지(부동산공시법 제10조), 법적 성질

① 개별공시지가는 시・군・구청장이 시・군・구 부동산가격공시위원회의 심의를 받아 결정・공시하는 관할구역 내 개별토지의 공시기준일 현재 단위면적당 가격이다. ② 국세, 지방세 등 각종

세금의 부과 및 관계 법령에 따른 지가산정의 활용에 그 취지가 있다. ③ 학설은 행정행위설, 행정규칙설, 행정계획설 등이 대립하나 판례는 과세의 기준으로 처분성을 인정했다.

2. 개별공시지가의 이의신청(부동산공시법 제11조)

(1) 의의 및 취지

개별공시지가에 대하여 이의가 있는 자가 그 결정・공시일부터 30일 이내에 서면으로 시・군・구청장에게 이의를 신청하여 시・군・구청장이 이를 심사하는 제도이다. 공시지가의 적정성 담보, 국민의 권익보호에 취지가 있다.

(2) 성격

1) 강학상 이의신청과 특별법상 행정심판의 구별실익(행정심판법 제51조)

행정심판 재청구금지의 원칙에 따라 심판청구에 대한 재결이 있으면 그 재결 및 같은 처분 또는 부작위에 대하여 다시 행정심판을 청구할 수 없다. 따라서 강학상 이의신청이라면 이의신청을 거치고도 행정심판의 제기가 가능하여 구별실익이 있다.

2) 학설 및 관련 판례(2008두19987)

학설은 특별법상 행정심판으로 보는 견해, 강학상 이의신청으로 보는 견해가 대립한다. 최근 판례(2008두19987)는 "부동산공시법에 행정심판의 제기를 배제하는 명시적인 규정이 없고 이의신청과 행정심판은 그 절차 및 담당 기관에 차이가 있는 점을 종합하면, 개별공시지가에 대하여 이의가 있는 자는 곧바로 행정소송을 제기하거나, 이의신청과 행정심판 중 어느 하나만을 거쳐 행정소송을 제기할 수 있고, 이의신청을 한 뒤 행정심판을 거쳐 행정소송을 제기할 수도 있다. 이 경우 행정소송의 제소기간은 행정심판 재결서 정본을 송달받은 날부터 기산한다."라고 판시하고 있다.

3) 검토

생각건대 부동산공시법상 행정심판을 배제하는 명시적 규정이 없는 점, 헌법 제107조 제3항의 사법절차 준용이 없는 점, 행정심판법 제4조상 개별공시지가 사안에서 전문성・특수성이 보이지 않는 점을 고려할 때 〈강학상 이의신청〉으로 봄이 타당하다고 생각된다.

3. 처분에 대한 이의신청(행정기본법 제36조 제4항)

이의신청의 결과를 받은 후 행정심판・행정소송을 제기하려는 자는 그 결과를 통지 받은 날부터 90일 이내에 행정심판・행정소송을 제기할 수 있다. 생각건대, 해당 규정의 신설로 이의신청 후 쟁송방법, 제소기간이 보다 명확해진바 국민의 권리구제 측면에서 그 의의가 크다고 판단된다.

4. 소결(행정심판제기 가능함)

개별공시지가 이의신청은 강학상 이의신청으로 행정심판법 제51조 '재청구의 금지' 규정을 적용받지 않는바, 행정심판법 제27조에 따라 처분이 있음을 안 날로 90일, 있은 날로 180일 이내에 청구 가능한 점, 대법원 2008두19987 판결을 보더라도 이의신청을 거치지 아니하고 행정심판을 청구할 수 있는 점 등을 고려할 때 이의신청을 거치지 않더라도 행정심판 제기가 가능하다고 봄이 타당하다고 판단된다.

Ⅲ 개별공시지가의 위법성 고찰

1. 표준지 선정에 있어서 위법

(1) 표준지공시지가 선정기준(부동산공시법 제10조 제4항)

개별공시지가를 결정・공시하는 경우 해당 토지와 유사한 이용가치를 지닌다고 인정되는 하나 또는 둘 이상의 표준지 공시지가를 기준으로 토지가격비준표를 사용하여 지가를 산정하여야 한다. 또한 [대법원 99두5542] 판례는 개별토지가격은 기본적으로 대상 토지와 같은 가격권 안에 있는 표준지 중에서 지가형성요인이 가장 유사한 표준지를 비교표준지로 선택하여야 보다 합리적이고 객관적으로 산정할 수 있는 것이므로 그 비교표준지는 대상 토지와 용도지역, 토지이용상황 기타 자연적・사회적 조건 등 토지특성이 같거나 가장 유사한 표준지 중에서 선택하여야 한다고 판시하였다.

(2) 검토

전체 2,000㎡ 중에서 1,670㎡는 현황 밭임에도 해당 개별공시지가결정에 있어서 '대'인 표준지 1개를 선정하였다면 부동산공시법 제10조에 따라 유사한 이용가치를 지닌다고 인정되는 표준지를 선정해야 한다는 절차 규정을 위반한 것이며, 이는 동법 시행령 제23조에 따라 개별공시지가의 명백한 오류에 해당하는 점을 고려할 때 〈절차상 하자〉가 있다고 봄이 타당하다고 생각된다.

2. 토지가격비준표 적용상의 위법

토지가격비준표는 표준지와 개별 토지의 가격형성요인에 대한 표준적인 비교표이다. 토지가격비준표의 하자 중 〈작성상의 하자〉는 별도의 법적 효과가 발생하지 않으나, 토지가격비준표 적용상 하자는 위법하다고 판례는 보고 있는데, 일부만 대지인데 전체 대지로 보고 토지가격비준표의 토지특성을 반영하여 적용하지 않은 것은 위법하다고 판단된다.

3. 개별공시지가결정의 위법성 검토

사안의 경우 2,000㎡ 중 330㎡만 주택부지로 대지이고 나머지는 전이나 전체를 대지로 보아 비교표준지를 대로 선정 적용하여 개별공시지가를 산정한 것은 위법하며, 해당 표준지를 기준으로 토지가격비준표를 적용하였다면 적용상의 하자로 위법하다고 생각된다. 개별공시지가 결정의 위법은 통설과 판례에 따라 중대명백설 관점에서 내용상 중대한 하자이나 일반인의 관점에서는 명백한 하자로 보기 어려워 취소사유로 판단한다. 다만 해당 사안에서 토지가격비준표에 대한 자체 오류 설문은 없어 내용상 하자는 아니라고 전제하고 단순 취소 사유로 전제하고 논의하였다.

[물음 2] 개별공시지가와 재산세 부과처분의 하자의 승계

Ⅰ 논점의 정리

갑은 개별공시지가의 하자를 이유로 재산세 부과처분에 대하여 취소소송을 제기하려고 하는 바, 하자의 승계 법리를 통해 甲의 청구의 인용가능성을 검토한다.

Ⅱ 관련 행정작용의 법적 성질

1. 개별공시지가의 법적 성질

판례는 개별공시지가는 과세의 기준으로서 국민의 권리・의무 내지 법률상 이익에 직접적으로 관계된다고 하여 처분성을 긍정하였다. 생각건대, 과세 등과 관련하여 국민의 권리구제 측면에서 처분성을 인정함이 타당하다.

2. 재산세 부과처분

재산세 부과처분은 금전 납부를 명하는 급부하명으로서 처분에 해당한다.

Ⅲ 하자의 승계 인정 여부

1. 하자의 승계의 의의 및 취지

둘 이상의 행정행위가 일련하여 발생하는 경우 선행행위의 위법을 이유로 후행행위를 다툴 수 있는가 하는 문제이다. 법적안정성 및 헌법 제27조 국민의 재판받을 권리의 조화에 취지가 인정된다.

2. 하자의 승계의 전제요건 충족 여부

(1) 하자의 승계 전제 요건

선행행위와 후행행위 모두 처분일 것, 선행행위에 불가쟁력이 발생할 것, 선행행위는 단순 취소사유 위법일 것, 후행행위는 적법하여 고유한 하자가 없을 것을 전제 요건으로 한다.

(2) 사안의 경우

사안의 개별공시지가와 재산세부과는 모두 처분이고, 선행행위인 개별공시지가결정은 취소사유 위법이며, 선행행위인 개별공시지가는 결정공시일인 2022.5.31.로부터 90일이 도과하여 불가쟁력이 발생하였고, 후행행위는 설문에서 언급이 없어 적법한 것을 전제로 하자의 승계 인정 여부를 검토한다.

3. 하자의 승계 인정 여부

(1) 학설

〈전통적인 하자의 승계론〉은 두 개의 행정행위마다 독립적으로 판단되어야 한다는 전제하에 두 개의 행정행위가 동일한 법률효과를 목적으로 하면 하자는 승계되고, 별개의 법률효과를 목적으로 하는 경우에는 하자는 승계되지 않는다고 보는 견해이다.

〈구속력이론〉은 행정행위의 하자의 승계문제를 행정행위의 효력 중에서 불가쟁력이 발생한 선행행위의 후행행위에 대한 구속력의 문제로 본다. 즉 구속력이란 선행행위의 내용과 효과가 후행정행위를 구속함으로써 상대방은 후행행위를 다툼에 있어 선행행위의 내용과 대립되는 주장이나 판단을 할 수 없게 하는 효과를 가진다는 견해이다.

(2) 판례의 태도(판례의 유형별 검토)

① 하자승계를 인정한 판례에는 미통지된 개별공시지가와 과세처분(93누8542), 비교표준지공시지가결정과 수용재결(2007두13845)이 있다. 반면 ② 부정한 판례는 사업인정과 수용재결(2009두11607), 사적지정처분과 사업인정(2017두71031), 표준지공시지가와 재산세부과처분취소(2018두50147)가 있다.

(3) 검토

① 개별공시지가는 과세부과를 목적으로 하고 재산세부과처분은 조세징수를 목적으로 하는바 양자는 별개의 법률효과로서 전통적 하자승계론에 의하더라도 하자의 승계는 부정될 것으로 생각된다. 또한, ② 개별공시지가는 甲에게 통지된바 예측가능성이 있고, 수인한도를 넘는 가혹함을 가져오는 것도 아니므로 예측·수인가능성을 고려한 구속력론에 의해서도 하자승계는 부정될 것으로 판단된다.

Ⅳ 결

개별공시지가결정에 대하여 당사자에게 통지하였고, 이를 근거로 하여 재산세 부과처분을 하였는바, 당사자는 충분히 예측가능하고, 수인가능성이 인정되므로 개별공시지가결정의 위법에 대하여 재산세 부과처분을 다투면서 하자의 승계를 인정하기 어려워 甲의 청구는 인용될 수 없다고 판단된다.

문제 03

A감정평가법인(이하 'A법인'이라 함)에 근무하는 B감정평가사(이하 'B'라 함)는 2020.4.경 갑 소유의 토지(이하 '갑 토지'라 함)를 감정평가하면서 甲 토지와 이용가치가 비슷하다고 인정되는 부동산 가격공시에 관한 법률에 따른 표준지공시지가를 기준으로 감정평가를 하지도 않았고 적정한 실거래가보다 3배 이상 차이가 나는 금액으로 甲 토지를 감정평가하였다. 그러나 그 사실은 3년여가 지난 후 발견되었고 이에 따라 국토교통부장관은 감정평가관리 · 징계위원회(이하 '위원회'라 함)에 징계의결을 요구하였으며 위원회는 3개월의 업무정지를 의결하였고, 국토교통부장관은 위원회의 의결에 따라 2023.7.10. B에 대해서 3개월의 업무정지처분(2023.8.1.부터)을 결정하였으며 A법인과 B에게 2023.7.10. 위 징계사실을 통보하였다. 이에 B는 위 징계가 위법하다는 이유로 2023.7.14. 취소소송을 제기하면서 집행정지를 신청하였다. 집행정지의 인용가능성과 본안에서 B의 청구가 기각되는 경우 징계의 효력과 국토교통부장관이 취해야 할 조치에 관하여 설명하시오. 20점

참조 조문

〈감정평가 및 감정평가사에 관한 법률〉

제39조(징계)

① 국토교통부장관은 감정평가사가 다음 각 호의 어느 하나에 해당하는 경우에는 제40조에 따른 감정평가관리 · 징계위원회의 의결에 따라 제2항 각 호의 어느 하나에 해당하는 징계를 할 수 있다. 다만, 제2항 제1호에 따른 징계는 제11호, 제12호에 해당하는 경우 및 제27조를 위반하여 다른 사람에게 자격증 · 등록증 또는 인가증을 양도 또는 대여한 경우에만 할 수 있다.

1. 제3조 제1항을 위반하여 감정평가를 한 경우
2. 제3조 제3항에 따른 원칙과 기준을 위반하여 감정평가를 한 경우

〈생략〉

⑦ 제1항에 따른 징계의결은 국토교통부장관의 요구에 따라 하며, 징계의결의 요구는 위반사유가 발생한 날부터 5년이 지나면 할 수 없다.

제39조의2(징계의 공고)

① 국토교통부장관은 제39조 제1항 및 제2항에 따라 징계를 한 때에는 지체 없이 그 구체적인 사유를 해당 감정평가사, 감정평가법인등 및 협회에 각각 알리고, 그 내용을 대통령령으로 정하는 바에 따라 관보 또는 인터넷 홈페이지 등에 게시 또는 공고하여야 한다.

제40조(감정평가관리 · 징계위원회)

① 다음 각 호의 사항을 심의 또는 의결하기 위하여 국토교통부에 감정평가관리 · 징계위원회(이하 "위원회"라 한다)를 둔다.

〈생략〉

4. 제39조에 따른 징계에 관한 사항

〈감정평가 및 감정평가사에 관한 법률 시행령〉

[별표 3] 감정평가업자의 설립인가 취소와 업무정지의 기준(제29조 관련)

1. 일반기준

가. 위반행위의 횟수에 따른 행정처분의 기준은 최근 1년간(제2호 하목의 경우에는 최근 3년간을 말한다) 같은 위반행위(근거 법조문 내에서 위반행위가 구분되어 있는 경우에는 그 구분된 위반행위를 말한다)로 행정처분을 받은 경우에 적용한다. 이 경우 위반횟수는 같은 위반행위에 대하여 행정처분을 받은 날과 그 처분 후에 다시 같은 위반행위를 하여 적발된 날을 각각 기준으로 하여 계산한다.

〈생략〉

다. 국토교통부장관은 위반행위의 동기·내용 및 위반의 정도 등을 고려하여 처분기준의 2분의 1 범위에서 그 기간을 늘릴 수 있다. 다만, 늘리는 경우에도 총 업무정지기간은 2년을 넘을 수 없다.

2. 개별기준

위반행위	근거 법조문	행정처분기준		
		1차 위반	2차 위반	3차 이상 위반
라. 법 제3조 제1항을 위반하여 감정평가를 한 경우	법 제32조 제1항 제4호	업무정지 1개월	업무정지 3개월	업무정지 6개월
마. 법 제3조 제3항에 따른 원칙과 기준을 위반하여 감정평가를 한 경우	법 제32조 제1항 제5호	업무정지 1개월	업무정지 2개월	업무정지 4개월

대판 2022.2.11, 2021두40720[위반차량운행정지취소등]

【판시사항】

[1] 효력기간이 정해져 있는 제재적 행정처분에 대한 취소소송에서 법원이 본안소송의 판결 선고 시까지 집행정지결정을 한 경우, 처분에서 정해 둔 효력기간은 판결 선고 시까지 진행하지 않다가 선고된 때에 다시 진행하는지 여부(적극) / 처분에서 정해 둔 효력기간의 시기와 종기가 집행정지기간 중에 모두 경과한 경우에도 마찬가지인지 여부(적극) / 이러한 법리는 행정심판위원회가 행정심판법 제30조에 따라 집행정지결정을 한 경우에도 그대로 적용되는지 여부(적극)

[2] 효력기간이 정해져 있는 제재적 행정처분의 효력이 발생한 이후 행정청이 상대방에 대한 별도의 처분으로 효력기간의 시기와 종기를 다시 정할 수 있는지 여부(적극) / 위와 같은 후속 변경처분서에 당초 행정처분의 집행을 특정 소송사건의 판결 시까지 유예한다고 기재한 경우, 처분의 효력기간은 판결 선고 시까지 진행이 정지되었다가 선고되면 다시 진행하는지 여부(적극) / 당초의 제재적 행정처분에서 정한 효력기간이 경과한 후 동일한 사유로 다시 제재적 행정처분을 하는 것이 위법한 이중처분에 해당하는지 여부(적극)

【판결요지】

[1] 행정소송법 제23조에 따른 집행정지결정의 효력은 결정 주문에서 정한 종기까지 존속하고, 그 종기가 도래하면 당연히 소멸한다. 따라서 효력기간이 정해져 있는 제재적 행정처분에 대한 취소소송에서 법원이 본안소송의 판결 선고 시까지 집행정지결정을 하면, 처분에서 정해 둔 효력기간(집행정지결정 당시 이미 일부 집행되었다면 그 나머지 기간)은 판결 선고 시까지 진행하지 않다가 판결이 선고되면 그때 집행정지결정의 효력이 소멸함과 동시에 처분의 효력이 당연히 부활하여 처분에서 정한 효력기간이 다시 진행한다. 이는 처분에서 효력기간의 시기(始期)와 종기(終期)를 정해 두었는데, 그 시기와 종기가 집행정지기간 중에 모두 경과한 경우에도 특별한 사정이 없는 한 마찬가지이다. 이러한 법리는 행정심판위원회가 행정심판법 제30조에 따라 집행정지결정을 한 경우에도 그대로 적용된다. 행정심판위원회가 행정심판 청구 사건의 재결이 있을 때까지 처분의 집행을 정지한다고 결정한 경우에는, 재결서 정본이 청구인에게 송달된 때 재결의 효력이 발생하므로(행정심판법 제48조 제2항, 제1항 참조) 그때 집행정지결정의 효력이 소멸함과 동시에 처분의 효력이 부활한다.

[2] 효력기간이 정해져 있는 제재적 행정처분의 효력이 발생한 이후에도 행정청은 특별한 사정이 없는 한 상대방에 대한 별도의 처분으로써 효력기간의 시기와 종기를 다시 정할 수 있다. 이는 당초의 제재적 행정처분이 유효함을 전제로 그 구체적인 집행시기만을 변경하는 후속 변경처분이다. 이러한 후속 변경처분도 특별한 규정이 없는 한 의사표시에 관한 일반법리에 따라 상대방에게 고지되어야 효력이 발생한다. 위와 같은 후속 변경처분서에 효력기간의 시기와 종기를 다시 특정하는 대신 당초 제재적 행정처분의 집행을 특정 소송사건의 판결 시까지 유예한다고 기재되어 있다면, 처분의 효력기간은 원칙적으로 그 사건의 판결 선고 시까지 진행이 정지되었다가 판결이 선고되면 다시 진행된다. 다만 이러한 후속 변경처분 권한은 특별한 사정이 없는 한 당초의 제재적 행정처분의 효력이 유지되는 동안에만 인정된다. 당초의 제재적 행정처분에서 정한 효력기간이 경과하면 그로써 처분의 집행은 종료되어 처분의 효력이 소멸하는 것이므로(행정소송법 제12조 후문 참조), 그 후 동일한 사유로 다시 제재적 행정처분을 하는 것은 위법한 이중처분에 해당한다.

대판 2020.9.3, 2020두34070[직접생산확인취소처분취소]

【판시사항】

[1] 제재처분에 대한 행정쟁송절차에서 처분에 대해 집행정지결정이 이루어지고 본안에서 해당 처분이 최종적으로 적법한 것으로 확정되어 집행정지결정이 실효되고 제재처분을 다시 집행할 수 있게 된 경우 및 반대로 처분상대방이 집행정지결정을 받지 못했으나 본안소송에서 해당 제재처분이 위법하다는 것이 확인되어 취소하는 판결이 확정된 경우, 처분청이 취할 조치

[2] 중소기업제품 구매촉진 및 판로지원에 관한 법률에 따른 1차 직접생산확인 취소처분에 대하여 중소기업자가 제기한 취소소송절차에서 집행정지결정이 이루어졌다가 본안소송에서 중소기업자의 패소판결이 확정되어 집행정지가 실효되고 취소처분을 집행할 수 있게 되었으나 1차 취소처분 당시 유효기간이 남아 있었던 직접생산확인의 전부 또는 일부가 집행정지기간 중 유효기간이 모두 만료되고 집행정지기간 중 새로 받은 직접생산확인의 유효기간이 남아 있는 경우, 관할 행정청이 직접생산확인 취소 대상을 '1차 취소처분 당시' 유효기간이 남아 있었던 모든 제품에서 '1차 취소처분을 집행할 수 있게 된 시점 또는 그와 가까운 시점'을 기준으로 유효기간이 남아 있는 모든 제품으로 변경하는 처분을 할 수 있는지 여부(적극)

【판결요지】

[1] 집행정지결정의 효력은 결정 주문에서 정한 기간까지 존속하다가 그 기간이 만료되면 장래에 향하여 소멸한다. 집행정지결정은 처분의 집행으로 회복하기 어려운 손해를 예방하기 위하여 긴급한 필요가 있고 달리 공공복리에 중대한 영향을 미치지 않을 것을 요건으로 하여 본안판결이 있을 때까지 해당 처분의 집행을 잠정적으로 정지함으로써 위와 같은 손해를 예방하는 데 취지가 있으므로, 항고소송을 제기한 원고가 본안소송에서 패소확정판결을 받았더라도 집행정지결정의 효력이 소급하여 소멸하지 않는다. 그러나 제재처분에 대한 행정쟁송절차에서 처분에 대해 집행정지결정이 이루어졌더라도 본안에서 해당 처분이 최종적으로 적법한 것으로 확정되어 집행정지결정이 실효되고 제재처분을 다시 집행할 수 있게 되면, 처분청으로서는 당초 집행정지결정이 없었던 경우와 동등한 수준으로 해당 제재처분이 집행되도록 필요한 조치를 취하여야 한다. 집행정지는 행정쟁송절차에서 실효적 권리구제를 확보하기 위한 잠정적 조치일 뿐이므로, 본안 확정판결로 해당 제재처분이 적법하다는 점이 확인되었다면 제재처분의 상대방이 잠정적 집행정지를 통해 집행정지가 이루어지지 않은 경우와 비교하여 제재를 덜 받게 되는 결과가 초래되도록 해서는 안 된다. 반대로, 처분상대방이 집행정지결정을 받지 못했으나 본안소송에서 해당 제재처분이 위법하다는 것이 확인되어 취소하는 판결이 확정되면, 처분청은 그 제재처분으로 처분상대방에게 초래된 불이익한 결과를 제거하기 위하여 필요한 조치를 취하여야 한다.

[2] 직접생산확인을 받은 중소기업자가 공공기관의 장과 납품 계약을 체결한 후 직접생산하지 않은 제품을 납품하였다. 관할 행정청은 중소기업제품 구매촉진 및 판로지원에 관한 법률 제11조 제3항에 따라 당시 유효기간이 남아 있는 중소기업자의 모든 제품에 대한 직접생산확인을 취소하는 1차 취소처분을 하였다. 중소기업자는 1차 취소처분에 대하여 취소소송을 제기하였고, 집행정지결정이 이루어졌다. 그러나 결국 중소기업자의 패소판결이 확정되어 집행정지가 실효되고, 취소처분을 집행할 수 있게 되었다. 그런데 1차 취소처분 당시 유효기간이 남아 있었던 직접생산확인의 전부 또는 일부는 집행정지기간 중 유효기간이 모두 만료되었고, 1차 취소처분 당시 유효기간이 남아 있었던 직접생산확인 제품 목록과 취소처분을 집행할 수 있게 된 시점에 유효기간이 남아 있는 직접생산확인 제품 목록은 다르다.

위와 같은 경우 관할 행정청은 1차 취소처분을 집행할 수 있게 된 시점으로부터 상당한 기간 내에 직접생산확인 취소 대상을 '1차 취소처분 당시' 유효기간이 남아 있었던 모든 제품에서 '1차 취소처분을 집행할 수 있게 된 시점 또는 그와 가까운 시점'을 기준으로 유효기간이 남아 있는 모든 제품으로 변경하는 처분을 할 수 있다. 이러한 변경처분은 중소기업자가 직접생산하지 않은 제품을 납품하였다는 점과 중소기업제품 구매촉진 및 판로지원에 관한 법률 제11조 제3항 중 제2항 제3호에 관한 부분을 각각 궁극적인 '처분하려는 원인이 되는 사실'과 '법적 근거'로 한다는 점에서 1차 취소처분과 동일하고, 제재의 실효성을 확보하기 위하여 직접생산확인 취소 대상만을 변경한 것이다.

Ⅰ 논점의 정리

Ⅱ 감정평가법상 징계로서 업무정지처분
1. 의의 및 취지(감정평가법 제39조)
2. 최근 감정평가법 개정 내용(감정평가법 제39조 제1항 제11호)
3. 징계의 불가피성 및 징계의 시효 완성 여부

Ⅲ 징계 처분(업무정지 3개월)에 대한 집행정지
1. 집행부정지 원칙 및 예외의 취지(행정소송법 제23조)
2. 집행정지의 요건(적극적 요건/소극적 요건)
3. 사안의 경우

Ⅳ 징계의 효력 및 국토교통부장관이 취해야 할 조치
1. 징계의 효력
(1) 해당 감정평가사 B의 징계 효력
(2) A감정평가법인에 대한 징계 여부 및 형사사건으로 비화 시 양벌규정 적용
2. 대법원 2020두34070 판결에 따라 처분이 적법한 것으로 확정된 경우 행정청의 필요한 조치
3. 국토교통부장관의 구체적인 조치
(1) 징계의 공고
(2) 징계 사실의 통보 등
(3) 감정평가 정보체계 게시
4. 소결

Ⅴ 결

예시답안

Ⅰ 논점의 정리

감정평가 및 감정평가사에 관한 법률(이하 '감정평가법')상 표준지공시지가를 기준으로 감정평가하지도 않고, 실거래가보다 3배 이상 높게 평가하여 성실의무등 위반으로 감정평가사가 받은 동법 제39조의 업무정지처분에 따른 집행정지 가능성과 징계의 효력, 국토교통부장관이 취해야 할 조치를 검토한다.

Ⅱ 감정평가법상 징계로서 업무정지처분

1. 의의 및 취지(감정평가법 제39조)

사안의 업무정지처분은 감정평가법 제10조상 업무를 금하는 부작위 하명으로서 징계에 해당한다. 감정평가법상 징계란 감정평가사가 동법 제39조 제1항을 위반한 경우 위원회의 의결에 따라 국토교통부장관이 내리는 결정으로 공정한 감정평가를 통해 감정평가업계 질서확립의 취지가 있다.

2. 최근 감정평가법 개정 내용(감정평가법 제39조 제1항 제11호)

감정평가사의 직무와 관련해 금고 이상의 형이 확정된 경우(집행유예 선고 포함) 자격취소를 할 수 있도록 하고, 기존의 '과실범 제외' 규정을 삭제했다. 이는 최근 전세사기로 사회적 문제가 되어 더욱 공정한 감정평가를 도모하고 감정평가의 신뢰도를 제고함에 취지가 있다.

3. 징계의 불가피성 및 징계의 시효 완성 여부

표준지공시지가를 기준으로 감정평가하지도 않고, 적정한 실거래가격보다 3배 이상 현저한 차이가 나는 것은 감정평가를 함으로써 사회적 물의를 일으킨 사항이 크므로 업무정지처분은 불가피하다고 판단된다. 또한 징계 시효에 대해서는 감정평가법 제39조 제7항 위반사유가 발생한지 5년 내에는 가능하기 때문에 해당 사안은 3년이 지나 발견되었지만 징계 시효가 완성되지 않아 업무정지 징계는 가능하다고 생각된다.

Ⅲ 징계 처분(업무정지 3개월)에 대한 집행정지

1. 집행부정지 원칙 및 예외의 취지(행정소송법 제23조)

행정소송의 제기는 효력의 정지나 그 집행 또는 절차의 속행에 영향을 주지 않는다. 다만, 회복 불가능한 불이익이 존재하여 집행정지를 하여야 할 긴급한 필요가 있는 경우 법원의 직권 또는 원고의 신청에 예외적으로 집행정지가 가능하다. 이는 국민의 권리구제와 소송경제에 그 취지가 있다.

2. 집행정지의 요건(적극적 요건/소극적 요건)

① 적극적 요건에는 집행정지대상인 처분 등이 존재할 것, 적법한 소송이 계속 중일 것, 회복하기 어려운 손해가 있을 것, 긴급을 필요로 할 것이 있고 ② 소극적 요건에는 공공복리에 중대한 영향을 미칠 우려가 없을 것, 본안청구가 이유 없음이 명백하지 않을 것이 있다.

3. 사안의 경우

사안은 업무정지라는 처분이 있으며 취소소송을 제기한바 적법한 소송이 계속 중이다. 또한 업무정지처분을 받으면 향후 업무가 불가능하며 이를 가중사유로 처벌을 받을 수 있는바 회복하기 어려운 손해가 있다. 이에 긴급을 필요로 하며 공공복리에 중대한 영향을 미칠 우려가 없고, 본안청구가 이유 없음이 명백하지 않은바 집행정지 요건을 충족한다고 판단된다. 따라서 감정평가사 B의 집행정지결정 인용이 가능하다고 생각한다.

Ⅳ 징계의 효력 및 국토교통부장관이 취해야 할 조치

1. 징계의 효력

(1) 해당 감정평가사 B의 징계 효력

해당 사안은 집행정지가 된다면 집행정지기간에는 징계의 효력은 일시적으로 정지되며, 본안에서 감정평가사 B가 청구 기각된다면 그 시점에서 징계는 유효하게 발효된다. 행정소송법 제23조에 따른 집행정지결정의 효력은 결정 주문에서 정한 종기까지 존속하고, 그 종기가 도래하면 당연히 소멸한다. 따라서 집행정지가 본안 판단까지는 유효하게 되더라도 청구기각되면서 집행정지결정도 동시에 취소가 전제하게 되면 그 시점부터 징계처분은 유효하게 되어 3개월간의 업무정지처분을 받는 동안 해당 감정평가사 업무는 정지된다. 즉 3개월 동안 감정평가사는 업무를 할 수 없게 된다. 또한, 향후 유사한 사유로 인해 또다시 징계를 받게 되면 가중 처벌을 받을 수 있는 위험도 존재하게 된다.

(2) A감정평가법인에 대한 징계 여부 및 형사사건으로 비화 시 양벌규정 적용

감정평가법 제3조 제1항을 위반하여 표준지공시지가를 기준으로 감정평가를 하지 않았고, 적정한 실거래가격보다 3배나 높게 감정평가하여 징계가 확정된다면 감정평가법인도 감정평가법 제25조 성실의무 등의 위반으로 잘못된 감정평가를 관리감독을 제대로 하지 않아 동법 제32조 제1항 제11호를 적용하여 동법 시행령 제29조 [별표 3]에 따라 징계에 처할 수도 있다. 소속 감정평가사의 잘못된 행위가 형사적 사건까지 비화된다면 감정평가법 제51조는 개인 감정평가사의 업무에 관하여 동법 제49조, 제50조의 위반행위를 하면 그 행위자를 벌하는 외에 그 법인에게도 해당 조문의 벌금형을 부과한다고 규정한다. A법인은 B평가사가 공정한 감정평가를 하도록 주의・감독할 의무가 있음에도 이를 다하지 못한 점이 인정된다면 이는 감정평가법 제25조 제1항의 성실의무를 위반한 것으로 형사사건까지 가게 된다면 동법 제49조 제5호상 벌칙대상에 해당한다. 따라서 A법인에게도 감정평가법 제32조에 따라 별도 징계도 가능하며, 형사사건까지 비화된다면 동법 제49조 제5호 및 제51조에 의거하여 양벌규정에 의거 벌금형 부과도 가능할 수 있다고 생각된다.

2. 대법원 2020두34070 판결에 따라 처분이 적법한 것으로 확정된 경우 행정청의 필요한 조치

제재처분에 대한 행정쟁송절차에서 처분에 대해 집행정지결정이 이루어졌더라도 본안에서 해당 처분이 최종적으로 적법한 것으로 확정되어 집행정지결정이 실효되고 제재처분을 다시 집행할 수 있게 되면, 처분청으로서는 당초 집행정지결정이 없었던 경우와 동등한 수준으로 해당 제재처분이 집행되도록 필요한 조치를 취하여야 한다. 집행정지는 행정쟁송절차에서 실효적 권리구제를 확보하기 위한 잠정적 조치일 뿐이므로, 본안 확정판결로 해당 제재처분이 적법하다는 점이 확인되었다면 제재처분의 상대방이 잠정적 집행정지를 통해 집행정지가 이루어지지 않은 경우와 비교하여 제재를 덜 받게 되는 결과가 초래되도록 해서는 안 된다. 반대로, 처분상대방이 집행정지결정을 받지 못했으나 본안 소송에서 해당 제재처분이 위법하다는 것이 확인되어 취소하는 판결이 확정되면, 처분청은 그 제재처분으로 처분상대방에게 초래된 불이익한 결과를 제거하기 위하여 필요한 조치를 취하여야 한다.

3. 국토교통부장관의 구체적인 조치

(1) 징계의 공고(감정평가법 제39조의2)

국토교통부장관은 감정평가법 시행령 제39조 제1항 및 제2항에 따라 징계를 한 때에는 지체 없이 그 구체적인 사유를 해당 감정평가사, 감정평가법인등 및 협회에 각각 알리고, 그 내용을 대통령령으로 정하는 바에 따라 관보 또는 인터넷 홈페이지 등에 게시 또는 공고하여야 한다.

(2) 징계 사실의 통보 등(감정평가법 시행령 제36조 제1항 및 제2항)

국토교통부장관은 감정평가법 시행령 제39조의2 제1항에 따라 구체적인 징계사유를 알리는 경우에는 징계의 종류와 사유를 명확히 기재하여 서면으로 알려야 하며, 징계사유 통보일로부터 14일 이내에 징계를 받은 감정평가사의 성명, 생년월일, 소속된 감정평가법인등의 명칭 및 사무소 주소, 징계의 종류, 징계의 사유, 징계의 효력발생일을 관보에 공고해야 한다.

(3) 감정평가 정보체계 게시(감정평가법 시행령 제36조 제3항 및 제4항)

국토교통부장관은 감정평가법 시행령 제36조 제3항에서 동조 제2항의 사항을 감정평가법 제9조에 따른 감정평가 정보체계에도 게시해야 하며, 게시 기간은 공고일로부터 자격등록취소의 경우 3년, 업무정지의 경우 업무정지 기간(업무정지 기간이 3개월 미만인 경우에는 3개월), 견책의 경우 3개월의 기간까지로 한다.

4. 소결

해당 사안에서는 집행정지결정이 되더라도 본안에서 감정평가사 B청구가 기각되어 확정된 것으로 전제한다면 대법원 판례에 따라 처분청으로서는 당초 집행정지결정이 없었던 경우와 동등한 수준으로 해당 제재처분이 집행되도록 필요한 조치를 취하여야 한다. 본안 확정판결로 해당 제재처분이 적법하다는 점이 확인되었다면 제재처분의 상대방이 잠정적 집행정지를 통해 집행정지가 이루어지지 않은 경우와 비교하여 제재를 덜 받게 되는 결과가 초래되도록 해서는 안 된다. 다만 반대의 경우라면 최근에 국민권익위원회 보도자료와 대법원 2020두34070 판결에 지적한 바와 같이 "제재처분이 위법하다는 것이 확인되어 취소하는 판결이 확정되면, 처분청은 그 제재처분으로 처분상대방에게 초래된 불이익한 결과를 제거하기 위하여 필요한 조치를 취하여야 한다."라고 판시하고 있어 제재적 처분의 본안 판결 확정여부와 집행정지 가부 여부에 따라 국토교통부장관의 취해야 할 조치 여부가 고려되어야 할 것으로 생각된다.

V 결

최근 전세사기 등에 감정평가법인등이 연루되어 감정평가의 신뢰성 제고에 대한 사회적 공분이 상당하였다. 이러한 사회적 분위기 때문에 감정평가사 자격취소처분이 직무와 관련하여 금고 이상 실형만 선고되면 가능하도록 강화되었으며 2023년 8월부터 시행되고 있다. 징계의 강화는 감정평가의 신뢰성 측면에서 일면타당성이 있다고 판단되나, 감정평가법인등의 부당한 피해를 방지하기 위하여 징계위원회의 공정한 징계가 이루어지는 것이 중요하다고 생각된다.

문제 04

감정평가 및 감정평가사에 관한 법률 제21조에 따른 '사무소 개설 등'에 관하여 설명하시오. 10점

참조 조문

〈감정평가 및 감정평가사에 관한 법률〉

제21조(사무소 개설 등)

① 제17조에 따라 등록을 한 감정평가사가 감정평가업을 하려는 경우에는 감정평가사사무소를 개설할 수 있다.

② 다음 각 호의 어느 하나에 해당하는 사람은 제1항에 따른 개설을 할 수 없다.

1. 제18조 제1항 각 호의 어느 하나에 해당하는 사람
2. 제32조 제1항(제1호, 제7호 및 제15호는 제외한다)에 따라 설립인가가 취소되거나 업무가 정지된 감정평가법인의 설립인가가 취소된 후 1년이 지나지 아니하였거나 업무정지 기간이 지나지 아니한 경우 그 감정평가법인의 사원 또는 이사였던 사람
3. 제32조 제1항(제1호 및 제7호는 제외한다)에 따라 업무가 정지된 감정평가사로서 업무정지 기간이 지나지 아니한 사람

③ 감정평가사는 그 업무를 효율적으로 수행하고 공신력을 높이기 위하여 합동사무소를 대통령령으로 정하는 바에 따라 설치할 수 있다. 이 경우 합동사무소는 대통령령으로 정하는 수 이상의 감정평가사를 두어야 한다.

④ 감정평가사는 감정평가업을 하기 위하여 1개의 사무소만을 설치할 수 있다.

⑤ 감정평가사사무소에는 소속 감정평가사를 둘 수 있다. 이 경우 소속 감정평가사는 제18조 제1항 각 호의 어느 하나에 해당하는 사람이 아니어야 하며, 감정평가사사무소를 개설한 감정평가사는 소속 감정평가사가 아닌 사람에게 제10조에 따른 업무를 하게 하여서는 아니 된다.

Ⅰ 개설

Ⅱ 사무소 개설의 의의(감정평가법 제21조)

Ⅲ 감정평가사 사무소 개설 결격 사유

Ⅳ 감정평가사 합동사무소의 설치, 1개 사무소만 설치, 소속 감정평가사 구성

Ⅴ 결

예시답안

Ⅰ 개설

감정평가 및 감정평가사에 관한 법률(이하 '감정평가법') 제21조 사무소 개설 등에 관하여 설명하고자 한다.

Ⅱ 사무소 개설의 의의(감정평가법 제21조)

사무소 개설이란 감정평가사가 감정평가법 제10조에 따른 업무를 수행하기 위해 사무소를 개설하는 것을 말한다. 즉 감정평가법 제17조에 따라 등록을 한 감정평가사가 감정평가업을 하려는 경우에는 감정평가사무소를 개설할 수 있다. 종전에는 감정평가사 개설신고에 의하였으나 법령 개정에 따라 감정평가사 개설 신고 규정이 폐지되었다.

Ⅲ 감정평가사 사무소 개설 결격 사유

1. 감정평가법 제12조 결격사유에 해당되면 감정평가사 사무소를 개설할 수 없다.

① 파산선고를 받은 사람으로서 복권되지 아니한 사람
② 금고 이상의 실형을 선고받고 그 집행이 종료(집행이 종료된 것으로 보는 경우를 포함한다)되거나 그 집행이 면제된 날부터 3년이 지나지 아니한 사람
③ 금고 이상의 형의 집행유예를 받고 그 유예기간이 만료된 날부터 1년이 지나지 아니한 사람
④ 금고 이상의 형의 선고유예를 받고 그 선고유예기간 중에 있는 사람
⑤ 제13조에 따라 감정평가사 자격이 취소된 후 3년이 지나지 아니한 사람. 다만, 제7호에 해당하는 사람은 제외한다.
⑥ 제39조 제1항 제11호 및 제12호에 따라 자격이 취소된 후 5년이 지나지 아니한 사람

2. 동법 제18조 제1항 각 호에 해당하는 경우 결격사유에 해당되면 감정평가사사무소를 개설할 수 없다.

① 감정평가사 등록부에서 등록 갱신을 하지 않거나 거부된다는 결격사유
② 실무수습이나 교육연수를 받지 아니한 경우도 결격사유
③ 등록이 취소된 후 3년이 지나지 아니한 경우나 업무정지기간이 지나지 않은 경우 결격사유
④ 미성년자 또는 피성년후견인・피한정후견인 결격사유

3. 동법 제32조 제1항(제1호, 제7호 및 제15호는 제외한다)에 따라 설립인가가 취소되거나 업무가 정지된 감정평가법인의 설립인가가 취소된 후 1년이 지나지 아니하였거나 업무정지 기간이 지나지 아니한 경우 그 감정평가법인의 사원 또는 이사였던 사람에 해당되면 감정평가사사무소를 개설할 수 없다.

4. 동법 제32조 제1항(제1호 및 제7호는 제외한다)에 따라 업무가 정지된 감정평가사로서 업무정지 기간이 지나지 아니한 사람에 해당되면 감정평가사사무소를 개설할 수 없다.

Ⅳ 감정평가사 합동사무소의 설치, 1개 사무소만 설치, 소속 감정평가사 구성

1. 감정평가사는 그 업무를 효율적으로 수행하고 공신력을 높이기 위하여 합동사무소를 대통령령으로 정하는 바에 따라 설치할 수 있다. 이 경우 합동사무소는 대통령령으로 정하는 수 이상의 감정평가사를 두어야 한다.

2. 감정평가사는 감정평가업을 하기 위하여 1개의 사무소만을 설치할 수 있다.

3. 감정평가사사무소에는 소속 감정평가사를 둘 수 있다. 이 경우 소속 감정평가사는 동법 제18조 제1항 각 호의 어느 하나에 해당하는 사람이 아니어야 하며, 감정평가사사무소를 개설한 감정평가사는 소속 감정평가사가 아닌 사람에게 동법 제10조에 따른 업무를 하게 하여서는 아니 된다.

Ⅴ 결

최근 감정평가사 사무소 소속 감정평가사의 감정평가법 성실의무 위반 등으로 사회적 물의를 일으킨 사례가 있었다. 국민의 재산권을 보호하고 국민경제 발전을 위해 감정평가사는 사회적 책임을 다하기 위해 법령을 준수하고, 성실의무를 다하여 직무를 수행해야 한다고 생각한다.

Chapter 03

2022년 제33회 기출문제 분석

문제 01

X는 도시 및 주거환경정비법(이하 '도시정비법'이라 함)에 따른 재개발 정비사업조합이고, 甲은 X의 조합원으로서, 해당 정비사업구역 내에 있는 A토지와 B토지의 소유자이다. A토지와 B토지는 연접하고 있고 그 지목이 모두 대(垈)에 해당하지만, A토지는 사도법에 따른 사도가 아닌데도 불특정 다수인의 통행에 장기간 제공되어 왔고, B토지는 甲이 소유한 건축물의 부지로서 그 건축물의 일부에 임차인 乙이 거주하고 있다. X는 도시정비법 제72조 제1항에 따라 분양신청기간을 공고하였으나 甲은 그 기간 내에 분양신청을 하지 않았다. 이에 따라 X는 甲을 분양대상자에서 제외하고 관리처분계획을 수립하여 인가를 받았고, 그에 불복하는 행정심판이나 행정소송은 없었다. X는 도시정비법 제73조 제1항에 따른 甲과의 보상협의가 이루어지지 않자 A토지와 B토지에 관하여 관할 토지수용위원회에 수용재결을 신청하였고, 관할 토지수용위원회는 A토지와 B토지를 수용한다는 내용의 수용재결을 하였다. 다음 물음에 답하시오. 40점

(1) 甲이 수용재결에 대한 취소소송을 제기하면서, 'X가 도시정비법 제72조 제1항에 따라 분양신청기간과 그 기간 내에 분양신청을 할 수 있다는 취지를 명백히 표시하여 통지하여야 하는데도 이러한 절차를 제대로 거치지 않았다'고 주장할 경우에, 甲의 주장이 사실이라면 법원은 그것을 이유로 수용재결을 취소할 수 있는지 설명하시오(단, 사실심 변론종결 전에 도시정비법에 따른 이전고시가 효력을 발생한 경우와 그렇지 않은 경우를 구분하여 설명할 것). 10점

(2) 공익사업을 위한 토지 등의 취득 및 보상에 관한 법률 시행규칙(이하 '토지보상법 시행규칙'이라 함) 제26조 제1항에 따른 '사실상의 사도'의 요건을 설명하고, 이에 따라 A토지가 사실상의 사도로 인정되는 경우와 그렇지 않은 경우에 보상기준이 어떻게 달라지는지 설명하시오. 10점

(3) 주거이전비에 관하여 甲은 토지보상법 시행규칙 제54조 제1항에 따른 요건을 갖추고 있고, 乙은 같은 조 제2항에 따른 요건을 갖추고 있다. 관할 토지수용위원회는 수용재결을 하면서 甲의 주거이전비에 관하여는 재결을 하였으나 乙의 주거이전비에 관하여는 재결을 하지 않았다. 甲은 주거이전비의 증액을 청구하고자 하고, 乙은 주거이전비의 지급을 청구하고자 한다. 甲과 乙의 권리구제에 적합한 소송을 설명하시오. 20점

참조 조문

〈도시 및 주거환경정비법〉

제72조(분양공고 및 분양신청)

① 사업시행자는 제50조 제9항에 따른 사업시행계획인가의 고시가 있은 날(사업시행계획인가 이후 시공자를 선정한 경우에는 시공자와 계약을 체결한 날)부터 120일 이내에 다음 각 호의 사항을 토지등소유자에게 통지하고, 분양의 대상이 되는 대지 또는 건축물의 내역 등 대통령령으로 정하는 사항을 해당 지역에서 발간되는 일간신문에 공고하여야 한다. 다만, 토지등소유자 1인이 시행하는 재개발사업의 경우에는 그러하지 아니하다.

1. ~ 2. 〈생략〉

3. 분양신청기간

4. 〈생략〉

③ 대지 또는 건축물에 대한 분양을 받으려는 토지등소유자는 제2항에 따른 분양신청기간에 대통령령으로 정하는 방법 및 절차에 따라 사업시행자에게 대지 또는 건축물에 대한 분양신청을 하여야 한다.

제73조(분양신청을 하지 아니한 자 등에 대한 조치)

① 사업시행자는 관리처분계획이 인가·고시된 다음 날부터 90일 이내에 다음 각 호에서 정하는 자와 토지, 건축물 또는 그 밖의 권리의 손실보상에 관한 협의를 하여야 한다. 다만, 사업시행자는 분양신청기간 종료일의 다음 날부터 협의를 시작할 수 있다.

1. 분양신청을 하지 아니한 자

2. ~ 4. 〈생략〉

② 사업시행자는 제1항에 따른 협의가 성립되지 아니하면 그 기간의 만료일 다음 날부터 60일 이내에 수용재결을 신청하거나 매도청구소송을 제기하여야 한다.

〈공익사업을 위한 토지 등의 취득 및 보상에 관한 법률 시행규칙〉

제54조(주거이전비의 보상)

① 공익사업시행지구에 편입되는 주거용 건축물의 소유자에 대하여는 해당 건축물에 대한 보상을 하는 때에 가구원수에 따라 2개월분의 주거이전비를 보상하여야 한다. 〈단서 생략〉

② 공익사업의 시행으로 인하여 이주하게 되는 주거용 건축물의 세입자(무상으로 사용하는 거주자를 포함하되, 법 제78조 제1항에 따른 이주대책대상자인 세입자는 제외한다)로서 사업인정고시일등 당시 또는 공익사업을 위한 관계 법령에 따른 고시 등이 있은 당시 해당 공익사업시행지구 안에서 3개월 이상 거주한 자에 대해서는 가구원수에 따라 4개월분의 주거이전비를 보상해야 한다. 〈단서 생략〉

설문 1

대판 2017.3.16, 2013두11536[손실보상금등]

대지 또는 건축물의 소유권 이전에 관한 고시의 효력이 발생하면 조합원 등이 관리처분계획에 따라 분양받을 대지 또는 건축물에 관한 권리의 귀속이 확정되고 조합원 등은 이를 토대로 다시 새로운 법률관계를 형성하게 되는데, 이전고시의 효력 발생으로 대다수 조합원 등에 대하여 권리귀속 관계가 획일적·일률적으로 처리되는 이상 그 후 일부 내용만을 분리하여 변경할 수 없고, 그렇다고 하여 전체 이전고시를 모두 무효화시켜 처음부터 다시 관리처분계획을 수립하여 이전고시 절차를 거치도록 하는 것도 정비사업의 공익적・단체법적 성격에 배치되어 허용될 수 없다. 위와 같은 정비사업의 공익적・단체법적 성격과 이전고시에 따라 이미 형성된 법률관계를 유지하여 법적 안정성을 보호할 필요성이 현저한 점 등을 고려할 때, 이전고시의 효력이 발생한 이후에는 조합원 등이 해당 정비사업을 위하여 이루어진 수용재결이나 이의재결의 취소 또는 무효확인을 구할 법률상 이익이 없다고 해석함이 타당하다.

대판 2007.3.29, 2004두6235[토지수용이의재결처분취소]

구 도시재개발법(2002.2.4. 법률 제6655호로 개정되기 전의 것) 제33조 제1항에서 정한 분양신청기간의 통지 등 절차는 재개발구역 내의 토지 등의 소유자에게 분양신청의 기회를 보장해 주기 위한 것으로서 같은 법 제31조 제2항에 의한 토지수용을 하기 위하여 반드시 거쳐야 할 필요적 절차이고, 또한 그 통지를 함에 있어서는 분양신청기간과 그 기간 내에 분양신청을 할 수 있다는 취지를 명백히 표시하여야 하므로, 이러한 통지 등의 절차를 제대로 거치지 않고 이루어진 수용재결은 위법하다.

설문 2

대판 2013.6.13, 2011두7007[토지수용보상금증액]

[1] 공익사업을 위한 토지 등의 취득 및 보상에 관한 법률 시행규칙 제26조 제1항 제2호에 의하여 '사실상의 사도'의 부지로 보고 인근 토지 평가액의 3분의 1 이내로 보상액을 평가하려면, 도로법에 의한 일반도로 등에 연결되어 일반의 통행에 제공되는 등으로 사도법에 의한 사도에 준하는 실질을 갖추고 있어야 하고, 나아가 위 규칙 제26조 제2항 제1호 내지 제4호 중 어느 하나에 해당하여야 할 것이다.

[2] 공익사업을 위한 토지 등의 취득 및 보상에 관한 법률 시행규칙 제26조 제2항 제1호에서 규정한 '도로개설 당시의 토지소유자가 자기 토지의 편익을 위하여 스스로 설치한 도로'에 해당한다고 하려면, 토지 소유자가 자기 소유 토지 중 일부에 도로를 설치한 결과 도로 부지로 제공된 부분으로 인하여 나머지 부분 토지의 편익이 증진되는 등으로 그 부분의 가치가 상승됨으로써 도로부지로 제공된 부분의 가치를 낮게 평가하여 보상하더라도 전체적으로 정당보상의 원칙에 어긋나지 않는다고 볼 만한 객관적인 사유가 있다고 인정되어야 하고, 이는 도로개설 경위와 목적, 주위환경, 인접토지의 획지 면적, 소유관계 및 이용상태 등 제반 사정을 종합적으로 고려하여 판단할 것이다.

[3] 공익사업을 위한 토지 등의 취득 및 보상에 관한 법률 시행규칙 제26조 제2항 제2호가 규정한 '토지소유자가 그 의사에 의하여 타인의 통행을 제한할 수 없는 도로'는 사유지가 종전부터 자연발생적으로 또는 도로예정지로 편입되어 있는 등으로 일반 공중의 교통에 공용되고 있고 그 이용상황이 고착되어 있어, 도로부지로 이용되지 아니하였을 경우에 예상되는 표준적인 이용상태로 원상회복하는 것이 법률상 허용되지 아니하거나 사실상 현저히 곤란한 정도에 이른 경우를 의미한다고 할 것이다. 이때 어느 토지가 불특정 다수인의 통행에 장기간 제공되어 왔고 이를 소유자가 용인하여 왔다는 사정이 있다는 것만으로 언제나 도로로서의 이용상황이 고착되었다고 볼 것은 아니고, 이는 당해 토지가 도로로 이용되게 된 경위, 일반의 통행에 제공된 기간, 도로로 이용되고 있는 토지의 면적 등과 더불어 그 도로가 주위 토지로 통하는 유일한 통로인지 여부 등 주변 상황과 당해 토지의 도로로서의 역할과 기능 등을 종합하여 원래의 지목 등에 따른 표준적인 이용상태로 회복하는 것이 용이한지 여부 등을 가려서 판단해야 할 것이다.

대판 2019.1.17, 2018두55753[관리처분계획무효확인의소]

'공익계획사업이나 도시계획의 결정·고시 때문에 이에 저촉된 토지가 현황도로로 이용되고 있지만 공익사업이 실제로 시행되지 않은 상태에서 일반공중의 통행로로 제공되고 있는 상태로서 계획제한과 도시계획시설의 장기미집행상태로 방치되고 있는 도로', 즉 예정공도부지의 경우 보상액을 사실상의 사도를 기준으로 평가한다면 토지가 도시·군 관리계획에 의하여 도로로 결정된 후 곧바로 도로사업이 시행되는 경우의 보상액을 수용 전의 사용현황을 기준으로 산정하는 것과 비교하여 토지소유자에게 지나치게 불리한 결과를 가져온다는 점 등을 고려하면, 예정공도부지는 공익사업법 시행규칙 제26조 제2항에서 정한 사실상의 사도에서 제외된다.

대판 1997.7.22, 96누13675[토지수용이의재결처분취소]

사도법에 의한 사도 외의 도로의 부지는 이를 인근 토지에 대한 평가금액의 3분의 1 이내로 평가하도록 규정함으로써, 개설 당시 토지소유자가 자기 토지의 편익을 위하여 스스로 설치한 것이 아닌 사실상의 도로까지도 인근 토지에 대한 평가금액의 3분의 1 이내로 평가하도록 규정하고 있으나, 헌법 제23조 제1항, 제3항, 공공용지의 취득 및 손실보상에 관한 특례법 제4조 제1항 내지 제4항, 같은 법 시행령 제2조의10 제1항, 제2항, 같은 법 시행규칙 제6조 제7항 등의 규정에 비추어 볼 때, 도로의 개설 경위, 목적, 주위환경, 인접 토지의 획지면적, 소유관계, 이용상황 등 제반 사정에 비추어, 당해 토지소유자가 자기 토지의 편익을 위하여 스스로 설치한 도로 등 인근 토지에 비하여 낮은 가격으로 평가하여도 될 만한 사정이 있지 아니한 사도법에 의한 사도 외의 도로부지는 위 규정에도 불구하고 인근 토지에 대한 평가금액의 3분의 1 이내로 평가하여서는 아니 된다.

설문 3

대판 2011.7.14, 2011두3685[주거이전비등]

공익사업을 위한 토지 등의 취득 및 보상에 관한 법률은 공익사업에 필요한 토지 등을 협의 또는 수용에 의하여 취득하거나 사용함에 따른 손실의 보상에 관한 사항을 규정함으로써 공익사업의 효율적인 수행을 통하여 공공복리의 증진과 재산권의 적정한 보호를 도모함을 목적으로 하고 있고, 위 법에 근거하여 공익사업을 위한 토지 등의 취득 및 보상에 관한 법률 시행규칙(이하 '공익사업법 시행규칙'이라 한다)에서 정하고 있는 세입자에 대한 주거이전비는 공익사업 시행으로 인하여 생활 근거를 상실하게 되는 세입자를 위하여 사회보장적 차원에서 지급하는 금원으로 보아야 하므로, 사업시행자의 세입자에 대한 주거이전비 지급의무를 정하고 있는 공익사업법 시행규칙 제54조 제2항은 당사자 합의 또는 사업시행자 재량에 의하여 적용을 배제할 수 없는 강행규정이라고 보아야 한다.

대판 2008.5.29, 2007다8129[주거이전비등]

구 공익사업을 위한 토지 등의 취득 및 보상에 관한 법률(2007.10.17. 법률 제8665호로 개정되기 전의 것) 제78조 제5항, 제7항, 같은 법 시행규칙 제54조 제2항 본문, 제3항의 각 조문을 종합하여 보면, 세입자의 주거이전비 보상청구권은 그 요건을 충족하는 경우에 당연히 발생하는 것이므로, 주거이전비 보상청구소송은 행정소송법 제3조 제2호에 규정된 당사자소송에 의하여야 한다. 다만, 구 도시 및 주거환경정비법(2007.12.21. 법률 제8785호로 개정되기 전의 것) 제40조 제1항에 의하여 준용되는 구 공익사업을 위한 토지 등의 취득 및 보상에 관한 법률 제2조, 제50조, 제78조, 제85조 등의 각 조문을 종합하여 보면, 세입자의 주거이전비 보상에 관하여 재결이 이루어진 다음 세입자가 보상금의 증감 부분을 다투는 경우에는 같은 법 제85조 제2항에 규정된 행정소송에 따라, 보상금의 증감 이외의 부분을 다투는 경우에는 같은 조 제1항에 규정된 행정소송에 따라 권리구제를 받을 수 있다.

대판 2022.11.24, 2018두67[손실보상금사건]

공익사업을 위한 토지 등의 취득 및 보상에 관한 법률(이하 '토지보상법'이라 한다) 제85조 제2항에 따른 보상금의 증액을 구하는 소(이하 '보상금 증액 청구의 소'라 한다)의 성질, 토지보상법상 손실보상금 채권의 존부 및 범위를 확정하는 절차 등을 종합하면, 토지보상법에 따른 토지소유자 또는 관계인(이하 '토지소유자 등'이라 한다)의 사업시행자에 대한 손실보상금 채권에 관하여 압류 및 추심명령이 있더라도, 추심채권자가 보상금 증액 청구의 소를 제기할 수 없고, 채무자인 토지소유자 등이 보상금 증액 청구의 소를 제기하고 그 소송을 수행할 당사자적격을 상실하지 않는다고 보아야 한다.

[물음 1]

Ⅰ 논점의 정리

Ⅱ 수용재결의 의의 및 이전고시의 의의

1. 수용재결의 의의
2. 이전고시

Ⅲ 분양신청 통지를 하지 않은 절차상 하자가 있는 경우 수용재결 취소 여부

1. 도정법상 이전고시 효력이 발생한 경우
2. 도정법상 이전고시 효력이 발생하지 않은 경우

Ⅳ 결

[물음 2]

Ⅰ 사실상 사도의 의의

Ⅱ 사실상 사도의 요건

1. 토지보상법 제26조 제2항 요건
2. 대법원 판례에서의 사실상 사도 요건

Ⅲ A 토지가 사실상 사도 여부에 따라 보상기준이 달라지는지 여부

(1) 사실상 사도로 인정되는 경우 - 인근 토지 평가액의 1/3 이내로 평가함
(2) 사실상 사도로 인정되지 않는 경우 - 정상평가함

[물음 3]

Ⅰ 논점의 정리

Ⅱ 주거이전비의 의의 및 법적 성질

1. 의의 및 취지(토지보상법 시행규칙 제54조)
2. 법적 성질
   (1) 강행규정 여부(대판 2011.7.14, 2011두3685)
   (2) 공・사권 여부(대판 2008.5.29, 2007다8129)

Ⅲ 주거이전비 요건 및 산정방법

(1) 甲의 경우 소유자에 대한 주거이전비 보상요건 (시행규칙 제54조 제1항)
(2) 乙의 경우 세입자에 대한 주거이전비 보상요건 (시행규칙 제54조 제2항)
(3) 주거이전비 산정방법(시행규칙 제54조 제4항)

Ⅳ 소유자 甲과 임차인 乙의 주거이전비 권리구제 소송 (대판 2008.5.29, 2007다8129)

예시답안

[물음 1]에 대하여

Ⅰ 논점의 정리

해당 문제는 도시 및 주거환경정비법(이하 '도정법')상 재개발 정비구역 내 재개발조합 X와 조합원 甲이 소유하고 있는 A토지와 B토지에 대한 공익사업을 위한 토지 등의 취득 및 보상에 관한 법률(이하 '토지보상법')상 수용재결에 대하여 수용재결을 취소를 할 수 있는지 여부를 묻고 있다. 물음의 단서조항에 사실심 변론종결 전에 도정법에 따른 이전고시가 효력을 발생한 경우와 이전고시의 효력이 발생하지 않은 경우를 나누어 검토해 하기로 한다.

Ⅱ 수용재결의 의의 및 이전고시의 의의

1. 수용재결의 의의

수용재결이란 사업인정의 고시 후 협의불성립 또는 불능의 경우 사업시행자의 신청에 의해 관할토지수용위원회가 행하는 공용수용의 종국적 절차이다. 수용재결은 수용의 최종단계에서 공익과 사익의 조화를 도모하여 수용목적을 달성함에 제도적 의미가 인정된다.

2. 이전고시

이전고시란 공사완료 고시로 사업시행이 완료된 이후에 관리처분계획에서 정한 바에 따라 정비사업으로 조성된 대지 및 건축물 등의 소유권을 분양받을 자에게 이전하는 행정처분으로 관리처분계획에서 정한 구체적인 사항을 집행하는 행위를 말하며, 행정처분이다(도정법 제86조). 이전고시가 있은 다음날에 수분양자는 등기를 경료하지 않았더라도 소유권을 취득한다.

Ⅲ 분양신청 통지를 하지 않은 절차상 하자가 있는 경우 수용재결 취소 여부

1. 도정법상 이전고시 효력이 발생한 경우

정비사업의 공익적·단체법적 성격과 이전고시에 따라 이미 형성된 법률관계를 유지하여 법적 안정성을 보호할 필요성이 현저한 점 등을 고려할 때, 이전고시의 효력이 발생한 이후에는 조합원 등이 해당 정비사업을 위하여 이루어진 수용재결이나 이의재결의 취소 또는 무효확인을 구할 법률상 이익이 없다고 해석함이 타당하다(대판 2017.3.16, 2013두11536[손실보상금등]).

2. 도정법상 이전고시 효력이 발생하지 않은 경우

구 도시재개발법(2002.2.4. 법률 제6655호로 개정되기 전의 것) 제33조 제1항에서 정한 분양신청기간의 통지 등 절차는 재개발구역 내의 토지 등의 소유자에게 분양신청의 기회를 보장해 주기 위한 것으로서 같은 법 제31조 제2항에 의한 토지수용을 하기 위하여 반드시 거쳐야 할 필요적 절차이고, 또한 그 통지를 함에 있어서는 분양신청기간과 그 기간 내에 분양신청을 할 수 있다는 취지를 명백히 표시하여야 하므로, 이러한 통지 등의 절차를 제대로 거치지 않고 이루어진 수용재결은 위법하다(대판 2007.3.29, 2004두6235[토지수용이의재결처분취소]).

Ⅳ 결

재개발조합 X가 도시정비법 제72조 제1항에 따라 분양신청기간과 그 기간 내에 분양신청을 할 수 있다는 취지를 명백히 표시하여 통지하여야 하는데도 이러한 절차를 제대로 거치지 않은 것이 사실이라면 도정법상 이전고시 효력이 발생하지 않았다면 분양신청의 기회를 보장해 주기 위한 것으로 토지수용을 하기 위하여 반드시 거쳐야 할 필요적 절차이고, 또한 그 통지를 함에 있어서는 분양신청기간과 그 기간 내에 분양신청을 할 수 있다는 취지를 명백히 표시하여야 하므로, 이러한 통지 등의 절차를 제대로 거치지 않고 이루어진 수용재결은 위법하다고 판례가 타당하다고 본다. 다만 이전고시 효력이 발생한 경우에도 수용재결의 취소를 구할 법률상 이익이 없다고 본 판례는 국민의 권익구제 차원에서 문제가 있는 판례로 평가된다.

✔ [물음 2]에 대하여

Ⅰ 사실상 사도의 의의

토지보상법 시행규칙 제26조 제2항에서 "사실상의 사도"라 함은 「사도법」에 의한 사도 외의 도로(「국토의 계획 및 이용에 관한 법률」에 의한 도시·군관리계획에 의하여 도로로 결정된 후부터 도로로 사용되고 있는 것을 제외한다)이다.

Ⅱ 사실상 사도의 요건

1. 토지보상법 제26조 제2항 요건

① 도로개설 당시의 토지소유자가 자기 토지의 편익을 위하여 스스로 설치한 도로
② 토지소유자가 그 의사에 의하여 타인의 통행을 제한할 수 없는 도로
③ 「건축법」 제45조에 따라 건축허가권자가 그 위치를 지정·공고한 도로
④ 도로개설 당시의 토지소유자가 대지 또는 공장용지 등을 조성하기 위하여 설치한 도로

2. 대법원 판례에서의 사실상 사도 요건

대법원 판례에서는 개설의 자의성과 화체이론을 통해서 사실상 사도의 요건을 판단하고 있다. 특히 개설 경위, 목적, 소유관계, 이용상황, 주위환경, 인접 토지의 획지면적 등을 종합적으로 고려하여 판단하고 있다(대판 2013.6.13, 2011두7007).

Ⅲ A 토지가 사실상 사도 여부에 따라 보상기준이 달라지는지 여부

(1) 사실상 사도로 인정되는 경우 - 인근 토지 평가액의 1/3 이내로 평가함

① 토지소유자가 그 의사에 의하여 타인의 통행을 제한할 수 없는 도로

공익사업을 위한 토지 등의 취득 및 보상에 관한 법률 시행규칙 제26조 제2항 제2호가 규정한 '토지소유자가 그 의사에 의하여 타인의 통행을 제한할 수 없는 도로'는 사유지가 종전부터 자연발생적으로 또는 도로예정지로 편입되어 있는 등으로 일반 공중의 교통에 공용되고 있고 그 이용상황이 고착되어 있어, 도로부지로 이용되지 아니하였을 경우에 예상되는 표준적인 이용상태로 원상회복하는 것이 법률상 허용되지 아니하거나 사실상 현저히 곤란한 정도에 이른 경우를 의미한다고 할 것이다. 이때 어느 토지가 불특정 다수인의 통행에 장기간 제공되어 왔고 이를 소유자가 용인하여 왔다는 사정이 있다는 것만으로 언제나 도로로서의 이용상황이 고착되었다고 볼 것은 아니고, 이는 당해 토지가 도로로 이용되게 된 경위, 일반의 통행에 제공된 기간, 도로로 이용되고 있는 토지의 면적 등과 더불어 그 도로가 주위 토지로 통하는 유일한 통로인지 여부 등 주변 상황과 당해 토지의 도로로서의 역할과 기능 등을 종합하여 원래의 지목 등에 따른 표준적인 이용상태로 회복하는 것이 용이한지 여부 등을 가려서 판단해야 할 것이다(대판 2013.6.13, 2011두7007).

② 위 판례와 같이 현실적으로나 법률적으로 원상회복이 불가능한 경우에는 사실상 사도로 보아 인근 토지 평가액의 1/3 이내로 평가하게 된다.

(2) 사실상 사도로 인정되지 않는 경우 - 정상평가함

① '공익사업이 실제로 시행되지 않은 상태에서 일반공중의 통행로로 제공되고 있는 상태로서 계획제한과 도시계획시설의 장기미집행상태로 방치되고 있는 도로', 즉 예정공도부지의 경우 보상액을 사실상의 사도를 기준으로 평가한다면 토지가 도시·군 관리계획에 의하여 도로로 결정된 후 곧바로 도로사업이 시행되는 경우의 보상액을 수용 전의 사용현황을 기준으로 산정하는 것과 비교하여 토지소유자에게 지나치게 불리한 결과를 가져온다는 점 등을 고려하면, 예정공도부지는 공익사업법 시행규칙 제26조 제2항에서 정한 사실상의 사도에서 제외된다(대판 2019.1.17, 2018두55753[관리처분계획무효확인의소]).

② 헌법 제23조 제1항, 제3항, 공공용지의 취득 및 손실보상에 관한 특례법 제4조 제1항 내지 제4항, 같은 법 시행령 제2조의10 제1항, 제2항, 같은 법 시행규칙 제6조 제7항 등의 규정에 비추어 볼 때, 도로의 개설 경위, 목적, 주위환경, 인접 토지의 획지면적, 소유관계, 이용상황 등 제반 사정에 비추어, 당해 토지소유자가 자기 토지의 편익을 위하여 스스로 설치한 도로 등 인근 토지에 비하여 낮은 가격으로 평가하여도 될 만한 사정이 있지 아니한 사도법에 의한 사도 외의 도로부지는 위 규정에도 불구하고 인근 토지에 대한 평가금액의 3분의 1 이내로 평가하여서는 아니 된다(대판 1997.7.22, 96누13675[토지수용이의재결처분취소]).

✔ [물음 3]에 대하여

Ⅰ 논점의 정리

공익사업을 위한 토지 등의 취득 및 보상에 관한 법률상(이하 '토지보상법') 주거이전비는 해당 공익사업 시행지구 안에 거주하는 거주자들의 조기이주를 장려하여 사업추진을 원활하게 하려는 정책적인 목적과 주거이전으로 말미암아 특별한 어려움을 겪게 될 세입자들을 대상으로 하는 사회보장적인 차원에서 지급하는 금원의 성격으로 이하에서 재결여부에 따라 주거이전비 권리구제에 적합한 소송을 검토해 보기로 한다.

Ⅱ 주거이전비의 의의 및 법적 성질

1. 의의 및 취지(토지보상법 시행규칙 제54조)

주거이전비란 공익사업에 주거용 건축물이 편입되어 주거이전이 불가피한 경우 주거이전에 필요한 비용을 산정하여 보상하는 것을 말한다. 이는 헌법 제34조와 국가의 정책적 배려에 그 취지가 인정된다.

2. 법적 성질

(1) 강행규정 여부(대판 2011.7.14, 2011두3685)

토지보상법 시행규칙 제54조 제2항은 당사자 합의 또는 사업시행자에 의하여 적용을 배제할 수 없는 강행규정이라고 보아야 한다고 판시하여 강행규정으로 보고 있다.

(2) 공·사권 여부(대판 2008.5.29, 2007다8129)

주거이전비의 법적 성질에 관하여 공권인지, 사권인지 견해가 대립한다. 판례의 입장에 따라 주거이전비 보상은 공법상 침해에 기인하여 발생한 권리로 공법으로 보는 것이 타당하다.

Ⅲ 주거이전비 요건 및 산정방법

(1) 甲의 경우 소유자에 대한 주거이전비 보상요건(시행규칙 제54조 제1항)

공익사업시행지구에 편입되는 주거용 건축물의 소유자에 대하여는 해당 건축물에 대한 보상을 하는 때에 가구원수에 따라 2개월분의 주거이전비를 보상하여야 한다. 다만, 건축물의 소유자가 해당 건축물 또는 공익사업시행지구 내 타인의 건축물에 실제 거주하고 있지 아니하거나 해당 건축물이 무허가건축물 등인 경우에는 그러하지 아니하다.

(2) 乙의 경우 세입자에 대한 주거이전비 보상요건(시행규칙 제54조 제2항)

공익사업의 시행으로 인하여 이주하게 되는 주거용 건축물의 세입자(무상으로 사용하는 거주자를 포함하되, 법 제78조 제1항에 따른 이주대책대상자인 세입자는 제외한다)로서 사업인정고시일 등 당시 또는 공익사업을 위한 관계 법령에 의한 고시 등이 있은 당시 해당 공익사업시행지구 안에서 3개월 이상 거주한 자에 대하여는 가구원수에 따라 4개월분의 주거이전비를 보상하여야 한다. 다만, 무허가건축물 등에 입주한 세입자로서 사업인정고시일 등 당시 또는 공익사업을 위한 관계 법령에 의한 고시 등이 있은 당시 그 공익사업지구 안에서 1년 이상 거주한 세입자에 대하여는 본문에 따라 주거이전비를 보상하여야 한다.

(3) 주거이전비 산정방법(시행규칙 제54조 제4항)

주거이전비는 도시근로자가구의 가구원수별 월평균 명목 가계지출비를 기준으로 산정한다. 이 경우 가구원수가 5인인 경우에는 5인 이상 기준의 월평균 가계지출비를 적용하며, 가구원수가 6인 이상인 경우에는 5인 이상 기준의 월평균 가계지출비에 5인을 초과하는 가구원수에 1인당 평균비용을 곱한 금액을 더한 금액으로 산정한다.

Ⅳ 소유자 甲과 임차인 乙의 주거이전비 권리구제 소송(대판 2008.5.29, 2007다8129)

거주자의 주거이전비 보상청구소송의 형태는 토지보상법 제78조, 시행규칙 제54조 조문의 요건을 충족한 경우 당연히 발생되는 것이므로 행정소송에 의해야 할 것이다.
① 甲의 주거이전비는 재결이 있었으므로 토지상법 제83조 이의신청과 토지보상법 제85조 행정소송으로 다투되, 주거이전비 증액을 요구하는 경우에는 토지보상법 제85조 제2항 보상금증감청구소송으로 다투고, 그 거부를 다투고자 하는 경우에는 토지보상법 제85조 제1항 취소소송으로 다투어야 한다. 해당사안에서는 증액을 청구하고자 하기 때문에 토지보상법 제85조 제2항에 따라 보상금증액청구소송을 제기하여야 한다. ② 다만 乙의 경우에는 세입자로 재결을 하지 않은 바, 행정소송법상 당사자소송으로 권리구제를 받을 수 있을 것으로 판단된다.

문제 02

국토교통부장관은 표준지로 선정된 A토지의 2022.1.1. 기준 공시지가를 1㎡당 1,000만원으로 결정 · 공시하였다. 국토교통부장관은 A토지의 표준지공시지가를 산정함에 있어 부동산 가격공시에 관한 법률 및 같은 법 시행령이 정하는 '토지의 일반적인 조사사항' 이외에 국토교통부 훈령인 표준지공시지가 조사 · 평가 기준 상 상업 · 업무용지 평가의 고려사항인 '배후지의 상태 및 고객의 질과 양', '영업의 종류 및 경쟁의 상태' 등을 추가적으로 고려하여 평가하였다. 甲은 X시에 상업용지인 B토지를 소유하고 있다. X시장은 A토지를 비교표준지로 선정하여 B토지에 대한 개별공시지가를 1㎡당 1,541만원으로 결정 · 공시 후 이를 甲에게 통지하였다. 甲은 국토교통부장관이 A토지의 표준지공시지가를 단순히 행정청 내부에서만 효력을 가지는 국토교통부 훈령 형식의 표준지공시지가 조사 · 평가 기준이 정하는 바에 따라 평가함으로써 결과적으로 부동산가격공시에 관한 법령이 직접 규정하지 않는 사항을 표준지공시지가 평가의 고려사항으로 삼은 것은 위법하다고 주장하고 있다. 다음 물음에 답하시오. 30점

(1) 표준지공시지가 조사 · 평가 기준의 법적 성질에 비추어 甲 주장의 타당성 여부를 설명하시오. 20점

(2) 甲은 부동산 가격공시에 관한 법률 제11조에 따라 X시장에게 B토지의 개별공시지가에 대한 이의를 신청하였으나 기각되었다. 이 경우 甲이 기각결정에 불복하여 행정심판법상의 행정심판을 제기할 수 있는지 설명하시오. 10점

참조 조문

〈부동산 가격공시에 관한 법률〉

제11조(개별공시지가에 대한 이의신청)

① 개별공시지가에 이의가 있는 자는 그 결정 · 공시일부터 30일 이내에 서면으로 시장 · 군수 또는 구청장에게 이의를 신청할 수 있다.

〈부동산 가격공시에 관한 법률 시행령〉

제6조(표준지공시지가 조사 · 평가의 기준)

① 법 제3조 제4항에 따라 국토교통부장관이 표준지공시지가를 조사 · 평가하는 경우 참작하여야 하는 사항의 기준은 다음 각 호와 같다. 〈각 호 생략〉

② 표준지에 건물 또는 그 밖의 정착물이 있거나 지상권 또는 그 밖의 토지의 사용 · 수익을 제한하는 권리가 설정되어 있을 때에는 그 정착물 또는 권리가 존재하지 아니하는 것으로 보고 표준지공시지가를 평가하여야 한다.

③ 제1항 및 제2항에서 규정한 사항 외에 표준지공시지가의 조사 · 평가에 필요한 세부기준은 국토교통부장관이 정한다.

〈표준지공시지가 조사 · 평가 기준〉

제23조(상업 · 업무용지)

① 상업 · 업무용지(공공용지를 제외한다)는 토지의 일반적인 조사사항 이외에 다음 각 호의 사항 등을 고려하여 평가하되, 인근지역 또는 동일수급권 안의 유사지역에 있는 토지의 거래사례 등 가격자료를 활용하여 거래사례비교법으로 평가한다. 〈단서 생략〉

1. 배후지의 상태 및 고객의 질과 양
2. 영업의 종류 및 경쟁의 상태

3.~6. 〈생략〉

② 〈이하 생략〉

설문 1

대판 1987.9.29, 86누484[양도소득세부과처분취소]

상급행정기관이 하급행정기관에 대하여 업무처리지침이나 법령의 해석적용에 관한 기준을 정하여서 발하는 이른바 행정규칙은 일반적으로 행정조직 내부에서만 효력을 가질 뿐 대외적인 구속력을 갖는 것은 아니지만, 법령의 규정이 특정행정기관에게 그 법령내용의 구체적 사항을 정할 수 있는 권한을 부여하면서 그 권한행사의 절차나 방법을 특정하고 있지 아니한 관계로 수임행정기관이 행정규칙의 형식으로 그 법령의 내용이 될 사항을 구체적으로 정하고 있다면 그와 같은 행정규칙, 규정은 행정규칙이 갖는 일반적 효력으로서가 아니라, 행정기관에 법령의 구체적 내용을 보충할 권한을 부여한 법령규정의 효력에 의하여 그 내용을 보충하는 기능을 갖게 된다 할 것이므로 이와 같은 행정규칙, 규정은 당해 법령의 위임한계를 벗어나지 아니하는 한 그것들과 결합하여 대외적인 구속력이 있는 법규명령으로서의 효력을 갖게 된다.

대판 2012.3.29, 2011다104253[손해배상(기)등]

공익사업을 위한 토지 등의 취득 및 보상에 관한 법률(이하 '공익사업법'이라 한다) 제68조 제3항은 협의취득의 보상액 산정에 관한 구체적 기준을 시행규칙에 위임하고 있고, 위임 범위 내에서 공익사업을 위한 토지 등의 취득 및 보상에 관한 법률 시행규칙 제22조는 토지에 건축물 등이 있는 경우에는 건축물 등이 없는 상태를 상정하여 토지를 평가하도록 규정하고 있는데, 이는 비록 행정규칙의 형식이나 공익사업법의 내용이 될 사항을 구체적으로 정하여 내용을 보충하는 기능을 갖는 것이므로, 공익사업법 규정과 결합하여 대외적인 구속력을 가진다.

설문 2

대판 2010.1.28, 2008두19987[개별공시지가결정처분취소]

부동산 가격공시 및 감정평가에 관한 법률 제12조, 행정소송법 제20조 제1항, 행정심판법 제3조 제1항의 규정 내용 및 취지와 아울러 부동산 가격공시 및 감정평가에 관한 법률에 행정심판의 제기를 배제하는 명시적인 규정이 없고 부동산 가격공시 및 감정평가에 관한 법률에 따른 이의신청과 행정심판은 그 절차 및 담당 기관에 차이가 있는 점을 종합하면, 부동산 가격공시 및 감정평가에 관한 법률이 이의신청에 관하여 규정하고 있다고 하여 이를 행정심판법 제3조 제1항에서 행정심판의 제기를 배제하는 '다른 법률에 특별한 규정이 있는 경우'에 해당한다고 볼 수 없으므로, 개별공시지가에 대하여 이의가 있는 자는 곧바로 행정소송을 제기하거나 부동산 가격공시 및 감정평가에 관한 법률에 따른 이의신청과 행정심판법에 따른 행정심판청구 중 어느 하나만을 거쳐 행정소송을 제기할 수 있을 뿐 아니라, 이의신청을 하여 그 결과 통지를 받은 후 다시 행정심판을 거쳐 행정소송을 제기할 수도 있다고 보아야 하고, 이 경우 행정소송의 제소기간은 그 행정심판 재결서 정본을 송달받은 날부터 기산한다.

[물음 1]

Ⅰ 논점의 정리

Ⅱ 표준지조사평가기준의 법적 성질

1. 표준지조사평가기준의 의의 및 법적 성질
2. 법령보충적 행정규칙 인정 여부
   (1) 학설
      ① 규범구체화 행정규칙설
      ② 법규명령설(실질설)
      ③ 행정규칙설(형식설)
      ④ 수권여부기준설
      ⑤ 법규명령이 효력을 갖는 행정규칙설
      ⑥ 위헌무효설
   (2) 대법원 판례
3. 소결

Ⅲ 甲 주장의 타당성

1. 표준지조사평가기준이 법규성이 인정되는 경우
2. 표준지조사평가기준이 법규성이 인정되지 않는 경우

Ⅳ 결

[물음 2]

Ⅰ 논점의 정리

Ⅱ 개별공시지가의 의의 및 개별공시지가의 이의신청

1. 개별공시지가의 의의
2. 개별공시지가의 이의신청

Ⅲ 개별공시지가의 이의신청에 대하여 행정심판을 제기할 수 있는지 여부

1. 학설
2. 대법원 판례
3. 행정기본법 제36조 제4항
4. 검토

Ⅳ 결

예시답안

[물음 1]에 대하여

Ⅰ 논점의 정리

부동산 가격공시에 관한 법률(이하 '부동산공시법')상 표준지공시지가를 평가함에 있어서 국토교통부 훈령인 표준지조사평가기준에서 직접 규정하지 않은 사항을 표준지공시지가 평가에 고려사항으로 삼은 것은 위법하다고 갑은 주장하고 있다. 따라서 표준지조사평가기준의 법적 성질과 甲 주장의 타당성을 검토해 보기로 한다.

Ⅱ 표준지조사평가기준의 법적 성질

1. 표준지조사평가기준의 의의 및 법적 성질

표준지조사평가기준은 「부동산 가격공시에 관한 법률」 제3조에서 규정하고 있는 표준지공시지가의 공시를 위하여 같은 법 제3조 제4항 및 같은 법 시행령 제6조 제3항에 따라 표준지의 적정가격 조사・평가에 필요한 세부기준이다. 이 규정은 국토교통부 훈령으로 형식은 훈령이지만 실질적인 내용은 대외적 구속력이 인정되는지 여부가 쟁점이다. 이하에서 법령보충적 행정규칙으로 표준지조사평가기준의 법적 성질을 논의해 보기로 한다.

2. 법령보충적 행정규칙 인정 여부

(1) 학설

① 규범구체화 행정규칙설

독일에서 논의되는 규범구체화 행정규칙을 인정하여 통상적인 행정규칙과 달리 그 자체로서 국민에 대한 구속력을 인정하는 견해이다.

② 법규명령설(실질설)

해당 규칙이 법규와 같은 효력을 가지므로 법규명령으로 보아야 한다는 견해이다.

법령의 구체적 개별적 위임이 있고, 그 내용도 법규적 사항으로 법규를 보충하는 기능을 가져 대외적 효력을 가진다는 점, 헌법이 인정하는 법규명령은 예시적이라는 점, 명령규칙심사로 통제 가능한 점 등을 근거로 상위법령과 결합하여 전체로서 대외적 효력을 가지는 법규명령의 성질을 가진다.

③ 행정규칙설(형식설)

행정입법은 국회입법원칙의 예외, 헌법이 규정한 법규명령의 형식은 한정되어 있다는 점에서 이러한 법규명령의 형식이 아닌 훈령, 고시 등의 형식을 취하는 이상 행정규칙으로 보아야 한다는 견해. 행정규칙으로 보면서 대외적 구속력을 가진다고 보는 견해도 있다.

④ 수권여부기준설

법규명령사항을 행정규칙의 형식으로 정하는 경우 그 성질은 법령에 근거가 있는 경우와 없는 경우로 구분하여 검토하여야 한다고 보는 견해이다.

⑤ 법규명령이 효력을 갖는 행정규칙설

법령보충적 행정규칙에 법규와 같은 효력(구속력)을 인정하더라도 행정규칙의 형식으로 제정되었으므로 법적 성질은 행정규칙으로 보는 견해이다.

⑥ 위헌무효설

행정규칙설과 마찬가지로 법규명령의 형식이 헌법상 한정되어 있다는 전제하에 행정규칙형식의 법규명령은 허용될 수 없으므로 위헌, 무효라는 견해이다.

(2) 대법원 판례

상급행정기관이 하급행정기관에 대하여 업무처리지침이나 법령의 해석적용에 관한 기준을 정하여서 발하는 이른바 행정규칙은 일반적으로 행정조직 내부에서만 효력을 가질 뿐 대외적인 구속력을 갖는 것은 아니지만, 법령의 규정이 특정행정기관에게 그 법령내용의 구체적 사항을 정할 수 있는 권한을 부여하면서 그 권한행사의 절차나 방법을 특정하고 있지 아니한 관계로 수임행정기관이 행정규칙의 형식으로 그 법령의 내용이 될 사항을 구체적으로 정하고 있다면 그와 같은 행정규칙, 규정은 행정규칙이 갖는 일반적 효력으로서가 아니라, 행정기관에 법령의 구체적 내용을 보충할 권한을 부여한 법령규정의 효력에 의하여 그 내용을 보충하는 기능을 갖게 된다 할 것이므로 이와 같은 행정규칙, 규정은 당해 법령의 위임한계를 벗어나지 아니하는 한, 그것들과 결합하여 대외적인 구속력이 있는 법규명령으로서의 효력을 갖게 된다(대판 1987.9.29, 86누484).

공익사업을 위한 토지 등의 취득 및 보상에 관한 법률(이하 '공익사업법'이라 한다) 제68조 제3항은 협의취득의 보상액 산정에 관한 구체적 기준을 시행규칙에 위임하고 있고, 위임 범위 내에서 공익사업을 위한 토지 등의 취득 및 보상에 관한 법률 시행규칙 제22조는 토지에 건축물 등이 있는 경우에는 건축물 등이 없는 상태를 상정하여 토지를 평가하도록 규정하고 있는데, 이는 비록 행정규칙의 형식이나 공익사업법의 내용이 될 사항을 구체적으로 정하여 내용을 보충하는 기능을 갖는 것이므로, 공익사업법 규정과 결합하여 대외적인 구속력을 가진다(대판 2012.3.29, 2011다104253[손해배상(기)등]).

3. 소결

판례에서와 같이 표준지조사평가기준은 상위법령인 부동산공시법과 결합하여 대외적 구속력이 있는 법령보충적 행정규칙으로 법규성이 있다고 판단된다. 다만 이하에서 법규성이 있는 경우와 법규성이 없는 경우를 나누어 검토해 보기로 한다.

Ⅲ 甲 주장의 타당성

1. 표준지조사평가기준이 법규성이 인정되는 경우

사안에서 상업 업무용지는 토지의 일반적인 조사사항 이외에 배후지의 상태 및 고객의 질과 양, 영업의 종류 및 경쟁의 상태 등을 고려하여 인근지역 또는 동일수급권 안의 유사지역에 있는 토지의 거래사례 등 가격자료를 활용하여 거래사례비교법으로 평가하도록 규정하고 있는데, 해당 사안을 보면 표준지조사평가기준은 상위법령과 결합하여 대외적 구속력이 인정되는 법령보충적 행정규칙으로서 적법한 평가로 판단된다.

2. 표준지조사평가기준이 법규성이 인정되지 않는 경우

표준지조사평가기준이 법규성이 인정되지 않는 경우에는 단순히 행정규칙으로 행정청 내부만의 효력이 있기 때문에 법령이 규정하지 않은 사항을 표준지공시지가 평가 시에 고려하였다면 위법한 표준지공시지가 평가가 될 것으로 판단된다.

Ⅳ 결

표준지조사평가기준이 비록 행정규칙의 형식이지만 그 법령의 내용이 될 사항을 구체적으로 정하고 있다면 행정기관에 법령의 구체적 내용을 보충할 권한을 부여한 법령규정의 효력에 의하여 그 내용을 보충하는 기능을 갖게 된다 할 것이므로 표준지조사평가기준은 해당 법령의 위임한계를 벗어나지 아니하는 한, 상위법령인 부동산공시법령과 결합하여 대외적인 구속력이 있는 법규명령으로서의 효력을 갖는다고 생각된다. 따라서 표준지조사평가기준을 법규성을 인정한다면 이에 따른 표준지공시지가 평가는 적법하다고 판단된다. 갑의 주장은 타당하지 않다고 생각된다.

✔ [물음 2]에 대하여

Ⅰ 논점의 정리

해당 사안은 부동산 가격공시에 관한 법률(이하 '부동산공시법') 제11조에 따라 X시장에게 B토지의 개별공시지에 대한 이의를 신청하였으나 기각되었고, 이 기각결정에 대하여 행정심판법상 행정심판을 제기할 수 있는지 여부를 묻는 문제이다.

Ⅱ 개별공시지가의 의의 및 개별공시지가의 이의신청

1. 개별공시지가의 의의

개별공시지가란 시장・군수 또는 구청장이 공시하는 국세・지방에 등 각종 세금의 부과, 그 밖의 다른 법령에서 정하는 목적을 위한 지가의 산정에 사용하도록 하기 위하여 시・군・구 부동산가격공시위원회의 심의를 거쳐 매년 공시지가의 공시기준일 현재 관할구역 안의 개별토지에 대하여 결정・공시하는 단위면적당 적정가격을 말한다.

2. 개별공시지가의 이의신청

개별공시지가에 대하여 이의가 있는 자가 시・군・구청장에게 이의를 신청하고 시・군・구청장이 이를 심사하는 제도로서 이는 공시지가의 객관성을 확보하여 공신력을 높여주는 제도적 취지가 인정된다. 개별공시지가의 이의신청은 공시일로부터 30일 이내에 서면으로 시・군・구청장에게 이의신청을 하고 시・군・구청장은 기간만료일부터 30일 이내에 심사하고 그 결과를 신청인에게 통지해야 한다. 이의가 타당한 경우 개별공시지가를 조정하여 재공시해야 한다.

Ⅲ 개별공시지가의 이의신청에 대하여 행정심판을 제기할 수 있는지 여부

1. 학설

처분청인 지방자치단체에 대하여 제기한다는 점 등을 논거로 본래의 강학상 이의신청이라는 견해와 개별공시지가의 목적 등을 고려할 때 전문성과 특수성이 요구되며 행정심판법 제4조의 규정취지를 감안할 때 특별법상 행정심판으로 보아야 한다는 견해가 있다.

2. 대법원 판례

최근 개별공시지가와 관련된 판례는 이의신청을 제기한 이후에도 별도로 행정심판을 제기할 수 있다고 판시한 바 있다. 부동산가격공시에 관한 법률에 행정심판의 제기를 배제하는 명시적 규정이 없고 이의신청과 행정심판은 그 절차 및 기간에 차이가 있는 점을 종합하면, 행정심판법 제3조 제1항에서 행정심판의 제기를 배제하는 "다른 법률에 특별한 규정이 있는 경우"에 해당한다고 볼 수 없으므로 곧바로 행정소송을 제기하거나, 이의신청과 행정심판 청구 중 어느 하나만을 거쳐 행정소송을 제기할 수 있을 뿐 아니라, 이의신청을 하고 행정심판을 거쳐 행정소송을 제기할 수 있다고 보아야 한다. 이 경우 제소기간은 재결서 정본을 받은 날부터 기산한다고 판시한 바 있다.

3. 행정기본법 제36조 제4항(이의신청의 결과를 통지 받고 행정심판 또는 행정소송 제기)

행정기본법 제36조 제4항에서는 이의신청에 대한 결과를 통지받은 후 행정심판 또는 행정소송을 제기하려는 자는 그 결과를 통지받은 날(제2항에 따른 통지기간 내에 결과를 통지받지 못한 경우에는 같은 항에 따른 통지기간이 만료되는 날의 다음 날을 말한다)부터 90일 이내에 행정심판 또는 행정소송을 제기할 수 있다고 규정하고 있다.

4. 검토

부동산공시법상의 이의신청은 처분청인 시・군・구청장에게 제기한다는 점과 국민의 권리구제를 위해 본래의 강학상 이의신청이라 봄이 타당하다고 판단된다. 따라서 개별공시지가의 이의신청 기각결정에 대하여 행정심판법상 행정심판을 제기할 수 있다고 보아야 한다.

Ⅳ 결

개별공시지가 이의신청은 강학상 이의신청으로 행정심판법 제51조에 따른 행정심판 재청구금지의 적용을 받지 않는바, 행정심판 청구가 가능하고, 행정심판법상 행정심판 청구 기간인 처분이 있음을 안 날로부터 90일, 처분이 있은 날로부터 180일 이내에 제기할 수 있다. 또한 최근 제정된 행정기본법 제36조 제4항에 따라 이의신청 결과를 통지받은 날로부터 90일 이내에 행정심판을 제기할 수 있다고 판단된다.

문제 03

감정평가사 甲은 A감정평가법인(이하 'A법인'이라 함)에 형식적으로만 적을 두었을 뿐 A 법인에서 감정평가사 본연의 업무를 전혀 수행하지 않았고 그 법인의 운영에도 관여하지 않았다. 이에 대해 국토교통부장관은 감정평가관리 · 징계위원회의 의결에 따라 사전통지를 거쳐 감정평가사 자격취소처분을 하였다. 처분사유는 '甲이 A법인에 소속만 유지할 뿐 실질적으로 감정평가업무에 관여하지 아니하는 방법으로 감정평가사의 자격증을 대여하였다'는 것이었고, 그 법적 근거로 감정평가 및 감정평가사에 관한 법률(이하 '감정평가법'이라 함) 제27조 제1항, 제39조 제1항 단서 및 제2항 제1호가 제시되었다. 甲은 사전통지서에 기재된 의견제출 기한 내에 청문을 신청하였으나 국토교통부장관은 '감정평가법 제13조 제1항 제1호에 따라 감정평가사 자격취소를 하려면 청문을 실시하여야 한다는 규정이 있지만, 명의대여를 이유로 하는 감정평가사 자격취소의 경우에는 청문을 실시하여야 한다는 규정이 없을 뿐 아니라 청문을 실시할 필요도 없다'는 이유로 청문을 실시하지 않았다. 甲에 대한 감정평가사 자격취소처분이 적법한지 설명하시오. 20점

참조 조문

〈감정평가 및 감정평가사에 관한 법률〉

제13조(자격의 취소)

① 국토교통부장관은 감정평가사가 다음 각 호의 어느 하나에 해당하는 경우에는 그 자격을 취소하여야 한다.

1. 부정한 방법으로 감정평가사의 자격을 받은 경우
2. 제39조 제2항 제1호에 해당하는 징계를 받은 경우

제27조(명의대여 등의 금지)

① 감정평가사 또는 감정평가법인등은 다른 사람에게 자기의 성명 또는 상호를 사용하여 제10조에 따른 업무를 수행하게 하거나 자격증 · 등록증 또는 인가증을 양도 · 대여하거나 이를 부당하게 행사하여서는 아니 된다.

제39조(징계)

① 국토교통부장관은 감정평가사가 다음 각 호의 어느 하나에 해당하는 경우에는 제40조에 따른 감정평가관리 · 징계위원회의 의결에 따라 제2항 각 호의 어느 하나에 해당하는 징계를 할 수 있다. 다만, 제2항 제1호에 따른 징계는 제11호, 제12호에 해당하는 경우 및 제27조를 위반하여 다른 사람에게 자격증 · 등록증 또는 인가증을 양도 또는 대여한 경우에만 할 수 있다.

9. 제25조, 제26조 또는 제27조를 위반한 경우

② 감정평가사에 대한 징계의 종류는 다음과 같다.

1. 자격의 취소
2. 등록의 취소
3. 2년 이하의 업무정지
4. 견책

제45조(청문)

국토교통부장관은 다음 각 호의 어느 하나에 해당하는 처분을 하려는 경우에는 청문을 실시하여야 한다.

1. 제13조 제1항 제1호에 따른 감정평가사 자격의 취소
2. 제32조 제1항에 따른 감정평가법인의 설립인가 취소

〈행정절차법〉

제22조(의견청취)

① 행정청이 처분을 할 때 다음 각 호의 어느 하나에 해당하는 경우에는 청문을 한다.

1. 다른 법령 등에서 청문을 하도록 규정하고 있는 경우
2. 행정청이 필요하다고 인정하는 경우
3. 다음 각 목의 처분을 하는 경우
   가. 인허가 등의 취소
   나. 신분·자격의 박탈
   다. 법인이나 조합 등의 설립허가의 취소

제23조(처분의 이유 제시)

① 행정청은 처분을 할 때에는 다음 각 호의 어느 하나에 해당하는 경우를 제외하고는 당사자에게 그 근거와 이유를 제시하여야 한다.

1. 신청 내용을 모두 그대로 인정하는 처분인 경우
2. 단순·반복적인 처분 또는 경미한 처분으로서 당사자가 그 이유를 명백히 알 수 있는 경우
3. 긴급히 처분을 할 필요가 있는 경우

② 행정청은 제1항 제2호 및 제3호의 경우에 처분 후 당사자가 요청하는 경우에는 그 근거와 이유를 제시하여야 한다.

대판 2013.10.24, 2013두727[징계처분취소]

부동산 가격공시 및 감정평가에 관한 법률(이하 '법'이라고 한다) 제37조 제2항에 의하면, 감정평가업자(감정평가법인 소속 감정평가사를 포함한다)는 다른 사람에게 자격증·등록증 또는 인가증(이하 '자격증 등'이라고 한다)을 양도 또는 대여하거나 이를 부당하게 행사해서는 안 된다. 여기에서 '자격증 등을 부당하게 행사'한다는 것은 감정평가사 자격증 등을 본래의 용도 외에 부당하게 행사하는 것을 의미하고, 감정평가사가 감정평가법인에 적을 두기는 하였으나 당해 법인의 업무를 수행하거나 운영 등에 관여할 의사가 없고 실제로도 업무 등을 전혀 수행하지 않았다거나 당해 소속 감정평가사로서 업무를 실질적으로 수행한 것으로 평가하기 어려울 정도라면 이는 법 제37조 제2항에서 정한 자격증 등의 부당행사에 해당한다.

전형적이지 않은 목차 구성함

Ⅰ 논점의 정리

Ⅱ 자격증 명의대여와 부당행사의 구분

1. 자격증 명의대여
2. 자격증 등을 부당하게 행사

Ⅲ 청문을 결한 감정평가사 자격취소 처분이 적법한지 여부와 이유제시 하자

1. 해당 사안 경우가 청문 없이 자격취소 처분을 할 수 있는 것인지 여부
2. 징계위원회에 출석하여 구술 또는 서면으로 진술한 것이 청문에 해당되는지

Ⅳ 자격증 등의 부당행사에 자격취소를 한 경우와 이유제시 하자

1. 본래의 용도가 아닌 다른 용도로 행사했는지 여부
2. 법의 규율을 피할 목적으로 행사했는지 여부
3. 이유제시상의 하자
4. 소결

예시답안

Ⅰ 논점의 정리

해당 사안은 감정평가 및 감정평가사에 관한 법률(이하 '감정평가법')상 감정평가사의 명의대여와 부당행사 여부를 구분하고, 부당행사에 해당함에도 불구하고 자격취소처분을 하면서 명의대여를 한 것으로 처분사유를 밝히고 있는바, 처분의 이유제시상의 하자가 존재한다. 또한 감정평가사 甲은 사전통지서에 기재된 기한 내에 청문을 신청하였다면 행정절차법에 따라 신분 자격의 박탈의 경우에는 청문을 하는 것이 타당한데, 감정평가법에서는 청문절차 규정이 없다는 이유로 청문을 실시하지 않은 것은 행정절차법 위반소지가 있다. 이하에서 구체적으로 검토해 보기로 한다.

Ⅱ 자격증 명의대여와 부당행사의 구분

1. 자격증 명의대여

자격증 명의 · 대여는 본인이 아닌 타인이 해당 자격증을 행사한 것을 의미한다. 즉 홍길동이라는 감정평가사 자격증을 한석봉이라는 사람이 명의 대여하여 감정평가업무를 행하는 것을 말한다.

2. 자격증 등을 부당하게 행사

'자격증 등을 부당하게 행사'한다는 것은 감정평가사 자격증 등을 본래의 용도 외에 부당하게 행사하는 것을 의미하고, 감정평가사가 감정평가법인에 적을 두기는 하였으나 해당 법인의 업무를 수행하거나 운영 등에 관여할 의사가 없고 실제로도 업무 등을 전혀 수행하지 않았다거나 해당 소속 감정평가사로서 업무를 실질적으로 수행한 것으로 평가하기 어려울 정도라면 이는 감정평가법 제27조에서 정한 자격증 등의 부당행사에 해당한다(판례).

Ⅲ 청문을 결한 감정평가사 자격취소 처분이 적법한지 여부와 이유제시 하자

1. 해당 사안 경우가 청문 없이 자격취소 처분을 할 수 있는 것인지 여부

감정평가법 제45조에서 부정한 방법으로 자격을 취득한 경우와 감정평가법인 설립인가취소의 경우인 경우에만 청문을 하도록 규정하고 있어 감정평가법 제27조 명의대여로는 청문규정이 없다고 하지만 행정절차법이 최근에 개정되어 신분·자격의 박탈의 경우에는 청문을 하도록 규정하고 있는바, 청문 절차는 일반법인 행정절차법을 따르는 것이 타당하다고 판단된다. 따라서 신분 자격의 박탈인 감정평가사 자격취소 처분은 행정절차법에 따라 청문을 반드시 실시해야 한다.

2. 징계위원회에 출석하여 구술 또는 서면으로 진술한 것이 청문에 해당되는지

감정평가법상 감정평가사 징계당사자는 감정평가관리·징계위원회에 출석하여 구술 또는 서면으로 자기에게 유리한 진술을 할 수 있지만, 이는 정식 청문 절차라고 볼 수 없으므로 감정평가사 甲에 대한 자격취소처분은 절차의 하자로서 위법하다고 할 것이다(견해의 대립 있음).

Ⅳ 자격증 등의 부당행사에 자격취소를 한 경우와 이유제시 하자

1. 본래의 용도가 아닌 다른 용도로 행사했는지 여부

해당 사안에서 감정평가사 甲은 감정평가법인에 등록하여 소속만 유지할 뿐 실질적으로 감정평가업무에 관여하지 아니하는 방법으로 감정평가사 자격증을 부당하게 행사하였다. 따라서 이는 해당 법인의 업무를 수행하거나 운영 등에 관여할 의사가 없고, 실제 업무 등을 수행했다고도 보기 어려우므로, 자격증을 본래의 용도가 아닌 다른 용도로 행사했다고 볼 수 있다.

2. 법의 규율을 피할 목적으로 행사했는지 여부

감정평가사 甲은 감정평가법인에 등록하여 감정평가법인을 유지하는 데에 방조한 책임이 있다. 감정평가법 제32조에서는 감정평가사의 수가 미달된 경우 인가취소 등에 대해서 규정하고 있고, 사안에서는 이러한 법의 규율을 피할 목적으로 감정평가사 甲은 해당 법인에 등록하여 소속을 유지시켰다고 볼 수 있으므로 자격증의 부당행사에 해당한다고 볼 수 있다.

3. 이유제시상의 하자

해당 사안에서는 부당행사에 해당함에도 불구하고 자격취소처분을 하면서 명의대여를 한 것으로 처분사유를 밝히고 있는바, 처분의 이유제시상의 하자가 존재한다. 처분의 이유제시를 명확히 하지 않은 절차상의 하자로 위법한 행정작용이 된다.

4. 소결

생각건대, 사안의 甲 감정평가사는 타인이 아닌 본인이 자격증을 행사하였으므로, 자격증의 명의·대여에는 해당하지는 않는다. 하지만 자격증을 본래의 용도가 아닌 목적으로 행사하였으며 또한 감정평가법인의 형식적으로 적을 두기만 하였고 감정평가사 본연의 업무를 전혀 수행하지 않고, 그 법인의 운영에도 관여하지 않았는바, 이는 법의 규율을 피할 목적으로 자격증을 부당행사한 경우에 해당된다고 볼 수 있다. 따라서 감정평가법 제27조에서 규정한 자격증의 부당행사에 해당한다고 판단된다. 따라서 부당행사에 해당한 경우를 자격취소 처분을 한 것은 감정평가법을 위반한 것으로 위법한 처분으로 평가된다. 또한 부당행사에 해당함에도 자격취소를 할 수 있는 명의대여를 한 것으로 처분사유를 밝힌 것은 이유제시상의 하자로 위법한 행정작용이 된다. 위법성의 정도는 중대명백설에 따라 중대하지만 일반인의 시각에서 명백하다고 보기 어려워 취소사유에 해당한다고 봄이 타당하며, 이에 따라 감정평가사 甲은 잘못된 감정평가사 자격취소 처분에 대하여 행정쟁송 또는 국가배상으로 권익구제를 받을 수 있다고 생각된다.

「감정평가 및 감정평가사에 관한 법률」상 감정평가법인등의 손해배상책임의 성립요건에 관하여 설명하시오. 10점

Ⅰ 감정평가법인등의 손해배상책임의 의의 및 취지(법 제28조)

Ⅱ 감정평가법 제28조와 민법 제750조와의 관계

1. 문제점
2. 학설
3. 대법원 판례
4. 검토

Ⅲ 감정평가법인등의 손해배상책임 성립요건

1. 손해배상책임의 요건
   (1) 감정평가법인등이 감정평가를 하는 경우일 것
   (2) 고의・과실이 있을 것
   (3) 적정가격과 현저한 차이가 있는 부당한 감정평가를 하였을 것
   (4) 의뢰인 또는 선의의 제3자에게 손해가 발생하였을 것
   (5) 상당한 인과관계가 있을 것

Ⅳ 손해배상책임의 내용 및 손해배상능력 기준 마련 등

1. 손해배상의 범위
2. 관련 판례
3. 손해배상책임의 보장, 손해배상여부 알림 및 손해배상능력 기준 마련

예시답안

Ⅰ 감정평가법인등의 손해배상책임의 의의 및 취지(법 제28조)

감정평가 및 감정평가사에 관한 법률(이하 '감정평가법')상 감정평가법인등의 손해배상책임이란 감정평가사가 고의 또는 과실로 부당한 감정평가를 함으로써 타인에게 손해를 발생하게 한 때에 그 손해를 배상하는 것을 말한다. 이러한 손해배상책임은 의뢰인 및 제3자의 보호 도모 및 토지 등의 적정가격 평가 유도에 그 취지가 있다.

Ⅱ 감정평가법 제28조와 민법 제750조와의 관계

1. 문제점

감정평가의 법적 성질은 〈사법상 특수한 위임계약〉에 해당하기 때문에 감정평가법 제28조 제1항의 규정이 없이도 감정평가법인등은 의뢰인 및 제3자에게 손해배상책임을 진다. 이 경우, 해당 규정을 둔 이유가 무엇인지에 대하여 논란이 있으며, 이를 민법상 특칙으로 보는지 여부에 대한 견해가 대립하고 있다.

2. 학설

① 감정평가의 경우 적정가격의 산정이 어렵고, 평가수수료에 비해 막중한 책임을 부여하기 때문에 감정평가사를 보호하기 위한 민법에 대한 특칙이라는 견해가 있다.

② 해당 규정은 제28조 제2항의 보험이나 공제의 지급대상이 되는 손해배상 범위를 한정하는 것일 뿐 민법의 특칙이 아니라는 견해가 있다.

3. 대법원 판례

부실감정으로 인해 손해를 입게 된 감정평가 의뢰인이나 선의의 제3자는 감정평가법상 손해배상책임과 민법상 불법행위로 인한 손해배상책임을 함께 물을 수 있다고 하여 특칙이 아니라고 판시하고 있다.

4. 검토

생각건대 고도의 전문성이 있는 감정평가업무에 손해배상책임을 넓게 인정하는 것은 자칫 감정평가제도 존립을 어렵게 할 수 있는 점을 감안하여 민법에 대한 특칙으로 봄이 타당하다고 판단된다.

Ⅲ 감정평가법인등의 손해배상책임 성립요건(감고적3손인)

1. 손해배상책임의 요건

(1) 감정평가법인등이 감정평가를 하는 경우일 것

감정평가로 발생한 손해에 해당하여야 한다. 가치판단 작용이 아닌 순수한 사실조사 잘못으로 인한 손해는 동 요건에 해당하지 않는다. 그러나 판례는 임대차관계에 대한 사실조사에 잘못이 있는 경우 사실조사는 감정평가의 내용은 아니라면서도 감정평가법인등의 손해배상책임을 인정하였다.

(2) 고의 · 과실이 있을 것

고의란 결과를 인식하고 그 결과를 용인하는 것을 말하며, 과실은 일정한 사실을 인식할 수 있음에도 부주의로 이를 인식하지 못한 것을 말한다. 감정평가법인등은 감정평가 시 실지조사를 통해 물건을 확인하고, 관련 공부서류를 확인하여 지가변동에 영향을 미치는 토지의 공법상 제한 등을 종합적으로 참작하여 신의와 성실로써 공정하게 감정평가해야 할 의무가 있다. 판례는 감정평가에 관한 규칙을 무시하고 자의적인 방법에 의하여 토지를 감정평가한 것은 고의 · 중과실에 의한 부당한 감정평가로 볼 수 있다고 하였다.

(3) 적정가격과 현저한 차이가 있는 부당한 감정평가를 하였을 것

① 적정가격과 현저한 차이가 있는 감정평가

적정가격과 현저한 차이란 일반적으로 달라질 수 있다고 인정할 수 있는 범위를 초과하여 발생한 차이를 의미한다. 대법원 판례는 1.3배가 유일한 판단 기준이 될 수 없고, 부당감정에 이르게 된 귀책사유를 고려하여 사회 통념에 따라 탄력적으로 판단해야 한다고 판시하고 있다.

② 감정평가 서류에 거짓을 기재한 경우

감정평가서상의 기재사항에 대하여 물건의 내용, 산출근거, 평가액을 거짓으로 기재함으로써 가격에 변화를 일으키는 요인을 고의, 과실로 거짓으로 기재하는 것을 말한다.

(4) 의뢰인 또는 선의의 제3자에게 손해가 발생하였을 것

선의의 제3자란 ① 감정내용이 허위 또는 적정가격과 현저한 차이가 있음을 인식하지 못한 것 뿐만 아니라, ② 평가서에 감정평가서를 의뢰 목적 이외에 사용하거나 타인이 사용할 수 없음이 명시되어 있는 경우 그 사용사실까지 인식하지 못하는 제3자를 의미한다(판례). 손해라 함은 일반적으로 법익(주로 재산권)에 관하여 받을 불이익을 말한다.

(5) 상당한 인과관계가 있을 것

부당한 감정평가와 손해 발생 사이에 인과관계가 있어야 한다고 보아야 한다. 인과관계란 선·후행 사실 사이에 전자가 없었더라면 후자도 없었으리라는 관계가 있는 경우 성립되는 관계를 말한다. 이러한 판단기준은 인과관계 유무의 판단은 관련 법령의 내용, 가해행위의 태양, 피해의 상황 등 제반사정을 종합적으로 고려하여 이루어져야 한다.

Ⅳ 손해배상책임의 내용 및 손해배상능력 기준 마련 등

1. 손해배상의 범위

위법한 가해행위로 인하여 발생한 재산상 불이익, 즉 위법행위가 없었더라면 존재하였을 재산 상태와 위법행위가 가해진 현재의 재산 상태와의 차이이다.

2. 관련 판례

① 부당한 감정가격에 의한 담보가치와 정당한 감정가격에 의한 담보가치의 차액을 한도로 정당한 감정가격에 근거하여 산출된 담보가치를 초과한 부분이 손해액이 된다고 판시한 바 있다.

② 감정평가의뢰인이 부당한 감정평가 성립에 원인을 제공하였거나, 용인을 한 경우에는 이를 참작하여 배상액을 정하여야 한다(과실상계의 원칙).

③ 고의 또는 과실로 임대차 관계에 관한 사실을 기재해 손해를 발생하게 한 경우 손해배상책임이 있다고 보았다.

④ 대출금이 연체되리라는 사정을 알기 어려우므로 이를 알았거나 알 수 있었다는 특별한 사정이 없는 한 지연손해금은 부당한 감정평가에 의한 손해라고 할 수 없다고 판시하였다.

3. 손해배상책임의 보장, 손해배상여부 알림 및 손해배상능력 기준 마련

감정평가법인등은 보증보험에 가입하거나 한국감정평가사협회가 운영하는 공제사업에 가입해야 하는 등 필요한 조치를 하여야 한다. 최근 법령이 개정되어 감정평가법인등은 감정평가 의뢰인이나 선의의 제3자에게 법원의 확정판결을 통한 손해배상이 결정된 경우에는 국토교통부령으로 정하는 바에 따라 그 사실을 국토교통부장관에게 알려야 한다. 또한 국토교통부장관은 감정평가 의뢰인이나 선의의 제3자를 보호하기 위하여 감정평가법인등이 갖추어야 하는 손해배상능력 등에 대한 기준을 국토교통부령으로 정할 수 있다.

Chapter

04 2021년 제32회 기출문제 분석

문제

01

국토교통부장관은 2013.11.18. 사업시행자를 'A공사'로, 사업시행지를 'X시 일대 8,958,000㎡'로, 사업시행기간을 '2013.11.부터 2017.12.까지'로 하는 '◇◇공구사업'에 대해서 「공익사업을 위한 토지 등의 취득 및 보상에 관한 법률」에 따른 사업인정을 고시하였고, 사업시행기간은 이후 '2020.12.까지'로 연장되었다. 甲은 ㉮토지 78,373㎡와 ㉯토지 2,334㎡를 소유하고 있는데, ㉮토지의 전부와 ㉯토지의 일부가 사업시행지에 포함되어 있다. 종래 甲은 ㉮토지에서 하우스 딸기농사를 지어 왔고, ㉯토지에서는 농작물직거래 판매장을 운영하여 왔다. 甲과 A공사는 사업시행지 내의 토지에 대해 「공익사업을 위한 토지 등의 취득 및 보상에 관한 법률」에 따른 협의 매수를 하기 위한 협의를 시작하였다. 다음 물음에 답하시오(아래의 물음은 각 별개의 상황임). 40점

(1) 협의 과정에서 일부 지장물에 관하여 협의가 이루어지지 않아 甲이 A공사에게 재결신청을 청구했으나 A공사가 재결신청을 하지 않는 경우, 甲의 불복방법에 관하여 검토하시오. 15점

(2) ㉮토지에 대하여 협의가 성립되지 않았고, A공사의 수용재결신청에 의하여 ㉮토지가 수용되었다. 甲은 ㉮토지가 수용되었음을 이유로 A공사를 상대로 「공익사업을 위한 토지 등의 취득 및 보상에 관한 법률」에 따른 재결절차를 거치지 않은 채 곧바로 농업손실보상을 청구할 수 있는지를 검토하시오. 10점

(3) 협의가 성립되지 않아 사업시행지 내의 ㉯토지가 수용되었다. 그 후 甲은 ㉯토지의 잔여지에 대해서 2020.11.12. 잔여지수용청구를 하였다. 잔여지수용청구권의 법적 성질과 甲의 잔여지수용청구가 인정될 수 있는지를 검토하시오. 15점

참조 조문

〈공익사업을 위한 토지 등의 취득 및 보상에 관한 법률〉

제28조(재결의 신청)

① 제26조에 따른 협의가 성립되지 아니하거나 협의를 할 수 없을 때(제26조 제2항 단서에 따른 협의 요구가 없을 때를 포함한다)에는 사업시행자는 사업인정고시가 된 날부터 1년 이내에 대통령령으로 정하는 바에 따라 관할 토지수용위원회에 재결을 신청할 수 있다.

② 〈생략〉

제30조(재결 신청의 청구)

① 사업인정고시가 된 후 협의가 성립되지 아니하였을 때에는 토지소유자와 관계인은 대통령령으로 정하는 바에 따라 서면으로 사업시행자에게 재결을 신청할 것을 청구할 수 있다.

② 〈이하 생략〉

제77조(영업의 손실 등에 대한 보상)

① 영업을 폐업하거나 휴업함에 따른 영업손실에 대하여는 영업이익과 시설의 이전비용 등을 고려하여 보상하여야 한다.

② 농업의 손실에 대하여는 농지의 단위면적당 소득 등을 고려하여 실제 경작자에게 보상하여야 한다. 다만, 농지소유자가 해당 지역에 거주하는 농민인 경우에는 농지소유자와 실제 경작자가 협의하는 바에 따라 보상할 수 있다.

③ 〈이하 생략〉

설문 1

대판 2014.7.10, 2012두22966[재결신청거부처분취소]

행정청이 국민의 신청에 대하여 한 거부행위가 항고소송의 대상이 되는 행정처분으로 되려면, 행정청의 행위를 요구할 법규상 또는 조리상의 신청권이 국민에게 있어야 하고, 이러한 신청권의 근거 없이 한 국민의 신청을 행정청이 받아들이지 아니한 경우에는 거부로 인하여 신청인의 권리나 법적 이익에 어떤 영향을 주는 것이 아니므로 이를 항고소송의 대상이 되는 행정처분이라 할 수 없다.

대판 1999.12.7, 97누17568[건축허가및준공검사취소등에대한거부처분취소]

부작위위법확인의 소에 있어 당사자가 행정청에 대하여 어떠한 행정행위를 하여 줄 것을 요구할 수 있는 법규상 또는 조리상 권리를 갖고 있지 아니한 경우에는 원고적격이 없거나 항고소송의 대상인 위법한 부작위가 있다고 볼 수 없어 그 부작위위법확인의 소는 부적법하다.

대판 2019.8.29, 2018두57865[수용재결신청청구거부처분취소]

공익사업을 위한 토지 등의 취득 및 보상에 관한 법률 제28조, 제30조에 따르면, 편입토지 보상, 지장물 보상, 영업·농업 보상에 관해서는 사업시행자만이 재결을 신청할 수 있고 토지소유자와 관계인은 사업시행자에게 재결신청을 청구하도록 규정하고 있으므로, 토지소유자나 관계인의 재결신청 청구에도 사업시행자가 재결신청을 하지 않을 때 토지소유자나 관계인은 사업시행자를 상대로 거부처분 취소소송 또는 부작위 위법확인소송의 방법으로 다투어야 한다. 구체적인 사안에서 토지소유자나 관계인의 재결신청 청구가 적법하여 사업시행자가 재결신청을 할 의무가 있는지는 본안에서 사업시행자의 거부처분이나 부작위가 적법한가를 판단하는 단계에서 고려할 요소이지, 소송요건 심사단계에서 고려할 요소가 아니다.

설문 2

대판 2011.10.13, 2009다43461[농업손실보상금]

구 공익사업을 위한 토지 등의 취득 및 보상에 관한 법률(2007.10.17. 법률 제8665호로 개정되기 전의 것, 이하 '구 공익사업법'이라 한다) 제77조 제2항은 "농업의 손실에 대하여는 농지의 단위면적당 소득 등을 참작하여 보상하여야 한다."고 규정하고, 같은 조 제4항은 "제1항 내지 제3항의 규정에 의한 보상액의 구체적인 산정 및 평가방법과 보상기준은 건설교통부령으로 정한다."고 규정하고 있으며, 이에 따라 구 공익사업을 위한 토지 등의 취득 및 보상에 관한 법률 시행규칙(2007.4.12. 건설교통부령 제556호로 개정되기 전의 것)은 농업의 손실에 대한 보상(제48조), 축산업의 손실에 대한 평가(제49조), 잠업의 손실에 대한 평가(제50조)에 관하여 규정하고 있다. 위 규정들에 따른 농업손실보상청구권은 공익사업의 시행 등 적법한 공권력의 행사에 의한 재산상의 특별한 희생에 대하여 전체적인 공평부담의 견지에서 공익사업의 주체가 그 손해를 보상하여 주는 손실보상의 일종으로 공법상의 권리임이 분명하므로 그에 관한 쟁송은 민사소송이 아닌 행정소송절차에 의하여야 할 것이고, 위 규정들과 구 공익사업법 제26조, 제28조, 제30조, 제34조, 제50조, 제61조, 제83조 내지 제85조의 규정 내용 및 입법 취지 등을 종합하여 보면, 공익사업으로 인하여 농업의 손실을 입게 된 자가 사업시행자로부터 구 공익사업법 제77조 제2항에 따라 농업손실에 대한 보상을 받기 위해서는 구 공익사업법 제34조, 제50조 등에 규정된 재결절차를 거친 다음 그 재결에 대하여 불복이 있는 때에 비로소 구 공익사업법 제83조 내지 제85조에 따라 권리구제를 받을 수 있다.

대판 2019.8.29, 2018두57865[수용재결신청청구거부처분취소]

공익사업을 위한 토지 등의 취득 및 보상에 관한 법률(이하 '토지보상법'이라고 한다) 제26조, 제28조, 제30조, 제34조, 제50조, 제61조, 제83조 내지 제85조의 규정 내용 및 입법 취지 등을 종합하면, 공익사업으로 인하여 농업의 손실을 입게 된 자가 사업시행자로부터 토지보상법 제77조 제2항에 따라 농업손실에 대한 보상을 받기 위해서는 토지보상법 제34조, 제50조 등에 규정된 재결절차를 거친 다음 그 재결에 대하여 불복이 있는 때에 비로소 토지보상법 제83조 내지 제85조에 따라 권리구제를 받을 수 있을 뿐, 이러한 재결절차를 거치지 않은 채 곧바로 사업시행자를 상대로 손실보상을 청구하는 것은 허용되지 않는다.

설문 3

대판 2010.8.19, 2008두822[토지수용이의재결처분취소등]

[1] 구 '공익사업을 위한 토지 등의 취득 및 보상에 관한 법률'(2007.10.17. 법률 제8665호로 개정되기 전의 것) 제74조 제1항에 규정되어 있는 잔여지 수용청구권은 손실보상의 일환으로 토지소유자에게 부여되는 권리로서 그 요건을 구비한 때에는 잔여지를 수용하는 토지수용위원회의 재결이 없더라도 그 청구에 의하여 수용의 효과가 발생하는 형성권적 성질을 가지므로, 잔여지 수용청구를 받아들이지 않은 토지수용위원회의 재결에 대하여 토지소유자가 불복하여 제기하는 소송은 위 법 제85조 제2항에 규정되어 있는 '보상금의 증감에 관한 소송'에 해당하여 사업시행자를 피고로 하여야 한다.

[2] 구 '공익사업을 위한 토지 등의 취득 및 보상에 관한 법률'(2007.10.17. 법률 제8665호로 개정되기 전의 것) 제74조 제1항에 의하면, 잔여지 수용청구는 사업시행자와 사이에 매수에 관한 협의가 성립되지 아니한 경우 일단의 토지의 일부에 대한 관할 토지수용위원회의 수용재결이 있기 전까지 관할 토지수용위원회에 하여야 하고, 잔여지 수용청구권의 행사기간은 제척기간으로서, 토지소유자가 그 행사기간 내에 잔여지 수용청구권을 행사하지 아니하면 그 권리가 소멸한다. 또한 위 조항의 문언 내용 등에 비추어 볼 때, 잔여지 수용청구의 의사표시는 관할 토지수용위원회에 하여야 하는 것으로서, 관할 토지수용위원회가 사업시행자에게 잔여지 수용청구의 의사표시를 수령할 권한을 부여하였

다고 인정할 만한 사정이 없는 한, 사업시행자에게 한 잔여지 매수청구의 의사표시를 관할 토지수용위원회에 한 잔여지 수용청구의 의사표시로 볼 수는 없다.

대판 2005.1.28, 2002두4679[토지수용이의재결처분취소등]

구 토지수용법(1999.2.8. 법률 제5909호로 개정되기 전의 것) 제48조 제1항에서 규정한 '종래의 목적'이라 함은 수용재결 당시에 당해 잔여지가 현실적으로 사용되고 있는 구체적인 용도를 의미하고, '사용하는 것이 현저히 곤란한 때'라고 함은 물리적으로 사용하는 것이 곤란하게 된 경우는 물론 사회적, 경제적으로 사용하는 것이 곤란하게 된 경우, 즉 절대적으로 이용 불가능한 경우만이 아니라 이용은 가능하나 많은 비용이 소요되는 경우를 포함한다.

[물음 1]

Ⅰ 논점의 정리

Ⅱ 관련 행정작용의 검토

1. 협의와 재결신청의 의의
2. 재결신청청구의 의의 및 요건
   (1) 재결신청청구의 의의 및 취지
   (2) 재결신청청구의 요건
3. 재결신청청구 거부 시 거부가 처분이 되기 위한 요건
   (1) 거부가 처분이 되기 위한 요건
   (2) 사안의 경우
4. 재결신청청구 부작위 시 부작위의 의미 및 요건
   (1) 부작위의 의미
   (2) 부작위의 요건
   (3) 사안의 경우

Ⅲ 甲의 불복방법

1. 관련 판례의 태도
2. 검토

Ⅳ 결

[물음 2]

Ⅰ 논점의 정리

Ⅱ 농업손실보상청구권의 의의 및 법적 성질

1. 농업손실보상청구권의 의의 및 근거규정
2. 농업손실보상청구권의 법적 성질
   (1) 학설의 대립
   (2) 판례의 태도
   (3) 검토

Ⅲ 재결을 거치지 않은 채 곧바로 농업손실보상을 청구할 수 있는지

1. 관련 판례의 태도
2. 검토

Ⅳ 결

[물음 3]

Ⅰ 논점의 정리

Ⅱ 잔여지수용청구권의 의의 및 법적 성질

1. 잔여지수용청구권의 의의 및 취지
2. 잔여지수용청구권의 법적 성질

Ⅲ 잔여지수용청구가 인정될 수 있는지

1. 잔여지수용의 요건
   (1) 관련 규정의 검토
   (2) 사안의 경우
2. 잔여지수용청구의 시기
   (1) 관련 규정의 검토
   (2) 사안의 경우

Ⅳ 결

예시답안

[물음 1]에 대하여

Ⅰ 논점의 정리

공익사업을 위한 토지 등의 보상에 관한 법률(이하 '토지보상법')상 지장물에 대한 협의가 이루어지지 않아 甲이 A공사에게 재결신청을 청구하였으나 A공사가 재결신청을 하지 않은 경우, 이러한 A공사의 행위가 거부처분인지, 부작위인지 여부를 검토하고, 이에 대한 甲의 불복방법에 대해 검토한다.

Ⅱ 관련 행정작용의 검토

1. 협의와 재결신청의 의의

① 협의란 공익사업에 대한 사업시행자와 토지소유자 간의 합의로 토지보상법 제16조상 사업인정 전 협의와 토지보상법 제26조상 사업인정 후 협의가 있다. ② 재결신청이란 사업인정고시 후 협의가 성립되지 아니하거나 협의를 할 수 없는 때 사업시행자가 사업인정고시가 있은 날부터 1년 이내에 대통령령으로 정하는 바에 따라 관할 토지수용위원회에 재결을 신청할 수 있는 것으로, 토지보상법 제28조에 규정되어 있다.

2. 재결신청청구의 의의 및 요건

(1) 재결신청청구의 의의 및 취지(토지보상법 제30조)

재결신청청구권은 사업인정 후 협의불성립의 경우에 피수용자가 사업시행자에게 재결신청을 조속히 할 것을 요청할 수 있는 권리를 말한다. 공익사업을 위한 토지 등의 취득 및 보상에 관한 법률(이하 '토지보상법') 제30조에서 재결신청의 청구에 대하여 규정을 두고 있다. 사업시행자는 사업인정 고시 후 1년 이내에 언제든지 재결을 신청할 수 있는 반면에 토지소유자 및 관계인은 재결신청권이 없으므로, 수용을 둘러싼 법률관계의 조속한 확정을 바라는 토지소유자 및 관계인의 이익을 보호하고 수용당사자 간의 공평을 기하기 위한 것이다.

(2) 재결신청청구의 요건

1) 당사자

청구권자는 토지소유자 및 관계인이며, 피청구권자는 토지수용위원회에 재결을 신청할 수 있는 사업시행자가 됨이 원칙이며, 수행업무의 대행자가 있는 경우에는 그 업무대행자에게 신청하여도 된다.

대판 1995.10.13, 94누7232[토지수용재결처분취소]

【판시사항】

가. 토지수용법 제25조의3 제1항 소정 재결신청청구의 형식 및 상대방
나. 토지수용법 제25조의3 제3항 소정 지연보상금의 발생요건

【판결요지】

재결신청청구서에 토지수용법시행령 제16조의2 제1항 각 호 소정의 사유들이 명확히 항목별로 나뉘어 기재되어 있지는 아니하나, 그 내용을 자세히 검토하여 보면 위 청구서에 위 사항이 모두 포함되어 있다고 보일 뿐 아니라, 법이 위와 같은 형식을 요구하는 취지는 토지소유자 등의 의사를 명확히 하려는 데 있고, 재결신청의 청구는 엄격한 형식을 요하지 아니하는 서면행위이고, 따라서 토지소유자 등이 서면에 의하여 재결청구의 의사를 명백히 표시한 이상 같은 법 시행령 제16조의2 제1항 각 호의 사항 중 일부를 누락하였다고 하더라도 위 청구의 효력을 부인할 것은 아니고, 또한 기업자를 대신하여 협의절차의 업무를 대행하고 있는 자가 따로 있는 경우에는 특별한 사정이 없는 한 재결신청의 청구서를 그 업무대행자에게도 제출할 수 있다.

2) 청구의 기간

토지보상법에 따르면 원칙적으로 사업인정고시 후에 사업시행자가 협의기간으로 통지한 기간이 경과하였음에도 불구하고 협의가 성립되지 못한 경우에 재결을 신청할 것을 청구할 수 있다(토지보상법 시행령 제14조 제1항). 따라서 청구의 기간은 협의기간 만료일로부터 재결신청할 수 있는 기간만료일(사업인정 후 1년 이내)까지이다.

3) 청구의 내용 및 형식

청구권의 내용은 사업시행자에게 재결신청을 할 것을 청구하는 것이다. 청구형식은 일정한 사항을 기재한 재결신청청구서를 사업시행자에게 직접 제출 또는 배달증명취급우편물로 우송하는 방법에 의한다.

3. 재결신청청구 거부 시 거부가 처분이 되기 위한 요건

(1) 거부가 처분이 되기 위한 요건(공권신)

거부가 처분이 되기 위한 요건은 판례의 태도에 따라 ① 공권력행사의 거부일 것, ② 거부가 신청인의 권리·의무에 직접적인 영향을 미칠 것, ③ 법규상·조리상 신청권이 있을 것을 요건으로 한다.

대판 2014.7.10, 2012두22966[재결신청거부처분취소]

【판결요지】

행정청이 국민의 신청에 대하여 한 거부행위가 항고소송의 대상이 되는 행정처분으로 되려면, 행정청의 행위를 요구할 법규상 또는 조리상의 신청권이 국민에게 있어야 하고, 이러한 신청권의 근거 없이 한 국민의 신청을 행정청이 받아들이지 아니한 경우에는 거부로 인하여 신청인의 권리

나 법적 이익에 어떤 영향을 주는 것이 아니므로 이를 항고소송의 대상이 되는 행정처분이 라 할 수 없다.

(2) 사안의 경우

A공사가 재결신청을 거부한 것은 공권력 행사에 대한 거부로서, 재결의 조속한 확정을 바라는 토지소유자의 권리의무에 직접적인 영향을 미치며, 토지소유자는 재결신청청구권의 행사가 가능한 바, A공사의 재결신청청구의 거부는 처분에 해당한다고 판단된다.

4. 재결신청청구 부작위 시 부작위의 의미 및 요건

(1) 부작위의 의미

행정심판법 제2조 제2호 및 행정소송법 제2조 제2호에서는 행정심판과 행정소송의 대상이 되는 부작위에 대하여 '행정청이 당사자의 신청에 대하여 상당한 기간 내에 일정한 처분을 하여야 할 법률상 의무가 있음에도 불구하고 이를 하지 아니한 것'이라고 규정하고 있다. 재결신청청구의 부작위란 당사자의 신청(재결신청)에 대하여 상당한 기간 내에 일정한 처분을 하여야 할 법률상 의무가 있음에도 불구하고 이를 하지 아니하는 것을 의미한다.

(2) 부작위의 요건

1) 처분에 대한 당사자의 신청이 있을 것

① 처분에 대한 신청

부작위가 되기 위해서는 처분에 대한 신청이어야 한다. 판례는 비권력적 사실행위 등에 대한 신청은 그 요건을 결한 것으로 본다.

② 신청자에게 법규상 · 조리상 신청권이 필요한지 여부

가. 견해대립

판례는 당사자에게 법규상 · 조리상 신청권이 필요하다고 보며, 이는 대상적격인 동시에 원고적격의 문제로 보고 있다. 학설은 신청권의 존부에 대해 대상적격요건으로 보는 견해와 원고적격의 문제로 보는 견해, 신청권의 존부를 본안판단문제라고 보는 견해가 대립한다.

【판결요지】
부작위위법확인의 소에 있어 당사자가 행정청에 대하여 어떠한 행정행위를 하여 줄 것을 요구할 수 있는 법규상 또는 조리상 권리를 갖고 있지 아니한 경우에는 원고적격이 없거나 항고소송의 대상인 위법한 부작위가 있다고 볼 수 없어 그 부작위위법확인의 소는 부적법하다(대판 1999.12.7, 97누17568).

나. 검토

현행 행정소송법은 신청권에 대응하는 '일정한 처분을 하여야 할 의무'를 부작위의 요소로 규정하고 있는 점과 신청권을 소송요건으로 보게 되면 심리부담의 가중을 덜 수 있다는 점에서 대상적격요건설이 타당하다.

2) 행정청에게 일정한 처분을 할 법률상 의무가 있을 것

'일정한 처분을 할 법률상 의무'의 의미에 대하여 단순히 행정청의 응답의무라고 보는 견해와 신청에 따른 특정한 내용의 처분의무라고 보는 견해가 있다. 판례는 응답의무라고 본다. 생각건대, 특정의무라고 보면 부작위위법확인소송이 의무이행소송으로 변질될 우려가 있어 응답의무로 보는 것이 타당하다.

【판결요지】

부작위위법확인소송은 처분의 신청을 한 자로서 부작위의 위법확인을 구할 법률상 이익이 있는 자만이 제기할 수 있다 할 것이며 이를 통하여 구하는 행정청의 응답행위는 행정소송법 제2조 제1항 제1호 소정의 처분에 관한 것이라야 하므로…(대판 1993.4.23, 92누17099).

3) 상당한 기간 동안 행정청이 아무런 처분도 하지 않을 것

상당한 기간이란 사회통념상 행정청이 해당 신청에 대한 처분을 하는 데 필요한 합리적인 기간을 말한다. 또한 신청에 대하여 가부간에 처분이 행해지지 않았어야 한다.

(3) 사안의 경우

甲은 A공사에게 재결신청청구권에 기하여 재결신청을 청구하였으나, A공사가 아무런 처분을 하지 않고 있는 바, 이는 부작위에 해당한다고 봄이 타당하다.

Ⅲ 甲의 불복방법

1. 관련 판례의 태도

【판결요지】

공익사업을 위한 토지 등의 취득 및 보상에 관한 법률 제28조, 제30조에 따르면, 편입토지 보상, 지장물 보상, 영업·농업 보상에 관해서는 사업시행자만이 재결을 신청할 수 있고 토지소유자와 관계인은 사업시행자에게 재결신청을 청구하도록 규정하고 있으므로, 토지소유자나 관계인의 재결신청 청구에도 사업시행자가 재결신청을 하지 않을 때 토지소유자나 관계인은 사업시행자를 상대로 거부처분 취소소송 또는 부작위 위법확인소송의 방법으로 다투어야 한다(대판 2019.8.29, 2018두57865[수용재결신청청구거부처분취소]).

2. 검토

종전 판례는 민사소송의 방법으로 그 절차의 이행을 구할 수는 없다고 판시하였지만, 최근 판례의 태도에 따르면 甲은 재결신청을 하지 않은 A공사를 상대로 거부처분 취소소송 또는 부작위 위법확인소송의 방법으로 다툴 수 있다고 판단된다.

Ⅳ 결

甲의 재결신청에도 불구하고 재결신청을 하지 않은 A공사의 행위는 거부처분과 부작위에 해당하며, 판례의 태도에 따라 A공사를 상대로 거부처분 취소소송 또는 부작위 위법확인소송의 방법으로 불복할 수 있다고 판단된다. 또한 최근 판례의 태도는 국민의 권리구제 측면에서 타당성이 인정된다고 판단된다.

✔ [물음 2]에 대하여

Ⅰ 논점의 정리

토지소유자 甲이 자신의 토지가 수용되었음을 이유로 A공사를 상대로 토지보상법에 따른 재결절차를 거치지 않은 채 곧바로 농업손실보상을 청구할 수 있는지에 대하여 농업손실보상의 법적 성질과 재결전치주의 관련 판례의 검토를 통해 물음에 답하도록 한다.

Ⅱ 농업손실보상청구권의 의의 및 법적 성질

1. 농업손실보상청구권의 의의 및 근거규정

농업손실보상이란 공익사업시행지구에 편입되는 농지에 대하여 해당 지역의 단위 경작면적당 농작물 수입의 2년분을 보상함을 의미한다. 토지보상법 제77조 및 동법 시행규칙 제48조에 근거규정을 두고 있다.

2. 농업손실보상청구권의 법적 성질

(1) 학설의 대립

손실보상청구권은 원인이 되는 공용침해행위와는 별개의 권리이며 기본적으로 금전지급청구권이므로 사법상의 금전지급청구권과 다르지 않다고 보는 사권설과 손실보상청구권은 공권력 행사인 공용침해로 인하여 발생한 권리이며 공익성이 고려되어야 하므로 공권으로 보아야 한다는 공권설이 대립한다.

(2) 판례의 태도

【판결요지】
구 공익사업을 위한 토지 등의 취득 및 보상에 관한 법률(2007.10.17. 법률 제8665호로 개정되기 전의 것, 이하 '구 공익사업법'이라 한다) 제77조 제2항은 "농업의 손실에 대하여는 농지의 단위면적당 소득 등을 참작하여 보상하여야 한다."고 규정하고, 같은 조 제4항은 "제1항 내지 제3항의 규정에 의한 보상액의 구체적인 산정 및 평가방법과 보상기준은 건설교통부령으로 정한다."고 규정하고 있으며, 이에 따라 구 공익사업을 위한 토지 등의 취득 및 보상에 관한 법률 시행규칙(2007.4.12. 건설교통부령 제556호로 개정되기 전의 것)은 농업의 손실에 대한 보상(제48조), 축산업의 손실에 대한 평가(제49조), 잠업의 손실에 대한 평가(제50조)에 관하여 규정하고 있다. 위 규정들에 따른 농업손실보상청구권은 공익사업의 시행 등 적법한 공권력의 행사에 의한 재산상의 특별한 희생에 대하여 전체적인 공평부담의 견지에서 공익사업의 주체가 그 손해를 보상하여 주는 손실보상의 일종으로 공법상의 권리임이 분명하므로 그에 관한 쟁송은 민사소송이 아닌 행정소송절차에 의하여야 할 것이고, 위 규정들과 구 공익사업법 제26조, 제28조, 제30조, 제34조, 제50조, 제61조, 제83조 내지 제85조의 규정 내용 및 입법 취지 등을 종합하여 보면, 공익사업으로 인하여 농업의 손실을 입게 된 자가 사업시행자로부터 구 공익사업법 제77조 제2항에 따라 농업손실에 대한 보상을 받기 위해서는 구 공익사업법 제34조, 제50조 등에 규정된 재결절차를 거친 다음 그 재결에 대하여 불복이 있는 때에 비로소 구 공익사업법 제83조 내지 제85조에 따라 권리구제를 받을 수 있다(대판 2011.10.13, 2009다43461[농업손실보상금]).

(3) 검토

손실보상은 공법상 원인을 이유로 이루어지고, 개정안에서는 손실보상에 관한 소송을 당사자소송으로 하도록 규정하고 있는 점에 비추어 공권으로 봄이 타당하다고 생각한다.

Ⅲ 재결을 거치지 않은 채 곧바로 농업손실보상을 청구할 수 있는지

1. 관련 판례의 태도

【판결요지】
토지보상법 제26조, 제28조, 제30조, 제34조, 제50조, 제61조, 제83조부터 제85조까지 규정된 내용과 입법 취지 등을 종합하면, 공익사업에 영업시설 일부가 편입됨으로써 잔여 영업시설에 손실을 입은 사람이 사업시행자로부터 토지보상법 시행규칙 제47조 제3항에 따라 잔여 영업시설의 손실에 대한 보상을 받기 위해서는 토지보상법 제34조, 제50조 등에 규정된 재결절차를 밟은 다음 그 재결에 대하여 불복이 있는 때에 비로소 토지보상법 제83조부터 제85조까지 규정된 절차에 따라 권리구제를 받을 수 있다. 이러한 재결절차를 밟지 않은 채 곧바로 사업시행자를 상대로 손실보상을 청구할 수 없다(대판 2011.9.29, 2009두10963 등 참조)(대판 2020.4.9, 2017두275 판결[손실보상금등청구]).

2. 검토

생각건대, 토지보상법 제34조 및 제50조 등에서 재결절차에 대해서 규정하고 있는 점, 재결절차를 거치지 않고 사업시행자를 상대로 손실보상을 청구하는 경우 사업이 지연되어 공익사업의 효율적인 시행을 목적으로 하는 토지보상법의 입법취지에 부합하지 않을 수도 있다는 점을 고려해 본다면, 손실보상을 받기 위해서는 재결절차를 거쳐야 하지, 곧바로 사업시행자를 상대로 손실보상을 청구할 수 없다고 보는 판례의 태도가 타당하다.

Ⅳ 결

농업손실보상은 공법상 원인을 이유로 발생한 손실에 대한 보상으로 공권으로 보아야 하며, 토지보상법에서 재결절차를 규정하고 있는 점, 공익사업의 원활한 시행을 목적으로 하는 토지보상법의 입법취지에 비추어 보아 손실보상을 받기 위해서는 재결절차를 거치지 않은 채 곧바로 농업손실보상을 청구할 수는 없다.

[물음 3]에 대하여

Ⅰ 논점의 정리

공익사업에 수행되고 남은 잔여지에 대한 수용청구를 한 사안에서, 잔여지수용청구권의 법적 성질과 잔여지수용청구요건에 대한 검토를 통해 甲의 잔여지수용청구가 인정될 수 있는지 여부를 검토한다.

Ⅱ 잔여지수용청구권의 의의 및 법적 성질

1. 잔여지수용청구권의 의의 및 취지(토지보상법 제74조)

잔여지수용이란 동일한 토지소유자에게 속하는 일단의 토지의 일부가 협의매수 또는 수용됨으로 인하여 잔여지를 종래의 목적에 사용하는 것이 현저히 곤란한 때에 토지소유자의 청구에 의해 사업시행자가 잔여지를 매수하거나 수용하는 것을 말하며, 잔여지수용청구권이란 잔여지수용을 청구하는 권리를 의미한다. 잔여지수용청구권은 헌법상 정당보상의 원칙과 피수용자의 실질적 권리보호의 취지에서 인정된다.

2. 잔여지수용청구권의 법적 성질

【판결요지】
잔여지 수용청구권은 손실보상의 일환으로 토지소유자에게 부여되는 권리로서 그 요건을 구비한 때에는 잔여지를 수용하는 토지수용위원회의 재결이 없더라도 그 청구에 의하여 수용의 효과가 발생하는 형성권적 성질을 가지므로, 잔여지 수용청구를 받아들이지 않은 토지수용위원회의 재결에 대하여 토지소유자가 불복하여 제기하는 소송은 위 법 제85조 제2항에 규정되어 있는 '보상금의 증감에 관한 소송'에 해당하여 사업시행자를 피고로 하여야 한다(대판 2010.8.19, 2008두822[토지수용이의재결처분취소등]).

Ⅲ 잔여지수용청구가 인정될 수 있는지

1. 잔여지수용의 요건

(1) 관련 규정의 검토

1) 토지보상법 제74조 제1항

동일한 소유자에게 속하는 일단의 토지의 일부가 협의에 의하여 매수되거나 수용됨으로 인하여 잔여지를 종래의 목적에 사용하는 것이 현저히 곤란할 때에는 해당 토지소유자는 사업시행자에게 잔여지를 매수하여 줄 것을 청구할 수 있다.

【판결요지】
구 토지수용법(1999.2.8. 법률 제5909호로 개정되기 전의 것) 제48조 제1항에서 규정한 '종래의 목적'이라 함은 수용재결 당시에 당해 잔여지가 현실적으로 사용되고 있는 구체적인 용도를 의미하고, '사용하는 것이 현저히 곤란한 때'라고 함은 물리적으로 사용하는 것이 곤란하게 된 경우는 물론 사회적, 경제적으로 사용하는 것이 곤란하게 된 경우, 즉 절대적으로 이용 불가능한 경우만이 아니라 이용은 가능하나 많은 비용이 소요되는 경우를 포함한다(대판 2005.1.28, 2002두4679[토지수용이의재결처분취소등]).

2) 토지보상법 시행령 제39조 제1항(잔여지의 판단)

① 대지로서 면적이 너무 적거나 부정형 등의 사유로 건축물을 건축할 수 없거나 건축이 현저히 곤란한 경우, ② 농지로서 농기계의 진입과 회전이 곤란할 정도로 좁고 길게 남거나 부정형등의 사유로 영농이 현저히 곤란한 경우, ③ 교통이 두절되어 사용이나 경작이 불가능한 경우, ④ 이와 유사한 사유로 종래 목적대로 사용이 현저히 곤란한 경우이어야 한다.

3) 토지보상법 시행령 제39조 제2항

잔여지가 제1항 각 호의 어느 하나에 해당하는지를 판단할 때에는 위치, 형상, 이용상황, 용도지역, 공익사업 편입토지의 면적 및 잔여지의 면적 등의 사항을 종합적으로 고려해야 한다.

(2) 사안의 경우

사안의 경우 하우스 딸기농사를 지은 토지부분이 모두 수용됨으로써, 이를 판매하기 위한 농작물직거래판매장으로 운영되기 위한 토지를 종래의 목적대로 사용하는 것이 현저히 곤란하게 되었다고 판단되는 바, 잔여지수용청구권의 요건을 충족한다고 판단된다.

2. 잔여지수용청구의 시기

(1) 관련 규정의 검토(토지보상법 제74조 제1항)

법 제74조 제1항에서는 사업인정 이후에는 관할 토지수용위원회에 수용을 청구할 수 있고, 수용의 청구는 매수에 관한 협의가 성립되지 아니한 경우에만 할 수 있으며, 사업완료일까지 하여야 한다고 규정하고 있다.

(2) 사안의 경우

사안의 경우 협의가 성립되지 않아 사업완료일 전에 관할 토지수용위원회에 잔여지수용을 청구한 것으로서, 잔여지수용청구의 요건을 충족한다.

> **【판결요지】**
> 조항의 문언 내용 등에 비추어 볼 때, 잔여지 수용청구의 의사표시는 관할 토지수용위원회에 하여야 하는 것으로서, 관할 토지수용위원회가 사업시행자에게 잔여지 수용청구의 의사표시를 수령할 권한을 부여하였다고 인정할 만한 사정이 없는 한, 사업시행자에게 한 잔여지 매수청구의 의사표시를 관할 토지수용위원회에 한 잔여지 수용청구의 의사표시로 볼 수는 없다(대판 2010.8.19, 2008두822 [토지수용이의재결처분취소등]).

Ⅳ 결

甲의 일단의 토지 중 일부가 취득됨으로 인하여, 해당 토지를 종래의 목적대로 사용하지 못하게 된 바, 잔여지수용청구의 요건을 충족한다. 따라서 甲의 잔여지수용청구는 인정될 것으로 판단되며, 이에 대하여 불복할 경우에는 잔여지수용청구권은 형성권적 성질을 가지는바 판례의 태도에 따라 사업시행자를 상대로 보상금증감청구소송으로 다툴 수 있다고 판단된다.

甲은 A시에 토지를 소유하고 있다. A시장은 甲의 토지 등의 비교표준지로 A시 소재 일정 토지(2020.1.1. 기준 공시지가는 1㎡당 1,000만원이다)를 선정하고, 甲의 토지 등과 비교표준지의 토지가격비준표상 총 가격배율을 1.00으로 조사함에 따라 甲의 토지의 가격을 1㎡당 1,000만원으로 산정하였다. A시장으로부터 산정된 가격의 검증을 의뢰받은 감정평가사 乙은 甲의 토지가 비교표준지와 비교하여 환경조건, 획지조건 및 기타조건에 열세에 있고, 특히 기타조건과 관련하여 비교표준지는 개발을 위한 거래가 이어지고 있으나, 甲의 토지 등은 개발 움직임이 없다는 점을 '장래의 동향'으로 반영하여 91%의 비율로 열세에 있다고 보아, 비교표준지의 공시지가를 약 83.9%의 비율로 감액한 1㎡당 839만원을 개별공시지가로 정함이 적정하다는 검증의견을 제시하였다. A시장은 A시 부동산가격공시위원회의 심의를 거쳐 이 검증의견을 그대로 받아들여 2020.5.20. 甲의 토지의 개별공시지가를 1㎡당 839만원으로 결정·공시하고, 甲에게 개별통지하였다. 甲은 토지가격비준표에 제시된 토지특성에 기초한 가격배율을 무시하고 乙이 감정평가방식에 따라 독자적으로 지가를 산정하여 제시한 검증의견을 그대로 반영하여 개별공시지가를 결정한 것은 위법하다고 보아, 「부동산 가격공시에 관한 법률」 제11조에 따라 2020.6.15. 이의신청을 제기하였고, 2020.7.10. 이의를 기각하는 내용의 이의신청결과가 甲에게 통지되었다. 다음 물음에 답하시오(아래의 물음은 각 별개의 상황임). 30점

(1) 甲은 2020.9.10. 개별공시지가결정에 대해 취소소송을 제기하였다. 甲이 제기한 취소소송은 제소기간을 준수하였는가? 10점

(2) 甲이 개별공시지가결정에 대해 다투지 않은 채 제소기간이 도과하였고, 이후 甲의 토지에 대해 수용재결이 있었다. 甲이 보상금의 증액을 구하는 소송에서 개별공시지가결정의 위법을 주장하는 경우, 甲의 주장은 인용될 수 있는가? 20점

참조 조문

〈부동산 가격공시에 관한 법률〉

제11조(개별공시지가에 대한 이의신청)

① 개별공시지가에 이의가 있는 자는 그 결정·공시일부터 30일 이내에 서면으로 시장·군수 또는 구청장에게 이의를 신청할 수 있다.

② 시장·군수 또는 구청장은 제1항에 따라 이의신청 기간이 만료된 날부터 30일 이내에 이의신청을 심사하여 그 결과를 신청인에게 서면으로 통지하여야 한다. 이 경우 시장·군수 또는 구청장은 이의신청의 내용이 타당하다고 인정될 때에는 제10조에 따라 해당 개별공시지가를 조정하여 다시 결정·공시하여야 한다.

〈부동산 가격공시에 관한 법률 시행령〉

제18조(개별공시지가의 검증)

① 〈생략〉

② 법 제10조 제5항 본문에 따라 검증을 의뢰받은 감정평가법인등은 다음 각 호의 사항을 검토·확인하고 의견을 제시해야 한다.

1. 비교표준지 선정의 적정성에 관한 사항
2. 개별토지 가격 산정의 적정성에 관한 사항
3. 산정한 개별토지가격과 표준지공시지가의 균형 유지에 관한 사항
4. 산정한 개별토지가격과 인근 토지의 지가와의 균형 유지에 관한 사항
5. 표준주택가격, 개별주택가격, 비주거용 표준부동산가격 및 비주거용 개별부동산가격 산정 시 고려된 토지 특성과 일치하는지 여부
6. 개별토지가격 산정 시 적용된 용도지역, 토지이용상황 등 주요 특성이 공부(公簿)와 일치하는지 여부
7. 그 밖에 시장·군수 또는 구청장이 검토를 의뢰한 사항

〈행정심판법〉

제3조(행정심판의 대상)

① 행정청의 처분 또는 부작위에 대하여는 다른 법률에 특별한 규정이 있는 경우 외에는 이 법에 따라 행정심판을 청구할 수 있다.

〈행정기본법〉

제36조(처분에 대한 이의신청)

④ 이의신청에 대한 결과를 통지받은 후 행정심판 또는 행정소송을 제기하려는 자는 그 결과를 통지받은 날(제2항에 따른 통지기간 내에 결과를 통지받지 못한 경우에는 같은 항에 따른 통지기간이 만료되는 날의 다음 날을 말한다)부터 90일 이내에 행정심판 또는 행정소송을 제기할 수 있다.

설문 1

대판 1993.1.15, 92누12407[개별토지가격결정처분취소등]

토지초과이득세법, 택지소유상한에 관한 법률, 개발이익환수에 관한 법률 및 각 그 시행령이 각 그 소정의 토지초과이득세, 택지초과소유부담금 또는 개발부담금을 산정함에 있어서 기초가 되는 각 토지의 가액을 시장, 군수, 구청장이 지가공시 및 토지 등의 평가에 관한 법률 및 같은 법 시행령에 의하여 정하는 개별공시지가를 기준으로 하여 산정한 금액에 의하도록 규정하고 있고, 시장, 군수, 구청장은 같은 법 제10조 제1항 제6호, 같은 법 시행령 제12조 제1, 2호의 규정에 의하여 각개 토지의 지가를 산정할 의무가 있다고 할 것이므로 시장, 군수, 구청장이 산정하여 한 개별토지가액의 결정은 토지초과이득세, 택지초과소유부담금 또는 개발부담금 산정 등의 기준이 되어 국민의 권리, 의무 내지 법률상 이익에 직접적으로 관계된다고 할 것이고, 따라서 이는 행정소송법 제2조 제1항 제1호 소정의 행정청이 행하는 구체적 사실에 관한 법집행으로서의 공권력행사이어서 행정소송의 대상이 되는 행정처분으로 보아야 할 것이다.

대판 2010.1.28, 2008두19987[개별공시지가결정처분취소]

부동산 가격공시 및 감정평가에 관한 법률 제12조, 행정소송법 제20조 제1항, 행정심판법 제3조 제1항의 규정 내용 및 취지와 아울러 부동산 가격공시 및 감정평가에 관한 법률에 행정심판의 제기를 배제하는 명시적인 규정이 없고 부동산 가격공시 및 감정평가에 관한 법률에 따른 이의신청과 행정심판은 그 절차 및 담당 기관에 차이가 있는 점을 종합하면, 부동산 가격공시 및 감정평가에 관한 법률이 이의신청에 관하여 규정하고 있다고 하여 이를 행정심판법 제3조 제1항에서 행정심판의 제기를 배제하는 '다른 법률에 특별한 규정이 있는 경우'에 해당한다고 볼 수 없으므로, 개별공시지가에 대하여 이의가 있는 자는 곧바로 행정소송을 제기하거나 부동산 가격공시 및 감정평가에 관한 법률에 따른 이의신청과 행정심판법에 따른 행정심판청구 중 어느 하나만을 거쳐 행정소송을 제기할 수 있을 뿐 아니라, 이의신청을 하여 그 결과 통지를 받은 후 다시 행정심판을 거쳐 행정소송을 제기할 수도 있다고 보아야 하고, 이 경우 행정소송의 제소기간은 그 행정심판 재결서 정본을 송달받은 날부터 기산한다.

설문 2

대판 2008.8.21, 2007두13845[토지보상금]

표준지공시지가결정은 이를 기초로 한 수용재결 등과는 별개의 독립된 처분으로서 서로 독립하여 별개의 법률효과를 목적으로 하지만, 표준지공시지가는 이를 인근 토지의 소유자나 기타 이해관계인에게 개별적으로 고지하도록 되어 있는 것이 아니어서 인근 토지의 소유자 등이 표준지공시지가결정 내용을 알고 있었다고 전제하기가 곤란할 뿐만 아니라, 결정된 표준지공시지가가 공시될 당시 보상금 산정의 기준이 되는 표준지의 인근 토지를 함께 공시하는 것이 아니어서 인근 토지 소유자는 보상금 산정의 기준이 되는 표준지가 어느 토지인지를 알 수 없으므로, 인근 토지 소유자가 표준지의 공시지가가 확정되기 전에 이를 다투는 것은 불가능하다. 더욱이 장차 어떠한 수용재결 등 구체적인 불이익이 현실적으로 나타나게 되었을 경우에 비로소 권리구제의 길을 찾는 것이 우리 국민의 권리의식임을 감안하여 볼 때, 인근 토지소유자 등으로 하여금 결정된 표준지공시지가를 기초로 하여 장차 토지보상 등이 이루어질 것에 대비하여 항상 토지의 가격을 주시하고 표준지공시지가결정이 잘못된 경우 정해진 시정절차를 통하여 이를 시정하도록 요구하는 것은 부당하게 높은 주의의무를 지우는 것이고, 위법한 표준지공시지가결정에 대하여 그 정해진 시정절차를 통하여 시정하도록 요구하지 않았다는 이유로 위법한 표준지공시지가를 기초로 한 수용재결 등 후행 행정처분에서 표준지공시지가결정의 위법을 주장할 수 없도록 하는 것은 수인한도를 넘는 불이익을 강요하는 것으로서 국민의 재산권과 재판받을 권리를 보장한 헌법의 이념에도 부합하는 것이 아니다. 따라서 표준지공시지가결정이 위법한 경우에는 그 자체를 행정소송의 대상이 되는 행정처분으로 보아 그 위법 여부를 다툴 수 있음은 물론, 수용보상금의 증액을 구하는 소송에서도 선행처분으로서 그 수용대상 토지 가격 산정의 기초가 된 비교표준지공시지가결정의 위법을 독립한 사유로 주장할 수 있다.

[물음 1]

Ⅰ 논점의 정리

Ⅱ 개별공시지가의 의의 및 법적 성질

1. 개별공시지가의 의의 및 취지
2. 개별공시지가의 법적 성질

Ⅲ 개별공시지가 이의신청이 강학상 이의신청인지

1. 개별공시지가 이의신청과 행정심판의 구별실익
2. 개별공시지가 이의신청과 행정심판의 구별기준
3. 판례의 태도
4. 검토

Ⅳ 취소소송의 제소기간

1. 제소기간의 의미
2. 취소소송의 제소기간
   (1) 관련 규정의 검토
   (2) 사안의 경우

Ⅴ 결

[물음 2]

Ⅰ 논점의 정리

Ⅱ 하자승계 요건 해당 여부

1. 수용재결의 의의 및 법적 성질
2. 하자승계의 의의 및 취지
3. 하자승계의 요건
   (1) 하자승계의 요건
   (2) 사안의 경우

Ⅲ 하자승계가 인정되는지 여부

1. 인정범위
2. 판례의 유형별 검토
3. 사안의 경우

Ⅳ 결

예시답안

[물음 1]에 대하여

I 논점의 정리

개별공시지가 이의신청이 특별법상 행정심판인지, 강학상 이의신청인지 여부 및 취소소송의 제소기간에 대한 검토를 통해 사안의 물음을 해결하도록 한다.

II 개별공시지가의 의의 및 법적 성질

1. 개별공시지가의 의의 및 취지(부동산공시법 제10조)

개별공시지가는 시장, 군수, 구청장이 세금 및 부담금의 부과 등 일정한 행정목적에 활용하기 위하여 공시지가를 기준으로 일정한 절차에 따라 결정 및 공시한 개별토지의 단위면적당 적정가격을 의미한다. 이는 합리적인 과세부담 및 적정가격 형성의 취지에서 인정된다.

2. 개별공시지가의 법적 성질

개별공시지가의 법적 성질에 대해서는 ① 향후 과세처분의 기준이 되어 국민의 권리 및 의무에 직접적인 영향을 미치므로 행정행위성을 갖고, 미리 다투어 법률관계의 조기 확정을 통한 법적 안정성의 확보를 위해 그 처분성을 인정하여야 한다는 '행정행위설', ② 개별공시지가는 국민 재산권에 직접적인 영향이 없고 후행 행정처분의 부과기준으로서 역할을 하는 일반적이며 추상적인 규율에 불과하다는 '행정규칙설', ③ 이외에도 사실행위설, 법규명령을 갖는 고시설 등이 대립한다. 판례는 개별공시지가는 과세의 기준이 되어 국민의 권리 및 의무 내지 법률상 이익에 직접적으로 관계된다 하여 행정소송법상 처분으로 보았고, 판례의 태도는 타당하다고 생각된다.

【판결요지】

토지초과이득세법, 택지소유상한에 관한 법률, 개발이익환수에 관한 법률 및 각 그 시행령이 각 그 소정의 토지초과이득세, 택지초과소유부담금 또는 개발부담금을 산정함에 있어서 기초가 되는 각 토지의 가액을 시장, 군수, 구청장이 지가공시 및 토지 등의 평가에 관한 법률 및 같은 법 시행령에 의하여 정하는 개별공시지가를 기준으로 하여 산정한 금액에 의하도록 규정하고 있고, 시장, 군수, 구청장은 같은 법 제10조 제1항 제6호, 같은 법 시행령 제12조 제1, 2호의 규정에 의하여 각개 토지의 지가를 산정할 의무가 있다고 할 것이므로 시장, 군수, 구청장이 산정하여 한 개별토지가액의 결정은 토지초과이득세, 택지초과소유부담금 또는 개발부담금 산정 등의 기준이 되어 국민의 권리, 의무 내지 법률상 이익에 직접적으로 관계된다고 할 것이고, 따라서 이는 행정소송법 제2조 제1항 제1호 소정의 행정청이 행하는 구체적 사실에 관한 법집행으로서의 공권력행사이어서 행정소송의 대상이 되는 행정처분으로 보아야 할 것이다(대판 1993.1.15, 92누12407[개별토지가격결정처분취소등]).

Ⅲ 개별공시지가 이의신청이 강학상 이의신청인지

1. 개별공시지가 이의신청과 행정심판의 구별실익

행정심판법 제51조에서 행정심판 재청구 금지를 규정하고 있으므로, 개별공시지가 이의신청이 행정심판법상의 행정심판이라면 이의신청을 거쳐 다시 행정심판을 제기할 수 없기 때문이다.

2. 개별공시지가 이의신청과 행정심판의 구별기준

헌법 제107조 제3항에서는 "행정심판의 절차를 법률로 정하되, 사법절차가 준용되어야 한다."라고 규정되어, 개별 법률에서 정하는 이의신청 등이 사법절차가 준용되는 경우에만 행정심판이 될 것이다.

3. 판례의 태도

【판결요지】
부동산 가격공시 및 감정평가에 관한 법률 제12조, 행정소송법 제20조 제1항, 행정심판법 제3조 제1항의 규정 내용 및 취지와 아울러 부동산 가격공시 및 감정평가에 관한 법률에 행정심판의 제기를 배제하는 명시적인 규정이 없고 부동산 가격공시 및 감정평가에 관한 법률에 따른 이의신청과 행정심판은 그 절차 및 담당 기관에 차이가 있는 점을 종합하면, 부동산 가격공시 및 감정평가에 관한 법률이 이의신청에 관하여 규정하고 있다고 하여 이를 행정심판법 제3조 제1항에서 행정심판의 제기를 배제하는 '다른 법률에 특별한 규정이 있는 경우'에 해당한다고 볼 수 없으므로, 개별공시지가에 대하여 이의가 있는 자는 곧바로 행정소송을 제기하거나 부동산 가격공시 및 감정평가에 관한 법률에 따른 이의신청과 행정심판법에 따른 행정심판청구 중 어느 하나만을 거쳐 행정소송을 제기할 수 있을 뿐 아니라, 이의신청을 하여 그 결과 통지를 받은 후 다시 행정심판을 거쳐 행정소송을 제기할 수도 있다고 보아야 하고, 이 경우 행정소송의 제소기간은 그 행정심판 재결서 정본을 송달받은 날부터 기산한다(대판 2010.1.28, 2008두19987[개별공시지가결정처분취소]).

4. 검토

부동산공시법에 개별공시지가 이의신청에 대한 사법절차 준용규정이 없다는 점과 대법원이 제시한 부동산공시법상에 행정심판을 배제하는 명시적인 규정이 없다는 점 등에서 개별공시지가 이의신청은 행정심판이 아닌 행정 내부에 재심사절차로서 제기하는 불복절차에 불과하다고 생각된다. 즉, 부동산공시법상 이의신청이란 강학상 이의신청에 불과하여 특별법상 행정심판에 해당되지 않는다고 판단된다.

Ⅳ 취소소송의 제소기간

1. 제소기간의 의미

제소기간이란 소송을 제기할 수 있는 시간적 간격을 의미하며 제소기간 경과 시 "불가쟁력"이 발생하여 소를 제기할 수 없다. 행정소송법 제20조에서는 처분이 있은 날로부터 1년, 안 날로부터 90일 이내에 소송을 제기해야 한다고 규정하고 있다. 제소기간은 행정의 안정성과 국민의 권리구제를 조화하는 입법정책과 관련된 문제이다.

2. 취소소송의 제소기간

(1) 관련 규정의 검토

〈행정소송법〉

제20조(제소기간)

① 취소소송은 처분 등이 있음을 안 날부터 90일 이내에 제기하여야 한다. 다만, 제18조 제1항 단서에 규정한 경우와 그 밖에 행정심판청구를 할 수 있는 경우 또는 행정청이 행정심판청구를 할 수 있다고 잘못 알린 경우에 행정심판청구가 있은 때의 기간은 재결서의 정본을 송달받은 날부터 기산한다.

② 취소소송은 처분 등이 있은 날부터 1년(第1項 但書의 경우는 裁決이 있은 날부터 1年)을 경과하면 이를 제기하지 못한다. 다만, 정당한 사유가 있는 때에는 그러하지 아니하다.

③ 제1항의 규정에 의한 기간은 불변기간으로 한다.

(2) 사안의 경우

사안의 경우 이의신청이 기각되어 원래의 개별공시지가 결정·공시일인 5월 20일을 기준으로 할 시, 9월 10일 현재 처분이 있음을 안 날로부터 90일이 경과되어 제소기간을 도과하였다고 볼 수 있다. 그러나 이의신청의 결과를 통지받은 날인 7월 10일을 기준으로 할 시, 9월 10일 현재 제소기간을 도과하지 않아 적법한 취소소송의 제기가 된다고 볼 수 있다.

〈행정기본법〉

제36조(처분에 대한 이의신청)

① 행정청의 처분(「행정심판법」 제3조에 따라 같은 법에 따른 행정심판의 대상이 되는 처분을 말한다. 이하 이 조에서 같다)에 이의가 있는 당사자는 처분을 받은 날부터 30일 이내에 해당 행정청에 이의신청을 할 수 있다.

② 행정청은 제1항에 따른 이의신청을 받으면 그 신청을 받은 날부터 14일 이내에 그 이의신청에 대한 결과를 신청인에게 통지하여야 한다. 다만, 부득이한 사유로 14일 이내에 통지할 수 없는 경우에는 그 기간을 만료일 다음 날부터 기산하여 10일의 범위에서 한 차례 연장할 수 있으며, 연장 사유를 신청인에게 통지하여야 한다.

③ 제1항에 따라 이의신청을 한 경우에도 그 이의신청과 관계없이 「행정심판법」에 따른 행정심판 또는 「행정소송법」에 따른 행정소송을 제기할 수 있다.
④ 이의신청에 대한 결과를 통지받은 후 행정심판 또는 행정소송을 제기하려는 자는 그 결과를 통지받은 날(제2항에 따른 통지기간 내에 결과를 통지받지 못한 경우에는 같은 항에 따른 통지기간이 만료되는 날의 다음 날을 말한다)부터 90일 이내에 행정심판 또는 행정소송을 제기할 수 있다.

부칙 〈법률 제17979호, 2021.3.23.〉

제1조(시행일)

이 법은 공포한 날부터 시행한다. 다만, 제22조, 제29조, 제38조부터 제40조까지는 공포 후 6개월이 경과한 날부터 시행하고, 제23조부터 제26조까지, 제30조부터 제34조까지, 제36조 및 제37조는 공포 후 2년이 경과한 날부터 시행한다.

부칙 〈법률 제19148호, 2022.12.27.〉

이 법은 공포 후 6개월이 경과한 날부터 시행한다.

V 결

사안의 경우 처분이 있음을 안 날로부터 90일이 경과되어 취소소송의 제소기간을 준수하였다고 볼 수 없다. 그러나 최근 개정된 행정기본법에 의하면 이의신청의 결과를 통지 받은 날이 제소기간의 기산점이 되는 바, 취소소송의 제소기간을 준수하였다고 볼 수 있다.

✔ [물음 2]에 대하여

I 논점의 정리

수용재결의 절차에서 개별공시지가가 적용되지 아니하고, 개별공시지가와 수용재결은 하자의 승계가 인정되지 않으나, 논리의 전개를 위하여 해당 사안이 하자의 승계의 요건을 충족하는지 여부의 검토를 통해 문제를 해결하도록 한다.

II 하자승계 요건 해당 여부

1. 수용재결의 의의 및 법적 성질

수용재결이란 사업인정고시 이후에 협의가 불성립된 경우 사업시행자의 신청에 의해 관할 토지수용 위원회가 행하는 공용수용의 종국적인 절차를 의미한다(토지보상법 제34조). 수용재결은 행정청인 관할 토지수용위원회가 행하는 구체적인 수용절차에 관한 법집행으로 사업시행자 및 피수용자의 권리의무에 영향을 미치는바, 처분에 해당한다(행정소송법 제2조 제1호). 사업시행자에게 수익적이나, 피수용자에게 침익적인바, 제3자효 행정행위에 해당하며, 토지보상법 제50조에 따라 증액재결을 할 수 있으므로 재량행위에 해당한다.

2. 하자승계의 의의 및 취지

하자승계란 행정행위가 일련의 단계적 절차를 거치는 경우에 선행행위의 위법을 후행행위 단계에서 주장할 수 있는가의 문제이다. 이와 같은 하자승계의 문제는 법적 안정성의 요청과 행정의 법률적합성의 요청의 조화의 문제이다.

3. 하자승계의 요건

(1) 하자승계의 요건

하자승계의 전제요건으로 ① 선행 행정행위와 후행 행정행위가 모두 처분이어야 하고, ② 선행 행정행위는 무효사유가 아닌(무효사유가 있는 경우는 당연히 승계됨) 취소사유에 해당하는 하자가 존재하여야 하며, ③ 후행 행정행위 자체에는 고유한 하자가 없어야 하고, ④ 선행 행정행위에 불가쟁력이 발생하고 있을 것이 요구된다.

(2) 사안의 경우

① 개별공시지가와 수용재결 모두 처분에 해당하며, ② 개별공시지가의 제소기간이 도과하여 불가쟁력이 발생하였다. ③ 토지가격비준표를 무시하고 검증되었다고 하여 바로 위법이라고 볼 수는 없겠으나, 논의의 전개를 위해 개별공시지가 선행 처분은 취소사유로 전제하며, ④ 후행 수용재결에 대한 위법 내용은 별도로 적시됨이 없으나 위법이 없는 것으로 전제하여 하자승계의 요건을 충족한 것으로 보고 논의를 전개하도록 한다.

Ⅲ 하자승계가 인정되는지 여부

1. 인정 범위

(1) 학설의 견해

① 〈전통적인 하자의 승계론〉은 두 개의 행정행위마다 독립적으로 판단되어야 한다는 전제하에 두 개의 행정행위가 동일한 법률효과를 목적으로 하면 하자는 승계되고, 별개의 법률효과를 목적으로 하는 경우에는 하자는 승계되지 않는다고 보는 견해이다.

② 〈구속력이론〉은 행정행위의 하자의 승계문제를 행정행위의 효력 중에서 불가쟁력이 발생한 선행행위의 후행행위에 대한 구속력의 문제로 본다. 즉 구속력이란 선행행위의 내용과 효과가 후행행정행위를 구속함으로써 상대방은 후행행위를 다툼에 있어 선행행위의 내용과 대립되는 주장이나 판단을 할 수 없게 하는 효과를 가진다는 견해이다.

(2) 판례 및 검토

판례는 기본적으로 전통적 승계론의 입장이지만, 별개의 법률효과를 목적으로 하는 경우에도 예측가능성과 수인가능성을 검토하여 개별 사안의 구체적 타당성을 고려하여야 한다고 보았다. 생각건대, 국민의 권리구제 측면에서 보충적으로 〈예측가능성, 수인가능성〉을 고려해 구체적 타당성을 기해야 하는 것이 타당하다고 판단된다.

2. 판례의 유형별 검토

① 하자승계를 인정한 판례에는 미통지된 개별공시지가와 과세처분(93누8542), 비교표준지공시지가 결정과 수용재결(2007두13845)이 있다. 반면 ② 부정한 판례는 사업인정과 수용재결(2009두11607), 사적지정처분과 사업인정(2017두71031), 표준지공시지가와 재산세부과처분취소(2018두50147), 중개사무소 판례(2017두40372)가 있다.

【판결요지】

2개 이상의 행정처분이 연속적 또는 단계적으로 이루어지는 경우 선행처분과 후행처분이 서로 합하여 1개의 법률효과를 완성하는 때에는 선행처분에 하자가 있으면 그 하자는 후행처분에 승계된다. 이러한 경우에는 선행처분에 불가쟁력이 생겨 그 효력을 다툴 수 없게 되더라도 선행처분의 하자를 이유로 후행처분의 효력을 다툴 수 있다. 그러나 선행처분과 후행처분이 서로 독립하여 별개의 법률효과를 발생시키는 경우에는 선행처분에 불가쟁력이 생겨 그 효력을 다툴 수 없게 되면 선행처분의 하자가 중대하고 명백하여 선행처분이 당연무효인 경우를 제외하고는 특별한 사정이 없는 한 선행처분의 하자를 이유로 후행처분의 효력을 다툴 수 없는 것이 원칙이다. 다만 그 경우에도 선행처분의 불가쟁력이나 구속력이 그로 인하여 불이익을 입게 되는 자에게 수인한도를 넘는 가혹함을 가져오고, 그 결과가 당사자에게 예측가능한 것이 아니라면, 국민의 재판받을 권리를 보장하고 있는 헌법의 이념에 비추어 선행처분의 후행처분에 대한 구속력을 인정할 수 없다(대판 2019.1.31, 2017두40372[중개사무소의 개설등록취소처분취소]).

3. 사안의 경우

① 개별공시지가와 수용재결은 별개의 법률효과를 목적으로 하며, ② 개별공시지가에 대한 결정·공시가 있었던 점 등으로 미루어 보아 수인가능성과 예측가능성 여부 또한 문제되지 않는다고 판단된다. 따라서 사안의 경우 하자승계의 요건을 충족하지 못한다.

【판결요지】

표준지공시지가결정은 이를 기초로 한 수용재결 등과는 별개의 독립된 처분으로서 서로 독립하여 별개의 법률효과를 목적으로 하지만, 표준지공시지가는 이를 인근 토지의 소유자나 기타 이해관계인에게 개별적으로 고지하도록 되어 있는 것이 아니어서 인근 토지의 소유자 등이 표준지공시지가결정 내용을 알고 있었다고 전제하기가 곤란할 뿐만 아니라, 결정된 표준지공시지가가 공시될 당시 보상금 산정의 기준이 되는 표준지의 인근 토지를 함께 공시하는 것이 아니어서 인근 토지소유자는 보상금 산정의 기준이 되는 표준지가 어느 토지인지를 알 수 없으므로, 인근 토지소유자가 표준지의 공시지가가 확정되기 전에 이를 다투는 것은 불가능하다. 더욱이 장차 어떠한 수용재결 등 구체적인 불이익이 현실적으로 나타나게 되었을 경우에 비로소 권리구제의 길을 찾는 것이 우리 국민의 권리의식임을 감안하여 볼 때, 인근 토지소유자 등으로 하여금 결정된 표준지공시지가를 기초로 하여 장차 토지보상 등이 이루어질 것에 대비하여 항상 토지의 가격을 주시하고 표준지공시지가결정이 잘못된 경우 정해진 시정절차를 통하여 이를 시정하도록 요구하는 것은 부당하게 높은 주의의무를 지우는 것이고, 위법한 표준지공시지가결정에 대하여 그 정해진 시정절차를 통하여 시정하도록 요구하지 않았다는 이유로 위법한 표준지공시지가를 기초로 한 수용재결 등 후행 행정처분에서 표준지공시지가결정의 위법을 주장할 수 없도록 하는 것은 수인한도를 넘는 불이익을 강요하는 것으로서 국민의 재산권과 재판받을 권리를 보장한 헌법의 이념에도 부합하는 것이 아니다. 따라서 표준지공시지가결정이 위법한 경우에는 그 자체를 행정소송의 대상이 되는 행정처분으로 보아 그 위법 여부를 다툴 수 있음은 물론, 수용보상금의 증액을 구하는 소송에서도 선행처분으로서 그 수용대상 토지 가격 산정의 기초가 된 비교표준지공시지가결정의 위법을 독립한 사유로 주장할 수 있다(대판 2008.8.21, 2007두13845[토지보상금]).

Ⅳ 결

사안의 경우 하자승계의 요건을 충족하지 못하는바, 보상금의 증액을 구하는 소송에서 개별공시지가결정의 위법을 주장하는 甲의 주장은 인용될 수 없다고 판단된다.

문제 **03**

감정평가사 甲과 乙은 「감정평가 및 감정평가사에 관한 법률」에 따른 감정평가준칙을 위반하여 감정평가를 하였음을 이유로 업무정지처분을 받게 되었으나, 국토교통부장관은 그 업무정지처분이 「부동산 가격공시에 관한 법률」에 따른 표준지공시지가 공시 등의 업무를 정상적으로 수행하는 데에 지장을 초래할 우려가 있음을 들어, 2021.4.1. 甲과 乙에게 업무정지처분을 갈음하여 각 3천만원의 과징금을 부과하였다. 다음 물음에 답하시오. 20점

(1) 甲은 부과된 과징금이 지나치게 과중하다는 이유로 국토교통부장관에게 이의신청을 하였고, 이에 대해서 국토교통부장관은 2020.4.30. 갑에 대하여 과징금을 2천만원으로 감액하는 결정을 하였다. 갑은 감액된 2천만원의 과징금도 과중하다고 생각하여 과징금부과처분의 취소를 구하는 소를 제기하고자 한다. 이 경우 甲이 취소를 구하여야 하는 대상은 무엇인지 검토하시오. 10점

(2) 乙은 2021.6.1. 자신에 대한 3천만원의 과징금부과처분의 취소를 구하는 소를 제기하였다. 이에 대한 심리 결과 법원이 적정한 과징금 액수는 1천5백만원이라고 판단하였을 때, 법원이 내릴 수 있는 판결의 내용에 관하여 검토하시오. 10점

참조 조문

〈감정평가법〉

제41조(과징금의 부과)

① 국토교통부장관은 감정평가법인등이 제32조 제1항 각 호의 어느 하나에 해당하게 되어 업무정지처분을 하여야 하는 경우로서 그 업무정지처분이 「부동산 가격공시에 관한 법률」 제3조에 따른 표준지공시지가의 공시 등의 업무를 정상적으로 수행하는 데에 지장을 초래하는 등 공익을 해칠 우려가 있는 경우에는 업무정지처분을 갈음하여 5천만원(감정평가법인인 경우는 5억원) 이하의 과징금을 부과할 수 있다.

② 국토교통부장관은 제1항에 따른 과징금을 부과하는 경우에는 다음 각 호의 사항을 고려하여야 한다.
1. 위반행위의 내용과 정도
2. 위반행위의 기간과 위반횟수
3. 위반행위로 취득한 이익의 규모

③ 국토교통부장관은 이 법을 위반한 감정평가법인이 합병을 하는 경우 그 감정평가법인이 행한 위반행위는 합병 후 존속하거나 합병으로 신설된 감정평가법인이 행한 행위로 보아 과징금을 부과·징수할 수 있다.

④ 제1항부터 제3항까지에 따른 과징금의 부과기준 등에 필요한 사항은 대통령령으로 정한다.

[물음 1]

Ⅰ 논점의 정리

Ⅱ 과징금부과처분의 의의 및 법적 성질

1. 과징금부과처분의 의의 및 구별개념
2. 과징금부과처분의 법적 성질

Ⅲ 2천만원으로 감액한 과징금 부과처분의 소의 대상

1. 학설의 견해
2. 판례의 태도
3. 검토
4. 사안의 경우

Ⅳ 결

[물음 2]

Ⅰ 논점의 정리

Ⅱ 일부취소판결의 가능성

1. 학설의 견해
2. 판례의 태도
3. 검토
4. 사안의 경우

Ⅲ 결

예시답안

[물음 1]에 대하여

Ⅰ 논점의 정리

국토교통부장관에게 이의신청을 하였고, 이에 대해 국토교통부장관이 과징금을 2천만원으로 감액하는 결정을 한 것에 대해 甲이 과징금부과처분의 취소를 구하는 소를 제기하고자 하는 경우 소의 대상에 대해 학설과 판례의 태도를 통해 이를 검토하도록 한다.

Ⅱ 과징금부과처분의 의의 및 법적 성질

1. 과징금부과처분의 의의 및 구별개념(감정평가법 제41조)

과징금은 행정법상 의무위반 행위로 얻은 경제적 이익을 박탈하기 위한 금전상 제재금을 말한다. 과징금은 의무이행의 확보수단으로써 가해진다는 점에서 의무위반에 대한 벌인 과태료와 구별된다.

2. 과징금부과처분의 법적 성질

감정평가법상 과징금은 계속적인 공적업무수행을 위하여 업무정지처분에 갈음하여 부과되는 것으로 변형된 과징금에 속한다. 이는 인허가 철회나 정지처분으로 인해 발생하는 국민생활 불편이나 공익을 고려함에 취지가 인정된다. 과징금 부과행위는 과징금 납부의무를 명하는 행위이므로 급부하명에 해당한다. 또한 감정평가법 제41조에서는 "과징금을 부과할 수 있다."고 규정하고 있으므로 법문언의 규정형식상 재량행위에 해당한다.

Ⅲ 2천만원으로 감액한 과징금 부과처분의 소의 대상

1. 학설의 견해(변경처분 시 소의 대상)

① 〈병존설〉 양자 모두 독립된 처분이므로 항고소송의 대상이라는 견해, ② 〈흡수설〉 원처분은 변경처분에 흡수되어 변경처분(일부취소처분)만이 항고소송의 대상이라는 견해, ③ 〈역흡수설〉 변경처분(일부취소처분)은 원처분에 흡수되어 변경된 원처분만이 항고소송의 대상이라는 견해가 있다.

2. 판례의 태도

【판결사항】
행정청이 산업재해보상보험법에 의한 보험급여 수급자에 대하여 부당이득 징수결정을 한 후 그 하자를 이유로 징수금 액수를 감액하는 경우, 징수의무자에게 감액처분의 취소를 구할 소의 이익이 있는지 여부(소극) 및 감액처분으로도 아직 취소되지 않고 남은 부분을 다투고자 하는 경우 항고소송의 대상과 제소기간 준수 여부의 판단 기준이 되는 처분(=당초 처분)

【판결요지】
행정청이 산업재해보상보험법에 의한 보험급여 수급자에 대하여 부당이득 징수결정을 한 후 징수결정의 하자를 이유로 징수금 액수를 감액하는 경우에 감액처분은 감액된 징수금 부분에 관해서만 법적 효과가 미치는 것으로서 당초 징수결정과 별개 독립의 징수금 결정처분이 아니라 그 실질은 처음 징수결정의 변경이고, 그에 의하여 징수금의 일부취소라는 징수의무자에게 유리한 결과를 가져오는 처분이므로 징수의무자에게는 그 취소를 구할 소의 이익이 없다. 이에 따라 감액처분으로도 아직 취소되지 않고 남아 있는 부분이 위법하다 하여 다투고자 하는 경우, 감액처분을 항고소송의 대상으로 할 수는 없고, 당초 징수결정 중 감액처분에 의하여 취소되지 않고 남은 부분을 항고소송의 대상으로 할 수 있을 뿐이며, 그 결과 제소기간의 준수 여부도 감액처분이 아닌 당초 처분을 기준으로 판단해야 한다(대판 2012.9.27, 2011두27247[부당이득금부과처분취소]).

3. 검토

판례의 태도와 같이 변경처분(일부취소처분)은 원처분을 변경하는 행위로서 독립된 행위가 아닌바, 변경된 원처분을 항고소송의 대상으로 봄이 타당하다고 판단된다.

4. 사안의 경우

사안의 경우 2020.4.30. 과징금을 2천만원으로 감액하는 결정을 한바, 변경된 원처분인 2천만원을 소송의 대상으로 하는 것이 타당하다고 판단된다.

Ⅳ 결

변경된 원처분인 2천만원 과징금 부과처분을 소송의 대상으로 하되, 부가적으로 제소기간은 4월 30일을 기준으로 보는 것이 타당하다고 보인다.

[물음 2]에 대하여

Ⅰ 논점의 정리

乙은 3천만원의 과징금부과처분의 취소를 구하는 소를 제기하였고, 이에 대한 심리결과 법원이 적정한 과징금의 액수를 1천5백만원이라고 판단하였을 때, 1천5백만원의 과징금부과처분을 변경하기 위해서는 일부취소판결이 가능한지 문제되는 바, 이하 관련 학설과 판례의 태도를 통해 판결의 내용을 검토하도록 한다.

Ⅱ 일부취소판결의 가능성

1. 학설의 견해

청구의 일부분에만 위법이 있는 경우, 일부취소를 할 것인가, 아니면 전부취소를 할 것인가에 대한 견해가 대립한다.

2. 판례의 태도

(1) 일부취소를 인정한 판례

이러한 판결은 금전 관련 사건에서 빈번히 나타난다. 외형상 하나의 행정처분이라 하더라도 가분성이 있거나 그 처분대상의 일부가 특정될 수 있다면 그 일부만의 취소가 가능하다.

【판결사항】
개발부담금부과처분 취소소송에 있어서 취소의 범위
【판결요지】
개발부담금부과처분 취소소송에 있어 당사자가 제출한 자료에 의하여 적법하게 부과될 정당한 부과금액이 산출할 수 없을 경우에는 부과처분 전부를 취소할 수밖에 없으나, 그렇지 않은 경우에는 그 정당한 금액을 초과하는 부분만 취소하여야 한다(대판 2004.7.22, 2002두11233[개발부담금부과처분취소]).

(2) 일부취소를 부정한 판례

영업정지처분등이 재량권 남용에 해당한다고 판단될 때에는 위법한 처분으로서 그 처분의 취소를 명할 수 있을 따름이고, 재량권의 범위 내에서 어느 정도가 적정한 영업정지기간인가를 가리는 일은 사법심사의 범위를 벗어난다.

【판결사항】
행정청이 과징금 부과처분을 한 후 부과처분의 하자를 이유로 감액처분을 한 경우, 감액된 부분에 대한 부과처분 취소청구가 적법한지 여부(소극)

【판결요지】
행정처분을 한 처분청은 처분에 하자가 있는 경우에는 별도의 법적 근거가 없더라도 스스로 이를 취소하거나 변경할 수 있는바, 과징금 부과처분에서 행정청이 납부의무자에 대하여 부과처분을 한 후 부과처분의 하자를 이유로 과징금의 액수를 감액하는 경우에 감액처분은 감액된 과징금 부분에 관하여만 법적 효과가 미치는 것으로서 당초 부과처분과 별개 독립의 과징금 부과처분이 아니라 실질은 당초 부과처분의 변경이고, 그에 의하여 과징금의 일부취소라는 납부의무자에게 유리한 결과를 가져오는 처분이므로 당초 부과처분이 전부 실효되는 것은 아니다. 따라서 감액처분에 의하여 감액된 부분에 대한 부과처분 취소청구는 이미 소멸하고 없는 부분에 대한 것으로서 소의 이익이 없어 부적법하다(대판 2017.1.12, 2015두2352[시정명령 및 과징금납부명령취소]).

3. 검토

권력분립의 원칙과 행정청의 판단권을 존중하여 일부취소판결을 부정하는 것이 일면 타당하나, 가분성과 특정성 여부에 따라 일부취소판결 여부를 결정하는 것이 타당하다고 판단된다.

4. 사안의 경우

당초 부과된 3천만원의 과징금부과처분 중 1천5백만원의 과징금부과처분을 변경하기 위해서는 과징금부과처분은 상기 검토한 바와 같이 재량행위이며, 사안의 경우 업무정지처분에 갈음하여 부과된 변형된 과징금은 가분성과 특정성이 인정되기 어렵다고 판단된다. 따라서 일부취소판결은 불가하고, 전부취소를 하여야 할 것으로 판단된다.

Ⅲ 결

사안의 경우 1천5백만원에 대한 일부취소판결이 불가한 바, 법원은 3천만원의 과징금 부과처분 전체를 취소하는 판결을 하는 것이 타당하다고 판단된다.

문제 04

「감정평가 및 감정평가사에 관한 법률」 제25조에 따른 감정평가법인등의 '성실의무 등'의 내용을 서술하시오. 10점

참조 조문

〈감정평가법〉

제25조(성실의무 등)

① 감정평가법인등(감정평가법인 또는 감정평가사사무소의 소속 감정평가사를 포함한다. 이하 이 조에서 같다)은 제10조에 따른 업무를 하는 경우 품위를 유지하여야 하고, 신의와 성실로써 공정하게 하여야 하며, 고의 또는 중대한 과실로 업무를 잘못하여서는 아니 된다.

② 감정평가법인등은 자기 또는 친족 소유, 그 밖에 불공정하게 제10조에 따른 업무를 수행할 우려가 있다고 인정되는 토지 등에 대해서는 그 업무를 수행하여서는 아니 된다.

③ 감정평가법인등은 토지 등의 매매업을 직접 하여서는 아니 된다.

④ 감정평가법인등이나 그 사무직원은 제23조에 따른 수수료와 실비 외에는 어떠한 명목으로도 그 업무와 관련된 대가를 받아서는 아니 되며, 감정평가 수주의 대가로 금품 또는 재산상의 이익을 제공하거나 제공하기로 약속하여서는 아니 된다.

⑤ 감정평가사, 감정평가사가 아닌 사원 또는 이사 및 사무직원은 둘 이상의 감정평가법인(같은 법인의 주·분사무소를 포함한다) 또는 감정평가사사무소에 소속될 수 없으며, 소속된 감정평가법인 이외의 다른 감정평가법인의 주식을 소유할 수 없다.

⑥ 감정평가법인등이나 사무직원은 제28조의2에서 정하는 유도 또는 요구에 따라서는 아니 된다.

제26조(비밀엄수)

감정평가법인등(감정평가법인 또는 감정평가사사무소의 소속 감정평가사를 포함한다. 이하 이 조에서 같다)이나 그 사무직원 또는 감정평가법인등이었거나 그 사무직원이었던 사람은 업무상 알게 된 비밀을 누설하여서는 아니 된다. 다만, 다른 법령에 특별한 규정이 있는 경우에는 그러하지 아니하다.

제27조(명의대여 등의 금지)

① 감정평가사 또는 감정평가법인등은 다른 사람에게 자기의 성명 또는 상호를 사용하여 제10조에 따른 업무를 수행하게 하거나 자격증·등록증 또는 인가증을 양도·대여하거나 이를 부당하게 행사하여서는 아니 된다.

② 누구든지 제1항의 행위를 알선해서는 아니 된다.

Ⅰ 개설

Ⅱ 감정평가법 제25조의 구체적인 내용

1. 감정평가법인등의 성실의무
2. 관련 판례의 태도

Ⅲ 감정평가법 제26조 및 제27조

1. 감정평가법 제26조
2. 감정평가법 제27조

Ⅳ 결

예시답안

Ⅰ 개설

국민의 재산권 보호와 국가경제 발전을 위해서는 공정한 감정평가가 이루어져야 한다. 따라서 감정평가 및 감정평가사에 관한 법률(이하 '감정평가법')에서 감정평가법인등은 토지 등의 평가권을 가짐과 동시에 토지 등에 대하여 공정하게 평가업무를 수행하여야 할 의무를 부담한다. 이하에서는 이와 관련하여 감정평가법인등의 성실의무 등에 대하여 설명하고자 한다.

Ⅱ 감정평가법 제25조의 구체적인 내용

1. 감정평가법인등의 성실의무(감정평가법 제25조 및 제4조 제2항)

감정평가법 제25조는 감정평가법인등은 감정평가업무를 행함에 있어 품위를 유지하여야 하고 신의와 성실로써 공정하게 하여야 하며, 고의 또는 중대한 과실로 업무를 잘못할 수 없는 등의 의무를 부담한다고 규정하고 있으며, 동법 제4조 제2항은 감정평가사는 공공성을 지닌 가치평가 전문직으로서 공정하고 객관적으로 그 직무를 수행한다고 규정하고 있다.

2. 관련 판례의 태도

【판결요지】

[1] 부동산 가격공시 및 감정평가에 관한 법률, 감정평가에 관한 규칙의 취지를 종합해 볼 때, 감정평가사가 대상물건의 평가액을 가격조사 시점의 정상가격이 아닌 특수한 조건을 반영한 가격 또는 현재가 아닌 시점의 가격을 기준으로 정하는 경우에, 반드시 그 조건 또는 시점을 분명히 하고, 특히 특수한 조건이 수반된 미래 시점의 가격이라면 그 조건과 시점을 모두 밝힘으로써, 감정평가서를 열람하는 자가 제시된 감정가를 정상가격 또는 가격조사 시점의 가격으로 오인하지 않도록 해야 한다.

[2] 감정평가에 관한 규칙 제8조 제5호, 부동산 가격공시 및 감정평가에 관한 법률 제37조 제1항 및 관계 법령의 취지를 종합해 보면, 감정평가사는 공정하고 합리적인 평가액의 산정을 위하여 성실하고 공정하게 자료검토 및 가격형성요인 분석을 해야 할 의무가 있고, 특히 특수한 조건을 반영하거나 현재가 아닌 시점의 가격을 기준으로 하는 경우에는 제시된 자료와 대상물건의 구체적인 비교·분석을 통하여 평가액의 산출근거를 논리적으로 밝히는 데 더욱 신중을 기하여야 한다. 만약 위와 같이 하는 것이 곤란한 경우라면 감정평가사로서는 자신의 능력에 의한 업무수행이 불가능하거나 극히 곤란한 경우로 보아 대상물건에 대한 평가를 하지 말아야 하지 구체적이고 논리적인 가격형성요인의 분석이 어렵다고 하여 자의적으로 평가액을 산정해서는 안 된다.

(출처 : 대판 2012.4.26, 2011두14715[징계처분취소])

Ⅲ 감정평가법 제26조 및 제27조

1. 감정평가법 제26조(비밀엄수)

감정평가법인등이나 그 사무직원 또는 감정평가법인등이었거나 그 사무직원이었던 사람은 업무상 알게 된 비밀을 누설하여서는 아니 된다. 다만, 다른 법령에 특별한 규정이 있는 경우에는 그러하지 아니하다.

2. 감정평가법 제27조(명의대여 등의 금지)

(1) 관련 규정의 검토

감정평가법인등은 다른 사람에게 자기의 성명 또는 상호를 사용하여 감정평가법 제10조에 다른 업무를 수행하게 하거나 자격증·등록증 또는 인가증을 양도·대여하거나 이를 부당하게 행사하여서는 아니 된다.

(2) 관련 판례의 태도

【판결요지】

부동산 가격공시 및 감정평가에 관한 법률 제37조 제2항에 의하면, 감정평가업자는 다른 사람에게 자격증·등록증 또는 인가증을 양도 또는 대여하거나 이를 부당하게 행사해서는 안 된다. 여기에서 '자격증 등을 부당하게 행사'한다는 것은 감정평가사 자격증 등을 본래의 용도가 아닌 다른 용도로 행사하거나, 본래의 행사목적을 벗어나 감정평가업자의 자격이나 업무범위에 관한 법의 규율을 피할 목적으로 이를 행사하는 경우도 포함한다. 따라서 감정평가사가 감정평가법인에 가입한다는 명목으로 자신의 감정평가사 등록증 사본을 가입신고서와 함께 한국감정평가협회에 제출하였으나, 실제로는 자신의 감정평가경력을 부당하게 인정받는 한편, 소속 감정평가법인으로 하여금 설립과 존속에 필요한 감정평가사의 인원수만 형식적으로 갖추게 하거나 법원으로부터 감정평가 물량을 추가로 배정받을 수 있는 자격을 얻게 할 목적으로 감정평가법인에 소속된 외관만을 작출하였을 뿐 해당 감정평가법인 소속 감정평가사로서의 감정평가업무나 이와 밀접한 관련이 있는 업무를 수행할 의사가 없었다면, 이는 감정평가사 등록증을 그 본래의 행사목적을 벗어나 감정평가업자의 자격이나 업무범위에 관한 법의 규율을 피할 목적으로 행사함으로써 자격증 등을 부당하게 행사한 것이라고 볼 수 있다(대판 2013.10.31, 2013두11727[징계(업무정지)처분취소]).

(3) 명의대여와 부당행사의 구분

감정평가법령과 대법원 판례에서는 명의대여와 부당행사에 대해서 구분하고 있다. 특히 명의대여의 경우에는 예를 들어 홍길동 감정평가사의 명의를 한석봉이라는 사람이 홍길동 감정평가사인 양 행사하면서 감정평가행위를 하는 것을 명의대여라고 하고, 부당행사는 감정평가법인 설립의 감정평가사 구성원이 5인인데 금융기관에 근무하는 A 감정평가사가 감정평가법인에 소속되어 그 구성원의 숫자만 맞추고 있는 경우에 이를 두고 부당행사라고 한다. 즉 대법원 판례에서는 부당행사에 대하여 소속 감정평가법인으로 하여금 설립과 존속에 필요한 감정평가사의 인원수만 형식적으로 갖추게 하거나 법원으로부터 감정평가 물량을 추가로 배정받을 수 있는 자격을 얻게 할 목적으로 감정평가법인에 소속된 외관만을 작출하였을 뿐 해당 감정평가법인 소속 감정평가사로서의 감정평가업무나 이와 밀접한 관련이 있는 업무를 수행할 의사가 없었다면, 이는 감정평가사 등록증을 그 본래의 행사목적을 벗어나 감정평가업자의 자격이나 업무범위에 관한 법의 규율을 피할 목적으로 행사함으로써 자격증 등을 부당하게 행사한 것이라고 볼 수 있다고 판시하고 있다.

Ⅳ 결

이러한 성실의무위반 등이 있는 때에는 행정형벌(감정평가법 제49조 및 제50조)을 받게 되며, 공적업무 수행 시 공무원에 의제되어 뇌물수뢰죄가 적용된다. 감정평가는 국민의 경제에 미치는 영향이 크기 때문에 감정평가업무 수행 시에는 성실의무를 준수하도록 노력하여야 할 것이다.

Chapter 05

2020년 제31회 기출문제 분석

문제 01

A시 시장 甲은 1990년에 「자연공원법」에 의하여 A시내 산지 일대 5㎢를 '×시립공원'으로 지정·고시한 다음, 1992년에 ×시립공원 구역을 구분하여 용도지구를 지정하는 내용의 '×시립공원 기본계획'을 결정·공고하였다. 甲은 2017년에 ×시립공원 구역 내 10,000㎡ 부분에 다목적 광장 및 휴양관(이하 '이 사건 시설'이라 한다)을 설치하는 내용의 '×시립공원 공원계획'을 결정·고시한 다음, 2018년에 甲이 사업시행자가 되어 이 사건 시설에 잔디광장, 휴양관, 도로, 주차장을 설치하는 내용의 '×시립공원 공원사업'(이하 '이 사건 시설 조성사업'이라 한다) 시행계획을 결정·고시하였다. 甲은 이 사건 시설 조성사업의 시행을 위하여 그 사업구역 내에 위치한 토지(이하 '이 사건 B토지'라 한다)를 소유한 乙과 손실보상에 관한 협의를 진행하였으나 협의가 성립되지 않자 수용재결을 신청하였다. 관할 지방토지수용위원회의 수용재결 및 중앙토지수용위원회의 이의재결에서 모두 이 사건 B토지의 손실보상금은 1990년의 ×시립공원 지정 및 1992년의 ×시립공원 용도지구 지정에 따른 계획제한을 받는 상태대로 감정평가한 금액을 기초로 산정되었다. 다음 물음에 답하시오. 40점

(1) 乙은 위 중앙토지수용위원회의 이의재결이 감정평가에 관한 법리를 오해함으로써 잘못된 내용의 재결을 한 경우에 해당한다고 판단하고 있다. 乙이 「공익사업을 위한 토지 등의 취득 및 보상에 관한 법률」에 따라 제기할 수 있는 소송의 의의와 특수성을 설명하시오. 15점

(2) 乙이 물음 (1)에서 제기한 소송에서 이 사건 B토지에 대한 보상평가는 1990년의 ×시립공원 지정·고시 이전을 기준으로 하여야 한다고 주장한다. 乙의 주장은 타당한가? 10점

(3) 한편, 丙이 소유하고 있는 토지(이하 '이 사건 C토지'라 한다)는 「문화유산법」상 보호구역으로 지정된 토지로서 이 사건 시설 조성사업의 시행을 위한 사업구역 내에 위치하고 있다. 甲은 공물인 이 사건 C토지를 이 사건 시설 조성 사업의 시행을 위하여 수용할 수 있는가? 15점

참조 조문

〈공익사업을 위한 토지 등의 취득 및 보상에 관한 법률〉

제19조(토지 등의 수용 또는 사용)

① 사업시행자는 공익사업의 수행을 위하여 필요하면 이 법에서 정하는 바에 따라 토지 등을 수용하거나 사용할 수 있다.

② 공익사업에 수용되거나 사용되고 있는 토지 등은 특별히 필요한 경우가 아니면 다른 공익사업을 위하여 수용하거나 사용할 수 없다.

〈공익사업을 위한 토지 등의 취득 및 보상에 관한 법률 시행규칙〉

제23조(공법상 제한을 받는 토지의 평가)

① 공법상 제한을 받는 토지에 대하여는 제한받는 상태대로 평가한다. 다만, 그 공법상 제한이 당해 공익사업의 시행을 직접 목적으로 하여 가하여진 경우에는 제한이 없는 상태를 상정하여 평가한다.

② 당해 공익사업의 시행을 직접 목적으로 하여 용도지역 또는 용도지구 등이 변경된 토지에 대하여는 변경되기 전의 용도지역 또는 용도지구 등을 기준으로 평가한다.

〈자연공원법〉

제19조(공원사업의 시행 및 공원시설의 관리)

① 공원사업의 시행 및 공원시설의 관리는 특별한 규정이 있는 경우를 제외하고는 공원관리청이 한다.

② 공원관리청은 공원사업을 하려는 경우에는 환경부령으로 정하는 기준에 따라 공원사업 시행계획을 결정하고 고시하여야 한다.

제22조(토지 등의 수용)

① 공원관리청은 공원사업을 하기 위하여 필요한 경우에는 공원사업에 포함되는 토지와 그 토지에 정착된 물건에 대한 소유권 또는 그 밖의 권리를 수용하거나 사용할 수 있다.

② 제19조 제2항에 따라 공원사업 시행계획을 결정·고시한 때에는 「공익사업을 위한 토지 등의 취득 및 보상에 관한 법률」 제20조 제1항 및 제22조에 따른 사업인정 및 사업인정의 고시를 한 것으로 보며, 재결신청은 같은 법 제23조 제1항 및 제28조 제1항에도 불구하고 공원사업 시행계획에서 정하는 사업기간 내에 할 수 있다.

③ 〈생략〉

④ 제1항에 따른 수용 또는 사용에 관하여는 이 법에 특별한 규정이 있는 경우를 제외하고는 「공익사업을 위한 토지 등의 취득 및 보상에 관한 법률」을 준용한다.

〈문화유산법〉

제83조(토지의 수용 또는 사용)

① 국가유산청장이나 지방자치단체의 장은 문화유산의 보존·관리를 위하여 필요하면 지정문화유산이나 그 보호구역에 있는 토지, 건물, 나무, 대나무, 그 밖의 공작물을 「공익사업을 위한 토지 등의 취득 및 보상에 관한 법률」에 따라 수용(收用)하거나 사용할 수 있다.

〈행정기본법〉

제36조(처분에 대한 이의신청)

④ 이의신청에 대한 결과를 통지받은 후 행정심판 또는 행정소송을 제기하려는 자는 그 결과를 통지받은 날(제2항에 따른 통지기간 내에 결과를 통지받지 못한 경우에는 같은 항에 따른 통지기간이 만료되는 날의 다음 날을 말한다)부터 90일 이내에 행정심판 또는 행정소송을 제기할 수 있다.

설문 1 대판 2019.11.28, 2018두227[보상금]

【판시사항】

어떤 보상항목이 공익사업을 위한 토지 등의 취득 및 보상에 관한 법령상 손실보상대상에 해당함에도 관할 토지수용위원회가 사실을 오인하거나 법리를 오해함으로써 손실보상대상에 해당하지 않는다고 잘못된 내용의 재결을 한 경우, 피보상자가 제기할 소송과 그 상대방

【판결요지】

어떤 보상항목이 공익사업을 위한 토지 등의 취득 및 보상에 관한 법령상 손실보상대상에 해당함에도 관할 토지수용위원회가 사실을 오인하거나 법리를 오해함으로써 손실보상대상에 해당하지 않는다고 잘못된 내용의 재결을 한 경우에는, 피보상자는 관할 토지수용위원회를 상대로 그 재결에 대한 취소소송을 제기할 것이 아니라, 사업시행자를 상대로 공익사업을 위한 토지 등의 취득 및 보상에 관한 법률 제85조 제2항에 따른 보상금증감소송을 제기하여야 한다.

대판 2022.11.24, 2018두67[손실보상금사건]

공익사업을 위한 토지 등의 취득 및 보상에 관한 법률(이하 '토지보상법'이라 한다) 제85조 제2항에 따른 보상금의 증액을 구하는 소(이하 '보상금 증액 청구의 소'라 한다)의 성질, 토지보상법상 손실보상금 채권의 존부 및 범위를 확정하는 절차 등을 종합하면, 토지보상법에 따른 토지소유자 또는 관계인(이하 '토지소유자 등'이라 한다)의 사업시행자에 대한 손실보상금 채권에 관하여 압류 및 추심명령이 있더라도, 추심채권자가 보상금 증액 청구의 소를 제기할 수 없고, 채무자인 토지소유자 등이 보상금 증액 청구의 소를 제기하고 그 소송을 수행할 당사자적격을 상실하지 않는다고 보아야 한다.

설문 2 대판 2019.9.25, 2019두34982[손실보상금]

【판시사항】

[1] 공법상 제한이 그 자체로 제한목적이 달성되는 일반적 계획제한으로서 구체적 도시계획사업과 직접 관련되지 아니한 때와 공법상 제한이 구체적 사업이 따르는 개별적 계획제한이거나, 일반적 계획제한에 해당하는 용도지역 등의 지정 또는 변경에 따른 제한이더라도 그 용도지역 등의 지정 또는 변경이 특정 공익사업의 시행을 위한 것일 때의 각 경우에 보상액 산정을 위한 토지의 평가 방법

[2] 자연공원법에 의한 '자연공원 지정' 및 '공원용도지구계획에 따른 용도지구 지정'이 공익사업을 위한 토지 등의 취득 및 보상에 관한 법률 시행규칙 제23조 제1항 본문에서 정한 '일반적 계획제한'에 해당하는지 여부(원칙적 적극)

【판결요지】

[1] 공익사업을 위한 토지 등의 취득 및 보상에 관한 법률 제68조 제3항은 손실보상액의 산정기준 등에 관하여 필요한 사항은 국토교통부령으로 정한다고 규정하고 있다. 그 위임에 따른 공익사업을 위한

토지 등의 취득 및 보상에 관한 법률 시행규칙 제23조는 "공법상 제한을 받는 토지에 대하여는 제한받는 상태대로 평가한다. 다만 그 공법상 제한이 당해 공익사업의 시행을 직접 목적으로 하여 가하여진 경우에는 제한이 없는 상태를 상정하여 평가한다."(제1항), "당해 공익사업의 시행을 직접 목적으로 하여 용도지역 또는 용도지구 등이 변경된 토지에 대하여는 변경되기 전의 용도지역 또는 용도지구 등을 기준으로 평가한다."(제2항)라고 규정하고 있다.

따라서 공법상 제한을 받는 토지에 대한 보상액을 산정할 때에 해당 공법상 제한이 구 도시계획법(2002.2.4. 법률 제6655호 국토의 계획 및 이용에 관한 법률 부칙 제2조로 폐지)에 따른 용도지역·지구·구역의 지정 또는 변경과 같이 그 자체로 제한목적이 달성되는 일반적 계획제한으로서 구체적 도시계획사업과 직접 관련되지 아니한 경우에는 그러한 제한을 받는 상태 그대로 평가하여야 하고, 도로·공원 등 특정 도시계획시설의 설치를 위한 계획결정과 같이 구체적 사업이 따르는 개별적 계획제한이거나 일반적 계획제한에 해당하는 용도지역·지구·구역의 지정 또는 변경에 따른 제한이더라도 그 용도지역·지구·구역의 지정 또는 변경이 특정 공익사업의 시행을 위한 것일 때에는 당해 공익사업의 시행을 직접 목적으로 하는 제한으로 보아 위 제한을 받지 아니하는 상태를 상정하여 평가하여야 한다.

[2] 자연공원법은 자연공원의 지정·보전 및 관리에 관한 사항을 규정함으로써 자연생태계와 자연 및 문화경관 등을 보전하고 지속가능한 이용을 도모함을 목적으로 하며(제1조), 자연공원법에 의해 자연공원으로 지정되면 그 공원구역에서 건축행위, 경관을 해치거나 자연공원의 보전·관리에 지장을 줄 우려가 있는 건축물의 용도변경, 광물의 채굴, 개간이나 토지의 형질변경, 물건을 쌓아 두는 행위, 야생동물을 잡거나 가축을 놓아먹이는 행위, 나무를 베거나 야생식물을 채취하는 행위 등을 제한함으로써(제23조) 공원구역을 보전·관리하는 효과가 즉시 발생한다. 공원관리청은 자연공원 지정 후 공원용도지구계획과 공원시설계획이 포함된 '공원계획'을 결정·고시하여야 하고(제12조 내지 제17조), 이 공원계획에 연계하여 10년마다 공원별 공원보전·관리계획을 수립하여야 하지만(제17조의3), 공원시설을 설치·조성하는 내용의 공원사업(제2조 제9호)을 반드시 시행하여야 하는 것은 아니다. 공원관리청이 공원시설을 설치·조성하고자 하는 경우에는 자연공원 지정이나 공원용도지구 지정과는 별도로 '공원시설계획'을 수립하여 결정·고시한 다음, '공원사업 시행계획'을 결정·고시하여야 하고(제19조 제2항), 그 공원사업에 포함되는 토지와 정착물을 수용하여야 한다(제22조).

이와 같은 자연공원법의 입법목적, 관련 규정들의 내용과 체계를 종합하면, 자연공원법에 의한 '자연공원 지정' 및 '공원용도지구계획에 따른 용도지구 지정'은, 그와 동시에 구체적인 공원시설을 설치·조성하는 내용의 '공원시설계획'이 이루어졌다는 특별한 사정이 없는 한, 그 이후에 별도의 '공원시설계획'에 의하여 시행 여부가 결정되는 구체적인 공원사업의 시행을 직접 목적으로 한 것이 아니므로 공익사업을 위한 토지 등의 취득 및 보상에 관한 법률 시행규칙 제23조 제1항 본문에서 정한 '일반적 계획제한'에 해당한다.

설문 3 대판 2019.2.28, 2017두71031[사업인정고시취소]〈풍납토성 보존을 위한 사업인정사건〉

문화유산법 제83조 제1항은 "국가유산청장이나 지방자치단체의 장은 문화유산의 보존·관리를 위하여 필요하면 지정문화유산이나 그 보호구역에 있는 토지, 건물, 나무, 대나무, 그 밖의 공작물을 공익사업을 위한 토지 등의 취득 및 보상에 관한 법률(이하 '토지보상법'이라 한다)에 따라 수용(收用)하거나 사용할 수 있다."라고 규정하고 있다.

한편 국가는 문화유산의 보존·관리 및 활용을 위한 종합적인 시책을 수립·추진하여야 하고, 지방자치단체는 국가의 시책과 지역적 특색을 고려하여 문화유산의 보존·관리 및 활용을 위한 시책을 수립·추진하여야 하며(문화유산법 제4조), 국가유산청장은 국가지정문화유산 관리를 위하여

지방자치단체 등을 관리단체로 지정할 수 있고(문화유산법 제34조), 지방자치단체의 장은 국가지정문화유산과 역사문화환경 보존지역의 관리·보호를 위하여 필요하다고 인정하면 일정한 행위의 금지나 제한, 시설의 설치나 장애물의 제거, 문화유산 보존에 필요한 긴급한 조치 등을 명할 수 있다(문화유산법 제42조 제1항).
이와 같이 문화유산법은 지방자치단체 또는 지방자치단체의 장에게 시·도지정문화재뿐 아니라 국가지정문화유산에 대하여도 일정한 권한 또는 책무를 부여하고 있고, 문화유산법에 해당 문화유산의 지정권자만이 토지 등을 수용할 수 있다는 등의 제한을 두고 있지 않으므로, 국가지정문화유산에 대하여 관리단체로 지정된 지방자치단체의 장은 문화유산법 제83조 제1항 및 토지보상법에 따라 국가지정문화유산이나 그 보호구역에 있는 토지 등을 수용할 수 있다.

※ 구 문화재보호법 제54조의2 제1항에 의하여 지방문화재로 지정된 토지가 수용대상이 되는지 여부(적극)

토지수용법은 제5조의 규정에 의한 제한 이외에는 수용의 대상이 되는 토지에 관하여 아무런 제한을 하지 아니하고 있을 뿐만 아니라, 토지수용법 제5조, 문화재보호법 제20조 제4호, 제58조 제1항, 부칙 제3조 제2항 등의 규정을 종합하면 구 문화재보호법(1982.12.31. 법률 제3644호로 전문 개정되기 전의 것) 제54조의2 제1항에 의하여 지방문화재로 지정된 토지가 수용의 대상이 될 수 없다고 볼 수는 없다.

[물음 1]

Ⅰ 논점의 정리

Ⅱ 보상금증감청구소송의 의의 및 취지, 법적 성질 등

1. 의의 및 취지
2. 소송의 형태(형식적 당사자소송)
3. 소송의 성질

Ⅲ 보상금증감소송의 특수성

1. 심리범위
2. 제소기간 및 재판관할
3. 판결의 효력
4. 청구의 병합

[물음 2]

Ⅰ 논점의 정리

Ⅱ 공법상 제한받는 토지의 개념 및 구분

1. 공법상 제한받는 토지의 의의 및 취지
2. 공법상 제한 받는 토지의 구분

Ⅲ 공법상 제한을 받는 토지의 평가기준

1. 일반적 제한의 경우(시행규칙 제23조 제1항)
2. 개별적 제한의 경우(시행규칙 제23조 제1항 단서)
3. 해당 사업으로 인해 용도지역이 변경된 경우(시행규칙 제23조 제2항)

Ⅳ 관련 판례의 검토

1. 대판 2019.9.25, 2019두34982
2. 사안의 경우

Ⅴ 결(乙 주장의 타당성)

[물음 3]

Ⅰ 논점의 정리

Ⅱ 공물의 의의

Ⅲ 공물의 수용가능성

1. 문제점
2. 학설
3. 판례
4. 검토

Ⅳ 특별한 필요에 대한 판단(비례의 원칙)

Ⅴ 결(사안의 경우)

예시답안

[물음 1]에 대하여

Ⅰ 논점의 정리

공익사업을 위한 토지 등의 취득 및 보상에 관한 법률(이하 '토지보상법')상 재결에 대하여 별도의 불복 절차가 있는데 특별법상 행정심판으로 토지보상법 제83조 이의신청과 동법 제85조 제2항의 보상금증감청구소송이 있다. 법리 오해로 잘못된 재결을 한 경우에 제기할 수 있는 소송으로 이의신청은 별론으로 하고, 주로 보상금증감청구소송으로 다툰다. 이하 보상금증감청구소송에 대해 구체적으로 그 내용을 살펴보도록 한다.

Ⅱ 보상금증감청구소송의 의의 및 취지, 법적 성질 등

1. 의의 및 취지(토지보상법 제85조 제2항)

보상금증감청구소송이란 보상금의 증감에 대한 소송으로 사업시행자와 토지소유자는 각각을 피고로 소를 제기하며 재결 자체의 취소 없이 보상금과 관련된 분쟁을 일회적으로 해결하여 신속한 권리구제를 도모함에 취지가 인정된다.

2. 소송의 형태(형식적 당사자소송)

형식적 당사자소송이란 처분 등의 효력을 다투지 않고 직접 그 처분 등을 원인으로 하는 법률관계에 대하여 법률관계 일방당사자를 피고로 하여 제기하는 소송을 말한다. 종전에는 형식적 당사자소송인지와 관련해 견해의 대립이 있었으나, 현행 토지보상법 제85조에서는 재결청을 공동피고에서 제외하여 형식적 당사자소송임을 규정하고 있다.

3. 소송의 성질

(1) 학설

보상금증감청구소송의 소송의 성질에 대하여 정당보상액을 확인하고 이의 급부를 명하는 확인·급부설과 수용재결을 취소함으로써 정당한 손실보상청구권을 형성한다는 형성소송설이 대립한다.

(2) 판례 및 검토

판례는 이의재결에서 정한 보상금액이 증액, 변경될 것을 전제로 하여 보상금의 지급을 구하는 확인·급부소송으로 판시하였다. 형성소송설은 권력분립에 반할 수 있으며, 보상액의 확인 및 부족액의 급부를 구하고 일회적 권리구제를 도모하기 위해 확인급부소송으로 보는 것이 타당하다 판단된다.

Ⅲ 보상금증감소송의 특수성

1. 심리범위

손실보상금의 증감, 손실보상의 방법(금전보상, 채권보상 등), 보상항목의 인정(잔여지보상 등의 손실보상의 인정여부), 이전 곤란한 물건의 수용보상, 보상 면적 등을 심리한다. 보상액의 항목 상호 간 유용에 대해 대법원은 행정소송의 대상이 된 물건 중 일부 항목에 관한 보상액이 과소하고 다른 항목의 보상액은 과다한 경우에는 그 항목 상호 간의 유용을 허용하여 과다 부분과 과소 부분을 합산하여 보상금액을 결정해야 한다고 판시한바 있다.

2. 제소기간 및 재판관할

당사자소송은 원칙적으로 제소기간의 제한이 없으나, 토지보상법 제85조 제1항의 취소소송의 제소기간을 보상금증감청구소송에 적용하고 있다. 즉 재결서를 받은 날부터 90일 이내에, 이의신청을 거친 때에는 이의신청에 대한 재결서를 받은 날부터 60일 이내에 관할법원에 제기할 수 있다.

3. 판결의 효력

보상금증감청구소송에서 법원은 스스로 증감을 결정할 수 있고 토지수용위원회는 별도의 처분을 할 필요가 없다. 법원의 판결이 있게 되면 기판력, 형성력, 기속력이 발생하고, 소의 각하·기각 또는 취하의 효과로서 법정이율의 가산지급이 적용되는 것으로 보아야 할 것이다.

4. 청구의 병합

수용자체에 대하여 불복이 있을 뿐만 아니라 보상금액에도 불복이 있는 경우 수용재결에 대한 취소소송에서 보상금증액청구소송을 예비적으로 병합하여 제기할 수 있는가 하는 것이 문제된다. 분쟁의 일회적 해결을 위해 청구의 병합을 인정함이 타당하다.

[물음 2]에 대하여

Ⅰ 논점의 정리

B토지를 1990년 ×시립공원 지정·고시 이전을 기준으로 보상하여야 한다는 乙 주장의 타당성을 '공법상 제한을 받는 토지의 보상평가'기준을 통해 검토하도록 한다.

Ⅱ 공법상 제한받는 토지의 개념 및 구분

1. 공법상 제한받는 토지의 의의 및 취지(토지보상법 시행규칙 제23조)

공법상 제한받는 토지라 함은 관계 법령에 의해 가해지는 토지 이용규제나 제한을 받는 토지로서, 이는 국토공간의 효율적 이용을 통해 공공복리를 증진시키는 수단으로 기능하며, 개발이익 내지 손실을 제외하는데 취지가 있다. 그 제한사항은 일반적 제한과 개별적 제한으로 구분된다.

2. 공법상 제한 받는 토지의 구분

(1) 일반적 제한

일반적 제한이란 제한 그 자체로 목적이 완성되고 구체적 사업의 시행이 필요하지 않은 경우를 말한다. 그 예로는 국토의 이용 및 계획에 관한 법률에 의한 용도지역, 지구, 구역의 지정, 변경 및 기타 관계 법령에 의한 토지이용계획 제한이 있다.

(2) 개별적 제한

개별적 제한이란 그 제한이 구체적 사업의 시행을 필요로 하는 경우를 말한다.

Ⅲ 공법상 제한을 받는 토지의 평가기준

1. 일반적 제한의 경우(시행규칙 제23조 제1항)

일반적 제한의 경우에는 제한 그 자체로 목적이 완성되고 구체적 사업의 시행이 필요하지 않은 경우이므로 그 제한받는 상태대로 평가한다.

2. 개별적 제한의 경우(시행규칙 제23조 제1항 단서)

개별적 제한이 해당 공익사업의 시행을 직접 목적으로 가해진 경우에는 제한이 없는 상태로 평가한다. "해당 공익사업의 시행을 직접 목적으로 하여 가하여진 경우"에는 당초의 목적사업과 다른 목적의 공익사업에 취득・수용 또는 사용되는 경우를 포함한다. 이는 공익사업의 시행자가 보상액을 감액하기 위하여 고의적으로 다른 사유로 사권에 제한을 가하고 그와 다른 사업을 시행하면 토지소유자는 불이익을 받게 되는바, 이러한 실체적인 불합리성을 방지하기 위한 것이다.

3. 해당 사업으로 인해 용도지역이 변경된 경우(시행규칙 제23조 제2항)

용도지역 등 일반적 제한일지라도 해당 사업 시행을 직접 목적으로 하여 변경된 경우에는 변경되기 전의 용도지역을 기준으로 하여 평가한다. 이는 개발이익의 배제 및 피수용자의 보호에 목적이 있다. 그러나 그러한 제한이 해당 공익사업의 시행을 직접 목적으로 하여 가하여진 것이 아닌 경우에는 그러한 공법상 제한을 받는 상태대로 손실보상액을 평가하여야 한다.

【판결요지】

일반적 계획제한으로서 구체적 도시계획사업과 직접 관련되지 아니한 경우에는 그러한 제한을 받는 상태 그대로 평가하여야 한다. 반면 도로・공원 등 특정 도시계획시설의 설치를 위한 계획결정과 같이 구체적 사업이 따르는 개별적 계획제한이거나, 일반적 계획제한에 해당하는 용도지역 등의 지정 또는 변경에 따른 제한이더라도 그 용도지역 등의 지정 또는 변경이 특정 공익사업의 시행을 위한 것일 때에는, 그 공익사업의 시행을 직접 목적으로 하는 제한으로 보아 그 제한을 받지 아니하는 상태를 상정하여 평가하여야 한다(대판 2018.1.25, 2017두61799[보상금증액]).

Ⅳ 관련 판례의 검토

1. 대판 2019.9.25, 2019두34982

"자연공원법의 입법목적, 관련 규정들의 내용과 체계를 종합하면, 자연공원법에 의한 '자연공원 지정' 및 '공원용도지구계획에 따른 용도지구 지정'은, 그와 동시에 구체적인 공원시설을 설치 · 조성하는 내용의 '공원시설계획'이 이루어졌다는 특별한 사정이 없는 한, 그 이후에 별도의 '공원시설계획'에 의하여 시행 여부가 결정되는 구체적인 공원사업의 시행을 직접 목적으로 한 것이 아니므로 공익사업을 위한 토지 등의 취득 및 보상에 관한 법률 시행규칙 제23조 제1항 본문에서 정한 '일반적 계획제한'에 해당한다."

2. 사안의 경우

이 문제의 근거가 된 원안 판례에서는 "1983.12.2. ☆☆☆ 군립공원 지정 및 1987.9.7. ☆☆☆ 군립공원 용도지구 지정과 동시에 이 사건 각 토지에 구체적인 공원시설을 설치 · 조성하겠다는 내용의 '공원시설계획'이 수립 · 결정된 바 없고, 그로부터 약 28년이 경과한 2015.5.20.에 이르러서야 비로소 ☆☆☆ 군립공원 구역 전부가 아니라 그중 일부에 국한하여 이 사건 시설의 설치 · 조성을 위한 공원시설계획이 비로소 수립 · 결정되었으므로, 1983.12.2. ☆☆☆ 군립공원 지정 및 1987.9.7. ☆☆☆ 군립공원 용도지구 지정은 이 사건 시설 조성사업의 시행을 직접 목적으로 하는 것이 아닌 '일반적 계획제한'에 해당한다고 보아야 한다(대판 2019.9.25, 2019두34982[손실보상금])." 라고 봄으로써 2018년에서야 ×시립공원 공원사업 시행계획이 결정 · 고시가 되었으니 1990년에 지정된 자연공원구역은 일반적 계획제한으로 보는 것이 타당하다고 볼 수 있다.

Ⅴ 결(乙 주장의 타당성)

토지보상법 시행규칙 제23조에 근거할 때, 위 시립공원의 용도지구 지정은 '일반적 계획제한'에 해당한다 판단되므로, 이는 공법상 제한을 받는 상태대로 평가해야 할 것이다. 따라서 시립공원 지정 · 고시 이전을 기준으로 평가하여야 한다는 乙주장의 타당성은 결여된다.

[물음 3]에 대하여

Ⅰ 논점의 정리

이미 보호구역으로 지정된 토지를 다른 공익사업을 위하여 수용할 수 있는가의 문제로, 공물의 수용가능성과 관련한 학설 및 판례의 검토를 통해 이를 검토한다.

Ⅱ 공물의 의의

공물이란 국가, 지방자치단체 등의 행정주체에 의해 직접 행정목적에 공용된 개개의 유체물을 말한다.

Ⅲ 공물의 수용가능성

1. 문제점

토지보상법 제19조 제2항에서는 특별한 필요가 있는 경우에는 수용할 수 있다고 보는데, 용도폐지의 선행여부와 특별한 필요에 대한 해석논의가 필요하다.

2. 학설

(1) 긍정설

공물을 사용하고 있는 기존의 사업의 공익성보다 해당 공물을 수용하고자 하는 사업의 공익성이 큰 경우에 해당 공물에 대한 수용이 가능해지며, '공익사업에 수용되거나 사용되고 있는 토지 등'에는 공물도 포함된다고 한다. 따라서 용도폐지의 선행 없이도 공물의 수용이 가능하다고 본다.

(2) 부정설

공물은 이미 공적 목적에 제공되고 있기 때문에, 용도폐지가 선행되지 않는 한 수용의 대상이 될 수 없다고 본다. 또한 토지보상법 제19조 제2항에서 말하는 특별한 필요의 경우란 명문의 규정이 있는 경우라고 본다.

3. 판례

(1) 광평대군 묘역 수용가능 판례(대판 1996.4.26, 95누13241)

토지수용법은 제5조의 규정에 의한 제한 이외에는 수용의 대상이 되는 토지에 관하여 아무런 제한을 하지 아니하고 있을 뿐만 아니라, 토지수용법 제5조, 문화재보호법 제20조 제4호, 제58조 제1항, 부칙 제3조 제2항 등의 규정을 종합하면 (구)문화재보호법(1982.12.31. 법률 제3644호로 전문 개정되기 전의 것) 제54조의2 제1항에 의하여 지방문화재로 지정된 토지가 수용의 대상이 될 수 없다고 볼 수는 없다.

(2) 풍납토성 관련 판례(대판 2019.2.28, 2017두71031)

문화재보호법은 지방자치단체 또는 지방자치단체의 장에게 시·도지정문화재뿐 아니라 국가지정문화재에 대하여도 일정한 권한 또는 책무를 부여하고 있고, 문화재보호법에 해당 문화재의 지정권자만이 토지 등을 수용할 수 있다는 등의 제한을 두고 있지 않으므로, 국가지정문화재에 대하여 관리단체로 지정된 지방자치단체의 장은 문화재보호법 제83조 제1항 및 토지보상법에 따라 국가지정문화재나 그 보호구역에 있는 토지 등을 수용할 수 있다.

4. 검토

공물의 수용가능성을 일률적으로 부정하는 것은 실정법인 토지보상법 제19조 제2항의 해석상 타당하지 않으므로 공물이라 하더라도 특별한 필요가 인정되는 경우에는 수용이 가능하다고 하여야 할 것이다.

Ⅳ 특별한 필요에 대한 판단(비례의 원칙)

비례의 원칙이란 행정목적과 행정수단 사이에 합리적 비례관계가 있어야 한다는 원칙으로, 헌법 제37조 제2항과 행정기본법 제10조에 근거한다. 비례의 원칙이 적합하기 위해서는 적합성의 원칙, 필요성의 원칙, 상당성의 원칙이 충족되어야 하며, 이는 단계적 심사구조를 갖는다. 비례의 원칙에 위반한 행정권 행사는 재량권 일탈·남용으로서 위법하게 된다.

Ⅴ 결(사안의 경우)

해당 토지는 문화재보호법상 보호구역으로 지정된 공물이나, 사안의 공원사업을 위해서는 수용이 필요한바 이는 적합성 및 필요성의 원칙에 부합하며, 공원사업에 의해 달성되는 공익이 더 크다고 판단되는 바, 이는 상당성의 원칙을 충족한다. 따라서 이와 같은 공익 간 비교형량을 통한 공원사업의 정당성이 인정되는 바 C토지의 수용이 가능하다 판단된다.

문제 02

A시의 시장 甲은 2018.5.31. 乙·丙 공동소유의 토지 5,729㎡(이하 '이 사건 토지'라고 한다)에 대하여 2018.1.1. 기준 개별공시지가를 ㎡당 2,780,000원으로 결정·고시하였다. 乙은 2018.6.19. 甲에게 「부동산 가격공시에 관한 법률」 제11조에 따라 이 사건 토지의 개별공시지가를 ㎡당 1,126,850원으로 하향 조정해 줄 것을 내용으로 하는 이의신청을 하였다. 이에 대하여 甲은 이 사건 토지의 개별공시지가결정 시 표준지 선정에 문제가 있음을 발견하고, A시 부동산가격공시위원회의 심리를 거쳐 2018.7.1. 위 개별공시지가를 ㎡당 2,380,000원으로 정정하여 결정·고시하였고, 동 결정서는 당일 乙에게 송달되었다. 丙은 2018.6.20. 위 이의신청과는 별개로 이 사건 토지의 개별공시지가를 ㎡당 1,790,316원으로 수정해 달라는 취지의 행정심판을 청구하였고, B행정심판위원회는 2018.8.27. 이 사건 토지의 개별공시지가를 ㎡당 2,000,000원으로 하는 변경재결을 하였고, 동 재결서 정본은 2018.8.30. 丙에게 송달되었다. 다음 물음에 답하시오. 30점

(1) 부동산 가격공시에 관한 법령상 개별공시지가의 정정사유에 관하여 설명하시오. 5점

(2) 위 사례에서 乙과 丙이 취소소송을 제기하려고 할 때, 소의 대상과 제소기간의 기산일에 관하여 각각 설명하시오. 10점

(3) 한편, 丁은 A시의 개별공시지가 산정업무를 담당하고 있는 공무원이다. 丁은 개발예정지구인 C지역의 개별공시지가를 산정함에 있어 토지의 이용 상황을 잘못 파악하여 지가를 적정가격보다 훨씬 높은 가격으로 산정하였다. 이를 신뢰한 乙은 C지역의 담보가치가 충분하다고 믿고 그 토지에 근저당권설정 등기를 마치고 수백억원의 투자를 하였지만, 결국 수십억원에 해당하는 큰 손해를 보았다. 이에 乙은 丁의 위법한 개별공시지가 산정으로 인하여 위 손해를 입었다고 주장하며, 국가배상소송을 제기하고자 한다. 동 소송에서 乙은 丁의 직무상 행위와 자신의 손해사이의 인과관계를 주장한다. 乙의 주장의 타당성에 관하여 개별공시지가제도의 입법목적을 중심으로 설명하시오. 15점

참조 조문

〈부동산 가격공시에 관한 법률〉

제12조(개별공시지가의 정정)

시장・군수 또는 구청장은 개별공시지가에 틀린 계산, 오기, 표준지 선정의 착오, 그 밖에 대통령령으로 정하는 명백한 오류가 있음을 발견한 때에는 지체 없이 이를 정정하여야 한다.

〈행정소송법〉

제19조(취소소송의 대상)

취소소송은 처분 등을 대상으로 한다. 다만, 재결취소소송의 경우에는 재결 자체에 고유한 위법이 있음을 이유로 하는 경우에 한한다.

제20조(제소기간)

① 취소소송은 처분 등이 있음을 안 날부터 90일 이내에 제기하여야 한다. 다만, 제18조 제1항 단서에 규정한 경우와 그 밖에 행정심판청구를 할 수 있는 경우 또는 행정청이 행정심판청구를 할 수 있다고 잘못 알린 경우에 행정심판청구가 있은 때의 기간은 재결서의 정본을 송달받은 날부터 기산한다.

②~③ 〈생략〉

〈행정기본법〉

제36조(처분에 대한 이의신청)

① 행정청의 처분(「행정심판법」 제3조에 따라 같은 법에 따른 행정심판의 대상이 되는 처분을 말한다. 이하 이 조에서 같다)에 이의가 있는 당사자는 처분을 받은 날부터 30일 이내에 해당 행정청에 이의신청을 할 수 있다.

② 행정청은 제1항에 따른 이의신청을 받으면 그 신청을 받은 날부터 14일 이내에 그 이의신청에 대한 결과를 신청인에게 통지하여야 한다. 다만, 부득이한 사유로 14일 이내에 통지할 수 없는 경우에는 그 기간을 만료일 다음 날부터 기산하여 10일의 범위에서 한 차례 연장할 수 있으며, 연장 사유를 신청인에게 통지하여야 한다.

③ 제1항에 따라 이의신청을 한 경우에도 그 이의신청과 관계없이 「행정심판법」에 따른 행정심판 또는 「행정소송법」에 따른 행정소송을 제기할 수 있다.

④ 이의신청에 대한 결과를 통지받은 후 행정심판 또는 행정소송을 제기하려는 자는 그 결과를 통지받은 날(제2항에 따른 통지기간 내에 결과를 통지받지 못한 경우에는 같은 항에 따른 통지기간이 만료되는 날의 다음 날을 말한다)부터 90일 이내에 행정심판 또는 행정소송을 제기할 수 있다.

⑤~⑦ 〈생략〉

설문 2 **대판 2002.2.5, 2000두5043[개별공시지가정정불가처분취소]**

【판시사항】

개별토지가격합동조사지침 제12조의3 소정의 개별공시지가 경정결정신청에 대한 행정청의 정정불가 결정 통지가 항고소송의 대상이 되는 처분인지 여부(소극)

【판결요지】

개별토지가격합동조사지침(1991.3.29. 국무총리훈령 제248호로 개정된 것) 제12조의3은 행정청이 개별토지가격결정에 위산·오기 등 명백한 오류가 있음을 발견한 경우 직권으로 이를 경정하도록 한 규정으로서 토지소유자 등 이해관계인이 그 경정결정을 신청할 수 있는 권리를 인정하고 있지 아니하므로, 토지소유자 등의 토지에 대한 개별공시지가 조정신청을 재조사청구가 아닌 경정결정신청으로 본다고 할지라도, 이는 행정청에 대하여 직권발동을 촉구하는 의미밖에 없으므로, 행정청이 위 조정신청에 대하여 정정불가 결정 통지를 한 것은 이른바 관념의 통지에 불과할 뿐 항고소송의 대상이 되는 처분이 아니다.

대판 2010.1.28, 2008두19987[개별공시지가결정처분취소]

【판시사항】

개별공시지가에 대하여 이의가 있는 자가 행정심판을 거쳐 행정소송을 제기하는 경우 제소기간의 기산점

【판결요지】

부동산 가격공시 및 감정평가에 관한 법률 제12조, 행정소송법 제20조 제1항, 행정심판법 제3조 제1항의 규정 내용 및 취지와 아울러 부동산 가격공시 및 감정평가에 관한 법률에 행정심판의 제기를 배제하는 명시적인 규정이 없고 부동산 가격공시 및 감정평가에 관한 법률에 따른 이의신청과 행정심판은 그 절차 및 담당 기관에 차이가 있는 점을 종합하면, 부동산 가격공시 및 감정평가에 관한 법률이 이의신청에 관하여 규정하고 있다고 하여 이를 행정심판법 제3조 제1항에서 행정심판의 제기를 배제하는 '다른 법률에 특별한 규정이 있는 경우'에 해당한다고 볼 수 없으므로, 개별공시지가에 대하여 이의가 있는 자는 곧바로 행정소송을 제기하거나 부동산 가격공시 및 감정평가에 관한 법률에 따른 이의신청과 행정심판법에 따른 행정심판청구 중 어느 하나만을 거쳐 행정소송을 제기할 수 있을 뿐 아니라, 이의신청을 하여 그 결과 통지를 받은 후 다시 행정심판을 거쳐 행정소송을 제기할 수도 있다고 보아야 하고, 이 경우 행정소송의 제소기간은 그 행정심판 재결서 정본을 송달받은 날부터 기산한다.

대판 2010.1.28, 2008두1504[수용재결취소등]

【판시사항】

토지소유자 등이 수용재결에 불복하여 이의신청을 거친 후 취소소송을 제기하는 경우 피고적격(=수용재결을 한 토지수용위원회) 및 소송대상(=수용재결)

【판결요지】

공익사업을 위한 토지 등의 취득 및 보상에 관한 법률 제85조 제1항 전문의 문언 내용과 같은 법 제83조, 제85조가 중앙토지수용위원회에 대한 이의신청을 임의적 절차로 규정하고 있는 점, 행정소송법 제19조 단서가 행정심판에 대한 재결은 재결 자체에 고유한 위법이 있음을 이유로 하는 경우에 한하여 취소소송의 대상으로 삼을 수 있도록 규정하고 있는 점 등을 종합하여 보면, 수용재결에 불복하여 취소소송을 제기하는 때에는 이의신청을 거친 경우에도 수용재결을 한 중앙토지수용위원회 또는 지방토지수용위원회를 피고로 하여 수용재결의 취소를 구하여야 하고, 다만 이의신청에 대한 재결 자체에 고유한 위법이 있음을 이유로 하는 경우에는 그 이의재결을 한 중앙토지수용위원회를 피고로 하여 이의재결의 취소를 구할 수 있다고 보아야 한다.

대판 2008.2.15, 2006두3957[과징금납부명령무효확인등]

【판시사항】

행정청이 과징금 부과처분을 하였다가 감액처분을 한 것에 대하여 그 감액처분으로도 아직 취소되지 않고 남아 있는 부분이 위법하다고 하여 다투는 경우 항고소송의 대상

【판결요지】

과징금 부과처분에서 행정청이 납부의무자에 대하여 부과처분을 한 후 그 부과처분의 하자를 이유로 과징금의 액수를 감액하는 경우에 그 감액처분은 감액된 과징금 부분에 관하여만 법적 효과가 미치는 것으로서 처음의 부과처분과 별개 독립의 과징금 부과처분이 아니라 그 실질은 당초 부과처분의 변경이고, 그에 의하여 과징금의 일부취소라는 납부의무자에게 유리한 결과를 가져오는 처분이므로 처음의 부과처분이 전부 실효되는 것은 아니며, 그 감액처분으로도 아직 취소되지 않고 남아 있는 부분이 위법하다고 하여 다투는 경우 항고소송의 대상은 처음의 부과처분 중 감액처분에 의하여 취소되지 않고 남은 부분이고 감액처분이 항고소송의 대상이 되는 것은 아니다.

대판 2007.4.27, 2004두9302[식품위생법위반과징금부과처분취소]

【판시사항】

행정청이 식품위생법령에 따라 영업자에게 행정제재처분을 한 후 당초 처분을 영업자에게 유리하게 변경하는 처분을 한 경우, 취소소송의 대상 및 제소기간 판단 기준이 되는 처분(=당초 처분)

【판결요지】

행정청이 식품위생법령에 따라 영업자에게 행정제재처분을 한 후 그 처분을 영업자에게 유리하게 변경하는 처분을 한 경우, 변경처분에 의하여 당초 처분은 소멸하는 것이 아니고 당초부터 유리하게 변경된 내용의 처분으로 존재하는 것이므로, 변경처분에 의하여 유리하게 변경된 내용의 행정제재가 위법하다 하여 그 취소를 구하는 경우 그 취소소송의 대상은 변경된 내용의 당초 처분이지 변경처분은 아니고, 제소기간의 준수 여부도 변경처분이 아닌 변경된 내용의 당초 처분을 기준으로 판단하여야 한다.

설문 3 대판 2010.7.22, 2010다13527 [손해배상(기)]

【판시사항】

[1] 개별공시지가 산정업무 담당공무원 등이 부담하는 직무상 의무의 내용 및 그 담당공무원 등이 직무상 의무에 위반하여 현저하게 불합리한 개별공시지가가 결정되도록 함으로써 국민 개개인의 재산권을 침해한 경우, 그 담당공무원 등이 속한 지방자치단체가 손해배상책임을 지는지 여부(적극)

[2] 시장이 토지의 이용상황을 실제 이용되고 있는 '자연림'으로 하여 개별공시지가를 산정한 다음 감정평가법인에 검증을 의뢰하였는데, 감정평가법인이 그 토지의 이용상황을 '공업용'으로 잘못 정정하여 검증지가를 산정하고, 시 부동산평가위원회가 검증지가를 심의하면서 그 잘못을 발견하지 못함에 따라, 그 토지의 개별공시지가가 적정가격보다 훨씬 높은 가격으로 결정・공시된 사안에서, 이는 개별공시지가 산정업무 담당공무원 등이 직무상 의무를 위반한 것으로 불법행위에 해당한다고 한 사례

[3] 개별공시지가가 토지의 거래 또는 담보제공에서 그 실제 거래가액 또는 담보가치를 보장하는 등의 구속력을 갖는지 여부(소극) 및 개개 토지에 관한 개별공시지가를 기준으로 거래하거나 담보제공을 받았다가 토지의 실제 거래가액 또는 담보가치가 개별공시지가에 미치지 못함으로 인하여 발생한 손해에 대해서도 개별공시지가를 결정・공시한 지방자치단체가 손해배상책임을 부담하는지 여부(소극)

[4] 개별공시지가 산정업무 담당공무원 등이 잘못 산정·공시한 개별공시지가를 신뢰한 나머지 토지의 담보가치가 충분하다고 믿고 그 토지에 관하여 근저당권설정등기를 경료한 후 물품을 추가로 공급함으로써 손해를 입었음을 이유로 그 담당공무원이 속한 지방자치단체에 손해배상을 구한 사안에서, 그 담당공무원 등의 개별공시지가 산정에 관한 직무상 위반행위와 위 손해 사이에 상당인과관계가 있다고 보기 어렵다고 판단한 사례

【판결요지】

[1] 개별공시지가는 개발부담금의 부과, 토지 관련 조세 부과 등 다른 법령이 정하는 목적을 위해 지가를 산정하는 경우에 그 산정 기준이 되는 관계로 납세자인 국민 등의 재산상 권리·의무에 직접적인 영향을 미치게 되므로, 개별공시지가 산정업무를 담당하는 공무원으로서는 당해 토지의 실제 이용상황 등 토지특성을 정확하게 조사하고 당해 토지와 토지이용상황이 유사한 비교표준지를 선정하여 그 특성을 비교하는 등 법령 및 '개별공시지가의 조사·산정 지침'에서 정한 기준과 방법에 의하여 개별공시지가를 산정하고, 산정지가의 검증을 의뢰받은 감정평가업자나 시·군·구 부동산평가위원회로서는 위 산정지가 또는 검증지가가 위와 같은 기준과 방법에 의하여 제대로 산정된 것인지 여부를 검증, 심의함으로써 적정한 개별공시지가가 결정·공시되도록 조치할 직무상의 의무가 있고, 이러한 직무상 의무는 단순히 공공 일반의 이익을 위한 것이거나 행정기관 내부의 질서를 규율하기 위한 것이 아니고 전적으로 또는 부수적으로 국민 개개인의 재산권 보장을 목적으로 하여 규정된 것이라고 봄이 상당하다. 따라서 개별공시지가 산정업무 담당공무원 등이 그 직무상 의무에 위반하여 현저하게 불합리한 개별공시지가가 결정되도록 함으로써 국민 개개인의 재산권을 침해한 경우에는 그 손해에 대하여 상당인과관계 있는 범위 내에서 그 담당공무원 등이 소속된 지방자치단체가 배상책임을 지게 된다.

[2] 시장이 토지의 이용상황을 실제 이용되고 있는 '자연림'으로 하여 개별공시지가를 산정한 다음 감정평가법인에 검증을 의뢰하였는데, 감정평가법인이 그 토지의 이용상황을 '공업용'으로 잘못 정정하여 검증지가를 산정하고, 시 부동산평가위원회가 검증지가를 심의하면서 그 잘못을 발견하지 못함에 따라, 그 토지의 개별공시지가가 적정가격보다 훨씬 높은 가격으로 결정·공시된 사안에서, 이는 개별공시지가 산정업무 담당공무원 등이 개별공시지가의 산정 및 검증, 심의에 관한 직무상 의무를 위반한 것으로 불법행위에 해당한다고 한 사례

[3] 개별공시지가는 그 산정 목적인 개발부담금의 부과, 토지 관련 조세 부과 등 다른 법령이 정하는 목적을 위해 지가를 산정하는 경우에 그 산정 기준이 되는 범위 내에서는 납세자인 국민 등의 재산상 권리·의무에 직접적인 영향을 미칠 수 있지만, 이에 더 나아가 개별공시지가가 당해 토지의 거래 또는 담보제공을 받음에 있어 그 실제 거래가액 또는 담보가치를 보장한다거나 어떠한 구속력을 미친다고 할 수는 없다. 그럼에도 개개 토지에 관한 개별공시지가를 기준으로 거래하거나 담보제공을 받았다가 당해 토지의 실제 거래가액 또는 담보가치가 개별공시지가에 미치지 못함으로 인해 발생할 수 있는 손해에 대해서까지 그 개별공시지가를 결정·공시하는 지방자치단체에 손해배상책임을 부담시키게 된다면, 개개 거래당사자들 사이에 이루어지는 다양한 거래관계와 관련하여 발생한 손해에 대하여 무차별적으로 책임을 추궁당하게 되고, 그 거래관계를 둘러싼 분쟁에 끌려들어가 많은 노력과 비용을 지출하는 결과가 초래되게 된다. 이는 결과발생에 대한 예견가능성의 범위를 넘어서는 것임은 물론이고, 행정기관이 사용하는 지가를 일원화하여 일정한 행정목적을 위한 기준으로 삼음으로써 국토의 효율적인 이용과 국민경제의 발전에 기여하려는 구 부동산 가격공시 및 감정평가에 관한 법률(2008.2.29. 법률 제8852호로 개정되기 전의 것)의 목적과 기능, 그 보호법익의 보호범위를 넘어서는 것이다.

[4] 개별공시지가 산정업무 담당공무원 등이 잘못 산정·공시한 개별공시지가를 신뢰한 나머지 토지의 담보가치가 충분하다고 믿고 그 토지에 관하여 근저당권설정등기를 경료한 후 물품을 추가로 공급함으로써 손해를 입었음을 이유로 그 담당공무원이 속한 지방자치단체에 손해배상을 구한 사안에서, 그 담당공무원 등의 개별공시지가 산정에 관한 직무상 위반행위와 위 손해 사이에 상당인과관계가 있다고 보기 어렵다고 한 사례

[물음 1]

Ⅰ 개별공시지가 정정의 의의 및 근거(부동산공시법 제12조)

Ⅱ 개별공시지가 정정의 요건

Ⅲ 개별공시지가 정정의 효과

[물음 2]

Ⅰ 논점의 정리

Ⅱ 관련 규정의 검토

1. 개별공시지가 이의신청의 법적 성질(강학상 이의신청)
2. 개별공시지가 정정의 법적 성질

Ⅲ 乙의 경우 소송의 대상과 제소기간

1. 소송의 대상
2. 제소기간의 기산일

Ⅳ 丙의 경우 소송의 대상과 제소기간

1. 소송의 대상
2. 제소기간의 기산일

Ⅴ 소결(행정심판의 재결 형성력으로 통일적인 기준)

[물음 3]

Ⅰ 논점의 정리

Ⅱ 국가배상소송의 의의 및 요건

1. 국가배상청구의 의의 및 성질(국가배상법 제2조)
2. 국가배상책임 요건
3. 개별공시지가의 위법여부(판례의 태도)
4. 사안의 경우

Ⅲ 丁의 직무상 행위와 손해 사이의 인과관계 여부

1. 개별공시지가의 산정목적
2. 丁의 직무상 행위와 손해 사이의 인과관계 판단 기준
3. 관련 판례(개별공시지가와 담보가치 간의 인과관계 여부)
4. 사안의 경우

Ⅳ 乙 주장의 타당성(사안의 해결)

예시답안

[물음 1]에 대하여

Ⅰ 개별공시지가 정정의 의의 및 근거(부동산공시법 제12조)

직권정정제도란 개별공시지가에 틀린 계산, 오기 등 명백한 오류가 있는 경우 이를 직권으로 정정할 수 있는 제도로 부동산 가격공시에 관한 법률 제12조에 근거하며, 개별공시지가의 적정성을 담보하기 위한 수단이다.

Ⅱ 개별공시지가 정정의 요건

틀린 계산·오기, 표준지 선정의 착오 및 대통령령으로 정하는 명백한 오류 발생시 개별공시지가를 정정할 수 있다. 대통령령이 정하는 명백한 오류란 ① 토지소유자의 의견청취절차를 거치지 않는 경우, ② 용도지역 등 토지가격에 영향을 미치는 주요요인의 조사를 잘못한 경우, ③ 토지가격비준표 적용에 오류가 있는 경우 등이 있다.

Ⅲ 개별공시지가 정정의 효과

개별공시지가가 정정된 경우에는 새로이 개별공시지가가 결정·공시된 것으로 본다. 다만, 그 효력발생시기에 대해 판례는 개별토지가격이 지가산정에 명백한 잘못이 있어 정정결정·공고되었다면 당초에 결정·공고된 개별토지 가격은 그 효력을 상실하고 정정결정된 새로운 토지가격이 공시기준일에 소급하여 그 효력을 발생한다고 한다. 또한 판례는 국민의 정정신청은 행정청의 직권발동을 촉구하는 것에 지나지 않는다고 하여 그 거부가 항고소송의 대상이 되는 처분이 아니라고 판시하여 정정결정을 별도의 처분으로 보지 않고 있다.

【판결요지】
개별토지가격이 지가산정에 명백한 잘못이 있어 경정결정 공고되었다면 당초에 결정 공고된 개별토지가격은 그 효력을 상실하고 경정결정된 새로운 개별토지가격이 공시기준일에 소급하여 그 효력을 발생한다(대판 1994.10.7, 93누15588[토지초과이득세부과처분취소]).

✔ [물음 2]에 대하여

Ⅰ 논점의 정리(대판 2010.1.28, 2008두19987 기준)

해당 사안의 토지는 을과 병의 공동소유의 토지로서, 한 필지 공동소유자에게 다른 소송의 대상과 제소기간이 있을 수 없으나, 논리의 전개를 위하여 각각 검토하도록 한다. 을은 변경의 처분에 따른, 병은 변경재결에 따른 소의 대상이 문제된다. 이하 각각의 소의 대상과 제소기간의 기산일에 대하여 관련 규정과 판례를 통하여 검토하도록 한다.

Ⅱ 관련 규정의 검토

1. 개별공시지가 이의신청의 법적 성질(강학상 이의신청)

판례에서는 부동산공시법에 따른 이의신청과 행정심판법에 따른 행정심판청구 중 어느 하나만을 거쳐 행정소송을 제기할 수 있을 뿐만 아니라 이의신청을 하여 그 결과 통지를 받은 후 다시 행정심판을 거쳐 행정소송을 제기할 수 있다고 보아야 하고, 이 경우 행정소송의 제소기간은 행정심판 재결서 정본을 송달받은 날부터 기산한다고 판시하여 강학상 이의신청으로 본다.

2. 개별공시지가 정정의 법적 성질

개별공시지가가 정정된 경우에는 새로이 개별공시지가가 결정·공시된 것으로 본다. 다만, 그 효력발생시기에 대해 판례는 개별토지가격이 지가산정에 명백한 잘못이 있어 정정결정·공고되었다면 당초에 결정·공고된 개별토지 가격은 그 효력을 상실하고 정정결정된 새로운 토지가격이 공시기준일에 소급하여 그 효력을 발생한다고 한다. 또한 판례는 국민의 정정신청은 행정청의 직권발동을 촉구하는 것에 지나지 않는다고 하여 그 거부가 항고소송의 대상이 되는 처분이 아니라고 판시하여 정정결정을 별도의 처분으로 보지 않고 있다.

Ⅲ 乙의 경우 소송의 대상과 제소기간

1. 소송의 대상

(1) 판례의 검토(대판 2008.2.15, 2006두3957)

과징금 부과처분에서 행정청이 납부의무자에 대하여 부과처분을 한 후 그 부과처분의 하자를 이유로 과징금의 액수를 감액하는 경우에 그 감액처분은 감액된 과징금 부분에 관하여만 법적 효과가 미치는 것으로서 처음의 부과처분과 별개 독립의 과징금 부과처분이 아니라 그 실질은 당초 부과처분의 변경이고, 그에 의하여 과징금의 일부취소라는 납부의무자에게 유리한 결과를 가져오는 처분이므로 처음의 부과처분이 전부 실효되는 것은 아니며, 그 감액처분으로도 아직 취소되지 않고 남아 있는 부분이 위법하다고 하여 다투는 경우 항고소송의 대상은 처음의 부과처분 중 감액처분에 의하여 취소되지 않고 남은 부분이고 감액처분이 항고소송의 대상이 되는 것은 아니다.

(2) 사안의 경우

판례는 행정청이 과징금 부과처분을 하였다가 감액처분을 한 것에 대하여 그 감액처분으로도 아직 취소되지 않고 남아 있는 부분이 위법하다고 하여 다투는 경우 감액처분 후 남은 원처분을 소송의 대상으로 함이 타당하다 판시한 바 있다. 위와 같은 판례의 태도에 비추어 볼 때 사안의 경우 변경되고 남은 2,380,000원이 개별공시지가 결정 처분이 소의 대상이 된다.

2. 제소기간의 기산일

(1) 판례의 검토(대판 2010.1.28, 2008두19987)

부동산 가격공시 및 감정평가에 관한 법률 제12조, 행정소송법 제20조 제1항, 행정심판법 제3조 제1항의 규정 내용 및 취지와 아울러 부동산 가격공시 및 감정평가에 관한 법률에 행정심판의 제기를 배제하는 명시적인 규정이 없고 부동산 가격공시 및 감정평가에 관한 법률에 따른 이의신청과 행정심판은 그 절차 및 담당 기관에 차이가 있는 점을 종합하면, 부동산 가격공시 및 감정평가에 관한 법률이 이의신청에 관하여 규정하고 있다고 하여 이를 행정심판법 제3조 제1항에서 행정심판의 제기를 배제하는 '다른 법률에 특별한 규정이 있는 경우'에 해당한다고 볼 수 없으므로, 개별공시지가에 대하여 이의가 있는 자는 곧바로 행정소송을 제기하거나 부동산 가격공시 및 감정평가에 관한 법률에 따른 이의신청과 행정심판법에 따른 행정심판청구 중 어느 하나만을 거쳐 행정소송을 제기할 수 있을 뿐 아니라, 이의신청을 하여 그 결과 통지를 받은 후 다시 행정심판을 거쳐 행정소송을 제기할 수도 있다고 보아야 하고, 이 경우 행정소송의 제소기간은 그 행정심판 재결서 정본을 송달받은 날부터 기산한다.

(2) 사안의 경우

위 판례의 내용과 같이 개별공시지가의 불복에 대해서는 이의신청 통보결과를 통지받은 날로부터 90일 이내에 행정소송을 제기할 수 있다. 또한 최근 제정된 행정기본법 제36조 4항에 따라 이의신청에 대한 결과를 통지받은 후 행정심판 또는 행정소송을 제기하려는 자는 그 결과를 통지받은 날로부터 90일 이내에 행정심판 또는 행정소송을 제기할 수 있다. 따라서 사안의 경우 이의신청 결과를 통지받은 날(송달된 날)인 2018.7.1.부터 제소기간을 기산한다.

행정기본법 제36조(처분에 대한 이의신청)개정사항 [시행 2023.3.24.]

④ 이의신청에 대한 결과를 통지받은 후 행정심판 또는 행정소송을 제기하려는 자는 그 결과를 통지받은 날(제2항에 따른 통지기간 내에 결과를 통지받지 못한 경우에는 같은 항에 따른 통지기간이 만료되는 날의 다음 날을 말한다)부터 90일 이내에 행정심판 또는 행정소송을 제기할 수 있다.

* 2023년 이후 시행되는 시험에서는 본 규정을 적용하여 문제를 풀면 될 것이다.

Ⅳ 丙의 경우 소송의 대상과 제소기간

1. 소송의 대상

(1) 변경처분 시 소송의 대상에 대한 견해의 대립

① **학설** : 〈병존설〉 양자 모두 독립된 처분이므로 항고소송의 대상이라는 견해, 〈흡수설〉 원처분은 변경처분에 흡수되어 변경처분(일부취소처분)만이 항고소송의 대상이라는 견해, 〈역흡수설〉 변경처분(일부취소처분)은 원처분에 흡수되어 변경된 원처분만이 항고소송의 대상이라는 견해가 있다.

② **판례** : 판례는 행정심판위원회의 변경명령재결에 따라 처분청이 변경처분을 한 경우, 취소소송의 대상은 변경된 내용의 당초처분이지 변경처분은 아니고, 제소기간의 준수여부도 변경처분이 아니라 변경된 내용의 당초처분을 기준으로 판단하여야 한다고 판시하였다.

③ **검토** : 〈변경명령재결에 따른 변경처분〉 변경처분(일부취소처분)은 원처분을 변경하는 행위로서 독립된 행위가 아닌 바, 변경된 원처분을 항고소송의 대상으로 봄이 타당하다고 판단된다.

(2) 사안의 경우

판례는 행정심판위원회의 변경명령재결에 따라 처분청이 변경재결을 한 경우, 취소소송의 대상은 변경된 내용의 당초처분이고, 제소기간의 준수여부도 변경된 내용의 당초처분을 기준으로 판단하여야 한다고 판시하였다. 이와 같은 판례의 태도로 볼 때, 해당 사안의 소송의 대상은 변경된 내용의 당초처분이 된다 할 것이다(2,780,000원 → 2,000,000원으로 변경된 원처분인 2,000,000원이 소의 대상임).

2. 제소기간의 기산일

병은 행정소송법 제20조 규정에 따라 행정심판 청구 후 소송의 제소는 재결서의 정본을 송달받은 날로부터 기산하는바, 재결서정본 송달일인 2018.8.30.부터 기산한다.

Ⅴ 소결(행정심판의 재결 형성력으로 통일적인 기준)

乙과 丙이 한 필지 토지의 공동소유자라는 측면에서 행정심판의 인용재결은 형성력이 있어 당사자뿐만 아니라 제3자에게도 효력을 미친다. 따라서 행정심판에 의한 변경재결은 乙에게도 영향을 미치므로 종국적으로 2,000,000원의 변경된 원처분을 소의 대상, 2018.8.30.을 기산일로 하여 90일 이내에 소송을 제기하면 될 것으로 판단된다.

[물음 3]에 대하여

Ⅰ 논점의 정리

乙은 丁의 위법한 개별공시지가 산정으로 인한 손해에 대하여 국가배상소송을 제기하려고 한다. 乙의 국가배상청구가 인용되기 위해서 국가배상법 제2조에 근거한 국가배상청구권의 성립 요건을 충족하여야 한다. 이하에서는 국가배상청구요건에 대해 살펴보고, 乙의 주장에 대한 내용을 관련 판례들의 태도를 통해 검토하도록 한다.

Ⅱ 국가배상소송의 의의 및 요건

1. 국가배상청구의 의의 및 성질(국가배상법 제2조)

국가배상이란 국가 등 행정기관의 위법한 행정작용으로 인하여 발생한 손해에 대하여 국가 등의 행정기관이 배상하여 주는 제도를 말한다. 대법원 판례는 국가배상법을 민법상 특별법으로 보아 민사소송으로 해결하나 행정기관의 행정작용을 원인으로 하는 것이므로 당사자소송을 통하여 해결함이 타당하다고 생각된다.

2. 국가배상책임 요건

국가배상법 제2조에 의한 국가배상책임이 성립하기 위하여는 ① 공무원이 직무를 집행하면서 타인에게 손해를 가하였을 것, ② 공무원의 가해행위는 고의 또는 과실로 법령에 위반하여 행하여졌을 것, ③ 손해가 발생하였고, 공무원의 불법한 가해행위와 손해 사이에 인과관계(상당한 인과관계)가 있을 것이 요구된다.

① 공무원

국가배상법 제2조상의 '공무원'은 국가공무원법 또는 지방공무원법상의 공무원뿐만 아니라 널리 공무를 위탁(광의의 위탁)받아 실질적으로 공무에 종사하는 자(공무수탁사인)를 말한다. 달리 말하면 국가배상법 제2조 소정의 공무원은 실질적으로 공무를 수행하는 자, 즉 기능적 공무원을 말한다. 또한 그것은 최광의의 공무원 개념에 해당한다.

② 직무행위

국가배상법 제2조가 적용되는 직무행위에 관하여 판례 및 다수설은 공권력 행사 외에 비권력적 공행정작용을 포함하는 모든 공행정작용을 의미한다고 본다. 또한 '직무행위'에는 입법작용과 사법작용도 포함된다.

③ 직무를 집행하면서(직무관련성)

공무원의 불법행위에 의한 국가의 배상책임은 공무원의 가해행위가 직무집행행위인 경우뿐만 아니라 그 자체는 직무집행행위가 아니더라도 직무와 일정한 관련이 있는 경우, 즉 '직무를 집행하면서' 행하여진 경우에 인정된다.

④ 법령 위반(위법)

학설은 일반적으로 국가배상법상의 '법령 위반'이 위법 일반을 의미하는 것으로 보고 있고 판례도 그러하다(대판 1973.1.30, 72다2062).

⑤ 고의 또는 과실

주관설은 과실을 해당 직무를 담당하는 평균적 공무원이 통상 갖추어야 할 주의의무를 해태한 것으로 본다. 과실이 인정되기 위하여는 위험 및 손해발생에 대한 예측가능성과 회피가능성(손해방지가능성)이 있어야 한다. 이 견해가 다수설과 판례의 입장이다.

⑥ 위법과 과실의 관계

위법과 과실은 개념상 상호 구별되어야 한다. 행위위법설에 의할 때 위법은 '행위'가 판단대상이 되며 가해행위의 법에의 위반을 의미하는 것이며, 과실은 '행위의 태양'이 직접적 판단대상이 되며 판례의 입장인 주관설에 의하면 주의의무 위반(객관설에 의하면 국가작용의 흠)을 의미한다.

⑦ 손해 및 인과관계

공무원의 불법행위가 있더라도 손해가 발생하지 않으면 국가배상책임이 인정되지 않는다. 국가배상책임으로서의 '손해'는 민법상 불법행위책임에 있어서의 그것과 다르지 않다.

또한 공무원의 불법행위와 손해 사이에 인과관계가 있어야 한다. 국가배상에서의 인과관계는 민법상 불법행위책임에서의 그것과 동일하게 상당인과관계가 요구된다.

3. 개별공시지가의 위법여부(판례의 태도)

담당공무원 등이 직무상 의무에 위반하여 현저하게 불합리한 개별공시지가가 결정되도록 함으로써 재산권을 침해한 경우 그 손해에 대하여 상당한 인과관계가 있는 범위에서 그 담당공무원 등이 소속된 지방자치단체가 배상책임을 지게 된다. 즉 이는 직무상 의무를 위반한 것으로 불법행위에 해당한다.

4. 사안의 경우

사안의 경우 개별공시지가를 산정함에 있어 토지의 이용상황을 잘못 판단한 것은 위의 판례의 내용으로 보아 직무상 의무를 위반한 것으로 판단된다.

Ⅲ 丁의 직무상 행위와 손해 사이의 인과관계 여부

1. 개별공시지가의 산정목적

개별공시지가는 개발부담금의 부과, 토지 관련 조세부과 등 다른 법령이 정하는 목적을 위해 지가를 산정하는 경우에 그 산정기준이 된다.

2. 丁의 직무상 행위와 손해 사이의 인과관계 판단기준(대판 2007.12.27, 2005다62747)

최근 대법원 판례에서는 "공무원에게 부과된 직무상 의무의 내용이 단순히 공공 일반의 이익을 위한 것이거나 행정기관 내부의 질서를 규율하기 위한 것이 아니고 전적으로 또는 부수적으로 사회구성원 개인의 안전과 이익을 보호하기 위하여 설정된 것이라면, 공무원이 그와 같은 직무상 의무를 위반함으로 인하여 피해자가 입은 손해에 대하여는 상당인과관계가 인정되는 범위 내에서 국가가 배상책임을 지는 것이고, 이때 상당인과관계의 유무를 판단함에 있어서는 일반적인 결과발생의 개연성은 물론 직무상 의무를 부과하는 법령 기타 행동규범의 목적, 그 수행하는 직무의 목적 내지 기능으로부터 예견가능한 행위 후의 사정, 가해행위의 태양 및 피해의 정도 등을 종합적으로 고려하여야 한다."고 판시하였다.

3. 관련 판례(개별공시지가와 담보가치 간의 인과관계 여부)

개별공시지가는 그 산정 목적인 개발부담금의 부과, 토지 관련 조세부과 등 다른 법령이 정하는 목적을 위해 지가를 산정하는 경우에 그 산정기준이 되는 범위 내에서는 납세자인 국민 등의 재산상 권리・의무에 직접적인 영향을 미칠 수 있지만, 이에 더 나아가 개별공시지가가 해당 토지의 거래 또는 담보제공을 받음에 있어 그 실제거래가액 또는 담보가치를 보장한다거나 어떠한 구속력을 미친다고 할 수는 없다. 그럼에도 개개 토지에 관한 개별공시지가를 기준으로 거래하거나 담보제공을 받았다가 해당 토지의 실제거래가액 또는 담보가치가 개별공시지가에 미치지 못함으로 인해 발생할 수 있는 손해에 대해서까지 그 개별공시지가를 결정・공시하는 지방자치단체에 손해배상책임을 부담시키게 된다면, 개개 거래당사자들 사이에 이루어지는 다양한 거래관계와 관련하여 발생한 손해에 대하여 무차별적으로 책임을 추궁당하게 되고, 그 거래관계를 둘러싼 분쟁에 끌려들어가 많은 노력과 비용을 지출하는 결과가 초래되게 된다. 이는 결과발생에 대한 예견가능성의 범위를 넘어서는 것임은 물론이고, 행정기관이 사용하는 지가를 일원화하여 일정한 행정목적을 위한 기준으로 삼음으로써 국토의 효율적인 이용과 국민경제의 발전에 기여하려는 (구)부동산 가격공시 및 감정평가에 관한 법률(2008.2.29. 법률 제8852호로 개정되기 전의 것)의 목적과 기능, 그 보호법익의 보호범위를 넘어서는 것이다.

4. 사안의 경우

판례와 개별공시지가의 산정목적 범위 등을 종합적으로 고려해보면 이는 예견가능성의 범위를 넘어서는 것이고, 부동산공시법의 목적과 기능, 그 보호법익의 범위를 넘어서는 것이다. 따라서 양자 간의 상당한 인과관계가 있다고 보기 어렵다.

Ⅳ 乙 주장의 타당성(사안의 해결)

부동산공시법은 부동산의 적정가격 공시에 관한 기본적인 사항과 부동산 시장・동향의 조사・관리에 필요한 사항을 규정함으로써 부동산의 적정한 가격형성과 각종 조세・부담금 등의 형평성을 도모하고 국민경제의 발전에 이바지함을 목적으로 한다. 이러한 부동산공시법상 개별공시지가제도의 입법목적을 고려할 때, 개별공시지가는 공적업무의 기준이 되는 바, 이를 산정 시 직무상 의무를 다하지 않은 것은 위법사유가 된다. 그러나 丁의 개별공시지가 산정은 부동산공시법상 보호법익의 범위를 넘었고 실제 거래가격이나 담보가치에 구속력을 미친다고 볼 수 없으므로 乙의 주장은 타당하지 않다.

문제 03

甲과 乙은 감정평가사 자격이 없는 공인회계사로서, 甲은 A주식회사의 부사장 겸 본부장이고 乙은 A주식회사의 상무의 직에 있는 자이다. 甲과 乙은 A주식회사 대표 B로부터 서울 소재의 A주식회사 소유 빌딩의 부지를 비롯한 지방에 있는 같은 회사 전 사업장 물류센터 등 부지에 대한 자산 재평가를 의뢰받고, 회사의 회계처리를 목적으로 부지에 대한 감정평가 등 자산재평가를 실시하여 그 결과 평가대상 토지(기존의 장부상 가액 3천억원)의 경제적 가치를 7천억원의 가액으로 표시하고, 그 대가로 1억 5,400만원을 받았다. 이러한 甲과 乙의 행위는 「감정평가 및 감정평가사에 관한 법률」상의 감정평가업자의 업무에 해당하는지 여부에 관하여 논하시오. 20점

참조 조문

〈감정평가법〉

제4조(직무)

① 감정평가사는 타인의 의뢰를 받아 토지등을 감정평가하는 것을 그 직무로 한다.

② 감정평가사는 공공성을 지닌 가치평가 전문직으로서 공정하고 객관적으로 그 직무를 수행한다.

제10조(감정평가법인등의 업무)

감정평가법인등은 다음 각 호의 업무를 행한다.

1. 「부동산 가격공시에 관한 법률」에 따라 감정평가법인등이 수행하는 업무
2. 「부동산 가격공시에 관한 법률」 제8조 제2호에 따른 목적을 위한 토지등의 감정평가
3. 「자산재평가법」에 따른 토지등의 감정평가
4. 법원에 계속 중인 소송 또는 경매를 위한 토지등의 감정평가
5. 금융기관·보험회사·신탁회사 등 타인의 의뢰에 따른 토지등의 감정평가
6. 감정평가와 관련된 상담 및 자문
7. 토지등의 이용 및 개발 등에 대한 조언이나 정보 등의 제공
8. 다른 법령에 따라 감정평가법인등이 할 수 있는 토지등의 감정평가
9. 제1호부터 제8호까지의 업무에 부수되는 업무

제49조(벌칙)

다음 각 호의 어느 하나에 해당하는 자는 3년 이하의 징역 또는 3천만원 이하의 벌금에 처한다.

1. 부정한 방법으로 감정평가사의 자격을 취득한 사람
2. 감정평가법인등이 아닌 자로서 감정평가업을 한 자
3. 구비서류를 거짓으로 작성하는 등 부정한 방법으로 제17조에 따른 등록이나 갱신등록을 한 사람
4. 제18조에 따라 등록 또는 갱신등록이 거부되거나 제13조, 제19조 또는 제39조에 따라 자격 또는 등록이 취소된 사람으로서 제10조의 업무를 한 사람
5. 제25조 제1항을 위반하여 고의로 업무를 잘못하거나 같은 조 제6항을 위반하여 제28조의2에서 정하는 유도 또는 요구에 따른 자

6. 제25조 제4항을 위반하여 업무와 관련된 대가를 받거나 감정평가 수주의 대가로 금품 또는 재산상의 이익을 제공하거나 제공하기로 약속한 자
6의2. 제28조의2를 위반하여 특정한 가액으로 감정평가를 유도 또는 요구하는 행위를 한 자
7. 정관을 거짓으로 작성하는 등 부정한 방법으로 제29조에 따른 인가를 받은 자

대판 2015.11.27, 2014도191[부동산 가격공시 및 감정평가에 관한 법률위반]〈공인회계사 토지감정평가사건〉

【판시사항】

공인회계사법 제2조에서 정한 '회계에 관한 감정'의 의미 및 타인의 의뢰를 받아 '부동산 가격공시 및 감정평가에 관한 법률'이 정한 토지에 대한 감정평가를 행하는 것이 공인회계사의 직무범위에 포함되는지 여부(소극) / 감정평가업자가 아닌 공인회계사가 타인의 의뢰에 의하여 일정한 보수를 받고 '부동산 가격공시 및 감정평가에 관한 법률'이 정한 토지에 대한 감정평가를 업으로 행하는 것이 같은 법 제43조 제2호에 의하여 처벌되는 행위인지 여부(적극) 및 위 행위가 형법 제20조가 정한 '법령에 의한 행위'로서 정당행위에 해당하는지 여부(원칙적 소극)

【판결요지】

공인회계사법의 입법 취지와 목적, 회계정보의 정확성과 적정성을 담보하기 위하여 공인회계사의 직무범위를 정하고 있는 공인회계사법 제2조의 취지와 내용 등에 비추어 볼 때, 위 규정이 정한 '회계에 관한 감정'이란 기업이 작성한 재무상태표, 손익계산서 등 회계서류에 대한 전문적 회계지식과 경험에 기초한 분석과 판단을 보고하는 업무를 의미하고, 여기에는 기업의 경제활동을 측정하여 기록한 회계서류가 회계처리기준에 따라 정확하고 적정하게 작성되었는지에 대한 판정뿐만 아니라 자산의 장부가액이 신뢰할 수 있는 자료에 근거한 것인지에 대한 의견제시 등도 포함된다. 그러나 타인의 의뢰를 받아 부동산 가격공시 및 감정평가에 관한 법률(이하 '부동산공시법'이라 한다)이 정한 토지에 대한 감정평가를 행하는 것은 회계서류에 대한 전문적 지식이나 경험과는 관계가 없어 '회계에 관한 감정' 또는 '그에 부대되는 업무'에 해당한다고 볼 수 없고, 그 밖에 공인회계사가 행하는 다른 직무의 범위에 포함된다고 볼 수도 없다. 따라서 감정평가업자가 아닌 공인회계사가 타인의 의뢰에 의하여 일정한 보수를 받고 부동산공시법이 정한 토지에 대한 감정평가를 업으로 행하는 것은 부동산공시법 제43조 제2호에 의하여 처벌되는 행위에 해당하고, 특별한 사정이 없는 한 형법 제20조가 정한 '법령에 의한 행위'로서 정당행위에 해당한다고 볼 수는 없다.

대판 2021.10.14, 2017도10634[부동산 가격공시 및 감정평가에 관한 법률위반]

감정평가사 자격을 갖춘 사람만이 감정평가업을 독점적으로 영위할 수 있도록 한 취지는 감정평가업무의 전문성, 공정성, 신뢰성을 확보해서 재산과 권리의 적정한 가격형성을 보장하여 국민의 권익을 보호하기 위한 것이다(구 부동산공시법 제1조 참조).

한편 소송의 증거방법 중 하나인 감정은 법관의 지식과 경험을 보충하기 위하여 특별한 학식과 경험을 가진 제3자에게 그 전문적 지식이나 이를 구체적 사실에 적용하여 얻은 판단을 법원에 보고하게 하는 것으로, 감정신청의 채택 여부를 결정하고 감정인을 지정하거나 단체 등에 감정촉탁을 하는 권한은 법원에 있고(민사소송법 제335조, 제341조 제1항 참조), 행정소송사건의 심리절차에서 공익사업을 위한 토지 등의 취득 및 보상에 관한 법률상 토지 등의 손실보상액에 관하여 감정을 명할 경우 그 감정인으로

반드시 감정평가사나 감정평가법인을 지정하여야 하는 것은 아니다.
법원은 소송에서 쟁점이 된 사항에 관한 전문성과 필요성에 대한 판단에 따라 감정인을 지정하거나 감정촉탁을 하는 것이고, 감정결과에 대하여 당사자에게 의견을 진술할 기회를 준 후 이를 종합하여 그 결과를 받아들일지 여부를 판단하므로, 감정인이나 감정촉탁을 받은 사람의 자격을 감정평가사로 제한하지 않더라도 이러한 절차를 통하여 감정의 전문성, 공정성 및 신뢰성을 확보하고 국민의 재산권을 보호할 수 있기 때문이다.
그렇다면 민사소송법 제335조에 따른 법원의 감정인 지정결정 또는 같은 법 제341조 제1항에 따른 법원의 감정촉탁을 받은 경우에는 감정평가업자가 아닌 사람이더라도 그 감정사항에 포함된 토지 등의 감정평가를 할 수 있고, 이러한 행위는 법령에 근거한 법원의 적법한 결정이나 촉탁에 따른 것으로 형법 제20조의 정당행위에 해당하여 위법성이 조각된다고 보아야 한다.

예시답안

Ⅰ 논점의 정리

「감정평가 및 감정평가사에 관한 법률」(이하 '감정평가법')에서는 감정평가법인등, 감정평가업 등의 정의에 대해 규정하고 있다. 사안은 공인회계사 甲과 乙의 업무행위가 감정평가법인등의 업무에 해당하는지에 관한 것으로 이하 감정평가업무를 수행하기 위한 요건을 살펴보고, 사안의 업무가 이에 해당하는지 검토하도록 한다.

Ⅱ 감정평가업무를 하기 위한 요건

1. 감정평가법인등의 정의

"감정평가법인등"이란 감정평가법 제21조에 따라 사무소를 개설한 감정평가사와 동법 제29조에 따라 인가를 받은 감정평가법인을 말한다(감정평가법 제2조 제4호). 감정평가사는 감정평가법이 정한 요건에 의하여 자격을 취득한 자로서 타인의 의뢰를 받아 토지 등을 감정평가하는 것을 그 직무로 하는 자(감정평가법 제4조)를 말한다.

2. 사안의 경우

甲과 乙은 감정평가 자격이 없는 공인회계사로서 감정평가법이 정한 요건에 의하여 자격을 취득한 자가 아니므로 감정평가법인등의 요건을 충족하지 못한다. 따라서 공인회계사인 甲과 乙은 감정평가법에 따라 감정평가할 자격을 인정할 수 없다.

Ⅲ 甲과 乙의 업무행위가 감정평가업무에 해당하는지 여부

1. 감정평가의 개념

감정평가란 토지 등의 경제적 가치를 판정하여 그 결과를 가액으로 표시한 것을 말하며, 감정평가업이란 타인의 의뢰에 따라 일정한 보수를 받고 토지 등의 감정평가를 업으로 행하는 것을 말한다.

2. 감정평가법인등의 업무(감정평가법 제10조)

감정평가법인등은 부동산공시법에 따라 감정평가법인등이 수행하는 업무, 부동산공시법 제8조 제2호에 따른 목적을 위한 토지 등의 감정평가, 자산재평가법에 따른 토지 등의 감정평가 등의 업무를 수행한다.

3. 관련 판례의 검토

"타인의 의뢰를 받아 감정평가법이 정한 토지에 대한 감정평가를 행하는 것은 회계서류에 대한 전문적 지식이나 경험과는 관계가 없어 '회계에 관한 감정' 또는 '그에 부대되는 업무'에 해당한다고 볼 수 없고, 그 밖에 공인회계사가 행하는 다른 직무의 범위에 포함된다고 볼 수도 없다."

4. 사안의 경우

甲과 乙은 감정평가사가 아닌 자임에도 불구하고 자산재평가를 실시하여 그 결과 토지의 경제적 가치를 7천억원으로 표시한 감정평가 행위를 하였다. 판례 등의 태도를 비추어 볼 때 이러한 甲과 乙의 행위는 감정평가법 제49조 제2호에 의하여 처벌되는 행위에 해당하고, 특별한 사정이 없는 한 법령에 의한 행위로서 정당행위에 해당한다고 볼 수 없을 것이다.

Ⅳ 사례의 해결

甲과 乙은 감정평가법인등에 해당하지 않은 자이나, 감정평가법에 따른 감정평가행위를 한 것으로 이는 위법하다. 이러한 위법행위는 감정평가법에 따른 벌칙의 대상으로, 실제 이 사건 대법원 판례는 벌금형으로 종결되었다. 생각건대, 최근 심마니 사건에서 법원의 촉탁이 있는 경우 심마니의 감정을 인정하는 판결을 고려하면 감정평가의 객관성과 전문성을 위하여 감정평가법의 입법보완이 필요하다고 판단된다.

문제 **04** **「감정평가 및 감정평가사에 관한 법률」에 따른 감정평가의 기준 및 감정평가 타당성 조사에 관하여 각각 설명하시오.** 10점

예시답안

Ⅰ 감정평가법에 따른 감정평가의 기준

1. 토지 감정평가 시(감정평가법 제3조 제1항)

감정평가법인등이 토지를 감정평가하는 경우에는 그 토지와 이용가치가 비슷하다고 인정되는 「부동산 가격공시에 관한 법률」에 따른 표준지공시지가를 기준으로 하여야 한다. 다만, 적정한 실거래가가 있는 경우에는 이를 기준으로 할 수 있다.

2. 재무제표, 담보권의 설정 · 경매 등 평가 시(감정평가법 제3조 제2항)

감정평가법인등이 「주식회사 등의 외부감사에 관한 법률」에 따른 재무제표 작성 등 기업의 재무제표 작성에 필요한 감정평가와 담보권의 설정 · 경매 등 대통령령으로 정하는 감정평가를 할 때에는 해당 토지의 임대료, 조성비용 등을 고려하여 감정평가를 할 수 있다.

Ⅱ 감정평가 타당성 조사

1. 타당성 조사의 개념(감정평가법 제8조)

국토교통부장관은 감정평가법인등의 감정평가가 감정평가법 또는 다른 법률에서 정하는 절차와 방법 등에 따라 타당하게 이루어졌는지 조사할 수 있다. 타당성 조사를 할 경우에는 해당 감정평가법인등 및 이해관계인에게 의견진술의 기회를 주어야 한다. 타당성 조사의 결과 고의 또는 중대한 과실이 있다면 감정평가법상 일정 제재조치를 취하게 된다.

2. 타당성 조사를 실시하는 경우(시행령 제8조 제1항)

국토교통부장관은 ① 법 제47조에 따른 지도 · 감독을 위한 감정평가법인등의 사무소 출입 · 검사 또는 시행령 제49조에 따른 표본조사의 결과, 그 밖의 사유에 따라 조사가 필요하다고 인정하는 경우와 ② 관계 기관 또는 이해관계인이 조사를 요청하는 경우, 그리고 ③ 감정평가 제도를 개선하기 위하여 타당성 조사를 실시할 수 있다.

3. 타당성 조사를 실시하지 않거나 중지하는 경우(시행령 제8조 제2항)(확중권실)

감정평가의 타당성 조사가 ① 법원의 판결에 따라 **확**정된 경우, ② 재판에 계류 중이거나 수사기관에서 수사 **중**인 경우, ③ 「공익사업을 위한 토지 등의 취득 및 보상에 관한 법률」 등 관계 법령에 감정평가와 관련하여 **권**리구제 절차가 규정되어 있는 경우로서 권리구제 절차가 진행 중이거나 권리구제 절차를 이행할 수 있는 경우(권리구제 절차를 이행하여 완료된 경우를 포함한다), ④ 징계처분, 제재처분, 형사처벌 등을 할 수 없어 타당성 조사의 **실**익이 없는 경우에는 타당성 조사를 하지 않거나 중지할 수 있다.

4. 절차

(1) 타당성조사의 착수(시행령 제8조 제4항)

국토교통부장관은 타당성조사에 착수한 경우 착수일로부터 10일 이내에 해당 감정평가법인등과 이해관계인에게 타당성조사의 사유, 의견제출 가능 사실 등을 알려야 한다.

(2) 의견제출(시행령 제8조 제5항)

통지를 받은 감정평가법인등과 이해관계인은 통지를 받은 날부터 10일 이내에 국토교통부장관에게 의견을 제출할 수 있다.

(3) 타당성조사 결과 통지(시행령 제8조 제6항)

타당성조사를 완료한 경우에는 해당 감정평가법인등, 이해관계인 및 타당성조사를 요청한 관계 기관에 지체 없이 그 결과를 통지해야 한다.

Ⅲ 관련 문제(감정평가의 공신력과 대외적 신뢰성 확보)

최근 감정평가법과 감정평가사법 분법의 움직임이 있는데, 감정평가의 기준과 감정평가사의 운영에 대한 기준을 분리하여 국민들에게 신뢰를 주는 감정평가시장의 구축이 필요하다 할 것이다.

Chapter 06

2019년 제30회 기출문제 분석

문제 01

관할 A시장은 「부동산 가격공시에 관한 법률」에 따라 甲소유의 토지에 대해 공시기준일을 2018.1.1.로 한 개별공시지가를 2018.6.28. 결정 · 공시하고('당초 공시지가') 甲에게 개별 통지하였으나, 이는 토지가격비준표의 적용에 오류가 있는 것이었다. 이후 甲소유의 토지를 포함한 지역 일대에 개발 사업이 시행되면서 관련 법에 의한 부담금 부과의 대상이 된 甲의 토지에 대해 A시장은 2018.8.3. 당초 공시지가에 근거하여 甲에게 부담금을 부과하였다. 한편 甲소유 토지에 대한 당초 공시지가에 이의가 있는 인근 주민 乙은 이의신청기간이 도과한 2018.8.10. A시장에게 이의를 신청하였고, A시장은 甲소유 토지에 대한 당초 공시지가를 결정할 때 토지가격비준표의 적용에 오류가 있었음을 이유로 「부동산 가격공시에 관한 법률」 제12조 및 같은 법 시행령 제23조 제1항에 따라 개별공시지가를 감액하는 정정을 하였고, 정정된 공시지가는 2018.9.7. 甲에게 통지되었다. 다음 물음에 답하시오(아래 설문은 각각 별개의 독립된 상황임). 40점

(1) 甲은 정정된 공시지가에 대해 2018.10.22. 취소소송을 제기하였다. 甲의 소송은 적법한가? 15점

(2) 甲은 이의신청기간이 도과한 후에 이루어진 A시장의 개별공시지가 정정처분은 위법하다고 주장한다. 甲의 주장은 타당한가? 10점

(3) 만약, A시장이 당초 공시지가에 근거하여 甲에게 부담금을 부과한 것이 위법한 것이더라도, 이후 A시장이 토지가격비준표를 제대로 적용하여 정정한 개별공시지가가 당초 공시지가와 동일하게 산정되었다면, 甲에 대한 부담금 부과의 하자는 치유되는가? 15점

참조 조문

〈부동산 가격공시에 관한 법률〉

제11조(개별공시지가에 대한 이의신청)

① 개별공시지가에 이의가 있는 자는 그 결정・공시일부터 30일 이내에 서면으로 시장・군수 또는 구청장에게 이의를 신청할 수 있다.

②~③ 생략

제12조(개별공시지가의 정정)

시장・군수 또는 구청장은 개별공시지가에 틀린 계산, 오기, 표준지 선정의 착오, 그 밖에 대통령령으로 정하는 명백한 오류가 있음을 발견한 때에는 지체 없이 이를 정정하여야 한다.

〈부동산 가격공시에 관한 법률 시행령〉

제23조(개별공시지가의 정정사유)

① 법 제12조에서 "대통령령으로 정하는 명백한 오류"란 다음 각 호의 어느 하나에 해당하는 경우를 말한다.

1. 법 제10조에 따른 공시절차를 완전하게 이행하지 아니한 경우
2. 용도지역・용도지구 등 토지가격에 영향을 미치는 주요 요인의 조사를 잘못한 경우
3. 토지가격비준표의 적용에 오류가 있는 경우

② 생략

대판 1994.10.7, 93누15588 [토지초과이득세부과처분취소]

【판시사항】

가. 과세처분 등 행정처분의 취소를 구하는 행정소송에서 선행처분인 개별공시지가결정의 위법을 독립된 위법사유로 주장할 수 있는지 여부

나. 토지특성조사의 착오가 명백하여야만 개별토지가격경정결정을 할 수 있는지 여부

다. 개별토지가격이 경정되면 당초 공시기준일에 소급하여 효력이 발생하는지 여부

라. 과세기간 개시일의 개별토지가격을 소급적으로 하향 경정 결정함으로써 토지초과이득세 과세대상이 된 경우, 소급과세금지원칙・신의칙・신뢰보호원칙에 어긋나는지 여부

【판결요지】

가. 개별토지가격의 결정에 위법이 있는 경우에는 그 자체를 행정소송의 대상이 되는 행정처분으로 보아 그 위법 여부를 다툴 수 있음은 물론 이를 기초로 한 과세처분 등 행정처분의 취소를 구하는 행정소송에서도 선행처분인 개별토지가격결정의 위법을 독립된 위법사유로 주장할 수 있다.

나. 개별토지가격합동조사지침 제12조의3에 의하면 토지특성조사의 착오 기타 위산・오기 등 지가산정에 명백한 잘못이 있을 경우에는 시장・군수 또는 구청장이 지방토지평가위원회의 심의를 거쳐 경정 결정할 수 있고, 다만, 경미한 사항일 경우에는 지방토지평가위원회의 심의를 거치지 아니할 수 있다고 규정되어 있는바, 여기서 토지특성조사의 착오 또는 위산・오기는 지가산정에 명백한 잘못이 있는 경우의 예시로서 이러한 사유가 있으면 경정 결정할 수 있는 것으로 보아야 하고 그 착오가 명백하여야 비로소 경정 결정할 수 있다고 해석할 것은 아니다.

다. 개별토지가격이 지가산정에 명백한 잘못이 있어 경정 결정 공고되었다면 당초에 결정 공고된 개별토지가격은 그 효력을 상실하고 경정 결정된 새로운 개별토지가격이 공시기준일에 소급하여 그 효력을 발생한다.

라. 소급과세금지의 원칙이란 조세법령의 효력발생 전에 종결된 과세요건 사실에 대하여 해당 법령을 적용할 수 없다는 취지일 뿐이지 과세표준의 계산에 착오가 있음을 이유로 나중에 이를 경정하는 것을 제한하려는 것은 아니므로 지가상승액 내지 토지초과이득세 과세표준을 계산함에 있어 공제항목이 되는 과세기간 개시일의 개별토지가격을 소급적으로 하향 경정 결정한 결과 토지초과이득세 과세대상으로 되었다고 하더라도 이는 소급과세의 문제와는 아무런 관련이 없고, 또한 개별토지가격합동조사지침 제12조의3에 근거하여 위법한 당초의 개별지가결정을 취소하고 새로운 개별지가를 결정한 것을 들어 신의성실의 원칙 또는 신뢰보호의 원칙에 어긋난다고 할 수 없다.

대판 2002.2.5, 2000두5043[개별공시지가정정불가처분취소]

【판시사항】

개별토지가격합동조사지침 제12조의3 소정의 개별공시지가 경정결정신청에 대한 행정청의 정정불가 결정 통지가 항고소송의 대상이 되는 처분인지 여부(소극)

【판결요지】

개별토지가격합동조사지침(1991.3.29. 국무총리훈령 제248호로 개정된 것) 제12조의3은 행정청이 개별토지가격결정에 위산・오기 등 명백한 오류가 있음을 발견한 경우 직권으로 이를 경정하도록 한 규정으로서 토지소유자 등 이해관계인이 그 경정결정을 신청할 수 있는 권리를 인정하고 있지 아니하므로, 토지소유자 등의 토지에 대한 개별공시지가 조정신청을 재조사청구가 아닌 경정결정신청으로 본다고 할지라도, 이는 행정청에 대하여 직권발동을 촉구하는 의미밖에 없으므로, 행정청이 위 조정신청에 대하여 정정불가 결정 통지를 한 것은 이른바 관념의 통지에 불과할 뿐 항고소송의 대상이 되는 처분이 아니다.

대판 2010.1.28, 2008두19987[개별공시지가결정처분취소]

【판시사항】

개별공시지가에 대하여 이의가 있는 자가 행정심판을 거쳐 행정소송을 제기하는 경우 제소기간의 기산점

【판결요지】

부동산 가격공시 및 감정평가에 관한 법률 제12조, 행정소송법 제20조 제1항, 행정심판법 제3조 제1항의 규정 내용 및 취지와 아울러 부동산 가격공시 및 감정평가에 관한 법률에 행정심판의 제기를 배제하는 명시적인 규정이 없고 부동산 가격공시 및 감정평가에 관한 법률에 따른 이의신청과 행정심판은 그 절차 및 담당 기관에 차이가 있는 점을 종합하면, 부동산 가격공시 및 감정평가에 관한 법률이 이의신청에 관하여 규정하고 있다고 하여 이를 행정심판법 제3조 제1항에서 행정심판의 제기를 배제하는 '다른 법률에 특별한 규정이 있는 경우'에 해당한다고 볼 수 없으므로, 개별공시지가에 대하여 이의가 있는 자는 곧바로 행정소송을 제기하거나 부동산 가격공시 및 감정평가에 관한 법률에 따른 이의신청과 행정심판법에 따른 행정심판청구 중 어느 하나만을 거쳐 행정소송을 제기할 수 있을 뿐 아니라, 이의신청을 하여 그 결과 통지를 받은 후 다시 행정심판을 거쳐 행정소송을 제기할 수도 있다고 보아야 하고, 이 경우 행정소송의 제소기간은 그 행정심판 재결서 정본을 송달받은 날부터 기산한다.

대판 2001.6.26, 99두11592[개발부담금부과처분취소]

【판시사항】

[1] (구)개발이익환수에 관한 법률 제10조 제1항 단서에 따른 개발 부담금의 감액정산의 성질(=감액변

경처분) 및 감액정산처분 후 다시 증액경정처분이 있는 경우, 쟁송의 대상(=증액경정처분) 및 당초 부과처분 중 감액정산처분에 의하여 취소되지 아니한 부분의 위법사유도 다툴 수 있는지 여부(적극)

[2] 하자 있는 행정행위에 있어서 하자의 치유의 허용 여부(한정 소극)

[3] 선행처분인 개별공시지가결정이 위법하여 그에 기초한 개발 부담금 부과처분도 위법하게 된 경우, 그 후 적법한 절차를 거쳐 공시된 개별공시지가결정이 종전의 위법한 공시지가결정과 그 내용이 동일하다는 사정만으로 그 개발 부담금 부과처분의 하자가 치유되어 적법하게 되는지 여부(소극)

【판결요지】

[1] (구)개발이익환수에 관한 법률(1997.8.30. 법률 제5409호로 개정되기 전의 것) 제10조 제1항 단서에 따른 개발 부담금의 감액정산은 당초 부과처분과 다른 별개의 처분이 아니라 그 감액변경처분에 해당하고, 감액정산처분 후 다시 증액경정처분이 있는 경우에는 감액정산처분에 의하여 취소되지 아니한 부분에 해당하는 당초 부과처분은 증액경정처분에 흡수되어 소멸하고 증액경정처분만이 쟁송의 대상이 되며, 이때 증액경정처분의 위법사유뿐만 아니라 당초 부과처분 중 감액정산처분에 의하여 취소되지 아니한 부분의 위법사유도 다툴 수 있다.

[2] 하자 있는 행정행위에 있어서 하자의 치유는 행정행위의 성질이나 법치주의의 관점에서 원칙적으로 허용될 수 없고, 행정행위의 무용한 반복을 피하고 당사자의 법적 안정성을 보호하기 위하여 국민의 권익을 침해하지 아니하는 범위 내에서 예외적으로만 허용된다.

[3] 선행처분인 개별공시지가결정이 위법하여 그에 기초한 개발 부담금 부과처분도 위법하게 된 경우 그 하자의 치유를 인정하면 개발 부담금 납부의무자로서는 위법한 처분에 대한 가산금 납부의무를 부담하게 되는 등 불이익이 있을 수 있으므로, 그 후 적법한 절차를 거쳐 공시된 개별공시지가결정이 종전의 위법한 공시지가결정과 그 내용이 동일하다는 사정만으로는 위법한 개별공시지가결정에 기초한 개발 부담금 부과처분이 적법하게 된다고 볼 수 없다.

【이유】

1. 생략
2. 원심은, 이 사건 토지 중 부산 동래구 (주소 2 생략) 전 707㎡에 대한 1995.1.1. 기준 개별공시지가 결정이 그 산정절차에 위법사유가 있어 부산고등법원 1996.12.4, 96구4671 판결에 따라 취소되었고 1998.7.10. 이 판결이 확정되었으며, 이에 피고가 1999.2.8. 위 (주소 2 생략) 토지에 대한 1995년도 개별공시지가를 적법한 절차를 거쳐 종전과 같은 금액으로 다시 결정하고 공시한 사실을 인정한 다음, 이 사건 증액경정처분은 위법한 개별공시지가를 기초로 한 것이어서 위법하지만 그 후 적법한 절차를 거쳐 새로 공시된 개별공시지가를 기초로 하여 산정한 개발부담금이 이 사건 증액경정처분의 개발부담금과 동일한 금액이 된 이상 개발부담금 산정과정에서의 하자는 치유되었다고 판단하였다.

   그러나 하자 있는 행정행위에 있어서 하자의 치유는 행정행위의 성질이나 법치주의의 관점에서 원칙적으로 허용될 수 없고, 행정행위의 무용한 반복을 피하고 당사자의 법적 안정성을 보호하기 위하여 국민의 권익을 침해하지 아니하는 범위 내에서 예외적으로만 허용된다(대판 1992.5.8, 91누13274 참조). 선행처분인 개별공시지가결정이 위법하여 그에 기초한 개발부담금 부과처분도 위법하게 된 경우 그 하자의 치유를 인정하면 개발부담금 납부의무자로서는 위법한 처분에 대한 가산금 납부의무를 부담하게 되는 등 불이익이 있을 수 있으므로, 그 후 적법한 절차를 거쳐 공시된 개별공시지가결정이 종전의 위법한 공시지가결정과 그 내용이 동일하다는 사정만으로는 위법한 개별공시지가결정에 기초한 개발부담금 부과처분이 적법하게 된다고 볼 수 없다.

   그럼에도 불구하고 위법한 개별공시지가결정에 기초한 이 사건 증액경정처분의 하자가 치유되었다고 판단한 원심은 행정행위 하자의 치유에 관한 법리를 오해하여 판결에 영향을 미친 잘못을 저지른 것이고, 따라서 이 점을 지적하는 상고이유는 이유가 있다(이 사건 증액경정처분 중 위법하여 취소되어야 할 부분은 위 (주소 2 생략) 토지에 관한 부분이므로 원심판결은 그 토지에 대한 개발부담금 부과처분이 적법하다고 판단한 부분에 한하여 위법하지만, 이 사건에서는 이 사건 토지 전체에 대하여 개발부담금이 부과되었고 원심에서 각 필지별 개발부담금 액수에 대한 심리가 이루어지지 아니하였으므로, 원심판결 전부가 위법하다고 할 수밖에 없다).

3. 생략
4. 생략

Ⅰ 논점의 정리

Ⅱ (물음1) 甲 취소소송의 적법성
1. 개별공시지가 개념 및 성질
(1) 개별공시지가의 의의 및 취지(부동산공시법 제10조)
(2) 법적 성질
2. 취소소송의 의의 및 요건
3. 취소소송 적법성 판단
(1) 대상적격 판단 – 처분 등 판단(행정소송법 제2조 제1호)
(2) 법률상 이익에 대한 판단(행정소송법 제12조 전문)
(3) 제소기간 판단

Ⅲ (물음2) 정정처분의 위법성 판단
1. 개별공시지가에 대한 이의신청(법 제11조)
2. 개별공시지가의 정정사유(시행령 제23조)
3. 사안의 경우
(1) 이의신청 기간 및 정정 사유 충족 여부
(2) 개별공시지가 정정처분의 위법성 판단

Ⅳ (물음3) 개발부담금 하자의 치유가능성
1. 하자의 치유의 의의 및 취지
2. 하자의 치유 인정가능성
3. 하자의 치유 인정범위
4. 하자의 치유 인정시기
5. 하자의 치유의 효과
6. 사안의 경우
(1) 토지가격비준표 적용 오류의 하자종류
(2) 소결

Ⅴ 사례의 해결

예시답안

Ⅰ 논점의 정리

해당 문제는 최근 사회적으로 문제가 되고 있는 개별공시지가의 쟁점에 대하여 논의하고 있다. 설문 1에서 부동산 가격공시에 관한 법률(이하 '부동산공시법')상 정정된 개별공시지가에 대한 취소소송을 제기하면서 소송의 적법성에 대하여 묻고 있다. 설문 2에서는 부동산공시법 이의신청에 대한 대법원 판례에도 불구하고, 이의신청기간이 도과한 A시장의 개별공시지가 정정처분은 위법한 것인지 적법한 것인지 여부에 대한 甲주장의 타당성을 검토해 보기로 한다. 설문 3에서는 하자 있는 행정행위에 있어서 하자의 치유는 행정행위의 성질이나 법치주의의 관점에서 원칙적으로 허용될 수 없고, 행정행위의 무용한 반복을 피하고 당사자의 법적 안정성을 보호하기 위하여 국민의 권익을 침해하지 아니하는 범위 내에서 예외적으로만 허용되는데, 적법한 절차를 거쳐 공시된 개별공시지가 결정이 종전의 위법한 공시지가결정과 그 내용이 동일하다는 사정만으로 위법한 개별공시지가결정에 기초한 개발부담금 부과처분이 적법하게 된다고 볼 수 있는지 여부를 검토해 보고자 한다.

Ⅱ (물음1) 甲 취소소송의 적법성

1. 개별공시지가 개념 및 성질

(1) 개별공시지가의 의의 및 취지(부동산공시법 제10조)

부동산공시법상 개별공시지가란 시장・군수・구청장이 세금 및 부담금의 부과 등 일정한 행정목적에 활용하기 위하여 공시기준일 현재 개별토지의 단위면적당 적정가격을 공시한 것을 의미하며, 이는 과세부담의 효율성과 적정성 취지에서 인정된다.

(2) 법적 성질

개별공시지가의 처분성 여부에 따라 행정쟁송의 적용 여부가 달라진다. 개별공시지가의 법적 성질에 대해서 ① 행정행위설, ② 행정규칙설, ③ 사실행위설 등이 대립하나, 판례는 "과세의 기준이 되어 국민의 권리・의무 등 법률상 이익에 직접적으로 영향을 주어 행정소송법상 처분"이라고 판시하였다. 생각건대, 과세・부담금의 근거가 되는 행정목적을 고려하여 처분성을 인정하고, 이에 따라 행정소송법에 따른 권리구제가 가능하게 하는 것이 국민권익 보호상 타당하다 보인다.

【판결요지】

토지초과이득세법, 택지소유상한에 관한 법률, 개발이익환수에 관한 법률 및 각 그 시행령이 각 그 소정의 토지초과이득세, 택지초과소유부담금 또는 개발부담금을 산정함에 있어서 기초가 되는 각 토지의 가액을 시장, 군수, 구청장이 지가공시 및 토지 등의 평가에 관한 법률 및 같은 법 시행령에 의하여 정하는 개별공시지가를 기준으로 하여 산정한 금액에 의하도록 규정하고 있고, 시장, 군수, 구청장은 같은 법 제10조 제1항 제6호, 같은 법 시행령 제12조 제1, 2호의 규정에 의하여 각개 토지의 지가를 산정할 의무가 있다고 할 것이므로 시장, 군수, 구청장이 산정하여 한 **개별토지가액의 결정은 토지초과이득세, 택지초과소유부담금 또는 개발부담금 산정 등의 기준이 되어 국민의 권리, 의무 내지 법률상 이익에 직접적으로 관계된다고 할 것이고, 따라서 이는 행정소송법 제2조 제1항 제1호 소정의 행정청이 행하는 구체적 사실에 관한 법집행으로서의 공권력행사이어서 행정소송의 대상이 되는 행정처분으로 보아야 할 것이다**(대판 1993.1.15, 92누12407[개별토지가격결정처분취소등]).

2. 취소소송의 의의 및 요건

취소소송이란 행정청의 위법한 처분이나 재결의 취소 또는 변경을 구하는 소송을 말하며, ① 대상적격이 처분 등일 것, ② 협의의 소익이 있을 것, ③ 원고적격이 인정될 것, ④ 제소기간이 충족될 것, ⑤ 피고적격은 처분청으로 할 것을 요건으로 한다. 사안의 경우, 甲은 본안판결을 구할 현실적 이익 내지 필요성이 인정되며, 처분청을 피고로 하여 피고적격 또한 문제되지 않는바 이하에서 다른 요건에 대하여 설명한다.

3. 취소소송 적법성 판단

(1) 대상적격 판단 – 처분 등 판단(행정소송법 제2조 제1호)

개별공시지가는 세금 및 부담금의 근거가 되어 〈처분성〉이 인정된다. 사안의 경우 개별공시지가는 부담금의 근거가 되고, 판례에 따라 처분성이 인정되는 바 취소소송의 대상이 되는 대상적격이 당연히 인정된다고 판단된다.

(2) 법률상 이익에 대한 판단(행정소송법 제12조 전문)

행정소송법 제12조에서 취소소송은 처분 등의 취소를 구할 '법률상 이익'이 있는 자가 제기할 수 있다고 규정하고 있다. 사안의 甲은 개별공시지가에 따라 부담금을 납부할 지위에 있는 자로, 위법한 개별공시지가에 대해 다툼으로써 재산권을 보호할 수 있다. 판례에 따를 시 정정된 개별공시지가는 공시기준일에 소급하여 효력을 발생한다. 따라서 甲은 정정된 개별공시지가에 대해 다툴 법률상 이익이 존재한다고 판단된다.

(3) 제소기간 판단

1) 개별공시지가의 직권 정정 개념(부동산공시법 제12조)

개별공시지가의 직권정정제도란 개별공시지가에 위산·오기 등 '명백한 오류'가 있는 경우 이를 직권으로 정정할 수 있는 제도로 부동산공시법 제12조에 근거하며, 개별공시지가의 적정성을 담보하기 위한 수단이다.

2) 개별공시지가의 정정 효과(소급효)

개별공시지가가 정정된 경우에는 새로이 개별공시지가가 결정·공시된 것으로 본다. 다만, 그 효력 발생 시기에 대해 판례는 개별 토지가격이 지가 산정에 명백한 잘못이 있어 경정 결정·공고되었다면 당초에 결정·공고된 개별토지가격은 그 효력을 상실하고 경정 결정된 새로운 토지가격이 공시기준일에 소급하여 그 효력을 발생한다고 한다. 또한 판례는 국민의 정정신청은 행정청의 직권발동을 촉구하는 것에 지나지 않는다고 하여 그 거부가 항고소송의 대상이 되는 처분이 아니라고 판시하여 정정결정을 별도의 처분으로 보지 않고 있다.

3) 사안의 경우

행정소송법 제20조에서는 취소소송은 처분 등이 있음을 안 날로부터 90일 이내, 있은 날로부터 1년으로 제소기간을 규정하고 있다. 사안의 개별공시지가의 경우 개별통지가 있었으므로,

90일 규정이 적용될 것이다. 이때, 정정된 공시지가는 기존 2018.6.28. 공시된 개별공시지가에 소급하여 효력이 발생하므로, 제소기간도 최초 공시일인 2018.6.28.로부터 90일을 기산해야 할 것이다. 따라서 취소소송 제기일인 2018.10.22.은 '안 날'인 통지일로부터 제소기간이 경과된 바, 해당 취소소송은 제소기간 불충족으로 〈각하〉될 것으로 판단된다.

Ⅲ (물음2) 정정처분의 위법성 판단

1. 개별공시지가에 대한 이의신청(법 제11조)

부동산공시법 제11조에서는 개별공시지가에 이의가 있을 시 결정·공시일로부터 30일 이내에 이의를 신청할 것을 규정하고 있다. 이는 세금·부담금 산정에 앞서 이에 기초가 되는 개별공시지가에 대한 타당성과 적정성을 담보하기 위한 취지에서 인정된다.

2. 개별공시지가의 정정사유(시행령 제23조)

부동산공시법 시행령 제23조에서는 개별공시지가의 정정사유가 되는 '명백한 오류'를 규정하고 있다. 이때 명백한 오류에는 ① 개별공시지가 공시절차의 미이행, ② 토지가격에 영향을 미치는 주요 요인을 잘못 조사한 경우, ③ 토지가격비준표 적용에 오류가 있는 경우를 규정하고 있다.

3. 사안의 경우

(1) 이의신청 기간 및 정정 사유 충족 여부

부동산공시법 제11조에 따른 이의신청은 결정·공시일로부터 30일 이내에 할 수 있다. 따라서 사안의 인근주민 乙은 결정·공시일로부터 30일이 초과한 2018.8.10.에 이의를 신청한바 이는 규정의 위반으로 판단된다. 단, 토지가격비준표의 적용에 오류가 있는 甲소유의 토지에 대한 개별공시지가는 부동산공시법 시행령 제23조에 따른 정정사유에 해당한다 할 수 있을 것이다. 최근 대법원 판례에서는 이의신청에 대하여 행정청 내부의 재심사 절차에 불과하고, 이의신청 결과를 통지받은 날로부터 행정심판과 행정소송을 제기할 수 있고, 연속적으로 개별공시지가 결정공시에 대하여 행정심판과 행정소송을 제기할 수 있다고 판시하고 있다.

(2) 개별공시지가 정정처분의 위법성 판단

부동산공시법 및 국토부 질의회신을 고려하는 경우 개별공시지가의 명백한 오류가 있음을 발견한 때에는 이의신청과 별도로 정정이 가능하다고 볼 수 있을 것이다. 따라서 사안의 이의신청은 신청기간이 도과하였으나, 사안의 토지가격비준표 적용오류는 '대통령령으로 정하는 명백한 오류'에 해당하므로 이의신청과 별개로 개별공시지가 정정이 가능할 것이다. 따라서 정정처분은 타당한바, 甲의 주장은 타당성이 결여된다고 보인다.

Ⅳ (물음3) 개발부담금 하자의 치유가능성

1. 하자의 치유의 의의 및 취지

하자치유란 성립 당시의 하자를 사후에 보완하여 행정행위의 효력을 유지하는 것을 의미한다. 이는 행정행위의 무용한 반복을 방지하여 행정 능률성을 달성하기 위한 취지에서 인정된다.

2. 하자의 치유 인정가능성

하자치유의 인정 여부에 대해서는 ① 행정능률성 달성 취지에서 〈긍정하는 견해〉, ② 소송권리·신뢰보호 취지에서 〈부정하는 견해〉, ③ 국민의 공격방어권을 침해하지 않는 범위 내에서 행정능률성 취지에서 〈제한적 긍정설〉이 대립한다. 판례는 제한적 긍정설의 입장이며, 이는 국민의 공격방어권을 침해하지 않는 범위 내에서 제한적으로 인정되어 행정경제성을 달성하여야 할 것이다.

3. 하자의 치유 인정범위

판례는 하자치유의 인정범위에 대해 ① 행정행위의 위법이 취소사유이며, 절차·형식상 하자에 해당하는 경우 하자치유가 가능하다는 입장이다. 그러나 ② 위법이 무효사유이거나, 내용상 하자에 해당하는 경우 하자치유가 불가능하다고 판시하였다.

4. 하자의 치유 인정시기

하자치유의 인정시기에 대해서는 ① 소송제기 전, ② 쟁송제기 전, ③ 소송 종결 시 등 견해가 대립한다. 판례의 경우 "불복(쟁송)여부 결정 및 불복신청에 편의를 주는 기간 내"에 가능하다고 판시한 바, 쟁송제기 이전까지 하자치유가 가능할 것으로 판단된다.

5. 하자의 치유의 효과

행정행위의 하자가 치유되면 처음부터 적법한 행정행위가 발령된 것처럼 치유효과는 소급하여 발생한다.

6. 사안의 경우

(1) 토지가격비준표 적용 오류의 하자종류

개별공시지가 산정 절차에서는 토지가격비준표의 적용을 규정하고 있다. 사안의 경우 토지가격비준표 적용에 오류가 있었고, 이는 중대한 위반이나 일반인의 입장에서는 위법성이 명백하다 보기 어려운 〈취소사유의 하자〉를 구성한다. 이때, 개별공시지가 산정에서 토지가격비준표 적용 오류에 대해 판례는 내용상 하자에 해당한다는 입장을 취하고 있으므로, 사안의 개별공시지가는 〈내용상 하자〉에 해당한다고 판단된다.

(2) 소결

A시장이 향후 토지가격비준표를 제대로 적용하여 정정한 개별공시지가가 당초 공시지가와 동일하게 산정되었다고 하더라도, 해당 개별공시지가는 '내용상 하자'를 구성하고 있으므로 하자치유

가 불가능할 것이다. 따라서 甲에 대한 부담금의 부과하자는 치유가 불가능하여 위법하다고 볼 수 있으므로, 甲은 부담금 부과처분 자체에 대한 불복을 통해 권리구제를 받을 수 있을 것으로 판단된다. 대법원 판례도 "선행처분인 개별공시지가결정이 위법하여 그에 기초한 개발 부담금 부과처분도 위법하게 된 경우 그 하자의 치유를 인정하면 개발 부담금 납부의무자로서는 위법한 처분에 대한 가산금 납부의무를 부담하게 되는 등 불이익이 있을 수 있으므로, 그 후 적법한 절차를 거쳐 공시된 개별공시지가결정이 종전의 위법한 공시지가결정과 그 내용이 동일하다는 사정만으로는 위법한 개별공시지가결정에 기초한 개발 부담금 부과처분이 적법하게 된다고 볼 수 없다."고 판시하고 있다.

V 사례의 해결

① 개별공시지가는 대법원 판례가 국민의 재산권에 직접적인 영향을 미치므로 처분성을 긍정하고 있어 대상적격은 충족된 것으로 보이며, 개별공시지가가 향후 부담금이나 과세의 기초가 되어 갑은 개별공시지가에 따라 부담금을 납부할 의무가 있으므로 원고적격이 인정되며, 제소기간에 있어서 개별공시지가의 정정 결정은 공시일로 소급하여 효력이 발생된다는 판례에 따라 제소기간은 최소 공시일인 2018년 6월 28일부터 기산하여 개별통지하였으므로 안 날로부터 90일을 기산하면 2018년 10월 22일은 4개월 정도 지난 시점으로 제소기간이 경과된 바, 해당 취소소송은 제소기간 불충족으로 각하될 것으로 판단된다.

② 부동산공시법상 이의신청은 강학상 이의신청으로 행정청 내부의 재심사 절차라는 대법원 판례가 있었고, 부동산공시법 및 국토부 질의 회신 등을 검토해 볼 때 개별공시지가의 명백한 오류가 있음을 발견한 때에는 이의신청과 별도로 개별공시지가의 정정이 가능하고, 사안의 토지가 격비준표 적용오류는 '대통령령으로 정하는 명백한 오류에 해당'하므로 이의신청과 별개로 정정이 가능한바, 甲 주장은 타당성이 결여된 것으로 판단된다.

③ 대법원 판례에서도 "하자 있는 행정행위에 있어서 하자의 치유는 행정행위의 성질이나 법치주의의 관점에서 원칙적으로 허용될 수 없고, 행정행위의 무용한 반복을 피하고 당사자의 법적 안정성을 보호하기 위하여 국민의 권익을 침해하지 아니하는 범위 내에서 예외적으로만 허용된다. 선행처분인 개별공시지가결정이 위법하여 그에 기초한 개발 부담금 부과처분도 위법하게 된 경우 그 하자의 치유를 인정하면 개발 부담금 납부의무자로서는 위법한 처분에 대한 가산금 납부의무를 부담하게 되는 등 불이익이 있을 수 있으므로, 그 후 적법한 절차를 거쳐 공시된 개별공시지가결정이 종전의 위법한 공시지가결정과 그 내용이 동일하다는 사정만으로는 위법한 개별공시지가결정에 기초한 개발 부담금 부과처분이 적법하게 된다고 볼 수 없다."고 판시함으로써 내용상 하자의 치유가능성을 부정하는 것이 타당하다고 판단된다.

〈출제위원 채점평〉

[문제 1]

본 문제는 토지가격비준표 적용 오류를 이유로 공시지가를 정정한 사례형 문제로 해결에 있어서는 사실관계를 정확히 분석하여 필요한 쟁점을 적절하게 찾아 서술하는 것이 필요한데 상당수가 쟁점이 아닌 관련 영역의 일반적인 쟁점에 대해 서술하는 경우가 많았습니다. 따라서 관련 법이론 및 체계에 대한 정확한 이해 및 법적인 문제해결 능력을 갖추기 위해서는 기본에 충실한 학습이 필요해 보입니다.

물음1)은 정정된 공시지가에 대한 취소소송의 적법성을 묻고 있습니다. 공시지가가 정정된 경우 원처분과 정정처분 중 소의 대상으로서 처분성이 인정되는 공시지가가 무엇인가가 중요한 쟁점임에도 상당수의 답안이 공지지가의 처분성 일반을 언급하는데 그치고 있는 경우가 많았습니다.

물음2)는 공시지가에 대한 이의신청과 정정의 관계를 묻고 있는 것으로 양자의 기본적 관계에 대한 이해만으로도 충분히 답안을 작성할 수 있을 것으로 기대되었으나 쟁점에 대해 정확히 파악한 답안이 많지 않았습니다. 관련 법령을 참조문으로 제시하였음에도 제대로 참고하지 않은 것으로 보이는바 사례문제의 해결에서는 참조 조문의 활용에 유의할 필요가 있습니다.

물음3)은 하자의 치유에 관한 일반적 법리를 묻고 있는 것으로 상대적으로 다른 설문에 비해 쟁점파악이 용이한 편입니다. 다만 하자의 치유와 하자의 승계를 혼동하는 답안도 적지 않았습니다.

02

甲은 골프장을 보유·운영해 왔는데, 그 전체 부지 1,000,000㎡ 중 100,000㎡가 도로 건설 사업부지로 편입되었고, 골프장은 계속 운영되고 있다. 위 사업부지로 편입된 부지 위에는 오수처리시설이 있었는데, 수용재결에서는 그 이전에 필요한 비용으로 1억원의 보상금을 산정하였다. 다음 물음에 답하시오. 30점

(1) **甲은 골프장 잔여시설이 종전과 동일하게 운영되려면 위 오수처리시설을 대체하는 새로운 시설의 설치가 필요하다고 보아 그 설치에 드는 비용 1억5천만원을 보상받아야 한다고 주장한다. 甲의 주장은 법적으로 타당한가?** 10점

(2) **甲은 골프장 잔여시설의 지가 및 건물가격 하락분에 대하여 보상을 청구하려고 한다. 이때 甲이 제기할 수 있는 소송에 관하여 설명하시오.** 20점

참조 조문

〈공익사업을 위한 토지 등의 취득 및 보상에 관한 법률〉

제73조(잔여지의 손실과 공사비 보상)

① 사업시행자는 동일한 소유자에게 속하는 일단의 토지의 일부가 취득되거나 사용됨으로 인하여 잔여지의 가격이 감소하거나 그 밖의 손실이 있을 때 또는 잔여지에 통로·도랑·담장 등의 신설이나 그 밖의 공사가 필요할 때에는 국토교통부령으로 정하는 바에 따라 그 손실이나 공사의 비용을 보상하여야 한다. 다만, 잔여지의 가격 감소분과 잔여지에 대한 공사의 비용을 합한 금액이 잔여지의 가격보다 큰 경우에는 사업시행자는 그 잔여지를 매수할 수 있다.

②~⑤ 생략

제75조의2(잔여 건축물의 손실에 대한 보상 등)

① 사업시행자는 동일한 소유자에게 속하는 일단의 건축물의 일부가 취득되거나 사용됨으로 인하여 잔여 건축물의 가격이 감소하거나 그 밖의 손실이 있을 때에는 국토교통부령으로 정하는 바에 따라 그 손실을 보상하여야 한다. 다만, 잔여 건축물의 가격 감소분과 보수비(건축물의 나머지 부분을 종래의 목적대로 사용할 수 있도록 그 유용성을 동일하게 유지하는 데에 일반적으로 필요하다고 볼 수 있는 공사에 사용되는 비용을 말한다. 다만, 「건축법」 등 관계 법령에 따라 요구되는 시설 개선에 필요한 비용은 포함하지 아니한다)를 합한 금액이 잔여 건축물의 가격보다 큰 경우에는 사업시행자는 그 잔여 건축물을 매수할 수 있다.

②~⑤ 생략

서울고등법원 2015.6.12, 2013누9214[손실보상금등]

【이유】

1. **기초사실**

다음 각 사실은 당사자 사이에 다툼이 없거나, 갑 1호증의 1 내지 5, 갑 2호증의 1, 2, 3, 갑 5호증의 1 내지 6, 갑 6호증의 1, 2, 갑 10호증의 1 내지 4, 을 1호증의 1, 2, 을 2호증의 1, 2, 을 5호증의 각 기재에 변론 전체의 취지를 종합하여 인정할 수 있다.

가. 재결의 경위

① 사업인정 및 고시

- 사업명 : 화성동탄2지구 택지개발사업 〈23차〉(이하 '이 사건 사업'이라 한다)
- 고시 : 2008.7.11. 국토해양부 고시 제2008-308호
- 사업시행자 : 피고, 경기도시공사

② 중앙토지수용위원회의 2010.11.19.자 수용재결(이하 '이 사건 수용재결'이라 한다)

- 보상대상 : 원고가 화성시 (주소 1 생략) 토지 일대에서 운영하는 'ㅇㅇㅇㅇㅇㅇ클럽' 골프장(이하 '이 사건 골프장'이라 한다)의 지장물 중 [별지 1] 목록 순번 1 내지 6, 8 내지 20 기재 각 지장물
- 보상금 : 4,479,740,360원
- 수용개시일 : 2011.1.12.
- 감정평가법인 : 주식회사 ㅇㅇ감정평가법인, 한국감정원

③ 중앙토지수용위원회의 2011.4.1.자 이의재결(이하 '이 사건 이의재결'이라 한다)

- 보상대상 : [별지 1] 목록 순번 1 내지 6, 8 내지 20 기재 각 지장물
- 보상금 : 4,505,599,500원 (원고는 위 각 지장물을 새로 설치하는 공사비 상당액을 보상액으로 평가해 달라고 요청하였으나, 중앙토지수용위원회는 위 각 지장물의 가격 범위 내에서 이전비로 평가한 금액을 보상금으로 정하였다)
- 감정평가법인 : 주식회사 ㅇㅇ감정평가법인, 주식회사 ㅇㅇㅇㅇ감정평가법인(이하 '재결감정인'이라 하고, 그 감정결과를 '재결감정'이라 한다)

나. 관련 사건의 경과

1) 화성시 동탄면 (주소 2 생략) 토지 지상 '오수처리장 및 오수처리시설' 사건

① 중앙토지수용위원회는 2012.6.22. 이 사건 골프장의 지장물 중 '화성시 동탄면 (주소 2 생략) 토지 지상에 있는 '오수처리장 및 오수처리시설'에 관하여, 보상금 125,370,000원, 수용개시일 2012.8.16.로 하는 수용재결을 하였다[재결감정인은 구 공익사업을 위한 토지 등의 취득 및 보상에 관한 법률(2013.3.23. 법률 제11690호로 개정되기 전의 것, 이하 '토지보상법'이라 한다) 제75조 제1항에 따라, 지장물의 이전이 가능하다고 판단하여 그 보상금을 이전에 필요한 비용으로 산정하였다].

② 이에 대하여 원고는, 위 '오수처리장 및 오수처리시설'은 이 사건 골프장을 유지·운영하는 데 필수적인 시설물로서 위 시설물이 수용됨으로 인하여 이 사건 골프장의 잔여시설이 종전과 동일하게 유지·운영될 수 없게 되므로, 이에 대한 보상금은 토지보상법 제75조 제1항에 의한 통상의 지장물 보상과 달리, 토지보상법 제73조 제1항 또는 제75조의2 제1항 규정을 적용 또는 유추적용하여 이 사건 골프장 내에 그 대체시설물을 설치하는 비용으로 인정되어

야 한다고 주장하며, 위 '오수처리장 및 오수처리시설'의 대체시설 설치비에서 그 수용재결 보상금의 차액을 추가로 청구하는 소를 수원지방법원 2012구합11523호로 제기하였다.

③ 수원지방법원은 위 시설물이 이 사건 골프장의 나머지 부분과 용도상 불가분의 관계에 있다고 보고, 잔여 건축물의 손실에 대한 보상 등을 정한 토지보상법 제75조의2 제1항을 유추적용하여 원고의 청구(403,447,158원 및 지연손해금)를 인용하는 판결을 선고하였다.

④ 이에 대해 피고가 서울고등법원 2013누9757호로 항소하였다. 위 법원은 2015.6.2. 위 '오수처리장 및 오수처리시설' 자체의 수용으로 인한 손실보상에 대하여는 토지보상법 제75조 제1항이 적용될 뿐, 토지보상법 제73조 제1항 또는 제75조의2 제1항이 적용되거나 유추적용될 여지가 없다는 이유로, 위 ③항의 판결을 취소하고 원고의 청구를 기각하는 판결을 선고하였다.

2) 홀편입시설 등 사건

① 중앙토지수용위원회는 2011.9.2. 이 사건 골프장 중 화성시 동탄면 (주소 3 생략), (주소 4 생략), (주소 5 생략), (주소 6 생략), (주소 7 생략), (주소 8 생략), (주소 9 생략) 각 토지 지상 지장물[홀편입시설(기평가시설 제외) 그린 외]의 수용으로 인한 잔여 골프코스의 변경에 따른 보수 및 공사비에 대하여 보상금 576,000,000원, 수용개시일 2011.10.26.로 하는 수용재결을 하였다.

② 원고는 위 지장물의 수용으로 인하여 직접적으로 편입지에 포함되는 홀뿐만 아니라, '홀 사이의 간격 유지 및 타구사고의 위험 예방 등을 위하여 불가피하게 이동 배치되어야 하는 다른 홀 등 총 9개 홀에 대한 변경공사비'와 '홀 변경 공사로 그 공사기간 동안 해당 홀을 이용하지 못하여 발생하는 영업 손실' 및 '원고가 이전에 추진하였다가 이 사건 사업으로 인하여 무산된 콘도사업에 투입된 인・허가비용'이 각 보상금으로 산정되어야 한다는 이유로 이의재결을 신청하였다. 중앙토지수용위원회는 이의재결에서 산지전용에 따른 원상복구비 예치금 보험료 1,219,000원을 추가로 인정하여, 합계 577,819,100원을 인정하였다.

③ 원고는 이에 대하여 수원지방법원 2012구합2499호로 추가손실보상금의 지급을 구하는 소를 제기하였다. 위 법원은 2014.8.14. '이 사건 골프장 서 8, 9홀의 변경공사에 따른 손실보상금' 및 '위 콘도사업에 투입된 인・허가비용의 손실보상금' 청구 부분은 토지보상법에서 정한 재결절차를 거치지 않고 직접 피고에 대하여 보상금의 지급을 구하고 있으므로 소가 부적법하다고 판단하였고, 나머지 청구 부분은 일부 인용하는 판결을 선고하였다.

④ 이에 대하여 원고와 피고 모두 항소하여 서울고등법원 2014누7321호로 소송계속 중이다.

다. 이 사건 골프장의 현황 등

① 원고가 운영하는 이 사건 골프장은 1972.11.1. 개장하였고, 전체 부지 1,602,766㎡에 동・서로 각 18홀의 골프코스가 조성되어 있다.

② 위 골프장 부지 중 44필지 116,325㎡가 이 사건 사업 부지로 편입되었으나, 이 사건 골프장은 계속 운영되고 있다.

2. 원고의 주장

이 사건 수용재결 및 이의재결에서는 [별지 1] 목록 기재 각 지장물에 대한 보상금을 토지보상법 제75조 제1항에 따라 위 각 지장물의 가격 범위 내에서 이전비로 평가・보상하였다.

그러나 위 각 지장물은 이 사건 골프장을 유지・운영하는 데 필수적인 시설물로서 위 각 지장물이 수용됨으로 인하여 이 사건 골프장의 잔여시설(이하 '이 사건 잔여시설'이라 한다)이 종전과 동일하게 유지

・운영될 수 없게 되므로, 이로 인한 손실은 토지보상법 제73조 제1항 또는 제75조의2 제1항을 적용 또는 유추적용하여 위 각 지장물에 대한 대체시설 설치에 직접 소요되는 공사비 및 그 설치에 수반되는 부대비용(이하 '대체시설 설치비 등'이라 한다)을 새로 설치하는 공사에 소용되는 비용으로 평가・보상되어야 한다.

따라서 피고는 원고에게 위 각 지장물의 대체시설 설치비 등 15,694,490,562원과 이의재결 보상금 4,505,599,500원의 차액인 11,188,891,062원을 추가로 지급할 의무가 있다.

3. 관계 법령

[별지 2] '관계 법령' 기재와 같다.

4. [별지 1] 목록 순번 7번 중장비차고 부분에 대한 판단

가. 직권으로 이 사건 소 중 [별지 1] 목록 순번 7번 중장비차고에 관한 부분의 적법 여부에 관하여 본다.

나. 관련 법리 등

토지보상법 제9조 제6항 및 제7항, 제26조, 제28조, 제30조, 제34조, 제50조, 제61조, 제75조, 제75조의2, 제83조 내지 제85조에 의하면, 수용되는 지장물의 소유자가 사업시행자로부터 잔여 지장물의 손실보상금을 지급받기 위해서는 사업시행자와 협의 절차를 거쳐야 하고, 협의가 성립되지 아니하면 사업시행자나 지장물 소유자는 관할 토지수용위원회에 재결을 신청하여 재결절차(수용재결)를 거쳐야 하며, 사업시행자, 토지소유자, 관계인이 수용재결에 대하여 이의가 있을 때에는 재결서를 받은 날부터 90일 이내에 행정소송을 제기하거나 중앙토지수용위원회에 이의신청을 할 수 있고, 이의재결에 대하여도 불복이 있을 때에는 재결서를 받은 날부터 60일 이내에 행정소송을 제기할 수 있다고 규정하고 있는바, 위 각 규정의 내용을 종합하여 보면, 지장물 소유자는 재결절차를 거친 다음 행정소송을 제기할 수 있을 뿐, 수용재결이나 이에 이은 이의재결절차를 거침이 없이 곧바로 사업시행자를 상대로 하여 행정소송의 방법으로 손실보상금의 지급을 구할 수는 없다.

다. 판단

위 나.항의 법리를 기초로 살피건대, 갑 2호증의 2, 갑 6호증의 1, 2의 각 기재에 변론 전체의 취지를 종합하면, [별지 1] 목록 순번 7번 중장비차고 부분은 이 사건 수용재결 및 이의재결의 보상대상이 아니었던 사실이 인정되므로, 원고가 이에 대한 재결절차를 거치지 않고 곧바로 사업시행자인 피고를 상대로 보상금의 지급을 구하는 이 부분 소는 부적법하다([별지 1] 목록 순번 21 내지 23번 부분의 경우에도 재결 절차를 거친 것인지에 관해 의문이 있을 수 있으나, 이 사건 수용재결 및 이의재결을 거친 [별지 1] 목록 순번 1 내지 6, 8 내지 20 기재 각 지장물의 손실보상액 증액을 구하는 취지로 이해할 수 있다).

5. [별지 1] 목록 순번 1 내지 6, 8 내지 20 기재 각 지장물(이하 통틀어 '이 사건 지장물'이라 한다) 부분에 대한 판단

가. 본안 전 항변에 대한 판단

피고는, 원고가 이 사건 지장물에 대한 보상액 인상을 청구하는 것은 가능하지만, 이와 별개로 이 사건 잔여시설에 대한 보상금을 청구하는 것이라면, 이는 수용재결이나 이에 이은 이의재결 절차를 거침이 없이 곧바로 사업시행자인 피고를 상대로 하여 행정소송을 제기한 것으로서 부적법하다는 취지로 항변한다.

살피건대, 원고가 이 사건 잔여시설에 대한 손실보상을 청구하기 위해서는 이 사건 지장물과는 별도로 토지보상법 제34조, 제50조 등이 규정한 바에 따라 재결절차를 거쳐야만 하는 것은 옳다(대판 2014.9.25, 2012두24092 등 참조). 그러나 원고의 주장 취지는, 이 사건 수용재결 및 이의재결을 거친 이 사건 지장물의 경우, 골프장 운영에 필수적인 시설이라는 특수성을 고려하여 그 손실보상액은 '이전에 필요한 비용' 혹은 '원가법에 따른 가액'에 머물러서는 안 되고 대체시설 설치비 등으로 인상되어야 한다는 것으로 이해되므로, 결국 원고가 이 사건 잔여시설에 대한 보상금을 청구하는 것이라 하기는 어렵고, 따라서 피고의 위 항변은 이유 없다.

나. 본안에 대한 판단

1) 토지보상법 제73조 제1항에 근거하여 보상을 청구할 수 있는지에 대한 판단

토지보상법 제73조 제1항은 잔여지에 생긴 손실의 보상을 정하고 있을 뿐이고, 지장물에 속하는 잔여 건축물의 손실보상 등에 관하여는 아래에서 보는 바와 같이 토지보상법 제75조의2에서 따로 규정하고 있으므로, 토지보상법 제73조 제1항은 이 사건 지장물에 대한 손실보상의 근거 규정이 될 수 없고, 따라서 원고의 이 부분 주장은 이유 없다.

2) 토지보상법 제75조의2 제1항에 근거하여 대체시설 설치비 등 보상을 청구할 수 있는지에 대한 판단

가) 이 사건의 쟁점

토지보상법 제75조 제1항은 건축물·입목·공작물과 그 밖에 토지에 정착한 물건, 즉 이른바 지장물이 공익사업에 편입됨으로 인하여 발생한 손실을 기본적으로 동일한 기준에 의하여 보상하도록 규정하고 있고, 나아가 지장물 중 건축물에 대하여 토지보상법 제75조의2 제1항은 동일한 소유자에게 속하는 일단의 건축물 중 일부가 공익사업에 편입됨으로 인하여 잔여 건축물의 가격이 감소하거나 그 밖의 손실이 있을 때에는 그 손실도 보상하도록 규정하고 있으나, 건축물 이외의 다른 지장물에 대하여는 토지보상법이 토지보상법 제75조의2 제1항과 같은 취지의 규정이나 토지보상법 제75조의2 제1항을 준용하는 규정을 별도로 두고 있지 아니하다.

결국 이 사건의 쟁점은, 이 사건 지장물이 이 사건 잔여시설과 용도상 불가분의 관계에 있어 일단의 지장물을 구성하므로, 이 사건 지장물이 이 사건 사업에 편입됨으로 인하여 이 사건 잔여시설에 손실이 생길 경우에는 토지보상법 제75조의2 제1항을 준용하거나 유추적용하여 대체시설 설치비 등 보상을 청구할 수 있는지 여부라 할 것이다.

나) 판단

관련 법령을 종합하여 알 수 있는 다음과 같은 사정을 종합하면, 이 사건 지장물에 대한 손실보상에 있어 토지보상법 제75조의2 제1항을 준용하거나 유추적용하여 대체시설 설치비 등을 보상가로 인정할 수는 없다 할 것이므로, 원고의 이 부분 주장 역시 이유 없다.

① 헌법 제23조 제3항은 공공필요에 의한 재산권의 수용·사용 또는 제한 및 그에 대한 보상은 '법률로써' 하도록 규정함으로써 수용에 대한 보상을 법률의 규정에 따라 행하도록 명시하고 있으므로, 특별한 사정이 없는 한 법률에 관련 보상 규정이 존재하지 않는다는 이유만으로 손쉽게 다른 규정을 준용하거나 유추적용할 수는 없다.

② 토지보상법 제75조 제1항 본문은 "건축물·입목·공작물과 그 밖에 토지에 정착한 물건(이하 "건축물 등"이라 한다)에 대하여는 이전에 필요한 비용(이하 "이전비"라 한다)으로 보상하여야 한다."라고 규정하여 이전비 보상원칙을 채택하면서, 다만 단

서 및 각 호에서 예외적으로 건축물 등의 이전이 어렵거나 그 이전으로 인하여 건축물 등을 종래의 목적대로 사용할 수 없게 된 경우 등에는 '물건의 가격'으로 보상하도록 하고 있다. 토지보상법 제75조 제1항, (구)공익사업을 위한 토지 등의 취득 및 보상에 관한 법률 시행규칙(2013.3.23. 국토교통부령 제1호로 개정되기 전의 것, 이하 '토지보상법 시행규칙'이라 한다) 제2조 제9호, 제33조 제2항은, 예외적으로 가격에 따라 지장물을 보상하는 경우에도 그 지장물의 대체시설을 시공하는데 드는 비용 전부를 보상하는 것이 아니라, 원가법에 따라 감가상각을 적용한 해당 지장물의 현재 가격을 보상하도록 하고 있다. 만일 대체시설을 시공하는 비용 전부를 보상하게 된다면 기존의 낡은 시설물을 신규 시설로 교체하게 되어, 피수용자가 헌법 제23조 제3항이 규정한 '정당한 보상'을 초과하는 보상을 받게 된다.

③ 토지보상법 시행규칙 제20조는 "취득할 토지에 건축물·입목·공작물 그 밖에 토지에 정착한 물건(이하 '건축물등'이라 한다)이 있는 경우에는 토지와 그 건축물등을 각각 평가하여야 한다. 다만, 건축물등이 토지와 함께 거래되는 사례나 관행이 있는 경우에는 그 건축물등과 토지를 일괄하여 평가하여야 하며, 이 경우 보상평가서에 그 내용을 기재하여야 한다."라고 규정하여 구분평가의 원칙을 도입하고 있다. 따라서 원칙적으로 토지보상법상 보상금을 산정함에 있어서는 수용대상이 된 물건을 각각 구별하여 평가해서 보상금을 산정하여야 하고, 수용대상이 아닌 물건을 수용대상 물건의 손실보상금 산정 시 고려하여 보상금을 증액할 수는 없다.

④ 원고는 이 사건 지장물의 수용으로 인하여 이 사건 잔여시설이 종전과 동일한 기능을 유지할 수 없는 특수한 사정을 감안하여 대체시설 설치비 등에 대한 보상이 이루어져야 한다고 주장한다. 그러나 이 사건 지장물을 이 사건 골프장 내에 이전·설치함으로써 이 사건 잔여시설은 종전과 동일한 기능을 유지할 수 있다고 보아야 하고, 따라서 이 사건 지장물을 대체하는 시설의 설치비용은 실질적으로 이 사건 지장물에 대한 이전비와 같은 개념의 비용이라고 할 것이므로, 이 사건 지장물에 대한 이전비에 추가하여 대체시설 설치비 등을 보상하는 것은 과잉배상이 될 수 있다.

⑤ 토지보상법 제75조의2 제1항조차도 잔여 건축물의 손실에 대한 보상에 관하여, 잔여 건축물의 경제적 가치 감소분을 보상하거나, 잔여 건축물의 보수비를 보상하도록 규정하고 있을 뿐, 대체시설 설치비 등 보상을 규정하고 있지는 않다.

3) 정당한 보상액

가) 위 2) 나)항에서 살핀 바와 같이 이 사건 지장물의 대체시설 설치비 등을 이 사건 지장물에 대한 보상금으로 인정할 수는 없으므로, 피고는 원고에게 토지보상법 제75조 제1항에 따라 이 사건 지장물 이전에 필요한 비용을 보상하여야 하고, 다만 예외적으로 이 사건 지장물의 이전이 어렵거나 그 이전으로 인하여 이 사건 지장물을 종래의 목적대로 사용할 수 없게 된 경우에는 물건의 가격으로 보상하여야 한다. 한편 물건의 가격으로 보상을 하는 경우에도 원가법에 따라 감가상각을 적용한 이 사건 지장물의 가격시점 현재 가격이 보상금액이 된다.

나) [별지 1] 목록 순번 1, 2, 10, 15 내지 20 기재 지장물

이 부분 각 지장물의 정당한 보상액에 관하여 살피건대, 이 법원의 입증 촉구에도 불구하고 원고는 토지보상법 제75조 제1항에 따른 이 부분 각 지장물에 대한 보상액이 재결감정액을

초과함에 관하여 입증하지 아니하였고, 달리 이 부분 각 지장물에 대한 정당한 보상액이 재결감정액을 초과한다고 인정할 증거가 없다. 따라서 이 부분 각 지장물의 보상액은 재결감정액([별지 1] 목록 각 이의재결액)으로 인정함이 상당하고, 이 금액의 합계는 1,605,115,000원(= 32,500,000원 + 115,000,000원 + 107,500,000원 + 624,500,000원 + 11,700,000원 + 1,215,000원 + 200,000원 + 37,000,000원 + 385,000,000원 + 40,500,000원 + 250,000,000원)이다.

다) [별지 1] 목록 순번 3 내지 6, 8, 9, 11 내지 14 기재 지장물

이 부분 각 지장물의 정당한 보상액에 관하여 살펴본다.

재결감정인은 이 부분 각 지장물을 평가함에 있어 구조, 규격, 사용자재 및 시공정도, 이용 및 관리상태, 이전가능성과 그 난이도, 내구연한, 유용성 기타 가격형성상의 제요인을 종합적으로 고려하여 지장물의 가격 범위 내에서 이전비로 평가하되, 이전함으로 인하여 종래의 목적대로 이용 또는 사용할 수 없는 경우, 이전이 현저히 곤란한 경우, 이전비가 지장물의 가격을 넘는 경우에는 지장물의 가격으로 평가하였다.

이 법원의 감정인 소외인(이하 '이 법원 감정인'이라 한다)에 대한 보완감정결과(이하 '이 법원 감정'이라 한다)에 의하면, 이 법원 감정인 역시 재결감정인과 같은 방식으로 감정평가를 하되, ① 이 부분 각 지장물은 모두 건축물이기 때문에 시설 자체를 이동하여 사용할 수 없다고 판단하였고, ② 이 부분 각 지장물을 원가법(가격시점에서 평가대상 물건을 재생산 또는 재취득함에 소요되는 재조달원가에 감가수정을 하여 평가대상 물건이 가지는 평가시점의 가격을 산정하는 방법)으로 감정하였으며, ③ 이 부분 각 지장물은 이 사건 골프장 시설의 일부로서 유사한 거래사례가 많은 시설물이 아니어서 거래사례비교법을 적용할 수 없다고 판단하였고, ④ 재조달원가의 적용, 원가법에 의한 정액법의 산식 적용, 기준 내용연수와 잔가율 및 경과연수를 적용한 근거를 구체적으로 자세히 밝히고 있다.

재결감정인과 이 법원 감정인은 각자 전문적인 지식과 경험을 활용하여 토지보상법 제75조, 같은 법 시행규칙 제33조, 제36조에 따라 이 부분 각 지장물의 개별적인 이전비와 취득가를 평가·비교한 뒤 더 적은 가액을 감정평가액으로 정하였고, 그 각 판단에 어떠한 오류가 있음을 인정할 자료는 없다.

다만, 재결감정인이 개략적인 감정의 방법과 결과만 제시한 데 비하여, 이 법원 감정인은 이 부분 각 지장물에 대한 재조달원가의 적용, 원가법에 의한 정액법의 산식 적용, 기준 내용연수와 잔가율 및 경과연수를 적용한 근거를 구체적으로 자세히 밝히고 있어 신뢰할 수 있으므로, 이 법원은 이 법원 감정을 채택하기로 한다.

이 법원 감정인이 이 부분 각 지장물에 대하여 원가법에 따라 감가상각을 적용한 평가금액은 [별지 1] 목록 각 '이 법원 감정액'과 같고, 그 각 금액의 합계는 5,875,110,691원(= 3,448,545,141원 + 1,474,988,176원 + 494,854,912원 + 34,390,181원 + 89,148,178원 + 66,465,822원 + 100,638,481원 + 166,079,800원)이다.

4) 소결

따라서 피고는 원고에게 이 사건 지장물의 정당한 보상금액 7,480,225,691원(= 1,605,115,000원 + 5,875,110,691원)에서 이의재결에서 정한 이 사건 지장물의 보상액 4,505,599,500원을 제외한 나머지 2,974,626,191원(= 7,480,225,691원 − 4,505,599,500원) 및 이에 대하여 원고가 구하는 바에 따라 이 사건 소장 부본 송달 다음날인 2011.5.14.부터 피고가 이 사건 이행의

무의 존부나 범위에 관하여 항쟁함이 상당하다고 인정되는 이 판결 선고일인 2015.6.12.까지는 민법이 정한 연 5%의, 그 다음날부터 다 갚는 날까지는 소송촉진 등에 관한 특례법에서 정한 연 20%의 각 비율로 계산한 지연손해금을 지급할 의무가 있다.

6. 결론

그렇다면 이 사건 소 중 [별지 1] 목록 순번 7번 중장비차고에 관한 손실보상금 청구부분의 소는 부적법하므로 이를 각하하고, 원고의 나머지 청구는 위 인정범위 내에서 이유 있으므로 이를 일부 인용하여야 할 것인바, 제1심 판결은 이와 결론을 달리하여 부당하므로, 피고의 항소를 일부 받아들여 제1심 판결을 위와 같이 변경한다.

대판 2014.9.25, 2012두24092[손실보상금]

【판시사항】

토지소유자가 구 공익사업을 위한 토지 등의 취득 및 보상에 관한 법률 제34조, 제50조 등에 규정된 재결절차를 거치지 않은 채 곧바로 사업시행자를 상대로 같은 법 제73조, 제75조의2에 따른 잔여지 또는 잔여 건축물 가격감소 등으로 인한 손실보상을 청구할 수 있는지 여부(원칙적 소극) 및 이는 잔여지 또는 잔여 건축물 수용청구에 대한 재결절차를 거친 경우에도 마찬가지인지 여부(적극)

【판결요지】

구 공익사업을 위한 토지 등의 취득 및 보상에 관한 법률(2011.8.4. 법률 제11017호로 개정되기 전의 것, 이하 '공익사업법'이라고 한다) 제73조, 제75조의2와 같은 법 제34조, 제50조, 제61조, 제83조 내지 제85조의 규정 내용 및 입법 취지 등을 종합하면, 토지소유자가 사업시행자로부터 공익사업법 제73조, 제75조의2에 따른 잔여지 또는 잔여 건축물 가격감소 등으로 인한 손실보상을 받기 위해서는 공익사업법 제34조, 제50조 등에 규정된 재결절차를 거친 다음 그 재결에 대하여 불복할 때 비로소 공익사업법 제83조 내지 제85조에 따라 권리구제를 받을 수 있을 뿐이며, 특별한 사정이 없는 한 이러한 재결절차를 거치지 않은 채 곧바로 사업시행자를 상대로 손실보상을 청구하는 것은 허용되지 않는다 할 것이고, 이는 잔여지 또는 잔여 건축물 수용청구에 대한 재결절차를 거친 경우라고 하여 달리 볼 것은 아니다.

Ⅰ 논점의 정리

Ⅱ (물음1) 甲주장의 타당성

1. 잔여지 손실보상(토지보상법 제73조)
2. 토지보상법상 잔여 건축물 등의 손실보상 규정
   (1) 건축물 등 물건에 대한 보상(법 제75조)
   (2) 잔여 건축물의 손실에 대한 보상 등(법 제75조의2)
3. 사안의 경우

Ⅲ (물음2) 甲이 제기할 수 있는 소송

1. 개설
2. 이의신청(법 제83조)
3. 보상금증감청구소송(법 제85조)
   (1) 보상금증감청구소송의 의의 및 취지
   (2) 소송의 형식
   (3) 법적 성질
   (4) 보상금증감청구소송의 특수성
   (5) 보상금증감청구소송 관련 판례의 유형별 검토
4. 소결

Ⅳ 사례의 해결

예시답안

I 논점의 정리

설문 1은 공익사업을 위한 토지 등의 취득 및 보상에 관한 법률(이하 '토지보상법')상 공익사업에 편입되는 골프장의 사업부지와 그 시설물에 대한 보상 가능성에 대한 검토이다. 설문 2는 골프장의 잔여시설의 지가 및 건물가격 하락분에 대하여 보상을 청구하려고 할 때 토지보상법상의 소송의 방법에 대하여 검토하는 것이 쟁점이다. 올해 30조 가량이 시중에 손실보상금으로 풀리면서 공익사업을 행하면서 편입되는 토지와 잔여지, 잔여 건축물, 공사비에 대한 보상 쟁점이 매우 중요한 사회적 화두가 되고 있다. 아래에서 토지보상법상 잔여지 및 잔여 건축물 등에 대해서 구체적으로 검토해 보기로 한다.

II (물음1) 甲주장의 타당성

1. 잔여지 손실보상(토지보상법 제73조)

토지보상법 제73조에 따른 잔여지 손실보상은 동일한 소유자에게 속하는 일단의 토지의 일부가 취득되거나 사용됨으로 인하여 잔여지의 가격이 감소하거나 통로·담장 등의 공사가 필요할 때 손실이나 공사의 비용을 보상하는 것을 의미한다.

토지보상법상 동 규정의 경우 잔여지에 대한 가격감소 및 공사비에 대한 규정이므로, 사안에서 甲이 주장하는 오수처리시설 대체시설에 대한 비용보상에 적용될 수 없다고 판단된다.

2. 토지보상법상 잔여 건축물 등의 손실보상 규정

(1) 건축물 등 물건에 대한 보상(법 제75조)

토지보상법 제75조에서는 건축물 등 물건에 대한 보상규정을 두고 있다. 이는 건축물 및 지장물에 대해서는 '이전비 보상'을 원칙으로 하나, 이전이 불가능하거나 이전비가 가격을 초과하는 경우 및 시행자가 직접 사용을 목적으로 하는 경우 '가격보상'을 예외적으로 규정한다. 이전비란 대상물건의 유용성을 동일하게 유지하며 사업지구 밖으로 이전하는 데 소요되는 비용으로, 사안의 경우에도 토지보상법 제75조 제1항에 따라 이전 후 동일효용 유지에 필요한 비용으로 보상금을 산정하였다.

(2) 잔여 건축물의 손실에 대한 보상 등(법 제75조의2)

토지보상법 제75조의2에서는 동일한 소유자에게 속하는 일단의 건축물의 일부가 취득됨으로 잔여 건축물의 가격이 감소하거나 손실이 있을 때 보상을 규정하고 있다. 사안의 경우에도 골프장 잔여시설의 일부가 취득되어 건축물의 가격이 감소한 경우 손실보상의 청구가 가능할 것이다.

3. 사안의 경우

사안의 甲은 오수처리 시설을 대체하는 새로운 시설의 설치가 필요하다고 주장하고 있다. 판례에서 '보수비는 건축물의 잔여 부분을 종래의 목적대로 사용할 수 있도록 그 유용성을 동일하게 유지하는 데 필요한 공사비로, 지장물의 대체시설을 시공하는 비용 전부를 보상하게 된다면 기존의 낡은 시설물을 신규 시설로 교체하게 되어 정당보상을 초과하는 보상을 받게 된다.'고 판시한 바 있다. 해당사안에서 보상금은 토지보상법 제75조 제1항에 따라 동일 유용성을 유지시킬 수 있는 이전비로 보상되었고, 잔여지 및 잔여 건축물에 대한 보상인 토지보상법 제73조와 동법 제75조의2를 유추적용하여 대체시설을 설치할 여지가 없는 것으로 판단되며, 감가보상이 고려되지 않는다면 과다보상의 문제로서 정당보상에 부합하지 않는다고 판단되는바 甲의 주장은 타당성이 결여된다고 사료된다.

Ⅲ (물음2) 甲이 제기할 수 있는 소송

1. 개설

수용재결의 결정에 불복하기 위해 토지보상법은 이의신청(법 제83조), 취소소송(법 제85조 제1항), 그리고 보상금증감청구소송(법 제85조 제2항)을 규정하고 있다. 해당 설문에서는 소송이 아닌 특별법상 행정심판인 이의신청에 대해서는 간단하게 언급하고, 보상금 및 보상범위에 대해 다투는 일회적 권리구제 수단인 보상금증감청구소송을 중점적으로 살펴보도록 한다. 취소 및 무효소송의 경우 재결의 취소 후 다시 재결을 받아야 하는 바, 보다 효과적인 권리구제 수단인 보상금증감청구소송이 타당할 것으로 판단된다.

2. 이의신청(법 제83조) - 해당 물음과는 관계없지만 추가적으로 기술함(특별법상 행정심판)

토지보상법상 이의신청이란 위법·부당한 수용재결에 불복이 있는 소유자·시행자가 중앙토지수용위원회에 이의를 신청하는 것을 의미한다. 이는 특별법상 행정심판이며, '~할 수 있다'로 규정되어 행정심판 임의주의의 성격이다. 재결서 정본을 받은 날로부터 30일 이내에 신청가능하고, 이의재결이 있는 경우 재결의 전부 또는 일부의 취소가 가능하며, 이의재결이 확정된 경우 확정판결과 동일한 효력을 갖는다.

3. 보상금증감청구소송(법 제85조)

(1) 보상금증감청구소송의 의의 및 취지

보상금증감청구소송이란 토지수용위원회의 재결에 불복하여 보상금에 대해 다투는 소송으로 시행자 및 소유자가 피고가 되어 수용재결의 취소 없이 보상금 및 보상대상에 대해 다투는 일회적인 권리구제 취지의 소송을 의미한다.

(2) **소송의 형식**

보상금증감청구소송은 수용재결처분으로 인해 성립된 당사자 간의 법률관계를 다투는 〈형식적 당사자소송〉의 형식을 갖는다. 따라서 소송의 피고는 재결청이 아닌 사업시행자 및 토지소유자 등이 된다. 법령의 개정으로 재결청을 토지보상법에서 삭제하였다.

(3) **법적 성질**

1) 학설

보상금증감청구소송의 법적 성질에 대해서는 ① 수용재결을 취소하고 보상금을 결정하는 〈형성소송〉으로 보는 견해와 ② 보상금의 지급을 명하거나 금액의 과부만을 따지는 〈확인・급부소송〉으로 보는 견해가 대립한다.

2) 판례 및 검토

판례는 보상금증감청구소송에 대해 보상금의 증감 및 지급을 구하는 확인・급부소송으로 판시하였으며, 이는 일회적인 권리구제를 위해 타당하다고 판단된다.

(4) **보상금증감청구소송의 특수성**

보상금증감청구소송의 특수성은 ① 보상금의 증감과 동시에 잔여지 수용 범위 등과 같이 보상대상의 범위를 판단하는 점, ② (개정 전) 재결서 정본 도달일로부터 60일 이내, 이의재결서 도달일로부터 30일 이내인 점, ③ 피고는 토지수용위원회가 아닌 시행자 및 토지소유자인 점, ④ 일회적 권리구제 취지에서 취소소송과 병합하여 제기할 수 있는 청구병합의 특수성이 존재한다(2019년 7월 1일 개정 시행되는 법률에서는 재결서 정본을 받은 날로부터 90일, 이의재결서 정본을 받은 날로부터 60일 내에 소송을 제기하도록 개정함으로써 국민의 재판청구권을 한층 보호하는 입법이 되었다).

(5) **보상금증감청구소송 관련 판례의 유형별 검토**

① 어떤 보상항목이 손실보상대상에 해당함에도 관할 토지수용위원회가 손실보상대상에 해당하지 않는다고 잘못된 내용의 재결을 한 경우에는, 피보상자는 사업시행자를 상대로 토지보상법 제85조 제2항에 따른 보상금증감소송을 제기하여야 한다(대판 2019.11.28, 2018두227).

② 토지보상법 제74조 제1항에 규정되어 있는 잔여지수용청구권은 손실보상의 일환으로 형성권적 성질을 가지므로, 잔여지수용청구를 받아들이지 않은 토지수용위원회의 재결에 대하여 토지소유자가 불복하여 제기하는 소송은 위 법 제85조 제2항에 규정되어 있는 보상금의 증감에 관한 소송에 해당하여 사업시행자를 피고로 하여야 한다(대판 2010.8.19, 2008두822).

③ 토지보상법에 따른 토지소유자 또는 관계인의 사업시행자에 대한 손실보상금 채권에 관하여 압류 및 추심명령이 있더라도, 채무자인 토지소유자 등이 보상금 증액 청구의 소를 제기하고 그 소송을 수행할 당사자적격을 상실하지 않는다고 보아야 한다(대판(전) 2022.11.24, 2018두67).

4. 소결

사안의 경우 골프장 전체부지 중 일부 편입 부분에서 발생한 잔여시설의 지가 및 건물가격 하락분에 대한 보상이므로, 수용재결의 취소 없이 보상범위 및 보상금의 과부에 대해 일회적으로 판단할 수 있는 보상금증감청구소송이 타당할 것이라고 생각되며, 재결전치주의에 따라 재결절차를 거친 후 사업시행자를 피고로 함이 타당하다고 판단된다.

Ⅳ 사례의 해결

① 사안의 甲은 오수처리 시설을 대체하는 새로운 시설의 설치가 필요하다고 주장하고 있으나, 토지보상법 제75조 제1항에 따라 동일 유용성을 유지시킬 수 있는 이전비로 보상하는 것이 타당하고, 잔여지 및 잔여 건축물에 대한 보상규정인 토지보상법 제73조와 동법 제75조의2를 유추적용하여 대체시설을 설치할 여지가 없는 것으로 보이는 바, 甲이 1억5천만원을 보상받아야 한다는 주장은 법적으로 타당성이 결여된다고 판단된다.

② 골프장 전체부지 중 일부 편입 부분에서 발생한 잔여시설의 지가 및 건물가격 하락분에 대한 보상이므로, 이는 토지보상법 제85조 제2항에 의거하여 사업시행자를 피고로 해서 수용재결의 취소 없이 보상범위 및 보상금의 과부에 대해 일회적으로 판단할 수 있는 보상금증감청구소송을 제기하는 것이 타당하다고 판단된다. 최근 법령의 개정시행은 2019년 7월 1일부터 재결서 정본을 받은 날로부터 90일, 이의재결서 정본을 받은 날로부터 60일 내에 소송을 제기하도록 개정함으로써 국민의 재판청구권을 보호하는 입법과 아울러 대판 2008.8.21, 2007두13845 판결 등을 볼 때 보상금증감청구소송이 국민의 재산권 보호를 위한 가장 최적의 형식적 당사자 소송으로 평가된다.

〈출제위원 채점평〉

[문제 2]

본 문제는 잔여지보상에 관한 문제입니다.

물음1)은 잔여지공사비보상의 대상에 해당하는지 여부에 관한 것입니다. 그 요건의 충족여부에 관한 해석 문제이므로 설득력 있는 논증과 결론 도출 등이 중요합니다. 또한 이러한 보상의 근거가 무엇인지, 잔여지 감가보상이나 잔여지 매수청구 및 수용청구, 잔여 건축물의 손실보상 등과의 구별 등이 검토되어야 합니다.

물음2)는 잔여지의 감가보상 및 건축물의 손실보상에 관한 문제입니다. 잔여지 감가보상의 적합한 소송형식을 판단함에 있어서 토지수용위원회의 재결을 거쳐야 하는지가 주요한 쟁점입니다. 암기식의 답안작성이나 불충분한 논거 등은 피하고 개별 사안에서 사실관계를 정확히 파악하고 관련된 이론을 논리적으로 설명해야 합니다. 잔여지보상과 권리구제에 대한 이해도가 높아지고 있는 점은 매우 고무적입니다.

문제 03

×군에 거주하는 어업인들을 조합원으로 하는 A수산업협동조합(이하 'A조합'이라 함)은 조합원들이 포획 · 채취한 수산물의 판매를 위탁받아 판매하는 B수산물위탁판매장(이하 'B위탁판매장'이라 함)을 운영하여 왔다. 한편, B위탁판매장 운영에 대해서는 관계 법령에 따라 관할지역에 대한 독점적 지위가 부여되어 있었으며, A조합은 B위탁판매장 판매액 중 일정비율의 수수료를 지급받아 왔다. 그런데, 한국농어촌공사는 「공유수면 관리 및 매립에 관한 법률」에 따라 ×군 일대에 대한 공유수면매립면허를 받아 공유수면매립사업을 시행하였고, 해당 매립사업의 시행으로 인하여 사업대상지역에서 어업활동을 하던 A조합의 조합원들은 더 이상 조업을 할 수 없게 되었다. A조합은 위 공유수면매립사업지역 밖에서 운영하던 B위탁 판매장에서의 위탁판매사업의 대부분을 중단하였고, 결국에는 B위탁판매장을 폐쇄하기에 이르렀다. 이에 따라 A조합은 공유수면매립사업으로 인한 위탁판매수수료 수입의 감소에 따른 영업 손실의 보상을 청구하였으나, 한국농어촌공사는 B위탁판매장이 사업시행지 밖에서 운영되던 시설이었고 「공유수면 관리 및 매립에 관한 법률」상 직접적인 보상 규정이 없음을 이유로 보상의 대상이 아니라고 주장한다. 한국농어촌공사의 주장은 타당한가? 20점

참조 조문

〈토지보상법〉

제79조(그 밖의 토지에 관한 비용보상 등)

① 사업시행자는 공익사업의 시행으로 인하여 취득하거나 사용하는 토지(잔여지를 포함한다) 외의 토지에 통로 · 도랑 · 담장 등의 신설이나 그 밖의 공사가 필요할 때에는 그 비용의 전부 또는 일부를 보상하여야 한다. 다만, 그 토지에 대한 공사의 비용이 그 토지의 가격보다 큰 경우에는 사업시행자는 그 토지를 매수할 수 있다.

② 공익사업이 시행되는 지역 밖에 있는 토지등이 공익사업의 시행으로 인하여 본래의 기능을 다할 수 없게 되는 경우에는 국토교통부령으로 정하는 바에 따라 그 손실을 보상하여야 한다.

③ 사업시행자는 제2항에 따른 보상이 필요하다고 인정하는 경우에는 제15조에 따라 보상계획을 공고할 때에 보상을 청구할 수 있다는 내용을 포함하여 공고하거나 대통령령으로 정하는 바에 따라 제2항에 따른 보상에 관한 계획을 공고하여야 한다.

④ 제1항부터 제3항까지에서 규정한 사항 외에 공익사업의 시행으로 인하여 발생하는 손실의 보상 등에 대하여는 국토교통부령으로 정하는 기준에 따른다.

⑤ 제1항 본문 및 제2항에 따른 비용 또는 손실의 보상에 관하여는 제73조 제2항을 준용한다.

⑥ 제1항 단서에 따른 토지의 취득에 관하여는 제73조 제3항을 준용한다.

⑦ 제1항 단서에 따라 취득하는 토지에 대한 구체적인 보상액 산정 및 평가 방법 등에 대하여는 제70조, 제75조, 제76조, 제77조, 제78조제4항, 같은 조 제6항 및 제7항을 준용한다.

대판 1999.10.8. 99다27231[손해배상(기)]

【판시사항】

[1] 공공사업의 시행 결과 공공사업의 기업지 밖에서 발생한 간접손실에 대하여 사업시행자와 협의가 이루어지지 아니하고, 그 보상에 관한 명문의 법령이 없는 경우, 피해자는 공공용지의 취득 및 손실보상에 관한 특례법 시행규칙상의 손실보상에 관한 규정을 유추적용하여 사업시행자에게 보상을 청구할 수 있는지 여부(적극)

[2] 공유수면매립사업으로 인하여 수산업협동조합이 관계 법령에 의하여 대상지역에서의 독점적 지위가 부여되어 있던 위탁판매사업을 중단하게 된 경우, 그로 인한 위탁판매수수료 수입 상실에 대하여 공공용지의 취득 및 손실보상에 관한 특례법 시행규칙을 유추적용하여 손실보상을 하여야 하는지 여부(적극)

[3] 어업권의 취소 등으로 인한 손실보상액 산정 시 판매수수료를 공제하도록 규정한 수산업법 시행령 제62조의 의미

【판결요지】

[1] 공공사업의 시행 결과 그 공공사업의 시행이 기업지 밖에 미치는 간접손실에 관하여 그 피해자와 사업시행자 사이에 협의가 이루어지지 아니하고 그 보상에 관한 명문의 근거 법령이 없는 경우라고 하더라도, 헌법 제23조 제3항은 "공공필요에 의한 재산권의 수용·사용 또는 제한 및 그에 대한 보상은 법률로써 하되, 정당한 보상을 지급하여야 한다."고 규정하고 있고, 이에 따라 국민의 재산권을 침해하는 행위 그 자체는 반드시 형식적 법률에 근거하여야 하며, 토지수용법 등의 개별 법률에서 공익사업에 필요한 재산권 침해의 근거와 아울러 그로 인한 손실보상 규정을 두고 있는 점, 공공용지의 취득 및 손실보상에 관한 특례법 제3조 제1항은 "공공사업을 위한 토지 등의 취득 또는 사용으로 인하여 토지 등의 소유자가 입은 손실은 사업시행자가 이를 보상하여야 한다."고 규정하고, 같은 법 시행규칙 제23조의2 내지 7에서 공공사업시행지구 밖에 위치한 영업과 공작물 등에 대한 간접손실에 대하여도 일정한 조건하에서 이를 보상하도록 규정하고 있는 점에 비추어, 공공사업의 시행으로 인하여 그러한 손실이 발생하리라는 것을 쉽게 예견할 수 있고 그 손실의 범위도 구체적으로 이를 특정할 수 있는 경우라면 그 손실의 보상에 관하여 공공용지의 취득 및 손실보상에 관한 특례법 시행규칙의 관련 규정 등을 유추적용할 수 있다고 해석함이 상당하다.

[2] 수산업협동조합이 수산물 위탁판매장을 운영하면서 위탁판매 수수료를 지급받아 왔고, 그 운영에 대하여는 (구)수산자원보호령(1991.3.28. 대통령령 제13333호로 개정되기 전의 것) 제21조 제1항에 의하여 그 대상지역에서의 독점적 지위가 부여되어 있었는데, 공유수면매립사업의 시행으로 그 사업대상지역에서 어업활동을 하던 조합원들의 조업이 불가능하게 되어 일부 위탁판매장에서의 위탁판매사업을 중단하게 된 경우, 그로 인해 수산업협동조합이 상실하게 된 위탁판매수수료 수입은 사업시행자의 매립사업으로 인한 직접적인 영업손실이 아니고 간접적인 영업손실이라고 하더라도 피침해자인 수산업협동조합이 공공의 이익을 위하여 당연히 수인하여야 할 재산권에 대한 제한의 범위를 넘어 수산업협동조합의 위탁판매사업으로 얻고 있는 영업상의 재산이익을 본질적으로 침해하는 특별한 희생에 해당하고, 사업시행자는 공유수면매립면허 고시 당시 그 매립사업으로 인하여 위와 같은 영업손실이 발생한다는 것을 상당히 확실하게 예측할 수 있었고 그 손실의 범위도 구체적으로 확정할 수 있으므로, 위 위탁판매수수료 수입손실은 헌법 제23조 제3항에 규정한 손실보상의 대상이 되고, 그 손실에 관하여 (구)공유수면매립법(1997.4.10. 법률 제5335호로 개정되기 전의 것) 또는 그 밖의 법령에 직접적인 보상규정이 없더라도 공공용지의 취득 및 손실보상에 관한 특례법 시행규칙상의 각 규정을 유추적용하여 그에 관한 보상을 인정하는 것이 타당하다.

[3] 어업권의 취소 등으로 인한 손실보상액을 산출함에 있어서 판매수수료를 어업경영에 필요한 경비에 포함시켜 공제하도록 한 수산업법 시행령 제62조의 의미는 판매수수료를 지급하는 측의 입장에서 그 성격을 경비로 보아 그 보상액 산정 시에 이를 공제한다는 것에 불과하고, 보상을 받을 자가 판매수수료를 수입으로 하고 있는 경우에는 그와 같이 해석할 수는 없다.

대판 2019.11.28, 2018두227[보상금]

【판결요지】

[1] 모든 국민의 재산권은 보장되고, 공공필요에 의한 재산권의 수용 등에 대하여는 정당한 보상을 지급하여야 하는 것이 헌법의 대원칙이고(헌법 제23조), 법률도 그런 취지에서 공익사업의 시행 결과 공익사업의 시행이 공익사업시행지구 밖에 미치는 간접손실 등에 대한 보상의 기준 등에 관하여 상세한 규정을 마련해 두거나 하위법령에 세부사항을 정하도록 위임하고 있다.
이러한 공익사업시행지구 밖의 영업손실은 공익사업의 시행과 동시에 발생하는 경우도 있지만, 공익사업에 따른 공공시설의 설치공사 또는 설치된 공공시설의 가동·운영으로 발생하는 경우도 있어 그 발생원인과 발생시점이 다양하므로, 공익사업시행지구 밖의 영업자가 발생한 영업상 손실의 내용을 구체적으로 특정하여 주장하지 않으면 사업시행자로서는 영업손실보상금 지급의무의 존부와 범위를 구체적으로 알기 어려운 특성이 있다. 공익사업을 위한 토지 등의 취득 및 보상에 관한 법률 제79조 제2항에 따른 손실보상의 기한을 공사완료일부터 1년 이내로 제한하면서도 영업자의 청구에 따라 보상이 이루어지도록 규정한 것[공익사업을 위한 토지 등의 취득 및 보상에 관한 법률 시행규칙(이하 '시행규칙'이라 한다) 제64조 제1항]이나 손실보상의 요건으로서 공익사업시행지구 밖에서 발생하는 영업손실의 발생원인에 관하여 별다른 제한 없이 '그 밖의 부득이한 사유'라는 추상적인 일반조항을 규정한 것(시행규칙 제64조 제1항 제2호)은 간접손실로서 영업손실의 이러한 특성을 고려한 결과이다.
위와 같은 공익사업시행지구 밖 영업손실보상의 특성과 헌법이 정한 '정당한 보상의 원칙'에 비추어 보면, 공익사업시행지구 밖 영업손실보상의 요건인 '공익사업의 시행으로 인한 그 밖의 부득이한 사유로 일정 기간 동안 휴업이 불가피한 경우'란 공익사업의 시행 또는 시행 당시 발생한 사유로 휴업이 불가피한 경우만을 의미하는 것이 아니라 공익사업의 시행 결과, 즉 그 공익사업의 시행으로 설치되는 시설의 형태·구조·사용 등에 기인하여 휴업이 불가피한 경우도 포함된다고 해석함이 타당하다.

[2] 공익사업을 위한 토지 등의 취득 및 보상에 관한 법률(이하 '토지보상법'이라 한다) 제79조 제2항(그 밖의 토지에 관한 비용보상 등)에 따른 손실보상과 환경정책기본법 제44조 제1항(환경오염의 피해에 대한 무과실책임)에 따른 손해배상은 근거 규정과 요건·효과를 달리하는 것으로서, 각 요건이 충족되면 성립하는 별개의 청구권이다. 다만 손실보상청구권에는 이미 '손해 전보'라는 요소가 포함되어 있어 실질적으로 같은 내용의 손해에 관하여 양자의 청구권을 동시에 행사할 수 있다고 본다면 이중배상의 문제가 발생하므로, 실질적으로 같은 내용의 손해에 관하여 양자의 청구권이 동시에 성립하더라도 영업자는 어느 하나만을 선택적으로 행사할 수 있을 뿐이고, 양자의 청구권을 동시에 행사할 수는 없다. 또한 '해당 사업의 공사완료일로부터 1년'이라는 손실보상 청구기간(토지보상법 제79조 제5항, 제73조 제2항)이 도과하여 손실보상청구권을 더 이상 행사할 수 없는 경우에도 손해배상의 요건이 충족되는 이상 여전히 손해배상청구는 가능하다.

[3] 공익사업을 위한 토지 등의 취득 및 보상에 관한 법률(이하 '토지보상법'이라 한다) 제26조, 제28조, 제30조, 제34조, 제50조, 제61조, 제79조, 제80조, 제83조 내지 제85조의 규정 내용과 입법 취지

등을 종합하면, 공익사업으로 인하여 공익사업시행지구 밖에서 영업을 휴업하는 자가 사업시행자로부터 공익사업을 위한 토지 등의 취득 및 보상에 관한 법률 시행규칙 제47조 제1항에 따라 영업손실에 대한 보상을 받기 위해서는, 토지보상법 제34조, 제50조 등에 규정된 재결절차를 거친 다음 그 재결에 대하여 불복이 있는 때에 비로소 토지보상법 제83조 내지 제85조에 따라 권리구제를 받을 수 있을 뿐이다. 이러한 재결절차를 거치지 않은 채 곧바로 사업시행자를 상대로 손실보상을 청구하는 것은 허용되지 않는다.

[4] 어떤 보상항목이 공익사업을 위한 토지 등의 취득 및 보상에 관한 법령상 손실보상대상에 해당함에도 관할 토지수용위원회가 사실을 오인하거나 법리를 오해함으로써 손실보상대상에 해당하지 않는다고 잘못된 내용의 재결을 한 경우에는, 피보상자는 관할 토지수용위원회를 상대로 그 재결에 대한 취소소송을 제기할 것이 아니라, 사업시행자를 상대로 공익사업을 위한 토지 등의 취득 및 보상에 관한 법률 제85조 제2항에 따른 보상금증감소송을 제기하여야 한다.

예시답안

Ⅰ 설문 1에 대하여

설문에서는 공익사업을 위한 토지 등의 취득 및 보상에 관한 법률(이하 '토지보상법')상 공익사업시행지구 밖의 간접손실보상에 대해서 묻고 있다. 해당 문제를 해결하기 위해 간접손실보상의 개념과 법적 성격 및 법적 근거를 검토해 보고, 간접손실보상의 해당 규정과 판례를 통하여 고찰하여 보고자 한다.

Ⅱ 한국농어촌 공사의 주장 타당성 검토

1. 간접손실보상 개념

(1) 의의 및 취지(토지보상법 제79조 제2항)

간접손실보상이란 공익사업의 시행으로 인하여 사업시행구역 밖에서 발생한 재산권의 손실에 대한 보상을 의미한다. 이는 공공복리 증진 및 재산권 보호 취지에서 인정된다. 종래에는 소음・진동과 같은 물리적・기술적 간접손실은 손해배상으로, 사회・경제적 간접손실의 경우 손실보상으로 해결하고 있었으나 최근 판례(대판 2019.11.28, 2018두227)입장은 사회적・경제적 손실은 물론 물리적・기술적 손실도 간접손실의 유형으로 보아 손실보상의 범위에 포함시킴으로써 피수용자 권익보호를 한층 강화한 측면이 있다.

(2) 간접손실보상의 성격

① 간접보상은 손실이 있은 후에 행하는 사후보상의 성격을 갖는다. ② 원인행위가 간접적이라는 점을 제외하고는 일반 손실보상과 동일하므로 재산권보상으로 볼 수 있으며, ③ 침해가 있기

전 생활상태의 회복을 위한 것이라는 점에서 생활보상의 성격도 갖는다. ④ 또, 손실보상청구권에 대한 판례의 태도에 따라 공법상 권리에 해당한다.

2. 간접손실이 손실보상 대상인지 여부

(1) 관련 판례의 태도

판례는 간접적인 영업손실이라고 하더라도 영업상의 재산이익을 본질적으로 침해하는 특별한 희생에 해당하고, 사업시행자는 공유수면매립면허 고시 당시 그 매립사업으로 인하여 위와 같은 영업손실이 발생한다는 것을 상당히 확실하게 예측할 수 있었고 그 손실의 범위도 구체적으로 확정할 수 있으므로, 헌법 제23조 제3항에 규정한 손실보상의 대상이 된다고 판시한 바 있다.

(2) 검토

① 간접손실은 적법한 공용침해로 인한 필연적인 손실인 점, ② 헌법 제23조 제3항을 손실보상에 관한 일반규정으로 보는 것이 타당한 점에 비추어 간접손실보상을 헌법 제23조 제3항의 손실보상에 포함시키는 것이 타당하다고 판단된다.

3. 간접손실보상의 요건

(1) 간접손실보상의 요건

① 공익사업의 시행에 포함된 사업지구 밖의 제3자가 입은 손실일 것, ② 손실의 예견가능성이 있고, 손실범위를 특정할 수 있을 것, ③ 특별한 희생일 것, ④ 보상 규정이 존재할 것을 요건으로 한다.

(2) 사안의 경우

사안의 경우 사업시행지 밖에서 운영되던 시설이고 침해의 당사자로 A조합에 대한 인적 범위가 특정되고, 침해의 정도와 강도가 사적 효용과 사회적 수인가능성을 넘는 정도로 폐쇄되었으므로 특별한 희생에 해당된다고 생각된다. 따라서 보상규정이 결여 시 보상가능성이 문제된다.

4. 보상규정결여 시 보상청구가능성 여부

(1) 학설

① 〈보상부정설〉 간접보상규정에 규정하지 않은 간접손실은 보상의 대상이 되지 않는다는 견해
② 〈유추적용설〉 간접손실보상에 관한 규정을 유추적용하여 손실보상 청구가 가능하다는 견해
③ 〈헌법 제23조 제3항의 직접적용설〉 헌법 제23조 제3항에 근거하여 보상청구권이 인정된다는 견해
④ 〈평등원칙 및 재산권보장규정근거설〉 헌법상의 평등원칙 및 재산권 보장규정이 손실보상의 직접적 근거가 될 수 있다면 이에 근거하여 보상해 주어야 한다는 견해
⑤ 〈수용적 침해이론〉 간접손실도 수용적 침해로 보면서 수용적 침해이론을 긍정하여 구제하여야 한다는 견해

⑥ 〈손해배상설〉 보상규정이 없는 경우 손해배상을 청구하여야 한다는 견해

(2) 판례

판례는 위탁판매수수료 수입손실은 헌법 제23조 제3항에 규정한 손실보상의 대상이 되고, 그 손실에 관하여 직접적인 보상규정이 없더라도 공공용지의 취득 및 손실보상에 관한 특례법 시행규칙상의 각 규정을 유추적용하여 그에 관한 보상을 인정하는 것이 타당하다고 판시한 바 있다.

(3) 검토

생각건대, 정당보상을 지향하는 헌법 제23조 제3항의 손실보상 범주 안에는 간접손실 보상도 당연히 포함된다고 보아야 하므로, 관련 규정을 유추적용하여 손실보상을 할 수 있다고 봄이 타당하다고 판단된다.

Ⅲ 사례의 해결

사안의 경우 보상 규정이 없음에도 불구하고 정당보상 측면에서 헌법 제23조 제3항과 관계 규정을 유추적용을 하는 것이 타당한바, 사업시행자인 한국농어촌공사의 보상대상이 아니라는 주장은 타당성이 결여된 것으로 판단된다.

〈출제위원 채점평〉

[문제 3]

본 문제는 사업시행지 밖의 영업손실에 대한 보상이 가능한지에 관한 문제입니다. 관계 법령에 직접적인 보상규정이 없는 경우에도 손실보상을 청구할 수 있는지가 쟁점입니다. 판례에 대한 정확한 이해와 사례해결에 대한 면밀한 분석보다는 암기식의 답안이 적지 않은 점은 아쉬움으로 남습니다.

문제 04

「공익사업을 위한 토지 등의 취득 및 보상에 관한 법률」 제26조는 수용재결 신청 전에 사업시행자로 하여금 수용대상 토지에 관하여 권리를 취득하거나 소멸시키기 위하여 토지소유자 및 관계인과 교섭하도록 하는 협의제도를 규정하고 있다. 이에 따른 협의가 수용재결 신청 전의 필요적 전치절차인지 여부와 관할 토지수용위원회에 의한 협의성립의 확인의 법적 효과를 설명하시오. 10점

대판 2018.12.13, 2016두51719[협의성립확인신청수리처분취소]

【판시사항】

공익사업을 위한 토지 등의 취득 및 보상에 관한 법률 제29조 제3항에 따른 협의 성립의 확인 신청에 필요한 동의의 주체인 토지소유자는 협의 대상이 되는 '토지의 진정한 소유자'를 의미하는지 여부(적극) / 사업시행자가 진정한 토지소유자의 동의를 받지 못한 채 등기부상 소유명의자의 동의만을 얻은 후 관련 사항에 대한 공증을 받아 위 제29조 제3항에 따라 협의 성립의 확인을 신청하였으나 토지수용위원회가 신청을 수리한 경우, 수리 행위가 위법한지 여부(원칙적 적극) / 이와 같은 동의에 흠결이 있는 경우 진정한 토지소유자 확정에서 사업시행자의 과실 유무를 불문하고 수리 행위가 위법한지 여부(적극) 및 이때 진정한 토지소유자가 수리 행위의 위법함을 이유로 항고소송으로 취소를 구할 수 있는지 여부(적극)

【판결요지】

공익사업을 위한 토지 등의 취득 및 보상에 관한 법률(이하 '토지보상법'이라 한다) 제29조에서 정한 협의 성립 확인제도는 수용과 손실보상을 신속하게 실현시키기 위하여 도입되었다. 토지보상법 제29조는 이를 위한 전제조건으로 협의 성립의 확인을 신청하기 위해서는 협의취득 내지 보상협의가 성립한 데에서 더 나아가 확인 신청에 대하여도 토지소유자 등이 동의할 것을 추가적 요건으로 정하고 있다. 특히 토지보상법 제29조 제3항은, 공증을 받아 협의 성립의 확인을 신청하는 경우에 공증에 의하여 협의 당사자의 자발적 합의를 전제로 한 협의의 진정 성립이 객관적으로 인정되었다고 보아, 토지보상법상 재결절차에 따르는 공고 및 열람, 토지소유자 등의 의견진술 등의 절차 없이 관할 토지수용위원회의 수리만으로 협의 성립이 확인된 것으로 간주함으로써, 사업시행자의 원활한 공익사업 수행, 토지수용위원회의 업무 간소화, 토지소유자 등의 간편하고 신속한 이익실현을 도모하고 있다.

한편 토지보상법상 수용은 일정한 요건하에 그 소유권을 사업시행자에게 귀속시키는 행정처분으로서 이로 인한 효과는 소유자가 누구인지와 무관하게 사업시행자가 그 소유권을 취득하게 하는 원시취득이다. 반면, 토지보상법상 '협의취득'의 성격은 사법상 매매계약이므로 그 이행으로 인한 사업시행자의 소유권 취득도 승계취득이다. 그런데 토지보상법 제29조 제3항에 따른 신청이 수리됨으로써 협의 성립의 확인이 있었던 것으로 간주되면, 토지보상법 제29조 제4항에 따라 그에 관한 재결이 있었던 것으로 재차 의제되고, 그에 따라 사업시행자는 사법상 매매의 효력만을 갖는 협의취득과는 달리 확인대상 토지를 수용재결의 경우와 동일하게 원시취득하는 효과를 누리게 된다.

이처럼 간이한 절차만을 거치는 협의 성립의 확인에, 원시취득의 강력한 효력을 부여함과 동시에 사법상 매매계약과 달리 협의 당사자들이 사후적으로 그 성립과 내용을 다툴 수 없게 한 법적 정당성의 원천은 사업시행자와 토지소유자 등이 진정한 합의를 하였다는 데에 있다. 여기에 공증에 의한 협의 성립 확인제도의 체계와 입법 취지, 그 요건 및 효과까지 보태어 보면, 토지보상법 제29조 제3항에 따른 협의 성립의 확인 신청에 필요한 동의의 주체인 토지소유자는 협의 대상이 되는 '토지의 진정한 소유자'를 의

미한다. 따라서 사업시행자가 진정한 토지소유자의 동의를 받지 못한 채 단순히 등기부상 소유명의자의 동의만을 얻은 후 관련 사항에 대한 공증을 받아 토지보상법 제29조 제3항에 따라 협의 성립의 확인을 신청하였음에도 토지수용위원회가 신청을 수리하였다면, 수리 행위는 다른 특별한 사정이 없는 한 토지보상법이 정한 소유자의 동의 요건을 갖추지 못한 것으로서 위법하다. 진정한 토지소유자의 동의가 없었던 이상, 진정한 토지소유자를 확정하는 데 사업시행자의 과실이 있었는지 여부와 무관하게 그 동의의 흠결은 위 수리 행위의 위법사유가 된다. 이에 따라 진정한 토지소유자는 수리 행위가 위법함을 주장하여 항고소송으로 취소를 구할 수 있다.

예시답안

Ⅰ 서론

최근 대판 2018.12.13, 2016두51719 판결[협의성립확인신청수리처분취소]에서 협의성립확인이 매우 중요한 쟁점으로 부각되었다. 진정한 소유자의 동의가 있지 아니한 협의성립확인 취소가 가능하다는 판결로 아래에서는 공익사업을 위한 토지 등의 취득 및 보상에 관한 법률(이하 '토지보상법') 제26조 협의의 개념과 필요적 전치절차인지, 그리고 협의성립확인의 법적 효과를 검토함으로써 공익사업의 원활한 수행과 피수용자의 재산권 보호를 위한 제도적 개선 사항을 고찰해 보기로 한다.

Ⅱ 협의가 수용재결 신청 전 필요적 전치절차인지 여부

1. 협의의 개념 및 법적 성질(법 제16조 및 법 제26조) – 판례는 사법상 계약으로 봄

토지보상법상 협의란 토지 등의 취득에 대한 양 당사자 간 의사합치로 공공복리의 증진과 국민의 재산권보호 취지에서 인정된다. 판례는 당사자 간의 의사합치로 사권으로 판시한 바 있다. 토지보상법에서는 사업인정 전 협의(법 제16조)와 사업인정 후 협의(법 제26조)로 일련의 절차를 두고 있으며, 협의가 성립하는 경우 목적물의 승계취득 및 계약의 구속성 등의 효과가 발생한다. 해당 사실관계의 내용은 토지보상법 제26조 규정의 협의로 판례는 사법상 계약으로 보고 있으나, 다수의 견해는 공법상 계약으로 보고 있는 특징이 있다.

2. 필요적 전치절차인지 여부

사업인정 이전의 협의(법 제16조)는 〈임의적 절차〉이나 사업인정 후 협의(법 제26조)는 원칙적으로 〈필수적 절차〉로 규정하고 있다. 사업인정 이전에 토지보상법 제14조부터 제16조까지 및 동법 제68조에 따른 절차를 거쳤으나 협의가 성립되지 아니하고 동법 제20조에 따른 사업인정을 받은 사업으로서 토지조서 및 물건조서의 내용에 변동이 없을 때에는 토지보상법 제26조 제1항에도 불구하고 제14조부터 제16조까지의 절차를 거치지 아니할 수 있다. 다만, 사업시행자나 토지소유자 및 관계인이 토지보상법 제16조에 따른 협의를 요구할 때에는 협의하여야 한다. 토지보상법 규정을 검토해 볼 때 임의적 절차로 보이지만, 토지보상법 제16조 또는 제26조 협의는 한 번은 반드시 거쳐야 하는 필수적 절차로 판단된다.

Ⅲ 협의성립의 확인의 법적 효과

1. 의의 및 성질(법 제29조) – 재결로 간주(원시취득)

협의성립확인이란 토지보상법 제26조에 따른 협의가 성립한 경우 사업시행자가 수용재결의 신청기간 이내에 토지소유자 및 관계인의 동의를 얻어 토지수용위원회의 확인을 받는 것을 의미한다. 이는 불안정한 계약상 지위를 확고히 하는 확인행위로 원활한 공익사업 달성 취지에서 인정된다. 토지보상법 제29조 제4항에서는 재결로 간주하도록 하고 있다. 즉 협의에 의한 법률행위에 의한 물권변동(승계취득)을, 재결로 간주함으로써 법률규정에 의한 물권변동으로 원시취득이 될 수 있도록 하고 있는 특징이 있다.

2. 법적 효과(법 제29조 제4항 ① 재결효, ② 차단효, ③ 불가변력)

협의성립확인이 있는 경우 ① 당사자 간 계약에 따른 목적물의 승계취득을 '원시취득'으로 전환시키고, 위험부담이전, 대행·대집행 가능성, 인도이전의무, 손실보상 청구권 발생 등 〈재결의 효력〉이 발생한다. 또한 ② 협의성립 확인 후 당사자는 확인된 협의의 성립이나 내용에 다툴 수 없는 〈차단효〉가 발생하며, ③ 협의성립확인은 토지수용위원회가 공권에 따른 확인을 하는 행위로서 법원의 판결과 유사한 준사법 작용으로 〈불가변력〉의 효과가 발생한다.

Ⅳ 결

토지보상법상 협의제도는 최소 침해의 원칙을 관철하기 위하여 당사자 간의 자율적인 의사에 의하여 공익사업이 원활히 수행하기 위해 법령에 규정된 내용이다. 따라서 사업인정 전후의 협의는 한 번은 반드시 거쳐야 하는 필수적 절차이기도 하다. 토지보상법 제26조 규정의 협의는 판례가 사법상 계약으로 보고 있으나 다수의 견해는 공법상 계약으로 보는 특징이 있다. 토지보상법상 협의성립확인의 방법으로는 재결절차를 준용하는 것과 공증법인에 의한 공증이 있다. 최근 대법원 판례에서는 "사업시행자가 진정한 토지소유자의 동의를 받지 못한 채 단순히 등기부상 소유명의자의 동의만을 얻은 후 관련 사항에 대한 공증을 받아 토지보상법 제29조 제3항에 따라 협의 성립의 확인을 신청하였음에도 토지수용위원회가 신청을 수리하였다면, 수리 행위는 다른 특별한 사정이 없는 한 토지보상법이 정한 소유자의 동의 요건을 갖추지 못한 것으로서 위법하다."라고 판시함으로써 진정한 소유자의 동의를 매우 중시하는 판결이 나온 바 있다. 토지보상법 개정을 통해 제도적으로 협의성립확인 시에 재결로 간주되는 점, 차단효가 발생된다는 점 등을 피수용자에게 잘 고지하도록 하는 입법과 아울러 협의성립확인 시 진정한 소유자에 의한 동의가 꼭 필요하다는 점, 그리고 재결로 간주되는 규정만 있고 불복규정이 적시되지 않은 바, 향후 불복은 토지보상법 제83조와 제85조를 통해 다툴 수 있도록 법령을 명확히 정비할 필요가 있다고 생각된다.

〈출제위원 채점평〉

[문제 4]

본 문제는 현행법 제도에 대한 문제이며 비교적 수험생들에게 익숙한 쟁점인 점에서 다른 문제들에 비해 쟁점의 파악과 답안 서술이 무난한 편입니다. 다만 필요적 전치절차의 여부에 대해서는 상당수가 무난하게 답안을 작성한 데 비해 협의성립확인의 법적 효과와 관련하여서는 재결의 구체적 효과까지 언급하면 좋은 답안이라고 할 수 있습니다.

Chapter 07

2018년 제29회 기출문제 분석

문제 01

A도 도지사 甲은 도내의 심각한 주차난을 해결하기 위하여 A도내 B시 일대 40,000㎡(이하 '이 사건 공익사업구역'이라 함)를 공영주차장으로 사용하고자 사업계획을 수립하고 「공익사업을 위한 토지 등의 취득 및 보상에 관한 법률」(이하 '토지보상법'이라 함)에 따른 절차를 거쳐, 국토교통부장관의 사업인정을 받고 이를 고시하였다. 이후 甲은 이 사건 공익사업구역 내 주택 세입자 乙 등이 이 사건 공익사업이 시행되는 동안 임시로 거주할 수 있도록 B시에 임대아파트를 건립하여 세입자에게 제공하는 등 이주대책을 수립·시행하였다. 한편, 乙은 「공익사업을 위한 토지 등의 취득 및 보상에 관한 법률 시행규칙」(이하 '토지보상법 시행규칙'이라 함) 제54조 제2항에 해당하는 세입자이다. 다음 물음에 답하시오. 40점

(1) 乙은 토지보상법 시행규칙에 따른 주거이전비를 받을 수 있는 권리를 포기한다는 취지의 '임대아파트 입주에 따른 주거이전비 포기각서'를 甲에게 제출하고 위 임대아파트에 입주하였지만, 이후 관련 법령이 임대아파트와 같은 임시수용시설 등을 제공받는 자를 주거이전비 지급대상에서 배제하지 않고 있는 점을 알게 되었다. 이에 乙은 위 포기각서를 무시하고 토지보상법 시행규칙상의 주거이전비를 청구하였다. 乙의 주거이전비 청구의 인용여부에 관하여 논하시오. 30점

(2) 한편, 丙은 이 사건 공익사업구역 밖에서 음식점을 경영하고 있었는데, 이 사건공익사업으로 인하여 자신의 음식점의 주출입로가 단절되어 일정 기간 휴업을 할 수 밖에 없게 되었다. 이때, 丙은 토지보상법령상 보상을 받을 수 있는가? 10점

참조 조문

〈토지보상법 시행규칙〉

제54조(주거이전비의 보상)

① 공익사업시행지구에 편입되는 주거용 건축물의 소유자에 대하여는 해당 건축물에 대한 보상을 하는 때에 가구원수에 따라 2개월분의 주거이전비를 보상하여야 한다. 다만, 건축물의 소유자가 해당 건축물 또는 공익사업시행지구 내 타인의 건축물에 실제 거주하고 있지 아니하거나 해당 건축물이 무허가건축물등인 경우에는 그러하지 아니하다.

② 공익사업의 시행으로 인하여 이주하게 되는 주거용 건축물의 세입자(무상으로 사용하는 거주자를 포함하되, 법 제78조 제1항에 따른 이주대책대상자인 세입자는 제외한다)로서 사업인정고시일등 당시 또는 공익사업을 위한 관계 법령에 따른 고시 등이 있은 당시 해당 공익사업시행지구 안에서 3개월 이상 거주한 자에 대해서는 가구원수에 따라 4개월분의 주거이전비를 보상해야 한다. 다만, 무허가건축물등에 입주한 세입자로서 사업인정고시일등 당시 또는 공익사업을 위한 관계 법령에 따른 고시 등이 있은

당시 그 공익사업지구 안에서 1년 이상 거주한 세입자에 대하여는 본문에 따라 주거이전비를 보상해야 한다.

제64조(공익사업시행지구밖의 영업손실에 대한 보상)

① 공익사업시행지구 밖에서 제45조에 따른 영업손실의 보상대상이 되는 영업을 하고 있는 자가 공익사업의 시행으로 인하여 다음 각 호의 어느 하나에 해당하는 경우에는 그 영업자의 청구에 의하여 당해 영업을 공익사업시행지구에 편입되는 것으로 보아 보상하여야 한다.

1. 배후지의 3분의 2 이상이 상실되어 그 장소에서 영업을 계속할 수 없는 경우
2. 진출입로의 단절, 그 밖의 부득이한 사유로 인하여 일정한 기간 동안 휴업하는 것이 불가피한 경우

② 제1항에 불구하고 사업시행자는 영업자가 보상을 받은 이후에 그 영업장소에서 영업이익을 보상받은 기간 이내에 동일한 영업을 하는 경우에는 실제 휴업기간에 대한 보상금을 제외한 영업손실에 대한 보상금을 환수하여야 한다

〈토지보상법〉

제79조(그 밖의 토지에 관한 비용보상 등)

① 사업시행자는 공익사업의 시행으로 인하여 취득하거나 사용하는 토지(잔여지를 포함한다) 외의 토지에 통로・도랑・담장 등의 신설이나 그 밖의 공사가 필요할 때에는 그 비용의 전부 또는 일부를 보상하여야 한다. 다만, 그 토지에 대한 공사의 비용이 그 토지의 가격보다 큰 경우에는 사업시행자는 그 토지를 매수할 수 있다.

② 공익사업이 시행되는 지역 밖에 있는 토지등이 공익사업의 시행으로 인하여 본래의 기능을 다할 수 없게 되는 경우에는 국토교통부령으로 정하는 바에 따라 그 손실을 보상하여야 한다.

③ 사업시행자는 제2항에 따른 보상이 필요하다고 인정하는 경우에는 제15조에 따라 보상계획을 공고할 때에 보상을 청구할 수 있다는 내용을 포함하여 공고하거나 대통령령으로 정하는 바에 따라 제2항에 따른 보상에 관한 계획을 공고하여야 한다.

④ 제1항부터 제3항까지에서 규정한 사항 외에 공익사업의 시행으로 인하여 발생하는 손실의 보상 등에 대하여는 국토교통부령으로 정하는 기준에 따른다.

⑤ 제1항 본문 및 제2항에 따른 비용 또는 손실의 보상에 관하여는 제73조 제2항을 준용한다.

⑥ 제1항 단서에 따른 토지의 취득에 관하여는 제73조 제3항을 준용한다.

⑦ 제1항 단서에 따라 취득하는 토지에 대한 구체적인 보상액 산정 및 평가 방법 등에 대하여는 제70조, 제75조, 제76조, 제77조, 제78조 제4항, 같은 조 제6항 및 제7항을 준용한다.

설문 1

대판 2011.7.14, 2011두3685[주거이전비등]

최근 '이주단지 입주에 따른 주거이전비 포기각서'를 제출한 후 사업시행자가 제공한 임대아파트에 입주한 다음 별도로 주거이전비를 청구한 사안에서 "도시 및 주거환경정비법에 따라 사업시행자에게서 임시수용시설을 제공받는 세입자가 공익사업을 위한 토지 등의 취득 및 보상에 관한 법률 및 같은 법 시행규칙에서 정한 주거이전비를 별도로 청구할 수 있다"고 판단하였다. 이때 "사업시행자의 세입자에 대한

주거이전비 지급의무를 정하고 있는 공익사업을 위한 토지 등의 취득 및 보상에 관한 법률 시행규칙 제54조 제2항이 강행규정이다"라고 하여, 주거이전비지급의무는 강행규정이라고 판시하였다. 이에 따라 "주택재개발사업 정비구역 안에 있는 주거용 건축물에 거주하던 세입자 갑이 주거이전비를 받을 수 있는 권리를 포기한다는 취지의 주거이전비 포기각서를 제출하고 사업시행자가 제공한 임대아파트에 입주한 다음 별도로 주거이전비를 청구한 사안에서, 위 포기각서의 내용은 강행규정에 반하여 무효"라고 하여 '이주단지 입주에 따른 주거이전비 포기각서'를 제출하였다 하더라도 강행규정인 주거이전비 청구는 유효하다.

대판 2008.5.29, 2007다8129[주거이전비등]

[1] 구 공익사업을 위한 토지 등의 취득 및 보상에 관한 법률(2007.10.17. 법률 제8665호로 개정되기 전의 것) 제2조, 제78조에 의하면, 세입자는 사업시행자가 취득 또는 사용할 토지에 관하여 임대차 등에 의한 권리를 가진 관계인으로서, 같은 법 시행규칙 제54조 제2항 본문에 해당하는 경우에는 주거이전에 필요한 비용을 보상받을 권리가 있다. 그런데 이러한 주거이전비는 당해 공익사업 시행지구 안에 거주하는 세입자들의 조기이주를 장려하여 사업추진을 원활하게 하려는 정책적인 목적과 주거이전으로 인하여 특별한 어려움을 겪게 될 세입자들을 대상으로 하는 사회보장적인 차원에서 지급되는 금원의 성격을 가지므로, 적법하게 시행된 공익사업으로 인하여 이주하게 된 주거용 건축물 세입자의 주거이전비 보상청구권은 공법상의 권리이고, 따라서 그 보상을 둘러싼 쟁송은 민사소송이 아니라 공법상의 법률관계를 대상으로 하는 행정소송에 의하여야 한다.

[2] 구 공익사업을 위한 토지 등의 취득 및 보상에 관한 법률(2007.10.17. 법률 제8665호로 개정되기 전의 것) 제78조 제5항, 제7항, 같은 법 시행규칙 제54조 제2항 본문, 제3항의 각 조문을 종합하여 보면, 세입자의 주거이전비 보상청구권은 그 요건을 충족하는 경우에 당연히 발생하는 것이므로, 주거이전비 보상청구소송은 행정소송법 제3조 제2호에 규정된 당사자소송에 의하여야 한다. 다만, 구 도시 및 주거환경정비법(2007.12.21. 법률 제8785호로 개정되기 전의 것) 제40조 제1항에 의하여 준용되는 구 공익사업을 위한 토지 등의 취득 및 보상에 관한 법률 제2조, 제50조, 제78조, 제85조 등의 각 조문을 종합하여 보면, 세입자의 주거이전비 보상에 관하여 재결이 이루어진 다음 세입자가 보상금의 증감 부분을 다투는 경우에는 같은 법 제85조 제2항에 규정된 행정소송에 따라, 보상금의 증감 이외의 부분을 다투는 경우에는 같은 조 제1항에 규정된 행정소송에 따라 권리구제를 받을 수 있다.

설문 2

대판 2019.11.28, 2018두227[보상금]

【판결요지】

[1] 모든 국민의 재산권은 보장되고, 공공필요에 의한 재산권의 수용 등에 대하여는 정당한 보상을 지급하여야 하는 것이 헌법의 대원칙이고(헌법 제23조), 법률도 그런 취지에서 공익사업의 시행 결과 공익사업의 시행이 공익사업시행지구 밖에 미치는 간접손실 등에 대한 보상의 기준 등에 관하여 상세한 규정을 마련해 두거나 하위법령에 세부사항을 정하도록 위임하고 있다.

이러한 공익사업시행지구 밖의 영업손실은 공익사업의 시행과 동시에 발생하는 경우도 있지만, 공익사업에 따른 공공시설의 설치공사 또는 설치된 공공시설의 가동・운영으로 발생하는 경우도 있어 그 발생원인과 발생시점이 다양하므로, 공익사업시행지구 밖의 영업자가 발생한 영업상 손실의 내용을 구체적으로 특정하여 주장하지 않으면 사업시행자로서는 영업손실보상금 지급의무의 존부와 범위를 구체적으로 알기 어려운 특성이 있다. 공익사업을 위한 토지 등의 취득 및 보상에 관한 법률 제79조 제2항에 따른 손실보상의 기한을 공사완료일부터 1년 이내로 제한하면서도 영업자의 청구에 따라 보상이 이루어지도록 규정한 것[공익사업을 위한 토지 등의 취득 및 보상에 관한 법률 시행규칙(이하 '시행규칙'이라 한다) 제64조 제1항]이나 손실보상의 요건으로서 공익사업시행지구 밖에서 발생하는 영업손실의 발생원인에 관하여 별다른 제한 없이 '그 밖의 부득이한 사유'라는 추상적인 일반조항을 규정한 것(시행규칙 제64조 제1항 제2호)은 간접손실로서 영업손실의 이러한 특성을 고려한 결과이다.

위와 같은 공익사업시행지구 밖 영업손실보상의 특성과 헌법이 정한 '정당한 보상의 원칙'에 비추어 보면, 공익사업시행지구 밖 영업손실보상의 요건인 '공익사업의 시행으로 인한 그 밖의 부득이한 사유로 일정 기간 동안 휴업이 불가피한 경우'란 공익사업의 시행 또는 시행 당시 발생한 사유로 휴업이 불가피한 경우만을 의미하는 것이 아니라 공익사업의 시행 결과, 즉 그 공익사업의 시행으로 설치되는 시설의 형태・구조・사용 등에 기인하여 휴업이 불가피한 경우도 포함된다고 해석함이 타당하다.

[2] 공익사업을 위한 토지 등의 취득 및 보상에 관한 법률(이하 '토지보상법'이라 한다) 제79조 제2항(그 밖의 토지에 관한 비용보상 등)에 따른 손실보상과 환경정책기본법 제44조 제1항(환경오염의 피해에 대한 무과실책임)에 따른 손해배상은 근거 규정과 요건・효과를 달리하는 것으로서, 각 요건이 충족되면 성립하는 별개의 청구권이다. 다만 손실보상청구권에는 이미 '손해 전보'라는 요소가 포함되어 있어 실질적으로 같은 내용의 손해에 관하여 양자의 청구권을 동시에 행사할 수 있다고 본다면 이중배상의 문제가 발생하므로, 실질적으로 같은 내용의 손해에 관하여 양자의 청구권이 동시에 성립하더라도 영업자는 어느 하나만을 선택적으로 행사할 수 있을 뿐이고, 양자의 청구권을 동시에 행사할 수는 없다. 또한 '해당 사업의 공사완료일로부터 1년'이라는 손실보상 청구기간(토지보상법 제79조 제5항, 제73조 제2항)이 도과하여 손실보상청구권을 더 이상 행사할 수 없는 경우에도 손해배상의 요건이 충족되는 이상 여전히 손해배상청구는 가능하다.

[3] 공익사업을 위한 토지 등의 취득 및 보상에 관한 법률(이하 '토지보상법'이라 한다) 제26조, 제28조, 제30조, 제34조, 제50조, 제61조, 제79조, 제80조, 제83조 내지 제85조의 규정 내용과 입법 취지 등을 종합하면, 공익사업으로 인하여 공익사업시행지구 밖에서 영업을 휴업하는 자가 사업시행자로부터 공익사업을 위한 토지 등의 취득 및 보상에 관한 법률 시행규칙 제47조 제1항에 따라 영업손실에 대한 보상을 받기 위해서는, 토지보상법 제34조, 제50조 등에 규정된 재결절차를 거친 다음 그 재결에 대하여 불복이 있는 때에 비로소 토지보상법 제83조 내지 제85조에 따라 권리구제를 받을 수 있을 뿐이다. 이러한 재결절차를 거치지 않은 채 곧바로 사업시행자를 상대로 손실보상을 청구하는 것은 허용되지 않는다.

[4] 어떤 보상항목이 공익사업을 위한 토지 등의 취득 및 보상에 관한 법령상 손실보상대상에 해당함에도 관할 토지수용위원회가 사실을 오인하거나 법리를 오해함으로써 손실보상대상에 해당하지 않는다고 잘못된 내용의 재결을 한 경우에는, 피보상자는 관할 토지수용위원회를 상대로 그 재결에 대한 취소소송을 제기할 것이 아니라, 사업시행자를 상대로 공익사업을 위한 토지 등의 취득 및 보상에 관한 법률 제85조 제2항에 따른 보상금증감소송을 제기하여야 한다.

[물음 1]

Ⅰ 논점의 정리

Ⅱ 주거이전비의 의의

Ⅲ 주거이전비의 요건

1. 소유자에 대한 보상 요건(칙 제54조 제1항)
2. 세입자에 대한 보상 요건(칙 제54조 제2항)

Ⅳ 주거이전비의 법적 성질

1. 공법상 권리
2. 강행규정

Ⅴ 불복 시 구제수단

Ⅵ 을의 포기각서의 효과

Ⅶ 을의 주거이전비 청구의 인용 여부(사안의 해결)

1. 주거이전비 요건을 충족하는지 여부
2. 강행규정 위반 여부
3. 을의 주거이전비 청구의 인용 여부
4. 사업시행자가 거부 시 구제수단

[물음 2]

Ⅰ 논점의 정리

Ⅱ 간접손실보상 대상 여부

1. 간접손실의 의의 및 종류
2. 간접손실이 손실보상 대상인지 여부
3. 간접손실보상의 법적 성질
4. 병의 간접손실보상 대상 여부

Ⅲ 간접손실보상 요건충족 여부

1. 공익사업지구 밖의 손실로 예견, 특정 가능할 것
2. 특별한 희생일 것
3. 보상규정의 존재 여부

Ⅳ 사안의 해결

예시답안

[물음 1]에 대하여

Ⅰ 논점의 정리

본 사안은 공익사업을 위한 토지 등의 취득 및 보상에 관한 법률(이하 '토지보상법') 시행규칙 제54조에 규정된 주거이전비 청구의 인용여부에 관한 논의이다. 사안의 을은 주거이전비 포기각서를 제출하였음에도 불구하고 이를 무시하고 주거이전비를 청구하였다. 이하에서는 먼저 주거이전비의 의의, 요건 및 법적 성질 등을 검토하고 시행규칙 제54조가 강행규정인지 여부를 관련 판례와 함께 판단하여 그 인용가능성을 논하도록 한다.

Ⅱ 주거이전비의 의의(토지보상법 시행규칙 제54조)

주거이전비란 해당 공익사업 시행지구 안에 거주하는 세입자들의 조기이주를 장려하여 사업추진을 원활하게 하려는 정책적인 목적과 주거이전으로 인하여 특별한 어려움을 겪게 될 세입자들을 대상으로 하는 사회보장적인 차원에서 지급되는 금원의 성격을 가진 생활보상의 일환이다. 이는 공익사업의 시행으로 인해 주거용 건축물을 제공한 소유자 및 세입자에게 지급하는 주거이전에 필요한 비용을 의미한다.

Ⅲ 주거이전비의 요건

1. 소유자에 대한 보상 요건(시행규칙 제54조 제1항)

공익사업시행지구에 편입되는 주거용 건축물의 소유자에 대하여는 해당 건축물에 대한 보상을 하는 때에 가구원수에 따라 2개월분의 주거이전비를 보상하여야 한다. 다만, 건축물의 소유자가 해당 건축물 또는 공익사업시행지구 내 타인의 건축물에 실제 거주하고 있지 아니하거나 해당 건축물이 무허가건축물인 경우에는 그러하지 아니하다.

2. 세입자에 대한 보상 요건(시행규칙 제54조 제2항)

공익사업의 시행으로 인하여 이주하게 되는 주거용 건축물의 세입자로서 사업인정고시일등 당시 또는 공익사업을 위한 관계 법령에 따른 고시 등이 있은 당시 해당 공익사업시행지구 안에서 3개월 이상 거주한 자에 대해서는 가구원수에 따라 4개월분의 주거이전비를 보상해야 한다. 다만, 무허가건축물등에 입주한 세입자로서 사업인정고시일등 당시 또는 공익사업을 위한 관계 법령에 따른 고시 등이 있은 당시 그 공익사업지구 안에서 1년 이상 거주한 세입자에 대해서는 주거이전비를 보상한다.

Ⅳ 주거이전비의 법적 성질

1. 공법상 권리

(1) 판례

판례는 '주거이전비는 해당 공익사업시행지구 안에 거주하는 세입자들의 조기이주를 장려하여 사업추진을 원활하게 하려는 정책적인 목적과 주거이전으로 인하여 특별한 어려움을 겪게 될 세입자들을 대상으로 하는 사회보장적인 차원에서 지급되는 금원의 성격으로 공법상 권리이다'라고 판시한 바 있다.

(1) 검토

생각건대, 주거이전비는 공익사업시행이라는 공법상 원인에 기인하여 발생한 권리이며, 이를 보장하기 위하여 토지보상법상 명문 규정을 두고 있다. 즉, 공법상의 원인행위로 인한 공법상 권리로 보는 것이 타당하다.

2. 강행규정

판례는 세입자에 대한 주거이전비는 사회보장적 차원에서 지급하는 금원으로 보아야 하므로, 사업시행자의 세입자에 대한 주거이전비 지급의무를 정하고 있는 토지보상법 시행규칙 제54조 제2항은 당사자 합의 또는 사업시행자 재량에 의하여 적용을 배제할 수 없는 강행규정이라고 보아야 한다고 판시한 바 있다.

Ⅴ 불복 시 구제수단(판례)

적법하게 시행된 공익사업으로 인하여 이주하게 된 주거용 건축물 세입자의 주거이전비 보상청구권은 공법상 권리이고, 따라서 그 보상을 둘러싼 쟁송은 민사소송이 아니라 공법상의 법률관계를 대상으로 하는 행정소송에 의하여야 한다. 이외에도 주거이전비 보상청구권은 그 요건을 충족하는 경우 당연히 발생하는 것으로, 주거이전비 보상청구소송은 행정소송법 제3조 제2호에 규정된 당사자소송에 의하여야 한다. 다만, 재결을 거친 경우 토지보상법 제85조의 행정소송에 따라 권리구제를 받을 수 있다(판례).

Ⅵ 을의 포기각서의 효과(강행규정관련 판례)

판례는 시행규칙 제54조 주거이전비청구권은 경우 그 법적 요건을 충족하는 때에 당연히 발생하는 형성권으로 보며, 이는 당사자의 합의 또는 재량에 의하여 배제할 수 없는 강행규정으로 보고 있다. 따라서 시행규칙 제54조 제2항에 규정된 주거이전비 지급요건에 해당하는 세입자인 경우, 임시수용시설인 임대아파트에 거주하게 하는 것과 별도로 주거이전비를 지급할 의무가 있고 갑이 임대아파트에 입주하면서 주거이전비를 포기하는 취지의 포기각서를 제출했다 하더라도, 포기각서 내용은 강행규정에 반하여 무효가 된다.

Ⅶ 을의 주거이전비 청구의 인용 여부(사안의 해결)

1. 주거이전비 요건을 충족하는지 여부

을은 공영주차장사업에 관한 A도 B시 일대 공익사업지구 내 세입자이다. 사안에는 명확한 판단이 불분명하다는 한계가 있으나, 을이 거주하는 건물이 적법한 건물일 경우 사업인정고시일 등 당시 사업지구 내에 3개월 이상 거주, 무허가건축물일 경우 1년 이상 거주한 때에 시행규칙 제54조 제2항의 주거이전비 요건에 충족한다.

2. 강행규정 위반 여부

을이 공익사업이 시행되는 동안 임시로 거주하기 위한 목적으로 B시 임대아파트에 입주함과 동시에 주거이전비를 받을 수 있는 권리를 포기한다는 취지의 '임대아파트 입주에 따른 주거이전비 포기각서'를 제출했다 하더라도, 주거이전비 포기각서는 시행규칙 제54조 강행규정을 위반한 것으로서 무효에 해당한다.

3. 을의 주거이전비 청구의 인용 여부

을은 시행규칙 제54조 제2항의 세입자로서 주거이전비 요건을 충족하며, 주거이전비 포기각서는 강행규정의 위반으로 무효에 해당한다. 따라서 을은 주거이전비 청구가 가능할 것이며, 을이 사업시행자 갑에게 청구한 주거이전비는 인용받을 수 있을 것이다.

4. 사업시행자가 거부 시 구제수단

① 재결 이전 을이 주거이전비 요건에 충족함에도 불구하고 사업시행자 갑이 이를 거부할 때에는 행정소송법 제3조 제2호의 '당사자소송'이 타당하다. ② 그러나 재결이 이루어진 다음에 보상금증감에 대해 다투는 경우 토지보상법 제85조 제2항의 '보상금증감청구소송', 그 외의 경우 동조 제1항의 '행정소송'에 따라 권리구제를 받을 수 있을 것이다.

[물음 2]에 대하여

Ⅰ 논점의 정리

토지보상법 제79조 및 시행규칙에서는 공익사업시행지구 밖의 토지 등의 보상에 관해 규정하고 있다. 사안의 병은 공익사업구역 밖에서 주출입로 단절로 인해 음식점 경영에 대한 침해를 받은바, 이하 간접손실보상 대상 여부, 토지보상법 제79조 및 시행규칙 제64조 충족 여부를 검토하여 사안을 해결하도록 한다.

Ⅱ 간접손실보상 대상 여부

1. 간접손실의 의의 및 종류(토지보상법 제79조)

간접손실이란 공익사업으로 인하여 사업시행지 밖의 재산권자에게 가해지는 손실 중 공익사업으로 인하여 필연적으로 발생하는 사회적・경제적(어업, 영업, 농업) 손실을 간접손실이라고 하며, 물리적・기술적(소음, 진동 등) 손실을 간접침해보상을 포함하는 개념이다. 사안의 경우 경제적 손실인 간접손실보상을 중심으로 논의하도록 한다.

2. 간접손실이 손실보상 대상인지 여부

판례는 간접적인 영업손실이라고 하더라도 특별한 희생에 해당하고, 사업시행자는 영업손실이 발생한다는 것을 상당히 확실하게 예측할 수 있었고 그 손실의 범위도 구체적으로 확정할 수 있으므로, 헌법 제23조 제3항에 규정한 손실보상의 대상이 된다고 판시한 바 있다. 생각건대, 간접손실은 공용침해로 인한 필연적 손실이며, 헌법 제23조 제3항을 손실보상에 관한 일반규정으로 보는 것이 타당한바 판례의 태도와 같이 손실보상에 포함시키는 것이 타당하다고 판단된다.

3. 간접손실보상의 법적 성질

간접손실보상은 공익사업으로 인하여 간접적으로 발생한 '특별한 희생'에 대한 손해전보로, 손실이 발생한 이후에 판단 · 지급하는 '사후적 보상'의 성격을 지닌다. 판례는 공익사업으로 인한 손실보상청구권은 공공필요에 의한 재산권의 적법한 침해에 대해 공평부담 견지에서 공적 주체가 손해를 전보해주는 '공법상의 권리'로 보고 있다.

4. 병의 간접손실보상 대상 여부

병은 공익사업지구 밖의 재산권에 대한 필연적 침해로서 영업상 손실을 입은바, 간접손실보상 대상에 해당한다.

Ⅲ 간접손실보상 요건충족 여부

1. 공익사업지구 밖의 손실로 예견, 특정 가능할 것

간접손실이 되기 위하여는 ① 공공사업의 시행으로 공익사업 시행지 밖의 토지소유자 등이 입은 손실이어야 하고 ② 병의 손실이 공공사업의 시행으로 인하여 발생할 것이 예견되어야 하며 ③ 손실의 범위가 구체적으로 특정될 수 있어야 한다. 사안의 병의 손실은 공익사업지구 밖의 영업지에서 발생한 손실로서, 음식점의 주출입로가 단절되어 그 범위가 예견되고, 일정기간 휴업에 따른 매출액 손실 등 구체적 손실이 특정 가능하다고 판단되므로 동 요건을 충족한다.

2. 특별한 희생일 것

특별한 희생이란 사회적 제약을 넘어선 과도한 권익 침해를 의미한다. 특별한 희생의 판단기준에는 인적 범위 특정 가능성을 기준으로 하는 '형식설', 침해의 성질 · 강도에 따라 판단하는 '실질설'이 있다. 생각건대, '헌재 1998.12.24, 89헌마214'를 고려하는 경우 두 학설 모두 특별한 희생의 판단에 있어 일면 타당한바 종합적으로 고려하는 것이 타당할 것이다.

사안의 병은 사업지구 밖 주출입로에서 음식점을 운영하는 바 '인적 범위 특정'이 가능하며, 주출입로 단절로서 휴업이 불가피하여 수인한도를 넘는 침해가 발생했으므로 '침해의 강도'가 수인한도를 넘어선다. 따라서 형식설과 실질설 모두를 충족하는 바 '특별한 희생'에 해당한다고 판단된다.

3. 보상규정의 존재 여부

(1) 관련 규정

토지보상법 제79조 제2항에서는 사업지구 밖에 있는 토지 등이 공익사업의 시행으로 인하여 본래의 기능을 다할 수 없게 되는 경우 보상을 규정한다. 이에 따라 시행규칙 제59조~제65조에서는 구체적인 보상규정을 둔다. 사안의 경우 공익사업으로 인해 음식점을 휴업하게 된 바 시행규칙 제64조의 영업손실이 문제된다.

(2) **시행규칙 제64조 충족 여부**

동 규정에서는 공익사업시행지구 밖에서 제45조에 따른 영업손실의 보상대상이 되는 영업을 하고 있는 자가 ① 배후지의 3분의 2 이상 상실되어 영업을 계속할 수 없는 경우, ② 진출입로의 단절 등을 요건으로 규정하고 있다. 사안의 병은 공익사업으로 인하여 자신의 주출입로가 단절되어 영업손실을 입은바, 동 요건이 충족된다.

Ⅳ 사안의 해결

병은 토지보상법 제79조 제2항 및 시행규칙 제64조의 요건에 해당하여 보상 근거가 존재하여 간접손실보상의 요건에 충족되는바, 병이 동법 시행규칙 제45조에 정한 요건에 따라 적법한 건축물에서 허가를 받고 인적·물적시설을 갖춘 영업을 하고 있는 경우에 해당한다면 동 규정을 근거로 손실보상을 받을 수 있을 것으로 판단된다.

〈출제위원 채점평〉

[문제 1]

물음 1)은 토지보상법 시행규칙 상의 주거이전비에 관한 규정을 무시한 주거이전비 포기각서의 효력에 관한 문제입니다. 질문의 취지를 정확히 파악하고 서술한 양호한 답안도 있었으나, 많은 수험생들이 판례를 정확히 언급하고, 토지보상법 시행규칙의 법규성에 관한 기본적 전제를 논한 다음, 문제에 대한 답을 체계적으로 서술하지 못했습니다.

물음 2)는 손실보상에 관한 기본적인 문제입니다. 관련 토지보상법 시행규칙을 정확히 인용하고, 서술할 것을 요구하였으나, 관련 법조문을 정확히 인용한 경우는 적었습니다.

문제 02

甲은 2014.3.경 감정평가사 자격을 취득한 후, 2015.9.2.부터 2017.8.3.까지 '乙 감정평가법인'의 소속 감정평가사였다. 또한 甲은 2015.7.7.부터 2017.4.30.까지 '수산업협동조합 중앙회(이하 '수협'이라 함)'에서 상근계약직으로 근무하였다. 관할 행정청인 국토교통부장관 A는 甲이 위와 같이 수협에 근무하면서 일정기간 동안 동시에 乙 감정평가법인에 등록하여 소속을 유지하는 방법으로 감정평가사 자격증을 대여하거나 부당하게 행사했다고 봄이 상당하여, 「감정평가 및 감정평가사에 관한 법률」(이하 '감정평가법'이라 함) 제27조가 규정하는 명의대여 등의 금지 또는 자격증 부당행사 금지에 위반하였다는 것을 이유로 징계처분을 내리고자 한다. 다음 물음에 답하시오. 30점

(1) 국토교통부장관 A가 甲에 대하여 위와 같은 사유로 감정평가법령상의 징계를 하고자 하는 경우, 징계절차에 관하여 설명하시오. 20점

(2) 위 징계절차를 거쳐 국토교통부장관 A는 甲에 대하여 3개월간의 업무정지 징계처분을 하였고, 甲은 해당 처분이 위법하다고 보고 관할법원에 취소소송을 제기하였다. 이 취소소송의 계속 중 국토교통부장관 A는 해당 징계처분의 사유로 감정평가법 제27조의 위반사유 이외에, 징계처분 당시 甲이 국토교통부장관에게 등록을 하지 아니하고 감정평가업무를 수행하였다는 동법 제17조의 위반사유를 추가하는 것이 허용되는가? 10점

참조 조문

〈감정평가 및 감정평가사에 관한 법률〉

제17조(등록 및 갱신등록)

① 제11조에 따른 감정평가사 자격이 있는 사람이 제10조에 따른 업무를 하려는 경우에는 대통령령으로 정하는 바에 따라 실무수습 또는 교육연수를 마치고 국토교통부장관에게 등록하여야 한다.

②~④ 생략

제27조(명의대여 등의 금지)

① 감정평가사 또는 감정평가법인등은 다른 사람에게 자기의 성명 또는 상호를 사용하여 제10조에 따른 업무를 수행하게 하거나 자격증·등록증 또는 인가증을 양도·대여하거나 이를 부당하게 행사하여서는 아니 된다.

② 누구든지 제1항의 행위를 알선해서는 아니 된다.

대판 2013.10.31, 2013두11727[징계(업무정지)처분취소]

【판시사항】

감정평가사가 자신의 감정평가경력을 부당하게 인정받는 한편, 소속 법인으로 하여금 설립과 존속에 필요한 감정평가사의 인원수만 형식적으로 갖추게 하거나 법원으로부터 감정평가 물량을 추가로 배정받을 수 있는 자격을 얻게 할 목적으로 자신의 등록증을 사용한 경우, 부동산 가격공시 및 감정평가에 관한 법률 제37조 제2항이 금지하는 자격증 등의 부당행사에 해당하는지 여부(적극)

【판결요지】

부동산 가격공시 및 감정평가에 관한 법률(이하 '법'이라 한다) 제37조 제2항에 의하면, 감정평가업자(감정평가법인 소속 감정평가사를 포함한다)는 다른 사람에게 자격증·등록증 또는 인가증(이하 '자격증 등'이라 한다)을 양도 또는 대여하거나 이를 부당하게 행사해서는 안 된다. 여기에서 '자격증 등을 부당하게 행사'한다는 것은 감정평가사 자격증 등을 본래의 용도가 아닌 다른 용도로 행사하거나, 본래의 행사목적을 벗어나 감정평가업자의 자격이나 업무범위에 관한 법의 규율을 피할 목적으로 이를 행사하는 경우도 포함한다. 따라서 감정평가사가 감정평가법인에 가입한다는 명목으로 자신의 감정평가사 등록증 사본을 가입신고서와 함께 한국감정평가협회에 제출하였으나, 실제로는 자신의 감정평가경력을 부당하게 인정받는 한편, 소속 감정평가법인으로 하여금 설립과 존속에 필요한 감정평가사의 인원수만 형식적으로 갖추게 하거나 법원으로부터 감정평가 물량을 추가로 배정받을 수 있는 자격을 얻게 할 목적으로 감정평가법인에 소속된 외관만을 작출하였을 뿐 해당 감정평가법인 소속 감정평가사로서의 감정평가업무나 이와 밀접한 관련이 있는 업무를 수행할 의사가 없었다면, 이는 감정평가사 등록증을 그 본래의 행사목적을 벗어나 감정평가업자의 자격이나 업무범위에 관한 법의 규율을 피할 목적으로 행사함으로써 자격증 등을 부당하게 행사한 것이라고 볼 수 있다.

[물음 1]

Ⅰ 논점의 정리

Ⅱ 징계의 의의 및 취지, 종류(감정평가법 제39조)

Ⅲ 감정평가 징계위원회의 법적 지위

1. 의의 및 취지
2. 징계위원회의 법적 지위
3. 징계위원회 의결의 효과

Ⅳ 징계의 절차

1. 징계의결의 요구(시행령 제34조 제1항)
2. 징계당사자에게 통보(시행령 제34조 2항)
3. 의견진술(시행령 제41조)
4. 징계의결(시행령 제35조)
5. 징계 사실의 서면 통지 및 징계의 공고(영 제36조)

Ⅴ 행정절차법에 따른 절차

Ⅵ 사안의 해결

1. 자격증 부당행사 판례 검토
2. 감정평가법 제27조 위반 여부
3. 구체적 징계처분

[물음 2]

Ⅰ 논점의 정리

Ⅱ 처분사유의 추가·변경

1. 의의 및 구별 여부
2. 인정 여부
3. 판단기준
4. 재량행위와 처분사유 추가·변경

Ⅲ 국토교통부장관 A의 처분사유 추가·변경 가능성 (사안의 해결)

예시답안

[물음 1]에 대하여

I 논점의 정리

감정평가 및 감정평가사에 관한 법률(이하 '감정평가법')에서는 감정평가의 공정성과 신뢰성 향상을 위해 징계 등 다양한 규정을 두고 있다. 사안의 국토교통부장관 A는 감정평가법 제27조의 자격증 대여 및 부당행사금지 규정 위반을 사유로 감정평가사 甲에 대해 징계를 하고자 한다. 이하에서는 A가 감정평가법령상의 징계를 하는 경우, 징계절차에 대해 설명하도록 한다.

II 징계의 의의 및 취지, 종류(감정평가법 제39조)

감정평가사 징계란 감정평가사가 감정평가법상의 의무를 위반하는 경우, 국토교통부장관이 감정평가관리・징계위원회의 의결에 따라 행정적 책임을 가하는 것을 말하며, 감정평가 업무에 대한 신뢰성 제고에 취지가 있다. 그 종류로는 ① 자격의 취소, ② 등록의 취소, ③ 2년 이하의 업무정지, ④ 견책이 있다.

III 감정평가 징계위원회의 법적 지위

1. 의의 및 취지

감정평가 징계위원회란 감정평가 관계 법령의 제정, 개정에 관한 사항, 징계에 관한 사항, 감정평가시험에 관한 사항 및 징계에 관한 사항 등을 심의・의결하기 위한 기관을 의미한다. 이는 감정평가법 제40조에 근거하며, 감정평가의 공정성 확보, 자격기준 강화로 엄격한 절차에 따라 징계처분을 하기 위한 취지가 있다.

2. 징계위원회의 법적 지위

감정평가관리・징계위원회는 다수의 위원으로 구성되어서 감정평가사의 징계에 관해 의결하는 '합의제 행정기관'이다. 또한 감정평가법 제39조 제1항 및 동조 제6항에서 징계위원회의 의결과 의결요구를 규정하는바 감정평가사를 징계하도록 하기 위해 반드시 설치하여야 하는 '필수기관'에 해당한다. 징계권자는 국토교통부장관이지만 징계내용에 관한 의결은 감정평가관리・징계위원회에 맡겨져 있으므로 의결권을 갖는 '의결기관'에 해당한다.

3. 징계위원회 의결의 효과

징계위원회는 의결기관으로 징계처분 시 의결을 거치지 않을 경우 주체의 하자로서 무효가 되며, 국토교통부장관이 감정평가관리・징계위원회의 의결에 반하여 징계처분한 경우도 구속력에 의해 위법한 처분이 된다.

Ⅳ 징계의 절차

1. 징계의결의 요구(시행령 제34조 제1항)

국토교통부장관은 감정평가사에게 법 제39조 각 호의 어느 하나에 따른 징계사유가 있다고 인정하는 경우에는 증명서류를 갖추어 감정평가관리・징계위원회에 징계의결을 요구해야 한다.

2. 징계당사자에게 통보(시행령 제34조 제2항)

감정평가관리・징계위원회는 제1항에 따른 징계의결의 요구를 받으면 지체 없이 징계요구 내용과 징계심의기일을 해당 감정평가사에게 통지하여야 한다.

3. 의견진술(시행령 제41조)

당사자는 감정평가관리・징계위원회에 출석하여 구술 또는 서면으로 자기에게 유리한 사실을 진술하거나 필요한 증거를 제출할 수 있다.

4. 징계의결(시행령 제35조)

징계위원회는 징계의결의 요구를 받은 날부터 60일 이내에 징계에 관한 의결을 하여야 한다. 다만, 부득이한 사유가 있는 때에는 징계위원회의 의결로 30일에 한하여 그 기간을 연장할 수 있다.

5. 징계 사실의 서면 통지 및 징계의 공고(영 제36조)

① 국토교통부장관은 감정평가법 제39조의2 제1항에 따라 구체적인 징계사유를 알리는 경우에는 징계의 종류와 사유를 명확히 기재하여 서면으로 알려야 한다.

② 국토교통부장관은 법 제39조의2 제1항에 따라 같은 항에 따른 징계사유 통보일부터 14일 이내에 징계의 종류 등을 관보에 공고해야 한다.

Ⅴ 행정절차법에 따른 절차

행정절차법은 상위법상 지위로 공행정작용에서 일반적 절차에 대해 규정하고 있다. 따라서 감정평가사 징계의 경우에도 국토교통부장관의 처분에 해당하므로 행정절차법에 따라 제21조 사전통지, 제22조 의견청취, 제23조 처분의 이유제시의 절차를 거쳐야 한다. 판례 및 다수설은 절차적 하자의 경우에도 독자적 위법사유로 인정한다.

Ⅵ 사안의 해결

1. 자격증 부당행사 판례 검토

판례는 법인에 적을 두었으나 법인운영에 관여 의사가 없고 실질적인 업무수행 없이 경력을 부당하게 인정받는 한편, 설립・존속에 관한 인원수만을 형식적으로 갖추거나 감정평가 업무 물량을 추가적으로 배정받을 목적으로 자격증을 행사한 경우 자격증 부당행사에 해당한다고 판시하였다.

2. 감정평가법 제27조 위반 여부

갑은 감정평가사 자격취득 후 수협에 상근계약직으로 겸직하여 일정기간 소속을 유지하였다. 이는 자격증을 타인에게 명의 대여한 사실은 없으나, 수협이나 감정평가법인의 업무에 실질적인 관여나 수행이 없었다는 점이 인정되는 바 자격증의 부당행사에 해당할 수 있다.

3. 구체적 징계처분

감정평가법 제27조 위반의 경우, 동법 제39조에서 자격취소를 할 수 있는 제한된 사유에 해당한다. 이외에도 등록취소, 업무정지, 견책의 징계도 가능할 것이다. 따라서 장관은 동법 제39조 제2항의 모든 징계처분을 징계위원회의 의결을 거쳐 할 수 있을 것이다.

✔ [물음 2]에 대하여

Ⅰ 논점의 정리

국토교통부장관 A는 갑에 대하여 3개월의 업무정지 징계처분을 하였고, 갑은 처분이 위법하다며 취소소송을 제기하였다. A는 당초 처분사유인 감정평가법 제27조 위반사유 외에 동법 제17조의 위반사유를 처분의 사유로 추가한바, 처분사유의 추가·변경 가능성이 문제된다.

Ⅱ 처분사유의 추가·변경

1. 의의 및 구별 여부

처분사유의 추가·변경이란 처분 당시 존재하였으나 처분 시에는 사유로 제시되지 않았던 근거를 사후에 새로이 제출하여 처분의 심리에 고려하는 것을 말한다. 이는 처분 당시 존재사유에 관한 것으로 형식적, 행정절차적 문제의 하자치유와 구별된다.

2. 인정 여부

처분사유의 추가·변경의 인정 여부에 관해서는 ① 일회적 분쟁해결, 소송경제 측면에서 긍정하는 견해, ② 상대방의 방어권보장, 실질적 법치주의 측면에서 부정하는 견해, ③ 원칙적으로는 부정하되, 기본적 사실관계의 동일성이 인정되는 범위 내 제한적으로 긍정하는 절충설이 대립한다. 판례는 소송의 원고의 방어권을 보장하는 범위 내에서 기본적 사실관계의 동일성이 인정되는 경우 제한적으로 긍정하자는 절충설의 입장이며, 행정경제적 해결이라는 취지에서 판례의 태도는 타당하다.

3. 판단기준

판례는 기본적 사실관계의 동일성을 기준으로 판단한다. 이때 기본적 사실관계의 동일성이란 법률적 판단 이전 구체적 사실에 착안하여, 기초인 사회적 사실관계가 기본적인 점에서 동일한지 여부를 말한다. 구체적 판단은 시간적, 장소적 근접성, 행위의 태양, 결과 등 제반사정을 종합적으로 고려해야 한다. 처분청이 근거법령만을 추가하거나 사유를 구체적으로 표시한 것처럼 내용이 공통되거나 취지가 유사한 경우에만 기본적 사실관계의 동일성을 인정하고 있다.

> 기본적 사실관계의 동일성 유무는 처분사유를 법률적으로 평가하기 이전의 구체적 사실에 착안하여 그 기초인 사회적 사실관계가 기본적인 점에서 동일한지 여부에 따라 결정되므로, 추가 또는 변경된 사유가 처분 당시에 이미 존재하고 있었다거나 당사자가 그 사실을 알고 있었다고 하여 당초의 처분사유와 동일성이 있다고 할 수 없다(대판 2018.11.15, 2015두37389).

4. 재량행위와 처분사유 추가·변경

재량행위의 경우 처분사유 추가·변경을 부정하는 견해가 있으나, 처분의 동일성을 전제로 하므로 긍정하는 견해가 타당하다.

Ⅲ 국토교통부장관 A의 처분사유 추가·변경 가능성(사안의 해결)

국토교통부장관은 당초 자격증의 부당행사 위반 사유(제27조) 외에 등록(제17조)을 하지 않았다는 사유를 추가하려 한다. 새로운 사유는 감정평가사 등록에 관한 사유로 감정평가 자격증 부당행사와 장소, 시기적 불일치는 물론, 행위의 태양과 결과 측면에서 동일성이 인정되지 않는다. 따라서 기본적 사실관계의 동일성이 인정되지 않으며, 판례의 입장에 따라 국토교통부장관 A의 처분사유 추가·변경은 허용되지 않을 것이다.

〈출제위원 채점평〉

[문제 2]

물음 1)은 징계권자가 국토교통부장관이고 징계발의는 국토교통부장관의 직권으로 또는 협회의 요청에 의하여 하고, 감정평가관리·징계위원회의 의결에 따라 국토교통부장관이 징계를 하는 절차입니다. 그러나 의외로 감정평가관리·징계위원회의 심의·의결의 성격에만 중점을 두고 전반적인 절차를 도외시하거나, 불이익처분에 대한 행정절차에만 집중한 답안도 많았습니다.

물음 2)는 처분사유의 추가·변경에 관한 문제로서 최근 여러 시험에서 가장 많은 출제빈도를 나타내는 문제였습니다. 인정을 할 것인가에 관한 학설, 인정한다면 어떤 요건하에 인정될 수 있을 것인가를 설명하고 문제의 사안이 그 요건을 충족하는지를 설명하는 것이 핵심사항입니다.

문제

03

서울의 A구청장은 이 사건 B토지의 비교표준지로 A구의 C토지(2017.1.1. 기준 공시지가는 1㎡당 810만원임)를 선정하고 이 사건 B토지와 비교표준지 C의 토지가격비준표상 토지특성을 조사한 결과 총 가격배율이 1.00으로 조사됨에 따라 이 사건 각 토지의 가격을 1㎡당 810만원으로 산정하였다. 감정평가사 D는 A구청장으로부터 이와 같이 산정된 가격의 검증을 의뢰받고 이 사건 각 토지가 비교표준지와 비교하여 환경조건, 획지조건 및 기타조건에서 열세에 있어 비교표준지의 공시지가를 약 83.9%의 비율로 감액한 1㎡당 680만원을 개별공시지가로 정함이 적정하다는 검증의견을 제시하였다. A구청장은 이 검증의견을 받아들여 2017.5.30.에 이 사건 각 토지의 개별공시지가를 1㎡당 680만원으로 결정 · 공시하였다.

B토지 소유자는 1㎡당 680만원으로 결정 · 공시된 B토지의 개별공시지가에 대하여 1㎡당 810만원으로 증액되어야 한다는 취지로 이의신청을 제기하였다. B토지 소유자의 이의신청에 따라 A구청장은 감정평가사 E에게 이 사건 토지의 가격에 대한 검증을 의뢰하였다. 검증을 담당한 감정평가사 E는 토지특성 적용 및 비교표준지 선정에는 오류가 없으나 인근 지가와의 균형을 고려하여 개별공시지가를 1㎡당 700만원으로 증액함이 상당하다는 의견을 제시하였다(이 사건 토지가 비교표준지와 비교하여 환경조건 및 획지조건에서 열세에 있다고 보아 비교표준지의 공시지가에 대하여 약 86.5%의 비율로 감액).

이에 A구청장은 A구 부동산가격공시위원회의 심의를 거쳐 이 검증의견을 받아들여 B토지에 대하여 1㎡당 700만원으로 개별공시지가결정을 하였다. 이에 대하여 B토지 소유자는 토지가격비준표와 달리 결정된 개별공시지가결정은 위법하다고 주장한다. 이 주장은 타당한가? 20점

참조 조문

〈부동산 가격공시에 관한 법률〉

제10조(개별공시지가의 결정 · 공시 등)

① 시장 · 군수 또는 구청장은 국세 · 지방세 등 각종 세금의 부과, 그 밖의 다른 법령에서 정하는 목적을 위한 지가산정에 사용되도록 하기 위하여 제25조에 따른 시 · 군 · 구 부동산가격공시위원회의 심의를 거쳐 매년 공시지가의 공시기준일 현재 관할 구역 안의 개별토지의 단위면적당 가격(이하 "개별공시지가"라 한다)을 결정 · 공시하고, 이를 관계 행정기관 등에 제공하여야 한다.

②~③ 생략

④ 시장 · 군수 또는 구청장이 개별공시지가를 결정 · 공시하는 경우에는 해당 토지와 유사한 이용가치를 지닌다고 인정되는 하나 또는 둘 이상의 표준지의 공시지가를 기준으로 토지가격비준표를 사용하여 지가를 산정하되, 해당 토지의 가격과 표준지공시지가가 균형을 유지하도록 하여야 한다.

⑤ 〈이하 생략〉

〈부동산 가격공시에 관한 법률 시행령〉

제18조(개별공시지가의 검증)

① 생략

② 법 제10조 제5항 본문에 따라 검증을 의뢰받은 감정평가법인등은 다음 각 호의 사항을 검토・확인하고 의견을 제시해야 한다.

1. 비교표준지 선정의 적정성에 관한 사항
2. 개별토지가격 산정의 적정성에 관한 사항
3. 산정한 개별토지가격과 표준지공시지가의 균형 유지에 관한 사항
4. 산정한 개별토지가격과 인근 토지의 지가와의 균형 유지에 관한 사항
5. 표준주택가격, 개별주택가격, 비주거용 표준부동산가격 및 비주거용 개별부동산가격 산정 시 고려된 토지 특성과 일치하는지 여부
6. 개별토지가격 산정 시 적용된 용도지역, 토지이용상황 등 주요 특성이 공부(公簿)와 일치하는지 여부
7. 그 밖에 시장・군수 또는 구청장이 검토를 의뢰한 사항

대판 2013.11.14, 2012두15364[개별공시지가결정처분취소]

【판시사항】

시장 등이 어떠한 토지에 대하여 표준지공시지가와 균형을 유지하도록 결정한 개별공시지가가 토지가격비준표를 사용하여 산정한 지가와 달리 결정되었거나 감정평가사의 검증의견에 따라 결정되었다는 이유만으로 위법한 것인지 여부(원칙적 소극)

【판결요지】

부동산 가격공시 및 감정평가에 관한 법률 제11조, 부동산 가격공시 및 감정평가에 관한 법률 시행령 제17조 제2항의 취지와 문언에 비추어 보면, 시장・군수 또는 구청장은 표준지공시지가에 토지가격비준표를 사용하여 산정된 지가와 감정평가업자의 검증의견 및 토지소유자 등의 의견을 종합하여 해당 토지에 대하여 표준지공시지가와 균형을 유지한 개별공시지가를 결정할 수 있고, 그와 같이 결정된 개별공시지가가 표준지공시지가와 균형을 유지하지 못할 정도로 현저히 불합리하다는 등의 특별한 사정이 없는 한, 결과적으로 토지가격비준표를 사용하여 산정한 지가와 달리 결정되었거나 감정평가사의 검증의견에 따라 결정되었다는 이유만으로 그 개별공시지가 결정이 위법하다고 볼 수는 없다.

예시답안

Ⅰ 논점의 정리

본 사안의 B토지 소유자는 자신의 개별공시지가가 토지가격비준표와 달리 결정되었다는 사유로 당해 개별공시지가가 위법하다고 주장하고 있다. 사안의 해결에 앞서 먼저 개별공시지가의 개념, 성질과 토지가격비준표의 의의, 내용 등을 살펴본 후, 그 법규성에 대해 학설과 최근판례를 검토하여 위반시 위법한지 판단한다.

Ⅱ 개별공시지가의 법적 성질

1. 개별공시지가의 의의 및 취지(부동산공시법 제10조)

개별공시지가는 시장・군수・구청장이 세금 및 부담금의 부과 등 일정한 행정목적에 활용하기 위하여 공시지가를 기준으로 일정한 절차에 따라 결정・공시한 개별토지의 단위면적당 적정가격을 의미한다. 이는 합리적인 과세부담 및 적정가격 형성의 취지에서 인정된다.

2. 법적 성질

개별공시지가의 법적 성질에 대해서는 ① 향후 과세처분의 기준이 되어 국민의 권리・의무에 직접적인 영향을 미치므로 행정행위성을 갖고, 미리 다투어 법률관계의 조기 확정을 통한 법적 안정성의 확보를 위해 그 처분성을 인정하여야 한다는 '행정행위설', ② 개별공시지가는 국민 재산권에 직접적인 영향이 없고 후행 행정처분의 부과기준으로서 역할을 하는 일반・추상적 규율에 불과하다 보는 '행정규칙설', ③ 이외에도 사실행위설, 법규명령을 갖는 고시설 등이 대립한다. 판례는 개별공시지가는 과세의 기준이 되어 국민의 권리・의무 내지 법률상 이익에 직접적으로 관계된다 하여 행정소송법상 처분으로 보았고, 판례의 태도는 타당하다고 생각된다.

【판결요지】

토지초과이득세법, 택지소유상한에 관한 법률, 개발이익환수에 관한 법률 및 각 그 시행령이 각 그 소정의 토지초과이득세, 택지초과소유부담금 또는 개발부담금을 산정함에 있어서 기초가 되는 각 토지의 가액을 시장, 군수, 구청장이 지가공시 및 토지 등의 평가에 관한 법률 및 같은 법 시행령에 의하여 정하는 개별공시지가를 기준으로 하여 산정한 금액에 의하도록 규정하고 있고, 시장, 군수, 구청장은 같은 법 제10조 제1항 제6호, 같은 법 시행령 제12조 제1, 2호의 규정에 의하여 각개 토지의 지가를 산정할 의무가 있다고 할 것이므로 시장, 군수, 구청장이 산정하여 한 개별토지가액의 결정은 토지초과이득세, 택지초과소유부담금 또는 개발부담금 산정 등의 기준이 되어 국민의 권리, 의무 내지 법률상 이익에 직접적으로 관계된다고 할 것이고, 따라서 이는 행정소송법 제2조 제1항 제1호 소정의 행정청이 행하는 구체적 사실에 관한 법집행으로서의 공권력행사이어서 행정소송의 대상이 되는 행정처분으로 보아야 할 것이다(대판 1993.1.15, 92누12407[개별토지가격결정처분취소등]).

Ⅲ 토지가격비준표의 법적 성질

1. 토지가격비준표의 의의 및 내용

(1) 의의 및 취지

토지가격비준표란 국토교통부장관이 행정목적상 개별토지의 가격을 산정하기 위해 필요하다고 인정하는 경우에 작성하여 관계 행정기관에 제공하는 표준지와 개별토지의 가치형성요인에 관한 비교표를 말한다. 이는 지가산정의 객관성과 합리성 그리고 신속성을 위한 취지에서 인정된다.

(2) 내용

토지가격비준표는 토지의 가격형성요인을 다중회귀분석기법에 의해 산출된 기준으로 작성되며, 국공유지 취득이나 처분, 보상, 개별공시지가 산정 시 활용된다.

2. 토지가격비준표의 법적 성질

(1) 문제점

토지가격비준표는 부동산공시법 제3조 제8항에 위임을 받은 행정규칙 형식의 법규명령인바, 그 인정 여부 및 법규성에 대한 견해가 대립한다.

(2) 인정 여부

① 헌법 제75조, 제95조를 한정적으로 해석하여 행정규칙 형식으로 법규명령을 제정할 수 없다는 위헌설이 있으나, ② 헌법 제75조, 제95조를 예시적으로 해석하여 구체적 위임이 있을 경우 가능하다는 합헌설이 타당하다. 이때 법규성 여부가 문제된다.

(3) 학설

① 형식설은 법규명령은 엄격한 절차를 통해 규정되며, 형식을 중시하여 행정규칙으로 보는 견해, ② 규범구체화 행정규칙설의 경우 전문성, 기술성 있는 범위 내에서 행정청의 입법권이 허용된다는 견해, ③ 법령보충규칙설은 형식은 행정규칙이되, 상위 법령의 위임으로 그 내용을 보충, 결합하여 법규성이 인정된다는 견해, ④ 실질설은 실질은 국민의 재산권에 대한 법규성을 다루고 있으므로 법규명령으로 보는 견해, ⑤ 수권여부기준설은 상위법령의 수권여부에 따라 법규성을 인정하는 견해이다.

(4) 판례 및 검토

판례는 국토교통부장관이 작성하여 제공하는 토지가격비준표는 법률보충적인 역할을 하는 법규적 성질을 가진다고 하여 법규성을 긍정하였다. 생각건대, 토지가격비준표는 상위법인 부동산공시법 제10조 제4항의 위임을 받아 상위법령의 구체적인 내용을 보충하는 역할을 하는 바 법규성 인정이 타당하다고 생각한다.

3. 사안과 관련된 판례 검토

최근 판례는 "시장 · 군수 또는 구청장은 표준지공시지가에 토지가격비준표를 사용하여 산정된 지가와 감정평가법인등의 검증의견 및 토지소유자 등의 의견을 종합하여 해당 토지에 대하여 표준지공시지가와 균형을 유지한 개별공시지가를 결정할 수 있고, 그와 같이 결정된 개별공시지가가 표준지 공시지가와 균형을 유지하지 못할 정도로 현저히 불합리하다는 등의 특별한 사정이 없는 한, 결과적으로 토지가격비준표를 사용하여 산정한 지가와 달리 결정되었거나 감정평가사의 검증의견에 따라 결정되었다는 이유만으로 개별공시지가 결정이 위법하다 볼 수는 없다"라고 판시하였다.

Ⅳ 사안의 해결(B토지 소유자 주장의 타당성)

토지가격비준표는 대외적 구속력을 갖고 있으므로 A구청장은 개별공시지가 산정 시 이를 고려해야 할 것이다. 그러나 최근 판례의 입장대로 법 제10조 제4항, 제5항 및 시행령 제18조 취지상 적정한 검증이 되어 균형유지가 된 경우 토지가격비준표와 달리 개별공시지가가 결정되었다 하더라도 반드시 위법하다고 볼 수 없다. 따라서 B토지 소유자의 주장은 타당하지 않다고 판단된다.

〈출제위원 채점평〉

[문제 3]

이 문제는 토지가격비준표의 법적 성격과, 개별공시지가 산정 시 토지가격비준표의 구속력에 대한 근거 법령의 해석 및 판례의 변화를 설명하는 문제입니다. 제시된 문제의 쟁점, 위법사항 그리고 근거 법률을 바탕으로 결론을 적시하여야 합니다. 그러나 일부 수험생은 토지가격비준표의 성격만으로, 근거 법률의 해석만으로 결론을 도출하려 하거나 또는 근거 법률에 대한 설명이 전혀 없는 경우가 많았습니다.

문제 04

부동산 가격공시에 관한 법령상 중앙부동산가격공시위원회에 관하여 설명하시오. 10점

예시답안

Ⅰ 중앙부동산가격공시위원회의 의미

「부동산 가격공시에 관한 법률」에서는 부동산 공시지가의 정확성과 신뢰도 제고를 위하여 다양한 규정을 규정하고 있다. 특히, 제24조에서는 부동산의 적정가격 형성과 조세 및 부담금의 합리성을 도모하기 위해 일정 업무의 심의를 담당하는 중앙부동산가격공시위원회를 규정하고 있다. 이하에서는 중앙부동산가격공시위원회의 업무, 구성, 법적 지위 등에 관하여 살펴보도록 한다.

Ⅱ 중앙부동산가격공시위원회의 업무(부동산공시법 제24조 제1항)

중앙부동산가격공시위원회는 국토교통부장관 소속으로 표준지공시지가, 표준주택, 공동주택, 비주거용 표준부동산의 선정・관리지침・조사・평가・이의신청 적정가격에 대한 심의를 담당한다.

Ⅲ 중앙부동산가격공시위원회의 구성(부동산공시법 제24조 제2항~제5항)

중앙부동산가격공시위원회는 차관 등의 위원장, 부위원장과 일정요건의 위원을 중심으로 구성하고 있다. 위원회의 인원은 위원장을 포함한 20명 이내로 구성된다. 이때 위원장은 국토교통부 제1차관이 되며, 위원의 임기는 2년으로 하되 한차례 연임할 수 있다.

Ⅳ 중앙부동산가격공시위원회의 법적 지위

(1) 합의제 행정기관

중앙부동산가격공시위원회는 위원회에 소속된 복수의 구성원이 지가공시에 관하여 심의・결정 등 의사결정하여 적정가격 공시와 같은 공정한 행정작용을 도모하기 위한 합의제 행정기관의 성격을 갖는다.

⑵ **종류**

행정기관의 종류에는 해당 기관의 의결의 구속력에 따라 동의기관, 심의기관, 자문기관 등이 존재한다. 이때 중앙부동산가격공시위원회는 부동산 공시가격에 대해 심의·자문하는 기관으로 법적인 구속력이 없는 심의기관에 해당한다.

⑶ **중앙부동산가격공시위원회 심의의 효과**

중앙부동산가격공시위원회는 심의기관으로서 부동산 가격의 결정·공시 과정에서 의결을 거치지 않은 경우 절차의 하자가 된다. 다만, 중앙부동산가격공시위원회의 의결에 반한 가격공시의 경우 법적인 구속력이 없어 반드시 위법하게 되는 것은 아니다.

〈출제위원 채점평〉

[문제 4]

이 문제는 법령상 중앙부동산가격공시위원회의 역할에 관한 문제입니다. 중앙부동산가격위원회의 구성과 역할은 법령에 상세한 규정이 있는 만큼, 법령의 내용을 서술하면 됩니다. 관련 법령의 내용을 체계적이고 정확하게 이해하는 것이 무엇보다 중요합니다.

Chapter 08

2017년 제28회 기출문제 분석

문제 01

甲은 A시의 관할구역 내 X토지를 소유하고 있다. A시는 그동안 조선업의 지속적인 발전으로 다수의 인구가 거주하였으나 최근 세계적인 불황으로 인구가 급격하게 감소하고 있다. 국토교통부장관은 A시를 국제관광 특구로 발전시킬 목적으로 「기업도시개발 특별법」이 정하는 바에 따라 X토지가 포함된 일단의 토지를 기업도시개발구역으로 지정하고, 개발사업시행자인 乙이 작성한 기업도시개발계획(동법 제14조 제2항에 따른 X토지 그 밖의 수용 대상이 되는 토지의 세부목록 포함. 이하 같다)을 승인 · 고시하였다. 乙은 협의취득에 관한 제반 절차를 준수하여 X토지에 대한 수용재결을 신청하였고 중앙토지수용위원회는 그 신청에 따른 수용재결을 하였다. 다음 물음에 답하시오. 40점

(1) 甲은 기업도시개발계획승인에 대한 취소소송의 제소기간이 도과한 상태에서, 「공익사업을 위한 토지 등의 취득 및 보상에 관한 법률」 제21조 제2항에 따른 중앙토지수용위원회 및 이해관계자의 의견청취절차를 전혀 시행하지 않은 채 기업도시개발계획승인이 발급된 것이 위법함을 이유로 수용재결 취소소송을 제기하려고 한다. 甲의 소송상 청구가 인용될 수 있는 가능성에 관하여 설명하시오(단, 소송요건은 충족된 것으로 본다). 20점

(2) 甲은 수용재결 취소소송을 제기하면서, 乙이 기업도시개발계획승인 이후에 재정상황이 악화되어 수용재결 당시에 이르러 기업도시개발사업을 수행할 능력을 상실한 상태가 되었음에도 불구하고 수용재결을 한 위법이 있다고 주장한다. 甲의 소송상 청구가 인용될 수 있는 가능성에 관하여 설명하시오(단, 소송요건은 충족된 것으로 본다). 10점

(3) 중앙토지수용위원회는 보상금을 산정하면서, X토지는 그 용도지역이 제1종 일반주거지역이기는 하지만 기업도시개발사업의 시행을 위해서 제3종 일반주거지역으로 변경되지 않은 사정이 인정되므로 제3종 일반주거지역으로 변경이 이루어진 상태를 상정하여 토지가격을 평가한다고 설시하였다. 이에 대해 乙은 X토지를 제1종 일반주거지역이 아닌 제3종 일반주거지역으로 평가한 것은 공법상 제한을 받는 토지에 대한 보상금 산정에 위법이 있다고 주장하면서 보상금감액청구소송을 제기하고자 한다. 乙의 소송상 청구가 인용될 수 있는 가능성에 관하여 설명하시오(단, 소송요건은 충족된 것으로 본다). 10점

참조 조문

〈공익사업을 위한 토지 등의 취득 및 보상에 관한 법률〉

제21조(협의 및 의견청취 등)

① 생략

② 별표에 규정된 법률에 따라 사업인정이 있는 것으로 의제되는 공익사업의 허가・인가・승인권자 등은 사업인정이 의제되는 지구지정・사업계획승인 등을 하려는 경우 제1항에 따라 제49조에 따른 중앙토지수용위원회와 협의하여야 하며, 대통령령으로 정하는 바에 따라 사업인정에 이해관계가 있는 자의 의견을 들어야 한다.

③ 생략

〈공익사업을 위한 토지 등의 취득 및 보상에 관한 법률 시행규칙〉

제23조(공법상 제한을 받는 토지의 평가)

① 공법상 제한을 받는 토지에 대하여는 제한받는 상태대로 평가한다. 다만, 그 공법상 제한이 당해 공익사업의 시행을 직접 목적으로 하여 가하여진 경우에는 제한이 없는 상태를 상정하여 평가한다.

② 당해 공익사업의 시행을 직접 목적으로 하여 용도지역 또는 용도지구 등이 변경된 토지에 대하여는 변경되기 전의 용도지역 또는 용도지구 등을 기준으로 평가한다.

〈기업도시개발 특별법〉

제11조(개발계획의 승인 등)

① 제4조에 따라 개발구역의 지정을 제안하는 자는 지정 제안 시 기업도시개발계획(이하 "개발계획"이라 한다)을 작성하여 국토교통부장관의 승인을 받아야 한다. 〈이하 생략〉

②~③ 생략

④ 관계 중앙행정기관의 장은 제3항에 따른 협의를 요청받은 날부터 20일 이내에 의견을 제출하여야 한다.

⑤ 〈이하생략〉

제14조(토지 등의 수용・사용)

① 시행자는 개발구역에서 개발사업을 시행하기 위하여 필요할 때에는 「공익사업을 위한 토지 등의 취득 및 보상에 관한 법률」 제3조에 따른 토지・물건 또는 권리(이하 "토지등"이라 한다)를 수용 또는 사용(이하 "수용등"이라 한다)할 수 있다.

② 제1항을 적용하는 경우에 수용 등의 대상이 되는 토지 등의 세부 목록을 제11조 제6항에 따라 고시한 때에는 「공익사업을 위한 토지 등의 취득 및 보상에 관한 법률」 제20조 제1항 및 제22조에 따른 사업인정 및 사업인정의 고시가 있은 것으로 본다.

③~⑨ 생략

⑩ 제1항에 따른 토지 등의 수용 등에 관하여 이 법에 특별한 규정이 있는 경우를 제외하고는 「공익사업을 위한 토지 등의 취득 및 보상에 관한 법률」을 준용한다.

설문 2 **대판 2011.1.27, 2009두1051[토지수용재결처분취소]**

【판시사항】

[1] 사업인정기관이 공익사업을 위한 토지 등의 취득 및 보상에 관한 법률상의 사업인정을 하기 위한 요건

[2] 사업시행자가 사업인정을 받은 후 그 사업이 공용수용을 할 만한 공익성을 상실하거나 사업인정에 관련된 자들의 이익이 현저히 비례의 원칙에 어긋나게 된 경우 또는 사업시행자가 해당 공익사업을 수행할 의사나 능력을 상실한 경우, 그 사업인정에 터잡아 수용권을 행사할 수 있는지 여부(소극)

【판결요지】

[1] 사업인정이란 공익사업을 토지 등을 수용 또는 사용할 사업으로 결정하는 것으로서 공익사업의 시행자에게 그 후 일정한 절차를 거칠 것을 조건으로 일정한 내용의 수용권을 설정하여 주는 형성행위이므로, 해당 사업이 외형상 토지 등을 수용 또는 사용할 수 있는 사업에 해당한다고 하더라도 사업인정기관으로서는 그 사업이 공용수용을 할 만한 공익성이 있는지의 여부와 공익성이 있는 경우에도 그 사업의 내용과 방법에 관하여 사업인정에 관련된 자들의 이익을 공익과 사익 사이에서는 물론, 공익 상호 간 및 사익 상호 간에도 정당하게 비교·교량하여야 하고, 그 비교·교량은 비례의 원칙에 적합하도록 하여야 한다. 그뿐만 아니라 해당 공익사업을 수행하여 공익을 실현할 의사나 능력이 없는 자에게 타인의 재산권을 공권력적·강제적으로 박탈할 수 있는 수용권을 설정하여 줄 수는 없으므로, 사업시행자에게 해당 공익사업을 수행할 의사와 능력이 있어야 한다는 것도 사업인정의 한 요건이라고 보아야 한다.

[2] 공용수용은 헌법상의 재산권 보장의 요청상 불가피한 최소한에 그쳐야 한다는 헌법 제23조의 근본취지에 비추어 볼 때, 사업시행자가 사업인정을 받은 후 그 사업이 공용수용을 할 만한 공익성을 상실하거나 사업인정에 관련된 자들의 이익이 현저히 비례의 원칙에 어긋나게 된 경우 또는 사업시행자가 해당 공익사업을 수행할 의사나 능력을 상실하였음에도 여전히 그 사업인정에 기하여 수용권을 행사하는 것은 수용권의 공익 목적에 반하는 수용권의 남용에 해당하여 허용되지 않는다.

대판 2019.2.28, 2017두71031[사업인정고시취소]

[1] 사업인정이란 공익사업을 토지 등을 수용 또는 사용할 사업으로 결정하는 것으로서 공익사업의 시행자에게 그 후 일정한 절차를 거칠 것을 조건으로 일정한 내용의 수용권을 설정하여 주는 형성행위이다. 그러므로 해당 사업이 외형상 토지 등을 수용 또는 사용할 수 있는 사업에 해당하더라도 사업인정기관으로서는 그 사업이 공용수용을 할 만한 공익성이 있는지 여부와 공익성이 있는 경우에도 그 사업의 내용과 방법에 관하여 사업인정에 관련된 자들의 이익을 공익과 사익 사이에서는 물론, 공익 상호 간 및 사익 상호 간에도 정당하게 비교·교량하여야 하고, 비교·교량은 비례의 원칙에 적합하도록 하여야 한다.

[2] 문화재보호법은 관할 행정청에 문화재 보호를 위하여 일정한 행위의 금지나 제한, 시설의 설치나 장애물의 제거, 문화재 보존에 필요한 긴급한 조치 등 수용권보다 덜 침익적인 방법을 선택할 권한도 부여하고 있기는 하다. 그러나 문화재란 인위적이거나 자연적으로 형성된 국가적·민족적 또는 세계적 유산으로서 역사적·예술적·학술적 또는 경관적 가치가 큰 것을 말하는데(문화재보호법 제2조 제1항), 문화재의 보존·관리 및 활용은 원형 유지를 기본원칙으로 한다(문화재보호법 제3조). 그리고 문화재는 한번 훼손되면 회복이 곤란한 경우가 많을 뿐 아니라, 회복이 가능하더라도 막대한

비용과 시간이 소요되는 특성이 있다.

이러한 문화재의 보존을 위한 사업인정 등 처분에 대하여 재량권 일탈・남용 여부를 심사할 때에는, 위와 같은 문화재보호법의 내용 및 취지, 문화재의 특성, 사업인정 등 처분으로 인한 국민의 재산권 침해 정도 등을 종합하여 신중하게 판단하여야 한다.

구체적으로는 ① 우리 헌법이 "국가는 전통문화의 계승・발전과 민족문화의 창달에 노력하여야 한다."라고 규정하여(제9조), 국가에 전통문화 계승 등을 위하여 노력할 의무를 부여하고 있는 점, ② 문화재보호법은 이러한 헌법 이념에 근거하여 문화재의 보존・관리를 위한 국가와 지방자치단체의 책무를 구체적으로 정하는 한편, 국민에게도 문화재의 보존・관리를 위하여 국가와 지방자치단체의 시책에 적극 협조하도록 규정하고 있는 점(제4조), ③ 행정청이 문화재의 역사적・예술적・학술적 또는 경관적 가치와 원형의 보존이라는 목표를 추구하기 위하여 문화재보호법 등 관계 법령이 정하는 바에 따라 내린 전문적・기술적 판단은 특별히 다른 사정이 없는 한 이를 최대한 존중할 필요가 있는 점 등을 고려하여야 한다.

[3] 문화재보호법 제83조 제1항은 "문화재청장이나 지방자치단체의 장은 문화재의 보존・관리를 위하여 필요하면 지정문화재나 그 보호구역에 있는 토지, 건물, 입목, 죽, 그 밖의 공작물을 공익사업을 위한 토지 등의 취득 및 보상에 관한 법률(이하 '토지보상법'이라 한다)에 따라 수용하거나 사용할 수 있다."라고 규정하고 있다.

한편 국가는 문화재의 보존・관리 및 활용을 위한 종합적인 시책을 수립・추진하여야 하고, 지방자치단체는 국가의 시책과 지역적 특색을 고려하여 문화재의 보존・관리 및 활용을 위한 시책을 수립・추진하여야 하며(문화재보호법 제4조), 문화재청장은 국가지정문화재 관리를 위하여 지방자치단체 등을 관리단체로 지정할 수 있고(문화재보호법 제34조), 지방자치단체의 장은 국가지정문화재와 역사문화환경 보존지역의 관리・보호를 위하여 필요하다고 인정하면 일정한 행위의 금지나 제한, 시설의 설치나 장애물의 제거, 문화재 보존에 필요한 긴급한 조치 등을 명할 수 있다(문화재보호법 제42조 제1항).

이와 같이 문화재보호법은 지방자치단체 또는 지방자치단체의 장에게 시・도지정문화재뿐 아니라 국가지정문화재에 대하여도 일정한 권한 또는 책무를 부여하고 있고, 문화재보호법에 해당 문화재의 지정권자만이 토지 등을 수용할 수 있다는 등의 제한을 두고 있지 않으므로, 국가지정문화재에 대하여 관리단체로 지정된 지방자치단체의 장은 문화재보호법 제83조 제1항 및 토지보상법에 따라 국가지정문화재나 그 보호구역에 있는 토지 등을 수용할 수 있다.

[4] 공익사업을 수행하여 공익을 실현할 의사나 능력이 없는 자에게 타인의 재산권을 공권력적・강제적으로 박탈할 수 있는 수용권을 설정하여 줄 수는 없으므로, 사업시행자에게 해당 공익사업을 수행할 의사와 능력이 있어야 한다는 것도 사업인정의 한 요건이라고 보아야 한다.

설문 3 대판 2015.8.27, 2012두7950[토지보상금증액]

【판시사항】

수용대상 토지에 관하여 특정 시점에서 용도지역 등의 지정 또는 변경을 하지 않은 것이 특정 공익사업의 시행을 위한 것인 경우, 공익사업의 시행을 직접 목적으로 하는 제한으로 보아 용도지역 등의 지정 또는 변경이 이루어진 상태를 상정하여 토지가격을 평가해야 하는지 여부(적극) 및 특정 공익사업의 시행을 위하여 용도지역 등의 지정 또는 변경을 하지 않았다고 보기 위한 요건

【판결요지】

구 공익사업을 위한 토지 등의 취득 및 보상에 관한 법률 시행규칙(2012.1.2. 국토해양부령 제427호로 개정되기 전의 것) 제23조 제1항, 제2항의 규정 내용, 상호 관계와 입법 취지, 용도지역・지구・구역(이하 '용도지역 등'이라 한다)의 지정 또는 변경행위의 법적 성질과 사법심사의 범위, 용도지역 등이 토지의 가격형성에 미치는 영향의 중대성 및 공익사업을 위하여 취득하는 토지에 대한 보상액 산정을 위하여 토지가격을 평가할 때 일반적 계획제한에 해당하는 용도지역 등의 지정 또는 변경이라도 특정 공익사업의 시행을 위한 것이라면 해당 공익사업의 시행을 직접 목적으로 하는 제한이라고 보아야 하는 점 등을 종합적으로 고려하면, 어느 수용대상 토지에 관하여 특정 시점에서 용도지역 등의 지정 또는 변경을 하지 않은 것이 특정 공익사업의 시행을 위한 것일 경우 이는 해당 공익사업의 시행을 직접 목적으로 하는 제한이라고 보아 용도지역 등의 지정 또는 변경이 이루어진 상태를 상정하여 토지가격을 평가하여야 한다. 여기에서 특정 공익사업의 시행을 위하여 용도지역 등의 지정 또는 변경을 하지 않았다고 볼 수 있으려면, 토지가 특정 공익사업에 제공된다는 사정을 배제할 경우 용도지역 등의 지정 또는 변경을 하지 않은 행위가 계획재량권의 일탈・남용에 해당함이 객관적으로 명백하여야만 한다.

대판 2019.9.25, 2019두34982[손실보상금]

자연공원법의 입법 목적, 관련 규정들의 내용과 체계를 종합하면, 자연공원법에 의한 '자연공원 지정' 및 '공원용도지구계획에 따른 용도지구 지정'은, 그와 동시에 구체적인 공원시설을 설치・조성하는 내용의 '공원시설계획'이 이루어졌다는 특별한 사정이 없는 한, 그 이후에 별도의 '공원시설계획'에 의하여 시행 여부가 결정되는 구체적인 공원사업의 시행을 직접 목적으로 한 것이 아니므로 공익사업을 위한 토지 등의 취득 및 보상에 관한 법률 시행규칙 제23조 제1항 본문에서 정한 '일반적 계획제한'에 해당한다.

대판 2005.2.18, 2003두14222[토지수용이의재결처분취소]

문화재보호구역의 확대 지정이 당해 공공사업인 택지개발사업의 시행을 직접 목적으로 하여 가하여진 것이 아님이 명백하므로 토지의 수용보상액은 그러한 공법상 제한을 받는 상태대로 평가하여야 한다고 한 사례

[물음 1]

Ⅰ 논점의 정리

Ⅱ 의견청취절차 하자의 위법여부 및 그 정도

1. 토지보상법 제21조 규정 및 행정절차법 제21조에 따른 의견청취절차
2. 절차하자의 독자적 위법성 인정 여부
3. 위법의 정도(취소사유인지)

Ⅲ 하자의 승계가능성

1. 사업인정과 수용재결의 법적 성질
2. 하자승계의 의의 및 취지
3. 하자승계의 기본적 요건(논의의 전제)
4. 하자승계의 인정범위
5. 판례의 유형별 검토
6. 사안의 경우

Ⅳ 사안의 해결(甲청구의 인용가능성)

[물음 2]

Ⅰ 논점의 정리

Ⅱ 사업인정의 의의 및 취지 · 요건(토지보상법 제20조)

Ⅲ 관련 판례의 검토(2009두1051)

1. 사업시행자의 공익사업 수행의사와 능력
2. 수용재결의 내용상 요건인지

Ⅳ 사안의 해결(甲청구의 인용가능성)

[물음 3]

Ⅰ 논점의 정리

Ⅱ 공법상 제한 받는 토지의 의의 및 취지

Ⅲ 관련 규정의 검토(토지보상법 시행규칙 제23조)

Ⅳ 관련 판례의 태도(2012두7950)

Ⅴ 사안의 해결(乙청구의 인용가능성)

예시답안

[물음 1] 甲청구의 인용가능성

Ⅰ 논점의 정리

본 사안에서는 공익사업을 위한 토지 등의 취득 및 보상에 관한 법률 제4조 제8호에 따른 [별표]에 규정된 사업인정의제 사업인 「기업도시개발 특별법」이 정하는 바에 따라 기업도시개발계획 승인·고시할 때 중앙토지수용위원회 및 이해관계자의 의견청취절차를 거치지 않은 것의 위법성 판단에 관한 내용이다. 이하에서는 의견청취절차를 전혀 시행하지 않은 기업도시개발계획승인의 위법성·위법정도, 또 위법하다면 후행행위인 수용재결 단계에서 선행행위인 사업인정 단계의 하자를 승계하여 그 위법을 주장할 수 있는지 검토하도록 한다.

Ⅱ 의견청취절차 하자의 위법여부 및 그 정도

1. 토지보상법 제21조 규정 및 행정절차법 제21조에 따른 의견청취절차

토지보상법 제21조에서는 사업인정이 있는 경우 국민의 재산권 보장 및 최소침해원칙 달성을 위해 중앙토지수용위원회 및 사업인정에 이해관계가 있는 자의 의견청취절차를 규정하고 있다. 또한 동조 제2항에서는 무분별한 공익사업의 방지 및 국민의 재산권 보호를 위하여 [별표]에 규정된 법률

에 따라 사업인정이 있는 것으로 의제되는 공익사업의 허가·인가·승인권자 등은 사업인정이 의제되는 지구지정 및 사업계획승인 등을 하려는 경우에도 의견청취절차를 거쳐야 함을 규정하고 있다. 따라서 기업도시개발특별법은 [별표]에 규정되어 사업인정이 의제되는 사업으로, 개발개획승인 시 토지보상법을 준용한다. 이외에도 일반법상 지위인 행정절차법에서는 공행정작용 시 당사자 등 이해관계자의 의견청취(제22조)를 규정하고 있다. 따라서 사안에서 의견청취 절차를 시행하지 않은 것은 토지보상법 제21조 제2항 및 행정절차법 제22조를 위반한 절차하자에 해당한다.

2. 절차하자의 독자적 위법성 인정 여부

절차하자의 독자적 위법성 인정 여부와 관련하여 ① 적법절차의 보장 관점에서 절차하자의 독자적 위법성을 인정하여 취소·무효소송으로 다툴 수 있도록 하는 '긍정설'과 ② 절차는 수단에 불과하고, 절차하자의 치유 후 동일 처분이 가능하다는 점에서 행정경제상 독자적 위법성 인정은 불필요하다는 '부정설'이 대립한다. 판례는 일반적으로 절차하자의 독자적 위법성을 긍정하는 견해를 보이고 있다. 생각건대, 절차규정의 취지와 국민의 권익구제 측면에서 절차적 하자의 독자적 위법성을 인정하는 것이 타당하고, 행정소송법 제30조 제3항에서도 절차하자의 취소를 긍정하는바 판례의 태도는 타당하다.

3. 위법의 정도(취소사유인지)

행정행위의 위법정도의 판단은 중대명백설에 의해 판단하도록 한다. 행정행위가 무효가 되기 위해서는 ① 중대한 위반으로 무효로 보는 것이 권리보호에 유리한 '중대성'과 ② 제3자 및 일반인의 식견에서 위법함이 명백하여야 한다는 '명백성'을 동시에 충족하여야 한다. 사안의 기업도시개발계획승인 과정에서 의견청취를 하지 않은 절차적 하자는 중요 법률 내용에 반하는 것으로 중대성을 충족한다고 볼 수 있으나, 일반인의 견지에서 위법성의 판단이 명백하지 않으므로 '취소정도의 사유'에 해당한다.

Ⅲ 하자의 승계가능성

1. 사업인정과 수용재결의 법적 성질

사업인정은 ① 수용권 설정으로 국민 권익에 영향을 주는 '처분성 있는 행정행위'이다. 또한 사업인정이 있는 경우 ② 시행자와 토지소유자 모두에게 권리와 의무를 발생시키는 '제3자효 행정행위'이며, ③ 국토교통부장관의 이익형량으로 재량적으로 결정되는 '재량행위'이다.

수용재결은 ① 수용목적물 및 보상금 등 수용권의 내용을 구체적으로 확정하는 '처분성 있는 행정행위'이다. 또한 ② 양 당사자의 법률관계를 토지수용위원회가 조정하므로 '준사법적 행위'이며 ③ 재결신청의 요건을 갖춘 경우 일정기간 내에 재결을 하여야 하는 '기속행위'의 성질을 갖는다. 따라서 사안의 사업인정의제와 수용재결은 모두 처분성 있는 행정행위에 해당한다.

2. 하자승계의 의의 및 취지

하자승계란 동일한 법률효과를 목적으로 하는 둘 이상의 행정행위가 연속적으로 행해지는 경우, 선행행위의 하자를 이유로 후행 행위를 다툴 수 있는 것을 의미한다. 하자승계는 법적 안정성과 국민의 권리구제의 조화에서 그 취지가 인정된다.

3. 하자승계의 기본적 요건(논의의 전제)

하자승계의 기본적 요건은 ① 선·후행행위 모두 처분일 것, ② 선행행위의 하자가 취소사유일 것, ③ 후행행위가 적법할 것, ④ 선행행위에 불가쟁력이 발생할 것이 있다.

4. 하자승계의 인정범위

(1) 학설

① 하자승계론은 양 행위가 결합하여 동일 효과를 목적으로 하면 하자승계를 인정하고, 별개의 효과를 목적으로 하면 부정하는 견해이다. ② 구속력론은 선행행위의 불가쟁력이 후행행위를 구속하여 하자승계를 부정하기 위해서는, 대물적·대인적·시간적 한계, 예측가능성·수인가능성이 요구된다고 본다.

(2) 판례 및 검토

판례는 대체로 하자승계론의 입장으로 양 행정행위의 동일 목적성을 요구한다. 그러나 별개의 효과를 목적으로 하는 경우라도 예측·수인가능성이 없다면 하자승계를 예외적으로 인정한다(대판 1994.1.25, 93누8542, 대판 2008.8.21, 2007두13845). 생각건대, 하자승계의 판단에 있어서 전통적 견해를 따르되, 선행 행정행위 위법과 후행 행정행위에 대한 예측·수인가능성을 종합적으로 고려하여 구체적 타당성을 기하는 판례의 입장이 타당하다.

5. 판례의 유형별 검토

① 하자승계를 인정한 판례에는 미통지된 개별공시지가와 과세처분(93누8542), 비교표준지공시지가결정과 수용재결(2007두13845)이 있다. 반면 ② 부정한 판례는 사업인정과 수용재결(2009두11607), 사적지정처분과 사업인정(2017두71031), 표준지공시지가와 재산세부과처분취소(2018두50147)가 있다.

6. 사안의 경우

전통적 하자승계론으로 검토해 볼 때, 사업인정과 수용재결은 별개의 법적 효과를 지향하기 때문에 기업도시개발승인계획 사업인정의 절차적 위법은 후행행위인 수용재결에 승계될 수 없을 것이다. 또한 토지보상법에서는 수용재결 이후 권리구제에 관한 다양한 규정을 두어 이해관계자의 주장을 관철시킬 수 있는 다양한 방법이 존재한다. 따라서 구속력론의 입장에서 수인가능성이 없다고 보기 어려울 것이고, 여러 가지 한계를 고려하더라도 선행행위인 사업인정의 절차적 위법을 이유로 후행 수용재결 단계에서 다툴 수는 없다고 판단된다.

Ⅳ 사안의 해결(甲청구의 인용가능성)

판례는 사업인정처분 자체의 위법은 사업인정단계에서 다투어야 하고 이미 그 쟁송기간이 도과한 수용재결단계에서는 사업인정처분이 당연무효라고 볼 만한 특단의 사정이 없는 한 그 위법을 이유로 재결의 취소를 구할 수는 없다고 판시한 바 있다(대판 1992.3.13, 91누4324).

사업인정 과정에서 토지보상법 제21조 제2항에 따른 중앙토지수용위원회 및 이해관계자의 의견청취를 하지 않은 것은 취소사유의 절차적 하자에 해당하나, 사업인정과 수용재결은 별개 효과를 목적으로 하며, 예외적으로 하자를 승계할 만한 사실관계도 보이지 않는바, 그 위법을 후행 수용재결단계에서 다툴 수는 없다고 보인다. 따라서 甲의 청구는 인용되기 어려울 것이다.

[물음 2] 甲청구의 인용가능성

Ⅰ 논점의 정리

본 설문 2에서는 사업인정 이후 사업시행자의 재정상황이 악화되어 해당 사업을 수행할 능력을 상실한 상태가 되는 중대한 사정변경이 발생했음에도 불구하고, 이를 고려하지 않고 수용재결을 한 것에 위법이 있는지를 대판 2011.1.27, 2009두1051 판결을 중심으로 검토해본다.

Ⅱ 사업인정의 의의, 및 취지. 요건(토지보상법 제20조)

사업인정이란 공익사업을 토지 등을 수용 또는 사용할 사업으로 결정하는 것을 말한다. 사업인정은 사업의 공익성 판단, 피수용자의 권리보호에 취지가 있으며, ① 토지보상법 제4조 공익사업에 해당할 것, ② 공공필요가 있을 것, ③ 공공필요는 비례의 원칙으로 판단할 것, ④ 사업시행자의 공익사업 수행 능력과 의사가 있을 것을 요건으로 한다.

Ⅲ 관련 판례의 검토(2009두1051)

1. 사업시행자의 공익사업 수행의사와 능력

공익사업을 수행하여 공익을 실현할 의사나 능력이 없는 자에게 타인의 재산권을 공권력적・강제적으로 박탈할 수 있는 수용권을 설정하여 줄 수는 없으므로, 사업시행자에게 해당 공익사업을 수행할 의사와 능력이 있어야 한다는 것도 사업인정의 한 요건이라고 보아야 한다.

따라서 공용수용은 헌법상의 재산권 보장의 요청상 불가피한 최소한도에 그쳐야 한다는 헌법 제23조의 취지를 고려할 때, 사업인정을 받은 후 사업이 공용수용을 할 만한 공익성을 상실하거나 사업인정에 관련된 자들의 이익이 비례의 원칙에 어긋나게 된 경우 또는 사업시행자가 해당 공익사업을 수행할 의사나 능력을 상실하였음에도 여전히 그 사업인정에 기하여 수용권을 행사하는 것은 수용권의 공익목적에 반하는 수용권의 남용에 해당하여 허용되지 않는다.

2. 수용재결의 내용상 요건인지

판례는 사업인정 후 사정변경 등으로 사업인정 요건을 충족하지 못하게 된 경우에도, 여전히 그 사업인정에 기하여 수용권을 행사하는 것은 수용권의 남용에 해당한다고 판시하였다. 헌법 제23조의 입법취지를 고려할 때, 판례가 판시한 요건은 수용재결의 내용상 요건으로 판단된다.

Ⅳ 사안의 해결(甲청구의 인용가능성)

기업도시개발계획승인 사업인정 이후 사업시행자가 재정상황의 악화로 사업수행능력을 상실했다고 하는 甲의 주장이 타당하다면, 이러한 수용권에 기하여 타인의 재산권을 강제로 박탈할 수 없다고 할 것이다. 즉, 판례에 따라 '수용권의 남용'에 해당하여 甲의 청구는 인용될 가능성이 있다고 판단된다.

[물음 3] 乙청구의 인용가능성

Ⅰ 논점의 정리

본 설문 3에서는 용도지역이 해당 공익사업 시행을 이유로 변경되지 않은 경우, 기업도시개발사업의 시행에 따른 보상금 산정에서 어떠한 용도지역을 기준으로 평가할지에 관한 문제이다. 이하에서는 관련 법령, 판례 등을 종합적으로 검토하여 설문을 해결하도록 한다.

Ⅱ 공법상 제한받는 토지의 의의 및 취지

공법상 제한을 받는 토지란 관계 법령에 의해 토지의 각종 이용제한 및 규제를 받고 있는 토지를 말하며 개발이익 내지 손실을 제외하는데 취지가 있다.

Ⅲ 관련 규정의 검토(토지보상법 시행규칙 제23조)

토지보상법 시행규칙 제23조는 공법상 제한을 받는 토지에 대하여 ① 제한받는 상태대로 평가하되, 당해 공익사업을 직접 목적으로 하여 가하여진 경우에는 제한이 없는 상태를 상정하여 평가함을 규정하고, ② 당해 공익사업의 시행을 직접 목적으로 하여 용도지역 또는 용도지구 등이 변경된 토지에 대하여는 변경되기 전의 용도지역 또는 용도지구 등을 기준으로 평가함을 규정하고 있다.

Ⅳ 관련 판례의 태도(2012두7950)

판례는 어느 수용대상 토지에 관하여 특정 시점에서 용도지역 등의 지정 또는 변경을 하지 않은 것이 특정 공익사업의 시행을 위한 것일 경우 이는 해당 공익사업의 시행을 직접 목적으로 하는 제한이라고 보아 용도지역 등의 지정 또는 변경이 이루어진 상태를 상정하여 토지가격을 평가하여야 한다고 판시한 바 있다.

V 사안의 해결(乙청구의 인용가능성)

토지보상법 시행규칙 제23조에 근거할 때, 토지 등의 보상은 공법상 제한을 받는 상태대로 평가해야 할 것이다. 그러나 사안에서 해당 기업도시개발사업의 시행을 위해 제3종 일반주거지역으로 변경되지 않은 사정이 있다면 이 또한 해당 사업을 직접 목적으로 하는 제한이라고 볼 수 있는바, 제1종 일반주거지역으로 평가해야 한다는 을의 주장은 타당성이 결여되어 인용되지 못할 것으로 판단된다.

〈출제위원 채점평〉

[문제 1]

「공익사업을 위한 토지 등의 및 보상에 관한 법률」에 따른 의제사업인정을 위한 의견청취절차의 위반과 그에 후속하는 수용재결에 관한 문제입니다. (설문1)에서는 이에 관한 학설과 판례를 충실하게 설명하면서 사안에 적합한 결론을 도출한 우수한 답안도 있었지만 기본적인 법리에 대한 이해가 부족하거나 논리적인 전개가 아쉬운 답안도 적지 않았습니다. (설문2)는 의제사업인정 이후에 중대한 사정변경이 생겼음에도 불구하고 이에 대한 고려 없이 수용재결을 한 것에 위법이 있는지 여부를 쟁점으로 논리적이고 차별화된 답안의 구성이 필요한 것으로 보입니다. (설문3)은 당해 공익사업의 시행을 직접 목적으로 용도지역을 변경하지 않은 경우에 당해 공익사업의 시행이 아니었다면 용도지역이 변경되었을 것이 객관적으로 명백하다면 용도지역이 변경된 것으로 평가되어야 한다는 판례를 기반으로 한 설문입니다. 이러한 문제에 대하여 법령해석, 판례해설, 계획재량까지 훌륭하게 설명한 답안도 있었지만 설문의 취지를 전혀 이해하지 못한 답안도 있었습니다.

※ 토지보상법이 출제 당시와 달리 전면 개정되어 2019년 7월 1일 시행됨에 따라 아래 일부 개정 법률의 개정 취지와 제21조 전문 개정된 내용을 실어드립니다.

공익사업을 위한 토지 등의 취득 및 보상에 관한 법률 일부개정의 취지[시행 2019.7.1.] [법률 제16138호, 2018.12.31, 일부개정]

【제정 · 개정이유】

[일부개정]

◇ 개정이유

공익사업 신설 등에 대한 개선요구 등의 근거를 마련하고, 사업인정 또는 사업인정이 의제되는 지구지정·사업계획승인 등에 대한 중앙토지수용위원회의 사전 협의절차 이행, 협의 시 검토기준 명시, 기간연장·서류 보완요구 등 근거를 마련하는 한편, 사업인정 또는 사업인정이 의제되는 지구지정·사업계획승인 등에 있어 중앙토지수용위원회와 사전에 협의절차를 이행하도록 하고, 토지수용위원회의 재결에 불복하는 경우 행정소송 제소기간을 확대하려는 것임.

◇ 주요내용

가. 중앙토지수용위원회가 공익사업의 신설, 변경 및 폐지 등에 관하여 개선요구 등을 할 수 있도록 하고, 중앙토지수용위원회의 개선요구 등에 대한 관계 행정기관의 반영의무를 규정하며, 중앙토지수용위원회는 개선요구 등을 위하여 관계 기관 소속 직원 또는 관계 전문가 등에게 의견진술이나 자료제출을 요구할 수 있도록 함(제4조의3 신설).
나. 사업시행자의 고의 또는 과실로 토지소유자 및 관계인에게 보상계획을 통지하지 아니한 경우 열람기간이 지난 후 협의가 완료되기 전까지 토지조서 및 물건조서의 내용에 대한 이의제기가 가능하도록 함(제15조 제3항).
다. 국토교통부장관이나 허가·인가·승인권자가 사업인정 또는 사업인정이 의제되는 지구지정·사업계획승인 등에 있어 중앙토지수용위원회와 사전에 협의절차를 이행할 것을 규정함(제21조 제1항 및 제2항).
라. 사업인정 등에 대한 협의 시, 대상사업에 대한 검토기준으로 사업인정에 이해관계가 있는 자에 대한 의견 수렴절차, 허가·인가·승인대상 사업의 공공성, 수용의 필요성, 그 밖에 대통령령으로 정하는 사항을 명시함(제21조 제3항).
마. 사업인정 고시 후 사업시행자나 감정평가업자가 토지나 물건을 측량하거나 조사할 경우 사업시행자가 출입에 관한 사항을 토지점유자에게 직접 통지토록 명확하게 규정하여 행정절차를 간소화함(제27조 제1항 및 제2항).
바. 토지수용위원회에서 위원장이 필요하다고 인정하는 경우 회의 구성을 위한 위원정수를 20명 이내에서 확대할 수 있도록 하여 위원회 운영에 탄력성을 부여함(제52조 제6항 단서 및 제53조 제4항 단서 신설).
사. 토지수용위원회의 재결에 불복하는 경우 행정소송 제소기간을 60일에서 90일로, 이의신청을 거쳤을 때는 이의 신청에 대한 재결서를 받은 날로부터 30일에서 60일로 늘려 국민의 재판청구권을 폭넓게 보장함(제85조 제1항).

[출처 : 법제처 제공]

토지보상법 제21조(협의 및 의견청취 등)

① 국토교통부장관은 사업인정을 하려면 관계 중앙행정기관의 장 및 특별시장·광역시장·도지사·특별자치도지사(이하 "시·도지사"라 한다) 및 제49조에 따른 중앙토지수용위원회와 협의하여야 하며, 대통령령으로 정하는 바에 따라 미리 사업인정에 이해관계가 있는 자의 의견을 들어야 한다.
② 별표에 규정된 법률에 따라 사업인정이 있는 것으로 의제되는 공익사업의 허가·인가·승인권자 등은 사업인정이 의제되는 지구지정·사업계획승인 등을 하려는 경우 제1항에 따라 제49조에 따른 중앙토지수용위원회와 협의하여야 하며, 대통령령으로 정하는 바에 따라 사업인정에 이해관계가 있는 자의 의견을 들어야 한다.
③ 제49조에 따른 중앙토지수용위원회는 제1항 또는 제2항에 따라 협의를 요청받은 경우 사업인정에 이해관계가 있는 자에 대한 의견 수렴 절차 이행 여부, 허가·인가·승인대상 사업의 공공성, 수용의 필요성, 그 밖에 대통령령으로 정하는 사항을 검토하여야 한다.
④ 제49조에 따른 중앙토지수용위원회는 제3항의 검토를 위하여 필요한 경우 관계 전문기관이나 전문가에게 현지조사를 의뢰하거나 그 의견을 들을 수 있고, 관계 행정기관의 장에게 관련 자료의 제출을 요청할 수 있다.
⑤ 제49조에 따른 중앙토지수용위원회는 제1항 또는 제2항에 따라 협의를 요청받은 날부터 30일 이내에 의견을 제시하여야 한다. 다만, 그 기간 내에 의견을 제시하기 어려운 경우에는 한 차례만 30일의 범위에서 그 기간을 연장할 수 있다.
⑥ 제49조에 따른 중앙토지수용위원회는 제3항의 사항을 검토한 결과 자료 등을 보완할 필요가 있는 경우에는 해당 허가·인가·승인권자에게 14일 이내의 기간을 정하여 보완을 요청할 수 있다. 이

경우 그 기간은 제5항의 기간에서 제외한다.
⑦ 제49조에 따른 중앙토지수용위원회가 제5항에서 정한 기간 내에 의견을 제시하지 아니하는 경우에는 협의가 완료된 것으로 본다.
⑧ 그 밖에 제1항 또는 제2항의 협의에 관하여 필요한 사항은 국토교통부령으로 정한다.

02

도지사 A는 "X국가산업단지 내 국도 대체우회도로개설사업"(이하 '이 사건 개발사업'이라 함)의 실시계획을 승인·고시하고, 사업시행자로 B시의 시장을 지정하였다. B시의 시장은 이 사건 개발사업을 시행함에 있어 사업시행으로 인하여 건물이 철거되는 이주대상자를 위한 이주대책을 수립하면서 훈령의 형식으로 'B시 이주민지원규정'을 마련하였다.

위 지원규정에서는 ① 이주대책대상자 선정과 관련하여, 「공익사업을 위한 토지 등의 취득 및 보상에 관한 법률」 및 그 시행령이 정하고 있는 이주대책대상자 요건 외에 '전세대원이 사업구역 내 주택 외 무주택'이라는 요건을 추가적으로 규정하는 한편, ② B시의 이주택지 지급 대상에 관하여, 과거 건축물양성화기준일 이전 건물의 거주자의 경우 소지가(조성되지 아니한 상태에서의 토지가격) 분양대상자로, 기준일 이후 건물의 거주자의 경우 일반우선 분양대상자로 구분하고 있는 바, 소지가 분양대상자의 경우 1세대당 상업용지 3평을 일반분양가로 추가 분양하도록 하고, 일반우선분양대상자의 경우 1세대 1필지 이주택지를 일반분양가로 우선분양할 수 있도록 하고 있다.

B시의 시장은 이주대책을 실시하면서 이 사건 개발사업 구역 내에 거주하는 甲과 乙에 대하여, 甲은 공익사업을 위한 토지 등의 취득 및 보상에 관한 법령이 정한 이주대책대상자에 해당됨에도 위 ①에서 정하는 요건을 이유로 이주대책대상자에서 배제하는 부적격 통보를 하였고, 소지가 분양대상자로 신청한 乙에 대해서는 위 지원규정을 적용하여 소지가 분양대상이 아닌 일반우선분양대상자로 선정하고, 이를 공고하였다. 다음 물음에 답하시오. 30점

(1) 甲은 'B시 이주민지원규정'에서 정한 추가적 요건을 이유로 자신을 이주대책대상자에서 배제한 것은 위법하다고 주장한다. 甲의 주장이 타당한지에 관하여 설명하시오. 15점

(2) 乙은 자신을 소지가 분양대상자가 아닌 일반우선 분양대상자로 선정한 것은 위법하다고 보아 이를 소송으로 다투려고 한다. 乙이 제기하여야 하는 소송의 형식을 설명하시오. 15점

창원지방법원 2012.9.13, 2012구합681[일반분양이주택지결정무효확인]

【전문】

【원고】 원고

【피고】 창원시장

【변론종결】

2012.8.9.

【주문】

1. 이 사건 소를 각하한다.
2. 소송비용은 원고가 부담한다.

【청구취지】

피고가 1999.8.17. 원고에 대하여 한 일반우선분양대상자의 이주택지결정은 무효임을 확인한다.

【이유】

1. 인정사실

가. 경상남도지사는 1999.8.19. 경상남도 고시 제1999-174호로 창원국가산업단지 내 국도25호선 대체우회도로개설사업(이하 '이 사건 개발사업'이라 한다.)의 실시계획을 승인・고시하고, 사업시행자로 피고를 지정하였다.

나. 피고는 이 사건 개발사업을 시행함에 있어 사업시행으로 인하여 건물이 철거되는 이주대상자를 위한 이주대책으로서 창원시이주민지원규정(2003.5.12. 훈령 제171호로 개정되기 전의 것, 이하 '이 사건 지원규정'이라 한다)을 마련하였는데, 위 지원규정에 의하면, 창원시의 이주택지 지급 대상에 관하여 1974.4.1. 산업기지개발구역 고시일 이전 건물로서 해당 지구 사업실시계획승인일 이전 거주자의 경우 소지가(소지가, 조성되지 아니한 상태에서의 토지가격) 분양대상자로, 1982.4.8. 건축물양성화기준일 이전 건물로서 해당 지구 사업실시계획승인일 이전 거주자의 경우 일반우선분양대상자로 되어 있었다.

다. 피고가 이주택지 분양의 처리기준을 위해 마련한 이주택지분양세부지침(이하 '이 사건 세부지침'이라 한다)에 의하면, 이주대상자 중 산업기지개발구역 고시일인 1974.4.1. 이전 건물로서 해당 지구 사업실시계획승인일 이전 거주자의 경우 1세대당 1필지를 소지가로 분양하는 소지가 분양대상자로, 1974.4.1.부터 1989.1.24. 사이에 건축된 건물로서 해당 지구 사업실시계획승인일 이전 거주자의 경우 1세대당 1필지를 일반분양가로 우선 분양하는 일반우선 분양대상자로 되어 있다.

라. 이 사건 지원규정에 의하면, 소지가 분양대상자의 경우 1세대당 상업용지 3평을 일반분양가로 추가 분양하도록 되어 있고, 일반우선 분양대상자의 경우 1세대 1필지 이주택지를 일반분양가로 우선분양 할 수 있도록 되어 있다.

마. 피고는 이 사건 지원규정에 따라, 1999.8.17. 원고를 이주택지 대상자로 결정하면서 택지결정은 일반우선 분양대상자로 한다는 내용을 공고하였다(이하 일반우선 분양대상자 결정・공고부분을 '이 사건 처분'이라 한다).

바. 이 사건 처분은 '이주택지 분양대상자 결정 공고'라는 제목하에 피고의 명의로 공고되었고, 결정 공고에는 '분양대상자 결정에 이의가 있을 경우 공고일로부터 15일 이내에 창원시청에 이의신청을 할 수 있고, 처분이 있음을 안 날로부터 90일 이내에 행정심판을 청구할 수 있다'는 내용이 기재되어있다.

[인정근거] 다툼 없는 사실, 을 1, 9호증의 1, 을 5호증의 1, 2의 각 기재, 변론 전체의 취지

2. 원고의 주장

원고는, 피고가 원고를 이주택지 대상자로 선정·결정하면서 택지공급조건에 관하여 소지가 분양대상가 아닌 일반우선 분양대상자로 결정한 이 사건 처분은 위법하다고 주장한다.

3. 이 사건 소의 적법여부

직권으로 이 사건 소의 적법여부에 관하여 살펴본다.

가. 일반적으로 항고소송의 대상이 되는 행정처분이라 함은 행정청의 공법상의 행위로서 특정 사항에 대하여 법규에 의한 권리의 설정 또는 의무의 부담을 명하고 기타 법률상의 효과를 발생케 하는 등 국민의 권리의무에 직접적 변동을 초래하는 행위를 가리키는 것으로서 행정권 내부에서의 행위나 사실상의 통지 등과 같이 상대방 또는 기타 관계자들의 법률상 지위에 직접적인 법률적 변동을 일으키지 아니하는 행위는 항고소송의 대상이 될 수 없다(대판 1996.3.22, 96누433 참조).

나. 돌이켜 이 사건을 보건대, 이 사건 처분은 피고의 명의로 외부에 표시되고 원고를 개별적으로 특정하여 이루어진 데다가 이의가 있는 때에는 창원시청에 이의를 구하도록 통보하고 있어 객관적으로 이를 행정처분으로 인식할 정도의 외형을 갖추고 있으며, 이주택지 분양대상자로 결정된 원고를 소지가 분양대상자가 아니라 일반우선 분양대상자로 구분 확정하고 있는 사실은 앞서 본 바와 같다. 그러나 이주택지의 공급조건에서 소지가로 분양할 것인지 일반분양가로 분양할 것인지를 결정·공고하였다고 하더라도 이는 이주택지 대상자로 선정된 자와 사이에 체결될 이주택지에 관한 분양계약에서 그 대상자가 반대급부로서 부담하게 되는 사법상의 금전지급의무에 관한 사항을 사전 통보하는 것에 지나지 아니하고, 그에 기한 분양계약에 따라 부담하게 되는 금전지급의무의 범위 등에 관한 다툼은 민사소송의 대상으로서 그를 통하여 적절한 구제가 이루어질 수 있는 사항이라고 할 것이므로, 원고의 법률상의 권리의무에 직접적 변동을 초래하는 행정처분에 해당한다고 볼 수는 없다.

4. 결론

그렇다면, 이 사건 소는 부적법하여 각하한다.

대판 2014.2.27, 2013두10885[일반분양이주택지결정무효확인]

【판시사항】

공익사업을 위한 토지 등의 취득 및 보상에 관한 법률상의 공익사업시행자가 하는 이주대책대상자 확인·결정의 법적 성질(=행정처분)과 이에 대한 쟁송방법(=항고소송)

【판결요지】

공익사업을 위한 토지 등의 취득 및 보상에 관한 법률상의 공익사업시행자가 하는 이주대책대상자 확인·결정은 구체적인 이주대책상의 수분양권을 부여하는 요건이 되는 행정작용으로서의 처분이지 이를 단순히 절차상의 필요에 따른 사실행위에 불과한 것으로 평가할 수는 없다. 따라서 수분양권의 취득을 희망하는 이주자가 소정의 절차에 따라 이주대책대상자 선정신청을 한 데 대하여 사업시행자가 이주대책대상자가 아니라고 하여 위 확인·결정 등의 처분을 하지 않고 이를 제외시키거나 거부조치한 경우에는, 이주자로서는 사업시행자를 상대로 항고소송에 의하여 제외처분이나 거부처분의 취소를 구할 수 있다. 나아가 이주대책의 종류가 달라 각 그 보장하는 내용에 차등이 있는 경우 이주자의 희망에도 불구하고 사업시행자가 요건 미달 등을 이유로 그중 더 이익이 되는 내용의 이주대책대상자로 선정하지 않았다면 이 또한 이주자의 권리의무에 직접적 변동을 초래하는 행위로서 항고소송의 대상이 된다.

[물음 1]	[물음 2]
Ⅰ 논점의 정리	Ⅰ 논점의 정리
Ⅱ 이주대책의 의의 및 취지(토지보상법 제78조)	Ⅱ 이주대책대상자 확인 · 결정의 의의
Ⅲ 이주대책대상자 요건(법 제78조, 시행령 제40조)	Ⅲ 이주대책대상자 확인 · 결정의 법적 성질 1. 관련 판례의 태도 2. 검토
Ⅳ 이주민지원규정에 의한 대상자배제의 위법성 1. 이주민지원규정의 법적 성질 2. 사업시행자의 재량 여부 3. 사안 규정의 위법성 여부	Ⅳ 을이 제기할 수 있는 소송의 형식 1. 행정소송가능성 2. 당사자소송 제기가능성
Ⅴ 갑 주장의 타당성 여부	

예시답안

[물음 1]에 대하여

Ⅰ 논점의 정리

'B시 이주민지원규정'에서 정한 추가적 요건을 이유로 자신을 이주대책 대상자에서 배제한 것은 위법하다는 갑의 주장의 타당성을 판단하기 위해 이주대책 관련 일반론을 개관한 후 갑이 토지보상법령상 이주대책대상자임에도 추가요건을 이유로 대상자에서 배제한 것이 위법하다는 갑 주장이 타당한지에 관하여 검토해 보도록 한다.

Ⅱ 이주대책의 의의 및 취지(토지보상법 제78조)

이주대책이란 공익사업 시행으로 인하여 주거용 건축물을 제공함에 따라 생활의 근거를 상실한 자에게 사업시행자가 택지를 조성하거나 주택을 건설 · 공급하는 것을 말한다. 판례는 생활보상의 일환으로 국가의 적극적이고 정책적인 배려에 의해 마련된 제도로 보고 있다.

Ⅲ 이주대책대상자 요건(법 제78조, 시행령 제40조)

사업시행자는 공익사업 시행으로 주거용 건축물을 제공함에 따라 생활의 근거를 상실하게 되는 자에게 이주대책을 수립 · 실시해야 하고, 이주대책대상자는 적법한 주거용 건축물에 거주하는 자로 무허가건축물 소유자가 아닐 것, 관계 법령에 따른 고시 등이 있은 날부터 계약체결일 또는 수용재결일까지 계속적으로 거주하고 있을 것(예외사유 존재), 타인 소유 건축물에 거주하는 세입자가 아닐 것이 요구된다.

대판 2019.7.25, 2017다278668[부당이득금]

이주대책대상자에 해당하기 위해서는 구 토지보상법 제4조 각 호의 어느 하나에 해당하는 공익사업의 시행으로 인하여 주거용 건축물을 제공함에 따라 생활의 근거를 상실하게 되어야 한다.

대판 2009.2.26, 2007두13340[이주대책대상자제외처분취소]

공익사업을 위한 토지 등의 취득 및 보상에 관한 법률 제78조 제1항, 공익사업을 위한 토지 등의 취득 및 보상에 관한 법률 시행령 제40조 제3항 제2호 규정의 문언, 내용 및 입법 취지 등을 종합하여 보면, 위 법 제78조 제1항에 정한 이주대책의 대상이 되는 주거용 건축물이란 위 시행령 제40조 제3항 제2호의 '공익사업을 위한 관계 법령에 의한 고시 등이 있은 날' 당시 건축물의 용도가 주거용인 건물을 의미한다고 해석되므로, 그 당시 주거용 건물이 아니었던 건물이 그 이후에 주거용으로 용도 변경된 경우에는 건축 허가를 받았는지 여부에 상관없이 수용재결 내지 협의계약 체결 당시 주거용으로 사용된 건물이라 할지라도 이주대책대상이 되는 주거용 건축물이 될 수 없다.

Ⅳ 이주민지원규정에 의한 대상자배제의 위법성

1. 이주민지원규정의 법적 성질

(1) 행정규칙의 의의 및 대외적 구속력

행정규칙이라 함은 행정조직내부에서의 행정의 사무처리기준으로서 제정된 일반적·추상적 규범을 말하며, 판례는 원칙상 행정규칙의 대외적 구속력을 인정하지 않지만, 평등의 원칙에 근거하여 재량준칙의 대외적 구속력을 인정하고 있다.

(2) 이주민지원규정의 법적 성질

'B시 이주민지원규정'은 훈령의 형식으로서 행정조직 내부 사무처리기준으로서 제정된 일반적·추상적 규범인 행정규칙에 해당하며, 판례의 태도에 따라 대외적 구속력이 없다고 봄이 타당하다고 판단된다.

2. 사업시행자의 재량 여부

판례는 이주대책 내용 및 대상자를 결정함에 있어 사업시행자는 재량을 가지며, 객관적으로 합리적인 경우 재량이 인정된다는 입장을 취하되, 이주대책 대상자의 범위를 확대하는 기준을 수립하여 실시하는 것은 허용되는 것으로 판시한다. 따라서 범위를 확대하는 것은 가능하나, 축소하는 기준은 형평에 어긋나는 것이라고 판단된다.

3. 사안 규정의 위법성 여부

사안의 이주민지원규정은 훈령의 형식으로 행정규칙에 해당하여 대외적 구속력이 부정된다. 또한, 사업시행자가 이주대책 내용결정에 대해 재량권을 갖고 있으나, 이주대책대상자의 범위를 축소시키는 것으로서, 객관적 합리성 및 타당성이 결여되어 위법한 것이라고 판단된다.

V 갑 주장의 타당성 여부

갑은 토지보상법령상 요건을 충족함에도 불구하고, 대외적 구속력이 부정되는 B시 이주민지원규정상 추가 요건에 의해 이주대책대상자에서 배제되었고, 위 규정은 비록 사업시행자가 내용 결정에 재량권을 가지나, 이주대책대상자의 범위를 축소시키는 데 있어 객관적 합리성 및 타당성이 결여되는 것으로 판단된다. 따라서 갑의 주장은 타당성이 있다고 생각된다.

[물음 2]에 대하여

I 논점의 정리

설문 (2)의 해결을 위해 이주대책대상자 확인・결정의 법적 성질에 대하여 관련 판례를 검토한 후, 을이 고려할 수 있는 소송의 형식을 판단하고자 한다.

II 이주대책대상자 확인・결정의 의의

이주대책대상자 확인・결정은 사업시행자가 이주대책 대상이 될 자를 확인・결정함으로써 그 권리를 확정 짓는 것을 말한다.

III 이주대책대상자 확인・결정의 법적 성질

1. 관련 판례의 태도

(1) 종전 판례의 태도

대법원 다수의견은 사업시행자가 확인・결정이 있어야만 비로소 구체적인 수분양권이 발생하게 된다고 판시한다. 따라서 확인결정행위는 재량행위로서 형성적 행정처분의 성격을 갖는 것이다.

(2) 최근 판례의 태도

최근 전원합의체 판결은 토지보상법 제78조 제1항의 이주대책 수립의무 및 제4항의 생활기본시설 설치의무를 당사자의 합의 또는 사업시행자의 재량에 의하여 적용을 배제할 수 없는 '강행법규'라고 판시하여 종전 판결을 변경하였다. 이에 따라 사실상 이주대책대상자에게 실체적 권리를 부여한 측면이 있다고 할 것이다.

2. 검토

이주대책대상자 확인・결정 이주자의 권리의무에 직접적인 영향을 미치므로 최근 판례의 태도에 따라 항고소송의 대상인 〈처분〉에 해당한다고 봄이 타당하다.

Ⅳ 을이 제기할 수 있는 소송의 형식

1. 행정소송가능성

(1) 확인결정의 처분성 및 기속행위 여부

이주대책 대법원 판례가 변경됨에 따라 사업시행자는 일정한 요건이 되는 경우 반드시 이주대책 수립・실시의무를 부담하고, 이주대책의 수립에 따라 피수용자들에게는 실체적 권리가 생겼다고 볼 수 있다. 따라서 확인・결정처분은 확인・이행처분이며, 기속행위라고 판단된다.

(2) 행정소송 제기가능성

사안에서 본인이 일반우선 분양대상자가 아닌 소지가 분양대상자라는 을의 주장이 맞다면, 을은 취소소송 또는 무효등확인소송의 제기가 가능할 것이라고 판단된다.

2. 당사자소송 제기가능성

사안에서 을의 주장이 타당하다면, 신청기간을 도과하였거나 사업시행자가 미리 수분양권을 부정하거나 이주대책에 따른 분양절차가 종료된 경우 및 기타 확인판결을 얻음으로써 분쟁이 해결되고 권리구제가 가능한 경우 등에 해당한다면 당사자소송으로 수분양권 또는 그 법률상 지위의 확인을 구할 수 있다고 판단된다.

〈출제위원 채점평〉

[문제 2]

(설문1)은 훈령 형식을 통한 이주대상자의 권리제한이 법적으로 허용되는지 여부를 묻는 문제입니다. 법치행정의 원리, 특히 법률유보의 원칙상 국민의 권리를 제한하기 위해서는 법률 내지 적어도 법규명령상의 근거가 필요합니다. 따라서 사례상 문제가 된 훈령 형식의 규정의 법적 성질이 무엇인지가 핵심적 쟁점입니다. 그럼에도 상당수의 답안이 쟁점에 대한 정확한 파악이 없이, 이주대책의 성격을 장황하게 기술하거나 막연히 재량을 근거로 답안을 작성한 경우도 있었습니다.

(설문2)는 분양대상자의 유형 선정에 대해 불복하기 위한 소송유형을 묻는 문제로서, 이 역시 행정소송의 기본체계 및 관련 판례의 입장을 이해하고 있으면 답안을 작성하기 평이한 문제라고 보입니다. 행정상 법률관계에 대한 소송유형의 결정을 위해서는 기본적으로 그 법률관계가 공법관계인지 사법관계인지, 공법관계라면 부대등한 관계로서 항고소송의 대상인지 대등관계로서 당사자소송의 대상인지가 판단되어야 합니다. 특히 이주대책과 관련한 수분양권의 문제를 처분으로 이해하고 있는 판례의 입장을 알고 있다면 크게 어렵지 않았을 문제라 생각합니다.

문제 03

지목은 대(垈)이지만 그 현황이 인근 주민의 통행에 제공된 사실상 도로인 토지를 대상으로 「도시 및 주거환경정비법」에 따른 매도청구권을 행사하는 경우와 「공익사업을 위한 토지 등의 취득 및 보상에 관한 법률」에 따른 수용재결이 행하여지는 경우에 관하여 다음 물음에 답하시오. 20점

(1) 매도청구권 행사에 따른 쟁송절차와 수용재결에 따른 보상금을 다투는 쟁송절차의 차이점을 설명하시오. 10점

(2) 토지의 감정평가방법과 그 기준에 있어 매도청구권이 행사되는 경우와 수용재결이 행하여지는 경우의 차이점을 설명하시오. 10점

참조 조문

〈도시정비법〉

제64조(재건축사업에서의 매도청구)

① 재건축사업의 사업시행자는 사업시행계획인가의 고시가 있은 날부터 30일 이내에 다음 각 호의 자에게 조합설립 또는 사업시행자의 지정에 관한 동의 여부를 회답할 것을 서면으로 촉구하여야 한다.

1. 제35조 제3항부터 제5항까지에 따른 조합설립에 동의하지 아니한 자
2. 제26조 제1항 및 제27조 제1항에 따라 시장・군수등, 토지주택공사등 또는 신탁업자의 사업시행자 지정에 동의하지 아니한 자

② 제1항의 촉구를 받은 토지등소유자는 촉구를 받은 날부터 2개월 이내에 회답하여야 한다.

③ 제2항의 기간 내에 회답하지 아니한 경우 그 토지등소유자는 조합설립 또는 사업시행자의 지정에 동의하지 아니하겠다는 뜻을 회답한 것으로 본다.

④ 제2항의 기간이 지나면 사업시행자는 그 기간이 만료된 때부터 2개월 이내에 조합설립 또는 사업시행자 지정에 동의하지 아니하겠다는 뜻을 회답한 토지등소유자와 건축물 또는 토지만 소유한 자에게 건축물 또는 토지의 소유권과 그 밖의 권리를 매도할 것을 청구할 수 있다.

제73조(분양신청을 하지 아니한 자 등에 대한 조치)

① 사업시행자는 관리처분계획이 인가・고시된 다음 날부터 90일 이내에 다음 각 호에서 정하는 자와 토지, 건축물 또는 그 밖의 권리의 손실보상에 관한 협의를 하여야 한다. 다만, 사업시행자는 분양신청기간 종료일의 다음 날부터 협의를 시작할 수 있다.

1. 분양신청을 하지 아니한 자
2. 분양신청기간 종료 이전에 분양신청을 철회한 자
3. 제72조 제6항 본문에 따라 분양신청을 할 수 없는 자
4. 제74조에 따라 인가된 관리처분계획에 따라 분양대상에서 제외된 자

② 사업시행자는 제1항에 따른 협의가 성립되지 아니하면 그 기간의 만료일 다음 날부터 60일 이내에 수용재결을 신청하거나 매도청구소송을 제기하여야 한다.

③ 사업시행자는 제2항에 따른 기간을 넘겨서 수용재결을 신청하거나 매도청구소송을 제기한 경우에는 해당 토지등소유자에게 지연일수(遲延日數)에 따른 이자를 지급하여야 한다. 이 경우 이자는 100분의 15 이하의 범위에서 대통령령으로 정하는 이율을 적용하여 산정한다.

대판 2016.12.29, 2015다202162[소유권이전등기]

이처럼 도시정비법 제39조에 의하여 준용되는 집합건물법 제48조 제4항이 매도청구권의 행사기간을 규정한 취지는, 매도청구권이 형성권으로서 재건축 참가자 다수의 의사에 의하여 매매계약의 성립을 강제하는 것이어서 만일 행사기간을 제한하지 아니하면 매도청구의 상대방은 매도청구권자가 언제 매도청구를 할지 모르게 되어 그 법적 지위가 불안하게 될 뿐만 아니라, 매도청구권자가 매수대상의 시가가 가장 낮아지는 시기를 임의로 정하여 매도청구를 할 수 있게 되어 매도청구 상대방의 권익을 부당하게 침해할 우려가 있기 때문에, 매도청구권의 행사기간을 제한함으로써 매도청구 상대방의 정당한 법적 이익을 보호하고 아울러 재건축을 둘러싼 법률관계를 조속히 확정하기 위한 것이다. 따라서 매도청구권은 그 행사기간 내에 이를 행사하지 아니하면 그 효력을 상실한다(대판 2008.2.29, 2006다56572 참조).

그러나 매도청구권의 행사기간이 도과했다 하더라도 조합이 새로이 조합설립인가처분을 받는 것과 동일한 요건과 절차를 거쳐 조합설립변경인가처분을 받음으로써 그 조합설립변경인가처분이 새로운 조합설립인가처분의 요건을 갖춘 경우 조합은 그러한 조합설립변경인가처분에 터 잡아 새로이 매도청구권을 행사할 수 있다(대판 2012.12.26, 2012다90047, 대판 2013.2.28, 2012다34146 참조).

대판 2010.1.14, 2009다68651[소유권이전등기]

한편, 집합건물법 제48조 제4항에서 매도청구권의 행사기간을 규정한 취지는, 매도청구권이 형성권으로서 재건축참가자 다수의 의사에 의하여 매매계약의 성립을 강제하는 것이므로, 만일 위와 같이 행사기간을 제한하지 아니하면 매도청구의 상대방은 매도청구권자가 언제 매도청구를 할지 모르게 되어 그 법적 지위가 불안전하게 될 뿐만 아니라 매도청구권자가 매수대상인 구분소유권 등의 시가가 가장 낮아지는 시기를 임의로 정하여 매도청구를 할 수 있게 되어 매도청구 상대방의 권익을 부당하게 침해할 우려가 있는 점에 비추어 매도청구 상대방의 정당한 법적 이익을 보호하고 아울러 재건축을 둘러싼 법률관계를 조속히 확정하기 위한 것이라고 봄이 상당하므로 매도청구권은 그 행사기간 내에 이를 행사하지 아니하면 그 효력을 상실한다고 할 것이고(대판 2000.6.27, 2000다11621, 대판 2002.9.24, 2000다22812 등 참조), 이러한 법리는 집합건물법 제48조 제1항 소정의 최고절차를 요하지 않는다고 해석되는 구 주택법 제18조의2 제1항의 규정에 의한 매도청구에 있어서도 마찬가지이다.

대판 2009.3.26, 2008다21549 · 21556 · 21563[소유권이전등기 · 부당이득금]

[4] 주택재건축사업에 참가하지 않은 자에 대하여 구 도시 및 주거환경정비법 제39조에 의한 매도청구권을 행사하는 경우, 그 매매 '시가'의 의미

사업시행자가 주택재건축사업에 참가하지 않은 자에 대하여 도정법 제39조에 의한 매도청구권을 행사하면, 그 매도청구권 행사의 의사표시가 도달함과 동시에 주택재건축사업에 참가하지 않은 자의 토지나 건축물에 관하여 시가에 의한 매매계약이 성립되는 것인바, 이때의 시가란 매도청구권이 행사된 당시의 토지나 건물의 객관적 거래가격으로서, 노후되어 철거될 상태를 전제로 하거나 주택재건축사업이 시행되지 않은 현재의 현황을 전제로 한 거래가격이 아니라 그 토지나 건물에 관하여

주택재건축사업이 시행된다는 것을 전제로 하여 토지나 건축물을 평가한 가격, 즉 재건축으로 인하여 발생할 것으로 예상되는 개발이익이 포함된 가격을 말한다.

대판 2014.12.11, 2014다41698[소유권이전등기등]

【판시사항】

[1] 주택재건축사업의 시행자가 도시 및 주거환경정비법 제39조 제2호에 따라 토지만 소유한 사람에게 매도청구권을 행사하는 경우, 토지의 매매가격이 되는 '시가'의 의미

[2] 도시 및 주거환경정비법에 의한 주택재건축사업의 시행자가 같은 법 제39조 제2호에 따라 을 등이 소유한 토지에 대하여 매도청구권을 행사하였는데, 토지 현황이 인근 주민의 통행에 제공된 도로 등인 사안에서, 시가는 재건축사업이 시행될 것을 전제로 할 경우의 인근 대지 시가와 동일하게 평가하되, 각 토지의 형태 등 개별요인을 고려하여 감액 평가하는 방법으로 산정하는 것이 타당하다고 한 사례

【판결요지】

[1] 도시 및 주거환경정비법에 의한 주택재건축사업의 시행자가 같은 법 제39조 제2호에 따라 토지만 소유한 사람에게 매도청구권을 행사하면 매도청구권 행사의 의사표시가 도달함과 동시에 토지에 관하여 시가에 의한 매매계약이 성립하는데, 이때의 시가는 매도청구권이 행사된 당시의 객관적 거래가격으로서, 주택재건축사업이 시행되는 것을 전제로 하여 평가한 가격, 즉 재건축으로 인하여 발생할 것으로 예상되는 개발이익이 포함된 가격을 말한다.

[2] 도시 및 주거환경정비법에 의한 주택재건축사업의 시행자가 같은 법 제39조 제2호에 따라 을 등이 소유한 토지에 대하여 매도청구권을 행사하였는데, 토지 현황이 인근 주민의 통행에 제공된 도로 등인 사안에서, 토지의 현황이 도로일지라도 주택재건축사업이 추진되면 공동주택의 일부가 되는 이상 시가는 재건축사업이 시행될 것을 전제로 할 경우의 인근 대지 시가와 동일하게 평가하되, 각 토지의 형태, 주요 간선도로와의 접근성, 획지조건 등 개별요인을 고려하여 감액 평가하는 방법으로 산정하는 것이 타당한데도, 현황이 도로라는 사정만으로 인근 대지 가액의 1/3로 감액한 평가액을 기준으로 시가를 산정한 원심판결에 법리오해의 잘못이 있다고 한 사례

대판 1999.5.14, 99두2215[토지수용이의재결처분취소]

공공용지의 취득 및 손실보상에 관한 특례법 시행규칙(1997.10.15. 건설교통부령 제121호로 개정되기 전의 것) 제6조의2 제1항 제2호는 사도법에 의한 사도 외의 도로의 부지를 인근 토지에 대한 평가금액의 3분의 1 이내로 평가하도록 규정함으로써 그 규정의 문언상으로는 그것이 도로법·도시계획법 등에 의하여 설치된 도로이든 사실상 불특정 다수인의 통행에 제공되고 있는 도로(이하 '사실상 도로'라 한다)이든 가리지 않고 모두 위 규정 소정의 사도법에 의한 사도 이외의 도로에 해당하는 것으로 보아야 할 것이지만, 그중 사실상 도로에 관한 위 규정의 취지는 사실상 불특정 다수인의 통행에 제공되고 있는 토지이기만 하면 그 모두를 인근 토지의 3분의 1 이내로 평가한다는 것이 아니라 그 도로의 개설 경위, 목적, 주위 환경, 인접 토지의 획지면적, 소유관계, 이용 상태 등의 제반 사정에 비추어 해당 토지소유자가 자기 토지의 편익을 위하여 스스로 공중의 통행에 제공하는 등 인근 토지에 비하여 낮은 가격으로 보상하여 주어도 될 만한 객관적인 사유가 인정되는 경우에만 인근 토지의 3분의 1 이내에서 평가하고 그러한 사유가 인정되지 아니하는 경우에는 위 규정의 적용에서 제외한다는 것으로 봄이 상당하다.

예시답안

Ⅰ 설문 (1)에 대하여

1. 각 개념의 의의

(1) 매도청구권의 의의(도시정비법 제64조)

도정법상 매도청구권이란 재건축에 참가하는 토지등소유자가 재건축에 불참한 토지등소유자에게 일정한 절차를 거쳐 토지·건물의 매도를 청구하는 권리를 말한다.

(2) 보상금증감청구소송의 의의(토지보상법 제85조 제2항)

보상금증감청구소송이란 보상금 증감의 다툼에 대해 직접적 이해관계를 가진 당사자인 사업시행자와 토지소유자 등이 소송제기를 통해 직접 다투는 당사자소송을 말한다.

2. 각 쟁송절차의 차이점

(1) 절차

① 매도청구는 성실한 협의를 거친 후 협의가 불성립한 경우 곧바로 소송으로 이어지나, ② 수용재결에 따른 쟁송절차는 협의를 거치고, 수용재결평가, 이의재결평가, 보상금증감청구소송의 과정을 거치게 된다.

(2) 원고 및 피고

① 매도청구권 행사의 경우 원고는 재건축조합이고, 피고는 조합설립에 동의하지 아니한 자이다.
② 수용재결을 다투는 보상금을 다투는 경우 소송을 제기하는 자가 토지소유자 또는 관계인일 때는 사업시행자를, 사업시행자일 때에는 토지소유자 또는 관계인을 각각 피고로 한다.

(3) 제척기간 및 제소기간의 적용

① 매도청구권의 경우 유효한 재건축의 결의가 있은 뒤, 그 결의에 찬성하지 않은 자에게 참가여부를 회답할 것을 촉구하고, 2개월의 제척기간이 적용된다. 분양신청을 하지 아니한 자 등에 대한 조치로는 분양신청기간 종료일의 다음 날부터 90일의 협의기간을 갖고, 협의가 성립되지 아니하면 그 기간의 만료일 다음 날부터 60일 이내에 매도청구소송을 제기하여야 한다(도시정비법 제73조).
② 보상금증감청구소송의 경우는 수용재결에 불복할 경우 재결서를 받은 날부터 90일 내, 이의신청을 거친 경우 이의재결서정본 송달일로부터 60일 내에 제기해야 한다는 제소기간 규정이 적용된다.

(4) 지연가산금

① 사업시행자가 60일의 기간을 넘겨서 매도청구소송을 제기한 경우에는 해당 토지 등 소유자에게 지연일수에 따른 이자를 지급하여야 하며, 이자는 100분의 15 이하의 범위에서 대통령령으로 정하는 이율을 적용하여 산정한다.

② 보상금증감청구소송의 경우에는 사업시행자가 제기한 행정소송이 각하·기각 또는 취하된 경우 재결서 정본을 받은 날부터 판결일 또는 취하일까지의 기간에 대하여 「소송촉진 등에 관한 특례법」 제3조에 따른 법정이율을 적용하여 산정한 금액을 보상금에 가산하여 지급하여야 한다(토지보상법 제87조).

Ⅱ 설문 (2)에 대하여

1. 토지의 감정평가방법

(1) 매도청구권이 행사되는 경우

매도청구에 있어 시가는 재건축사업의 시행을 전제로 평가한 가격, 즉 재건축으로 인해 발생할 것으로 예상되는 개발이익이 포함된 가격이다. 판례의 경우에도 매도청구소송에서 '시가'의 개념이 해당 재건축사업으로 인해 발생할 것으로 예상되는 개발이익이 모두 포함되어야 한다는 입장이며, 이는 토지·건물이 일체로 거래되는 가격, 즉 재건축결의 및 조합설립인가에 따라 시장에서 형성·반영되고 있는 개발이익 모두를 반영하라는 의미로 해석된다. 단, 재건축사업의 주체로서의 조합원이 지는 리스크나 향후 현실화·구체화되지 않은 개발이익까지 개발이익으로 기준시점 당시에 반영하라는 의미로 해석할 수는 없을 것이다. 따라서 지목이 대이나 현황이 사실상 도로인 토지의 경우 인근 대지 시가와 동일하게 평가하되, 개별요인을 고려하여 감액평가하는 방법으로 산정하는 것이 타당하다고 판단된다.

(2) 수용재결이 행사되는 경우

수용재결에서 시가의 의미는 토지보상법 제67조 의거 협의 당시 또는 재결 당시의 가격이며, 개발이익이 배제된 가격이다. 따라서 이 경우 사실상 사도는 토지보상법 시행규칙 제26조에 따라 인근 토지의 평가액의 3분의 1 이내로 평가하되, 판례에 따라 그 도로의 개설경위, 목적, 소유관계, 이용상태, 주위환경, 인접토지의 획지면적 등을 고려하여 판단해야 한다.

2. 토지의 감정평가기준

(1) 매도청구권이 행사되는 경우

매도청구 소송감정의 기준시점은 '매매계약 체결의제일'인 바, 감정평가실무상으로는 법원의 감정명령서에 제시된 일자를 기준으로 하면 될 것이다. 매도청구권은 적법한 의사표시가 상대방에게 도달한 때에 상대방의 승낙을 기다리지 않고 바로 목적물에 대한 시가에 의한 매매계약이 성립되는 것으로 보는 '형성권'이라는 데 이의가 없는 것에 비추어, 매도청구의 의사표시가 상대방에게 도달한 시점이 매매계약 체결시점이 된다. 여기서 시가의 의미에는 재건축 사업으로 인해 발생할 것으로 예상되는 개발이익이 포함되어 있다.

(2) 수용재결이 행사되는 경우

토지보상법 제67조에 따라 재결에 의한 보상액 기준시점은 수용 또는 사용의 재결 당시의 가격을 기준으로 하며, 해당 공익사업으로 인한 개발이익을 배제하여 평가하게 된다.

〈출제위원 채점평〉

[문제 3]

이 문제는「도시 및 주거환경정비법」에 따른 매도청구절차와 수용재결절차의 비교에 관한 설문입니다.「공익사업을 위한 토지 등의 및 보상에 관한 법률」에 따른 평가방법・기준이 「감정평가 및 감정평가사에 관한 법률」에 따른 평가방법・기준과 어떻게 다른지에 관한 이해를 알고 있는지를 물어보는 문제이고, 실무적으로 매우 중요함에도 불구하고 충분하게 서술한 답안이 많지 않아 아쉬웠습니다.

문제 04

甲소유의 토지를 포함하는 일단의 토지가 「공공토지의 비축에 관한 법률」에 따라 X읍-Y읍 간 도로사업용지 비축사업(이하 '이 사건 비축사업'이라 함) 지역으로 지정되었고, 한국토지주택공사를 사업시행자로 하여 2014.3.31. 이 사건 비축사업에 대하여 「공익사업을 위한 토지 등의 취득 및 보상에 관한 법률」에 따른 사업인정 고시가 있었다. 한편, 관할 도지사는 X읍-Z읍 간 도로확포장공사와 관련하여 2016.5.1. 도로구역을 결정·고시하였는데, 甲의 토지는 도로확포장공사가 시행되는 도로구역 인근에 위치하고 있다. 이후 이 사건 비축사업을 위하여 甲소유의 토지에 대해서 2016.7.5. 관할 토지수용위원회의 수용재결이 있었는바, 위 도로확포장공사로 인하여 상승된 토지가격이 반영되지 않은 감정평가가격으로 보상금이 결정되었다. 이에 甲은 도로확포장공사로 인한 개발이익이 배제된 보상금 결정은 위법하다고 주장하는바, 甲의 주장이 타당한지에 관하여 설명하시오. 10점

대판 2014.2.27, 2013두21182[수용보상금증액]

【판시사항】

공익사업을 위한 토지 등의 취득 및 보상에 관한 법률 제67조 제2항에서 정한 수용 대상토지의 보상액을 산정함에 있어, 해당 공익사업과는 관계없는 다른 사업의 시행으로 인한 개발이익을 포함한 가격으로 평가할 것인지 여부(적극) 및 개발이익이 해당 공익사업의 사업인정고시일 후에 발생한 경우에도 마찬가지인지 여부(적극)

【판결요지】

공익사업을 위한 토지 등의 취득 및 보상에 관한 법률 제67조 제2항은 '보상액을 산정할 경우에 해당 공익사업으로 인하여 토지 등의 가격이 변동되었을 때에는 이를 고려하지 아니한다'라고 규정하고 있는바, 수용 대상 토지의 보상액을 산정함에 있어 해당 공익사업의 시행을 직접 목적으로 하는 계획의 승인, 고시로 인한 가격변동은 이를 고려함이 없이 재결 당시의 가격을 기준으로 하여 적정가격을 정하여야 하나, 해당 공익사업과는 관계없는 다른 사업의 시행으로 인한 개발이익은 이를 포함한 가격으로 평가하여야 하고, 개발이익이 해당 공익사업의 사업인정고시일 후에 발생한 경우에도 마찬가지이다.

예시답안

I 토지보상법상 개발이익의 배제

1. 개발이익 배제의 의의(토지보상법 제67조 제2항)

〈개발이익〉이란 개발사업의 시행으로 인해 토지소유자의 노력과 상관없이 정상지가 상승분을 초과하여 사업시행자나 토지 소유자에게 귀속되는 토지가액의 증가분을 말하며, 〈개발이익배제〉란 보상금 산정에 있어서 해당 공익사업으로 인하여 토지 등의 가격에 변동이 있는 때에 이를 고려하지 않는 것을 말한다.

2. 개발이익배제의 필요성(잠형주)

① 개발이익은 미실현된 잠재적 이익이고, ② 토지소유자의 노력과 관계가 없으므로 사회에 귀속시키는 것이 형평의 원리에 부합한다. ③ 또한 수용 당시 재산권에 내재된 객관적 가치가 아니라 주관적 가치부여에 지나지 않는바 토지소유자의 손실에 해당하지 않는다.

3. 개발이익배제 제도의 위헌성 논의

판례는 개발이익을 배제하고 손실보상액을 산정한다 하여 헌법이 규정한 정당한 보상의 원칙에 위반되지 않는다고 판시한바 정당성이 인정된다고 판단된다.

헌법재판소 2009.12.29, 2009헌바142 전원재판부

공익사업법 제67조 제2항은 보상액을 산정함에 있어 당해 공익사업으로 인한 개발이익을 배제하는 조항인데, 공익사업의 시행으로 지가가 상승하여 발생하는 개발이익은 사업시행자의 투자에 의한 것으로서 피수용자인 토지소유자의 노력이나 자본에 의하여 발생하는 것이 아니므로, 이러한 개발이익은 형평의 관념에 비추어 볼 때 토지소유자에게 당연히 귀속되어야 할 성질의 것이 아니고, 또한 개발이익은 공공사업의 시행에 의하여 비로소 발생하는 것이므로, 그것이 피수용 토지가 수용 당시 갖는 객관적 가치에 포함된다고 볼 수도 없다.
따라서 개발이익은 그 성질상 완전보상의 범위에 포함되는 피수용자의 손실이라고 볼 수 없으므로, 이러한 개발이익을 배제하고 손실보상액을 산정한다 하여 헌법이 규정한 정당한 보상의 원칙에 위반되지 않는다.

4. 관련 판례의 태도(2013두21182)

판례는 해당 공익사업을 직접 목적으로 하는 가격변동은 이를 고려함 없이 수용재결 당시의 가격을 기준으로 적정가격을 정하여야 하나, 해당 공익사업과 관계없는 다른 사업의 시행으로 인한 개발이익은 이를 배제하지 아니한 가격으로 평가하여야 한다고 판시하고 있다.

Ⅱ 甲 주장의 타당성

1. 이 사건 비축사업과 도로확포장공사의 동일성

사안의 이 사건 도로사업용지 비축사업과 도로확포장공사는 사업주체, 사업목적 및 사업의 근거법이 상이한바 두 사업은 별개의 사업에 해당한다고 판단된다.

2. 개발이익 반영 여부에 대한 고려

이 사건 비축사업과 도로확포장공사는 지리적으로 인접하고 있긴 하지만 사업의 동일성이 인정되지 않는 별개의 사업으로 판단된다. 따라서 판례의 입장을 고려하여 갑 소유 토지평가 시 도로 확포장공사로 인한 토지가치상승분이 반영되어야 할 것으로 판단된다.

3. 甲 주장의 타당성

관련 규정 및 판례에 비추어, 도로확포장공사는 사안의 비축사업과 다른 사업에 해당하는바, 도로확포장공사로 인한 개발이익이 배제된 보상금결정이 위법하다는 甲의 주장은 타당성이 인정된다고 판단된다.

〈출제위원 채점평〉

[문제 4]

이 문제는 개발이익이 보상금에 포함되는지 여부를 기본 쟁점으로 하는 것으로 기본적으로 보상금과의 관계에서 당해 공익사업으로 인한 개발이익과 다른 공익사업으로 인한 개발이익의 구별 문제와 그 외에 사업인정 시점과 개발이익의 문제에 대한 쟁점 등 대부분의 수험생들은 비교적 쟁점을 정확하게 파악하고 답안을 작성하였습니다.

Chapter 09

2016년 제27회 기출문제 분석

문제

01

「공익사업을 위한 토지 등의 취득 및 보상에 관한 법률」(이하 '토지보상법'이라 함)의 적용을 받는 공익사업으로 인하여 甲은 사업시행자인 한국도시철도공단 乙에게 협의절차를 통해 자신이 거주하고 있던 주거용 건축물을 제공하여 생활의 근거를 상실하게 되었다고 주장하면서 토지보상법 제78조 제1항에 따른 이주대책의 수립을 신청하였다. 이에 대해 乙은 "위 공익사업은 선형사업으로서 철도건설에 꼭 필요한 최소한의 토지만 보상하므로 사실상 이주택지공급이 불가능하고 이주대책대상자 중 이주정착지에 이주를 희망하는 자의 가구수가 7호(戶)에 그치는 등 위 공익사업은 토지보상법 시행령 제40조 제2항에서 규정하고 있는 이주대책을 수립하여야 하는 사유에 해당되지 아니한다"는 이유를 들어 甲의 신청을 거부하였다. 다음 물음에 답하시오. 40점

(1) 乙이 甲에 대한 거부처분을 하기에 앞서 행정절차법상 사전통지와 이유제시를 하지 아니한 경우 그 거부처분은 위법한가? 20점

(2) 만약 甲이 거부처분 취소소송을 제기하였다면, 乙은 그 소송 계속 중에 처분의 적법성을 유지하기 위해 "甲은 주거용 건축물에 계약체결일까지 계속하여 거주하고 있지 아니하였을 뿐만 아니라 이주정착지로의 이주를 포기하고 이주정착금을 받은 자에 해당하므로 토지보상법 시행령 제40조 제2항에 따라 이주대책을 수립할 필요가 없다"는 사유를 추가·변경할 수 있는가? 20점

참조 조문

〈공익사업을 위한 토지 등의 취득 및 보상에 관한 법률〉

제78조(이주대책의 수립 등)

① 사업시행자는 공익사업의 시행으로 인하여 주거용 건축물을 제공함에 따라 생활의 근거를 상실하게 되는 자(이하 "이주대책대상자"라 한다)를 위하여 대통령령으로 정하는 바에 따라 이주대책을 수립·실시하거나 이주정착금을 지급하여야 한다.

② 〈이하 생략〉

〈공익사업을 위한 토지 등의 취득 및 보상에 관한 법률 시행령〉

제40조(이주대책의 수립·실시)

① 〈생략〉

② 이주대책은 국토교통부령으로 정하는 부득이한 사유가 있는 경우를 제외하고는 이주대책대상자 중 이주정착지에 이주를 희망하는 자의 가구 수가 10호(戶) 이상인 경우에 수립·실시한다. 다만, 사업시행자가 「택지개발촉진법」 또는 「주택법」 등 관계 법령에 따라 이주대책대상자에게 택지 또는 주택을 공급한 경우(사업시행자의 알선에 의하여 공급한 경우를 포함한다)에는 이주대책을 수립·실시한 것으로 본다.

③ 〈이하 생략〉

제41조(이주정착금의 지급)

사업시행자는 법 제78조 제1항에 따라 다음 각 호의 어느 하나에 해당하는 경우에는 이주대책대상자에게 국토교통부령으로 정하는 바에 따라 이주정착금을 지급해야 한다.

1. 이주대책을 수립·실시하지 아니하는 경우
2. 이주대책대상자가 이주정착지가 아닌 다른 지역으로 이주하려는 경우
3. 이주대책대상자가 공익사업을 위한 관계 법령에 따른 고시 등이 있은 날의 1년 전부터 계약체결일 또는 수용재결일까지 계속하여 해당 건축물에 거주하지 않은 경우
4. 이주대책대상자가 공익사업을 위한 관계 법령에 따른 고시 등이 있은 날 당시 다음 각 목의 어느 하나에 해당하는 기관·업체에 소속(다른 기관·업체에 소속된 사람이 파견 등으로 각 목의 기관·업체에서 근무하는 경우를 포함한다)되어 있거나 퇴직한 날부터 3년이 경과하지 않은 경우
   가. 국토교통부
   나. 사업시행자
   다. 법 제21조 제2항에 따라 협의하거나 의견을 들어야 하는 공익사업의 허가·인가·승인 등 기관
   라. 공익사업을 위한 관계 법령에 따른 고시 등이 있기 전에 관계 법령에 따라 실시한 협의, 의견청취 등의 대상자였던 중앙행정기관, 지방자치단체, [공공기관의 운영에 관한 법률] 제4조에 따른 공공기관 및 [지방공기업법]에 따른 지방공기업

〈행정절차법〉

제21조(처분의 사전 통지)

① 행정청은 당사자에게 의무를 부과하거나 권익을 제한하는 처분을 하는 경우에는 미리 다음 각 호의 사항을 당사자등에게 통지하여야 한다.

1. 처분의 제목
2. 당사자의 성명 또는 명칭과 주소
3. 처분하려는 원인이 되는 사실과 처분의 내용 및 법적 근거
4. 제3호에 대하여 의견을 제출할 수 있다는 뜻과 의견을 제출하지 아니하는 경우의 처리방법
5. 의견제출기관의 명칭과 주소
6. 의견제출기한
7. 그 밖에 필요한 사항

제23조(처분의 이유 제시)

① 행정청은 처분을 할 때에는 다음 각 호의 어느 하나에 해당하는 경우를 제외하고는 당사자에게 그 근거와 이유를 제시하여야 한다.

1. 신청 내용을 모두 그대로 인정하는 처분인 경우
2. 단순·반복적인 처분 또는 경미한 처분으로서 당사자가 그 이유를 명백히 알 수 있는 경우
3. 긴급히 처분을 할 필요가 있는 경우

② 행정청은 제1항 제2호 및 제3호의 경우에 처분 후 당사자가 요청하는 경우에는 그 근거와 이유를 제시하여야 한다.

설문 1 **대판 2015.8.27, 2013두1560[건축신고반려처분취소]**

최근에 거부처분에 대하여 행정절차법상 사전통지를 하지 아니한 사안에서 "다만 행정기관의 장의 거부처분이 재량행위인 경우에, 위와 같은 사전통지의 흠결로 민원인에게 의견진술의 기회를 주지 아니한 결과 민원조정위원회의 심의과정에서 그 고려대상에 마땅히 포함시켜야 할 사항을 누락하는 등 재량권의 불행사 또는 해태로 볼 수 있는 구체적 사정이 있다면, 그 거부처분은 재량권을 일탈・남용한 것으로서 위법하다고 평가할 수 있을 것이다."라고 하는 대판 2015.8.27, 2013두1560 [건축신고반려처분취소]로 재량행위에 대한 거부처분에 있어서도 재량권의 일탈・남용을 통한 위법성이 있다는 취지의 논리구성이 가능한 판례가 출제됨.

대판 2019.1.31, 2016두64975[가격조정명령처분취소]

[2] 행정청이 처분을 할 때에는 원칙적으로 당사자에게 그 근거와 이유를 제시하여야 한다(행정절차법 제23조 제1항). 이 경우 행정청은 처분의 원인이 되는 사실과 근거가 되는 법령 또는 자치법규의 내용을 구체적으로 명시하여야 한다(행정절차법 시행령 제14조의2).
다만 행정청의 자의적 결정을 배제하고 당사자로 하여금 행정구제절차에서 적절히 대처할 수 있도록 하는 처분의 근거 및 이유제시 제도의 취지에 비추어, 처분을 하면서 당사자가 그 근거를 알 수 있을 정도로 이유를 제시한 경우에는 처분의 근거와 이유를 구체적으로 명시하지 않았더라도 그로 말미암아 그 처분이 위법하다고 볼 수는 없다. 이때 '이유를 제시한 경우'는 처분서에 기재된 내용과 관계 법령 및 당해 처분에 이르기까지의 전체적인 과정 등을 종합적으로 고려하여, 처분 당시 당사자가 어떠한 근거와 이유로 처분이 이루어진 것인지를 충분히 알 수 있어서 그에 불복하여 행정구제절차로 나아가는 데 별다른 지장이 없었다고 인정되는 경우를 뜻한다.

설문 2 **대판 2013.8.22, 2011두28301[이주대책대상자거부처분취소]**

피고가 2009.10.8. 원고들에게 보낸 이주대책수립요구에 대한 회신(갑 제1호증)에는 원심이 이 사건 처분사유로 인정한 것 이외에도 "이주대책수립을 요구해 오신 사람 중에서 상당수(7인, 수용재결 중 3인)가 이미 계약을 체결한 후 보상금을 수령하신 상태에서 이주정착지를 요구하는 것은 실효성이 없는 것으로 판단되며"라고 기재되어 있는 것을 알 수 있는데, 거기에는 이주대책대상자 중에서 이주정착금을 지급받은 자들은 이주대책의 수립・실시를 요구할 수 없으므로 전체 신청자 19명 중에서 이들을 제외하면 이주대책 수립 요구를 위한 10명에 미달하게 된다는 의미를 내포하고 있다고 볼 수 있다.
그렇다면 이 사건 처분사유에는 '이주대책을 수립・실시하지 못할 부득이한 사유에 해당한다.'는 점 이외에도 '이주대책대상자 중 이주정착지에 이주를 희망하는 자가 10호에 미치지 못한다.'는 점도 포함하고 있다고 할 수 있으므로 원심으로서는 이주대책대상자 중 10호 이상이 이주정착지에 이주를 희망하고 있는지, 그에 따라 피고가 이주대책을 수립・실시하여야 할 의무가 있는지 등을 심리하여 이 사건 처분의 적법 여부를 판단하였어야 옳다.

그럼에도 피고가 이 사건 소송에서 주장한 '이주대책대상자 중 이주정착지에 이주를 희망하는 자가 10호에 미치지 못한다.'는 사유에 관한 심리・판단을 생략한 채, 단지 공익사업법 시행령 제40조 및 공익사업법 시행규칙 제53조에서 정한 '부득이한 사유'에 해당하지 않는다는 이유만을 들어 이 사건 처분이 위법하다고 판단한 원심판결에는 처분사유의 추가・변경에 관한 법리를 오해하여 필요한 심리를 다하지 아니함으로써 판결에 영향을 미친 위법이 있다고 할 것이다. 이 점을 지적하는 상고이유 주장은 이유 있다.
그러므로 원심판결을 파기하고 사건을 다시 심리・판단하게 하기 위하여 원심법원에 환송하기로 하여, 관여 대법관의 일치된 의견으로 주문과 같이 판결한다.

이주대책 최신 판례

대판 2023.7.13, 2023다214252[채무부존재확인]

[1] 사업시행자가 공익사업을 위한 토지 등의 취득 및 보상에 관한 법률 시행령 제40조 제2항 단서에 따라 택지개발촉진법 또는 주택법 등 관계 법령에 의하여 이주대책대상자들에게 택지 또는 주택을 공급하는 것은 공익사업을 위한 토지 등의 취득 및 보상에 관한 법률 제78조 제1항의 위임에 근거하여 선택할 수 있는 이주대책의 한 방법이고, 사업시행자는 이주대책을 수립・실시하여야 할 자를 선정하여 그들에게 공급할 택지 또는 주택의 내용이나 수량을 정함에 재량을 갖는다.
이주대책대상자들에게 이주자택지 공급한도로 정한 265㎡를 초과하여 공급한 부분이 사업시행자가 정한 이주대책의 내용이 아니라 일반수분양자에게 공급한 것과 마찬가지로 볼 수 있는 경우 초과 부분에 해당하는 분양면적에 대해서는 일반수분양자와 동등하게 생활기본시설 설치비용을 부담시킬 수 있다.

[2] 택지개발사업의 시행자인 한국토지주택공사의 '이주 및 생활대책 수립지침'(이하 '수립지침'이라고 한다)에서 점포겸용・단독주택용지의 경우 이주자택지의 공급규모를 1필지당 265㎡ 이하로 정하면서, 당해 사업지구의 여건과 인근지역 부동산시장동향 등을 종합적으로 고려하여 불가피한 경우에는 위 기준을 다르게 정할 수 있다고 규정하고 있고, 한국토지주택공사는 사업지구 내 이주자택지를 1필지당 265㎡ 상한으로 공급하되, 265㎡를 초과하여 공급하는 경우 초과 면적에 대하여도 감정가격을 적용하지 않고 조성원가에서 생활기본시설 설치비용을 제외한 금액으로 공급하기로 하는 내용의 이주자택지 공급공고와 보상안내를 한 후 이주자택지 공급대상자로 선정된 갑 등과 분양계약을 체결하였는데, 분양면적 중 이주자택지 공급한도인 265㎡ 초과 부분도 이주대책으로서 특별공급된 것인지 문제 된 사안에서, 한국토지주택공사는 이주대책기준 설정에 관한 재량에 따라 수립지침 등 내부 규정에 의하여 사업지구 내 이주자택지 공급규모의 기준을 1필지당 265㎡로 정하였고, 공급공고와 보상안내에 따라 이를 명확하게 고지한 점, 한국토지주택공사가 이주자택지 공급한도를 초과하는 부분의 공급가격을 그 이하 부분과 동일하게 산정하기로 정하였다거나 분양계약서에 분양면적 전체가 이주자택지로 표시되어 있다고 하여 그로써 당연히 공급규모의 기준을 변경하는 의미로 볼 수 없는 점, 특히 이주자택지 공급규모에 관한 기준을 달리 정하였다고 보기 위해서는 수립지침에 따라 획지분할 여건, 토지이용계획 및 토지이용의 효율성 등 당해 사업지구의 여건과 인근지역 부동산시장동향 등을 고려한 불가피한 사정이 있어야 하는 점 등 제반 사정에 비추어 보면, 한국토지주택공사는 이주자택지 공급한도를 265㎡로 정하였을 뿐 이를 초과하는 부분까지 이주대책으로서 특별공급한 것으로 단정하기 어려운데도, 이와 달리 본 원심판단에 법리오해 등의 잘못이 있다고 한 사례

[3] 공익사업을 위한 토지 등의 취득 및 보상에 관한 법률(이하 '토지보상법'이라고 한다) 제78조에 의하면, 사업시행자가 공익사업의 시행으로 인하여 주거용 건축물을 제공함에 따라 생활의 근거를 상실하게 되는 이주대책대상자를 위하여 수립・실시하여야 하는 이주대책에는 이주정착지에 대한 도로 등 통상적인 수준의 생활기본시설이 포함되어야 하고, 이에 필요한 비용은 사업시행자가 부담하여야 한다. 위 규정 취지는 이주대책대상자에게 생활의 근거를 마련해 주고자 하는 데 있으므로, '생활기본시설'은 구 주택법(2012.1.26. 법률 제11243호로 개정되기 전의 것, 이하 '구 주택법'이라고 한다) 제23조 등 관계 법령에 따라 주택건설사업이나 대지조성사업을 시행하는 사업주체가 설치하도록 되어 있는 도로와 상하수도시설 등 간선시설을 의미한다고 보아야 한다. 그러나 광장은 토지보상법에서 정한 생활기본시설 항목이나 구 주택법에서 정한 간선시설 항목에 포함되어 있지 않으므로, 생활기본시설 항목이나 간선시설 항목에 해당하는 시설에 포함되거나 부속되어 그와 일체로 평가할 수 있는 경우와 같은 특별한 사정이 없는 한 생활기본시설에 해당하지 않는다. 따라서 일반 광장이나 생활기본시설에 해당하지 않는 고속국도에 부속된 교통광장과 같은 광역교통시설광장은 생활기본시설에 해

당한다고 보기 어렵다.

또한 대도시권의 대규모 개발사업을 하는 과정에서 광역교통시설의 건설 및 개량에 소요되어 대도시권 내 택지 및 주택의 가치를 상승시키는 데에 드는 비용은 대도시권 내의 택지나 주택을 공급받는 이주대책대상자도 그에 따른 혜택을 누리게 된다는 점에서 생활기본시설 설치비용에 해당하지 않는다.

대판 2021.1.14, 2020두50324[이주대책대상자제외처분취소]

[1] 항고소송의 대상인 '처분'이란 "행정청이 행하는 구체적 사실에 관한 법집행으로서의 공권력의 행사 또는 그 거부와 그 밖에 이에 준하는 행정작용"(행정소송법 제2조 제1항 제1호)을 말한다. 행정청의 행위가 항고소송의 대상이 될 수 있는지는 추상적·일반적으로 결정할 수 없고, 구체적인 경우에 관련 법령의 내용과 취지, 그 행위의 주체·내용·형식·절차, 그 행위와 상대방 등 이해관계인이 입는 불이익 사이의 실질적 견련성, 법치행정의 원리와 그 행위에 관련된 행정청이나 이해관계인의 태도 등을 고려하여 개별적으로 결정하여야 한다. 행정청의 행위가 '처분'에 해당하는지 불분명한 경우에는 그에 대한 불복방법 선택에 중대한 이해관계를 가지는 상대방의 인식가능성과 예측가능성을 중요하게 고려하여 규범적으로 판단하여야 한다.

[2] 수익적 행정처분을 구하는 신청에 대한 거부처분은 당사자의 신청에 대하여 관할 행정청이 이를 거절하는 의사를 대외적으로 명백히 표시함으로써 성립된다. 거부처분이 있은 후 당사자가 다시 신청을 한 경우에는 신청의 제목 여하에 불구하고 그 내용이 새로운 신청을 하는 취지라면 관할 행정청이 이를 다시 거절하는 것은 새로운 거부처분이라고 보아야 한다. 관계 법령이나 행정청이 사전에 공표한 처분기준에 신청기간을 제한하는 특별한 규정이 없는 이상 재신청을 불허할 법적 근거가 없으며, 설령 신청기간을 제한하는 특별한 규정이 있더라도 재신청이 신청기간을 도과하였는지는 본안에서 재신청에 대한 거부처분이 적법한가를 판단하는 단계에서 고려할 요소이지, 소송요건 심사단계에서 고려할 요소가 아니다.

Ⅰ 논점의 정리

Ⅱ (물음1) 행정절차법상 사전통지와 이유제시를 하지 않은 경우 그 거부처분이 위법한지의 여부

1. 이주대책의 의의 및 취지, 법적 성질(토지보상법 제78조)
2. 거부처분을 함에 있어서 사전통지 여부
   (1) 사전통지의 의의
   (2) 거부처분이 사전통지 절차를 요하는 불이익 처분에 포함되는지의 여부
   (3) 검토
3. 거부처분을 함에 있어서 이유제시를 해야 하는지 여부
   (1) 이유제시의 의의
   (2) 이유제시를 하지 않는 경우
   (3) 이유제시의 방식과 정도
   (4) 사안의 경우
4. 사전통지와 이유제시절차 하자의 독자적 위법성
   (1) 개설
   (2) 학설 및 판례
   (3) 소결

Ⅲ (물음2) 처분사유 추가·변경이 가능한지 여부

1. 처분사유 추가·변경의 의의 및 취지
2. 처분사유 추가·변경의 인정 여부
   (1) 학설
   (2) 관련 판례의 태도(2009두19021)
   (3) 검토
3. 재량행위에서의 인정 가능성
4. 처분사유 추가·변경의 인정범위
   (1) 시간적 범위
   (2) 객관적 범위
5. 사안의 처분사유 추가·변경 인정 여부
   (1) 관련 판례의 태도
   (2) 검토

Ⅳ 사례의 해결

예시답안

Ⅰ 논점의 정리

본 사례는 공익사업을 위한 토지 등의 취득 및 보상에 관한 법률(이하 '토지보상법')상 이주대책의 특성과 이주대책 거부처분 시에 사전통지와 이유제시를 하지 않은 경우의 위법과 소송 도중 처분사유 추가변경의 여부 검토가 주요한 쟁점이라고 할 것이다. 아래에서 구체적인 쟁점을 살펴보기로 한다.

Ⅱ (물음1) 행정절차법상 사전통지와 이유제시를 하지 않은 경우 그 거부처분이 위법한지의 여부

1. 이주대책의 의의 및 취지, 법적 성질(토지보상법 제78조)

이주대책이란 공익사업의 시행으로 인하여 주거용 건축물을 제공함에 따라 생활의 근거를 상실한 자에게 종전과 같은 생활상태를 유지할 수 있도록 택지 및 주택을 공급하거나 이주정착금을 지급하는 것을 말하며 생활재건조치에 취지가 있다. 성질로는 판례의 태도에 따라 생활보상의 성격을 가지며 법 제78조 제1항과 제4항은 사업시행자의 재량에 의하여 배제할 수 없는 강행법규의 성질을 지닌다.

2. 거부처분을 함에 있어서 사전통지 여부

(1) 사전통지의 의의

사전통지란 행정청이 불이익 처분을 함에 있어서 미리 상대방에게 일정한 사항을 통지함으로써 행정 절차에의 참여를 보장하기 위한 처분절차를 말한다(행정절차법 제21조).

(2) 거부처분이 사전통지 절차를 요하는 불이익처분에 포함되는지의 여부

1) 학설

① 소극설은 신청행위로써 이미 행정절차에 참여가 완료되었다고 볼 수 있으므로 의견진술의 기회를 줄 필요가 없다고 본다.

② 적극설은 신청인의 기대이익을 침해한다고 보고 거부처분의 경우에도 사전통지 및 의견제출의 기회를 주어야 한다고 보고 있다.

③ 제한적 긍정설은 예외적으로 갱신허가 거부처분이 포함된다고 본다.

2) 대법원 판례 태도

행정절차법 제21조 제1항, 제4항, 제22조 제1항 내지 제4항에 의하면, 행정청이 당사자에게 의무를 과하거나 권익을 제한하는 처분을 하는 경우에는 미리 처분하고자 하는 원인이 되는 사실과 처분의 내용 및 법적 근거, 이에 대하여 의견을 제출할 수 있다는 뜻과 의견을 제출하지 아니하는 경우의 처리방법 등의 사항을 당사자 등에게 통지하여야 하고, 다른 법령 등에서 필요적으로 청문을 실시하거나 공청회를 개최하도록 규정하고 있지 아니한 경우에도 당사자 등에게 의견제출의 기회를 주어야 하되, 해당 처분의 성질상 의견청취가 현저히 곤란하거나 명백히 불필요하다고 인정될 만한 상당한 이유가 있는 경우 등에는 처분의 사전통지나 의견청취를 하지 아니할 수 있도록 규정하고 있으므로, 행정청이 침해적 행정처분을 함에 있어서 당사자에게 위와 같은 사전통지를 하거나 의견제출의 기회를 주지 아니하였다면 사전통지를 하지 않거나 의견제출의 기회를 주지 아니하여도 되는 예외적인 경우에 해당하지 아니하는 한 그 처분은 위법하여 취소를 면할 수 없다고 할 것이다(대판 2000.11.14, 99두5870).

(3) 검토

최근 대법원 판례(2015.8.27, 2013두1560)는 "행정기관의 장의 거부처분이 재량행위인 경우에, 위와 같은 사전통지의 흠결로 민원인에게 의견진술의 기회를 주지 아니한 결과 민원조정위원회의 심의과정에서 그 고려대상에 마땅히 포함시켜야 할 사항을 누락하는 등 재량권의 불행사 또는 해태로 볼 수 있는 구체적 사정이 있다면, 그 거부처분은 재량권을 일탈·남용한 것으로서 위법하다고 평가할 수 있을 것이다."라고 판시하고 있는 바, 사안의 거부처분의 사전통지의 경우에도 그러한 흠결을 비례의 원칙으로 고찰하여 본다면 절차상 하자가 인정된다고 할 것이다.

3. 거부처분을 함에 있어서 이유제시를 해야 하는지 여부

(1) 이유제시의 의의

이유제시라 함은 행정청이 행정처분을 하면서 그 근거와 이유를 제시하는 것을 말하며, 이유부기라고도 한다(행정절차법 제23조).

(2) 이유제시를 하지 않는 경우

이유제시는 공통처분 절차로서 모든 행정처분에 대해 적용되며, 다만 ① 신청내용을 모두 그대로 인정하는 처분인 경우, ② 단순·반복적인 처분 또는 경미한 처분으로서 당사자가 그 이유를 명백히 알 수 있는 경우, ③ 긴급을 요하는 경우에는 이유제시를 하지 않을 수 있다.

(3) 이유제시의 방식과 정도

이유제시는 원칙적으로 문서의 형식으로 행해지며, 판례는 이유제시를 하는 경우 처분의 원인이 되는 사실과 근거가 되는 법령 또는 자치법규의 내용을 구체적으로 명시하여야 하고 처분을 하면서 당사자가 그 근거를 알 수 있을 정도로 이유를 제시한 경우에는 구체적으로 명시하지 않았더라도 처분이 위법하다고 볼 수 없다고 판시한 바 있다.

(4) 사안의 경우

사안의 이주대책 거부처분의 경우에는 행정절차법상 이유제시를 생략해야 하는 사유에도 해당되지 아니하므로 신청 당사자에게 이유제시를 하지 않은 것은 절차상 하자가 인정된다.

4. 사전통지와 이유제시절차 하자의 독자적 위법성

(1) 개설

행정처분에 절차상 위법이 있는 경우 절차상 위법이 해당 행정처분의 독립된 취소사유가 되는가에 대해 견해의 대립이 있다.

(2) 학설 및 판례

① 소극설은 절차상 하자만을 이유로 행정처분의 무효를 확인하거나 행정처분을 취소할 수 없다는 견해로서 이는 절차상 하자를 이유로 취소하는 것은 행정상 및 소송상 경제에 반하는 것으로 본다.
② 적극설은 행정소송법 제30조 제3항을 논거로 독립된 취소가 가능하다는 견해로 행정절차의 실효성 보장을 위해서 독립된 취소사유로 보아야 한다고 본다.
③ 절충설은 재량행위인 경우에는 독립된 취소사유로 보아야 하고, 기속행위인 경우에는 행정상 및 소송상 경제에 반하므로 인정하지 않는 견해이다.

대법원 판례는 이유제시에 관하여 기속행위인 과세처분에 있어서 이유제시상의 하자를 이유로 취소한 바 있고(대판 1984.5.9, 84누116), 재량행위에 대하여 식품위생법 소정의 청문절차에 하자 있는 경우에 취소를 인정한 바 있다(대판 1991.7.9, 91누971). 즉, 판례는 절차상의 하자만으로도 독자적 위법성을 인정하고 있다.

(3) 소결

절차상 하자를 독립된 취소사유로 볼 것인가의 문제는 절차적 법치주의의 가치와 국민의 권리구제 및 소송경제 차원의 조화의 해결이 필요하다. 행정소송법 제30조 제3항의 논거와 국민의 권익구제 차원에서 행정절차의 적법성 보장이 중시되는바, 절차상 하자의 독자적 위법성이 인정된다고 판단된다.

Ⅲ (물음2) 처분사유 추가·변경이 가능한지 여부

1. 처분사유 추가·변경의 의의 및 취지

소송의 계속 중 행정청이 당해 처분의 적법성을 유지하기 위해 처분 당시 제시된 처분사유를 추가, 변경하는 것으로, 소송경제 및 분쟁의 일회적 해결에 취지가 있다.

2. 처분사유 추가·변경의 인정 여부

(1) 학설

① 〈긍정설〉 부정하면 새로운 사유를 들어 다시 거부할 수 있으므로 소송 경제에 반한다는 견해, ② 〈부정설〉 원고의 공격 방어권이 침해됨을 이유로 부정하는 견해, ③ 〈제한적 긍정설〉 일정한 범위 내 제한적으로 인정된다는 견해가 대립한다.

(2) 관련 판례의 태도(2009두19021)

판례는 행정처분의 취소를 구하는 항고소송에 있어 처분청은 당초 처분의 근거로 삼은 사유와 기본적 사실관계가 동일성이 있다고 인정되는 한도 내에서만 다른 사유를 추가 또는 변경할 수 있다고 판시한 바 있다.

(3) 검토

실질적 법치주의와 분쟁의 일회적 해결, 원고의 방어권 보장과 신뢰보호 조화 관점에서 인정되는 한도 내에서만 가능하다고 보는 〈제한적 긍정설〉이 타당하다고 판단된다.

3. 재량행위에서의 인정 가능성

재량행위에서 부정하는 견해가 있으나, 재량행위의 처분사유 변경이 행정행위를 본질적으로 변경하는 것은 아니라고 여겨지고 처분의 동일성을 전제로 하는바 긍정함이 타당하다고 판단된다.

4. 처분사유 추가·변경의 인정범위

(1) 시간적 범위

취소소송에 있어서 처분의 위법성 판단시점을 처분 시로 보는 판례의 입장에 따르면, 〈처분 시에 객관적으로 존재하였던 사유만이 처분사유의 추가·변경의 대상〉이 되고 처분 후에 발생한 사실관계나 법률관계는 대상이 되지 못한다. 또, 처분사유 추가·변경은 〈사실심 변론종결 시〉까지 가능하다.

(2) 객관적 범위

기본적 사실관계의 동일성이 인정되는 범위 내에서만 인정되며, 기본적 사실관계의 동일성이란 판례의 태도에 따라 처분 사유를 법률적으로 평가하기 이전 구체적 사실에 착안하여 그 기초인 사회적 사실관계가 기본적인 점에서 동일한지 여부를 말한다. 그 판단은 시간적·장소적 근접성, 행위의 태양·결과 등의 제반사정을 종합적으로 고려하여 개별, 구체적으로 판단해야 한다.

5. 사안의 처분사유 추가·변경 인정 여부

(1) 관련 판례의 태도

판례는 '이주대책대상자 중 이주정착지에 이주를 희망하는 자가 10호에 미치지 못한다.'는 사유에 관한 심리·판단을 생략한 채, 단지 공익사업법 시행령 제40조 및 공익사업법 시행규칙 제53조에서 정한 '부득이한 사유'에 해당하지 않는다는 이유만을 들어 이 사건 처분이 위법하다고 판단한 원심판결에는 위법이 있다고 판시한 바 있다.

(2) 검토

사안의 경우 ① 법률적 평가 이전에 사회적 사실관계의 동일성이 인정되어야 하는데 해당 사안의 이주대책이라고 하는 동일한 소송물로 사회적 사실관계 안에 있고, ② 사실심 변론종결 시까지 이주대책시기와 장소적 차원에서도 동일성이 인정되며, ③ 행위의 태양과 결과의 동일성 측면에서 처분 당시에 존재하였던 선형사업으로의 한계가 있는 바, 해당 사안에서 소송 도중 乙이

주장한 처분사유 추가변경 내용은 선형사업으로의 한계와 토지보상법 시행령 제40조 제2항의 "부득이한 사유가 있는 경우"에 해당되어 이주대책을 행할 수 없는 경우로 확대해석할 수 있다고 할 것이다. 따라서 소송 도중 乙의 처분사유 추가·변경은 인정된다고 사료된다.

Ⅳ 사례의 해결

1. 거부처분에 있어서 사전통지의 흠결과 이유제시의 절차상 하자만으로도 독자적 위법성이 인정된다고 판단된다.

2. 소송 도중에 乙이 주장하는 처분사유 추가·변경은 기본적 사실관계의 동일성이 인정되어야 하는데 해당 사안의 거부처분과 처분사유 추가·변경 건은 이주대책에 대한 부득이한 사유에 해당된다고 볼 수 있어 처분사유 추가·변경이 인정된다고 판단된다.

〈출제위원 채점평〉

[문제 1]

물음 1)은 이주대책 수립 신청거부처분을 하기에 앞서 사전통지와 이유 제시를 거치지 않은 경우 그 법적 효과를 묻는 문제이다. 불필요하게 이주대책에 대하여 장황하게 작성하거나 실체적 위법성을 기술한 논점 이탈의 답안보다는 거부처분의 절차적 하자에 초점을 맞추어 사전통지와 이유 제시로 구분하여 학설과 판례를 정확히 언급할 필요가 있다.

물음 2)는 처분 사유의 추가·변경의 허용성에 관한 문제로서, 이에 관한 판례와 학설을 적절히 언급하고, 허용범위 및 한계를 작성함과 아울러 기본적 사실관계의 동일성을 기준으로 사안 포섭을 제대로 하는 것이 중요하다.

문제 02

甲은 2015.3.16. 乙로부터 A광역시 B구 소재 도로로 사용되고 있는 토지 200㎡(이하 '이 사건 토지'라 함)를 매수한 후 자신의 명의로 소유권 이전등기를 하였다. 한편, 甲은 A광역시지방토지수용위원회에 "사업시행자인 B구청장이 도로개설공사를 시행하면서 사업인정고시가 된 2010.4.6. 이후 3년 이상 이 사건 토지를 사용하였다"고 주장하면서 「공익사업을 위한 토지 등의 취득 및 보상에 관한 법률」(이하 '토지보상법'이라 함) 제72조 제1호를 근거로 이 사건 토지의 수용을 청구하였다. 이에 대해 A광역시지방토지수용위원회는 "사업인정고시가 된 날로부터 1년 이내에 B구청장이 재결신청을 하지 아니하여 사업인정은 그 효력을 상실하였므므로 甲은 토지보상법 제72조 제1호를 근거로 이 사건 토지의 수용을 청구할 수 없다"며 甲의 수용청구를 각하하는 재결을 하였다. 다음 물음에 답하시오. 30점

(1) **A광역시지방토지수용위원회의 각하재결에 대하여 행정소송을 제기하기 전에 강구할 수 있는 甲의 권리구제수단에 관하여 설명하시오.** 10점

(2) **甲이 A광역시지방토지수용위원회의 각하재결에 대하여 행정소송을 제기할 경우 그 소송의 형태와 피고적격에 관하여 설명하시오.** 20점

참조 조문

〈공익사업을 위한 토지 등의 취득 및 보상에 관한 법률〉

제23조(사업인정의 실효)

① 사업시행자가 제22조 제1항에 따른 사업인정의 고시(이하 "사업인정고시"라 한다)가 된 날부터 1년 이내에 제28조 제1항에 따른 재결신청을 하지 아니한 경우에는 사업인정고시가 된 날부터 1년이 되는 날의 다음 날에 사업인정은 그 효력을 상실한다.

② 〈이하 생략〉

제72조(사용하는 토지의 매수청구 등)

사업인정고시가 된 후 다음 각 호의 어느 하나에 해당할 때에는 해당 토지소유자는 사업시행자에게 해당 토지의 매수를 청구하거나 관할 토지수용위원회에 그 토지의 수용을 청구할 수 있다. 이 경우 관계인은 사업시행자나 관할 토지수용위원회에 그 권리의 존속(存續)을 청구할 수 있다.

1. 토지를 사용하는 기간이 3년 이상인 경우
2. 〈이하 생략〉

대판 2015.4.9, 2014두46669[토지수용재결신청거부처분취소]

【판시사항】

공익사업을 위한 토지 등의 취득 및 보상에 관한 법률 제72조에 의한 토지소유자의 토지수용청구를 받아들이지 않은 토지수용위원회의 재결에 대하여 토지소유자가 불복하여 제기하는 소송의 성질 및 그 상대방

【판결요지】

공익사업을 위한 토지 등의 취득 및 보상에 관한 법률(이하 '토지보상법'이라고 한다) 제72조의 문언, 연혁 및 취지 등에 비추어 보면, 위 규정이 정한 수용청구권은 토지보상법 제74조 제1항이 정한 잔여지수용청구권과 같이 손실보상의 일환으로 토지소유자에게 부여되는 권리로서 그 청구에 의하여 수용효과가 생기는 형성권의 성질을 지니므로, 토지소유자의 토지수용청구를 받아들이지 아니한 토지수용위원회의 재결에 대하여 토지소유자가 불복하여 제기하는 소송은 토지보상법 제85조 제2항에 규정되어 있는 '보상금의 증감에 관한 소송'에 해당하고, 피고는 토지수용위원회가 아니라 사업시행자로 하여야 한다.

【참조조문】

공익사업을 위한 토지 등의 취득 및 보상에 관한 법률 제72조, 제74조 제1항, 제85조 제2항

【참조판례】

대판 2010.8.19, 2008두822 판결

【전문】

【원고, 상고인】 원고

【피고, 피상고인】 서울특별시지방토지수용위원회

【원심판결】 서울고법 2014.11.20, 2014누46739

【주문】

원심판결을 파기한다. 제1심판결을 취소하고, 이 사건 소를 각하한다. 소송총비용은 원고가 부담한다.

【이유】

직권으로 판단한다.

1. 공익사업을 위한 토지 등의 취득 및 보상에 관한 법률(이하 '토지보상법'이라고 한다) 제72조는 사업인정고시가 된 후 '토지를 사용하는 기간이 3년 이상인 때(제1호)' 등의 경우 해당 토지소유자는 사업시행자에게 그 토지의 매수를 청구하거나 관할 토지수용위원회에 그 토지의 수용을 청구할 수 있도록 정하고 있다.

   위 규정의 문언, 연혁 및 취지 등에 비추어 보면, 위 규정이 정한 수용청구권은 토지보상법 제74조 제1항이 정한 잔여지수용청구권과 같이 손실보상의 일환으로 토지소유자에게 부여되는 권리로서 그 청구에 의하여 수용효과가 생기는 형성권의 성질을 지니므로, 토지소유자의 토지수용청구를 받아들이지 아니한 토지수용위원회의 재결에 대하여 토지소유자가 불복하여 제기하는 소송은 토지보상법 제85조 제2항에 규정되어 있는 '보상금의 증감에 관한 소송'에 해당하고, 그 피고는 토지수용위원회가 아니라 사업시행자로 하여야 한다(대판 2010.8.19, 2008두822 판결 등 참조).

2. 원심판결 이유와 기록에 의하면, ① 원고는 피고에게 이 사건 도시계획사업의 사업시행자인 서울특별시 강서구청장이 사업인정고시가 된 후 3년 이상 이 사건 토지를 사용하였다고 주장하면서 토지보상법 제72조 제1호를 근거로 이 사건 토지의 수용을 청구한 사실, ② 피고는 토지보상법 제72조 제1호의 요건에 해당하지 않음을 이유로 원고의 수용청구를 각하하는 재결을 한 사실, ③ 원고는 피고를

상대로 위 각하재결의 취소를 구하는 이 사건 소를 제기한 사실을 알 수 있다.

이러한 사실관계를 위 법리에 비추어 보면, 이 사건 소는 사업시행자인 서울특별시 강서구청장을 피고로 하여야 한다. 따라서 토지수용위원회를 피고로 한 이 사건 소는 부적법하다고 할 것이다. 원심은 이와 달리 이 사건 소가 적법하다고 보아 본안판결에 나아갔는바, 이는 사용하는 토지의 수용청구의 법적 성질 등에 관한 법리를 오해하여 판단을 그르친 것이다.

3. 그러므로 원고의 상고이유에 관하여 판단할 필요 없이 원심판결을 파기하고, 이 사건은 대법원이 직접 재판하기에 충분하므로 자판하기로 하여 제1심판결을 취소하고, 이 사건 소를 각하하며, 소송총비용은 패소자가 부담하기로 하여, 관여 대법관의 일치된 의견으로 주문과 같이 판결한다.

대판 2022.11.24, 2018두67[손실보상금사건]

공익사업을 위한 토지 등의 취득 및 보상에 관한 법률(이하 '토지보상법'이라 한다) 제85조 제2항에 따른 보상금의 증액을 구하는 소(이하 '보상금 증액 청구의 소'라 한다)의 성질, 토지보상법상 손실보상금 채권의 존부 및 범위를 확정하는 절차 등을 종합하면, 토지보상법에 따른 토지소유자 또는 관계인(이하 '토지소유자 등'이라 한다)의 사업시행자에 대한 손실보상금 채권에 관하여 압류 및 추심명령이 있더라도, 추심채권자가 보상금 증액 청구의 소를 제기할 수 없고, 채무자인 토지소유자 등이 보상금 증액 청구의 소를 제기하고 그 소송을 수행할 당사자적격을 상실하지 않는다고 보아야 한다.

Ⅰ 논점의 정리

Ⅱ (물음1) 행정소송하기 전 甲의 권리구제수단

1. 완전수용의 의의 및 근거
2. 토지보상법 제72조 수용청구의 특성 – 형성권
3. 토지보상법 제83조 이의신청(특별법상 행정심판)
4. 소결 – 신속한 권리구제

Ⅲ (물음2) 행정소송을 제기할 경우 그 소송의 형태와 피고적격

1. 토지보상법상 행정소송의 특성(신속한 권리구제와 수용행정의 조속한 법률관계 확정) 규정
2. 적합한 소송의 형태
   (1) 보상금증감청구소송의 의의 및 취지
   (2) 형식적 당사자소송
   (3) 확인・급부 소송성
   (4) 적합한 소송의 형태
3. 행정소송의 피고적격 – 사업시행자(피고적격으로 재결청 삭제–형식적 당사자소송)
   (1) 당사자적격
   (2) 토지보상법 제85조 제2항 법률규정
   (3) 피고적격에 대한 대법원 판례
   (4) 검토

Ⅳ 사례의 해결

예시답안

I 논점의 정리

해당 사안은 공익사업을 위한 토지 등의 취득 및 보상에 관한 법률(이하 '토지보상법') 제72조의 성격과 이에 대한 권리구제의 특성을 묻는 질문이다. 특히 행정소송하기 전에 甲의 권리구제로는 토지보상법 제83조 이의신청으로 특별법상 행정심판에 대한 쟁점과 확장수용 중 완전수용에 대한 권리구제로 토지보상법 제85조 보상금증감청구소송이 쟁점이라고 할 것이다.

II (물음1) 행정소송하기 전 甲의 권리구제수단

1. 완전수용의 의의 및 근거

완전수용이란 토지를 사용함으로써 족하지만 토지소유자가 받게 되는 토지이용의 현저한 장애 내지 제한에 따른 수용보상을 가능하게 하기 위해 마련된 제도이다. 완전수용은 사용에 갈음하는 수용이라고도 하며, 토지보상법 제72조에 근거를 두고 있다.

2. 토지보상법 제72조 수용청구의 특성 - 형성권

완전수용은 ① 토지의 사용기간이 3년 이상인 경우, ② 토지의 사용으로 인하여 토지의 형질이 변경된 경우, ③ 사용하고자 하는 토지에 그 토지소유자의 건축물이 있는 때를 요건으로 한다. 완전수용의 청구권은 토지소유자만이 가지며, 사업시행자나 관계인은 갖지 못한다. 따라서 토지소유자만이 위의 요건에 해당하는 토지가 존재할 때 그 토지의 수용을 청구할 수 있다.

완전수용은 토지보상법 제74조 제1항이 정한 잔여지수용청구권과 같이 손실보상의 일환으로 토지소유자에게 부여되는 권리로서 그 청구에 의하여 수용의 효과가 생기는 형성권의 성질을 지닌다.

3. 토지보상법 제83조 이의신청(특별법상 행정심판)

토지보상법 제83조는 중앙토지수용위원회의 동법 제34조에 따른 재결에 이의가 있는 자는 중앙토지수용위원회에 이의를 신청할 수 있다고 규정하고 있고, 지방토지수용위원회의 동법 제34조에 따른 재결에 이의가 있는 자는 해당 지방토지수용위원회를 거쳐 중앙토지수용위원회에 이의를 신청할 수 있다고 본다. 이의의 신청은 재결서의 정본을 받은 날부터 30일 이내에 하여야 한다고 규정되어 있으므로 사안에서는 행정소송 제기 전에 특별법상 행정심판으로 이의신청을 제기하면 될 것이다.

4. 소결 - 신속한 권리구제

따라서 사안에서는 확장수용 중 완전수용의 A광역시 토지수용위원회의 각하재결에 대하여 형성권이므로 중앙토지수용위원회 이의신청을 통해 특별법상 행정심판을 제기하여 신속한 권리구제를 도모하여야 할 것이다.

Ⅲ (물음2) 행정소송을 제기할 경우 그 소송의 형태와 피고적격

1. 토지보상법상 행정소송의 특성(신속한 권리구제와 수용행정의 조속한 법률관계 확정) 규정

토지보상법 제85조 제1항은 "사업시행자, 토지소유자 또는 관계인은 제34조에 따른 재결에 불복할 때에는 재결서를 받은 날부터 90일 이내에, 이의신청을 거쳤을 때에는 이의신청에 대한 재결서를 받은 날부터 60일 이내에 각각 행정소송을 제기할 수 있다. 이 경우 사업시행자는 행정소송을 제기하기 전에 제84조에 따라 늘어난 보상금을 공탁하여야 하며, 보상금을 받을 자는 공탁된 보상금을 소송이 종결될 때까지 수령할 수 없다."고 규정하고 있고, 동조 제1항에 따라 제기하려는 행정소송이 보상금의 증감(增減)에 관한 소송인 경우 그 소송을 제기하는 자가 토지소유자 또는 관계인일 때에는 사업시행자를, 사업시행자일 때에는 토지소유자 또는 관계인을 각각 피고로 한다고 규정하고 있다. 이는 수용행정을 둘러싼 조속한 법률관계의 확정과 신속한 권리구제를 도모하기 위해서 토지보상법에서 특별히 규정하고 있는 것이다.

2. 적합한 소송의 형태

(1) 보상금증감청구소송의 의의 및 취지(토지보상법 제85조 제2항)

보상금증감청구소송은 보상금에 대한 직접적인 이해당사자인 사업시행자와 토지소유자 및 관계인이 보상금의 증감을 소송의 제기를 통해 직접 다툴 수 있도록 하는 당사자소송이다. 이는 종래의 취소소송을 통한 권리구제의 우회를 시정하여 분쟁의 일회적 해결을 도모하고자 함에 그 제도적 취지가 있다.

(2) 형식적 당사자소송

형식적 당사자소송이란 행정청의 처분들을 원인으로 하는 법률관계에 관한 소송으로 실질적으로 처분 등의 효력을 다투면서 처분청을 피고로 하지 않고 법률관계의 일방 당사자를 피고로 하여 제기하는 소송을 말한다. 해당 사안은 형식적 당사자소송의 성질을 가진다고 할 것이다.

(3) 확인·급부 소송성

수용 등의 보상원인이 있으면 손실보상청구권은 실체법규에 보상에 관한 규정이 있는가 없는가에 관계없이 헌법 규정에 의하여 당연히 발생한다고 해석하고, 재결의 손실보상부분은 그것을 확인하는 데 지나지 않고, 당사자는 행정소송에서 보상액의 증액분에 대한 지급청구 또는 과불분에 대한 반환청구를 하면 되기 때문에 확인·급부소송의 성질을 가진다고 할 것이다.

(4) 적합한 소송의 형태

1) 관련 판례의 태도(2014두46669)

판례는 토지보상법 제72조의 문언, 연혁 및 취지 등에 비추어 보면, 위 규정이 정한 수용청구권은 토지보상법 제74조 제1항이 정한 잔여지 수용청구권과 같이 손실보상의 일환으로 토지소유자에게 부여되는 권리로서 그 청구에 의하여 수용효과가 생기는 형성권의 성질을 지니므로, 토지소유자의 토지수용청구를 받아들이지 아니한 토지수용위원회의 재결에 대하여 토지소유자가 불복하여 제기하는 소송은 토지보상법 제85조 제2항에 규정되어 있는 '보상금의 증감에 관한 소송'에 해당하고, 피고는 토지수용위원회가 아니라 사업시행자로 하여야 한다고 판시한 바 있다.

2) 검토

최근에는 취소소송의 가능성에 대한 의견이 있으나, 사안의 경우 보상금과 관련된 사항으로서 판례의 태도에 따라 보상금증감청구소송으로 다툼이 타당하다고 판단된다.

3. 행정소송의 피고적격 - 사업시행자(피고적격으로 재결청 삭제-형식적 당사자소송)

(1) 당사자적격

종전에 피고적격에서 재결청이 삭제되고 필요적 공동소송에서 명실상부한 형식적 당사자소송이 되었다. 즉, 손실보상금에 관한 법률관계의 당사자인 피수용자와 사업시행자에게 당사자적격이 인정된다. 즉, 보상금증액청구소송에서 피수용자는 원고이고, 사업시행자가 피고가 된다. 반면에 보상금감액청구소송에서는 사업시행자가 원고이고, 피수용자가 피고가 된다. 이와 관련하여 최근 판례에서는 압류, 추심명령이 있더라도 당사자적격을 상실하지 않는다고 판시하여 국민의 권리구제에 도모한 바 있다.

(2) 토지보상법 제85조 제2항 법률규정

토지보상법 제85조 제2항에서는 동조 제1항에 따라 제기하려는 행정소송이 보상금의 증감(增減)에 관한 소송인 경우 그 소송을 제기하는 자가 토지소유자 또는 관계인일 때에는 사업시행자를, 사업시행자일 때에는 토지소유자 또는 관계인을 각각 피고로 한다고 규정하고 있다.

(3) 피고적격에 대한 대법원 판례

(구)공익사업을 위한 토지 등의 취득 및 보상에 관한 법률(2007.10.17. 법률 제8665호로 개정되기 전의 것. 이하 '공익사업법'이라고 한다) 제74조 제1항에 규정되어 있는 잔여지수용청구권은 손실보상의 일환으로 토지소유자에게 부여되는 권리로서 그 요건을 구비한 때에는 잔여지를 수용하는 토지수용위원회의 재결이 없더라도 그 청구에 의하여 수용의 효과가 발생하는 형성권적 성질을 가지므로(대판 1995.9.15, 93누20627, 대판 2001.9.4, 99두11080 등 참조), 잔여지수용청구를 받아들이지 아니한 토지수용위원회의 재결에 대하여 토지소유자가 불복하여 제기하는 소송은 공익사업법 제85조 제2항에 규정되어 있는 '보상금의 증감에 관한 소송'에 해당하여 사업시행자를 피고로 하여야 한다(대판 2010.8.19, 2008두822[토지수용이의재결처분취소등]).

(4) 검토

보상금증감청구소송은 형식적 당사자소송의 형태를 지니는바 판례의 태도에 따라 토지수용위원회가 아니라 사업시행자를 피고로 함이 타당하다고 판단된다.

Ⅳ 사례의 해결

1. 완전수용의 각하재결에 대하여 행정소송 제기 전에 강구할 수 있는 권리구제는 토지보상법 제83조 이의신청으로 특별법상 행정심판을 제기하여 권리구제를 도모할 수 있다.

2. 甲이 관할 토지수용위원회의 각하재결에 대하여 행정소송을 제기하는 경우 보상금증액청구소송을 제기할 수 있고, 사업시행자를 피고로 하여 소송을 제기하여 권리구제를 도모할 수 있다.

〈출제위원 채점평〉

[문제 2]

물음 1)은 토지수용위원회의 각하 재결에 대하여 행정소송 제기 전에 강구할 수 있는 권리구제수단에 관한 문제로서, 「공익사업을 위한 토지 등의 취득 및 보상에 관한 법률」상의 이의신청에 관한 내용을 체계적으로 서술하고 특별행정심판으로서의 성질을 갖고 있다고 서술할 필요가 있다.

물음 2)는 수용 청구를 각하하는 토지수용위원회의 재결에 대해 토지 소유자가 불복하여 제기하는 소송의 형태 및 피고를 누구로 하는가에 관한 문제이다. 이에 관하여는 토지수용위원회의 재결에 불복하여 제기하는 형식적 당사자소송 형태 및 피고적격의 결론도 중요하지만 그와 같은 결론의 도출 과정에 주안점을 두어 관련 법령, 학설, 판례 등 쟁점을 충실하게 서술하는 것이 중요하다.

문제 03

국방부장관은 국방 · 군사에 관한 사업을 위하여 국토교통부장관으로부터 甲소유의 토지를 포함한 200필지의 토지 600,000㎡에 관하여 「공익사업을 위한 토지 등의 취득 및 보상에 관한 법률」 제20조에 따른 사업인정을 받았다. 그러나 국토교통부장관은 사업인정을 하면서 동법 제21조에 규정된 이해관계인의 의견을 청취하는 절차를 거치지 않았다. 한편, 국방부장관은 甲과 손실보상 등에 관하여 협의하였으나 협의가 성립되지 않았다. 국방부장관은 재결을 신청하였고 중앙토지수용위원회는 수용재결을 하였다. 甲은 수용재결에 대한 취소소송에서 사업인정의 절차상 하자를 이유로 수용재결의 위법성을 주장할 수 있는가? (단, 국토교통부장관의 사업인정에 대한 취소소송의 제소기간은 도과하였음) 20점

대판 1992.3.13, 91누4324 [토지수용재결처분취소]

【판시사항】

가. 수용재결단계에서 사업인정처분 자체의 위법을 이유로 재결의 취소를 구할 수 없는지 여부

나. (구)토지수용법(1989.4.1. 법률 제4120호로 개정되기 전의 것) 제46조 제2항과 (구)국토이용관리법 제29조 내지 제29조의6(1989.4.1. 법률 제4120호로 각 삭제) 소정의 보상액 산정방법 및 기준지가에 관한 규정들이 헌법 제23조 제3항에서 규정한 정당보상의 원리에 반하는지 여부(소극)

다. 공법상 제한을 받는 수용대상토지의 보상액 평가 시 고려대상에서 배제하여야 할 공법상 제한의 범위

라. 해당 공공사업의 시행 이전에 도시계획법에 의한 개발제한구역 지정으로 인한 제한은 그대로 고려하고 공원용지 지정으로 인한 제한은 고려하지 아니한 상태로 수용대상토지의 보상액을 평가한 것이 정당하다고 한 사례

【판결요지】

가. **사업인정처분 자체의 위법은 사업인정단계에서 다투어야 하고 이미 그 쟁송기간이 도과한 수용재결단계에서는 사업인정처분이 당연무효라고 볼 만한 특단의 사정이 없는 한 그 위법을 이유로 재결의 취소를 구할 수는 없다.**

나. (구)토지수용법(1989.4.1. 법률 제4120호로 개정되기 전의 것) 제46조 제2항과 (구)국토이용관리법 제29조 내지 제29조의6(1989.4.1. 법률 제4120호로 각 삭제) 소정의 보상액의 산정방법 및 기준지가에 관한 규정들이 헌법 제23조 제3항에서 규정한 정당보상의 원리에 반한다고 할 수 없다.

대판 2000.10.13, 2000두5142 [토지수용재결무효확인]

도시계획사업허가의 공고 시에 토지세목의 고시를 누락하거나 사업인정을 함에 있어 수용 또는 사용할 토지의 세목을 공시하는 절차를 누락한 경우, 이는 절차상의 위법으로서 수용재결단계 전의 사업인정단계에서 다툴 수 있는 취소사유에 해당하기는 하나 더 나아가 그 사업인정 자체를 무효로 할 중대하고 명백한 하자라고 보기는 어렵고, 따라서 이러한 위법을 들어 수용재결처분의 취소를 구하거나 무효확인을 구할 수는 없다(대판 1988.12.27, 87누1141, 대판 2000.10.13, 2000두5142 등 참조).

예시답안

Ⅰ 논점의 정리

본 사안은 공익사업을 위한 토지 등의 취득 및 보상에 관한 법률(이하 '토지보상법')상 사업인정과 수용재결에 대한 하자의 승계가 쟁점이다. 이하에서 사업인정과 수용재결의 법적 성질, 사업인정과 수용재결의 하자의 승계 쟁점과 아울러 판례의 태도를 검토하고자 한다.

Ⅱ 사업인정과 수용재결의 법적 성질

1. 사업인정의 의의 및 법적 성질(토지보상법 제20조)

사업인정이라 함은 공용수용의 제1단계 절차로서 형식적으로는 해당 사업이 토지보상법 제4조 각 호에 해당함을 판단하고, 실질적으로는 공용수용의 제 관계이익의 정당한 형량과정을 거쳐 일정한 절차의 이행을 조건으로 수용권을 설정하는 국토교통부장관의 행정작용을 말한다.

사업인정의 법적 성질은 설권적 행정행위(대판 2005.4.29, 2004두14670)로 강학상 특허의 성질을 가지며, 공용수용을 할 만한 공익성이 있는지의 여부를 모든 사정을 참작하여 구체적으로 판단하는 재량행위이며, 사업인정의 상대방인 사업시행자에게 수익적 효과를 발생시킴과 더불어 공용수용의 타방인 피수용자에게 침익적 효과가 동시에 발생하므로 제3자효 행정행위의 성질을 갖는다.

2. 수용재결의 의의 및 법적 성질(토지보상법 제34조)

수용재결이란 사업인정의 고시가 있은 후 협의불성립 또는 협의불능의 경우에 사업시행자의 신청에 의해 관할 토지수용위원회가 행하는 공용수용의 종국적 절차로서 사업시행자가 보상금을 지급·공탁할 것을 전제로 토지 등의 권리를 취득하고 피수용자는 그 권리를 상실하게 하는 것을 내용으로 하는 형성적 행정행위이다.

3. 수용행정의 특수성

수용행정의 특수성으로 재결은 당사자 사이에 협의가 성립되지 아니한 경우에 공익실현을 위하여 강제적인 권력행사를 통해서 공용수용의 목적을 달성하기 위한 수단이다. 그러나 침해되는 사익의 중대성을 감안하여 엄격한 형식과 절차규정을 두어 공용수용의 최종단계에서 공익과 사익의 조화를 이루기 위한 제도로서의 의미를 가지고 있다.

Ⅲ 사업인정과 수용재결의 하자의 승계

1. 하자의 승계의 의의, 취지, 요건

하자의 승계는 둘 이상의 행정행위가 연속적으로 행해지는 경우에는 선행행위의 하자를 이유로 후행행위를 다툴 수 있는가의 문제를 말한다. 이는 법적 안정성의 요청과 행정의 법률적합성에 의한 국민의 권리구제(재판청구권)에 대한 조화의 취지이다. 하자의 승계의 요건으로는 ① 선행행위와 후행행위 모두 처분일 것, ② 선행행위는 당연무효가 아닌 단순 취소사유일 것, ③ 선행행위의 불가쟁력이 발생할 것, ④ 후행행위는 고유한 하자가 없을 것 등 4가지 요건이 충족되어야 한다.

PART 03

2. 하자의 승계 인정 범위

(1) 학설

① 〈전통적 하자승계론〉 동일한 하나의 법률효과를 목적으로 하는 경우 하자가 승계된다는 견해, ② 〈구속력이론〉 선행행위의 구속력이 후행행위에 미치지 않는 경우 하자의 승계가 인정된다는 견해가 대립한다.

(2) 판례

판례는 기본적으로 전통적 승계론의 입장이지만, 별개의 법률효과를 목적으로 하는 경우에도 예측가능성과 수인가능성을 검토하여 개별 사안의 구체적 타당성을 고려하여야 한다고 판시한 바 있다.

(3) 검토

국민의 권리구제 측면에서 보충적으로 〈예측가능성, 수인가능성〉을 고려해 구체적 타당성을 기해야 하는 것이 타당하다고 판단된다.

3. 판례의 유형별 검토

① 도시계획사업허가의 공고 시에 토지세목의 고시를 누락하거나 사업인정을 함에 있어 수용 또는 사용할 토지의 세목을 공시하는 절차를 누락한 경우, 이는 절차상의 위법으로서 수용재결단계 전의 사업인정단계에서 다툴 수 있는 취소사유에 해당하기는 하나 더 나아가 그 사업인정 자체를 무효로 할 중대하고 명백한 하자라고 보기는 어렵고, 따라서 이러한 위법을 들어 수용재결처분의 취소를 구하거나 무효확인을 구할 수는 없다(대판 2000.10.13, 2000두5142).

② 하자승계를 인정한 판례에는 미통지된 개별공시지가와 과세처분(대판 1994.1.25, 93누8542), 비교표준지공시지가결정과 수용재결(대판 2008.8.21, 2007두13845)이 있다.

③ 부정한 판례는 사업인정과 수용재결(대판 2009.11.26, 2009두11607), 사적지정처분과 사업인정(대판 2019.2.28, 2017두71031), 표준지공시지가와 재산세부과처분취소(대판 2022.5.13, 2018두50147)가 있다.

4. 소결

사업인정을 하면서 토지보상법 제21조에 규정된 이해관계인의 의견청취를 하지 않은 절차의 하자에 대하여, 불가쟁력이 발생한 상황에서 수용재결을 다투면서 사업인정의 위법을 주장하는 것은 전통적 하자 승계론으로 검토해 볼 때에도 별개의 법적 효과를 지향하고, 구속력이론의 입장에서 여러 가지 한계를 고려하더라도 선행행위의 구속력이 후행행위에 그대로 인정되므로 선행행위인 사업인정의 절차적 위법을 이유로 후행 수용재결단계에서 다툴 수 없다고 보인다. 판례도 이와 같은 취지로 "사업인정처분 자체의 위법은 사업인정단계에서 다투어야 하고 이미 그 쟁송기간이 도과한 수용재결단계에서는 사업인정처분이 당연무효라고 볼 만한 특단의 사정이 없는 한 그 위법을 이유로 재결의 취소를 구할 수는 없다."고 보고 있어 하자의 승계는 인정되기 어렵다고 보인다.

Ⅳ 사례의 해결

1. 사업인정을 하면서 토지보상법 제21조상의 이해관계인의 의견청취를 결한 하자는 절차의 하자로써 위법성이 인정되며, 중대명백설 관점에서 취소사유에 해당된다.
2. 전통적 견해나 판례 등을 보더라도 "토지보상법 제21조 이해관계인의 의견청취하는 절차를 거치지 않는 경우, 이는 절차상의 위법으로서 수용재결단계 전의 사업인정단계에서 다툴 수 있는 취소사유에 해당하기는 하나 더 나아가 그 사업인정 자체를 무효로 할 중대하고 명백한 하자라고 보기는 어렵고, 따라서 이러한 위법을 들어 수용재결처분의 취소를 구하거나 무효확인을 구할 수는 없다."고 보고 있기 때문에 하자의 승계는 인정되기 어렵다고 판단된다.

〈출제위원 채점평〉

[문제 3]

이 문제는 선행 행정행위인 사업인정에 대한 절차상 하자가 후행 행정행위인 수용재결에 승계되는지 여부에 관한 문제이다. 설문의 사실관계로부터 하자 승계의 논점을 도출하는지 여부를 중점적으로 보았고, 하자 승계에 관한 학설, 판례 등 기본 쟁점을 빠짐없이 골고루 서술하는 것이 중요하다.

국토교통부장관은 감정평가법인등 甲이 「감정평가 및 감정평가사에 관한 법률」(이하 '감정평가법'이라 함) 제10조에 따른 업무 범위를 위반하여 업무를 행하였다는 이유로 甲에게 3개월 업무정지처분을 하였다. 甲은 이러한 처분에 불복하여 취소소송을 제기하였으나 소송계속 중 3개월의 정지기간이 경과되었다. 감정평가법 제32조 제5항에 근거하여 제정된 감정평가법 시행령 제29조 [별표 3] '감정평가법인등의 설립인가의 취소와 업무의 정지에 관한 기준'에 따르면, 위 위반행위의 경우 위반횟수에 따라 가중처분을 하도록 규정하고 있다(1차 위반 시 업무정지 3개월, 2차 위반 시 업무정지 6개월, 3차 위반 시 업무정지 1년). 甲은 업무정지처분의 취소를 구할 법률상 이익이 있는가? 10점

대판 2006.6.22, 2003두1684 全合[영업정지처분취소]

【판시사항】

[1] 제재적 행정처분이 그 처분에서 정한 제재기간의 경과로 인하여 그 효과가 소멸되었으나, 부령인 시행규칙 또는 지방자치단체의 규칙의 형식으로 정한 처분기준에서 제재적 행정처분을 받은 것을 가중사유나 전제요건으로 삼아 장래의 제재적 행정처분을 하도록 정하고 있는 경우, 선행처분인 제재적 행정처분을 받은 상대방이 그 처분에서 정한 제재기간이 경과하였다 하더라도 그 처분의 취소를 구할 법률상 이익이 있는지 여부(한정 적극)

[2] 환경영향평가대행업무 정지처분을 받은 환경영향평가대행업자가 업무정지처분기간 중 환경영향평가대행계약을 신규로 체결하고 그 대행업무를 한 사안에서, 업무정지처분기간 경과 후에도 '환경·교통·재해 등에 관한 영향평가법 시행규칙'의 규정에 따른 후행처분을 받지 않기 위하여 위 업무정지처분의 취소를 구할 법률상 이익이 있다고 한 사례

【판결요지】

[1] [다수의견]

제재적 행정처분이 그 처분에서 정한 제재기간의 경과로 인하여 그 효과가 소멸되었으나, 부령인 시행규칙 또는 지방자치단체의 규칙(이하 이들을 '규칙'이라고 한다)의 형식으로 정한 처분기준에서 제재적 행정처분(이하 '선행처분'이라고 한다)을 받은 것을 가중사유나 전제요건으로 삼아 장래의 제재적 행정처분(이하 '후행처분'이라고 한다)을 하도록 정하고 있는 경우, 제재적 행정처분의 가중사유나 전제요건에 관한 규정이 법령이 아니라 규칙의 형식으로 되어 있다고 하더라도, 그러한 규칙이 법령에 근거를 두고 있는 이상 그 법적 성질이 대외적·일반적 구속력을 갖는 법규명령인지 여부와는 상관없이, 관할 행정청이나 담당 공무원은 이를 준수할 의무가 있으므로 이들이 그 규칙에 정해진 바에 따라 행정작용을 할 것이 당연히 예견되고, 그 결과 행정작용의 상대방인 국민으로서는 그 규칙의 영향을 받을 수밖에 없다. 따라서 그러한 규칙이 정한 바에 따라 선행처분을 받은 상대방이 그 처분의 존재로 인하여 장래에 받을 불이익, 즉 후행처분의 위험은 구체적이고 현실적인 것이므로, 상대방에게는 선행처분의 취소소송을 통하여 그 불이익을 제거할 필요가 있다. 또한, 나중에 후행처분에 대한 취소소송에서 선행처분의 사실관계나 위법 등을 다툴 수 있는 여지가 남아 있다고 하더라도, 이러한 사정은 후행처분이 이루어지기 전에 이를 방지하기 위하여 직접 선행처분의 위법

을 다투는 취소소송을 제기할 필요성을 부정할 이유가 되지 못한다. 그러한 쟁송방법을 막는 것은 여러 가지 불합리한 결과를 초래하여 권리구제의 실효성을 저해할 수 있기 때문이다. 오히려 앞서 본 바와 같이 행정청으로서는 선행처분이 적법함을 전제로 후행처분을 할 것이 당연히 예견되므로, 이러한 선행처분으로 인한 불이익을 선행처분 자체에 대한 소송에서 사전에 제거할 수 있도록 해 주는 것이 상대방의 법률상 지위에 대한 불안을 해소하는 데 가장 유효적절한 수단이 된다고 할 것이고, 또한 그 소송을 통하여 선행처분의 사실관계 및 위법 여부가 조속히 확정됨으로써 이와 관련된 장래의 행정작용의 적법성을 보장함과 동시에 국민생활의 안정을 도모할 수 있다. 이상의 여러 사정과 아울러, 국민의 재판청구권을 보장한 헌법 제27조 제1항의 취지와 행정처분으로 인한 권익침해를 효과적으로 구제하려는 행정소송법의 목적 등에 비추어 행정처분의 존재로 인하여 국민의 권익이 실제로 침해되고 있는 경우는 물론이고 권익침해의 구체적・현실적 위험이 있는 경우에도 이를 구제하는 소송이 허용되어야 한다는 요청을 고려하면, 규칙이 정한 바에 따라 선행처분을 가중사유 또는 전제요건으로 하는 후행처분을 받을 우려가 현실적으로 존재하는 경우에는, 선행처분을 받은 상대방은 비록 그 처분에서 정한 제재기간이 경과하였다 하더라도 그 처분의 취소소송을 통하여 그러한 불이익을 제거할 권리보호의 필요성이 충분히 인정된다고 할 것이므로, 선행처분의 취소를 구할 법률상 이익이 있다고 보아야 한다.

[대법관 이강국의 별개의견]

다수의견은, 제재적 행정처분의 기준을 정한 부령인 시행규칙의 법적 성질에 대하여는 구체적인 논급을 하지 않은 채, 시행규칙에서 선행처분을 받은 것을 가중사유나 전제요건으로 하여 장래 후행처분을 하도록 규정하고 있는 경우, 선행처분의 상대방이 그 처분의 존재로 인하여 장래에 받을 불이익은 구체적이고 현실적이라는 이유로, 선행처분에서 정한 제재기간이 경과한 후에도 그 처분의 취소를 구할 법률상 이익이 있다고 보고 있는 바, 다수의견이 위와 같은 경우 선행처분의 취소를 구할 법률상 이익을 긍정하는 결론에는 찬성하지만, 그 이유에 있어서는 부령인 제재적 처분기준의 법규성을 인정하는 이론적 기초 위에서 그 법률상 이익을 긍정하는 것이 법리적으로는 더욱 합당하다고 생각한다. 상위법령의 위임에 따라 제재적 처분기준을 정한 부령인 시행규칙은 헌법 제95조에서 규정하고 있는 위임명령에 해당하고, 그 내용도 실질적으로 국민의 권리의무에 직접 영향을 미치는 사항에 관한 것이므로, 단순히 행정기관 내부의 사무처리준칙에 지나지 않는 것이 아니라 대외적으로 국민이나 법원을 구속하는 법규명령에 해당한다고 보아야 한다.

[2] 환경영향평가대행업무 정지처분을 받은 환경영향평가대행업자가 업무정지처분기간 중 환경영향평가대행계약을 신규로 체결하고 그 대행업무를 한 사안에서, '환경・교통・재해 등에 관한 영향평가법 시행규칙' 제10조 [별표 2] 2. 개별기준 (11)에서 환경영향평가대행업자가 업무정지처분기간 중 신규계약에 의하여 환경영향평가대행업무를 한 경우 1차 위반 시 업무정지 6개월을, 2차 위반 시 등록취소를 각 명하는 것으로 규정하고 있으므로, 업무정지처분기간 경과 후에도 위 시행규칙의 규정에 따른 후행처분을 받지 않기 위하여 위 업무정지처분의 취소를 구할 법률상 이익이 있다고 한 사례

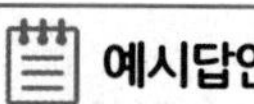 예시답안

Ⅰ 논점의 정리

감정평가 및 감정평가사에 관한 법률(이하 '감정평가법') 시행령 제29조(인가취소 등의 기준)는 "동법 제32조 제1항에 따른 감정평가법인등의 설립인가 취소와 업무정지의 기준은 [별표 3]과 같다."라고 규정하고 있는 바, 가중·감경규정을 정한 [별표 3]의 법적 성질과 협의의 소익 인정 여부가 쟁점이다. 이하에서 [별표 3]의 법적 성질을 규명하고 협의의 소익에 대하여 논하고자 한다.

Ⅱ 가중·감경규정을 정한 감정평가법 시행령 [별표 3]의 법적 성질

1. 감정평가법상 감정평가법인등의 제재조치의 의의 및 취지

최근 부동산 가격공시 및 감정평가에 관한 법률이 분법되어 2개의 법률로 나누어졌다. 2016년 9월 1일부터 시행된 부동산 가격공시에 관한 법률, 감정평가 및 감정평가사에 관한 법률(감정평가법)이 그것이다. 감정평가법에서는 감정평가법인등의 인가취소 등을 제32조에서 규정하고, 감정평가사의 징계를 제39조에 규정하고 있다. 이는 전문가로서의 사회적 책임과 아울러 공정하고 객관적 평가를 통하여 국민의 재산권을 보호하고, 국민경제에 이바지하기 위한 입법으로 감정평가시장의 신뢰성을 강화하기 위한 입법조치로 평가된다. 특히 강력한 제재조치는 감정평가사의 대국민적 공정성을 위한 조치로 감정평가시장의 자정의 기회와 아울러 대국민서비스의 질적 향상을 높이기 위한 입법이다.

2. 감정평가법 시행령 제29조 [별표 3]의 법적 성질

(1) 학설

① **법규명령설** : 법규명령의 형식으로 규정된 이상 해당 재량준칙은 법규로 되어 국민과 법원을 구속한다는 견해이다. 법규명령은 일반 공권력에 근거하여 제정되는 것으로 개인의 자유·재산에 직접 관계없는 사항이라도 국가와 일반국민을 구속하는 점을 논거로 한다.

② **행정규칙설** : 행정규칙은 법규의 형식으로 제정되어도 행정규칙으로서의 성질이 변하지 않는다는 견해이다. 법률과 법규명령이 언제나 국민 일반을 구속하는 것은 아니라는 것을 논거로 한다.

③ **수권 여부에 따라 구분하는 견해** : 내용과 형식에 관계없이 법률의 위임 여부에 따라 구분하는 견해이다. 법률의 위임 없이 제정된 것은 부령의 형식을 취하였다 하여도 행정규칙의 효력만 인정할 수 있고, 법률의 위임에 의해 제정된 것은 법규명령으로서의 효력을 인정할 수 있다고 한다.

(2) 판례

1) 종전 판례

어느 행정행위가 기속행위인지 재량행위인지 나아가 재량행위라고 할지라도 기속재량행위인지 또는 자유재량에 속하는 것인지의 여부는 이를 일률적으로 규정지을 수는 없는 것이고, 해당 처분의 근거가 된 규정의 형식이나 체재 또는 문언에 따라 개별적으로 판단하여야 하며(대판 1995.12.12, 94누12302 등 참조), 한편 이 사건 처분의 기준이 된 시행령 제10조의3 제1항 [별표 1]은 법 제7조 제2항의 위임규정에 터 잡은 규정형식상 대통령령이므로 그 성질이 부령인 시행규칙이나 또는 지방자치단체의 규칙과 같이 통상적으로 행정조직 내부에 있어서의 행정명령에 지나지 않는 것이 아니라 대외적으로 국민이나 법원을 구속하는 힘이 있는 법규명령에 해당한다고 할 것이다(대판 1995.10.17, 94누14148 全合 참조)(대판 1997.12.26, 97누15418[주택건설사업영업정지처분취소]).

2) 최근 판례

최근 대법원 전원합의체 판결에서 "제재적 행정처분의 가중사유나 전제요건에 관한 규정이 법령이 아니라 규칙의 형식으로 되어 있다고 하더라도, 그러한 규칙이 법령에 근거를 두고 있는 이상 그 법적 성질이 대외적·일반적 구속력을 갖는 법규명령인지 여부와는 상관없이, 관할 행정청이나 담당 공무원은 이를 준수할 의무가 있으므로 이들이 그 규칙에 정해진 바에 따라 행정작용을 할 것이 당연히 예견되고, 그 결과 행정작용의 상대방인 국민으로서는 그 규칙의 영향을 받을 수밖에 없다(대판 2006.6.22, 2003두1684 全合)."라고 판시하면서 구체적 사안별로 권리보호의 필요성을 적시하고 있다.

3. 소결

[별표 3]은 대통령령의 형식으로서 법규성을 인정함이 타당하며, 법규명령인지 여부와 상관없이 법규성을 긍정하는 최근 판례의 태도에 비추어 보더라도 법규성을 긍정함이 타당하다고 판단된다.

Ⅲ 협의의 소익(권리보호의 필요)

1. 협의의 소익의 의의 및 취지(행정소송법 제12조 제2문)

협의의 소익이란 구체적 사안에서 본안판단을 행할 현실적 필요성을 말하며, 권리보호의 필요라고도 한다. 협의의 소익을 비롯한 소송요건의 취지는 남소의 방지와 재판청구권 보장 사이의 이익형량을 위한 것이다.

2. 협의의 소익에 대한 논의

(1) 학설

① 장래에 가중적 제재처분을 받을 위험성 여부로 판단하여야 한다는 견해 ② 법규성 여부에 따라 판단하여야 한다는 견해 ③ 변경된 전원합의체 판결(대판 2006.6.22, 2003두1684 全合)과 같이 구체적 사안별로 판단해야 한다는 견해로 나뉘고 있다.

(2) 전원합의체 대법원 판결

[다수의견]

국민의 재판청구권을 보장한 헌법 제27조 제1항의 취지와 행정처분으로 인한 권익침해를 효과적으로 구제하려는 행정소송법의 목적 등에 비추어 행정처분의 존재로 인하여 국민의 권익이 실제로 침해되고 있는 경우는 물론이고 권익침해의 구체적·현실적 위험이 있는 경우에도 이를 구제하는 소송이 허용되어야 한다는 요청을 고려하면, 규칙이 정한 바에 따라 선행처분을 가중사유 또는 전제요건으로 하는 후행처분을 받을 우려가 현실적으로 존재하는 경우에는, 선행처분을 받은 상대방은 비록 그 처분에서 정한 제재기간이 경과하였다 하더라도 그 처분의 취소소송을 통하여 그러한 불이익을 제거할 권리보호의 필요성이 충분히 인정된다고 할 것이므로, 선행처분의 취소를 구할 법률상 이익이 있다고 보아야 한다.

[대법관 이강국의 별개의견]

다수의견은, 선행처분의 취소를 구할 법률상 이익을 긍정하는 결론에는 찬성하지만, 그 이유에 있어서는 부령인 제재적 처분기준의 법규성을 인정하는 이론적 기초 위에서 그 법률상 이익을 긍정하는 것이 법리적으로는 더욱 합당하다고 생각한다. 상위법령의 위임에 따라 제재적 처분기준을 정한 부령인 시행규칙은 헌법 제95조에서 규정하고 있는 위임명령에 해당하고, 그 내용도 실질적으로 국민의 권리의무에 직접 영향을 미치는 사항에 관한 것이므로, 단순히 행정기관 내부의 사무처리준칙에 지나지 않는 것이 아니라 대외적으로 국민이나 법원을 구속하는 법규명령에 해당한다고 보아야 한다(대판 2006.6.22, 2003두1684 全合[영업정지처분취소]).

(3) 검토 – 구체적 사안별로 판단하여야 한다는 견해 타당

① 담당 공무원은 부령형식의 행정규칙도 준수하여야 하므로 장래에 그 시행규칙이 정한 바에 따라 가중처벌을 할 것이 당연히 예견된다는 점에서 가중처벌을 받을 위험을 제거할 이익은 법률상 이익이라는 점, ② 시간의 경과로 인한 증거자료 등이 유실의 문제가 있다는 점에서, '협의의 소의 이익 유무를 가중규범의 법적 성질이 법규명령이냐 행정규칙이냐'라는 형식적 기준에 의하여 판단하는 종전의 판례의 다수의견이나 변경된 전원합의체 별개의견은 타당하지 않고, 구체적 사안별로 관계 법령의 취지를 살펴서 현실적으로 권리보호의 필요성이 있느냐를 기준으로 판단해야 한다는 견해가 타당하다고 생각된다.

3. 소결

국민의 재판청구권을 보장한 헌법 제27조 제1항의 취지와 행정처분으로 인한 권익침해를 효과적으로 구제하려는 행정소송법의 목적 등에 비추어 행정처분의 존재로 인하여 국민의 권익이 실제로 침해되고 있는 경우는 물론이고 권익침해의 구체적·현실적 위험이 있는 경우에도 이를 구제하는 소송이 허용되어야 한다는 요청을 고려하면, 감정평가법 시행령 [별표 3]에서 정한 바에 따라 선행처분을 가중사유 또는 전제요건으로 하는 후행처분을 받을 우려가 현실적으로 존재하는 경우에는, 선행처분을 받은 상대방은 비록 그 처분에서 정한 제재기간이 경과하였다 하더라도 그 처분의 취소소송을 통하여 그러한 불이익을 제거할 권리보호의 필요성이 충분히 인정된다고 할 것이므로, 선행처분의 취소를 구할 법률상 이익이 있다고 보아야 한다.

Ⅳ 사례의 해결

1. 감정평가법 시행령 제29조 [별표 3]의 법적 성질은 대외적 구속력이 있는 법규명령으로 판단된다.
2. 국민의 재판청구권을 보장한 헌법 제27조 제1항의 취지와 행정처분으로 인한 권익침해를 효과적으로 구제하려는 행정소송법의 목적 등에 비추어 행정처분의 존재로 인하여 국민의 권익이 실제로 침해되고 있는 경우는 물론이고 권익침해의 구체적 · 현실적 위험이 있는 경우에도 이를 구제하는 소송이 허용되어야 한다는 측면에서 협의의 소익, 즉 권리보호의 필요성이 인정되어 업무정지처분의 취소를 구할 법률상 이익이 있다고 판단된다.

〈출제위원 채점평〉

[문제 4]

이 문제는 영업정지처분의 정지 기간이 도과된 후에 취소를 구할 법률상 이익이 인정되는지 여부를 묻는 문제이다. 행정소송법 제12조 후단을 언급하면서 협의의 소의 이익에 관한 대법원 판례의 태도를 기술하면 무난하다고 본다. 제재적 처분 기준의 법적 성질을 법령보충적 행정규칙으로 잘못 이해하고 작성한 부실한 답안도 있었다. 그러나 제재적 처분 기준을 대통령령의 형식으로 명확히 알고 있는 전제에서 제재적 처분의 전력이 장래의 행정처분의 가중요건으로 법령에 규정되어 있는 경우에 협의의 소의 이익이 인정된다고 서술하는 답안 기술이 요망된다.

Chapter 10

2015년 제26회 기출문제 분석

문제 01

「공익사업을 위한 토지 등의 취득 및 보상에 관한 법률」(이하 '토지보상법'이라 한다)에 따라 도로확장건설을 위해 사업인정을 받은 A는 해당 지역에 위치한 甲의 토지를 수용하고자 甲과 협의를 시도하였다. A는 甲과 보상액에 관한 협의가 이루어지지 않자 토지보상법상의 절차에 따라 관할 토지수용위원회에 재결을 신청하였다. 그런데 관할 토지수용위원회는 「감정평가에 관한 규칙(국토교통부령)」에 따른 '감정평가실무기준(국토교통부 고시)'과는 다르게 용도지역별 지가변동률이 아닌 이용상황별 지가변동률을 적용한 감정평가사의 감정결과를 채택하여 보상액을 결정하였다. 그 이유로 해당 토지는 이용상황이 지가변동률에 더 큰 영향을 미친다는 것을 들었다. 다음 물음에 답하시오. 40점

(1) 甲은 보상액 결정이 '감정평가실무기준(국토교통부 고시)'을 따르지 않았으므로 위법이라고 주장한다. 甲의 주장은 타당한가? 20점

(2) 甲은 위 토지수용위원회의 재결에 불복하여 토지보상법에 따라 보상금의 증액을 구하는 소송을 제기하고자 한다. 이 소송의 의의와 그 특수성을 설명하시오. 20점

[물음 1]

Ⅰ 논점의 정리

Ⅱ 보상액 결정 – 보상법률주의와 법정평가 보상주의

1. 보상법률주의
2. 법정평가 보상주의

Ⅲ 감정평가실무기준의 법적 성질

1. 법령보충적 행정규칙의 의의
2. 법령보충적 행정규칙의 대외적 구속력 인정 여부
3. 관련 판례의 태도
4. 사안의 경우

Ⅳ 甲 주장의 타당성(소결)

1. 감정평가실무기준의 대외적 구속력이 인정되는 경우
2. 감정평가실무기준이 단순 행정규칙으로 대외적 구속력이 인정되지 않는 경우

[물음 2]

Ⅰ 논점의 정리

Ⅱ 보상금증감청구소송의 의의 및 소송의 성질

1. 보상금증감청구소송의 의의
2. 소송의 성질
3. 소송의 대상
4. 소결

Ⅲ 보상금증감청구소송의 특수성

1. 제기요건(제소기간 특례 등)
2. 심리범위
3. 판결의 효력
4. 관련 문제(청구의 병합)

Ⅳ 관련 판례의 유형별 검토

1. 2008두822
2. 2018두227
3. 2007다8129
4. 2018두67

Ⅴ 사례의 해결

예시답안

[물음 1]에 대하여

Ⅰ 논점의 정리

해당 사안은 보상액 결정에 있어 국토교통부 고시인 실무기준의 법적 성질이 쟁점이고, 관할 토지수용위위원회 재결에 대한 보상금증액청구소송의 의의 및 그 특수성을 설명하는 것이 쟁점이다. 이하에서는 공익사업을 위한 토지 등의 취득 및 보상에 관한 법률(이하 '토지보상법')상 보상법률주의와 법정평가로 인한 보상 등과 그 재결에 불복하여 토지보상법상 보상금증감청구소송의 법적 성질과 특성을 고찰하여 보기로 한다.

Ⅱ 보상액 결정 – 보상법률주의와 법정평가 보상주의

1. 보상법률주의

헌법 제23조 제3항은 "공공필요에 의한 재산권의 수용, 사용 또는 제한 및 그에 대한 보상은 법률로써 하되, 정당한 보상을 지급하여야 한다."고 규정하고 있는 바, 공용수용과 손실보상을 개별법률에 법률 유보하여 반드시 법적 근거를 마련하도록 하고 있다. 즉, 우리 헌법은 보상법률주의를 채택하고 있다.

2. 법정평가 보상주의

토지보상법 제70조(취득하는 토지의 보상) 제1항에서는 "협의나 재결에 의하여 취득하는 토지에 대하여는 「부동산 가격공시에 관한 법률」에 따른 공시지가를 기준으로 하여 보상하되, 그 공시기준일부터 가격시점까지의 관계 법령에 따른 그 토지의 이용계획, 해당 공익사업으로 인한 지가의 영향을 받지 아니하는 지역의 대통령령으로 정하는 지가변동률, 생산자물가상승률(「한국은행법」 제86조에 따라 한국은행이 조사・발표하는 생산자물가지수에 따라 산정된 비율을 말한다)과 그 밖에 그 토지의 위치・형상・환경・이용상황 등을 고려하여 평가한 적정가격으로 보상하여야 한다."라고 규정하여 토지의 보상에 대해서 공시지가로 보상하도록 함으로써 보상의 취득 수용의 핵심인 토지보상이 법정 공시지가기준으로 보상하도록 규정하고 있다. 소멸 수용인 지장물 및 권리 등의 보상도 모두 법률로 정하여 보상하도록 하고 있다.

Ⅲ 감정평가실무기준의 법적 성질

1. 법령보충적 행정규칙의 의의

법령보충적 행정규칙이란 훈령, 예규, 고시 등 행정규칙의 형식이나 상위법령과 결합하여 그 효력을 보충하는 법규사항을 정한 것을 말하며, 행정기본법 제2조 제1호 가목에 근거를 두고 있다.

2. 법령보충적 행정규칙의 대외적 구속력 인정 여부

법규명령으로 보아야 한다는 법규명령설, 행정규칙으로 보아야 한다는 행정규칙설, 통상적인 행정규칙과 달리 그 자체로서 국민에 대한 구속력을 인정한다는 규범구체화 행정규칙설 등이 대립하나, 판례는 당해 법령의 위임한계를 벗어나지 아니하는 한 상위법령과 결합하여 대외적 구속력이 인정된다고 판시한 바 있다.

3. 관련 판례의 태도

판례는 감정평가에 관한 규칙에 따른 '감정평가실무기준'(2013.10.22. 국토교통부 고시 제2013-620호)은 감정평가의 구체적 기준을 정함으로써 감정평가법인등이 감정평가를 수행할 때 이 기준을 준수하도록 권장하여 감정평가의 공정성과 신뢰성을 제고하는 것을 목적으로 하는 것이고, 한국감정평가사협회가 제정한 '토지보상평가지침'은 단지 한국감정평가사협회가 내부적으로 기준을 정한 것에 불과하여 어느 것도 일반 국민이나 법원을 기속하는 것이 아니라고 판시한 바 있다(대판 2014.6.12, 2013두4620[보상금증액]).

4. 사안의 경우

감정평가실무기준은 국토부 고시로서 형식은 행정규칙이지만 감정평가에 관한 규칙에서 위임규정이 있어 법령보충적 행정규칙의 성질을 갖는다고 볼 수 있으며, 우리 헌법은 보상법률주의를 택하고 있는바 법규성을 인정하는 것이 타당하다고 판단된다. 다만 판례는 감정평가실무기준의 대외적 구속력을 부정하고 있으므로 이하에서 甲 주장의 타당성을 감정평가실무기준의 대외적 구속력 여부를 나누어서 고찰하고자 한다.

Ⅳ 甲 주장의 타당성(소결)

1. 감정평가실무기준의 대외적 구속력이 인정되는 경우

감정평가실무기준의 대외적 구속력이 인정되기에 이와 다르게 평가하는 것은 위법하다고 보인다. 법령보충적 행정규칙으로 상위법령과 결합하여 대외적 구속력을 인정한다고 하더라도 용도지역별 지가변동률을 적용하지 않고, 이용상황별 지가변동률을 적용한 것은 부동산 가격공시에 관한 법률과 토지보상법 및 감정평가에 관한 규칙 등 상위법령의 취지에도 부합되지 않는 것이다. 감정평가실무기준상 지가변동률의 적용원칙은 비교표준지가 있는 시・군・구의 같은 용도지역 지가변동률을 적용함을 원칙으로 한다고 규정하고 있고, 예외적인 경우에 용도지역의 지가변동률이 조사・발표되지 않은 경우 등에 이용상황별 지가변동률 등을 적용하도록 하고 있는 바, 법규성이 있는 실무기준을 따르지 않은 것은 위법하다고 할 것이다. 따라서 甲의 주장은 타당하다고 보인다.

2. 감정평가실무기준이 단순 행정규칙으로 대외적 구속력이 인정되지 않는 경우

실무기준이 단순 행정규칙이라면 감정평가사에 의한 보상법률주의에 입각하여 전문가에 의한 토지보상은 법정평가로 공시지가기준 평가를 행하고, 그 법정기준을 지키면서 이용상황 등을 고려하여 시점수정을 하였다면 행정청 내부의 사무처리기준에 불과한 실무기준을 지키지 않았다고 하여 바로 위법이라고 할 수 없다. 따라서 전문가에 의한 이용상황의 영향이 커서 이용상황별 지가변동률을 적용한 것은 보상현장에서 전문적인 판단과 의견으로 위법성이 없다고 보인다. 따라서 甲의 주장은 타당성이 인정되지 않는다고 생각된다.

[물음 2]에 대하여

I 논점의 정리

사안은 관할 토지수용위원회에 재결에 불복하여 보상금 증액을 구하는 것으로 보상금증감청구소송(이하 '보증소')은 일회적 권리구제를 위한 토지보상법상 특수한 형태인 행정소송으로서 이하에서 구체적으로 살펴보기로 한다.

II 보상금증감청구소송의 의의 및 소송의 성질

1. 보상금증감청구소송의 의의

토지수용위원회의 보상재결에 대하여 토지소유자 및 관계인은 보상금의 증액을 청구하는 소송을 제기할 수 있고 사업시행자는 보상금의 감액을 청구하는 소송을 제기할 수 있다. 이를 보상금증감청구소송이라 한다. 이는 보상금만에 대한 소송을 인정함으로써 분쟁의 일회적 해결 · 소송경제 · 권리구제의 신속성 · 실효성 확보를 도모함에 제도적 취지가 인정된다.

2. 소송의 성질

(1) 형식적 당사자소송

보상금증감청구소송은 기본적으로 보상금액을 다투는 소송이며 소송을 제기함에 있어 재결청을 피고로 하는 것이 아니라 그 법률관계의 일방 당사자를 피고로 하는 소송에 해당하게 되므로 순수한 의미의 형식적 당사자소송이라 할 것이다.

(2) 형성소송인지, 확인 · 급부소송인지

형성소송인지, 확인 · 급부소송인지 견해의 대립이 있으나, 보상금증감청구소송은 재결청을 제외한 보상당사자만을 피고로 규정하고 있으므로 보상재결의 취소 · 변경 없이 헌법상 정당보상조항(헌법 제23조 제3항)에 의하여 당연히 발생 · 확정되는 정당보상액을 확인하고, 부족액의 급부를 구하는 확인 · 급부소송이 타당하다고 생각한다.

3. 소송의 대상

형식적 당사자소송의 대상은 법률관계이다. 따라서 보상금증감청구소송은 관할 토지수용위원회가 행한 재결로 형성된 법률관계인 보상금의 증감에 관한 것을 소송의 대상으로 삼아야 하며 보상금의 증감에 관한 사항 외에는 소송의 대상이 될 수 없다.

4. 소결

보상금만에 대한 소송을 인정함으로써 분쟁의 일회적 해결 · 소송경제 · 권리구제의 신속성 · 실효성 확보를 도모함에 제도적 취지가 있고, 형식적 당사자소송이며, 확인 · 급부소송의 성질을 가진다. 그 보증소의 소송의 대상은 법률관계에 대한 소송이다.

Ⅲ 보상금증감청구소송의 특수성

1. 제기요건(제소기간 특례 등)

① 보상금증감청구소송은 관할 토지수용위원회가 행한 재결로 형성된 법률관계인 보상금의 증감에 관한 것을 소송의 대상으로 삼아야 하며, ② 재결서 정본 송달일로부터 90일 또는 60일(이의재결 시) 이내에, ③ 양 당사자는 각각을 피고로 하여, ④ 관할법원에 소를 제기할 수 있다.

2. 심리범위

① 손실보상의 지급방법(채권보상 여부 포함), ② 손실보상액의 범위, 보상액과 관련한 보상 면적, ③ 지연손해금, 잔여지수용 여부, 보상항목 간의 유용도 심리범위에 해당한다고 본다(판례).

3. 판결의 효력

보상금증감소송에서 법원은 스스로 보상액의 증감을 결정할 수 있고 토지수용위원회는 별도의 처분을 할 필요가 없다. 법원의 판결이 있게 되면 기판력, 형성력, 기속력이 발생하고, 소의 각하 · 기각 또는 취하의 효과로서 법정이율의 가산지급(법 제87조)은 당사자소송에 있어서도 적용되는 것으로 보아야 할 것이다.

4. 관련 문제(청구의 병합)

수용 자체에 대하여 불복이 있을 뿐만 아니라 보상금액에도 불복이 있는 경우에는 수용재결의 취소소송과 보상금증액청구소송을 별도로 제기할 수 있다. 그런데 토지소유자는 우선 수용 자체를 다투고 만일 이것이 받아들여지지 않는 경우에는 보상금액의 증액을 청구할 필요가 있을 것이다. 이 경우에 수용재결에 대한 취소소송에서 보상금증액청구소송을 예비적으로 병합하여 제기할 수 있는가 하는 것이 문제된다. 분쟁의 일회적 해결을 위한다는 점에서 청구의 병합을 인정함이 타당하다.

Ⅳ 관련 판례의 유형별 검토

1. 2008두822

토지보상법 제74조 제1항에 규정되어 있는 잔여지수용청구권은 손실보상의 일환으로 토지수용위원회의 재결이 없더라도 그 청구에 의하여 수용의 효과가 발생하는 형성권적 성질을 가지므로, 잔여지수용청구를 받아들이지 않은 토지수용위원회의 재결에 대하여 토지소유자가 불복하여 제기하는 소송은 위 법 제85조 제2항에 규정되어 있는 보상금의 증감에 관한 소송에 해당하여 사업시행자를 피고로 하여야 한다.

2. 2018두227

어떤 보상항목이 토지보상법상 손실보상대상에 해당함에도 관할 토지수용위원회가 사실을 오인하거나 법리를 오해함으로써 손실보상대상에 해당하지 않는다고 잘못된 내용의 재결을 한 경우에는, 피보상자는 관할 토지수용위원회를 상대로 그 재결에 대한 취소소송을 제기할 것이 아니라, 사업시행자를 상대로 공익사업을 위한 토지 등의 취득 및 보상에 관한 법률 제85조 제2항에 따른 보상금증감소송을 제기하여야 한다.

3. 2007다8129

세입자의 주거이전비 보상에 관하여 재결이 이루어진 다음 세입자가 보상금의 증감 부분을 다투는 경우에는 같은 법 제85조 제2항에 규정된 행정소송에 따라, 보상금의 증감 이외의 부분을 다투는 경우에는 같은 조 제1항에 규정된 행정소송에 따라 권리구제를 받을 수 있다.

4. 2018두67

토지보상법 제85조 제2항에 따른 보상금의 증액을 구하는 소의 성질, 토지보상법상 손실보상금 채권의 존부 및 범위를 확정하는 절차 등을 종합하여 보면, 토지보상법에 따른 토지소유자 또는 관계인의 사업시행자에 대한 손실보상금 채권에 관하여 압류 및 추심명령이 있더라도, 추심채권자가 보상금 증액 청구의 소를 제기할 수 없고, 채무자인 토지소유자 등이 보상금 증액 청구의 소를 제기하고 그 소송을 수행할 당사자적격을 상실하지 않는다고 보아야 한다.

V 사례의 해결

1. 보상액 결정에 있어서 감정평가실무기준(국토교통부 고시)을 따르지 않았으므로 위법하다는 甲의 주장은 실무기준의 대외적 구속력 여부에 따라 달라질 수 있다고 생각된다. 다만 판례는 실무기준의 대외적 구속력을 인정하지 않으므로 실무기준을 따르지 않은 보상액 결정은 위법하지 않다고 판단된다.

2. 관할 토지수용위원회에 불복하여 제기하는 보증소는 토지보상법 제85조 제2항에서 규정하고 있고 당사자의 일회적 권리구제를 위하여 형식적 당사자소송으로서의 특칙을 규정하고 있는 것은 국민의 재산권 보호를 위한 입법으로 평가된다.

〈출제위원 채점평〉

[문제 1]

'감정평가실무기준'의 대외적 구속력 여부와 보상금증감청구소송의 본질에 관한 문제이다. '감정평가실무기준'과 관련하여서는 이른바 법령보충적 행정규칙의 대외적 구속력 여부에 관한 학설과 판례의 일반적인 입장을 설명하고, 더 나아가 '감정평가실무기준'에 관한 판례를 구체적으로 설명한 답안에 높은 점수를 부여하였다. 보상금증감청구소송의 본질과 관련하여서는 관련 법령, 학설, 판례를 충분히 설명하면 높은 점수를 부여하였다.

문제 02

B시에 거주하는 甲은 2005년 5월 자신의 토지 위에 주거용 건축물을 신축하였다. 그런데 甲은 건축허가요건을 충족하지 못하여 행정기관의 허가 없이 건축하였다. 甲은 위 건축물에 입주하지 않았으나, 친척인 乙이 자신에게 임대해 달라고 요청하여 이를 허락하였다. 乙은 필요시 언제든 건물을 비워주겠으며, 공익사업시행으로 보상의 문제가 발생할 때에는 어떠한 보상도 받지 않겠다는 내용의 각서를 작성하여 임대차계약서에 첨부하였다. 乙은 2006년 2월 위 건축물에 입주하였는데, 당시부터 건축물의 일부를 임의로 용도변경하여 일반음식점으로 사용하여 왔다. 甲의 위 토지와 건축물은 2015년 5월 14일 국토교통부장관이 한 사업인정고시에 따라서 공익사업시행지구에 편입되었다. 甲은 이 사실을 알고 동년 6월에 위 건축물을 증축하여 방의 개수를 2개 더 늘려 자신의 가족과 함께 입주하였다. 다음 물음에 답하시오. 30점

(1) 위 甲의 건축물은 「공익사업을 위한 토지 등의 취득 및 보상에 관한 법률」에 따른 손실보상의 대상이 되는지, 만일 된다면 어느 범위에서 보상이 이루어져야 하는지 설명하시오. 10점

(2) 甲과 乙은 주거이전비 지급대상자에 포함되는지 여부를 지급요건에 따라서 각각 설명하시오. 20점

참조 조문

〈토지보상법 시행규칙〉

제24조(무허가건축물 등의 부지 또는 불법형질변경된 토지의 평가)

「건축법」 등 관계 법령에 의하여 허가를 받거나 신고를 하고 건축 또는 용도변경을 하여야 하는 건축물을 허가를 받지 아니하거나 신고를 하지 아니하고 건축 또는 용도변경한 건축물(이하 "무허가건축물등"이라 한다)의 부지 또는 「국토의 계획 및 이용에 관한 법률」 등 관계 법령에 의하여 허가를 받거나 신고를 하고 형질변경을 하여야 하는 토지를 허가를 받지 아니하거나 신고를 하지 아니하고 형질변경한 토지(이하 "불법형질변경토지"라 한다)에 대하여는 무허가건축물등이 건축 또는 용도변경될 당시 또는 토지가 형질변경될 당시의 이용상황을 상정하여 평가한다.

제54조(주거이전비의 보상)

① 공익사업시행지구에 편입되는 주거용 건축물의 소유자에 대하여는 해당 건축물에 대한 보상을 하는 때에 가구원수에 따라 2개월분의 주거이전비를 보상하여야 한다. 다만, 건축물의 소유자가 해당 건축물 또는 공익사업시행지구 내 타인의 건축물에 실제 거주하고 있지 아니하거나 해당 건축물이 무허가건축물등인 경우에는 그러하지 아니하다.

② 공익사업의 시행으로 인하여 이주하게 되는 주거용 건축물의 세입자(무상으로 사용하는 거주자를 포함하되, 법 제78조 제1항에 따른 이주대책대상자인 세입자는 제외한다)로서 사업인정고시일등 당시 또는 공익사업을 위한 관계 법령에 따른 고시 등이 있은 당시 해당 공익사업시행지구안에서 3개월 이상 거주

한 자에 대해서는 가구원수에 따라 4개월분의 주거이전비를 보상해야 한다. 다만, 무허가건축물등에 입주한 세입자로서 사업인정고시일등 당시 또는 공익사업을 위한 관계 법령에 따른 고시 등이 있은 당시 그 공익사업지구 안에서 1년 이상 거주한 세입자에 대해서는 본문에 따라 주거이전비를 보상해야 한다.

③ 제1항 및 제2항에 따른 거주사실의 입증은 제15조 제1항 각 호의 방법으로 할 수 있다.

④ 제1항 및 제2항에 따른 주거이전비는 「통계법」 제3조 제3호에 따른 통계작성기관이 조사・발표하는 가계조사통계의 도시근로자가구의 가구원수별 월평균 명목 가계지출비(이하 이 항에서 "월평균 가계지출비"라 한다)를 기준으로 산정한다. 이 경우 가구원수가 5인 이상인 경우에는 다음 각 호의 구분에 따른 금액을 기준으로 산정한다.

1. 가구원수가 5인인 경우 : 5인 이상 기준의 월평균 가계지출비에 해당하는 금액. 다만, 4인 기준의 월평균 가계지출비가 5인 이상 기준의 월평균 가계지출비를 초과하는 경우에는 4인 기준의 월평균 가계지출비에 해당하는 금액으로 한다.
2. 가구원수가 6인 이상인 경우 : 다음 산식에 따라 산정한 금액

   제1호에 따른 금액 + {5인을 초과하는 가구원수 × [(제1호에 따른 금액 − 2인 기준의 월평균 가계지출비) ÷ 3]}

[물음 1]

Ⅰ 논점의 정리

Ⅱ 무허가건축물 등의 의의 및 보상대상 여부

1. 무허가건축물 등의 의의
2. 관련 규정의 검토
3. 관련 판례의 태도
4. 검토

Ⅲ 무허가건축물 등의 보상범위에 대한 판단

1. 소유자 무허가건축물 자체에 대한 보상과 보상특례 적용 여부
2. 임차인 乙에 대한 영업보상 여부

Ⅳ 결

[물음 2]

Ⅰ 논점의 정리

Ⅱ 주거이전비의 개관

1. 주거이전비의 의의 및 취지(토지보상법 시행규칙 54조)
2. 주거이전비의 법적 성질
3. 주거이전비의 요건

Ⅲ 주거이전비 지급대상자에 포함되는지 여부 검토

1. 주거이전비 지급대상에 대한 대법원 기준 판례
2. 주거이전비 지급대상자인지 검토

Ⅳ 결

예시답안

[물음 1] 에 대하여

Ⅰ 논점의 정리

사안은 공익사업을 위한 토지 등의 취득 및 보상에 관한 법률(이하 '토지보상법')상 공익사업을 진행함에 있어 피수용자가 토지보상법 제25조 토지보전의무를 이행하지 아니하고 불법건축물을 신축 또는 증축하는 경우에 보상대상이 되는지 여부와 주거용 건축물은 주거이전비 대상이므로 주거이전비 지급대상자가 되는지 관련 규정과 판례를 통해 고찰해 보기로 한다.

Ⅱ 무허가건축물 등의 의의 및 보상대상 여부

1. 무허가건축물 등의 의의

토지보상법 시행규칙 제24조에서는 「건축법」 등 관계 법령에 의하여 허가를 받거나 신고를 하고 건축 또는 용도변경을 하여야 하는 건축물을 허가를 받지 아니하거나 신고를 하지 아니하고 건축 또는 용도변경한 건축물(이하 '무허가건축물 등'이라 한다)을 무허가건축물 등이라고 한다.

2. 관련 규정의 검토

① 토지보상법 제75조에서는 건축물 등에 대한 보상 규정을 정하면서 적법건축물과 무허가건축물을 구별하고 있지 않고 있으며, ② 동법 제25조에서는 사업인정 이후 무허가건축물에 대하여 손실보상을 청구할 수 없다고 규정하고 있다.

3. 관련 판례의 태도

대판 2000.3.10, 99두10896[무허가건물재결처분취소]

관계 법령을 종합하여 보면, 지장물인 건물은 그 건물이 적법한 건축허가를 받아 건축된 것인지 여부에 관계없이 토지보상법상의 사업인정의 고시 이전에 건축된 건물이기만 하면 손실보상의 대상이 됨이 명백하다.

대판 2014.11.13, 2013두19738 · 19745[토지수용재결처분취소등 · 수용재결처분취소]

건축법상 건축허가를 받았더라도 허가받은 건축행위에 착수하지 아니하고 있는 사이에 토지보상법상 사업인정고시가 된 경우 고시된 토지에 건축물을 건축하려는 자는 토지보상법 제25조에 정한 허가를 따로 받아야 하고, 그 허가 없이 건축된 건축물에 관하여는 토지보상법상 손실보상을 청구할 수 없다고 할 것이다.

4. 검토

생각건대 명문의 근거 없이 보상 대상을 축소하는 것은 기득권 보호 차원의 문제가 있는바, 판례와 같이 사업인정 고시 전 건축한 무허가건축물은 손실보상의 대상이 된다고 봄이 타당하다.

Ⅲ 무허가건축물 등의 보상범위에 대한 판단

1. 소유자 무허가건축물 자체에 대한 보상과 보상특례 적용 여부

1989.1.24. 이전의 무허가건축물 등은 모두 적법한 건축물로 보아 보상대상으로 하고 있지만, 1989.1.24. 이후의 무허가건축물은 사업인정고시 전에 건축된 건축물 자체만 보상대상이 되고, 주거용 보상특례규정이 어느 정도까지 적용될 수 있는지는 고찰해 보아야 한다.

토지보상법 시행규칙 제33조 제2항에 따른 비준가격 및 동칙 제55조 제2항 이사비는 적용될 것으로 보이나, 원칙적으로 주거이전비, 주거용 건축물 최저보상특례, 재편입가산금은 적용되기 어려울 것으로 판단된다.

2. 임차인 乙에 대한 영업보상 여부

(1) 관련 규정

> **〈토지보상법 시행규칙〉**
>
> **제45조(영업손실의 보상대상인 영업)**
>
> 법 제77조 제1항에 따라 영업손실을 보상하여야 하는 영업은 다음 각 호 모두에 해당하는 영업으로 한다.
>
> 1. 사업인정고시일 등 전부터 적법한 장소(무허가건축물 등, 불법형질변경토지, 그 밖에 다른 법령에서 물건을 쌓아놓는 행위가 금지되는 장소가 아닌 곳을 말한다)에서 인적·물적 시설을 갖추고 계속적으로 행하고 있는 영업. 다만, 무허가건축물 등에서 임차인이 영업하는 경우에는 그 임차인이 사업인정고시일 등 1년 이전부터 「부가가치세법」 제8조에 따른 사업자등록을 하고 행하고 있는 영업을 말한다.
> 2. 영업을 행함에 있어서 관계 법령에 의한 허가 등을 필요로 하는 경우에는 사업인정고시일 등 전에 허가 등을 받아 그 내용대로 행하고 있는 영업

(2) 관련 판례

중앙토지수용위원회가 생태하천조성사업에 편입되는 토지상의 무허가건축물에서 축산업을 영위하는 甲에 대하여 공익사업을 위한 토지 등의 취득 및 보상에 관한 법률 시행규칙 제45조 제1호(이하 '위 규칙 조항'이라 한다)에 따라 영업손실을 인정하지 않는 내용의 수용재결을 한 사안에서, ① 무허가건축물을 사업장으로 이용하는 경우 사업장을 통해 이익을 얻으면서도 영업과 관련하여 해당 사업장에 부과되는 행정규제의 탈피 또는 영업을 통하여 얻는 이익에 대한 조세회피 등 여러 가지 불법행위를 저지를 가능성이 큰 점, ② 건축법상의 허가절차를 밟을 경우 관계 법령에 따라 불허되거나 규모가 축소되었을 건물에서 건축허가를 받지 않은 채 영업을 하여 법적 제한을 넘어선 규모의 영업을 하고도 그로 인한 손실 전부를 영업손실로 보상받는 것은 불합리한 점 등

에 비추어 보면, 위 규칙 조항이 '영업'의 개념에 '적법한 장소에서 운영될 것'이라는 요소를 포함하고 있다고 하여 공익사업을 위한 토지 등의 취득 및 보상에 관한 법률의 위임 범위를 벗어났다거나 정당한 보상의 원칙에 위배된다고 하기 어렵다고 본 원심판단을 정당한 것으로 수긍한 사례 (대판 2014.3.27, 2013두25863)

(3) 乙의 영업보상 대상 여부

임차인 乙은 2006년 2월에 입주하여 건축물을 임의로 용도변경하여 일반음식점으로 사용하여 왔지만, 사업자등록 여부는 설문에서 없다. 토지보상법 시행규칙 제45조에서는 적법한 장소를 전제하지만, 임차인의 경우에는 적법한 장소에 대한 규정의 예외로서 무허가건축물 등에서 영업하는 소상공인 약자를 보호하기 위한 규정으로 임차인의 무단 용도변경의 경우에 이를 법적으로 보호할 법익이 있는가 여부에 대한 법적 판단이 우선적으로 행하여야 하지만, 임차인의 영업권은 재산권으로서 보호되어야 하므로 乙에 대한 영업보상은 행해지는 것이 타당하다고 판단된다.

Ⅳ 결

1. 소유자 甲의 무허가건축물 등에 대한 보상은 토지보전의무에 위반된 사항으로 보상대상에서 제외하고, 사업인정고시 이전의 무허가건축물 자체는 보상대상이 되지만 토지보상법상 주거용 부동산에 대한 특례규정은 적용되기 어렵다고 보인다.

2. 임차인 乙에 대해서는 사업인정고시일 등 1년 전부터 상당히 오랜 기간 영업을 지속한 바, 토지보상법 시행규칙 제45조 단서 규정 특례에 따라 보상대상으로 하여 임차인을 보호하고자 하는 토지보상법 입법취지에 부합되는 보상을 하는 것이 타당하다고 생각된다.

✔ [물음 2]에 대하여

Ⅰ 논점의 정리

토지보상법상 주거이전비는 주거용 부동산에 대한 총체적 가치보상 특례로서 인간다운 생활을 영위하고 생활의 안정을 위하여 토지보상법에서 특별히 규정한 것으로 해당 사안이 주거이전비 보상대상인지가 문제된다.

Ⅱ 주거이전비의 개관

1. 주거이전비의 의의 및 취지(토지보상법 시행규칙 제54조)

주거이전비는 주거용 건물의 거주자에 대하여는 주거 이전에 필요한 비용을 산정하여 보상하는 것을 말하며, 생활재건조치에 취지가 있다.

2. 주거이전비의 법적 성질

(1) 공법상 권리

대판 2008.5.29, 2007다8129[주거이전비등]

주거이전비는 해당 공익사업시행지구 안에 거주하는 세입자들의 조기이주를 장려하여 사업추진을 원활하게 하려는 정책적인 목적과 주거이전으로 인하여 특별한 어려움을 겪게 될 세입자들을 대상으로 하는 사회보장적인 차원에서 지급되는 금원의 성격을 가지므로, 적법하게 시행된 공익사업으로 인하여 이주하게 된 주거용 건축물 세입자의 주거이전비 보상청구권은 공법상의 권리이다.

(2) 강행규정성

대판 2011.7.14, 2011두3685[주거이전비등]

세입자에 대한 주거이전비는 공익사업 시행으로 인하여 생활 근거를 상실하게 되는 세입자를 위하여 사회보장적 차원에서 지급하는 금원으로 보아야 하므로, 사업시행자의 세입자에 대한 주거이전비 지급의무를 정하고 있는 토지보상법 시행규칙 제54조 제2항은 당사자 합의 또는 사업시행자 재량에 의하여 적용을 배제할 수 없는 강행규정이라고 보아야 한다.

3. 주거이전비의 요건

(1) 주거용 건축물의 소유자(칙 제54조 제1항)

공익사업시행지구에 편입되는 주거용 건축물의 소유자에 대하여는 해당 건축물에 대한 보상을 하는 때에 가구원 수에 따라 2개월분의 주거이전비를 보상하여야 한다. 다만, 건축물의 소유자가 해당 건축물 또는 공익사업시행지구 내 타인의 건축물에 실제 거주하고 있지 아니하거나 해당 건축물이 무허가건축물 등인 경우에는 그러하지 아니하다.

(2) 주거용 건축물의 세입자(임차인)(칙 제54조 제2항)

공익사업의 시행으로 인하여 이주하게 되는 주거용 건축물의 세입자(무상으로 사용하는 거주자를 포함하되, 법 제78조 제1항에 따른 이주대책대상자인 세입자는 제외한다)로서 사업인정고시일 등 당시 또는 공익사업을 위한 관계 법령에 따른 고시 등이 있은 당시 해당 공익사업시행지구 안에서 3개월 이상 거주한 자에 대해서는 가구원수에 따라 4개월분의 주거이전비를 보상해야 한다. 다만, 무허가건축물 등에 입주한 세입자로서 사업인정고시일 등 당시 또는 공익사업을 위한 관계 법령에 따른 고시 등이 있은 당시 그 공익사업지구 안에서 1년 이상 거주한 세입자에 대해서는 본문에 따라 주거이전비를 보상하여야 한다.

Ⅲ 주거이전비 지급대상자에 포함되는지 여부 검토

1. 주거이전비 지급대상에 대한 대법원 기준 판례

'공익사업을 위한 토지 등의 취득 및 보상에 관한 법률'(이하 '공익사업법'이라고 한다) 제78조 제5항, (구)공익사업법 시행규칙(2012.1.2. 국토해양부령 제427호로 일부 개정되기 전의 것. 이하 '구법 시행규칙'이라고 한다) 제24조, 제54조에 의하면, 사업시행자는 공익사업의 시행으로 인하여 이주하게 되는 '주거용 건축물'의 소유자와 일정기간 거주요건을 충족한 세입자에게 소정의 주거이전비를 보상하여야 하는 한편, 건축법 등 관계 법령에 의하여 허가를 받거나 신고를 하고 건축하여야 하는 건축물을 허가를 받지 아니하거나 신고를 하지 아니하고 건축한 건축물(구법 시행규칙 제24조, 제54조에서 '무허가건축물 등'이라고 약칭한다. 이하 '무허가건축물 등'이라고 한다)의 소유자는 주거이전비 보상대상에서 제외되지만, '무허가건축물 등에 입주한 세입자'로서 일정기간 거주의 요건을 충족한 세입자에 대하여는 주거이전비를 보상하도록 정하여져 있다.

위와 같은 법규정들의 문언·내용 및 입법취지 등을 종합하여 보면, 공부상 주거용 용도가 아닌 건축물을 허가·신고 등의 적법한 절차 없이 임의로 주거용으로 용도를 변경하여 사용한 경우 그 건축물은 원칙적으로 주거이전비 보상대상이 되는 '주거용 건축물'로는 볼 수 없고, 이는 단지 '무허가건축물 등'에 해당하여 예외적으로 그 건축물에 입주한 세입자가 주거이전비 보상대상자로 될 수 있을 뿐이다. 나아가 구법 시행규칙 제54조 제2항 단서가 주거이전비 보상대상자로 정하는 '무허가건축물 등에 입주한 세입자'는 기존에 주거용으로 사용되어 온 무허가건축물 등에 입주하여 일정기간 거주한 세입자를 의미하고, 공부상 주거용 용도가 아닌 건축물을 임차한 후 임의로 주거용으로 용도를 변경하여 거주한 세입자는 이에 해당한다고 할 수 없다(대판 2013.5.23, 2012두11072[주거이전비등]).

2. 주거이전비 지급대상자인지 검토

(1) 소유자 甲

甲은 소유자로 무허가건축물에서는 관련 규정과 판례를 검토해 볼 때 주거이전비 지급대상자가 되기 어려울 것으로 판단된다.

(2) 임차인 乙

① 주거이전비 지급은 강행규정

공익사업을 위한 토지 등의 취득 및 보상에 관한 법률은 공익사업에 필요한 토지 등을 협의 또는 수용에 의하여 취득하거나 사용함에 따른 손실의 보상에 관한 사항을 규정함으로써 공익사업의 효율적인 수행을 통하여 공공복리의 증진과 재산권의 적정한 보호를 도모함을 목적으로 하고 있고, 위 법에 근거하여 공익사업을 위한 토지 등의 취득 및 보상에 관한 법률 시행규칙(이하 '공익사업법 시행규칙'이라 한다)에서 정하고 있는 세입자에 대한 주거이전비는 공익사업 시행으로 인하여 생활근거를 상실하게 되는 세입자를 위하여 사회보장적 차원에서 지급하는 금원으로 보아야 하므로, 사업시행자의 세입자에 대한 주거이전비 지급의무를 정하고 있는 공익사업법 시행규칙 제54조 제2항은 당사자 합의 또는 사업시행자 재량에 의하여 적용을 배제할 수 없는 강행규정이라고 보아야 한다.

주택재개발사업 정비구역 안에 있는 주거용 건축물에 거주하던 세입자 甲이 주거이전비를 받을 수 있는 권리를 포기한다는 취지의 '이주단지 입주에 따른 주거이전비 포기각서'를 제출한 후 사업시행자가 제공한 임대아파트에 입주한 다음 별도로 주거이전비를 청구한 사안에서, 사업시행자는 주택재개발사업으로 철거되는 주택에 거주하던 甲에게 임시수용시설 제공 또는 주택자금 융자알선 등 임시수용에 상응하는 조치를 취할 의무를 부담하는 한편, 甲이 공익사업을 위한 토지 등의 취득 및 보상에 관한 법률 시행규칙(이하 '공익사업법 시행규칙'이라 한다) 제54조 제2항에 규정된 주거이전비 지급요건에 해당하는 세입자인 경우, 임시수용시설인 임대아파트에 거주하게 하는 것과 별도로 주거이전비를 지급할 의무가 있고, 甲이 임대아파트에 입주하면서 주거이전비를 포기하는 취지의 포기각서를 제출하였다 하더라도, 포기각서의 내용은 강행규정인 공익사업법 시행규칙 제54조 제2항에 위배되어 무효이다(대판 2011.7.14, 2011두3685[주거이전비등]).

② 사업인정고시일 등 당시 공익사업지구 안에 거주

공익사업법 제78조 제5항, 동법 시행규칙 제54조 제2항에서 정한 '사업인정고시일 등 당시 또는 공익사업을 위한 관계 법령에 의한 고시 등이 있는 당시 해당 공익사업시행지구 안에서 3월 이상 거주한 자'라 함은 도시 및 주거환경정비법(이하 '도시정비법'이라 한다)에 의한 주택재개발사업의 경우에는 정비구역 지정을 위한 공람공고 당시 해당 정비사업구역 안에서 3월 이상 거주한 자를 의미하는데, 원고는 이 사건 공람공고일인 2005.8.12. 당시 이 사건 주택에서 3월 이상 거주한 자에 해당하지 않고, 가사 이 사건 사업시행인가고시일을 기준으로 하더라도 원고는 이 사건 사업의 시행인가일 이후 2개월 후에 이 사건 정비구역 밖으로 이주하였다가 다시 5개월 후 이 사건 정비구역 안으로 이주하는 등 이 사건 사업의 시행으로 인하여 이주하게 되는 자라고 볼 수 없으므로, 결국 주거이전비의 지급대상자에 해당하지 않는다(서울행정법원 2009.7.9, 2009구합10987[주거이전비등]).

③ 주거용 세입자의 주거이전비 기준일

공익사업의 시행으로 인하여 이주하게 되는 주거용 건축물의 세입자로서 주거이전비 지급기준일 당시 해당 공익사업시행지구 안에서 3월 이상 거주한 자에 해당하는 세입자는 이후의 사업시행자의 주거이전비 산정통보일 또는 수용개시일까지 계속 거주할 것을 요함이 없이 지급기준일에 바로 주거이전비를 취득한다고 판시하고 있다(서울행정법원 2009.7.9, 2009구합10987[주거이전비등]).

④ 건축물의 공부상 용도와 관계없이 실제 주거용으로 사용되는지 여부에 따라 결정

공익사업을 위한 토지 등의 취득 및 보상에 관한 법률 제78조, 같은 법 시행규칙 제54조 등 관계 법령에서 정한 이주대책은 이주자들에 대하여 종전의 생활상태를 원상회복시키는 등 생활보상의 일환으로 국가의 적극적이고 정책적인 배려에 의하여 마련된 제도라는 점, 이와 같은 이주대책을 마련한 본래의 취지가 생활의 근거지는 그 이전이 용이하지 않고 생활의 근거지를 상실하게 되는 거주자가 종전의 생활상태를 원상으로 회복하기 위하여는 상당한 비용이 필요하므로 생활보장의 측면에서 이를 보상해 주어야 한다는 점 등에 비추어 보면, 위 관계

법령상 '주거용 건축물'을 판단할 때에는 실제 그 건축물의 공부상 용도와 관계없이 실제 주거용으로 사용되는지 여부에 따라 결정하여야 하고, 그 사용목적, 건물의 구조와 형태 및 이용관계 그리고 그곳에서 일상생활을 영위하는지 여부 등을 아울러 고려하여 합목적적으로 결정하여야 한다(대구지방법원 2009.10.28, 2009구합1183[주거이전비등] 확정).

⑤ 건축물 대장상 용도가 일반음식점이지만 전입신고를 하고 주거용으로 이용하는 경우

공익사업시행지구에 편입되어 있는 건물에 거주하는 세입자가 사업시행자에게 주거이전비 등을 청구하였으나 그 건물의 건축물대장상 용도가 '일반음식점'으로 주거이전비 지급대상이 아니라는 이유로 주거이전비의 지급을 거절한 사안에서, 건물이 외관상 주택의 형태로 건축되어 있고 그 내부에 주거시설이 되어 있는 점, 세입자가 위 건물에 전입신고를 마치고 실제로 거주하여 온 점 등에 비추어, 위 건물이 주거이전비 등의 지급대상이 되는 '주거용 건축물'에 해당한다고 한 사례(대구지방법원 2009.10.28, 2009구합1183[주거이전비등] 확정)

위의 판례들을 검토해 볼 때 세입자는 2006년 2월에 무허가 주거용 건축물에 최초에 입주를 하였으나, 2015년 5월 14일 사업인정고시 당시에 건축물 일부를 임의로 용도변경하여 일반음식점으로 사용하였으므로, 사용하는 건물 전부를 불법 용도변경하여 일반음식점으로 사용하였다면 주거이전비 대상에서 제외하는 것이 타당하다고 보인다. 다만 설문에서 주거용의 일부만을 불법 용도변경하고, 나머지 부분은 주거용으로 사용할 수도 있는 바, 주거용으로 세입자가 사용하고 있는 부분에 있어서는 주거이전비 대상으로 보상하는 것이 세입자 보호를 위한 토지보상법령의 입법취지라 생각된다.

Ⅳ 결

1. 소유자 甲에 대한 주거이전비는 무허가건축물 등의 소유자로 보상대상에 포함되지 않는다고 보인다.

2. 세입자 乙의 경우 주거용에 입주한 후, 일부 음식점으로 불법 용도변경하였으나, 전부 용도변경하지 않고 일부 주거용으로 사용하였다면 주거이전비 대상이 될 수도 있다고 판단된다. 이는 구체적인 사실관계를 따져서 당사자의 권익구제를 도모하는 것이 타당하다고 생각된다.

〈출제위원 채점평〉

[문제 2]

무허가 건축물에 대한 평가와 그 주거이전비 보상에 관한 문제이다. 무허가 건축물에 대한 평가와 관련하여서는 단순히 답만 제시하는 데 그치지 않고 더 나아가 관련 법령, 학설, 판례를 충실하게 소개한 답안에 높은 점수를 부여하였다. 주거이전비 보상과 관련하여서는 관련 법령에 대한 정확한 이해 및 설문의 사실관계에 대한 정확한 분석 여부를 중점적으로 보았고, 합의서의 효력에 관한 판례 등 쟁점을 빠짐없이 골고루 서술한 답안에 높은 점수를 부여하였다.

문제 03

甲은 C시 소재 전(田) 700㎡(이하 '이 사건 토지'라고 한다)의 소유자로서, 여관 신축을 위하여 부지를 조성하였는데, 진입로 개설비용 3억원, 옹벽공사비용 9천만원, 토목설계 비용 2천만원, 토지형질변경비용 1천만원을 각각 지출하였다. 그런데 건축허가를 받기 전에 국토교통부장관이 시행하는 고속도로건설공사에 대한 사업인정이 2014년 7월 15일 고시되어 이 사건 토지 중 500㎡(이하 '이 사건 수용대상토지'라고 한다)가 공익사업 시행지구에 편입되었고, 2015년 7월 17일 관할 토지수용위원회에서 수용재결이 있었다. 그 결과 이 사건 토지에서 이 사건 수용 대상 토지를 제외한 나머지 200㎡(이하 '이 사건 나머지 토지'라고 한다)는 더 이상 여관 신축의 용도로는 사용할 수 없게 되어 그 부지조성 비용은 이 사건 나머지 토지의 정상적인 용도에 비추어 보았을 때에는 쓸모없는 지출이 되고 말았다. 이에 甲은 이 사건 나머지 토지에 들인 부지조성비용에 관하여 손실보상의 지급을 청구하고자 한다. 다음 물음에 답하시오. 20점

(1) 위 청구권의 법적 근거에 관하여 설명하시오. 10점

(2) 甲은 다른 절차를 거치지 않고 바로 국가를 상대로 손실보상을 청구하는 소송을 제기할 수 있는가? 10점

참조 조문

〈토지보상법〉

제73조(잔여지의 손실과 공사비 보상)

① 사업시행자는 동일한 소유자에게 속하는 일단의 토지의 일부가 취득되거나 사용됨으로 인하여 잔여지의 가격이 감소하거나 그 밖의 손실이 있을 때 또는 잔여지에 통로·도랑·담장 등의 신설이나 그 밖의 공사가 필요할 때에는 국토교통부령으로 정하는 바에 따라 그 손실이나 공사의 비용을 보상하여야 한다. 다만, 잔여지의 가격 감소분과 잔여지에 대한 공사의 비용을 합한 금액이 잔여지의 가격보다 큰 경우에는 사업시행자는 그 잔여지를 매수할 수 있다.

② 제1항 본문에 따른 손실 또는 비용의 보상은 관계 법률에 따라 사업이 완료된 날 또는 제24조의2에 따른 사업완료의 고시가 있는 날(이하 "사업완료일"이라 한다)부터 1년이 지난 후에는 청구할 수 없다.

③ 사업인정고시가 된 후 제1항 단서에 따라 사업시행자가 잔여지를 매수하는 경우 그 잔여지에 대하여는 제20조에 따른 사업인정 및 제22조에 따른 사업인정고시가 된 것으로 본다.

④ 제1항에 따른 손실 또는 비용의 보상이나 토지의 취득에 관하여는 제9조 제6항 및 제7항을 준용한다.

⑤ 제1항 단서에 따라 매수하는 잔여지 및 잔여지에 있는 물건에 대한 구체적인 보상액 산정 및 평가방법 등에 대하여는 제70조, 제75조, 제76조, 제77조, 제78조 제4항, 같은 조 제6항 및 제7항을 준용한다.

제74조(잔여지 등의 매수 및 수용청구)

① 동일한 소유자에게 속하는 일단의 토지의 일부가 협의에 의하여 매수되거나 수용됨으로 인하여 잔여지를 종래의 목적에 사용하는 것이 현저히 곤란할 때에는 해당 토지소유자는 사업시행자에게 잔여지를

매수하여 줄 것을 청구할 수 있으며, 사업인정 이후에는 관할 토지수용위원회에 수용을 청구할 수 있다. 이 경우 수용의 청구는 매수에 관한 협의가 성립되지 아니한 경우에만 할 수 있으며, 사업완료일까지 하여야 한다.

② 제1항에 따라 매수 또는 수용의 청구가 있는 잔여지 및 잔여지에 있는 물건에 관하여 권리를 가진 자는 사업시행자나 관할 토지수용위원회에 그 권리의 존속을 청구할 수 있다.

③ 제1항에 따른 토지의 취득에 관하여는 제73조 제3항을 준용한다.

④ 잔여지 및 잔여지에 있는 물건에 대한 구체적인 보상액 산정 및 평가방법 등에 대하여는 제70조, 제75조, 제76조, 제77조, 제78조 제4항, 같은 조 제6항 및 제7항을 준용한다.

〈토지보상법 시행규칙〉

제57조(사업폐지 등에 대한 보상)

공익사업의 시행으로 인하여 건축물의 건축을 위한 건축허가 등 관계 법령에 의한 절차를 진행 중이던 사업 등이 폐지·변경 또는 중지되는 경우 그 사업 등에 소요된 법정수수료 그 밖의 비용 등의 손실에 대하여는 이를 보상하여야 한다.

설문 1 대판 2010.8.19, 2008두822[토지수용이의재결처분취소등]

[1] 구 '공익사업을 위한 토지 등의 취득 및 보상에 관한 법률'(2007.10.17. 법률 제8665호로 개정되기 전의 것) 제74조 제1항에 규정되어 있는 잔여지 수용청구권은 손실보상의 일환으로 토지소유자에게 부여되는 권리로서 그 요건을 구비한 때에는 잔여지를 수용하는 토지수용위원회의 재결이 없더라도 그 청구에 의하여 수용의 효과가 발생하는 형성권적 성질을 가지므로, 잔여지 수용청구를 받아들이지 않은 토지수용위원회의 재결에 대하여 토지소유자가 불복하여 제기하는 소송은 위 법 제85조 제2항에 규정되어 있는 '보상금의 증감에 관한 소송'에 해당하여 사업시행자를 피고로 하여야 한다.

[2] 구 '공익사업을 위한 토지 등의 취득 및 보상에 관한 법률'(2007.10.17. 법률 제8665호로 개정되기 전의 것) 제74조 제1항에 의하면, 잔여지 수용청구는 사업시행자와 사이에 매수에 관한 협의가 성립되지 아니한 경우 일단의 토지의 일부에 대한 관할 토지수용위원회의 수용재결이 있기 전까지 관할 토지수용위원회에 하여야 하고, 잔여지 수용청구권의 행사기간은 제척기간으로서, 토지소유자가 그 행사기간 내에 잔여지 수용청구권을 행사하지 아니하면 그 권리가 소멸한다. 또한 위 조항의 문언 내용 등에 비추어 볼 때, 잔여지 수용청구의 의사표시는 관할 토지수용위원회에 하여야 하는 것으로서, 관할 토지수용위원회가 사업시행자에게 잔여지 수용청구의 의사표시를 수령할 권한을 부여하였다고 인정할 만한 사정이 없는 한, 사업시행자에게 한 잔여지 매수청구의 의사표시를 관할 토지수용위원회에 한 잔여지 수용청구의 의사표시로 볼 수는 없다.

[3] 토지소유자가 자신의 토지에 숙박시설을 신축하기 위해 부지를 조성하던 중 그 토지의 일부가 익산-장수 간 고속도로 건설공사에 편입되자 사업시행자에게 부지조성비용 등의 보상을 청구한 사안에서, 잔여지에 지출된 부지조성비용은 그 토지의 가치를 증대시킨 한도 내에서 잔여지의 감소로 인한 손실보상액을 산정할 때 반영되는 것일 뿐, 별도의 보상대상이 아니므로, 잔여지에 지출된 부지조성비용이 별도의 보상대상으로 인정되지 않는다면 토지소유자에게 잔여지의 가격 감소로 인한 손실보

상을 구하는 취지인지 여부에 관하여 의견을 진술할 기회를 부여하고 그 당부를 심리·판단하였어야 함에도, 이러한 조치를 취하지 않은 원심판결에 석명의무를 다하지 않아 심리를 제대로 하지 않은 위법이 있다고 한 사례

예시답안

I 설문 (1)에 대하여

1. 논점의 정리

해당 사안은 공익사업을 위한 토지 등의 취득 및 보상에 관한 법률(이하 '토지보상법')상 잔여지에 들인 부지조성비용에 관한 손실보상 지급에 대한 법적 근거가 쟁점인바, 동법 제73조와 잔여지에 대한 대법원 판례 등을 검토하는 것이 쟁점이다. 이하에서 토지보상법 제74조와 제73조를 검토하여 법적 근거를 고찰하여 보고자 한다.

2. 잔여지 손실과 공사비 보상

(1) 관련 규정의 검토(토지보상법 제73조 제1항)

사업시행자는 동일한 소유자에게 속하는 일단의 토지의 일부가 취득되거나 사용됨으로 인하여 잔여지의 가격이 감소하거나 그 밖의 손실이 있을 때 또는 잔여지에 통로·도랑·담장 등의 신설이나 그 밖의 공사가 필요할 때에는 국토교통부령으로 정하는 바에 따라 그 손실이나 공사의 비용을 보상하여야 한다. 다만, 잔여지의 가격 감소분과 잔여지에 대한 공사의 비용을 합한 금액이 잔여지의 가격보다 큰 경우에는 사업시행자는 그 잔여지를 매수할 수 있다.

(2) 검토

사안의 경우 나머지 토지는 더 이상 여관 신축의 용도로는 사용할 수 없게 되었으므로 토지보상법 제73조 제1항에 의거 잔여지 감가보상을 받을 수 있다고 보인다.

3. 잔여지 매수 또는 수용 청구

(1) 관련 규정의 검토(토지보상법 제74조 제1항)

동일한 소유자에게 속하는 일단의 토지의 일부가 협의에 의하여 매수되거나 수용됨으로 인하여 잔여지를 종래의 목적에 사용하는 것이 현저히 곤란할 때에는 해당 토지소유자는 사업시행자에게 잔여지를 매수하여 줄 것을 청구할 수 있으며, 사업인정 이후에는 관할 토지수용위원회에 수용을 청구할 수 있다. 이 경우 수용의 청구는 매수에 관한 협의가 성립되지 아니한 경우에만 할 수 있으며, 사업완료일까지 하여야 한다.

(2) 검토

사안의 경우 해당 사업으로 인하여 더 이상 종래의 신축 용도로 사용이 불가능하게 되었으므로 토지소유자 甲은 잔여지 전체를 매수 또는 수용청구하는 방법을 강구할 수 있다고 판단된다.

4. 사업폐지 등에 대한 보상

(1) 관련 규정의 검토(토지보상법 시행규칙 제57조)

공익사업의 시행으로 인하여 건축물의 건축을 위한 건축허가 등 관계 법령에 의한 절차를 진행 중이던 사업 등이 폐지・변경 또는 중지되는 경우 그 사업 등에 소요된 법정수수료 그 밖의 비용 등의 손실에 대하여는 이를 보상하여야 한다.

(2) 검토

사안의 경우 해당 사업으로 인하여 사업 등이 폐지・변경 또는 중지된 경우에 해당하는 바 이에 따라 발생한 비용 손실은 해당 규정에 의거 청구가 가능하다고 판단된다.

5. 관련 판례의 태도(2008두822)

잔여지에 지출된 부지조성비용은 그 토지의 가치를 증대시킨 한도 내에서 잔여지의 감소로 인한 손실보상액을 산정할 때 반영되는 것일 뿐, 별도의 보상대상이 아니므로, 잔여지에 지출된 부지조성비용이 별도의 보상대상으로 인정되지 않는다면 토지소유자에게 잔여지의 가격 감소로 인한 손실보상을 구하는 취지인지 여부에 관하여 의견을 진술할 기회를 부여하고 그 당부를 심리・판단하였어야 함에도, 이러한 조치를 취하지 않은 원심판결에 석명의무를 다하지 않아 심리를 제대로 하지 않은 위법이 있다고 판시하고 있다

6. 소결

토지소유자 甲이 나머지 토지에 들인 부지조성비용에 대해서는 토지보상법 제73조 제1항에 따른 잔여지 감가보상과 동법 제74조에 따른 잔여지 전체 매수 또는 수용청구, 동법 시행규칙 제57조에 따른 부지조성비용 청구를 통하여 손실보상을 받을 수 있다고 판단되며, 이에 대한 해석이 애매하므로 2008두822 판결을 통해 구체적인 부지조성비용 등을 검토하여 보상함이 필요하다고 판단된다.

Ⅱ 설문 (2)에 대하여

1. 논점의 정리

잔여지 감가보상에 대한 청구방법과 관련하여 甲이 다른 절차를 거치지 않고 바로 국가를 상대로 손실보상청구를 하는 소송을 제기할 수 있는지를 토지보상법 제73조 제4항의 내용을 검토하면, 협의하고, 협의가 안 되면 재결신청을 하도록 하고 있는 바, 구체적인 내용을 이하에서 검토하고자 한다.

2. 잔여지 손실보상청구 규정

(1) 토지보상법 제73조 제4항

> **〈토지보상법〉**
>
> **제73조 제4항**
>
> 제1항에 따른 손실 또는 비용의 보상이나 토지의 취득에 관하여는 제9조 제6항 및 제7항을 준용한다.

(2) 토지보상법 제74조 제1항 등 전조

> 동일한 소유자에게 속하는 일단의 토지의 일부가 협의에 의하여 매수되거나 수용됨으로 인하여 잔여지를 종래의 목적에 사용하는 것이 현저히 곤란할 때에는 해당 토지소유자는 사업시행자에게 잔여지를 매수하여 줄 것을 청구할 수 있으며, 사업인정 이후에는 관할 토지수용위원회에 수용을 청구할 수 있다. 이 경우 수용의 청구는 매수에 관한 협의가 성립되지 아니한 경우에만 할 수 있으며, 사업완료일까지 하여야 한다.

(3) 토지보상법 제9조 제6항 및 제7항

> **〈토지보상법〉**
>
> **제9조 제6항 및 제7항**
>
> ⑥ 제4항에 따른 손실의 보상은 사업시행자와 손실을 입은 자가 협의하여 결정한다.
>
> ⑦ 제6항에 따른 협의가 성립되지 아니하면 사업시행자나 손실을 입은 자는 대통령령으로 정하는 바에 따라 제51조에 따른 관할 토지수용위원회(이하 "관할 토지수용위원회"라 한다)에 재결을 신청할 수 있다.

(4) 검토

토지보상법 제73조 제4항을 검토하면 토지보상법 제9조 제6항 및 제7항을 준용하도록 하고 있다. 따라서 잔여지 손실의 보상은 사업시행자와 손실을 입은 자가 협의하여 결정하고, 협의가 성립되지 아니하면 사업시행자나 손실을 입은 자는 대통령령으로 정하는 바에 따라 제51조에 따른 관할 토지수용위원회(이하 '관할 토지수용위원회'라 한다)에 재결을 신청할 수 있도록 하고 있다. 잔여지 매수나 수용보상은 잔여지를 종래의 목적에 사용하는 것이 현저히 곤란할 때에는 해당 토지소유자는 사업시행자에게 잔여지를 매수하여 줄 것을 청구할 수 있으며, 사업인정 이후에는 관할 토지수용위원회에 수용을 청구할 수 있다. 이 경우 수용의 청구는 매수에 관한 협의가 성립되지 아니한 경우에만 할 수 있으며, 사업완료일까지 하여야 한다.

3. 잔여지 보상청구 관련 대법원 판례

(1) 잔여지 및 잔여 건축물

(구)공익사업을 위한 토지 등의 취득 및 보상에 관한 법률(2011.8.4. 법률 제11017호로 개정되기 전의 것, 이하 '공익사업법'이라고 한다) 제73조, 제75조의2와 같은 법 제34조, 제50조, 제61조, 제83조 내지 제85조의 규정 내용 및 입법취지 등을 종합하면, 토지소유자가 사업시행자로부터 공익사업법 제73조, 제75조의2에 따른 잔여지 또는 잔여 건축물 가격감소 등으로 인한 손실보상을 받기 위해서는 공익사업법 제34조, 제50조 등에 규정된 재결절차를 거친 다음 그 재결에 대하여 불복할 때 비로소 공익사업법 제83조 내지 제85조에 따라 권리구제를 받을 수 있을 뿐이며, 특별한 사정이 없는 한 이러한 재결절차를 거치지 않은 채 곧바로 사업시행자를 상대로 손실보상을 청구하는 것은 허용되지 않는다 할 것이고, 이는 잔여지 또는 잔여 건축물 수용청구에 대한 재결절차를 거친 경우라고 하여 달리 볼 것은 아니다(대판 2014.9.25, 2012두24092[손실보상금]).

(2) 잔여 건축물

(구)토지수용법 제49조, 제50조, 제57조의2, (구)공공용지의 취득 및 손실보상에 관한 특례법 제4조 제2항 제3호, 제4항, 같은 법 시행령 제2조의10 제4항, 같은 법 시행규칙 제2조 제2호・제3호, 제10조, 제23조의7의 각 규정을 종합하면, 수용대상토지 지상에 건물이 건립되어 있는 경우 그 건물에 대한 보상은 취득가액을 초과하지 아니하는 한도 내에서 건물의 구조・이용상태・면적・내구연한・유용성・이전가능성 및 난이도 등의 여러 요인을 종합적으로 고려하여 원가법으로 산정한 이전비용으로 보상하고, 건물의 일부가 공공사업지구에 편입되어 그 건물의 잔여부분을 종래의 목적대로 사용할 수 없거나 사용이 현저히 곤란한 경우에는 그 잔여부분에 대하여는 위와 같이 평가하여 보상하되, 그 건물의 잔여부분을 보수하여 사용할 수 있는 경우에는 보수비로 평가하여 보상하도록 하고 있을 뿐, 보수를 하여도 제거 또는 보전될 수 없는 잔여건물의 가치하락이 있을 경우 이에 대하여 어떻게 보상하여야 할 것인지에 관하여는 명문의 규정을 두고 있지 아니하나, 한 동의 건물은 각 부분이 서로 기능을 달리하면서 유기적으로 관련을 맺고 전체적으로 그 효용을 발휘하는 것이므로, 건물의 일부가 수용되면 토지의 일부가 수용되는 경우와 마찬가지로 또는 그 이상으로 건물의 효용을 일부 잃게 되는 것이 일반적이고, 수용에 따른 손실보상액 산정의 경우 헌법 제23조 제3항에 따른 정당한 보상이란 원칙적으로 피수용재산의 객관적인 재산가치를 완전하게 보상하여야 한다는 완전보상을 뜻하는 것인데, 건물의 일부만이 수용되고 그 건물의 잔여부분을 보수하여 사용할 수 있는 경우 그 건물 전체의 가격에서 편입비율만큼의 비율로 손실보상액을 산정하여 보상하는 한편 보수비를 손실보상액으로 평가하여 보상하는 데 그친다면 보수에 의하여 보전될 수 없는 잔여건물의 가치하락분에 대하여는 보상을 하지 않는 셈이어서 불완전한 보상이 되는 점 등에 비추어 볼 때, 잔여건물에 대하여 보수만으로 보전될 수 없는 가치하락이 있는 경우에는, 동일한 토지소유자의 소유에 속하는 일단의 토지 일부가 공공사업용지로 편입됨으로써 잔여지의 가격이 하락한 경우에는 공공사업용지로 편입되는 토지의 가격으로 환산한 잔여지의 가격에서 가격이 하락된 잔여지의 평가액을 차감한 잔액을 손실액으로 평가하도록 되어 있는 (구)공공용지의 취득 및 손실보상에 관한 특례법 시행규칙 제26조 제2항을 유추적용하여 잔여건물의 가치하락분에 대한 감가보상을 인정함이 상당하다(대판 2001.9.25, 2000두2426[토지수용이의재결처분취소]).

(3) 잔여지수용청구 보상

공익사업을 위한 토지 등의 취득 및 보상에 관한 법률(이하 '토지보상법'이라고 한다) 제72조의 문언, 연혁 및 취지 등에 비추어 보면, 위 규정이 정한 수용청구권은 토지보상법 제74조 제1항이 정한 잔여지수용청구권과 같이 손실보상의 일환으로 토지소유자에게 부여되는 권리로서 그 청구에 의하여 수용효과가 생기는 형성권의 성질을 지니므로, 토지소유자의 토지수용청구를 받아들이지 아니한 토지수용위원회의 재결에 대하여 토지소유자가 불복하여 제기하는 소송은 토지보상법 제85조 제2항에 규정되어 있는 '보상금의 증감에 관한 소송'에 해당하고, 피고는 토지수용위원회가 아니라 사업시행자로 하여야 한다(대판 2015.4.9, 2014두46669[토지수용재결신청거부처분취소]).
공익사업을 위한 토지 등의 취득 및 보상에 관한 법률(2007.10.17. 법률 제8665호로 개정되기 전의 것. 이하 '공익사업법'이라고 한다) 제74조 제1항에 규정되어 있는 잔여지수용청구권은 손실보상의 일환으로 토지소유자에게 부여되는 권리로서 그 요건을 구비한 때에는 잔여지를 수용하는 토지수용위원회의 재결이 없더라도 그 청구에 의하여 수용의 효과가 발생하는 형성권적 성질을 가지므로(대판 1995.9.15, 93누20627, 대판 2001.9.4, 99두11080 등 참조), 잔여지수용청구를 받아들이지 아니한 토지수용위원회의 재결에 대하여 토지소유자가 불복하여 제기하는 소송은 공익사업법 제85조 제2항에 규정되어 있는 '보상금의 증감에 관한 소송'에 해당하여 사업시행자를 피고로 하여야 한다.

공익사업법 제74조 제1항에 의하면, 잔여지수용청구는 사업시행자와 사이에 매수에 관한 협의가 성립되지 아니한 경우 일단의 토지의 일부에 대한 관할 토지수용위원회의 수용재결이 있기 전까지 관할 토지수용위원회에 하여야 하고[토지수용법(2002.2.4. 법률 제6656호로 폐지되기 전의 것) 제48조 제1항도 이와 같이 규정하고 있었다], 잔여지수용청구권의 행사기간은 제척기간으로서, 토지소유자가 그 행사기간 내에 잔여지수용청구권을 행사하지 아니하면 그 권리가 소멸한다(대판 2001.9.4, 99두11080 참조). 또한 위 조항의 문언 내용 등에 비추어 볼 때, 잔여지수용청구의 의사표시는 관할 토지수용위원회에 하여야 하는 것으로서, 관할 토지수용위원회가 사업시행자에게 잔여지수용청구의 의사표시를 수령할 권한을 부여하였다고 인정할 만한 사정이 없는 한, 사업시행자에게 한 잔여지 매수청구의 의사표시를 관할 토지수용위원회에 한 잔여지수용청구의 의사표시로 볼 수는 없다(대판 2010.8.19, 2008두822[토지수용이의재결처분취소등]).

(4) 검토

잔여지 또는 잔여 건축물 가격감소 등으로 인한 손실보상을 받기 위해서는 토지보상법 제34조, 제50조 등에 규정된 재결절차를 거친 다음 그 재결에 대하여 불복할 때 비로소 공익사업법 제83조 내지 제85조에 따라 권리구제를 받을 수 있을 뿐이며, 특별한 사정이 없는 한 이러한 재결절차를 거치지 않은 채 곧바로 사업시행자를 상대로 손실보상을 청구하는 것은 허용되지 않는다 할 것이고, 이는 잔여지 또는 잔여 건축물 수용청구에 대한 재결절차를 거친 경우라고 하여 달리 볼 것은 아니며, 결국 토지보상법상 재결을 거쳐 재결의 불복절차를 거쳐야 할 것이다.

4. 사안의 해결

甲은 다른 절차를 거치지 않고 바로 국가를 상대로 손실보상을 청구하는 소송을 제기할 수 없다. 사업시행자와 성실히 협의하고 협의가 성립되지 않으면 재결신청을 거쳐, 재결이 나온 후에 이에 불복하는 경우에는 토지보상법 제83조 이의신청(특별법상 행정심판)과 제85조 행정소송 중 보상금 증감청구소송을 통해서 권리구제를 받을 수 있을 것이다.

〈출제위원 채점평〉

[문제 3]

잔여지 손실 보상과 그 절차에 관한 문제이다. 관련 법령과 판례를 충실히 설명한 답안에 높은 점수를 부여하였다. 설문의 취지에 따르면 잔여지 매수 또는 수용 청구에까지 이르는 사안은 아니지만 관련 내용을 서술한 답안에 대해서도 적절한 점수가 부여되었다. 아울러, 공익사업시행지구 밖의 토지에 관한 손실보상(공익사업을 위한 토지 등의 취득에 관한 법률 제79조), 사업폐지에 따른 손실보상(공익사업을 위한 토지 등의 취득에 관한 법률 시행규칙 제57조), 간접손실보상 일반이론에 관한 내용을 서술한 답안에 대해서도 적절한 점수가 부여되었다.

문제 04

감정평가사 甲은 토지소유자 乙로부터 그 소유의 토지(이하 '이 사건 토지'라고 한다)를 물류단지로 조성한 후에 형성될 이 사건 토지에 대한 추정시가를 평가하여 달라는 감정평가를 의뢰받아 1천억원으로 평가하였다(이하 '이 사건 감정평가'라고 한다). 甲은 그 근거로 단순히 인근 공업단지 시세라고 하며 공업용지 평당 3백만원 이상이라고만 감정평가서에 기재하였다. 그러나 얼마 후 이 사건 토지에 대한 경매절차에서 법원의 의뢰를 받은 감정평가사 丙은 이 사건 토지의 가격을 1백억원으로 평가하였다. 평가금액 간에 10배에 이르는 현저한 차이가 발생하자 사회적으로 문제가 되었다. 이에 국토교통부장관은 적법한 절차를 거쳐 甲에게 "부동산의 적정한 가격을 산정하기 위해서는 정확한 자료를 검토하고 이를 기반으로 가격형성요인을 분석하여야 함에도 그리하지 않은 잘못이 있다."는 이유로 징계를 통보하였다. 이에 대해 甲은 이 사건 감정평가는 미래가격 감정평가로서 비교표준지를 설정할 수 없어 부득이하게 인근 공업단지의 시세를 토대로 평가하였던 것이고, 미래가격 감정평가에는 구체적인 기준이 따로 없으므로 일반적인 평가방법을 따르지 않았다고 해서 자신이 잘못한 것은 아니라고 주장한다. 甲의 주장은 타당한가? 10점

대판 2012.4.26, 2011두14715[징계처분취소]

【판시사항】

[1] 감정평가사가 대상물건의 평가액을 가격조사시점의 정상가격이 아닌 특수한 조건을 반영한 가격 또는 현재가 아닌 시점의 가격을 기준으로 정하는 경우 감정평가서에 기재하여야 할 사항

[2] 감정평가사가 감정평가에 관한 규칙 제8조 제5호의 '자료검토 및 가격형성요인의 분석'을 할 때 부담하는 성실의무의 내용

【판결요지】

[1] 부동산 가격공시 및 감정평가에 관한 법률, 감정평가에 관한 규칙의 취지를 종합해 볼 때, 감정평가사가 대상물건의 평가액을 가격조사시점의 정상가격이 아닌 특수한 조건을 반영한 가격 또는 현재가 아닌 시점의 가격을 기준으로 정하는 경우에는, 반드시 그 조건 또는 시점을 분명히 하고, 특히 특수한 조건이 수반된 미래시점의 가격이라면 그 조건과 시점을 모두 밝힘으로써, 감정평가서를 열람하는 자가 제시된 감정가를 정상가격 또는 가격조사시점의 가격으로 오인하지 않도록 해야 한다.

[2] 감정평가에 관한 규칙 제8조 제5호, 부동산 가격공시 및 감정평가에 관한 법률 제37조 제1항 및 관계 법령의 취지를 종합해 보면, 감정평가사는 공정하고 합리적인 평가액의 산정을 위하여 성실하고 공정하게 자료검토 및 가격형성요인 분석을 해야 할 의무가 있고, 특히 특수한 조건을 반영하거나 현재가 아닌 시점의 가격을 기준으로 하는 경우에는 제시된 자료와 대상물건의 구체적인 비교·분석을 통하여 평가액의 산출근거를 논리적으로 밝히는 데 더욱 신중을 기하여야 한다. 만약 위와 같이 하는 것이 곤란한 경우라면 감정평가사로서는 자신의 능력에 의한 업무수행이 불가능하거나 극히 곤란한 경우로 보아 대상물건에 대한 평가를 하지 말아야 하지 구체적이고 논리적인 가격형성요인의 분석이 어렵다고 하여 자의적으로 평가액을 산정해서는 안 된다.

【참조조문】

[1] 부동산 가격공시 및 감정평가에 관한 법률 제1조, 감정평가에 관한 규칙 제2조, 제5조, 제7조, 제9조
[2] 감정평가에 관한 규칙 제8조 제5호, 부동산 가격공시 및 감정평가에 관한 법률 제37조 제1항

【전문】

【원고, 상고인】 원고

【피고, 피상고인】 국토해양부장관

【원심판결】 서울고법 2011.6.17, 2010누44384 판결

【주문】

상고를 기각한다. 상고비용은 원고가 부담한다.

【이유】

상고이유를 판단한다.

1. 감정평가규칙 제7조와 관련한 상고이유 주장에 대하여

「부동산 가격공시 및 감정평가에 관한 법률」(이하 '부동산공시법'이라 한다)은 부동산 등의 적정한 가격형성의 도모 등을 그 목적으로 하고 있고 이를 위해서 감정평가사의 자격을 갖추어 등록 및 사무소 개설신고를 한 감정평가업자만이 감정평가업을 할 수 있도록 하고 있으며, 감정평가의 공정성과 합리성을 보장하기 위하여 감정평가업자가 준수하여야 할 원칙과 기준을 국토해양부령으로 정하도록 하였다. 이에 따라 제정된 「감정평가에 관한 규칙」(이하 '감정평가규칙'이라 한다)은 감정평가업자가 평가업무를 수행함에 있어 공정하고 성실하게 평가하여야 하고, 자기능력에 의한 업무수행이 불가능하거나 극히 곤란한 경우 등에는 평가하여서는 아니 됨을 기본윤리로 정하고 있다(제2조). 또한 대상물건에 대한 평가액은 정상가격으로 결정함을 원칙으로 하되 평가에 있어서 특수한 조건이 수반되는 경우에는 그 목적·성격이나 조건에 맞는 특정가격으로 결정할 수 있다고 하고(제5조), 가격시점은 대상물건의 가격조사를 완료한 일자로 하되 가격시점이 미리 정하여진 때에는 가격조사가 가능한 경우에 한하여 그 일자를 가격시점으로 정하도록 하고 있으며(제7조), 감정평가서에는 평가조건, 가격시점·조사시점 및 작성일자, 평가가액의 산출근거 등을 기재하도록 정하고 있다(제9조).

이러한 관계 법령의 취지를 종합하여 볼 때, 감정평가사가 대상물건의 평가액을 가격조사 시점의 정상가격이 아닌 특수한 조건을 반영한 가격 또는 현재가 아닌 시점의 가격을 기준으로 정하는 경우에는, 반드시 그 조건 또는 시점을 분명히 하고, 특히 특수한 조건이 수반된 미래시점의 가격이라면 그 조건과 시점을 모두 밝힘으로써, 그 감정평가서를 열람하는 자가 그 제시된 감정가를 정상가격 또는 가격조사 시점의 가격으로 오인하지 않도록 하여야 한다.

원심은 그 채택 증거를 종합하여 그 판시와 같은 사실을 인정한 다음, 이 사건 감정평가서에는 통상의 경우 가격시점이 기재되는 부분에 '조사시점 2006.4.11.'이라는 기재만이 있을 뿐 가격시점이 일자로 특정되어 있지 않고, 원고의 주장처럼 2013년이 가격시점이라고 볼 만한 기재도 찾아볼 수 없으며, 이 사건 감정평가서 중 제5항 현금흐름표 부분은 물류단지사업과 관련한 2013년까지의 예상 현금흐름을 기재한 것에 불과하여 가격시점을 명확히 기재한 것이라고 볼 수 없으므로, 원고는 이 사건 감정평가를 함에 있어 감정평가규칙 제7조를 위반한 것이라고 판단하였다.

앞에서 본 법리에 비추어 볼 때 원심의 이러한 조치는 정당한 것으로 수긍이 가고, 거기에 상고이유로 주장하는 바와 같은 감정평가규칙 제7조의 해석 등에 관한 법리오해나 논리와 경험의 법칙을 위반하여 자유심증주의의 한계를 벗어나 사실인정을 한 위법 등은 없다.

2. 부동산공시법 제37조 제1항과 관련한 상고이유 주장에 대하여

감정평가업자가 구체적인 평가작업을 할 때 준수하여야 할 절차를 규정하고 있는 감정평가규칙 제8조는 제5호에서 '자료검토 및 가격형성요인의 분석'을 하여야 한다고 규정하고 있고, 부동산공시법 제37조 제1항은 감정평가업자는 신의와 성실로써 공정하게 감정평가를 하여야 한다고 규정하고 있다.

위 두 규정과 앞서 본 관계 법령의 취지를 종합하여 보면, 감정평가사는 공정하고 합리적인 평가액의 산정을 위하여 성실하고 공정하게 자료검토 및 가격형성요인의 분석을 하여야 할 의무가 있고, 특히 특수한 조건을 반영하거나 현재가 아닌 시점의 가격을 기준으로 하는 경우에는 제시된 자료와 대상물건의 구체적인 비교·분석을 통하여 평가액의 산출근거를 논리적으로 밝히는 데 더욱 신중을 기하여야 한다. 만약 위와 같이 하는 것이 곤란한 경우라면 감정평가사로서는 자신의 능력에 의한 업무수행이 불가능하거나 극히 곤란한 경우로 보아 대상물건에 대한 평가를 하지 말아야 하는 것이지, 구체적이고 논리적인 가격형성요인의 분석이 어렵다고 하여 자의적으로 평가액을 산정하여서는 아니 된다.

원심은 그 채택 증거를 종합하여 그 판시와 같은 사실을 인정한 다음, 원고가 이 사건 감정평가서에서 인근 공장용지 공시지가와 인근 공업단지의 시세를 기초로 40만원/㎡~90만원/㎡으로 범위를 정하여 2013년경의 이 사건 토지의 단가가 최소한 60만원/㎡ 정도 될 것으로 평가하면서도 그 평가액의 산출근거에 대해서는 이 사건 토지의 위치와 물류단지로서의 개발가능성 등을 개략적, 반복적으로 기재해 두었을 뿐이고 정작 가격자료라며 제시한 위 공장용지와 공업단지의 구체적인 형상 등에 관한 기재는 없고, 물류단지로 개발될 예정이라는 이 사건 토지와는 그 용도가 다른 위 공장용지와 공업단지가 어떠한 측면에서 이 사건 토지와 가격평가상 비교가 가능한지를 구체적으로 판단할 만한 자료도 제시한 바가 없으며, 이에 대한 적절한 분석도 없다고 하였다. 나아가 원심은, 이 사건 토지가 미래에 어떻게 개발될지 확정되지 않아 일반 감정평가와 같이 개별요인분석 및 비교를 명확히 할 수는 없지만, 인근 토지 등의 공시지가 및 시세를 기준으로 구체적인 가격산정을 한 이상, 획지조건, 환경조건 등 가능한 개별요인분석 및 비교는 필요하다 할 것인데, 원고는 이 사건 토지에 대한 가격자료 검토 및 가격형성요인 분석을 제대로 하지 않은 것으로 보이고, 결국 감정평가규칙 제8조 제5호에서 규정한 자료검토 및 가격형성요인 분석을 함에 있어 부동산공시법 제37조 제1항에서 규정한 성실의무를 위반하였다고 판단하였다. 앞에서 본 법리에 비추어 볼 때, 원심의 위와 같은 사실인정과 판단은 정당한 것으로 수긍이 가고, 거기에 상고이유 주장과 같은 법리오해 등의 위법이 없다.

3. 결론

이에 관여 대법관의 일치된 의견으로 상고를 기각하고, 상고비용은 원고가 부담하도록 하여 주문과 같이 판결한다.

(출처 : 대판 2012.4.26, 2011두14715[징계처분취소])

예시답안

Ⅰ 논점의 정리

사안의 경우에는 감정평가사 甲은 물류단지로 조성한 후 형성될 미래의 추정시가로 1천억원을 평가하였는데, 경매절차에 감정평가사 丙은 1백억원으로 평가하여 10배 이상의 가격 차이가 발생하여 사회적으로 문제가 되었다. 미래가격 감정평가가 일반적인 평가방법을 따르지 않았다고 해서 잘못된 평가로 감정평가 및 감정평가사에 관한 법률(이하 '감정평가법')상 징계통보되었는 바, 감정평가사 甲이 잘못 평가한 것이 아니라고 하는 주장의 타당성을 검토하는 것으로 관련 규정과 판례를 검토해 보고자 한다.

Ⅱ 관련 규정의 검토

1. 감정평가법 제3조

제3조(기준)

① 감정평가법인등이 토지를 감정평가하는 경우에는 그 토지와 이용가치가 비슷하다고 인정되는 「부동산 가격공시에 관한 법률」에 따른 표준지공시지가를 기준으로 하여야 한다. 다만, 적정한 실거래가가 있는 경우에는 이를 기준으로 할 수 있다.

② 제1항에도 불구하고 감정평가법인등이 「주식회사 등의 외부감사에 관한 법률」에 따른 재무제표 작성 등 기업의 재무제표 작성에 필요한 감정평가와 담보권의 설정·경매 등 대통령령으로 정하는 감정평가를 할 때에는 해당 토지의 임대료, 조성비용 등을 고려하여 감정평가를 할 수 있다.

③ 감정평가의 공정성과 합리성을 보장하기 위하여 감정평가법인등(소속 감정평가사를 포함한다. 이하 이 조에서 같다)이 준수하여야 할 원칙과 기준은 국토교통부령으로 정한다.

④ 국토교통부장관은 감정평가법인등이 감정평가를 할 때 필요한 세부적인 기준(이하 "실무기준"이라 한다)의 제정 등에 관한 업무를 수행하기 위하여 대통령령으로 정하는 바에 따라 전문성을 갖춘 민간법인 또는 단체(이하 "기준제정기관"이라 한다)를 지정할 수 있다.

⑤ 국토교통부장관은 필요하다고 인정되는 경우 제40조에 따른 감정평가관리·징계위원회의 심의를 거쳐 기준제정기관에 실무기준의 내용을 변경하도록 요구할 수 있다. 이 경우 기준제정기관은 정당한 사유가 없으면 이에 따라야 한다.

⑥ 국가는 기준제정기관의 설립 및 운영에 필요한 비용의 일부 또는 전부를 지원할 수 있다.

2. 감정평가법 제10조

제10조(감정평가법인등의 업무)

감정평가법인등은 다음 각 호의 업무를 행한다.

1. 「부동산 가격공시에 관한 법률」에 따라 감정평가법인등이 수행하는 업무
2. 「부동산 가격공시에 관한 법률」 제8조 제2호에 따른 목적을 위한 토지 등의 감정평가

3. 「자산재평가법」에 따른 토지 등의 감정평가
4. 법원에 계속 중인 소송 또는 경매를 위한 토지 등의 감정평가
5. 금융기관·보험회사·신탁회사 등 타인의 의뢰에 따른 토지 등의 감정평가
6. 감정평가와 관련된 상담 및 자문
7. 토지 등의 이용 및 개발 등에 대한 조언이나 정보 등의 제공
8. 다른 법령에 따라 감정평가법인등이 할 수 있는 토지 등의 감정평가
9. 제1호부터 제8호까지의 업무에 부수되는 업무

3. 감정평가법 제25조

제25조(성실의무 등)

① 감정평가법인등(감정평가법인 또는 감정평가사사무소의 소속 감정평가사를 포함한다. 이하 이 조에서 같다)은 제10조에 따른 업무를 하는 경우 품위를 유지하여야 하고, 신의와 성실로써 공정하게 하여야 하며, 고의 또는 중대한 과실로 업무를 잘못하여서는 아니 된다.

② 감정평가법인등은 자기 또는 친족 소유, 그 밖에 불공정하게 제10조에 따른 업무를 수행할 우려가 있다고 인정되는 토지등에 대해서는 그 업무를 수행하여서는 아니 된다.

③ 감정평가법인등은 토지등의 매매업을 직접 하여서는 아니 된다.

④ 감정평가법인등이나 그 사무직원은 제23조에 따른 수수료와 실비 외에는 어떠한 명목으로도 그 업무와 관련된 대가를 받아서는 아니 되며, 감정평가 수주의 대가로 금품 또는 재산상의 이익을 제공하거나 제공하기로 약속하여서는 아니 된다.

⑤ 감정평가사, 감정평가사가 아닌 사원 또는 이사 및 사무직원은 둘 이상의 감정평가법인(같은 법인의 주·분사무소를 포함한다) 또는 감정평가사사무소에 소속될 수 없으며, 소속된 감정평가법인 이외의 다른 감정평가법인의 주식을 소유할 수 없다.

⑥ 감정평가법인등이나 사무직원은 제28조의2에서 정하는 유도 또는 요구에 따라서는 아니 된다.

4. 감정평가에 관한 규칙 제6조 및 제12조

제6조(현황기준 원칙)

① 감정평가는 기준시점에서의 대상물건의 이용상황(불법적이거나 일시적인 이용은 제외한다) 및 공법상 제한을 받는 상태를 기준으로 한다.

② 감정평가법인등은 제1항에도 불구하고 다음 각 호의 어느 하나에 해당하는 경우에는 기준시점의 가치형성요인 등을 실제와 다르게 가정하거나 특수한 경우로 한정하는 조건(이하 "감정평가조건"이라 한다)을 붙여 감정평가할 수 있다.

1. 법령에 다른 규정이 있는 경우
2. 의뢰인이 요청하는 경우
3. 감정평가의 목적이나 대상물건의 특성에 비추어 사회통념상 필요하다고 인정되는 경우

③ 감정평가법인등은 제2항에 따라 감정평가조건을 붙일 때에는 감정평가조건의 합리성, 적법성 및 실현가능성을 검토해야 한다. 다만, 제2항 제1호의 경우에는 그렇지 않다.

④ 감정평가법인등은 감정평가조건의 합리성, 적법성이 결여되거나 사실상 실현 불가능하다고 판단할 때에는 의뢰를 거부하거나 수임을 철회할 수 있다.

제12조(감정평가방법의 적용 및 시산가액 조정)

① 감정평가법인등 제14조부터 제26조까지의 규정에서 대상물건별로 정한 감정평가방법(이하 "주된 방법"이라 한다)을 적용하여 감정평가해야 한다. 다만, 주된 방법을 적용하는 것이 곤란하거나 부적절한 경우에는 다른 감정평가방법을 적용할 수 있다.

② 감정평가법인등은 대상물건의 감정평가액을 결정하기 위하여 제1항에 따라 어느 하나의 감정평가방법을 적용하여 산정(算定)한 가액[이하 "시산가액(試算價額)"이라 한다]을 제11조 각 호의 감정평가방식 중 다른 감정평가방식에 속하는 하나 이상의 감정평가방법(이 경우 공시지가기준법과 그 밖의 비교방식에 속한 감정평가방법은 서로 다른 감정평가방식에 속한 것으로 본다)으로 산출한 시산가액과 비교하여 합리성을 검토해야 한다. 다만, 대상물건의 특성 등으로 인하여 다른 감정평가방법을 적용하는 것이 곤란하거나 불필요한 경우에는 그렇지 않다.

③ 감정평가법인등은 제2항에 따른 검토 결과 제1항에 따라 산출한 시산가액의 합리성이 없다고 판단되는 경우에는 주된 방법 및 다른 감정평가방법으로 산출한 시산가액을 조정하여 감정평가액을 결정할 수 있다.

5. 감정평가실무기준상 조건부 평가

5 감정평가조건

5.1 감정평가조건의 부가

감정평가업자는 기준시점의 가치형성요인 등을 실제와 다르게 가정하거나 특수한 경우로 한정하는 조건(이하 "감정평가조건"이라 한다)을 붙여 감정평가할 수 있다.

5.2 감정평가조건의 부가요건 및 검토사항

① 감정평가조건은 다음 각 호의 어느 하나에 해당하는 경우에 한정하여 붙일 수 있다.

1. 감정평가관계법규에 감정평가조건의 부가에 관한 규정이 있는 경우
2. 의뢰인이 감정평가조건의 부가를 요청하는 경우
3. 감정평가의 목적이나 대상물건의 특성에 비추어 사회통념상 당연히 감정평가조건의 부가가 필요하다고 인정되는 경우

② 제1항에 따라 감정평가조건을 붙일 때에는 감정평가조건의 합리성, 적법성 및 실현가능성을 검토하여야 한다. 다만, 제1항 제1호의 경우에는 그러하지 아니하다.

5.3 감정평가조건의 표시

감정평가조건이 부가된 감정평가를 할 때에는 다음 각 호의 사항을 감정평가서에 적어야 한다. 다만, [300-5.2-① -1]의 경우에는 해당 법령을 적는 것으로 갈음할 수 있다.

1. 감정평가조건의 내용
2. 감정평가조건을 부가한 이유
3. 감정평가조건의 합리성, 적법성 및 실현가능성의 검토사항
4. 해당 감정평가가 감정평가조건을 전제로 할 때에만 성립될 수 있다는 사실

Ⅲ 잘못된 평가인지 판례 검토

1. 미래시점의 가격 조건

감정평가사가 대상물건의 평가액을 가격조사시점의 정상가격이 아닌 특수한 조건을 반영한 가격 또는 현재가 아닌 시점의 가격을 기준으로 정하는 경우에는, 반드시 그 조건 또는 시점을 분명히 하고, 특히 특수한 조건이 수반된 미래시점의 가격이라면 그 조건과 시점을 모두 밝힘으로써, 감정평가서를 열람하는 자가 제시된 감정가를 정상가격 또는 가격조사시점의 가격으로 오인하지 않도록 해야 한다(대판 2012.4.26, 2011두14715).

2. 평가액의 산출근거를 논리적으로 명확히 밝혀 감정평가서에 기재

감정평가사는 공정하고 합리적인 평가액의 산정을 위하여 성실하고 공정하게 자료검토 및 가격형성요인의 분석을 하여야 할 의무가 있고, 특히 특수한 조건을 반영하거나 현재가 아닌 시점의 가격을 기준으로 하는 경우에는 제시된 자료와 대상물건의 구체적인 비교·분석을 통하여 평가액의 산출근거를 논리적으로 밝히는 데 더욱 신중을 기하여야 한다. 만약 위와 같이 하는 것이 곤란한 경우라면 감정평가사로서는 자신의 능력에 의한 업무수행이 불가능하거나 극히 곤란한 경우로 보아 대상물건에 대한 평가를 하지 말아야 하는 것이지, 구체적이고 논리적인 가격형성요인의 분석이 어렵다고 하여 자의적으로 평가액을 산정하여서는 아니 된다(대판 2012.4.26, 2011두14715).

3. 이 사건 토지에 대한 가격자료 검토 및 가격형성요인 분석

그 평가액의 산출근거에 대해서는 이 사건 토지의 위치와 물류단지로서의 개발가능성 등을 개략적, 반복적으로 기재해 두었을 뿐이고 정작 가격자료라며 제시한 위 공장용지와 공업단지의 구체적인 형상 등에 관한 기재는 없고, 물류단지로 개발될 예정이라는 이 사건 토지와는 그 용도가 다른 위 공장용지와 공업단지가 어떠한 측면에서 이 사건 토지와 가격평가상 비교가 가능한지를 구체적으로 판단할 만한 자료도 제시한 바가 없으며, 이에 대한 적절한 분석도 없다고 하였다. 나아가 원심은, 이 사건 토지가 미래에 어떻게 개발될지 확정되지 않아 일반감정평가와 같이 개별요인분석 및 비교를 명확히 할 수는 없지만, 인근 토지 등의 공시지가 및 시세를 기준으로 구체적인 가격산정을 한 이상, 획지조건, 환경조건 등 가능한 개별요인분석 및 비교는 필요하다 할 것인데, 원고는 이 사건 토지에 대한 가격자료 검토 및 가격형성요인 분석을 제대로 하지 않은 것으로 보이고, 결국 감정평가규칙 제8조 제5호에서 규정한 자료검토 및 가격형성요인 분석을 함에 있어 부동산공시법 제37조 제1항에서 규정한 성실의무를 위반하였다고 판단하였다(대판 2012.4.26, 2011두14715).

4. 잘못된 평가인지 여부

甲은 단순히 인근 공업단지 시세라 하여 공업용지를 평당 3백만원 이상이라고만 감정평가서에 기재하였는바, 신의와 성실로써 공정하게 감정평가를 한 것으로 판단하기 어렵다고 보인다. 따라서 감정평가사 甲이 미래 추정가치로 1천억원을 평가한 것은 위 관계규정과 판례를 검토할 때 잘못된 평가라고 할 것이다.

Ⅳ 甲 주장의 타당성

위 내용을 토대로 甲 주장의 타당성은 인정되지 않는다.

① 특수한 조건이 수반된 미래시점의 가격이라면 그 조건과 시점을 모두 밝힘으로써, 감정평가서를 열람하는 자가 제시된 감정가를 정상가격 또는 가격조사시점의 가격으로 오인하지 않도록 해야 하는데 이 부분에 있어서 甲의 주장은 타당성이 없다고 보인다.

② 특수한 조건을 반영하거나 현재가 아닌 시점의 가격을 기준으로 하는 경우에는 제시된 자료와 대상물건의 구체적인 비교·분석을 통하여 평가액의 산출근거를 논리적으로 밝히는 데 더욱 신중을 기하여야 하는데 일반적인 시세만을 참작하였다는 甲의 주장은 타당성이 없다.

③ 물류단지로 개발될 예정이라는 이 사건 토지와는 그 용도가 다른 위 공장용지와 공업단지가 어떠한 측면에서 이 사건 토지와 가격평가상 비교가 가능한지를 구체적으로 판단할 만한 자료도 제시한 바가 없으며, 이에 대한 적절한 분석도 없는바, 감정평가사로서의 자질이 의심스러울 만한 감정평가서를 제출하였으므로 甲 주장의 타당성은 없다.

감정평가사 甲은 위의 잘못된 평가로 인하여 감정평가 및 감정평가사에 관한 법률 제25조 성실의무 등을 위반하였는바, 동법에 따라 국토교통부장관에게 징계통보를 받았으므로 동법 제39조 징계규정에 의거하여 감정평가관리·징계위원회 의결을 거쳐 징계가 될 것으로 판단된다.

〈출제위원 채점평〉

[문제 4]

감정평가업자의 성실의무(부동산 가격공시 및 감정평가에 관한 법률 제37조)와 그와 관련된 조건부 감정평가(감정평가에 관한 규칙 제6조)에 관한 문제이다. 관련 법령과 판례를 충실히 설명한 답안에 높은 점수를 부여하였다.

Chapter 11

2014년 제25회 기출문제 분석

문제 01

S시의 시장 A는 K구의 D지역(주거지역)을 「도시 및 주거환경정비법」(이하 "도정법"이라 함)상 정비구역으로 지정·고시하였다. 그러자 이 지역의 주민들은 조합을 설립하여 주택재개발사업을 추진하기 위해 도정법에서 정한 절차에 따라 조합설립추진위원회를 구성하였고, 동 추진위원회는 도정법 제16조의 규정에 의거하여 D지역의 일정한 토지등 소유자의 동의, 정관, 공사비 등 정비사업에 드는 비용과 관련된 자료 등을 첨부하여 A로부터 X조합설립인가를 받아 등기하였다. X조합은 조합총회를 개최하고 법 소정의 소유자 동의 등을 얻어 지정개발자로서 Y를 사업시행자로 지정하였다. 다음 물음에 답하시오. 40점

(1) D지역의 토지소유자 중 甲이 "추진위원회가 주민의 동의를 얻어 X조합을 설립하는 과정에서 '건설되는 건축물의 설계의 개요' 등에 관한 항목 내용의 기재가 누락되었음에도 이를 유효한 동의로 처리하여 조합설립행위에 하자가 있다."고 주장하며 행정소송으로 다투려고 한다. 이 경우 조합설립인가의 법적 성질을 검토한 다음, 이에 기초하여 쟁송의 형태에 대해 설명하시오. 20점

(2) Y는 정비사업을 실시함에 있어 이 사업에 반대하는 토지등소유자 乙 등의 토지와 주택을 취득하기 위하여 「공익사업을 위한 토지 등의 취득 및 보상에 관한 법률」에 의거한 乙 등과 협의가 성립되지 않아 지방토지수용위원회의 수용재결을 거쳤는데, 이 수용재결에 불복하여 Y가 중앙토지수용위원회에 이의재결을 신청하여 인용재결을 받았다. 이 경우 乙 등이 이 재결에 대해 항고소송을 제기한다면 소송의 대상은 무엇인가? 20점

[물음 1]

Ⅰ 논점의 정리

Ⅱ 조합설립인가의 법적 성질

1. 재개발조합의 법적 지위
2. 조합설립인가의 법적 성질
   (1) 인가로 보는 견해
   (2) 특허로 보는 견해
3. 검토

Ⅲ 조합설립행위의 하자에 대한 권리구제

[물음 2]

Ⅰ 논점의 정리

Ⅱ 원처분주의와 재결주의에 대한 논의

1. 의의
2. 행정소송법의 태도
3. 직접 이해당사자인 경우
4. 제3자인 경우

Ⅲ 사안의 해결

예시답안

[물음 1]에 대하여

Ⅰ 논점의 정리

해당 사안은 조합설립행위에 하자가 있는 경우에 조합설립행위(결의)에 대한 효력을 다투는 소송을 제기하여야 하는가, 그렇지 않으면 설립행위(결의)의 하자를 이유로 조합설립인가처분의 효력을 다투는 소송을 제기하여야 하는가가 쟁점이다. 이는 조합설립인가의 법적 성질과 관련되는 문제로 이에 대한 법적 성질과 쟁송형태를 검토하고자 한다. 특히 대법원은 '조합설립인가처분은 단순히 사인들의 조합설립행위에 대한 보충행위로서의 성질을 갖는 것에 그치는 것이 아니라 법령상 요건을 갖출 경우 도시정비법상 주택재개발사업을 시행할 수 있는 권한을 갖는 행정주체(공법인)로서의 지위를 부여하는 일정의 설권적 처분의 성격을 갖는다'고 판시하고 있는 바, 최근 대법원 판례를 통해 문제를 해결하고자 한다.

Ⅱ 조합설립인가의 법적 성질

1. 재개발조합의 법적 지위

조합은 재개발사업이라는 공행정목적을 수행함에 있어서 행정주체의 지위에 서며 재개발사업이라는 공행정목적을 직접적으로 달성하기 위하여 행하는 조합의 행위는 원칙상 공법행위라고 보아야 한다. 따라서 조합은 공공조합으로서 공법인(행정주체)이라고 할 수 있다.

2. 조합설립인가의 법적 성질

(1) 인가로 보는 견해

① 인가의 개념

인가란 제3자의 법률행위를 보충해서 그 효력을 완성시켜주는 행정행위로서 인가를 받지 않고 행한 행위는 무효가 된다.

② 인가의 효력

인가는 기본행위가 효력을 상실하면 당연히 효력을 상실한다. 즉, 인가의 효력이 그 기본이 되는 법률행위의 효력에 의존하는 보충적인 효력을 가지며 이러한 점이 다른 행정행위와 구별된다.

③ 종전 학설과 대법원 판례의 태도

주택건설촉진법에서 규정한 바에 따른 관할 시장 등의 재건축조합설립인가는 불량·노후한 주택의 소유자들이 재건축을 위하여 한 재건축조합설립행위를 보충하여 그 법률상 효력을 완성시키는 보충행위일 뿐이므로 그 기본되는 조합설립행위에 하자가 있을 때에는 그에 대한 인가가 있다 하더라도 기본행위인 조합설립이 유효한 것으로 될 수 없고, 따라서 그 기본행위는 적법유효하나 보충행위인 인가처분에만 하자가 있는 경우에는 그 인가처분의 취소나 무효확인을 구할 수 있을 것이지만 기본행위인 조합설립에 하자가 있는 경우에는 민사쟁송으로써 따로 그 기본행위의 취소 또는 무효확인 등을 구하는 것은 별론으로 하고 기본행위의 불성립 또는 무효를 내세워 바로 그에 대한 감독청의 인가처분의 취소 또는 무효확인을 소구할 법률상 이익이 있다고 할 수 없다(대판 2000.9.5, 99두1854[재건축조합설립인가처분무효확인등]).

즉, 종전 학설과 판례는 토지 등 소유자 중 조합설립에 동의하는 자들의 합의에 의하여 작성된 정관과 동의서 등을 조합설립 인가 시 제출하는 서류 등을 심사하여 조합설립이라는 기본행위의 유효함을 확인함으로써 그 조합설립의 법률상 효력을 완성시키는 보충행위로 판단하였다. 따라서 기본행위인 조합설립에 하자가 있더라도 그 이유로 바로 그에 대한 감독청의 인가처분의 취소 또는 무효확인을 소구할 법률상 이익은 없다고 보았다.

(2) 특허로 보는 견해

① 특허의 개념

특허란 상대방에게 특별한 권리나 능력 등을 창설해주는 행위를 말한다.

② 최근 대법원 판례의 태도

(구)도시정비법 제18조에 의하면 토지 등 소유자로 구성되어 정비사업을 시행하려는 조합은 제13조 내지 제17조를 비롯한 관계 법령에서 정한 요건과 절차를 갖추어 조합설립인가처분을 받은 후에 등기함으로써 성립하며, 그때 비로소 관할 행정청의 감독 아래 정비구역 안에서 정비사업을 시행하는 행정주체로서의 지위가 인정된다. 여기서 행정청의 조합설립인가처분은 조합에 정비사업을 시행할 수 있는 권한을 갖는 행정주체(공법인)로서의 지위를 부여하는 일종의 설권적 처분의 성격을 가진다(대판 2014.5.22, 2012도7190 全合[도시 및 주거환경정비법 위반]).

즉, 대법원은 "조합설립인가처분은 단순히 사인들의 조합설립행위에 대한 보충행위로서의 성질을 갖는 것에 그치는 것이 아니라 법령상 요건을 갖출 경우 도시정비법상 주택재개발사업을 시행할 수 있는 권한을 갖는 행정주체(공법인)으로서의 지위를 부여하는 일정의 설권적 처분의 성격을 갖는다."고 판시하였다.

3. 검토

행정청의 조합설립인가처분은 조합에 정비사업을 시행할 수 있는 권한을 갖는 행정주체(공법인)로서의 지위를 부여하는 일종의 설권적 처분의 성격을 가진다고 판례가 보고 있으므로 특허로 보는 것이 타당하다고 생각된다.

Ⅲ 조합설립행위의 하자에 대한 권리구제

1. 조합설립인가를 특허로 본다면, 조합설립행위(결의)는 조합인가처분이라는 행정처분을 하는 데 필요한 요건 중 하나에 불과한 것이어서, 조합설립행위(결의)에 하자가 있다면 그 하자를 이유로

직접 항고소송의 방법으로 조합설립인가처분의 취소 등으로 불복하여야 한다고 생각된다.

2. 다만 강학상 인가로 보는 견해에 따르면 기본행위의 하자가 있는 경우에는 민사소송을 통하여 기본행위의 효력을 다툴 수 있을 것으로 판단된다.

[물음 2]에 대하여

Ⅰ 논점의 정리

최근 대판 2010.1.28, 2008두1504 판결에서 "공익사업을 위한 토지 등의 취득 및 보상에 관한 법률 제85조 제1항 전문의 문언 내용과 같은 법 제83조, 제85조가 중앙토지수용위원회에 대한 이의신청을 임의적 절차로 규정하고 있는 점, 행정소송법 제19조 단서가 행정심판에 대한 재결은 재결 자체에 고유한 위법이 있음을 이유로 하는 경우에 한하여 취소소송의 대상으로 삼을 수 있도록 규정하고 있는 점 등을 종합하여 보면, 수용재결에 불복하여 취소소송을 제기하는 때에는 이의신청을 거친 경우에도 수용재결을 한 중앙토지수용위원회 또는 지방토지수용위원회를 피고로 하여 수용재결의 취소를 구하여야 하고, 다만 이의신청에 대한 재결 자체에 고유한 위법이 있음을 이유로 하는 경우에는 그 이의재결을 한 중앙토지수용위원회를 피고로 하여 이의재결의 취소를 구할 수 있다고 보아야 한다." 라고 판시하고 있는 바, 이하에서 원처분주의와 재결주의를 논하고 사례를 해결토록 한다.

Ⅱ 원처분주의와 재결주의에 대한 논의

1. 의의

원처분주의란 원처분과 재결에 다 같이 소를 제기할 수 있으나, 원처분의 위법은 원처분에 대한 항고소송에서만 주장할 수 있고, 재결에 대한 항고소송에서는 재결 자체의 고유한 하자에 대해서만 주장할 수 있도록 하는 제도이다. 재결주의란 원처분에 대한 제소는 허용되지 않고, 재결에 대해서만 행정소송의 대상으로 인정하되, 재결에 대한 취소소송 또는 무효등확인소송에서 재결 자체의 위법뿐만 아니라 원처분의 위법사유도 아울러 주장할 수 있도록 하는 제도를 말한다.

2. 행정소송법의 태도

행정소송법 제19조, 제38조는 원처분과 아울러 재결에 대하여도 취소소송이나 무효등확인소송을 제기할 수 있도록 하면서 단지 재결에 대한 소송에 있어서는 원처분의 위법을 이유로 할 수 없고, 재결 자체의 고유한 위법이 있음을 이유로 한하도록 하여 원처분주의를 채택하고 있다.

3. 직접 이해당사자인 경우

(1) 관련 판례의 태도

공익사업을 위한 토지 등의 취득 및 보상에 관한 법률 제85조 제1항 전문의 문언 내용과 같은 법 제83조, 제85조가 중앙토지수용위원회에 대한 이의신청을 임의적 절차로 규정하고 있는 점,

행정소송법 제19조 단서가 행정심판에 대한 재결은 재결 자체에 고유한 위법이 있음을 이유로 하는 경우에 한하여 취소소송의 대상으로 삼을 수 있도록 규정하고 있는 점 등을 종합하여 보면, 수용재결에 불복하여 취소소송을 제기하는 때에는 이의신청을 거친 경우에도 수용재결을 한 중앙토지수용위원회 또는 지방토지수용위원회를 피고로 하여 수용재결의 취소를 구하여야 하고, 다만 이의신청에 대한 재결 자체에 고유한 위법이 있음을 이유로 하는 경우에는 그 이의재결을 한 중앙토지수용위원회를 피고로 하여 이의재결의 취소를 구할 수 있다고 보아야 한다(대판 2010.1.28, 2008두1504[수용재결취소등]).

(2) **검토**

관련 판례 또한 행정소송법 제19조와 토지보상법 제85조와 동일하게 원처분주의를 취하고 있는 바, 직접 이해당사자의 경우에는 원처분을 소의 대상으로 하는 것이 타당하다고 판단된다.

4. 제3자인 경우

(1) **관련 판례의 태도**

이른바 복효적 행정행위, 특히 제3자효를 수반하는 행정행위에 대한 행정심판청구에 있어서 그 청구를 인용하는 내용의 재결로 인하여 비로소 권리이익을 침해받게 되는 자(예컨대, 제3자가 행정심판청구인인 경우의 행정처분의 상대방 또는 행정처분의 상대방이 행정심판청구인인 경우의 제3자)는 그 인용재결에 대하여 다툴 필요가 있고, 그 인용재결은 원처분과 내용을 달리하는 것이므로 그 인용재결의 취소를 구하는 것은 원처분에는 없는 재결에 고유한 하자를 주장하는 셈이어서 당연히 항고소송의 대상이 된다고 할 것이고, 더구나 이 사건 재결과 같이 그 인용재결청인 피고 스스로가 직접 이 사건 사업계획승인처분을 취소하는 형성적 재결을 한 경우에는 그 재결 외에 그에 따른 행정청의 별도의 처분이 있지 않기 때문에 재결 자체를 쟁송의 대상으로 할 수밖에 없다고 할 것이다(대판 1997.12.23, 96누10911[체육시설사업계획승인취소처분취소]).

(2) **검토**

원처분의 상대방인 제3자의 경우에는 인용재결로 인해서 비로소 권익을 침해받게 되므로 인용재결은 형식상 재결이나 실질적으로 제3자에게는 최초의 처분으로서의 성질을 갖게 된다. 따라서 제3자라면 행정소송법 제19조 본문에 의해 인용재결의 취소를 구하는 것으로 해석함이 타당하다고 본다. 사안의 경우 사업시행자가 이의재결을 신청하였고 토지소유자 乙 등은 제3자에 해당한다. 따라서 이의재결에 대하여 행정소송법 제19조 본문에 의해 항고소송을 제기할 수 있을 것으로 판단된다.

Ⅲ 사안의 해결

현행 행정소송법 제19조 본문과 토지보상법 제85조에서는 원처분주의를 채택하고 있으므로 이의재결에 대하여 불복하는 경우 원처분인 수용재결을 대상으로 항고소송을 제기하여야 한다. 그러나 사안의 경우 사업시행자가 제기한 이의신청이 인용된 경우이다. 따라서 원처분의 상대방인 토지소유자 乙 등은 인용재결로 인해 비로소 권익을 침해받게 되었으므로 인용재결은 형식상 재결이나 실질적으로 토지소유자 乙 등에게는 최초의 처분으로서 성질을 갖게 된다. 따라서 토지소유자 乙 등은 이의재결을 대상으로 항고소송을 제기하여야 할 것이다.

〈출제위원 채점평〉

[문제 1]

문제 1은 감정평가실무상 감정, 재감정의 업무수행에서 흔하게 접하게 되는 "도시 및 주거환경정비법"(이하 '도정법'이라 함)과 관련하여 조합설립인가의 법적 성질과 그 쟁송형태, 그리고 현행 "공익사업을 위한 토지 등의 취득 및 보상에 관한 법률"(이하 '공익사업법'이라 함)상 수용재결의 단계를 거쳐 이의재결이 인용된 경우 항고소송의 대상이 무엇인지, 두 가지 쟁점을 병렬적으로 묻고 있다.

〈1문〉은 종래까지 (구)주택건설촉진법・도시개발법 등에 따른 조합설립행위에 대한 인가를 강학상 인가로 보아온 판례의 입장과 학설, 그리고 2009년 대법원 전원합의체에 의해 도정법상 조합설립행위에 대한 인가를 강학상 특허로 본 판례와 학설을 이해하고, 이에 따라 쟁송형태가 어떻게 되는지를 논증하는 것이 질문의 핵심이다. 변경 전의 판례와 학설에 의하면 인가의 기본행위와의 관계에서 보충성과 유효요건이란 점에서 기본행위인 조합설립행위라는 민사관계에 하자가 있으므로 민사소송의 형식을 취하게 되나(다른 견해도 있음), 변경 후의 판례에 따라 조합설립인가를 특허로 보게 되면 조합설립행위는 설립인가(특허)의 성립요건이므로 이에 대한 하자에 관한 쟁송형태는 당연히 항고쟁송(항고소송)이어야 한다. 이 문제에서 쟁송형태에 관해 어떠한 결론을 낼지는 조합설립인가의 법적 성질을 어떻게 파악하는지에 따라 다르므로 평가의 중심은 판례와 학설에 따른 논증의 정도와 논리적 체계성이다. 수험생의 대다수는 〈1문〉의 출제의도와 질문을 잘 파악하고 있고 답안지의 양적 안배에서도 충분히 기술하고 있음에도 주어진 질문에 답하는 논증의 수준은 크게 높지 않았다.

〈2문〉은 행정소송법 제19조의 원처분주의 원칙이 공익사업법상 수용재결과 이의재결에 어떻게 적용되는지 기본적인 쟁점에 관한 질문이다. 이 문제에 대해서는 행정소송법상 원처분주의와 재결주의의 명확한 이해, 제3자효 행정행위의 인용재결이 행정소송법 제19조 단서의 재결 자체의 고유한 위법에 해당되는지 여부, 현행 공익사업법 제85조에 의할 때 이의 인용재결이 있은 경우에 무엇이 항고소송의 대상이 되는지 여부가 질문의 핵심이다. 이 〈2문〉도 〈1문〉과 마찬가지로 대부분의 수험생들이 무엇을 질문하는지 알고 있었다. 그러나 원처분주의와 재결주의에 대한 정확한 개념 정의가 부정확한 경우도 많았다. 특히, 이 문제와 같이 평이한 쟁점의 경우 법률, 판례, 학설에 의한 입체적이고 유기적인 논증을 통해 질문에 알찬 답안을 법리적으로 기술하여야 함에도 불구하고 상당수 수험생들은 이런 점을 소홀히 하여 피상적이거나 중요 판례를 제외하고 기술하는 등 논증의 치밀성과 체계성이 떨어지는 답안도 상당수 있었다. 결국, 이 문제에서도 기본기가 충실하고 이해 위주로 공부한 수험생이 후한 점수를 받았다고 본다.

02

甲은 A시의 시외로 나가는 일반도로에 접한 자신 소유의 X토지에 교통로를 개설하고 대형음식점을 운영하고 있다. A시에서는 X토지와 이에 접하여 연결된 Y·W토지의 소유권을 취득하여 혼잡한 교통량을 분산할 목적으로 「국토의 계획 및 이용에 관한 법률」에 의거하여 우회도로를 설치한다는 방침을 결정하고, A시의 시장은 X·Y·W토지의 개별공시지가 및 이 개별공시지가 산정의 기초가 된 P토지의 표준지공시지가와 생산자물가상승률 등을 반영하여 산정한 보상기준가격을 내부적으로 결정하고 예산확보를 위해 중앙부처와 협의 중이다. 다음 물음에 답하시오. 30점

(1) 甲은 보상이 있을 것을 예상하여 더 많은 보상금을 받기 위해 「부동산 가격공시에 관한 법률」에 의거하여 감정평가사를 통해 산정된 P토지의 표준지공시지가에 불복하여 취소소송을 제기하려고 한다. 이 경우 甲에게 법률상 이익이 있는지 여부를 검토하시오. 15점

(2) 위 취소소송에 P토지의 소유자인 丙이 소송에 참가할 수 있는지 여부와 甲이 확정인용판결을 받았다면 이 판결의 효력은 Y·W토지의 소유자인 乙에게도 미치는지에 대하여 설명하시오. 15점

[물음 1]

Ⅰ 논점의 정리

Ⅱ 표준지공시지가의 개관
- 1. 표준지공시지가의 의의 및 취지(부동산공시법 제3조)
- 2. 표준지공시지가의 법적 성질

Ⅲ 행정소송법 제12조의 법률상 이익
- 1. 법률상 이익(원고적격)의 정의
- 2. 행정소송법 제12조상 법률상 이익의 의미
- 3. 법률의 범위

Ⅳ 甲에게 법률상 이익이 있는지 여부(사례의 해결)
- 1. 관련 규정의 검토
  - (1) 부동산공시법 제3조, 제7조 및 동법 시행령 제12조
  - (2) 토지보상법 제70조
- 2. 甲에게 법률상 이익이 있는지 여부

[물음 2]

Ⅰ 논점의 정리

Ⅱ 행정소송법상 제3자의 소송참가
- 1. 제3자의 소송참가의 의의(행정소송법 제16조)
- 2. 제3자의 행정소송 참가의 요건
- 3. 제3자 행정소송 참가의 절차 등
- 4. 제3자의 재심청구(행정소송법 제31조)

Ⅲ 취소판결의 제3자효(형성력)
- 1. 취소판결의 의의 및 취지
- 2. 취소의 대세적 효력
  - (1) 대세효의 의의
  - (2) 취소판결의 제3자효의 내용과 제3자의 범위
  - (3) 일반처분의 취소의 제3자효
- 3. 제3자의 재심청구제도(제31조)

Ⅳ 사례의 해결

예시답안

[물음 1]에 대하여

Ⅰ 논점의 정리

사안에서는 甲은 보상이 있을 것을 예상하여 P토지의 표준지공시지가에 불복하여 취소소송을 제기하려고 하는바, 甲에게 법률상 이익이 있는지 여부가 쟁점이다. 즉, 행정소송법 제12조에서는 "법률상 이익 있는 자"가 취소소송을 제기할 수 있다고 규정하고 있고, 공익사업을 위한 토지 등의 취득 및 보상에 관한 법률(이하 '토지보상법') 제70조에서 표준지공시지가를 기준으로 보상하도록 하고 있으므로, 甲이 더 많은 보상금을 받을 수 있는 개연성으로 법률상 이익이 인정되는지를 관련 규정과 판례를 통해 검토해 보고자 한다.

Ⅱ 표준지공시지가의 개관

1. 표준지공시지가의 의의 및 취지(부동산공시법 제3조)

표준지공시지가란 부동산공시법이 정한 절차에 따라 국토교통부장관이 조사・평가하여 공시한 표준지의 단위 면적당 가격을 말한다. 이는 ① 적정 가격형성 도모, ② 조세형평성을 향상에 취지가 있다.

2. 표준지공시지가의 법적 성질

행정계획설, 행정규칙설, 행정행위설, 법규명령 성질을 갖는 고시설 등이 대립하지만 판례는 행정소송의 대상이 되는 행정처분이라고 판시한 바 있다. 생각건대, 표준지공시지가를 전제로 국민의 권리・의무에 영향을 미치는 향후 처분이 예정되어 있으므로, 법적 안정성 확보, 조속한 법률관계 확정을 도모하기 위해 처분성을 인정함이 타당하다고 판단된다.

Ⅲ 행정소송법 제12조의 법률상 이익

1. 법률상 이익(원고적격)의 정의

행정소송법 제12조에서는 '법률상 이익 있는 자'로 규정하고 있는 바, 행정소송에서 원고적격은 본안판결을 받을 수 있는 자격을 말한다.

2. 행정소송법 제12조상 법률상 이익의 의미

(1) 학설

① 침해된 권리회복이라는 권리구제설, ② 근거법상 보호되는 이익구제인 법률상 이익구제설, ③ 소송법상 보호가치 있는 이익구제라는 견해, ④ 행정의 적법성 통제라는 적법성보장설의 견해가 있다.

(2) 대법원 판례

행정처분의 직접 상대방이 아닌 제3자라 하더라도 당해 행정처분으로 인하여 법률상 보호되는 이익을 침해당한 경우에는 그 처분의 무효확인을 구하는 행정소송을 제기하여 그 당부의 판단을 받을 자격이 있다 할 것이며, 여기에서 말하는 법률상 보호되는 이익이라 함은 당해 처분의 근거 법규 및 관련 법규에 의하여 보호되는 개별적 · 직접적 · 구체적 이익이 있는 경우를 말하고, 공익 보호의 결과로 국민 일반이 공통적으로 가지는 일반적 · 간접적 · 추상적 이익이 생기는 경우에는 법률상 보호되는 이익이 있다고 할 수 없다(대판 2006.3.16, 2006두330 全合).

> **관련 판례**
>
> ➡ 협의의 소익
>
> 위법한 행정처분의 취소를 구하는 소는 위법한 처분에 의하여 발생한 위법상태를 원상으로 회복시키고 그 처분으로 침해되거나 방해받은 권리와 이익을 보호 · 구제하고자 하는 소송이므로, 그 위법한 처분을 취소한다 하더라도 원상회복이 불가능한 경우에는 그 취소를 구할 이익이 없다(대판 1994.10.25, 94누5403). 따라서 공장시설물이 어떠한 경위로든 철거되어 복구 등을 통하여 공장을 다시 운영할 수 없는 상태라면 이는 공장등록의 대상이 되지 아니하므로 외형상 공장등록취소행위가 잔존하고 있다고 하여도 그 처분의 취소를 구할 법률상의 이익이 없다 할 것이다. 그러나 위와 같은 경우에도 유효한 공장등록으로 인하여 공장등록에 관한 해당 법률이나 다른 법률에 의하여 보호되는 직접적 · 구체적 이익이 있다면, 공장건물이 멸실되었다 하더라도 그 공장등록취소처분의 취소를 구할 법률상의 이익이 있다고 할 것이다(대판 2002.1.11, 2000두3306, 대판 2016.5.12, 2014두12284).

(3) 검토

권리구제설은 원고의 범위를 제한하고, 소송법상 보호가치 있는 이익구제설은 보호가치 있는 이익의 객관적 기준이 결여되는 문제가 있다. 또한 적법성보장설은 객관소송화의 우려가 있다. 따라서 취소소송을 주관적, 형성소송으로 보면 법률상 이익구제설이 타당하다고 생각된다.

3. 법률의 범위

① 근거법률은 물론 관련 법규까지 포함되는 견해와, 헌법상 기본권 및 민법상 일반원칙까지 포함하는 견해가 있으며, ② 대법원은 관계법규와 절차법 규정의 취지도 고려하는 등 보호규범의 범위를 확대하는 경향을 보이고 있다.

> **관련 판례(대판 2005.5.12, 2004두14229[폐기물처리시설입지결정 및 고시처분취소])**
>
> ➡ 행정처분의 직접 상대방이 아닌 제3자라 하더라도 당해 행정처분으로 인하여 법률상 보호되는 이익을 침해당한 경우에는 취소소송을 제기하여 그 당부의 판단을 받을 자격이 있다 할 것이고, 여기에서 말하는 법률상 보호되는 이익이라 함은 당해 처분의 근거 법규 및 관련 법규에 의하여 보호되는 개별적 · 직접적 · 구체적 이익이 있는 경우를 말하는데, 환경 · 교통 · 재해 등에 관한 영향평가법(이하 '환경영향평가법'이라 한다), 같은 법 시행령, 구 폐기물처리시설설치촉진 및 주변지역지원 등에 관한 법률

(2004.2.9. 법률 제7169호로 개정되기 전의 것, 이하 '폐촉법'이라 한다), 같은 법 시행령의 각 관련 규정에 의하면, 폐기물처리시설 설치기관이 1일 처리능력이 100t 이상인 폐기물처리시설을 설치하는 경우에는 폐촉법에 따른 환경상 영향조사 대상에 해당할 뿐만 아니라 환경영향평가법에 따른 환경영향평가 대상사업에도 해당하므로 폐촉법령뿐만 아니라 환경영향평가법령도 위와 같은 폐기물처리시설을 설치하기 위한 폐기물소각시설 설치계획 입지결정・고시처분의 근거 법령이 된다고 할 것이고, 따라서 위 폐기물처리시설설치계획입지가 결정・고시된 지역 인근에 거주하는 주민들에게 위 처분의 근거 법규인 환경영향평가법 또는 폐촉법에 의하여 보호되는 법률상 이익이 있으면 위 처분의 효력을 다툴 수 있는 원고적격이 있다.

Ⅳ 甲에게 법률상 이익이 있는지 여부(사례의 해결)

1. 관련 규정의 검토

(1) 부동산 가격공시에 관한 법률(이하 '부동산공시법') 제3조, 제7조 및 동법 시행령 제12조

〈부동산공시법〉

제3조(표준지공시지가의 조사・평가 및 공시 등)

① 국토교통부장관은 토지이용상황이나 주변 환경, 그 밖의 자연적・사회적 조건이 일반적으로 유사하다고 인정되는 일단의 토지 중에서 선정한 표준지에 대하여 매년 공시기준일 현재의 단위면적당 적정가격(이하 "표준지공시지가"라 한다)을 조사・평가하고, 제24조에 따른 중앙부동산가격공시위원회의 심의를 거쳐 이를 공시하여야 한다.

② 국토교통부장관은 표준지공시지가를 공시하기 위하여 표준지의 가격을 조사・평가할 때에는 대통령령으로 정하는 바에 따라 해당 토지소유자의 의견을 들어야 한다.

③ 제1항에 따른 표준지의 선정, 공시기준일, 공시의 시기, 조사・평가기준 및 공시절차 등에 필요한 사항은 대통령령으로 정한다.

④ 국토교통부장관이 제1항에 따라 표준지공시지가를 조사・평가하는 경우에는 인근 유사토지의 거래가격・임대료 및 해당 토지와 유사한 이용가치를 지닌다고 인정되는 토지의 조성에 필요한 비용추정액, 인근지역 및 다른 지역과의 형평성・특수성, 표준지공시지가 변동의 예측 가능성 등 제반사항을 종합적으로 참작하여야 한다.

⑤ 국토교통부장관이 제1항에 따라 표준지공시지가를 조사・평가할 때에는 업무실적, 신인도(信認度) 등을 고려하여 둘 이상의 「감정평가 및 감정평가사에 관한 법률」에 따른 감정평가법인등(이하 "감정평가법인등"이라 한다)에게 이를 의뢰하여야 한다. 다만, 지가 변동이 작은 경우 등 대통령령으로 정하는 기준에 해당하는 표준지에 대해서는 하나의 감정평가법인등에 의뢰할 수 있다.

⑥ 국토교통부장관은 제5항에 따라 표준지공시지가 조사・평가를 의뢰받은 감정평가업자가 공정하고 객관적으로 해당 업무를 수행할 수 있도록 하여야 한다.

⑦ 제5항에 따른 감정평가법인등의 선정기준 및 업무범위는 대통령령으로 정한다.

⑧ 국토교통부장관은 제10조에 따른 개별공시지가의 산정을 위하여 필요하다고 인정하는 경우에는 표준지와 산정대상 개별 토지의 가격형성요인에 관한 표준적인 비교표(이하 "토지가격비준표"라 한다)를 작성하여 시장・군수 또는 구청장에게 제공하여야 한다.

제7조(표준지공시지가에 대한 이의신청)

① 표준지공시지가에 이의가 있는 자는 그 공시일부터 30일 이내에 서면(전자문서를 포함한다)으로 국토교통부장관에게 이의를 신청할 수 있다.

② 국토교통부장관은 제1항에 따른 이의신청기간이 만료된 날부터 30일 이내에 이의신청을 심사하여 그 결과를 신청인에게 서면으로 통지하여야 한다. 이 경우 국토교통부장관은 이의신청의 내용이 타당하다고 인정될 때에는 제3조에 따라 해당 표준지공시지가를 조정하여 다시 공시하여야 한다.

③ 제1항 및 제2항에서 규정한 것 외에 이의신청 및 처리절차 등에 필요한 사항은 대통령령으로 정한다.

〈부동산공시법 시행령〉

제12조(표준지공시지가에 대한 이의신청)

법 제7조 제1항에 따라 표준지공시지가에 대한 이의신청을 하려는 자는 이의신청서에 이의신청 사유를 증명하는 서류를 첨부하여 국토교통부장관에게 제출하여야 한다.

(2) 토지보상법 제70조

제70조(취득하는 토지의 보상)

① 협의나 재결에 의하여 취득하는 토지에 대하여는 「부동산 가격공시에 관한 법률」에 따른 공시지가를 기준으로 하여 보상하되, 그 공시기준일부터 가격시점까지의 관계 법령에 따른 그 토지의 이용계획, 해당 공익사업으로 인한 지가의 영향을 받지 아니하는 지역의 대통령령으로 정하는 지가변동률, 생산자물가상승률(「한국은행법」 제86조에 따라 한국은행이 조사·발표하는 생산자물가지수에 따라 산정된 비율을 말한다)과 그 밖에 그 토지의 위치·형상·환경·이용상황 등을 고려하여 평가한 적정가격으로 보상하여야 한다.

② 토지에 대한 보상액은 가격시점에서의 현실적인 이용상황과 일반적인 이용방법에 의한 객관적 상황을 고려하여 산정하되, 일시적인 이용상황과 토지소유자나 관계인이 갖는 주관적 가치 및 특별한 용도에 사용할 것을 전제로 한 경우 등은 고려하지 아니한다.

③ 사업인정 전 협의에 의한 취득의 경우에 제1항에 따른 공시지가는 해당 토지의 가격시점 당시 공시된 공시지가 중 가격시점과 가장 가까운 시점에 공시된 공시지가로 한다.

④ 사업인정 후의 취득의 경우에 제1항에 따른 공시지가는 사업인정고시일 전의 시점을 공시기준일로 하는 공시지가로서, 해당 토지에 관한 협의의 성립 또는 재결 당시 공시된 공시지가 중 그 사업인정고시일과 가장 가까운 시점에 공시된 공시지가로 한다.

⑤ 제3항 및 제4항에도 불구하고 공익사업의 계획 또는 시행이 공고되거나 고시됨으로 인하여 취득하여야 할 토지의 가격이 변동되었다고 인정되는 경우에는 제1항에 따른 공시지가는 해당 공고일 또는 고시일 전의 시점을 공시기준일로 하는 공시지가로서 그 토지의 가격시점 당시 공시된 공시지가 중 그 공익사업의 공고일 또는 고시일과 가장 가까운 시점에 공시된 공시지가로 한다.

⑥ 취득하는 토지와 이에 관한 소유권 외의 권리에 대한 구체적인 보상액 산정 및 평가방법은 투자비용, 예상수익 및 거래가격 등을 고려하여 국토교통부령으로 정한다.

2. 甲에게 법률상 이익이 있는지 여부

헌법 제23조에서 정당한 보상을 법률로써 받도록 하고 있으며, 일반법적 지위에 있는 토지보상법 규정을 검토하면 부동산 가격공시에 관한 법률에 따른 공시지가를 기준으로 보상하도록 규정하고 있다. 따라서 P토지의 공시지가가 甲토지의 보상금 산정의 기초가 되므로, P토지의 공시지가는 甲의 재산권에 중요한 영향을 미친다고 볼 수 있는바 행정쟁송을 통하여 甲은 본인의 토지에 영향을 미치는 표준지공시지가가 직접적·구체적으로 본인의 이해관계에 얽혀 있으므로 대법원 판례를 통해서든, 통설인 법률상 이익구제설 입장에서 행정소송상 권리구제를 받을 법률상 이익이 있는 것으로 판단된다.

[물음 2]에 대하여

Ⅰ 논점의 정리

사안에서는 甲이 P토지의 공시지가를 대상으로 취소소송을 제기하는 경우 P토지의 소유자인 丙이 자신의 권리보호를 위하여 소송에 참가할 수 있는지 여부와, 해당 취소소송에서 인용판결을 받는다면 소송당사자가 아닌 乙에게도 판결의 효력이 미치는지, 즉 취소판결의 제3자효를 고찰해 보고자 한다.

Ⅱ 행정소송법상 제3자의 소송참가

1. 제3자의 소송참가의 의의(행정소송법 제16조)

제3자의 소송참가라 함은 소송의 결과에 의하여 권리 또는 이익의 침해를 받을 제3자가 있는 경우에 당사자 또는 제3자의 신청 또는 직권에 의하여 그 제3자를 소송에 참가시키는 제도를 말하며 제3자의 권익을 보호하기 위하여 인정된 제도이다.

2. 제3자의 행정소송 참가의 요건

① 타인간의 취소소송 등이 계속되고 있을 것, ② 소송의 결과에 의해 권리 또는 이익의 침해를 받을 제3자(소송당사자 이외의 자)일 것을 요건으로 한다.

㉠ 제3자란 소송당사자 이외의 자를 말한다. ㉡ 권리 또는 이익이란 법률상 이익을 의미한다. ㉢ 소송 결과에 따라 침해를 받는다는 것은 취소판결의 효력 즉 형성력 및 기속력에 따라 직접 권리 또는 이익을 침해받는 경우를 말한다.

3. 제3자 행정소송 참가의 절차 등

제3자의 행정소송 참가는 당사자 또는 제3자의 신청 또는 직권에 의하여 결정으로써 행한다(제16조 제1항). 소송 참가신청을 한 제3자는 그 신청을 각하한 결정에 대하여 즉시 항고할 수 있다(제16조 제3항).

4. 제3자의 재심청구(행정소송법 제31조)

처분 등을 취소하는 판결에 의하여 권리 또는 이익의 침해를 받은 제3자가 자기에게 책임 없는 사유로 소송에 참가하지 못함으로써 판결의 결과에 영향을 미칠 공격 또는 방어방법을 제출하지 못한 때에는 이를 이유로 확정된 종국판결에 대하여 재심의 청구를 하는 것을 말한다. 행정소송법 제31조에서 규정하고 있다.

Ⅲ 취소판결의 제3자효(형성력)

1. 취소판결의 의의 및 취지

계쟁처분 또는 재결의 취소판결이 확정된 때에는 해당 처분 또는 재결은 처분청의 취소를 기다릴 것 없이 당연히 효력을 상실하는데, 이를 형성력이라 한다. 형성력은 위법상태를 시정하여 원상을 회복하는 소송이라는 취소소송의 목적을 달성하도록 하기 위하여 인정되는 효력이다(행정소송법 제29조 제1항).

2. 취소의 대세적 효력

(1) 대세효의 의의

취소판결의 취소의 효력은 소송에 관여하지 않은 제3자에 대하여도 미치는데 이를 취소의 대세적 효력이라 한다. 행정소송법 제29조 제1항은 이를 명문으로 규정하고 있다.

(2) 취소판결의 제3자효의 내용과 제3자의 범위

취소판결의 형성력은 제3자에 대하여도 발생하며 제3자는 취소판결의 효력에 대항할 수 없다. 행정상 법률관계를 통일적으로 규율하고자 하는 대세효 인정의 취지에 비추어 취소판결의 효력이 미치는 제3자는 모든 제3자를 의미하는 것으로 보는 것이 타당하다.

(3) 일반처분의 취소의 제3자효

일반처분은 불특정 다수인을 상대방으로 하여 불특정 다수인에게 효과를 미치는 행정행위를 말한다. 일반처분의 취소의 소급적 효과가 소송을 제기하지 않은 자에게도 미치는가 하는 것인데, 이에 관하여는 학설이 대립되고 있다.

① 절대적 효력설

일반처분이 불특정 다수인을 대상으로 하는 처분이라는 점, 공법관계의 획일성이 강하게 요청된다는 점 등에 비추어 원칙적으로 제3자의 범위를 한정할 이유는 없다고 한다(긍정설).

② 상대적 효력설

취소소송은 주관적 소송으로서, 그 효력은 원칙적으로 당사자 사이에서만 미치는 것이므로 명시적 규정이 없는데도 불구하고, 제3자가 그 효력을 적극적으로 향수할 수 있다고 인정하는 데에는 무리가 있다고 본다(부정설).

③ 검토

행정소송법 제29조의 입법취지에 비추어 볼 때, 일반처분의 경우에도 제3자의 범위를 한정할 이유는 없다고 생각된다.

3. 제3자의 재심청구제도(제31조)

취소판결의 효력이 제3자에게도 미침으로 인하여 제3자가 불측의 손해를 입을 수 있으므로 행정소송법은 제3자의 권리를 보호하기 위하여 제3자의 소송참가제도(제16조)와 제3자의 재심청구제도(제31조)를 인정하고 있다.

Ⅳ 사례의 해결

1. 따라서 위 취소소송에 P토지소유자인 丙이 제3자로서 소송 참가를 통하여 자신의 권익을 주장할 수 있다.

2. 甲이 확정인용판결을 받았다면 이 판결의 효력은 Y・W토지의 소유자인 乙인 제3자도 판결의 내용에 구속된다. 또한 乙은 甲이 제기한 취소소송에 참가하여 자신의 권익을 주장할 수 있으며, 만약 소송에 참가하지 못한다면 재심청구를 통해 권익보호를 실현할 수 있을 것으로 생각된다.

〈출제위원 채점평〉

[문제 2]

문제 2는 표준지공시지가 불복과 관련된 행정소송의 가능성에 관한 것으로 물음은 2가지이다. 〈1문〉은 표준지공시지가에 불복하여 취소소송을 제기할 수 있는지, 즉 법률상 이익이 있는지 여부를 검토하는 것이고, 〈2문〉은 제3자의 소송 참가 가능성과 판결의 효력에 대해 검토하는 것이다. 〈1문〉의 경우에는 최근 중앙행정심판위의 재결도 있었지만, 표준지공시지가에 대한 취소소송의 법률상 이익 여부를 묻는 문제로 난이도가 그리 높지 않은 문제라고 할 수 있다. 상당수의 수험생들도 논점을 명확히 인식하고 있었으며, 관련 학설과 판례를 중심으로 답안을 작성하였다. 다만, 수험생들이 학설에 대한 정확한 이해와 판례에 대한 충분한 분석은 부족해 보였다.

〈2문〉은 제3자의 소송참가와 제3자에 대한 취소소송의 효력에 대해 정확히 알고 있는지 묻는 문제이다. 〈1문〉과 마찬가지로 상당수의 수험생들이 충분히 예상할 수 있었던 문제였던 것으로 생각되며 평이한 문제라고 생각한다. 그런데 이 문제 또한 논리전개에 있어서 미흡한 부분이 많았다고 생각한다.

결론적으로 문제 2는 다수의 학생들이 비교적 쉽게 논점을 파악하기는 하였으나, 답안 작성에서는 미흡한 부분이 많았다. 향후 법학과 관련하여 공부를 할 때에는 정확한 이해를 바탕으로 쟁점별 정리하는 훈련을 해야 할 것으로 보인다.

문제 03

법원으로부터 근저당권에 근거한 경매를 위한 감정평가를 의뢰받은 감정평가사 乙이 감정평가 대상토지의 착오로 실제 대상토지의 가치보다 지나치게 낮게 감정평가액을 산정하였다. 토지소유자인 甲이 이에 대해 이의를 제기하였음에도 경매담당 법관 K는 乙의 감정평가액을 최저입찰가격으로 정하여 경매절차를 진행하였으며, 대상 토지는 원래의 가치보다 결국 낮게 丙에게 낙찰되어 甲은 손해를 입게 되었다. 甲이 법관의 과실을 이유로 국가배상을 청구할 경우 이 청구의 인용가능성을 검토하시오. 20점

Ⅰ 논점의 정리

Ⅱ 국가배상청구(공무원의 과실책임) 요건

1. 국가배상청구의 의의 및 성질
2. 국가배상법 제2조 국가배상책임 요건
   (1) 공무원
   (2) 직무행위
   (3) 직무를 집행하면서(직무관련성)
   (4) 법령 위반(위법)
   (5) 고의 또는 과실
   (6) 위법과 과실의 관계
   (7) 손해 및 인과관계

Ⅲ 관련 판례의 태도

Ⅳ 사안의 해결

예시답안

Ⅰ 논점의 정리

사안에서 경매담당 법관이 착오로 지나치게 낮게 선정된 감정평가액을 기초로 최저입찰가를 결정하여 소유자에게 손해가 발생한 경우, 법관의 과실로 국가배상을 청구할 수 있는지의 여부를 묻고 있는 바, 이하에서 국가배상법 제2조의 요건을 중심으로 고찰해 보고, 최근 국가배상 대법원 판례를 통해 사례를 해결하고자 한다.

Ⅱ 국가배상청구(공무원의 과실책임) 요건

1. 국가배상청구의 의의 및 성질

국가배상이란 국가 등 행정기관의 위법한 행정작용으로 인하여 발생한 손해에 대하여 국가 등의 행정기관이 배상하여 주는 제도를 말한다. 대법원 판례는 국가배상법을 민법상 특별법으로 보아 민사소송으로 해결하나 행정기관의 행정작용을 원인으로 하는 것이므로 당사자소송을 통하여 해결함이 타당하다고 생각된다.

2. 국가배상법 제2조 국가배상책임 요건

국가배상법 제2조에 의한 국가배상책임이 성립하기 위하여는 ① 공무원이 직무를 집행하면서 타인에게 손해를 가하였을 것, ② 공무원의 가해행위는 고의 또는 과실로 법령에 위반하여 행하여졌을 것, ③ 손해가 발생하였고, 공무원의 불법한 가해행위와 손해 사이에 인과관계(상당한 인과관계)가 있을 것이 요구된다.

(1) 공무원

국가배상법 제2조상의 '공무원'은 국가공무원법 또는 지방공무원법상의 공무원뿐만 아니라 널리 공무를 위탁(광의의 위탁)받아 실질적으로 공무에 종사하는 자를(공무수탁사인) 말한다. 달리 말하면 국가배상법 제2조 소정의 공무원은 실질적으로 공무를 수행하는 자, 즉 기능적 공무원을 말한다. 또한 그것은 최광의의 공무원 개념에 해당한다.

(2) 직무행위

국가배상법 제2조가 적용되는 직무행위에 관하여 판례 및 다수설은 공권력 행사 외에 비권력적 공행정작용을 포함하는 모든 공행정작용을 의미한다고 본다. 또한 '직무행위'에는 입법작용과 사법작용도 포함된다.

(3) 직무를 집행하면서(직무관련성)

공무원의 불법행위에 의한 국가의 배상책임은 공무원의 가해행위가 직무집행행위인 경우뿐만 아니라 그 자체는 직무집행행위가 아니더라도 직무와 일정한 관련이 있는 경우, 즉 '직무를 집행하면서' 행하여진 경우에 인정된다.

(4) 법령 위반(위법)

학설은 일반적으로 국가배상법상의 '법령 위반'이 위법 일반을 의미하는 것으로 보고 있고 판례도 그러하다(대판 1973.1.30, 72다2062).

(5) 고의 또는 과실

주관설은 과실을 해당 직무를 담당하는 평균적 공무원이 통상 갖추어야 할 주의의무를 해태한 것으로 본다. 과실이 인정되기 위하여는 위험 및 손해발생에 대한 예측가능성과 회피가능성(손해방지가능성)이 있어야 한다. 이 견해가 다수설과 판례의 입장이다.

(6) 위법과 과실의 관계

위법과 과실은 개념상 상호 구별되어야 한다. 행위위법설에 의할 때 위법은 '행위'가 판단대상이 되며 가해행위의 법에의 위반을 의미하는 것이며, 과실은 '행위의 태양'이 직접적 판단대상이 되며 판례의 입장인 주관설에 의하면 주의의무 위반(객관설에 의하면 국가작용의 흠)을 의미한다.

(7) 손해 및 인과관계

공무원의 불법행위가 있더라도 손해가 발생하지 않으면 국가배상책임이 인정되지 않는다. 국가배상책임으로서의 '손해'는 민법상 불법행위책임에 있어서의 그것과 다르지 않다.

또한 공무원의 불법행위와 손해 사이에 인과관계가 있어야 한다. 국가배상에서의 인과관계는 민법상 불법행위책임에서의 그것과 동일하게 상당인과관계가 요구된다.

Ⅲ 관련 판례의 태도

대판 2008.1.31, 2006다913[손해배상(기)]

공무원에게 부과된 직무상 의무의 내용이 단순히 공공 일반의 이익을 위한 것이거나 행정기관 내부의 질서를 규율하기 위한 것이 아니고 전적으로 또는 부수적으로 사회구성원 개인의 안전과 이익을 보호하기 위하여 설정된 것이라면, 공무원이 그와 같은 직무상 의무를 위반함으로 인하여 피해자가 입은 손해에 대하여는 상당인과관계가 인정되는 범위 내에서 국가가 배상책임을 지는 것이고, 이때 상당인과관계의 유무를 판단함에 있어서는 일반적인 결과발생의 개연성은 물론 직무상 의무를 부과하는 법령 기타 행동규범의 목적, 그 수행하는 직무의 목적 내지 기능으로부터 예견가능한 행위 후의 사정, 가해행위의 태양 및 피해의 정도 등을 종합적으로 고려하여야 할 것이다(대판 2007.12.27, 2005다62747 등 참조). 민사집행법이 제105조에서 집행법원은 매각물건명세서를 작성하여 현황조사보고서 및 평가서의 사본과 함께 법원에 비치하여 누구든지 볼 수 있도록 하여야 한다고 규정하고 있는 취지는 경매절차에 있어서 매각대상 부동산의 현황을 되도록 정확히 파악하여 일반인에게 그 현황과 권리관계를 공시함으로써 매수 희망자가 매각대상 부동산에 필요한 정보를 쉽게 얻을 수 있도록 하여 예측하지 못한 손해를 입는 것을 방지하고자 함에 있다(대결 2004.11.9, 2004마94 참조). 따라서 집행법원으로서는 매각대상 부동산에 관한 이해관계인이나 그 현황조사를 실시한 집행관 등으로부터 제출된 자료를 기초로 매각대상 부동산의 현황과 권리관계를 되도록 정확히 파악하여 이를 매각물건명세서에 기재하여야 하고, 만일 경매절차의 특성이나 집행법원이 가지는 기능의 한계 등으로 인하여 매각대상 부동산의 현황이나 관리관계를 정확히 파악하는 것이 곤란한 경우에는 그 부동산의 현황이나 권리관계가 불분명하다는 취지를 매각물건명세서에 그대로 기재함으로써 매수신청인 스스로의 판단과 책임하에 매각대상 부동산의 매수신고가격이 결정될 수 있도록 하여야 할 것이다. 그럼에도 집행법원이나 경매담당 공무원이 위와 같은 직무상의 의무를 위반하여 매각물건명세서에 매각대상 부동산의 현황과 권리관계에 관한 사항을 제출된 자료와 다르게 작성하거나 불분명한 사항에 관하여 잘못된 정보를 제공함으로써 매수인의 매수신고가격 결정에 영향을 미쳐 매수인으로 하여금 불측의 손해를 입게 하였다면, 국가는 이로 인하여 매수인에게 발생한 손해에 대한 배상책임을 진다고 할 것이다.

Ⅳ 사안의 해결

판례는 집행법원이나 경매담당 공무원이 위와 같은 직무상의 의무를 위반하여 매각물건명세서에 매각대상 부동산의 현황과 권리관계에 관한 사항을 제출된 자료와 다르게 작성하거나 불분명한 사항에 관하여 잘못된 정보를 제공함으로써 매수인의 매수신고가격 결정에 영향을 미쳐 매수인으로 하여금 불측의 손해를 입게 하였다면, 국가는 이로 인하여 매수인에게 발생한 손해에 대한 배상책임이 있다고 보고 있으므로, 위와 같이 경매담당 법관 공무원 K가 토지소유자의 이의제기가 있었음에도 지나치게 낮은 가격으로 경매를 진행하게 하여 손해를 입힌 경우라면 국가배상청구를 통하여 권리구제를 받을 수 있을 것으로 판단된다.

〈출제위원 채점평〉

[문제 3]

문제 3은 경매담당 법관의 경매절차 진행과정에 있어서의 과실 여부와 그와 관련된 국가배상청구의 가능성에 관한 것이다. 국가배상청구 문제는 감정평가사 업무와 관련해서 매우 중요할 뿐만 아니라, 이미 다수 출제된 적이 있어서 수험생들에게도 익숙하였을 것으로 생각한다. 그래서 인지 예상대로 상당수 답안들이 공무원(법관)의 직무행위로 인한 국가배상청구소송 가능성을 주제로 하여 매우 잘 정리된 목차와 내용들을 기술하였다. 구체적으로는 법관이 공무원인지, 그 행위가 위법한지, 고의 또는 과실은 있는지 등 국가배상법 제2조의 기본적인 요건에 충족되는지를 논리적으로 연결하여 기술하였다. 또한 관련 요건의 서술에 있어서 대법원 판례를 검토하는 형식으로 작성한 답안도 많았다. 이 문제는 수험생 입장에서 국가배상법의 이론에 대해 깊이 있는 고민을 해본 사람이라면 쉽게 답안을 작성할 수 있었을 것이라고 생각한다.

문제 04

「공익사업을 위한 토지 등의 취득 및 보상에 관한 법률」상 사업인정 전 협의와 사업인정 후 협의의 차이점에 대하여 설명하시오. 10점

Ⅰ 서

Ⅱ 사업인정 전 협의와 사업인정 후 협의의 공통점
1. 협의제도의 취지
2. 협의의 내용(토지보상법 제50조 재결사항 준용)

Ⅲ 사업인정 전 협의와 사업인정 후 협의의 차이점
1. 양 협의의 법적 성질
2. 양 협의의 절차적 차이
3. 양 협의의 내용상 차이
4. 양 협의의 효과상 차이
5. 양 협의의 권리구제 차이

Ⅳ 사업인정 전 협의와 사업인정 후 협의의 관계
1. 양 협의의 절차상 관계
2. 협의의 생략 가능성
3. 협의성립 확인의 여부

Ⅴ 결

예시답안

Ⅰ 서

공익사업을 위한 토지 등의 취득 및 보상에 관한 법률(이하 '토지보상법')상 협의란 사업시행자와 피수용자가 목적물에 대한 권리취득 및 소멸 등을 위하여 행하는 합의를 말한다. 이는 최소침해행위의 실현 및 사업의 원활한 시행에 취지가 인정된다. 토지보상법에서는 협의에 대한 규정을 동법 제16조와 제26조에 규정하고 있으며, 2003년 1월 1일 통합법안이 시행되면서 불필요한 절차의 중복을 제거함으로써 효율적인 공익사업을 할 수 있도록 전면 개정되었다.

Ⅱ 사업인정 전 협의와 사업인정 후 협의의 공통점

1. 협의제도의 취지

① 협의란 임의적 합의를 통한 최소침해의 원칙을 구현하고, ② 당사자 간의 합의를 이끌어 냄으로써 신속한 사업수행을 도모함에 취지가 있다.

2. 협의의 내용(토지보상법 제50조 재결사항 준용)

당사자 간의 협의는 다음의 내용을 포함한다. 즉, 토지보상법 제50조 내용으로 ① 수용 또는 사용할 토지의 구역 및 사용방법, ② 손실의 보상, ③ 수용 또는 사용의 개시일과 기간, ④ 그 밖에 이 법 및 다른 법률에서 규정한 사항 등을 협의내용으로 한다.

Ⅲ 사업인정 전 협의와 사업인정 후 협의의 차이점

1. 양 협의의 법적 성질

① 사업인정 전 협의의 경우 판례 및 다수설은 사법상 매매로 보며, ② 사업인정 후 협의의 경우 판례는 사법상 매매로 보지만 다수 학자들은 공법상 계약으로 보고 있다.

2. 양 협의의 절차적 차이

① 사업인정 전 협의는 임의적 절차이나, ② 사업인정 후의 협의는 원칙적으로 필수이지만 사업인정 전에 협의를 거쳤으면 협의내용에 변동이 없는 경우에는 생략이 가능하다. 따라서 사업인정 전후 협의 중 한번은 반드시 협의를 거쳐야 한다.

3. 양 협의의 내용상 차이

① 사업인정 전 협의의 경우에는 협의성립확인제도가 없으나, ② 사업인정 후 협의의 경우에는 협의성립확인제도가 있다. 이 차이가 양 협의의 가장 중요한 차이이다. 사업인정 후 협의성립 확인을 통해 재결로 간주하고, 차단효가 생기면서 사업시행자는 토지 등의 소유권을 원시취득하게 되는 것이다.

4. 양 협의의 효과상 차이

(1) 협의성립 시 취득효과

① 사업인정 전의 경우에는 사법상 매매이므로 승계취득의 효과가 발생하나, ② 사업인정 후 협의의 경우에도 승계취득이지만 협의성립확인을 받게 되면 원시취득의 효과가 발생한다.

(2) 협의불성립 시 효과

① 사업인정 전 협의가 불성립한 경우에는 강제취득 절차를 진행하게 되지만, ② 사업인정 후 협의가 불성립한 경우에는 사업시행자는 관할 토지수용위원회에 재결을 신청할 수 있고, 피수용자는 재결신청청구권을 행사할 수 있다.

5. 양 협의의 권리구제 차이

① 사업인정 전 협의의 법적 성질을 사법상 매매로 보면 민사소송에 의한 구제를 도모할 수 있으며, ② 사업인정 후 협의의 법적 성질을 사법상 매매로 보는 판례의 태도에 따르면 민사소송으로 권리구제를 도모해야 하나, 다수의 견해인 공법상 계약으로 보는 견해에 따르면 공법상 당사자소송으로 권리구제를 도모할 수 있을 것이다. 사업인정 후 협의의 경우 협의성립확인을 받게 되면 재결로 간주하여, 그 불복은 재결의 불복인 이의신청과 행정소송을 제기하게 된다.

Ⅳ 사업인정 전 협의와 사업인정 후 협의의 관계

1. 양 협의의 절차상 관계

사업인정 전 협의내용이 사업인정 후 협의의 내용을 구속하는 것은 아니고, 절차상으로는 선후관계에 있으나, 사업인정 전의 협의 당시에 요구하지 않은 사실에 대해서도 사업시행자에 요구할 수도 있다.

2. 협의의 생략 가능성

토지보상법 제26조에서는 사업인정 전 협의 내용에 변동 없고, 당사자가 협의요구를 안하면 사업인정 후 협의는 생략이 가능하다. 그러나 한번은 반드시 협의를 거쳐야 하는 필수절차임에 유의해야 한다.

3. 협의성립 확인의 여부

사업인정 전 협의는 할 수 없지만 사업인정 후 협의의 경우에는 협의성립 확인을 받게 되면 토지보상법 제29조 제4항에 의해 재결로 간주되고, 차단효가 있어서 그 자체로는 다투지 못하고 재결의 불복으로 다툴 수 있는 것으로 해석된다. 협의성립 확인에 의한 소유권 취득은 일반적인 협의와 달리 원시취득함으로써 사업시행자의 권익을 보호한다는 측면에서 큰 차이가 있다.

Ⅴ 결

사업인정 전후 협의의 경우는 공익사업을 하면서 당사자와 원만한 합의를 하여 최소침해의 원칙을 관철하게 되고, 사업인정 후 협의의 경우에는 협의성립확인제도를 두어 원시취득하게 함으로써 공익사업의 원활한 수행을 할 수 있도록 하는 데 있어 확연한 차이가 있음을 알 수 있다. 사업시행자는 공익사업을 진행함에 있어 원만한 협의가 이루어질 수 있도록 최선의 노력을 기울여야 할 것이다.

관련 판례

➡ 협의 성립의 확인 신청에 필요한 동의의 주체인 토지소유자는 협의 대상이 되는 '토지의 진정한 소유자'를 의미한다. 따라서 사업시행자가 진정한 토지소유자의 동의를 받지 못한 채 단순히 등기부상 소유명의자의 동의만을 얻은 후 관련 사항에 대한 공증을 받아 토지보상법 제29조 제3항에 따라 협의 성립의 확인을 신청하였음에도 토지수용위원회가 신청을 수리하였다면, 수리 행위는 다른 특별한 사정이 없는 한 토지보상법이 정한 소유자의 동의 요건을 갖추지 못한 것으로서 위법하다. 진정한 토지소유자의 동의가 없었던 이상, 진정한 토지소유자를 확정하는 데 사업시행자의 과실이 있었는지 여부와 무관하게 그 동의의 흠결은 위 수리 행위의 위법사유가 된다. 이에 따라 진정한 토지소유자는 수리행위가 위법함을 주장하여 항고소송으로 취소를 구할 수 있다(대판 2018.12.13, 2016두51719).

〈출제위원 채점평〉

[문제 4]

문제 4는 공익사업을 위한 토지 등의 취득방법이 최근 실무에서 협의에 의한 경우가 많다는 점에 착안하여 공익사업법상 사업인정 전후 협의의 차이점을 묻는 것으로 관련 법조와 학설, 판례를 토대로 사업인정 전후 협의의 차이점을 어느 정도 논증하는지가 핵심이다. 예상대로 대다수 수험생들이 이 문제의 답안을 기술하였으나, 공익사업법을 중심으로 한 논증의 정도는 수험생에 따라 상당히 달랐다.

Chapter 12

2013년 제24회 기출문제 분석

문제 01

甲은 S시에 600㎡의 토지를 소유하고 있다. S시장 乙은 2002년 5월 「국토의 계획 및 이용에 관한 법률」에 의거하여 수립한 도시관리계획으로 甲의 토지가 포함된 일대에 대하여 공원구역으로 지정하였다가 2006년 5월 민원에 따라 甲의 토지를 주거지역으로 변경 지정하였다. 乙은 2010년 3월 정부의 녹색도시조성 시책에 부응하여 도시근린공원을 조성하고자 甲의 토지에 대하여 녹지지역으로 재지정하였다. 다음 물음에 답하시오. 40점

(1) **甲은 乙이 2010년 3월 그의 토지에 대하여 녹지지역으로 재지정한 것은 신뢰보호의 원칙에 위배될 뿐만 아니라 해당 토지 일대의 이용상황을 고려하지 아니한 결정이었다고 주장하며, 녹지지역 지정을 해제할 것을 요구하고자 한다. 甲의 주장이 법적으로 관철될 수 있는가에 대하여 논하시오.** 20점

(2) **乙은 공원조성사업을 추진하기 위하여 甲의 토지를 수용하였는데, 보상금산정 시 녹지지역을 기준으로 감정평가한 금액을 적용하였다. 그 적법성 여부를 논하시오.** 20점

설문 1

대판 2005.3.10, 2002두5474[도시계획변경결정취소청구]

【판시사항】

[1] 행정청이 용도지역을 자연녹지지역으로 지정결정하였다가 그보다 규제가 엄한 보전녹지지역으로 지정결정하는 내용으로 도시계획을 변경한 경우, 신뢰보호의 원칙이 적용되지 않는다고 본 원심의 판단을 수긍한 사례

[2] 도시계획법령상 용도지역지정·변경행위의 법적 성질(=행정계획으로서 재량행위) 및 그에 대한 사법심사

【판결요지】

[1] 행정청이 용도지역을 자연녹지지역으로 지정결정하였다가 그보다 규제가 엄한 보전녹지지역으로 지정결정하는 내용으로 도시계획을 변경한 경우, 행정청이 용도지역을 자연녹지지역으로 결정한 것만으로는 그 결정 후 그 토지의 소유권을 취득한 자에게 용도지역을 종래와 같이 자연녹지지역으로 유지하거나 보전녹지지역으로 변경하지 않겠다는 취지의 공적인 견해표명을 한 것이라고 볼 수 없고, 토지소유자가 해당 토지 지상에 물류창고를 건축하기 위한 준비행위를 하였더라도 그와 같은 사정만으로는 용도지역을 자연녹지지역에서 보전녹지지역으로 변경하는 내용의 도시계획변경결정이 행정청의 공적인 견해표명에 반하는 처분을 함으로써 그 견해표명을 신뢰한 개인의 이익이 침해되는 결과가 초래된 것이라고도 볼 수 없다는 등의 이유로, 신뢰보호의 원칙이 적용되지 않는다고 본 원심의 판단을 수긍한 사례

[2] 도시계획변경결정 당시 도시계획법령에 의하면, 도시계획구역 안에서의 녹지지역은 보건위생·공해방지, 보안과 도시의 무질서한 확산을 방지하기 위하여 녹지의 보전이 필요한 때에 지정되고, 그 중 보전녹지지역은 도시의 자연환경·경관·수림 및 녹지를 보전할 필요가 있을 때에, 자연녹지지역은 녹지공간의 보전을 해하지 아니하는 범위 안에서 제한적 개발이 불가피할 때 각 지정되는 것으로서 위와 같은 용도지역지정행위나 용도지역변경행위는 전문적·기술적 판단에 기초하여 행하여지는 일종의 행정계획으로서 재량행위라 할 것이지만, 행정주체가 가지는 이와 같은 계획재량은 그 행정계획에 관련되는 자들의 이익을 공익과 사익 사이에서는 물론이고 공익 상호 간과 사익 상호 간에도 정당하게 비교·교량하여야 하고 그 비교·교량은 비례의 원칙에 적합하도록 하여야 하는 것이므로, 만약 행정주체가 행정계획을 입안·결정함에 있어서 이익형량을 전혀 행하지 아니하였거나 이익형량의 고려대상에 마땅히 포함시켜야 할 중요한 사항을 누락한 경우 또는 이익형량을 하였으나 그것이 비례의 원칙에 어긋나게 된 경우에는 그 행정계획결정은 재량권을 일탈·남용한 것으로 위법하다.

설문 2 – 판례의 유형별 검토로 활용 가능

대판 2019.9.25, 2019두34982[손실보상금]

자연공원법의 입법 목적, 관련 규정들의 내용과 체계를 종합하면, 자연공원법에 의한 '자연공원 지정' 및 '공원용도지구계획에 따른 용도지구 지정'은, 그와 동시에 구체적인 공원시설을 설치·조성하는 내용의 '공원시설계획'이 이루어졌다는 특별한 사정이 없는 한, 그 이후에 별도의 '공원시설계획'에 의하여 시행 여부가 결정되는 구체적인 공원사업의 시행을 직접 목적으로 한 것이 아니므로 공익사업을 위한 토지 등의 취득 및 보상에 관한 법률 시행규칙 제23조 제1항 본문에서 정한 '일반적 계획제한'에 해당한다.

대판 2005.2.18, 2003두14222[토지수용이의재결처분취소]

[1] 공법상의 제한을 받는 토지의 수용보상액을 산정함에 있어서는 그 공법상의 제한이 당해 공공사업의 시행을 직접 목적으로 하여 가하여진 경우에는 그 제한을 받지 아니하는 상태대로 평가하여야 할 것이지만, 공법상 제한이 당해 공공사업의 시행을 직접 목적으로 하여 가하여진 경우가 아니라면 그러한 제한을 받는 상태 그대로 평가하여야 하고, 그와 같은 제한이 당해 공공사업의 시행 이후에 가하여진 경우라고 하여 달리 볼 것은 아니다.

[2] 문화재보호구역의 확대 지정이 당해 공공사업인 택지개발사업의 시행을 직접 목적으로 하여 가하여진 것이 아님이 명백하므로 토지의 수용보상액은 그러한 공법상 제한을 받는 상태대로 평가하여야 한다고 한 사례

대판 2015.8.27, 2012두7950[토지보상금증액]

구 공익사업을 위한 토지 등의 취득 및 보상에 관한 법률 시행규칙(2012.1.2. 국토해양부령 제427호로 개정되기 전의 것) 제23조 제1항, 제2항의 규정 내용, 상호 관계와 입법 취지, 용도지역·지구·구역(이하 '용도지역 등'이라 한다)의 지정 또는 변경행위의 법적 성질과 사법심사의 범위, 용도지역 등이 토지의 가격형성에 미치는 영향의 중대성 및 공익사업을 위하여 취득하는 토지에 대한 보상액 산정을 위하여 토지가격을 평가할 때 일반적 계획제한에 해당하는 용도지역 등의 지정 또는 변경이라도 특정 공익사업의 시행을 위한 것이라면 당해 공익사업의 시행을 직접 목적으로 하는 제한이라고 보아야 하는 점 등을

종합적으로 고려하면, 어느 수용대상 토지에 관하여 특정 시점에서 용도지역 등의 지정 또는 변경을 하지 않은 것이 특정 공익사업의 시행을 위한 것일 경우 이는 당해 공익사업의 시행을 직접 목적으로 하는 제한이라고 보아 용도지역 등의 지정 또는 변경이 이루어진 상태를 상정하여 토지가격을 평가하여야 한다. 여기에서 특정 공익사업의 시행을 위하여 용도지역 등의 지정 또는 변경을 하지 않았다고 볼 수 있으려면, 토지가 특정 공익사업에 제공된다는 사정을 배제할 경우 용도지역 등의 지정 또는 변경을 하지 않은 행위가 계획재량권의 일탈·남용에 해당함이 객관적으로 명백하여야만 한다.

[물음 1]

Ⅰ 논점의 정리

Ⅱ 甲토지의 녹지지역 지정의 신뢰보호원칙 위반 여부

1. 녹지지역 지정행위의 의의 및 법적 성질
2. 신뢰보호원칙의 의의 및 요건 검토
   (1) 신뢰보호원칙의 의의 및 근거
   (2) 신뢰보호의 원칙 요건
   (3) 한계
3. 관련 판례의 태도(2002두5474)
4. 사안의 경우

Ⅲ 甲토지의 녹지지역 재지정과 계획재량의 하자

1. 계획재량의 의의
2. 재량과의 구분
3. 형량명령(계획재량에 대한 고유한 통제이론)
   (1) 의의
   (2) 형량하자
4. 관련 판례의 태도
5. 사안의 경우

Ⅳ 甲에게 계획보장청구권이 인정되는지 여부)

1. 계획보장청구권의 의의
2. 계획보장청구권의 근거
3. 계획보장청구권의 인정요건
4. 관련 판례의 태도
5. 사안의 경우

Ⅴ 사례의 해결

[물음 2]

Ⅰ 논점의 정리

Ⅱ 공법상 제한을 받는 토지의 평가기준(시행규칙 제23조)

1. 공법상 제한 받는 토지
   (1) 일반적 제한
   (2) 개별적 제한
2. 공법상 제한을 받는 토지의 평가기준
   (1) 일반적 제한의 경우(시행규칙 제23조 제1항)
   (2) 개별적 제한의 경우(시행규칙 제23조 제1항 단서)
   (3) 해당 사업으로 인해 용도지역이 변경된 경우(시행규칙 제23조 제2항)
3. 판례의 태도
   (1) 일반적 제한의 경우
   (2) 해당 사업을 위해 용도지역이 변경된 경우

Ⅲ 사안의 해결

예시답안

[물음 1]에 대하여

I 논점의 정리

사안에서 甲은 S시장 乙이 그의 토지를 녹지지역으로 재지정한 것은 신뢰보호의 원칙에 위배될 뿐만 아니라 해당 토지 일대의 이용상황을 고려하지 아니한 결정이었다고 주장하며, 녹지지역 지정해제를 요구하고 있다. 녹지지역 지정의 해제요구는 도시관리계획의 변경신청 및 변경청구를 의미하므로 甲에게 이러한 신청권이 인정되는지가 쟁점이다. 甲의 주장대로 녹지지역의 재지정이 신뢰보호원칙에 반하는지 여부를 요건을 통해 검토하고, 계획재량권 행사의 정당성을 살펴보고, 甲에게 계획보장청구권이 인정될 수 있는지를 고찰해 보고자 한다.

II 甲토지의 녹지지역 지정의 신뢰보호원칙 위반 여부

1. 녹지지역 지정행위의 의의 및 법적 성질

녹지지역은 자연환경·농지 및 산림의 보호와 도시의 무질서한 확산을 방지하기 위하여 녹지의 보전이 필요한 지역으로서 도시관리계획으로 결정·고시된 지역을 말하며, 도시관리계획은 특별시·광역시·시 또는 군의 개발·정비 및 보전을 위하여 수립하는 공간구조와 발전방향에 대한 행정계획을 말한다.

2. 신뢰보호원칙의 의의 및 요건 검토

(1) 신뢰보호원칙의 의의 및 근거

행정법상의 신뢰보호의 원칙이라 함은 행정기관의 어떠한 적극적 또는 소극적 언동에 대해 국민이 신뢰를 갖고 행위를 했을 때 그 국민의 신뢰가 보호가치 있는 경우에 그 신뢰를 보호하여 주어야 한다는 원칙을 말한다. 행정기본법 제12조 제1항, 행정절차법 제4조 제2항 및 국세법 제18조 제3항에 실정법상 근거를 두고 있다. 신뢰보호의 원칙에 반하는 행정권 행사는 위법하다고 할 것이다.

(2) 신뢰보호의 원칙 요건

① 행정청이 개인에 대하여 신뢰의 대상이 되는 공적인 견해표명을 할 것, ② 행정청의 견해표명이 정당하다고 신뢰한 데에 대하여 그 개인에게 귀책사유가 없을 것, ③ 개인이 그 견해표명을 신뢰하고 이에 어떠한 행위를 하였을 것, ④ 행정청이 위 견해표명에 반하는 처분을 함으로써 그 견해표명을 신뢰한 개인의 이익이 침해되는 결과가 초래될 것을 요건으로 한다.

대판 1997.9.12, 96누18380[토지형질변경행위불허가처분취소]

일반적으로 행정상의 법률관계에 있어서 행정청의 행위에 대하여 신뢰보호의 원칙이 적용되기 위하여는, 첫째 행정청이 개인에 대하여 신뢰의 대상이 되는 공적인 견해표명을 하여야 하고, 둘째 행정청의 견해표명이 정당하다고 신뢰한 데에 대하여 그 개인에게 귀책사유가 없어야 하며, 셋째 그 개인이 그 견해표명을 신뢰하고 이에 어떠한 행위를 하였어야 하고, 넷째 행정청이 위 견해표명에 반하는 처분을 함으로써 그 견해표명을 신뢰한 개인의 이익이 침해되는 결과가 초래되어야 하며, 이러한 요건을 충족할 때에는 행정청의 처분은 신뢰보호의 원칙에 반하는 행위로서 위법하게 된다고 할 것이고, 또한 위 요건의 하나인 행정청의 공적 견해표명이 있었는지의 여부를 판단하는 데 있어 반드시 행정조직상의 형식적인 권한분장에 구애될 것은 아니고 담당자의 조직상의 지위와 임무, 당해 언동을 하게 된 구체적인 경위 및 그에 대한 상대방의 신뢰가능성에 비추어 실질에 의하여 판단하여야 한다.

(3) 한계(공익과의 형량)

신뢰보호의 원칙은 법적 안정성을 위한 것이지만, 법치국가원리의 또 하나의 내용인 행정의 법률적합성의 원리와 충돌되는 문제점을 갖는다. 결국 양자의 충돌은 법적 안정성(사익 보호)과 법률적합성(공익상 요청)의 비교형량에 의해 문제를 해결해야 한다(비교형량설).

또한 신뢰보호의 이익과 공익 또는 제3자의 이익이 상호 충돌하는 경우에는 이들 상호 간에 이익형량을 하여야 한다.

3. 관련 판례의 태도(2002두5474)

판례는 행정청이 용도지역을 자연녹지지역으로 지정결정하였다가 그보다 규제가 엄한 보전녹지지역으로 지정결정하는 내용으로 도시계획을 변경한 경우, 행정청이 용도지역을 자연녹지지역으로 결정한 것만으로는 그 결정 후 그 토지의 소유권을 취득한 자에게 용도지역을 종래와 같이 자연녹지지역으로 유지하거나 보전녹지지역으로 변경하지 않겠다는 취지의 공적인 견해표명을 한 것이라고 볼 수 없다고 판시한바 있다.

4. 사안의 경우

설문상 甲의 토지를 주거지역으로 변경지정한 행위를 공적 견해표명으로 볼 수 있는지가 문제되는데, 판례는 용도지역을 자연녹지지역으로 결정한 것만으로는 용도지역을 종래와 같이 자연녹지지역으로 유지하거나 보전녹지지역으로 변경하지 않겠다는 취지의 공적인 견해표명을 한 것이라고 볼 수 없다고 판시한바 신뢰 보호의 원칙의 요건에 충족되지 않으므로 신뢰 보호의 원칙에 위배되지 않는다고 판단된다.

Ⅲ 甲토지의 녹지지역 재지정과 계획재량의 하자

1. 계획재량의 의의

행정계획을 수립, 변경함에 있어서 계획청에 인정되는 재량을 말한다. 계획재량은 행정목표의 설정이나 행정목표를 효과적으로 달성할 수 있는 수단의 선택 및 조정에 있어서 인정된다.

2. 재량과의 구분

① 계획재량은 목적과 수단의 규범구조이므로 요건과 효과인 재량과 상이하고 형량명령이론이 존재하므로 구분되어야 한다는 견해(질적 차이 긍정설)와 ② 재량의 범위인 양적 차이만 있고 형량명령은 비례칙이 행정계획분양에 적용된 것이라는 견해(질적 차이 부정설)가 있다. ③ 생각건대, 규범구조상 계획재량은 목적프로그램에서, 행정재량은 조건프로그램에서 문제되며 적용범위를 구분하는 것이 합당하다. 그러나 다같이 행정청에게 선택의 자유를 인정하는 것이므로 질적인 면에서 차이가 있다고 보는 것은 타당하지 않다.

3. 형량명령(계획재량에 대한 고유한 통제이론)

(1) 의의

형량명령이란 행정계획을 수립함에 있어서 관련된 이익을 정당하게 형량하여야 한다는 원칙을 말한다.

(2) 형량하자

판례는 행정주체가 행정계획을 입안, 결정함에 있어서 ① 이익형량을 전혀 행사하지 아니하거나(형량의 해태), ② 이익형량의 고려대상에 마땅히 포함시켜야 할 사항을 누락한 경우(형량의 흠결), ③ 또는 이익형량을 하였으나 정당성과 객관성이 결여된 경우에는(형량의 오형량) 그 행정계획결정은 형량에 하자가 있어서 위법하게 된다고 판시한 바 있다.

4. 관련 판례의 태도

판례는 "도시계획변경결정 당시 도시계획법령에 의하면, 도시계획구역 안에서의 녹지지역은 보건위생・공해방지, 보안과 도시의 무질서한 확산을 방지하기 위하여 녹지의 보전이 필요한 때에 지정되고, 그중 보전녹지지역은 도시의 자연환경・경관・수림 및 녹지를 보전할 필요가 있을 때에, 자연녹지지역은 녹지공간의 보전을 해하지 아니하는 범위 안에서 제한적 개발이 불가피할 때 각 지정되는 것으로서 위와 같은 용도지역지정행위나 용도지역변경행위는 전문적・기술적 판단에 기초하여 행하여지는 일종의 행정계획으로서 재량행위라 할 것이지만, 행정주체가 가지는 이와 같은 계획재량은 그 행정계획에 관련되는 자들의 이익을 공익과 사익 사이에서는 물론이고 공익 상호 간과 사익 상호 간에도 정당하게 비교・교량하여야 하고 그 비교・교량은 비례의 원칙에 적합하도록 하여야 하는 것이므로, 만약 행정주체가 행정계획을 입안・결정함에 있어서 이익형량을 전혀 행하지 아니하였거나 이익형량의 고려대상에 마땅히 포함시켜야 할 중요한 사항을 누락한 경우 또는 이익형량을 하였으나 그것이 비례의 원칙에 어긋나게 된 경우에는 그 행정계획결정은 재량권을 일탈・남용한 것으로 위법하다."고 판시한 바 있다.

5. 사안의 경우

사안에서는 별도의 이익 형량에 사실관계가 존재하지 않으므로 행정주체가 행정계획을 입안·결정함에 있어서 이익형량을 전혀 행하지 아니하였거나 이익형량의 고려대상에 마땅히 포함시켜야 할 중요한 사항을 누락한 경우 또는 이익형량을 하였으나 그것이 비례의 원칙에 어긋나게 된 경우에는 그 행정계획결정은 재량권을 일탈·남용한 것으로 위법하다고 판단된다.

Ⅳ 甲에게 계획보장청구권이 인정되는지 여부

1. 계획보장청구권의 의의

행정계획에 대한 이해관계인의 신뢰보호를 위해 이해관계인에게 인정되는 행정주체에 대한 권리를 총칭하여 계획보장청구권이라고 한다. 계획보장청구권은 특정행위청구권, 즉 계획존속청구권, 계획이행청구권, 계획변경청구권 등의 상위개념으로 정의하는 것이 일반적이다.

2. 계획보장청구권의 근거

계획보장청구권을 인정하는 법령의 규정이 있는 경우에는 법령에 근거하여 계획보장청구권을 인정할 수 있을 것이며, 계획보장청구권의 이론적 근거로는 계약의 법리, 법적 안정성, 신뢰보호의 원칙, 재산권 보장 등이 있다.

3. 계획보장청구권의 인정요건

계획보장청구권은 개인적 공권의 일종인 바, 그 성립요건으로는 ① 공법상 법규가 국가 또는 그 밖의 행정주체에 행정의무를 부과할 것, ② 관련 법규가 오로지 공익실현을 목표로 하는 것이 아니라 적어도 개인의 이익의 만족도에도 기여하도록 정해질 것이 요구된다.

4. 관련 판례의 태도

(구)국토이용관리법(2002.2.4. 법률 제6655호 국토의 계획 및 이용에 관한 법률 부칙 제2조로 폐지)상 주민이 국토이용계획의 변경에 대하여 신청을 할 수 있다는 규정이 없을 뿐만 아니라, 국토건설종합계획의 효율적인 추진과 국토이용질서를 확립하기 위한 국토이용계획은 장기성, 종합성이 요구되는 행정계획이어서 원칙적으로는 그 계획이 일단 확정된 후에 어떤 사정의 변동이 있다고 하여 그러한 사유만으로는 지역주민이나 일반 이해관계인에게 일일이 그 계획의 변경을 신청할 권리를 인정하여 줄 수는 없을 것이지만, 장래 일정한 기간 내에 관계 법령이 규정하는 시설 등을 갖추어 일정한 행정처분을 구하는 신청을 할 수 있는 법률상 지위에 있는 자의 국토이용계획변경신청을 거부하는 것이 실질적으로 해당 행정처분 자체를 거부하는 결과가 되는 경우에는 예외적으로 그 신청인에게 국토이용계획변경을 신청할 권리가 인정된다고 봄이 상당하므로, 이러한 신청에 대한 거부행위는 항고소송의 대상이 되는 행정처분에 해당한다(대판 2003.9.23, 2001두10936[국토이용계획변경승인거부처분취소]).

5. 사안의 경우

사안에서 도시관리계획(녹지지역 지정)을 입안・결정하는 것은 행정청의 의무로 판단되나, 도시관리계획이 사익을 위한 것이라는 취지의 규정을 찾아볼 수 없을 뿐만 아니라, 도시관리계획은 해석상 공익실현을 위한 것이지 사익을 위한 것으로 보기는 어렵다고 보인다. 따라서 甲에게는 계획보장청구권(신청권)이 인정되지 않는다고 판단된다.

V 사례의 해결

1. 행정청이 용도지역을 자연녹지지역으로 결정한 것만으로는 그 결정 후 그 토지의 소유권을 취득한 자에게 용도지역을 종래와 같이 자연녹지지역으로 유지하거나 보전녹지지역으로 변경하지 않겠다는 취지의 공적인 견해표명을 한 것이라고 볼 수 없다고 판시하고 있는 바, 신뢰보호의 요건은 충족되지 않는다고 보인다.
2. 사안에서는 별도의 이익 형량에 사실관계가 존재하지 않으므로 행정주체가 행정계획을 입안・결정함에 있어서 이익형량을 전혀 행하지 아니하였거나 이익형량의 고려대상에 마땅히 포함시켜야 할 중요한 사항을 누락한 경우 또는 이익형량을 하였으나 그것이 비례의 원칙에 어긋나게 된 경우에는 그 행정계획결정은 재량권을 일탈・남용한 것으로 위법하다고 판단된다.
3. 도시관리계획이 사익을 위한 것이라는 취지의 규정을 찾아볼 수 없을 뿐만 아니라, 도시관리계획은 해석상 공익실현을 위한 것이지 사익을 위한 것으로 보기는 어렵다고 보인다. 따라서 甲에게는 계획보장청구권(신청권)이 인정되지 않는다고 판단된다.
   다만, 적법한 도시계획의 변경으로 인하여 특별한 희생이 발생했다면 甲은 손실보상을 청구할 수 있을 것이다. 그런데, 통상 계획의 변경으로 인한 손실에 대하여 법률에 보상규정을 두고 있지 않은 경우가 많으므로 이 경우 보상규정이 결여된 손실보상의 문제가 되고, 이는 헌법 제23조 제3항에 대한 효력논의로 확대하여 접근해야 할 것으로 보인다.

[물음 2]에 대하여

I 논점의 정리

사안은 乙이 공원조성사업을 추진하기 위하여 甲의 토지를 수용하였는데, 보상금 산정 시 녹지지역을 기준으로 감정평가한 금액을 적용하였는데, 그 적법성 여부를 판단하는 것으로 공법상 제한 받는 토지에 대한 보상 평가기준에 대한 검토가 쟁점이다. 보상금 산정 시에 해당 사업시행을 위하여 변경된 용도지역을 기준하여 보상금이 산정된 바, 공익사업을 위한 토지 등의 취득 및 보상에 관한 법률(이하 '토지보상법')상 보상평가기준과 관련하여 "공법상 제한을 받는 토지의 평가기준(시행규칙 제23조)"를 검토하여 쟁점을 해결코자 한다.

Ⅱ 공법상 제한을 받는 토지의 평가기준(시행규칙 제23조)

1. 공법상 제한 받는 토지

공법상 제한받는 토지라 함은 관계 법령에 의해 가해지는 토지 이용규제나 제한을 받는 토지로서, 이는 국토공간의 효율적 이용을 통해 공공복리를 증진시키는 수단으로 기능한다. 그 제한사항은 일반적 제한과 개별적 제한으로 구분된다.

(1) 일반적 제한

일반적 제한이란 제한 그 자체로 목적이 완성되고 구체적 사업의 시행이 필요하지 않은 경우를 말한다. 그 예로는 국토의 이용 및 계획에 관한 법률에 의한 용도지역, 지구, 구역의 지정, 변경 및 기타 관계 법령에 의한 토지이용계획 제한이 있다.

(2) 개별적 제한

개별적 제한이란 그 제한이 구체적 사업의 시행을 필요로 하는 경우를 말한다.

2. 공법상 제한을 받는 토지의 평가기준

(1) 일반적 제한의 경우(시행규칙 제23조 제1항)

일반적 제한의 경우에는 제한 그 자체로 목적이 완성되고 구체적 사업의 시행이 필요하지 않은 경우이므로 그 제한받는 상태대로 평가한다.

(2) 개별적 제한의 경우(시행규칙 제23조 제1항 단서)

개별적 제한이 해당 공익사업의 시행을 직접 목적으로 가해진 경우에는 제한이 없는 상태로 평가한다. "해당 공익사업의 시행을 직접 목적으로 하여 가하여진 경우"에는 당초의 목적사업과 다른 목적의 공익사업에 취득·수용 또는 사용되는 경우를 포함한다. 이는 공익사업의 시행자가 보상액을 감액하기 위하여 고의적으로 다른 사유로 사권에 제한을 가하고 그와 다른 사업을 시행하면 토지소유자는 불이익을 받게 되는바, 이러한 실체적인 불합리성을 방지하기 위한 것이다.

(3) 해당 사업으로 인해 용도지역이 변경된 경우(시행규칙 제23조 제2항)

용도지역 등 일반적 제한일지라도 해당 사업 시행을 직접 목적으로 하여 변경된 경우에는 변경되기 전의 용도지역을 기준으로 하여 평가한다. 이는 개발이익의 배제 및 피수용자의 보호에 목적이 있다. 그러나 그러한 제한이 해당 공익사업의 시행을 직접 목적으로 하여 가하여진 것이 아닌 경우에는 그러한 공법상 제한을 받는 상태대로 손실보상액을 평가하여야 한다.

3. 판례의 태도

(1) 일반적 제한의 경우

헌법 제23조 제3항은 "공공필요에 의한 재산권의 수용·사용 또는 제한 및 그에 대한 보상은 법률로서 하되, 정당한 보상을 지급하여야 한다."라고 규정하고 있는 바, 동 조항에서 말하는 정당한 보상액은 피수용재산이 수용 당시에 갖는 객관적인 재산가치의 평가금액을 의미한다 할 것이고 이를 구체화하기 위해 (구)토지수용법 제46조 제2항에서는 보상액 산정의 기준과 방법을 정하고 있다. 그리하여 위 헌법 및 (구)토지수용법의 정신 및 취지에 비추어 볼 때 공법상 제한을 받는 토지의 수용보상액을 산정함에 있어서는 그 공법상의 제한이 해당 공공사업의 시행을 직접 목적으로 하여 가하여진 경우에는 그 제한을 받지 아니하는 상태대로 평가하여야 한다 할 것이고, 반면에 해당 공공사업의 시행 이전에 이미 해당 공공사업과 관계없이 도시계획법에 의한 고시 등으로 일반적 계획제한이 가하여진 상태인 경우에는 그러한 제한을 받는 상태 그대로 평가하여야 한다 할 것이며, 도시계획법에 의한 개발제한구역의 지정은 위와 같은 일반적 계획제한에 해당한다 할 것이어서 해당 공공사업의 시행 이전에 개발제한구역 지정이 있었을 경우에는 그러한 제한이 있는 상태 그대로 평가함이 상당하다고 할 것이다(대판 1992.3.13, 91누4324 참조)(대판 1993.10.12, 93누12527[토지수용재결처분취소등]).

(2) 해당 사업을 위해 용도지역이 변경된 경우

① 공익사업을 위한 토지 등의 취득 및 보상에 관한 법률 시행규칙 제23조 제1항은 "공법상 제한을 받는 토지에 대하여는 제한받는 상태대로 평가한다. 다만 그 공법상 제한이 해당 공익사업의 시행을 직접 목적으로 하여 가하여진 경우에는 제한이 없는 상태를 상정하여 평가한다."고 규정하고 있다. 따라서 공법상 제한을 받는 토지에 대한 보상액을 산정할 때에 해당 공법상 제한이 (구)도시계획법에 따른 용도지역·지구·구역의 지정 또는 변경과 같이 그 자체로 제한목적이 달성되는 일반적 계획제한으로서 구체적 도시계획사업과 직접 관련되지 아니한 경우에는 그러한 제한을 받는 상태 그대로 평가하여야 하지만, 도로·공원 등 특정 도시계획시설의 설치를 위한 계획결정과 같이 구체적 사업이 따르는 개별적 계획제한이거나 일반적 계획제한에 해당하는 용도지역·지구·구역의 지정 또는 변경에 따른 제한이더라도 그 용도지역·지구·구역의 지정 또는 변경이 특정 공익사업의 시행을 위한 것일 때에는 해당 공익사업의 시행을 직접 목적으로 하는 제한으로 보아 위 제한을 받지 아니하는 상태를 상정하여 평가하여야 한다(대판 2012.5.24, 2012두1020[수용보상금지급청구]).

② 공익사업을 위한 토지 등의 취득 및 보상에 관한 법률 제70조, 같은 법 시행규칙 제23조 제1항, 제2항을 종합하면, 수용토지에 대한 손실보상액의 산정에 있어 그 대상 토지가 공법상의 제한을 받고 있는 경우에는 원칙적으로 제한받는 상태대로 평가하여야 하지만 그 제한이 해당 공공사업의 시행을 직접 목적으로 하여 가하여진 경우에는 해당 공공사업의 영향을 배제하여 정당한 보상을 실현하기 위하여 예외적으로 그 제한이 없는 상태를 전제로 하여 평가하여야 하고, 해당 공공사업의 시행을 직접 목적으로 하여 용도지역 또는 용도지구 등이 변경된 토지에 대하여는 변경되기 전의 용도지역 또는 용도지구 등을 기준으로 평가하여야 한다(대판 2007.7.12, 2006두11507[손실보상금증액청구]).

③ 토지수용 보상액을 산정함에 있어서는 (구)토지수용법 제46조 제1항에 따라 해당 공공사업의 시행을 직접 목적으로 하는 계획의 승인·고시로 인한 가격변동은 이를 고려함이 없이 수용재결 당시의 가격을 기준으로 하여 정하여야 할 것이므로, 해당 사업인 택지개발사업에 대한 실시계획의 승인과 더불어 그 용도지역이 주거지역으로 변경된 토지를 그 사업의 시행을 위하여 후에 수용하였다면 그 재결을 위한 평가를 함에 있어서는 그 용도지역의 변경을 고려함이 없이 평가하여야 할 것이고(대판 1991.11.26, 91누285, 대판 1995.11.7, 94누13725 등 참조), 또한 종전에 공공사업의 시행으로 인하여 정당한 보상금이 지급되지 아니한 채 공공사업의 부지로 편입되어 버린 이른바 미보상용지에 대하여는, (구)토지수용법 제57조의2, (구)공공용지의 취득 및 손실보상에 관한 특례법 제4조 제4항, 같은 법 시행령 제2조의10, 제10조 및 같은 법 시행규칙 제6조 제7항 본문의 규정에 의하여, 종전의 공공사업에 편입될 당시의 이용상황을 상정하여 평가하여야 하고, 다만 종전의 공공사업시행자와 수용에 있어서의 사업주체가 서로 다르거나 공공사업의 시행자가 적법한 절차를 취하지 아니하여 아직 공공사업의 부지를 취득하지 못한 단계에서 공공사업을 시행하여 토지의 현실적인 이용상황을 변경시킴으로써 토지의 거래가격이 상승된 경우에까지 위 시행규칙 제6조 제7항에 규정된 미보상용지의 법리가 적용되지는 않는다고 할 것이나(대판 1992.11.10, 92누4833, 대판 1993.3.23, 92누2653 등 참조), 처음부터 공공사업에 편입된 일부 토지가 국유재산이어서 이를 수용대상으로 삼지 아니하고 일반매매의 방식으로 취득하여 해당 공공사업을 적법히 시행하였음에도 그 후 취득시효 완성을 원인으로 하여 그 토지의 소유권이 사인에게 이전된 경우에는, 설사 뒤늦게 그 토지에 대한 토지수용절차가 진행되었다고 하더라도 공공사업의 시행자와 수용에 있어서의 사업주체가 동일하고 그 시행자가 적법한 절차를 취하지 아니하여 해당 토지를 공공사업의 부지로 취득하지 못한 것이 아니므로, 그 토지는 여전히 위 시행규칙 제6조 제7항의 규정에 따라 종전의 공공사업에 편입될 당시의 이용상황을 상정하여 평가하여야 한다고 할 것이다(대판 1999.3.23, 98두13850[토지수용이의재결처분취소]).

Ⅲ 사안의 해결

사안의 경우 도시근린공원을 조성하고자 주거지역에서 녹지지역으로 용도지역을 변경한바, 이는 해당사업을 위한 용도변경으로서 판례의 태도에 따라 변경되지 않은 상태를 기준으로 평가함이 타당하다고 판단되나, 사안은 녹지지역을 기준으로 감정평가한 금액을 적용한바 적법성이 인정되지 않는다고 보여진다.

〈출제위원 채점평〉

[문제 1]

문제1은 행정계획을 전제로 하여 발생될 수 있는 분쟁을 해결하는 문제로서 행정계획의 변경청구권을 묻는 〈1문〉과 계획 제한된 토지의 평가를 묻는 〈2문〉으로 구성되어 있다.

〈1문〉은 녹지지정의 해제는 도시관리계획이라는 수단을 통하여 행하여야 하기 때문에 녹지지정의 해제청구는 도시계획의 변경신청 또는 변경청구를 의미하는 점을 서술하여야 한다. 행정계획의 변경신청 가능성과 행정계획변경청구권의 인정여부를 묻는 문제로 난이도가 그리 높지 않은 문제라 할 수 있다. 그러나 상당수의 수험생들이 문제의 취지나 출제의도를 정확하게 파악하지 못하여 녹지지역재지정처분의 취소청구소송으로 이해하여 답안을 작성하였기 때문에 중요한 논점을 언급하지 못하였다. 이는 모두 행정법의 기초지식과 기본 법리에 대한 이해부족을 단적으로 드러낸 것이라 할 수 있는 만큼, 보다 성의 있고 내실 있는 기본기 확립이 필요할 것으로 보인다.

〈2문〉은 계획 제한된 토지의 평가에 관한 문제로 상당수의 수험생들이 예상할 수 있었던 문제로 일반적 계획제한된 토지에 대한 평가와 특정 공익사업의 시행을 목적으로 가해진 제한된 토지의 평가를 구분하여 설명하였다면 별다른 어려움 없이 해결할 수 있었던 문제이다.

문제 **02**

甲은 S시에 임야 30,000㎡를 소유하고 있다. S시장은 甲소유의 토지에 대하여 토지의 이용상황을 실제 이용되고 있는 '자연림'으로 하여 개별공시지가를 산정한 다음 A감정평가법인에 검증을 의뢰하였는데, A감정평가법인이 그 토지의 이용상황을 '공업용'으로 잘못 정정하여 검증지가를 산정하고, 시(市) 부동산가격공시위원회가 검증지가를 심의하면서 그 잘못을 발견하지 못하였다. 이에 따라 甲소유 토지의 개별공시지가가 적정가격보다 훨씬 높은 가격으로 결정·공시되었다. B은행은 S시의 공시지가를 신뢰하고, 甲에게 70억원을 대출하였는데, 甲이 파산함에 따라 채권회수에 실패하였다. 다음 물음에 답하시오. 30점

(1) B은행은 S시를 대상으로 국가배상을 청구하였다. S시의 개별공시지가 결정행위가 국가배상법 제2조상의 위법행위에 해당하는가에 관하여 논하시오. 20점

(2) S시장은 개별공시지가제도의 입법목적을 이유로 S시 담당 공무원들의 개별공시지가 산정에 관한 직무상 행위와 B은행의 손해 사이에 상당인과관계가 없다고 항변한다. S시장의 항변의 타당성에 관하여 논하시오. 10점

대판 2010.7.22, 2010다13527[손해배상(기)]

【판시사항】

[1] 개별공시지가 산정업무 담당 공무원 등이 부담하는 직무상 의무의 내용 및 그 담당 공무원 등이 직무상 의무에 위반하여 현저하게 불합리한 개별공시지가가 결정되도록 함으로써 국민 개개인의 재산권을 침해한 경우, 그 담당 공무원 등이 속한 지방자치단체가 손해배상책임을 지는지 여부(적극)

[2] 시장이 토지의 이용상황을 실제 이용되고 있는 '자연림'으로 하여 개별공시지가를 산정한 다음 감정평가법인에 검증을 의뢰하였는데, 감정평가법인이 그 토지의 이용상황을 '공업용'으로 잘못 정정하여 검증지가를 산정하고, 시(市) 부동산가격공시위원회가 검증지가를 심의하면서 그 잘못을 발견하지 못함에 따라, 그 토지의 개별공시지가가 적정가격보다 훨씬 높은 가격으로 결정·공시된 사안에서, 이는 개별공시지가 산정업무 담당 공무원 등이 직무상 의무를 위반한 것으로 불법행위에 해당한다고 한 사례

[3] 개별공시지가가 토지의 거래 또는 담보제공에서 그 실제거래가액 또는 담보가치를 보장하는 등의 구속력을 갖는지 여부(소극) 및 개개 토지에 관한 개별공시지가를 기준으로 거래하거나 담보제공을 받았다가 토지의 실제거래가액 또는 담보가치가 개별공시지가에 미치지 못함으로 인하여 발생한 손해에 대해서도 개별공시지가를 결정·공시한 지방자치단체가 손해배상책임을 부담하는지 여부(소극)

[4] 개별공시지가 산정업무 담당 공무원 등이 잘못 산정·공시한 개별공시지가를 신뢰한 나머지 토지의 담보가치가 충분하다고 믿고 그 토지에 관하여 근저당권 설정등기를 경료한 후 물품을 추가로 공급함으로써 손해를 입었음을 이유로 그 담당 공무원이 속한 지방자치단체에 손해배상을 구한 사안에서, 그 담당 공무원 등의 개별공시지가 산정에 관한 직무상 위반행위와 위 손해 사이에 상당인과관계가 있다고 보기 어렵다고 판단한 사례

【판결요지】

[1] 개별공시지가는 개발부담금의 부과, 토지 관련 조세부과 등 다른 법령이 정하는 목적을 위해 지가를 산정하는 경우에 그 산정 기준이 되는 관계로 납세자인 국민 등의 재산상 권리·의무에 직접적인 영향을 미치게 되므로, 개별공시지가 산정업무를 담당하는 공무원으로서는 해당 토지의 실제 이용상황 등 토지특성을 정확하게 조사하고 해당 토지와 토지이용상황이 유사한 비교표준지를 선정하여 그 특성을 비교하는 등 법령 및 '개별공시지가의 조사·산정지침'에서 정한 기준과 방법에 의하여 개별공시지가를 산정하고, 산정지가의 검증을 의뢰받은 감정평가업자나 시·군·구 부동산평가위원회로서는 위 산정지가 또는 검증지가가 위와 같은 기준과 방법에 의하여 제대로 산정된 것인지 여부를 검증, 심의함으로써 적정한 개별공시지가가 결정·공시되도록 조치할 직무상의 의무가 있고, 이러한 직무상 의무는 단순히 공공 일반의 이익을 위한 것이거나 행정기관 내부의 질서를 규율하기 위한 것이 아니고 전적으로 또는 부수적으로 국민 개개인의 재산권 보장을 목적으로 하여 규정된 것이라고 봄이 상당하다. 따라서 개별공시지가 산정업무 담당 공무원 등이 그 직무상 의무에 위반하여 현저하게 불합리한 개별공시지가가 결정되도록 함으로써 국민 개개인의 재산권을 침해한 경우에는 그 손해에 대하여 상당인과관계 있는 범위 내에서 그 담당 공무원 등이 소속된 지방자치단체가 배상책임을 지게 된다.

[2] 시장이 토지의 이용상황을 실제 이용되고 있는 '자연림'으로 하여 개별공시지가를 산정한 다음 감정평가법인에 검증을 의뢰하였는데, 감정평가법인이 그 토지의 이용상황을 '공업용'으로 잘못 정정하여 검증지가를 산정하고, 시(市) 부동산평가위원회가 검증지가를 심의하면서 그 잘못을 발견하지 못함에 따라, 그 토지의 개별공시지가가 적정가격보다 훨씬 높은 가격으로 결정·공시된 사안에서, 이는 개별공시지가 산정업무 담당 공무원 등이 개별공시지가의 산정 및 검증, 심의에 관한 직무상 의무를 위반한 것으로 불법행위에 해당한다고 한 사례

[3] 개별공시지가는 그 산정 목적인 개발부담금의 부과, 토지 관련 조세 부과 등 다른 법령이 정하는 목적을 위해 지가를 산정하는 경우에 그 산정 기준이 되는 범위 내에서는 납세자인 국민 등의 재산상 권리·의무에 직접적인 영향을 미칠 수 있지만, 이에 더 나아가 개별공시지가가 해당 토지의 거래 또는 담보제공을 받음에 있어 그 실제 거래가액 또는 담보가치를 보장한다거나 어떠한 구속력을 미친다고 할 수는 없다. 그럼에도 개개 토지에 관한 개별공시지가를 기준으로 거래하거나 담보제공을 받았다가 해당 토지의 실제 거래가액 또는 담보가치가 개별공시지가에 미치지 못함으로 인해 발생할 수 있는 손해에 대해서까지 그 개별공시지가를 결정·공시하는 지방자치단체에 손해배상책임을 부담시키게 된다면, 개개 거래당사자들 사이에 이루어지는 다양한 거래관계와 관련하여 발생한 손해에 대하여 무차별적으로 책임을 추궁당하게 되고, 그 거래관계를 둘러싼 분쟁에 끌려들어가 많은 노력과 비용을 지출하는 결과가 초래되게 된다. 이는 결과발생에 대한 예견가능성의 범위를 넘어서는 것임은 물론이고, 행정기관이 사용하는 지가를 일원화하여 일정한 행정목적을 위한 기준으로 삼음으로써 국토의 효율적인 이용과 국민경제의 발전에 기여하려는 (구)부동산 가격공시 및 감정평가에 관한 법률(2008.2.29. 법률 제8852호로 개정되기 전의 것)의 목적과 기능, 그 보호법익의 보호범위를 넘어서는 것이다.

[4] 개별공시지가 산정업무 담당 공무원 등이 잘못 산정·공시한 개별공시지가를 신뢰한 나머지 토지의 담보가치가 충분하다고 믿고 그 토지에 관하여 근저당권설정등기를 경료한 후 물품을 추가로 공급함으로써 손해를 입었음을 이유로 그 담당 공무원이 속한 지방자치단체에 손해배상을 구한 사안에서, 그 담당 공무원 등의 개별공시지가 산정에 관한 직무상 위반행위와 위 손해 사이에 상당인과관계가 있다고 보기 어렵다고 한 사례

[물음 1]

Ⅰ 논점의 정리

Ⅱ 개별공시지가의 개관

1. 개별공시지가의 의의 및 취지
2. 개별공시지가의 법적 성질
3. 개별공시지가의 산정절차

Ⅲ 공무원의 위법행위로 인한 국가배상책임 요건(국가배상법 제2조)

1. 개념
2. 국가배상 청구요건(국가배상법 제2조)
   (1) 공무원
   (2) 직무행위
   (3) 직무를 집행하면서(직무관련성)
   (4) 법령위반(위법)
   (5) 고의 또는 과실
   (6) 위법과 과실의 관계
   (7) 손해
   (8) 인과관계

Ⅳ 관련 판례의 태도(2010다13527)

1. 담당 공무원 등의 직무상 의무
2. 지방자치단체의 손해배상책임

Ⅴ 사안의 해결

[물음 2]

Ⅰ 논점의 정리

Ⅱ 개별공시지가의 산정목적 범위 등

1. 개별공시지가의 산정목적 범위
2. 개별공시지가가 사적 부동산거래에 있어서 구속력을 갖는지 여부

Ⅲ 상당인과관계 인정 여부

1. 상당인과관계 판단기준
2. 상당인과관계 인정 여부

Ⅳ 사안의 해결

예시답안

[물음 1]에 대하여

Ⅰ 논점의 정리

최근 대판 2010.7.22, 2010다13527 판결에서 "개별공시지가는 개발부담금의 부과, 토지 관련 조세부과 등 다른 법령이 정하는 목적을 위해 지가를 산정하는 경우에 그 산정기준이 되는 관계로 납세자인 국민 등의 재산상 권리・의무에 직접적인 영향을 미치게 되므로, 개별공시지가 산정업무를 담당하는 공무원으로서는 해당 토지의 실제이용상황 등 토지특성을 정확하게 조사하고 해당 토지와 토지이용상황이 유사한 비교표준지를 선정하여 그 특성을 비교하는 등 법령 및 '개별공시지가의 조사・산정지침'에서 정한 기준과 방법에 의하여 개별공시지가를 산정하고, 산정지가의 검증을 의뢰받은 감정평가법인등이나 시・군・구 부동산가격공시위원회로서는 위 산정지가 또는 검증지가가 위와 같은 기준과 방법에 의하여 제대로 산정된 것인지 여부를 검증, 심의함으로써 적정한 개별공시지가가 결정・공시되도록 조치할 직무상의 의무가 있고, 이러한 직무상 의무는 단순히 공공 일반의 이익을 위한 것이거나 행정기관 내부의 질서를 규율하기 위한 것이 아니고 전적으로 또는 부수적으로 국민 개개인의 재산권 보장을 목적으로 하여 규정된 것이라고 봄이 상당하다. 따라

서 개별공시지가 산정업무 담당 공무원 등이 그 직무상 의무에 위반하여 현저하게 불합리한 개별공시지가가 결정되도록 함으로써 국민 개개인의 재산권을 침해한 경우에는 그 손해에 대하여 상당인과관계 있는 범위 내에서 그 담당 공무원 등이 소속된 지방자치단체가 배상책임을 지게 된다."는 판결을 토대로 해당 사안에서 국가배상법 제2조상 위법행위에 해당되는지 고찰하여 보고자 한다.

Ⅱ 개별공시지가의 개관

1. 개별공시지가의 의의 및 취지

부동산 가격공시에 관한 법률(이하 '부동산공시법')상 개별공시지가란 시・군・구청장이 공시지가를 기준으로 산정한 개별토지의 단위당 가격을 말한다. 이는 조세 및 개발부담금 산정의 기준이 되어 행정의 효율성제고를 도모함에 제도적 취지가 인정된다(부동산공시법 제10조).

2. 개별공시지가의 법적 성질

판례는 "개별토지가격결정은 관계 법령에 의한 토지초과이득세 또는 개발부담금 산정의 기준이 되어 국민의 권리나 의무 또는 법률상 이익에 직접적으로 관계되는 것으로서 항고소송의 대상이 되는 행정처분에 해당한다(대판 1994.2.8, 93누111)."고 하여 처분성을 인정하고 있다.

3. 개별공시지가의 산정절차

개별공시지가를 산정하여 결정・공시함에 있어 시장・군수 또는 구청장은 해당 토지와 유사한 이용가치를 지닌다고 인정되는 하나 또는 둘 이상의 표준지의 공시지가를 기준으로 토지가격비준표를 사용하여 지가를 산정하되, 해당 토지의 가격과 표준지공시지가가 균형을 유지하도록 하여야 하고(부동산공시법 제10조 제4항), 산정한 개별토지가격의 타당성에 대하여 원칙적으로 감정평가법인등의 검증을 받고 토지소유자 그 밖의 이해관계인의 의견을 들어야 하며(부동산공시법 제10조 제5항), 시・군・구 부동산가격공시위원회의 심의를 거쳐야 한다(부동산공시법 제10조 제1항).

Ⅲ 공무원의 위법행위로 인한 국가배상책임 요건(국가배상법 제2조)

1. 개념

국가의 과실책임이란 공무원의 과실 있는 위법행위로 인하여 발생한 손해에 대한 배상책임을 말한다. 국가배상법 제2조에 근거규정을 둔다.

2. 국가배상 청구요건(국가배상법 제2조)

국가배상법 제2조에 의한 국가배상책임이 성립하기 위하여는 ① 공무원이 직무를 집행하면서 타인에게 손해를 가하였을 것, ② 공무원의 가해행위는 고의 또는 과실로 법령에 위반하여 행하여졌을 것, ③ 손해가 발생하였고, 공무원의 불법한 가해행위와 손해 사이에 인과관계(상당 인과관계)가 있을 것이 요구된다.

(1) 공무원

국가배상법 제2조상의 '공무원'은 국가공무원법 또는 지방공무원법상의 공무원뿐만 아니라 널리 공무를 위탁(광의의 위탁)받아 실질적으로 공무에 종사하는 자를(공무수탁사인) 말한다. 달리 말하면 국가배상법 제2조 소정의 공무원은 실질적으로 공무를 수행하는 자, 즉 기능적 공무원을 말한다. 또한 그것은 최광의의 공무원 개념에 해당한다.

(2) 직무행위

국가배상법 제2조가 적용되는 직무행위에 관하여 판례 및 다수설은 공권력 행사 외에 비권력적 공행정작용을 포함하는 모든 공행정작용을 의미한다고 본다. 또한 '직무행위'에는 입법작용과 사법작용도 포함된다.

(3) 직무를 집행하면서(직무관련성)

공무원의 불법행위에 의한 국가의 배상책임은 공무원의 가해행위가 직무집행행위인 경우뿐만 아니라 그 자체는 직무집행행위가 아니더라도 직무와 일정한 관련이 있는 경우, 즉 '직무를 집행하면서' 행하여진 경우에 인정된다.

(4) 법령위반(위법)

① 학설

ㄱ. 결과불법설

손해배상소송이 손해전보를 목적으로 하는 것이라는 전제하에, 국민이 받은 손해가 시민법상 원리로부터 수인될 수 있는지를 기준으로 위법성 여부를 판단하는 견해이다.

ㄴ. 상대적 위법성설

행위 자체의 위법, 적법뿐만 아니라 피침해 이익의 성격과 침해의 정도, 가해행위의 태양 등을 고려하여 위법성 여부를 판단하자는 견해이다.

ㄷ. 행위위법설

법률에 의한 행정의 원리 또는 국가배상소송의 행정통제기능을 고려하여 가해행위가 객관적인 법규범에 합치되는지 여부를 기준으로 위법성 여부를 판단하는 견해이다(다수설).

ㄹ. 직무의무위반설

국가배상법상의 위법을 법에 부합하지 않는 해당 행정처분으로 인해 법익을 침해한 공무원의 직무의무의 위반으로 보는 견해로 취소소송의 위법성은 행정작용의 측면에서만 위법 여부를 판단하지만 국가배상책임에서의 위법성은 행정작용과 행정작용을 한 자와의 유기적 관련성 속에서 위법 여부를 판단한다. 즉, 전자가 처분의 전체 법질서에 대한 객관적 정합성을 무게중심으로 하는 반면, 후자는 불법한 처분의 주관적 책임귀속을 무게중심으로 한다고 한다.

② 판례

ㄱ. 판례는 원칙상 행위위법설을 취하고 있는 것으로 보인다. 즉, 원칙상 가해직무행위와 법에의 위반을 위법으로 보고 있다. 그리고 명문의 규정이 없는 경우에도 일정한 경우 공무원의 손해방지의무를 인정하고 있다(대판 2000.11.10, 2000다26807 · 26814).

ㄴ. 최근 대법원 판례 중 상대적 위법성설 측면의 판결이 있다.

> [1] 국가배상책임은 공무원의 직무집행이 법령에 위반한 것임을 요건으로 하는 것으로서, 공무원의 직무집행이 법령이 정한 요건과 절차에 따라 이루어진 것이라면 특별한 사정이 없는 한 이는 법령에 적합한 것이고 그 과정에서 개인의 권리가 침해되는 일이 생긴다고 하여 그 법령적합성이 곧바로 부정되는 것은 아니다.
>
> [2] 경찰관은 수상한 거동 기타 주위의 사정을 합리적으로 판단하여 어떠한 죄를 범하였거나 범하려 하고 있다고 의심할 만한 상당한 이유가 있는 자 또는 이미 행하여진 범죄나 행하여지려고 하는 범죄행위에 관하여 그 사실을 안다고 인정되는 자를 정지시켜 질문할 수 있고, 또 범죄를 실행 중이거나 실행 직후인 자는 현행범인으로, 누구임을 물음에 대하여 도망하려 하는 자는 준현행범인으로 각 체포할 수 있으며, 이와 같은 정지 조치나 질문 또는 체포 직무의 수행을 위하여 필요한 경우에는 대상자를 추적할 수도 있으므로, 경찰관이 교통법규 등을 위반하고 도주하는 차량을 순찰차로 추적하는 직무를 집행하는 중에 그 도주차량의 주행에 의하여 제3자가 손해를 입었다고 하더라도 그 추적이 해당 직무목적을 수행하는 데에 불필요하다거나 또는 도주차량의 도주의 태양
>
> 및 도로교통상황 등으로부터 예측되는 피해발생의 구체적 위험성의 유무 및 내용에 비추어 추적의 개시 · 계속 혹은 추적의 방법이 상당하지 않다는 등의 특별한 사정이 없는 한 그 추적행위를 위법하다고 할 수는 없다.
>
> (출처 : 대판 2000.11.10, 2000다26807 · 26814[손해배상(자) · 구상금])

③ 검토

① 법률에 의한 행정의 원리의 실질적 내용을 이루는 인권보장의 측면에서 볼 때 공무원에게 직무상의 일반적 손해방지의무를 인정하는 것이 타당하므로, ② 국가배상에 있어서는 행위 자체의 관계 법령에의 위반뿐만 아니라 행위의 태양의 위법, 즉 피침해이익과 관련하여 요구되는 공무원의 '직무상 손해방지의무 위반'으로서의 위법도 국가배상법상 위법이 된다고 보는 것이 타당하다고 생각된다.

(5) 고의 또는 과실

주관설은 과실을 해당 직무를 담당하는 평균적 공무원이 통상 갖추어야 할 주의의무를 해태한 것으로 본다. 과실이 인정되기 위하여는 위험 및 손해발생에 대한 예측가능성과 회피가능성(손해방지가능성)이 있어야 한다. 이 견해가 다수설과 판례의 입장이다.

(6) 위법과 과실의 관계

위법과 과실은 개념상 상호 구별되어야 한다. 행위위법설에 의할 때 위법은 '행위'가 판단대상이 되며 가해행위의 법에의 위반을 의미하는 것이며, 과실은 '행위의 태양'이 직접적 판단대상이 되며 판례의 입장인 주관설에 의하면 주의의무 위반(객관설에 의하면 국가작용의 흠)을 의미한다.

(7) 손해

공무원의 불법행위가 있더라도 손해가 발생하지 않으면 국가배상책임이 인정되지 않는다. 국가배상책임으로서의 '손해'는 민법상 불법행위책임에 있어서의 그것과 다르지 않다.

(8) 인과관계

공무원의 불법행위와 손해 사이에 인과관계가 있어야 한다. 국가배상에서의 인과관계는 민법상 불법행위책임에서의 그것과 동일하게 상당인과관계가 요구된다.

Ⅳ 관련 판례의 태도(2010다13527)

1. 담당 공무원 등의 직무상 의무

개별공시지가는 개발부담금의 부과, 토지 관련 조세부과 등 다른 법령이 정하는 목적을 위해 지가를 산정하는 경우에 그 산정기준이 되는 관계로 납세자인 국민 등의 재산상 권리・의무에 직접적인 영향을 미치게 되므로, 개별공시지가 산정업무를 담당하는 공무원으로서는 해당 토지의 실제이용상황 등 토지특성을 정확하게 조사하고 해당 토지와 토지이용상황이 유사한 비교표준지를 선정하여 그 특성을 비교하는 등 법령 및 '개별공시지가의 조사・산정지침'에서 정한 기준과 방법에 의하여 개별공시지가를 산정하고, 산정지가의 검증을 의뢰받은 감정평가법인등이나 시・군・구 부동산가격공시위원회로서는 위 산정지가 또는 검증지가가 위와 같은 기준과 방법에 의하여 제대로 산정된 것인지 여부를 검증, 심의함으로써 적정한 개별공시지가가 결정・공시되도록 조치할 직무상의 의무가 있다.

2. 지방자치단체의 손해배상책임

직무상 의무는 단순히 공공일반의 이익을 위한 것이거나 행정기관 내부의 질서를 규율하기 위한 것이 아니고 전적으로 또는 부수적으로 국민 개개인의 재산권 보장을 목적으로 하여 규정된 것이라고 봄이 상당하다. 따라서 개별공시지가 산정업무 담당 공무원 등이 그 직무상 의무에 위반하여 현저하게 불합리한 개별공시지가가 결정되도록 함으로써 국민 개개인의 재산권을 침해한 경우에는 그 손해에 대하여 상당인과관계 있는 범위 내에서 그 담당 공무원 등이 소속된 지방자치단체가 배상책임을 지게 된다.

V 사안의 해결

관련 판례의 태도에 따르면 S시의 개별공시지가 결정행위는 직무상 위반으로 위법행위에 해당한다고 판단된다. 이에 따라 상당인과관계가 있는 범위 내에서 지방자치단체이 배상책임을 지게 되는 바, 다음 물음에서 이어 논하고자 한다.

[물음 2]에 대하여

I 논점의 정리

대판 2010.7.22, 2010다13527 판결에서 "개별공시지가는 그 산정 목적인 개발부담금의 부과, 토지 관련 조세부과 등 다른 법령이 정하는 목적을 위해 지가를 산정하는 경우에 그 산정기준이 되는 범위 내에서는 납세자인 국민 등의 재산상 권리・의무에 직접적인 영향을 미칠 수 있지만, 이에 더 나아가 개별공시지가가 해당 토지의 거래 또는 담보제공을 받음에 있어 그 실제 거래가액 또는 담보가치를 보장한다거나 어떠한 구속력을 미친다고 할 수는 없다. 그럼에도 개개 토지에 관한 개별공시지가를 기준으로 거래하거나 담보제공을 받았다가 해당 토지의 실제 거래가액 또는 담보가치가 개별공시지가에 미치지 못함으로 인해 발생할 수 있는 손해에 대해서까지 그 개별공시지가를 결정・공시하는 지방자치단체에 손해배상책임을 부담시키게 된다면, 개개 거래당사자들 사이에 이루어지는 다양한 거래관계와 관련하여 발생한 손해에 대하여 무차별적으로 책임을 추궁당하게 되고, 그 거래관계를 둘러싼 분쟁에 끌려들어가 많은 노력과 비용을 지출하는 결과가 초래되게 된다. 이는 결과발생에 대한 예견가능성의 범위를 넘어서는 것임은 물론이고, 행정기관이 사용하는 지가를 일원화하여 일정한 행정목적을 위한 기준으로 삼음으로써 국토의 효율적인 이용과 국민경제의 발전에 기여하려는 (구)부동산 가격공시 및 감정평가에 관한 법률(2008.2.29. 법률 제8852호로 개정되기 전의 것)의 목적과 기능, 그 보호법익의 보호범위를 넘어서는 것이다."라고 판시하고 있는 바, 이를 토대로 상당한 인과관계를 규명해 보고자 한다.

II 개별공시지가의 산정목적 범위 등

1. 개별공시지가의 산정목적 범위

개별공시지가는 그 산정목적인 개발부담금의 부과, 토지 관련 조세부과 등 다른 법령이 정하는 목적을 위해 지가를 산정하는 경우에 그 산정 기준이 되는 범위 내에서는 납세자인 국민 등의 재산상 권리・의무에 직접적인 영향을 미칠 수 있다.

2. 개별공시지가가 사적 부동산거래에 있어서 구속력을 갖는지 여부

부동산 가격공시에 관한 법률 제1조에서 "부동산의 적정가격(適正價格) 공시에 관한 기본적인 사항과 부동산 시장・동향의 조사・관리에 필요한 사항을 규정함으로써 부동산의 적정한 가격형성과 각종 조세·부담금 등의 형평성을 도모하고 국민경제의 발전에 이바지함을 목적으로 한다."라고 규정하고 있고, 동법 제9조에서 표준지공시지가가 토지시장의 지가정보를 제공하고 일반적인 토지거래의 지표가 된다고 규정하고 있는 취지는, 일반 국민에 대한 관계에서 토지에 관하여 합리적으로 평가한 적정가치를 제시함으로써 토지를 거래하는 당사자의 합리적인 의사결정의 지표가 될 만한 지가정보를 제공한다는 의미에 불과할 뿐 표준지공시지가 또는 그에 기초한 개별공시지가를 지표로 거래해야 한다는 법적 구속력을 부여하는 의미라고 보기 어렵다. 따라서 개별공시지가는 그 산정 목적인 개발부담금의 부과, 토지 관련 조세부과 등 다른 법령이 정하는 목적을 위해 지가를 산정하는 경우에 그 산정기준이 되는 범위 내에서는 납세자인 국민 등의 재산상 권리·의무에 직접적인 영향을 미칠 수 있지만, 이에 더 나아가 개별공시지가가 해당 토지의 거래 또는 담보제공을 받음에 있어 그 실제 거래가액 또는 담보가치를 보장한다거나 어떠한 구속력을 미친다고 할 수는 없다(대판 2010.7.22, 2010다13527).

Ⅲ 상당인과관계 인정 여부

1. 상당인과관계 판단기준

상당인과관계의 유무를 판단함에 있어서는 일반적인 결과 발생의 개연성은 물론 직무상 의무를 부과하는 법령 기타 행동규범의 목적, 그 수행하는 직무의 목적 내지 기능으로부터 예견가능한 행위 후의 사정, 가해행위의 태양 및 피해의 정도 등을 종합적으로 고려하여야 한다(대판 2007.12.27, 2005다62747[손해배상(기)]).

2. 상당인과관계 인정 여부

개별공시지가 산정업무 담당공무원 등이 잘못 산정·공시한 개별공시지가를 신뢰한 나머지 토지의 담보가치가 충분하다고 믿고 그 토지에 관하여 근저당권설정등기를 경료한 후 물품을 추가로 공급함으로써 손해를 입었음을 이유로 그 담당공무원이 속한 지방자치단체에 손해배상을 구한 사안에서, 그 담당공무원 등의 개별공시지가 산정에 관한 직무상 위반행위와 위 손해 사이에 상당인과관계가 있다고 보기 어렵다고 판시한 바 있다.

Ⅳ 사안의 해결

관련 판례의 태도에 따르면 공시지가는 행정기관이 사용하는 지가를 일원화하여 일정한 행정목적을 위한 기준으로 삼음으로써 국토의 효율적인 이용과 국민경제의 발전에 기여하려는 목적과 기능이 있으므로, 개별공시지가가 해당 토지의 거래 또는 담보제공을 받음에 있어 그 실제 거래가액 또는 담보가치를 보장한다거나 어떠한 구속력을 미친다고 할 수는 없으며, 담당 공무원 등의 개별공시지가 산정에 관한 직무상 위반행위와 위 손해 사이에 상당인과관계가 있다고 보기 어려울 것으로 보이는바 S시장의 항변의 타당성이 인정된다고 생각된다.

〈출제위원 채점평〉

[문제 2]

본문은 개별공시지가의 검증의 오류와 관련한 국가배상청구의 가능성에 관한 것으로 물음은 두 가지이다. 첫째, S시의 개별공시지가 결정행위가 국가배상법 제2조상의 위법행위 해당성, 둘째, S시장은 개별공시지가 제도의 입법목적을 이유로 S시의 담당공무원들의 개별 공시지가 산정에 관한 직무상 행위와 B은행의 손해 사이에 상당인과관계가 없다고 항변하는데, 그 타당성을 논하라는 내용이다.

첫 번째 질문은 국가배상법 제2조의 위법행위에 해당하는가를 판단하는 것이다. 국가배상법 제2조의 기본적인 요건으로서 그 행위가 위법성에 대한 판단과 과실에 대한 판단을 논리적으로 연결하여 기술하면 된다.

두 번째 질문에 대하여는 개별공시지가 제도의 입법목적을 논리적으로 서술하고 개별공시지가가 은행의 담보평가 등 사적인 부동산 거래의 직접적인 평가 근거로 활용됨을 목적으로 하는 것인가에 대한 검토 후 판례의 입장을 고려하여 상당인과관계를 논하는 것이 좋다.

이 문제는 감정평가사가 하는 일상에 관련되어 있고, 담보평가의 중요성 및 입법목적과 직접적으로 연결되어 있어 매우 중요하므로 수험생들도 이미 익숙하게 공부하였을 것으로 생각된다. 공시지가의 결정 및 검증 작업에서 발생하는 오류가 국가배상 및 손해배상과 어떤 인과관계에 놓여 있는가를 정확히 파악하는 것은 감정평가사 직업의 수행에 있어 필수적이다. 금번 출제 및 채점은 이런 사전 지식을 충분히 습득하고 있는가를 판단할 수 있는 좋은 기회가 되었다고 생각한다.

문제 **03**

乙은 감정평가사 甲이 감정평가업무를 행하면서 고의로 잘못된 평가를 하였다는 것을 이유로, 「감정평가 및 감정평가사에 관한 법률」 제32조 제1항 제11호 및 동법 시행령 제29조 [별표 3]에 따라 6개월의 업무정지처분을 하였고, 乙은 이에 불복하여 취소소송을 제기하였다. 소송의 계속 중에 6개월의 업무정지기간이 만료하였다. 甲은 위 취소소송을 계속할 이익이 인정되는가? 20점

대판 2006.6.22, 2003두1684 全合[영업정지처분취소]

【판시사항】

[1] 제재적 행정처분이 그 처분에서 정한 제재기간의 경과로 인하여 그 효과가 소멸되었으나, 부령인 시행규칙 또는 지방자치단체의 규칙의 형식으로 정한 처분기준에서 제재적 행정처분을 받은 것을 가중사유나 전제요건으로 삼아 장래의 제재적 행정처분을 하도록 정하고 있는 경우, 선행처분인 제재적 행정처분을 받은 상대방이 그 처분에서 정한 제재기간이 경과하였다 하더라도 그 처분의 취소를 구할 법률상 이익이 있는지 여부(한정 적극)

[2] 환경영향평가대행업무 정지처분을 받은 환경영향평가대행업자가 업무정지처분기간 중 환경영향평가대행계약을 신규로 체결하고 그 대행업무를 한 사안에서, 업무정지처분기간 경과 후에도 '환경·교통·재해 등에 관한 영향평가법 시행규칙'의 규정에 따른 후행처분을 받지 않기 위하여 위 업무정지처분의 취소를 구할 법률상 이익이 있다고 한 사례

【판결요지】

[1] [다수의견]

제재적 행정처분이 그 처분에서 정한 제재기간의 경과로 인하여 그 효과가 소멸되었으나, 부령인 시행규칙 또는 지방자치단체의 규칙(이하 이들을 '규칙'이라고 한다)의 형식으로 정한 처분기준에서 제재적 행정처분(이하 '선행처분'이라고 한다)을 받은 것을 가중사유나 전제요건으로 삼아 장래의 제재적 행정처분(이하 '후행처분'이라고 한다)을 하도록 정하고 있는 경우, 제재적 행정처분의 가중사유나 전제요건에 관한 규정이 법령이 아니라 규칙의 형식으로 되어 있다고 하더라도, 그러한 규칙이 법령에 근거를 두고 있는 이상 그 법적 성질이 대외적·일반적 구속력을 갖는 법규명령인지 여부와는 상관없이, 관할 행정청이나 담당 공무원은 이를 준수할 의무가 있으므로 이들이 그 규칙에 정해진 바에 따라 행정작용을 할 것이 당연히 예견되고, 그 결과 행정작용의 상대방인 국민으로서는 그 규칙의 영향을 받을 수밖에 없다.

따라서 그러한 규칙이 정한 바에 따라 선행처분을 받은 상대방이 그 처분의 존재로 인하여 장래에 받을 불이익, 즉 후행처분의 위험은 구체적이고 현실적인 것이므로, 상대방에게는 선행처분의 취소소송을 통하여 그 불이익을 제거할 필요가 있다. 또한, 나중에 후행처분에 대한 취소소송에서 선행처분의 사실관계나 위법 등을 다툴 수 있는 여지가 남아 있다고 하더라도, 이러한 사정은 후행처분이 이루어지기 전에 이를 방지하기 위하여 직접 선행처분의 위법을 다투는 취소소송을 제기할 필요성을 부정할 이유가 되지 못한다. 그러한 쟁송방법을 막는 것은 여러 가지 불합리한 결과를 초래하여 권리구제의 실효성을 저해할 수 있기 때문이다. 오히려 앞서 본 바와 같이 행정청으로서는 선행처분이 적법함을

전제로 후행처분을 할 것이 당연히 예견되므로, 이러한 선행처분으로 인한 불이익을 선행처분 자체에 대한 소송에서 사전에 제거할 수 있도록 해 주는 것이 상대방의 법률상 지위에 대한 불안을 해소하는 데 가장 유효적절한 수단이 된다고 할 것이고, 또한 그 소송을 통하여 선행처분의 사실관계 및 위법 여부가 조속히 확정됨으로써 이와 관련된 장래의 행정작용의 적법성을 보장함과 동시에 국민생활의 안정을 도모할 수 있다. 이상의 여러 사정과 아울러, 국민의 재판청구권을 보장한 헌법 제27조 제1항의 취지와 행정처분으로 인한 권익침해를 효과적으로 구제하려는 행정소송법의 목적 등에 비추어 행정처분의 존재로 인하여 국민의 권익이 실제로 침해되고 있는 경우는 물론이고 권익침해의 구체적·현실적 위험이 있는 경우에도 이를 구제하는 소송이 허용되어야 한다는 요청을 고려하면, 규칙이 정한 바에 따라 선행처분을 가중사유 또는 전제요건으로 하는 후행처분을 받을 우려가 현실적으로 존재하는 경우에는, 선행처분을 받은 상대방은 비록 그 처분에서 정한 제재기간이 경과하였다 하더라도 그 처분의 취소소송을 통하여 그러한 불이익을 제거할 권리보호의 필요성이 충분히 인정된다고 할 것이므로, 선행처분의 취소를 구할 법률상 이익이 있다고 보아야 한다.

[대법관 이강국의 별개의견]

다수의견은, 제재적 행정처분의 기준을 정한 부령인 시행규칙의 법적 성질에 대하여는 구체적인 논급을 하지 않은 채, 시행규칙에서 선행처분을 받은 것을 가중사유나 전제요건으로 하여 장래 후행처분을 하도록 규정하고 있는 경우, 선행처분의 상대방이 그 처분의 존재로 인하여 장래에 받을 불이익은 구체적이고 현실적이라는 이유로, 선행처분에서 정한 제재기간이 경과한 후에도 그 처분의 취소를 구할 법률상 이익이 있다고 보고 있는 바, 다수의견이 위와 같은 경우 선행처분의 취소를 구할 법률상 이익을 긍정하는 결론에는 찬성하지만, 그 이유에 있어서는 부령인 제재적 처분기준의 법규성을 인정하는 이론적 기초 위에서 그 법률상 이익을 긍정하는 것이 법리적으로는 더욱 합당하다고 생각한다. 상위법령의 위임에 따라 제재적 처분기준을 정한 부령인 시행규칙은 헌법 제95조에서 규정하고 있는 위임명령에 해당하고, 그 내용도 실질적으로 국민의 권리·의무에 직접 영향을 미치는 사항에 관한 것이므로, 단순히 행정기관 내부의 사무처리준칙에 지나지 않는 것이 아니라 대외적으로 국민이나 법원을 구속하는 법규명령에 해당한다고 보아야 한다.

[2] 환경영향평가대행업무 정지처분을 받은 환경영향평가대행업자가 업무정지처분기간 중 환경영향평가대행계약을 신규로 체결하고 그 대행업무를 한 사안에서, '환경·교통·재해 등에 관한 영향평가법 시행규칙' 제10조 [별표 2] 2. 개별기준 (11)에서 환경영향평가대행업자가 업무정지처분기간 중 신규계약에 의하여 환경영향평가대행업무를 한 경우 1차 위반 시 업무정지 6개월을, 2차 위반 시 등록취소를 각 명하는 것으로 규정하고 있으므로, 업무정지처분기간 경과 후에도 위 시행규칙의 규정에 따른 후행처분을 받지 않기 위하여 위 업무정지처분의 취소를 구할 법률상 이익이 있다고 한 사례

Ⅰ 논점의 정리
Ⅱ 가중·감경 규정을 정한 감정평가법 시행령 [별표 3]의 법적 성질
  1. 감정평가법상 감정평가법인등의 제재조치의 의의 및 취지
  2. 감정평가법 시행령 제29조 [별표 3]의 법적 성질
    (1) 학설
    (2) 판례
    (3) 소결
Ⅲ 협의의 소익(권리보호의 필요)
  1. 협의의 소익의 의의 및 취지(행정소송법 제12조 제2문)
  2. 협의의 소익에 대한 논의
    (1) 학설
    (2) 전원합의체 대법원 판결
    (3) 검토
  3. 소결
Ⅳ 사례의 해결

예시답안

Ⅰ 논점의 정리

감정평가 및 감정평가사에 관한 법률(이하 '감정평가법') 시행령 제29조(인가취소 등의 기준)는 "동법 제32조 제1항에 따른 감정평가법인등의 설립인가 취소와 업무정지의 기준은 [별표 3]과 같다."라고 규정하고 있는 바, 가중·감경규정을 정한 [별표 3]의 법적 성질과 협의의 소익 인정 여부가 쟁점이다. 이하에서 [별표 3]의 법적 성질을 규명하고 협의의 소익에 대하여 논하고자 한다.

Ⅱ 가중·감경 규정을 정한 감정평가법 시행령 [별표 3]의 법적 성질

1. 감정평가법상 감정평가법인등의 제재조치의 의의 및 취지

최근 부동산 가격공시 및 감정평가에 관한 법률이 분법되어 2개의 법률로 나누어졌다. 2016년 9월 1일부터 시행되는 부동산 가격공시에 관한 법률, 감정평가 및 감정평가사에 관한 법률(감정평가법)이 그것이다. 감정평가법에서는 감정평가법인등의 인가취소 등을 제32조에서 규정하고, 감정평가사의 징계를 제39조에 규정하고 있다. 이는 전문가로서의 사회적 책임과 아울러 공정하고 객관적 평가를 통하여 국민의 재산권을 보호하고, 국민경제에 이바지하기 위한 입법으로 감정평가시장의 신뢰성을 강화하기 위한 입법조치로 평가된다. 특히 강력한 제재조치는 감정평가사의 대국민적 공정성을 위한 조치로 감정평가시장의 자정의 기회와 아울러 대국민서비스의 질적 향상을 높이기 위한 입법이다.

2. 감정평가법 시행령 제29조 [별표 3]의 법적 성질

(1) 학설

① **법규명령설** : 법규명령의 형식으로 규정된 이상 해당 재량준칙은 법규로 되어 국민과 법원을 구속한다는 견해이다. 법규명령은 일반 공권력에 근거하여 제정되는 것으로 개인의 자유·재산에 직접 관계없는 사항이라도 국가와 일반국민을 구속하는 점을 논거로 한다.

② **행정규칙설 :** 행정규칙은 법규의 형식으로 제정되어도 행정규칙으로서의 성질이 변하지 않는다는 견해이다. 법률과 법규명령이 언제나 국민일반을 구속하는 것은 아니라는 것을 논거로 한다.

③ **수권 여부에 따라 구분하는 견해 :** 내용과 형식에 관계없이 법률의 위임 여부에 따라 구분하는 견해이다. 법률의 위임없이 제정된 것은 부령형식을 취하였다 하여도 행정규칙의 효력만 인정할 수 있고, 법률의 위임에 의해 제정된 것은 법규명령으로서의 효력을 인정할 수 있다고 한다.

(2) 판례

1) 종전 판례

어느 행정행위가 기속행위인지 재량행위인지 나아가 재량행위라고 할지라도 기속재량행위인지 또는 자유재량에 속하는 것인지의 여부는 이를 일률적으로 규정지을 수는 없는 것이고, 해당 처분의 근거가 된 규정의 형식이나 체재 또는 문언에 따라 개별적으로 판단하여야 하며(대판 1995.12.12, 94누12302 등 참조), 한편 이 사건 처분의 기준이 된 시행령 제10조의3 제1항 [별표 1]은 법 제7조 제2항의 위임규정에 터 잡은 규정형식상 대통령령이므로 그 성질이 부령인 시행규칙이나 또는 지방자치단체의 규칙과 같이 통상적으로 행정조직 내부에 있어서의 행정명령에 지나지 않는 것이 아니라 대외적으로 국민이나 법원을 구속하는 힘이 있는 법규명령에 해당한다고 할 것이다(대판 1995.10.17, 94누14148 숫습 참조, 대판 1997.12.26, 97누15418[주택건설사업영업정지처분취소]).

2) 최근 판례

최근에는 대판 2006.6.22, 2003두1684 숫습 판결에서 "제재적 행정처분의 가중사유나 전제요건에 관한 규정이 법령이 아니라 규칙의 형식으로 되어 있다고 하더라도, 그러한 규칙이 법령에 근거를 두고 있는 이상 그 법적 성질이 대외적 · 일반적 구속력을 갖는 법규명령인지 여부와는 상관없이, 관할 행정청이나 담당 공무원은 이를 준수할 의무가 있으므로 이들이 그 규칙에 정해진 바에 따라 행정작용을 할 것이 당연히 예견되고, 그 결과 행정작용의 상대방인 국민으로서는 그 규칙의 영향을 받을 수밖에 없다."라고 판시하면서 구체적 사안별로 권리보호의 필요성을 적시하고 있다.

3. 소결

최근 대통령령이 형식의 재량준칙에 대하여는 법규성을 인정하고 있고, 법치주의에 근거한 형식의 엄격성, 절차적 정당성 및 법규명령에 대한 국민의 예측가능성을 부여하는 점에 비추어 법규명령으로 봄이 타당하다고 보인다.

Ⅲ 협의의 소익(권리보호의 필요)

1. 협의의 소익의 의의 및 취지(행정소송법 제12조 제2문)

협의의 소익이란 구체적 사안에서 본안판단을 행할 현실적 필요성을 말하며. 권리보호의 필요라고도 한다. 협의의 소익을 비롯한 소송요건의 취지는 남소의 방지와 재판청구권 보장 사이의 이익형량을 위한 것이다.

2. 협의의 소익에 대한 논의

(1) 학설

① 장래에 가중적 제재처분을 받을 위험성 여부로 판단하여야 한다는 견해, ② 법규성 여부에 따라 판단하여야 한다는 견해, ③ 변경된 전원합의체 판결(대판 2006.6.22, 2003두1684 全合)과 같이 구체적 사안별로 판단해야 한다는 견해로 나뉘고 있다.

(2) 전원합의체 대법원 판결

1) 종전 판례

종래 제재적 처분기준의 대외적 구속력 여부를 기준으로 법규명령의 효력을 가지는 경우 소의 이익을 긍정하고 행정규칙의 효력을 가지는 경우 소의 이익을 부정한 바 있다.

2) 최근 판례

[다수의견]

제재적 행정처분이 그 처분에서 정한 제재기간의 경과로 인하여 그 효과가 소멸되었으나, 부령인 시행규칙 또는 지방자치단체의 규칙(이하 이들을 '규칙'이라고 한다)의 형식으로 정한 처분기준에서 제재적 행정처분(이하 '선행처분'이라고 한다)을 받은 것을 가중사유나 전제요건으로 삼아 장래의 제재적 행정처분(이하 '후행처분'이라고 한다)을 하도록 정하고 있는 경우, 제재적 행정처분의 가중사유나 전제요건에 관한 규정이 법령이 아니라 규칙의 형식으로 되어 있다고 하더라도, 그러한 규칙이 법령에 근거를 두고 있는 이상 그 법적 성질이 대외적·일반적 구속력을 갖는 법규명령인지 여부와는 상관없이, 관할 행정청이나 담당 공무원은 이를 준수할 의무가 있으므로 이들이 그 규칙에 정해진 바에 따라 행정작용을 할 것이 당연히 예견되고, 그 결과 행정작용의 상대방인 국민으로서는 그 규칙의 영향을 받을 수밖에 없다. 따라서 그러한 규칙이 정한 바에 따라 선행처분을 받은 상대방이 그 처분의 존재로 인하여 장래에 받을 불이익, 즉 후행처분의 위험은 구체적이고 현실적인 것이므로, 상대방에게는 선행처분의 취소소송을 통하여 그 불이익을 제거할 필요가 있다.

[대법관 이강국의 별개의견]

다수의견은, 제재적 행정처분의 기준을 정한 부령인 시행규칙의 법적 성질에 대하여는 구체적인 논급을 하지 않은 채, 시행규칙에서 선행처분을 받은 것을 가중사유나 전제요건으로 하여 장래 후행처분을 하도록 규정하고 있는 경우, 선행처분의 상대방이 그 처분의 존재로 인하여 장래에 받을 불이익은 구체적이고 현실적이라는 이유로, 선행처분에서 정한 제재기간이 경과한 후에도 그 처분의 취소를 구할 법률상 이익이 있다고 보고 있는 바, 다수의견이 위와 같은 경우 선행처분의 취소를 구할 법률상 이익을 긍정하는 결론에는 찬성하지만, 그 이유에 있어서는 부령인 제재적 처분기준의 법규성을 인정하는 이론적 기초 위에서 그 법률상 이익을 긍정하는 것이 법리적으로는 더욱 합당하다고 생각한다.

(3) 검토 – 구체적 사안별로 판단하여야 한다는 견해 타당

① 담당 공무원은 부령형식의 행정규칙도 준수하여야 하므로 장래에 그 시행규칙이 정한 바에 따라 가중 처벌을 할 것이 당연히 예견된다는 점에서 가중 처벌을 받을 위험을 제거할 이익은

법률상 이익이라는 점, ② 시간의 경과로 인한 증거자료 등이 유실의 문제가 있다는 점에서, '협의의 소의 이익 유무를 가중규범의 법적 성질이 법규명령이냐 행정규칙이냐'라는 형식적 기준에 의하여 판단하는 종전의 판례의 다수의견이나 변경된 전원합의체 별개의견은 타당하지 않고, 구체적 사안별로 관계 법령의 취지를 살펴서 현실적으로 권리보호의 필요성이 있느냐를 기준으로 판단해야 한다는 견해가 타당하다고 생각된다.

3. 소결

국민의 재판청구권을 보장한 헌법 제27조 제1항의 취지와 행정처분으로 인한 권익침해를 효과적으로 구제하려는 행정소송법의 목적 등에 비추어 행정처분의 존재로 인하여 국민의 권익이 실제로 침해되고 있는 경우는 물론이고 권익침해의 구체적·현실적 위험이 있는 경우에도 이를 구제하는 소송이 허용되어야 한다는 요청을 고려하면, 감정평가법 시행령 [별표 3]에서 정한 바에 따라 선행처분을 가중사유 또는 전제요건으로 하는 후행처분을 받을 우려가 현실적으로 존재하는 경우에는, 선행처분을 받은 상대방은 비록 그 처분에서 정한 제재기간이 경과하였다 하더라도 그 처분의 취소소송을 통하여 그러한 불이익을 제거할 권리보호의 필요성이 충분히 인정된다고 할 것이므로, 선행처분의 취소를 구할 법률상 이익이 있다고 보아야 한다.

Ⅳ 사례의 해결

1. 감정평가법 시행령 제29조 [별표 3]의 법적 성질은 대외적 구속력이 있는 법규명령으로 판단된다.
2. 국민의 재판청구권을 보장한 헌법 제27조 제1항의 취지와 행정처분으로 인한 권익침해를 효과적으로 구제하려는 행정소송법의 목적 등에 비추어 행정처분의 존재로 인하여 국민의 권익이 실제로 침해되고 있는 경우는 물론이고 권익침해의 구체적·현실적 위험이 있는 경우에도 이를 구제하는 소송이 허용되어야 한다는 측면에서 협의의 소익, 즉 권리보호의 필요성이 인정되어 업무정지처분의 취소를 구할 법률상 이익이 있다고 판단된다.

〈출제위원 채점평〉

[문제 3]

제재처분의 기간이 경과한 경우 취소소송을 계속할 이익이 있는지에 관하여는 전형적인 소송법상의 주요 쟁점으로 다루어지기 때문에 예상대로 상당수의 답안들이 협의의 소익을 주제로 하여 매우 잘 정리된 목차와 내용들을 기술하였다. 우선 제재처분의 기준을 정하고 있는 대통령령의 법적 성질이 어떠한지를 검토한 후 협의의 소익에 관한 일반적인 내용 및 제재처분의 기준에 관하여 장차 동일한 위반행위에 대한 가중처벌에 관한 규정이 존재하는 경우, 법률의 형식과 행정규칙의 형식으로 규정되어 있는 경우, 협의의 소익을 인정할 것인지에 관한 대법원 전원합의체 판결 전후를 비교하여 검토하는 형식의 답안이 많았으며, 매우 평이하고 무난한 문제였기 때문에 이미 대다수의 수험생들이 예상문제로 많은 연습을 하였을 것으로 생각된다.

문제 04

「공익사업을 위한 토지 등의 취득 및 보상에 관한 법률」상 보상금증액청구소송을 하면서 해당 재결에 대한 선행처분으로서 수용대상 토지가격 산정의 기초가 된 표준지공시가격 결정이 위법함을 독립한 사유로 다툴 수 있는가에 관하여 논하시오. 10점

대판 2008.8.21, 2007두13845[토지보상금]

표준지공시지가 결정은 이를 기초로 한 수용재결 등과는 별개의 독립된 처분으로서 서로 독립하여 별개의 법률효과를 목적으로 하지만, 표준지공시지가는 이를 인근 토지의 소유자나 기타 이해관계인에게 개별적으로 고지하도록 되어 있는 것이 아니어서 인근 토지의 소유자 등이 표준지공시지가 결정 내용을 알고 있었다고 전제하기가 곤란할 뿐만 아니라, 결정된 표준지공시지가가 공시될 당시 보상금 산정의 기준이 되는 표준지의 인근 토지를 함께 공시하는 것이 아니어서 인근 토지소유자는 보상금 산정의 기준이 되는 표준지가 어느 토지인지를 알 수 없으므로, 인근 토지소유자가 표준지의 공시지가가 확정되기 전에 이를 다투는 것은 불가능하다. 더욱이 장차 어떠한 수용재결 등 구체적인 불이익이 현실적으로 나타나게 되었을 경우에 비로소 권리구제의 길을 찾는 것이 우리 국민의 권리의식임을 감안하여 볼 때, 인근 토지소유자 등으로 하여금 결정된 표준지공시지가를 기초로 하여 장차 토지보상 등이 이루어질 것에 대비하여 항상 토지의 가격을 주시하고 표준지공시지가 결정이 잘못된 경우 정해진 시정절차를 통하여 이를 시정하도록 요구하는 것은 부당하게 높은 주의의무를 지우는 것이고, 위법한 표준지공시지가 결정에 대하여 그 정해진 시정절차를 통하여 시정하도록 요구하지 않았다는 이유로 위법한 표준지공시지가를 기초로 한 수용재결 등 후행 행정처분에서 표준지공시지가 결정의 위법을 주장할 수 없도록 하는 것은 수인한도를 넘는 불이익을 강요하는 것으로서 국민의 재산권과 재판받을 권리를 보장한 헌법의 이념에도 부합하는 것이 아니다. 따라서 표준지공시지가 결정이 위법한 경우에는 그 자체를 행정소송의 대상이 되는 행정처분으로 보아 그 위법 여부를 다툴 수 있음은 물론, 수용보상금의 증액을 구하는 소송에서도 선행처분으로서 그 수용대상토지 가격산정의 기초가 된 비교표준지공시지가 결정의 위법을 독립한 사유로 주장할 수 있다.

예시답안

Ⅰ 논점의 정리

사안은 대판 2008.8.21, 2007두13845 판결에 대한 평석으로 하자의 승계와 보상금증감청구소송(이하 '보증소')에 대한 쟁점을 해결하는 문제이다. 이의 해결을 위해 하자의 승계와 판례를 통한 보증소를 검토하고자 한다.

Ⅱ 하자승계의 인정

1. 하자승계의 의의 및 취지

하자승계문제란 행정행위가 일련의 단계적 절차를 거치는 경우에 선행행위의 위법을 후행행위의 단계에서 주장할 수 있는가의 문제이다. 이와 같은 하자승계의 문제는 법적 안정성의 요청(불가쟁력)과 행정의 법률적합성의 요청(재판받을 권리)과의 조화의 문제이다.

2. 하자승계 전제요건

① 양 행정작용이 모두 처분에 해당하여야 하고, ② 선행행위에 취소사유의 하자가 있고, ③ 선행행위에 불가쟁력이 발생하여야 한다. ④ 후행 행정작용은 고유한 하자가 없어야 한다. 사안에서 표준지공시지가 결정과 재결은 모두 처분이며, 그 밖의 제 요건은 충족된 것으로 본다.

3. 하자승계의 판단기준(학설과 판례)

(1) 학설

1) 전통적 하자승계론

선행처분과 후행처분이 결합하여 하나의 법효과를 완성하는 경우에 하자가 승계된다고 본다.

2) 선행행위의 구속력이론

2 이상의 행정행위가 동일한 법적 효과를 추구하고 있는 경우에는 선행행위는 일정한 조건하에서 판결의 기판력에 준하는 효력을 가지므로 후행행위에 대하여 구속력을 가지게 된다고 한다. 그리고 이러한 구속력이 미치는 한도 내에서는 후행행위에 대하여 선행행위의 효과(내용상 구속력)와 다른 주장을 할 수 없다고 한다.

(2) 판례

표준지공시지가 결정은 이를 기초로 한 수용재결 등과는 별개의 독립된 처분으로서 서로 독립하여 별개의 법률효과를 목적으로 하지만, 표준지공시지가는 이를 인근 토지의 소유자나 기타 이해관계인에게 개별적으로 고지하도록 되어 있는 것이 아니어서 인근 토지의 소유자 등이 표준지공시지가 결정 내용을 알고 있었다고 전제하기가 곤란할 뿐만 아니라, 결정된 표준지공시지가가 공시될 당시 보상금 산정의 기준이 되는 표준지의 인근 토지를 함께 공시하는 것이 아니어서 인근 토지소유자는 보상금 산정의 기준이 되는 표준지가 어느 토지인지를 알 수 없으므로, 인근 토지소유자가 표준지의 공시지가가 확정되기 전에 이를 다투는 것은 불가능하다. 더욱이 장차 어떠한 수용재결 등 구체적인 불이익이 현실적으로 나타나게 되었을 경우에 비로소 권리구제의 길을 찾는 것이 우리 국민의 권리의식임을 감안하여 볼 때, 인근 토지소유자 등으로 하여금 결정된 표준지공시지가를 기초로 하여 장차 토지보상 등이 이루어질 것에 대비하여 항상 토지의 가격을 주시하고 표준지공시지가 결정이 잘못된 경우 정해진 시정절차를 통하여 이를 시정하도록 요구하는 것은 부당하게 높은 주의의무를 지우는 것이고, 위법한 표준지공시지가 결정에 대하여 그 정해진 시정절차를 통하여 시정하도록 요구하지 않았다는 이유로 위법한 표준지공시지가를 기초로 한 수용재결 등 후행 행정처분에서 표준지공시지가 결정의 위법을 주장할 수 없도록 하는 것은 수인한도를 넘는 불이익을 강요하는 것으로서 국민의 재산권과 재판받을 권리를 보장한 헌법의 이념에도 부합하는 것이 아니다. 따라서 표준지공시지가 결정이 위법한 경우에는 그 자체를 행정소송의 대상이 되는 행정처분으로 보아 그 위법 여부를 다툴 수 있음은 물론, 수용보상금의 증액을 구하는 소송에서도 선행처분으로서 그 수용대상토지 가격산정의 기초가 된 비교표준지공시지가 결정의 위법을 독립한 사유로 주장할 수 있다(대판 2008.8.21, 2007두13845).

(3) 검토

전통적 하자승계론에서는 동일한 법률효과를 목적으로 하는 경우에는 하자가 승계되고, 별개의 법적 효과를 목적으로 하는 경우에는 하자가 승계되지 않지만 위법한 표준지공시지가를 기초로 한 수용재결 등 후행 행정처분에서 표준지공시지가 결정의 위법을 주장할 수 없도록 하는 것은 수인한도를 넘는 불이익을 강요하는 것으로서 국민의 재산권과 재판받을 권리를 보장한 헌법의 이념에도 부합하는 것이 아니므로 하자의 승계를 긍정하는 것이 타당하다고 판단된다.

Ⅲ 대법원 판례를 통한 사례의 해결

1. 사안에서 표준지공시지가와 재결은 서로 다른 법효과를 목적으로 하는 행정처분이다. 따라서 전통적 하자승계론에 입각하여 볼 때는 하자승계는 인정되지 않을 수 있다.
2. 그러나 표준지공시지가는 이를 인근 토지의 소유자나 기타 이해관계인에게 개별적으로 고지하도록 되어 있는 것이 아니어서 인근 토지의 소유자 등이 표준지공시지가 결정 내용을 알고 있었다고 전제하기가 곤란할 뿐만 아니라, 결정된 표준지공시지가가 공시될 당시 보상금 산정의 기준이 되는 표준지의 인근 토지를 함께 공시하는 것이 아니어서 인근 토지소유자는 보상금 산정의 기준이 되는 표준지가 어느 토지인지를 알 수 없으므로, 인근 토지소유자가 표준지의 공시지가가 확정되기 전에 이를 다투는 것은 불가능하다. 또한 인근 토지소유자 등으로 하여금 결정된 표준지공시지가를 기초로 하여 장차 토지보상 등이 이루어질 것에 대비하여 항상 토지의 가격을 주시하고 표준지공시지가 결정이 잘못된 경우 정해진 시정절차를 통하여 이를 시정하도록 요구하는 것은 부당하게 높은 주의의무를 지우는 것으로 볼 수 있다.
3. 위법한 표준지공시지가 결정에 대하여 그 정해진 시정절차를 통하여 시정하도록 요구하지 않았다는 이유로 위법한 표준지공시지가를 기초로 한 수용재결 등 후행 행정처분에서 표준지공시지가 결정의 위법을 주장할 수 없도록 하는 것은 수인한도를 넘는 불이익을 강요하는 것으로서 국민의 재산권과 재판받을 권리를 보장한 헌법의 이념에도 부합하는 것이 아니다. 따라서 표준지공시지가 결정이 위법한 경우에는 그 자체를 행정소송의 대상이 되는 행정처분으로 보아 그 위법 여부를 다툴 수 있음은 물론, 수용보상금의 증액을 구하는 소송에서도 선행처분으로서 그 수용대상토지 가격산정의 기초가 된 비교표준지공시지가 결정의 위법을 독립한 사유로 주장할 수 있다고 사료된다(대판 2008.8.21, 2007두13845).
4. 또한 이 사안은 형식적 당사자소송인 보증소에 행해진 것으로 보증소는 실질은 재결이라는 처분을 다투면서 법률관계 일방 당사자를 상대로 소송을 제기하는 것으로 표준지공시지가의 결정·공시가 국민의 재산권 보호차원에서 매우 중요한 바, 이러한 획기적인 판결이 나온 것으로 판단된다.

〈출제위원 채점평〉

[문제 4]

문제 4는 하자의 승계를 묻는 것으로 수험생들이 충분히 예상할 수 있었던 문제로 대법원의 판결이 나와 있는 상황이므로 이 문제의 쟁점과 관련 판례를 알고 있다면 어려움 없이 해결할 수 있는 문제라 할 것이다. 다만, 제한된 시간으로 인하여 답안의 구성이 잘못되었거나 목차만으로 구성된 답안지 등도 있었으며 소의 병합이나 청구의 변경 등을 중점적으로 서술한 답안지도 있었다. 시험에서는 문제당 배점을 고려하여 주어진 시간을 잘 분배하는 것이 필요한 것으로 보인다.

Chapter 13

2012년 제23회 기출문제 분석

문제 01

A도는 2008년 5월경 국토교통부장관으로부터 관계 법령에 따라 甲의 농지 4,000㎡를 포함한 B시와 C시에 걸쳐있는 토지 131,000㎡에 '2009 세계엑스포' 행사를 위한 문화시설을 설치할 수 있도록 하는 공공시설입지승인을 받았다. 그 후 A도는 편입토지의 소유자들에게 보상협의를 요청하여 甲으로부터 2008년 12월 5일 「공익사업을 위한 토지 등의 취득 및 보상에 관한 법률」에 의하여 위 甲의 농지를 협의취득하였다. A도는 취득한 甲의 토지 중 1,600㎡를 2009년 5월 31일부터 2011년 4월 30일까지 위 세계엑스포 행사 및 기타 행사를 위한 임시주차장으로 이용하다가 2012년 3월 31일 농지로 원상복구하였다. 그 후 1,600㎡의 토지는 인근에서 청소년수련원을 운영하는 제3자에게 임대되어 청소년들을 위한 영농체험 경작지로 이용되고 있다. 40점

(1) 甲은 농지로 원상복구된 토지 1,600㎡에 대한 환매권을 행사하려고 한다. 甲의 권리구제방법에 대하여 설명하시오. 25점

(2) A도는 환매권 행사 대상토지의 가격이 현저히 상승된 것을 이유로 증액된 환매대금과 보상금 상당액의 차액을 선이행하거나 동시이행할 것을 주장하려 한다. 환매대금 증액을 이유로 한 A도의 대응수단에 대하여 설명하시오. 15점

해당 환매권 문제 관련 대법원 판례

대판 2011.5.13, 2010다6567[소유권이전등기]

【판시사항】

[1] 공익사업을 위한 토지 등의 취득 및 보상에 관한 법률 제91조 제1항에서 정한 '해당 사업'의 의미 및 협의취득 또는 수용된 토지가 필요 없게 되었는지 여부의 판단 기준

[2] 甲지방자치단체가 '세계도자기엑스포' 행사를 위한 문화시설 설치사업을 위하여 乙에게서 丙토지를 협의취득하였는데, 丙토지가 위 행사용 임시주차장 등으로 사용되다가 농지로 원상복구된 이래 제3자에게 임대되어 영농체험 경작지 등으로 이용되기도 하다가 현재는 밭, 구거, 주차장 부지로 이용되고 있는 사안에서, 여러 사정에 비추어 丙토지는 더 이상 협의취득의 목적이 되는 '해당 사업'에 필요 없게 되었으므로, 乙의 환매권 행사를 인정한 원심판단을 수긍한 사례

【이유】

환매권에 관하여 규정한 「공익사업을 위한 토지 등의 취득 및 보상에 관한 법률」(이하 '공익사업법'이라 한다) 제91조 제1항에서 말하는 '해당 사업'이란 토지의 협의취득 또는 수용의 목적이 된 구체적인 특정의 공익사업으로서 공익사업법 제20조 제1항에 의한 사업인정을 받을 때 구체적으로 특정된 공익사업을 말한다(대판 2010.9.30, 2010다30782 등 참조). 또한 위 규정에서 정한 당해 사업의 '폐지 · 변경'이란 당해 사업을 아예 그만두거나 다른 사업으로 바꾸는 것을 말하며, 취득한 토지의 전부 또는 일부가 '필요

없게 된 때'란 사업시행자가 취득한 토지의 전부 또는 일부가 그 취득 목적 사업을 위하여 사용할 필요 자체가 없어진 경우를 말하고, 협의취득 또는 수용된 토지가 필요 없게 되었는지 여부는 사업시행자의 주관적인 의사를 표준으로 할 것이 아니라 당해 사업의 목적과 내용, 협의취득의 경위와 범위, 당해 토지와 사업의 관계, 용도 등 여러 사정에 비추어 객관적・합리적으로 판단하여야 한다.

대판 2006.12.21, 2006다49277[소유권이전등기]

【판시사항】

공익사업을 위한 토지 등의 취득 및 보상에 관한 법률 제91조에서 정한 환매권의 행사 방법 및 그 환매권 행사로 인한 소유권이전등기 청구소송에서 사업시행자가 환매대금 증액청구권을 내세워 선이행 또는 동시이행의 항변을 할 수 있는지 여부(소극)

【판결요지】

공익사업을 위한 토지 등의 취득 및 보상에 관한 법률 제91조에 의한 환매는 환매기간 내에 환매의 요건이 발생하면 환매권자가 지급받은 보상금에 상당한 금액을 사업시행자에게 미리 지급하고 일방적으로 의사표시를 함으로써 사업시행자의 의사와 관계없이 환매가 성립하고, 토지 등의 가격이 취득 당시에 비하여 현저히 변경되었더라도 같은 법 제91조 제4항에 의하여 당사자 간에 금액에 관하여 협의가 성립하거나 사업시행자 또는 환매권자가 그 금액의 증감을 법원에 청구하여 법원에서 그 금액이 확정되지 않는 한, 그 가격이 현저히 등귀한 경우이거나 하락한 경우이거나를 묻지 않고 환매권을 행사하기 위하여는 지급받은 보상금 상당액을 미리 지급하여야 하고 또한 이로써 족한 것이며, 사업시행자는 소로써 법원에 환매대금의 증액을 청구할 수 있을 뿐 환매권 행사로 인한 소유권이전등기 청구소송에서 환매대금 증액청구권을 내세워 증액된 환매대금과 보상금 상당액의 차액을 지급할 것을 선이행 또는 동시이행의 항변으로 주장할 수 없다.

[물음 1]

Ⅰ 논점의 정리

Ⅱ 토지보상법상 환매권의 의의와 법적 성질

1. 환매권의 의의 및 취지
2. 환매권의 근거
3. 환매권의 법적 성질(공권인지 여부)

Ⅲ 토지보상법상 환매권의 행사요건

1. 환매권의 행사
2. 환매권의 행사요건
   (1) 환매권자 및 목적물
   (2) 사업의 폐지・변경 기타의 사유로 필요 없게 된 때(토지보상법 제91조 제1항)
   (3) 취득한 토지의 전부를 사업에 이용하지 아니한 때(토지보상법 제91조 제2항)
   (4) 제91조 제1항과 제2항 행사요건의 관계
3. 환매권 행사의 제한 – 공익사업의 변환제도(토지보상법 제91조 제6항)

Ⅳ 甲의 권리구제 방법(사안의 해결)

1. 환매권 행사요건 충족 여부
2. 甲의 권리구제방법

[물음 2]

Ⅰ 논점의 정리

Ⅱ 환매권의 성질 및 행사절차

1. 환매권이 형성권인지 여부
2. 환매절차
   (1) 사업시행자의 통지 등(토지보상법 제92조 제1항)(법상 의무)
   (2) 환매권의 행사
   (3) 환매금액

Ⅲ 사안의 해결

예시답안

[물음 1]에 대하여

I 논점의 정리

대판 2011.5.13, 2010다6567 판결에서 "甲지방자치단체가 '세계도자기엑스포' 행사를 위한 문화시설 설치사업을 위하여 乙에게서 丙토지를 협의취득하였는데, 丙토지가 위 행사용 임시주차장 등으로 사용되다가 농지로 원상복구된 이래 제3자에게 임대되어 영농체험 경작지 등으로 이용되기도 하다가 현재는 밭, 구거, 주차장부지로 이용되고 있는 사안에서, 여러 가지 사정에 비추어 丙토지는 더 이상 협의취득의 목적이 되는 '해당 사업'에 필요 없게 되었으므로, 乙의 환매권 행사를 인정한 사례"를 토대로 공익사업을 위한 토지 등의 취득 및 보상에 관한 법률(이하 '토지보상법')상 환매권 행사요건을 검토하고자 한다.

II 토지보상법상 환매권의 의의와 법적 성질

1. 환매권의 의의 및 취지

토지보상법상 환매권이라 함은 수용의 목적물인 토지가 공익사업의 폐지·변경 기타의 사유로 인해 필요 없게 되거나, 수용 후 오랫동안 그 공익사업에 현실적으로 이용되지 아니할 경우에, 수용 당시의 토지소유자 또는 그 포괄승계인이 원칙적으로 보상금에 상당하는 금액을 지급하고 수용의 목적물을 다시 취득할 수 있는 권리를 말한다. 이는 재산권의 존속보장 및 토지소유자의 소유권에 대한 감정존중을 도모한다.

2. 환매권의 근거

오늘날 환매권의 이론적 근거를 재산권 보장, 보다 정확히 말하면 재산권의 존속보장에서 찾는 것이 유력한 견해이다. 대법원은 환매권을 공평의 원칙상 인정되는 권리로 보면서도 재산권 보장과의 관련성을 인정하고 있다. 토지보상법 제91조와 제92조에 개별법률상 근거를 찾는다.

3. 환매권의 법적 성질(공권인지 여부)

(1) 문제점

환매권이 형성권인 점에서 학설, 판례가 일치하나 공·사권에 대한 견해의 나뉨이 있다. 논의의 실익은 환매권에 대한 다툼이 있는 경우 적용법규와 쟁송형태에 있다.

(2) 학설

① 공권설

환매권은 공법적 원인에 의해 상실된 권리를 회복하는 제도이므로 공권력 주체에 대해 사인이 가지는 공법상 권리라고 한다.

② 사권설

환매권은 피수용자가 자기의 이익을 위하여 일방적으로 행사함으로써 환매의 효과가 발생하는 형성권으로서 사업시행자의 동의를 요하지 않고, 이 권리는 공용수용의 효과로 발생하기는 하나 사업시행자에 의해 해제처분을 요하지 않는 직접 매매의 효과를 발생하는 것으로 사법상 권리라고 한다.

(3) **대법원 판례**

대법원은 원소유자가 환매권의 행사에 의하여 일방적으로 사법상 매매를 성립시키고 행정청의 공용수용해제처분을 요하지 않으므로 사법상 권리로 보아 환매권에 기한 소유권이전등기 청구소송을 민사소송으로 다루고 있다.

헌법재판소 1994.2.24, 92헌마283

피청구인이 청구인들의 환매권 행사를 부인하는 의사표시를 하였다 하더라도, 이는 환매권의 발생 여부 또는 그 행사의 가부에 관한 사법관계의 다툼을 둘러싸고 사전에 피청구인의 의견을 밝히고, 그 다툼의 연장인 민사소송절차에서 상대방의 주장을 부인하는 것에 불과하므로, 헌법소원 심판의 대상이 되는 공권력의 행사라고 볼 수는 없다.

(4) **검토**

공법상 수단에 의하여 상실한 권리를 회복하는 제도로서, 공법상의 주체인 사업시행자에 대하여 사인이 가지는 권리이므로 공법상 권리로 볼 수 없고 사법상 권리로 볼 수 있다. 다만 최근에는 공법적 수단에 취득된 토지를 환매하는 것으로 공법상 권리로 보는 유력한 견해가 있다.

Ⅲ 토지보상법상 환매권의 행사요건

1. 환매권의 행사

환매권은 수용의 효과로서 수용의 개시일에 법률상 당연히 성립 취득하는 것이므로 토지보상법상 요건은 이미 취득 성립된 환매권을 현실적으로 행사하기 위한 행사요건 검토가 필요하다.

2. 환매권의 행사요건

(1) **환매권자 및 목적물**

환매권자는 토지소유자 또는 그 포괄승계인이고 상대방은 사업시행자 또는 현재의 소유자이다. 환매목적물은 토지소유권에 한한다. 단 잔여지의 경우 접속된 부분이 필요 없게 된 경우가 아니면 환매는 불가능하다.

(2) 사업의 폐지·변경 기타의 사유로 필요 없게 된 때(토지보상법 제91조 제1항)

공익사업의 폐지·변경 또는 그 밖의 사유로 취득한 토지의 전부 또는 일부가 필요 없게 된 경우 토지의 협의취득일 또는 수용의 개시일 당시의 토지소유자 또는 그 포괄승계인은 다음 각 호의 구분에 따른 날부터 10년 이내에 그 토지에 대하여 받은 보상금에 상당하는 금액을 사업시행자에게 지급하고 그 토지를 환매할 수 있다.

1. 사업의 폐지·변경으로 취득한 토지의 전부 또는 일부가 필요 없게 된 경우 : 관계 법률에 따라 사업이 폐지·변경된 날 또는 제24조(사업의 폐지 및 변경)에 따른 사업의 폐지·변경 고시가 있는 날 2. 그 밖의 사유로 취득한 토지의 전부 또는 일부가 필요 없게 된 경우 : 사업완료일

〈판례〉 토지보상법상 환매권은 공익사업의 폐지·변경 기타의 사유로 인하여 취득한 토지 등의 전부 또는 일부가 필요 없게 된 때에 행사할 수 있는 바, 여기서 '공익사업'이란 협의취득 또는 수용의 목적이 된 구체적인 특정 사업을 가리키는 것으로, 공익사업의 '폐지·변경'이란 이러한 특정 사업을 아예 그만두거나 다른 사업으로 바꾸는 것을 의미하며, '취득한 토지가 필요 없게 되었을 때'라 함은 사업시행자가 토지보상법 소정의 절차에 따라 취득한 토지 등이 일정한 기간 내에 그 취득 목적 사업인 사업의 폐지·변경 등의 사유로 공익사업에 이용할 필요가 없어진 경우를 의미하고, 취득한 토지가 필요 없게 되었는지의 여부는 공익사업의 목적과 내용, 취득의 경위와 범위, 해당 토지와 사업의 관계, 용도 등 제반 사정에 비추어 객관적 사정에 따라 합리적으로 판단하여야 한다(대판 2016.1.28, 2013다60401[환매권의 통지절차이행등]).

(3) 취득한 토지의 전부를 사업에 이용하지 아니한 때(토지보상법 제91조 제2항)

취득일부터 5년 이내에 취득한 토지의 전부를 해당 사업에 이용하지 아니하였을 때에는, 취득일부터 6년 이내에 환매권을 행사하여야 한다.

(4) 제91조 제1항과 제2항 행사요건의 관계

그 요건을 서로 달리하고 있으므로, 어느 한쪽의 요건에 해당되면 다른 쪽의 요건을 주장할 수 없게 된다고 할 수 없고, 양쪽의 요건에 모두 해당된다고 하여 더 짧은 제척기간을 정한 제2항에 의하여 제1항의 환매권의 행사가 제한된다고 할 수도 없을 것이므로, 제2항의 규정에 의한 제척기간이 도과되었다 하여 제1항의 규정에 의한 환매권 행사를 할 수 없는 것도 아니라고 할 것이다.

3. 환매권 행사의 제한 - 공익사업의 변환제도(토지보상법 제91조 제6항)

국가, 지방자치단체 또는 「공공기관의 운영에 관한 법률」 제4조에 따른 공공기관 중 대통령령으로 정하는 공공기관이 사업인정을 받아 공익사업에 필요한 토지를 협의취득하거나 수용한 후 해당 공익사업이 제4조 제1호부터 제5호까지에 규정된 다른 공익사업([별표]에 따른 사업이 제4조 제1호부터 제5호까지에 규정된 공익사업에 해당하는 경우를 포함한다)으로 변경된 경우 제1항 및 제2항에 따른 환매권 행사기간은 관보에 해당 공익사업의 변경을 고시한 날부터 기산(起算)한다. 이 경우 국가, 지방자치단체 또는 「공공기관의 운영에 관한 법률」 제4조에 따른 공공기관 중 대통령령으로 정하는 공공기관은 공익사업이 변경된 사실을 대통령령으로 정하는 바에 따라 환매권자에게 통지하여야 한다.

Ⅳ 甲의 권리구제 방법(사안의 해결)

1. 환매권 행사요건 충족 여부

설문에서 당초 사업은 세계엑스포 행사와 관련된 사업이며, 甲토지는 2009 세계엑스포 행사를 위한 임시주차장 등으로 사용되다가 2012년 3월 31일 농지로 원상복구된 후 제3자에게 임대되어 영농체험 경작지로 이용되는 점 등을 고려할 때, 甲의 토지는 당초 사업에 필요 없게 되었다고 판단된다. 또한 사안에서는 공익사업의 변환 등의 요건은 보이지 않으므로 甲은 환매권 행사요건을 충족한다고 보인다.

2. 甲의 권리구제방법

환매의 요건이 발생하면 환매권자가 지급받은 보상금에 상당한 금액을 사업시행자에게 미리 지급하고 일방적으로 의사표시를 함으로써 사업시행자의 의사와 관계없이 환매가 성립한다. 환매권의 법적 성질에 따라 공권으로 보면 공법상 당사자소송으로, 판례와 같이 사권으로 보면 실무상 민사소송으로 권리구제를 받을 수 있을 것으로 보인다.

✔ [물음 2]에 대하여

Ⅰ 논점의 정리

대판 2006.12.21, 2006다49277 판결에서 "공익사업을 위한 토지 등의 취득 및 보상에 관한 법률 제91조에서 정한 환매권의 행사방법 및 그 환매권 행사로 인한 소유권이전등기 청구소송에서 사업시행자가 환매대금 증액청구권을 내세워 선이행 또는 동시이행의 항변을 할 수 있는지 여부"를 함께 검토함으로써 환매권의 법적 성질과 선이행의무 등을 살펴보기로 한다. 즉, 사안에서 강원도(A도)는 환매권 행사 대상토지가격이 현저하게 상승함을 이유로 증액된 환매대금과 보상금 상당액 차액을 선이행 또는 동시이행할 것을 주장하고 있다. 환매권이 형성권의 성질을 갖는지 여부 및 환매권 행사절차 등을 검토하여 강원도(A도)의 대응수단에 대하여 고찰하여 보고자 한다.

Ⅱ 환매권의 성질 및 행사절차

1. 환매권이 형성권인지 여부

대법원은 환매권은 재판상이든 그 제척기간 내에 이를 일단 행사하면 그 형성적 효력으로 매매의 효력이 생기는 것으로 보고 있다(대판 1992.10.13, 92다4666).

대판 2012.8.30, 2011다74109[소유권이전등기]

공익사업을 위한 토지 등의 취득 및 보상에 관한 법률 제91조에 의한 환매는 환매기간 내에 환매의 요건이 발생하면 환매권자가 지급받은 보상금에 상당한 금액을 사업시행자에게 미리 지급하고 일방적으로 의사표시를 함으로써 사업시행자의 의사와 관계없이 환매가 성립한다. 따라서 환매기간 내에 환매대금 상당을 지급하거나 공탁하지 아니한 경우에는 환매로 인한 소유권이전등기 청구를 할 수 없다.

2. 환매절차

(1) 사업시행자의 통지 등(토지보상법 제92조 제1항)(법상 의무)

사업시행자는 환매할 토지가 생겼을 때 지체 없이 환매권자에게 통지하거나 사업시행자의 과실 없이 환매권자를 알 수 없는 경우 이를 공고해야 한다.

(2) 환매권의 행사

환매권자는 환매의사 표시와 함께 사업시행자와 협의 결정한 보상금을 선지급함으로써 행사한다. 환매권은 형성권이므로 사업시행자의 승낙·동의 없이도 그 환매의 효과가 발생한다. 사업시행자는 소로써 법원에 환매대금의 증액을 청구할 수 있을 뿐 환매권 행사로 인한 소유권이전등기 청구소송에서 환매대금 증액청구권을 내세워 증액된 환매대금과 보상금 상당액의 차액을 지급할 것을 선이행 또는 동시이행의 항변으로 주장할 수 없다(대판 2006.12.21, 2006다49277).

(3) 환매금액

환매금액은 원칙상 환매대상토지 및 그 토지에 대한 소유권 이외의 권리에 대해 사업시행자가 지급한 보상금에 상당한 금액이며, 정착물에 대한 보상금과 보상금에 대한 법정이자는 불포함된다. 다만, 가격변동이 현저한 경우에 양 당사자는 법원에 그 금액의 증감을 청구할 수 있다(토지보상법 제91조 제4항). "토지의 가격이 취득일 당시에 비하여 현저히 변동된 경우"라 함은 환매권 행사 당시의 토지가격이 지급한 보상금에 환매 당시까지의 해당 사업과 관계없는 인근 유사토지의 지가변동률을 곱한 금액보다 높은 경우를 말한다(토지보상법 시행령 제48조).

Ⅲ 사안의 해결

관련 판례의 태도에 따르면 사업시행자 A도는 법원에 환매대금의 증액을 청구할 수 있을 뿐 증액된 환매대금과 보상금 상당액의 차액을 지급할 것을 선이행하거나 동시이행할 것을 주장할 수 없다고 판단되며, 이에 따른 A도의 대응방법은 환매권의 법적 성질을 사권으로 본다면 민사소송으로, 공권으로 본다면 당사자소송으로 법원에 그 금액의 증감을 청구하여야 할 것으로 판단된다.

〈출제위원 채점평〉

[문제 1]

- 환매권에 대한 개념과 요건 그리고 절차와 방법 등에 대한 설명을 하고, 구체적 사례의 적용을 하면서 갑의 청구가 인용되는 결론을 도출한 답안이 많았다. 관련 법조문에 따른 요건 설명과 문제와의 적용도 언급되어야 하고, 환매권의 법적 성질에 대한 설명도 권리구제와 관련하여 언급되어야 한다. 환매권 행사방법으로 환매협의로 인한 이전등기와 소유권이전등기청구소송도 적절하게 언급한 답안도 적지 않게 눈에 띄었다. 배점이 25점인만큼 문제 1의 1에 대한 설명이 충분하게 이루어져야 할 것이다. 결론만 적는 것은 제대로 된 답안이 아니다.
- 환매대금 증액을 이유로 한 A도의 대응에 대해서는 증액청구방법이 주된 논점이지만 환매대금 증액청구의 의의부터 언급이 되어야 한다. 개발이익 귀속문제와 "현저히 변동된 경우"의 의미를 설명하고, 선이행 내지 동시이행항변과 「공익사업을 위한 토지 등의 취득 및 보상에 관한 법률」상의 증액청구방법을 거론하고 결론을 맺은 답안도 적지 않았다. A도의 선이행이나 동시이행항변 주장에 대한 부분은 질문에 있기 때문에 정확하게 언급하는 것이 필요하다. 환매권행사의 법적 효과와 관련 대법원판례를 충실하게 설명한 답안도 제법 있었다.

문제 02

한국수자원공사는 「한국수자원공사법」 제9조 및 제10조에 근거하여 수도권(首都圈) 광역상수도사업 실시계획을 수립하여 국토교통부장관의 승인을 얻은 후, 1필지인 甲의 토지 8,000㎡ 중 6,530㎡를 협의취득하였다. 협의취득 후 甲의 잔여지는 A지역 495㎡, B지역 490㎡, 그리고 C지역 485㎡로 산재(散在)하고 있다. 30점

(1) **甲은 위 잔여지의 토지가격의 감소를 이유로 손실보상을 청구하려고 한다. 이 경우 잔여지의 가격감소에 대한 甲의 권리구제방법을 설명하시오.** 15점

(2) **호텔을 건립하기 위해 부지를 조성하고 있던 甲은 자신의 잔여지를 더 이상 종래의 사용목적대로 사용할 수 없게 되자 사업시행자와 매수에 관한 협의를 하였으나, 협의가 성립되지 아니하였다. 이에 甲은 관할 토지수용위원회에 잔여지의 수용을 청구하였지만, 관할 토지수용위원회는 이를 받아들이지 않았다. 이 경우 잔여지수용청구의 요건과 甲이 제기할 수 있는 행정소송의 형식을 설명하시오.** 15점

참조 조문

〈토지보상법〉

제73조(잔여지의 손실과 공사비 보상)

① 사업시행자는 동일한 소유자에게 속하는 일단의 토지의 일부가 취득되거나 사용됨으로 인하여 잔여지의 가격이 감소하거나 그 밖의 손실이 있을 때 또는 잔여지에 통로·도랑·담장 등의 신설이나 그 밖의 공사가 필요할 때에는 국토교통부령으로 정하는 바에 따라 그 손실이나 공사의 비용을 보상하여야 한다. 다만, 잔여지의 가격 감소분과 잔여지에 대한 공사의 비용을 합한 금액이 잔여지의 가격보다 큰 경우에는 사업시행자는 그 잔여지를 매수할 수 있다.

② 제1항 본문에 따른 손실 또는 비용의 보상은 관계 법률에 따라 사업이 완료된 날 또는 제24조의2에 따른 사업완료의 고시가 있는 날(이하 "사업완료일"이라 한다)부터 1년이 지난 후에는 청구할 수 없다.

③ 사업인정고시가 된 후 제1항 단서에 따라 사업시행자가 잔여지를 매수하는 경우 그 잔여지에 대하여는 제20조에 따른 사업인정 및 제22조에 따른 사업인정고시가 된 것으로 본다.

④ 제1항에 따른 손실 또는 비용의 보상이나 토지의 취득에 관하여는 제9조 제6항 및 제7항을 준용한다.

⑤ 제1항 단서에 따라 매수하는 잔여지 및 잔여지에 있는 물건에 대한 구체적인 보상액 산정 및 평가방법 등에 대하여는 제70조, 제75조, 제76조, 제77조, 제78조 제4항, 같은 조 제6항 및 제7항을 준용한다.

제74조(잔여지 등의 매수 및 수용 청구)

① 동일한 소유자에게 속하는 일단의 토지의 일부가 협의에 의하여 매수되거나 수용됨으로 인하여 잔여지를 종래의 목적에 사용하는 것이 현저히 곤란할 때에는 해당 토지소유자는 사업시행자에게 잔여지를 매수하여 줄 것을 청구할 수 있으며, 사업인정 이후에는 관할 토지수용위원회에 수용을 청구할 수 있다. 이 경우 수용의 청구는 매수에 관한 협의가 성립되지 아니한 경우에만 할 수 있으며, 사업완료일까지 하여야 한다.

② 제1항에 따라 매수 또는 수용의 청구가 있는 잔여지 및 잔여지에 있는 물건에 관하여 권리를 가진 자는 사업시행자나 관할 토지수용위원회에 그 권리의 존속을 청구할 수 있다.

③ 제1항에 따른 토지의 취득에 관하여는 제73조 제3항을 준용한다.
④ 잔여지 및 잔여지에 있는 물건에 대한 구체적인 보상액 산정 및 평가방법 등에 대하여는 제70조, 제75조, 제76조, 제77조, 제78조 제4항, 같은 조 제6항 및 제7항을 준용한다.

설문 1

대판 2014.9.25, 2012두24092[손실보상금]

구 공익사업을 위한 토지 등의 취득 및 보상에 관한 법률(2011.8.4. 법률 제11017호로 개정되기 전의 것, 이하 '공익사업법'이라고 한다) 제73조, 제75조의2와 같은 법 제34조, 제50조, 제61조, 제83조 내지 제85조의 규정 내용 및 입법 취지 등을 종합하면, 토지소유자가 사업시행자로부터 공익사업법 제73조, 제75조의2에 따른 잔여지 또는 잔여 건축물 가격감소 등으로 인한 손실보상을 받기 위해서는 공익사업법 제34조, 제50조 등에 규정된 재결절차를 거친 다음 그 재결에 대하여 불복할 때 비로소 공익사업법 제83조 내지 제85조에 따라 권리구제를 받을 수 있을 뿐이며, 특별한 사정이 없는 한 이러한 재결절차를 거치지 않은 채 곧바로 사업시행자를 상대로 손실보상을 청구하는 것은 허용되지 않는다 할 것이고, 이는 잔여지 또는 잔여 건축물 수용청구에 대한 재결절차를 거친 경우라고 하여 달리 볼 것은 아니다.

설문 2

대판 2010.8.19, 2008두822[토지수용이의재결처분취소등]

구 '공익사업을 위한 토지 등의 취득 및 보상에 관한 법률'(2007.10.17. 법률 제8665호로 개정되기 전의 것) 제74조 제1항에 규정되어 있는 잔여지 수용청구권은 손실보상의 일환으로 토지소유자에게 부여되는 권리로서 그 요건을 구비한 때에는 잔여지를 수용하는 토지수용위원회의 재결이 없더라도 그 청구에 의하여 수용의 효과가 발생하는 형성권적 성질을 가지므로, 잔여지 수용청구를 받아들이지 않은 토지수용위원회의 재결에 대하여 토지소유자가 불복하여 제기하는 소송은 위 법 제85조 제2항에 규정되어 있는 '보상금의 증감에 관한 소송'에 해당하여 사업시행자를 피고로 하여야 한다.

대판 2022.11.24, 2018두67 全合[손실보상금]

토지보상법 제85조 제2항에 따른 보상금의 증액을 구하는 소의 성질, 토지보상법상 손실보상금 채권의 존부 및 범위를 확정하는 절차 등을 종합하여 보면, 토지보상법에 따른 토지소유자 또는 관계인의 사업시행자에 대한 손실보상금 채권에 관하여 압류 및 추심명령이 있더라도, 추심채권자가 보상금 증액 청구의 소를 제기할 수 없고, 채무자인 토지소유자 등이 보상금 증액 청구의 소를 제기하고 그 소송을 수행할 당사자적격을 상실하지 않는다고 보아야 한다.

[물음 1]

Ⅰ 논점의 정리

Ⅱ 토지보상법상 잔여지 가격감소에 대한 손실보상 청구

1. 잔여지 가격감소에 대한 손실보상 청구의 의의 및 취지(토지보상법 제73조)
2. 요건 및 청구기간
3. 손실보상의 청구절차
4. 잔여지에 대한 재결 불복

Ⅲ 사안의 해결

[물음 2]

Ⅰ 논점의 정리

Ⅱ 토지보상법상 잔여지수용청구의 요건

1. 잔여지수용의 의의 및 취지
2. 잔여지수용청구권의 법적 성질
3. 토지보상법령상 잔여지수용청구의 요건
   (1) 토지보상법 제74조 제1항
   (2) 토지보상법 시행령 제39조
4. 소결

Ⅲ 甲이 제기할 수 있는 행정소송의 형식

1. 보상금증감청구소송의 의의 및 취지(토지보상법 제85조 제2항)
2. 소송의 성질
3. 관련 판례의 태도
4. 검토

Ⅳ 사안의 해결

예시답안

[물음 2]에 대하여

Ⅰ 논점의 정리

잔여지의 토지가격의 감소를 이유로 손실보상을 청구하고자 한다. 토지보상법 제73조 제4항은 손실보상에 대하여 동법 제9조 제6항 및 제7항의 절차를 준용하는바 이와 관련하여 이하에서 甲의 권리구제방법에 대하여 설명한다.

Ⅱ 토지보상법상 잔여지 가격감소에 대한 손실보상 청구

1. 잔여지 가격감소에 대한 손실보상 청구의 의의 및 취지(토지보상법 제73조)

토지보상법상 잔여지란 동일소유자의 일단의 토지 중, 공익사업을 위하여 취득되고 남은 잔여토지를 말하는데 잔여지는 형상, 도로접면 등의 조건 등이 일단의 토지보다 열악한 경우가 많다. 잔여지 가격감소에 대한 손실보상이란 상기 제 원인으로 인한 가격감소분을 보상하는 것을 말하며 재산권에 대한 정당보상을 실현함에 제도적 취지가 인정된다.

2. 요건 및 청구기간

(1) 요건

사업시행자는 동일한 소유자에 속하는 일단의 토지 일부가 공익사업에 편입되어 ① 잔여지의 가격이 감소하거나 ② 그 밖의 손실이 있을 때 ③ 또는 잔여지에 통로·구거·담장 등 신설 등 그 밖의 공사가 필요할 때에는 국토교통부령이 정하는 바에 따라 그 손실이나 공사의 비용을 보상하여야 한다.

> **대판 2017.7.11, 2017두40860[잔여지가치하락손실보상금청구]**
> 사업시행자가 보상하여야 하는 손실은, 동일한 소유자에게 속하는 일단의 토지 중 일부를 사업시행자가 그 공익사업을 위하여 취득하거나 사용함으로 인하여 잔여지에 발생하는 것임을 전제로 한다. 따라서 이러한 잔여지에 대하여 현실적 이용상황 변경 또는 사용가치 및 교환가치의 하락 등이 발생하였더라도, 그 손실이 토지의 일부가 공익사업에 취득되거나 사용됨으로 인하여 발생하는 것이 아니라면 특별한 사정이 없는 한 토지보상법 제73조 제1항 본문에 따른 잔여지 손실보상 대상에 해당한다고 볼 수 없다.

(2) 청구기간

잔여지의 손실 또는 비용의 보상은 토지보상법 제73조 제2항에 따라 해당 사업완료일로부터 1년이 지난 후에는 청구할 수 없다.

3. 손실보상의 청구절차

토지보상법 제73조 제4항에서는 손실의 보상은 사업시행자와 손실을 입은 자가 협의하여 결정하되(토지보상법 제9조 제6항), 협의가 성립되지 아니하면 사업시행자나 손실을 입은 자는 대통령령으로 정하는 바에 따라 제51조에 따른 관할 토지수용위원회(이하 "관할 토지수용위원회"라 한다)에 재결을 신청할 수 있다(제9조 제7항)고 규정하고 있다. 따라서 당사자 간의 협의 및 재결을 통하여 보상액이 결정될 것이다(토지보상법 제73조 제4항).

4. 잔여지에 대한 재결 불복

(1) 관련 판례의 태도

> **대판 2014.9.25, 2012두24092[손실보상금]**
> 구 공익사업을 위한 토지 등의 취득 및 보상에 관한 법률(2011.8.4. 법률 제11017호로 개정되기 전의 것, 이하 '공익사업법'이라고 한다) 제73조, 제75조의2와 같은 법 제34조, 제50조, 제61조, 제83조 내지 제85조의 규정 내용 및 입법 취지 등을 종합하면, 토지소유자가 사업시행자로부터 공익사업법 제73조, 제75조의2에 따른 잔여지 또는 잔여 건축물 가격감소 등으로 인한 손실보상을 받기 위해서는 공익사업법 제34조, 제50조 등에 규정된 재결절차를 거친 다음 그 재결에 대하여 불복할 때 비로소 공익사업법 제83조 내지 제85조에 따라 권리구제를 받을 수 있을 뿐이며, 특별한 사정이 없는 한 이러한 재결절차를 거치지 않은 채 곧바로 사업시행자를 상대로 손실보상

> 을 청구하는 것은 허용되지 않는다 할 것이고, 이는 잔여지 또는 잔여 건축물 수용청구에 대한 재결절차를 거친 경우라고 하여 달리 볼 것은 아니다.

(2) **검토**

생각건대 보상재결 또한 국민의 권리의무에 직접 영향을 미치는 점에서 처분으로 봄이 타당하므로, 재결절차를 거쳐 이의신청, 행정소송을 권리구제방법으로 볼 수 있다.

Ⅲ 사안의 해결

甲은 사업시행자와 손실보상을 협의하여야 하며, 협의 불성립 시 재결신청을 할 수 있다. 권리구제방법은 관련 판례의 태도에 따라 재결 절차를 거쳐 이의신청과 취소소송 등을 제기할 수 있고, 잔여지 보상금에 대한 부분은 이의신청과 보상금증감청구소송으로 제기할 수 있다.

[물음 2]에 대하여

Ⅰ 논점의 정리

사안에서는 甲의 잔여지수용청구의 거부에 대한 행정소송의 형식을 묻고 있다. 그렇다면 甲에게 잔여지수용청구 요건이 충족되었는지, 그리고 甲이 제기하는 쟁송의 형태가 쟁점인바, 이에 대한 법령과 판례를 고찰해 보고자 한다.

Ⅱ 토지보상법상 잔여지수용청구의 요건

1. 잔여지수용의 의의 및 취지

'잔여지수용'이란 동일한 토지소유자에 속하는 일단의 토지의 일부를 수용함으로 인하여 잔여지를 종전의 목적에 사용하는 것이 현저히 곤란할 때에, 토지소유자의 청구에 의하여 그 잔여지도 포함하여 전부를 수용하는 것을 말한다. 토지보상법 제74조에 근거규정을 두고 있다.

2. 잔여지수용청구권의 법적 성질

잔여지수용청구권은 형성권적 권리로 보는 견해와, 손실보상책임의 일환으로 인정된 권리로 보는 견해가 있다. 판례는 형성권적 권리로 본다.

3. 토지보상법령상 잔여지수용청구의 요건

(1) **토지보상법 제74조 제1항**

해당 토지소유자는 사업시행자에게 일단의 토지의 전부를 매수하여 줄 것을 청구할 수 있으며, 협의가 불성립된 경우에는 관할 토지수용위원회에 사업완료일까지 수용을 청구할 수 있다. 협의가 필수적 전치규정인지에 대해서는 견해가 대립하나 잔여지수용청구제도의 취지상 임의적 전치규정으로 봄이 타당하다(토지보상법 제74조 제1항).

(2) **토지보상법 시행령 제39조**

토지보상법 제74조에서는 '잔여지를 종래의 목적에 사용하는 것이 현저히 곤란한 경우'를 요건으로 규정하고 있다. 즉, ① 대지로서 면적의 과소 또는 부정형 등의 사유로 인하여 건축물을 건축할 수 없거나 건축물의 건축이 현저히 곤란한 경우, ② 농지로서 농기계의 진입과 회전이 곤란할 정도로 폭이 좁고 길게 남거나 부정형 등의 사유로 인하여 영농이 현저히 곤란한 경우, ③ 공익사업의 시행으로 인하여 교통이 두절되어 사용 또는 경작이 불가능하게 된 경우, ④ 그 밖에 이와 유사한 정도로 잔여지를 종래의 목적대로 사용하는 것이 현저히 곤란하다고 인정되는 경우가 해당된다(토지보상법 시행령 제39조).

4. 소결

사안에서 사업시행자와의 협의가 불성립되었으며, 甲의 잔여지가 토지보상법 시행령 제39조에서 정하는 종래의 목적에 더 이상 사용할 수 없는 경우에 해당된다면 甲은 잔여지수용청구의 요건을 충족한 것으로 볼 수 있다.

Ⅲ 甲이 제기할 수 있는 행정소송의 형식

1. 보상금증감청구소송의 의의 및 취지(토지보상법 제85조 제2항)

보상금 증감의 다툼에 대하여 직접적인 이해당사자인 사업시행자와 토지소유자 및 관계인이 소송의 제기를 통해 직접 다툴 수 있도록 하는 당사자소송으로서 분쟁의 일회적 해결과 신속한 권리구제에 취지가 있다.

2. 소송의 성질

(1) **소송의 형태**

형식적 당사자소송이란 처분청을 피고로 하지 않고 일방 당사자를 피고로 하여 제기하는 소송을 말하며, 보상금증감청구소송은 수용재결을 원인으로 한 소송으로서 실질적으로는 수용재결의 내용을 다투면서 법률관계의 한쪽 당사자를 피고로 하는 소송이므로 〈형식적 당사자소송〉에 해당한다.

(2) **소송의 성질**

보상액은 법정되어 있고, 실질적으로 보상액을 확인하고 부족액의 지급을 명한다는 점에서 〈확인급부소송〉으로 봄이 타당하다.

3. 관련 판례의 태도

'공익사업을 위한 토지 등의 취득 및 보상에 관한 법률'(2007.10.17. 법률 제8665호로 개정되기 전의 것) 제74조 제1항에 규정되어 있는 잔여지수용청구권은 손실보상의 일환으로 토지소유자에게 부여되는 권리로서 그 요건을 구비한 때에는 잔여지를 수용하는 토지수용위원회의 재결이 없더라도 그 청구에 의하여 수용의 효과가 발생하는 형성권적 성질을 가지므로, 잔여지수용청구를 받아들이지 않은 토지수용위원회의 재결에 대하여 토지소유자가 불복하여 제기하는 소송은 위 법 제85조 제2항에 규정되어 있는 '보상금의 증감에 관한 소송'에 해당하여 사업시행자를 피고로 하여야 한다(대판 2010.8.19, 2008두822[토지수용이의재결처분취소등]).

4. 검토

잔여지 보상에 관한 소송은 위법성 여부를 따지는 것이 아니라 보상금과 관련된 사항이므로 분쟁의 일회적 해결을 위해서 판례의 태도에 따라 보상금증감청구소송이 타당하다고 생각된다.

Ⅳ 사안의 해결

甲의 잔여지는 토지보상법 시행령 제39조에서 정하는 종래의 목적에 더 이상 사용할 수 없는 경우에 해당되어 잔여지수용청구요건을 충족하며, 토지수용위원회가 甲의 잔여지 수용청구를 받아들이지 않은 경우에는 판례의 태도에 따라 사업시행자를 피고로 보상금증감청구소송으로 권리구제를 받을 수 있다고 판단된다.

〈출제위원 채점평〉

[문제 2, 3]

1. 쟁점 개요

문제 2는 잔여지감가보상, 잔여지수용청구 등 잔여지보상의 유형과 구체적 요건, 그리고 소송형식 등을 묻는 문제이다. 잔여지보상의 문제는 보상실무에 있어서 중요하고 반드시 숙지해야 할 내용이다.

반면, 문제 3는 집행정지의 요건과 판단 등을 묻는 것으로서, 행정소송의 기초적 지식을 묻는 문제이다.

문제 2의 경우 수험생들도 대체로 잔여지보상에 관한 기본적 지식을 갖추고 있었고, 최근 판례의 내용에 대해서도 충분히 숙지하고 있었다. 다만, 잔여지감가보상과 잔여지수용청구의 요건을 서로 구별하지 못하거나, 보상금증감청구소송에 관한 최근 판례의 내용을 숙지하면서도 정작 잔여지감가보상의 소송형식에 관한 대법원 판례의 내용을 정확히 아는 수험생은 그리 많지 않았다.

문제 3의 경우에는 집행정지에 관한 내용에 대하여 비교적 무난히 답안을 작성한 경우가 많았으나, 구체적인 요건을 정확히 기술한 경우는 드물었다.

2. 문제 2의 쟁점사항

문제 2의 경우에는 잔여지감가보상의 요건과 관련하여, 이를 직접 규율하고 있는 「공익사업을 위한 토지 등의 취득 및 보상에 관한 법률」 제73조 제1항의 내용을 해석하는 것이 쟁점이다. 이와 관련하여 같은 법 시행령의 내용을 열거할 뿐, 위 규정의 해석과 의미를 정확히 기술한 답안은 적었다.

또한 잔여지감가보상의 권리구제수단과 관련하여, 재결을 거치지 아니하고 당사자소송을 통해 실현할 수 있는지, 아니면 재결을 경유하여 항고소송을 제기하여야 하는지가 쟁점이었다. 그러나 재결의 처분성에 관한 불필요한 논증에 많은 지면을 할애할 뿐, 해당 문제의 쟁점에 대해 분명히 언급하고 있는 경우는 많지 않았다.

또한 잔여지수용청구의 소송형식에 대해서는 학설상 대립이 있지만, 많은 수험생들은 최근 대법원판례의 내용을 정확히 숙지하여 보상금증감소송을 언급하고 있었다. 다만, 이러한 소송의 유형구분에 있어서 너무 획일적인 답안이 많았고, 보상금증감소송이 법적으로 '형식적 당사자소송'에 해당하는 점에 대해 기술한 경우는 적었다.

3. 문제 3번의 쟁점사항

문제 3번의 경우에는 집행정지의 의의, 특성 및 요건을 정확히 기술하면 되는 것으로, 비교적 평이하고 무난한 문제였다. 그러나 집행정지의 요건과 관련하여, 적극적 요건과 소극적 요건을 구별하지 못하거나, 획일적으로 이를 암기하여 작성한 답안이 많았다.

문제 03

20년 이상 감정평가업에 종사하고 있는 감정평가사 甲은 2년 전에 국토교통부장관 乙의 인가를 받아 50명 이상의 종업원을 고용하는 감정평가법인을 설립하였다. 그 후 乙은 甲이 정관을 거짓으로 작성하는 등 부정한 방법으로 감정평가법인의 설립인가를 받았다는 이유로, 「감정평가 및 감정평가사에 관한 법률」 제32조 제1항 제13호에 따라 설립인가를 취소하였다. 甲은 乙의 인가취소가 잘못된 사실관계에 기초한 위법한 처분이라는 이유로 취소소송을 제기하면서 집행정지신청을 하였다. 甲의 집행정지신청의 인용 여부를 논하시오. 20점

예시답안

Ⅰ 논점의 정리

사안에서 甲은 인가취소에 대한 취소소송을 제기하면서 집행정지를 신청하였다. 甲의 집행정지 신청이 인용되기 위해서는 집행정지요건을 모두 충족해야 하는바, 이하에서 집행정지의 요건 등을 검토하기로 한다.

Ⅱ 행정소송법상 집행정지의 요건 및 절차 등

1. 집행부정지원칙 의의 및 근거

집행부정지 원칙은 취소소송의 제기는 처분 등의 효력이나 그 집행 또는 절차의 속행에 영향을 주지 아니함을 말한다. 단, 처분이 진행되는 등의 사정으로 회복되기 어려운 손해가 발생할 경우 예외적으로 집행정지를 인정한다(행정소송법 제23조 제1항 및 제2항).

2. 집행정지 신청요건 - 계/처/거/손/긴/공/본

(1) 적극적 요건

1) 정지대상인 처분 등이 존재할 것

행정소송법상 집행정지는 종전의 상태, 즉 원상을 회복하여 유지시키는 소극적인 것이므로 침해적 처분을 대상으로 한다.

2) 적법한 본안소송이 계속 중일 것

행정소송법상의 집행정지는 민사소송에서의 가처분과는 달리 적법한 본안소송이 계속 중일 것을 요하며, 계속된 본안소송은 소송요건을 갖춘 적법한 것이어야 한다.

3) 신청인적격 및 신청이익

집행정지를 신청할 수 있는 자는 본안소송의 당사자이다. 신청인은 '법률상 이익'이 있는 자이어야 한다. 또한 집행정지결정의 현실적 필요성이 있어야 한다.

4) 회복하기 어려운 손해

판례는 금전보상이 불가능하거나 사회통념상 참고 견디기가 현저히 곤란한 유・무형의 손해(적소는 요건 아님)와 중대한 경영상의 위기를(아람마트 사건) 회복하기 어려운 손해로 보고 있다. 이에 대한 소명책임은 신청인에게 있다.

5) 긴급한 필요의 존재

회복하기 어려운 손해의 발생이 절박하여 손해를 회피하기 위하여 본안판결을 기다릴 여유가 없을 것을 말한다.

대결 2004.5.17, 2004무6[집행정지]

행정소송법 제23조 제2항에서 정하고 있는 집행정지 요건인 '회복하기 어려운 손해'라 함은 특별한 사정이 없는 한 금전으로 보상할 수 없는 손해로서 이는 금전보상이 불능인 경우 내지는 금전보상으로는 사회관념상 행정처분을 받은 당사자가 참고 견딜 수 없거나 또는 참고 견디기가 현저히 곤란한 경우의 유형, 무형의 손해를 일컫는다 할 것이고(대결 1986.3.21, 86두5, 대결 2003.4.25, 2003무2 참조), '처분 등이나 그 집행 또는 절차의 속행으로 인하여 생길 회복하기 어려운 손해를 예방하기 위하여 긴급한 필요'가 있는지 여부는 처분의 성질과 태양 및 내용, 처분상대방이 입는 손해의 성질・내용 및 정도, 원상회복・금전배상의 방법 및 난이 등은 물론 본안 청구의 승소가능성의 정도 등을 종합적으로 고려하여 구체적・개별적으로 판단하여야 하며, 한편, 같은 조 제3항에서 규정하고 있는 집행정지의 장애사유로서의 '공공복리에 중대한 영향을 미칠 우려'라 함은 일반적・추상적인 공익에 대한 침해의 가능성이 아니라 당해 처분의 집행과 관련된 구체적・개별적인 공익에 중대한 해를 입힐 개연성을 말하는 것으로서 이러한 집행정지의 소극적 요건에 대한 주장・소명책임은 행정청에게 있다

(2) 소극적 요건

1) 공공복리에 중대한 영향이 없을 것

처분의 집행에 의해 신청인이 입을 손해와 집행정지에 의해 영향을 받을 공공복리 간 이익형량을 하여 공공복리에 중대한 영향을 미칠 우려가 없어야 한다(대결 1999.12.20, 99무42).

2) 본안청구가 이유 없음이 명백하지 아니할 것

집행정지는 인용판결의 실효성을 확보하기 위하여 인정되는 것이며 행정의 원활한 수행을 보장하며 집행정지신청의 남용을 방지할 필요도 있으므로 본안청구가 이유 없음이 명백하지 아니할 것을 집행정지의 소극적 요건으로 하는 것이 타당하다는 것이 일반적 견해이며 판례도 이러한 입장을 취하고 있다.

> **대결 1992.6.8, 92두14[건물철거대집행계고처분효력정지]**
> 집행정지는 공공복리에 중대한 영향을 미칠 우려가 없어야 허용되고, 이 제도는 신청인이 본안소송에서 승소판결을 받을 때까지 그 지위를 보호함과 동시에 후에 받을 승소판결을 무의미하게 하는 것을 방지하려는 것이어서 본안소송에서의 처분의 취소가능성이 없음에도 처분의 효력이나 집행의 정지를 인정한다는 것은 제도의 취지에 반하므로 집행정지사건 자체에 의하여도 신청인의 본안청구가 이유 없음이 명백하지 않아야 한다는 것도 집행정지의 요건에 포함시켜야 할 것이다.

3. 집행정지 결정

본안이 계속된 법원에 당사자의 신청 또는 직권에 의하여 처분 등의 효력이나 그 집행 또는 절차의 속행의 전부 또는 일부의 정지를 결정할 수 있다.

4. 집행정지의 내용

① 처분의 효력을 존재하지 않는 상태에 놓이게 하는 처분의 효력정지, ② 처분의 집행을 정지하는 집행정지, ③ 여러 단계의 절차를 통하여 행정목적이 달성되는 경우에 절차의 속행을 정지하는 절차속행의 정지를 내용으로 한다.

Ⅲ 사안의 해결

사안에서 감정평가법인 설립인가 취소는 감정평가업무를 더 이상 수행하지 못하도록 하는 침익적 처분으로, 이에 대한 취소소송은 적법하게 계속 중인 것으로 보인다. 취소소송의 인용판결이 있을 때까지 업무수행을 하지 못하여 발생한 손실은 금전적으로 배상이 가능할 것으로 보이나, 甲법인의 명예나 주요 거래처와의 신뢰악화 등의 중대한 경영상의 위험은 회복되기 어려운 손해로 예상된다. 따라서 법원은 집행정지 결정을 해야 할 것이며 국토교통부장관은 이에 대하여 즉시 항고할 수 있다(행정소송법 제23조 제5항).

> **※ 집행정지 관련 최근 판례(2021두40720)**
> [1] 행정소송법 제23조에 따른 집행정지결정의 효력은 결정 주문에서 정한 종기까지 존속하고, 그 종기가 도래하면 당연히 소멸한다. 따라서 효력기간이 정해져 있는 제재적 행정처분에 대한 취소소송에서 법원이 본안소송의 판결 선고 시까지 집행정지결정을 하면, 처분에서 정해 둔 효력기간(집행정지결정 당시 이미 일부 집행되었다면 그 나머지 기간)은 판결 선고 시까지 진행하지 않다가 판결이 선고되면 그때 집행정지결정의 효력이 소멸함과 동시에 처분의 효력이 당연히 부활하여 처분에서 정한 효력기간이 다시 진행한다. 이는 처분에서 효력기간의 시기(始期)와 종기(終期)를 정해 두었는데, 그 시기와 종기가 집행정지기간 중에 모두 경과한 경우에도 특별한 사정이 없는 한 마찬가지이다. 이러한 법리는 행정심판위원회가 행정심판법 제30조에 따라 집행정지결정을 한 경우에도 그대로 적용된다. 행정심판위원회가 행정심판 청구 사건의 재결이 있을 때까지 처분의

집행을 정지한다고 결정한 경우에는, 재결서 정본이 청구인에게 송달된 때 재결의 효력이 발생하므로(행정심판법 제48조 제2항, 제1항 참조) 그때 집행정지결정의 효력이 소멸함과 동시에 처분의 효력이 부활한다.

[2] 효력기간이 정해져 있는 제재적 행정처분의 효력이 발생한 이후에도 행정청은 특별한 사정이 없는 한 상대방에 대한 별도의 처분으로써 효력기간의 시기와 종기를 다시 정할 수 있다. 이는 당초의 제재적 행정처분이 유효함을 전제로 그 구체적인 집행시기만을 변경하는 후속 변경처분이다. 이러한 후속 변경처분도 특별한 규정이 없는 한 의사표시에 관한 일반법리에 따라 상대방에게 고지되어야 효력이 발생한다. 위와 같은 후속 변경처분서에 효력기간의 시기와 종기를 다시 특정하는 대신 당초 제재적 행정처분의 집행을 특정 소송사건의 판결 시까지 유예한다고 기재되어 있다면, 처분의 효력기간은 원칙적으로 그 사건의 판결 선고 시까지 진행이 정지되었다가 판결이 선고되면 다시 진행된다. 다만 이러한 후속 변경처분 권한은 특별한 사정이 없는 한 당초의 제재적 행정처분의 효력이 유지되는 동안에만 인정된다. 당초의 제재적 행정처분에서 정한 효력기간이 경과하면 그로써 처분의 집행은 종료되어 처분의 효력이 소멸하는 것이므로(행정소송법 제12조 후문 참조), 그 후 동일한 사유로 다시 제재적 행정처분을 하는 것은 위법한 이중처분에 해당한다.

04 「공익사업을 위한 토지 등의 취득 및 보상에 관한 법률」상 사업인정고시의 효과에 대하여 설명하시오. 10점

예시답안

Ⅰ 사업인정과 사업인정고시의 의의

1. 사업인정의 의의 및 취지(토지보상법 제20조)

사업인정이란 공익사업을 토지 등을 수용 또는 사용할 사업으로 결정하는 것을 말하며(토지보상법 제2조 제7호), ① 사업 전의 공익성 판단, ② 사전적 권리구제(의견청취, 절차참여), ③ 수용행정의 적정화, ④ 피수용자의 권리보호에 취지가 있다.

2. 사업인정고시의 의의 및 취지(토지보상법 제22조)

국토교통부장관이 사업인정을 하였을 때 지체 없이 그 뜻을 사업시행자, 토지소유자 등에 통지하고 사업지역 및 수용하거나 사용할 토지의 세목을 관보에 고시하는 것을 말하며, 사업인정은 고시한 날부터 효력이 발생한다고 규정하고 있다. 사업인정고시로부터 공용수용 절차가 진행되는데 취지가 있다.

Ⅱ 사업인정 고시의 법적 성질

사업인정고시를 하지 않은 경우 사업인정이 무효인 점을 고려하면 사업인정과 사업인정고시는 통일적으로 〈특허〉로 보는 것이 타당하다고 판단된다.

Ⅲ 사업인정고시의 효과

1. 수용권의 설정

사업인정은 국토교통부장관이 사업시행자에게 일정한 절차의 이행을 조건으로 수용권을 설정하여 주는 형성행위이다. 따라서 사업인정고시가 있게 되면 사업시행자는 토지세목고시에서 정한 일정한 범위의 수용목적물을 취득할 수 있는 수용권을 취득하게 된다.

그러나 수용권의 내용이 완성되는 시기는 사업인정이 아니고 이후에 협의에서 정한 날 또는 수용재결에서 정한 수용의 개시일이다. 따라서 사업시행자는 수용목적물을 완전하게 취득할 때까지 토지소유자 및 관계인에게 수용목적물의 보존을 요구할 수 있는 공법상 권리를 수용권의 한 내용으로서 갖게 된다.

2. 수용목적물의 범위 확정

토지세목고시에 의하여 수용 또는 사용할 토지의 범위가 구체적으로 확정된다. 수용목적물이 사업인정고시를 통해서 확정되면 고시되지 않은 토지는 수용할 수 없다. 따라서 토지세목고시에 없는 토지에 대한 수용재결은 무효이다. 잔여지수용의 경우에도 "사업인정고시 이후에 잔여지를 취득하는 경우에는 그 잔여지에 대하여는 사업인정고시가 있는 것으로 본다."라고 하여 토지세목고시가 있어야만 수용할 수 있다는 원칙을 지키고 있다.

3. 관계인의 범위 확정

수용목적물의 범위가 확정되면 그 권리자인 토지소유자 및 관계인의 범위도 확정된다. 사업인정은 관계인의 범위에 관한 시간적 제한이 되는데 사업인정고시가 있은 후에 권리를 취득한 자는 기존의 권리를 승계한 자를 제외하고는 관계인에 포함되지 아니한다고 한다.

4. 토지 등의 보전의무(토지보상법 제25조)

사업인정고시가 된 후에는 누구든지 고시된 토지에 대하여 사업에 지장을 줄 우려가 있는 형질의 변경이나 물건을 손괴하거나 수거하는 행위를 하지 못한다.

5. 토지 · 물건조사권(토지보상법 제27조)

사업인정고시 이후에는 별도의 시장 등의 허가 없이도 법의 규정에 의거, 타인토지에 출입하여 측량 · 조사를 할 수 있는 토지 및 물건에 관한 조사권을 취득하게 된다.

6. 보상액 산정시기의 고정

공용수용에 따른 보상액은 사업인정 당시의 공시지가를 기준으로 하여, 그때부터 재결 시까지의 시점수정을 하여 산정하므로, 사업인정고시일은 보상액을 고정시키는 효과를 가지게 된다.

Ⅳ 판례를 통한 사업인정과 재결의 관계

토지수용의 내용이 공익사업을 위해서 기업자에게 타인의 재산권을 강제적으로 취득시키는 효과를 나타내는 데 있다고 하더라도 이는 그 보상금의 지급을 조건으로 하고 있는 것인 만큼 (구)토지수용법 제65조의 규정내용 역시 기업자가 그 재결된 보상금을 그 수용시기까지 지급 또는 공탁하지 않은 이상 위 수용위원회의 재결은 물론 재결의 전제가 되는 재결신청도 아울러 그 효력을 상실하는 것이라고 해석함이 상당하다.

재결의 효력이 상실되면 재결신청 역시 그 효력을 상실하게 되는 것이므로 그로 인하여 (구)토지수용법 제17조 소정의 사업인정의 고시가 있은 날로부터 1년 이내에 재결신청을 하지 않는 것으로 되었다면 사업인정도 역시 효력을 상실하여 결국 그 수용절차 일체가 백지상태로 환원된다(대판 1987.3.10, 84누158 [토지수용재결처분취소]).

대판 2014.11.13, 2013두19738 · 19745[토지수용재결처분취소등 · 수용재결처분취소]

구 「공익사업을 위한 토지 등의 취득 및 보상에 관한 법률」(2011.8.4. 법률 제11017호로 개정되기 전의 것. 이하 '토지보상법'이라 한다) 제25조 제2항은 "사업인정고시가 있은 후에는 고시된 토지에 건축물의 건축 · 대수선, 공작물의 설치 또는 물건의 부가 · 증치를 하고자 하는 자는 특별자치도지사, 시장 · 군수 또는 구청장의 허가를 받아야 한다. 이 경우 특별자치도지사, 시장 · 군수 또는 구청장은 미리 사업시행자의 의견을 들어야 한다."고 규정하고, 같은 조 제3항은 "제2항의 규정에 위반하여 건축물의 건축 · 대수선, 공작물의 설치 또는 물건의 부가 · 증치를 한 토지소유자 또는 관계인은 당해 건축물 · 공작물 또는 물건을 원상으로 회복하여야 하며 이에 관한 손실의 보상을 청구할 수 없다."고 규정하고 있다. 이러한 규정의 취지에 비추어 보면, 건축법상 건축허가를 받았더라도 허가받은 건축행위에 착수하지 아니하고 있는 사이에 토지보상법상 사업인정고시가 된 경우 고시된 토지에 건축물을 건축하려는 자는 토지보상법 제25조에 정한 허가를 따로 받아야 하고, 그 허가 없이 건축된 건축물에 관하여는 토지보상법상 손실보상을 청구할 수 없다고 할 것이다.

대판 2013.2.15, 2012두22096[보상금증액]

구 공익사업법상 손실보상 및 사업인정고시 후 토지 등의 보전에 관한 위 각 규정의 내용에 비추어 보면, 사업인정고시 전에 공익사업시행지구 내 토지에 설치한 공작물 등 지장물은 원칙적으로 손실보상의 대상이 된다고 보아야 한다. 그러나 손실보상은 공공필요에 의한 행정작용에 의하여 사인에게 발생한 특별한 희생에 대한 전보라는 점을 고려할 때, 구 공익사업법 제15조 제1항에 따른 사업시행자의 보상계획공고 등으로 공익사업의 시행과 보상 대상 토지의 범위 등이 객관적으로 확정된 후 해당 토지에 지장물을 설치하는 경우에 그 공익사업의 내용, 해당 토지의 성질, 규모 및 보상계획공고 등 이전의 이용실태, 설치되는 지장물의 종류, 용도, 규모 및 그 설치시기 등에 비추어 그 지장물이 해당 토지의 통상의 이용과 관계없거나 이용 범위를 벗어나는 것으로 손실보상만을 목적으로 설치되었음이 명백하다면, 그 지장물은 예외적으로 손실보상의 대상에 해당하지 아니한다고 보아야 한다.

〈출제위원 채점평〉

[문제 4]

사업인정고시의 효과는 기초적인 문제라 2차 시험 준비가 충분하지 않은 수험생들도 이에 대해서는 거의 다 언급하였다. 제대로 쓴 답안 사이의 점수 차이는 배점 비중이 큰 문제 1만큼 크게 차이 나지 않았으나 사업인정의 의의, 사업인정고시의 효과, 사업인정의 실효 및 수용재결과의 관계까지 깔끔하게 언급한 답안은 그렇게 많지 않은 것으로 기억된다. 4번째 문제이다 보니 시간에 쫓기어 소제목만 달거나 법조문과 함께 나열한 답안도 적지 않았다. 먼저 문제 4를 작성한 것으로 보이는 답안도 제법 있었다.

Chapter 14

2011년 제22회 기출문제 분석

문제

01

A군에 사는 甲은 국토의 계획 및 이용에 관한 법률에 따라 지정된 개발제한구역 내에 과수원을 경영하고 있다. 甲은 영농의 편의를 위해 동 과수원 토지 내에 작은 소로(小路)를 개설하고, 종종 이웃 주민의 통행에도 제공해 왔다. A군은 甲의 과수원 부지가 속한 일단의 토지에 폐기물처리장을 건설하고자 하는 乙을 폐기물관리법에 따라 폐기물처리장 건설사업자로 지정하면서 동 처리장 건설사업실시계획을 승인하였다. 甲과 乙 간에 甲 토지에 대한 협의매수가 성립되지 않아 乙은 甲 토지에 대한 수용재결을 신청하고, 관할 지방토지수용위원회의 수용재결을 받았다. 동 수용재결에서는 "사실상 사도(私道)의 부지는 인근 토지에 대한 평가액의 3분의 1 이내로 평가한다."고 규정하고 있는 토지 등의 취득 및 보상에 관한 법률 시행규칙(이하 '토지보상법 시행규칙') 제26조 제1항 제2호의 규정에 따라, 甲의 토지를 인근 토지가에 비하여 3분의 1의 가격으로 평가하였다. 이 수용재결에 대하여 이의가 있는 甲은 적절한 권리구제수단을 강구하고자 한다. 다음의 물음에 답하시오. 50점

(1) 토지보상액에 대해 불복하고자 하는 甲의 행정쟁송상 권리구제수단을 설명하시오. 20점

(2) 甲이 제기한 쟁송에서 피고 측은 甲의 토지에 대한 보상액이 낮게 평가된 것은 토지보상법 시행규칙 제26조 제1항 제2호의 규정에 의한 것으로서 적법하다고 주장한다. 피고의 주장에 대해 법적으로 판단하시오. 15점

(3) 甲은 토지보상법 시행규칙 제26조 제1항 제2호의 규정은 헌법 제23조상의 재산권 보장 및 정당보상의 원칙을 위배하여 위헌적인 것이라고 주장한다. 甲의 주장을 관철할 수 있는 법적 수단을 설명하시오. 15점

대판 2012.3.29, 2011다104253[손해배상(기)등]

[1] 공익사업을 위한 토지 등의 취득 및 보상에 관한 법률(이하 '공익사업법'이라 한다) 제68조 제3항은 협의취득의 보상액 산정에 관한 구체적 기준을 시행규칙에 위임하고 있고, 위임 범위 내에서 공익사업을 위한 토지 등의 취득 및 보상에 관한 법률 시행규칙 제22조는 토지에 건축물 등이 있는 경우에는 건축물 등이 없는 상태를 상정하여 토지를 평가하도록 규정하고 있는데, 이는 비록 행정규칙의 형식이나 공익사업법의 내용이 될 사항을 구체적으로 정하여 내용을 보충하는 기능을 갖는 것이므로, 공익사업법 규정과 결합하여 대외적인 구속력을 가진다.

[2] 한국토지주택공사가 국민임대주택단지를 조성하기 위하여 甲 등에게서 토지를 협의취득하면서 '매매대금이 고의·과실 내지 착오평가 등으로 과다 또는 과소하게 책정되어 지급되었을 때에는 과부

족금액을 상대방에게 청구할 수 있다'고 약정하였는데, 공사가 협의취득을 위한 보상액을 산정하면서 한국감정평가업협회의 구 토지보상평가지침(2003.2.14.자로 개정된 것, 이하 '구 토지보상평가지침'이라 한다)에 따라 토지를 지상에 설치된 철탑 및 고압송전선의 제한을 받는 상태로 평가한 사안에서, 위 약정은 단순히 협의취득 대상토지 현황이나 면적을 잘못 평가하거나 계산상 오류 등으로 감정평가금액을 잘못 산정한 경우뿐만 아니라 공익사업을 위한 토지 등의 취득 및 보상에 관한 법률(이하 '공익사업법'이라 한다)상 보상액 산정 기준에 적합하지 아니한 감정평가기준을 적용함으로써 감정평가금액을 잘못 산정하여 이를 기준으로 협의매수금액을 산정한 경우에도 적용되고, 한편 공사가 협의취득을 위한 보상액을 산정하면서 대외적 구속력을 갖는 공익사업을 위한 토지 등의 취득 및 보상에 관한 법률 시행규칙 제22조에 따라 토지에 건축물 등이 있는 때에는 건축물 등이 없는 상태를 상정하여 토지를 평가하여야 함에도, 대외적 구속력이 없는 구 토지보상평가지침에 따라 토지를 건축물 등에 해당하는 철탑 및 고압송전선의 제한을 받는 상태로 평가한 것은 정당한 토지 평가라고 할 수 없는 점 등에 비추어 위 협의매수금액 산정은 공사가 고의·과실 내지 착오평가 등으로 과소하게 책정하여 지급한 경우에 해당한다고 본 원심판결에 판단누락이나 이유불비 등의 잘못이 없다고 한 사례

대판 2013.6.13, 2011두7007[토지수용보상금증액]

[1] 공익사업을 위한 토지 등의 취득 및 보상에 관한 법률 시행규칙 제26조 제1항 제2호에 의하여 '사실상의 사도'의 부지로 보고 인근 토지 평가액의 3분의 1 이내로 보상액을 평가하려면, 도로법에 의한 일반 도로 등에 연결되어 일반의 통행에 제공되는 등으로 사도법에 의한 사도에 준하는 실질을 갖추고 있어야 하고, 나아가 위 규칙 제26조 제2항 제1호 내지 제4호 중 어느 하나에 해당하여야 할 것이다.

[2] 공익사업을 위한 토지 등의 취득 및 보상에 관한 법률 시행규칙 제26조 제2항 제1호에서 규정한 '도로개설 당시의 토지소유자가 자기 토지의 편익을 위하여 스스로 설치한 도로'에 해당한다고 하려면, 토지 소유자가 자기 소유 토지 중 일부에 도로를 설치한 결과 도로 부지로 제공된 부분으로 인하여 나머지 부분 토지의 편익이 증진되는 등으로 그 부분의 가치가 상승됨으로써 도로부지로 제공된 부분의 가치를 낮게 평가하여 보상하더라도 전체적으로 정당보상의 원칙에 어긋나지 않는다고 볼 만한 객관적인 사유가 있다고 인정되어야 하고, 이는 도로개설 경위와 목적, 주위환경, 인접토지의 획지 면적, 소유관계 및 이용상태 등 제반 사정을 종합적으로 고려하여 판단할 것이다.

[3] 공익사업을 위한 토지 등의 취득 및 보상에 관한 법률 시행규칙 제26조 제2항 제2호가 규정한 '토지소유자가 그 의사에 의하여 타인의 통행을 제한할 수 없는 도로'는 사유지가 종전부터 자연발생적으로 또는 도로예정지로 편입되어 있는 등으로 일반 공중의 교통에 공용되고 있고 그 이용상황이 고착되어 있어, 도로부지로 이용되지 아니하였을 경우에 예상되는 표준적인 이용상태로 원상회복하는 것이 법률상 허용되지 아니하거나 사실상 현저히 곤란한 정도에 이른 경우를 의미한다고 할 것이다. 이때 어느 토지가 불특정 다수인의 통행에 장기간 제공되어 왔고 이를 소유자가 용인하여 왔다는 사정이 있다는 것만으로 언제나 도로로서의 이용상황이 고착되었다고 볼 것은 아니고, 이는 당해 토지가 도로로 이용되게 된 경위, 일반의 통행에 제공된 기간, 도로로 이용되고 있는 토지의 면적 등과 더불어 그 도로가 주위 토지로 통하는 유일한 통로인지 여부 등 주변 상황과 당해 토지의 도로로서의 역할과 기능 등을 종합하여 원래의 지목 등에 따른 표준적인 이용상태로 회복하는 것이 용이한지 여부 등을 가려서 판단해야 할 것이다.

[물음 1]

Ⅰ 논점의 정리

Ⅱ 이의신청(법 제83조 및 제84조)

1. 이의신청의 개념 의의 및 취지
2. 요건 및 효과(처분청 경유주의, 기간특례 등)
3. 재결(법 제84조) 및 재결의 효력(법 제86조)

Ⅲ 보상금증감청구소송(법 제85조 제2항)

1. 보상금증감청구소송의 개념
2. 소송의 성질
   (1) 형식적 당사자소송
   (2) 형성소송인지, 확인·급부소송인지
3. 소송의 대상
4. 제기요건
5. 심리범위
6. 판결의 효력
7. 청구의 병합
8. 판례의 유형별 검토
   (1) 2008두822
   (2) 2018두227
   (3) 2007다8129
   (4) 2018두67

Ⅳ 사례의 해결

[물음 2]

Ⅰ 논점의 정리

Ⅱ 토지보상법 시행규칙 제26조상 1/3 이내 평가규정의 법적 성질

1. 법령보충적 행정규칙의 의의 및 근거
2. 법령보충적 행정규칙의 대외적 구속력
3. 관련 판례의 태도
4. 사안의 적용

Ⅲ 과수원 내의 소로가 사실상 사도에 해당하는지 여부

1. 사실상 사도의 개념
2. 도로부지를 감가보상하는 이유(화체이론)
3. 사실상 사도의 판단기준
   (1) 토지보상법 시행규칙 제26조 제2항
   (2) 판례의 태도
4. 소결

Ⅳ 피고 乙 주장의 타당성(사안의 해결)

[물음 3]

Ⅰ 논점의 정리

Ⅱ 간접적 통제(명령심사제도)

1. 의의와 근거
2. 통제의 대상
3. 통제의 주체
4. 법규명령의 위헌 여부
5. 통제의 효력

Ⅲ 甲주장의 관철수단(사안의 해결)

예시답안

[물음 1]에 대하여

Ⅰ 논점의 정리

공용수용이란 공익사업을 위해 특정 개인의 재산권을 법률의 힘에 의해 근거하여 강제적으로 취득하는 것으로 재산권 보장에 대한 중대한 예외적 조치이며, 그 종국적 절차인 재결은 협의 불성립 또는 협의불능의 경우에 사업인정을 통하여 사업시행자에게 부여된 수용권의 구체적인 내용을 결정하고 그 실행을 완성시키는 형성적 행정처분이다. 이러한 재결은 재산권 박탈을 의미하는 '수용재결'과 수용재결의 효과로서 보상금을 결정하는 '보상재결'로 구성되며, 사업시행자에게 보상금 지

급을 조건으로 토지소유권을 취득하게 하고, 토지소유자 등에게는 그 권리를 상실시키는 형성적 행정행위로 작용하기 때문에 피수용자가 재결의 취소 또는 변경을 구할 수 있음은 법치주의원리상 당연하다고 볼 수 있다. 토지보상법은 재결에 대한 불복절차로서 이의신청(공익사업을 위한 토지 등의 취득 및 보상에 관한 법률(이하 '법') 제83조 및 제84조)과 행정소송(법 제85조)에 대한 규정을 두고 있다. 이에 대한 불복절차에 관하여 토지보상법에 규정이 있는 경우를 제외하고는 행정심판법과 행정소송법이 적용될 것이다.

甲은 자신의 토지가 수용된 것을 다투는 것이 아니라 보상액에 대해서만 불복하는 것이다. 따라서 甲은 이의신청 또는 보상금증액청구소송을 제기할 수 있다. 이의신청은 보상금증감청구소송의 필요적 전치절차가 아니다.

Ⅱ 이의신청(법 제83조 및 제84조)

1. 이의신청의 의의 및 취지

이의신청이란 관할 토지수용위원회의 위법・부당한 재결에 의해 권익을 침해당한 자가 중앙토지수용위원회에 그 취소 또는 변경을 구하는 것으로서, 피수용자 권익 보호에 취지가 있으며, 토지보상법에 특례를 규정하고 있는 〈특별법상 행정심판〉의 성격을 가진다.

〈토지보상법〉

제83조(이의의 신청)

① 중앙토지수용위원회의 제34조에 따른 재결에 이의가 있는 자는 중앙토지수용위원회에 이의를 신청할 수 있다.

② 지방토지수용위원회의 제34조에 따른 재결에 이의가 있는 자는 해당 지방토지수용위원회를 거쳐 중앙토지수용위원회에 이의를 신청할 수 있다.

③ 제1항 및 제2항에 따른 이의의 신청은 재결서의 정본을 받은 날부터 30일 이내에 하여야 한다.

2. 요건 및 효과(처분청 경유주의, 기간특례 등)

① 양 당사자는 재결서 정본을 받은 날로부터 30일 이내에 처분청을 경유하여 중앙토지수용위원회에 이의를 신청할 수 있다. 판례는 30일의 기간은 수용의 신속을 기하기 위한 것으로 합당하다고 한다.

② 이의신청은 사업의 진행 및 토지의 사용・수용을 정지시키지 아니하며(토지보상법 제88조) 행정쟁송법에 의한 집행정지 규정이 적용될 것이다.

대판 1992.8.18, 91누9312[토지수용재결처분취소]

수용재결(원재결)에 대한 이의신청기간과 이의재결에 대한 행정소송 제기기간을 그 일반법인 행정심판법 제18조 제1항의 행정심판청구기간(60일)과 행정소송법 제20조 제1항의 행정소송의 제소기간(60일)보다 짧게 규정한 것은 토지수용과 관련한 공공사업을 신속히 수행하여야 할 그 특수성과 전문성을 살리기 위한 필요에서 된 것으로 이해되므로 이를 행정심판법 제43조, 제42조에 어긋나거나 헌법 제27조에 어긋나는 위헌규정이라 할 수 없다.

3. 재결(법 제84조) 및 재결의 효력(법 제86조)

① 재결이 위법, 부당하다고 인정하는 때에는 재결의 전부 또는 일부를 취소하거나 보상액을 변경할 수 있다.

② 이의재결이 확정된 경우에는 민사소송법상의 확정판결이 있는 것으로 본다. 즉, 사업시행자가 이의재결에서 증액재결한 보상금의 지급을 이행하지 않는 경우 피수용자는 확정판결의 효력을 바탕으로 재결확정증명서를 받아 강제집행할 수 있게 된다.

Ⅲ 보상금증감청구소송(법 제85조 제2항)

1. 보상금증감청구소송의 개념

토지수용위원회의 보상재결에 대하여 토지소유자 및 관계인은 보상금의 증액을 청구하는 소송을 제기할 수 있고 사업시행자는 보상금의 감액을 청구하는 소송을 제기할 수 있다. 이를 보상금증감청구소송이라 한다. 이는 보상금만에 대한 소송을 인정함으로써 분쟁의 일회적 해결·소송경제·권리구제의 신속성·실효성 확보를 도모함에 제도적 취지가 인정된다.

〈토지보상법〉

제85조(행정소송의 제기)

① 사업시행자, 토지소유자 또는 관계인은 제34조에 따른 재결에 불복할 때에는 재결서를 받은 날부터 90일 이내에, 이의신청을 거쳤을 때에는 이의신청에 대한 재결서를 받은 날부터 60일 이내에 각각 행정소송을 제기할 수 있다. 이 경우 사업시행자는 행정소송을 제기하기 전에 제84조에 따라 늘어난 보상금을 공탁하여야 하며, 보상금을 받을 자는 공탁된 보상금을 소송이 종결될 때까지 수령할 수 없다.

② 제1항에 따라 제기하려는 행정소송이 보상금의 증감(增減)에 관한 소송인 경우 그 소송을 제기하는 자가 토지소유자 또는 관계인일 때에는 사업시행자를, 사업시행자일 때에는 토지소유자 또는 관계인을 각각 피고로 한다.

2. 소송의 성질

(1) 형식적 당사자소송

보상금증감청구소송은 기본적으로 보상금액을 다투는 소송이며 소송을 제기함에 있어 재결청을 피고로 하는 것이 아니라 그 법률관계의 일방 당사자를 피고로 하는 소송에 해당하게 되므로 순수한 의미의 형식적 당사자소송이라 할 것이다.

(2) 형성소송인지, 확인·급부소송인지

형성소송인지, 확인·급부소송인지 견해의 대립이 있으나, 보상금증감청구소송은 재결청을 제외한 보상당사자만을 피고로 규정하고 있으므로 보상재결의 취소·변경 없이 헌법상 정당보상조항(헌법 제23조 제3항)에 의하여 당연히 발생·확정되는 정당보상액을 확인하고, 부족액의 급부를 구하는 확인·급부소송이 타당하다고 생각한다.

3. 소송의 대상

형식적 당사자소송의 대상은 법률관계이다. 따라서 보상금증감청구소송은 관할 토지수용위원회가 행한 재결로 형성된 법률관계인 보상금의 증감에 관한 것을 소송의 대상으로 삼아야 하며 보상금의 증감에 관한 사항 외에는 소송의 대상이 될 수 없다.

4. 제기요건

① 관할 토지수용위원회가 행한 재결로 형성된 법률관계인 보상금의 증감에 관한 것을 소송의 대상으로 삼아야 하며, ② 재결서정본 송달일로부터 90일 또는 60일(이의재결 시) 이내에, ③ 양 당사자는 각각을 피고로 하여, ④ 관할법원에 소를 제기할 수 있다.

5. 심리범위

① 손실보상의 지급방법(채권보상 여부 포함), ② 손실보상액의 범위, 보상액과 관련한 보상 면적, ③ 지연손해금, 잔여지수용 여부, 보상항목 간의 유용도 심리범위에 해당한다고 본다(판례).

6. 판결의 효력

보상금증감소송에서 법원은 스스로 보상액의 증감을 결정할 수 있고 토지수용위원회는 별도의 처분을 할 필요가 없다. 법원의 판결이 있게 되면 기판력, 형성력, 기속력이 발생하고, 소의 각하·기각 또는 취하의 효과로서 법정이율의 가산지급(법 제87조)은 당사자소송에 있어서도 적용되는 것으로 보아야 할 것이다.

7. 청구의 병합

수용 자체에 대하여 불복이 있을 뿐만 아니라 보상금액에도 불복이 있는 경우에는 수용재결의 취소소송과 보상금증액청구소송을 별도로 제기할 수 있다. 그런데 토지소유자는 우선 수용 자체를 다투고 만일 이것이 받아들여지지 않는 경우에는 보상금액의 증액을 청구할 필요가 있을 것이다. 이 경우에 수용재결에 대한 취소소송에서 보상금증액청구소송을 예비적으로 병합하여 제기할 수 있는가 하는 것이 문제된다. 분쟁의 일회적 해결을 위한다는 점에서 청구의 병합을 인정함이 타당하다.

8. 판례의 유형별 검토

(1) 2008두822

토지보상법 제74조 제1항에 규정되어 있는 잔여지수용청구권은 손실보상의 일환으로 토지수용위원회의 재결이 없더라도 그 청구에 의하여 수용의 효과가 발생하는 형성권적 성질을 가지므로, 잔여지수용청구를 받아들이지 않은 토지수용위원회의 재결에 대하여 토지소유자가 불복하여 제기하는 소송은 위 법 제85조 제2항에 규정되어 있는 보상금의 증감에 관한 소송에 해당하여 사업시행자를 피고로 하여야 한다.

(2) 2018두227

어떤 보상항목이 토지보상법상 손실보상대상에 해당함에도 관할 토지수용위원회가 사실을 오인하거나 법리를 오해함으로써 손실보상대상에 해당하지 않는다고 잘못된 내용의 재결을 한 경우에는, 피보상자는 관할 토지수용위원회를 상대로 그 재결에 대한 취소소송을 제기할 것이 아니라, 사업시행자를 상대로 공익사업을 위한 토지 등의 취득 및 보상에 관한 법률 제85조 제2항에 따른 보상금증감소송을 제기하여야 한다.

(3) 2007다8129

세입자의 주거이전비 보상에 관하여 재결이 이루어진 다음 세입자가 보상금의 증감 부분을 다투는 경우에는 같은 법 제85조 제2항에 규정된 행정소송에 따라, 보상금의 증감 이외의 부분을 다투는 경우에는 같은 조 제1항에 규정된 행정소송에 따라 권리구제를 받을 수 있다.

(4) 2018두67

토지보상법 제85조 제2항에 따른 보상금의 증액을 구하는 소의 성질, 토지보상법상 손실보상금 채권의 존부 및 범위를 확정하는 절차 등을 종합하여 보면, 토지보상법에 따른 토지소유자 또는 관계인의 사업시행자에 대한 손실보상금 채권에 관하여 압류 및 추심명령이 있더라도, 추심채권자가 보상금 증액 청구의 소를 제기할 수 없고, 채무자인 토지소유자 등이 보상금 증액 청구의 소를 제기하고 그 소송을 수행할 당사자적격을 상실하지 않는다고 보아야 한다.

Ⅳ 사례의 해결

甲은 관할 지방토지수용위원회의 재결에 의해 결정된 보상액에 대해서 중앙토지수용위원회에게 이의신청을 제기하거나, 이를 제기함이 없이 형식적 당사자소송으로써 보상금증액청구소송을 제기하여 권리구제를 받을 수 있을 것으로 판단된다.

[물음 2]에 대하여

Ⅰ 논점의 정리

사업시행자(피고)는 대상 토지를 사실상 사도로 보아 인근 토지의 3분의1 이내로 보상한 것은 토지보상법 시행규칙 제26조 제1항 제2호의 규정에 의한 것으로서 적법하다고 주장하고 있다. 피고의 주장은 칙 제26조의 법적 성질에 따라 그 적법성이 달라질 수 있는바, 이하에서 칙 제26조의 법적 성질에 대하여 설명하고, 사실상 사도에 해당하는지와 적법성 여부에 대하여 설명한다.

Ⅱ 토지보상법 시행규칙 제26조상 1/3 이내 평가규정의 법적 성질

1. 법령보충적 행정규칙의 의의 및 근거

법령보충적 행정규칙이란 훈령, 예규, 고시 등 행정규칙의 형식이나 상위법령과 결합하여 그 효력을 보충하는 법규사항을 정한 것을 말하며, 행정기본법 제2조 제1호 가목에 근거를 두고 있다.

2. 법령보충적 행정규칙의 대외적 구속력

① 규범구체화 행정규칙설, 법규명령설 (실질설), 행정규칙설 (형식설), 수권여부기준설, 법규명령이 효력을 갖는 행정규칙설, 위헌무효설이 대립하나, ② 판례는 상위 법령과 결합하여 대외적 구속력이 인정된다고 판시한바, 대외적 구속력을 인정함이 타당하다고 판단된다.

3. 관련 판례의 태도

대판 2012.3.29, 2011다104253[손해배상(기)등]

공익사업을 위한 토지 등의 취득 및 보상에 관한 법률(이하 '공익사업법'이라 한다) 제68조 제3항은 협의취득의 보상액 산정에 관한 구체적 기준을 시행규칙에 위임하고 있고, 위임 범위 내에서 공익사업을 위한 토지 등의 취득 및 보상에 관한 법률 시행규칙 제22조는 토지에 건축물 등이 있는 경우에는 건축물 등이 없는 상태를 상정하여 토지를 평가하도록 규정하고 있는데, 이는 비록 행정규칙의 형식이나 공익사업법의 내용이 될 사항을 구체적으로 정하여 내용을 보충하는 기능을 갖는 것이므로, 공익사업법 규정과 결합하여 대외적인 구속력을 가진다.

4. 사안의 적용

생각건대, 판례의 태도에 따라 토지보상법 시행규칙 제22조 법령보충적 행정규칙이라면 동조 형태로 규정된 토지보상법 시행규칙 제26조 1/3 이내 평가규정 또한 〈법령보충적 행정규칙〉으로 보는 것이 타당하다고 판단된다.

Ⅲ 과수원 내의 소로가 사실상 사도에 해당하는지 여부

1. 사실상 사도의 개념

토지보상법은 사도법상의 사도, 사실상의 사도, 그 외의 도로부지로 분류하여 그 평가기준을 달리 정하고 있다(규칙 제26조). 여기서 사도법상의 사도는 사도개설의 허가를 얻은 도로를 말하며, 사실상의 사도는 사도법에 의한 사도 외의 도로로서 토지소유자가 자기 토지의 이익증진을 위하여 스스로 개설한 도로로 도시계획으로 결정된 도로가 아닌 것을 말하며 "그 외의 도로"란 사도법상 사도도 아니고 사실상의 사도도 아닌 모든 도로를 포함한다고 할 수 있다.

2. 도로부지를 감가보상하는 이유(화체이론)

도로의 평가를 함에 있어서 인근 토지보다 낮게 평가한다고 규정한 취지는 현실 이용상황이 도로로 되었기 때문에 이를 감가한다는 뜻이 아니고 도로의 가치가 그 도로로 인하여 보호되고 있는 토지의 효용이 증가됨으로써 보호되고 있는 토지에 가치가 화체되었기 때문에 그 평가액은 당연히 낮아야 한다는 이유를 배경으로 일반토지에 비해 감가보상되는 것이다. 즉, 인근 토지에 비하여 낮게 평가하는 이유는 도로 자체를 독립하여 그 값을 평가할 수는 없으나, 인근 토지의 값을 증가시키는 데에 기여하였으므로 인근 토지에 기여한 정도를 파악하여 도로의 값을 산출할 수 있다는 논리에 근거하고 있다.

3. 사실상 사도의 판단기준

(1) 토지보상법 시행규칙 제26조 제2항

동 규칙에서는 ① 도로개설 당시의 토지소유자가 자기 토지의 편익을 위하여 스스로 설치한 도로, ② 토지소유자가 그 의사에 의하여 타인의 통행을 제한할 수 없는 도로, ③「건축법」 제45조에 따라 건축허가권자가 그 위치를 지정・공고한 도로, ④ 도로개설 당시의 토지소유자가 대지 또는 공장용지 등을 조성하기 위하여 설치한 도로를 사실상 사도로 규정하고 있다.

(2) 판례의 태도

대법원은 '도로개설 당시의 토지소유자가 자기 토지의 편익을 위하여 스스로 설치한 도로'인지 여부는 인접 토지의 획지면적, 소유관계, 이용상태 등이나 개설경위, 목적, 주위환경 등에 의하여 객관적으로 판단하여야 하고, '토지소유자가 그 의사에 의하여 타인의 통행을 제한할 수 없는 도로'에는 법률상 소유권을 행사하여 통행을 제한할 수 없는 경우뿐만 아니라 사실상 통행을 제한하는 것이 곤란하다고 보이는 경우도 해당한다고 할 것이나, 적어도 도로로의 이용상황이 고착화되어 해당 토지의 표준적 이용상황으로 원상회복하는 것이 용이하지 않은 상태에 이르러야 할 것이어서 단순히 해당 토지가 불특정 다수인의 통행에 장기간 제공되어 왔고 이를 소유자가 용인하여 왔다는 사정만으로는 사실상의 도로에 해당한다고 볼 수 없다고 판시한 바 있다(대판 2007.4.12, 2006두18492).

4. 소결

설문에서 甲은 영농의 편의를 위해서 즉, 자기 토지의 편익을 위하여 스스로 소로(小爐)를 개설한 목적과 경위가 인정된다. 또한 이를 종종 이웃주민의 통행에도 제공해 온 점에 비추어 볼 때 해당 소로(小爐)는 종전의 과수원용지로 원상회복하는 것이 용이하지 않은 상태라고 볼 수 있다. 따라서 이를 사실상 사도로 봄이 타당하다고 생각된다.

Ⅳ 피고 乙 주장의 타당성(사안의 해결)

토지보상법 시행규칙 제26조 제1항 제2호는 법령보충적 행정규칙으로서 대외적 구속력이 인정된다고 봄이 타당하며, 甲의 소로(小爐)는 동 규정상 사실상 사도에 해당한다. 따라서 동 규정에 따라 산정된 보상액은 정당하다고 볼 수 있으므로 피고 乙의 주장은 타당하다고 생각된다.

✔ [물음 3]에 대하여

Ⅰ 논점의 정리

사안은 토지보상법 시행규칙 제26조 제1항 제2호(법규명령)가 헌법 제23조상의 재산권 보장 및 정당보상 원칙에 반하는지 여부, 즉 법규명령의 위헌 여부를 관철하기 위한 수단을 묻고 있다. 법규명령에 대한 사법적 통제수단으로는 행정입법 자체를 직접적으로 소의 대상으로 하는 헌법소원 및 항고소송의 직접적 통제수단과, 다른 구체적인 사건에 관한 재판에서 해당 행정입법의 위헌・위법 여부가 선결문제가 되는 경우 해당 행정입법의 위법 여부를 판단하는 간접적 통제수단이 있다. 사안에서 간접적 통제로서 구체적 규범통제를 중심으로 논의하고자 한다.

Ⅱ 간접적 통제(명령심사제도)

1. 의의와 근거

간접적 통제라 함은 다른 구체적인 사건에 관한 재판에서 행정입법의 위법 여부가 선결문제가 되는 경우 해당 행정입법의 위법 여부를 통제하는 것을 말한다. 간접적 통제는 헌법 제107조 제2항에 근거한다.

2. 통제의 대상

헌법은 '명령・규칙'이 헌법이나 법률에 위반되는지 여부가 재판에서 전제가 된 경우에 법원에 의한 통제의 대상이 된다고 규정하고 있다. 여기에서 '명령'이란 법규명령을 의미하며, 위임명령과 집행명령 모두 통제의 대상이 된다.

3. 통제의 주체

각급 법원이 통제하고, 대법원이 최종적인 심사권을 갖는다. 대법원이 최종적 심사권을 갖는다는 것은 대법원이 위헌・위법이라고 판단한 경우에는 해당 명령의 위헌 또는 위법이 확정되며 그 위헌 또는 위법이 명백하게 된다는 것을 의미한다.

4. 법규명령의 위헌 여부

법규명령은 포괄위임금지 및 수권법률의 위임한계 내에서 입법되어야 한다. 즉, 위임의 내용・목적 및 범위가 명확하고 구체적으로 한정되어야 하며 상위법령에 위반하여서는 안 된다.

5. 통제의 효력

법규명령이 위법하다는 대법원의 판결이 있는 경우에 해당 명령은 효력을 상실하는 것으로 보는 견해도 있으나, 현재의 일반적인 견해는 해당 행정입법이 일반적으로 효력을 상실하는 것으로 보지 않고 해당 사건에 한하여 적용되지 않는 것으로 보고 있다. 위법인 법령에 근거한 행정처분은 중대명백설에 의할 때 통상 취소할 수 있는 처분으로 보아야 한다. 왜냐하면 처분근거법의 위헌・위법은 통상 중대한 하자이나 명백하지 않기 때문이다.

Ⅲ 甲주장의 관철수단(사안의 해결)

甲은 보상금증액청구소송에서 토지보상법 시행규칙 제26조 제1항 제2호의 규정(사실상 사도의 판단기준)이 헌법 제23조에 위배된다는 주장을 할 수 있다.
甲이 행정심판인 이의신청에서 토지보상법 시행규칙 제26조 제1항 제2호의 규정(사실상 사도의 판단기준)이 헌법 제23조에 위배된다는 주장을 할 수 있는지에 관하여는 논란이 있다.

※ 문제 1번 별해

[문제 1] 토지보상액 불복과 사실상 사도보상사례 문제

■ **문제분석 사실관계 파악**

1. 당사자
   - 과수원 경영 피수용자 甲
   - 폐기물처리장 사업시행자 乙
2. 공용수용절차 진행상황
   - 수용재결을 받음
   - 사실상 사도보상액 책정(인근 토지평가액의 1/3 이내)
3. 적절한 권리구제수단 강구

■ **설문에 대한 쟁점 분석**

1. 설문 (1)
   토지보상액에 대해 불복하고자 하는 경우 행정쟁송상 권리구제수단
   (1) 토지보상법 제83조 이의신청(특별행정심판)
   (2) 토지보상법 제85조 제2항 보상금증액청구소송(행정소송)
2. 설문 (2)
   사실상 사도를 낮게 평가한 것이 적법하다고 사업시행자가 주장 법적 판단
   (1) 사실상 사도의 의미
      - 토지보상법 시행규칙 제26조(자/제/건/조)
      - 대법원 판례 : 개설의 자의성과 화체이론
   (2) 사실상 사도를 낮게 평가한 경우의 적법성
      - 토지보상법 시행규칙 제26조에서는 인근 토지평가액의 1/3 이내
      - 대법원 판례 : 개/목/소/이/주/인 종합적 판단
   (3) 사업시행자의 주장의 법적 판단(소결)
3. 설문 (3)
   정당보상에 위배하여 위헌적이라고 주장하면서 관철할 수 있는 법적 수단
   (1) 정당보상의 의미
   (2) 정당보상에 위배되었다는 것에 대한 논거 제시
   (3) 법원에 구체적 규범통제와 헌법재판소에 의한 헌법소원

Ⅰ 논점의 정리

Ⅱ 토지보상액 불복을 위한 甲의 행정쟁송상 권리구제수단

1. 토지보상법상 토지보상액 불복에 대한 입법취지

2. 토지보상법상 이의신청 : 특별법상 행정심판

> 제83조(이의의 신청)
> ① 중앙토지수용위원회의 제34조에 따른 재결에 이의가 있는 자는 중앙토지수용위원회에 이의를 신청할 수 있다.
> ② 지방토지수용위원회의 제34조에 따른 재결에 이의가 있는 자는 해당 지방토지수용위원회를 거쳐 중앙토지수용위원회에 이의를 신청할 수 있다.
> ③ 제1항 및 제2항에 따른 이의의 신청은 재결서의 정본을 받은 날부터 30일 이내에 하여야 한다.

3. 토지보상법상 행정소송 중에서 보상금증액청구소송 : 특별법에서 정한 행정소송

(1) 보증소의 의의 및 취지, 관련 규정

> 제85조(행정소송의 제기)
> ① 사업시행자, 토지소유자 또는 관계인은 제34조에 따른 재결에 불복할 때에는 재결서를 받은 날부터 90일 이내에, 이의신청을 거쳤을 때에는 이의신청에 대한 재결서를 받은 날부터 60일 이내에 각각 행정소송을 제기할 수 있다. 이 경우 사업시행자는 행정소송을 제기하기 전에 제84조에 따라 늘어난 보상금을 공탁하여야 하며, 보상금을 받을 자는 공탁된 보상금을 소송이 종결될 때까지 수령할 수 없다.
> ② 제1항에 따라 제기하려는 행정소송이 보상금의 증감(增減)에 관한 소송인 경우 그 소송을 제기하는 자가 토지소유자 또는 관계인일 때에는 사업시행자를, 사업시행자일 때에는 토지소유자 또는 관계인을 각각 피고로 한다.

(2) 형식적 당사자소송

(3) 관련 판례의 유형별 검토

① 대판 2008.8.21, 2007두13845 : 수용보상금 주장(비교표준지 결정의 위법과 수용재결)
② 대판 2010.8.19, 2008두822 : 잔여지수용재결 거부에 대한 권리구제
③ 대판 2008.5.29, 2007다8129 : 주거이전비는 공권으로 보상금 관련 부분은 보증소

4. 소결

Ⅲ 사실상 사도로 낮게 평가해도 되는지에 대한 사업시행자(피고) 주장의 법적 판단

1. 사실상 사도의 의미

(1) 토지보상법 시행규칙 제26조의 규정

제26조(도로 및 구거부지의 평가)

① 도로부지에 대한 평가는 다음 각 호에서 정하는 바에 의한다.

1. 「사도법」에 의한 사도의 부지는 인근 토지에 대한 평가액의 5분의 1 이내
2. 사실상의 사도의 부지는 인근 토지에 대한 평가액의 3분의 1 이내
3. 제1호 또는 제2호 외의 도로의 부지는 제22조의 규정에서 정하는 방법

② 제1항 제2호에서 "사실상의 사도"라 함은 「사도법」에 의한 사도 외의 도로(「국토의 계획 및 이용에 관한 법률」에 의한 도시·군관리계획에 의하여 도로로 결정된 후부터 도로로 사용되고 있는 것을 제외한다)로서 다음 각 호의 1에 해당하는 도로를 말한다.

1. 도로개설 당시의 토지소유자가 자기 토지의 편익을 위하여 스스로 설치한 도로
2. 토지소유자가 그 의사에 의하여 타인의 통행을 제한할 수 없는 도로
3. 「건축법」 제45조에 따라 건축허가권자가 그 위치를 지정·공고한 도로
4. 도로개설 당시의 토지소유자가 대지 또는 공장용지 등을 조성하기 위하여 설치한 도로

③ 구거부지에 대하여는 인근 토지에 대한 평가액의 3분의 1 이내로 평가한다. 다만, 용수를 위한 도수로부지(개설 당시의 토지소유자가 자기 토지의 편익을 위하여 스스로 설치한 도수로부지를 제외한다)에 대하여는 제22조의 규정에 의하여 평가한다.

④ 제1항 및 제3항에서 "인근 토지"라 함은 해당 도로부지 또는 구거부지가 도로 또는 구거로 이용되지 아니하였을 경우에 예상되는 표준적인 이용상황과 유사한 토지로서 해당 토지와 위치상 가까운 토지를 말한다.

(2) 대법원 판례

대판 1997.4.25, 96누13651[토지수용이의재결처분취소]

[1] (구)공공용지의 취득 및 손실보상에 관한 특례법 시행규칙(1995.1.7. 건설교통부령 제3호로 개정된 것) 제6조의2 제1항 제2호는 사도법에 의한 사도 외의 도로의 부지를 인근 토지에 대한 평가금액의 3분의 1 이내로 평가하도록 규정함으로써 그 규정의 문언상으로는 그것이 도로법·도시계획법 등에 의하여 설치된 도로이든 사실상 불특정 다수인의 통행에 제공되고 있는 도로이든 가리지 않고 모두 위 규정 소정의 사도법에 의한 사도 이외의 도로에 해당하는 것으로 보아야 한다.

[2] '사도법에 의한 사도 외의 도로'가 사실상 도로인 경우, (구)공공용지의 취득 및 손실보상에 관한 특례법 시행규칙 제6조의2 제1항 제2호의 규정 취지는 사실상 불특정 다수인의 통행에 제공되고 있는 토지이기만 하면 그 모두를 인근 토지의 3분의 1 이내로 평가한다는 것이 아니라 그 도로의 개설경위, 목적, 주위환경, 인접 토지의 획지면적, 소유관계, 이용상태 등의 제반 사정에 비추어 해당 토지소유자가 자기 토지의 편익을 위하여 스스로 공중의 통행에 제공하는 등 인근 토지에 비하여 낮은 가격으로 보상하여 주어도 될 만한 객관적인 사유가 인정되는 경우에만 인근 토지의 3분의 1 이내에서 평가하고 그러한 사유가 인정되지 아니하는 경우에는 위 규정의 적용에서 제외한다는 것으로 봄이 상당하다.

> **대판 2007.4.12, 2006두18492[보상금]**
> (구)공익사업을 위한 토지 등의 취득 및 보상에 관한 법률 시행규칙(2005.2.5. 건설교통부령 제424호로 개정되기 전의 것) 제26조 제1항 제2호, 제2항 제1호, 제2호는 사도법에 의한 사도 외의 도로(국토의 계획 및 이용에 관한 법률에 의한 도시관리계획에 의하여 도로로 결정된 후부터 도로로 사용되고 있는 것을 제외한다)로서 '도로개설 당시의 토지소유자가 자기 토지의 편익을 위하여 스스로 설치한 도로'와 '토지소유자가 그 의사에 의하여 타인의 통행을 제한할 수 없는 도로'는 '사실상의 사도'로서 인근 토지에 대한 평가액의 1/3 이내로 평가하도록 규정하고 있는데, 여기서 '도로개설 당시의 토지소유자가 자기 토지의 편익을 위하여 스스로 설치한 도로'인지 여부는 인접토지의 획지면적, 소유관계, 이용상태 등이나 개설경위, 목적, 주위환경 등에 의하여 객관적으로 판단하여야 하고, '토지소유자가 그 의사에 의하여 타인의 통행을 제한할 수 없는 도로'에는 법률상 소유권을 행사하여 통행을 제한할 수 없는 경우뿐만 아니라 사실상 통행을 제한하는 것이 곤란하다고 보이는 경우도 해당한다고 할 것이나, 적어도 도로로의 이용상황이 고착화되어 해당 토지의 표준적 이용상황으로 원상회복하는 것이 용이하지 않은 상태에 이르러야 할 것이어서 단순히 해당 토지가 불특정 다수인의 통행에 장기간 제공되어 왔고 이를 소유자가 용인하여 왔다는 사정만으로는 사실상의 도로에 해당한다고 할 수 없다.

2. 인근 토지평가액보다 1/3 이내로 낮게 평가해도 되는지 여부

Ⅳ 재산권 보장 및 정당보상의 원칙에 위배되는지에 대한 甲 주장 관철을 위한 법적 수단

1. 재산권 보장과 정당보상의 원칙의 의미

2. 정당보상에 위배되었다는 것에 대한 논거 제시

3. 甲 주장 관철을 위한 법적 수단

(1) 구체적 규범통제

(2) 헌법소원

(3) 검토

Ⅴ 결

문제 **02**

다음 각각의 사례에 대하여 답하시오. 30점

(1) **국토교통부장관은 감정평가법인등 甲에 대하여 법령상 의무 위반을 이유로 6개월의 업무정지처분을 하였다. 甲은 업무정지처분 취소소송을 제기하였으나 기각되었고 동 기각판결은 확정되었다. 이에 甲은 위 처분의 위법을 계속 주장하면서 이로 인한 재산상 손해에 대해 국가배상 청구소송을 제기하였다. 이 경우 업무정지처분 취소소송의 위법성 판단과 국가배상 청구소송의 위법성 판단의 관계를 설명하시오.** 20점

(2) **감정평가법인등 乙은 국토교통부장관에게 감정평가사 갱신등록을 신청하였으나 거부당하였다. 그런데 乙은 갱신등록 거부처분에 앞서 거부사유와 법적 근거, 의견제출의 가능성 등을 통지받지 못하였다. 위 갱신등록 거부처분의 위법성 여부를 검토하시오.** 10점

[물음 1]

Ⅰ 논점의 정리

Ⅱ 취소소송과 국가배상소송에서의 위법성
1. 업무정지처분취소소송에서의 위법성 개념
2. 국가배상청구소송에서의 위법성 개념

Ⅲ 취소소송과 국가배상소송의 위법성 판단의 관계
1. 개설
2. 기판력의 의의 및 범위
3. 기판력부정설
4. 인용판결과 기각판결구별설
5. 기판력 긍정설
6. 검토

Ⅳ 관련 문제(국가배상소송의 기판력이 발생한 후의 취소소송)

[물음 2]

Ⅰ 논점의 정리

Ⅱ 거부처분이 사전통지 및 의견제출절차의 대상인지 여부
1. 사전통지 및 의견제출절차의 의의
2. 생략 가능 사유
3. 대법원 판례 태도
4. 검토

Ⅲ 절차의 하자의 독자적 위법성 여부
1. 개설
2. 학설
3. 대법원 판례
4. 소결

Ⅳ 사례의 해결

예시답안

[물음 1]에 대하여

Ⅰ 논점의 정리

사안에서 甲은 국토교통부장관의 6개월의 업무정지처분에 대하여 업무정지처분취소소송을 제기하였으나 기각되어 동 판결이 확정되었다. 따라서 甲은 더 이상 업무정지처분에 대하여 항고소송을 제기할 수 없을 것이나, 이와 별도로 국가배상을 청구할 수는 있을 것이다. 이 경우 국가배상청구소송의 위법성 판단과정에서 업무정지처분취소소송의 확정판결의 기판력이 미치는지가 문제된다. 논의의 전제로서 양 소송의 위법성 개념을 살펴본다.

Ⅱ 취소소송과 국가배상소송에서의 위법성

1. 업무정지처분취소소송에서의 위법성 개념

취소소송은 위법한 처분으로 침해당한 법률상 이익을 보호하는 기능을 갖는데, 이때의 위법이란 외부효를 갖는 법규 위반을 의미한다. 행정처분의 위법 여부는 공무원의 고의나 과실과는 관계없이 객관적으로 판단되어야 한다.

2. 국가배상청구소송에서의 위법성 개념

(1) 견해의 대립

① 결과불법설

결과불법설은 국가배상법상의 위법을 가해행위의 결과인 손해가 결과적으로 시민법상의 원리에 비추어 수인되어야 할 것인가의 여부가 그 기준이 된다고 한다.

② 협의의 행위위법설

협의의 행위위법설은 국가배상법상의 위법성을 항고소송에서의 위법성과 같이 공권력 행사자체의 '법' 위반으로 이해한다.

③ 광의의 행위위법설

광의의 행위위법설은 국가배상법상의 위법을 행위 자체의 법 위반뿐만 아니라, 행위의 태양(방법)의 위법, 즉 명문의 규정이 없더라도 공권력 행사의 근거법규(특히 권한근거규정), 관계법규 및 조리를 종합적으로 고려할 때 인정되는 공무원의 '직무상의 손해방지의무(안전관리의무)'의 위반을 포함하는 개념으로 이해하는 견해이다.

④ 상대적 위법성설

상대적 위법성설은 국가배상법상의 위법성을 행위의 적법, 위법뿐만 아니라, 피침해 이익의 성격과 침해의 정도 및 가해행위의 태양 등을 종합적으로 고려하여 행위가 객관적으로 정당성을 결여한 경우를 의미한다고 보는 견해이다. 상대적 위법성설은 피해자와의 관계에서 상대적으로 위법성을 인정한다.

(2) 판례

판례는 원칙상 행위위법설을 취하고 있는 것으로 보인다. 즉, 원칙상 가해직무행위의 법 위반을 위법으로 보고 있다. 다만, 최근 판례 중 상대적 위법성설을 지지한 것으로 보이는 판결이 있다.

(3) 소결

① 법률에 의한 행정의 원리의 실질적 내용을 이루는 인권보장의 측면에서 볼 때 공무원에게 직무상의 일반적 손해방지의무를 인정하는 것이 타당하므로, ② 국가배상에 있어서는 행위자체의 관계 법령에의 위반뿐만 아니라 행위의 태양의 위법, 즉 피침해 이익과 관련하여 요구되는 공무원의 '직무상 손해방지의무 위반'으로서의 위법도 국가배상법상 위법이 된다고 보는 것이 타당하다.

Ⅲ 취소소송과 국가배상소송의 위법성 판단의 관계

1. 개설

취소소송판결의 국가배상소송에 대한 기판력은 국가배상법상의 위법과 항고소송의 위법의 이동에 좌우된다. 즉, 국가배상법상의 위법과 항고소송의 위법이 동일하다면 취소소송판결의 기판력은 국가배상소송에 미치고, 동일하지 않다면 취소소송판결의 기판력이 국가배상소송에 미치지 않는다고 보아야 한다.

2. 기판력의 의의 및 범위

기판력은 일단 재판이 확정된 때에는 소송당사자는 동일한 소송물에 대하여는 다시 소를 제기할 수 없고 설령 제기되어도 상대방은 기판사항이라는 항변을 할 수 있으며 법원도 일사부재리의 원칙에 따라 확정판결과 내용적으로 모순되는 판단을 하지 못하는 효력을 말한다. 일반적으로 기판력은 판결의 주문에 포함된 것에 한하여 인정된다.

3. 기판력부정설

결과불법설 또는 상대적 위법성설에 따르는 경우에는 국가배상소송에서의 위법은 항고소송에서의 위법에 대하여 독자적인 개념이 된다. 따라서 취소소송 판결의 기판력이 당연히 국가배상소송에 미치게 되는 것은 아니라고 본다.

4. 인용판결과 기각판결구별설

국가배상법상의 위법을 항고소송의 위법보다 넓은 개념(광의의 행위위법설)으로 본다면 취소소송판결 중 인용판결의 기판력은 국가배상소송에 미치지만 기각판결의 기판력은 국가배상소송에 미치지 않는다.

5. 기판력 긍정설

협의의 행위위법설을 따르는 경우에는 국가배상법상의 위법성을 항고소송에서의 위법과 달리 볼 아무런 근거가 없고, 따라서 취소소송 판결의 기판력은 당연히 국가배상소송에 미친다고 본다.

6. 검토

광의의 행위위법설을 따르는 경우로서 국가배상소송에서의 행위 자체의 위법이 문제된 경우에는 항고소송의 판결의 기판력이 당연히 미치지만, 공무원의 직무상 손해방지의무 위반으로서의 위법, 즉 행위의 태양의 위법이 문제되는 경우에는 항고소송상의 위법과 판단의 대상과 내용을 달리하므로 항고소송판결의 기판력이 이 경우에는 미치지 않는다.

Ⅳ 관련 문제(국가배상소송의 기판력이 발생한 후의 취소소송)

국가배상청구소송의 기판력은 취소소송에 영향을 미치지 아니한다. 왜냐하면 국가배상청구소송은 국가배상청구권의 존부를 소송물로 한 것이지 위법 여부를 소송물로 한 것은 아니기 때문이다. 국가배상소송에 있어서의 위법성의 판단은 판결이유 중의 판단이고, 판결이유 중의 판단에는 기판력이 미치지 않기 때문이다.

[물음 2]에 대하여

Ⅰ 논점의 정리

사안에서 갱신등록거부처분에 앞서 거부사유와 법적 근거 및 의견제출의 가능성 등을 통지하지 않은 국토교통부장관의 거부처분이 절차상 하자를 구성하는지가 문제된다. 사안의 해결을 위하여 거부처분이 사전통지 및 의견제출절차의 대상인지를 검토한다.

Ⅱ 거부처분이 사전통지 및 의견제출절차의 대상인지 여부

1. 사전통지 및 의견제출절차의 의의

사전통지란 행정청이 불이익 처분을 함에 있어서 미리 상대방에게 일정한 사항을 통지함으로써 행정절차에의 참여를 보장하기 위한 처분절차를 말한다(행정절차법 제21조). 사전통지는 의견제출의 전치절차이다. 의견제출절차란 “행정청이 어떠한 행정작용을 하기에 앞서 당사자 등이 의견을 제시하는 절차로서 청문이나 공청회에 해당하지 아니하는 절차”를 말한다. 행정절차법은 권익을 제한하는 경우에 대해서 사전통지(제21조)와 의견청취(제22조)를 하도록 규정하고 있다.

2. 생략 가능 사유

(1) 사전통지 생략 가능 사유(공증현)

① 공공의 안전을 위해 긴급히 처분을 할 필요가 있는 경우, ② 법원의 재판 등에 의해 일정한 처분을 하여야 함이 객관적으로 증명된 때, ③ 처분이 성질상 의견청취가 현저히 곤란하거나 명백히 불필요한 경우에 생략이 가능하다.

(2) 의견청취의 생략 가능 사유(공증현포)

① 공공의 안전을 위해 긴급히 처분을 할 필요가 있는 경우, ② 법원의 재판 등에 의해 일정한 처분을 하여야 함이 객관적으로 증명된 때, ③ 처분이 성질상 의견청취가 현저히 곤란하거나 명백히 불필요한 경우, ④ 당사자가 의견진술의 포기를 명백히 표시한 경우 생략이 가능하다.

3. 대법원 판례 태도

행정절차법 제21조 제1항, 제4항, 제22조 제1항 내지 제4항에 의하면, 행정청이 당사자에게 의무를 과하거나 권익을 제한하는 처분을 하는 경우에는 미리 처분하고자 하는 원인이 되는 사실과 처분의 내용 및 법적 근거, 이에 대하여 의견을 제출할 수 있다는 뜻과 의견을 제출하지 아니하는 경우의 처리방법 등의 사항을 당사자 등에게 통지하여야 하고, 다른 법령 등에서 필요적으로 청문을 실시하거나 공청회를 개최하도록 규정하고 있지 아니한 경우에도 당사자 등에게 의견제출의 기회를 주어야 하되, 해당 처분의 성질상 의견청취가 현저히 곤란하거나 명백히 불필요하다고 인정될 만한 상당한 이유가 있는 경우 등에는 처분의 사전통지나 의견청취를 하지 아니할 수 있도록 규정하고 있으므로, 행정청이 침해적 행정처분을 함에 있어서 당사자에게 위와 같은 사전통지를 하거나 의견제출의 기회를 주지 아니하였다면 사전통지를 하지 않거나 의견제출의 기회를 주지 아니하여도 되는 예외적인 경우에 해당하지 아니하는 한 그 처분은 위법하여 취소를 면할 수 없다고 할 것이다(대판 2000.11.14, 99두5870).

4. 검토

최근 대법원 판례(대판 2015.8.27, 2013두1560)는 "행정기관의 장의 거부처분이 재량행위인 경우에, 위와 같은 사전통지의 흠결로 민원인에게 의견진술의 기회를 주지 아니한 결과 민원조정위원회의 심의과정에서 그 고려대상에 마땅히 포함시켜야 할 사항을 누락하는 등 재량권의 불행사 또는 해태로 볼 수 있는 구체적 사정이 있다면, 그 거부처분은 재량권을 일탈·남용한 것으로서 위법하다고 평가할 수 있을 것이다."라고 판시하고 있는 바, 사안의 거부처분의 사전통지의 경우에도 그러한 흠결을 비례의 원칙으로 고찰하여 본다면 절차상 하자가 인정된다고 할 것이다.

Ⅲ 절차의 하자의 독자적 위법성 여부

1. 개설

절차의 하자란 행정행위가 행해지기 전에 거쳐야 하는 절차 중 하나를 거치지 않았거나 거쳤으나 절차상 하자가 있는 것을 말한다. 행정처분에 절차상 위법이 있는 경우에 절차상 위법이 해당 행정처분의 독립된 위법사유(취소 또는 무효사유)가 되는가, 달리 말하면, 법원은 취소소송의 대상이 된 처분이 절차상 위법한 경우 해당 처분의 실체법상의 위법 여부를 따지지 않고 또는 실체법상 적법함에도 불구하고 절차상의 위법만을 이유로 취소 또는 무효확인할 수 있는지가 문제된다.

2. 학설

① 소극설은 절차상 하자만을 이유로 행정처분의 무효를 확인하거나 행정처분을 취소할 수 없다는 견해로서 이를 절차상 하자를 이유로 취소하는 것은 행정상 및 소송상 경제에 반하는 것으로 본다.

② 적극설은 행정소송법 제30조 제3항을 논거로 독립된 취소가 가능하다는 견해로 행정절차의 실효성 보장을 위해서 독립된 취소사유로 보아야 한다고 본다.

③ 절충설은 재량행위인 경우에는 독립취소 사유로 보아야 하고, 기속행위인 경우에는 소송상, 행정 경제에 반하므로 인정하지 않는 견해이다.

3. 대법원 판례

대법원 판례는 이유제시에 관하여 기속행위인 과세처분에 있어서 이유제시상의 하자를 이유로 취소한바 있고(대판 1984.5.9, 84누116), 재량행위에 대하여 식품위생법 소정의 청문절차에 하자 있는 경우에 취소를 인정한 바 있다(대판 1991.7.9, 91누971). 즉, 판례는 절차상의 하자만으로도 독자적 위법성을 인정하고 있다.

4. 소결

절차상 하자를 독립된 취소사유로 볼 것인가의 문제는 절차적 법치주의의 가치와 국민의 권리구제 및 소송경제 차원의 조화의 해결이 필요하다. 행정소송법 제30조 제3항의 논거와 국민의 권익구체 차원에서 행정절차의 적법성 보장이 중시되는바, 절차 하자의 독자적 위법성이 인정된다고 판단된다.

Ⅳ 사례의 해결

사안에서 감정평가법인등 乙의 갱신등록 신청에 대한 국토교통부장관의 거부는 종전에 발부된 자격증등록의 효과를 제한하는 처분으로 볼 수 있다. 또한 절차의 하자를 독자적 취소사유로 보는 것이 타당하므로 거부사유와 법적 근거 및 의견제출의 가능성 등을 통지하지 않은 국토교통부장관의 거부처분은 위법하다고 판단된다.

※ 문제 2번 별해

[문제 2] 감정평가법인등의 징계처분 기각에 따른 위법성 등과 갱신등록거부처분의 절차의 하자

■ **문제분석 사실관계 파악(각각 별개의 문제로 구성)**

1. 설문 (1) 사실관계
   - 감정평가법인등 甲의 6개월 업무정지처분
   - 업무정지처분의 위법성에 대한 기각판결
   - 업무정지처분의 위법을 계속 주장하면서 국가배상청구 제기
2. 설문 (2) 감정평가법인등 乙의 갱신등록 거부
   - 국토교통부장관이 감정평가사 갱신등록 신청을 거부
   - 거부사유와 법적 근거, 의견제출의 가능성을 통지받지 못함.
   - 갱신등록 거부의 위법성 검토

■ **설문에 대한 쟁점 분석**

[설문 (1)]

감정평가법인등의 징계처분취소소송의 위법성 판단과 국가배상청구소송의 위법성 판단관계를 설명

1. 감정평가법인등의 징계인 업무정지처분의 위법성 판단
   (1) 감정평가 및 감정평가사에 관한 법률(이하 '감정평가법') 제32조 및 동법 시행령 제29조 [별표] 등을 위반하였는지 여부
   (2) 행정법 일반원칙으로 비례의 원칙(비교 형량)을 위반하였는지 여부
   (3) 소결
2. 국가배상청구소송에서 위법 주장
   (1) 국가배상법상 법령 위반
   (2) 국가배상법상 해당 사안이 법령을 위반하였는지 여부
3. 행정처분의 위법과 국가배상의 위법의 관계
   (1) 취소소송의 판결이 국가배상소송에 대한 기판력
   (2) 두 위법의 관계

[설문 (2)]

감정평가법인등의 갱신등록 거부에 대한 절차의 하자

1. 갱신등록 및 갱신등록 거부의 제도적 취지
2. 절차의 하자(거부사유와 법적 근거, 의견제출 가능성의 미통지)
3. 거부처분의 위법성 고찰

Ⅰ 설문 (1) 감정평가법인등의 징계처분취소소송의 위법성 판단과 국가배상청구소송의 위법성 판단관계를 설명

1. 감정평가법인등의 업무정지처분의 의의 및 취지

2. 감정평가법인등의 징계인 업무정지처분의 위법성 판단

(1) 감정평가 및 감정평가사에 관한 법률(이하 '감정평가법') 제32조 및 동법 시행령 제29조 [별표] 등을 위반하였는지 여부

(2) 행정법 일반원칙으로 비례의 원칙(비교 형량)을 위반하였는지 여부

(3) 소결

3. 국가배상청구소송에서 위법 주장

(1) 국가배상법상 법령 위반

(2) 국가배상법상 해당 사안이 법령을 위반하였는지 여부

(3) 소결

4. 행정처분의 위법과 국가배상의 위법의 관계

(1) 취소소송의 판결이 국가배상소송에 대한 기판력

① 취소판결에 의해 인정된 처분의 위법성에 대한 기판력이 국가배상소송에서 가해행위의 위법 판단에 미치는가의 문제

② 동일한 행위에 위법이 문제되는 경우 취소소송의 위법과 국가배상 소송의 위법이 동일하다면 취소소송판결의 기판력은 국가배상소송에 미치고, 국가배상법상의 위법과 취소소송의 위법이 동일하지 않다면 취소소송의 기판력이 국가배상소송에 미치지 않는다고 보아야 한다는 논지

③ 판례 및 견해의 대립

판례의 주류적 태도는 대판 2004.6.11, 2002다31018과 대판 2000.5.12, 99다70600을 검토해 볼 때 취소판결의 기판력은 처분이 위법하다는 것에만 미치며 공무원의 고의 또는 과실에는 미치지 않고, 국가배상책임이 인정되기 위해서는 가해처분이 위법하여야 할 뿐만 아니라 공무원의 고의 또는 과실이 있어야 한다.

④ 두 위법의 관계 : 소결

Ⅱ 설문 (2) 감정평가법인등의 갱신등록 거부에 대한 절차의 하자

1. 갱신등록 및 갱신등록 거부의 제도적 취지

2. 절차의 하자를 구성하는 해당 갱신등록 처분

(1) 처분의 사전통지 및 이유제시 하자 : 거부사유와 법적 근거 미통지

(2) **처분의 의견청취 하자** : 의견제출가능성 미통지

(3) **거부처분의 위법성 고찰**

대판 2000.11.14, 99두5870[지하수개발이용수리취소 및 원상복구명령취소]

【판시사항】

[1] 행정청이 침해적 행정처분을 함에 있어서 당사자에게 행정절차법상의 사전통지를 하지 않거나 의견제출의 기회를 주지 아니한 경우, 그 처분이 위법한 것인지 여부(한정 적극)

[2] 행정청이 온천지구임을 간과하여 지하수개발·이용신고를 수리하였다가 행정절차법상의 사전통지를 하거나 의견제출의 기회를 주지 아니한 채 그 신고수리처분을 취소하고 원상복구명령의 처분을 한 경우, 행정지도방식에 의한 사전고지나 그에 따른 당사자의 자진 폐공의 약속 등의 사유만으로는 사전통지 등을 하지 않아도 되는 행정절차법 소정의 예외의 경우에 해당한다고 볼 수 없다는 이유로 그 처분은 위법하다고 한 사례

【판결요지】

[1] 행정절차법 제21조 제1항, 제4항, 제22조 제1항 내지 제4항에 의하면, 행정청이 당사자에게 의무를 과하거나 권익을 제한하는 처분을 하는 경우에는 미리 처분하고자 하는 원인이 되는 사실과 처분의 내용 및 법적 근거, 이에 대하여 의견을 제출할 수 있다는 뜻과 의견을 제출하지 아니하는 경우의 처리방법 등의 사항을 당사자 등에게 통지하여야 하고, 다른 법령 등에서 필요적으로 청문을 실시하거나 공청회를 개최하도록 규정하고 있지 아니한 경우에도 당사자 등에게 의견제출의 기회를 주어야 하되, 해당 처분의 성질상 의견청취가 현저히 곤란하거나 명백히 불필요하다고 인정될 만한 상당한 이유가 있는 경우 등에는 처분의 사전통지나 의견청취를 하지 아니할 수 있도록 규정하고 있으므로, 행정청이 침해적 행정처분을 함에 있어서 당사자에게 위와 같은 사전통지를 하거나 의견제출의 기회를 주지 아니하였다면 사전통지를 하지 않거나 의견제출의 기회를 주지 아니하여도 되는 예외적인 경우에 해당하지 아니하는 한 그 처분은 위법하여 취소를 면할 수 없다.

[2] 행정청이 온천지구임을 간과하여 지하수개발·이용신고를 수리하였다가 행정절차법상의 사전통지를 하거나 의견제출의 기회를 주지 아니한 채 그 신고수리처분을 취소하고 원상복구명령의 처분을 한 경우, 행정지도방식에 의한 사전고지나 그에 따른 당사자의 자진 폐공의 약속 등의 사유만으로는 사전통지 등을 하지 않아도 되는 행정절차법 소정의 예외의 경우에 해당한다고 볼 수 없다는 이유로 그 처분은 위법하다고 한 사례

3. 소결

문제

03

A시는 시가지 철도이설사업을 시행하기 위하여 공익사업을 위한 토지 등의 취득 및 보상에 관한 법률 제16조에 따라 주택용지를 협의취득하면서 그에 따른 일체의 보상금을 B에게 지급하였고, B는 해당 주택을 자진 철거하겠다고 약정하였다. B가 자진 철거를 하지 않을 경우 B의 주택에 대하여 대집행을 할 수 있는지를 판단하시오. 20점

예시답안

I 논점의 정리

사안은 대판 2006.10.13, 2006두7096 판결 쟁점으로 "행정대집행법상 대집행의 대상이 되는 대체적 작위의무는 공법상 의무이어야 할 것인데, (구)공공용지의 취득 및 손실보상에 관한 특례법(2002.2.4. 법률 제6656호 공익사업을 위한 토지 등의 취득 및 보상에 관한 법률 부칙 제2조로 폐지)에 따른 토지 등의 협의취득은 공공사업에 필요한 토지 등을 그 소유자와의 협의에 의하여 취득하는 것으로서 공공기관이 사경제 주체로서 행하는 사법상 매매 내지 사법상 계약의 실질을 가지는 것이므로, 그 협의취득 시 건물소유자가 매매대상건물에 대한 철거의무를 부담하겠다는 취지의 약정을 하였다고 하더라도 이러한 철거의무는 공법상의 의무가 될 수 없고, 이 경우에도 행정대집행법을 준용하여 대집행을 허용하는 별도의 규정이 없는 한 위와 같은 철거의무는 행정대집행법에 의한 대집행의 대상이 되지 않는다." 또한 "(구)공공용지의 취득 및 손실보상에 관한 특례법(2002.2.4. 법률 제6656호 공익사업을 위한 토지 등의 취득 및 보상에 관한 법률 부칙 제2조로 폐지)에 의한 협의취득 시 건물소유자가 협의취득 대상건물에 대하여 약정한 철거의무는 공법상 의무가 아닐 뿐만 아니라, 공익사업을 위한 토지 등의 취득 및 보상에 관한 법률 제89조에서 정한 행정대집행법의 대상이 되는 '이 법 또는 이 법에 의한 처분으로 인한 의무'에도 해당하지 아니하므로 위 철거의무에 대한 강제적 이행은 행정대집행법상 대집행의 방법으로 실현할 수 없다."라고 판시하고 있는 바, 이하에서 공익사업을 위한 토지 등의 취득 및 보상에 관한 법률(이하 '토지보상법')의 대집행 관련 쟁점에 대해서 구체적으로 검토해 보고자 한다.

Ⅱ 토지보상법 제16조 협의의 법적 성질

1. 토지보상법상 협의의 의의 및 필수적 절차규정인지 여부

사업인정 전 협의란 공익사업의 목적물인 토지 등의 사용 또는 수용에 대한 사업시행자 및 토지소유자 간의 의사의 합치를 말한다. 공용수용 이전의 협의취득절차는 의무적인 절차는 아니며 공익사업의 주체가 이 절차를 거칠 것인지 여부를 결정한다. 공익사업의 주체는 협의에 의해 취득되지 못한 토지 등에 한하여 공용수용절차를 개시할 수 있다.

2. 토지보상법상 협의의 법적 성질

(1) 학설

일부 견해는 사업인정 전 협의취득도 실질적으로는 공익목적의 토지취득절차이므로 사법상의 토지매매계약으로는 볼 수는 없고 공법적 성질을 가지는 것으로 보아야 한다고 한다. 그러나 법률관계의 공법성 주장은 사법적인 법률관계와 비교하여 그 특수성이 인정될 때에만 주장되는 매우 제한적인 것이다. 협의취득은 공용수용과 달리 사업시행자가 그 사업에 필요한 토지 등을 사경제 주체로서 취득하는 행위이므로 그것은 사법상의 매매행위의 성질을 갖는다고 보는 것이 일반적이다.

(2) 대법원 판례의 태도

판례는 토지 등의 협의취득은 공공사업에 필요한 토지 등을 그 소유자와의 협의에 의하여 취득하는 것으로서 공공기관이 사경제주체로서 행하는 사법상 매매 내지 사법상 계약의 실질을 가지는 것으로 보고 있다(대판 2006.10.13, 2006두7096).

(3) 소결

사업인정 전 협의취득은 공익사업에 필요한 토지 등을 공용수용의 절차에 의하지 아니하고 사업시행자와 토지소유자의 자유로운 계약형식을 통하여 매매금액 및 소유권 이전시기 등을 결정할 수 있으므로, 이는 사법상 매매행위의 성질을 갖는다고 판단된다.

Ⅲ 주택철거 약정이 대집행의 대상인지 여부

1. 대집행의 의의 및 취지(토지보상법 제89조)

의무자가 행정상 의무로서 타인이 대신하여 행할 수 있는 의무를 이행하지 아니하는 경우 법률로 정하는 다른 수단으로는 그 이행을 확보하기 곤란하고 그 불이행을 방치하면 공익을 크게 해칠 것으로 인정될 때에 행정청이 의무자가 하여야 할 행위를 스스로 하거나 제3자에게 하게 하고 그 비용을 의무자로부터 징수하는 것을 말하며, 공익사업의 원활한 수행에 취지가 있으며, 토지보상법에서 규정되지 않은 것은 행정대집행법을 따른다.

2. 대집행의 요건

(1) 토지보상법상 요건(토지보상법 제89조)(이완공)

이 법 또는 이 법에 의한 처분으로 인한 의무를 이행하여야 할 자가 ① 의무를 이행하지 아니하거나, ② 기간 내에 의무를 완료하기 어려운 경우, ③ 의무자로 하여금 그 의무를 이행하게 하는 것이 현저히 공익을 해한다고 인정되는 사유가 있는 경우 사업시행자가 시·도지사나 시장·군수 또는 구청장에게 대집행을 신청할 수 있다.

(2) **행정대집행법상 요건(대집행법 제2조)(대다방)**

① 대체적 작위의무의 불이행이 있을 것, ② 다른 수단으로 이행의 확보가 곤란할 것, ③ 불이행을 방치함이 심히 공익을 해할 것을 요건으로 한다.

3. 주택철거약정이 공법상 의무인지 여부

(1) **대법원 판례의 태도**

행정대집행법상 대집행의 대상이 되는 대체적 작위의무는 공법상 의무이어야 할 것인데, 사업인정 전 협의는 사법상 계약의 실질을 가지는 것이므로, 그 협의취득 시 건물소유자가 매매대상건물에 대한 철거의무를 부담하겠다는 취지의 약정을 하였다고 하더라도 이러한 철거의무는 공법상 의무가 될 수 없고, 이 경우에도 행정대집행법을 준용하여 대집행을 허용하는 별도의 규정이 없는 한 위와 같은 철거의무는 행정대집행법에 의한 대집행의 대상이 되지 않는다고 한다.

(2) **사안의 경우**

사업인정 전 협의는 사업상 매매의 성질을 가지므로, 당사자 간의 철거약정은 공법상의 의무로 볼 수 없을 것이다. 따라서 이러한 철거의무를 부담하겠다는 취지의 약정은 대집행의 대상이 되지 않는다는 판례의 태도는 합당하다고 생각된다.

Ⅳ 사안의 해결

관련 판례의 태도에 따르면 B가 행한 자진 철거약정은 공법상 의무가 아닌 사법상 계약의 실질을 가지는바, B가 자진 철거를 하지 않더라도 B의 주택에 대한 대집행을 할 수 없다고 판단된다. 이와 더불어 강제적 이행에 대하여 문제될 수 있으나, 판례는 강제적 이행 또한 대집행의 방법으로 실현할 수 없다고 판시한 바 있다. 이는 국민의 권리보호 측면에서 그 타당성이 인정된다고 보인다.

※ 문제 3번 별해

■ **문제분석 사실관계 파악**

1. 당사자 : 사업시행자 A, 피수용자 B
2. 공익사업의 법률관계 : 주택용지 취득에 따른 보상금 지급
3. 피수용자가 해당 주택을 자진 철거하겠다는 약정
4. 자진 철거를 하지 않은 경우 대집행 가능성 판단

■ **설문에 대한 쟁점 분석**

1. 대집행의 의의 및 취지
2. 토지보상법 제89조의 대집행의 요건
3. 자진 철거 약정을 통한 법률관계 : 사법상 계약
4. 대집행의 대상이 되는지 여부에 대한 고찰
   (1) 관련 규정
   (2) 학설
   (3) 판례 : 대판 2006.10.13, 2006두7096
   (4) 검토 : 대집행의 대상이 되지 않음.
5. 여론 : 토지보상법 제89조 제3항의 인권침해 방지노력 규정 신설과 직접강제 입법론

Ⅰ 논점의 정리

Ⅱ 토지보상법 제16조의 법률관계

1. 협의에 의한 취득의 의의 및 입법취지

2. 사법상 계약

3. 검토

Ⅲ 자진 철거 약정을 하였는데 불이행시 대집행 가능성

1. 자진 철거가 공법상 의무인지

2. 대집행의 의의 및 요건

3. 불이행시에 대집행 가능성

(1) 문제점

(2) 학설

(3) 판례

대판 2006.10.13, 2006두7096[건물철거대집행계고처분취소]

【판시사항】

[1] (구)공공용지의 취득 및 손실보상에 관한 특례법에 의한 협의취득 시 건물소유자가 매매대상 건물에 대한 철거의무를 부담하겠다는 취지의 약정을 한 경우, 그 철거의무가 행정대집행법에 의한 대집행의 대상이 되는지 여부(소극)

[2] (구)공공용지의 취득 및 손실보상에 관한 특례법에 의한 협의취득 시 건물소유자가 협의취득대상건물에 대하여 약정한 철거의무의 강제적 이행을 행정대집행법상 대집행의 방법으로 실현할 수 있는지 여부(소극)

【판결요지】

[1] 행정대집행법상 대집행의 대상이 되는 대체적 작위의무는 공법상 의무이어야 할 것인데, (구)공공용지의 취득 및 손실보상에 관한 특례법(2002.2.4. 법률 제6656호 공익사업을 위한 토지 등의 취득 및 보상에 관한 법률 부칙 제2조로 폐지)에 따른 토지 등의 협의취득은 공공사업에 필요한 토지 등을 그 소유자와의 협의에 의하여 취득하는 것으로서 공공기관이 사경제 주체로서 행하는 사법상 매매 내지 사법상 계약의 실질을 가지는 것이므로, 그 협의취득 시 건물소유자가 매매대상건물에 대한 철거의무를 부담하겠다는 취지의 약정을 하였다고 하더라도 이러한 철거의무는 공법상의 의무가 될 수 없고, 이 경우에도 행정대집행법을 준용하여 대집행을 허용하는 별도의 규정이 없는 한 위와 같은 철거의무는 행정대집행법에 의한 대집행의 대상이 되지 않는다.

[2] (구)공공용지의 취득 및 손실보상에 관한 특례법(2002.2.4. 법률 제6656호 공익사업을 위한 토지 등의 취득 및 보상에 관한 법률 부칙 제2조로 폐지)에 의한 협의취득 시 건물소유자가 협의취득대상건물에 대하여 약정한 철거의무는 공법상 의무가 아닐 뿐만 아니라, 공익사업을 위한 토지 등의 취득 및 보상에 관한 법률 제89조에서 정한 행정대집행법의 대상이 되는 '이 법 또는 이 법에 의한 처분으로 인한 의무'에도 해당하지 아니하므로 위 철거의무에 대한 강제적 이행은 행정대집행법상 대집행의 방법으로 실현할 수 없다.

【전문】

【원고, 상고인】 원고

【피고, 피상고인】 한국철도시설공단(법률상대리인 000 외 1인)

【원심판결】 부산고법 2006.4.7, 2005누3226 판결

【주문】

원심판결을 파기하고, 사건을 부산고등법원에 환송한다.

(4) 검토

Ⅳ 결

Ⅴ 여론(餘論)

토지보상법 제89조 제3항 인권침해방지노력 규정 및 직접강제 입법론

Chapter 15

2010년 제21회 기출문제 분석

문제 01

국토교통부장관은 전국을 철도로 90분 이내에 연결하기 위한 기본계획을 수립하였다. 이 계획에 기초하여 C공단 C이사장은 A지역과 B지역을 연결하는 철도건설 사업에 대하여 「공익사업을 위한 토지 등의 취득 및 보상에 관한 법률」(이하 "토지보상법") 제20조에 따른 국토교통부장관의 사업인정을 받았다. P는 B-3공구 지역에 임야 3,000제곱미터를 소유하고 장뇌삼을 경작하고 있으며, 터널은 P소유 임야의 한가운데를 통과한다. C공단의 C이사장은 국토교통부장관이 제정한 K지침에 따라 P에 대하여 "구분지상권"에 해당하는 보상으로 900만원(제곱미터당 3,000원 기준)의 보상금을 책정하고 협의를 요구하였다. P는 장뇌삼 경작임야에 터널이 건설되고 기차가 지나다닐 경우 농사가 불가능하다고 판단하여 C이사장의 협의를 거부하였다. 40점

(1) **P는 본인 소유 토지의 전체를 C이사장이 수용하여야 한다고 주장한다. 보상에 관한 C이사장의 결정과 P의 주장 내용의 정당성을 판단하시오.** 20점

(2) **토지보상법상 P가 주장할 수 있는 권리와 이를 관철시키기 위한 토지보상법상의 권리구제수단에 관하여 논술하시오.** 20점

문제분석 및 논점파악

I 지하공간 사용에 따른 기타손실에 대한 보상법리 동향

철도건설사업을 위하여 C공단 C이사장은(이하 '사업시행자'라 한다) 사업인정을 받고 보상액을 산정한 후 보상협의에 관하여 토지소유자 P(이하 '토지소유자'라 한다)와 협의하였으나 토지소유자의 협의 거부로 보상협의가 결렬된 상태에 있다. 아직, 사업시행자가 토지수용위원회에 사용재결을 신청하거나 토지수용위원회의 사용재결이 내려진 상태는 아니다.

보상협의의 결렬은 토지소유자와 사업시행자의 보상에 대한 입장 차이에 원인이 있다. 즉, 사업시행자는 토지지하 일정공간부분에 대해 터널사용을 하게 됨으로 발생하는 손실에 대하여는 토지보상법 시행규칙 제31조에 근거하여 '토지의 지하공간 사용에 대한 보상'만을 주장하며, 토지소유자는 토지의 지하공간 사용에 따라 지상에서 농사가 불가능하게 되었으므로 단순히 '지하공간 사용료 보상'만으로 부족하고 오히려 토지 전체를 수용해 달라고 주장한다.

설문 (1)의 경우는 사업시행자의 보상액 결정의 정당성과 수용을 주장하는 토지소유자의 정당성이 검토되어야 할 것으로 토지보상법에 이와 관련된 규정과 공용수용을 하여야 할 토지인지 여부에 대한 공용수용의 요건(비례의 원칙 및 특별한 희생 판단) 검토가 이루어져야 한다. 사업시행자의 보상액 임의 결정은 정당보상관점에서 타당성이 결여되며, 보상평가는 법정평가로서 토지보상법 제68조에 의한 복수평가가 이루어져야 함에도 불구하고 사업시행자가 국민의 재산권과 관련된 내용을 국토교통부 지침에 따라 책정한 것은 잘못된 보상평가다. 또한 피수용자의 전체 토지 수용의 주장은 공용수용의 요건인 공공필요 및 특별한 희생의 판단이 중요하다.

설문 (2)에서 토지보상법상 수용을 주장하는 토지소유자가 주장할 수 있는 권리와 이에 대한 관철을 위하여 토지보상법상 권리구제 수단을 검토하는 것이 득점 포인트다. 구체적으로 사업인정 자체에 대한 행정쟁송제기권, 정당 보상에 대한 주장으로 손실보상청구권, 협의 불성립의 효과로 재결신청청구권, 재결이 이루어진다면 이의신청권과 행정소송제기권(보증소 포함)등을 적시하면 된다.

1. **공익사업** : 철도 건설 사업(P소유 토지 한가운데로 터널로 철도 통과)
2. **공익사업의 당사자**
   - C공단 C이사장
   - P 임야 3,000제곱미터 소유자
3. **공익사업(공용수용의 절차)의 진행 상황** : 사업인정 후
4. **구분지상권 보상액 책정 후 협의 요구** : 국토교통부장관이 제정한 지침에 따라 책정
5. **P의 주장** : 경작임야에 터널이 건설되고 기차가 지나다닐 경우 농사가 불가능하다고 판단하여 협의를 거부

[설문 1] P는 본인 소유 토지 전체를 C이사장이 수용하여야 한다고 주장함

쟁점 1 : 보상에 관한 C이사장의 결정

쟁점 2 : P의 주장 내용의 정당성을 판단

[설문 2]

쟁점 1 : 토지보상법상 P가 주장할 수 있는 권리

쟁점 2 : 토지보상법의 권리구제수단에 관하여 논술

[물음 1]

Ⅰ 논점의 정리

Ⅱ 보상에 관한 C이사장의 결정

1. 관련 규정의 검토(토지보상법 제68조)
2. 국토교통부 지침의 법적 성질
   (1) 행정규칙의 의의
   (2) 행정규칙의 대외적 구속력
3. 사업시행자의 보상 책정의 부당성 검토

Ⅲ 토지소유자 P주장의 정당성

1. 사업인정 범위를 넘는 토지소유자의 주장
2. 전체 토지 수용을 위한 특별한 희생의 범위에 대한 판단
   (1) 공용수용의 의의 및 취지, 요건
   (2) 전체 토지가 공용수용의 요건에 해당되는지 여부
   (3) 특별한 희생에 대한 판단
   (4) '경작이 불가능하게 된 경우'에 대한 관련 판례(2002다21967)
3. 검토

Ⅳ 사안의 해결

1. C이사장 결정의 정당성 판단
2. 토지소유자 P주장의 정당성

Ⅴ 여론

[물음 2]

Ⅰ 논점의 정리

Ⅱ 토지보상법상 P가 주장할 수 있는 권리

1. 처음부터 사업인정 자체가 잘못 되었다는 주장을 할 수 있는 권리
2. 정당 보상에 부합되는 손실보상청구권
3. 협의 불성립의 효과로써 재결신청청구권(법 제30조)과 재결청구권(법 제80조 제2항)
4. 토지수용위원회 재결에 불복할 수 있는 쟁송제기권(법 제83조 및 제85조)

Ⅲ 이를 관철키 위한 토지보상법상 권리구제수단

1. 사업인정에 대한 주장은 행정쟁송법에 따라 권리구제
2. 사업인정 후 재평가 등에 의해 협의 완료 시에는 협의에 대한 다툼
3. 재결신청청구권에 해태에 따른 가산금지급 청구
4. 재결이 있은 후의 권리구제
   (1) 이의신청(토지보상법 제83조)
   (2) 취소소송(토지보상법 제85조 제1항), 무효등 확인소송
   (3) 보상금증감청구소송(토지보상법 제85조 제2항)(형식적 당사자소송)

Ⅳ 사안의 해결

예시답안

[물음 1]에 대하여

Ⅰ 논점의 정리

C이사장이 K지침에 따라 보상액을 결정한 것이 타당한 것인지, 토지 전체를 수용하여야 한다는 P주장이 정당한지 여부가 문제가 된다. 사안의 해결을 위해 보상액 결정을 위한 법적 근거와 K지침의 법적 성질에 대해 검토하고 피수용자 P의 전체 토지 수용 주장에 관하여 공용수용의 관점으로 그 요건인 공공필요 및 특별한 희생을 중심으로 검토하고자 한다.

Ⅱ 보상에 관한 C이사장의 결정

1. 관련 규정의 검토(토지보상법 제68조)

사업시행자는 토지 등에 대한 보상액을 산정하려는 경우에는 감정평가법인등 3인(감정평가법인등을 추천하지 아니하는 경우에는 2인)을 선정하여 토지 등의 평가를 의뢰하여야 한다고 규정하고 있다. 또한 일정한 요건을 갖춘 경우 감정평가법인등을 선정함에 있어 토지소유자가 요청하는 경우에는 소유자 추천으로 감정평가법인등 1인을 더 선정할 수 있다. 다만 사업시행자가 국토교통부령으로 정하는 기준에 따라 직접 보상액을 산정할 수 있을 때에는 그러하지 아니하다.

> **〈토지보상법〉**
>
> **제68조(보상액의 산정)**
>
> ① 사업시행자는 토지등에 대한 보상액을 산정하려는 경우에는 감정평가법인등 3인(제2항에 따라 시・도지사와 토지소유자가 모두 감정평가법인등을 추천하지 아니하거나 시・도지사 또는 토지소유자 어느 한쪽이 감정평가법인등을 추천하지 아니하는 경우에는 2인)을 선정하여 토지 등의 평가를 의뢰하여야 한다. 다만, 사업시행자가 국토교통부령으로 정하는 기준에 따라 직접 보상액을 산정할 수 있을 때에는 그러하지 아니하다.
>
> ② 제1항 본문에 따라 사업시행자가 감정평가법인등을 선정할 때 해당 토지를 관할하는 시・도지사와 토지소유자는 대통령령으로 정하는 바에 따라 감정평가법인등을 각 1인씩 추천할 수 있다. 이 경우 사업시행자는 추천된 감정평가법인등을 포함하여 선정하여야 한다.
>
> ③ 제1항 및 제2항에 따른 평가 의뢰의 절차 및 방법, 보상액의 산정기준 등에 관하여 필요한 사항은 국토교통부령으로 정한다.

2. 국토교통부 지침의 법적 성질

(1) 행정규칙의 의의

행정규칙이라 함은 행정조직 내부에서의 행정의 사무처리기준으로서 제정된 일반적・추상적 규범을 말하며, 실무에서는 훈령, 통첩, 예규 등이 행정규칙에 해당한다.

(2) 행정규칙의 대외적 구속력

1) 학설

① 〈부정설〉 재량준칙은 행정조직 내부에서의 재량권 행사의 기준을 정한 행정규칙이므로 대외적 구속력이 없다고 보는 견해

② 〈준법규성설〉 재량준칙은 자기구속의 원칙을 매개로 하여 간접적으로 대외적 구속력을 갖는다고 보는 견해

③ 〈법규성설〉 재량준칙은 행정권이 독자적 입법권에 근거하여 제정한 법규라고 보는 견해

2) 판례

판례는 원칙상 행정규칙의 대외적 구속력을 인정하지 않지만, 재량준칙이 객관적으로 보아 합리적이 아니라든가 타당하지 아니하여 재량권을 남용한 것이라고 인정되지 않는 이상 행정

청의 의사는 가능한 한 존중되어야 한다고 하여 평등원칙에 근거하여 재량준칙의 대외적 구속력을 인정하고 있다.

3) 검토

판례의 태도에 따라 행정규칙은 법규성을 부정하는 것이 타당하다고 판단되나, 재량준칙의 경우 자기구속의 원칙을 매개로 하여 간접적으로 대외적 구속력을 갖는바, 〈준법규성설〉이 타당하다고 판단된다.

> **【판시사항】**
> 국토해양부고시 구 '버스 · 택시 유류구매 카드제 시행지침'의 법적 성격 및 노사 합의 없이 운송사업자가 운수종사자에게 자신이 지정한 주유소 또는 충전소에서만 주유받도록 강요하는 행위를 금지하는 위 시행지침을 위반하였다고 하여 바로 구 여객자동차 운수사업법 제51조 제3항이 정한 거짓이나 부정한 방법으로 보조금을 받은 경우에 해당하는지 여부
>
> **【판결요지】**
> 구 여객자동차 운수사업법(2012.2.1. 법률 제11295호로 개정되기 전의 것, 이하 '구 운수사업법'이라 한다) 제50조 제1항, 구 여객자동차 운수사업법 시행규칙(2012.8.2. 국토해양부령 제507호로 개정되기 전의 것) 제94조 제4호에 따른 보조금 지급절차를 간소화 · 투명화하기 위한 카드제 도입과 관련하여 국토해양부장관이 제정한 구 버스 · 택시 유류구매 카드제 시행지침(2012.8.16. 국토해양부고시 제2012-520호로 개정되기 전의 것, 이하 '시행지침'이라 한다)은 운송사업자가 운수종사자에게 자신이 지정한 주유소 또는 충전소에서만 주유받도록 강요하는 행위(다만, 노사 간에 합의를 통하여 지정 주유소를 운영하는 경우 제외)를 금지하면서(이하 '금지 규정'이라 한다), 이를 위반한 사실이 적발될 경우 지급된 유가보조금 전액을 환수조치하도록 규정하고 있다. 그런데 위 시행지침은 상위법령의 위임이 없을 뿐만 아니라 그 목적과 내용이 유류구매 카드의 사용 및 발급 절차 등을 규정하기 위한 것인 점 등에 비추어 볼 때, 유류구매 카드제의 시행에 관한 행정청 내부의 사무처리준칙을 정한 것에 불과하고 대내적으로 행정청을 기속함은 별론으로 하되 대외적으로 법원이나 일반 국민을 기속하는 효력은 없다. 따라서 운수사업자가 위 금지 규정을 위반하였다고 하여 바로 구 운수사업법 제51조 제3항이 정한 거짓이나 부정한 방법으로 보조금을 받은 경우에 해당하는 것은 아니고, 그에 해당하는지는 구 운수사업법 등 관계 법령의 규정 내용과 취지 등에 따라 별도로 판단되어야 한다.
> (출처 : 대판 2013.5.23, 2013두3207[유가보조금환수처분취소])

3. 사업시행자의 보상 책정의 부당성 검토

토지보상법 제68조 제1항 단서 국토교통부령이 정하는 기준에 따라 직접 보상액을 산정한 것도 아니고 법규성이 없는 국토교통부 지침에 따라 구분지상권 보상액을 책정한 결정은 피수용자를 위한 정당보상의 관점에서 타당성이 인정되지 않는다고 보인다.

Ⅲ 토지소유자 P주장의 정당성

1. 사업인정 범위를 넘는 토지소유자의 주장

최초 사업시행자의 사업인정은 철도건설을 위한 터널로써 피수용자 토지의 지하 공간 일부를 필요로 하는 공익성의 범위 내이므로 사업인정 범위를 넘는 토지소유자의 주장은 과도하다고 판단된다.

2. 전체 토지 수용을 위한 특별한 희생의 범위에 대한 판단

(1) 공용수용의 의의 및 취지, 요건

공용수용이란 특정한 공익사업을 위하여 보상을 전제로 타인의 특정한 재산권을 법률의 힘에 의하여 강제로 취득하는 것을 말하며, 사법적 수단에 의하여 재산권의 취득이 불가능한 경우, 재산권 강제 취득을 통한 공익사업의 신속한 수행에 취지가 있다. 공용수용의 요건으로는 ① 공공필요(공공성), ② 법률의 근거, ③ 정당한 보상을 요건으로 한다.

(2) 전체 토지가 공용수용의 요건에 해당되는지 여부

피수용자의 주장이 공용수용의 요건인 공공필요(공공성) 및 특별한 희생에 해당하는지가 문제된다. 공공성의 판단기준으로서 비례의 원칙은 행정 목적 실현을 위한 수단과 해당 목적 사이에는 합리적인 비례관계가 유지되어야 한다는 것으로 적합성의 원칙, 필요성의 원칙, 상당성의 원칙을 단계적 심사를 통해 판단한다. 사안에서 피수용자 토지의 지하 공간 일부만을 필요로 한 것은 공익사업 목적 달성을 위한 최소 침해 수단으로 보여지므로 전체 토지 수용은 과도한 수용범위라고 생각된다. 그렇다면 특별한 희생에 해당하는지가 문제가 되는바 이하에서 살펴보도록 한다.

(3) 특별한 희생에 대한 판단

1) 특별한 희생의 의의

특별한 희생이란 재산권에 일반적으로 내재된 사회적 제약을 넘는 특별한 공용침해를 말하며, 사회적 제약은 보상대상이 되지 않는다는 점에서 구별실익이 있다.

2) 특별한 희생의 구별 기준

특별한 희생은 ① 인적범위의 특정 여부에 따른 형식설과 ② 손실의 성질과 강도를 기준으로 하는 실질설을 종합적으로 고려하여 판단하여야 한다. 사안의 경우 토지소유자 P에게 개별적으로 손실이 발생하였으며, 농사를 지을 수 없게 되어 다른 작물의 재배도 불가능하게 되었다면 수인한도를 넘고, 해당 재산권은 보호가치가 있는 것이므로 토지소유자의 손실은 특별한 희생이 된다.

(4) '경작이 불가능하게 된 경우'에 대한 관련 판례(2002다21967)

판례는 '경작이 불가능하게 된 경우'라 함은 그 농경지가 공공사업의 시행으로 인하여 산지나 하천 등에 둘러싸이는 등으로 경작 자체가 불가능하게 되는 경우를 의미하는 것이지 공공사업의 시행으로 인하여 소음과 진동의 발생, 일조량의 감소 등으로 기존에 재배하고 있는 농작물의 비닐하우스 부지로는 부적당하다고 하더라도 다른 농작물을 재배하는 데에는 별다른 지장이 없어 보이는 경우까지를 포함하는 것은 아니라고 판시한 바 있다.

3. 검토

전체 토지를 수용해달라는 피수용자의 주장에 관하여 공용수용 요건에 따라 검토한 결과, 이는 공공필요를 넘어서는 과도한 수용범위이며 장뇌삼을 경작하기에는 부적합할지라도 다른 농작물을 재배하는 등 향후 토지 사용이 불가능하다고 판단되지 않는바 특별한 희생에 해당되지 않는다고 판단된다. 따라서 토지소유자의 전체 토지 수용(공용수용)의 주장은 타당성이 결여된다고 보여진다.

Ⅳ 사안의 해결

1. C이사장 결정의 정당성 판단

C이사장이 법규성이 없는 행정규칙인 K지침에 따라 보상금으로 900만원 금액을 결정한 것은 제68조 제1항에 의한 복수평가 및 국토교통부령의 기준에 따라 산정한 것이 아니므로 정당하지 않은 것으로 판단된다.

2. 토지소유자 P주장의 정당성

토지소유자 P의 주장은 공용수용 요건인 공공필요의 범위를 넘어서는 것이며, 장뇌삼을 경작할 수 없다는 사실만으로 수인한도를 초과하는 특별한 희생에 해당되지는 않는다고 판단된다. 따라서 토지 전체를 수용하여야 한다는 P의 주장은 타당하지 않은 것으로 판단된다.

Ⅴ 여론

P소유 토지의 지하공간이 공익사업 시행지역 안에 편입되어 있으므로 P소유 토지가 사업시행지역 밖에 해당하는지 여부가 문제가 될 수 있다. 사업지역 내라고 판단할 경우 수직적 의미의 잔여지에 해당한다고 보아 확장수용논의가 이루어질 수 있다. 다만, 우리나라에서 아직까지 수직적 잔여지에 대한 개념이 명확하지 않으므로 이론적 논의와 입법보완이 필요한 부분이라 판단된다.

[물음 2] 토지보상법상 P주장의 권리와 권리구제수단

Ⅰ 논점의 정리

토지소유자 P는 사업시행지구 밖에서 발생한 손실 규정에 따라 해당 사업의 사업완료일부터 1년 이내에 손실보상을 청구할 수 있다. 토지보상법상 P가 주장할 수 있는 권리와 권리구제수단을 검토한다.

Ⅱ 토지보상법상 P가 주장할 수 있는 권리

1. 처음부터 사업인정 자체가 잘못 되었다는 주장을 할 수 있는 권리

사업인정은 복효적 행정행위로서 피수용자에게는 침익적 행정행위가 된다. 토지보상법에는 사업인정처분에 대한 불복방법을 규정하고 있지 않지만 일반 행정쟁송법에 따라 행정쟁송제기권이 인정된다.

2. 정당 보상에 부합되는 손실보상청구권

행정상 손실보상이란 공공필요에 의한 적법한 공권력 행사로 인하여 특정 개인의 재산권에 가하여진 특별한 희생에 대하여 공평부담의 견지에서 행정주체가 행하는 조절적 재산전보를 말한다. 사안의 경우 P에게는 손실보상청구권이 인정되며 K지침에 따른 보상금액은 정당보상에 부합되지 않는 바 재평가 등을 주장하여 다시 협의진행을 요구할 수 있다.

3. 협의 불성립의 효과로써 재결신청청구권(법 제30조)과 재결청구권(법 제80조 제2항)

양 당사자 간 협의가 불성립된 경우 토지소유자 P는 토지보상법 제30조에 의거 사업시행자를 상대로 재결신청을 청구할 수 있다. 또한 법 제79조 제2항에 해당하는 손실보상에 대해 협의가 불성립한 경우이므로 법 제80조 제2항에 따라 관할 토지수용위원회에 직접 토지 전체를 수용해달라는 재결을 신청할 수 있다.

4. 토지수용위원회 재결에 불복할 수 있는 쟁송제기권(법 제83조 및 제85조)

토지소유자는 토지수용위원회의 재결에 만족하지 못하는 경우 토지보상법 제83조 이의신청 및 동법 제85조의 행정소송을 제기할 수 있는 쟁송제기권이 있다.

Ⅲ 이를 관철키 위한 토지보상법상 권리구제수단

1. 사업인정에 대한 주장은 행정쟁송법에 따라 권리구제

사업인정이 위법한 경우 행정쟁송(취소소송 또는 무효확인소송) 및 국가배상청구가 가능하다. 다만 사업인정에 대한 불복기간이 도과하였다면 수용재결의 단계에서 사업인정의 위법을 다투는 것은 인정되지 않는다.

2. 사업인정 후 재평가 등에 의해 협의 완료 시에는 협의에 대한 다툼

사업인정 후 재평가 등에 의해 협의가 완료되었는데 이를 다투고자 한다면 협의성립 후 협의성립 확인 전 계약체결상의 하자로서 착오를 이유로 법률관계의 효력을 부인할 수 있다. 다수견해인 공법상 계약설에 의하면 공법상 당사자소송을 제기할 수 있다고 보이나 판례는 민사소송을 제기하여 다투어야 한다고 판시한 바 있다.

3. 재결신청청구권에 해태에 따른 가산금지급 청구

P가 재결신청청구권을 행사하였는데 사업시행자가 60일 이내 재결을 신청하지 않았다면 사업시행자는 지연된 기간에 대하여 가산금을 지급해야 할 의무가 발생한다. 이때 가산금에 대한 다툼이 있다면 토지보상법 제85조 제2항에 의거 보상금증감청구소송으로 다툴 수 있다.

4. 재결이 있은 후의 권리구제

(1) 이의신청(토지보상법 제83조)

관할 토지수용위원회의 재결에 대하여 이의가 있는 경우에는 관할 토지수용위원회를 거쳐서 중앙토지수용위원회에 이의를 제기할 수 있다. 해당 이의신청의 성격은 특별법상 행정심판에 해당한다. 관할 토지수용위원회의 재결서 정본을 받은 날로부터 30일 이내에 신청할 수 있다. 이의신청은 임의절차이다. 이의신청의 제기는 사업의 진행 및 토지의 수용 또는 사용을 정지시키지 아니한다.

(2) 취소소송(토지보상법 제85조 제1항), 무효등확인소송

1) 개설

토지보상법 제85조에 따라 토지수용위원회의 재결에 대하여 항고소송으로 다툴 수 있다. 이때 소송의 형식은 취소소송이나 무효확인소송이 된다. 판례 역시 수용재결처분이 무효인 경우에는 그 재결 자체에 대한 무효확인을 소구할 수 있다고 판시하였다(대판 1993.1.19, 91누8050 全合).

2) 재결취소소송(또는 무효확인소송)

위법한 토지수용위원회의 재결에 대하여 불복하는 경우 이의신청을 거쳐서 취소소송을 제기하거나 이의신청을 거치지 않고 직접 취소소송을 제기할 수 있다. 이의신청이 없이 직접 취소소송을 제기하는 경우에는 재결서를 받은 날부터 90일 이내에, 이의신청을 거친 때에는 이의신청에 대한 재결서를 받은 날부터 60일 이내에 제기하여야 한다. 다만, 무효확인소송에서는 불복제기기간의 제한이 없다고 보아야 한다. 이의신청을 거쳐서 취소소송을 제기하는 경우 행정소송법 제19조 및 토지보상법 제85조에 따라 원처분주의가 적용된다.

(3) 보상금증감청구소송(토지보상법 제85조 제2항)(형식적 당사자소송)

1) 판례

최근 대법원은 어떤 보상항목이 손실보상대상에 해당함에도 관할 토지수용위원회가 사실을 오인하거나 법리를 오해함으로써 손실보상대상에 해당하지 않는다고 잘못된 내용의 재결을 한 경우에는, 피보상자는 사업시행자를 상대로 토지보상법 제85조 제2항에 따른 보상금증감소송을 제기하여야 한다고 판시한 바 있다(대판 2019.11.28, 2018두227).

2) 검토

토지수용위원회의 거부재결에 대한 불복으로 항고소송으로 다투는 경우 소송경제적 측면에서 문제가 될 수 있다. 따라서 보상금증감청구소송에서 재결의 위법 확인과 보상금증액을 다투고, 일거에 확정함으로써 항고소송으로 다투는 경우의 소송절차상 번거로움을 제거할 수 있는 장점이 있는 바, 보상금증감청구소송의 인정이 타당하다.

Ⅳ 사안의 해결

토지소유자 P에게는 사업인정 불복에 대하여 행정쟁송법에 따른 행정쟁송제기권이 인정되고 협의단계에서는 손실보상청구권, 재결신청청구권 및 재결신청권이 인정되며 재결 이후에는 법 제83조 및 제85조에 따른 행정쟁송제기권이 인정된다. 토지소유자 주장을 관철하기 위하여는 토지수용위원회에 제80조에 따라 수용재결 신청을 하고 그에 대한 토지수용위원회의 기각재결 시 토지보상법 제83조 이의신청 및 제85조 제2항에 따른 보상금증감청구소송을 통해 다툴 수 있을 것이다.

문제 02

뉴타운(New Town) 개발이 한창인 A지역 인근에 주택을 소유한 P는 자신의 주택에 대하여 전년도 대비 현저히 상승한 개별공시지가를 확인하고 향후 부과될 관련 세금의 상승 등을 우려하여 「부동산 가격공시에 관한 법률」 제11조에 따른 이의신청을 하였으나 기각되었다. 이에 P는 확정된 개별공시지가에 대하여 다시 행정심판을 제기하였으나 행정심판위원회는 그 청구를 받아들이지 않았으나, 그 후 P는 자신이 소유한 주택에 대하여 전년도보다 높은 재산세(부동산보유세)를 부과받게 되었다. 30점

(1) P가 이의신청과 행정심판을 모두 제기한 것은 적법한지에 대하여 설명하시오. 10점

(2) P가 소유 주택에 대하여 확정된 개별공시지가가 위법함을 이유로, 그 개별공시지가를 기초로 부과된 재산세에 대한 취소청구소송을 제기할 수 있는지에 대하여 논술하시오. 20점

문제분석 및 논점파악

문제 2번은 개별공시지가와 관련하여 이의신청의 법적 성질과 하자승계에 관한 논점의 문제이다. 물음 (1)에서는 부동산 가격공시에 관한 법률(이하 '부동산공시법') 제11조의 개별공시지가에 대한 이의신청의 성격의 검토가 핵심 논점이 된다. 왜냐하면 해당 이의신청이 특별행정심판이라고 한다면, 행정심판법 제51조의 행정심판 재청구의 금지에 위반되기 때문이다. 최근 대법원은 개별공시지가 이의신청은 행정심판이 아니라고 판시하였다(대판 2010.1.28, 2008두19987). 행정심판과 행정심판이 아닌 이의신청의 구별기준으로 헌법 제107조 제3항에서 "행정심판의 절차는 법률로 정하되, 사법절차가 준용되어야 한다."고 규정하고 있으므로 이에 근거하여 판단하면 될 것이다.
물음 (2)에서는 문제를 보면 "확정된 개별공시지가가 위법함을 이유로 그 개별공시지가를 기초로 부과된 재산세에 대한 취소청구소송을 제기할 수 있는지에 대하여 논술하시오."라고 질문하고 있다. 여기서 문제되는 것은 취소소송을 제기할 수 있는지라고 묻고 있어 마치 과세처분에 대한 취소소송의 소제기의 적법성(즉, 소송요건 판단) 문제인 듯 보인다. 그러나 이렇게 보면 문제의 배점이 20점이라는 점과 사안에서 대상적격(과세처분의 성질) 이외에 다른 소송요건을 검토할 만한 내용이 없다는 점, 개별공시지가 위법을 이유로 과세처분의 취소소송을 제기한 점 등에서 출제의 취지는 소제기의 적법성에 그치지 않고 본안 판단까지 묻고 있는 것으로 해석할 수 있다.
따라서 본 물음의 쟁점은 개별공시지가와 그 지가에 기초하여 부과된 재산세부과 처분 사이에 소위 하자승계가 가능한지에 대한 문제이다.

1. 대법원의 하자승계 인정기준

(1) 원칙

두 개 이상의 행정처분이 연속적으로 행하여지는 경우 선행처분과 후행처분이 서로 결합하여 1개의 법률효과를 완성하는 때에는 선행처분에 하자가 있으면 그 하자는 후행처분에 승계되므로 선행처분에 불가쟁력이 생겨 그 효력을 다툴 수 없게 된 경우에도 선행처분의 하자를 이유로 후행처분의 효력을 다툴 수 있는 반면, 선행처분과 후행처분이 서로 독립하여 별개의 법률효과를 목적으로 하는 때에는 선행처분에 불가쟁력이 생겨 그 효력을 다툴 수 없게 된 경우에는 선행처분의 하자가 중대하고 명백하여 당연무효인 경우를 제외하고는 선행처분의 하자를 이유로 후행처분의 효력을 다툴 수 없는 것이 원칙(대판 1994.1.25, 93누8542)이라고 하여 하자승계 인정 여부 판단의 원칙을 선・후행행위의 법률효과가 동일한지 아니면 별개의 법률효과를 목적으로 하는지 여부로 판단하고 있다.

(2) 예외

선행처분과 후행처분이 서로 독립하여 별개의 효과를 목적으로 하는 경우에도 선행처분의 불가쟁력이나 구속력이 그로 인하여 불이익을 입게 되는 자에게 수인한도를 넘는 가혹함을 가져오며, 그 결과가 당사자에게 예측가능한 것이 아닌 경우에는 국민의 재판받을 권리를 보장하고 있는 헌법의 이념에 비추어 선행처분의 후행처분에 대한 구속력은 인정될 수 없다(대판 1994.1.25, 93누8542)라고 판시하여 원칙의 예외로서 수인한도와 예측가능성을 하자승계 가능성의 판단기준으로 제시하고 있다.

2. 개별공시지가와 그에 기초한 과세처분의 하자승계 가능성

(1) 하자승계를 인정한 판례

개별공시지가 결정은 이를 기초로 한 과세처분 등과는 별개의 독립된 처분으로서 서로 독립하여 별개의 법률효과를 목적으로 하는 것이나, 개별공시지가는 이를 토지소유자나 이해관계인에게 개별적으로 고지하도록 되어 있는 것이 아니어서 토지소유자 등이 개별공시지가 결정 내용을 알고 있었다고 전제하기도 곤란할 뿐만 아니라 결정된 개별공시지가가 자신에게 유리하게 작용될 것인지 또는 불이익하게 작용될 것인지 여부를 쉽사리 예견할 수 있는 것도 아니며, 더욱이 장차 어떠한 과세처분 등 구체적인 불이익이 현실적으로 나타나게 되었을 경우에 비로소 권리구제의 길을 찾는 것이 우리 국민의 권리의식임을 감안하여 볼 때 토지소유자 등으로 하여금 결정된 개별공시지가를 기초로 하여 장차 과세처분 등이 이루어질 것에 대비하여 항상 토지의 가격을 주시하고 개별공시지가 결정이 잘못된 경우 정해진 시정절차를 통하여 이를 시정하도록 요구하는 것은 부당하게 높은 주의의무를 지우는 것이라고 아니할 수 없고, 위법한 개별공시지가 결정에 대하여 그 정해진 시정절차를 통하여 시정하도록 요구하지 아니하였다는 이유로 위법한 개별공시지가를 기초로 한 과세처분 등 후행 행정처분에서 개별공시지가 결정의 위법을 주장할 수 없도록 하는 것은 수인한도를 넘는 불이익을 강요하는 것으로서 국민의 재산권과 재판받을 권리를 보장한 헌법의 이념에도 부합하는 것이 아니라고 할 것이므로, 개별공시지가 결정에 위법이 있는 경우에는 그 자체를 행정소송의 대상이 되는 행정처분으로 보아 그 위법 여부를 다툴 수 있음은 물론 이를 기초로 한 과세처분 등 행정처분의 취소를 구하는 행정소송에서도 선행처분인 개별공시지가 결정의 위법을 독립된 위법사유로 주장할 수 있다고 해석함이 타당하다(대판 1994.1.25, 93누8542).

(2) **하자승계를 부정한 판례**

원고가 이 사건 토지를 매도한 이후에 그 양도소득세 산정의 기초가 되는 1993년도 개별공시지가 결정에 대하여 한 재조사청구에 따른 조정결정을 통지받고서도 더 이상 다투지 아니한 경우까지 선행처분인 개별공시지가 결정의 불가쟁력이나 구속력이 수인한도를 넘는 가혹한 것이거나 예측불가능하다고 볼 수 없어, 위 개별공시지가 결정의 위법을 이 사건 과세처분의 위법사유로 주장할 수 없다고 판단하고 있다. 기록과 위에서 본 법리에 비추어 살펴보면, 원심의 위와 같은 판단은 정당하고, 거기에 상고이유로 지적하는 바와 같은 법리오해 등의 위법이 있다고 할 수 없다(대판 1998.3.13, 96누6059).

3. 물음 (2)의 사안은 대판 1998.3.13, 96누6059 판결과 유사하다.

■ 문제 2의 개별공시지가 이의신청과 관련 판례

대판 2010.1.28, 2008두19987[개별공시지가결정처분취소]

【판시사항】

개별공시지가에 대하여 이의가 있는 자가 행정심판을 거쳐 행정소송을 제기하는 경우 제소기간의 기산점

【판결요지】

부동산 가격공시 및 감정평가에 관한 법률 제12조, 행정소송법 제20조 제1항, 행정심판법 제3조 제1항의 규정 내용 및 취지와 아울러 부동산 가격공시 및 감정평가에 관한 법률에 행정심판의 제기를 배제하는 명시적인 규정이 없고 부동산 가격공시 및 감정평가에 관한 법률에 따른 이의신청과 행정심판은 그 절차 및 담당 기관에 차이가 있는 점을 종합하면, 부동산 가격공시 및 감정평가에 관한 법률이 이의신청에 관하여 규정하고 있다고 하여 이를 행정심판법 제3조 제1항에서 행정심판의 제기를 배제하는 '다른 법률에 특별한 규정이 있는 경우'에 해당한다고 볼 수 없으므로, 개별공시지가에 대하여 이의가 있는 자는 곧바로 행정소송을 제기하거나 부동산 가격공시 및 감정평가에 관한 법률에 따른 이의신청과 행정심판법에 따른 행정심판청구 중 어느 하나만을 거쳐 행정소송을 제기할 수 있을 뿐 아니라, 이의신청을 하여 그 결과 통지를 받은 후 다시 행정심판을 거쳐 행정소송을 제기할 수도 있다고 보아야 하고, 이 경우 행정소송의 제소기간은 그 행정심판 재결서 정본을 송달받은 날부터 기산한다.

【참조조문】

부동산 가격공시 및 감정평가에 관한 법률 제12조, 행정소송법 제20조 제1항, 행정심판법 제3조 제1항

【전문】

【원고, 피상고인】 원고(소송대리인 법무법인 일촌 담당변호사 김갑진외 4인)

【피고, 상고인】 용인시 기흥구청장

【원심판결】 서울고법 2008.10.16. 선고 2008누14748 판결

【주문】

상고를 기각한다. 상고비용은 피고가 부담한다.

【이유】

상고이유를 본다.

1. 제소기간을 도과하였는지 여부에 관하여

   부동산 가격공시 및 감정평가에 관한 법률(이하 '가격공시법'이라 한다) 제12조는 제1항에서 "개별공시지가에 대하여 이의가 있는 자는 개별공시지가의 결정・공시일부터 30일 이내에 서면으로 시장・군수 또는 구청장에게 이의를 신청할 수 있다."고 한 다음, 제2항에서 "시장・군수 또는 구청장은 제1항의 규정에 의한 이의신청기간이 만료된 날부터 30일 이내에 이의신청을 심사하여 그 결과를 신청인에게 서면으로 통지하여야 한다. 이 경우 시장・군수 또는 구청장은 이의신청의 내용이 타당하다고 인정될 때에는 제11조의 규정에 따라 당해 개별공시지가를 조정하여 다시 결정・공시하여야 한다."고 규정하고 있다.

   한편, 행정소송법 제20조 제1항은 "취소소송은 처분 등이 있음을 안 날부터 90일 이내에 제기하여야 한다. 다만, 제18조 제1항 단서에 규정한 경우와 그 밖에 행정심판청구를 할 수 있는 경우 또는 행정청이 행정심판청구를 할 수 있다고 잘못 알린 경우에 행정심판청구가 있은 때의 기간은 재결서의 정본을 송달받은 날부터 기산한다."고 하고 있고, 행정심판법 제3조 제1항은 "행정청의 처분 또는 부작위에 대하여 다른 법률에 특별한 규정이 있는 경우를 제외하고는 이 법에 의하여 행정심판을 제기할 수 있다."고 규정하고 있다.

   이와 같은 관련 법령의 규정 내용 및 취지와 아울러 가격공시법에 행정심판의 제기를 배제하는 명시적인 규정이 없고 가격공시법에 따른 이의신청과 행정심판은 그 절차 및 담당 기관에 차이가 있는 점을 종합하면, 가격공시법이 이의신청에 관하여 규정하고 있다고 하여 이를 행정심판법 제3조 제1항에서 행정심판의 제기를 배제하는 '다른 법률에 특별한 규정이 있는 경우'에 해당한다고 볼 수 없으므로, 개별공시지가에 대하여 이의가 있는 자는 곧바로 행정소송을 제기하거나 가격공시법에 따른 이의신청과 행정심판법에 따른 행정심판청구 중 어느 하나만을 거쳐 행정소송을 제기할 수 있을 뿐 아니라, 이의신청을 하여 그 결과 통지를 받은 후 다시 행정심판을 거쳐 행정소송을 제기할 수도 있다고 보아야 하고, 이 경우 행정소송의 제소기간은 그 행정심판 재결서 정본을 송달받은 날부터 기산한다.

   같은 취지에서 원심이 이 사건 소가 제소기간을 도과하여 제기되었다는 취지의 피고의 본안 전 항변을 배척한 것은 정당하고, 거기에 주장하는 바와 같은 가격공시법상의 이의신청제도에 관한 법리오해 등의 위법이 없다.

2. 이 사건 처분의 적법 여부에 관하여 원심은, 그 판시와 같은 이유로 피고가 이 사건 토지에 대한 2006년도 개별공시지가를 결정・공시하는 이 사건 처분을 함에 있어 그 비교표준지를 잘못 선정하였다고 보아 이 사건 처분은 위법하다고 판단하였는바, 이러한 원심의 판단도 관련 법령과 기록에 비추어 정당하고, 거기에 주장하는 바와 같은 비교표준지 선정에 관한 법리오해 등의 위법이 없다.

3. 결론

   그러므로 상고를 기각하고 상고비용은 패소자의 부담으로 하여, 관여 대법관의 일치된 의견으로 주문과 같이 판결한다.

※ 하자의 승계 판례

★ 대판 1994.1.25, 93누8542[양도소득세등부과처분취소]

【판시사항】

가. 선행처분과 후행처분이 서로 독립하여 별개의 효과를 목적으로 하는 경우에도 선행처분의 하자를 이유로 후행처분의 효력을 다툴 수 있는 경우

나. 과세처분 등 행정처분의 취소를 구하는 행정소송에서 선행처분인 개별공시지가결정의 위법을 독립된 위법사유로 주장할 수 있는지 여부

【판결요지】

가. 두 개 이상의 행정처분이 연속적으로 행하여지는 경우 선행처분과 후행처분이 서로 결합하여 1개의 법률효과를 완성하는 때에는 선행처분에 하자가 있으면 그 하자는 후행처분에 승계되므로 선행처분에 불가쟁력이 생겨 그 효력을 다툴 수 없게 된 경우에도 선행처분의 하자를 이유로 후행처분의 효력을 다툴 수 있는 반면 선행처분과 후행처분이 서로 독립하여 별개의 법률효과를 목적으로 하는 때에는 선행처분에 불가쟁력이 생겨 그 효력을 다툴 수 없게 된 경우에는 선행처분의 하자가 중대하고 명백하여 당연무효인 경우를 제외하고는 선행처분의 하자를 이유로 후행처분의 효력을 다툴 수 없는 것이 원칙이나 선행처분과 후행처분이 서로 독립하여 별개의 효과를 목적으로 하는 경우에도 선행처분의 불가쟁력이나 구속력이 그로 인하여 불이익을 입게 되는 자에게 수인한도를 넘는 가혹함을 가져오며, 그 결과가 당사자에게 예측가능한 것이 아닌 경우에는 국민의 재판받을 권리를 보장하고 있는 헌법의 이념에 비추어 선행처분의 후행처분에 대한 구속력은 인정될 수 없다.

나. 개별공시지가결정은 이를 기초로 한 과세처분 등과는 별개의 독립된 처분으로서 서로 독립하여 별개의 법률효과를 목적으로 하는 것이나, 개별공시지가는 이를 토지소유자나 이해관계인에게 개별적으로 고지하도록 되어 있는 것이 아니어서 토지소유자 등이 개별공시지가결정 내용을 알고 있었다고 전제하기도 곤란할 뿐만 아니라 결정된 개별공시지가가 자신에게 유리하게 작용될 것인지 또는 불이익하게 작용될 것인지 여부를 쉽사리 예견할 수 있는 것도 아니며, 더욱이 장차 어떠한 과세처분 등 구체적인 불이익이 현실적으로 나타나게 되었을 경우에 비로소 권리구제의 길을 찾는 것이 우리 국민의 권리의식임을 감안하여 볼 때 토지소유자 등으로 하여금 결정된 개별공시지가를 기초로 하여 장차 과세처분 등이 이루어질 것에 대비하여 항상 토지의 가격을 주시하고 개별공시지가결정이 잘못된 경우 정해진 시정절차를 통하여 이를 시정하도록 요구하는 것은 부당하게 높은 주의의무를 지우는 것이라고 아니할 수 없고, 위법한 개별공시지가결정에 대하여 그 정해진 시정절차를 통하여 시정하도록 요구하지 아니하였다는 이유로 위법한 개별공시지가를 기초로 한 과세처분 등 후행 행정처분에서 개별공시지가결정의 위법을 주장할 수 없도록 하는 것은 수인한도를 넘는 불이익을 강요하는 것으로서 국민의 재산권과 재판받을 권리를 보장한 헌법의 이념에도 부합하는 것이 아니라고 할 것이므로, 개별공시지가결정에 위법이 있는 경우에는 그 자체를 행정소송의 대상이 되는 행정처분으로 보아 그 위법 여부를 다툴 수 있음은 물론 이를 기초로 한 과세처분 등 행정처분의 취소를 구하는 행정소송에서도 선행처분인 개별공시지가결정의 위법을 독립된 위법사유로 주장할 수 있다고 해석함이 타당하다.

★ 대법원 2008.8.21, 2007두13845[토지보상금]

【판시사항】

수용보상금의 증액을 구하는 소송에서 선행처분으로서 그 수용대상 토지 가격 산정의 기초가 된 비교표준지공시지가결정의 위법을 독립한 사유로 주장할 수 있는지 여부(적극)

【판결요지】

표준지공시지가결정은 이를 기초로 한 수용재결 등과는 별개의 독립된 처분으로서 서로 독립하여 별개의 법률효과를 목적으로 하지만, 표준지공시지가는 이를 인근 토지의 소유자나 기타 이해관계인에게 개별적으로 고지하도록 되어 있는 것이 아니어서 인근 토지의 소유자 등이 표준지공시지가결정 내용을 알고 있었다고 전제하기가 곤란할 뿐만 아니라, 결정된 표준지공시지가가 공시될 당시 보상금 산정의 기준이 되는 표준지의 인근 토지를 함께 공시하는 것이 아니어서 인근 토지소유자는 보상금 산정의 기준이 되는 표준지가 어느 토지인지를 알 수 없으므로, 인근 토지소유자가 표준지의 공시지가가 확정되기 전에 이를 다투는 것은 불가능하다. 더욱이 장차 어떠한 수용재결 등 구체적인 불이익이 현실적으로 나타나게 되었을 경우에 비로소 권리구제의 길을 찾는 것이 우리 국민의 권리의식임을 감안하여 볼 때, 인근 토지소유자 등으로 하여금 결정된 표준지공시지가를 기초로 하여 장차 토지보상 등이 이루어질 것에 대비하여 항상 토지의 가격을 주시하고 표준지공시지가결정이 잘못된 경우 정해진 시정절차를 통하여 이를 시정하도록 요구하는 것은 부당하게 높은 주의의무를 지우는 것이고, 위법한 표준지공시지가결정에 대하여 그 정해진 시정절차를 통하여 시정하도록 요구하지 않았다는 이유로 위법한 표준지공시지가를 기초로 한 수용재결 등 후행 행정처분에서 표준지공시지가결정의 위법을 주장할 수 없도록 하는 것은 수인한도를 넘는 불이익을 강요하는 것으로서 국민의 재산권과 재판받을 권리를 보장한 헌법의 이념에도 부합하는 것이 아니다. 따라서 표준지공시지가결정이 위법한 경우에는 그 자체를 행정소송의 대상이 되는 행정처분으로 보아 그 위법 여부를 다툴 수 있음은 물론, 수용보상금의 증액을 구하는 소송에서도 선행처분으로서 그 수용대상 토지 가격 산정의 기초가 된 비교표준지공시지가결정의 위법을 독립한 사유로 주장할 수 있다.

Ⅰ 논점의 정리

Ⅱ 물음 (1)에 대하여

1. 개별공시지가 이의신청의 의의 및 취지
2. 개별공시지가 이의신청의 법적 성질
   (1) 행정심판과 행정심판이 아닌 이의신청의 구별실익
   (2) 관련 규정의 검토(행정기본법 제36조 제4항)
   (3) 판례의 태도
   (4) 검토
3. 사안의 경우

Ⅲ 물음 (2)에 대하여

1. 관련 행정작용의 법적 성질
   (1) 개별공시지가
   (2) 재산세 부과행위
2. 취소소송 제기의 적법성 여부
3. 취소소송의 본안판단
   (1) 하자승계 의의 및 필요성
   (2) 하자승계 논의 전제조건
   (3) 하자승계 인정 여부의 판단기준
   (4) 판례의 유형별 검토
   (5) 사안에서 하자승계 인정 여부
   (6) 법원의 판단

Ⅳ 사례의 해결

예시답안

Ⅰ 논점의 정리

1. 물음 (1)에서 개별공시지가에 대하여 이의신청과 행정심판 모두를 제기하는 것이 적법한지 판단은 개별공시지가에 대한 부동산 가격공시에 관한 법률(이하 '부동산공시법') 제11조의 이의신청이 특별행정심판에 해당하는지 여부로 결정된다. 따라서 해당 이의신청의 법적 성질이 문제된다.
2. 물음 (2)에서는 개별공시지가의 위법을 이유로 그 개별공시지가에 기초한 재산세 부과행위취소를 구하는 취소소송을 제기할 수 있는지 문제된다. 이는 소위 하자승계의 문제로서 하자승계 논의의 전제조건과 하자승계의 인정기준에 대하여 검토가 필요하다.

Ⅱ 물음 (1)에 대하여(이의신청과 행정심판 모두 제기의 적법성)

1. 개별공시지가 이의신청의 의의 및 취지

부동산공시법 제11조에서는 개별공시지가에 대하여 이의가 있는 자는 개별공시지가의 결정·공시일로부터 30일 이내에 서면으로 시장·군수 또는 구청장에게 이의를 신청할 수 있다고 규정하고 있다. 개별공시지가는 토지 관련 세금 산정의 기초가 되므로 이의신청을 통해 객관성을 확보하려는 취지가 있다.

2. 개별공시지가 이의신청의 법적 성질

(1) 행정심판과 행정심판이 아닌 이의신청의 구별실익

행정심판법 제51조에서 행정심판 재청구 금지를 규정하고 있으므로, 개별공시지가 이의신청이 만약 부동산 가격공시에 관한 법률이 정하고 있는 행정심판법상의 행정심판이라면 이의신청을 거쳐 다시 행정심판을 제기할 수 없기 때문이다.

(2) 관련 규정의 검토(행정기본법 제36조 제4항)

행정기본법 제36조 제4항에서는 이의신청에 대한 결과를 통지받은 후 행정심판 또는 행정소송을 제기하려는 자는 그 결과를 통지받은 날부터 90일 이내에 행정심판 또는 행정소송을 제기할 수 있다고 규정하고 있다.

(3) 판례의 태도

부동산 가격공시 및 감정평가에 관한 법률에 행정심판의 제기를 배제하는 명시적인 규정이 없고 부동산 가격공시 및 감정평가에 관한 법률에 따른 이의신청과 행정심판은 그 절차 및 담당 기관에 차이가 있는 점을 종합하면, 부동산 가격공시 및 감정평가에 관한 법률이 이의신청에 관하여 규정하고 있다고 하여 이를 행정심판법 제3조 제1항에서 행정심판의 제기를 배제하는 '다른 법률에 특별한 규정이 있는 경우'에 해당한다고 볼 수 없으므로, 개별공시지가에 대하여 이의가 있는 자는 곧바로 행정소송을 제기하거나 부동산 가격공시 및 감정평가에 관한 법률에 따른 이의신청과 행정심판법에 따른 행정심판청구 중 어느 하나만을 거쳐 행정소송을 제기할 수 있을 뿐 아니라, 이의신청을 하여 그 결과 통지를 받은 후 다시 행정심판을 거쳐 행정소송을 제기할 수도 있다(대판 2010.1.28, 2008두19987).

(4) 검토

부동산공시법에 개별공시지가 이의신청에 대한 사법절차 준용규정이 없다는 점과 대법원이 제시한 부동산공시법상에 행정심판을 배제하는 명시적인 규정이 없다는 점 등에서 개별공시지가 이의신청은 행정심판이 아닌 행정 내부에 제기하는 불복절차에 불과하다.

3. 사안의 경우

관련 판례와 규정에 따르면 개별공시지가 이의신청은 강학상 이의신청으로서 재청구금지원칙에 적용되지 않으며, 이에 따라 이의신청과 행정심판을 모두 제기한 것은 적법하다고 판단된다.

Ⅲ 물음 (2)에 대하여(하자의 승계논의)

1. 관련 행정작용의 법적 성질

(1) 개별공시지가

1) 논의 실익과 견해대립

개별공시지가의 법적 성질을 논하는 실익은 항고소송의 대상이 되는 처분인가에 있다. 학설은 국민의 권리・의무에 직접영향을 미치는 행정행위라는 견해와 세금 등의 산정기준으로서의 성질을 가지므로 행정규칙이라는 견해 등이 대립한다.

2) 판례

판례는 개별토지가격결정은 관계 법령에 의한 토지초과이득세, 택지초과소유부담금 또는 개발부담금 산정의 기준이 되어 국민의 권리나 의무 또는 법률상 이익에 직접적으로 관계되는 것으로서 행정소송법 제2조 제1항 제1호 소정의 행정청이 행하는 구체적 사실에 관한 법집행으로서 공권력 행사이므로 항고소송의 대상이 되는 행정처분에 해당한다(대판 1993.6.11, 92누16706)라고 하여 행정처분으로 보았다.

3) 검토

생각건대, 개별공시지가는 가감조정 없이 토지 관련 세금 산정에 직접 적용되어 국민의 권리・의무에 직접 영향을 미치므로 행정처분으로 보는 것이 타당하다.

(2) 재산세 부과행위

재산세 부과행위는 상대방에게 세금납부의 의무를 부과하는 급부하명에 해당한다.

2. 취소소송 제기의 적법성 여부

재산세 부과행위는 급부하명으로 취소소송의 대상이 되는 처분이며, P는 세금부과처분에 있어 직접 상대방으로 원고적격이 인정된다. 제소기간, 협의의 소의이익 등 다른 소송요건도 문제취지상 모두 갖추었다고 본다. 따라서 취소소송 제기는 적법하다.

3. 취소소송의 본안판단

(1) 하자승계 의의 및 필요성

하자승계란 행정이 여러 단계의 행정행위를 거쳐 행해지는 경우에 선행 행정행위의 위법을 이유로 적법한 후행 행정행위의 위법을 주장할 수 있는 것을 말한다. 행정행위에 불가쟁력이 발생한 경우라도 국민의 권리보호와 재판받을 권리를 보장하기 위하여 하자승계를 인정할 필요성이 있다.

(2) 하자승계 논의 전제조건

1) 전제조건

선・후행 행위가 모두 항고소송의 대상인 처분이어야 하며, 선행행위의 위법이 취소사유에 불과하여야 하고, 선행행위에 대한 불가쟁력이 발생하여야 하며, 후행행위가 적법하여야 한다.

2) 사안의 경우

개별공시지가와 재산세 부과행위는 모두 항고소송의 대상인 처분이며, 개별공시지가에는 취소사유의 위법이 있고, 불가쟁력이 발생하였다. 재산세는 개별공시지가에 기초하여 산정된 바, 재산세 부과처분은 적법하다.

본 문제의 사안에서는 불가쟁력의 발생 여부 및 위법성을 판단할 근거 자료가 없으므로 논의의 계속성을 위해 충족된 것으로 보았다.

(3) 하자승계 인정 여부의 판단기준

1) 학설

① 하자승계론은 선행 행정행위와 후행 행정행위가 하나의 법률효과를 목적으로 하는 경우에는 하자승계를 긍정하고, 서로 다른 법률효과를 목적으로 하는 경우에는 하자승계를 부정한다.

② 구속력론은 불가쟁력이 발생한 선행 행정행위가 후행 행정행위의 구속력을 미친다고 보며, 구속력이 미치는 범위에서는 선행 행정행위의 효과와 다른 주장을 할 수 없다고 본다. 구속력이 미치는 범위를 대인적・사물적・시간적 한계와 예측가능성 및 수인가능성을 고려하고 있다.

2) 판례

판례는 하자승계 인정 여부의 판단을 원칙적으로 선・후행 행위의 법률효과 동일성 여부로 판단하면서도 예외적으로 법률효과가 서로 다른 경우라도 수인가능성과 예측가능성을 고려하여 판단하고 있다(대판 1994.1.25, 93누8542).

3) 검토

하자승계의 인정 여부는 행정법관계의 안정성과 행정의 실효성 보장이라는 요청과 국민의 권리구제의 요청을 조화하는 선에서 결정되어야 할 것이다. 단순히, 선·후행위의 법률효과 목적만으로 판단하면 개별사안에서 구체적 타당성을 기하기 어려운바, 추가적으로 예측가능성과 수인가능성을 고려하면 구체적 타당성을 기할 수 있을 것이다.

(4) 판례의 유형별 검토

① 하자승계를 인정한 판례에는 미통지된 개별공시지가와 과세처분(대판 1994.1.25, 93누8542), 비교표준지공시지가결정과 수용재결(대판 2008.8.21, 2007두13845)이 있다. 반면 ② 부정한 판례는 사업인정과 수용재결(대판 2009.11.26, 2009두11607), 사적지정처분과 사업인정(대판 2019.2.28, 2017두71031), 표준지공시지가와 재산세부과처분취소(대판 2022.5.13, 2018두50147)가 있다.

(5) 사안에서 하자승계 인정 여부

개별공시지가와 재산세 부과처분은 서로 다른 법률효과를 목적으로 한다. 사안에서 P는 자신 소유 토지에 대한 개별공시지가에 대해 이의신청과 행정심판을 제기하여 그 청구가 받아들여지지 않자 더 이상 소송으로 다투지 않고 있다. 개별공시지가에 대한 불가쟁력이 발생한 경우로 P에게 더 이상 다투지 못하게 한다고 하여 수인한도를 넘는 가혹한 것이거나 예측불가능하다고 볼 수 없으므로 개별공시지가의 위법을 재산세 부과처분의 위법사유로 주장할 수 없다고 보아야 한다. 대법원 판례 역시 개별공시지가 재조사청구에 따른 조정결정을 받고도 더 이상 다투지 아니한 경우에 하자승계를 부정하였다(대판 1998.3.13, 96누6059).

(6) 법원의 판단

재산세 부과처분 취소소송의 수소법원은 기각판결을 내릴 것이다.

Ⅳ 사례의 해결

1. 부동산공시법 제11조의 개별공시지가에 대한 이의신청은 행정심판이 아니므로 이의신청을 거쳐 다시 행정심판을 제기할 수 있다.
2. 개별공시지가에 대한 이의신청과 행정심판을 거치고도 더 이상 소송을 제기하지 않아 불가쟁력이 발생한 경우까지 수인가능성과 예측가능성이 없다고 보기 어려운바, 개별공시지가와 재산세 부과처분 사이의 하자승계를 부정할 수 있다. 따라서 법원은 기각판결을 내릴 것이다.

감정평가법인등 P와 건설업자 Q는 평소에 친밀한 관계를 유지하고 있다. P는 Q의 토지를 평가함에 있어 친분관계를 고려하여 Q에게 유리하게 평가하였다. 국토교통부장관은 P의 행위가 「감정평가 및 감정평가사에 관한 법률」을 위반하였다고 판단하여 과징금, 벌금 또는 과태료의 부과를 검토하고 있다. 30점

(1) 과징금, 벌금, 과태료의 법적 성질을 비교하여 설명하시오. 20점

(2) 국토교통부장관은 과징금과 벌금을 중복하여 부과하고자 한다. 중복 부과처분의 적법성에 관하여 판단하시오. 10점

문제분석 및 논점파악

이 문제는 감정평가 및 감정평가사에 관한 법률(이하 '감정평가법')상 행정의 실효성 확보수단으로 과징금, 과태료, 벌금에 대한 법적 성질 비교와 과징금과 벌금의 중복 부과 가능성에 대해 묻고 있다. 벌금과 과태료 규정은 감정평가법뿐만 아니라 토지보상법에도 규정되어 있음과 아울러 토지보상법에는 과징금에 대한 규정이 없다는 것을 인지해야 한다.

이 문제는 행정법의 기본내용을 잘 알고 있는지와 감정평가법상의 관련 규정을 알고 있는지에 대한 물음으로 생각된다. 또한 과태료의 경우 과태료 일반법인 '질서위반행위규제법'이 제정되어 시행 중이고, 동법 제5조에서 "과태료의 부과·징수, 재판 및 집행 등의 절차에 관한 다른 법률의 규정 중 이 법의 규정에 저촉되는 것은 이 법으로 정하는 바에 따른다."라고 규정하여 개별법에서 규정하고 있는 과태료의 부과·징수, 재판 및 집행 등의 절차가 질서위반행위규제법에 저촉되는 경우 개별법 규정을 따르는 것이 아니고 질서위반행위규제법을 따르도록 하고 있다. 이에 토지보상법 제99조 과태료규정 중 부과·징수 등을 규정한 제3항 내지 제4항이 질서위반행위규제법과 저촉되어 2009.4.1.에 삭제되었으며, 부감법 제47조 과태료규정 중 부과징수 등을 규정한 제3항 내지 제4항이 질서위반행위규제법과 저촉되어 2010.3.17. 개정 시에 삭제되었다.

행정의 실효성 확보수단이 기출되었던 경우는 제16회 3번 문제(20점)로 "토지·물건의 인도·이전에 대한 실효성 확보수단에 대해 설명하시오."라는 문제가 출제되었다.

문제의 풀이와는 직접적인 상관은 없지만, 위 사안에서 감정평가법인등 P에게 과연 감정평가법상 과징금과 벌금의 병과사유가 있는지 의문이다. 법조문을 검토해 보기로 한다.

위 사안에서 감정평가법인등 P의 위반행위는 감정평가법 몇 조를 위반한 것일까 보기로 한다. 감정평가법 제25조 제1항이 품위유지, 신의와 성실로써 공정하게 할 의무, 고의 또는 중대한 과실로 인한 업무 실수를 금지하고 있고, 동조 제2항은 자기 또는 친족의 소유 토지, 그 밖에 불공정하게 감정평가업무를 수행할 우려가 있다고 인정되는 토지 등에 대하여는 감정평가를 금지하고 있다. 사안에서 감정평가법인등의 위반행위는 감정평가법 제25조 제2항 위반에 가깝다고 생각된다. 왜냐

하면 평소 친분관계에 있는 건설업자의 토지를 평가한 것으로 그 밖에 불공정하게 감정평가업무를 수행할 우려가 있는 경우에 해당된다고 볼 수 있다. 그러나 동조 제1항 성실의무 등 위반의 적용도 가능하다고 보인다. 만약, 동조 제2항만을 적용할 수밖에 없다면, 벌금부과 대상이 되지 않는다. 감정평가법 제49조의 벌칙사유에는 동법 제25조 제1항 및 제4항의 규정을 위반한 자는 포함되나 동법 제25조 제2항 위반한 자는 포함되어 있지 않기 때문이다. 다만, 감정평가법 제50조 벌칙사유에는 동법 제25조 제3항, 제5항을 위반한 자가 포함되어 있다.

감정평가법 제25조 위반에 따른 동법 제32조의 업무정지처분에 대하여는 업무정지처분에 갈음하여 과징금을 부과할 수 있다(동법 제41조).

결론적으로 감정평가법 제25조 제2항 위반은 과징금을 부과할 수는 있어도, 벌금부과사유는 아니다. 감정평가법 제25조 제1항(고의로 잘못된 평가를 한 자) 및 제4항 위반에 대하여는 과징금과 벌금의 처벌 대상이 된다. 따라서 사안에서는 감정평가법인등 P가 감정평가법 제25조 제1항을 위반하여 고의로 잘못된 평가를 한 자에 해당하여야 과징금과 벌금의 병과 대상이 된다.

예시답안

Ⅰ 논점의 정리

1. 물음 (1)에서는 감정평가 및 감정평가사에 관한 법률(이하 '감정평가법')상 행정의 실효성 확보수단으로 과징금, 과태료, 벌금에 대한 법적 성질을 비교하여 그 차이를 살펴본다.
2. 물음 (2)에서는 하나의 위반행위에 대하여 과징금과 벌금을 중복하여 부과하는 것이 적법한지 문제된다. 이는 이중처벌 금지원칙에 반하는지의 문제이며, 헌법 제13조 제1항에서 규정하고 있는 "동일한 범죄에 대하여 거듭 처벌받지 아니한다."라는 일사부재리의 원칙과 관련된다.

Ⅱ 물음 (1)에 대하여(과징금, 벌금, 과태료 법적 성질의 비교)

1. 벌금, 과징금, 과태료의 의의 및 취지

(1) 벌금

벌금은 행정목적을 직접적으로 침해하는 행위에 대하여 과해지는 행정형벌의 일종이다. 형법총칙이 적용되며 감정평가법 제49조 내지 제52조에 규정을 두고 있다.

(2) 과징금

과징금이란 행정법규의 위반으로 경제상의 이익을 얻게 되는 경우에 해당 위반으로 인한 경제적 이익을 박탈하기 위하여 그 이익규모에 따라 행정기관이 과하는 행정상 제재금을 말한다. 감정평가법 제41조 과징금은 업무정지처분에 갈음하여 과징금을 부과할 수 있도록 한 것이므로 변형된 과징금에 해당한다. 감정평가법인등에 대한 영업정지처분은 공적인 감정평가영역에서 공익을 해할 우려가 있으므로 영업정지처분을 하지 않고 그 대신 영업으로 인한 이익을 박탈하려는 데 취지가 있다.

(3) 과태료

과태료의 부과는 행정목적을 간접적으로 침해하는 행위에 대하여 과해지는 행정질서벌에 해당한다. 감정평가법 제52조에서 500만원 이하의 과태료 부과규정을 두고 있다.

2. 법적 성질

① 벌금은 행정의 실효성 확보수단으로서 행정벌 중 행정형벌에 해당한다. ② 과징금은 새로운 수단의 행정의 실효성 확보수단으로 행정상 제재금이며, 과징금 부과는 급부하명에 해당한다. ③ 과태료는 행정의 실효성 확보수단으로서 행정질서벌에 해당한다. 행정청이 행하는 과태료 부과행위는 행정처분이 된다.

3. 부과권자 및 부과절차, 적용법규

① 벌금은 국토교통부장관의 고발(범죄사실의 신고)에 따라 수사기관(경찰, 검찰)의 수사를 통해 혐의가 인정되면 검사의 기소에 의해 형사재판에 회부되어 형이 확정된다. 이러한 과벌절차는 형사소송법에 따라 과하여진다. 형법 제8조는 "본법 총칙은 타 법령에 정한 죄에 적용한다. 단, 그 법령에 특별한 규정이 있는 때에는 예외로 한다."고 규정하고 있다. 감정평가법에서는 벌금형에 대해 특별히 형법총칙의 배제를 규정하고 있지 아니하므로 형법총칙이 적용된다.

② 과징금은 국토교통부장관(행정청)이 업무정지에 갈음하는 과징금 부과처분을 하게 되며, 부과절차 및 징수 등은 감정평가법 제41조 내지 제44조 규정에 따른다.

③ 과태료는 1차적으로는 국토교통부장관이 부과하고 이에 대한 불복으로서 과태료 재판을 거치는 경우에서 2차적으로는 법원이 부과하게 된다. 구체적인 부과절차 및 징수 등은 질서위반행위규제법(과태료 일반법)에 따른다.

4. 불복

① 벌금은 형사법원이 형사재판을 통해 형을 확정하게 된다. 벌금형에 대해서는 상소를 할 수 있다. 제1심 판결에 대하여 제2심 법원에 불복을 하는 것을 항소라 하고, 제2심 판결에 대하여 상고심에 불복을 하는 것을 상고라고 하며, 항소와 상고를 통틀어 상소라고 한다.

② 과징금 부과처분에 대하여는 감정평가법 제42조 제1항에 따라 이의신청을 할 수 있으며, 이의신청에 따른 결과에 이의가 있는 자는 동법 제42조 제3항에 따라 행정심판을 제기할 수 있다. 과징금 부과처분이 항고소송의 대상인 처분이 되므로 항고소송으로 다툴 수 있다.

③ 과태료는 형법 총칙이 적용되지 않고, 과태료의 부과절차, 징수, 불복 등에 대하여는 질서위반행위규제법이 적용된다. 질서위반행위규제법은 불복방법으로는 이의신청과 과태료재판을 규정하고 있다.

Ⅲ 물음 (2)에 대하여(과징금과 벌금의 중복부과의 적법성)

1. 부과 사유 및 법적 근거의 차이

(1) 벌금

1) 3천만원 이하의 벌금 사유(감정평가법 제49조)

감정평가사로서 ① 부정한 방법으로 자격을 취득한 자 및 등록이나 갱신, 인가를 받은 경우 또는 등록, 갱신이 거부되거나 취소되었음에도 업무를 한 자, ② 고의로 업무를 잘못하거나 제28조의2에서 정하는 유도 요구에 따른 경우, ③ 감정평가사가 아닌 자로서 감정평가업을 하거나, 특정한 가액으로 감정평가를 유도 또는 요구하는 행위를 한자는 3년 이하의 징역 또는 3천만원 이하의 벌금에 처해질 수 있다.

2) 1천만원 이하의 벌금 사유(감정평가법 제50조)

① 이중사무소설치, ② 감정평가사 외의 자에게 제10조의 감정평가사 업무를 하게 한 자, ③ 매매업을 하거나 이중소속, 다른 평가법인 주식을 소유한 경우, ④ 자격증·등록증을 양도·대여하거나 알선한 자는 1년 이하의 징역 또는 1천만원 이하의 벌금에 처한다고 규정하고 있다.

(2) 과징금(감정평가법 제41조)

국토교통부장관은 감정평가법인등이 제32조 제1항 각 호의 어느 하나에 해당하게 되어 업무정지처분을 하여야 하는 경우로서 그 업무정지 처분이 부동산 가격공시에 관한 법률 제3조에 따른 표준지공시지가의 공시 등의 업무를 정상적으로 수행하는 데에 지장을 초래하는 등 공익을 해칠 우려가 있는 경우에는 업무정지처분을 갈음하여 5천만원(감정평가법인인 경우는 5억원) 이하의 과징금을 부과할 수 있다. 제32조 제1항에는 ① 이중사무소설치, ② 감정평가사 외의 자에게 제10조의 감정평가사 업무를 하게 한 자, ③ 제25조(성실의무), 제27조(명의대여금지) 등을 한 경우 등을 규정하고 있다.

(3) 문제점

감정평가법 제49조, 제50조에 따른 벌금의 부과 사유와 제41조에 따른 과징금의 부과사유가 동일한 경우 과징금과 벌금을 중복 부과할 수 있는지 문제가 될 수 있다.

2. 과징금과 벌금의 중복 부과가 가능한지 여부(일사부재리원칙 위반 여부)

(1) 판례

헌법재판소는 "피고인이 행형법에 의한 징벌을 받아 그 집행을 종료하였다고 하더라도 행정법상의 징벌은 수형자의 교도소 내의 준수사항위반에 대하여 과하는 행정상의 질서벌의 일종으로서 형법 법령에 위반한 행위에 대한 형사책임과는 그 목적, 성격을 달리하는 것이므로 징벌을 받은 뒤에 형사처벌을 한다고 하여 일사부재리의 원칙에 반하는 것은 아니다(헌재 1994.6.30, 92헌바38)."고 판시하여 동일 사안에 대한 행정형벌과 질서벌의 중복 부과가 일사부재리 원칙에 반하는 것은 아니라고 하였다.

또한 헌법재판소는 "행정권에는 행정목적 실현을 위하여 행정법규 위반자에 대한 제재의 권한도 포함되어 있으므로, '제재를 통한 억지'는 행정규제의 본원적 기능이라 볼 수 있는 것이고, 따라서 어떤 행정제재의 기능이 오로지 제재(및 이에 결부된 억지)에 있다고 하여 이를 헌법 제13조 제1항에서 말하는 국가형벌권의 행사로서의 '처벌'에 해당한다고 할 수 없는바, (구)독점규제 및 공정거래에 관한 법률 제24조의2에 의한 부당내부거래에 대한 과징금은 그 취지와 기능, 부과의 주체와 절차 등을 종합할 때 부당내부거래 억제라는 행정목적을 실현하기 위하여 그 위반행위에 대하여 제재를 가하는 행정상의 제재금으로서의 기본적 성격에 부당이득환수적 요소도 부가되어 있는 것이라 할 것이고, 이를 두고 헌법 제13조 제1항에서 금지하는 국가형벌권 행사로서의 '처벌'에 해당한다고는 할 수 없으므로, 공정거래법에서 형사처벌과 아울러 과징금의 병과를 예정하고 있더라도 이중처벌금지의 원칙에 위반된다고 볼 수 없으며~"(헌재 2003.7.24, 2001헌가25)라고 결정하여 과징금과 벌금의 병과는 이중처벌금지의 원칙에 반하지 않는다고 보았다.

(2) 검토

과징금은 행정상 제재금이고, 범죄에 대한 국가의 형벌권의 실행으로서의 과벌이 아니므로 행정법규 위반에 대하여 벌금 이외에 과징금을 부과하는 것은 이론상 이중처벌금지의 원칙에 반하지 않는다고 보는 것이 타당하다. 그러나 양자는 실질적으로 다 같은 금전부담으로서 함께 부과하는 것은 이중처벌의 성질이 있으므로 양자 중 택일적으로 부과하도록 관계 법령을 정비하는 것이 바람직할 것이다.

3. 사안의 경우

P의 위법행위에 대하여 과징금 부과처분과 벌금을 병과하여도 헌법 제13조 제1항의 이중처벌금지의 원칙에 위반되지 않으므로 적법하다.

Ⅳ 문제의 해결

감정평가법상의 과징금, 과태료, 벌금은 행정의 실효성 확보수단으로 규정되어 있는 것이고, 그 법적 성질과 적용법규가 서로 다르다. 또한 동일한 위법사항에 대하여 과징금과 벌금의 병과는 이중처벌금지의 원칙에 반하지 않는다고 본다.

Chapter 16

2009년 제20회 기출문제 분석

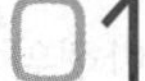

문제 01

A시는 도시개발사업을 하면서 주거를 상실하는 거주자에 대한 이주대책을 수립하였다. 이주대책의 주요내용은 다음과 같다. 이를 근거로 다음 물음에 답하시오. 45점

- 기준일 이전부터 사업구역 내 자기 토지상 주택을 소유하고 협의계약 체결일까지 해당 주택에 계속 거주한 자가 보상에 합의하고 자진 이주한 경우 사업구역 내 분양아파트를 공급한다.
- 분양아파트를 공급받지 않은 이주자에게는 이주정착금을 지급한다.
- 무허가건축물대장에 등록된 건축물 소유자는 이주대책에서 제외한다.

(1) **이주대책의 이론적 및 헌법적 근거를 설명하시오.** 5점

(2) **주택소유자 甲이 보상에 합의하고 자진 이주하지 아니한 경우에도 이주대책에 의한 분양아파트의 공급 혹은 이주정착금의 지급을 요구할 수 있는지의 여부를 검토하시오.** 20점

(3) **무허가건축물대장에 등록되지 않은 건축물 소유자 乙이 해당 건축물이 무허가건축물이라는 이유로 이주대책에서 제외된 경우에 권리구제를 위하여 다툴 수 있는 근거와 소송방법에 관하여 검토하시오.** 20점

문제분석 및 논점파악

I 문제의 해설

문제 1번은 이주대책에 관한 사안에서 이주대책대상자나 이주대책대상자에서 제외된 자의 권리구제와 관련된 문제이다. 이주대책은 토지보상법 제78조 등에 규정되어 있지만, 해당 공익사업의 근거법령에서 규정하고 있는 경우도 있다. 감정평가사 자격시험에서는 출제 근거법이 토지보상법과 부감법이며, 다른 개별법을 모두 알기 어려우므로, 일단 토지보상법에 근거하여 문제해결을 하려고 하여야 한다. 본 문제는 수험생들이 이주대책을 공부하는 내용이 얼마나 협소하였는가를 여실히 보여주는 문제이다. 즉, 기존 수험자료로는 풀기 어려운 내용이다. 이것은 관련 법조문의 이해와 판례의 해석 등을 종합적으로 파악하여 이주대책에 대한 완벽한 이해가 있어야 풀 수 있는 문제이기 때문이다. 이주대책의 주요 쟁점과 관련된 판례를 풍부하게 접하고 알고 있어야 하겠다. 다시 한번 강조하지만, 법규공부는 관련 조문의 꼼꼼한 검토와 관련 판례 공부를 통해서 완성될 수 있다

는 점을 깊이 인식하여야 한다. 앞으로도 이러한 유형의 출제가 예상되며, 수험생에게는 가장 어려운 유형의 문제이다.

Ⅱ 논점파악

1. 물음 (1)

이주대책의 이론적 및 헌법적 근거를 묻고 있다. 이주대책은 생활보상의 일종이므로 생활보상에 대한 근거를 알고 있다면 이것으로 접근하면 될 것이다. 이주대책의 근거에 대한 판례를 살펴보면 다음과 같다.

대판 1994.5.24, 92다35783 全合 [지장물세목조서명의변경]

[다수의견]

(구)공공용지의 취득 및 손실보상에 관한 특례법상의 이주대책은 공공사업의 시행에 필요한 토지 등을 제공함으로 인하여 생활의 근거를 상실하게 되는 이주자들을 위하여 사업시행자가 기본적인 생활시설이 포함된 택지를 조성하거나 그 지상에 주택을 건설하여 이주자들에게 이를 그 투입비용 원가만의 부담하에 개별 공급하는 것으로서, 그 본래의 취지에 있어 이주자들에 대하여 종전의 생활상태를 원상으로 회복시키면서 동시에 인간다운 생활을 보장하여 주기 위한 이른바 생활보상의 일환으로 국가의 적극적이고 정책적인 배려에 의하여 마련된 제도이다.

[반대의견]

(구)공공용지의 취득 및 손실보상에 관한 특례법에 의한 이주대책은 학설상 이른바 생활보상으로서 실체적 권리인 손실보상의 한 형태로 파악되고 있으며 대법원 판례도 이를 실체법상의 권리로 인정하여, 민사소송으로 이주대책에 의한 주택수분양권의 확인소송을 허용하였었다. 이주대책은 경우에 따라 택지 또는 주택의 분양이나 이주정착금으로 보상되는바, 이주정착금이 손실보상금의 일종이므로 통상의 각종 보상금처럼 실체적 권리가 되는 것을 부정할 수 없을 것이고, 그렇다면 같은 취지의 택지 또는 주택의 수분양권도 실체적인 권리로 봄이 마땅하며 설사 이를 권리로 보지 못한다 하더라도 적어도 확인소송의 대상이 되는 권리관계 또는 법률관계로는 보아야 한다.

[반대의견에 대한 보충의견]

(구)공공용지의 취득 및 손실보상에 관한 특례법 제8조 제1항의 이주대책은 사업시행자가 이주자에 대한 은혜적인 배려에서 임의적으로 수립 시행해 주는 것이 아니라 이주자에 대하여 종전의 재산상태가 아닌 생활상태로 원상회복시켜 주기 위한 생활보상의 일환으로 마련된 제도로서, 헌법 제23조 제3항이 규정하는 손실보상의 한 형태라고 보아야 한다.

2. 물음 (2)

첫 번째 쟁점은 주택소유자 甲이 이주대책대상자인지가 문제된다. 이를 위해서는 토지보상법령을 검토하여 甲이 이주대책대상자인지와 사업시행자가 수립한 이주대책기준의 법적 성질과 그 구속성을 검토하여야 한다.

두 번째 쟁점은 주택소유자 甲이 이주대책대상자라면 현재 甲에게 수분양권이 발생했는지를 검토하여, 분양아파트의 공급 혹은 이주정착금의 지급을 요구할 수 있는지의 여부를 검토하면 된다. 따라서 수분양권의 발생시기가 문제된다.

사안에서 이주대책대상자 선정 신청을 하고 사업시행자가 확인결정을 했는지가 명확하지 않은바 이주대책계획수립만 된 상태라고 보고 문제를 풀었다.

(1) 토지보상법령상 이주대책 관련 내용

동법 제78조 제1항

사업시행자는 공익사업의 시행으로 인하여 주거용 건축물을 제공함에 따라 생활의 근거를 상실하게 되는 자(이하 "이주대책대상자"라 한다)를 위하여 대통령령으로 정하는 바에 따라 이주대책을 수립・실시하거나 이주정착금을 지급하여야 한다.

동법 시행령 제40조 제2항

이주대책은 국토교통부령으로 정하는 부득이한 사유가 있는 경우를 제외하고는 이주대책대상자 중 이주정착지에 이주를 희망하는 자의 가구 수가 10호(戶) 이상인 경우에 수립・실시한다. 다만, 사업시행자가 「택지개발촉진법」 또는 「주택법」 등 관계 법령에 따라 이주대책대상자에게 택지 또는 주택을 공급한 경우(사업시행자의 알선에 의하여 공급한 경우를 포함한다)에는 이주대책을 수립・실시한 것으로 본다.

동법 시행규칙 제53조 제1항

영 제40조 제2항 본문에서 "국토교통부령으로 정하는 부득이한 사유"란 다음 각 호의 어느 하나에 해당하는 경우를 말한다.

1. 공익사업시행지구의 인근에 택지조성에 적합한 토지가 없는 경우
2. 이주대책에 필요한 비용이 해당 공익사업의 본래의 목적을 위한 소요비용을 초과하는 등 이주대책의 수립・실시로 인하여 해당 공익사업의 시행이 사실상 곤란하게 되는 경우

동법 시행령 제40조 제5항

다음 각 호의 어느 하나에 해당하는 자는 이주대책대상자에서 제외한다.

1. 허가를 받거나 신고를 하고 건축 또는 용도변경을 하여야 하는 건축물을 허가를 받지 아니하거나 신고를 하지 아니하고 건축 또는 용도변경을 한 건축물의 소유자
2. 해당 건축물에 공익사업을 위한 관계 법령에 따른 고시 등이 있은 날부터 계약체결일 또는 수용재결일까지 계속하여 거주하고 있지 아니한 건축물의 소유자. 다만, 질병으로 인한 요양, 징집으로 인한 입영, 공무, 취학, 해당 공익사업지구 내 타인이 소유하고 있는 건축물에의 거주, 그 밖에 이에 준하는 부득이한 사유로 인하여 거주하지 아니한 경우에는 그러하지 아니하다.
3. 타인이 소유하고 있는 건축물에 거주하는 세입자. 다만 해당 공익사업지구에 주거용 건축물을 소유한 자로서 타인이 소유하고 있는 건축물에 거주하는 세입자는 제외한다.

동법 시행령 제41조

사업시행자는 법 제78조 제1항에 따라 다음 각 호의 어느 하나에 해당하는 경우에는 이주대책대상자에게 국토교통부령으로 정하는 바에 따라 이주정착금을 지급해야 한다.

1. 이주대책을 수립·실시하지 아니하는 경우
2. 이주대책대상자가 이주정착지가 아닌 다른 지역으로 이주하려는 경우
3. 이주대책대상자가 공익사업을 위한 관계 법령에 따른 고시 등이 있은 날의 1년 전부터 계약체결일 또는 수용재결일까지 계속하여 해당 건축물에 거주하지 않은 경우
4. 이주대책대상자가 공익사업을 위한 관계 법령에 따른 고시 등이 있은 날 당시 다음 각 목의 어느 하나에 해당하는 기관·업체에 소속(다른 기관·업체에 소속된 사람이 파견 등으로 각 목의 기관·업체에서 근무하는 경우를 포함한다)되어 있거나 퇴직한 날부터 3년이 경과하지 않은 경우
   가. 국토교통부
   나. 사업시행자
   다. 법 제21조 제2항에 따라 협의하거나 의견을 들어야 하는 공익사업의 허가·인가·승인 등 기관
   라. 공익사업을 위한 관계 법령에 따른 고시 등이 있기 전에 관계 법령에 따라 실시한 협의, 의견청취 등의 대상자였던 중앙행정기관, 지방자치단체, [공공기관의 운영에 관한 법률] 제4조에 따른 공공기관 및 [지방공기업법]에 따른 지방공기업

종합해 보면,

1. 법상 이주대책대상자와 비대상자의 구분은 법 제78조 제1항과 동법 시행령 제40조 제5항에 따라 나누어진다.
2. 이주대책대상자 중 이주정착금 지급대상자는 동법 시행령 제41조에 따라 판단된다.

(2) 사업시행자가 마련한 이주대책기준의 법적 성질

이주대책의 수립·시행에 따른 사항을 정한 한국토지공사의 이주자택지의 공급에 관한 예규는 이주대책에 관한 한국토지공사 내부의 사무처리준칙을 정한 것에 불과하고, 대외적으로 국민이나 법원을 기속하는 효력이 없을 뿐 아니라, 법원으로서는 이주대책의 근거 법령인 (구)공공용지의 취득 및 손실보상에 관한 특례법의 규정취지를 감안하여 위 예규에 나타난 사업시행자의 의사를 합리적으로 해석할 수 있다(대판 1997.2.11, 96누14067).

(3) 이주대책의 구체적 내용에 사업시행자의 재량이 인정되는지 여부

사업시행자는 이주대책기준을 정하여 이주대책대상자 중에서 이주대책을 수립·실시하여야 할 자를 선정하여 그들에게 공급할 택지 또는 주택의 내용이나 수량을 정할 수 있고, 이를 정하는 데 재량을 가지므로, 이를 위해 사업시행자가 설정한 기준은 그것이 객관적으로 합리적이 아니라거나 타당하지 않다고 볼 만한 다른 특별한 사정이 없는 한 존중되어야 한다(대판 2010.3.25, 2009두23709).

(4) 수분양권의 발생시기

대판 1994.5.24, 92다35783 全合

[다수의견]

같은 법 제8조 제1항이 사업시행자에게 이주대책의 수립·실시의무를 부과하고 있다고 하여 그 규정 자체만에 의하여 이주자에게 사업시행자가 수립한 이주대책상의 택지분양권이나 아파트 입주권 등을 받을 수 있는 구체적인 권리(수분양권)가 직접 발생하는 것이라고는 도저히 볼 수 없으며, 사업시행자가 이주대책에 관한 구체적인 계획을 수립하여 이를 해당자에게 통지 내지 공고한 후, 이주자가 수분양권을 취득하기를 희망하여 이주대책에 정한 절차에 따라 사업시행자에게 이주대책대상자 선정신청을 하고 사업시행자가 이를 받아들여 이주대책대상자로 확인·결정하여야만 비로소 구체적인 수분양권이 발생하게 된다.

[반대의견]

이주자가 분양신청을 하여 사업시행자로부터 분양처분을 받은 경우 이러한 사업시행자의 분양처분의 성질은 이주자에게 수분양권을 비로소 부여하는 처분이 아니라, 이미 이주자가 취득하고 있는 수분양권에 대하여 그의 의무를 이행한 일련의 이행처분에 불과하고, 이는 이주자가 이미 취득하고 있는 수분양권을 구체화시켜 주는 과정에 불과하다. 이를 실체적 권리로 인정해야 구체적 이주대책 이행을 신청하고 그 이행이 없을 때 부작위위법확인소송을 제기하여 그 권리구제를 받을 수 있고, 그 권리를 포기한 것으로 볼 수 없는 한 언제나 신청이 가능하고 구체적 이주대책이 종료한 경우에도 추가 이주대책을 요구할 수 있게 된다.

[반대의견에 대한 보충의견]

(구)공공용지의 취득 및 손실보상에 관한 특례법 제8조 제1항의 이주대책은 사업시행자가 이주자에 대한 은혜적인 배려에서 임의적으로 수립 시행해 주는 것이 아니라 이주자에 대하여 종전의 재산상태가 아닌 생활상태로 원상회복시켜 주기 위한 생활보상의 일환으로 마련된 제도로서, 헌법 제23조 제3항이 규정하는 손실보상의 한 형태라고 보아야 한다.

■ 이주대책에 대한 전원합의체 판결 - 종전 판례 변경(대판 1994.5.24, 92다35783 全合)

대판 2011.6.23, 2007다63089, 63096 全合[채무부존재확인·채무부존재확인]

【판시사항】

[1] 계약당사자 중 일방이 상대방 및 제3자와 3면 계약을 체결하거나 상대방의 승낙을 얻어 계약상 당사자의 지위를 포괄적으로 제3자에게 이전하는 경우, 제3자가 종래 계약에서 이미 발생한 채권·채무도 모두 이전받는지 여부(적극)

[2] 사업시행자가 (구)공익사업을 위한 토지 등의 취득 및 보상에 관한 법률 시행령 제40조 제2항 단서에 따라 택지개발촉진법 또는 주택법 등 관계 법령에 의하여 이주대책대상자들에게 택지 또는 주택을 공급하는 경우에도 이주정착지를 제공하는 경우와 마찬가지로 사업시행자 부담으로 (구)공익사업을 위한 토지 등의 취득 및 보상에 관한 법률 제78조 제4항에서 정한 생활기본시설을 설치하여 이주대책대상자들에게 제공하여야 하는지 여부(적극)

[3] 사업시행자의 이주대책 수립·실시의무를 정하고 있는 (구)공익사업을 위한 토지 등의 취득 및 보상에 관한 법률 제78조 제1항과 이주대책의 내용을 정하고 있는 같은 조 제4항 본문이 강행법규인지 여부(적극)

[4] (구)공익사업을 위한 토지 등의 취득 및 보상에 관한 법률 제78조 제4항에서 정한 '도로·급수시설·배수시설 그 밖의 공공시설 등 해당 지역조건에 따른 생활기본시설'의 의미 및 이주대책대상자들과 사업시행자 등이 체결한 택지 또는 주택에 관한 특별공급계약에서 위 조항에 규정된 생활기본시설 설치비용을 분양대금에 포함시킴으로써 이주대책대상자들이 그 비용까지 사업시행자 등에게 지급하게 된 경우, 사업시행자가 그 비용 상당액을 부당이득으로 이주대책대상자들에게 반환하여야 하는지 여부(적극)

【판결요지】

[1] 계약당사자 중 일방이 상대방 및 제3자와 3면 계약을 체결하거나 상대방의 승낙을 얻어 계약상 당사자로서의 지위를 포괄적으로 제3자에게 이전하는 경우 이를 양수한 제3자는 양도인의 계약상 지위를 승계함으로써 종래 계약에서 이미 발생한 채권·채무도 모두 이전받게 된다.

[2] **[다수의견]**

(구)공익사업을 위한 토지 등의 취득 및 보상에 관한 법률(2007.10.17. 법률 제8665호로 개정되기 전의 것, 이하 '(구)공익사업법'이라 한다) 제78조 제1항은 사업시행자의 이주대책 수립·실시의무를 정하고 있고, (구)공익사업을 위한 토지 등의 취득 및 보상에 관한 법률 시행령(2008.2.29. 대통령령 제20722호로 개정되기 전의 것, 이하 '구 공익사업법 시행령'이라 한다) 제40조 제2항은 "이주대책은 건설교통부령이 정하는 부득이한 사유가 있는 경우를 제외하고는 이주대책대상자 중 이주를 희망하는 자가 10호 이상인 경우에 수립·실시한다. 다만 사업시행자가 택지개발촉진법 또는 주택법 등 관계 법령에 의하여 이주대책대상자에게 택지 또는 주택을 공급한 경우(사업시행자의 알선에 의하여 공급한 경우를 포함한 다)에는 이주대책을 수립·실시한 것으로 본다."고 규정하고 있으며, 한편 (구)공익사업법 제78조 제4항 본문은 "이주대책의 내용에는 이주정착지에 대한 도로·급수시설·배수시설 그 밖의 공공시설 등 해당 지역조건에 따른 생활기본시설이 포함되어야 하며, 이에 필요한 비용은 사업시행자의 부담으로 한다."고 규정하고 있다. 위 각 규정을 종합하면 사업시행자가 (구)공익사업법 시행령 제40조 제2항 단서에 따라 택지개발촉진법 또는 주택법 등 관계 법령에 의하여 이주대책대상자들에게 택지 또는 주택을 공급(이하 '특별공급'이라 한다)하는 것도 (구)공익사업법 제78조 제1항의 위임에 근거하여 사업시행자가 선택할 수 있는 이주대책의 한 방법이므로, 특별공급의 경우에도 이주정착지를 제공하는 경우와 마찬가지로 사업시행자의 부담으로 같은 조 제4항이 정한 생활기본시설을 설치하여 이주대책대상자들에게 제공하여야 한다고 보아야 하고, 이주대책대상자들이 특별공급을 통해 취득하는 택지나 주택의 시가가 공급가액을 상회하여 그들에게 시세차익을 얻을 기회나 가능성이 주어진다고 하여 달리 볼 것은 아니다.

[대법관 양창수, 대법관 신영철, 대법관 민일영의 별개의견]

사업시행자가 (구)공익사업을 위한 토지 등의 취득 및 보상에 관한 법률 시행령(2008.2.29. 대통령령 제20722호로 개정되기 전의 것) 제40조 제2항 단서에 따라 이주대책대상자에게 택지 또는 주택을 특별공급한 경우에는 그로써 이주대책을 수립·실시한 것으로 보아 별도의 이주대책을 수립·실시하지 않아도 되므로, 사업시행자는 특별공급한 택지 또는 주택에 대하여는 그것이 이주정착지임을 전제로 생활기본시설을 설치해 줄 의무가 없다고 보아야 한다.

[3] (구)공익사업을 위한 토지 등의 취득 및 보상에 관한 법률(2007.10.17. 법률 제8665호로 개정되기 전의 것, 이하 '(구)공익사업법'이라 한다)은 공익사업에 필요한 토지 등을 협의 또는 수용에 의하여

취득하거나 사용함에 따른 손실 보상에 관한 사항을 규정함으로써 공익사업의 효율적인 수행을 통하여 공공복리의 증진과 재산권의 적정한 보호를 도모함을 목적으로 하고 있고, 위 법에 의한 이주대책은 공익사업의 시행에 필요한 토지 등을 제공함으로 인하여 생활의 근거를 상실하게 되는 이주대책대상자들에게 종전 생활상태를 원상으로 회복시키면서 동시에 인간다운 생활을 보장하여 주기 위하여 마련된 제도이므로, 사업시행자의 이주대책 수립·실시의무를 정하고 있는 (구)공익사업법 제78조 제1항은 물론 이주대책의 내용에 관하여 규정하고 있는 같은 조 제4항 본문 역시 당사자의 합의 또는 사업시행자의 재량에 의하여 적용을 배제할 수 없는 강행법규이다.

[4] [다수의견]

(구)공익사업을 위한 토지 등의 취득 및 보상에 관한 법률(2007.10.17. 법률 제8665호로 개정되기 전의 것, 이하 '(구)공익사업법'이라 한다) 제78조 제4항의 취지는 이주대책대상자들에게 생활근거를 마련해 주고자 하는 데 목적이 있으므로, 위 규정의 '도로·급수시설·배수시설 그 밖의 공공시설 등 해당 지역조건에 따른 생활기본시설'은 주택법 제23조 등 관계 법령에 의하여 주택건설사업이나 대지조성사업을 시행하는 사업주체가 설치하도록 되어 있는 도로 및 상하수도시설, 전기시설·통신시설·가스시설 또는 지역난방시설 등 간선시설을 의미한다고 보아야 한다. 따라서 만일 이주대책대상자들과 사업시행자 또는 그의 알선에 의한 공급자에 의하여 체결된 택지 또는 주택에 관한 특별공급계약에서 (구)공익사업법 제78조 제4항에 규정된 생활기본시설 설치비용을 분양대금에 포함시킴으로써 이주대책대상자들이 생활기본시설 설치비용까지 사업시행자 등에게 지급하게 되었다면, 사업시행자가 직접 택지 또는 주택을 특별공급한 경우에는 특별공급계약 중 분양대금에 생활기본시설 설치비용을 포함시킨 부분이 강행법규인 위 조항에 위배되어 무효이고, 사업시행자의 알선에 의하여 다른 공급자가 택지 또는 주택을 공급한 경우에는 사업시행자가 위 규정에 따라 부담하여야 할 생활기본시설 설치비용에 해당하는 금액의 지출을 면하게 되어, 결국 사업시행자는 법률상 원인 없이 생활기본시설 설치비용 상당의 이익을 얻고 그로 인하여 이주대책 대상자들이 같은 금액 상당의 손해를 입게 된 것이므로, 사업시행자는 그 금액을 부당이득으로 이주대책대상자들에게 반환할 의무가 있다. 다만 (구)공익사업을 위한 토지 등의 취득 및 보상에 관한 법률 제78조 제4항에 따라 사업시행자의 부담으로 이주대책대상자들에게 제공하여야 하는 것은 위 조항에서 정한 생활기본시설에 국한되므로, 이와 달리 사업시행자가 이주대책으로서 이주정착지를 제공하거나 택지 또는 주택을 특별공급하는 경우 사업시행자는 이주대책대상자들에게 택지의 소지가격 및 택지조성비 등 투입비용의 원가만을 부담시킬 수 있고 이를 초과하는 부분은 생활기본시설 설치비용에 해당하는지를 묻지 않고 그 전부를 이주대책대상자들에게 전가할 수 없다는 취지로 판시한 종래 대법원판결들은 이 판결의 견해에 배치되는 범위 안에서 모두 변경하기로 한다.

[대법관 김능환의 별개의견]

(구)공익사업을 위한 토지 등의 취득 및 보상에 관한 법률(2007.10.17. 법률 제8665호로 개정되기 전의 것, 이하 '(구)공익사업법'이라 한다) 제78조 제4항의 '생활기본시설'이 그 항목에서는 다수의견처럼 주택법 제23조에서 규정하는 '간선시설'을 의미하는 것으로 볼 수밖에 없다고 하더라도, 그 범위에서는 이주대책대상자에게 주택단지 밖의 기간이 되는 시설로부터 주택단지의 경계선까지뿐만 아니라 경계선으로부터 이주대책대상자에게 공급되는 주택까지에 해당하는 부분의 설치비용까지를 포함하는 것으로 보아 비용을 이주대책대상자에게 부담시킬 수 없으며, 주택의 분양가에 포함되어 있는 이윤 역시 이주대책대상자에게 부담시킬 수 없다고 보는 것이 (구)공익사업법 제78조 제4항의 취지에 부합하는 해석이다. 결국 이주대책대상자에게는 분양받을 택지의 소지가격, 위에서 본 바와 같은 의미의 생활기본시설 설치비용을 제외한 택지조성비 및 주택의 건축원가만을 부담시킬 수 있

는 것으로 보아야 한다. 다수의견이 변경대상으로 삼고 있는 대법원판결들은 이러한 취지에서 나온 것들로서 옳고, 그대로 유지되어야 한다.

【참조조문】

[1] 민법 제453조, 제454조

[2] (구)공익사업을 위한 토지 등의 취득 및 보상에 관한 법률(2007.10.17. 법률 제8665호로 개정되기 전의 것) 제78조 제1항, 제4항, (구)공익사업을 위한 토지 등의 취득 및 보상에 관한 법률 시행령(2008.2.29. 대통령령 제20722호로 개정되기 전의 것) 제40조 제2항

[3] (구)공익사업을 위한 토지 등의 취득 및 보상에 관한 법률(2007.10.17. 법률 제8665호로 개정되기 전의 것) 제78조 제1항, 제4항, 민법 제105조

[4] (구)공익사업을 위한 토지 등의 취득 및 보상에 관한 법률(2007.10.17. 법률 제8665호로 개정되기 전의 것) 제78조 제4항, 주택법 제23조, 민법 제105조, 제741조

【참조판례】

[4] 대판 1994.5.24, 92다35783 전원합의체 판결(공1994하, 1779)(변경)
대판 2002.3.15, 2001다67126 판결(공2002상, 886)(변경)
대판 2003.7.25, 2001다57778 판결(공2003하, 1817)(변경)

(출처 : 대판 2011.6.23, 2007다63089 순습[채무부존재확인 · 채무부존재확인])

3. 물음 (3)

본 물음에서는 용어상 이해가 필요하다. 무허가주택에는 무허가건축물대장에 등재하게 되어 있는 무허가주택(등재무허가주택)과 무허가건축물대장에 등재가 되어있지 아니한 무허가주택(미등재무허가주택)으로 나눌 수 있다.

토지보상법 시행령 제40조 제5항 제1호에서는 무허가 또는 무신고 주택소유자를 이주대책대상자에서 제외하고 있다. 그러나 공익사업의 종류와 근거법에 따라 다소 차이는 있겠지만 사업시행자는 무허가 주택소유자라고 모두 이주대책대상자에서 제외하지 않고 오히려 확대하여 이주대책대상자를 선정하고 있는 경우가 많다. 실제로 SH공사가 시행하는 공익사업에서 이주대책 기준을 살펴보니 등재된 무허가주택 소유자는 이주대책대상자로 포함하고, 미등재된 무허가주택 소유자는 1989.1.24. 이전에 건축된 주택으로 이를 구청장 등의 확인을 받은 경우에 이주대책대상자로 포함하고 있는 경우가 많았다.

그렇지만, 본 문제에서는 사업시행자가 마련한 이주대책기준에는 등재무허가건축물 소유자는 이주대책에서 제외한다고 규정하고 있으며, 미등재건축물 소유자 乙에게 무허가건축물 소유자라는 이유로 이주대책에서 제외하고 있다.

(1) 무허가주택 소유자가 이주대책대상자에 해당한다고 주장할 수 있는 근거

토지보상법 시행령 부칙 제6조에서는 다음과 같이 규정하고 있다. '1989년 1월 24일 현재 무허가 또는 무신고 건축물의 소유자에 대하여는 제40조 제3항 제1호의 규정에도 불구하고 이주대책대상자에 포함한다.'고 규정하고 있다. 따라서 乙의 주택이 미등재건축물이라도 1989년 1월 24일 현재 건축된 경우라면 법상 이주대책대상자에 해당한다.

(2) 이주대책대상자 제외행위의 법적 성질

(구)공공용지의 취득 및 손실보상에 관한 특례법 제8조 제1항이 사업시행자로 하여금 공공사업의 시행에 필요한 토지 등을 제공함으로 인하여 생활근거를 상실하게 되는 자에게 이주대책을 수립・실시하도록 하고 있는바, 택지개발촉진법에 따른 사업시행을 위하여 토지 등을 제공한 자에 대한 이주대책을 세우는 경우 위 이주대책은 공공사업에 협력한 자에게 특별공급의 기회를 요구할 수 있는 법적인 이익을 부여하고 있는 것이라고 할 것이므로 그들에게는 특별공급신청권이 인정되며, 따라서 사업시행자가 위 조항에 해당함을 이유로 특별분양을 요구하는 자에게 이를 거부하는 행위는 비록 이를 민원회신이라는 형식을 통하여 하였더라도, 항고소송의 대상이 되는 거부처분이라고 할 것이다(대판 1999.8.20, 98두17043).

(3) 수분양권의 성질

수분양권은 위와 같이 이주자가 이주대책을 수립・실시하는 사업시행자로부터 이주대책대상자로 확인・결정을 받음으로써 취득하게 되는 택지나 아파트 등을 분양받을 수 있는 공법상의 권리라고 할 것이다(대판 1994.5.24, 92다35783 全合).

(4) 공법상 당사자소송으로 수분양권의 확인을 구할 수 있는지 여부

대판 1994.5.24, 92다35783 全合

[다수의견]

이러한 수분양권은 위와 같이 이주자가 이주대책을 수립・실시하는 사업시행자로부터 이주대책대상자로 확인・결정을 받음으로써 취득하게 되는 택지나 아파트 등을 분양받을 수 있는 공법상의 권리라고 할 것이므로, 이주자가 사업시행자에 대한 이주대책대상자 선정신청 및 이에 따른 확인・결정 등 절차를 밟지 아니하여 구체적인 수분양권을 아직 취득하지도 못한 상태에서 곧바로 분양의무의 주체를 상대방으로 하여 민사소송이나 공법상 당사자소송으로 이주대책상의 수분양권의 확인 등을 구하는 것은 허용될 수 없고, 나아가 그 공급대상인 택지나 아파트 등의 특정부분에 관하여 그 수분양권의 확인을 소구하는 것은 더더욱 불가능하다고 보아야 한다.

[반대의견]

이주대책에 의한 분양신청은 실체적 권리의 행사에 해당된다 할 것이므로 구체적 이주대책에서 제외된 이주대책대상자는 그 경위에 따라 분양신청을 하여 거부당한 경우 권리침해를 이유로 항고소송을 하거나 또는 자기 몫이 참칭 이주대책대상자에게 이미 분양되어 다시 분양신청을 하더라도 거부당할 것이 명백한 특수한 경우 등에는 이주대책대상자로서 분양받을 권리 또는 그 법률상 지위의 확인을 구할 수 있다고 보아야 하며, 이때에 확인소송은 확인소송의 보충성이라는 소송법의 일반법리에 따라 그 확인소송이 권리구제에 유효적절한 수단이 될 때에 한하여 그 소의 이익이 허용되어야 함은 물론이다.

예시답안

본 예시답안은 대판 2011.6.23, 2007다63089, 63096 全合 판결(이주대책은 강행규정)이 나오기 전에 출제된 문제로 종전 판례에 의하여 예시답안이 구성된 답안으로 현 시점에서는 토지보상법상 이주대책은 강행규정으로 논리구성해야 함. 이와 관련하여는 후술하기로 함.

Ⅰ 논점의 정리

1. 물음 (1)에서는 생활보상의 일환으로서 이론적 근거와 헌법적 근거가 문제된다.
2. 물음 (2)에서는 주택소유자 甲이 법상 이주대책대상자인지가 문제되는데, 이는 토지보상법령상 이주대책 관련 규정과 사업시행자가 마련한 이주대책기준이 구속력이 미치는지 등을 검토하여 종합적으로 판단하여야 한다. 다음으로는 만약 甲이 이주대책대상자라면 분양아파트의 공급 등을 요구할 수 있는지와 관련하여 甲에게 수분양권이 발생하였는지를 검토하여야 한다.
3. 물음 (3)에서는 乙이 미등재 무허가건축물 소유자라도 이주대책의 대상자에 해당할 수 있는지를 토지보상법령에서 그 근거를 찾아보고, 만약 乙이 이주대책대상자에 해당한다면, 권리구제수단으로 이주대책에서 제외시킨 사업시행자의 행위에 대하여 거부처분으로 보아 거부처분취소소송을 제기할 수 있는지와 수분양권의 법적 성질을 검토하여, 만약 공권이라면 당사자소송으로 수분양권의 확인을 구할 수 있는지 검토한다.

Ⅱ 물음 (1)

1. 이주대책의 의의 및 필요성

이주대책이란 공익사업의 시행으로 인하여 주거용 건축물을 제공함에 따라 생활의 근거를 상실하게 되는 자를 종전과 같은 생활상태를 유지할 수 있도록 다른 지역으로 이주시키는 것을 말한다. 손실보상금이 적은 경우에는 그 보상금으로 종전과 같은 생활을 유지하기 어려우므로 실질적인 보상이 행해질 필요성이 있다.

2. 이론적 근거

대법원은 이주대책의 본래 취지가 이주자들에 대하여 종전의 생활상태를 원상으로 회복시키면서 동시에 인간다운 생활을 보장하여 주기 위한 이른바 생활보상의 일환으로 국가의 적극적이고 정책적인 배려에 의하여 마련된 제도라고 보았다.

3. 헌법적 근거

(1) 견해대립

이주대책도 정당보상에 포함되는 것으로 보는 헌법 제23조 근거설, 이주대책은 인간다운 생활을 할 권리를 규정하고 있는 헌법 제34조에 근거한다는 견해, 이주대책은 정당보상에 포함되면서도 경제적 약자에 대한 생존배려의 관점에서 행해지는 것이므로 헌법 제23조 및 제34조에 동시에 근거한다는 견해가 대립한다.

(2) **판례**

헌법재판소는 이주자들의 종전 생활상태를 회복시키기 위한 생활보상의 일환으로 보아 헌법 제34조에 근거한다고 보는 듯하다.

(3) **검토**

정당보상은 재산권 보상뿐만 아니라 생활보상까지 포함하는 것으로 전환되고 있으며, 생활보상이 정당보상의 범주를 넘어 행하여지는 경우가 있으므로 이는 사회보장의 성격을 갖는 바, 헌법 제23조 및 제34조에 동시에 근거한다고 보는 것이 타당하다.

Ⅲ 물음 (2)

1. 주택소유자 甲이 법상 이주대책대상자인지 여부

토지보상법 제78조 제1항에서는 공익사업에 주거용 건축물을 제공함에 따라 생활의 근거를 상실하게 되는 자를 이주대책대상자로 규정하면서, 동법 시행령 제40조 제5항에서는 무허가·무신고건축물 소유자, 관계 법령에 의한 고시 등이 있는 날부터 계약체결일 또는 수용재결일까지 계속하여 거주하고 있지 아니한 건축물 소유자, 타인의 건축물에 거주하는 세입자들은 이주대책대상자에서 제외한다고 규정하고 있다.

사안에서 甲은 주거용 건축물을 공익사업에 제공한 자이며, 무허가건축물 소유자가 아니므로 법상 이주대책대상자이다.

2. 甲이 수분양권을 취득하였는지 여부

(1) **수분양권의 취득시기**

1) 견해대립

사업시행자가 구체적인 계획을 수립하여 통지 내지 공고한 경우 이주대책대상자에게 수분양권이 발생한다고 보는 견해와 이주대책계획 수립 이후에 대상자의 신청을 받아 사업시행자가 이주대책대상자로 확인·결정하여야 비로소 수분양권이 발생한다고 보는 견해가 대립한다.

2) 검토

법상 이주대책대상자는 이주대책을 수립한 이후에는 추상적인 수분양권이 그 이주대책이 정하는 바에 따라 구체적 권리로 바뀌게 되므로 계획수립시설이 타당하다. 다만, 법상 이주대책대상자가 아닌 경우에는 사업시행자가 대상자로 확인·결정하여야 비로소 수분양권이 발생한다고 보아야 한다.

(2) 사안의 경우

이주대책계획이 수립되어 공고되었는바 이주대책계획수립시설에 의하면 甲은 수분양권을 취득하였다. 다만, 확인·결정시설에 의하면 아직 사업시행자의 확인·결정이 없었으므로 수분양권을 취득하지 못하였다.

3. 甲이 분양아파트의 공급을 요구할 수 있는지 여부

(1) 문제점

甲은 법상 이주대책대상자이나 사업시행자가 수립한 이주대책기준에 의하면 분양아파트 공급대상자가 아니라 이주정착금 지급대상자에 해당한다. 따라서 사업시행자가 수립한 이주대책기준의 구속력 여부를 검토하여 분양아파트 공급을 요구할 수 있는지 판단한다.

(2) 사업시행자가 수립한 이주대책기준의 구속력 여부

1) 이주대책기준의 법적 성질

사업시행자가 공익사업시행과 관련하여 마련한 이주대책기준은 사업시행자가 작성한 행정규칙에 불과하다. 판례 역시 사업시행자 내부의 사무처리준칙을 정한 것에 불과하고, 대외적으로 국민이나 법원을 기속하는 효력이 없다고 보았다.

2) 이주대책기준의 구속력 여부

이주대책기준이 대외적 구속력이 없다 하더라도 대법원은 "사업시행자는 이주대책기준을 정하여 이주대책대상자 중에서 이주대책을 수립·실시하여야 할 자를 선정하여 그들에게 공급할 택지 또는 주택의 내용이나 수량을 정할 수 있고 이를 정하는 데 재량을 가지므로, 이를 위해 사업시행자가 설정한 기준은 그것이 객관적으로 합리적이 아니라거나 타당하지 않다고 볼 만한 다른 특별한 사정이 없는 한 존중되어야 한다."(대판 2010.3.25, 2009두23709)라고 하여 그 기준이 객관적으로 합리적인 한 존중되어야 한다고 보았다.

3) A시가 마련한 이주대책기준이 객관적으로 합리적인지 여부

사안에서 A시가 마련한 이주대책기준은 이주대책대상자 중에서 자진이주하지 않은 자에게 분양아파트를 공급하지 않고 이주정착금을 지급한다고 정하고 있다. 이주정착금의 대상자는 토지보상법 시행령 제41조에서 부득이한 사유로 이주대책을 수립·실시하지 아니한 경우나 이주정착지가 아닌 다른 지역으로 이주를 희망하는 경우에 이주정착금 지급사유를 규정하고 있다. 따라서 자진이주라는 조건을 달아 분양아파트를 공급하지 않고 이주정착금의 대상자로 규정한 기준은 토지보상법령의 취지에 반하여 객관적으로 합리적이라 보기 어렵다.

4) 사안의 경우

A시가 마련한 이주대책기준은 합리적이라고 보기 어려운바 그 구속력은 인정될 수 없으며, 甲은 토지보상법령에 따라 분양아파트 공급을 요구할 수 있는 이주대책대상자라 보는 것이 타당하다.

4. 소결

甲은 법상 이주대책대상자이며, 사업시행자가 수립한 이주대책기준은 합리적이라고 보기 어려우므로 그 구속력은 인정될 수 없다. 따라서 이주대책계획수립시설에 의하면 甲은 수분양권을 취득하였으므로 분양아파트 공급을 요구할 수 있고, 만약 甲이 다른 지역으로 이주를 희망하는 경우에는 이주정착금을 요구할 수 있다. 다만, 확인・결정시설을 따르면 甲은 아직 수분양권을 취득하지 못한 상태에 있으므로 아파트공급 요구나 이주정착금 지급요구를 할 수 없다.

Ⅳ 물음 (3)

1. 乙이 권리구제를 위하여 다툴 수 있는 근거

토지보상법 시행령 제40조 제3항 제1호에서는 무허가 또는 무신고주택 소유자를 이주대책대상자에서 제외하고 있다. 그러나 동법 시행령 부칙 제6조에서는 "1989년 1월 24일 현재 무허가 또는 무신고건축물의 소유자에 대하여는 제40조 제3항 제1호의 규정에도 불구하고 이주대책대상자에 포함한다."고 규정하고 있다. 따라서 乙의 주택이 1989년 1월 24일 이전에 건축된 경우라면 乙도 법상 이주대책대상자에게 해당하므로 사업시행자의 제외행위에 대해 다툴 수 있는 근거가 된다.

2. 권리구제를 위한 소송방법

(1) 사업시행자의 이주대책대상자 제외행위에 대한 항고소송 가능성

1) 제외행위의 법적 성질

사업시행자가 이주대책 대상자에서 제외하는 행위는 그 상대방의 권리의무에 직접 영향을 미치므로 거부처분이라고 보아야 한다. 대법원 역시 거부처분으로 보고 있다.

관련 판례

➡ 이주대책은 공공사업에 협력한 자에게 특별공급의 기회를 요구할 수 있는 법적인 이익을 부여하고 있는 것이라고 할 것이므로 그들에게는 특별공급신청권이 인정되며, 따라서 사업시행자가 위 조항에 해당함을 이유로 특별분양을 요구하는 자에게 이를 거부하는 행위는 비록 이를 민원회신이라는 형식을 통하여 하였더라도, 항고소송의 대상이 되는 거부처분이라고 할 것이다(대판 1999.8.20, 98두17043).

2) 거부처분 항고소송 가능성

사업시행자의 이주대책대상자 제외행위는 거부처분에 해당하므로 항고소송(취소소송 또는 무효등확인소송)의 대상이 된다. 또한 乙은 거부처분의 직접 상대방으로 그 거부처분의 취소 또는 무효확인을 구할 법률상 이익이 있다. 소송요건 등 다른 소송요건은 사안에서 구체적으로 검토할 근거가 없으므로 충족된 것으로 보면, 거부처분의 하자 정도에 따라 취소소송 또는 무효확인소송을 제기할 수 있다.

(2) 당사자소송 또는 민사소송으로 수분양권 확인을 구할 수 있는지 여부

1) 수분양권의 성질

수분양권은 이주대책대상자가 사업시행자로부터 취득하게 되는 택지나 아파트 등을 분양받을 수 있는 권리이다. 수분양권은 이주대책 실시로 부여받는 권리이며, 토지보상법에 근거하여 발생하는 권리이므로 공법상 권리로 보는 것이 타당하다. 대법원 역시 공법상 권리로 보고 있다.

> **관련 판례**
>
> ➡ 수분양권은 위와 같이 이주자가 이주대책을 수립, 실시하는 사업시행자로부터 이주대책대상자로 확인·결정을 받음으로써 취득하게 되는 택지나 아파트 등을 분양받을 수 있는 공법상의 권리라고 할 것(대판 1994.5.24, 92다35783 全合).

2) 소송의 형태

수분양권이 공법상 권리이므로 민사소송으로 수분양권의 확인을 구할 수 없다. 다만, 수분양권이 공법상 권리이므로 공법상 당사자소송으로 수분양권의 확인을 구할 수 있는지 여부는 구체적으로 乙이 수분양권을 취득하였는지 여부와 확인소송의 보충성이 인정되는지 여부에 따라서 결정된다.

3) 공법상 당사자소송으로 수분양권의 확인을 구할 수 있는지 여부

수분양권의 취득시점에 대한 이주대책계획수립시설에 의하면 乙은 수분양권을 취득하였고, 확인·결정시설에 따르면 아직 乙은 수분양권을 취득하지 못하였다. 따라서 확인·결정시설에 의하면 공법상 당사자소송으로 수분양권의 확인을 구할 수 없다. 계획수립시설에 의하면 乙이 법상 이주대책대상자라면 수분양권을 취득하였으므로 확인소송의 보충성만 인정된다면 수분양권의 확인을 구할 수 있다.

대법원 전원합의체 반대의견, 보충의견에 의하면 확인의 이익이 있는 경우는 '신청기간을 도과한 경우, 사업시행자가 미리 수분양권을 부정하거나 이주대책에 따른 분양절차가 종료되어 분양신청을 하더라도 거부당할 것이 명백한 경우, 또는 분양신청을 묵살당한 경우 등'으로 보았다.

확인소송의 보충성

소송법의 일반법리에 따라 그 확인소송이 권리구제에 유효적절한 수단이 될 때에 한하여 그 소의 이익을 인정하는 것을 말한다.

V 문제의 해결

1. 이주대책은 이주자들에 대하여 종전의 생활상태를 원상으로 회복시키면서 동시에 인간다운 생활을 보장하여 주기 위한 이른바 생활보상의 일환이다.

2. 사업시행자가 마련한 이주대책기준은 합리성이 없고, 甲은 법상 이주대책대상자이므로 수분양권이 발생하였다고 보는 이주대책계획수립시설에 의하면, 분양아파트의 공급요구 또는 다른 지역으로 이주할 시 이주정착금 지급을 요구할 수 있다. 확인·결정시설을 따르면 분양아파트 공급이나 이주정착금 지급을 요구할 수 없다.

3. 乙은 토지보상법 시행령 부칙 제6조에 근거하여 자신의 주택이 1989년 1월 24일 이전에 건축된 경우 법상 이주대책대상자로 권리구제의 근거가 된다. 이주대책대상자 제외처분에 대하여는 취소소송이나 무효확인소송을 제기할 수 있다. 수분양권이 공법상 권리이므로 민사소송제기는 불가하며, 당사자소송으로 수분양권의 확인을 구하는 소송은 확인·결정시설에 따르면 乙이 아직 수분양권을 취득하지 못한바, 공법상 당사자소송으로 확인소송을 구할 수 없다. 그러나 계획수립시설을 따르면 수분양권이 발생하였으므로 확인소송의 보충성만 인정된다면 공법상 당사자소송으로 수분양권의 확인을 구할 수 있다.

현시점 판례를 기준으로 한 목차

Ⅰ (물음1) 5점 이주대책의 이론적, 헌법적 근거

1. 이주대책의 의의 및 취지(토지보상법 제78조)

이주대책이란 공익사업의 시행으로 인하여 주거용건축물을 제공함에 따라 생활의 근거를 상실한 자에게 종전과 같은 생활상태를 유지할 수 있도록 택지 및 주택을 공급하거나 이주정착금을 지급하는 것을 말하며 생활재건조치에 취지가 있다.

2. 이론적 근거

대법원은 이주대책의 본래 취지가 이주자들에 대하여 종전의 생활상태를 원상으로 회복시키면서 동시에 인간다운 생활을 보장하여 주기 위한 이른바 생활보상의 일환으로 국가의 적극적이고 정책적인 배려에 의하여 마련된 제도라고 보았다.

3. 헌법적 근거

(1) 학설 및 판례

이주대책도 정당보상에 포함되는 것으로 보는 헌법 제23조 근거설, 이주대책은 인간다운 생활을 할 권리를 규정하고 있는 헌법 제34조에 근거한다는 견해, 이주대책은 정당보상에 포함되면서도 경제적 약자에 대한 생존배려의 관점에서 행해지는 것이므로 헌법 제23조 및 제34조에 동시에 근거한다는 견해가 대립하나, 헌법재판소는 이주자들의 종전 생활상태를 회복시키기 위한 생활보상의 일환으로 보아 헌법 제34조에 근거한다고 보는 입장이다.

(2) 검토

정당보상은 재산권 보상뿐만 아니라 생활보상까지 포함하는 것으로 전환되고 있으며, 생활보상이 정당보상의 범주를 넘어 행하여지는 경우가 있으므로 이는 사회보장의 성격을 갖는 바, 헌법 제23조 및 제34조에 동시에 근거한다고 보는 것이 타당하다.

Ⅱ (물음2) 20점 甲 분양아파트 공급 혹은 이주정착금 지급 요구 가능 여부

1. 논점의 정리

이주대책대상자 선정기준의 법적 성질에 대하여 설명하고 소유자 甲이 이주대책 대상자 선정기준상 대상에 해당하지 않는 경우에도 분양아파트 공급 및 이주정착금 지급을 요구할 수 있는지에 대하여 설명한다.

2. 이주대책의 법적 성질

(1) 생활보상

이주대책은 재산권 침해에 대한 보상만으로 메워지지 않는 생활권 침해에 대한 보상으로 이주자들에 대해 종전의 생활상태를 원상으로 회복시키고 인간다운 생활을 보장해 주기 위한 생활보상으로 보는 것이 일반적이다(대판 2011.2.24, 2010다43498).

(2) 강행규정

사업시행자의 이주대책 수립·실시 의무를 규정하고 있는 토지보상법 제78조 제1항과 이주대책의 내용을 정하고 있는 같은 조 제4항 본문은 강행규정으로 보고 있다(대판 2011.6.23, 2007다63089·63096 숲숭).

3. 이주대책의 요건

(1) 수립 요건(영 제40조 제2항)

부득이한 사유가 있는 경우를 제외하고는 이주대책대상자 중 이주정착지에 이주를 희망하는 자의 가구수가 10호 이상인 경우 수립·실시한다. 다만 사업시행자가 이주대책대상자에게 택지 또는 주택을 공급한 경우 이주대책을 수립·실시한 것으로 본다.

(2) 대상자 요건(영 제40조 제5항)

① 무허가 건축물 등의 소유자와 ② 관계 법령에 따른 고시 등이 있은 날부터 수용재결일(계약체결일)까지 계속 거주하고 있지 않은 건축물의 소유자, ③ 타인이 소유하고 있는 건축물에 거주하는 세입자는 이주대책 대상자에서 제외한다. 〈사안의 경우〉 甲은 주거용 건축물을 공익사업에 제공한 자이며, 무허가건축물의 소유자가 아닌바 대상자에 해당한다고 봄이 타당하다.

4. 사업시행자가 수량, 내용 등에 대한 재량을 가지는지 여부

판례는 "사업시행자는 이주대책기준을 정하여 이주대책대상자 중에서 이주대책을 수립·실시하여야 할 자를 선정하여 그들에게 공급할 택지 또는 주택의 내용이나 수량을 정할 수 있고, 이를 정하는 데 재량을 가지므로, 이를 위해 사업시행자가 설정한 기준은 그것이 객관적으로 합리적이 아니라거나 타당하지 않다고 볼 만한 다른 특별한 사정이 없는 한 존중되어야 한다."고 판시한 바 있다.

5. 甲의 아파트공급 및 이주정착금 지급 요구 가능 여부(사안의 해결)

소유자 甲은 토지보상법상 이주대책 대상자에 해당하고, 사업시행자가 이주대책기준을 정하는 것에 대하여 재량이 인정되나, 대상자 범위를 확대하는 것은 가능하다고 볼 수 있지만 범위를 축소하는 것은 인정될 수 없는바 甲은 합의 및 자진 이주 없이도 분양아파트의 공급 혹은 이주정착금 지급을 요구할 수 있다고 봄이 타당하다고 판단된다.

Ⅲ (물음3) 20점 이주대책에서 제외된 경우의 권리구제

1. 乙이 권리구제를 위하여 다툴 수 있는 근거

동법 시행령 부칙 제6조에서는 "1989년 1월 24일 현재 무허가 또는 무신고건축물의 소유자에 대하여는 제40조 제3항 제1호의 규정에도 불구하고 이주대책대상자에 포함한다."고 규정하고 있다. 따라서 乙의 주택이 1989년 1월 24일 이전에 건축된 경우라면 乙도 법상 이주대책대상자에게 해당하므로 사업시행자의 제외행위에 대해 다툴 수 있는 근거가 된다.

2. 거부처분에 대한 소송방법

(1) 이주대책대상자 제외의 법적 성질

판례는 "이주대책은 공공사업에 협력한 자에게 특별공급의 기회를 요구할 수 있는 법적인 이익을 부여하고 있는 것이라고 할 것이므로 그들에게는 특별공급신청권이 인정되며, 따라서 사업시행자가 위 조항에 해당함을 이유로 특별분양을 요구하는 자에게 이를 거부하는 행위는 비록 이를 민원회신이라는 형식을 통하여 하였더라도, 항고소송의 대상이 되는 거부처분이라고 할 것이다(대판 1999.8.20, 98두17043)라고 판시한 바 있다.

(2) 거부처분에 대한 소송방법

1) 대상 제외 거부하는 경우 거부처분취소소송

사업시행자가 이주대책대상자가 아니라고 대상에서 제외시키거나 거부한 경우 사업시행자를 상대로 항고소송에 의하여 제외처분이나 거부처분취소소송으로 다툴 수 있다고 판단된다.

2) 공법상 당사자소송

신청기간이 도과하거나 분양절차가 종료된 경우 확인판결을 얻음으로써 분쟁이 해결되고, 권리구제가 가능한 경우에는 당사자소송으로 그 법률상 지위의 확인을 구할 수 있다고 판단된다.

3. 당사자소송 또는 민사소송으로 수분양권 확인을 구할 수 있는지 여부

(1) 이주대책대상자 확인·결정의 의의

이주대책대상자 확인·결정은 사업시행자가 이주대책 대상이 될 자를 확인·결정함으로써 그 권리를 확정 짓는 것을 말한다.

(2) 법적 성질

1) 종전 판례

종전 대법원은 이주대책은 절차적 권리에 불과하며, 사업시행자의 확인·결정이 있어야만 비로소 구체적인 수분양권이 발생하게 된다고 판시한 바 있다.

2) 최근 판례

> ➔ 이주대책대상자 확인·결정은 구체적인 이주대책상의 수분양권을 부여하는 요건이 되는 행정작용으로서의 처분이고 수분양권의 취득을 희망하는 이주자가 소정의 절차에 따라 이주대책대상자 선정신청을 한 데 대하여 사업시행자가 이주대책대상자가 아니라고 하여 위 확인·결정 등의 처분을 하지 않고 이를 제외시키거나 거부조치한 경우에는, 이주자로서는 사업시행자를 상대로 항고소송에 의하여 제외처분이나 거부처분의 취소를 구할 수 있다(대판 2014.2.27, 2013두10885).

3) 검토

이주대책대상자 확인·결정 이주자의 권리의무에 직접적인 영향을 미치므로 항고소송의 대상인 〈처분〉에 해당한다고 봄이 타당하다.

(3) 당사자소송 또는 민사소송으로 수분양권 확인을 구할 수 있는지 여부

수분양권이 공법상 권리이므로 민사소송으로 수분양권의 확인을 구할 수는 없으며, 처분에 해당하므로 항고소송을 통해 다툼이 타당하다. 또한 확인의 이익이 인정되는 경우에는 당사자소송이 가능할 것으로 판단된다.

4. 사안의 해결

89.1.24 이후 건축된 신발생건축물의 경우 이주대책대상자에서 제외되나 이전 건축된 경우에는 이주대책대상자로 인정되고 이에 대한 권리구제를 받을 근거가 존재한다. 따라서 대상자를 제외하는 거부처분에 대하여 취소소송이나 무효등확인소송, 공법상당사자소송으로 다툴 수 있다고 판단된다.

甲은 하천부지에 임시창고를 설치하기 위하여 관할청에 하천점용허가를 신청하였다. 이에 관할청은 허가기간 만료 시에 위 창고건물을 철거하여 원상복구할 것을 조건으로 이를 허가하였다. 다음 물음에 답하시오. 30점

(1) 甲은 위 조건에 대하여 취소소송으로 다툴 수 있는지 검토하시오. 20점

(2) 甲은 창고건물 철거에 따른 손실보상을 청구할 수 있는지 검토하시오. 10점

문제분석 및 논점파악

Ⅰ 문제의 해설

甲이 하천부지에 임시창고를 설치하기 위하여 관할 관청에 하천점용허가를 신청하고, 관할청은 허가기간 만료 시에 해당 임시창고 건물을 철거하여 원상복구를 할 것을 조건으로 하천점용허가한 경우, 해당 조건에 대하여 취소소송으로 다툴 수 있는지와 창고건물철거에 따른 손실보상을 청구할 수 있는지에 대한 문제이다.

하천점용허가는 토지보상법의 내용이 아니다. 따라서 출제자의 의도는 일반적인 행정법 논리로 풀어 보라는 것이라고 판단하였다. 또한 손실보상청구 가능성도 관련 법령에 구체적인 보상기준이 있는지 알 수 없으므로 손실보상 일반논리를 적용하면 될 것이다. 다만, 사안과 관련된 유사 판례를 알고 있으면 좀 더 접근이 쉬웠으리라 생각한다.

명심해야 할 것은 감정평가사 자격시험에서 법규과목의 출제범위는 토지보상법과 부동산공시법 및 감정평가법이다. 따라서 외형상 다른 개별법에서 문제를 출제한 것 같이 보이는 문제는 토지보상법 또는 행정법 일반논리로 풀 수 있게 된 것이라 생각해야 한다. 알지도 못하는 개별법을 상상하거나 막연하게 이러할 것이라는 예상을 하고 문제를 접근하는 우를 범하지 않아야 한다. 출제자가 출제 근거법률에 따라 해결을 원하는 경우는 해당 개별법 관련 조문을 제시해 줄 것이다.

Ⅱ 논점파악

1. 물음 (1)은 하천점용 허가를 하면서 허가기간 만료 시에 창고건물을 철거하여 원상복구할 것의 조건을 붙인 경우 위 조건에 대해 취소소송으로 다툴 수 있는지를 검토하라는 것이었다. 여기서 출제자의 의도가 무엇인지 문제된다. 즉, 취소소송으로 다툴 수 있는지를 검토하라는 이 부관의 독립쟁송가능성까지 묻고 있는지, 아니면 독립취소가능성까지 묻고 있는지가 문제된다. 제20회 수석합격자의 경우는 독립취소까지 논하였다고 보았다.

그러나 필자는 독립쟁송 가능성까지만 논하면 될 것 같다고 생각한다. 근거로는 첫째, 출제자의 질문이 취소소송으로 다툴 수 있는지를 검토하라는 것이다. 또 다른 하나는 물음 (1)의 배점이 20점으로 독립취소까지 논하기에는 부족한 점수라고 생각된다. 마지막 논거로는 독립취소가능성을 논하게 되면 본안판단을 하여야 하는데, 해당 부관의 위법성을 판단할 만한 근거가 부족하다는 것이다. 다만, 안전하게 주된 배점을 독립쟁송까지 논하고 독립취소가능성을 짧게 논할 수는 있으리라 생각된다.

첫 번째 논점으로는 위 조건이 부관 중에서 부담인지 조건인지의 구별에 있다. 두 번째 논점은 해당 조건에 대한 독립쟁송가능성과 쟁송형태이다.

(1) 부담과 해제조건의 구별기준

행정행위의 부관에 관하여 그것이 행정행위의 효력 소멸을 '장래에 발생 여부가 불확실한 사실'에 의존시키는 해제조건에 해당하는지, 아니면 수익적 행정행위에 부가된 부관으로서 상대방에게 작위・부작위・수인・급부를 명하는 이른바 '부담'에 해당하는지 여부가 다투어지는 경우에 그 법적 의미는, 그 처분에 표시된 행정청의 객관적 의사를 중심으로 그 처분의 경위나 제도적 배경, 처분의 근거된 법령과 해당 처분을 통하여 행정청이 달성하려는 행정목적을 종합적으로 참작하여 합리적으로 확정하여야 한다(서울고법 2005.4.27, 2004누8172).

(2) 참고 판례

원고가 야적장으로 사용한다는 당초의 하천부지 점용허가조건에 위반하여 하천부지를 타에 임대하여 무허가가건물을 축조하게 하였으나, 일정기한 내에 건물을 철거하겠다고 다짐하므로 피고가 이를 특별히 부관으로 명시하여 다시 점용허가를 하여 주었는데, 위 철거기한 경과 후 피고의 수차의 이행촉구에도 불구하고 원고가 건물을 철거하지 아니한 경우, 허가조건 불이행을 이유로 한 점용허가취소처분이 정당하고 재량권의 일탈 또는 남용에 해당하지 아니한다고 본 사례(대판 1991.11.22, 91누2755)

위 대판 1991.11.22, 91누2755 판례는 문제의 사안과 다소 차이가 있다. 즉, 처음에 하천점용허가를 받을 때 허가조건을 위반하여 무허가건축물이 축조되었고, 무허가건축물을 일정기간 내에 철거한다는 조건으로 다시 점용허가를 한 경우에 약속한 철거기간 경과 후 철거이행촉구에도 불구하고 철거하지 않은 경우에 점용허가취소처분을 한 경우로서 이러한 처분은 정당하다고 보았다. 일정기간에 무허가건축물의 자진 철거를 조건으로 한 하천점용허가 시 해당 조건을 '철회권 유보'로 판단한 것으로 보인다.

2. 물음 (2)에서는 창고건물철거에 따른 손실보상을 청구할 수 있는지 문제된다. 이는 甲에게 손실보상청구권이 있는지 여부를 묻고 있다. 배점이 10점이라는 점과 관련 법령상 보상규정 존재 여부는 알 수 없는 상황인 점 등에서 손실보상청구권 성립요건 중 특히 특별한 희생 판단이 쟁점이 될 것이다.

관련 판례

➡ 하천부지점용허가를 하면서 '점용기간 만료 또는 점용을 폐지하였을 때에는 즉시 원상복구할 것'이라는 부관을 붙인 사안에서, 위 부관의 의미는 하천부지에 대한 점용기간 만료 시 그에 관한 개간비보상청구권을 포기하는 것을 조건으로 한 것으로 본 사례(대판 2008.7.24, 2007두25930 · 25947 · 25954).

예시답안

I 논점의 정리

1. 물음 (1)에서 하천점용허가에 붙은 조건이 부관인지, 부관이라면 부담인지 조건인지가 문제된다. 또한 해당 조건을 대상으로 하여 취소소송을 제기할 수 있는지 문제된다.
2. 물음 (2)에서 甲에게 손실보상청구권이 인정되는지와 관련해 손실보상요건 중 특별한 희생의 판단이 쟁점이 된다.

II 물음 (1)

1. 원상복구조건의 법적 성질

(1) 부관

부관이란 행정행위의 효과를 제한하거나 특별한 의무를 부가하기 위하여 주된 행정행위에 부가되는 종된 규율을 말한다. 부관은 행정의 탄력성을 보장할 수 있고, 법의 불비를 보충할 수 있는 기능이 있으나 지나치면 상대방의 법적 지위를 불안정하게 할 수 있다.

사안에서 허가기간 만료 시 원상회복조건은 주된 행정행위인 하천점용허가에 부가된 종된 규율로서 부관에 해당한다.

(2) 부담인지, 조건인지 여부

1) 양자의 구별기준

행정행위의 부관에 관하여 그것이 행정행위의 효력 소멸을 '장래에 발생 여부가 불확실한 사실'에 의존시키는 해제조건에 해당하는지, 아니면 수익적 행정행위에 부가된 부관으로서 상대방에게 작위 · 부작위 · 수인 · 급부를 명하는 이른바 '부담'에 해당하는지 여부가 다투어지는 경우에 그 법적 의미는, 그 처분에 표시된 행정청의 객관적 의사를 중심으로 그 처분의 경위나 제도적 배경, 처분의 근거된 법령과 해당 처분을 통하여 행정청이 달성하려는 행정목적을 종합적으로 참작하여 합리적으로 확정하여야 한다.

2) 사안의 경우

만약, 원상회복조건을 해제조건으로 본다면 허가기간 만료 시에 조건 불이행으로 하천점용허가가 효력을 상실한다 하여도 이미 허가받은 상대방은 허가기간 동안 하천점용의 수익을 누렸으므로 허가기간 만료 시에 허가효력 상실은 행정의 목적달성에 별다른 실익이 없다. 따라서 원상회복조건은 하천점용허가의 수익적 행정행위에 부가된 허가받은 자에게 허가기간 만료 시에 원상회복의 작위의무를 명하는 것이 행정청의 객관화된 의사로 보이므로 부담에 해당한다.

2. 원상회복조건에 대하여 취소소송으로 다툴 수 있는지 여부

(1) 위법한 부관을 다투는 쟁송형태

위법한 부관을 다투는 쟁송형태로는 학설상 논의되고 있는 것은 부관 그 자체에 대해 소를 제기하고 부관만의 위법성을 소송물로 보고 심리하는 진정일부취소소송, 부관부 행정행위 전체를 소의 대상으로 하고 부관 자체의 위법만을 소송물로 보고 심리하는 부진정일부취소소송, 부관부 행정행위 전체를 소의 대상으로 하고 본안에서 부관부 행정행위 전체의 위법성을 소송물로 하는 전체 취소소송이 있다.

(2) 부관의 독립쟁송가능성

1) 학설

제1설은 부담만이 독립된 처분성을 가지므로 진정일부취소소송으로 다투고, 나머지 부관은 부진정일부취소소송으로 다투어야 한다고 본다. 제2설은 부관이 주된 행정행위로부터 분리가능한 경우에는 독립쟁송이 가능하다고 보면서, 이때 부담은 진정일부취소소송으로 그 외 부관은 부진정일부취소소송으로 다투어야 한다고 본다. 제3설은 소의 이익이 있는 한 모든 부관에 대하여 독립쟁송이 가능하고 이때 소의 형태는 부진정일부취소소송이라고 본다.

2) 판례

부담만이 직접 행정소송의 대상이 될 수 있다고 보고 부담은 진정일부취소소송이 가능하며, 나머지 부관은 전체취소소송을 제기하여야 한다고 본다. 즉, 판례는 부진정일부취소소송 형태를 인정하고 있지 아니하다.

3) 검토

부담은 독립된 행정행위이므로 진정일부취소소송이 가능하며, 나머지 부관은 독립하여 처분이 될 수 없지만 국민의 실효적 권리구제를 위하여 부진정일부취소소송으로 다툴 수 있게 하는 것이 타당하다고 사료된다.

(3) 사안의 경우

사안에서 원상회복조건은 부담에 해당하고, 부담은 독립된 행정행위이므로 부담만을 취소소송의 대상으로 하여 다툴 수 있다.

Ⅲ 물음 (2)

1. 행정상 손실보상의 의의 및 요건

(1) 의의

행정상 손실보상이란 공공필요에 의한 적법한 공권력 행사로 인해 국민의 재산권에 가해진 특별한 희생에 대하여 사유재산권 보장과 공평부담의 견지에서 행정주체가 행하는 조절적 재산전보를 말한다.

(2) 요건

손실보상의 요건은 공공필요, 적법한 공권력 행사로 인한 재산권에 대한 침해, 특별한 희생, 보상규정 존재가 된다. 사안에서는 하천이 공물이라는 점에서 원상회복은 공공필요가 있고, 적법한 허가조건에 따른 철거라는 점과 창고건물은 甲의 재산권이라는 것에는 문제가 없는바, 창고건물철거에 따른 甲의 손실이 특별한 희생에 해당하는지가 문제된다.

2. 특별한 희생의 발생 여부

(1) 구별기준

공용침해로 인해 발생한 손실이 특별한 희생인가 아니면 재산권에 내재하는 사회적 제약인가 판단하는 기준에 대해 형식적 기준설과 실질적 기준설이 제기된다. 형식적 기준설은 침해행위가 일반적이냐 개별적인 것이냐로 구별하며, 실질적 기준설은 침해의 본질성 및 강도를 기준으로 구별한다. 여기에는 보호가치설, 수인한도설, 사적효용설, 목적위배설, 상황구속성설 등이 있다.
오늘날 통설은 형식적 기준설과 실질적 기준설 모두를 종합적으로 고려하여 구별해야 한다고 보고 있다.

(2) 사안의 경우

甲은 자신이 설치하여 사용할 임시창고에 대해 허가기간 만료 시 자진 철거를 통한 원상회복을 조건으로 하천점용허가를 받았다. 따라서 원상회복을 관할청에 약속한 바와 같다. 따라서 허가기간 만료 시 해당 건물의 철거에 따라 발생한 손실은 보호가치가 있다거나 수인의 한도를 넘는 정도가 아니라고 보이므로 특별한 희생에 해당하지 않는다. 대법원 판례 역시 같은 취지에 있다.

관련 판례

➡ 하천부지점용허가를 하면서 '점용기간 만료 또는 점용을 폐지하였을 때에는 즉시 원상복구할 것'이라는 부관을 붙인 사안에서, 위 부관의 의미는 하천부지에 대한 점용기간 만료 시 그에 관한 개간비 보상청구권을 포기하는 것을 조건으로 한 것으로 본 사례(대판 2008.7.24., 2007두25930 · 25947 · 25954)

3. 소결

甲의 건물철거에 따른 손실은 특별한 희생이 아니므로, 해당 손실에 대하여 손실보상청구를 할 수 는 없다.

Ⅳ 문제의 해결

1. 하천점용허가 시 원상회복조건은 강학상 부관으로 부관의 종류 중 부담에 해당한다. 부담은 독립된 행정행위이므로 부담만을 소의 대상으로 하여 취소소송을 제기할 수 있다.

2. 甲이 입은 건물철거에 따른 손실은 특별한 희생이 아니므로 해당 손실에 대해 손실보상을 청구할 수는 없다.

하천점용허가의 법적 성질은 논의가 다양하고 우리 출제범위가 아니라고 판단하였기 때문에 별도의 법적 성질을 논하지 아니하였다. 물음 (1)에서는 부담인지 밝히고 독립쟁송 독립취소가능성을 논하였고, 물음 (2)에서는 손실보상 중 특별한 희생에 큰 배점을 두고 보호가치가 없어 손실보상이 불가능하다고 검토하였다. 관련 판례를 알았더라면 보다 좋은 답안이 되지 않았을까 생각한다.

문제 03 감정평가 및 감정평가사에 관한 법률 시행령 제29조 [별표 3](감정평가법인등의 설립 인가의 취소와 업무의 정지에 관한 기준)은 재판규범성이 인정되는지의 여부를 설명하시오. 25점

대판 2006.6.22, 2003두1684 全合[영업정지처분취소]

[1] [다수의견] 제재적 행정처분이 그 처분에서 정한 제재기간의 경과로 인하여 그 효과가 소멸되었으나, 부령인 시행규칙 또는 지방자치단체의 규칙(이하 이들을 '규칙'이라고 한다)의 형식으로 정한 처분기준에서 제재적 행정처분(이하 '선행처분'이라고 한다)을 받은 것을 가중사유나 전제요건으로 삼아 장래의 제재적 행정처분(이하 '후행처분'이라고 한다)을 하도록 정하고 있는 경우, 제재적 행정처분의 가중사유나 전제요건에 관한 규정이 법령이 아니라 규칙의 형식으로 되어 있다고 하더라도, 그러한 규칙이 법령에 근거를 두고 있는 이상 그 법적 성질이 대외적・일반적 구속력을 갖는 법규명령인지 여부와는 상관없이, 관할 행정청이나 담당공무원은 이를 준수할 의무가 있으므로 이들이 그 규칙에 정해진 바에 따라 행정작용을 할 것이 당연히 예견되고, 그 결과 행정작용의 상대방인 국민으로서는 그 규칙의 영향을 받을 수밖에 없다. 따라서 그러한 규칙이 정한 바에 따라 선행처분을 받은 상대방이 그 처분의 존재로 인하여 장래에 받을 불이익, 즉 후행처분의 위험은 구체적이고 현실적인 것이므로, 상대방에게는 선행처분의 취소소송을 통하여 그 불이익을 제거할 필요가 있다. 또한, 나중에 후행처분에 대한 취소소송에서 선행처분의 사실관계나 위법 등을 다툴 수 있는 여지가 남아 있다고 하더라도, 이러한 사정은 후행처분이 이루어지기 전에 이를 방지하기 위하여 직접 선행처분의 위법을 다투는 취소소송을 제기할 필요성을 부정할 이유가 되지 못한다. 그러한 쟁송방법을 막는 것은 여러 가지 불합리한 결과를 초래하여 권리구제의 실효성을 저해할 수 있기 때문이다. 오히려 앞서 본 바와 같이 행정청으로서는 선행처분이 적법함을 전제로 후행처분을 할 것이 당연히 예견되므로, 이러한 선행처분으로 인한 불이익을 선행처분 자체에 대한 소송에서 사전에 제거할 수 있도록 해 주는 것이 상대방의 법률상 지위에 대한 불안을 해소하는 데 가장 유효적절한 수단이 된다고 할 것이고, 또한 그 소송을 통하여 선행처분의 사실관계 및 위법 여부가 조속히 확정됨으로써 이와 관련된 장래의 행정작용의 적법성을 보장함과 동시에 국민생활의 안정을 도모할 수 있다. 이상의 여러 사정과 아울러, 국민의 재판청구권을 보장한 헌법 제27조 제1항의 취지와 행정처분으로 인한 권익침해를 효과적으로 구제하려는 행정소송법의 목적 등에 비추어 행정처분의 존재로 인하여 국민의 권익이 실제로 침해되고 있는 경우는 물론이고 권익침해의 구체적・현실적 위험이 있는 경우에도 이를 구제하는 소송이 허용되어야 한다는 요청을 고려하면, 규칙이 정한 바에 따라 선행처분을 가중사유 또는 전제요건으로 하는 후행처분을 받을 우려가 현실적으로 존재하는 경우에는, 선행처분을 받은 상대방은 비록 그 처분에서 정한 제재기간이 경과하였다 하더라도 그 처분의 취소소송을 통하여 그러한 불이익을 제거할 권리보호의 필요성이 충분히 인정된다고 할 것이므로, 선행처분의 취소를 구할 법률상 이익이 있다고 보아야 한다.

[대법관 이강국의 별개의견] 다수의견은, 제재적 행정처분의 기준을 정한 부령인 시행규칙의 법적 성질에 대하여는 구체적인 논급을 하지 않은 채, 시행규칙에서 선행처분을 받은 것을 가중사유나 전제요건으로 하여 장래 후행처분을 하도록 규정하고 있는 경우, 선행처분의 상대방이 그 처분의 존재로

> 인하여 장래에 받을 불이익은 구체적이고 현실적이라는 이유로, 선행처분에서 정한 제재기간이 경과한 후에도 그 처분의 취소를 구할 법률상 이익이 있다고 보고 있는바, 다수의견이 위와 같은 경우 선행처분의 취소를 구할 법률상 이익을 긍정하는 결론에는 찬성하지만, 그 이유에 있어서는 부령인 제재적 처분기준의 법규성을 인정하는 이론적 기초 위에서 그 법률상 이익을 긍정하는 것이 법리적으로는 더욱 합당하다고 생각한다. 상위법령의 위임에 따라 제재적 처분기준을 정한 부령인 시행규칙은 헌법 제95조에서 규정하고 있는 위임명령에 해당하고, 그 내용도 실질적으로 국민의 권리의무에 직접 영향을 미치는 사항에 관한 것이므로, 단순히 행정기관 내부의 사무처리준칙에 지나지 않는 것이 아니라 대외적으로 국민이나 법원을 구속하는 법규명령에 해당한다고 보아야 한다.

문제분석 및 논점파악

I 문제의 해설

감정평가 및 감정평가사에 관한 법률(이하 '감정평가법') 시행령 제29조 [별표 3]의 법적 성질과 관련하여는 수험생들이 많이 공부한 내용이라서 크게 문제되지는 않았으리라 생각된다.

II 논점파악

감정평가법 시행령 제29조에서는 '법 제32조 제1항에 따른 감정평가법인등의 설립인가의 취소와 업무의 정지에 관한 기준은 [별표 3]과 같다.'라고 규정하고 있다. 해당 [별표 3]은 설립인가의 취소와 업무의 정지의 제재적 처분기준으로서 형식상으로는 대통령령에 규정되어 있으면서도, 실질적 내용은 처분청이 제재적 처분을 하는 경우에 그 기준에 해당한다. 따라서 그 법적 성질이 법규성을 지닌 법규명령으로 보아야 하는지, 아니면 법규성이 없는 행정규칙으로 보아야 하는지가 문제된다. 법원은 재판에 있어 판단을 법령을 기준으로 한다. 즉, 법규성이 인정되는 법령은 법원을 구속하여 재판규범성이 인정되는 것이다.

예시답안

I 논점의 정리

감정평가 및 감정평가사에 관한 법률(이하 '감정평가법') 시행령 제29조 [별표 3](이하 '[별표 3]'이라 한다)이 재판규범성이 인정되는지가 문제되는데, 이는 해당 [별표 3]이 대외적 구속력과 대내적 구속력이 인정되는 법규성이 있는지의 문제이다. 먼저 행정법에서 법규의 개념을 살펴보고 이것과 재판규범성의 관계를 정립한 후 [별표 3]의 법적 성질을 규명하여 재판규범성 인정 여부를 판단한다.

Ⅱ 행정법에서 법규의 개념과 재판규범성과의 관계

1. 행정법에서 법규의 개념

행정법에서 법규라는 개념은 협의로 사용될 때는 법령의 형식으로 제정된 일반적 · 추상적인 규범 또는 행정주체와 국민의 권리의무에 관한 사항을 정하는 일반적 · 추상적인 구속력 있는 규범을 말한다. 광의로는 행정사무의 처리기준이 되는 일반적 · 추상적인 구속력 있는 규범을 말한다.

광의의 법규개념을 취하면 행정규칙을 법규라 할 수 있다. 그러나 협의의 법규개념을 취하면 행정규칙은 원칙상 법규라 할 수 없다. 이하 법규개념을 협의로 본다.

2. 법규개념과 재판규범성 관계

재판규범성이란 법원을 구속하게 되어 법원이 재판에서 판단기준으로 삼을 수 있는 규범을 말한다. 따라서 대외적 구속력이 인정되는 법규가 재판규범성이 인정될 수 있으므로 협의의 법규가 재판규범성이 인정된다.

Ⅲ [별표 3]의 법적 성질 및 재판규범성 인정 여부

1. 법규명령 형식의 행정규칙

[별표 3]은 감정평가법의 대통령령 제29조에 규정되어 있다. 따라서 형식적으로는 법규명령이다. 그러나 [별표 3]의 실질적인 내용은 처분청이 인가취소 또는 업무정지처분을 할 때 처분기준을 정하고 있어, 행정규칙의 실질을 갖고 있다. 이러한 것을 법규명령 형식의 행정규칙이라 한다.

2. 법규명령 형식의 행정규칙의 성질(법규성 인정 여부)

(1) 학설

① 형식설은 오늘날 법규개념이 형식적 개념으로 사용되는바 법규형식으로 제정된 이상 법규라고 본다.

② 실질설은 해당 규범의 실질을 중시하여 행정기관 내부에서의 사무처리기준이 법규명령의 형식을 취하더라도 행정규칙으로 본다.

③ 수권여부기준설은 상위법에서 법규명령의 형식에 의한 기준설정의 근거를 부여하고 있는 경우는 법규명령으로 보고, 수권이 없이 제정된 처분의 기준은 행정규칙으로 본다.

(2) 판례

1) 종전 판례(97누15418)

과거 판례는 대통령령에 대해서는 법규명령으로, 부령인 경우에는 행정규칙으로 판시한 바 있다.

2) 최근 판례(2003두1684)

최근 전원합의체 다수의견은 부령의 형식이라도 법규명령인지 여부와 관계없이 관할 행정청 및 공무원은 이를 준수하여야 하는바 그 상대방인 국민에 대한 대외적 구속력을 인정하였다. 한편 전원합의체 별개의견은 법률상 이익을 긍정하는 결론에는 찬성하지만, 그 이유에 있어서는 다음과 같이 부령인 제재적 처분기준의 법규성을 인정하는 이론적 기초 위에서 그 법률상 이익을 긍정하는 것이 법리적으로는 더욱 합당하다고 하였다.

3) 검토

생각건대, 법적 안정성과 헌법 존중의 측면에서 대통령령이든 부령・총리령이든 대외적 구속력을 인정함이 타당하다고 판단된다.

3. 재판규범성 인정 여부(사안의 해결)

판례의 태도에 따르면 감정평가법 시행령의 [별표 3]은 법규명령 형식의 행정규칙으로서 대외적 구속력이 인정되는바, 재판규범성이 인정된다고 봄이 타당하다고 판단된다. 다만, 실질설에 따르면 행정규칙에 불과하고 대외적 구속력이 인정되지 않아 재판규범성이 인정되지 않는다고 보아야 한다.

Chapter 17

2008년 제19회 기출문제 분석

문제 01

서울특별시장은 도시관리계획결정에서 정해진 바에 따라 근린공원을 조성하기 위하여 그 사업에 필요한 토지들을 공익사업을 위한 토지 등의 취득 및 보상에 관한 법률의 규정에 의거하여 협의를 거쳐 취득하고자 하였으나 협의가 성립되지 않아 중앙토지수용위원회에 재결을 신청하였다. 중앙토지수용위원회의 수용재결(수용의 개시일 : 2005.6.30.)에 따라 서울특별시장은 보상금을 지급하고 필요한 토지를 취득한 후, 6개월간의 공사 끝에 공원을 조성하였다. 공원조성공사가 완료된 후 2년이 지난 뒤 위 토지를 포함한 일대의 토지들이 택지개발예정지구로 지정되었다(고시일 : 2008.6.30.). 국토교통부장관에 의하여 택지개발사업의 시행자로 지정된 대한주택공사는 택지개발사업실시계획의 승인을 얻어 공원시설을 철거하고, 그 지상에 임대주택을 건설하는 공사를 시행하고 있다. 이에 공원조성사업을 위해 수용된 토지의 소유자 甲은 2008.8.30. 서울특별시에 환매의 의사표시를 하였으나, 서울특별시는 甲에게 환매권이 없다고 하여 수용된 토지를 되돌려 주지 않았다. 이러한 경우에 甲이 소유권회복을 위해 제기할 수 있는 소송수단 및 그 인용가능성에 대하여 검토하시오. 40점

참조 조문

〈공익사업을 위한 토지 등의 취득 및 보상에 관한 법률〉

제4조(공익사업)

이 법에 따라 토지 등을 취득하거나 사용할 수 있는 사업은 다음 각 호의 어느 하나에 해당하는 사업이어야 한다.

1. (생략)
2. (생략)
3. 국가나 지방자치단체가 설치하는 청사 · 공장 · 연구소 · 시험소 · 보건시설 · 문화시설 · 공원 · 수목원 · 광장 · 운동장 · 시장 · 묘지 · 화장장 · 도축장 또는 그 밖의 공공용시설에 관한 사업
4. (생략)
5. 국가 · 지방자치단체, 「공공기관의 운영에 관한 법률」 제4조에 따른 공공기관, 「지방공기업법」에 따른 지방공기업 또는 국가나 지방자치단체가 지정한 자가 임대나 양도의 목적으로 시행하는 주택 건설 또는 택지 및 산업단지 조성에 관한 사업
6. (생략)
7. (생략)
8. (생략)

문제분석 및 논점파악

I 환매권에 대한 기출현황

제19회 1번 문제가 출제되기 전에 환매권에 대한 기출은 제1회 환매요건 약술(10점), 제13회 (구) 토지수용법상 환매권의 목적물과 그 행사요건 설명(20점) 두 번에 지나지 않았다. 그것도 법규과목에 사례문제가 본격적으로 도입되기 이전이었다. 따라서 환매권에 대한 사례문제는 수험생의 대부분이 매회 시험 때마다 일순위로 꼽는 논점이었다.

II 문제요약

1. 근린공원 조성사업
   사업시행자 : 서울특별시 / 수용개시일 : 2005.6.30. / 보상금 지급하고 토지에 대한 소유권 이전 등기 완료 / 6개월간의 공사 후 공원조성 완료
2. 택지개발사업
   택지개발예정지구 지정 고시일 : 2008.6.30. / 사업시행자 : 대한주택공사 / 택지개발계획 승인을 얻어 공원시설을 철거하고, 임대주택 건설공사 시작함 / 택지개발사업을 위하여 별도의 토지취득절차 없었음.
3. 공원조성사업에 토지를 수용당한 토지소유자 甲이 2008.8.30.에 서울특별시에 환매의사를 표시하였으나 서울시는 수용된 토지를 되돌려 주지 않음. 이때 甲이 소유권 회복을 위해 제기할 수 있는 소송수단 및 그 인용가능성이 문제됨.

III 출제의 직접 근거가 되는 판례

관련 판례

➡ 도시계획사업을 위하여 취득한 토지에 대하여 그 후 택지개발촉진법에 의한 택지재발사업이 시행되는 경우 "공익사업의 변환"이 허용될 여지가 있는지 여부

이른바 "공익사업의 변환"은 국가・지방자치단체 또는 정부투자기관이 사업인정을 받아 토지를 협의취득 또는 수용한 경우 그 사업인정을 받은 공익사업이 공익성의 정도가 높은 (구)토지수용법 제3조 제1호 내지 제4호에 규정된 다른 공익사업으로 변경된 경우에 한하여 허용되는 것으로서, 이는 어디까지나 예외적인 제도라고 할 것인바, '나'항의 도시계획사업을 위하여 취득한 토지에 대하여 그 후 지방자치단체가 시행하는 택지개발사업은 (구)토지수용법 제3조 제5호 소정의 주택의 건설 또는 택지의 조성에 관한 사업에 해당하는 것으로 같은 법 제3조 제1호 내지 제4호의 어느 공익사업에도 해당하지 아니하므로, 이에 대하여는 공익사업의 변환이 허용될 여지가 없다(대판 1995.2.10, 94다31310).

본 판례와 제19회 문제 출제 당시에는 토지보상법 제4조 제5호는 토지보상법 제91조 제6항의 공익사업변환대상사업이 아니었다. 그러나 2010년 4월 5일 토지보상법 개정으로 동법 제4조 제5호도 공익사업변환대상사업으로 규정이 되었다.

Ⅳ 논점파악

우선 환매권 사례문제에서 구체적인 날짜가 나오면 환매권 행사요건과 행사기간에 대하여 유의하여야 한다는 생각을 갖고 문제파악에 들어가는 것이 좋을 것 같다. 감정평가사 자격시험 법규과목에서 구체적인 날짜로 문제되는 경우 환매권 및 제소기간 등 몇 가지 경우가 있다.
구체적 날짜와 공익사업을 위해 한번 수용된 토지가 다른 공익사업공사에 제공되고 있다는 점과 두 공익사업의 사업시행자가 다르다는 점, 두 번째 공익사업인 택지개발사업에서 사업시행자는 별도의 토지취득절차를 거치지 않았다는 점 등에서 환매권 행사요건과 행사기간, 공익사업 변환까지를 고려한 문제라고 보아야 할 것이다.

1. 소유권 회복을 위해 제기할 수 있는 소송수단

쟁점은 환매권에 대한 다툼의 소송형태는 환매권의 법적 성질에 따라 달라질 것이다. 즉, 사권이면 민사소송으로, 공권이면 공법상 당사자소송이 소송상 수단이 된다.
학설과 판례는 모두 환매권을 형성권으로 보면서도, 학설의 다수견해는 공권으로 보고, 판례는 환매에 관한 다툼에서 민사사건으로 다루고 있어 사권으로 보고 있는 듯하다. 대법원은 환매권실행방법의 소송형태를 민사상 소유권이전등기청구소송으로 보고 있다. 소유권이전등기청구소송에서 승소하게 되면, 환매권자는 관련서류를 갖추어 단독으로 소유권이전등기를 신청할 수 있다.
만약 환매권을 공권으로 보아 당사자소송으로 다투게 되는 경우에는 구체적인 소송형태는 어떠한 것일까? 당사사자소송 중 이행소송으로 다투면 될 것이다. 학자들은 환매권이 형성권이므로 환매권자의 토지를 사업시행자가 불법점유 및 소유권 등기를 보유하고 있는 위법상태를 제거하고 원상회복을 구하는 '공법상 결과제거청구소송'이 여기에 속한다고 보고 있다.

관련 판례

➡ 환매권은 상대방에 대한 의사표시를 요하는 형성권의 일종으로서 환매의 의사표시가 상대방에게 도달한 때에 비로소 환매권 행사의 효력이 발생함이 원칙이다(대판 1999.4.9, 98다46945).
청구인들이 주장하는 환매권의 행사는 그것이 (구)공공용지의 취득 및 손실보상에 관한 특례법 제9조에 의한 것이든, (구)토지수용법 제71조에 의한 것이든, 환매권자의 일방적 의사표시만으로 성립하는 것이지, 상대방인 사업시행자 또는 기업자의 동의를 얻어야 하거나 그 의사 여하에 따라 그 효과가 좌우되는 것은 아니다. 따라서 이 사건의 경우 피청구인이 설사 청구인들의 환매권 행사를 부인하는 어떤 의사표시를 하였다 하더라도, 이는 환매권의 발생 여부 또는 그 행사의 가부에 관한 사법관계의 다툼을 둘러싸고 사전에 피청구인의 의견을 밝히고, 그 다툼의 연장인 민사소송절차에서 상대방의 주장을 부인하는 것에 불과하므로, 그것을 가리켜 헌법소원심판의 대상이 되는 공권력의 행사라고 볼 수는 없다(헌재 1994.2.24, 92헌마283).

환매권 실행방법(소유권이전등기청구소송)

➡ (구)공공용지의 취득 및 손실보상에 관한 특례법 제9조에 의한 환매는 환매기간 내에 환매의 요건이 발생하면 환매권자가 수령한 보상금 상당의 금액을 미리 지급하고 일방적으로 환매의 의사표시를 함으로써 사업시행자의 의사 여하에 관계없이 환매가 성립하므로, 환매대금 상당을 지급하거나 공탁하지 아니한 경우는 환매로 인한 소유권이전등기 청구는 물론 환매대금의 지급과 상환으로 소유권이전등기를 구할 수 없다(대판 1996.2.9, 94다46695).

2. 환매권 행사요건

(1) 취득한 토지가 필요 없게 된 때(토지보상법 제91조 제1항)

공익사업의 폐지・변경 또는 그 밖의 사유로 취득한 토지의 전부 또는 일부가 필요 없게 된 경우

관련 판례

➡ (또 위 규정에 정한 해당 사업의 '폐지・변경'이란 해당 사업을 아예 그만두거나 다른 사업으로 바꾸는 것을 말하고, 취득한 토지의 전부 또는 일부가 '필요 없게 된 때'란 사업시행자가 취득한 토지의 전부 또는 일부가 그 취득목적사업을 위하여 사용할 필요 자체가 없어진 경우를 말하며, 협의취득 또는 수용된 토지가 필요 없게 되었는지 여부는 사업시행자의 주관적인 의사를 표준으로 할 것이 아니라 해당 사업의 목적과 내용, 협의취득의 경위와 범위, 해당 토지와 사업의 관계, 용도 등 제반 사정에 비추어 객관적・합리적으로 판단하여야 한다(대판 2010.9.30, 2010다30782).

(2) 토지 전부를 이용하고 있지 아니한 경우(토지보상법 제91조 제2항)

취득일부터 5년 이내에 취득한 토지의 전부를 해당 사업에 이용하지 아니한 때

관련 판례

➡ (구)공공용지의 취득 및 손실보상에 관한 특례법 제9조 제2항은 제1항과는 달리 "취득한 토지 전부"가 공공사업에 이용되지 아니한 경우에 한하여 환매권을 행사할 수 있고 그중 일부라도 공익사업에 이용되고 있으면 나머지 부분에 대하여도 장차 공익사업이 시행될 가능성이 있는 것으로 보아 환매권의 행사를 허용하지 않는다는 취지이므로, 이용하지 아니하였는지 여부도 그 취득한 토지 전부를 기준으로 판단할 것이고, 필지별로 판단할 것은 아니라 할 것이다(대판 1995.2.10, 94다31310).

3. 환매권 행사기간

(1) 토지보상법 제91조 제1항 요건인 경우

사업의 폐지・변경으로 취득한 토지의 전부 또는 일부가 필요 없게 된 경우는 관계 법률에 따라 사업이 폐지・변경된 날 또는 사업의 폐지・변경 고시가 있는 날, 그 밖의 사유로 취득한 토지의 전부 또는 일부가 필요 없게 된 경우는 사업완료일부터 10년 이내에 해당 토지에 대하여 지급받은 보상금에 상당한 금액을 사업시행자에게 지급하고 그 토지를 환매할 수 있다.

(2) 토지보상법 제91조 제2항 요건인 경우

환매권은 취득일부터 6년 이내에 이를 행사하여야 한다.

(3) 사업시행자가 환매권자에게 통지한 경우(제92조 제2항)

환매권자는 사업시행자에게 환매가능 통지를 받은 날 또는 공고를 한 날부터 6개월이 경과한 후에는 제91조 제1항 및 동조 제2항의 규정에도 불구하고 환매권을 행사하지 못한다.

(4) 제91조 제1항과 제2항의 관계

(구)공공용지의 취득 및 손실보상에 관한 특례법 제9조 제1항은 공공사업에 필요한 토지 등의 취득일부터 10년 이내에 해당 공공사업의 폐지·변경 기타의 사유로 인하여 취득한 토지 등의 전부 또는 일부가 필요 없게 되었을 때를 환매권 행사의 요건으로 하고 있음에 반하여, 제2항은 그 취득일부터 5년을 경과하여도 취득한 토지 등의 전부를 공공사업에 이용하지 아니하였을 때를 환매권 행사의 요건으로 하고 있는 등 그 요건을 서로 달리하고 있으므로, 어느 한쪽의 요건에 해당되면 다른 쪽의 요건을 주장할 수 없게 된다고 할 수는 없고, 양쪽의 요건에 모두 해당된다고 하여 더 짧은 제척기간을 정한 제2항에 의하여 제1항의 환매권의 행사가 제한된다고 할 수도 없을 것이므로, 제2항의 규정에 의한 제척기간이 도과되었다 하여 제1항의 규정에 의한 환매권 행사를 할 수 없는 것도 아니라 할 것이다(대판 1995.2.10, 94다31310).

4. 공익사업 변환(환매권 제한)

참조 조문

〈토지보상법〉

제91조(환매권)

⑥ 국가, 지방자치단체 또는 「공공기관의 운영에 관한 법률」 제4조에 따른 공공기관 중 대통령령으로 정하는 공공기관이 사업인정을 받아 공익사업에 필요한 토지를 협의취득하거나 수용한 후 해당 공익사업이 제4조 제1호부터 제5호까지에 규정된 다른 공익사업(별표에 따른 사업이 제4조 제1호부터 제5호까지에 규정된 공익사업에 해당하는 경우를 포함한다)으로 변경된 경우 제1항 및 제2항에 따른 환매권 행사기간은 관보에 해당 공익사업의 변경을 고시한 날부터 기산(起算)한다. 이 경우 국가, 지방자치단체 또는 「공공기관의 운영에 관한 법률」 제4조에 따른 공공기관 중 대통령령으로 정하는 공공기관은 공익사업이 변경된 사실을 대통령령으로 정하는 바에 따라 환매권자에게 통지하여야 한다.

➔ 법 개정(2010.4.5.)으로 공익사업변환사업이 토지보상법 제4조 제1호 내지 제4호에서 제5호가 추가되어 제1호 내지 제5호로 넓어졌다. 제19회 시험 당시에는 제5호의 사업(주택 또는 택지의 조성에 관한 사업)은 공익사업변환 대상사업이 아니었다.

(1) 공익사업변환규정의 취지

원래 국민의 재산권을 제한하는 토지수용권 등의 발동은 공공복리의 증진을 위하여 긴요하고도 불가피한 특정의 공익사업의 시행에 필요한 최소한도에 그쳐야 하는 것이므로, 사정의 변경 등에 따라 그 특정된 공익사업의 전부 또는 일부가 폐지・변경됨으로써 그 공익사업을 위하여 취득한 토지의 전부 또는 일부가 필요 없게 되었다면, 설사 그 토지가 새로운 다른 공익사업을 위하여 필요하다고 하더라도 환매권을 행사하는 환매권자(원소유자나 그 포괄승계인)에게 일단 되돌려 주었다가 다시 협의취득하거나 수용하는 절차를 밟아야 되는 것이 원칙이라고 할 것이나, 당초의 공익사업이 공익성의 정도가 높은 다른 공익사업으로 변경되고 그 다른 공익사업을 위하여 토지를 계속 이용할 필요가 있을 경우에는, 환매권의 행사를 인정한 다음 다시 협의취득이나 수용 등의 방법으로 그 토지를 취득하는 번거로운 절차를 되풀이하지 않게 하기 위하여 이른바 '공익사업의 변환'을 인정함으로써 환매권의 행사를 제한하려는 것이 (구)토지수용법 제71조 제7항의 취지이므로, 사업인정을 받은 해당 공익사업의 폐지・변경으로 인하여 수용한 토지가 필요없게 된 때에는, 같은 법 조항에 의하여 공익사업의 변환이 허용되는 같은 법 제3조 제1호 내지 제4호에 규정된 다른 공익사업으로 변경되는 경우가 아닌 이상, 환매권자가 그 토지를 환매할 수 있는 것이라고 보지 않을 수 없다(대판 1992.4.28, 91다29927).

(2) 공익사업변환 시 환매권 행사기간 기산시점

공익사업의 변환을 인정한 입법취지 등에 비추어 볼 때, '공익사업을 위한 토지 등의 취득 및 보상에 관한 법률' 제91조 제6항은 사업인정을 받은 해당 공익사업의 폐지・변경으로 인하여 협의취득하거나 수용한 토지가 필요 없게 된 때라도 위 규정에 의하여 공익사업의 변환이 허용되는 다른 공익사업으로 변경되는 경우에는 해당 토지의 원소유자 또는 그 포괄승계인에게 환매권이 발생하지 않는다는 취지를 규정한 것이라고 보아야 하고, 위 조항에서 정한 "제1항 및 제2항의 규정에 의한 환매권 행사기간은 관보에 해당 공익사업의 변경을 고시한 날로부터 기산한다."는 의미는 새로 변경된 공익사업을 기준으로 다시 환매권 행사의 요건을 갖추지 못하는 한 환매권을 행사할 수 없고 환매권 행사 요건을 갖추어 제1항 및 제2항에 정한 환매권을 행사할 수 있는 경우에 그 환매권 행사기간은 해당 공익사업의 변경을 관보에 고시한 날로부터 기산한다는 의미로 해석해야 한다(대판 2010.9.30, 2010다30782).

(3) 사업시행자가 변경된 경우에도 공익사업변환을 인정할 수 있는지

이른바 "공익사업의 변환"이 국가・지방자치단체 또는 정부투자기관이 사업인정을 받아 토지를 협의취득 또는 수용한 경우에 한하여, 그것도 사업인정을 받은 공익사업이 공익성의 정도가 높은 (구)토지수용법 제3조 제1호 내지 제4호에 규정된 다른 공익사업으로 변경된 경우에만 허용되도록 규정하고 있는 (구)토지수용법 제71조 제7항 등 관계 법령의 규정내용이나 그 입법이유 등으로 미루어 볼 때, 같은 법 제71조 제7항 소정의 "공익사업의 변환"이 국가・지방자치단체 또는 정부투자기관 등 기업자(또는 사업시행자)가 동일한 경우에만 허용되는 것으로 해석되지는 않는다(대판 1994.1.25, 93다11760・11777・11784).

예시답안

Ⅰ 논점의 정리

1. 甲이 토지소유권을 회복하기 위해 제기할 수 있는 소송수단이 문제된다. 이를 위해 환매권의 법적 성질과 환매권의 행사방법을 검토한다.
2. 소송에서 甲이 인용 받을 수 있는가와 관련하여는 환매요건 충족 여부와 환매권 행사기간을 살펴보고 환매권 행사기간에 있더라도 공익사업변환으로 환매권이 제한되는가를 검토하여야 한다.

Ⅱ 환매권의 의의 및 취지

1. 의의

토지보상법상 환매권이란 공익사업을 위해 취득된 토지가 해당 사업에 필요 없게 되거나 일정기간 동안 해당 사업에 이용되지 않는 경우에 원소유자가 일정한 요건하에 해당 토지의 소유권을 회복할 수 있는 권리를 말한다.

2. 근거

이론적으로는 재산권의 존속보장에서 찾는 견해가 유력하나 대법원은 재산권 보장과 관련하여 공평의 원칙상 인정하고 있는 권리라고 보았다. 실정법상으로는 헌법상 재산권 보장에 근거하며, 토지보상법에는 제91조 및 제92조에 근거한다.

Ⅲ 甲이 소유권을 회복하기 위한 소송수단

1. 환매권의 법적 성질

(1) 형성권

환매권은 제척기간 내에 이를 일단 행사하면 형성적 효력으로 매매의 효력이 생기는 것으로서 〈형성권〉의 성질을 지니며, 판례의 태도 또한 동일하다.

대판 2012.8.30, 2011다74109[소유권이전등기]

공익사업을 위한 토지 등의 취득 및 보상에 관한 법률 제91조에 의한 환매는 환매기간 내에 환매의 요건이 발생하면 환매권자가 지급 받은 보상금에 상당한 금액을 사업시행자에게 미리 지급하고 일방적으로 의사표시를 함으로써 사업시행자의 의사와 관계없이 환매가 성립한다. 따라서 환매기간 내에 환매대금 상당을 지급하거나 공탁하지 아니한 경우에는 환매로 인한 소유권이전등기 청구를 할 수 없다.

(2) **공권인지 여부**

판례는 사권으로 보았으나, 이론상으로 볼 때 사업시행자라고 하는 공권력의 주체에 대하여 사인이 가지는 공법으로서의 토지보상법상 권리이므로 〈공권〉으로 봄이 타당하다고 판단된다.

> **헌법재판소 1994.2.24, 92헌마283**
> 피청구인이 청구인들의 환매권 행사를 부인하는 의사표시를 하였다 하더라도, 이는 환매권의 발생 여부 또는 그 행사의 가부에 관한 사법관계의 다툼을 둘러싸고 사전에 피청구인의 의견을 밝히고, 그 다툼의 연장인 민사소송절차에서 상대방의 주장을 부인하는 것에 불과하므로, 헌법소원심판의 대상이 되는 공권력의 행사라고 볼 수는 없다.

2. 소송수단 및 환매권 행사방법

환매의사표시에 사업시행자가 이를 거부하는 경우 환매권을 공권으로 보면 공법상 당사자소송에 의해 다투고, 사권으로 보면 민사소송으로 소유권이전등기청구소송에 의해 다툴 수 있으며, 환매권은 형성권적 성질을 지니는바 환매권자는 수령한 보상금의 상당액을 사업시행자에게 미리 지급하고 일방적으로 의사표시를 행하면 사업시행자의 의사와 관계없이 환매가 성립하게 된다.

Ⅳ 甲이 토지소유권을 회복할 수 있는지 여부(인용가능성)

1. 환매권 행사요건의 충족 여부

(1) **행사요건**

1) **토지보상법상 규정**

토지보상법 제91조 제1항에서 공익사업의 폐지・변경 그 밖의 사유로 인하여 취득한 토지의 전부 또는 일부가 필요 없게 된 경우와 동법 제91조 제2항에서 취득일부터 5년 이내에 취득한 토지의 전부를 해당 사업에 이용하지 아니한 때에 환매권을 행사할 수 있다.

2) **토지보상법 제91조 제1항의 폐지・변경 및 필요 없게 된 때의 의미**

판례는 '폐지・변경'이란 해당 사업을 아예 그만두거나 다른 사업으로 바꾸는 것을 말하고, '필요 없게 된 때'란 사업시행자가 취득한 토지의 전부 또는 일부가 그 취득목적사업을 위하여 사용할 필요 자체가 없어진 경우를 말하며, 필요 없게 되었는지 여부는 사업시행자의 주관적인 의사를 표준으로 할 것이 아니라 해당 사업의 목적과 내용, 협의취득의 경위와 범위, 해당 토지와 사업의 관계, 용도 등 제반 사정에 비추어 객관적・합리적으로 판단하여야 한다고 보고 있다.

(2) **사안의 경우**

해당 근린공원이 택지개발예정지구에 포함된 후 공원시설을 철거하고 임대주택 건설공사가 진행 중에 있으므로 甲의 토지는 객관적으로 근린공원사업에 필요가 없게 된 경우에 해당한다.

2. 환매권 행사기간의 충족 여부

(1) 토지보상법상 규정

토지보상법 제91조 제1항에서는 필요 없게 된 경우 사업의 폐지·변경으로 취득한 토지의 전부 또는 일부가 필요 없게 된 경우는 관계 법률에 따라 사업이 폐지·변경된 날 또는 사업의 폐지·변경 고시가 있는 날, 그 밖의 사유로 취득한 토지의 전부 또는 일부가 필요 없게 된 경우는 사업완료일부터 10년 이내에 제2항에서는 취득일부터 6년 이내에 이를 행사하여야 한다고 규정하고 있다. 다만, 동법 제92조 제2항에서 사업시행자가 환매통지를 한 경우에는 통지를 받은 날 또는 공고를 한 날부터 6개월이 경과한 후에는 제91조 제1항 및 동조 제2항의 규정에 불구하고 환매권을 행사하지 못한다고 규정하고 있다.

(2) 토지보상법 제91조 제1항과 제2항의 관계

판례는 두 조항의 요건 중 어느 하나 요건에만 해당하더라도 환매요건이 성립된 것으로 보며, 제2항의 제척기간이 도과하였더라도 제1항에 의한 환매권 행사를 할 수 없는 것은 아니라고 보았다.

(3) 사안의 경우

사안에서는 사업시행자가 환매가능 통지를 한 경우가 아니며, 사업의 폐지·변경일부터 10년 이내에 있으므로 환매권 행사기간 내에 있다.

3. 공익사업변환이 되었는지 여부

(1) 공익사업변환의 의의 및 취지

토지보상법 제91조 제6항은 국가 지방자치단체 또는 공공기관이 사업인정을 받아 공익사업에 필요한 토지를 취득한 후 해당 공익사업이 동법 제4조 제1호 내지 제5호에 규정된 다른 공익사업으로 변경된 경우에 환매권 행사기간은 관보에 해당 공익사업의 변경을 고시한 날부터 기산한다고 규정하고 있다. 공익사업의 변환 취지는 환매와 재수용이라는 무용한 절차의 반복을 피하기 위함이다.

➡ 제19회 시험 당시에는 제5호는 공익사업변환 대상사업이 아니었으나 앞서 설명한 바와 같이 2010.4.5. 법개정으로 제4조 제5호(주택건설 또는 택지 조성사업)도 공익사업변환 대상사업으로 포함되게 되었다.

(2) 공익사업변환 규정의 위헌성 여부

1) 견해대립

새로운 공익사업에 대한 재심사, 불복절차 등이 마련됨이 없고, 공익사업변환을 수회 허용하게 되면 환매권이 형해화(形骸化)될 수 있다는 점에서 위헌이라고 보는 견해와, 공익사업변환 제도의 입법정당성 및 사업시행자를 국가 등으로 제한하고 변환되는 사업도 공익성이 높은 사업으로 제한하고 있다는 점에서 합헌이라고 보는 견해가 대립한다.

2) 검토

공익사업변환제도의 취지가 환매와 재수용의 무용한 절차 반복을 피하려는 것이므로 위헌이라 보기는 어렵다. 다만, 공익사업변환 시에 불복절차 등을 두어 토지소유자에게 권리구제의 기회를 주는 것이 타당하다고 본다.

(3) 공익사업변환의 요건

1) 요건

토지보상법 제91조 제6항에서 보면 공익사업의 변환이 인정되기 위해서는 ① 사업주체가 국가·지방자치단체 또는 공공기관에 해당하고, ② 사업인정을 받은 공익사업이어야 하며 판례는 변환되는 새로운 공익사업도 사업인정을 받거나 사업인정을 받은 것으로 의제되어야 한다고 본다(대판 2010.9.30, 2010다30782). ③ 변환되는 새로운 공익사업은 토지보상법 제4조 제1호 내지 제5호의 공익사업이어야 한다. 다만, 동 조항에 규정되어 있지 않지만 종래 공익사업과 변경되는 공익사업의 사업시행자가 동일하여야 하는지 문제된다.

2) 사업시행자 동일성이 요건이 되는지 여부

공익사업변환규정은 환매권 인정에 대한 예외적 규정이므로 좁게 해석되어야 한다고 보아 사업시행자 동일성은 공익사업변환의 요건으로 보는 견해가 있다. 그러나 판례는 관련 규정의 내용과 입법이유 등을 고려할 때 사업시행자 동일성은 공익사업변환의 요건이 아니라고 보았다.

생각건대, 공익사업의 변환은 사업시행자와 변환사업의 종류를 제한하고 있는 점과 동 제도의 입법취지를 고려할 때 사업시행자가 동일한 경우에만 공익사업변환이 인정되는 것은 아니라고 본다.

(4) 사안의 경우

원 사업의 사업주체가 지방자치단체이며 사업인정을 받아 진행하였고, 변경된 사업은 개별법률에 따라 사업인정이 의제되는 사업으로 사업인정 요건은 충족하였다. 또한 택지개발사업은 토지보상법 제4조 제5항에 해당하는 사업으로 공익사업변환이 인정되는 사업으로 환매권 행사가 제한되는 경우에 해당한다.

4. 甲이 인용 받을 수 있는지 여부

甲은 환매 행사요건과 환매 행사기간 내에 있다. 그러나 사안의 경우 토지보상법 제91조 제6항에 따른 공익사업의 변환에 해당되어 환매권 행사가 제한되므로 기각 판결을 받을 것으로 판단된다.

V 문제의 해결

1. 환매권을 공권으로 보면 공법상 당사자소송으로, 사권으로 보는 경우에는 민사상 소유권이전등기청구소송으로 토지소유권에 대해 다툴 수 있다.

2. 환매행사요건을 충족하였고 행사기간 내에 있으나 공익사업의 변환이 이루어진 바 甲은 토지소유권에 관한 다툼의 소송에서 기각판결을 받을 가능성이 크기 때문에 소유권회복은 현실적으로 어려울 것으로 판단된다.

02

토지에 대한 개별공시지가 결정을 다투려고 하는 경우 다음 각각의 사안에 대하여 논술하시오. 40점

(1) **甲은 A시장이 자신의 소유토지에 대한 개별공시지가를 결정함에 있어서 부동산 가격공시에 관한 법률 제10조 제4항에 의하여 국토교통부장관이 작성한 토지가격비준표를 고려하지 않았다고 주장한다. 이에 A시장은 토지가격비준표를 고려하지 않은 것은 사실이나, 같은 법 제10조 제5항의 규정에 따른 산정지가 검증이 적정하게 행해졌으므로, 甲소유의 토지에 대한 개별공시지가 결정은 적법하다고 주장한다. A시장 주장의 타당성을 검토하시오.** 20점

(2) **乙은 A시장이 자신의 소유토지에 대한 개별공시지가를 결정함에 있어서 부동산 가격공시에 관한 법률 제10조 제5항에 의하여 받아야 하는 산정지가 검증을 거치지 않았다는 이유로 개별공시지가 결정이 위법하다고 주장하였다. A시장은 乙의 주장이 있자 산정지가 검증을 보완하였다. 乙이 검증절차의 위법을 이유로 개별공시지가 결정을 다투는 소송을 제기하려는 경우 그 방법 및 인용가능성은?** 20점

문제분석 및 논점파악

본 문제는 개별공시지가의 위법사유와 하자치유에 관계된 논점의 문제이다. 제19회 시험 당시 적지 않은 수험생이 물음 (1)과 물음 (2)의 하자가 모두 절차의 하자라고 답안을 작성하였다고 한다. 수험서에도 어떠한 하자사유가 개별공시지가의 내용상 하자를 이루며, 어떠한 하자사유가 절차의 하자를 이루는지에 대한 구별기준을 명확하게 설명한 경우가 없다.

논점을 살펴보면 물음 (1)에서 개별공시지가의 내용상 하자와 그 하자의 치유가능성이 문제되며, 물음 (2)에서는 개별공시지가의 절차상 하자와 그 하자의 치유가능성이 물음 (1)과 비교되어 쟁점이 된다.

1. 쟁점 1(개별공시지가의 내용상 하자와 절차상 하자의 구별)

참고로 개별공시지가의 내용상 하자와 절차상 하자에 대한 저자의 개인적 입장을 소개한다.

(1) 개별공시지가의 절차상 하자

개별공시지가의 절차는 부동산 가격공시에 관한 법률(이하 '부동산공시법') 제10조 제5항에서 지가의 산정-감정평가법인등의 검증-토지소유자 그 밖의 이해관계인의 의견청취-시·군·구 부동산공시위원회의 심의-결정·공시로 이루어진다.

따라서 ① 감정평가법인등의 검증을 누락하거나(부동산공시법 제10조 제5항에서 검증을 생략할 수 있는 경우 제외), ② 토지소유자 그 밖의 이해관계인의 의견청취를 하지 않은 경우, ③ 부동산가격공시위원회의 심의를 거치지 않은 경우 등은 개별공시지가의 절차상 하자를 이루게 된다.

(2) 개별공시지가의 내용상 하자

① 비교표준지를 잘못 선정한 경우, ② 토지가격비준표에 의한 표준지와 해당 토지의 토지특성의 조사 비교가 잘못된 경우, ③ 가격조정률의 적용이 잘못된 경우, ④ 토지가격비준표를 적용하지 않고 지가를 산정한 경우, ⑤ 기타 틀린 계산, 오기로 인하여 지가산정에 명백한 잘못이 있는 경우 등은 개별공시지가의 내용상 하자에 해당한다.

(3) 판단근거가 된 판례

개별토지가격결정 과정에 개별토지가격합동조사지침(국무총리훈령 제241호, 제248호)에서 정하는 주요절차를 위반한 하자가 있다거나 비교표준지의 선정 또는 토지가격비준표에 의한 표준지와 해당 토지의 토지특성의 조사 비교, 가격조정률의 적용이 잘못되었다거나 기타 틀린 계산, 오기로 인하여 지가산정에 명백한 잘못이 있는 경우에는 개별토지가격결정의 위법 여부에 대하여 다툴 수 있다(대판 1993.6.11, 92누16706).

2. 쟁점 2(하자치유가능성)

(1) 내용상 하자의 치유가능성

사업계획변경인가처분에 관한 하자가 행정처분의 내용에 관한 것이고 새로운 노선면허가 소제기 이후에 이루어진 사정 등에 비추어 하자의 사후적 치유를 인정하지 아니한 사례(대판 1991.5.28, 90누1359)

(2) 절차상 하자의 치유가능성

1) 절차하자의 독자적 위법성

같은 법 제49조 제3항, 제52조 제1항이 정하고 있는 절차적 요건을 갖추지 못한 공정거래위원회의 시정조치 또는 과징금 납부명령은 설령 실체법적 사유를 갖추고 있다고 하더라도 위법하여 취소를 면할 수 없다(대판 2001.5.8, 2000두10212).

2) 절차하자의 치유가능성

하자있는 행정행위의 치유는 행정행위의 성질이나 법치주의의 관점에서 볼 때 원칙적으로 허용될 수 없는 것이고, 예외적으로 행정행위의 무용한 반복을 피하고 당사자의 법적 안정성을 위해 이를 허용하는 때에도 국민의 권리나 이익을 침해하지 않는 범위에서 구체적 사정에 따라 합목적적으로 인정하여야 한다(대판 2002.7.9, 2001두10684).

3) 절차하자의 치유시기

세액산출 근거가 누락된 납세고지서에 의한 과세처분의 하자의 치유를 허용하려면 늦어도 과세처분에 대한 불복 여부의 결정 및 불복신청에 편의를 줄 수 있는 상당한 기간 내에 하여야 한다고 할 것이므로 위 과세처분에 대한 전심절차가 모두 끝나고 상고심의 계류 중에 세액산출 근거의 통지가 있었다고 하여 이로써 위 과세처분의 하자가 치유되었다고는 볼 수 없다(대판 1984.4.10, 83누393).

3. 생각해 볼 문제

(1) 물음 (1)에서 토지가격비준표의 법적 성질을 논하여야 하는지 아니면 이를 생략하여도 되는지가 문제된다. 왜냐하면 부동산공시법 제10조 제4항에서 개별공시지가는 비교표준지의 공시지가를 기준으로 토지가격비준표를 사용하여 지가를 산정하라고 규정하고 있어 토지가격비준표의 법적 성질을 따지지 않고, 토지가격비준표를 고려하지 않고 산정한 개별공시지가는 부동산공시법 제10조 제4항 위반으로 위법하다고 볼 수 있기 때문이다. 저자는 부동산공시법 제10조 제4항의 위반과 토지가격비준표의 구속력이 대내적・대외적으로 있다는 것을 밝혀 종합적으로 개별공시지가의 위법성을 판단하는 것이 좀 더 점수획득에 유리하지 않을까 생각해 본다. 이때 토지가격비준표에 대한 분량은 간략히 처리하여도 될 것이라 생각한다.

(2) 물음 (2)에서 산정지가검증이 반드시 거쳐야 하는 절차인지 문제된다. 부동산공시법 제10조 제5항에서 개별공시지가 산정 시 그 타당성을 감정평가법인등에게 검증을 거치도록 규정하면서, 동조 제5항 단서에서 감정평가법인등의 검증이 필요 없다고 인정되는 때에는 대통령령이 정하는 바에 따라 검증을 생략할 수 있다고 규정하고 있다. 한편 부동산공시법 대통령령 제18조 제3항에서는 검증을 생략하고자 할 때 개별토지의 지가변동률과 해당 토지가 소재하는 시・군 또는 구의 연평균 지가변동률(국토교통부장관이 조사 공표하는 연평균지가변동률을 말한다) 간의 차이가 작은 순으로 대상 토지를 선정하여 검증을 생략한다고 하면서, 개발사업이 시행되는 경우나 용도지역・지구가 변경되는 등의 사유가 발생한 토지에 대하여는 검증을 반드시 실시하도록 규정하고 있다. 또한 부동산공시법 시행령 제18조 제4항에서는 검증의 생략에 관하여는 미리 관계중앙행정기관의 장과 협의하여야 한다고 규정하고 있다.

관련 규정만으로는 乙의 토지가 검증을 생략하여도 되는지 판단하기 어려우며, 또한 문제에서 나타난 자료로 판단하기도 어렵다. 다만, 필자는 문제에서 '부동산공시법 제10조 제5항에 의하여 받아야 하는 산정지가검증을 거치지 않았다는 이유로'라고 하여, 乙의 토지는 검증을 거쳐야 되는 토지로 판단하였고, 또한 문제에서 검증을 생략해도 되는 경우라면 본 문제의 취지에 부합하지 않다는 점에서 역시 검증을 거쳐야 하는 경우로 판단하였다.

예시답안

I 논점의 정리

1. 물음 (1)에서는 A시장 주장의 타당성을 검토하기 위하여 먼저 부동산 가격공시에 관한 법률(이하 '부동산공시법')상 토지가격비준표를 고려하지 않고 산정한 개별공시지가가 위법한지와 위법성 정도를 검토하고, 산정지가검증을 통해 하자가 치유되었는지 검토한다.
2. 물음 (2)에서는 개별공시지가 결정의 위법을 다투는 소송의 방법이 문제되는데, 이는 개별공시지가 결정의 법적 성질(처분성)을 검토하여야 하며, 소송의 인용가능성이 문제되는데 산정지가검증의 누락이 개별공시지가의 절차하자를 이루는지와 절차하자의 독자적 위법성, 하자의 정도를 검토하고, 최종적으로 A시장의 주장과 같이 산정지가검증의 사후보완을 통해 하자가 치유되었는지를 검토하여 인용 여부를 판단한다.

II 개별공시지가의 법적 성질

1. 개별공시지가의 의의(부동산공시법 제10조)

부동산공시법상 개별공시지가는 시장·군수 또는 구청장이 개발부담금의 부과 그 밖에 다른 법령이 정하는 목적을 위한 지가 산정에 사용되도록 하기 위하여 매년 공시지가의 공시기준일 현재를 기준으로 결정·공시한 관할구역 안의 개별토지의 단위면적당 가격을 말한다.

2. 법적 성질(논의의 실익 : 항고소송의 대상인 처분성이 있는지)

(1) 학설

개별토지가격을 기초로 과세처분 등이 이루어지는 경우 해당 처분청은 개별공시지가에 구속을 받으므로 개별공시지가만으로 국민의 권리의무에 직접 영향을 미치는 것으로 보아 행정행위라고 보는 견해와 개별공시지가는 세금 등의 산정기준에 불과하므로 행정규칙이라는 견해가 대립한다.

(2) 판례

개별토지가격결정은 관계 법령에 의한 토지초과이득세, 택지초과소유부담금 또는 개발부담금 산정의 기준이 되어 국민의 권리나 의무 또는 법률상 이익에 직접적으로 관계되는 것으로서 행정소송법 제2조 제1항 제1호 소정의 행정청이 행하는 구체적 사실에 관한 법집행으로서 공권력 행사이므로 항고소송의 대상이 되는 행정처분에 해당한다(대판 1993.6.11, 92누16706).

(3) 검토

개별공시지가가 국민의 권리의무에 직접 영향을 미치므로 권리구제를 위하여 항고소송의 대상이 되는 것으로 보는 것이 타당하다.

Ⅲ 물음 (1)

1. 토지가격비준표를 고려하지 않고 산정한 개별공시지가의 위법성 여부

(1) 토지가격비준표의 법적 성질

1) 의의

토지가격비준표는 표준지와 지가산정 대상 토지의 지가형성요인에 관한 표준적인 비교표를 말한다. 부동산공시법 제3조 제7항의 위임이 있으며, 국민의 재산권에 관한 이른바 법규사항을 규율하고 있으나 형식은 행정규칙에 의하고 있어 법적 성질이 문제된다.

2) 학설

법령의 위임이 있고 그 내용도 법규적 사항을 정하고 있어 대외적 효력을 갖는 법규명령이라는 견해와 행정규칙에 불과하다는 견해, 규범구체화 행정규칙으로 보는 견해, 헌법에서 인정하고 있지 않은 형식으로 위헌·무효라는 견해 등이 대립한다.

3) 판례

국세청장의 훈령인 재산제세 사무처리규정의 법적 성질을 법령보충규칙으로 법규명령의 성질을 갖는다고 판시한 이래 법령보충적 행정규칙에 대하여 법규성을 인정하는 태도로 일관하고 있다.

> **대판 2013.5.9, 2011두30496[개발부담금부과처분취소]**
> 가격공시법 제9조 제2항은 '국토해양부장관은 지가산정을 위하여 필요하다고 인정하는 경우에는 표준지와 지가산정 대상 토지의 지가형성요인에 관한 표준적인 비교표를 작성하여 관계 행정기관 등에 제공하여야 하고, 관계 행정기관 등은 이를 사용하여 지가를 산정하여야 한다'고 규정하고 있으므로, 국토해양부장관이 위 규정에 따라 작성하여 제공하는 토지가격비준표는 가격공시법 시행령 제16조 제1항에 따라 국토해양부장관이 정하는 '개별공시지가의 조사·산정지침'과 더불어 법률 보충적인 역할을 하는 법규적 성질을 가진다고 할 것이다

4) 검토

토지가격비준표는 부동산공시법 제3조 제7항에 위임이 있고, 그 내용도 법규적 사항이며, 부동산공시법 관련 규정과 결합하여 대외적 구속력을 가지는 법규명령이라고 본다.

(2) 개별공시지가의 하자유형 및 하자정도

부동산공시법 제10조 제4항에서 개별공시지가는 비교표준지의 공시지가를 기준으로 토지가격비준표를 사용하여 지가를 산정하라고 규정하고 있고, 토지가격비준표도 대외적 구속력이 있는바, 토지가격비준표를 고려하지 않고 산정한 개별공시지가는 위법성을 면하기 어려우며, 이는 지가산정 방법상의 문제로 내용상 하자에 해당한다.

하자 정도는 중대명백설에 의할 때 법의 위반이라는 중대성은 인정되나 일반인의 시각에서 하자의 명백성은 인정하기 어려우므로 취소사유에 해당한다.

2. 산정지가검증을 통한 개별공시지가 하자의 치유가능성

(1) 행정행위 내용상 하자의 치유가능성

1) 견해의 대립 및 판례

내용상 하자도 치유가능하다는 견해가 있으나 내용상 하자의 치유를 긍정하면 법률적합성과의 조화가 깨질 수 있어 부정하는 견해가 일반적이다. 판례는 사업계획변경인가처분의 내용상 하자에 대해 사후적 치유를 부정하였다.

2) 검토

법률적합성과 행정능률의 조화를 위하여 부정설이 타당하다.

(2) 사안의 경우

개별공시지가의 내용상 하자는 사후에 산정지가검증을 통해 치유될 수 없다.

3. A시장 주장의 타당성 여부

개별공시지가의 내용상 하자가 산정지가검증을 통해 치유되었다는 A시장의 주장은 타당하지 못하다.

Ⅳ 물음 (2)

1. 개별공시지가 결정의 위법을 다투는 소송의 방법

개별공시지가 결정이 처분성이 인정되고, 사안은 개별공시지가 결정의 부작위가 존재하지 아니한 바 개별공시지가 결정의 위법을 다투는 소송의 형태는 항고소송 중 취소소송과 무효등확인소송이 될 것이다.

2. 취소소송의 인용가능성

(1) 소제기의 적법성

개별공시지가 결정의 처분성이 인정되고, 乙은 개별토지의 소유자로 본인 소유토지의 개별공시지가의 위법을 다툴 법적 이익이 존재한다. 다른 소송요건의 구체적 판단 근거는 제시되지 않았으나 계속적 논의를 위해 소송요건이 충족된 것으로 본다.

(2) 산정지가검증을 거치지 않은 개별공시지가의 위법성 여부

1) 절차하자 존재 여부

부동산공시법 제10조 제5항에서는 개별토지가격의 산정 후 그 타당성에 대해 감정평가법인등의 검증을 받도록 규정하고 있고, 검증이 필요 없다고 인정되는 경우에만 예외적으로 생략할 수 있으므로 검증절차는 원칙적으로 필수적 절차로 볼 수 있다. 따라서 검증을 거치지 않은 개별공시지가 결정은 절차의 하자를 갖게 된다.

2) 절차하자의 독자적 위법성 여부

학설은 행정상 및 소송상 경제를 위해 부정하는 견해와 절차적 중요성을 고려해 긍정하는 견해, 재량행위에서만 긍정하는 견해 등이 대립한다. 판례는 기속행위와 재량행위 구별 없이 절차하자의 독자적 위법성을 인정한다.

생각건대, 행정소송법 제30조 제3항에서 절차의 위법을 이유로 한 취소판결을 인정하고 있고, 행정절차의 중요성에 인식하여 긍정설이 타당하다.

3) 하자의 정도

중대명백설에 따를 때 부동산공시법 제10조 제5항의 검증절차를 누락한 하자는 중대하나, 일반인의 시각에서 명백한 하자라고 판단하기는 어려우므로 취소정도의 하자로 본다.

(3) 산정지가검증의 사후보완을 통한 하자의 치유가능성

1) 절차하자의 치유가능성

학설은 행정절차의 목적상 절차하자의 치유를 부정하는 견해, 절차의 사후보완을 통해 하자치유를 긍정하는 견해, 국민의 권익을 침해하지 않는 범위 내에서 하자치유를 긍정하는 견해 등이 대립한다. 판례는 행정청이 청문서 도달기간을 다소 어겼다 하더라도 영업자가 이에 대하여 이의하지 아니한 채 스스로 청문일에 출석하여 그 의견을 진술하고 변명하는 등 방어기회를 충분히 가졌다면 청문서 도달기간을 준수하지 아니한 하자는 치유되었다고 봄이 상당하다고 보았다. 행정의 능률성과 국민의 권익보호를 조화하는 차원에서 당사자의 권익구제에 지장을 주지 않는 범위 내에서 절차하자의 치유를 인정하는 것이 타당하다.

2) 절차하자의 치유시기

행정쟁송 제기 이전시설, 행정소송 제기 이전시설, 쟁송종결 전까지 가능하다는 견해 등이 대립한다. 판례는 '과세처분의 하자의 치유를 허용하려면 늦어도 과세처분에 대한 불복여부의 결정 및 불복신청에 편의를 줄 수 있는 상당한 기간 내에 하여야 한다고 할 것'이라 하여 행정쟁송 제기 이전시설 입장에 있는 것으로 보인다. 우리나라의 행정심판은 준사법적 성격이 강하므로 행정쟁송 제기 전까지 하자치유가 되어야 하는 것으로 보는 것이 타당하다.

3) 사안의 경우

산정지가검증의 결여는 개별공시지가 결정의 절차상 하자를 이루며, 하자정도는 취소 정도에 해당하고, A시장은 행정쟁송 제기 이전에 산정지가검증을 보완하였으므로 해당 절차하자는 치유되었다고 보는 것이 타당하다.

(4) 법원의 판단(인용가능성)

절차하자가 치유되었으므로 결국 법원은 개별공시지가 결정의 취소소송에서 기각판결을 내릴 것이다.

3. 무효확인소송의 인용가능성

무효등확인소송에서도 소송요건에는 문제없다. 하자가 치유되었으므로 본안판단 결과 결국 기각판결이 날 것이다.

V 문제의 해결

1. 물음 (1)에서 토지가격비준표를 고려하지 않고 산정한 개별공시지가의 결정은 내용상 하자를 갖게 되며, 내용상 하자는 치유불가능한바, A시장의 주장은 타당하지 아니하다.

2. 물음 (2)에서는 산정지가검증의 결여로 인해 개별공시지가 결정에 절차상 하자가 존재하나, 사후보완을 통해 하자가 치유된바, 취소소송이나 무효확인소송에서 모두 기각판결이 날 것이다.

문제 03

사적(私的) 공용수용의 의의 및 요건에 대하여 설명하시오. 20점

문제분석 및 논점파악

공용수용의 일반론 중에서 공용수용 주체가 사인인 경우의 의의와 요건에 대한 문제이다. 제10회 1번 문제에서 사기업의 비료공장건설사업에 대한 사업인정의 적부를 묻는 문제가 있다.
일반적 공용수용과 사적 공용수용에서 차이는 공용수용 주체의 차이만이 있다. 사적주체에게도 수용권을 부여하게 된 배경을 함께 적어주고, 요건에서는 일반적인 공용수용의 요건과 동일하게 공공필요, 법률에 근거한 수용일 것, 정당한 보상을 설명하면 될 것 같다.

예시답안

I 사적(私的) 공용수용의 개관

1. 의의

사적 공용수용이란 특정한 공익사업 기타 복리목적을 위하여 사적(私的) 주체가 법률적 힘에 의하여 손실보상을 전제로 타인의 재산권을 강제로 취득하는 것을 말한다.

2. 필요성

공익목적의 토지취득은 공적 주체에게 한정되는 것이 일반적이었으나 사회복리행정국가의 이념추구에 따른 공공필요에의 충당, 공익사업의 증대에 대처, 기술적·재원적 측면에서 민간활력 도입의 필요성, 공행정의 활성화를 도모하기 위하여 사적 공용수용이 인정될 필요성이 있다.

3. 사적 공용수용의 인정 여부

(1) 법적 근거

공용수용과 보상을 규정한 헌법 제23조 제3항은 수용주체에 대한 직접적인 규정은 없다. 공용수용의 일반법적 지위에 있는 토지보상법에는 제4조 제5호에서 국가나 지방자치단체가 지정한 자의 공익사업수행에 대한 근거를 마련하고 있다. 이 외에도 사회기반시설에 대한 민간투자법 등에 규정되어 있다.

(2) 판례

대법원은 "어떤 사업이 공익사업인가의 여부는 그 사업 자체의 성질에 의하여 정할 것이고 사업 주체의 여하에 의하여 정할 것이 아니다."라고 판시하여 사적 주체에 대하여도 공용수용의 가능성을 긍정한 것으로 보인다.

(3) 검토

공용수용의 허용 여부는 공공필요와 그 실현 여부에 따라 판단되어야 하므로 사적 주체도 공용수용의 주체가 될 수 있을 것이다. 다만, 사적인 수용주체는 경제적 문제와 관련하여 사업의 포기 등이 나타날 수 있으므로 엄격한 요건을 적용하여 결정하여야 할 것이다. 따라서 그 요건의 중요성이 강조된다.

Ⅱ 사적 공용수용의 요건

1. 공용수용의 요건으로서 헌법 제23조 제3항

사적 공용수용은 공적주체에 의한 일반적 공용수용과 주체의 차이만 있으므로 공용수용의 요건은 공용수용을 허용한 헌법 제23조 제3항에서 요건을 찾아야 할 것이다. 헌법 제23조 제3항에서는 공공필요, 법률에 근거한 수용, 정당한 보상의 요건을 규정하고 있다.

2. 공공필요

(1) 의의

공공필요는 수용의 정당화 사유이며, 대표적 불확정 개념으로서 사회적 역사적 가변성이 있는 바, 구체적 상황에 따라 달리 해석될 수 있다. 공공필요는 헌법 제37조 제2항의 국가안전보장·질서유지 또는 공공복리를 포함하는 넓은 개념으로 이해되고 있다.

(2) 판단기준

공공필요는 행정기본법 제10조에 규정된 비례의 원칙을 통하여 판단할 수 있다. 그 내용으로는 ① 행정목적을 달성하는데 유효, 적절하여야 한다는 〈적합성의 원칙〉, ② 행정목적을 달성하는데 필요한 최소한도에 그쳐야 한다는 〈필요성의 원칙〉, ③ 행정작용으로 인한 국민의 이익 침해가 그 행정작용이 의도하는 공익보다 크지 아니하여야 한다는 〈상당성의 원칙〉이 있고, 단계적 심사구조를 거친다.

3. 법률에 근거한 수용과 정당한 보상

헌법 제23조 제3항은 법률에 따른 공용수용을 허용하고 있다. 즉, 법률에 근거하지 않는 공용수용은 인정되지 아니한다. 또한 공용수용으로 인하여 발생하는 손실에 대하여 정당한 보상을 요건으로 하고 있다. 정당한 보상에 대하여는 헌법재판소와 대법원은 피수용 재산의 객관적인 가치를 완전하게 보상하는 완전보상으로 이해하고 있다.

Ⅲ 결론

오늘날 현대복지국가의 실현을 위하여 공익사업이 증가함에 따라 사적 주체에게 수용권을 부여할 필요성이 커지고 있다. 이러한 사적 주체는 공적 주체와는 달리 경제적 이익을 목적으로 하므로 사적 공용수용 허용 시 엄격한 요건을 거쳐야 하며, 특히 공공필요는 단순히 수용을 허용하는 때에만이 아니라 사업공사 중, 사업완료 후에도 계속적인 공공성이 유지되게 하는 것이 중요하다.

Ⅳ 여론(계속적 공익실현의 보장책)

영리추구를 본질로 하는 사기업은 언제든지 중도에 사업을 포기할 가능성이 있다. 따라서 공익의 계속적 담보를 위한 보장책이 전제되어야 한다. 이를 위한 보장책으로 법률상 보장수단으로는 ① 토지보상법 91조 환매권, ② 수용재결 시 사업시행자의 능력과 의사를 판단하여야 하고, ③ 동법 제23조 사업인정의 실효규정, ④ 민간투자법에서 사업시행자에 대한 감독 명령과 처분, 위반 시 벌칙에 대한 규정 등이 있다고 할 것이다. 사적 공용수용에 의한 공익사업은 사업인정 후라도 헌법 제 23조 제3항의 공공필요 요건을 충족하지 못할 경우 위헌·위법한 재산권의 침해라 할 것이어서 행정쟁송의 제기, 헌법소원의 제기등 사법적 통제를 통해 구제받을 수 있을 것이다.

Chapter 18

2007년 제18회 기출문제 분석

문제 01

甲은 A도의 일정지역에서 20년 이상 제조업을 운영하여 왔다. A도지사는 「(가칭)청정자연보호구역의 지정 및 관리에 관한 법률」을 근거로 甲의 공장이 포함되는 B지역 일대를 청정자연보호구역으로 지정하였다. 그 결과 B 지역 내의 모든 제조업자들은 법령상 강화된 폐수 배출허용기준을 준수하여야 한다. 이에 대하여 甲은 변경된 기준을 준수하는 것이 기술적으로 어려울 뿐만 아니라 수질정화시설을 갖추는 데 과도한 비용이 소요되므로 이는 재산권의 수용에 해당하는 것으로 손실보상이 주어져야 한다고 주장한다.

(1) 사례와 같은 甲재산권의 규제에 대한 보상규정이 위 법률에 결여되어 있는 경우 甲 주장의 타당성을 검토하시오. 20점

(2) 사례와 같은 재산권 침해 논란을 입법적으로 해결할 필요가 있는 경우 도입할 수 있는 '현금보상이나 채권보상 이외의 보상방법' 및 '기타 손실을 완화할 수 있는 제도'에 관하여 검토하시오. 20점

문제분석 및 논점파악

제18회 시험 당시에 토지보상법의 개정으로 대토 보상과 공장이주대책 등의 제도가 신설되었다. 법 개정과 관련하여 출제되었다고 단언할 수는 없지만 항상 법의 개정을 통하여 새로운 제도의 도입이나 제도개선이 있는 경우에는 관심을 갖고 지켜보아야 한다. 이러한 경우는 대부분 법을 집행하면서 실무적으로 문제되었던 것들이 많으며, 이는 곧 시험출제 가능성이 높은 부분이 되기 때문이다.

1. 물음 (1)에 대하여

공공필요에 의한 공용침해 중 공용수용이나 공용사용의 경우는 대부분 침해의 근거 법률에서 손실보상을 규정하고 있다. 그러나 공용제한의 경우에는 보상규정을 마련하고 있지 않는 경우가 많다. 토지보상법에도 공용제한에 따른 보상규정은 없으며, 토지보상법상 보상규정들은 공용수용과 공용사용의 경우에 발생하는 손실에 대한 규정들이다.

사안에서는 법률에 보상을 마련하고 있지 아니한 공용제한으로 인하여 재산권에 대한 손실을 입은 경우에 해당 손실에 대하여 손실보상을 해야 하는지가 문제된다. 먼저, 경계이론 입장에서 보면 해당 공용제한에 따른 손실이 손실보상의 대상이 되는 특별한 희생에 해당하는지 문제되며, 특별한 희생에 해당한다면 보상규정이 결여된 경우의 헌법 제23조 제3항에 따라 보상이 가능한가의 헌법 제23조 제3항의 효력 논의가 필요하다. 분리이론 입장에서 보면 입법자가 보상규정을 두지 않은

경우는 원칙적으로 보상이 필요하지 않으나, 비례원칙 및 평등원칙에 반하는 과도한 제한이 되는 경우에는 조정조치가 필요하다. 결국 분리이론 입장에서도 비례원칙에 반하는 과도한 재산권의 내용적 제한인지 여부에 대한 판단이 필요하게 된다.

경계이론 입장에서는 특별한 희생에 대한 보상규정을 두고 있지 아니한 경우 헌법 제23조 제3항에 근거하여 보상이 가능한지는 헌법 제23조 제3항의 효력논의를 통해 결론 내리면 될 것이다.

만약 분리이론 입장에서 해당 공용제한이 비례원칙에 반하는 과도한 제한이 되는 경우에는 ① 재산권 제한조치가 위헌이므로 취소소송을 통하여 구제를 받아야 한다는 견해, ② 조정조치의무 불이행이라는 입법부작위에 대한 헌법소원을 통하여 구제를 받아야 한다는 견해, ③ 재산권 제한조치의 근거가 되는 법률의 위헌확인과 조정조치에 관한 입법을 기다려 구제받아야 한다는 견해가 있다(박균성 교수님 행정법 강의 제13판).

다만, 필자는 본 물음에 대한 배점이 20점이므로 경계이론과 분리이론을 나누어 고찰하기 어려우므로 경계이론에 따라 예시답안을 작성하였다. 우리나라 헌법 제23조 제3항은 수용 또는 사용뿐만 아니라 제한의 경우에도 공공필요에 대한 재산권의 제한과 손실보상의 문제로 보고 있기 때문에 경계이론이 타당하다.

평소 스터디에서 40점으로 연습하던 내용이 20점 배점으로 축소되어 출제되었다. 이러한 경우 미리 배점을 고려한 목차구성을 하고 답안을 작성하는 것이 중요하다. 자신이 연습하고 훈련한 그대로 목차구성을 하려고 하면, 배점도 초과할 뿐만 아니라 지나치게 시간도 많이 소요될 것이다. 중요 쟁점 위주로 문제를 해결하면 될 것이다.

2-1. 물음 (2)에 대하여

물음에서 '사례와 같은 재산권 침해 논란을 입법적으로 해결할 필요가 있는 경우'라고 하여 여기서 사례와 같은 재산권 침해의 의미가 문제될 수 있다. 이에 대하여 다음과 같이 세 가지로 해석해 볼 수 있다. ① 가장 좁게 해석하면 보상규정 없이 공용제한에 따라 특별한 희생이 발생한 공장소유자의 손실, ② '보상규정을 두지 않은 공용제한에 따라 발생한 특별한 희생'(공장을 포함한 다른 유형의 침해도 포함)이라고 볼 수 있다. ③ 마지막으로 가장 넓게 해석하여 공용침해(수용·사용, 제한 모두 포함) 시 특별한 희생이 발생한 경우에도 보상규정을 마련하고 있지 않는 경우로 나누어 볼 수 있다. 필자는 ②의 경우로 해석하였다.

2-2. 물음 (2)에 대하여

특별한 희생이 발생하는 공용제한의 경우 현금이나 채권으로 보상하는 방법 이외에 어떠한 보상방법 또는 손실을 완화할 수 있는 제도가 있을까?

먼저 보상방법으로는 제한받는 토지를 대신하여 침해받기 이전의 용도로 사용할 수 있는 대체지를 지급하는 방법, 공장이주대책 등을 생각해 볼 수 있을 것이다.

손실을 완화할 수 있는 제도로는 제한받는 토지의 매수청구제도나, 기타 세금감면이나 규제완화 등을 고려해 볼 수 있을 것이다.

문제1-1) (20점)	문제1-2) (20점)
Ⅰ 논점의 정리	Ⅰ 입법적 해결의 근본적 목적(취지)
Ⅱ 손실보상의 의의 및 요건(특별한 희생인지 여부) 1. 손실보상의 의의 및 요건 2. 특별한 희생인지 여부(소결)	Ⅱ 현금보상이나 채권보상 이외의 보상방법 1. 대토보상의 현실적 필요성(법 제63조 개정) 2. 공사비등의 보상 3. 검토
Ⅲ 보상규정이 결여된 경우(헌법 제23조 제3항의 효력논의) 1. 문제점 2. 학설 및 판례의 태도 3. 소결	Ⅲ 기타 손실을 완화할 수 있는 제도 1. 현행 법령의 문제점 2. 개특법상 매수청구권제도 3. 기타 세금 감면, 규제완화 등
Ⅳ 甲 주장의 타당성	Ⅳ 소결

예시답안

* 본 예시답안은 제18회 시험 당시 역대 최고점수를 받았던 필자의 수석답안을 토대로 시험 당시 법 조문에 근거해 작성된 것이다.

문제 1-1) 20점

Ⅰ 논점의 정리

설문에서 답은 20년간 제조업 공장을 운영하여 오던 중 재산권 규제에 대하여 손실보상을 주장하는 바, ① 손실보상의 의의 및 요건(특별한 희생)을 검토하고, ② 재산권 규제에 대한 보상규정이 위 법률에 결여된 경우, 甲 주장의 타당성을 89헌마214 헌법재판소 결정에서 제시한 논거를 토대로 논하기로 한다.

Ⅱ 손실보상의 의의 및 요건(특별한 희생인지 여부)

1. 손실보상의 의의 및 요건

손실보상이란 행정기관이 적법한 공권력 행사로 인하여 개인의 재산권에 의도된 특별한 희생에 대하여 사유재산권 보장과 평등부담의 차원에서 행하는 조절적 재산적 보상을 말한다. ① 설문에서는 공공필요에 의한 재산권의 의도적 침해로서 ② 위 법률에 근거한다. ③ 특별한 희생여부가 문제시되며, ④ 보상규정의 존재는 후술하기로 하고, 이하 특별한 희생을 고찰한다.

2. 특별한 희생인지 여부(소결)

특별한 희생은 인적 범위가 특정되고, 침해의 강도 등이 수인한도를 넘는 경우이어야만 한다. 설문에서 甲은 A도의 일정지역에서 20년 이상 제조 공장을 운영하던 중, 청정자연보호구역으로 지정되면서 폐수 배출 허용기준을 준수하여야 하는데, 기술적인 어려움이 존재한다. 또한 수질정화시설을 갖추는데 과도한 비용이 소요되는 바 甲으로서는 이를 현실적으로 감당하기 어려운 것으로 보이고, 침해의 강도를 고려할 때도 개인으로써 수인한도를 넘는 것으로써 특별한 희생으로 보상함이 타당시된다.

Ⅲ 보상규정이 결여된 경우(헌법 제23조 제3항의 효력논의)

1. 문제점

헌법 제23조 제3항에서는 보상은 법률로써 하도록 규정하고 있는바, 헌법의 취지상 원칙적으로 개별법에 유보되어야 마땅하다. 그러나 (가칭)청정자연보호구역의 지정 및 관리에 관한 법률에서는 보상 규정이 결여된 바, 학설 및 판례 등을 검토하여 보기로 한다.

2. 학설 및 판례의 태도

① 헌법 제23조 제3항의 해석을 통하여 손실보상을 긍정하는 직접효력설, 유추적용설이 있고, 부정하는 방침규정설, 위헌무효설이 있다. 최근 위헌성 제거논의로 보상입법부작위위헌설도 있다.

② 대법원은 시대상황을 반영한 판례를 내놓고 있고, 헌법재판소는 89헌마214 결정에서 위헌성 심사기준, 특별한 희생 구별, 해결방법 등에 대한 입법촉구를 제시한 바 있다.

3. 소결

헌법 제23조 제3항의 논의가 모두 일면 타당성이 있으나, 재산권 침해에 대한 甲의 실질적 해결책은 헌법에 의해 직접 보상하는 것이 실효성이 있다고 생각한다. 다만 법치주의 원리상 구체적 입법으로 해결하는 것이 타당하다고 보인다. 이하에서는 89헌마214에서 제시한 ① 종래 용도 목적대로 사용가능성, ② 현실적 수인가능성 등이 있는지를 고려하여 입법상 흠결에 대한 쟁점에 대하여 甲 주장의 타당성을 고찰한다.

Ⅳ 甲 주장의 타당성

① 甲 공장을 종래 용도 목적대로 사용가능한지 여부

설문에서 20년간 제조업을 운영하던 甲은 청정자연보호구역 지정 등으로 법령상 강화된 폐수허용기준을 준수하여야 한다. 이는 제조업의 특성상 종래의 기득권을 유지하는 것은 어려운 바 甲의 손실보상 주장은 타당하다고 보인다.

② 현실적 수인가능성과 실질적인 이주대책의 필요성

甲은 수질정화시설 등을 갖추어야 하는데 과도한 비용 등이 들게 되므로 이에 따른 현실적 대응 한계와 수인가능성도 낮은바, 입법정책적으로 실질적인 이주대책 등이 행해지는 것이 타당시된다고 보인다.

③ 甲 주장의 타당성(소결)

일정지역에서 20년간 공장을 운영하여 생계등을 유지하던 甲에게 청정구역지정으로 인한 재산권 규제는 위에서 상술한 바와 같이 손실보상하여 주는 것이 타당하다 생각된다.

다만 공익사업을 위한 토지 등의 취득 및 보상에 관한 법률(이하 '토지보상법')상 실효성 있는 해결책 제시가 관건으로, 이하에서는 개정 법령 등을 구체적으로 검토하기로 한다.

문제1-2) 20점

Ⅰ 입법적 해결의 근본적 목적(취지)

최근 토지보상법령 개정안에서는 현금보상이나 채권보상 이외에 대토보상 등이 새로이 도입되면서 실효적인 손실보상이 가능토록 입법조치하고 있다.

甲과 같이 공장을 운영하던 지역이 청정자연보호구역으로 지정되면 인근지가 폭등할 개연성이 높고, 보상금을 받아 기존 공장운영을 종래 목적대로 인근에서 할 수 없게 되는 것이 현실이다. 따라서 입법적 해결은 헌법상 존속보상의 취지를 살리고 국민의 재산권을 보호하는 근본적 법목적에 부합된다. 이하에서는 그 실적인 방안으로써 입법적 해결책 등을 상세히 고찰하여 본다.

Ⅱ 현금보상이나 채권보상 이외의 보상방법

1. 대토보상의 현실적 필요성(법 제63조 개정)

현금보상이나 채권이외로 토지보상법 제63조 개정안에서는 일정한 기준과 절차에 따라서 〈토지로 보상을 받을 수 있는 자〉로 법정함으로써 인근지가 상승으로 인한 피수용자들의 현실적 박탈감을 해소하는 측면이 있다.

설문에서 甲의 경우 제조공장부지에 대한 실질적 보상책으로써 이주할 수 있는 토지를 보상하는 것은 매우 실효성 있는 조치로써 판단되어진다.

2. 공사비 등의 보상

설문에서 甲이 20년간 공장을 운영하게 되면 그 공장건물이 시간의 경과 등으로 낡을 수도 있으나, 실제 운영에 전혀 어려움이 없는 상태라고 하면 공장건물 등으로 지을 수 있는 공사비 등을 제공하는 것이 실효적인 조치라고 생각된다.

3. 검토

현행 토지보상법에서는 대토보상이나 공사비 보상 등이 적시되어 있지 아니한바, 개정안에서는 대토보상 등이 규정되어 매우 바람직하다고 보인다. 다만 설문에서 甲에게 가장 현실성 있는 입법조치는 이주공장을 제공하여 기존의 공장 운영 목적에 부합되는 보상조치가 요구되는 바 법령의 정비가 요구된다 할 것이다.

Ⅲ 기타 손실을 완화할 수 있는 제도

1. 현행 법령의 문제점

현행 토지보상법이나 개발제한구역지정 및 관리에 관한 법률(이하 '개특법') 등에서는 손실을 완화할 수 있는 직접적인 규정이 미비된 것이 현실이다. 따라서 이에 대한 정비가 시급하여, 위의 공장 등이 수용에 해당되는 경우에 기타 손실을 완화하는 조치는 생업과 관련된 국민에게 절실한 생존의 문제이다.

2. 개특법상 매수청구권제도

개특법에서는 일정기준에 해당되는 경우에는 매수청구권제도 등이 있다.
설문에서는 甲 공장의 경우 A도지사의 청정자연보호구역 지정에 따른 재산권 침해에 대하여 매수청구권제도를 해당 법령에 적시한다면 어느 정도 손실을 완화하는 조치로 평가받을 수 있을 것이다.

3. 기타 세금 감면, 규제완화 등

기타 손실을 완화할 수 있는 제도로써 甲 공장 운영에 대하여 이주 시까지 각종 세금을 감면하여 준다든지, 공장설립허가 등을 다시 받는 경우에 규제완화 조치 등도 가능하리라 본다. 다만 이에 대한 입법 조치가 선행될 때 甲이 실무 현장에서 실질적 도움이 될 수 있을 것이다.

Ⅳ 소결

① 甲 공장 운영에 대한 재산권 침해에 대하여 입법적 해결은 甲의 현실적 문제 해결을 위한 필요불가결한 조치이다. 특히 대토보상 등을 통한 공장이주단지 등의 조성은 가장 실효성 있는 손실보상이 될 것으로 사료된다.

② B지역에 폐수배출허용기준 등이 강화됨으로써 이주가 불가피한 경우, 甲과 같은 제조공장운영자들에게는 새로운 이주공장설립허가 시에 규제 등을 완화하여 주고, 세금감면 등을 통하여 물질적인 것뿐만 아니라 심적 박탈감 등도 함께 고려하여 보상하는 것이 타당시된다고 보인다. 다만 보상법령의 재정비를 통하여 제도적 법제화가 무엇보다 중요하다고 생각된다.

문제 02

감정평가법인등의 성실의무와 그 의무이행확보수단을 기술한 후 이들 각 수단의 법적 성질을 비교 · 검토하시오. 30점

문제분석 및 논점파악

1. 문제해설

쉬운 문제는 아니라고 생각된다. 일단 감정평가법인등의 성실의무와 관련된 규정을 알고 있어야 하며, 성실의무 위반 시에 행정제재 등이 가능한 각 규정들을 모두 알고 있어야 하기 때문이다. 본 문제의 뒷부분 물음은 제21회 3번 문제와 유사한 성격을 지닌다고 본다.

과거 기출문제를 살펴보면 감정평가 및 감정평가사에 관한 법률(이하 '감정평가법')에서 출제된 문제들 중 감정평가사나 감정평가법인등과 관련하여 개별조문을 잘 파악하고 있어야 풀 수 있는 문제들이 종종 있다. 제13조 자격취소, 제17조 자격등록 및 갱신등록, 제18조 자격등록 및 갱신등록의 거부, 제19조 자격등록취소, 제28조 손해배상책임, 제25조 성실의무 등, 제32조 인가취소 등, 제39조 징계, 제41조 과징금, 제49조 내지 제51조의 벌칙, 제48조 벌칙적용에 있어 공무원의제, 제51조 양벌규정, 제52조 과태료 규정들은 꼼꼼히 정리해 둘 필요가 있다.

특히, 아직 출제가 되지 않은 제39조 징계와 제17조 등록 및 갱신등록은 더욱 중요하다고 생각된다.

ZOOM! 생각해 볼 문제

본 문제에서 감정평가법인등의 성실의무와 그 의무이행확보수단을 기술하라고 했다. 여기서 감정평가법인등의 성실의무가 무엇인지 문제된다. 즉, 감정평가법 제25조 제1항만의 의무인지 아니면 제25조 제1항에서 제5항까지 전체의 의무인지가 문제이다. 이는 그 의무이행확보수단이 달라지기 때문에 명확히 할 필요가 있다.

만약 감정평가법 제25조 제1항만의 의무라고 하는 경우 실효성 확보수단으로는 ① 제32조 제1항 제11호에 따른 업무정지([별표 3]은 업무정지 2개월로 정함), ② 제41조 과징금, ③ 제49조의 벌칙(2년 이하 징역 또는 3천만원 이하의 벌금), ④ 제28조 손해배상책임을 생각할 수 있다.

만약 감정평가법 제25조 전체의 의무라고 본다면 그 의무에 대한 실효성 확보수단은 ① 제28조 손해배상책임, ② 제32조 제1항 제11호에 따른 설립인가취소 또는 업무정지, ③ 제41조 과징금, ④ 제49조의 벌칙(2년 이하 징역 또는 3천만원 이하의 벌금), ⑤ 제50조의 벌칙(1년 이하 징역 또는 1천만원 이하의 벌금), ⑥ 제52조의 과태료 규정이 해당된다.

필자는 감정평가법 제25조 전체를 성실의무조항으로 보고 아래 예시답안에서도 그에 따랐다. 만약 성실의무가 제25조 제1항 의무만을 말하는 것이라면 과태료와 설립인가취소를 제외하여 기술하거나 법적 성질을 비교해주면 될 것이다.

2. 관련 조문

〈감정평가법〉

제25조(성실의무 등)

① 감정평가법인등(감정평가법인 또는 감정평가사사무소의 소속 감정평가사를 포함한다. 이하 이 조에서 같다)은 제10조에 따른 업무를 하는 경우 품위를 유지하여야 하고, 신의와 성실로써 공정하게 하여야 하며, 고의 또는 중대한 과실로 업무를 잘못하여서는 아니 된다.

② 감정평가법인등은 자기 또는 친족 소유, 그 밖에 불공정하게 제10조에 따른 업무를 수행할 우려가 있다고 인정되는 토지 등에 대해서는 그 업무를 수행하여서는 아니 된다.

③ 감정평가법인등은 토지 등의 매매업을 직접 하여서는 아니 된다.

④ 감정평가법인등은 제23조에 따른 수수료와 실비 외에는 어떠한 명목으로도 그 업무와 관련된 대가를 받아서는 아니 되며, 감정평가 수주의 대가로 금품 또는 재산상의 이익을 제공하거나 제공하기로 약속하여서는 아니 된다.

⑤ 감정평가사, 감정평가사가 아닌 사원 또는 이사 및 사무직원은 둘 이상의 감정평가법인(같은 법인의 주·분사무소를 포함한다) 또는 감정평가사사무소에 소속될 수 없으며, 소속된 감정평가법인 이외의 다른 감정평가법인의 주식을 소유할 수 없다.

⑥ 감정평가법인등이나 사무직원은 제28조의2에서 정하는 유도 또는 요구에 따라서는 아니 된다.

제28조(손해배상책임)

① 감정평가법인등이 감정평가를 하면서 고의 또는 과실로 감정평가 당시의 적정가격과 현저한 차이가 있게 감정평가를 하거나 감정평가서류에 거짓을 기록함으로써 감정평가 의뢰인이나 선의의 제3자에게 손해를 발생하게 하였을 때에는 감정평가법인등은 그 손해를 배상할 책임이 있다.

② 감정평가법인등은 제1항에 따른 손해배상책임을 보장하기 위하여 대통령령으로 정하는 바에 따라 보험에 가입하거나 제33조에 따른 한국감정평가사협회가 운영하는 공제사업에 가입하는 등 필요한 조치를 하여야 한다.

③ 감정평가법인등은 제1항에 따라 감정평가 의뢰인이나 선의의 제3자에게 법원의 확정판결을 통한 손해배상이 결정된 경우에는 국토교통부령으로 정하는 바에 따라 그 사실을 국토교통부장관에게 알려야 한다.

④ 국토교통부장관은 감정평가 의뢰인이나 선의의 제3자를 보호하기 위하여 감정평가법인등이 갖추어야 하는 손해배상능력 등에 대한 기준을 국토교통부령으로 정할 수 있다.

제28조의2(감정평가 유도·요구 금지)

누구든지 감정평가법인등(감정평가법인 또는 감정평가사사무소의 소속 감정평가사를 포함한다)과 그 사무직원에게 토지등에 대하여 특정한 가액으로 감정평가를 유도 또는 요구하는 행위를 하여서는 아니 된다.

제32조(인가취소 등)

① 국토교통부장관은 감정평가법인등이 다음 각 호의 어느 하나에 해당하는 경우에는 그 설립인가를 취소(제29조에 따른 감정평가법인에 한한다)하거나 2년 이내의 범위에서 기간을 정하여 업무의 정지를 명할 수 있다. 다만, 제2호 또는 제7호에 해당하는 경우에는 그 설립인가를 취소하여야 한다.

11. 제25조, 제26조 또는 제27조를 위반한 경우. 다만, 소속 감정평가사나 그 사무직원이 제25조 제4항을 위반한 경우로서 그 위반행위를 방지하기 위하여 해당 업무에 관하여 상당한 주의와 감독을 게을리하지 아니한 경우는 제외한다.

제39조(징계)

① 국토교통부장관은 감정평가사가 다음 각 호의 어느 하나에 해당하는 경우에는 제40조에 따른 감정평가관리・징계위원회의 의결에 따라 제2항 각 호의 어느 하나에 해당하는 징계를 할 수 있다. 다만, 제2항 제1호에 따른 징계는 제11호, 제12호에 해당하는 경우 및 제27조를 위반하여 다른 사람에게 자격증・등록증 또는 인가증을 양도 또는 대여한 경우에만 할 수 있다. 〈개정 2023.5.9.〉

9. 제25조, 제26조 또는 제27조를 위반한 경우

제41조(과징금의 부과)

① 국토교통부장관은 감정평가법인등이 제32조 제1항 각 호의 어느 하나에 해당하게 되어 업무정지처분을 하여야 하는 경우로서 그 업무정지처분이 「부동산 가격공시에 관한 법률」 제3조에 따른 표준지공시지가의 공시 등의 업무를 정상적으로 수행하는 데에 지장을 초래하는 등 공익을 해칠 우려가 있는 경우에는 업무정지처분을 갈음하여 5천만원(감정평가법인인 경우는 5억원) 이하의 과징금을 부과할 수 있다.

② 국토교통부장관은 제1항에 따른 과징금을 부과하는 경우에는 다음 각 호의 사항을 고려하여야 한다.

1. 위반행위의 내용과 정도
2. 위반행위의 기간과 위반횟수
3. 위반행위로 취득한 이익의 규모

③ 국토교통부장관은 이 법을 위반한 감정평가법인이 합병을 하는 경우 그 감정평가법인이 행한 위반행위는 합병 후 존속하거나 합병으로 신설된 감정평가법인이 행한 행위로 보아 과징금을 부과・징수할 수 있다.

④ 제1항부터 제3항까지에 따른 과징금의 부과기준 등에 필요한 사항은 대통령령으로 정한다.

제49조(벌칙)

다음 각 호의 어느 하나에 해당하는 자는 3년 이하의 징역 또는 3천만원 이하의 벌금에 처한다.

5. 제25조 제1항의 규정을 위반하여 고의로 업무를 잘못하거나 같은 조 제6항을 위반하여 제28조의2에서 정하는 유도 또는 요구에 따른 자
6. 제25조 제4항을 위반하여 업무와 관련된 대가를 받거나 감정평가 수주의 대가로 금품 또는 재산상의 이익을 제공하거나 제공하기로 약속한 자

6의2. 제28조의2를 위반하여 특정한 가액으로 감정평가를 유도 또는 요구하는 행위를 한 자

제50조(벌칙)

다음 각 호의 어느 하나에 해당하는 자는 1년 이하의 징역 또는 1천만원 이하의 벌금에 처한다.

3. 제25조 제3항, 제5항 또는 제26조를 위반한 자

문제2) (30점)

Ⅰ 논점의 정리(개정 법령의 취지)

Ⅱ 감정평가법인등의 성실의무와 그 의무이행확보수단
1. 감정평가법 제25조 성실의무
2. 감정평가법 제26조 비밀준수의무와 동법 제27조 명의대여금지의무
3. 그 의무이행확보수단
(1) 행정상 의무이행확보수단
(2) 형사상 의무이행확보수단
(3) 민사상 의무이행확보수단
4. 소결

Ⅲ 각 수단의 법적 성질의 비교·검토
1. 행정상 의무이행확보수단과 형사상 의무이행확보수단 비교·검토
2. 행정상 의무이행확보수단과 민사상 의무이행확보수단 비교·검토
3. 민사상 의무이행확보수단과 형사상 의무이행확보수단 비교·검토
4. 소결

Ⅳ 결
1. 감정평가법상 성실의무가 갖는 문제점
2. 의무이행확보수단의 강화와 남겨진 문제

예시답안

* 본 예시답안은 제18회 시험 당시 역대 최고점수를 받았던 필자의 수석답안을 토대로 시험 당시 법조문에 근거해 작성된 것이다.

문제 2) 30점

Ⅰ 논점의 정리(개정 법령의 취지)

최근 허위, 부실 감정평가에 따른 문제를 해소하고, 감정평가에 대한 신뢰를 재고하기 위하여 감정평가사 자격등록제도가 도입되었다. 또한 감정평가사에 대한 징계절차 등을 신설하여 공정하고 투명한 행정절차를 명시함으로써 감정평가제도의 국민적 신뢰를 쌓아가고 있다. ① 이에 감정평가 및 감정평가사에 관한 법률(이하 '감정평가법')상 감정평가법인등의 성실의무(법 제25조)와 그 의무이행확보수단의 고찰은 매우 의의가 크다. ② 또한 의무이행확보수단의 법적 성질을 비교, 검토하고 이와 아울러 권리구제상의 상이점 등을 논의함으로써 감정평가제도의 대국민적 중요성과 신뢰성을 제고할 수 있다. ③ 특히 개정법령 등의 현실적 한계는 없는지 여부를 함께 고찰하여 봄으로써 감정평가업계 향후 남겨진 과제 등도 논의하기로 한다.

Ⅱ 감정평가법인등의 성실의무와 그 의무이행확보수단

1. 감정평가법 제25조 성실의무

감정평가법 제25조에서는 감정평가법인등의 성실의무로써 ① 품위유지의무, ② 신의성실의무, ③ 친족소유등 불공정평가금지의무, ④ 매매업금지의무, ⑤ 수수료외 금품수수금지의무, ⑥ 이중소속 금지의무, ⑦ 특정가액 유도, 요구 금지의무 등을 규정하고 있다.

2. 감정평가법 제26조 비밀준수의무와 동법 제27조 명의대여금지의무

감정평가법 제26조에서는 감정평가법인등이나 그 사무직원 또는 그 직에 있었던 사람은 업무상 알게 된 비밀을 누설하여서는 아니 된다. 다만 다른 법령에 특별한 규정이 있는 경우에는 그러하지 아니하다. 동법 제27조에서는 감정평가사 또는 감정평가법인등은 다른 사람에게 자기의 성명 또는 상호를 사용하여 동법 제10조 업무를 수행하게 하거나 자격증, 등록증 또는 인가증을 양도, 대여하거나 이를 부당하게 행사하여서는 아니 되며, 이를 알선해서는 아니 된다.

3. 그 의무이행확보수단

(1) 행정상 의무이행확보수단

감정평가법 제32조 인가취소 등 규정에서 감정평가법인등의 성실의무 위반에 대하여 행정처분으로써 징계처분이 명시되어 있고, 동법 제39조에서 감정평가사의 성실의무 위반에 대하여 징계처분을 규정하고 있다. 감정평가법인에 대해서는 법인설립인가를 취소할 수 있으며, 감정평가사의 의무위반정도에 따라 ① 자격취소, ② 등록취소, ③ 업무정지, ④ 견책 등을 구분하여 규정하고, 동법 시행령 제29조 [별표 3]에서는 감정평가법인등의 징계양형기준으로 일반기준과 개별기준 등을 규정하고 있다. 감정평가법 제52조에서는 일정한 경우에 과태료를 4단계로 구분하여 부과할 수 있는 내용도 규율하고 있다.

(2) 형사상 의무이행확보수단

감정평가법 제49조(3년 이하의 징역 또는 3천만원 이하 벌금), 제50조(1년 이하의 징역 또는 1천만원 이하의 벌금), 제50조의2(몰수, 추징)에서는 금품이나 그 밖의 이익은 몰수하고, 그 몰수를 할 수 없을 때에는 가액을 추징하도록 규정하고 있으며, 제51조에서 양벌규정을 명시하고 있다. 2018년도에 몰수 추징 규정이 형법에 규정되어 있으나, 감정평가법 제49조 제6호 및 제50조 제4호의 죄를 지은 자가 받은 금품에 대하여 몰수 추징토록 한 것은 감정평가업계 질서회복을 위하여 강력한 입법조치로 평가된다.

(3) 민사상 의무이행확보수단

감정평가법 제28조 제1항에서 “감정평가법인등이 감정평가를 하면서 고의 또는 과실로 감정평가 당시의 적정가격과 현저한 차이가 있게 감정평가를 하거나 감정평가 서류에 거짓을 기록함으로써 감정평가 의뢰인이나 선의의 제3자에게 손해를 발생하게 하였을 때에는 감정평가법인등은 그 손해를 배상할 책임이 있다.”라고 규정하면서 감정평가법인등의 성실의무 위반에 대하여 민사적으로 의무이행확보수단을 두고 있다. 최근 감정평가법 제28조를 개정하여 동조 제3항에서 “감정평가법인등은 감정평가 의뢰인이나 선의의 제3자에게 법원의 확정판결을 통한 손해배상이 결정된 경우에는 국토교통부령으로 정하는 바에 따라 그 사실을 국토교통부장관에게 알려야 한다.”고 규정하고, 동조 제4항에서 “국토교통부장관은 감정평가 의뢰인이나 선의의 제3자를 보호하기 위하여 감정평가법인등이 갖추어야 하는 손해배상능력 등에 대한 기준을 국토교통부령으로 정할 수 있다.”고 규정하여 손해배상책임을 한층 강화하였다.

4. 소결

감정평가법 제25조상의 성실의무(법 제26조, 제27조 포함) 위반에 대한 행정상, 형사상, 민사상 의무이행확보수단을 둔 것은 역설적으로 감정평가의 중요성을 대변한다고 볼 수 있다. 최근 감정평가관리・징계위원회의 신설과 변형된 과징금의 신설은 감정평가법인등의 대국민서비스의 투명성과 신뢰성을 재고하기 위함으로 평가된다. 또한 형사상 몰수 추징등의 규정의 신설과 민사상 손해배상책임의 강화규정은 최근 전세사기와 관련하여 많은 사회적 지탄을 받고 있는 상황에서 감정평가법인등의 사회적 책임을 강화하는 취지로 판단된다.

Ⅲ 각 수단의 법적 성질의 비교・검토

1. 행정상 의무이행확보수단과 형사상 의무이행확보수단 비교・검토

① 행정상 자격취소, 등록취소, 업무정지, 견책, 설립인가취소등은 행정소송법 제2조상 처분의 성질을 지니며, 이에 대한 권리구제는 감정평가법 이외에도 행정쟁송법에 의하여 일정한 쟁송절차에 의하게 된다.

② 형사상 처벌이 되는 경우에는 행정형벌로써 이는 형법과 형사소송법이 정하는 절차에 의하여 권리구제가 가능하다.

2. 행정상 의무이행확보수단과 민사상 의무이행확보수단 비교・검토

① 행정상 징계는 행정청이 행하는 처분행위로, 일정한 경우에는 의견청취나 청문 절차등 사전적 권리구제도 마련되어 있다.

② 민사상 의무이행확보수단인 손해배상책임은 특별법상 손해배상책임에 대한 견해의 대립이 있으나, 대체로 민사소송에 의해 권리구제가 가능하다.

3. 민사상 의무이행확보수단과 형사상 의무이행확보수단 비교・검토

① 민사상 의무이행확보수단은 감정평가법인등과 감정평가의뢰인, 제3자 사이의 손해배상책권에 대한 민사소송등이 주를 이루게 된다.

② 형사상 의무이행확보수단과 중요한 관련 쟁점은 민사 합의가 되더라도 반의사불벌죄에서 제외되며, 오히려 감정평가법 제51조에서는 양벌규정을 두고 있다.

4. 소결

성실의무위반에 따른 의무이행확보수단이 최근 강화된 근본적인 이유는 감정평가법인등의 평가행위가 국민에게 미치는 영향이 중대하기 때문이다.

평가전문가의 잘못된 판단은 국민생활에 직접적인 영향을 미치므로, 입법정책적으로 감정평가법을 강화하여 실효성을 높이기 위한 입법자의 고충이 그대로 반영된 것이라 보인다.

Ⅳ 결

1. 감정평가법상 성실의무가 갖는 문제점

감정평가법 제25조, 제26조, 제27조상에서는 감정평가법인등 성실의무를 나름대로 상세히 규정하고 있다. 그러나 법령규정이 추상적이기도 하며, 명확히 행정상, 민사상, 형사상 의무로써 구분되어 있지 아니하고, 나열식으로 규정된 측면이 있다. 좀 더 입법정책적으로 명확히 규정하여 감정평가법인등의 대국민 신뢰를 향상 시키는 것이 중요하리라 생각된다.

2. 의무이행확보수단의 강화와 남겨진 문제

최근 감정평가관리・징계위원회의 신설과 변형된 과징금 제도의 도입은 평가현장에서 많은 이해관계의 조율사 역할을 하는 감정평가법인등의 행동반경이 매우 축소될 우려가 있다.
토지보상법이나 부동산가격공시법, 감정평가법령에 충실하여 평가하더라도 본의 아니게 성실의무 위반을 하는 경우에는 충분히 정상이 참작되고, 징계절차에 있어서도 공정한 징계의 기준과 근거가 마련될 때 감정평가업계의 신뢰적 질서확립이 정립되리라 보인다.

문제 03

공부상 지목이 과수원(果)으로 되어 있는 토지의 소유자 甲은 토지상에 식재되어 있던 사과나무가 이미 폐목이 되어 과수농사를 할 수 없는 상태에서 사과나무를 베어내고 인삼밭(田)으로 사용하여 왔다. 또한 甲은 이 토지의 일부에 토지의 형질변경허가 및 건축허가를 받지 않고 2005년 8월 26일 임의로 지상 3층 건물을 건축하고, 영업허가 등의 절차 없이 식당을 운영하고 있다.

(1) 2007년 5월 25일 甲의 토지를 대상으로 하는 공익사업이 인정되어 사업시행자가 甲에게 토지의 협의매수를 요청하였지만 甲은 식당영업에 대한 손실보상을 추가로 요구하면서 이를 거부하고 있다. 甲의 식당영업손실 보상에 관한 주장이 타당한 지에 대하여 논하시오. 15점

(2) 위 토지 및 지장물에 대한 보상평가기준에 대하여 설명하시오. 15점

문제분석 및 논점파악

물음 (1)에서는 무허가건축물 내에서 무허가 식당영업을 하여 오고 있는 甲에게 영업손실보상을 해주어야 하는지가 문제된다. 甲이 운영하는 식당은 일반음식점으로 영업허가를 받아야 하는 영업이다. 문제에서 영업허가 등을 받지 않았다고 하였으므로 관계 법령에 의한 허가 등을 필요로 하는 영업에서 영업허가를 받지 않은 경우에 해당한다. 무허가건축물 내 영업에 대한 영업손실보상의 대상 여부는 많은 논란이 있어 왔다. 토지보상법은 최근의 개정을 통하여 동법 시행규칙 제45조에서 보상대상 영업을 적법장소에서 행하고 있는 영업으로 제한하고 있다. 다만, 무허가건축물 등에서 임차인이 영업하는 경우에는 그 임차인이 사업인정고시일 등 1년 이전부터 부가가치세법의 사업자등록을 하고 행하는 영업은 보상 대상으로 본다.

甲의 영업은 장소의 적법성과 영업허가의 요건을 모두 갖추지 못하고 있는 영업으로 현행 토지보상법령에 따른 영업손실보상 대상이 되지 아니한다.

물음 (2)에서는 지목이 과수원인 토지에 일부분을 형질변경허가 및 건축허가 없이 지상 3층 건물을 건축한 경우이다. 먼저 토지에 대한 평가는 토지보상법 시행규칙 제24조에 근거하여 무허가건축물 등이 건축될 당시 또는 토지가 형질변경될 당시의 이용상황을 상정하여 평가하면 된다. 즉, 사안에서는 형질변경될 당시의 이용상황인 과수원을 상정하여 전체 토지를 평가하면 된다. 평가의 근거는 토지보상법 제70조 및 동법 시행규칙 제24조에 따를 것이다. 무허가건축물의 경우는 공익사업의 인정 이전에 건축된 바, 보상대상이 되며, 토지보상법 제75조 제1항 및 동법 시행규칙 제33조에 따라 평가하면 될 것이다.

문제3-1) (15점)	문제3-2) (15점)
Ⅰ 논점의 정리(영업손실보상법령의 개정취지) Ⅱ 영업손실보상의 대상(개정 토지보상법 시행규칙 제45조 세부 검토) 1. 영업손실보상의 의의 2. 사업인정고시전부터 적법한 장소일 것(일정한 장소에서 명확성을 기함) 3. 인적 물적 시설을 갖춘 영업(영리목적 삭제) 4. 관계 법령에 인허가 등을 받아 그 내용대로 행하는 영업 Ⅲ 甲 주장의 타당성 1. 적법한 장소여부에 대한 타당성 2. 인적 물적 시설을 갖춘 계속적 영업 3. 인허가 등을 받아 그 내용대로 행하는 영업 Ⅳ 소결	Ⅰ 토지 및 지장물의 보상원칙 Ⅱ 위 토지 및 지장물 보상평가 기준 1. 토지보상법 제67조상의 시가보상 2. 개발이익배제의 원칙(법 제67조 제2항, 법 제70조) 3. 토지 및 지장물에 대한 구체적인 보상평가 기준 4. 소결 Ⅲ 영업손실보상 평가 기준 법령의 문제점 1. 영업장소의 적법성 문제 2. 보상평가기준의 추상성 Ⅳ 결

예시답안

* 본 예시답안은 제18회 시험 당시 역대 최고점수를 받았던 필자의 수석답안을 토대로 시험 당시 법조문에 근거해 작성된 것이다.

문제3-1) 15점

Ⅰ 논점의 정리(영업손실보상법령의 개정취지)

토지보상법 제77조에 근거하여 동법 시행규칙 제45조가 최근 개정되면서 영업손실보상의 대상을 명확히 하였다. 설문에서 ① 토지소유자 甲은 사업인정이전에 식당 건물을 임의로 불법신축하고, ② 영업허가도 없이 식당 운영을 하고 있는바, ③ 식당 영업 손실 보상을 추가로 요구하고 있는데, 이에 대한 보상법령 등을 검토하여 甲 주장의 타당성을 고찰하여 남겨진 문제점 등을 논의하기로 한다.

Ⅱ 영업손실보상의 대상(개정 토지보상법 시행규칙 제45조 세부 검토)

1. 영업손실보상의 의의

영업손실보상은 사업인정고시 전부터 적법한 장소에서 인적 물적 시설을 갖추고 계속적으로 영업활동을 하는 중에 공익사업 시행으로 당해 영업을 폐지 또는 휴업하게 되는 경우에 주어지는 보상이다.

2. 사업인정고시 전부터 적법한 장소일 것(일정한 장소에서 명확성을 기함)

토지보상법 시행규칙에서는 사업인정 고시 전부터 적법한 장소일 것을 규정하고 있다. 무허가 건축물 등, 불법형질변경된 토지, 그 밖에 다른 법령에서 물건을 쌓아 놓는 행위 등이 금지되지 않는 장소를 말한다.

3. 인적 물적 시설을 갖춘 영업(영리목적 삭제)

인적 물적 시설을 갖춘 계속적 영업이어야 한다고 규정하고 있다. 최근 개정된 부문은 〈영리목적〉이 삭제되면서 비영리 사단법인인 학교나 유치원등도 보상대상이 확대되는 것은 보상의 형평성에 부합된다 할 것이다.

4. 관계 법령에 인허가 등을 받아 그 내용대로 행하는 영업

관계 법령 등에서 인허가 등을 필요로 하는 경우에는 사업인정고시일등 전에 인허가 등을 받아 그 내용대로 행하는 영업일 때 영업손실보상이 되며, 여기서 허가 등을 받지 아니해도 되는 자유영업 등은 논외로 한다.

Ⅲ 甲 주장의 타당성

1. 적법한 장소여부에 대한 타당성

甲은 비록 사업인정 고시 전부터 영업을 시작하였으나, 불법형질변경, 무허가건축물 신축으로 적법한 장소로 보이지 않는바, 영업손실보상이 되지 않는다고 보인다.

2. 인적 물적 시설을 갖춘 계속적 영업

설문에서 특별한 언급은 없으나, 식당영업 등의 시설을 갖춘 계속적 영업으로 보인다.

3. 인허가 등을 받아 그 내용대로 행하는 영업

식당 영업은 식품위생관련법령 등에 의한 인허가 등을 받아야 하는데도 불구하고 이를 받지 아니한바 甲의 영업손실보상 주장은 타당하지 않다고 생각된다.

Ⅳ 소결

보상 요건을 적법한 장소로 명확히 하고 영리목적의 삭제는 높이 평가할만한 조치지만 임차인등의 생계유지형 영업손실에 대한 보상금액한도의 불명확성 등은 입법정책적으로 심도 있게 논의하여 재검토해야 할 필요가 있다고 사료된다.

문제3-2 15점

Ⅰ 토지 및 지장물의 보상원칙

헌법 제23조는 정당보상을 천명하고, 그 구체화법으로써 토지보상법은 토지 등의 동법 제70조에, 지장물 등은 동법 제75조 이하에서 상세히 규정하고 있다. 즉 정당보상에 부합되고, 개발이익배제(법 제67조 제2항, 법 제70조)를 대원칙으로 하면서 생활보상(법 제78조, 칙 제59조 이하) 등을 지향하고 있다.

Ⅱ 위 토지 및 지장물 보상평가 기준

1. 토지보상법 제67조상의 시가보상

토지보상법 제67조에서 보상액 산정은 협의에 의한 경우에는 협의 당시의 가격을, 재결에 의한 경우에는 수용 또는 사용의 재결 당시의 가격을 기준으로 한다고 규정하고 있다. 이는 토지보상법에서 시가보상을 천명한 것이다.

2. 개발이익배제의 원칙(법 제67조 제2항, 법 제70조)

토지보상법 제67조 제2항 및 제70조 제5항에서는 당해 공익사업으로 인하여 토지 등의 가격이 변동되는 때에는 이를 고려하지 아니한다고 규정하고 있다.

3. 토지 및 지장물에 대한 구체적인 보상평가 기준

토지보상법 제70조는 토지 등의 경우에는 공시지가를 기준으로 하여 평가하되, 칙 제24조에서는 불법행위로 개발이익을 향유하는 것을 원천적으로 배제시키고 있다. 또한 지장물의 경우 법 제75조에서 이전비를 원칙으로 하되, 예외적인 경우 취득가격을 보상기준으로 명시하고 있다. 다만 그 평가는 원가법으로 하되, 일정한 경우에는 거래사례비교법 적용을 규정하고 있다.

4. 소결

설문에서 甲은 불법형질변경하였는바 토지는 변경당시 전을 기준으로 평가보상하는 것이 보상법령취지에 부합된다. 지장물의 경우에는 이전비 보상원칙이므로 그 지상 3층 건물의 이전비등을 산정하여 보상하되, 취득가격이 이전비를 상회하는 경우에는 취득가격으로 보상하는 것이 타당하다고 보여진다.

Ⅲ 영업손실보상 평가 기준 법령의 문제점

1. 영업장소의 적법성 문제

위 토지 및 지장물의 적법성에 따라 영업손실보상의 대상을 획일적으로 적용하는 것은 국민의 재산권 보장의 헌법 취지에 부합되지 않는다고 보여지는바, 보상대상자의 고의성이나 개별성등을 감안하여 법령을 재정비하는 것이 타당하다고 생각된다.

2. 보상평가기준의 추상성

피수용자의 고의적인 개발이익 향유를 위한 행태에 대해서는 좀 더 명확한 법적 근거와 기준을 마련하여 보상평가의 객관성을 확보하는 것이 시급하다고 보인다.

Ⅳ 결

영업손실보상의 근간이 되는 토지와 지장물의 적법성에 대하여, 임차인등의 영세 서민을 위한 예외적인 법규정은 정당보상의 헌법정신에 부합되는 입법조치로써 높이 평가된다.

Chapter 19

2006년 제17회 기출문제 분석

문제 01

甲은 세계풍물 야외전시장을 포함하는 미술품 전시시설을 건립하고자 한다. 甲은 자신이 계획하고 있는 시설이 「공익사업을 위한 토지 등의 취득 및 보상에 관한 법률」(이하 "토지보상법"이라 한다) 제4조 제4호의 "미술관"에 해당하는지에 관하여 국토교통부장관에게 서면으로 질의하였다. 이에 대하여 국토교통부장관은 甲의 시설이 토지보상법 제4조 제4호에 열거된 "미술관"에 속한다고 서면으로 통보하였다. 그 후 甲은 국토교통부장관에게 사업인정을 신청하였다.

(1) 이 경우 국토교통부장관은 사업인정을 해주어야 하는가? 20점

(2) 국토교통부장관은 甲에게 사업인정을 해준 후 2006년 2월 1일 사업시행지 내의 토지소유자인 乙 등에게 이를 통지하고 고시하였다. 이후 甲은 乙 등과 협의가 되지 않자 관할 토지수용위원회에 수용재결을 신청하였고, 2006년 8월 1일 관할 토지수용위원회는 乙 등 소유의 토지를 수용한다는 내용의 수용재결을 하였다. 관할 토지수용위원회의 재결서를 받은 乙은 상기 미술관의 건립으로 인하여 문화재적 가치가 있는 乙 등 조상 산소의 석물 · 사당의 상실이 예견됨에도 불구하고 이러한 고려가 전혀 없이 이루어진 위법한 사업인정이라고 주장하면서 위 수용재결에 대한 취소소송을 제기하였다. 乙은 권리구제를 받을 수 있는가? 20점

문제분석 및 논점파악

I 문제의 해설

1. 물음 (1)에 대해서

본 문제는 제17회 시험 당시 시험결과 발표 전까지 수험생 간의 의견이 분분한 문제였다. 대다수 수험생이 물음 (1)의 주요 논점에 대해 신뢰보호원칙이나 확약으로 생각하였다. 그해 학원스터디에서 가장 많이 다루어진 행정법 논점 중 하나가 사업인정의 확약이었다. 특히 학원문제에서는 확약을 회신행위로 하는 사안을 만들어 연습하였기 때문에 많은 수험생이 실제 시험장에서 사업인정에 대한 회신행위가 나오자 확약으로 예단하고 확약의 논점을 썼다는 이야기를 들었다.

그렇다면 물음 (1)에서 사전결정이 하나의 논점이었을까? 출제하고 채점한 교수의 강평이 없으니 명확하게 출제자의 출제의도가 사전결정의 논점이었다는 것을 알 수는 없다. 그러나 그해 채점을 했던 분이 학원가에 특강을 하시면서 당시 수험생의 답안지에 사전결정이라는 단어만 나왔어도 가

점을 주었고, 실제 사전결정을 쓴 수험생이 몇 명 없었다는 이야기를 전해들은 적이 있다. 따라서 추측해 보건대, 출제자의 의도는 사전결정을 하나의 논점으로 보았던 것 같다.

그렇다면, 왜 대다수의 수험생이 본 논점을 놓쳤을까?

첫째, 토지보상법에는 사업인정 시 사전결정의 제도를 명문으로 규정하고 있지 않아서 사업인정이라는 행정행위에서 먼저 일부 요건을 검토하고 최종적으로 나머지 요건을 검토하여 사업인정을 결정할 수 있다는 가능성을 예상하지 못했다.

사전결정의 예로는 건축법 제10조 제1항의 사전결정, (구)주택건설촉진법 제32조의4 제1항의 사전결정, (구)원자력법상 부지사전승인제도(이에 대해서는 사전결정과 부분허가의 성질이 같이 있다는 견해와 부분허가라는 견해가 대립한다) 등을 들 수 있다. 이렇게 법령에서 사전결정제도가 명시적으로 규정된 경우라면 쉽게 논점을 찾아낼 수 있었을 것이나 토지보상법에는 사전결정제도의 규정은 없다. 그렇다면 사전결정은 꼭 법령에 규정이 된 경우만 가능하고 법규상에 규정이 없으면 불가능한 것일까? 사전결정권은 본처분권에 포함되므로 법적 근거 없이도 사전결정을 행할 수 있다는 것이 학설의 입장이다.

둘째, 사업인정의 요건을 명확하게 꿰뚫고 있지 못하였다는 것이다. 사업인정 시에 공·사익의 비교형량을 통해 공공성을 검토하여 사업인정이 내려지고 사업인정은 사업시행자의 재량에 맡겨져 있다고 다소 두루뭉술하게 알고 있었다.

2005년에 선고된 대법원의 사업인정결정기준에 대한 판결을 보면 보다 명확해진다는 것을 알 수 있다.

> **관련 판례**
>
> ➡ 공익사업을 위한 토지 등의 취득 및 보상에 관한 법률의 규정에 의한 사업인정처분이라 함은 공익사업을 토지 등을 수용 또는 사용할 사업으로 결정하는 것으로서(같은 법 제2조 제7호) 단순한 확인행위가 아니라 형성행위이므로, 해당 사업이 외형상 토지 등을 수용 또는 사용할 수 있는 사업에 해당된다 하더라도 행정주체로서는 그 사업이 공용수용을 할 만한 공익성이 있는지의 여부와 공익성이 있는 경우에도 그 사업의 내용과 방법에 대하여 사업인정처분에 관련된 자들의 이익을 공익과 사익 간에서는 물론, 공익 상호 간 및 사익 상호 간에도 정당하게 비교·교량하여야 하고, 그 비교·교량은 비례의 원칙에 적합하도록 하여야 한다(대판 2005.4.29, 2004두14670).

즉, 대법원은 행정주체가 사업인정을 결정하는 데 있어서 다음의 기준(요건)에 따라서 판단하여야 한다고 본 것이다.

① 외형상 토지 등을 수용 또는 사용할 만한 사업인지를 판단(이는 토지보상법 제4조의 공익사업의 해당 여부라고 볼 수 있다)

② 그 사업이 공익성이 있는지 판단

③ 그 사업을 통한 관련된 모든 이익(공익과 사익, 공익과 공익, 사익과 사익)을 비교·형량하여 비례원칙에 적합한지 판단

다시 물음 (1)로 돌아가서, 사안에서 甲의 서면질의에 따라 국토교통부장관은 甲이 건립하려고 하는 시설이 토지보상법 제4조 제4호의 미술관에 해당한다고 서면으로 통보해 주었다. 이것은 사업인정을 해주겠다는 약속이 아니라 사업인정의 요건 중 하나인 공익사업에 해당한다는 것을 확인한 것에

해당한다. 즉, 대법원이 제시한 사업인정결정 요건 중 첫 번째(혹은 첫 번째와 두 번째) 요건을 확인해 준 것에 해당한다.

그러고 그 후에 甲의 사업인정신청에 따라서 국토교통부장관이 사업인정을 해주어야 하는가가 물음 (1)의 질문이다.

따라서 국토교통부장관은 사업인정의 결정요건 중 일부를 먼저 검토하여 서면으로 확인해 준 행위는 사전결정에 해당하고, 사전결정의 구속력이 인정된다면 사업인정신청을 받은 국토교통부장관은 사업인정 결정요건 중 사전에 확인한 요건을 제외한 나머지 요건만을 검토하여 충족하면 사업인정을 해주어야 하고, 사전결정의 구속력이 미치지 않는다면 사업인정을 받아서 사업인정 결정의 요건을 모두 검토하여 최종적으로 결정하여야 한다.

2. 물음 (2)에 대해서

논점은 사업인정과 수용재결의 하자승계 여부에 있다. 해당 물음에는 큰 문제가 없어 수험생이 쉽게 접근한 물음이었다. 사실 감평 수험생들이 가장 많이 접한 행정법 논점 중의 하나가 하자승계이다. 제17회 법규 수석합격자의 예시답안을 보면 물음 (2)에서 사업인정의 하자를 구체적으로 검토하지 않고 그냥 취소 정도의 하자라 결론을 내리고 문제를 풀었다. 필자는 물음 (2)의 사안이 구체적으로 주어졌고, 물음 자체도 乙이 권리구제를 받을 수 있는가?라고 묻고 있으므로 사업인정의 위법성을 구체적으로 검토하는 것이 타당하다고 생각된다.

Ⅱ 논점 추출

1. 물음 (1)

① 국토교통부장관의 토지보상법 제4조의 미술관에 해당한다는 서면통보는 사전결정에 해당
② 사전결정이 구속력이 미치면 국토교통부장관은 사업인정의 요건 중 사전결정한 사항 이외의 요건만을 판단하여 충족 시 사업인정을 해주어야 한다.
③ 사업인정결정의 요건 중 해당 사업과 관련된 공익과 공익, 공익과 사익, 사익 상호 간의 합리적인 비례관계가 있는지의 판단이 쟁점이 된다.

2. 물음 (2)

하자승계 논의의 전제요건 검토, 하자승계 인정 여부 등을 검토하여 수용재결취소소송에서 인용받을 수 있는지를 검토한다.

예시답안

Ⅰ 논점의 정리

1. 물음 (1)에서는 사업인정의 요건을 먼저 검토해보고, 국토교통부장관의 서면행위가 사전결정에 해당하는지 검토한 후, 사전결정이라면 구속력이 미치는지를 검토하고 최종적으로 사업인정신청에 따른 사업인정결정의 요건을 판단하여 문제를 해결한다.
2. 물음 (2)에서는 사업인정과 수용재결의 하자승계 논의의 전제요건을 검토하고, 하자승계 판단의 기준을 살펴서 사업인정과 수용재결의 하자승계 가능성을 판단하여 乙이 권리구제를 받을 수 있는가 검토한다.

Ⅱ 사업인정의 의의 및 법적 성질

1. 사업인정의 의의 및 취지(토지보상법 제20조)

사업인정이란 공익사업을 토지 등을 수용 또는 사용할 사업으로 결정하는 것을 말하며 사업의 공익성 판단, 피수용자의 권리보호에 취지가 있다.

2. 법적 성질

사업인정은 ① 국민에게 직접적인 영향을 미치는 〈처분〉이고 ② 일정한 절차를 거칠 것을 조건으로 수용권을 설정하는 행위로 설권적 형성행위이자 〈강학상 특허〉이며, ③ 모든 사정을 참작하여 공익성 여부를 판단한 후에 사업인정 여부를 결정하므로 〈재량행위〉에 해당하며, ④ 사업시행자에게는 수익적 효과가, 피수용자에게는 침익적인 효과가 발생하므로 〈제3자효 행정행위〉의 성질을 가진다.

Ⅲ 물음 (1)에 대해서

1. 사업인정결정의 기준(요건)

행정주체가 사업인정을 결정하는 데 있어서 다음의 기준(요건)에 따라야 할 것이다.
사업인정은 ① 토지보상법 제4조 공익사업에 해당할 것, ② 공공필요가 있을 것, ③ 공공필요는 비례의 원칙으로 판단할 것, ④ 사업시행자의 공익사업 수행 능력과 의사가 있을 것을 요건으로 한다.

관련 판례

➡ 해당 사업이 외형상 토지 등을 수용 또는 사용할 수 있는 사업에 해당된다 하더라도 행정주체로서는 그 사업이 공용수용을 할 만한 공익성이 있는지의 여부와 공익성이 있는 경우에도 그 사업의 내용과 방법에 대하여 사업인정처분에 관련된 자들의 이익을 공익과 사익 간에서는 물론, 공익 상호 간 및 사익 상호 간에도 정당하게 비교·교량하여야 하고, 그 비교·교량은 비례의 원칙에 적합하도록 하여야 한다(대판 2005.4.29, 2004두14670).

2. 국토교통부장관의 서면통보의 법적 성질 및 구속력

(1) 사전결정

1) 의의 및 법적 성질

사전결정이란 최종적인 행정결정을 내리기 전에 사전적인 단계에서 최종적 행정결정의 요건 중 일부요건을 사전에 종국적 판단으로 내리는 결정을 말한다. 사전결정은 그 자체가 하나의 행정행위이다.

2) 법적 근거 필요 여부

사전결정권은 본 처분권에 포함되므로 법규상 특별한 근거규정이 없이도 사전결정을 행할 수 있다고 보아야 한다.

3) 사전결정의 구속력

사전결정이 무효가 아닌 한 사전결정의 대상이 된 사항에 있어서 후행결정에 대하여 구속력을 갖는다는 견해와 사전결정에 구속력을 인정하지 않고 신뢰의 이익만을 인정하는 견해(판례 동지)가 대립한다.

생각건대, 사전결정은 종국적 판단으로 내려지는 결정이므로 원칙상 구속력을 인정하는 것이 타당하다고 본다.

(2) 사안의 경우

국토교통부장관의 회신행위는 토지보상법 제4조의 미술관에 해당하는 공익사업임을 확인해 준 것으로 사업인정결정의 요건 중 일부를 사전에 결정한 것으로 사전결정에 해당한다. 또한 특별한 사정이 없는 한 해당 결정은 후속되는 사업인정결정에 구속력을 미치게 된다.

3. 甲에게 사업인정을 해주어야 하는지 여부

사안의 경우 사전결정으로 甲이 건립하고자 하는 시설이 토지보상법 제4조의 미술관에 해당하는지가 결정되었고, 다른 요건은 구체적 판단 근거가 없다. 이에 따라 다른 요건이 충족된다면 국토교통부장관은 사업인정을 해주어야 하고, 충족되지 못하는 경우에는 사업인정을 해주지 않아도 될 것으로 판단된다.

Ⅳ 물음 (2)에 대해서

1. 관련 행정작용의 검토

(1) 사업인정(토지보상법 제20조)

1) 의의

사업인정이란 특정사업이 그 사업에 필요한 토지 등을 수용 또는 사용할 수 있는 공익사업이라는 것을 인정하고 사업시행자에게 일정한 절차를 거쳐 그 사업에 필요한 토지 등을 수용 또는 사용하는 권리를 설정하여 주는 행위를 말한다.

2) 위법성 여부 및 정도

① 비례원칙 위반 여부

사업인정 시 공공필요의 요건을 판단함에 있어 비례의 원칙이 적용된다. 사업의 공공성이 있는지와 최소침해의 수단인지, 이들 요건이 충족되더라도 해당 사업을 통해 달성되는 공익과 침해되는 사익 및 공익 간에 합리적 비례성이 있어야 한다.

사안에서는 乙의 토지상에 문화재적 가치가 있는 석물・사당이 존재함에도 이를 전혀 고려하지 않고 사업인정을 결정한 것은 해당 사업이 공익성이 있고 최소침해의 수단이 된다 하더라도 사업과 관련된 제 이익의 비교형량이 없었다는 점에서 비례원칙에 위반된다.

② 위법성 정도

중대명백설을 따를 때 비례원칙의 위반은 중대성이 인정되나, 일반인의 시각에서 하자의 명백성은 인정하기 어려우므로 취소 정도의 하자로 본다.

(2) 수용재결(토지보상법 제34조)

1) 의의

토지수용위원회의 수용재결은 사업시행자로 하여금 토지나 물건의 소유권을 취득하도록 하고 사업시행자가 지급하여야 하는 손실보상액을 정하는 결정을 말한다.

2) 법적 성질

① 재결은 수용권 자체의 행사가 아니라 수용권의 구체적 내용을 결정하고 권리취득 및 상실을 결정하는 〈형성적 행정행위〉로 봄이 타당하며, ② 재결신청이 있으면 재결을 하여야 하므로 〈기속행위〉의 성질을 지니나, 공공성의 판단, 사업시행자의 사업수행 능력 등을 판단한다는 점에 비추어 〈재량행위〉의 성질 또한 가진다고 보여지며, ③ 수용재결은 사업시행자에게는 수익적 효과를, 피수용자에게는 침익적 효과를 부여하는 〈제3자효 행정행위〉의 성질을 가진다.

2. 수용재결취소소송 소송요건 충족 여부

수용재결이 행정행위로 취소소송의 대상이 되며, 자신의 토지를 수용당한 토지소유자 乙은 해당 수용재결의 취소를 구할 법률상 이익이 인정된다. 또한 다른 소송요건도 특별히 문제되는 것이 없으므로 취소소송제기는 적법하다.

3. 재결취소소송의 본안판단

(1) 하자승계의 의의 및 필요성

하자승계란 행정이 여러 단계의 행정행위를 거쳐 행해지는 경우에 선행 행정행위의 위법을 이유로 적법한 후행 행정행위의 위법을 주장할 수 있는 것을 말한다. 행정행위에 불가쟁력이 발생한 경우라도 국민의 권리보호와 재판받을 권리를 보장하기 위하여 하자승계를 인정할 필요성이 있다.

(2) 하자승계 논의 전제조건

1) 전제조건

선・후행행위가 모두 항고소송의 대상인 처분이어야 하며, 선행행위의 위법이 취소사유에 불과하여야 하고, 선행행위에 대한 불가쟁력이 발생하여야 하며, 후행행위가 적법하여야 한다.

2) 사안의 경우

사업인정과 수용재결은 모두 행정행위이고, 사업인정의 통지를 받고 90일이 경과하였으므로 사업인정에 대하여 불가쟁력이 발생하였다. 사업인정은 취소사유의 하자가 있고 수용재결은 하자를 찾아보기 어렵다.

(3) 하자승계 인정 여부 판단기준

1) 학설

① 하자승계론은 선행 행정행위와 후행 행정행위가 하나의 법률효과를 목적으로 하는 경우에는 하자승계를 긍정하고, 서로 다른 법률효과를 목적으로 하는 경우에는 하자승계를 부정한다.

② 구속력이론은 불가쟁력이 발생한 선행 행정행위가 후행 행정행위의 구속력을 미친다고 보며, 구속력이 미치는 범위에서는 선행 행정행위의 효과와 다른 주장을 할 수 없다고 본다. 구속력이 미치는 범위를 대인적・사물적・시간적 한계와 예측가능성 및 수인가능성을 고려하고 있다.

2) 판례

판례는 하자승계 인정 여부 판단을 원칙적으로 선・후행행위의 법률효과 동일성 여부로 판단하면서도 예외적으로 법률효과가 서로 다른 경우라도 수인가능성과 예측가능성을 고려하여 판단하고 있다(대판 1994.1.25, 93누8542).

3) 검토

하자승계의 인정 여부는 행정법관계의 안정성과 행정의 실효성 보장이라는 요청과 국민의 권리구제의 요청을 조화하는 선에서 결정되어야 할 것이다. 단순히, 선・후행위의 법률효과 목적만으로 판단하면 개별사안에서 구체적 타당성을 기하기 어려운바, 추가적으로 예측가능성과 수인가능성을 고려하면 구체적 타당성을 기할 수 있을 것이다.

(4) 판례의 유형별 검토

① 하자승계를 인정한 판례에는 미통지된 개별공시지가와 과세처분(93누8542), 비교표준지공시지가결정과 수용재결(2007두13845)이 있다. 반면 ② 부정한 판례는 사업인정과 수용재결(2009두11607), 사적지정처분과 사업인정(2017두71031), 표준지공시지가와 재산세부과처분취소(2018두50147)가 있다.

(5) 사안에서 하자승계 인정 여부

사업인정과 수용재결은 서로 다른 법률효과를 목적으로 하며, 사안에서 乙에게 사업인정이 개별통지가 된 점, 공익사업에 제공되는 토지의 범위 문제는 사업인정뿐만 아니라 수용재결 자체의 불복을 통하여도 권리구제가 가능하다는 점에서 사업인정과 수용재결의 하자승계를 인정할 필요성이 적다고 사료된다.

(6) 법원의 판단

수용재결취소소송 수소법원은 기각판결을 내릴 것이다.

V 문제의 해결

1. 물음 (1)에서 국토교통부장관의 회신은 사전결정에 해당하며, 사업인정을 해주어야 하는지는 사전결정의 구속력이 미친다 하더라도 공공필요성 등의 요건을 추가로 검토하여 최종적인 사업인정에 대한 가부 결정이 내려질 것이다.

2. 물음 (2)에서는 사업인정은 취소 정도의 위법성을 갖고 있더라도 사업인정과 수용재결의 하자승계가 인정되지 않은바, 본안에서 기각판결이 날 것이고, 해당 소송을 통해 乙은 권리구제의 도모가 어려울 것이다.

문제 02

국토교통부장관은 감정평가사 甲이 부정행위를 통해 자격증을 취득했음을 이유로 「감정평가 및 감정평가에 관한 법률」 제13조 제1항 제1호에 의하여 2006년 2월 1일 자격을 취소하였다. 이에 甲은 국토교통부장관이 자격취소 시 같은 법 제45조에 의한 청문을 실시하지 않은 것을 이유로 2006년 8월 1일 자격취소처분에 대한 무효확인소송을 제기하였다. 甲의 소송은 인용될 수 있는가? 30점

문제분석 및 논점파악

Ⅰ 문제분석

청문의 예외사유에 해당하는지, 청문을 결한 자격취소처분이 위법한지, 위법성은 어떠한지를 검토하여야 한다.

무효사유로 보는 경우에는 무효확인소송에서 인용받을 수 있다. 다만, 취소사유라고 보면 어떻게 되는가? 무효확인소송이 취소소송의 소송요건을 갖추지 못한 경우라면 기각판결이 내려질 것이다. 만약, 취소소송의 소송요건을 갖추었다면 소변경필요설과 취소소송포함설이 대립한다.

사안에서는 자격취소처분을 통보받고 무효확인소송을 제기한 시점이 90일을 도과하여 취소소송의 소송요건을 갖추지 못한 경우인바 취소사유라고 하더라도 기각판결이 내려질 것이다.

Ⅱ 관련 조문

〈감정평가법〉

제45조(청문)

국토교통부장관은 다음 각 호의 어느 하나에 해당하는 처분을 하려는 경우에는 청문을 실시하여야 한다.

1. 제13조 제1항 제1호에 따른 감정평가사 자격의 취소
2. 제32조 제1항에 따른 감정평가법인의 설립인가의 취소

〈행정절차법〉

제22조(의견청취)

① 행정청이 처분을 할 때 다음 각 호의 어느 하나에 해당하는 경우에는 청문을 한다. 〈개정 2022.1.11.〉

1. 다른 법령 등에서 청문을 하도록 규정하고 있는 경우
2. 행정청이 필요하다고 인정하는 경우
3. 다음 각 목의 처분을 하는 경우
   가. 인허가 등의 취소
   나. 신분 · 자격의 박탈
   다. 법인이나 조합 등의 설립허가의 취소

④ 제1항부터 제3항까지의 규정에도 불구하고 제21조 제4항 각 호의 어느 하나에 해당하는 경우와 당사자가 의견진술의 기회를 포기한다는 뜻을 명백히 표시한 경우에는 의견청취를 아니할 수 있다.

예시답안

Ⅰ 논점의 정리

사안에서 甲이 부정행위를 통해 자격을 취득함에 따라 국토교통부장관이 청문을 거치지 않고 자격을 취소한 것이 과연 절차하자의 위법성을 구성하는지 문제된다. 먼저 자격취소가 재량행위인지를 검토하고, 자격취소의 위법성 사유로서 청문절차가 필요적 절차인지 확인한다. 아울러 청문절차상 하자만 있는 경우에도 행정처분이 독자적으로 위법하게 되어 무효확인소송에서 인용가능한지 등을 검토한다.

Ⅱ 자격취소의 의의 및 법적 성질

1. 자격취소의 의의

취소란 행정청이 성립당시의 하자를 이유로 그 행정행위의 효력을 소멸시키는 행정작용을 말한다. 사안에서 甲이 부정행위로 자격증을 취득한 것이 원인이 되어 감정평가법 제13조 제1항에 근거하여 취소가 된바, 강학상 취소이며 행정행위의 하명에 해당된다.

2. 자격취소의 법적 성질(기속행위)

감정평가법 제13조 제1항에서는 자격이 취소되는 경우를 규정하고 있는바, 해당 사안처럼 부정한 방법으로 자격증을 취득한 경우에는 자격을 취소하여야 한다고 규정하여 자격취소의 기속성을 규정하고 있다. 따라서 해당 자격취소는 기속행위이다.

Ⅲ 자격취소의 위법성

1. 문제점

사안에서는 국토교통부장관이 청문 없이 자격취소를 한바, 청문이 필수적 절차인지 문제되고, 만약 위법한 경우 절차하자의 독자적 위법성 여부 및 위법성 정도가 문제된다.

2. 행정절차의 의의 및 기능

행정절차는 행정청이 어떠한 행정작용을 하기에 앞서 가지는 외부와의 일련의 교섭과정을 의미한다(협의). 이러한 행정절차는 행정의 민주성, 신뢰성, 국민의 사전적 권리구제기능을 담보하게 된다. 헌법 제12조는 적법절차의 원리를 천명하고 있다.

3. 청문절차의 하자

(1) 청문의 의의 및 기능

청문이란 행정청이 어떠한 처분을 하기에 앞서 당사자 등의 의견을 직접 듣고 증거를 조사하는 절차를 말한다. 이러한 청문절차는 상대방의 의견, 자료제출을 통한 행정의 적정화를 달성하는 기능, 국민의 권익과 사전구제를 통한 사법기능을 보완하는 기능을 한다.

(2) 청문이 필수 절차인지 여부

1) 관련 규정의 검토

① 행정절차법 제22조 제1항

행정절차법 제22조는 행정청이 처분을 함에 있어서 다른 법에서 청문을 실시하도록 규정하고 있는 경우, 행정청이 필요하다고 인정하는 경우, 신분·자격 박탈 등의 처분을 하는 경우 청문을 한다고 규정하고 있다.

② 감정평가법 제45조

감정평가법 제45조는 국토교통부장관이 제13조 제1항 제1호의 규정에 의한 감정평가사의 자격취소의 경우에 반드시 청문을 실시하여야 한다는 기속규정을 두고 있다.

2) 청문의 예외사유(행정절차법 제22조)

① 공공의 안전 또는 복리를 위하여 긴급히 처분을 할 필요가 있는 경우, ② 자격이 없거나 없어지게 된 사실이 법원의 재판 등에 의하여 객관적으로 증명된 경우, ③ 해당 처분의 성질상 의견청취가 현저히 곤란하거나 명백히 불필요하다고 인정될 만한 상당한 이유가 있는 경우, ④ 당사자가 의견진술의 기회를 포기한다는 뜻을 명백히 표시한 경우에 생략이 가능하다.

3) 관련 판례의 태도

관련 판례

➡ 청문제도의 취지에 비추어 볼 때, 행정청이 침해적 행정처분을 함에 즈음하여 청문을 실시하지 않아도 되는 예외적인 경우에 해당하지 않는 한 반드시 청문을 실시하여야 하고, 그 절차를 결여한 처분은 위법한 처분으로서 취소 사유에 해당한다(대판 2001.4.13, 2000두3337[영업허가취소처분취소]).

4) 검토

동 사안에서 감정평가법 제45조는 감정평가사의 자격취소처분을 하는 경우에는 필요적으로 청문을 실시하도록 규정하고 있고, 청문의 예외사유에도 해당하지 않는바 국토교통부장관이 甲의 자격취소처분을 하기에 앞서 청문을 실시할 의무가 있다고 판단된다.

4. 청문절차하자의 독자적 위법성 여부

(1) 재량행위의 경우

통설과 판례는 재량행위의 경우 적법한 절차를 거쳐서 다시 처분을 할 경우 종전과 다르게 적법한 처분을 할 수 있다고 보아 절차하자의 독자적 위법성을 긍정한다.

(2) 기속행위의 경우

1) 학설

① 행정청이 적법한 절차를 거쳐 다시 처분을 하더라도 여전히 이전의 처분과 동일한 처분을 하기 때문에 행정경제에 반한다는 점 등을 이유로 부정하는 견해가 있다. ② 적법절차를 거쳐 다시 처분을 하는 경우 반드시 동일한 결론에 도달하게 되는 것이 아니라는 점 등을 이유로 독자적 위법성을 긍정하는 견해가 있다.

2) 판례

대법원은 기속행위인 과세처분에 있어서도 그 이유제시상의 하자를 이유로 이를 취소한 바 있기 때문에 절차하자의 독자적 위법성 구성 사유를 인정하고 있다고 보인다.

【판시사항】

가. 세액산출 근거가 누락된 납세고지서에 의한 부과처분의 효력(=취소사유)
나. 납세의무자가 세액산출 근거를 안 경우 세액산출 근거가 누락된 납세고지의 효력
다. 기재사항이 누락된 납세고지서에 의한 부과처분의 취소가 현저히 공공복리에 부적합한지 여부(소극)
라. 전심절차에서 주장하지 않은 사유와 행정소송에 있어서의 주장가부
마. 납세고지서에 누락된 사항을 보완통지한 경우와 당초 부과처분의 하자의 치유

【판결요지】

가. 국세징수법 제9조 제1항은 단순히 세무행정상의 편의를 위한 훈시규정이 아니라 조세행정에 있어 자의를 배제하고 신중하고 합리적인 처분을 행하게 함으로써 공정을 기함과 동시에 납세의무자에게 부과처분의 내용을 상세히 알려 불복여부의 결정과 불복신청에 편의를 제공하려는 데서 나온 강행규정이므로 세액의 산출근거가 기재되지 아니한 물품세 납세고지서에 의한 부과처분은 위법한 것으로서 취소의 대상이 된다.

나. 세액산출 근거의 기재를 흠결한 납세고지서에 의한 납세고지가 강행규정에 위반하여 위법하다고 보는 이상 납세의무자가 그 나름대로 세액산출근거를 알은 여부는 위법성 판단에 영향이 없다.

다. 부과처분의 실체가 적법한 이상 납세고지서의 기재사항 누락이라는 경미한 형식상의 하자 때문에 부과처분을 취소한다면 소득이 있는데 세금을 부과하지 못하는 불공평이 생긴다거나, 다시 납세부과처분이나 보완통지를 하는 등 무용한 처분을 되풀이 한다 하더라도 이로 인하여 경제적, 시간적, 정신적인 낭비만 초래하게 된다는 사정만으로는 과세처분을 취소하는 것이 행정소송법 제12조에서 말하는 현저히 공공복리에 적합하지 않거나 납세의무자에게 실익이 전혀 없다고 할 수 없다.

라. 전심절차에 있어서의 주장과 행정소송에 있어서의 주장이 전혀 별개의 것이 아닌 한 반드시 일치하여야 하는 것은 아니므로 전심절차에 있어서 주장하지 아니한 사항도 행정소송에서 주장할 수 있고 세액산출근거를 흠결한 납세고지처분이 위법하다는 주장 역시 다같이 이건 과세처분의 위법사유의

하나로서, 전심절차에서 주장하지 아니하다가 본소에서 비로소 종전의 주장에 추가하였다 하여 그 것이 전혀 별개의 주장이라고 할 수 없다.

마. 납세고지서에 기재누락된 사항을 보완통지하였다 하더라도 그 통지일이 부과처분의 위법판결선고 후일 뿐 아니라 국세징수법 제9조 제1항의 입법취지에 비추어 과세처분에 대한 납세의무자의 불복 여부의 결정 및 불복신청에 편의를 줄 수 없게 되었다면 위 부과처분의 하자가 치유되었다고 볼 수는 없다.

(출처 : 대판 1984.5.9, 84누116[물품세부과처분취소])

3) 검토

행정절차의 중요성 및 기능을 고려해 볼 때 행정절차의 흠결만으로도 독자적 위법성 사유를 구성한다고 봄이 타당하며, 절차하자가 있음에도 불구하고 기속행위라는 이유로 처분을 적법하다고 보면 절차규정이 몰각될 우려가 있다. 따라서 독자적 위법성을 인정하는 것이 타당할 것이다.

(3) 사안의 경우

사안의 청문절차는 자격취소처분 시 반드시 청문을 거쳐야 하는 것이고, 기속행위의 경우에도 판례와 다수설은 절차하자의 독자적 위법성을 인정하고 있다. 따라서 청문을 결한 국토교통부장관의 자격취소처분은 절차하자가 존재하는 위법한 처분이 된다.

5. 청문을 결한 자격취소의 위법성 정도

(1) 무효와 취소의 구별기준

위법한 행정행위의 하자가 무효사유인지 취소사유인지에 대하여 법령에 규정되어 있으면 그에 따를 것이나 법령에 규정되어 있지 아니하면 구별기준에 대해 학설과 판례에 맡겨진다.

무효사유와 취소사유의 구별기준으로 통설과 판례는 행정행위의 하자가 내용상 중대하고 외관상 명백한 경우에 무효인 하자가 되고, 이 두 요건 중 하나라도 충족하지 않는 경우에는 취소사유로 보는 중대명백설을 취하고 있다.

(2) 사안의 경우

청문을 결한 행정행위는 무효라고 보는 견해가 있으나, 판례는 취소사유로 보고 있다.

관련 판례

➡ 행정청이 특히 침해적 행정처분을 할 때 그 처분의 근거법령 등에서 청문을 실시하도록 규정하고 있다면, 행정절차법 등 관련 법령상 청문을 실시하지 않아도 되는 예외적인 경우에 해당하지 않는 한 반드시 청문을 실시하여야 하며, 그러한 절차를 결여한 처분은 위법한 처분으로서 취소사유에 해당한다(대판 2007.11.16, 2005두15700).

6. 법원의 판단

자격취소처분이 무효라고 판단하면 법원은 인용판결을 내릴 것이다. 다만, 취소사유라고 판단하면 해당 무효확인소송이 취소소송의 소송요건(제소기간 도과)을 갖추지 못하였으므로 기각판결을 내릴 것이다.

Ⅳ 문제의 해결

무효확인소송은 모든 소송요건을 갖추었고, 자격취소 시 청문을 실시하라는 감정평가법 제45조 및 행정절차법 제22조 제1항 동법 제22조 제4항을 종합적으로 고려하면 청문은 필수적 절차이므로 청문을 결한 자격취소는 위법하고 그 하자가 무효사유라면 인용판결을 받을 수 있으나, 취소사유라면 취소소송의 제소기간이 도과한바, 기각판결을 받을 것이다.

문제 03

「공익사업을 위한 토지 등의 취득 및 보상에 관한 법률」상 공시지가를 기초로 한 보상액 산정에 있어서 개발이익의 배제 및 포함을 논하시오. 15점

문제분석 및 논점파악

보상평가 시 개발이익의 배제에 대한 논점은 감정평가사 법규과목에서 단골로 출제되었다. ① 토지보상법상 보상기준과 정당보상 관계(제4회 50점), ② 개발이익의 배제(제3회 20점), ③ 개발이익의 배제와 사업지역 주변 토지소유자와 형평성(제9회 40점), ④ 개발이익의 배제(제12회 30점), ⑤ 개발이익의 배제 및 포함(제17회 15점)

따라서 앞으로도 출제될 가능성이 높은 논점이다. 다만, 사례형으로 출제될 확률은 낮고 20점 정도의 단문형식으로 출제될 가능성이 높다.

개발이익과 관련된 논점은 첫째 개발이익의 배제를 통한 보상이 헌법 제23조 제3항의 정당한 보상에 합치되는지, 둘째 사업시행지구 내 토지소유자와 사업시행지구 밖의 토지소유자와의 형평성 문제, 셋째 토지보상법령상에 나타난 개발이익의 배제규정과 배제방법, 넷째 개발이익의 포함 등이다. 따라서 토지보상법령상 나타난 개발이익의 배제와 관련된 규정을 철저히 조사·암기하고, 개발이익의 배제와 정당보상 관계의 단문을 암기해 놓으면 될 것이다. 이러한 유형의 문제는 실제 시험장에서 시간 세이브용으로 활용해야 한다.

ZOOM! 생각해 볼 문제

제17회 법규 수석합격자의 예시답안을 보면 토지보상법상 보상기준으로 제70조와 제67조 제2항을 간략히 언급한 후 개발이익의 배제의 위헌성 여부를 논하고 마무리했다. 여기서 개발이익의 배제와 위헌성 논의가 주된 논점일까?

필자의 생각에는 이견이 있다. 출제자가 토지보상법상 공시지가를 기초로 한 보상액 산정에 있어서 개발이익의 배제 및 포함을 논하라고 하므로 분명히 개발이익의 배제와 포함을 함께 논하여야지 개발이익의 배제만 논하라는 것이 아니라고 생각한다. 또한 '토지보상법상 공시지가를 기초로 한 보상액 산정에 있어서'라고 하여 관련 규정의 검토가 핵심이라고 생각된다. 다만, 개발이익을 배제한 보상이 헌법 제23조 제3항의 정당한 보상인지도 작은 논점이 될 것이다. 그러나 주된 논점은 토지보상법상의 규정이라고 생각된다.

예시답안

I 서

공용수용은 헌법상 재산권 보장원칙의 예외로서 헌법 제23조 제3항은 공용수용의 요건을 공공필요와 법률에 근거, 수용에 따른 정당한 보상을 규정하고 있다. 이러한 헌법상의 정당보상을 실현하기 위하여 토지보상법에는 각종 보상기준을 정하고 있다. 공시지가를 기준으로 보상액을 산정하도록 규정하고 있으며, 또한 해당 사업으로 인한 개발이익은 배제를 원칙으로 하고 있다. 공시지가를 기초로 보상액 산정 시 개발이익의 배제와 포함에 대하여 살펴본다.

II 토지보상법상 개발이익의 배제 관련 규정

1. 개발이익 배제원칙

〈개발이익〉이란 공익사업시행으로 인해 토지소유자의 노력과 상관없이 정상지가상승분을 초과한 토지가액의 증가분을 말한다.
토지보상법 제67조 제2항에서는 해당 공익사업으로 인하여 토지 등의 가격에 변동이 있는 때에는 이를 고려하지 아니한다고 하여 개발이익의 배제를 규정하고 있다.

2. 개발이익배제의 필요성(잠형주)

① 개발이익은 미실현된 잠재적 이익이고, ② 토지소유자의 노력과 관계가 없으므로 사회에 귀속시키는 것이 형평의 원리에 부합한다. ③ 또한 수용 당시 재산권에 내재된 객관적 가치가 아니라 주관적 가치부여에 지나지 않는바 토지소유자의 손실에 해당하지 않는다.

3. 개발이익의 배제방법

(1) 지가변동률 적용 시 배제방법

토지보상법 제70조 제1항에서는 공시지가의 공시기준일부터 가격시점까지는 지가변동률을 적용하여 보상액을 산정하되, 해당 공익사업으로 인한 지가의 영향을 받지 아니한 지역의 지가변동률을 사용하도록 규정하고 있다. 동법 시행령 제37조 제2항에서는 해당 토지가 속한 시·군·구의 지가가 변동된 경우에는 해당 공익사업과 관계없는 인근 시·군·구의 지가변동률을 적용한다고 규정하고 있다.

(2) 적용공시지가의 소급적용

토지보상법 제70조 제5항에서는 공익사업의 계획 또는 시행이 공고 또는 고시됨으로 인하여 취득하여야 할 토지의 가격이 변동되었다고 인정되는 경우에는 해당 공익사업의 공고일 또는 고시일에 가장 가까운 시점에 공시된 공시지가를 적용하도록 규정하고 있어, 해당 공익사업으로 지가가 변동된 경우에는 적용공시지가를 소급적용하여 개발이익을 배제하도록 규정하고 있다.

(3) 해당 공익사업의 시행을 직접목적으로 변경된 용도지역 등 적용 배제

토지보상법 시행규칙 제23조 제2항에서는 해당 공익사업의 시행을 직접 목적으로 변경된 용도지역·지구 등은 변경되기 전의 용도지역·지구 등을 기준으로 평가하도록 규정하고 있다.

Ⅲ 개발이익의 포함

토지보상법에 명시적으로 개발이익의 포함을 규정한 조항은 없다. 그러나 판례는 토지수용으로 인한 보상액을 산정함에 있어서 해당 공공사업과 관계없는 다른 사업의 시행으로 인한 개발이익은 이를 배제하지 아니한 가격으로 평가하여야 한다고 보았다.

Ⅳ 개발이익배제제도의 위헌성 논의

판례는 개발이익을 배제하고 손실보상액을 산정한다고 하여 헌법 제23조 제3항의 정당보상원칙에 위배된다고 볼 수 없다고 판시한 바 있다. 따라서 개발이익배제는 정당성이 인정된다고 판단된다.

헌법재판소 2009.12.29, 2009헌바142 전원재판부[공익사업을 위한 토지 등의 취득 및 보상에 관한 법률 제67조 제2항 등 위헌소원]

공익사업법 제67조 제2항은 보상액을 산정함에 있어 당해 공익사업으로 인한 개발이익을 배제하는 조항인데, 공익사업의 시행으로 지가가 상승하여 발생하는 개발이익은 사업시행자의 투자에 의한 것으로서 피수용자인 토지소유자의 노력이나 자본에 의하여 발생하는 것이 아니므로, 이러한 개발이익은 형평의 관념에 비추어 볼 때 토지소유자에게 당연히 귀속되어야 할 성질의 것이 아니고, 또한 개발이익은 공공사업의 시행에 의하여 비로소 발생하는 것이므로, 그것이 피수용 토지가 수용 당시 갖는 객관적 가치에 포함된다고 볼 수도 없다.
따라서 개발이익은 그 성질상 완전보상의 범위에 포함되는 피수용자의 손실이라고 볼 수 없으므로, 이러한 개발이익을 배제하고 손실보상액을 산정한다 하여 헌법이 규정한 정당한 보상의 원칙에 위반되지 않는다.

Ⅴ 사안의 해결

개발이익 배제는 정당보상원칙에는 합당하나, 개발이익을 누리는 공익사업시행지 주변 토지소유자와 피수용자 간 형평성 문제를 들어 개발이익의 보상을 주장하는 견해가 있다. 그러나 개발이익은 피수용자의 노력에 의한 것이 아니므로 토지소유자에게 귀속시키는 것보다 사회로 환원시키는 것이 타당하다. 사업지 주변의 과도한 개발이익은 법제도를 정비하여 환원하여야 할 것이다. 다만, 해당 사업과 무관한 개발이익은 포함하여 보상하는 것이 타당하다.

문제 04 재산권의 가치보장과 존속보장에 관하여 서술하시오. 15점

문제분석 및 논점파악

헌법 제23조에 대한 문제로 헌법을 공부하지 않은 감정평가 수험생에게는 쉽지 않은 문제였다. 다만, 행정상 손실보상을 공부하면서 조금씩은 알고 있는 내용이었다.
이러한 문제가 출제되는 경우 자신이 알고 있는 지식을 누가 일목요연하게 정리를 할 수 있느냐로 점수 차이가 날 것이라 생각한다.

예시답안

Ⅰ 서

헌법 제23조 제1항은 '모든 국민의 재산권은 보장된다'라고 규정하여 국민의 재산권 보장원칙을 천명하고 있다. 재산권 보장이란 국민 개개인이 재산권을 향유할 수 있는 법제도로서의 사유재산제도를 보장함과 동시에 그 기조 위에서 그들이 현재 갖고 있는 구체적 재산권을 개인의 기본권으로 보장한다는 이중적 의미를 가진다. 헌법 제23조 제3항은 공공필요시 손실보상을 전제로 법률에 근거하여 재산권의 공용수용을 규정하고 있다. 따라서 재산권 보장에 관한 헌법 규정을 보면 원칙적으로 재산권의 존속보장이 보장되나, 예외적으로 공용수용의 요건이 충족되는 경우에는 재산적 가치로서의 보장이 된다.

Ⅱ 재산권의 존속보장

1. 의의 및 근거

존속보장이란 재산권자가 재산권을 보유하고 향유하는 것을 보장하는 것을 말한다. 헌법 제23조 제1항에서 국민의 재산권 보장을 천명하고 있다.

2. 내용과 한계

재산권의 기본적인 내용은 사용권, 수익권, 처분권이 있다. 그런데, 오늘날 재산권은 공공필요상 강한 사회적 제약을 받는다(헌법 제23조 제2항). 재산권의 본질적 내용은 보장하되, 재산권의 내용과 한계는 법률로 정한다.

3. 존속보장의 실현제도

공용침해 시에 공공필요성과 환매제도, 위법한 재산권 침해행위에 대한 취소소송, 분리이론 등은 존속보장의 실현제도이다.

Ⅲ 재산권의 가치보장

1. 의의 및 근거

가치보장이란 공공필요에 의해 재산권에 대한 공권적 침해가 행해지는 경우에 재산권의 가치를 보장하기 위해 보상 등 가치보장조치를 취하는 것을 말한다. 헌법 제23조 제3항에 근거한다.

2. 내용과 한계

재산권의 가치보장은 헌법 제23조 제3항에서 정당한 보상원칙을 선언하고 있다. 다만, 오늘날 재산권은 공공필요상 강한 사회적 제약을 받는다. 공용침해가 재산권에 내재하는 사회적 제약에 그치는 경우에는 재산권자가 이를 감수하여야 하며 보상이 주어지지 않는다.

3. 가치보장의 요건

재산권에 대한 수용・사용・제한에 있어서는 공공필요가 있어야 한다. 이러한 공용침해는 반드시 법률에 근거하여야 하며, 손실보상 규정이 해당 공용침해를 규정한 법률에 있어야 하는지는 견해가 대립한다.

4. 가치보장의 실현수단

가치보장의 실현수단으로는 손실보상, 매수청구제도 등이 있다.

Ⅳ 결(존속보장과 가치보장의 관계)

공공필요를 위해 공용침해가 행해지는 경우에는 재산권의 존속보장은 가치보장으로 전환된다.

Chapter

20 2005년 제16회 기출문제 분석

문제 01

사업시행자인 甲은 사업인정을 받은 후에 토지소유자 乙과 협의절차를 거쳤으나 협의가 성립되지 아니하여 중앙토지수용위원회에 재결을 신청하였다. 그러나 丙이 乙 명의의 토지에 대한 명의신탁을 이유로 재결신청에 대해 이의를 제기하자, 중앙토지수용위원회는 상당한 기간이 경과한 후에도 재결처분을 하지 않고 있다. 甲이 취할 수 있는 행정쟁송수단에 대해 설명하시오. 40점

문제분석 및 논점파악

I 문제분석

수용재결 부작위에 대한 사업시행자 甲이 취할 수 있는 행정쟁송수단을 설명하라는 문제이다. 당시 수험생의 행정법 공부 경향에 비해 수준 높은 문제였다. 학원 스터디에서 부작위에 대해 많이 다루지 않았기 때문에 당시 수험생들은 시험장에서 당혹스러워 할 수도 있었으리라 생각된다.

우선 부작위에 대한 권리구제수단으로서의 행정쟁송수단에 무엇이 있는지 살펴보자. 먼저 행정심판에는 의무이행심판이 있을 것이다. 행정심판법 제5조 제3호에서 의무이행심판의 대상을 부작위와 거부처분으로 규정하고 있다.

다음으로 행정소송에서 살펴보자. 법정항고소송에는 부작위위법확인소송이 있다. 행정소송법 제4조 제3호에 부작위위법확인소송이 규정되어 있다. 무명항고소송에서는 의무이행소송을 생각할 수 있다. 다만, 의무이행소송은 현행 행정소송법에 규정하고 있지 아니하므로 그 가능성을 규명하여야 할 것이다. 행정소송상의 가구제인 집행정지는 사안에서 처분이 없는 경우이므로 불가하며, 과연 가처분에 대하여 써야 하는지 쓰지 않아야 하는지 문제될 수 있다. 행정소송에서 가구제는 행정상 권리구제수단이라는 점은 명백하다. 그러나 행정쟁송수단에 포함되는지는 의문이다. 필자는 행정상 가구제는 행정상 권리구제수단이나, 행정상 쟁송수단은 아니라고 판단하였다. 다만, 행정상 가구제가 행정쟁송에 포함되는지 여부가 명확하지 아니하므로 안전한 답안을 위해 작은 배점이라도 써주는 것도 점수를 얻는 방법이라고 생각하였다.

행정쟁송의 의미

행정법관계에 있어서 법적 분쟁을 당사자의 청구에 의하여 심리・판정하는 심판절차를 말한다. 오늘날 행정쟁송은 행정소송과 행정심판을 총칭하는 개념으로 사용하는 것이 타당하다. 그리고 헌법소원을 행정소송의 보충적인 권리구제제도로 볼 수 있으므로 헌법소원까지 포함하여 광의의 행정쟁송으로 부르는 것이 타당할 것이다(박균성 행정법 강의 제8판 p645).

ZOOM! 생각해 볼 문제

본 문제에서 중앙토지수용위원회에 재결을 신청하였는데, 중앙토지수용위원회의 재결부작위가 있는 경우에 그에 대한 사업시행자의 권리구제수단 중 의무이행심판을 고려해 볼 수 있다. 이때 중앙토지수용위원회의 재결부작위에 대한 의무이행심판을 어디에 제기해야 하는지 문제된다. 즉, 중앙토지수용위원회에 의무이행심판을 제기해야 하는지, 아니면 중앙행정심판위원회에 의무이행심판을 제기해야 하는지의 문제이다.

보통의 처분 등에 대한 행정심판은 행정심판위원회에 제기하면 되지만, 토지수용과 관련하여서는 중앙토지수용위원회의 이의신청을 특별행정심판이라고 보아 중앙토지수용위원회가 재결기관이 된다.

중앙토지수용위원회의 재결부작위에 대한 의무이행심판을 중앙토지수용위원회에 제기해야 하는지, 아니면 중앙행정심판위원회에 제기해야 하는지에 대한 견해는 각 저서나 수험서에 소개되어 있지 않아 명확하게 결론을 내리지 못하였다.

개인적 생각으로는 중앙토지수용위원회를 수용에 관한 전문성을 고려하여 설치한 취지, 수용재결에 관한 특별위원회라는 점 등을 고려하여 수용재결부작위에 관한 사항 역시 중앙토지수용위원회에 행정심판(즉, 이의신청)을 제기하여야 한다고 본다.

Ⅱ 관련 조문

〈토지보상법〉

제28조(재결의 신청)

① 제26조에 따른 협의가 성립되지 아니하거나 협의를 할 수 없을 때(제26조 제2항 단서에 따른 협의 요구가 없을 때를 포함한다)에는 사업시행자는 사업인정고시가 된 날부터 1년 이내에 대통령령으로 정하는 바에 따라 관할 토지수용위원회에 재결을 신청할 수 있다.

제50조(재결사항)

② 토지수용위원회는 사업시행자 · 토지소유자 또는 관계인이 신청한 범위에서 재결하여야 한다. 다만, 제1항 제2호의 손실보상의 경우에는 증액재결을 할 수 있다.

〈행정심판법〉

제5조(행정심판의 종류)

3. 의무이행심판 : 당사자의 신청에 대한 행정청의 위법 또는 부당한 거부처분이나 부작위에 대하여 일정한 처분을 하도록 하는 행정심판

〈행정소송법〉

제2조(정의)

제1항 제2호 : '부작위'라 함은 행정청이 당사자의 신청에 대하여 상당한 기간 내에 일정한 처분을 하여야 할 법률상 의무가 있음에도 불구하고 이를 하지 아니하는 것을 말한다.

제4조(항고소송)

3. 부작위위법확인소송 : 행정청의 부작위가 위법하다는 것을 확인하는 소송

예시답안

I 논점의 정리

토지수용위원회의 수용재결처분의 부작위에 대하여 수용재결을 신청한 사업시행자 甲이 취할 수 있는 행정쟁송수단이 문제된다. 먼저, 토지수용위원회의 재결부작위가 항고쟁송의 대상이 되는 '부작위'에 해당하는지 검토한 후 이에 대한 행정쟁송수단으로 의무이행심판, 부작위위법확인소송, 의무이행소송의 가능성 등을 살펴본다.

II 수용재결의 법적 성질

1. 의의(토지보상법 제34조)

토지수용위원회의 수용재결은 사업시행자로 하여금 토지나 물건의 소유권을 취득하도록 하고 사업시행자가 지급하여야 하는 손실보상액을 정하는 결정을 말한다. 공용수용 또는 공용사용의 절차에 있어서 최종단계에 해당한다.

2. 법적 성질

① 재결은 수용권 자체의 행사가 아니라 수용권의 구체적 내용을 결정하고 권리취득 및 상실을 결정하는 〈형성적 행정행위〉로 봄이 타당하며, ② 재결신청이 있으면 재결을 하여야 하므로 〈기속행위〉의 성질을 지니나, 공공성의 판단, 사업시행자의 사업수행 능력 등을 판단한다는 점에 비추어 〈재량행위〉의 성질 또한 가진다고 보이며, ③ 수용재결은 사업시행자에게는 수익적 효과를, 피수용자에게는 침익적 효과를 부여하는 〈제3자효 행정행위〉의 성질을 가진다.

III 수용재결부작위가 항고쟁송의 대상이 되는 '부작위'인지 여부

1. 행정쟁송의 대상인 '부작위'에 대한 정의

행정심판법 제2조 제2호 및 행정소송법 제2조 제2호에서는 행정심판과 행정소송의 대상이 되는 부작위에 대하여 '행정청이 당사자의 신청에 대하여 상당한 기간 내에 일정한 처분을 하여야 할 법률상 의무가 있음에도 불구하고 이를 하지 아니한 것'이라고 규정하고 있다.

2. '부작위'에 대한 요건 검토

(1) 처분에 대한 당사자의 신청이 있을 것

1) 처분에 대한 신청

부작위가 되기 위해서는 처분에 대한 신청이어야 한다. 판례는 비권력적 사실행위 등에 대한 신청은 그 요건을 결한 것으로 본다.

2) 신청자에게 법규상 · 조리상 신청권이 필요한지 여부

가. 견해대립

판례는 당사자에게 법규상 · 조리상 신청권이 필요하다고 보며, 이는 대상적격인 동시에 원고적격의 문제로 보고 있다. 학설은 신청권의 존부에 대해 대상적격요건으로 보는 견해와 원고적격의 문제로 보는 견해, 신청권의 존부를 본안판단문제라고 보는 견해가 대립한다.

> **관련 판례**
>
> ➡ 부작위위법확인의 소에 있어 당사자가 행정청에 대하여 어떠한 행정행위를 하여 줄 것을 요구할 수 있는 법규상 또는 조리상 권리를 갖고 있지 아니한 경우에는 원고적격이 없거나 항고소송의 대상인 위법한 부작위가 있다고 볼 수 없어 그 부작위위법확인의 소는 부적법하다(대판 1999.12.7, 97누17568).

나. 검토

현행 행정소송법은 신청권에 대응하는 '일정한 처분을 하여야 할 의무'를 부작위의 요소로 규정하고 있는 점과 신청권을 소송요건으로 보게 되면 심리부담의 가중을 덜 수 있다는 점에서 대상적격요건설이 타당하다.

(2) 행정청에게 일정한 처분을 할 법률상 의무가 있을 것

'일정한 처분을 할 법률상 의무'의 의미에 대하여 단순히 행정청의 응답의무라고 보는 견해와 신청에 따른 특정한 내용의 처분의무라고 보는 견해가 있다. 판례는 응답의무라고 본다. 생각건대, 특정의무라고 보면 부작위위법확인소송이 의무이행소송으로 변질될 우려가 있어 응답의무로 보는 것이 타당하다.

> **관련 판례**
>
> ➡ 부작위위법확인소송은 처분의 신청을 한 자로서 부작위의 위법확인을 구할 법률상 이익이 있는 자만이 제기할 수 있다 할 것이며 이를 통하여 구하는 행정청의 응답행위는 행정소송법 제2조 제1항 제1호 소정의 처분에 관한 것이라야 하므로… (대판 1993.4.23, 92누17099).

(3) 상당한 기간 동안 행정청이 아무런 처분도 하지 않았을 것

상당한 기간이란 사회통념상 행정청이 해당 신청에 대한 처분을 하는 데 필요한 합리적인 기간을 말한다. 또한 신청에 대하여 가부간에 처분이 행해지지 않았어야 한다.

3. 사안의 경우

수용재결은 처분에 해당하고, 토지보상법 제28조에서 사업시행자에게 재결을 신청할 수 있다는 재결신청권을 인정하고 있다. 토지보상법 제35조에서 심리를 개시한 날로부터 14일 이내에 재결을 하여야 한다고 규정하고 있고, 제50조 제2항에서는 토지수용위원회는 사업시행자 · 토지소유자 또는 관계인이 신청한 범위 안에서 재결하여야 한다고 규정하고 있는 점 등을 종합적으로 고려하면

토지수용위원회는 신청된 수용재결에 대하여 가부간의 재결을 반드시 내려야 하는 의무가 있다고 인정된다. 토지수용위원회는 사업시행자 甲의 수용재결신청을 받고도 상당기간이 경과하도록 아무런 처분을 하고 있지 아니하므로 토지수용위원회의 수용재결 부작위는 항고쟁송의 대상인 '부작위'에 해당한다.

Ⅳ 甲이 취할 수 있는 행정쟁송수단

1. 의무이행심판

(1) 의의

행정심판법 제5조 제3호에서 의무이행심판을 '당사자의 신청에 대한 행정청의 위법 또는 부당한 거부처분이나 부작위에 대하여 일정한 처분을 하도록 하는 행정심판'이라고 규정하고 있다.

(2) 청구요건 검토

의무이행심판의 대상은 거부처분이나 부작위이다. 청구인 적격에 대하여는 행정심판법 제13조 제3항에서 '처분을 신청한 자로서 행정청의 부작위에 대하여 일정한 처분을 구할 법률상 이익이 있는 자'로 규정하고 있다. 통설과 판례는 '법률상 이익'에 대하여 취소소송에서와 같이 공권 내지 법적 이익으로 해석한다. 청구기간에 대하여는 행정심판법 제27조 제7항에서 무효등확인심판과 부작위에 대한 의무이행심판은 동조의 청구기간을 적용하고 있지 아니하다.

사안에서 수용재결부작위는 의무이행심판의 대상이 되고, 사업시행자 甲은 토지보상법상 보호되는 법률상 이익이 있고, 부작위에 대한 의무이행심판은 청구기간이 적용되지 아니하므로 모든 요건을 충족한다.

(3) 본안심리

중앙토지수용위원회의 수용재결부작위는 위법하므로 甲은 인용받을 수 있을 것이다.

2. 부작위위법확인소송

(1) 의의

행정소송법 제4조 제3호에서는 부작위위법확인소송을 행정청의 부작위가 위법하다는 것을 확인하는 소송으로 규정하고 있다.

(2) 소송요건

부작위위법확인소송의 대상은 위법한 부작위이다. 행정소송법 제36조에서는 부작위위법확인소송의 원고적격에 대해 '처분의 신청을 한 자로서 부작위의 위법의 확인을 구할 법률상 이익이 있는 자'라고 규정하고 있다. 처분을 신청한 자에게 신청권이 필요한지 여부는 대상적격에서 논의한 견해가 대립한다. 법률상 이익에 대하여는 부작위의 근거법률에 의해 보호되는 직접적이고 구체적인 이익을 의미한다.

제소기간에 대하여는 행정소송법 제38조 제2항에서 취소소송의 제소기간을 준용하고 있다. 판례는 행정심판을 거치지 않은 경우는 부작위위법확인소송의 특성상 제소기간의 제한을 받지 않는다고 보고, 행정심판을 거친 경우에는 행정소송법 제20조의 제소기간 내에 부작위위법확인의 소를 제기하여야 한다고 본다.

사안에서는 부작위위법확인소송의 대상이 되는 재결부작위가 있고, 甲은 수용재결을 신청하였으며, 토지보상법에서 보호하는 이익이 있고, 의무이행심판을 거치지 않은 경우라면 제소기간의 제한을 받지 않고, 의무이행심판을 거친 경우는 재결서 정본을 송달받은 날로부터 90일 이내에 소를 제기하면 된다. 다른 소송요건은 특별히 문제가 없다.

관련 판례

➡ 부작위위법확인의 소는 부작위상태가 계속되는 한 그 위법의 확인을 구할 이익이 있다고 보아야 하므로 원칙적으로 제소기간의 제한을 받지 않는다. 그러나 행정소송법 제38조 제2항이 제소기간을 규정한 같은 법 제20조를 부작위위법확인소송에 준용하고 있는 점에 비추어 보면, 행정심판 등 전심절차를 거친 경우에는 행정소송법 제20조가 정한 제소기간 내에 부작위위법확인의 소를 제기하여야 한다(대판 2009.7.23, 2008두10560).

(3) 본안판단

1) 부작위위법확인소송에서 심판의 범위

학설은 무용한 소송의 반복을 피하기 위하여 부작위의 위법 여부뿐만 아니라 신청에 따른 처분의무가 있는지도 심판의 범위에 포함된다는 견해(실체적 심리설)와 현행 행정소송법이 의무이행소송을 도입하지 않고 있는 입법취지상 부작위 위법 여부만이 심판의 대상이라고 보는 견해(절차적 심리설)가 대립한다. 판례는 절차적 심리설 입장에 있다.

생각건대, 행정소송법 제2조의 부작위 정의규정과 의무이행소송을 인정하지 않고 부작위위법확인소송만을 인정한 입법취지에 비추어 절차적 심리설이 타당하다.

관련 판례

➡ 행정청이 상대방의 신청에 대하여 아무런 적극적 또는 소극적 처분을 하지 않고 있는 이상 행정청의 부작위는 그 자체로 위법하다고 할 것이고, 구체적으로 그 신청이 인용될 수 있는지 여부는 소극적 처분에 대한 항고소송의 본안에서 판단하여야 할 사항이라고 할 것이다(대판 2005.4.14, 2003두7590).

2) 사안의 경우

수용재결의무가 있는 중앙토지수용위원회의 부작위는 위법하므로 甲은 인용판결을 받을 수 있을 것이다. 다만, 중앙토지수용위원회가 기각재결을 내린다면 토지보상법 제85조의 행정소송으로 다툴 수 있을 것이다.

3. 의무이행소송의 가능성

(1) 의의 및 취지

행정청의 거부처분 또는 부작위에 대하여 법상의 작위의무의 이행을 청구하는 소송을 말한다. 거부처분이나 부작위에 대하여 효과적인 구제수단이 되나 현행 행정소송법이 우회적인 구제수단으로서 거부처분취소소송과 부작위위법확인소송만을 규정하고 있어 의무이행소송의 인정가능성이 문제된다.

(2) 학설

행정청의 제1차적 판단권의 존중과 현행 행정소송법의 해석론에 입각하여 의무이행소송은 인정될 수 없다고 보는 견해와 권리구제의 실효성을 위하여 인정하자는 견해, 법정항고소송으로 실효성 있는 권리구제가 기대될 수 없는 경우에만 의무이행소송을 보충적으로 인정하자는 견해가 대립한다.

(3) 판례

'피고에게 압수물 환부를 이행하라는 청구에 관하여는 현행 행정소송법상 행정청의 부작위에 대하여 일정한 처분을 하도록 하는 의무이행소송은 허용되지 아니한다'고 하여 부정설 입장에 있다.

(4) 검토

현행 행정소송법의 입법취지상 부정설이 타당하다. 다만 실효적 권리구제를 위하여 의무이행소송의 도입이 필요한 바, 법의 개정을 통하여 실현될 수 있을 것이다. 행정소송법 개정안에서는 의무이행소송을 도입하는 것으로 하고 있다.

4. 가처분 신청의 가능성

(1) 의의 및 취지

행정소송을 통한 국민의 권리구제의 실효성을 높이기 위해 적극적으로 수익적 처분을 받은 것과 동일한 상태를 창출하거나 행하여지려는 침해적 처분을 금지시키는 기능을 하는 가구제를 말한다. 행정소송법 제8조를 통해 민사집행법상의 가처분을 행정소송에 적용시킬 수 있는지 문제된다.

(2) 행정소송에 가처분의 인정 여부

통설과 판례는 행정소송법상 집행정지제도는 민사집행법상의 가처분제도에 대한 특별규정으로 행정소송에서 가처분을 배제한다는 뜻으로 이해한다. 한편, 국민의 실효성 있는 권리구제를 위해 행정소송법 제8조 제2항을 통해 준용하자는 견해와 집행정지제도로 권리구제가 어려운 경우에만 제한적으로 인정하자는 견해 등도 제기된다.

생각건대, 현행 행정소송법의 해석상 소극설이 타당하다. 다만, 국민의 실효적인 권리구제를 위하여 입법적으로 의무이행소송과 예방적 금지소송을 인정하는 배경하에 가구제를 인정하는 것이 타당하다.

관련 판례

➡ 민사소송법상의 보전처분은 민사판결절차에 의하여 보호받을 수 있는 권리에 관한 것이므로, 민사소송법상의 가처분으로써 행정청의 어떠한 행정행위의 금지를 구하는 것은 허용될 수 없다 할 것이다(대결 1992.7.6, 92마54).

V 문제의 해결

1. 중앙토지수용위원회의 수용재결에 대한 부작위는 행정쟁송의 대상이 되는 부작위에 해당한다.

2. 수용재결 부작위에 대하여 사업시행자 甲이 제기할 수 있는 행정쟁송수단으로는 의무이행심판과 부작위위법확인소송이 된다.

문제 02

감정평가사 甲은 감정평가를 함에 있어 감정평가준칙을 준수하지 아니하였음을 이유로 국토교통부장관으로부터 2개월의 업무정지처분을 받았다. 이에 甲은 처분의 효력발생일로부터 2개월이 경과한 후 제소기간 내에 국토교통부장관을 상대로 업무정지처분 취소소송을 제기하였다. 甲에게 소의 이익이 있는지의 여부를 판례의 태도에 비추어 설명하시오(감정평가 및 감정평가사에 관한 법률 시행령 제29조 [별표 3]은 업무정지처분을 받은 감정평가사가 1년 이내에 다시 업무정지의 사유에 해당하는 위반행위를 한 때에는 가중하여 제재처분을 할 수 있도록 규정하고 있다). 30점

문제분석 및 논점파악

제16회 당시 수험계에 협의의 소의 이익에 대한 문제가 일반화되어 스터디에서 몇 번 다루었던 문제였다. 당시 출제하신 교수님들은 1번 문제와 2번 문제를 보상법규의 조문해석이나 보상법리를 묻기보다는 일반적인 감평행정법 논점을 중요하게 묻고 싶었던 것이 아닌가 생각된다.

I 출제 관련 법령규정

〈감정평가 및 감정평가사에 관한 법률(이하 '감정평가법')〉

제32조(인가취소 등)

① 국토교통부장관은 감정평가법인등이 다음 각 호의 어느 하나에 해당하는 경우에는 그 설립인가를 취소(제29조에 따른 감정평가법인에 한정한다)하거나 2년 이내의 범위에서 기간을 정하여 업무의 정지를 명할 수 있다. 다만, 제2호 또는 제7호에 해당하는 경우에는 그 설립인가를 취소하여야 한다.

1. 감정평가법인이 설립인가의 취소를 신청한 경우
2. 감정평가법인등이 업무정지처분기간 중에 제10조에 따른 업무를 한 경우
3. 감정평가법인등이 업무정지처분을 받은 소속 감정평가사에게 업무정지처분기간 중에 제10조에 따른 업무를 하게 한 경우
4. 제3조 제1항을 위반하여 감정평가를 한 경우
5. 제3조 제3항에 따른 원칙과 기준을 위반하여 감정평가를 한 경우
6. 제6조에 따른 감정평가서의 작성·발급 등에 관한 사항을 위반한 경우
7. 감정평가법인등이 제21조 제3항이나 제29조 제4항에 따른 감정평가사의 수에 미달한 날부터 3개월 이내에 감정평가사를 보충하지 아니한 경우
8. 제21조 제4항을 위반하여 둘 이상의 감정평가사사무소를 설치한 경우
9. 제21조 제5항이나 제29조 제6항을 위반하여 해당 감정평가사 외의 사람에게 제10조에 따른 업무를 하게 한 경우
10. 제23조 제3항을 위반하여 수수료의 요율 및 실비에 관한 기준을 지키지 아니한 경우
11. 제25조, 제26조 또는 제27조를 위반한 경우. 다만, 소속 감정평가사가 제25조 제4항을 위반한 경우로서 그 위반행위를 방지하기 위하여 해당 업무에 관하여 상당한 주의와 감독을 게을리하지 아니한 경우는 제외한다.

12. 제28조 제2항을 위반하여 보험 또는 한국감정평가사협회가 운영하는 공제사업에 가입하지 아니한 경우
13. 정관을 거짓으로 작성하는 등 부정한 방법으로 제29조에 따른 인가를 받은 경우
14. 제29조 제10항에 따른 회계처리를 하지 아니하거나 같은 조 제11항에 따른 재무제표를 작성하여 제출하지 아니한 경우
15. 제31조 제2항에 따라 기간 내에 미달한 금액을 보전하거나 증자하지 아니한 경우
16. 제47조에 따른 지도와 감독 등에 관하여 다음 각 목의 어느 하나에 해당하는 경우
    가. 업무에 관한 사항의 보고 또는 자료의 제출을 하지 아니하거나 거짓으로 보고 또는 제출한 경우
    나. 장부나 서류 등의 검사를 거부, 방해 또는 기피한 경우
17. 제29조 제5항 각 호의 사항을 인가받은 정관에 따라 운영하지 아니하는 경우

② 제33조에 따른 한국감정평가사협회는 감정평가법인등에게 제1항 각 호의 어느 하나에 해당하는 사유가 있다고 인정하는 경우에는 그 증거서류를 첨부하여 국토교통부장관에게 그 설립인가를 취소하거나 업무정지처분을 하여 줄 것을 요청할 수 있다.
③ 국토교통부장관은 제1항에 따라 설립인가를 취소하거나 업무정지를 한 경우에는 그 사실을 관보에 공고하고, 정보통신망 등을 이용하여 일반인에게 알려야 한다.
④ 제1항에 따른 설립인가의 취소 및 업무정지처분은 위반사유가 발생한 날부터 5년이 지나면 할 수 없다.
⑤ 제1항에 따른 설립인가의 취소와 업무정지에 관한 기준은 대통령령으로 정하고, 제3항에 따른 공고의 방법, 내용 및 그 밖에 필요한 사항은 국토교통부령으로 정한다.

〈동법 시행령〉

제29조(인가취소 등의 기준)

법 제32조 제1항에 따른 감정평가법인등의 설립인가 취소와 업무정지의 기준은 [별표 3]과 같다.

[별표 3]

감정평가법인등의 설립인가 취소와 업무정지의 기준(제29조 관련)

1. 일반기준
    가. 위반행위의 횟수에 따른 행정처분의 기준은 최근 1년간(제2호 하목의 경우에는 최근 3년간을 말한다) 같은 위반행위(근거 법조문 내에서 위반행위가 구분되어 있는 경우에는 그 구분된 위반행위를 말한다)로 행정처분을 받은 경우에 적용한다. 이 경우 위반횟수는 같은 위반행위에 대하여 행정처분을 받은 날과 그 처분 후에 다시 같은 위반행위를 하여 적발된 날을 각각 기준으로 하여 계산한다.
    나. 위반행위가 둘 이상인 경우에는 각 처분기준을 합산한 기간을 넘지 않는 범위에서 가장 무거운 처분기준의 2분의 1 범위에서 그 기간을 늘릴 수 있다. 다만, 늘리는 경우에도 총 업무정지기간은 2년을 넘을 수 없다.
    다. 국토교통부장관은 위반행위의 동기·내용 및 위반의 정도 등을 고려하여 처분기준의 2분의 1 범위에서 그 기간을 늘릴 수 있다. 다만, 늘리는 경우에도 총 업무정지기간은 2년을 넘을 수 없다.
    라. 국토교통부장관은 위반행위의 동기·내용 및 위반의 정도 등 다음의 사유를 고려하여 처분기준의 2분의 1 범위에서 그 처분기간을 줄일 수 있다. 이 경우 법을 위반한 자가 천재지변 등 부득이한 사유로 법에 따른 의무를 이행할 수 없었음을 입증한 경우에는 업무정지처분을 하지 않을 수 있다.

1) 위반행위가 고의나 중대한 과실이 아닌 사소한 부주의나 오류로 인한 것으로 인정되는 경우
2) 위반의 내용・정도가 경미하여 감정평가의뢰인 등에게 미치는 피해가 적다고 인정되는 경우
3) 위반행위자가 처음 위반행위를 한 경우로서 3년 이상 해당 사업을 모범적으로 해 온 사실이 인정된 경우
4) 위반행위자가 해당 위반행위로 인하여 검사로부터 기소유예처분을 받거나 법원으로부터 선고유예의 판결을 받은 경우
5) 위반행위자가 부동산 가격공시업무 등에 특히 이바지한 사실이 인정된 경우

2. 개별기준 - 이하 생략

위반행위	근거	행정처분기준		
	법조문	1차 위반	2차 위반	3차 이상 위반

◎ 2.개별기준은 법 개정으로 종전 1년에서 2년으로 변경되었다. 출제 당시 법령은 1년이었다.

〈행정소송법〉

제12조(원고적격)

취소소송은 처분 등의 취소를 구할 법률상 이익이 있는 자가 제기할 수 있다. 처분 등의 효과가 기간의 경과, 처분 등의 집행 그 밖의 사유로 인하여 소멸된 뒤에도 그 처분 등의 취소로 인하여 회복되는 법률상 이익이 있는 자의 경우에도 또한 같다.

Ⅱ 논점파악

2개월의 업무정지처분을 받고 그 업무정지처분의 효력발생일로부터 2개월이 경과하여 해당 업무정지처분의 효력이 소멸한 상태에서도 효력이 소멸한 업무정지처분의 취소를 구할 소의 이익이 있는지가 논점이다.

만약, 업무정지처분을 받고 2년(시험 당시는 1년)이 경과하지 않은 경우라면 업무정지처분을 받고 2년(시험 당시는 1년) 이내에 다시 업무정지의 사유에 해당하는 위반행위를 한 때에는 가중된 처분을 받을 위험이 있다.

업무정지처분을 받고 2년(시험 당시는 1년)이 경과했다면 다시 업무정지의 사유에 해당하는 위반행위를 하여도 가중된 처분을 받을 위험은 없다.

사안에서는 업무정지처분을 받고 1년이 아직 지나지 않은 경우이다. 근거로는 2개월의 업무정지처분을 받고 2개월이 경과하였으나 해당 업무정지처분에 대한 취소소송의 제소기간이 도과하지 않았으므로 현재는 업무정지처분으로부터 90일 이내에 있는 경우에 해당한다. 따라서 2년(당시는 1년) 이내에 업무정지의 사유에 해당하는 위반행위를 한 때에는 가중된 처분을 받을 위험이 있는 경우에 해당한다. 이렇게 제재적 처분의 전력(前歷)이 장래의 제재적 처분의 가중요건으로 작용하는 경우 제재적 처분의 효력이 소멸한 후에라도 그 제재적 처분의 취소를 구할 소의 이익이 있는지가 문제된다. 이 문제는 취소소송의 소송요건 중 협의의 소의 이익에 관한 문제이다.

대판 2006.6.22, 2003두1684 全合[영업정지처분취소]

[다수의견]

제재적 행정처분이 그 처분에서 정한 제재기간의 경과로 인하여 그 효과가 소멸되었으나, 부령인 시행규칙 또는 지방자치단체의 규칙(이하 이들을 '규칙'이라고 한다)의 형식으로 정한 처분기준에서 제재적 행정처분(이하 '선행처분'이라고 한다)을 받은 것을 가중사유나 전제요건으로 삼아 장래의 제재적 행정처분(이하 '후행처분'이라고 한다)을 하도록 정하고 있는 경우, 제재적 행정처분의 가중사유나 전제요건에 관한 규정이 법령이 아니라 규칙의 형식으로 되어 있다고 하더라도, 그러한 규칙이 법령에 근거를 두고 있는 이상 그 법적 성질이 대외적·일반적 구속력을 갖는 법규명령인지 여부와는 상관없이, 관할 행정청이나 담당공무원은 이를 준수할 의무가 있으므로 이들이 그 규칙에 정해진 바에 따라 행정작용을 할 것이 당연히 예견되고, 그 결과 행정작용의 상대방인 국민으로서는 그 규칙의 영향을 받을 수밖에 없다. 따라서 그러한 규칙이 정한 바에 따라 선행처분을 받은 상대방이 그 처분의 존재로 인하여 장래에 받을 불이익, 즉 후행처분의 위험은 구체적이고 현실적인 것이므로, 상대방에게는 선행처분의 취소소송을 통하여 그 불이익을 제거할 필요가 있다. 또한, 나중에 후행처분에 대한 취소소송에서 선행처분의 사실관계나 위법 등을 다툴 수 있는 여지가 남아 있다고 하더라도, 이러한 사정은 후행처분이 이루어지기 전에 이를 방지하기 위하여 직접 선행처분의 위법을 다투는 취소소송을 제기할 필요성을 부정할 이유가 되지 못한다. 그러한 쟁송방법을 막는 것은 여러 가지 불합리한 결과를 초래하여 권리구제의 실효성을 저해할 수 있기 때문이다. 오히려 앞서 본 바와 같이 행정청으로서는 선행처분이 적법함을 전제로 후행처분을 할 것이 당연히 예견되므로, 이러한 선행처분으로 인한 불이익을 선행처분 자체에 대한 소송에서 사전에 제거할 수 있도록 해 주는 것이 상대방의 법률상 지위에 대한 불안을 해소하는 데 가장 유효적절한 수단이 된다고 할 것이고, 또한 그 소송을 통하여 선행처분의 사실관계 및 위법 여부가 조속히 확정됨으로써 이와 관련된 장래의 행정작용의 적법성을 보장함과 동시에 국민생활의 안정을 도모할 수 있다. 이상의 여러 사정과 아울러, 국민의 재판청구권을 보장한 헌법 제27조 제1항의 취지와 행정처분으로 인한 권익침해를 효과적으로 구제하려는 행정소송법의 목적 등에 비추어 행정처분의 존재로 인하여 국민의 권익이 실제로 침해되고 있는 경우는 물론이고 권익침해의 구체적·현실적 위험이 있는 경우에도 이를 구제하는 소송이 허용되어야 한다는 요청을 고려하면, 규칙이 정한 바에 따라 선행처분을 가중사유 또는 전제요건으로 하는 후행처분을 받을 우려가 현실적으로 존재하는 경우에는, 선행처분을 받은 상대방은 비록 그 처분에서 정한 제재기간이 경과하였다 하더라도 그 처분의 취소소송을 통하여 그러한 불이익을 제거할 권리보호의 필요성이 충분히 인정된다고 할 것이므로, 선행처분의 취소를 구할 법률상 이익이 있다고 보아야 한다.

[대법관 이강국의 별개의견]

다수의견은, 제재적 행정처분의 기준을 정한 부령인 시행규칙의 법적 성질에 대하여는 구체적인 논급을 하지 않은 채, 시행규칙에서 선행처분을 받은 것을 가중사유나 전제요건으로 하여 장래 후행처분을 하도록 규정하고 있는 경우, 선행처분의 상대방이 그 처분의 존재로 인하여 장래에 받을 불이익은 구체적이고 현실적이라는 이유로, 선행처분에서 정한 제재기간이 경과한 후에도 그 처분의 취소를 구할 법률상 이익이 있다고 보고 있는바, 다수의견이 위와 같은 경우 선행처분의 취소를 구할 법률상 이익을 긍정하는 결론에는 찬성하지만, 그 이유에 있어서는 부령인 제재적 처분기준의 법규성을 인정하는 이론적 기초 위에서 그 법률상 이익을 긍정하는 것이 법리적으로는 더욱 합당하다고 생각한다. 상위법령의 위임에 따라 제재적 처분기준을 정한 부령인 시행규칙은 헌법 제95조에서 규정하고 있는 위임명령에 해당하고, 그 내용도 실질적으로 국민의 권리의무에 직접 영향을 미치는 사항에 관한 것이므로, 단순히 행정기관 내부의 사무처리준칙에 지나지 않는 것이 아니라 대외적으로 국민이나 법원을 구속하는 법규명령에 해당한다고 보아야 한다.

예시답안

I 논점의 정리

업무정지처분의 효력기간이 이미 경과하여 처분의 효력이 소멸한 경우라도 해당 제재적 처분의 전력(前歷)이 장래의 제재적 처분의 가중요건으로 작용하는 경우 그 제재적 처분의 취소를 구할 소의 이익이 있는지가 문제된다. 이를 해결하기 위해 행정소송법 제12조 후문을 검토하고, 가중된 제재적 처분기준(감정평가 및 감정평가사에 관한 법률(이하 '감정평가법') 시행령 제29조 및 [별표 3])의 법적 성질의 검토가 요구된다.

II 행정소송법 제12조 후문의 검토

1. 행정소송법 제12조 후문의 성질

행정소송법 제12조 후문은 '처분 등의 효과가 기간의 경과, 처분 등의 집행 그 밖의 사유로 인하여 소멸된 뒤에도 그 처분 등의 취소로 인하여 회복되는 법률상 이익이 있는 자의 경우에도 또한 같다.'라고 규정하여 이것이 원고적격에 관한 규정인지 문제된다.

(1) 견해대립

동조 전문은 원고적격에 관한 규정이고 후문은 취소소송에서의 협의의 소의 이익을 규정한 것으로 보는 견해와 전문과 후문 모두 원고적격에 관한 규정이라고 보는 견해가 대립한다.

(2) 검토

동조 전문과 후문 모두를 원고적격에 관한 규정으로 보면 권리보호의 필요에 관한 규정이 없게 되어 기준설정이 어려우므로 후문을 권리보호의 필요를 규정한 것으로 보는 것이 타당하다.

2. 행정소송법 제12조 후문의 '회복되는 법률상 이익'의 의미

(1) 학설

행정소송법 제12조 후문의 법률상 이익은 전문과 동일하게 파악하는 견해와 후문의 법률상 이익은 전문의 법률상 이익보다 넓은 개념으로 파악하여 부수적 이익도 포함된다고 보는 견해가 있다. 여기에는 다시 경제상 이익 외에 명예, 신용의 이익은 포함되지 않는다는 견해와 명예나 신용의 인격적·정신적 이익 및 사실상의 불이익 제거와 같은 정치, 문화, 사회적 이익도 모두 포함한다는 견해가 있다.

(2) 판례

대법원은 전문과 후문의 법률상 이익을 모두 '해당 처분의 근거 법률에 의하여 보호되는 직접적이고 구체적인 이익'으로 해석하고 간접적이거나 사실적·경제적 이해관계를 가지는 데 불과한 경우는 해당되지 않는다고 본다.

(3) 검토

행정소송법 제12조 후문을 권리보호의 필요에 해당하는 규정으로 보면 소의 이익의 범위를 원고적격보다 더 넓게 보는 것이 타당하다. 또한 동법 제12조 후문에 의한 소송은 독일 행정소송법상의 '계속확인소송'에서와 같이 처분의 위법확인에 대한 정당한 이익으로 보아야 할 것이므로 범위를 가장 넓게 보는 견해가 타당하다.

Ⅲ 가중된 제재처분의 가능성과 권리보호의 필요 유무

1. 권리보호의 필요가 없는 경우와 예외적으로 인정되는 경우

원칙적으로 처분의 효력이 소멸한 경우, 원상회복이 불가능한 경우, 소송보다 더 간소한 구제방법이 있는 경우, 이익침해 상황이 해소된 경우 등에는 권리보호의 필요성이 없다. 다만, 예외적으로 처분의 효력이 소멸하였더라도 기본적인 권리회복은 불가능하나 부수적 이익이 있거나 또는 가중된 제재적 처분이 향후에 예상되는 경우에는 권리보호의 필요성이 인정된다.

2. 처분의 효력소멸과 가중된 제재적 처분기준의 관계

(1) 문제점

처분의 효력이 소멸하였으나 시행령 또는 시행규칙상에 가중된 제재적 처분기준이 규정된 경우 협의의 소의 이익이 인정될 수 있는지가 문제된다. 이는 제재적 처분기준의 법적 성질에 따라 달리 볼 수 있으므로 이에 대한 검토를 요한다.

(2) 감정평가법 시행령 제29조 및 [별표 3]의 법적 성질

1) 학설

법규명령의 형식을 갖추고 있는 한 형식을 중시하여 법규성을 긍정하는 법규명령설과 내용을 중시하여 법규성을 부정하는 행정규칙설, 상위법령의 수권 여부로 법규성을 판단하는 수권여부기준설이 대립한다.

2) 판례

대법원은 대통령령의 형식으로 규정된 제재적 처분기준에 대하여 법규성을 긍정하면서도 부령 형식으로 규정된 제재적 처분기준에 대하여는 법규성을 부정하고 단순히 행정규칙으로 보았다.

3) 검토

오늘날 법규는 형식에 따라 구분되며, 법규명령의 형식으로 된 경우에는 절차적 정당성이 부여되고, 국민에게도 예측가능성이 보장되므로 법규명령설이 타당하다. 다만, 이하에서는 법규명령으로 보는 경우와 행정규칙으로 보는 경우를 나누어 살펴본다.

(3) **법규적 효력을 인정하는 경우**

또다시 2년 이내에 업무정지사유에 해당하는 위반사유가 있는 경우 담당 공무원은 법규명령의 대외적 구속력에 의해 관련 법규에 기속되어 가중처분을 할 것이므로 장래에 받을 가중처분의 불이익을 제거할 권리보호의 필요성이 인정된다.

(4) **법규적 효력을 부정하는 경우**

법규성이 부정되면 행정청에 대한 법적 구속력이 미치지 않아 소의 이익을 인정할 수 없다는 견해가 있을 수 있으나 이러한 경우도 담당 공무원은 제재적 처분기준을 준수할 것인바 장래의 불이익을 제거할 현실적 필요성이 인정된다고 보아야 한다.

최근 대법원 전원합의체 판결(다수의견)에서도 부령형식으로 정한 제재적 처분기준이 법규명령인지 여부와 상관없이 상대방은 처분에서 정한 제재기간이 경과하였더라도 장래에 가중된 처분을 받을 불이익을 제거할 권리보호의 필요성을 인정하였다. 다만, 별개의견에서는 부령형식의 제재적 처분기준에 대한 법규성을 인정하는 기초 위에서 법률상 이익을 긍정하는 것이 법리적으로 더욱 합당하다고 보았다.

(5) **검토**

가중된 제재적 처분기준이 법규명령의 형식을 취하는 한 법규성을 인정하는 것이 타당하며, 처분의 효력이 소멸하였더라도 장래에 가중된 제재적 처분의 불이익을 제거할 현실적인 권리구제의 필요성이 인정된다. 한편, 더 나아가 권리구제의 필요성은 제재적 처분기준이 법규성을 갖는지 여부와 관계없이 취소소송을 통해 장래의 불이익을 제거할 현실적 필요성이 있는지 여부를 판단하여 결정하는 것이 타당하다.

3. 사안의 경우

2개월의 업무정지기간이 지나서 업무정지 처분의 효력이 소멸하였더라도 2년 이내에 다시 업무정지 사유에 해당하는 위반사유가 있는 경우 가중된 제재처분을 받을 위험성이 있고, 현재 업무정지 처분 후 2년이 경과하지 않았으므로 甲은 취소소송을 통해 장래의 불이익을 제거할 권리구제의 필요성이 인정된다.

Ⅳ 사례의 해결

甲은 취소소송을 통해 회복되는 부수적 이익이 있으므로 권리보호의 필요성이 인정된다.

✔ 〈현시점 판례를 기준으로 한 목차〉

Ⅰ 논점의 정리

업무정지처분의 효력기간이 이미 경과하여 처분의 효력이 소멸한 경우라도 해당 제재적 처분의 전력(前歷)이 장래의 제재적 처분의 가중요건으로 작용하는 경우 그 제재적 처분의 취소를 구할 소의 이익이 있는지가 문제된다. 이를 해결하기 위해 [별표 3]의 법적 성질과 아울러 협의의 소익이 있는지 설명한다.

Ⅱ [별표 3]의 법적 성질

1. 법규명령 형식의 행정규칙의 의의

법규명령 형식의 행정규칙이란 법규명령의 형식을 취하고 있지만 그 내용이 행정규칙의 실질을 가지는 것을 말한다.

2. 법규명령 형식의 행정규칙의 대외적 구속력

(1) 학설

① 〈법규명령설(형식설)〉 헌법상 법형식을 중시하는 견해

② 〈행정규칙설(실질설)〉 실질을 중시하는 견해

③ 〈수권여부기준설〉 상위법의 위임여부를 기준으로 법규성의 인정여부를 판단하는 견해

(2) 판례

① 과거 판례는 대통령령에 대해서는 법규명령으로, 부령인 경우에는 행정규칙으로 판시한 바 있지만,

② 최근 판례는 법규명령인지 여부와 관계없이 관할 행정청 및 공무원은 이를 준수하여야 하는바 그 상대방인 국민에 대한 대외적 구속력을 인정한 바 있다.

(3) 검토

생각건대 법적 안정성과 헌법 존중의 측면에서 대통령령이든 부령·총리령이든 대외적 구속력을 인정함이 타당하다고 판단된다.

3. [별표 3]의 법적 성질

[별표 3]의 경우 제재적 처분기준으로서 형식은 법규명령이나, 실질은 행정규칙인 재량준칙으로서 법규명령 형식의 행정규칙에 해당하며, 대통령령에 해당한다. 따라서 종전, 최근 판례의 태도 모두에 따라 법규성이 인정될 것으로 판단된다.

Ⅲ 협의의 소익 인정 여부

1. 협의의 소익의 의의 및 취지(행정소송법 제12조 후문)

협의의 소익이란 원고가 본안판결을 구할 현실적 이익 내지 필요성을 말하며, 권리보호의 필요라고 불리기도 한다. 이는 남소 방지 및 소송경제 도모에 취지가 있다.

2. 협의의 소익 인정 여부

(1) 학설

① 〈법규명령설〉 제재적 처분기준에 따라 처분할 것이므로 가중된 제재적 처분을 받을 불이익은 분명하여 협의의 소익을 긍정한다.

② 〈행정규칙설〉 제재적 처분기준에 따라 처분한다고 볼 수는 없기 때문에 권리보호필요성을 부정하는 견해가 있다.

③ 법규명령인지 행정규칙인지 구별하지 않고 현실적 불이익을 받을 가능성이 있다면 협의의 소익을 긍정하는 견해가 있다.

(2) 판례

1) 종전 판례

종래 제재적 처분기준의 대외적 구속력 여부를 기준으로 법규명령의 효력을 가지는 경우 소의 이익을 긍정하고 행정규칙의 효력을 가지는 경우 소의 이익을 부정하였다.

2) 최근 판례(2003두1684)

① 법규명령인지 여부와 상관없이 현실적 권리보호의 필요성을 기준으로 소의 이익을 긍정하여야 한다고 판시하였다.

② 〈이강국 대법관 별개의견〉은 부령인 제재적 처분기준의 법규성을 인정하는 이론적 기초 위에서 소익을 긍정함이 법리적으로 더욱 합당하다고 하였다.

(3) 검토

법규성을 부정하더라도 원고가 가중된 제재처분을 받을 불이익의 가능성은 여전히 존재하므로 법적 성질에 대한 논의와 무관하게 현실적으로 불이익을 받을 가능성이 있는지를 기준으로 권리보호필요성을 판단하는 견해가 타당하다.

3. 사안의 적용

법규명령 형식의 행정규칙은 법규성이 인정되는바 협의의 소익을 인정함이 타당하다고 판단되며, 법규성을 부정하더라도 현실적 권리보호의 필요성 측면에서 甲의 불이익 가능성은 여전히 존재하는바 협의의 소익을 긍정함이 타당하다고 판단된다.

Ⅳ 결

[별표 3]의 경우 법규명령 형식의 행정규칙으로서 법규성이 인정되며, 이에 따라 협의의 소익을 긍정함이 타당하다고 판단된다.

문제 **03** **토지·물건의 인도·이전의무에 대한 실효성 확보수단에 대해 설명하시오.** 20점

 **문제분석 및 논점파악**

1. 문제분석

문제에서 토지보상법을 언급하지 아니하였지만 토지보상법상 수용 또는 사용의 효과로서 제43조의 토지 또는 물건의 인도 등에 대한 규정에 따라 사업시행자에게 토지나 물건을 인도하거나 이전하지 않는 경우 사업시행자의 실효성 확보수단을 묻는 문제라고 생각된다. 토지보상법 제44조의 대행과 토지보상법 제89조의 대집행, 제97조의 벌금 등을 생각해 볼 수 있다. 특히, 토지·물건의 인도의무가 대집행의 대상이 되는지가 쟁점이다. 기타 실효성 확보수단에 대하여도 살펴볼 필요가 있다.

2. 관련된 조문

〈토지보상법〉

제43조(토지 또는 물건의 인도 등)

토지소유자 및 관계인 그 밖에 토지소유자나 관계인에 포함되지 아니하는 자로서 수용하거나 사용할 토지나 그 토지에 있는 물건에 관한 권리를 가진 자는 수용 또는 사용의 개시일까지 그 토지나 물건을 사업시행자에게 인도하거나 이전하여야 한다.

제44조(인도 또는 이전의 대행)

① 특별자치도지사, 시장·군수 또는 구청장은 다음 각 호의 어느 하나에 해당하는 때에는 사업시행자의 청구에 의하여 토지나 물건의 인도 또는 이전을 대행하여야 한다.
  1. 토지나 물건을 인도하거나 이전하여야 할 자가 고의나 과실 없이 그 의무를 이행할 수 없을 때
  2. 사업시행자가 과실 없이 토지나 물건을 인도하거나 이전하여야 할 의무가 있는 자를 알 수 없을 때

② 제1항에 따라 특별자치도지사, 시장·군수 또는 구청장이 토지나 물건의 인도 또는 이전을 대행하는 경우 그로 인한 비용은 그 의무자가 부담한다.

제89조(대집행)

① 이 법 또는 이 법에 따른 처분으로 인한 의무를 이행하여야 할 자가 그 정하여진 기간 이내에 의무를 이행하지 아니하거나 완료하기 어려운 경우 또는 그로 하여금 그 의무를 이행하게 하는 것이 현저히 공익을 해한다고 인정되는 사유가 있는 경우에는 사업시행자는 시·도지사나 시장·군수 또는 구청장에게 「행정대집행법」에서 정하는 바에 따라 대집행을 신청할 수 있다. 이 경우 신청을 받은 시·도지사나 시장·군수 또는 구청장은 정당한 사유가 없으면 이에 따라야 한다.

② 사업시행자가 국가나 지방자치단체인 경우에는 제1항에도 불구하고 「행정대집행법」에서 정하는 바에 따라 직접 대집행을 할 수 있다.

③ 사업시행자가 제1항에 따라 대집행을 신청하거나 제2항에 따라 직접 대집행을 하려는 경우에는 국가나 지방자치단체는 의무를 이행하여야 할 자를 보호하기 위하여 노력하여야 한다.

〈행정대집행법〉

제2조(대집행과 그 비용징수)

법률(법률의 위임에 의한 명령, 지방자치단체의 조례를 포함한다)에 의하여 직접 명령되었거나 또는 법률에 의거한 행정청의 명령에 의한 행위로서 타인이 대신하여 행할 수 있는 행위를 의무자가 이행하지 아니하는 경우 다른 수단으로써 그 이행을 확보하기 곤란하고 또한 그 불이행을 방치함이 심히 공익을 해할 것으로 인정될 때에는 해당 행정청은 스스로 의무자가 하여야 할 행위를 하거나 또는 제삼자로 하여금 이를 하게 하여 그 비용을 의무자로부터 징수할 수 있다.

예시답안

Ⅰ 서

사업시행자는 토지수용위원회의 수용재결에서 정한 수용개시일까지 보상금을 지급 또는 공탁함으로써 수용의 개시일에 토지나 물건의 소유권을 취득하며, 그 토지나 물건에 관한 다른 권리는 이와 동시에 소멸한다. 그리고 토지소유자 및 관계인, 토지나 물건에 권리를 가진 자는 수용개시일까지 해당 토지나 물건을 사업시행자에게 인도하거나 이전하여야 한다. 이러한 피수용자가 인도・이전 의무를 다하지 아니할 때에 사업시행자에게 어떠한 실효성 확보수단이 있는지 문제된다.

Ⅱ 토지보상법상 실효성 확보수단

1. 대행(토지보상법 제44조)

① 토지나 물건을 인도하거나 이전하여야 할 자가 고의나 과실 없이 그 의무를 이행할 수 없을 때와, ② 사업시행자가 과실 없이 토지나 물건을 인도하거나 이전하여야 할 의무가 있는 자를 알 수 없을 때에는 사업시행자의 청구에 의하여 특별자치도지사, 시장・군수 또는 구청장이 토지나 물건의 인도 또는 이전을 대행하여야 한다. 대행 시 그 비용은 그 의무자가 부담한다.

2. 대집행(토지보상법 제89조)

(1) 의의 및 취지

의무자가 행정상 의무로서 타인이 대신하여 행할 수 있는 의무를 이행하지 아니하는 경우 법률로 정하는 다른 수단으로는 그 이행을 확보하기 곤란하고 그 불이행을 방치하면 공익을 크게 해칠 것으로 인정될 때에 행정청이 의무자가 하여야 할 행위를 스스로 하거나 제3자에게 하게 하고 그 비용을 의무자로부터 징수하는 것을 말하며, 공익사업의 원활한 수행에 취지가 있으며, 토지보상법에서 규정되지 않은 것은 행정대집행법을 따른다.

(2) 요건

① 이 법 또는 이 법에 따른 처분으로 인한 의무를 이행하여야 할 자가 그 정하여진 기간 이내에 의무를 이행하지 아니하거나 완료하기 어려운 경우 또는 ② 그로 하여금 그 의무를 이행하게 하는 것이 현저히 공익을 해한다고 인정되는 사유가 있는 경우에는 사업시행자는 시・도지사나 시장・군수 또는 구청장에게 '행정대집행법'에서 정하는 바에 따라 대집행을 신청할 수 있다. 사업시행자가 국가나 지방자치단체인 경우에는 '행정대집행법'에서 정하는 바에 따라 직접 대집행을 할 수 있다. 사업시행자가 대집행을 신청하거나 국가 또는 지방자치단체가 직접 대집행을 하는 경우에는 의무를 이행하여야 할 자를 보호하기 위하여 노력하여야 한다(제89조 제3항).

대판 2002.11.13, 2002도4582[폭력행위 등 처벌에 관한 법률위반]

토지수용법 제77조는 이 법 또는 이 법에 의한 처분으로 인한 의무를 이행하지 아니하거나 기간 내에 완료할 가망이 없는 경우 또는 의무자로 하여금 이를 이행하게 함이 현저히 공익을 해한다고 인정되는 사유가 있을 때에는 행정대집행법이 정하는 바에 의하여 이를 대집행할 수 있다고 규정하고 있는바, 여기에서 '기간 내에 완료할 가망이 없는 경우'라고 함은 그 의무의 내용과 이미 이루어진 이행의 정도 및 이행의 의사 등에 비추어 해당 의무자가 그 기한 내에 의무이행을 완료하지 못할 것이 명백하다고 인정되는 경우를 말한다.

(3) 토지・물건의 인도의무가 대집행의 대상이 되는지 여부

1) 견해대립

긍정설은 토지・물건의 인도・이전의무가 비대체적 작위의무이기는 하지만 토지보상법 제89조에서 이 법에 의한 의무에 대한 대집행을 인정하고 있으므로 토지・물건의 인도의무도 대집행의 대상이라고 본다. 부정설은 토지・물건의 인도의무는 대체적 작위의무가 아니므로 토지보상법 제89조에도 불구하고 대집행이 불가하다고 본다. 제3설은 토지・건물의 인도의무는 대집행에 적합하지 않으나 물건의 이전은 대체적 작위의무로 대집행의 대상이 될 수 있으므로 존치물건의 반출로써 점유를 풀어 인도대상인 토지・건물의 현실적 지배를 사업시행자에게 취득시킬 수 있다고 본다.

2) 판례

판례는 수용대상토지의 인도의무를 대체적 작위의무가 아니라고 보고 행정대집행법에 의한 대집행의 대상이 아니라고 보았다.

관련 판례

➜ 피수용자 등이 기업자에 대하여 부담하는 수용대상토지의 인도의무에 관한 (구)토지수용법(2002.2.4. 법률 제6656호 공익사업을 위한 토지 등의 취득 및 보상에 관한 법률 부칙 제2조로 폐지) 제63조, 제64조, 제77조 규정에서의 '인도'에는 명도도 포함되는 것으로 보아야 하고, 이러한 명도의무는 그것을 강제적으로 실현하면서 직접적인 실력행사가 필요한 것이지 대체적 작위의무라고 볼 수 없으므로 특별한 사정이 없는 한 행정대집행법에 의한 대집행의 대상이 될

수 있는 것이 아니다(대판 2005.8.19, 2004다2809).

➡ (구)공공용지의 취득 및 손실보상에 관한 특례법(2002.2.4. 법률 제6656호 공익사업을 위한 토지 등의 취득 및 보상에 관한 법률 부칙 제2조로 폐지)에 의한 협의취득 시 건물소유자가 협의취득 대상건물에 대하여 약정한 철거의무는 공법상 의무가 아닐 뿐만 아니라, 공익사업을 위한 토지 등의 취득 및 보상에 관한 법률 제89조에서 정한 행정대집행법의 대상이 되는 '이 법 또는 이 법에 의한 처분으로 인한 의무'에도 해당하지 아니하므로 위 철거의무에 대한 강제적 이행은 행정대집행법상 대집행의 방법으로 실현할 수 없다(대판 2006.10.13, 2006두7096).

➡ 도시공원시설인 매점의 관리청이 그 공동점유자 중의 1인에 대하여 소정의 기간 내에 위 매점으로부터 퇴거하고 이에 부수하여 그 판매시설물 및 상품을 반출하지 아니할 때에는 이를 대집행하겠다는 내용의 계고처분은 그 주된 목적이 매점의 원형을 보존하기 위하여 점유자가 설치한 불법 시설물을 철거하고자 하는 것이 아니라, 매점에 대한 점유자의 점유를 배제하고 그 점유이전을 받는데 있다고 할 것인데, 이러한 의무는 그것을 강제적으로 실현함에 있어 직접적인 실력행사가 필요한 것이지 대체적 작위의무에 해당하는 것은 아니어서 직접강제의 방법에 의하는 것은 별론으로 하고 행정대집행법에 의한 대집행의 대상이 되는 것은 아니다(대판 1998.10.23, 97누157).

(4) 검토

신체에 의한 점유를 하고 있는 경우에는 대집행을 할 수 없다고 보는 것이 타당하며, 토지나 건물의 인도의무는 비대체적 작위의무로 행정대집행의 대상이 될 수 없다. 토지보상법 제89조는 대집행이 가능한 경우에 한하여 인정되는 것으로 보아야 할 것이다.

3. 토지보상법 제95조의2에서 1년 이하의 징역 및 1천만원 이하의 벌금 규정

종전에는 토지 또는 물건을 인도하거나 이전하지 아니한 자는 200만원 이하의 벌금에 처하도록 규정하여 간접적으로 인도 또는 이전의무를 강제하고 있었다. 2015년 개정 토지보상법에서는 1년 이하의 징역 또는 1천만원 이하의 벌금에 처하도록 하고 있다.

제95조의2(벌칙)

다음 각 호의 어느 하나에 해당하는 자는 1년 이하의 징역 또는 1천만원 이하의 벌금에 처한다.

1. 제12조 제1항을 위반하여 장해물 제거 등을 한 자
2. 제43조를 위반하여 토지 또는 물건을 인도하거나 이전하지 아니한 자

Ⅲ 기타 실효성 확보수단

1. 직접강제 가능성

토지보상법상의 규정만으로는 불완전하여 현실적으로 사업시행에 많은 지장이 초래되고 있다. 따라서 행정법상 의무의 불이행이 있는 경우에 의무자의 신체나 재산 또는 양자에 실력을 가하여 의

무의 이행이 있었던 것과 동일한 상태를 실현하는 작용인 직접강제가 가능한지 문제된다. 생각건대, 직접강제는 행정상 강제집행수단 중에서 국민의 인권을 가장 크게 제약하는 것이기 때문에 최후의 수단으로 인정되어야 하며, 반드시 법률의 근거를 요한다고 보아야 한다. 현행 토지보상법에는 직접강제를 인정하는 규정이 없으므로 직접강제는 불가하다고 본다.

2. 기타 실효성 확보수단의 검토

(1) 명단공표

명단공표란 행정법상의 의무 위반 또는 의무불이행이 있는 경우에 그 위반자의 성명, 위반사실 등을 일반에게 공개하여 명예 또는 신용에 침해를 가함으로써 심리적인 압박을 가하여 의무이행을 확보하는 간접강제수단이다. 이는 명예, 신용 또는 프라이버시에 대한 침해를 초래하는 바, 법에 근거가 있는 경우에 가능하며 현행 토지보상법에는 이에 대한 규정은 없다.

(2) 공급거부

공급거부란 행정법상의 의무를 위반하거나 불이행한 자에 대하여 행정상의 서비스 또는 재화의 공급을 거부하는 행위를 말한다. 토지・물건의 인도이전의무를 이행하지 않은 자에게 전기, 수도와 같은 재화 또는 서비스를 거부함으로써 그 의무이행을 간접적으로 강제할 수 있는지 문제된다. 공급거부는 침해적・권력적 사실행위이므로 명시적인 법률상의 근거가 있는 경우에 한하여야 할 것이다.

(3) 관허사업의 제한

관허사업의 제한이란 행정법상의 의무를 위반하거나 불이행한 자에게 각종 인허가를 거부할 수 있게 함으로써 행정법상 의무 준수 또는 의무이행을 확보하는 간접적 강제수단이다. 이는 권익을 침해하는 권력적 행위이므로 법률의 근거가 있어야 할 것이다.

(4) 국외여행제한이나 취업제한

행정법규 위반자에게 국외여행 제한이나 취업제한을 가함으로써 간접적으로 의무이행을 확보하려는 수단이다. 이러한 수단도 법률상에 명시적으로 규정된 경우를 제외하고는 적용하기 어려울 것이다.

Ⅳ 결

현행 토지보상법의 불완전한 규정으로 토지・물건의 인도이전의무의 불이행이 있는 경우 사업시행자는 법외보상의 수단으로 인도이전을 강구하는 경향을 보이고 있다. 따라서 원활한 사업수행을 위하여 악의의 점유행위를 강제할 수 있는 직접강제제도의 도입을 고려해 볼 필요가 있다.

문제 04 **휴업보상에 대해 약술하시오.** 10점

문제분석 및 논점파악

헌법 제23조 제3항의 정당보상의 대원칙하에 토지보상법 제77조 제1항 및 동법 시행규칙 제45조 및 제47조에서 영업의 휴업에 따른 보상을 규정하고 있다. 본 문제는 약술 10점이므로 관련 규정을 정리하여 답안에 기술하면 될 것이며, 이러한 문제는 실제 시험에서 시간 세이브용으로 활용하여야 할 것이다.

예시답안

Ⅰ 개설

헌법 제23조 제3항은 정당보상을 천명하고 있다. 토지보상법은 정당보상을 실현하기 위하여 영업의 휴업에도 보상을 규정하고 있다. 토지보상법 제77조 제1항 및 동법 시행규칙 제47조에서 영업의 휴업보상을 규정하고 있고 동 시행규칙 제45조에서는 보상대상이 되는 영업의 요건을 규정하고 있다. 영업에 대한 휴업보상은 기대이익의 상실에 대한 보상으로 일실손실 보상의 성격을 갖는다.

Ⅱ 보상대상이 되는 영업

토지보상법 시행규칙 제45조에서는 사업인정고시일 등 전부터 적법한 장소에서 인적・물적 시설을 갖추고 계속적으로 행하고 있는 영업으로 관계 법령에 의한 허가 등을 필요로 하는 경우에는 사업인정고시일 등 전에 허가 등을 받아 그 내용대로 행하고 있는 영업을 보상대상으로 한다. 다만, 무허가건물 등에서 임차인이 영업하는 경우에는 사업인정고시일 등 1년 이전부터 부가가치세법에 따른 사업등록을 하고 행하는 영업은 보상 대상으로 보고 있다.

Ⅲ 휴업과 폐업의 구분

(구)토지수용법 제57조의2에 의하여 준용되는 (구)공공용지의 취득 및 손실보상에 관한 특례법 제4조 제4항, 같은 법 시행령 제2조의10 제7항, 같은 법 시행규칙 제24조 제1항, 제2항 제3호, 제25조 제1항, 제2항, 제5항의 각 규정을 종합하여 보면, 영업손실에 관한 보상의 경우 같은 법 시행

규칙 제24조 제2항 제3호에 의한 영업의 폐지로 볼 것인지 아니면 영업의 휴업으로 볼 것인지를 구별하는 기준은 해당 영업을 그 영업소 소재지나 인접 시·군 또는 구 지역 안의 다른 장소로 이전하는 것이 가능한지 여부에 달려 있고, 이러한 이전 가능성 여부는 법령상의 이전 장애사유 유무와 해당 영업의 종류와 특성, 영업시설의 규모, 인접지역의 현황과 특성, 그 이전을 위하여 당사자가 들인 노력 등과 인근 주민들의 이전 반대 등과 같은 사실상의 이전 장애사유 유무 등을 종합하여 판단하여야 한다(대판 2002.10.8, 2002두5498).

Ⅳ 영업의 휴업 등에 대한 손실평가

1. 이전하는 영업의 휴업보상

공익사업의 시행으로 인하여 영업장소를 이전해야 하는 경우의 영업손실은 휴업기간에 해당하는 영업이익에 휴업기간 중 고정적 비용과 이전비용 및 이전에 따른 감손액, 부대비용을 합한 금액으로 평가한다. 휴업기간은 원칙적으로 4개월 이내로 하되 4개월 이상 동안 영업을 할 수 없거나 영업의 고유한 특성으로 4개월 이내에 다른 장소로 이전하는 것이 어렵다고 객관적으로 인정되는 경우는 2년 이내에서 실제 휴업기간으로 한다.

2. 시설의 설치·보수에 따른 영업보상

공익사업에 영업시설의 일부가 편입됨으로 인하여 잔여시설에 그 시설을 새로이 설치하거나 잔여시설을 보수하지 아니하고는 그 영업을 계속할 수 없는 경우에는 소요기간의 영업이익에 시설 설치 등 통상 소요비용과 영업규모 축소에 따른 영업용 고정자산·원재료·제품 및 상품 등의 매각손실액을 더한 금액으로 평가한다. 다만, 그 금액이 이전에 따른 휴업보상액을 초과할 수 없다.

3. 임시영업소를 설치하는 경우의 보상

영업을 휴업하지 않고 임시영업소를 설치하여 영업을 계속하는 경우의 영업손실은 임시영업소의 설치비용으로 평가한다. 다만, 이 경우의 보상액은 이전에 따른 휴업보상액을 초과할 수 없다.

Chapter 21

2004년 제15회 기출문제 분석

문제 01

공익사업시행자 X는 A시 지역에 공익사업을 시행하기 위하여 사업인정을 신청하였고, 이에 국토교통부장관으로부터 사업인정을 받았다. 한편, 이 공익사업의 시행에 부정적이었던 토지소유자 Y는 국토교통부장관이 사업인정 시 공익사업을 위한 토지 등의 취득 및 보상에 관한 법률 제21조에 의거 관계도지사와 협의를 거쳐야 함에도 이를 거치지 않은 사실을 알게 되었다. Y는 이러한 협의를 결한 사업인정의 위법성을 이유로 관할법원에 사업인정의 취소소송을 제기하였다. Y의 주장은 인용가능한가? 40점

문제분석 및 논점파악

Ⅰ 문제의 해설

제15회 시험 당시 문제 1번과 문제 2번이 모두 절차하자에 관한 논점으로 출제되어 많은 수험생들이 문제 1번과 문제 2번의 논점이 겹치는 중복문제라고 생각했다. 그러나 엄밀히 검토하면 절차하자라는 큰 범주에서 동일하게 출제된 문제는 될 수 있을지언정 각 문제의 논점이 중복되는 것은 아니라고 본다.

문제 1에서는 사업인정 시 관계 도지사와 협의를 결한 사업인정에 대해 취소소송을 제기하는 경우 그 인용가능성이 문제된다. 이때에 협의 누락이 사업인정의 절차하자를 이루는지, 절차하자라면 절차하자만으로도 독자적 위법성이 인정되는지와 하자의 정도가 논점이 될 것이다. 또한 취소소송의 인용가능성을 묻고 있는 바, 전반적으로 소송에 있어서 균형감 있게 작성하면 될 것이다. 그러나 문제 2번에서는 업무정지처분 시 이유제시가 필수적인지 여부와 이유제시 하자가 사후적으로 보완을 통해 치유될 수 있는지, 치유가능하다면 그 시기는 언제까지인지 등이 논점이 된다.

결국, 문제 1과 문제 2는 논점이 겹치는 중복문제는 아니라는 것이다.

Ⅱ 관련 조문

〈토지보상법〉

제21조(협의 및 의견청취 등)

① 국토교통부장관은 사업인정을 하려면 관계 중앙행정기관의 장 및 특별시장・광역시장・도지사・특별자치도지사(이하 "시・도지사"라 한다) 및 제49조에 따른 중앙토지수용위원회와 협의하여야 하며, 대통령령으로 정하는 바에 따라 미리 사업인정에 이해관계가 있는 자의 의견을 들어야 한다.

② 별표에 규정된 법률에 따라 사업인정이 있는 것으로 의제되는 공익사업의 허가·인가·승인권자 등은 사업인정이 의제되는 지구지정·사업계획승인 등을 하려는 경우 제1항에 따라 제49조에 따른 중앙토지수용위원회와 협의하여야 하며, 대통령령으로 정하는 바에 따라 사업인정에 이해관계가 있는 자의 의견을 들어야 한다.
③ 제49조에 따른 중앙토지수용위원회는 제1항 또는 제2항에 따라 협의를 요청받은 경우 사업인정에 이해관계가 있는 자에 대한 의견 수렴 절차 이행 여부, 허가·인가·승인대상 사업의 공공성, 수용의 필요성, 그 밖에 대통령령으로 정하는 사항을 검토하여야 한다.

종전 토지보상법 제21조 규정임 : 국토교통부장관은 사업 인정을 하고자 하는 때에는 관계중앙행정기관의 장 및 특별시장·광역시장·도지사·특별조지사와 협의하여야 하며, 대통령령이 정하는 바에 따라 미리 중앙토지수용위원회 및 사업인정에 관하여 이해관계가 있는 자의 의견을 들어야 한다.

예시답안

Ⅰ 논점의 정리

사업인정 취소소송의 인용가능성을 판단하기 위하여 먼저 소제기의 적법성을 검토한 후 본안판단에서는 사업인정에 관계 도지사와 협의를 결한 절차하자가 존재하는지, 존재한다면 절차하자만으로 독자적 위법성을 인정하는지, 인정된다면 하자의 정도는 어떠한지를 검토한다. 마지막으로 원고의 주장이 타당하다고 인정되는 경우에도 법원은 공익을 위하여 사정판결을 내릴 수 있는지를 검토한다.

Ⅱ 사업인정의 법적 성질

1. 의의

사업인정이란 특정사업이 그 사업에 필요한 토지 등을 수용 또는 사용할 수 있는 공익사업이라는 것을 인정하고 사업시행자에게 일정한 절차를 거쳐 그 사업에 필요한 토지 등을 수용 또는 사용하는 권리를 설정하여 주는 행위를 말한다.

2. 법적 성질

사업인정은 ① 국민에게 직접적인 영향을 미치는 〈처분〉이고 ② 일정한 절차를 거칠 것을 조건으로 수용권을 설정하는 행위로 설권적 형성행위이자 〈강학상 특허〉이며, ③ 모든 사정을 참작하여 공익성 여부를 판단한 후에 사업인정 여부를 결정하므로 〈재량행위〉에 해당하며, ④ 사업시행자에게는 수익적 효과가, 피수용자에게는 침익적인 효과가 발생하므로 〈제3자효 행정행위〉의 성질을 가진다.

Ⅲ 취소소송 제기의 적법성 검토

사업인정이 형성처분으로 항고소송의 대상이 된다. 또한 사업인정이 있게 되면 토지보상법 제25조에 따라 고시된 토지에 대하여는 형질변경 등 일정한 제한이 따르며, 사업인정에 대하여 이해관계가 있는 자의 의견을 들어야 한다는 토지보상법 제21조 등은 고시된 토지의 소유자 이익을 보호하는 규정으로 볼 수 있는 바, 토지소유자 Y는 원고적격이 인정된다. 제소기간, 관할 등 다른 소송요건도 문제가 없다. 따라서 취소소송 제기는 적법하다.

Ⅳ 사업인정 취소소송의 인용가능성

1. 절차하자의 존재 여부

(1) 토지보상법 제21조

국토교통부장관은 사업인정을 하고자 하는 때에는 관계 중앙행정기관의 장 및 시・도지사와 협의하여야 하며, 중앙토지수용위원회 및 사업인정에 관하여 이해관계가 있는 자의 의견을 들어야 한다고 규정하고 있다.

(2) 관계 도지사와 협의의 성질과 구속력

1) 의의

행정업무가 여러 행정청의 권한과 관련된 경우에 하나의 행정청이 주된 지위에 있고 다른 행정청은 부차적인 지위에 있는 경우에 주된 지위에 있는 행정청이 주무행정청이 되고 부차적인 지위에 있는 행정청은 관계 행정청이 된다. 주무행정청은 업무처리에 관하여 결정권을 갖게 되며, 관계 행정청은 협의권을 갖게 된다.

2) 협의의견의 구속력

관계기관의 협의의견은 원칙상 주무 행정청을 구속하지 않는다. 다만, 법상 명시적으로 규정된 협의절차를 이행하지 않고 한 처분은 협의의 중요성에 따라 무효 또는 취소할 수 있는 행위가 된다.

(3) 사안의 경우

사업인정 시에 관계 도지사와 협의를 하도록 명시적으로 규정하고 있으며, 협의는 사업인정의 절차를 이루므로 협의를 결한 사업인정은 절차의 하자를 갖는다.

2. 절차하자의 독자적 위법성 인정 여부

(1) 문제점

행정행위에 실체적 하자가 없고 절차적 하자만 있는 경우에 해당 행정행위의 위법성을 인정할 수 있는지가 문제된다.

(2) 학설

① 소극설은 절차상 하자를 이유로 취소하더라도 행정청은 절차의 하자를 치유하여 동일한 내용의 처분을 다시 할 수 있으므로 이는 행정상 및 소송상 경제에 반하므로 절차하자의 독자적 위법성을 부정한다.

② 적극설은 행정소송법 제30조 제3항에서 취소판결의 기속력이 절차의 위법을 이유로 취소된 경우에도 준용하고 있으며, 소극설을 취하면 절차적 규제가 유명무실해진다고 보아 절차하자의 독자적 위법성을 인정한다.

③ 절충설은 기속행위와 재량행위를 구분하여 재량행위에 있어서만 절차하자의 독자적 위법성을 긍정한다.

(3) 판례

재량행위뿐만 아니라 기속행위에 있어서도 적극설 입장에 있다.

관련 판례

➡ 같은 법 제49조 제3항, 제52조 제1항이 정하고 있는 절차적 요건을 갖추지 못한 공정거래위원회의 시정조치 또는 과징금 납부명령은 설령 실체법적 사유를 갖추고 있다고 하더라도 위법하여 취소를 면할 수 없다(대판 2001.5.8, 2000두10212).

➡ 과세처분 시 납세고지서에 과세표준, 세율, 세액의 계산명세서 등을 첨부하여 고지하도록 한 것은 조세법률주의의 원칙에 따라 처분청으로 하여금 자의를 배제하고 신중하고도 합리적인 처분을 행하게 함으로써 조세행정의 공정성을 기함과 동시에 납세의무자에게 부과처분의 내용을 상세히 알려서 불복 여부의 결정 및 그 불복신청에 편의를 주려는 취지에서 나온 것이므로 이러한 규정은 강행규정으로서 납세고지서에 위와 같은 기재가 누락되면 과세처분 자체가 위법하여 취소대상이 된다(대판 1983.7.26, 82누420).

(4) 검토

취소판결의 기속력이 절차의 위법을 이유로 취소된 경우에도 준용하고 있는 점과 적극설을 취하면 절차 중시의 행정을 유도할 수 있어 적극설이 타당하다.

3. 위법성의 정도

사업인정 시 관계 도지사와 협의하도록 하는 취지는 공익사업의 진행에 관련되는 행정청의 협조와 관계되며, 도지사의 협의 의견이 사업인정을 구속하는 것은 아니므로 협의 누락은 하자의 중대성은 인정되나 일반인 시각으로 명백한 하자라고는 보기 어려운바 취소 정도로 보는 것이 타당하다.

4. 사정판결의 가능성

(1) 문제점

사정판결이란 취소소송에서 본안심리 결과 원고의 청구가 이유 있다고 인정되는 경우에도 공공복리를 위하여 원고의 청구를 기각하는 판결을 말한다. 사안에서 사업인정이 절차하자로 취소

정도의 위법성이 인정되나 공익사업에 따른 공공복리를 위하여 법원이 사정판결을 내릴 수 있는지가 문제된다.

(2) 사정판결 요건

처분이 본안심리를 통해 위법성이 인정되어야 하고, 처분을 취소하는 것이 현저히 공공복리에 적합하지 않아야 한다. 당사자의 신청이 필요한지에 대하여는 견해가 대립하지만 판례는 행정소송법 제26조의 직권심리주의의 규정을 근거로 법원이 직권으로 사정판결을 할 수 있다고 본다.

(3) 효과

판결의 주문에 처분 등의 위법이 명기되며, 소송비용은 피고가 부담한다. 원고는 피고인 행정청이 속하는 국가 또는 공공단체를 상대로 손해배상, 재해시설의 설치 그 밖에 적당한 구제방법의 청구를 해당 취소소송 등이 계속된 법원에 병합하여 제기할 수 있다.

(4) 사안의 경우

사안에서는 사업의 진행정도나 관련된 이익의 비교형량을 할 만한 구체적인 설명은 없다. 만약 실체적 하자가 없고 단지 협의의 누락만이 있는 경우이며, 사업의 공익성이 토지소유자 Y의 사익보다 월등하다면 법원은 사정판결을 할 수 있을 것이다.

V 사례의 해결

관계 도지사의 협의를 누락한 사업인정은 절차하자를 갖고 그 위법성은 취소 정도에 해당한다. 해당 사업의 취소가 공공복리에 현저히 반하고, 이것이 토지소유자 Y의 사익보다 크다면 사정판결의 가능성도 있다. 사정판결이 내려지면 Y는 인용판결을 받지 못한다.

문제 02

국토교통부장관이 감정평가 및 감정평가사에 관한 법률(이하 '감정평가법')을 위반한 감정평가법인에게 업무정지 3개월의 처분을 행하였다. 이에 대응하여 해당 법인은 위 처분에는 이유가 제시되어 있지 않아 위법하다고 하면서 업무정지처분취소소송을 제기하였다. 그러나 국토교통부장관은 (1) 감정평가법에 청문규정만 있을 뿐 이유제시에 관한 규정이 없고, (2) 취소소송 심리 도중에 이유를 제시한 바 있으므로 그 흠은 치유 내지 보완되었다고 주장한다. 이 경우 국토교통부장관의 주장에 관하여 검토하시오. 30점

문제분석 및 논점파악

Ⅰ 문제의 해설

업무정지처분을 하면서 처분의 이유를 제시하지 않은 경우에 국토교통부장관의 주장처럼 감정평가법에 이유제시 규정이 없으므로 이유제시를 하지 않아도 되는지와 취소소송 심리 도중에 이유를 제시한 경우 이유제시 하자의 치유가 이루어졌는지에 대한 검토를 하면 된다. 즉, 출제자의 물음에 맞추어 답을 하면 된다.

제15회 법규 수석합격자의 예시답안을 보면 마지막 목차에 반복금지효의 위반 여부를 검토하고 있다. 이것은 절차의 하자가 치유되지 않고 업무정지 처분에 대한 취소판결이 내려지고 판결이 확정된 후에 행정청이 다시 절차하자를 보완하여 처분을 하는 경우에 이 처분이 취소판결의 기속력에 위배되는지에 대한 문제이다. 절차 위반으로 인한 취소판결이 내려지고 행정청이 절차를 보완하여 다시 처분하더라도 이는 종전과 다른 새로운 처분으로 보아 기속력의 내용인 반복금지효에 반하지 않는다는 것이 판례의 입장이다.

사안에서는 아직 판결이 확정되기 전이므로 본 논의는 핵심적인 논점은 아니다. 다만, 하자치유가 인정되지 않고 업무정지처분에 대한 취소판결이 나와서 판결이 확정된 후에 행정청이 다시 이유제시의 보완을 통해 처분하는 경우에 문제가 되므로 가점 포인트로 생각하고 작은 배점으로 제시할 수 있을 것이다.

Ⅱ 관련 조문

〈행정절차법〉

제23조(처분의 이유제시)

① 행정청은 처분을 할 때에는 다음 각 호의 어느 하나에 해당하는 경우를 제외하고는 당사자에게 그 근거와 이유를 제시하여야 한다.

1. 신청내용을 모두 그대로 인정하는 처분인 경우
2. 단순・반복적인 처분 또는 경미한 처분으로서 당사자가 그 이유를 명백히 알 수 있는 경우
3. 긴급히 처분을 할 필요가 있는 경우

② 행정청은 제1항 제2호 및 제3호의 경우에 처분 후 당사자가 요청하는 경우에는 그 근거와 이유를 제시하여야 한다.

예시답안

Ⅰ 논점의 정리

국토교통부장관의 주장 (1)에 관하여는 감정평가 및 감정평가사에 관한 법률(이하 '감정평가법')에 이유제시 규정이 없다는 이유로 업무정지처분 시 이유제시를 하지 않아도 되는지가 문제된다. 행정절차법 제23조를 검토하여 주장의 타당성을 검토한다.
국토교통부장관의 주장 (2)에 관하여는 이유제시의 흠이 치유가능한지 살펴보고, 치유가능하다면 치유가능한 시기는 언제까지인지를 검토하여 주장의 타당성을 검토한다.

Ⅱ 관련 행정작용의 법적 성질

업무정지 처분은 강학상 하명에 해당하며, 감정평가법 제32조 제1항에서 '업무의 정지를 명할 수 있다.'라고 규정하고 있고, 동법 시행령 제29조의 업무정지처분에 관한 기준을 정하고 있는 [별표 3]이 법규명령이라고 하더라도 동조에 가중・감경규정을 두고 있어 업무정지처분은 재량행위라고 보는 것이 타당하다.

Ⅲ 국토교통부장관의 주장 (1)에 대하여

1. 행정절차법 제23조의 처분의 이유제시

(1) 의의 및 기능

행정청은 처분을 하는 때에는 당사자에게 처분의 근거와 이유를 제시하여야 한다. 이는 행정이 신중・공정하게 행해지도록 하며, 상대방에게 쟁송제기 여부를 판단하고 쟁송제기 준비에 편의를 제공하는 기능을 한다.

(2) 이유제시의 대상 처분 및 예외사유

행정청이 행하는 모든 처분에는 원칙적으로 처분이유를 제시하여야 한다. 다만, ① 신청내용을 모두 그대로 인정하는 처분인 경우, ② 단순・반복적인 처분 또는 경미한 처분으로서 당사자가

그 이유를 명백히 알 수 있는 경우, ③ 긴급을 요하는 경우에는 예외사유에 해당한다. 그러나 ②, ③의 경우 처분 후 당사자가 요청하는 경우에는 그 근거와 이유를 제시하여야 한다.

(3) 이유제시 정도

행정절차법 시행령 제14조의2에서 "처분의 이유를 제시하는 경우에는 처분의 원인이 되는 사실과 근거가 되는 법령 또는 자치법규의 내용을 구체적으로 명시하여야 한다."고 규정하고 있다. 판례 역시 당사자가 그 근거를 알 수 있을 정도로 상당한 이유를 제시하여야 한다고 본다.

> **대판 2019.1.31, 2016두64975[가격조정명령처분취소]**
> 행정청이 처분을 할 때에는 원칙적으로 당사자에게 그 근거와 이유를 제시하여야 한다(행정절차법 제23조 제1항). 이 경우 행정청은 처분의 원인이 되는 사실과 근거가 되는 법령 또는 자치법규의 내용을 구체적으로 명시하여야 한다(행정절차법 시행령 제14조의2)

2. 국토교통부장관 주장의 타당성 여부

국토교통부장관의 주장은 감정평가법에 이유제시에 관한 규정이 없으므로 업무정지처분 시 이유를 제시하지 않아도 된다는 것이다. 그러나 행정절차법은 행정절차에 있어서 일반법으로 개별법에서 행정절차를 규정하고 있지 않은 경우에 행정절차법이 적용된다. 따라서 이유제시의 예외사유에 해당하지 않는 한 업무정지처분 시에 이유를 제시하여야 한다. 국토교통부장관의 주장은 타당하지 못하다.

Ⅳ 국토교통부장관의 주장 (2)에 관하여

1. 하자의 치유의 의의 및 취지

행정행위가 발령 당시 위법하더라도 사후의 흠결을 보완하여 적법한 행위로 취급하는 것을 말하며, 행정행위의 무용한 반복을 방지하여 행정경제를 도모함에 취지가 인정된다.

2. 절차하자의 치유가능성

(1) 문제점

업무정지처분 시 이유제시를 하지 않은 것은 절차상 하자를 갖고, 절차하자의 독자적 위법성이 인정된다. 사안에서 국토교통부장관은 소송 도중 이유제시를 통해 하자가 치유되었다고 주장하는 바, 하자의 치유가능이 문제된다.

(2) 학설

행정절차의 목적이 자의적 처분을 억제하고 상대방의 권리구제에 있는 바, 절차하자의 치유를 부정하는 견해와 행정행위의 절차나 형식은 사후충족을 통해서 하자가 치유된다는 견해, 행정의 능률과 국민의 권익보호의 조화 차원에서 당사자가 불이익을 받지 않는 범위 내에서 절차하자의 치유를 긍정하는 견해가 대립한다.

(3) 판례

하자 있는 행정행위의 치유나 전환은 행정행위의 성질이나 법치주의의 관점에서 볼 때 원칙적으로 허용될 수 없는 것이지만, 행정행위의 무용한 반복을 피하고 당사자의 법적 안정성을 위해 이를 허용하는 때에도 국민의 권리와 이익을 침해하지 않는 범위에서 구체적 사정에 따라 합목적적으로 인정해야 할 것이다(대판 1983.7.26, 82누420).

(4) 검토

당사자의 권익구제에 지장을 주지 않는 범위 내에서 행정경제를 고려하여 절차상 하자의 치유를 제한적으로 긍정하는 것이 타당하다.

3. 적용 범위

① 판례는 내용상 하자에 대해 하자 치유를 인정하면 행정의 법률적합성과의 조화를 깨뜨리는 것이므로 인정하지 않고 있으며, ② 행정행위의 존재를 전제로 하는 것이므로 무효인 행정행위의 치유는 인정될 수 없다고 본다. 따라서 절차나 형식상의 하자 및 취소사유에 대해서만 하자의 치유가 인정된다고 봄이 타당하다.

4. 하자의 치유시기

판례는 '치유를 허용하려면 늦어도 처분에 대한 불복 여부의 결정 및 불복신청에 편의를 줄 수 있는 상당한 기간 내에 하여야 한다고 할 것'이라고 하고 있어 쟁송제기 이전시설의 입장을 취하고 있다. 생각건대, 행정의 공정성 확보 및 당사자에게 불복신청에 편의를 줄 수 있도록 행정쟁송제기 전까지만 인정함이 타당하다고 판단된다.

5. 국토교통부장관 주장의 타당성 여부

사안은 업무정지처분에 대한 취소소송 도중에 이유제시의 보완을 한 경우이므로 이유제시 하자는 치유되었다고 볼 수 없다. 따라서 국토교통부장관의 주장은 타당하지 못하다.

6. 여론(餘論)

만약 해당 업무정지처분의 취소소송에서 취소판결이 나고 판결이 확정된 후에 국토교통부장관이 적법한 절차를 거쳐 다시 업무정지처분을 한 경우에는 종전의 업무정지처분과는 다른 새로운 처분이므로 판결의 기속력의 내용인 반복금지효에 반하지 아니한다.

Ⅴ 문제의 해결

행정절차법상 처분에 대한 이유제시는 개별법에 규정이 되어 있지 않더라도 적용되는 것이므로 감정평가법에 이유제시 규정이 없어 업무정지처분 시 이유제시를 하지 않았다는 주장은 정당하지 못하다. 또한 이유제시의 하자는 행정쟁송제기 이전까지만 가능하므로 행정소송 도중에 이유제시 보완을 통해 하자의 치유를 주장하는 것 역시 정당하지 못하다.

문제 03 생활보상에 관하여 약술하시오. 20점

문제분석 및 논점파악

생활보상에 관한 약술문제는 자기만의 요약 단문을 만들어 놓고 철저히 암기한 다음 시간 세이브용으로 활용하여야 한다. 최근 기출문제의 변화상황을 보면 사례형 문제가 논점파악이 어렵게 출제되므로 사례형 문제의 논점파악과 목차를 잡는 데 드는 시간이 많이 소요된다. 따라서 이러한 약술문제에서 시간을 보상하지 않는다면 사례문제 풀이에서 시간에 대한 압박감은 클 것이다.
생활보상과 관련된 기출문제를 분석해보면 세 가지 유형이 있다.
첫 번째, 생활보상에 대하여 설명하라는 문제이다(15회 20점).
두 번째, 생활보상과 관련된 조문 또는 보상내용을 설명하라는 문제이다(4회 20점).
세 번째, 생활보상 중에서 가장 중요하다고 생각되는 이주대책에 관련된 문제이다(20회 40점).

예시답안

Ⅰ 서

손실보상의 대상은 역사의 변천에 따라 대인적(對人的) 보상에서 대물적(對物的) 보상으로, 대물적 보상에서 생활보상으로 변천해 왔다. 생활보상은 대물적 보상의 문제를 보완하기 위해 등장한 개념이다. 손실보상은 종래 대물적 보상에 의거한 등가교환적(等價交換約) 가치의 보상에서 한 걸음 더 나아가 종전과 같은 수준의 생활을 보장하기 위해 생활보상이 등장하게 되었다.

Ⅱ 생활보상의 의의 및 내용

1. 견해대립

생활보상의 개념에 대하여 광의로 보는 견해와 협의로 보는 견해가 있다. 광의로 보는 견해는 대물적 보상과 정신적 손실에 대한 보상을 제외한 손실에 대한 보상을 생활보상으로 보며, 손실보상은 수용이 없었던 것과 같은 재산상태로 만드는 것만으로는 불충분하고, 수용이 없었던 것과 같은 생활상태를 만들 수 있어야 한다고 본다. 그 내용으로는 주거의 총체가치보상, 영업상 손실의 보상, 이전료 보상, 소수잔존자 보상 등을 내용으로 보고 있다. 협의로 보는 견해는 해당 지역에서 누리고 있는 생활이익의 상실로서 재산권 보상으로 채워지지 아니하는 손실에 대한 보상으로 보면서, 그 내용으로는 영세농 등 생업보상, 생활비 보상, 주거대책비 보상, 특산물 보상, 사례금 등을 들고 있다.

2. 검토

광의설과 협의설은 재산권 보상과 생활보상을 구별하는 점에서 유사하며, 본질적 사항에서 견해를 달리하는 것은 아니며 일부 보상항목을 재산권 보상으로 볼 것인가 생활보상으로 볼 것인가에 차이가 있을 뿐이다. 생활보상의 관념이 확실하게 정립되지 아니한 상황에서 재산권 보상의 범위를 넓히고 생활보상의 범위를 좁히는 것이 한층 더 정당보상에 이바지하게 되므로 협의설에 따른다.

Ⅲ 생활보상의 성격과 특징

1. 생활보상의 성격

생활보상은 인간다운 생활을 보장하는 성격을 지닌다. 또한 수용이 없었던 것과 같은 경제적 상태뿐만 아니라 생활상태를 재현하는 것이라는 전제에 입각하므로 원상회복적 성격을 갖는다. 생활보상은 피수용자 또는 관계인의 생활안정을 위한 성격도 갖고 있으며, 공익사업을 원활하게 시행하기 위해 불가결하다.

2. 생활보상의 특징

생활보상은 대인적 보상보다 보상기준이 객관적이다. 즉, 일정한 수입, 이윤 그리고 생활비를 기준으로 보상액을 객관적으로 산출하기 때문이다. 또한 생활보상은 수용대상과 보상대상이 일치하지 않는다. 생활보상은 수용의 대상을 포함한 이보다 더 넓은 범위까지 미치고 있기 때문이다. 또 다른 특징은 생활보상이 대인적 보상에 가깝고 재산에 대한 객관적 가치의 보상과는 거리가 먼 특징이 있다. 마지막으로 생활보상은 보상 역사의 종착역이라는 점이다.

Ⅳ 생활보상의 근거

1. 헌법적 근거

(1) 견해대립

정당보상설(헌법 제23조 제3항설)은 생활보상도 정당보상에 포함되는 것으로 보는 견해이다. 생존권설(제34조설)은 인간다운 생활을 할 권리를 규정하고 있는 헌법 제34조에 근거한다는 입장이다. 통일설(제23조와 제34조 결합설)은 생활보상을 정당보상에 포함되는 것으로 보면서도 생활보상이 경제적 약자에 대한 생존배려의 관점에서 행해지는 것이므로 헌법 제23조와 제34조에 동시에 근거하는 것으로 본다.

(2) **검토**

정당보상은 재산권 보상뿐만 아니라 생활보상까지 포함하는 것으로 전환되고 있다는 점과 생활보상이 정당보상의 범주를 넘어 행하여지는 경우가 있다는 점에서 사회보장의 성격을 가지므로 통일설이 타당하다고 본다.

2. 법률적 근거

토지보상법 제78조 및 제79조 제2항 등과 개별법률에서 찾아 볼 수 있다.

Ⅴ 결(생활보상의 문제점)

1. 법률 간의 형평의 문제

법률 간에 생활보상의 내용이 달라 형평성의 문제가 제기된다. 예컨대, 토지보상법상 세입자는 이주대책대상자에서 제외하는 반면, 주한미군기지 이전에 따른 평택시 등 지원 등에 관한 특별법에서는 세입자에게도 이주대책 및 생활대책을 수립하도록 규정하고 있다. 개별법 간에 통일적 규정이 필요하다.

2. 경제적 약자인 세입자에 대한 보상이 미흡

대부분 세입자를 이주대책에서 제외하여 실제적으로 경제적 약자에 대한 배려가 미흡하다.

3. 생계대책의 미흡

생활보상의 취지에 맞추어 이주자가 종전과 유사한 생활수준을 유지하도록 하기 위하여는 주거대책과 함께 생활대책이 병행되어야 한다.

※ 별해

Ⅰ 생활보상의 의의 및 취지

생활보상은 사업의 시행으로 생활의 근거를 상실하게 되는 피수용자의 생활재건을 위한 보상을 말하며, 생활의 근거를 상실한 자에게 인간다운 생활을 할 수 있도록 마련한 제도이다.

Ⅱ 생활보상의 근거

1. 헌법적 근거

(1) 학설

① 정당보상설 : 헌법 제23조 제3항을 근거로 보는 견해
② 생존권설 : 헌법 제34조에 근거하는 견해
③ 통일설 : 헌법 제23조와 제34조 동시에 근거하는 것으로 보는 견해

(2) 관련 판례의 태도

대판 2011.6.23, 2007다63089 · 63096 全合

구 공익사업을 위한 토지 등의 취득 및 보상에 관한 법률(2007.10.17. 법률 제8665호로 개정되기 전의 것, 이하 '구 공익사업법'이라 한다)은 공익사업에 필요한 토지 등을 협의 또는 수용에 의하여 취득하거나 사용함에 따른 손실 보상에 관한 사항을 규정함으로써 공익사업의 효율적인 수행을 통하여 공공복리의 증진과 재산권의 적정한 보호를 도모함을 목적으로 하고 있고, 위 법에 의한 이주대책은 공익사업의 시행에 필요한 토지 등을 제공함으로 인하여 생활의 근거를 상실하게 되는 이주대책대상자들에게 종전 생활상태를 원상으로 회복시키면서 동시에 인간다운 생활을 보장하여 주기 위하여 마련된 제도이므로, 사업시행자의 이주대책 수립・실시의무를 정하고 있는 구 공익사업법 제78조 제1항은 물론 이주대책의 내용에 관하여 규정하고 있는 같은 조 제4항 본문 역시 당사자의 합의 또는 사업시행자의 재량에 의하여 적용을 배제할 수 없는 강행법규이다.

대판 2006.4.27, 2006두2435

공익사업을 위한 토지 등의 취득 및 보상에 관한 법률 제78조 제5항 및 같은 법 시행규칙 제54조 제2항, 제55조 제2항의 각 규정에 의하여 공익사업의 시행에 따라 이주하는 주거용 건축물의 세입자에게 지급하는 주거이전비와 이사비는, 당해 공익사업 시행지구 안에 거주하는 세입자들의 조기이주를 장려하여 사업추진을 원활하게 하려는 정책적인 목적과 주거이전으로 인하여 특별한 어려움을 겪게 될 세입자들을 대상으로 하는 사회보장적인 차원에서 지급하는 금원의 성격을 갖는다 할 것이므로, 같은 법 시행규칙 제54조 제2항에 규정된 '공익사업의 시행으로 인하여 이주하게 되는 주거용 건축물의 세입자로서 사업인정고시일 등 당시 또는 공익사업을 위한 관계 법령에 의한 고시 등이 있은 당시 당해 공익사업 시행지구 안에서 3월 이상 거주한 자'에 해당하는 세입자는 이후의 사업시행자의 주거이전비 산정통보일 또는 수용개시일까지 계속 거주할 것을 요함이 없이 위 사업인정고시일 등에 바로 같은 법 시행규칙 제54조 제2항의 주거이전비와 같은 법 시행규칙 제55조 제2항의 이사비 청구권을 취득한다고 볼 것이고, 한편 이사비의 경우 실제 이전할 동산의 유무나 다과를 묻지 않고 같은 법 시행규칙 제55조 제2항 [별표 4]에 규정된 금액을 지급받을 수 있다.

(3) 검토

판례의 태도에 따르면 형법 제34조에 입각하는 생존권설이 타당하다고 보이나, 정당보상은 대물보상뿐만 아니라 생활보상까지 포함하는 것으로 확대되고 있는 점에 비추어 보면 〈통일설〉이 타당하다고 판단된다.

2. 토지보상법상 근거

생활보상에 직접적 규정은 없으나, 토지보상법 제78조 주거용건축물에 대한 이주대책, 동법 제78조의2에서 공장부지 제공자에 대한 이주대책, 동법 시행규칙 제54조 주거이전비를 통하여 생활보상의 모습을 찾아볼 수 있다.

문제 04 공익사업을 위한 토지 등의 취득 및 보상에 관한 법률에 규정되어 있는 손실보상의 원칙을 약술하시오. 10점

문제분석 및 논점파악

법전을 보면 토지보상법 제61조 이하는 손실보상의 원칙이라는 절에 속해 있다.
교재에 따라서는 시가보상과 개발이익의 배제는 손실보상기준으로 취급하는 경우도 있는데, 필자는 법전의 규정에 따라 손실보상의 원칙을 기술하였다.

예시답안

Ⅰ 개설

헌법 제23조 제3항은 정당보상의 원칙을 천명하면서도 손실보상의 구체적 기준과 원칙은 법률로써 정하도록 하고 있다. 토지보상법은 정당보상을 실현하기 위하여 제61조 이하에서 손실보상의 원칙을 규정하고 있다.

Ⅱ 토지보상법상 손실보상의 원칙

1. 사업시행자 보상(제61조)

공익사업에 필요한 토지 등의 취득 또는 사용으로 인하여 토지소유자 또는 관계인이 입은 손실은 사업시행자가 보상하여야 한다.

2. 사전보상(제62조)

사업시행자는 해당 공익사업을 위한 공사에 착수하기 이전에 토지소유자 및 관계인에게 보상액 전액을 지급하여야 한다. 다만, 제38조에 따른 천재지변 시의 토지사용과 제39조에 따른 시급한 토지사용의 경우 또는 토지소유자 및 관계인의 승낙이 있는 경우에는 그러하지 아니한다.
토지보상법 제42조에서 재결실효규정을 통해 사전보상의 원칙을 보장하고 있다.

3. 현금보상 등(제63조)

손실보상은 다른 법률에 특별한 규정이 있는 경우를 제외하고는 현금으로 지급하여야 한다. 다만, 법률이 정한 범위 내에서 대토보상과 채권보상이 가능하다.

4. 개인별 보상(제64조)

손실보상은 토지소유자 또는 관계인에게 개인별로 행하여야 한다. 다만, 개인별로 보상액을 산정할 수 없을 때에는 그러하지 아니하다.

5. 일괄보상(제65조)

사업시행자는 동일한 사업지역에 보상시기를 달리하는 동일인 소유의 토지 등이 여러 개 있는 경우 토지소유자나 관계인이 요구할 때에는 한꺼번에 보상금을 지급하도록 하여야 한다.

6. 사업시행 이익과의 상계금지(제66조)

사업시행자는 동일한 소유자에게 속하는 일단의 토지의 일부를 취득하거나 사용하는 경우 해당 공익사업의 시행으로 인하여 잔여지의 가격이 증가하거나 그 밖의 이익이 발생한 경우에도 그 이익을 그 취득 또는 사용으로 인한 손실과 상계할 수 없다.

7. 시가보상(제67조 제1항) 및 개발이익의 배제(제67조 제2항)

① '보상액의 산정은 협의에 의한 경우에는 협의성립 당시의 가격을, 재결에 의한 경우에는 수용 또는 사용의 재결 당시의 가격을 기준으로 한다.'

② '보상액을 산정할 경우에 해당 공익사업으로 인하여 토지 등의 가격이 변동되었을 때에는 이를 고려하지 아니한다'고 규정하여 개발이익의 배제를 명문화하고 있다.

8. 보상액의 산정(제68조)

① 사업시행자는 토지 등에 대한 보상액을 산정하려는 경우에는 감정평가법인등 3인(제2항에 따라 시 · 도지사와 토지소유자가 모두 감정평가법인등을 추천하지 아니하거나 시 · 도지사 또는 토지소유자 어느 한쪽이 감정평가법인등을 추천하지 아니하는 경우에는 2인)을 선정하여 토지 등의 평가를 의뢰하여야 한다. 다만, 사업시행자가 국토교통부령으로 정하는 기준에 따라 직접 보상액을 산정할 수 있을 때에는 그러하지 아니하다.

② 제1항 본문에 따라 사업시행자가 감정평가법인등을 선정할 때 해당 토지를 관할하는 시 · 도지사와 토지소유자는 대통령령으로 정하는 바에 따라 감정평가법인등을 각 1인씩 추천할 수 있다. 이 경우 사업시행자는 추천된 감정평가법인등을 포함하여 선정하여야 한다.

Chapter 22

2003년 제14회 기출문제 분석

문제 01

서울시는 甲과 乙이 소유하고 있는 토지가 속한 동작구 일대에 공원을 조성하기 위하여 甲과 乙의 토지를 수용하려고 한다. 한편 乙의 토지가 표준지로 선정되어 표준지공시지가가 공시되었는데, 乙의 토지 인근에 토지를 보유하고 있는 甲은 乙의 토지의 표준지공시지가 산정이 국토교통부 훈령인 "표준지의 선정 및 관리지침"에 위배되었다는 것을 알게 되었다. 이를 이유로 甲이 법적으로 다툴 수 있는지 논하라. 40점

문제분석 및 논점파악

표준지의 인근 토지소유자가 표준지공시지가의 위법을 다툴 수 있는지 문제된다. 먼저, 문제에서 묻고 있는 '법적으로 다툴 수 있는지 논하라'의 의미가 무엇인가부터 생각해 봐야 할 것이다. 여기에는 다툼의 수단을 묻고 있는지 여부와 甲의 권리구제가 가능한지 여부를 묻는 것인지 출제자의 의도를 파악해 볼 필요가 있다.

첫째, 다툼의 수단을 묻는 것이 출제자의 의도였다면, 다툼의 수단은 일반적으로 쟁송수단이라고 볼 수 있다. 따라서 행정심판과 행정소송을 다툼의 수단으로 생각할 수 있다. 또한 부동산 가격공시에 관한 법률(이하 '부동산공시법') 제7조에 근거한 표준지공시지가에 대한 이의신청이 다툼의 수단이 되는지가 문제된다.

그렇다면, 자연스럽게 논점은 이의신청의 법적 성질, 행정심판 및 행정소송의 제기요건 검토에 모아진다.

둘째, 출제자의 의도가 甲의 권리구제 가능성 여부에 있다고 한다면 권리구제의 마지막 수단이 될 행정소송의 인용가능성에 초점이 모아진다. '표준지의 선정 및 관리지침'에 위배되었다는 이유로 표준지공시지가에 대해 다투려고 하는 것이므로, 표준지공시지가 결정은 항고소송의 대상이 되는 처분인지와 표준지의 인근 토지소유자에게 원고적격이 인정되는지가 항고소송의 소송요건 중 논점이 된다. 또한 본안판단에서는 '표준지의 선정 및 관리지침'의 법적 성질규명과 위법성 정도의 파악이 쟁점이 될 것이다.

필자는 출제자의 의도를 두 번째 경우로 파악하였다. 그 논거는 ① 본안판단을 할 수 있는 근거를 문제에서 제시하고 있다는 점이다. ② 문제에서 명시적으로 '다툴 수 있는 수단은 무엇인가?'라고 묻고 있지 않다는 점이다.

대판 2008.8.21, 2007두13845[토지보상금]

표준지공시지가결정은 이를 기초로 한 수용재결 등과는 별개의 독립된 처분으로서 서로 독립하여 별개의 법률효과를 목적으로 하지만, 표준지공시지가는 이를 인근 토지의 소유자나 기타 이해관계인에게 개별적으로 고지하도록 되어 있는 것이 아니어서 인근 토지의 소유자 등이 표준지공시지가결정 내용을 알고 있었다고 전제하기가 곤란할 뿐만 아니라, 결정된 표준지공시지가가 공시될 당시 보상금 산정의 기준이 되는 표준지의 인근 토지를 함께 공시하는 것이 아니어서 인근 토지 소유자는 보상금 산정의 기준이 되는 표준지가 어느 토지인지를 알 수 없으므로, 인근 토지 소유자가 표준지의 공시지가가 확정되기 전에 이를 다투는 것은 불가능하다. 더욱이 장차 어떠한 수용재결 등 구체적인 불이익이 현실적으로 나타나게 되었을 경우에 비로소 권리구제의 길을 찾는 것이 우리 국민의 권리의식임을 감안하여 볼 때, 인근 토지소유자 등으로 하여금 결정된 표준지공시지가를 기초로 하여 장차 토지보상 등이 이루어질 것에 대비하여 항상 토지의 가격을 주시하고 표준지공시지가결정이 잘못된 경우 정해진 시정절차를 통하여 이를 시정하도록 요구하는 것은 부당하게 높은 주의의무를 지우는 것이고, 위법한 표준지공시지가결정에 대하여 그 정해진 시정절차를 통하여 시정하도록 요구하지 않았다는 이유로 위법한 표준지공시지가를 기초로 한 수용재결 등 후행 행정처분에서 표준지공시지가결정의 위법을 주장할 수 없도록 하는 것은 수인한도를 넘는 불이익을 강요하는 것으로서 국민의 재산권과 재판받을 권리를 보장한 헌법의 이념에도 부합하는 것이 아니다. 따라서 표준지공시지가결정이 위법한 경우에는 그 자체를 행정소송의 대상이 되는 행정처분으로 보아 그 위법 여부를 다툴 수 있음은 물론, 수용보상금의 증액을 구하는 소송에서도 선행처분으로서 그 수용대상 토지 가격 산정의 기초가 된 비교표준지공시지가결정의 위법을 독립한 사유로 주장할 수 있다.

대판 2006.3.16, 2006두330 全合[정부조치계획취소등]

[1] 행정처분의 직접 상대방이 아닌 제3자라 하더라도 당해 행정처분으로 인하여 법률상 보호되는 이익을 침해당한 경우에는 그 처분의 무효확인을 구하는 행정소송을 제기하여 그 당부의 판단을 받을 자격이 있다 할 것이며, 여기에서 말하는 법률상 보호되는 이익이라 함은 당해 처분의 근거 법규 및 관련 법규에 의하여 보호되는 개별적·직접적·구체적 이익이 있는 경우를 말하고, 공익보호의 결과로 국민 일반이 공통적으로 가지는 일반적·간접적·추상적 이익이 생기는 경우에는 법률상 보호되는 이익이 있다고 할 수 없다.

[2] 공유수면매립면허처분과 농지개량사업 시행인가처분의 근거 법규 또는 관련 법규가 되는 구 공유수면매립법(1997.4.10. 법률 제5337호로 개정되기 전의 것), 구 농촌근대화촉진법(1994.12.22. 법률 제4823호로 개정되기 전의 것), 구 환경보전법(1990.8.1. 법률 제4257호로 폐지), 구 환경보전법 시행령(1991.2.2. 대통령령 제13303호로 폐지), 구 환경정책기본법(1993.6.11. 법률 제4567호로 개정되기 전의 것), 구 환경정책기본법 시행령(1992.8.22. 대통령령 제13715호로 개정되기 전의 것)의 각 관련 규정의 취지는, 공유수면매립과 농지개량사업시행으로 인하여 직접적이고 중대한 환경피해를 입으리라고 예상되는 환경영향평가 대상지역 안의 주민들이 전과 비교하여 수인한도를 넘는 환경침해를 받지 아니하고 쾌적한 환경에서 생활할 수 있는 개별적 이익까지도 이를 보호하려는 데에 있다고 할 것이므로, 위 주민들이 공유수면매립면허처분 등과 관련하여 갖고 있는 위와 같은 환경상의 이익은 주민 개개인에 대하여 개별적으로 보호되는 직접적·구체적 이익으로서 그들에 대하여는 특단의 사정이 없는 한 환경상의 이익에 대한 침해 또는 침해우려가 있는 것으로 사실상 추정되어 공유수면매립면허처분 등의 무효확인을 구할 원고적격이 인정된다. 한편, 환경영향평

가 대상지역 밖의 주민이라 할지라도 공유수면매립면허처분 등으로 인하여 그 처분 전과 비교하여 수인한도를 넘는 환경피해를 받거나 받을 우려가 있는 경우에는, 공유수면매립면허처분 등으로 인하여 환경상 이익에 대한 침해 또는 침해우려가 있다는 것을 입증함으로써 그 처분 등의 무효확인을 구할 원고적격을 인정받을 수 있다.

예시답안

Ⅰ 논점의 정리

甲이 표준지공시지가의 위법을 다툴 수 있는지를 검토하기 위해서는 표준지공시지가의 법적 성질을 검토하여야 하고, 표준지의 인근 토지를 소유한 甲이 표준지공시지가에 대하여 다툴 법적 이익이 있는지가 문제된다. 또한 표준지공시지가의 위법성 여부를 검토하기 위하여 '표준지의 선정 및 관리지침'의 법적 성질을 규명하여야 한다.

Ⅱ 표준지공시지가의 법적 성질

1. 의의 및 취지(부동산공시법 제3조)

표준지공시지가란 부동산공시법의 규정에 의한 절차에 따라 국토교통부장관이 조사・평가하여 공시한 공시기준일의 표준지의 단위면적당 적정가격을 말한다. 이는 ① 적정 가격형성 도모, ② 조세형평성 향상에 취지가 있다.

2. 법적 성질

(1) 학설

① 행정계획설은 표준지공시지가를 내부적 효력만을 갖는 구속력 없는 행정계획으로 보는 견해이다.

② 행정규칙설은 표준지공시지가가 개별공시지가의 산정기준이 되는데, 기준이라는 것은 일반성과 추상성을 가지는 것을 의미하므로 표준지공시지가는 처분이 될 수 없다고 본다.

③ 행정행위설은 표준지공시지가는 개발부담금 등의 산정기준이 되므로 국민의 구체적인 권리・의무에 직접 영향을 미친다고 보아 행정행위의 성질을 갖는다고 본다.

(2) 판례

표준지로 선정된 토지의 공시지가에 대하여 불복하기 위하여는 지가공시 및 토지 등의 평가에 관한 법률 제8조 제1항 소정의 이의절차를 거쳐 처분청을 상대로 그 공시지가 결정의 취소를 구하는 행정소송을 제기하여야 한다고 보아 표준지공시지가를 행정소송의 대상이 되는 처분으로 보고 있다(대판 2008.8.21, 2007두13845).

(3) 검토

표준지공시지가의 효력이 토지시장의 지가정보를 제공하고, 일반적인 토지거래의 지표가 되며, 표준지공시지가로 지가산정 시에 가감조정 없이 구속적으로 적용되는 것은 아니다. 따라서 처분성을 긍정하는 데 다소 무리는 있지만, 법률관계의 조속한 확정을 위하여 위법한 공시지가 결정을 다투도록 하는 것이 타당하므로 처분성을 긍정할 필요성이 있다.

Ⅲ 표준지의 인근 토지소유자 甲이 표준지공시지가를 다툴 '법률상 이익'이 있는지 여부(원고적격)

1. 항고쟁송의 원고적격(행정소송법 제12조)

항고심판 및 항고소송에서 청구인 적격 내지 원고적격에 대하여는 '처분의 취소 또는 무효확인을 구할 법률상 이익이 있는 자'에게 인정하고 있다. 여기서 법률상 이익의 의미가 문제된다.

2. '법률상 이익'의 의미

(1) 학설

① 권리구제설은 처분 등으로 인하여 권리가 침해된 자만이 원고적격을 갖는다는 견해이다.
② 법률상 보호된 이익구제설은 법적으로 보호된 개인적 이익을 침해당한 자만이 원고적격을 갖는다고 본다.
③ 소송상 보호할 가치 있는 이익구제설은 소송법적 관점에서 재판에 의하여 보호할 만한 가치가 있는 이익이 침해된 자에게 원고적격이 있다고 본다.
④ 적법성보장설은 항고소송의 주된 기능을 행정통제에서 찾고, 처분의 위법성을 다툴 적합한 이익을 갖는 자에게 원고적격을 인정하는 견해이다.

(2) 판례

법률상 보호되는 이익이라 함은 해당 처분의 근거법규 및 관련 법규에 의하여 보호되는 개별적·직접적·구체적 이익이 있는 경우를 말하고, 공익보호의 결과로 국민 일반이 공통적으로 가지는 일반적·간접적·추상적 이익이 생기는 경우에는 법률상 보호되는 이익이 있다고 할 수 없다(대판 2006.3.16, 2006두330 全合).

(3) 검토

현행 행정소송법이 항고소송의 주된 기능을 권익구제로 보고 주관소송으로 규정하고 있는 점에서 법적 이익구제설이 타당하다.

3. '법률'의 범위

법적 이익구제설을 따를 경우 보호규범의 범위를 어디까지로 볼 것인가가 문제된다. 학설은 처분의 근거법규, 관련 법규, 나아가 헌법상 기본권 규정까지 확대하는 경향이 있다. 판례는 처분의 근거법규 및 관계법규에 의해 보호되는 직접적이고 구체적인 이익이 있는지를 판단하고 있다.

4. 인인소송에서 원고적격

판례는 해당 근거법규 및 관계법규가 공익뿐만 아니라 인근 주민의 개인적 이익도 보호하고 있다고 해석되는 경우에는 인근 주민에게도 원고적격이 인정된다고 보았다.

5. 사안의 경우

부동산공시법 시행령 제12조에서는 법 제7조 제1항에 따라 표준지공시지가에 대한 이의신청을 하려는 자는 이의신청서에 이의신청 사유를 증명하는 서류를 첨부하여 국토교통부장관에게 제출하여야 한다(종전 시행령 규정 : 표준지공시지가에 대한 이의신청을 할 수 있는 자는 '토지소유자, 토지의 이용자, 그 밖에 법률상 이해관계를 가진 자')고 규정하고 있고, 표준지공시지가를 기준으로 인근 토지의 보상액이 평가되는 점 등을 고려하면, 부동산공시법 시행령에서 별도의 이의신청을 하는 자를 제한 두고 있지 않고 "이의신청을 하려는 자"로만 규정하고 있어 표준지의 인근 토지소유자 甲에게 법률상 보호되는 이익이 있다고 볼 수 있다.

Ⅳ 표준지공시지가의 위법성 검토

1. '표준지의 선정 및 관리지침'의 법적 성질

(1) 문제점

표준지의 선정 및 관리지침(이하 '관리지침'이라 한다)은 「부동산 가격공시에 관한 법률」 제3조 제3항 및 같은 법 시행령 제2조 제2항에 따라 표준지의 선정 및 관리 등에 관하여 필요한 사항을 정함을 목적으로 규정되었으며, 국토교통부 훈령(2016.9.1. 훈령 745호)으로 규정되어 있어, 그 법적 성질이 문제된다.

(2) 학설

형식을 중시하여 행정규칙에 불과하다는 행정규칙설, 실질을 중시하여 대외적 효력을 인정하는 법규명령설, 행정규칙이지만 전문적 영역에서 대외적 구속력을 인정하는 규범구체화행정규칙설, 법규명령의 형식은 헌법에 열거된 규정으로 정해져 있고, 그에 의하지 않고 행정규칙 형식으로 정한 것은 위헌이며 무효라는 위헌무효설, 개별적인 위임이 있는지 여부로 판단하는 수권여부기준설 등이 대립한다.

(3) 판례

법령의 규정이 특정 행정기관에게 그 법령 내용의 구체적 사항을 정할 수 있는 권한을 부여하면서 그 권한 행사의 절차나 방법을 특정하고 있지 않아 수임행정기관이 행정규칙의 형식으로 그 법령의 내용이 될 사항을 구체적으로 정하고 있다면, 그와 같은 행정규칙은 위에서 본 행정규칙이 갖는 일반적 효력으로서가 아니라 행정기관에 법령의 구체적 내용을 보충할 권한을 부여한 법령 규정의 효력에 의하여 그 내용을 보충하는 기능을 갖게 되고, 따라서 이와 같은 행정규칙은 해당 법령의 위임 한계를 벗어나지 않는 한 그것들과 결합하여 대외적인 구속력이 있는 법규명령으로서의 효력을 가진다(대판 2008.3.27, 2006두3742 · 3759).

(4) 검토 및 사안의 경우

헌법상의 법규명령의 형식은 예시적인 것으로 보이고, 행정현실에서 필요성 및 경제성 측면에서 행정규칙형식으로 규정할 필요성이 있다는 점을 고려하면, 법령보충적 행정규칙은 법규성이 인정된다고 보는 것이 타당하다.

사안에서 표준지의 선정 및 관리지침은 부동산공시법에서 위임이 있고, 이들 법령과 결합하여 대외적 구속력을 가지므로 법규성이 인정된다.

2. 표준지공시지가의 위법성 및 정도

(1) 위법성 여부

법규성을 지니는 해당 표준지의 선정 및 관리지침을 위반하여 산정된 표준지공시지가는 위법성을 면치 못할 것이다.

(2) 위법성 정도

중대명백설에 따르면 법규성이 인정되는 표준지의 선정 및 관리지침의 위반은 중대성이 인정되나, 일반인 시각에서 명백한 하자라고 보기는 어려우므로 취소 정도라고 본다.

Ⅴ 권리구제수단

부동산공시법 제7조의 표준지공시지가에 대한 이의신청이 중앙행정심판위원회의 재결례 변경을 통해 특별행정심판이 아니라고 보고 있으므로, 甲은 표준지공시지가 결정의 취소를 구하는 취소심판을 통해 권리구제를 도모할 수 있다. 또한 행정심판을 거쳐 또는 거치지 않고 표준지공시지가 결정의 취소를 구하는 취소소송을 통해 권리구제를 도모할 수 있다.

Ⅵ 문제의 해결

표준지공시지가는 처분성이 인정되고, 표준지의 인근 토지소유자에게도 표준지공시지가 결정을 다툴 법률상 이익이 인정되며, 해당 표준지공시지가는 취소정도의 하자를 갖고 있는 바, 취소심판 또는 취소소송을 통해 권리구제를 도모할 수 있다.

문제 02

손실보상에 있어서 사회적 제약과 특별한 희생의 구별기준에 관하여 경계이론과 분리이론의 입장을 설명하시오. 20점

문제분석 및 논점파악

본 문제는 경계이론과 분리이론에 관한 문제이다. 경계이론과 분리이론의 내용 중에서도 각각의 이론에서 사회적 제약과 특별한 희생을 어떻게 구별하고 있는지가 쟁점이 된다. 즉, 경계이론에서 사회적 제약과 특별한 희생의 구별기준, 분리이론에서 사회적 제약과 특별한 희생의 구별기준이 주된 물음이다. 이는 헌법 제23조의 이해가 필요하다.

〈헌법 제23조의 재산권 보장의 구조〉

재산권 보장에 관한 헌법 제23조는 재산권 형성적 법률유보와 이의 사회적 기속성을 명시하는 규범구조를 통해서 재산권 보장의 한계를 밝히면서도 재산권의 침해를 최소화하기 위해 재산권의 법률유보와 재산권 행사의 절차적 법률유보를 함께 채택하는 상호 상반되는 구조의 규범구조를 지니고 있다.

재산권의 내용과 한계를 정하는 법률인 동시에 헌법에 의해 보호받을 수 있는 재산권의 구체적인 모습을 형성하는 기능을 가지고 있다. 따라서 재산권의 내용과 한계를 정하는 법률은 재산권을 제한한다는 의미보다는 재산권을 형성한다는 의미를 더 많이 가지기도 한다.

그리고 재산권의 행사는 공공복리에 적합하도록 해야 할 의무를 수반한다. 그러기 때문에 우리 헌법상의 재산권은 강한 사회적 기속성이라는 제약을 받도록 규범화될 수밖에 없다. 우리 헌법이 재산권의 내용과 한계를 법률로 정하도록 한 것은 재산권의 사회적 기속성을 구체화하여 재산권 행사의 헌법적 한계를 명확히 하기 위한 것이다. 결국 우리 헌법은 모든 국민에게 생존보장의 실효성을 확보해주기 위해 재산권의 사회적 기속성을 명문화하고 있는 것이라 할 수 있다.

또한 헌법은 공공필요에 의한 재산권의 제한과 보상과의 상호관계를 명백히 하고 있다. 즉, 공공필요에 의한 재산권의 수용·사용·제한 및 그에 대한 보상은 법률로써 하되 정당한 보상을 지급하도록 하고 있다.

〈헌법〉

제23조

① 모든 국민의 재산권은 보장된다. 그 내용과 한계는 법률로 정한다.
② 재산권의 행사는 공공복리에 적합하도록 하여야 한다.
③ 공공필요에 의한 재산권의 수용·사용 또는 제한 및 그에 대한 보상은 법률로써 하되, 정당한 보상을 지급하여야 한다.

예시답안

Ⅰ 서

재산권에 대한 제한이 사회적 제약인가 아니면 특별한 희생인가에 대한 구분은 보상을 요하는지 아니면 보상을 하지 않아도 되는지를 결정하는 기준이 된다. 헌법 제23조 제1항 및 제2항의 재산권 내용과 한계규정과 헌법 제23조 제3항의 공용침해와 손실보상의 제도가 분리되어 별개의 제도인가 아니면 하나의 제도로 보는가의 차이에 의해 분리이론과 경계이론이 제기된다. 이러한 양 이론은 사회적 제약과 보상을 요하는 특별한 희생에 대한 구별기준이 달라질 수 있으므로, 양 이론의 검토는 의미가 있다.

Ⅱ 경계이론

1. 의의

경계이론은 사회적 제약과 공용침해는 별개의 제도가 아니며, 공공필요에 의한 재산권의 제한과 그에 대한 구제를 손실보상의 문제로 보는 견해이다. 이 견해에 의하면 공공필요에 의한 재산권의 제약이 재산권에 내재하는 사회적 제약을 넘는 특별한 희생이 있는 경우에 그에 대한 보상을 하여야 한다고 본다.

2. 사회적 제약과 특별한 희생의 구별기준

(1) 학설

1) 형식적 기준설

'침해행위가 일반적인 것이냐 아니면 개별적인 것이냐'라는 형식적 기준에 의해 특별한 희생과 사회적 제약을 구별하려는 견해이다. 즉, 재산권에 대한 침해가 특정인 또는 한정된 범위의 사람에게 가해진 경우에는 특별한 희생에 해당하고, 재산권 침해가 일반적으로 행해지면 사회적 제약에 해당한다고 본다.

2) 실질적 기준설

공용침해의 실질적 내용, 즉 침해의 본질성 및 강도를 기준으로 하여 특별한 희생과 사회적 제약을 구별하려는 견해이다. 여기에는 보호가치설, 수인한도설, 사적효용설, 목적위배설, 사회적 제약설, 상황적 구속설 등이 있다.

(2) 검토

형식적 기준설과 실질적 기준설은 각각 일면의 타당성만을 가지므로 형식적 기준설과 실질적 기준설을 종합하여 특별한 희생과 사회적 제약을 구별하여야 한다.

3. 권리구제

특별한 희생에 대하여 보상규정이 있으면 그에 따라 보상을 통한 권리구제가 가능하다. 그러나 특별한 희생인지 아니면 사회적 제약에 해당하는지 애매하여 보상규정을 두지 않은 경우는 법원이 특별한 희생인지 여부를 판단하게 된다. 특별한 희생에 해당하더라도 보상규정이 없는 경우에는 헌법 제23조 제3항의 효력논의에 따라 손실보상을 헌법 제23조 제3항에 근거하여 청구할 수 있는지 여부가 결정된다.

Ⅲ 분리이론

1. 의의

입법자의 의사에 따라 재산권에 대한 제한의 문제를 헌법 제23조 제1항 및 제2항에 의한 재산권의 내용과 한계의 문제와 헌법 제23조 제3항의 공용침해와 손실보상의 문제로 구분하는 견해이다. 두 제도는 완전히 분리된 서로 다른 제도라고 본다.

2. 사회적 제약과 특별한 희생의 구별기준

재산권의 내용적 제한과 수용(공용침해)의 구분기준은 입법의 목적과 형식이 된다. 무엇이 재산권의 내용규정이고 무엇이 수용(공용침해)인지를 입법자의 결정에 따라 형식적으로 결정된다.

법률의 규정에 의한 재산권의 제한이 일반적인 공익을 위하여 일반적・추상적으로 재산권을 새롭게 정의하려는 목적을 가진 경우에는 헌법 제23조 제1항 및 제2항의 재산권의 내용과 한계의 문제로 보고, 법률의 규정에 의한 재산권의 제한이 특정한 공익을 위하여 개별적 구체적으로 기존의 재산권을 박탈 내지 축소하려는 목적을 가진 것인 경우에는 헌법 제23조 제3항의 공용제한과 손실보상의 문제로 본다.

3. 재산권의 내용적 제한과 조정조치

분리이론에 따르면 입법자가 재산권 제한을 사회적 제약으로 보고 보상규정을 마련하고 있지 아니하면 원칙적으로 보상은 불가하다. 그러나 재산권의 내용적 제한이 재산권에 내재하는 사회적 제약을 넘어 과도한 제한이 되는 경우에는 조정조치가 필요하다. 사회적 제약을 넘어 과도한 제한이 되는지의 판단은 비례의 원칙 및 평등의 원칙 등이 적용된다. 조정조치에는 일차적으로 경과규정, 예외규정, 해제규정, 국가침해의 제한 등 비금전적 구제가 행해져야 하고, 이러한 구제조치들이 어려운 경우에는 제2차적으로 손실보상, 매수청구 등 금전적 보상이 주어져야 한다.

4. 권리구제

비례원칙에 반하는 과도한 재산권의 내용적 제한이 가해진 경우, 이러한 경우에도 조정조치가 이행되지 않는다면 권리구제에 대한 견해로 ① 재산권 제한조치가 위헌이므로 취소소송을 통하여 구제를 받아야 한다는 견해, ② 조정조치의무 불이행이라는 입법부작위에 대한 헌법소원을 통하여 구제를 받아야 한다는 견해, ③ 재산권 제한조치의 근거가 되는 법률의 위헌확인과 조정조치에 관한 입법을 기다려 구제받아야 한다는 견해가 있다.

Ⅳ 결(분리이론 도입에 대하여)

분리이론은 독일 연방헌법재판소에 의해 취해진 이론인데, 이는 존속보장을 강화하여 재산권 보장에 기여할 수 있다는 점을 들어 도입에 찬성하는 견해가 있다. 그러나 오히려 구제조치를 통한 권리구제가 지연되는 문제점과 우리나라 헌법 제23조 제3항은 독일 헌법 제14조 제3항과 달리 재산권의 수용뿐만 아니라 사용과 제한도 규정하고 있기 때문에 공공필요에 의한 재산권의 제한은 공용제한과 손실보상문제로 보는 것이 타당하므로 분리이론의 도입에 찬성할 수 없다.

문제 03 공공사업으로 인한 소음・진동・먼지 등에 의한 간접 침해의 구제수단을 설명하시오. 20점

문제분석 및 논점파악

간접손실(사업시행지구 밖에서 공익사업의 시행으로 인하여 발생한 손실) 중에는 사회적・경제적 손실과 물리적・기술적 손실이 있다. 특히, 물리적・기술적 손실을 간접침해라고 부른다.

1. 손실보상이 가능한지 여부

현행 토지보상법의 규정을 살펴보면 제79조 제1항에서 공익사업시행지구 밖의 토지에 공익사업의 시행으로 인하여 공사가 필요한 경우 공사비 보상을 규정하고 있다.

토지보상법 제79조 제2항은 공익사업이 시행되는 지역 밖에 있는 토지 등이 공익사업의 시행으로 인하여 본래의 기능을 다할 수 없게 된 경우에는 국토교통부령이 정하는 바에 따라 그 손실을 보상하여야 한다고 규정하고 있다.

이에 따라 동법 시행규칙 제59조 내지 제65조에서 공익사업시행지구 밖에서 발생한 손실에 대한 보상규정을 두고 있다.

토지보상법 제79조 제4항은 "그 밖에 공익사업의 시행으로 인하여 발생하는 손실의 보상 등에 대하여는 국토교통부령이 정하는 기준에 의한다."라고 규정하고 있다.

따라서 토지보상법상 공공사업으로 인한 소음・진동・먼지 등에 의한 간접침해에 대한 보상규정은 어떤 조항에 대입하여야 하는지 문제된다. 일단, 토지보상법 제79조 제1항 및 제2항의 손실에는 포함되지 않는 것이 분명하다. 그렇다면 토지보상법 제79조 제4항의 손실에 해당하는지 의문이다. 토지보상법 제79조 제4항을 공익사업의 시행으로 인해 발생하는 손실 중 토지보상법이 예견하고 보상규정을 둔 경우 이외의 손실에 대한 보상규정으로 보는 견해가 있다. 이러한 견해에 따르면 공공사업으로 인한 소음・진동・먼지 등에 의한 간접침해는 해당 규정의 손실에 해당한다고 볼 수 있다.

그렇다면 제79조 제4항에 근거하여 공공사업으로 인한 소음・진동・먼지 등에 의한 간접침해에 대하여 손실보상이 가능할까? 토지보상법 제79조 제4항을 개괄수권조항으로 보는 경우에는 국토교통부령에서 해당 손실에 대한 보상규정을 마련하고 있지 아니하는 한 해당 규정만으로 보상에 대한 직접적인 근거가 될 수 없다. 따라서 보상규정이 없는 경우에 해당된다. 일반근거조항으로 보는 경우에는 제79조 제4항이 기타손실에 대한 보상의 일반근거조항이 되므로 국토교통부령으로 보상하여야 할 손실을 규정하고 있지 않아도 보상이 가능하다.

2. 손해배상이 가능한지 여부

이러한 물리적 · 기술적 손실은 공익사업 시행 전에 쉽게 예견할 수 있는 성질이 아니며, 사후적으로 발생한 손실이므로 손실보상보다 손해배상으로 권리구제를 도모하는 것이 타당하다는 주장이 제기된다.

판례는 이러한 간접침해에 대하여 손해배상으로 해결하고 있으며, 무과실책임을 지우고 있다.

> **관련 판례**
>
> ➡ 고속도로의 확장으로 인하여 소음 · 진동이 증가하여 인근 양돈업자가 양돈업을 폐업하게 된 사안에서, 양돈업에 대한 침해의 정도가 사회통념상 일반적으로 수인할 정도를 넘어선 것으로 보아 한국도로공사의 손해배상책임을 인정한 사례(대판 2001.2.9, 99다55434).
>
> ➡ 사업장 등에서 발생되는 환경오염으로 인하여 피해가 발생한 경우, 해당 사업자는 귀책사유가 없는 때에도 피해를 배상하여야 하는지 여부(적극)
> 환경정책기본법 제31조 제1항 및 제3조 제1호, 제3호, 제4호에 의하면, 사업장 등에서 발생되는 환경오염으로 인하여 피해가 발생한 경우에는 해당 사업자는 귀책사유가 없더라도 그 피해를 배상하여야 하고, 위 환경오염에는 소음 · 진동으로 사람의 건강이나 환경에 피해를 주는 것도 포함되므로, 피해자들의 손해에 대하여 사업자는 그 귀책사유가 없더라도 특별한 사정이 없는 한 이를 배상할 의무가 있다(대판 2001.2.9, 99다55434).

3. 시험일 이후 최근 판례검토(대판 2019.11.28, 2018두227)

최근 대법원 판례는 공익사업으로 설치된 시설의 운영으로 나오는 소음 · 진동 등으로 인근 영업자가 받은 손실, 즉 간접손실도 토지보상법령상 간접손실보상의 대상이 된다는 판결을 내린바 있다. 사회적 · 경제적 손실은 물론 물리적 · 기술적 손실도 간접손실의 유형으로 보아 피수용자 권익보호를 한층 강화하였다는 데 의미가 있다.

* 시험일 이후 나온 판례라는 점을 감안하여 답안은 기존 판례입장을 중심으로 기술하였다.

> **대판 2019.11.28, 2018두227[보상금]**
>
> [1] …공익사업시행지구 밖 영업손실보상의 특성과 헌법이 정한 '정당한 보상의 원칙'에 비추어 보면, 공익사업시행지구 밖 영업손실보상의 요건인 '공익사업의 시행으로 인한 그 밖의 부득이한 사유로 일정 기간 동안 휴업이 불가피한 경우'란 공익사업의 시행 또는 시행 당시 발생한 사유로 휴업이 불가피한 경우만을 의미하는 것이 아니라 공익사업의 시행 결과, 즉 그 공익사업의 시행으로 설치되는 시설의 형태 · 구조 · 사용 등에 기인하여 휴업이 불가피한 경우도 포함된다고 해석함이 타당하다.
>
> [2] 토지보상법 제79조 제2항에 따른 보상과 환경정책기본법 제44조 제1항에 따른 손해배상은 근거 규정과 요건 · 효과를 달리하는 것으로서, 각 요건이 충족되면 성립하는 별개의 청구권이다. 다만 손실보상청구권에는 이미 '손해전보'라는 요소가 포함되어 있어 실질적으로 같은 내용의 손해에 관하여 양자의 청구권을 동시에 행사할 수 있다고 본다면 이중배상의 문제가 발생하므로, 실질적으로 같은 내용의 손해에 관하여 양자의 청구권이 동시에 성립하더라도 영업자는 어느 하나만을 선택적으로 행사할 수 있을 뿐이고, 양자의 청구권을 동시에 행사할 수는 없다. 또한 '해당 사업의 공사완

> 료일로부터 1년'이라는 손실보상청구기간이 도과하여 손실보상청구권을 더 이상 행사할 수 없는 경우에도 손해배상의 요건이 충족되는 이상 여전히 손해배상청구는 가능하다.
> [3] …토지보상법 시행규칙 제47조 제1항에 따라 영업손실에 대한 보상을 받기 위해서는, 토지보상법 제34조, 제50조 등에 규정된 재결절차를 거친 다음 그 재결에 대하여 불복이 있는 때에 비로소 토지보상법 제83조 내지 제85조에 따라 권리구제를 받을 수 있을 뿐이다. 이러한 재결절차를 거치지 않은 채 곧바로 사업시행자를 상대로 손실보상을 청구하는 것은 허용되지 않는다.
> [4] 어떤 보상항목이 토지보상법상 손실보상대상에 해당함에도 관할 토지수용위원회가 사실을 오인하거나 법리를 오해함으로써 손실보상대상에 해당하지 않는다고 잘못된 내용의 재결을 한 경우에는, 피보상자는 사업시행자를 상대로 토지보상법 제85조 제2항에 따른 보상금증감소송을 제기하여야 한다.

4. 기타 권리구제수단

환경분쟁조정위원회에 조정신청, 시민고충민원의 제기, 방해배제청구 등을 검토해 볼 수 있다.

예시답안

Ⅰ 서

간접침해란 공익사업의 시행 또는 완성 후의 시설로 인해 사업시행지구 밖에 미치는 손실 중에서 사회적·경제적 손실을 제외한 물리적·기술적 손실을 말한다. 공익사업시행지구 밖에서 발생한 손실 전체를 간접손실이라 규정하는 경우에는 간접침해는 간접손실의 일종이라고 볼 수 있다. 간접침해에 대하여는 토지보상법에서 구체적인 손실과 그에 대한 보상을 규정하고 있지 아니한 바 이러한 손실에 대한 권리구제수단이 문제 된다.

Ⅱ 간접침해의 유형

간접침해의 유형으로는 ① 공공사업으로 인한 소음·진동·먼지 등에 의한 침해, ② 환경오염 및 용수고갈 등으로 인한 손실, ③ 일조권침해 등이 있다. 이와 같은 간접침해는 공익사업의 시행 중에는 공사차량이나 기계장비에 의한 소음 또는 발파에 의한 진동, 비산먼지, 악취, 지반침하 등으로 인해 가축의 폐사나 산란율 저하 등 재산상의 피해와 함께 인근 주민에게 불면증 같은 정신적 고통을 주는 피해로 나타난다. 공익사업 완료 후에는 도로공사의 경우 이용차량에 의한 소음·진동 피해와 일조침해, 용수고갈, 전파장애 등의 피해가 나타날 수 있다.

Ⅲ 간접침해에 대한 권리구제수단

1. 손실보상 가능성

(1) 간접침해에 대한 토지보상법상 보상규정 존재 여부

1) 토지보상법 제79조 제4항

토지보상법 제79조 제4항은 "동법 제1항부터 제3항까지에서 규정한 사항 외에 공익사업의 시행으로 인하여 발생하는 손실의 보상 등에 대하여는 국토교통부령으로 정하는 기준에 따른다."고 규정하고 있다. 해당 조항에 해당하는 손실은 공익사업으로 인해 발생하는 손실 중 토지보상법에서 보상을 규정하고 있지 아니한 손실이라고 볼 수 있다.

2) 토지보상법 제79조 제4항이 간접침해의 보상근거가 될 수 있는지 여부

동 조항을 개괄수권조항으로 보는 경우에는 국토교통부령에서 해당 손실에 대한 보상규정을 마련하고 있지 아니하는 한 해당 규정만으로 보상에 대한 직접적인 근거가 될 수 없다. 따라서 보상규정이 없는 경우에 해당된다. 다만, 일반근거조항으로 보는 경우에는 기타손실에 대한 보상의 일반근거조항이 되므로 국토교통부령으로 보상하여야 할 손실을 규정하고 있지 않아도 보상이 가능하다.

생각건대, 동 조항은 토지보상법에 미처 규정하고 있지 못하는 손실에 대한 보상의 개괄수권조항으로 보는 것이 타당하다. 따라서 동 조항이 간접침해의 보상근거가 될 수는 없다.

(2) 보상규정이 없는 경우의 간접손실에 대한 보상 논의

1) 학설

보상규정이 없는 한 보상이 불가하다고 보는 견해와 토지보상법상 간접손실보상 규정을 유추적용하여 보상하자는 견해, 헌법 제23조 제3항의 직접효력을 인정하고 해당 조항에 근거하여 보상이 가능하다는 견해, 평등원칙 및 재산권 보장규정에 근거하여 보상하자는 견해, 독일의 수용적 침해이론을 도입하여 해결하자는 견해 등이 대립한다.

2) 판례

간접손실 중 사회적·경제적 손실에서 보상규정이 없는 경우에는 그 손실이 발생하리라는 것이 쉽게 예견되고, 손실의 범위도 구체적으로 특정할 수 있는 경우에는 (구)공특법의 관련규정을 유추적용하여 보상할 수 있다고 보았다. 그러나 물리적·기술적 손실에 대하여는 손해배상으로 해결하고 있다.

3) 검토

간접침해도 광의의 간접손실로 본다면 토지보상법 관련 규정을 유추적용하는 것이 타당할 것이나, 간접침해는 공익사업의 공사 중 또는 공사완료 후 시설물의 운영과정에서 나타나는 손실로 공익사업 시행 시에 쉽게 예견하기 어려운 점이 있으므로 판례와 같이 손해배상으로 해결하는 것도 의미를 갖는다.

2. 손해배상

간접침해의 발생이 예견되지 않은 경우도 있고, 예견되어도 그 손해를 미리 산정하는 것이 통상 어려우므로 사전에 보상하는 것이 어렵다는 입장에서 간접침해는 손해배상으로 해결하자는 견해이다. 판례는 고속도로의 확장으로 인하여 소음 진동이 증가하여 인근 양돈업자가 양돈업을 폐업하게 된 사안에서, 양돈업에 대한 침해의 정도가 사회통념상 일반적으로 수인할 정도를 넘어선 것으로 보아 손해배상을 인정하였다. 또한 공사 후에 사업장 등에서 발생되는 환경오염으로 인하여 피해가 발생한 경우에 사업자의 무과실 책임을 인정하여 손해배상을 한 사례가 있다.

3. 환경분쟁조정

간접침해의 유형 중 소음·진동 등은 물리적·기술적 침해로서 환경분쟁조정법상의 환경피해에 해당된다. 따라서 간접침해로 인한 분쟁이 발생한 경우에 환경분쟁조정제도를 활용할 수 있다.

4. 고충민원의 제기

시민고충처리위원회에 고충민원을 접수하고 위원회에서 권고 또는 의견을 제시하게 되면 위원회의 결정으로 행정기관은 이를 해결하려고 일정한 처분을 하게 될 것이다. 위원회의 결정은 법적 구속력 및 강제집행력이 없어 권리구제수단으로는 불완전한 면이 많다.

5. 방해배제청구

공익사업의 시행과 관련하여 사업시행지 밖의 토지소유자 등이 간접침해를 받게 되는 경우에 그 간접침해가 생활방해나 주거환경의 침해를 의미하는 때에는 민법 제217조 제1항의 규정 또는 인격권을 근거로 하여 그 방해배제청구권을 행사할 수 있다. 그러나 일반적으로 간접침해를 받은 사익이 공익사업의 공익성보다 크기는 어려우므로 방해배제청구권이 인정되기는 어렵다.

Ⅳ 결

토지보상법에는 간접침해에 대한 보상규정을 구체적으로 두고 있지는 아니하다. 권리구제를 위하여 간접침해에 대한 보상규정을 마련하는 것이 타당할 것이나, 입법되기 전까지는 판례와 같이 무과실 책임에 의한 손해배상으로 해결할 수 있을 것이다.

✔ 〈최근 판례 입장의 답안〉

I 논점의 정리

과거 공익사업으로 인하여 발생한 소음, 진동 등의 물리적・기술적 손실은 간접침해로 보상하여 사회적・경제적 손실인 간접손실과 구분하였다. 다만 최근 판례의 입장은 간접침해와 간접손실을 하나의 손실보상 논리로 보고 있는바 판례를 위주로 이하에서 설명하고자 한다.

II 간접손실보상의 개관

1. 의의 및 취지(토지보상법 제79조)

공익사업으로 인하여 사업지 밖의 재산권자에게 가해지는 손실 중 공익사업으로 인하여 필연적으로 발생하는 손실에 대한 보상을 말하며, 피해자 구제에 취지가 있다.

2. 간접손실보상의 법적 성질

① 간접보상은 손실이 있은 후에 행하는 사후보상의 성격을 갖는다. ② 원인행위가 간접적이라는 점을 제외하고는 일반 손실보상과 동일하므로 재산권보상으로 볼 수 있으며, ③ 침해가 있기 전 생활상태의 회복을 위한 것이라는 점에서 생활보상의 성격도 갖는다. ④ 또, 손실보상청구권에 대한 판례의 태도에 따라 공법상권리에 해당한다.

3. 간접손실보상의 요건

① 공익사업의 시행에 포함된 사업지구 밖의 제3자가 입은 손실일 것, ② 손실의 예견가능성이 있고, 손실범위를 특정할 수 있을 것, ③ 특별한 희생일 것, ④ 보상 규정이 존재할 것을 요건으로 한다.

III 간접침해의 구제수단

1. 손실보상과 손해배상

(1) 관련 판례의 태도

공익사업을 위한 토지 등의 취득 및 보상에 관한 법률(이하 '토지보상법'이라 한다) 제79조 제2항(그 밖의 토지에 관한 비용보상 등)에 따른 손실보상과 환경정책기본법 제44조 제1항(환경오염의 피해에 대한 무과실책임)에 따른 손해배상은 근거 규정과 요건・효과를 달리하는 것으로서, 각 요건이 충족되면 성립하는 별개의 청구권이다. 다만 손실보상청구권에는 이미 '손해 전보'라는 요소가 포함되어 있어 실질적으로 같은 내용의 손해에 관하여 양자의 청구권을 동시에 행사할 수 있다고 본다면 이중배상의 문제가 발생하므로, 실질적으로 같은 내용의 손해에 관하여 양자의 청구권이 동시에 성립하더라도 영업자는 어느 하나만을 선택적으로 행사할 수 있을 뿐이고, 양자의 청구권을 동시에 행사할 수는 없다. 또한 '해당 사업의 공사완료일로부터 1년'이라는 손실보상청구기간(토지보상법 제79조 제5항, 제73조 제2항)이 도과하여 손실보상청구권을 더 이상 행사할 수 없는 경우에도 손해배상의 요건이 충족되는 이상 여전히 손해배상청구는 가능하다(대판 2019.11.28, 2018두227[보상금])

(2) 검토

관련 판례의 태도에 따르면 손실보상과 손해배상의 요건 충족 시, 행사가 가능할 것으로 판단된다. 다만, 양자를 동시에 해당하는 것은 이중배상의 문제가 발생할 수 있는바 어느 하나만을 선택적으로 행사하여야 할 것으로 판단된다.

2. 환경분쟁조정

간접침해의 유형 중 소음·진동 등은 물리적·기술적 침해로서 환경분쟁조정법상의 환경피해에 해당된다. 따라서 간접침해로 인한 분쟁이 발생한 경우에 환경분쟁조정제도를 활용할 수 있다.

3. 고충민원의 제기

시민고충처리위원회에 고충민원을 접수하고 위원회에서 권고 또는 의견을 제시하게 되면 위원회의 결정으로 행정기관은 이를 해결하려고 일정한 처분을 하게 될 것이다. 위원회의 결정은 법적 구속력 및 강제집행력이 없어 권리구제수단으로는 불완전한 면이 많다.

4. 방해배제청구

공익사업의 시행과 관련하여 사업시행지 밖의 토지소유자 등이 간접침해를 받게 되는 경우에 그 간접침해가 생활방해나 주거환경의 침해를 의미하는 때에는 민법 제217조 제1항의 규정 또는 인격권을 근거로 하여 그 방해배제청구권을 행사할 수 있다. 그러나 일반적으로 간접침해를 받은 사익이 공익사업의 공익성보다 크기는 어려우므로 방해배제청구권이 인정되기는 어렵다.

Ⅳ 결

생각건대, 간접침해 또한 간접손실의 유형으로 본 판례의 태도는 피수용자 권익보호 측면에서 그 타당성이 인정된다고 판단되며, 간접침해에 대한 구제수단으로서는 손실보상, 손해배상, 환경분쟁조정, 고충민원의 제기, 방해배제청구 등을 통하여 받을 수 있다고 판단된다.

문제 04

감정평가사 A가 그 자격증을 자격이 없는 사람에게 양도 또는 대여한 것에 대하여 국토교통부장관은 "감정평가 및 감정평가사에 관한 법률" 제27조 명의대여 등의 금지 위반을 이유로 그 자격을 취소하였다. 그에 대하여 구제받을 수 있는지를 설명하시오. 20점

문제분석 및 논점파악

I 문제해설

쉬운 문제는 아닌 것 같다. 먼저 관련된 조문을 암기하고 있어야 하며, 구체적인 사실관계가 없으므로 모든 경우를 상정하여 A의 권리구제에 대해 검토하여야 한다. 위 문제에서 규정한 감정평가사 자격취소와 관련된 조문은 감정평가 및 감정평가사에 관한 법률(이하 '감정평가법') 제39조이다. 감정평가법 제39조 제1항 단서에서 동법 제27조를 위반하여 다른 사람에게 자격증・등록증 또는 인가증을 양도 또는 대여한 경우에는 동법 제39조 제2항 제1호에서 정한 징계의 종류 중 그 자격의 취소를 할 수 있다고 규정하고 있다. 따라서 사안의 자격취소는 강학상 철회에 해당하고 재량행위에 해당한다.

사안에서 자격취소 처분이 철회이며, 재량행위이므로 그 위법성을 검토할 수 있는 방법을 찾아야 하며, 구체적인 사실관계를 주지 아니한바 주체, 절차, 형식, 내용상 하자를 검토할 수 있을 것이다. 철회로 문제를 푸는 경우에는 먼저 법률유보와 법률우위로 철회의 위법성을 검토하고, 위법성이 없는 경우에도 철회권제한법리를 통해 철회로 인한 공익과 침해되는 사익의 비교형량과정을 거치면 된다. 일반행정행위로 문제를 푸는 경우에는 주체, 절차, 형식, 내용상 하자가 있는지를 하나하나 검토하면 될 것이다. 내용상 하자에는 해당 자격취소행위가 재량행위이므로 재량의 일탈남용을 검토하면 될 것이며, 절차하자의 경우는 자격취소행위가 침익적 행정행위로 사전통지는 있었는지, 감정평가법 제45조의 청문절차는 거쳤는지, 자격취소 시에 이유제시는 하였는지, 이유제시를 하였더라도 당사자가 그 이유를 충분히 알 수 있을 정도였는지 등을 검토하면 될 것이다. 문제에서 국토교통부장관이 처분한바, 주체의 하자는 없다. 형식은 감정평가법에 이에 대한 특별한 규정이 없는바, 행정절차법 제24조에 따라 원칙적으로 문서로 하여야 한다.

II 관련 조문

〈감정평가 및 감정평가사에 관한 법률〉

제13조(자격의 취소)

① 국토교통부장관은 감정평가사가 다음 각 호의 어느 하나에 해당하는 경우에는 그 자격을 취소하여야 한다.

1. 부정한 방법으로 감정평가사의 자격을 받은 경우
2. 제39조 제2항 제1호에 해당하는 징계를 받은 경우

② 국토교통부장관은 제1항에 따라 감정평가사의 자격을 취소한 경우에는 국토교통부령으로 정하는 바에 따라 그 사실을 공고하여야 한다.

③ 제1항에 따라 감정평가사의 자격이 취소된 사람은 자격증(제17조에 따라 등록한 경우에는 등록증을 포함한다)을 국토교통부장관에게 반납하여야 한다.

제27조(명의대여 등의 금지)

① 감정평가사 또는 감정평가법인등은 다른 사람에게 자기의 성명 또는 상호를 사용하여 제10조에 따른 업무를 수행하게 하거나 자격증·등록증 또는 인가증을 양도·대여하거나 이를 부당하게 행사하여서는 아니 된다.

② 누구든지 제1항의 행위를 알선해서는 아니 된다.

제39조(징계)

① 국토교통부장관은 감정평가사가 다음 각 호의 어느 하나에 해당하는 경우에는 제40조에 따른 감정평가관리·징계위원회의 의결에 따라 제2항 각 호의 어느 하나에 해당하는 징계를 할 수 있다. 다만, 제2항 제1호에 따른 징계는 제11호, 제12호에 해당하는 경우 및 제27조를 위반하여 다른 사람에게 자격증·등록증 또는 인가증을 양도 또는 대여한 경우에만 할 수 있다. 〈개정 2023.5.9.〉

〈중략〉

11. 감정평가사의 직무와 관련하여 금고 이상의 형을 선고받아(집행유예를 선고받은 경우를 포함한다) 그 형이 확정된 경우
12. 이 법에 따라 업무정지 1년 이상의 징계처분을 2회 이상 받은 후 다시 제1항에 따른 징계사유가 있는 사람으로서 감정평가사의 직무를 수행하는 것이 현저히 부적당하다고 인정되는 경우

② 감정평가사에 대한 징계의 종류는 다음과 같다.

1. 자격의 취소
2. 등록의 취소
3. 2년 이하의 업무정지
4. 견책

※ 감정평가사 자격의 취소는 4가지

1. 제13조 : 부정한 방법으로 자격취득 시(기속행위)
2. 제27조 : 명의대여 금지조항 위반(재량행위 위반-제39조 제1항 단서 위반 시)
3. 제39조 제1항 단서 제11호 : 감정평가사의 직무와 관련하여 금고 이상의 형을 선고받아(집행유예를 선고받은 경우를 포함한다) 그 형이 확정된 경우
4. 제39조 제1항 단서 제12호 : 이 법에 따라 업무정지 1년 이상의 징계처분을 2회 이상 받은 후 다시 제1항에 따른 징계사유가 있는 사람으로서 감정평가사의 직무를 수행하는 것이 현저히 부적당하다고 인정되는 경우(재량행위 위반)

(다만, 제2항 제1호에 따른 징계는 제11호, 제12호에 해당하는 경우 및 제27조를 위반하여 다른 사람에게 자격증·등록증 또는 인가증을 양도 또는 대여한 경우에만 할 수 있다.)

제45조(청문)

국토교통부장관은 다음 각 호의 어느 하나에 해당하는 처분을 하려는 경우에는 청문을 실시하여야 한다.

1. 제13조 제1항 제1호의 규정에 의한 감정평가사 자격의 취소
2. 제32조 제1항에 따른 설립인가 취소

〈행정절차법〉

제22조(의견청취)

① 행정청이 처분을 할 때 다음 각 호의 어느 하나에 해당하는 경우에는 청문을 한다. 〈개정 2022.1.11.〉

1. 다른 법령 등에서 청문을 하도록 규정하고 있는 경우
2. 행정청이 필요하다고 인정하는 경우
3. 다음 각 목의 처분을 하는 경우
   가. 인허가 등의 취소
   나. 신분·자격의 박탈
   다. 법인이나 조합 등의 설립허가의 취소

– 결과적으로 자격등록의 취소의 경우에도 행정절차법 제22조 제1항 제3호에 따라 당사자의 신청이 있는 경우에는 나목의 신분·자격의 박탈에 해당되기 때문에 청문이 가능하다는 법리해석이 가능하다고 판단된다.

예시답안

Ⅰ 논점의 정리

감정평가사 A의 권리구제와 관련해 해당 자격취소의 법적 성질을 검토하고, 자격취소 행위에 주체, 내용, 절차, 형식상의 하자가 있는지 검토하고, 하자가 있다면 위법성은 어떠한지를 검토한다.

Ⅱ 자격취소의 법적 성질

1. 강학상 철회

철회란 적법하게 성립한 행정행위의 효력을 새로운 사정으로 인하여 공익상 그 효력을 더 이상 존속시킬 수 없는 경우에 본래의 행정행위의 효력을 장래에 향하여 상실시키는 독립된 행정행위를 말한다. 사안에서 자격취소는 사후에 자격증 양도 또는 대여의 사실에 근거하여 처분된 것인바 강학상 철회에 해당한다.

2. 재량행위

기속행위와 재량행위의 구별은 일차적으로 법문언의 표현으로 판단한다. 감정평가법 제39조 제1항에서 '제2항 각 호의 어느 하나에 해당하는 징계를 할 수 있다'라고 규정하고 있어 자격취소처분은 재량행위로 판단된다.

Ⅲ 자격취소의 위법성 여부 및 위법성 검토

1. 행정행위의 위법사유

행정행위의 하자에는 주체에 관한 하자, 절차에 관한 하자, 형식에 관한 하자, 내용에 관한 하자가 있다. 사안에서는 자격취소처분을 국토교통부장관이 하였으므로 주체의 하자는 없다. 이하에서 절차, 형식, 내용상 하자를 검토한다.

2. 형식상 하자 유무 및 하자의 정도

(1) 하자의 존재 여부

감정평가법에는 자격취소 시에 어떠한 형식으로 처분하여야 하는지에 대해 규정하고 있지 아니하다. 따라서 행정절차법 제24조에 따라 원칙적으로 문서로 하여야 한다. 사안의 자격취소는 경미한 사안이 아니며, 신속을 요하는 처분이 아니므로 문서로 처분하지 않고 구술 등으로 처분하였다면 자격취소는 형식상 하자를 갖는다.

(2) 위법성 정도

형식상 하자의 효과에 대해 일률적으로 말하기는 어렵다. 통설은 형식의 결여가 형식을 요하는 본질적 요청을 저해하는 정도일 때에는 무효사유라 보며, 형식의 결여가 행위의 확실성에 본질적인 영향이 없고 단지 행위의 내용을 명백히 하는 것에 불과한 경우에는 그 형식의 결여는 취소사유에 해당한다고 본다.

3. 절차상 하자의 유무 및 하자의 정도

(1) 절차상 하자의 유무

자격취소 처분은 침익적 처분이므로 행정절차법 제21조에 따라 사전통지가 필요하며, 감정평가법 제45조에 따라 청문을 실시하여야 하고, 행정절차법 제23조에 따라 처분의 이유제시가 있어야 한다. 이러한 절차 중 하나라도 결여하는 경우에는 절차상 하자를 갖게 된다.

(2) 절차하자의 독자적 위법성 인정 여부

내용상 하자가 없이 절차상 하자만으로도 행정행위가 위법하게 되는지가 문제된다. 학설은 행정상 및 소송상 경제에 반하므로 절차하자의 독자적 위법성을 부정하는 견해와 절차규정의 중요성에 따라 절차하자의 독자적 위법성을 인정하는 견해, 기속행위와 재량행위를 구분하여 재량행위에 있어서만 절차하자의 독자적 위법성을 인정하는 견해가 대립한다. 판례는 재량행위뿐만 아니라 기속행위에 있어서도 적극설 입장에 있다.

생각건대, 취소판결의 기속력이 절차의 위법을 이유로 취소된 경우에도 준용하고 있는 점과 적극설을 취하면 절차중시의 행정을 유도할 수 있어 적극설이 타당하다.

(3) 위법성 정도

절차하자의 경우도 일률적으로 그 효과를 말하기 어렵다. 청문 결여의 경우 학설은 무효사유로 보는 견해도 있으나, 판례는 절차상 하자를 대체로 취소사유로 보고 있다.

4. 내용상 하자의 유무 및 위법성 정도

(1) 내용상 하자의 유무

자격취소처분이 재량행위이므로 재량의 일탈·남용을 검토하여야 한다. 판례는 재량권의 일탈·남용 여부에 대한 심사는 사실오인, 비례 평등의 원칙 위배, 해당 행위의 목적 위반이나 동기의 부정 유무 등을 그 판단 대상으로 한다고 보고 있다.

사안에서 자격증 양도대여의 사실오인이나 비례원칙에 위반되는 경우 등에는 자격취소처분은 위법하다고 볼 수 있다.

(2) 위법성 정도

무효와 취소 구별기준으로 통설과 판례의 태도인 중대명백설에 따라 판단하면, 하자의 중대성과 명백성이 모두 인정되는 경우만이 무효사유이고 나머지는 취소사유가 된다.

Ⅳ 문제의 해결(권리구제수단)

자격취소에 하자가 있고 그 위법성이 무효 또는 취소사유인 경우에는 취소심판, 무효등확인심판, 취소소송, 무효등확인소송을 통해 권리구제를 도모할 수 있다. 또한 위법한 자격취소로 인하여 A가 손해를 입었다면 국가배상청구소송도 고려해 볼 수 있는 권리구제수단이다. 또한 취소소송 등 제기 시에 집행정지 신청을 통해 본안판단 시까지 임시적 권리구제를 도모하는 방법도 있다.

Chapter

23 2002년 제13회 기출문제 분석

문제 01

택지조성사업을 하고자 하는 기업자 甲은 국토교통부장관에게 사업인정을 신청하였다. 甲의 사업인정신청에 대해 국토교통부장관은 택지조성사업 면적의 50%를 택지 이외의 다른 목적을 가진 공공용지로 조성하여 기부채납할 것을 조건으로 사업인정을 하였다. 甲은 해당 부관의 내용이 너무 과다하여 수익성을 도저히 맞출 수 없다고 판단하고 취소소송을 제기하려 한다. 어떠한 해결가능성이 존재하는지 검토하시오. 40점

문제분석 및 논점파악

Ⅰ 문제분석

부관은 감정평가자격시험 법규과목에서 중요한 행정법 논점이다. 제13회에서 출제되었고, 제20회 2번 문제에서 출제되었다. 감정평가자격시험 법규과목에서 사례형 문제가 본격적으로 출제된 것이 본 제13회 1번 문제라고 볼 수 있다. 따라서 첫 사례형 문제의 논점을 부관으로 잡은 것은 그만큼 부관의 중요성이 느껴진다. 부관에 대한 논점은 앞으로도 출제될 가능성은 열려 있다고 본다. 다만, 두 번의 출제 모두 판례를 근거로 문제를 만든 것으로 보이는바 기본이론뿐만 아니고 판례 공부의 중요성이 대두된다.

사업인정을 하면서 택지조성사업 면적의 50%를 다른 목적을 가진 공공용지로 조성하여 기부채납할 것을 조건으로 부가한 경우에 사업시행자는 해당 부관의 내용이 너무 과다하여 수익성을 도저히 맞출 수 없다고 판단되어 취소소송을 제기하려 한 경우에 해결방안이 문제된다.

먼저, 사업시행자는 사업인정을 받기를 원하여 사업인정을 신청하였는바, 사업인정의 효력은 남겨둔 채 자신에게 불리한 부관만을 취소시키는 방법이 가장 바람직한 방법이 될 것이다. 따라서 부관에 대한 쟁송형태와 독립쟁송가능성이 문제되며, 본안에서 해당 부관의 위법성 여부와 위법할 경우 부관의 독립취소가능성이 주된 논점이 될 것이다. 물론, 사전적으로 해당 부관의 종류가 무엇인지 규명이 필요하다.

Ⅱ 참고할 판례

➡ 지방자치단체장이 사업자에게 주택사업계획승인을 하면서 그 주택사업과는 아무런 관련이 없는 토지를 기부채납하도록 하는 부관을 주택사업계획승인에 붙인 경우, 그 부관은 부당결부금지의 원칙에 위반되

어 위법하지만, 지방자치단체장이 승인한 사업자의 주택사업계획은 상당히 큰 규모의 사업임에 반하여, 사업자가 기부채납한 토지 가액은 그 100분의 1 상당의 금액에 불과한 데다가, 사업자가 그동안 그 부관에 대하여 아무런 이의를 제기하지 아니하다가 지방자치단체장이 업무착오로 기부채납한 토지에 대하여 보상협조요청서를 보내자 그때서야 비로소 부관의 하자를 들고 나온 사정에 비추어 볼 때 부관의 하자가 중대하고 명백하여 당연무효라고는 볼 수 없다고 한 사례(대판 1997.3.11, 96다49650)

➡ (구)도시계획법에 따라 행정청이 도시계획시설(도로)로 예정되어 있는 인접 토지의 기부채납을 토지형질변경허가의 조건으로 하기 위한 요건
(구)도시계획법(2002.2.4. 법률 제6655호 국토의 계획 및 이용에 관한 법률 부칙 제2조로 폐지) 제47조 제2항에 의하면, 행정청은 개발행위허가를 함에 있어서 필요하다고 인정되는 경우에는 대통령령이 정하는 바에 따라 '해당 개발행위에 따른' 공공시설의 설치 · 위해방지 · 환경오염방지 · 조경 등의 조치를 할 것을 조건으로 개발행위허가를 할 수 있다고 규정하고 있으므로, 행정청이 도시계획시설(도로)로 예정된 토지의 기부채납을 당사자가 신청한 형질변경허가의 조건으로 하기 위하여는 기부채납의 대상이 된 토지에 공공시설을 설치할 필요가 있고 그 기부채납의 정도가 공익상 불가피한 범위와 형질변경의 이익범위 내에서 이루어져야 한다는 점 외에도 그러한 공공시설 설치의 필요성이 해당 토지에 대한 형질변경에 따른 것이어야 한다(대판 2005.6.24, 2003두9367).

➡ 형질변경허가 시 행정청이 부과하는 기부채납의 부관은 그 토지의 일부에 공공시설을 확보하여 이를 관리할 국가 또는 지방자치단체에 무상으로 귀속시키는 점에서 사권침해의 면이 있지만, 토지형질변경으로 인하여 해당 토지의 이용가치가 증진되고 그 공공시설이 해당 토지의 편익에도 이바지할 것이므로, 해당 공공시설을 설치할 구체적이고 객관적인 필요가 있고 그 기부채납의 정도가 공익상 불가피한 범위와 형질변경의 이익범위 내에서 이루어지는 경우에는 재산권 보장에 관한 헌법규정 제23조 제3항이나 형평의 원칙에 위배한 것이라고는 할 수 없고, 다만 그 부담내용이 주변토지와의 관계에서 형평의 이념에 반하거나, 기부채납의 대상이 된 공공시설의 규모가 도시기능의 유지 및 증진에 기여할 수 있는 도시계획시설기준에 관한 규칙(1979.5.21. 건설부령 제225호) 소정의 적정규모를 초과하였거나 또는 형질변경공사착수 전의 전체 토지가격에 그 공사비를 합산한 가격이 공사완료 후의 기부채납부분을 제외한 나머지 토지의 가격을 초과하는 경우 등에는 위법을 면치 못한다(대판 1999.2.23, 98두17845).

➡ 65세대의 공동주택을 건설하려는 사업주체(지역주택조합)에게 주택건설촉진법 제33조에 의한 주택건설사업계획의 승인처분을 함에 있어 그 주택단지의 진입도로 부지의 소유권을 확보하여 진입도로 등 간선시설을 설치하고 그 부지소유권 등을 기부채납하며 그 주택건설사업 시행에 따라 폐쇄되는 인근 주민들의 기존 통행로를 대체하는 통행로를 설치하고 그 부지 일부를 기부채납하도록 조건을 붙인 경우, 주택건설촉진법과 같은 법 시행령 및 주택건설기준 등에 관한 규정 등 관련 법령의 관계 규정에 의하면 그와 같은 조건을 붙였다 하여도 다른 특별한 사정이 없는 한 필요한 범위를 넘어 과중한 부담을 지우는 것으로서 형평의 원칙 등에 위배되는 위법한 부관이라 할 수 없다고 본 사례(대판 1997.3.14, 96누16698)

➡ 토지소유자가 토지형질변경행위허가에 붙은 기부채납의 부관에 따라 토지를 국가나 지방자치단체에 기부채납(증여)한 경우, 기부채납의 부관이 당연무효이거나 취소되지 아니한 이상 토지소유자는 위 부관으로 인하여 증여계약의 중요부분에 착오가 있음을 이유로 증여계약을 취소할 수 없다(대판 1999.5.25, 98다53134).

➡ 행정행위의 부관은 행정행위의 일반적인 효력이나 효과를 제한하기 위하여 의사표시의 주된 내용에 부가되는 종된 의사표시이지 그 자체로서 직접 법적 효과를 발생하는 독립된 처분이 아니므로 현행 행정쟁송제도 아래서는 부관 그 자체만을 독립된 쟁송의 대상으로 할 수 없는 것이 원칙이나 행정행위의 부관 중에서도 행정행위에 부수하여 그 행정행위의 상대방에게 일정한 의무를 부과하는 행정청의 의사표시인 부담의 경우에는 다른 부관과는 달리 행정행위의 불가분적인 요소가 아니고 그 존속이 본체인 행정행위의 존재를 전제로 하는 것일 뿐이므로 부담 그 자체로서 행정쟁송의 대상이 될 수 있다(대판 1992.1.21, 91누1264).

참조 조문

〈행정기본법〉

제17조(부관)

① 행정청은 처분에 재량이 있는 경우에는 부관(조건, 기한, 부담, 철회권의 유보 등을 말한다. 이하 이 조에서 같다)을 붙일 수 있다.

② 행정청은 처분에 재량이 없는 경우에는 법률에 근거가 있는 경우에 부관을 붙일 수 있다.

③ 행정청은 부관을 붙일 수 있는 처분이 다음 각 호의 어느 하나에 해당하는 경우에는 그 처분을 한 후에도 부관을 새로 붙이거나 종전의 부관을 변경할 수 있다.

1. 법률에 근거가 있는 경우
2. 당사자의 동의가 있는 경우
3. 사정이 변경되어 부관을 새로 붙이거나 종전의 부관을 변경하지 아니하면 해당 처분의 목적을 달성할 수 없다고 인정되는 경우

④ 부관은 다음 각 호의 요건에 적합하여야 한다.

1. 해당 처분의 목적에 위배되지 아니할 것
2. 해당 처분과 실질적인 관련이 있을 것
3. 해당 처분의 목적을 달성하기 위하여 필요한 최소한의 범위일 것

예시답안

Ⅰ 논점의 정리

사업인정을 받은 사업시행자 甲은 사업인정에 부가된 부관만을 취소하는 것이 자신에게 가장 유리한 방법인 바, 부관만을 독립적으로 취소소송의 대상으로 삼을 수 있는지를 검토한다. 만약, 부관에 대한 독립쟁송이 가능하다면 해당 부관의 위법성을 부관의 한계를 통해 검토하고 위법한 부관만을 독립적으로 취소할 수 있는지 검토한다.

Ⅱ 관련 행정작용의 법적 성질

1. 사업인정(토지보상법 제20조)

사업인정이란 특정사업이 공익사업이라는 것을 인정하고 사업시행자에게 일정한 절차를 거쳐 그 사업에 필요한 토지 등을 수용 또는 사용하는 권리를 설정하여 주는 행위를 말한다.

통설과 판례는 사업인정은 국민에게 직접적인 영향을 미치는 〈처분〉이고, 일정한 절차를 거칠 것을 요하는 설권적 형성행위이자 〈강학상 특허〉이며, 공익성 여부를 판단 후 사업인정 여부를 결정하는 〈재량행위〉이고, 사업시행자에게는 수익적 효과를, 피수용자에게는 침익적 효과를 주는 〈제3자효행정행위〉에 해당한다.

2. 기부채납조건

(1) 부관(행정기본법 제17조)

부관이란 행정행위의 효과를 제한하거나 특별한 의무를 부가하기 위하여 주된 행정행위에 부가되는 종된 규율을 말한다. 사안에서 기부채납조건은 주된 행정행위인 사업인정에 부가된 종된 규율로서 기부채납의무를 부과한 것으로 부관에 해당한다.

(2) 부담

부담이란 행정행위의 주된 내용에 부가하여 그 행정행위의 상대방에게 작위, 부작위, 급부, 수인 등의 의무를 부과하는 부관을 말한다. 부담은 다른 부관과 달리 그 자체가 독립된 행정행위이다. 사안에서 기부채납 부관은 기부채납을 조건으로 사업인정의 효력이 발생한다고는 볼 수 없고, 처분청의 객관적 의사는 사업시행자에게 택지조성 면적의 50%를 기부채납하라는 의무를 부과한 것으로 볼 수 있어 부담으로 보는 것이 타당하다.

Ⅲ 부관의 독립쟁송가능성과 쟁송형태

1. 부관에 대한 쟁송형태

위법한 부관을 다투는 쟁송형태로는 학설상 논의되고 있는 것은 부관 그 자체에 대해 소를 제기하고 부관만의 위법성을 소송물로 보고 심리하는 진정일부취소소송, 부관부 행정행위 전체를 소의 대상으로 하고 부관자체의 위법만을 소송물로 보고 심리하는 부진정일부취소소송, 부관부 행정행위 전체를 소의 대상으로 하고 본안에서 부관부 행정행위 전체의 위법성을 소송물로 하는 전체 취소소송이 있다.

2. 부관의 독립쟁송가능성

(1) 학설

제1설은 부담만이 독립된 처분성을 가지므로 진정일부취소소송으로 다투고, 나머지 부관은 부진정일부취소소송으로 다투어야 한다고 본다. 제2설은 부관이 주된 행정행위로부터 분리가능한 경우에는 독립쟁송이 가능하다고 보면서, 이때 부담은 진정일부취소소송으로 그 외 부관은 부진정일부취소소송으로 다투어야 한다고 본다. 제3설은 소의 이익이 있는 한 모든 부관에 대하여 독립쟁송이 가능하고 이때 소의 형태는 부진정일부취소소송이라고 본다.

(2) **판례**

부담만이 직접 행정소송의 대상이 될 수 있다고 보고 부담은 진정일부취소소송이 가능하며, 나머지 부관은 전체취소소송을 제기하여야 한다고 본다. 즉, 판례는 부진정일부취소소송형태를 인정하고 있지 아니하다.

(3) **검토**

부담은 독립된 행정행위이므로 진정일부취소소송이 가능하며, 나머지 부관은 독립하여 처분이 될 수 없지만 국민의 실효적 권리구제를 위하여 부진정일부취소소송으로 다툴 수 있게 하는 것이 타당하다고 사료된다.

3. 사안의 경우(기부채납조건에 대한 취소소송제기의 적법성)

사안에서 기부채납 조건은 부담에 해당하므로 부담만을 독립하여 취소소송의 대상으로 삼을 수 있고, 소송의 형태는 진정일부취소소송이 될 것이다. 또한 부담 취소소송에서 침익적 처분의 직접상대방인 사업시행자 甲은 해당 부담의 취소를 구할 법률상 이익이 인정되며, 기타 다른 소송요건도 문제의 취지상 모두 갖춘 것으로 본다.

Ⅳ 본안판단

1. 기부채납 부관의 위법성 여부 및 위법성 정도

(1) **부관의 한계**

1) 부관의 가능성

판례는 행정청이 수익적 행정처분을 하면서 특별한 근거규정이 없더라도 그 부관으로 부담을 붙일 수 있다고 본다. 학설 역시 재량행위에는 법에 근거 없이도 부관을 붙일 수 있다고 본다. 사안에서 사업인정이 재량행위이므로 토지보상법상에 부관부착에 관한 명문의 근거규정이 없이도 기부채납조건을 붙일 수 있다.

2) 부관의 내용상 한계

> ***관련 규정(행정기본법 제17조 제4항)**
> ④ 부관은 다음 각 호의 요건에 적합하여야 한다.
> 1. 해당 처분의 목적에 위배되지 아니할 것
> 2. 해당 처분과 실질적인 관련이 있을 것(부당결부금지의 원칙)
> 3. 해당 처분의 목적을 달성하기 위하여 필요한 최소한의 범위일 것(비례의 원칙)

가. 비례의 원칙 위반 여부

비례의 원칙이란 행정주체가 구체적인 행정목적을 실현함에 있어서 그 목적과 수단 사이에 합리적인 비례관계가 있어야 한다는 원칙이다. 행정목적 달성에 적합한 수단의 선택(적합성의 원칙)과 국민의 권리를 최소한으로 침해하는 수단을 선택(필요성의 원칙) 그리고 이러한 수단을 통해 달성되는 이익과 침해되는 이익 사이에 적절한 균형을 이루어야 한다(상당성의 원칙). 이러한 원칙들은 단계적으로 검토된다.

사안에서 해당 택지조성사업과 목적이 다른 공공용지 조성 후 기부채납은 사업인정의 목적 달성에 적합한 수단이 아니며, 또한 전체면적의 50%를 기부채납하는 것은 필요성 원칙이나 상당성의 원칙에도 부합하지 못하므로 해당 부관은 비례원칙 위반으로 위법하다.

나. 부당결부금지의 원칙

① 의의

행정기관이 행정권을 행사함 에 있어 그것과 실체적 관련이 없는 반대급부를 결부시켜서는 안 된다는 원칙이다. 헌법적 효력을 부여하는 견해와 법률적 효력을 부여하는 견해가 있다.

② 요건

행정기관의 권한행사가 있어야 하며, 권한행사와 반대급부가 결부 또는 의존되어 있어야 한다. 또한 권한행사와 반대급부 사이에는 실체적 관련성이 없어야 한다. 실체적 관련성이란 원인적 관련성(권한행사와 반대급부 사이의 인과관계)과 목적적 관련성(반대급부가 해당 행정작용 및 관련 법령의 목적과 취지에 부합)을 말한다.

③ 사안의 경우

사업인정과 결부된 기부채납조건은 사업인정의 목적을 실현하기 위하여 해당 기부채납이 필요한 것이 아니며, 토지보상법의 사업인정을 허용하는 목적과 취지에도 관련성이 없는바 사업인정과 기부채납조건은 실체적 관련성이 없어 부당결부금지의 원칙에 위반되어 위법하다.

(2) 위법성 정도

중대명백설에 의하면 해당 부관은 일반원칙에 위배되어 중대한 하자이나, 일반인의 시각에서 명백한 하자라고 보기는 어려우므로 취소사유라고 본다. 판례 역시 주택사업과 무관한 토지를 기부채납하도록 하는 부관은 위법하지만 당연무효는 아니라고 보았다.

2. 부관만의 독립취소가능성

(1) 학설

기속행위와 재량행위를 구별하여 기속행위에만 독립취소가 가능하다는 견해, 위법한 모든 부관에 있어 부관만 취소가능하다는 견해, 부관이 주된 행정행위의 본질적 부분인지에 따라 부관만의 독립취소가능성을 판단하는 견해, 부관만의 분리가능성을 판단하여 독립취소가능성을 판단하는 견해 등이 대립한다.

(2) 판례

판례는 부진정일부취소소송의 형태를 인정하고 있지 아니하고, 부담에 대해서만 진정일부취소소송을 인정하므로 부담에 대한 취소소송에서 부담이 위법하면 부담만을 독립적으로 취소가 가능하다고 본다.

(3) 검토

국민의 권익구제와 행정목적 실현을 적절히 조화시키기 위하여 부관이 주된 행정행위의 본질적 부분인지에 따라 부관의 독립취소가능성을 판단하는 것이 타당하다고 본다.

(4) 사안의 경우

해당 기부채납조건은 사업인정에 있어 본질적 부분이 아니므로 위법한 해당 부관은 독립적으로 취소의 대상이 된다. 따라서 甲은 기부채납조건만을 대상으로 하여 해당 부관의 취소를 구하는 소송을 통해 권리구제를 도모할 수 있다.

V 문제의 해결

사안의 기부채납조건은 부담이므로 해당 부담만의 취소를 구하는 부담취소소송을 제기하면 된다. 기부채납조건은 비례원칙이나 부당결부금지의 원칙에 반하여 위법하며, 취소정도의 하자를 갖는바, 甲은 해당 취소소송을 통해 권리구제를 받을 수 있다.

문제 02

(구)토지수용법상 환매권의 목적물과 그 행사요건을 설명하시오. 20점

문제분석 및 논점파악

I 문제해설

1. 환매목적물

본 문제에서는 논란이 되는 것이 환매권의 목적물이다. 과거 토지수용법 제71조(환매권)에서는 '토지'라고 규정하였고, (구)공공용지의 취득 및 손실보상에 관한 특례법(이하 (구)공특법) 제9조(환매권)에서 '토지 등'이라고 규정하여 환매권 목적물에 대한 규정이 상이하며 문제가 되었다. 그러나 현행 토지보상법 제91조에서는 '토지'라고 하여 토지에 대해서만 환매권을 인정하고 있다. 아래에서 보듯이 헌법재판소는 토지보상법 제91조가 토지만을 환매목적물로 규정한 것이 위헌이 아니라고 보았다.

관련 판례

➡ 공익사업을 위한 토지 등의 취득 및 보상에 관한 법률 제91조 제1항 위헌제청(헌재 2005.5.26, 2004헌가10)

협의취득 내지 수용 후 해당 사업의 폐지나 변경이 있은 경우 환매권을 인정하는 대상으로 토지만을 규정하고 있는 공익사업을 위한 토지 등의 취득 및 보상에 관한 법률 제91조 제1항이 (구)건물소유자의 재산권을 침해하는지 여부(소극)

수용된 토지 등이 공공사업에 필요 없게 되었을 경우에는 피수용자가 그 토지 등의 소유권을 회복할 수 있는 권리, 즉 환매권은 헌법이 보장하는 재산권에 포함된다. 그러나 수용이 이루어진 후 공익사업이 폐지되거나 변경되었을 때, 건물에 대해서까지 환매권을 인정할 것인지에 관해서는 입법재량의 범위가 넓다. 토지의 경우에는 공익사업이 폐지·변경되더라도 기본적으로 형상의 변경이 없는 반면, 건물은 그 경우 통상 철거되거나 그렇지 않더라도 형상의 변경이 있게 되며, 토지에 대해서는 보상이 이루어지더라도 수용당한 소유자에게 감정상의 손실 등이 남아있게 되나, 건물의 경우 정당한 보상이 주어졌다면 그러한 손실이 남아있는 경우는 드물다. 따라서 토지에 대해서는 그 존속가치를 보장해 주기 위해 공익사업의 폐지·변경 등으로 토지가 불필요하게 된 경우 환매권이 인정되어야 할 것이나 건물에 대해서는 그 존속가치를 보장하기 위하여 환매권을 인정하여야 할 필요성이 없거나 매우 적다. 따라서 건물에 대한 환매권을 인정하지 않는 입법이 자의적인 것이라거나 정당한 입법목적을 벗어난 것이라 할 수 없고, 이미 정당한 보상을 받은 건물소유자의 입장에서는 해당 건물을 반드시 환매 받아야 할 만한 중요한 사익이 있다고 보기 어려우며, 건물에 대한 환매권이 부인된다고 해서 종전 건물소유자의 자유실현에 여하한 지장을 초래한다고 볼 수 없다. 즉 공익사업을 위한 토지 등의 취득 및 보상

에 관한 법률(2002.2.4. 법률 제6656호로 제정된 것) 제91조 제1항 중 "토지"부분(이하 '이 사건 조항'이라 한다)으로 인한 기본권 제한의 정도와 피해는 미비하고 이 사건 조항이 공익에 비하여 사익을 과도하게 침해하는 것은 아니다. 입법자가 건물에 대한 환매권을 부인한 것은 헌법적 한계 내에 있는 입법재량권의 행사이므로 재산권을 침해하는 것이라 볼 수 없다.

여기서 환매목적물이 토지만이라고 보는 경우 환매할 수 있는 토지의 범위에 대해 살펴보자.

(1) 토지보상법 제91조에서 '취득한 토지의 전부 또는 일부가 필요 없게 된 경우'라고 하여, 취득한 토지가 전부 필요 없게 된 경우에는 전부를 환매할 수 있으며, 일부가 필요 없게 된 경우는 필요 없게 된 그 일부만을 환매할 수 있다.

(2) 잔여지가 필요가 없게 된 경우에는 그 잔여지에 접하는 일단의 토지가 필요 없게 된 경우가 아니면 잔여지만의 환매는 불가하다(토지보상법 제91조 제3항). 이 규정은 토지의 소유자가 잔여지 수용청구에 의하여 수용된 것이므로 해당 잔여지는 접한 일단의 토지가 불필요하게 된 경우에 함께 환매하여야 하는 것으로 해석된다.

(3) 이때 토지 전부가 필요 없게 되거나 일부가 필요 없게 된 경우에 그 필요 없게 된 부분의 전부를 환매해야 하는지 아니면 필요 없게 된 부분 중 일부분을 특정하여 환매할 수 있는지가 문제된다.

① 토지보상법 제91조의 환매규정 취지에서 볼 때 필요 없게 된 부분 전부를 환매할 수 있을 따름이고 임의적으로 일부에 대하여만 행사할 수는 없다고 보는 견해가 있다(김남진, 박윤흔).

② 필요 없게 된 토지 전부를 또는 필요 없게 된 토지 중에서 특정 일부분을 환매할 수 있다고 보는 견해가 있다(김철용).

대개의 경우 환매권자는 전부환매를 희망하겠지만, 환매권이 인정되고 있는 이유와 일부환매가 지나치게 토지소유자의 이익만을 존중하는 결과가 될 수 있다는 점에서 전부환매로 한정하는 것이 형평의 원칙에서 보아 타당할 것이다(류해웅).

2. 환매권의 행사요건

토지보상법 제91조 제1항과 제2항의 요건에 대하여 환매권의 성립 또는 취득의 요건으로 보는 견해와 단지 환매권의 행사요건으로 보는 견해(다수설 : 김동희, 김철용)가 대립한다. 이는 곧, 환매권의 성립시기를 언제로 볼 것인가의 문제와 관련된다.

환매권의 성립시기는 수용 시에 성립한다는 견해가 다수설이다. 이 견해에 의하면 환매의 요건은 앞에서 밝힌 바와 같이 행사요건이 된다. 반면, 환매권의 성립시기를 환매요건 충족 시로 보는 견해는 환매의 요건이 환매권의 성립요건이라고 본다. 그러나 환매의 요건이 성립할 때 비로소 이를 행사할 수 있기 때문에 이러한 논쟁은 실익이 없다고 본다(류해웅).

3. 관련 조문

〈토지보상법〉

제91조(환매권)

① 공익사업의 폐지·변경 그 밖의 사유로 인하여 취득한 토지의 전부 또는 일부가 필요 없게 된 경우 토지의 협의취득일 또는 수용의 개시일(이하 이 조에서 "취득일"이라 한다) 당시의 토지소유자 또는 그 포괄승계인(이하 "환매권자"라 한다)은 다음 각 호의 구분에 따른 날부터 10년 이내에 그 토지에 대하여 받은 보상금에 상당한 금액을 사업시행자에게 지급하고 그 토지를 환매할 수 있다.

1. 사업의 폐지·변경으로 취득한 토지의 전부 또는 일부가 필요 없게 된 경우 : 관계 법률에 따라 사업이 폐지·변경된 날 또는 제24조에 따른 사업의 폐지·변경 고시가 있는 날
2. 그 밖의 사유로 취득한 토지의 전부 또는 일부가 필요 없게 된 경우 : 사업완료일

② 취득일부터 5년 이내에 취득한 토지의 전부를 해당 사업에 이용하지 아니하였을 때에는 제1항을 준용한다. 이 경우 환매권은 취득일부터 6년 이내에 행사하여야 한다.

③ 제74조 제1항에 따라 매수하거나 수용한 잔여지는 그 잔여지에 접한 일단의 토지가 필요 없게 된 경우가 아니면 환매할 수 없다.

④ 토지의 가격이 취득일 당시에 비하여 현저히 변동된 경우 사업시행자와 환매권자는 환매금액에 대하여 서로 협의하되, 협의가 성립되지 아니하면 그 금액의 증감을 법원에 청구할 수 있다.

⑤ 제1항부터 제3항까지의 규정에 따른 환매권은 「부동산등기법」에서 정하는 바에 따라 공익사업에 필요한 토지의 협의취득 또는 수용의 등기가 되었을 때에는 이를 제3자에게 대항할 수 있다.

⑥ 국가, 지방자치단체 또는 「공공기관의 운영에 관한 법률」 제4조에 따른 공공기관 중 대통령령으로 정하는 공공기관이 사업인정을 받아 공익사업에 필요한 토지를 협의취득하거나 수용한 후 해당 공익사업이 제4조 제1호부터 제5호까지에 규정된 다른 공익사업([별표]에 따른 사업이 제4조 제1호부터 제5호까지에 규정된 공익사업에 해당하는 경우를 포함한다)으로 변경된 경우 제1항 및 제2항에 따른 환매권 행사기간은 관보에 해당 공익사업의 변경을 고시한 날부터 기산(起算)한다. 이 경우 국가, 지방자치단체 또는 「공공기관의 운영에 관한 법률」 제4조에 따른 공공기관 중 대통령령으로 정하는 공공기관은 공익사업이 변경된 사실을 대통령령으로 정하는 바에 따라 환매권자에게 통지하여야 한다.

제92조(환매권의 통지 등)

① 사업시행자는 제91조 제1항 및 제2항에 따라 환매할 토지가 생겼을 때에는 지체 없이 그 사실을 환매권자에게 통지하여야 한다. 다만, 사업시행자가 과실 없이 환매권자를 알 수 없을 때에는 대통령령으로 정하는 바에 따라 이를 공고하여야 한다.

② 환매권자는 제1항의 규정에 의한 통지를 받은 날 또는 공고를 한 날부터 6개월이 지난 후에는 제91조 제1항 및 제2항에도 불구하고 환매권을 행사하지 못한다.

예시답안

Ⅰ 서

공익사업을 위한 토지 등의 취득 및 보상에 관한 법률(이하 '토지보상법')상 환매권이란 공익사업을 위해 취득(협의취득 또는 수용)된 토지가 해당 사업에 필요 없게 되거나 일정기간 동안 해당 사업에 이용되지 않고 있는 경우에 일정한 요건하에서 해당 토지의 소유권을 되찾을 수 있는 권리를 말한다. 환매권의 이론적 근거로 공평의 원칙과 피수용자의 감정존중에서 찾는 견해도 있지만 재산권 존속보장에서 찾는 것이 일반적이다. 또한 환매권은 헌법상 재산권 보장에 근거하고 있으나 학설의 다수설과 판례는 환매권이 헌법상 재산권 보장규정으로부터 직접 도출되는 것은 아니며 실정법률의 근거가 있어야 한다고 본다. 환매권은 환매요건이 충족되면 환매금액을 지급하고 일방적으로 환매의사를 표시함으로써 환매가 성립하는 것으로 보아 형성권에 해당한다는 것이 학설과 판례의 입장이다.

Ⅱ 환매권의 목적물

1. 관련 규정의 검토

환매권의 목적물에 대해 과거 토지수용법 제71조에서는 '토지'라고 규정하였고, (구)공공용지의 취득 및 손실보상에 관한 특례법(이하 '(구)공특법') 제9조에서는 '토지 등'이라고 규정하여 환매권 목적물이 토지에만 해당되는지 문제되었다. 그러나 현행 토지보상법 제91조에서는 '토지'라고 하여 토지에 대해서만 환매권을 인정하고 있다.

2. 환매목적물을 토지로 제한하는 것이 위헌인지 여부

헌법재판소는 환매목적물을 토지로 제한하고 있는 토지보상법 제91조 제1항이 위헌성이 없다고 보았다.

생각건대, 공익사업을 위하여 목적물이 취득된 후 공사의 진행으로 보통은 토지 이외에 다른 목적물은 철거 등에 의해 소실되기 마련이므로 토지 이외의 목적물에 환매권을 인정한다는 것은 별다른 실익이 없다고 보이므로 환매목적물을 토지만으로 제한하는 것이 정당성이 결여된다고는 볼 수 없다.

3. 토지의 환매범위

토지보상법 제91조는 취득된 토지의 '전부 또는 일부'가 필요 없게 된 경우에 환매를 할 수 있다고 규정하고 있다. 다만 잔여지의 경우는 그 잔여지가 접한 일단의 토지가 필요 없게 된 경우에만 잔여지의 환매를 인정하고 있다. 문제는 필요 없게 된 토지의 특정 일부분만을 토지소유자가 환매할 수 있는지가 문제된다.

특정 일부분만도 환매할 수 있다는 견해도 있으나, 특정 일부분만의 환매를 인정한다면 지나치게 환매권자 이익만을 존중한 결과가 되어 형평의 원칙에 반하며, 토지보상법 제91조의 규정과도 맞지 않다는 점에서 '필요 없게 된 토지 중 일부분만을 특정하여 환매할 수는 없다'고 보는 것이 타당하다.

Ⅲ 환매권의 행사요건

1. 환매권의 성립시기

환매권이 언제 성립하느냐에 대하여 토지의 수용 또는 협의취득 시에 성립한다고 보는 견해와 환매의 요건이 충족될 때 비로소 환매권이 성립한다는 견해가 대립한다. 수용시설에 따르면 토지보상법 제91조 제1항과 제2항의 요건은 환매권 행사요건이 되며, 요건성립시설에 따르면 환매의 요건은 성립요건이 된다. 환매권은 수용의 효과로 발생하므로 수용시설이 타당하다.

2. 환매권의 행사요건

(1) 전부 또는 일부가 필요 없게 된 때(법 제91조 제1항)

공익사업의 폐지·변경 또는 그 밖의 사유로 인하여 취득한 토지의 전부 또는 일부가 필요 없게 된 경우 사업의 폐지·변경으로 취득한 토지의 전부 또는 일부가 필요 없게 된 경우는 관계 법률에 따라 사업이 폐지·변경된 날 또는 사업의 폐지·변경 고시가 있는 날, 그 밖의 사유로 취득한 토지의 전부 또는 일부가 필요 없게 된 경우는 사업완료일부터 10년 이내에 그 토지를 환매할 수 있다.

> **관련 판례**
>
> ➡ 해당 사업의 '폐지·변경'이란 해당 사업을 아예 그만두거나 다른 사업으로 바꾸는 것을 말하고, 취득한 토지의 전부 또는 일부가 '필요 없게 된 때'란 사업시행자가 취득한 토지의 전부 또는 일부가 그 취득목적사업을 위하여 사용할 필요 자체가 없어진 경우를 말하며, 협의취득 또는 수용된 토지가 필요 없게 되었는지 여부는 사업시행자의 주관적인 의사를 표준으로 할 것이 아니라 해당 사업의 목적과 내용, 협의취득의 경위와 범위, 해당 토지와 사업의 관계, 용도 등 제반 사정에 비추어 객관적·합리적으로 판단하여야 한다(대판 2010.9.30, 2010다30782).

(2) 해당 사업에 이용하지 아니하는 경우(법 제91조 제2항)

취득일로부터 5년 이내에 취득한 토지의 전부를 해당 사업에 이용하지 아니하였을 때에는 환매권은 취득일로부터 6년 이내에 행사하여야 한다.

> **관련 판례**
>
> ➡ (구)공공용지의 취득 및 손실보상에 관한 특례법 제9조 제2항은 제1항과는 달리 "취득한 토지 전부"가 공공사업에 이용되지 아니한 경우에 한하여 환매권을 행사할 수 있고 그중 일부라도 공공사업에 이용되고 있으면 나머지 부분에 대하여도 장차 공공사업이 시행될 가능성이 있는 것으로 보아 환매권의 행사를 허용하지 않는다는 취지이므로, 이용하지 아니하였는지 여부도 그 취득한 토지 전부를 기준으로 판단할 것이고, 필지별로 판단할 것은 아니라 할 것이다(대판 1995.2.10, 94다31310).

(3) 제1항 및 제2항의 관계

제1항과 제2항의 환매권 행사요건은 서로 독립적으로 성립하므로 어느 한쪽의 요건에 충족되지 못하더라도 다른 쪽의 요건을 주장할 수 있다.

관련 판례

➡ (구)공공용지의 취득 및 손실보상에 관한 특례법 제9조 제1항과 제2항의 환매권 행사요건에 모두 해당되는 경우, 더 짧은 제척기간을 정한 제2항에 의하여 제1항의 환매권 행사가 제한되는지 여부

(구)공공용지의 취득 및 손실보상에 관한 특례법 제9조 제1항은 공공사업에 필요한 토지 등의 취득일부터 10년 이내에 해당 공공사업의 폐지・변경 기타의 사유로 인하여 취득한 토지 등의 전부 또는 일부가 필요 없게 되었을 때를 환매권 행사의 요건으로 하고 있음에 반하여, 제2항은 그 취득일부터 5년을 경과하여도 취득한 토지 등의 전부를 공공사업에 이용하지 아니하였을 때를 환매권 행사의 요건으로 하고 있는 등 그 요건을 서로 달리하고 있으므로, 어느 한쪽의 요건에 해당되면 다른 쪽의 요건을 주장할 수 없게 된다고 할 수는 없고, 양쪽의 요건에 모두 해당된다고 하여 더 짧은 제척기간을 정한 제2항에 의하여 제1항의 환매권의 행사가 제한된다고 할 수도 없을 것이므로, 제2항의 규정에 의한 제척기간이 도과되었다 하여 제1항의 규정에 의한 환매권 행사를 할 수 없는 것도 아니라 할 것이다(대판 1995.2.10, 94다31310).

3. 환매요건의 특칙

토지보상법 제91조 제6항에서는 사업인정을 받은 사업으로 사업시행자가 국가・지방자치단체 또는 공공기관이 취득한 토지가 토지보상법 제4조 제1호부터 제5호까지에 규정된 다른 공익사업으로 변경된 경우에는 환매권 행사기간은 관보에 해당 공익사업의 변경을 고시한 날로부터 기산한다고 규정하고 있다. 이 경우 사업시행자의 동일성이 요구되는지에 대해 견해가 대립하나 판례는 사업시행자의 동일성은 공익사업변환의 요건이 아니라고 보고 있다.

Ⅳ 결(환매권의 통지)

토지보상법 제92조에서는 환매할 토지가 생긴 때에는 지체 없이 이를 환매권자에게 통지하도록 사업시행자에게 의무를 부과하고 있다. 이러한 통지가 있는 경우에는 토지보상법 제91조 제1항 및 제2항에도 불구하고 통지를 받은 날 또는 공고를 한 날부터 6개월이 지난 후에는 환매권을 행사할 수 없다. 사업시행자가 환매통지의무를 다하지 못하여 환매권 행사가 불가능하게 되어 환매권자가 손해를 입게 되는 경우에 판례는 사업시행자의 불법행위를 인정하여 손해배상책임을 지우고 있다.

문제 03

甲시장은 개별공시지가를 乙에게 개별통지하였으나, 乙은 행정소송 제기기간이 경과하도록 이를 다투지 않았다. 후속 행정행위를 발령받은 후에 개별공시지가의 위법성을 이유로 후속 행정행위를 다투고자 하는 경우, 이미 다툴 수 있다고 인정한 바 있는 대판 1994.1.25, 93누8542 판결과 대비하여 그 가능성 여부를 설명하시오. 20점

문제분석 및 논점파악

1. 문제해설

감정평가사 자격시험 법규과목에서 행정법 논점 중 하자승계와 절차하자는 영원한 주제인 것 같다. 하자승계문제는 몇 번이고 반복하여 출제되고 있으며, 앞으로도 작은 배점이라도 출제될 가능성이 높으므로 철저히 준비해야 할 것이다.

본 문제에서는 개별공시지가를 개별통지받고도 불복절차를 밟지 않고 있다가 불가쟁력이 발생한 경우이다. 또한 문제에서 비교해야 할 판례로 대법원 1994.1.25, 93누8542를 제시하고 있다. 설사 93누8542 판례를 모른다 하더라도 문제에서 이미 개별공시지가의 하자승계를 인정한 판례라고 주어지고 있으므로 해당 판례는 당연히 개별공시지가와 과세처분 간의 하자승계를 인정한 것이라고 추측할 수 있을 것이다. 그렇다면 본 사안에서 주어진 경우와 대비가 될 수 있다는 것은 물음 자체에서 주어지고 있다는 것을 파악하였어야 한다.

2. 관련 판례

(1) 개별통지가 없는 경우 하자승계 인정한 판례

두 개 이상의 행정처분이 연속적으로 행하여지는 경우 선행처분과 후행처분이 서로 결합하여 1개의 법률효과를 완성하는 때에는 선행처분에 하자가 있으면 그 하자는 후행처분에 승계되므로 선행처분에 불가쟁력이 생겨 그 효력을 다툴 수 없게 된 경우에도 선행처분의 하자를 이유로 후행처분의 효력을 다툴 수 있는 반면, 선행처분과 후행처분이 서로 독립하여 별개의 법률효과를 목적으로 하는 때에는 선행처분에 불가쟁력이 생겨 그 효력을 다툴 수 없게 된 경우에는 선행처분의 하자가 중대하고 명백하여 당연무효인 경우를 제외하고는 선행처분의 하자를 이유로 후행처분의 효력을 다툴 수 없는 것이 원칙이나 선행처분과 후행처분이 서로 독립하여 별개의 효과를 목적으로 하는 경우에도 선행처분의 불가쟁력이나 구속력이 그로 인하여 불이익을 입게 되는 자에게 수인한도를 넘는 가혹함을 가져오며, 그 결과가 당사자에게 예측가능한 것이 아닌 경우에는 국민의 재판받을 권리를 보장하고 있는 헌법의 이념에 비추어 선행처분의 후행처분에 대한 구속력은 인정될 수 없다.

개별공시지가 결정은 이를 기초로 한 과세처분 등과는 별개의 독립된 처분으로서 서로 독립하여 별개의 법률효과를 목적으로 하는 것이나, 개별공시지가는 이를 토지소유자나 이해관계인에게 개별적으로 고지하도록 되어 있는 것이 아니어서 토지소유자 등이 개별공시지가 결정 내용을 알고 있었다고 전제하기도 곤란할 뿐만 아니라 결정된 개별공시지가가 자신에게 유리하게 작용될 것인지 또는 불이익하게 작용될 것인지 여부를 쉽사리 예견할 수 있는 것도 아니며, 더욱이 장차 어떠한 과세처분 등 구체적인 불이익이 현실적으로 나타나게 되었을 경우에 비로소 권리구제의 길을 찾는 것이 우리 국민의 권리의식임을 감안하여 볼 때 토지소유자 등으로 하여금 결정된 개별공시지가를 기초로 하여 장차 과세처분 등이 이루어질 것에 대비하여 항상 토지의 가격을 주시하고 개별공시지가 결정이 잘못된 경우 정해진 시정절차를 통하여 이를 시정하도록 요구하는 것은 부당하게 높은 주의의무를 지우는 것이라고 아니할 수 없고, 위법한 개별공시지가 결정에 대하여 그 정해진 시정절차를 통하여 시정하도록 요구하지 아니하였다는 이유로 위법한 개별공시지가를 기초로 한 과세처분 등 후행 행정처분에서 개별공시지가 결정의 위법을 주장할 수 없도록 하는 것은 수인한도를 넘는 불이익을 강요하는 것으로서 국민의 재산권과 재판받을 권리를 보장한 헌법의 이념에도 부합하는 것이 아니라고 할 것이므로, 개별공시지가 결정에 위법이 있는 경우에는 그 자체를 행정소송의 대상이 되는 행정처분으로 보아 그 위법 여부를 다툴 수 있음은 물론 이를 기초로 한 과세처분 등 행정처분의 취소를 구하는 행정소송에서도 선행처분인 개별공시지가 결정의 위법을 독립된 위법사유로 주장할 수 있다고 해석함이 타당하다(대판 1994.1.25, 93누8542).

(2) 재조사 청구에 따른 감액조정이 있었고 그 결정을 통지받고서도 더 이상 다투지 않은 경우에 하자승계 부정한 판례

개별토지가격 결정에 대한 재조사 청구에 따른 감액조정에 대하여 더 이상 불복하지 아니한 경우, 이를 기초로 한 양도소득세 부과처분 취소소송에서 다시 개별토지가격 결정의 위법을 해당 과세처분의 위법사유로 주장할 수 없다고 한 사례 : 원고가 이 사건 토지를 매도한 이후에 그 양도소득세 산정의 기초가 되는 1993년도 개별공시지가 결정에 대하여 한 재조사청구에 따른 조정결정을 통지받고서도 더 이상 다투지 아니한 경우까지 선행처분인 개별공시지가 결정의 불가쟁력이나 구속력이 수인한도를 넘는 가혹한 것이거나 예측불가능하다고 볼 수 없어, 위 개별공시지가 결정의 위법을 이 사건 과세처분의 위법사유로 주장할 수 없다고 판단하고 있다. 기록과 위에서 본 법리에 비추어 살펴보면, 원심의 위와 같은 판단은 정당하고, 거기에 상고이유로 지적하는 바와 같은 법리오해 등의 위법이 있다고 할 수 없다(대판 1998.3.13, 96누6059).

예시답안

Ⅰ 논점의 정리

개별공시지가의 결정과 그에 기초하여 산정되어 부과된 과세처분 간에 하자승계를 인정하여 개별공시지가의 위법을 이유로 후속 행정행위인 과세처분을 다툴 수 있는지가 문제된다. 먼저 하자승계의 가능성에 대한 기준을 검토하고, 그 기준에 따라 사안의 경우와 대판 1994.1.25, 93누8542 판결의 사안과 대비하여 하자승계가능성을 검토한다.

Ⅱ 하자승계의 가능성

1. 하자승계의 의의 및 필요성

하자승계란 행정이 여러 단계의 행정행위를 거쳐 행해지는 경우에 선행 행정행위의 위법을 이유로 적법한 후행 행정행위의 위법을 주장할 수 있는 것을 말한다. 행정행위에 불가쟁력이 발생한 경우라도 국민의 권리보호와 재판받을 권리를 보장하기 위하여 하자승계를 인정할 필요성이 있다.

2. 하자승계논의 전제조건

선・후행행위가 모두 항고소송의 대상인 처분이어야 하며, 선행행위의 위법이 취소사유에 불과하여야 하고, 선행행위에 대한 불가쟁력이 발생하여야 하며, 후행행위가 적법하여야 한다.

3. 하자승계 인정 여부 판단기준

(1) 학설

① 하자승계론은 선행 행정행위와 후행 행정행위가 하나의 법률효과를 목적으로 하는 경우에는 하자승계를 긍정하고, 서로 다른 법률효과를 목적으로 하는 경우에는 하자승계를 부정한다.

② 구속력이론은 불가쟁력이 발생한 선행 행정행위가 후행 행정행위에 구속력을 미친다고 보며, 구속력이 미치는 범위에서는 선행 행정행위의 효과와 다른 주장을 할 수 없다고 본다. 구속력이 미치는 범위를 대인적・사물적・시간적 한계와 예측가능성 및 수인가능성을 고려하고 있다.

(2) 판례

판례는 하자승계 인정 여부 판단을 원칙적으로 선・후행행위의 법률효과 동일성 여부로 판단하면서도 예외적으로 법률효과가 서로 다른 경우라도 수인가능성과 예측가능성을 고려하여 판단하고 있다(대판 1994.1.25, 93누8542).

(3) 검토

하자승계의 인정 여부는 행정법관계의 안정성과 행정의 실효성 보장이라는 요청과 국민의 권리구제의 요청을 조화하는 선에서 결정되어야 할 것이다. 단순히, 선후행위의 법률효과 목적만으로 판단하면 개별사안에서 구체적 타당성을 기하기 어려운 바, 추가적으로 예측가능성과 수인가능성을 고려하면 구체적 타당성을 기할 수 있을 것이다.

Ⅲ 사안의 경우와 대법원 93누8542 판결의 비교

1. 하자승계 전제조건 충족 여부

개별공시지가는 직접 과세산정의 기준이 되므로 국민의 권리의무에 직접영향을 미치므로 행정처분으로 보는 것이 판례의 입장이다. 또한 과세처분은 하명으로서 처분에 해당한다. 불가쟁력 및 위법성 조건은 논의를 위하여 충족된 것으로 본다.

2. 사안의 경우 하자승계가능성

개별공시지가와 과세처분은 별개의 독립된 처분으로서 서로 독립하여 별개의 법률효과를 목적으로 하는 것이다. 사안에서 토지소유자 乙에게 수인가능성과 예측가능성이 없어 하자승계를 인정해야 하는지가 문제된다.

사안에서 乙은 개별공시지가 결정에 대한 개별통지를 받고도 불복하지 않고 있다가 불가쟁력이 발생한 경우이므로 이를 다투지 못하게 한다고 하여 수인한도를 넘는 가혹한 것이거나 예측불가능하다고 볼 수 없다. 따라서 하자승계는 부정되는 것이 타당하다.

3. 대판 1994.1.25, 93누8542 판결의 경우

해당 판결의 사안에서는 토지소유자에게 개별공시지가의 결정이 개별통지가 되지 않아 토지소유자가 개별공시지가 결정의 내용을 알고 있지 못한 경우이다. 이러한 경우에 불가쟁력이 발생하였다고 하여 위법한 개별공시지가 결정에 대하여 그 정해진 시정절차를 통하여 시정하도록 요구하지 아니하였다는 이유로 위법한 개별공시지가를 기초로 한 과세처분 등 후행 행정처분에서 개별공시지가 결정의 위법을 주장할 수 없도록 하는 것은 수인한도를 넘는 불이익을 강요하는 것으로서 국민의 재산권과 재판받을 권리를 보장한 헌법의 이념에도 부합하는 것이 아니라고 할 것이므로 하자승계를 인정하여 후행 행정처분에서 다툴 수 있게 한 경우이다.

Ⅳ 결

하자승계의 인정 여부는 형식적으로 법률효과의 동일성 여부만으로 판단하기보다는 수인가능성과 예측가능성을 함께 고려하여 개별사안에서 구체적 타당성을 기함이 요구된다. 사안의 경우는 개별통지를 받고도 행정소송을 제기하지 않은 귀책사유가 본인에게 있으므로 수인가능성과 예측가능성이 없다고 보기 어려운 경우이고, 대판 93누8542 판결의 경우에는 개별통지가 되지 않아 토지소유자에게 행정소송을 제기하지 않은 책임을 묻기에는 수인가능성과 예측가능성이 없는 경우에 해당된다.

문제 04

공공사업시행 시 잔여지 및 잔여건물 보상에 관하여 설명하시오. 20점

문제분석 및 논점파악

Ⅰ 문제해설

잔여지와 잔여 건축물 보상에 대한 문제이다. 관련 토지보상법 조문을 잘 암기하고 있으면 무리 없이 답안을 작성할 수 있을 것이다. 출제 당시와 현행 토지보상법의 차이는 잔여 건축물에 대한 가치하락보상이 종래 토지수용법에는 없었으나 토지보상법 제75조의2 신설로 인해 마련되었다. 다만, 해당 규정이 없던 때에도 판례가 이를 인정하고 있었기 때문에 판례를 알고 있는 것이 중요하였다. 잔여지에 대한 보상은 토지보상법 제73조의 잔여지손실과 공사비 보상, 제74조의 잔여지매수청구 또는 잔여지수용청구가 관련된 조문이 된다. 잔여 건축물에 대한 보상은 토지보상법 제75조의2가 근거가 된다.

배점이 큰 문제는 아니므로 잔여지와 잔여 건축물을 구분하고, 각각의 경우에 잔여부분 손실 및 공사비 보상과 매수청구 및 수용청구에 대한 목차를 구성하여 답안을 작성하면 될 것이다. 당부하고 싶은 것은 잔여지 보상에 대한 논점이 몇 가지 있고, 판례도 상당히 축적되어 있는 부분이므로 출제가능한 부분이라는 것이다. 한편 법규정의 해석에 있어 애매한 부분이 있으므로 판례를 통한 해석이 필요하다.

잔여지수용청구를 중심으로 정리하면 될 것 같다. ① 잔여지수용청구와 잔여지감가보상과의 관계, ② 잔여지수용청구와 매수청구의 관계, ③ 잔여지수용청구 요건, ④ 잔여지수용청구에 토지수용위원회의 재결에 대한 불복이 쟁점이 될 것이다.

Ⅱ 관련 조문

1. 잔여지

〈토지보상법〉

제73조(잔여지의 손실과 공사비 보상)

① 사업시행자는 동일한 토지소유자에 속하는 일단의 토지의 일부가 취득하거나 사용됨으로 인하여 잔여지의 가격이 감소하거나 그 밖의 손실이 있을 때 또는 잔여지에 통로·도랑·담장 등의 신설이나 그 밖의 공사가 필요할 때에는 국토교통부령으로 정하는 바에 따라 그 손실이나 공사의 비용을 보상하여야 한다. 다만, 잔여지의 가격 감소분과 잔여지에 대한 공사의 비용을 합한 금액이 잔여지의 가격보다 큰 경우에는 사업시행자는 그 잔여지를 매수할 수 있다.

② 제1항 본문에 따른 손실 또는 비용의 보상은 관계 법률에 따라 사업이 완료된 날 또는 제24조의2에 따른 사업완료의 고시가 있는 날(이하 "사업완료일"이라 한다)부터 1년이 지난 후에는 청구할 수 없다.
③ 사업인정고시가 된 후 제1항 단서에 따라 사업시행자가 잔여지를 매수하는 경우 그 잔여지에 대하여는 제20조에 따른 사업인정 및 제22조에 따른 사업인정고시가 된 것으로 본다.
④ 제1항에 따른 손실 또는 비용의 보상이나 토지의 취득에 관하여는 제9조 제6항 및 제7항을 준용한다.
⑤ 제1항 단서에 따라 매수하는 잔여지 및 잔여지에 있는 물건에 대한 구체적인 보상액 산정 및 평가방법 등에 대하여는 제70조, 제75조, 제76조, 제77조, 제78조 제4항, 같은 조 제6항 및 제7항을 준용한다.

제74조(잔여지 등의 매수 및 수용청구)

① 동일한 토지소유자에 속하는 일단의 토지의 일부가 협의에 의하여 매수되거나 수용됨으로 인하여 잔여지를 종래의 목적에 사용하는 것이 현저히 곤란할 때에는 해당 토지소유자는 사업시행자에게 잔여지를 매수하여 줄 것을 청구할 수 있으며, 사업인정 이후에는 관할 토지수용위원회에 수용을 청구할 수 있다. 이 경우 수용의 청구는 매수에 관한 협의가 성립되지 아니한 경우에만 할 수 있으며, 사업완료일까지 하여야 한다.
② 제1항에 따라 매수 또는 수용의 청구가 있는 잔여지 및 잔여지에 있는 물건에 관하여 권리를 가진 자는 사업시행자나 관할 토지수용위원회에 그 권리의 존속을 청구할 수 있다.
③ 제1항에 따른 토지의 취득에 관하여는 제73조 제3항을 준용한다.
④ 잔여지 및 잔여지에 있는 물건에 대한 구체적인 보상액 산정 및 평가방법 등에 대하여는 제70조, 제75조, 제76조, 제77조, 제78조 제4항, 같은 조 제6항 및 제7항을 준용한다. 〈개정 2022.2.3.〉

〈토지보상법 시행령〉

제39조(잔여지의 판단)

① 법 제74조 제1항에 따라 잔여지가 다음 각 호의 어느 하나에 해당하는 경우에는 해당 토지소유자는 사업시행자 또는 관할 토지수용위원회에 잔여지를 매수하거나 수용하여 줄 것을 청구할 수 있다.
   1. 대지로서 면적의 과소 또는 부정형 등의 사유로 인하여 건축물을 건축할 수 없거나 건축물의 건축이 현저히 곤란한 경우
   2. 농지로서 농기계의 진입과 회전이 곤란할 정도로 폭이 좁고 길게 남거나 부정형 등의 사유로 인하여 영농이 현저히 곤란한 경우
   3. 공익사업의 시행으로 인하여 교통이 두절되어 사용이나 경작이 불가능하게 된 경우
   4. 제1호부터 제3호까지에서 규정한 사항과 유사한 정도로 잔여지를 종래의 목적대로 사용하는 것이 현저히 곤란하다고 인정되는 경우
② 잔여지가 제1항 각 호의 어느 하나에 해당하는지를 판단할 때에는 다음 각 호의 사항을 종합적으로 고려하여야 한다.
   1. 잔여지의 위치·형상·이용상황 및 용도지역
   2. 공익사업 편입토지의 면적 및 잔여지의 면적

〈토지보상법 시행규칙〉

제32조(잔여지의 손실 등에 대한 평가)

① 동일한 토지소유자에 속하는 일단의 토지의 일부가 취득됨으로 인하여 잔여지의 가격이 하락된 경우의

잔여지의 손실은 공익사업시행지구에 편입되기 전의 잔여지의 가격(해당 토지가 공익사업시행지구에 편입됨으로 인하여 잔여지의 가격이 변동된 경우에는 변동되기 전의 가격을 말한다)에서 공익사업시행지구에 편입된 후의 잔여지의 가격을 뺀 금액으로 평가한다.

② 동일한 토지소유자에 속하는 일단의 토지의 일부가 취득 또는 사용됨으로 인하여 잔여지에 통로·구거·담장 등의 신설 그 밖의 공사가 필요하게 된 경우의 손실은 그 시설의 설치나 공사에 필요한 비용으로 평가한다.

③ 동일한 토지소유자에 속하는 일단의 토지의 일부가 취득됨으로 인하여 종래의 목적에 사용하는 것이 현저히 곤란하게 된 잔여지에 대하여는 그 일단의 토지의 전체가격에서 공익사업시행지구에 편입되는 토지의 가격을 뺀 금액으로 평가한다.

2. 잔여 건축물

〈토지보상법〉

제75조의2(잔여 건축물의 손실에 대한 보상 등)

① 사업시행자는 동일한 소유자에게 속하는 일단의 건축물의 일부가 취득되거나 사용됨으로 인하여 잔여 건축물의 가격이 감소되거나 그 밖의 손실이 있을 때에는 국토교통부령으로 정하는 바에 따라 그 손실을 보상하여야 한다. 다만, 잔여 건축물의 가격 감소분과 보수비(건축물의 나머지 부분을 종래의 목적대로 사용할 수 있도록 그 유용성을 동일하게 유지하는 데에 일반적으로 필요하다고 볼 수 있는 공사에 사용되는 비용을 말한다. 다만, 「건축법」 등 관계 법령에 의하여 요구되는 시설 개선에 필요한 비용은 포함하지 아니한다)를 합한 금액이 잔여 건축물의 가격보다 큰 경우에는 사업시행자는 그 잔여 건축물을 매수할 수 있다.

② 동일한 소유자에게 속하는 일단의 건축물의 일부가 협의에 의하여 매수되거나 수용됨으로 인하여 잔여 건축물을 종래의 목적에 사용하는 것이 현저히 곤란할 때에는 그 건축물 소유자는 사업시행자에게 잔여건축물을 매수하여 줄 것을 청구할 수 있으며, 사업인정 이후에는 관할 토지수용위원회에 수용을 청구할 수 있다. 이 경우 수용의 청구는 매수에 관한 협의가 성립되지 아니한 경우에만 하되, 사업완료일까지 하여야 한다.

③ 제1항에 따른 보상 및 잔여 건축물의 취득에 관하여는 제9조 제6항·제7항을 준용한다.

④ 제1항 본문에 따른 보상에 관하여는 제73조 제2항을 준용하고 제1항 단서 및 제2항에 따른 잔여 건축물의 취득에 관하여는 제73조 제3항을 준용한다.

⑤ 제1항 단서 및 제2항에 따라 취득하는 잔여 건축물에 대한 구체적인 보상액 산정 및 평가방법 등에 대하여는 제70조, 제75조, 제76조, 제77조, 제78조 제4항, 같은 조 제6항 및 제7항을 준용한다.

〈토지보상법 시행규칙〉

제35조(잔여 건축물에 대한 평가)

① 동일한 건축물소유자에 속하는 일단의 건축물의 일부가 취득 또는 사용됨으로 인하여 잔여 건축물의 가격이 감소된 경우의 잔여 건축물의 손실은 공익사업시행지구에 편입되기 전의 잔여 건축물의 가격(해당 건축물이 공익사업시행지구에 편입됨으로 인하여 잔여 건축물의 가격이 변동된 경우에는 변동되기 전의 가격을 말한다)에서 공익사업시행지구에 편입된 후의 잔여 건축물의 가격을 뺀 금액으로 평가한다.

② 동일한 건축물소유자에 속하는 일단의 건축물의 일부가 취득 또는 사용됨으로 인하여 잔여 건축물에 보수가 필요한 경우의 보수비는 건축물의 잔여부분을 종래의 목적대로 사용할 수 있도록 그 유용성을 동일하게 유지하는 데 통상 필요하다고 볼 수 있는 공사에 사용되는 비용(「건축법」 등 관계 법령에 의하여 요구되는 시설의 개선에 필요한 비용은 포함하지 아니한다)으로 평가한다.

Ⅲ 관련 판례

➡ 이와 같은 위 특례법과 (구)토지수용법의 관계, 공공용지의 사법상 매수취득절차 및 그 보상기준과 방법을 규정하고 있는 위 특례법의 특질, (구)토지수용법이 토지소유자에게 형성권으로서 잔여지수용청구권을 인정하고 있는 근거와 취지, 잔여지에 관한 위 특례법의 규정형식 이른바 형성권의 의의와 특질을 종합하면, 위 특례법이 토지소유자에게 그 일방적인 의사표시에 의하여 매매계약을 성립시키는 형성권으로서 잔여지 매수청구권을 인정하고 있다고 볼 수는 없고, 위 특례법에 의한 협의취득절차에서도 토지소유자가 사업시행자에게 잔여지 매수청구를 할 수 있음은 의문이 없으나, 이는 어디까지나 사법상의 매매계약에 있어 청약에 불과하다고 할 것이므로 사업시행자가 이를 승낙하여 매매계약이 성립하지 아니한 이상, 토지소유자의 일방적 의사표시에 의하여 잔여지에 대한 매매계약이 성립한다고 볼 수 없다(대판 2004.9.24, 2002다68713).

➡ (구)'공익사업을 위한 토지 등의 취득 및 보상에 관한 법률'(2007.10.17. 법률 제8665호로 개정되기 전의 것) 제74조 제1항에 규정되어 있는 잔여지수용청구권은 손실보상의 일환으로 토지소유자에게 부여되는 권리로서 그 요건을 구비한 때에는 잔여지를 수용하는 토지수용위원회의 재결이 없더라도 그 청구에 의하여 수용의 효과가 발생하는 형성권적 성질을 가지므로(대판 2010.8.19, 2008두822).

1. 지하부분의 일부가 사용된 토지에 대하여는 도시철도법령 등이 정한 지하사용보상 외에 (구)토지수용법이 정한 잔여지 손실보상은 배제되는지 여부(적극)

관련 판례

➡ 도시철도법령과 서울특별시조례가 특별히 도시철도건설사업에 편입된 지하부분의 사용보상에 관하여만 그 대상 기준, 방법을 정하고 있는 것은 도시철도건설사업의 특별한 공익성과 지하부분 사용의 특수성을 감안하여 볼 때, 그와 같은 지하부분의 사용에 관하여는 그 규정들에 의한 지하사용보상으로 그치고, 나아가 다시 (구)토지수용법을 적용하여 잔여지 손실보상(원고들 소유의 일단의 토지들 중 공사에 편입된 지하부분을 제외한 나머지 부분의 가격도 감소되는 손실에 대한 보상) 등을 할 필요가 없다고 하는 취지로 해석되고, 그와 같은 해석이 정당한 보상을 정한 헌법규정에 위반되는 것이라고 볼 수도 없다(대판 1996.12.10, 95누7949).

2. '종래의 목적'과 '사용하는 것이 현저히 곤란한 때'의 의미

관련 판례

➡ (구)토지수용법(1999.2.8. 법률 제5909호로 개정되기 전의 것) 제48조 제1항에서 규정한 '종래의 목적'이라 함은 수용재결 당시에 해당 잔여지가 현실적으로 사용되고 있는 구체적인 용도를 의미하고, '사용하는 것이 현저히 곤란한 때'라고 함은 물리적으로 사용하는 것이 곤란하게 된 경우는 물론 사회적·경제적으로 사용하는 것이 곤란하게 된 경우, 즉 절대적으로 이용 불가능한 경우만이 아니라 이용은 가능하나 많은 비용이 소요되는 경우를 포함한다(대판 2005.1.28, 2002두4679).

➡ (구)'공익사업을 위한 토지 등의 취득 및 보상에 관한 법률' 제74조 제1항의 잔여지수용청구권 행사기간의 법적 성질(=제척기간) 및 잔여지수용청구 의사표시의 상대방(=관할 토지수용위원회)
(구)'공익사업을 위한 토지 등의 취득 및 보상에 관한 법률'(2007.10.17. 법률 제8665호로 개정되기 전의 것) 제74조 제1항에 의하면, 잔여지수용청구는 사업시행자와 사이에 매수에 관한 협의가 성립되지 아니한 경우 일단의 토지의 일부에 대한 관할 토지수용위원회의 수용재결이 있기 전까지 관할 토지수용위원회에 하여야 하고, 잔여지수용청구권의 행사기간은 제척기간으로서, 토지소유자가 그 행사기간 내에 잔여지수용청구권을 행사하지 아니하면 그 권리가 소멸한다. 또한 위 조항의 문언 내용 등에 비추어 볼 때, 잔여지수용청구의 의사표시는 관할 토지수용위원회에 하여야 하는 것으로서, 관할 토지수용위원회가 사업시행자에게 잔여지수용청구의 의사표시를 수령할 권한을 부여하였다고 인정할 만한 사정이 없는 한, 사업시행자에게 한 잔여지 매수청구의 의사표시를 관할 토지수용위원회에 한 잔여지수용청구의 의사표시로 볼 수는 없다(대판 2010.8.19, 2008두822).

➡ 지방자치단체가 기업자로서 관할 토지수용위원회에 토지의 취득을 위한 재결신청을 하고 그 장이 관할 토지수용위원회의 재결신청서 및 관계서류 사본의 공고 및 열람의뢰에 따라 이를 공고 및 열람에 제공함에 있어서 토지소유자 등에게 의견제출할 것을 통지한 경우, 토지소유자가 해당 지방자치단체에 대하여 한 잔여지수용청구의 의사표시는 관할 토지수용위원회에 대하여 한 잔여지수용청구의 의사표시로 보아야 한다고 한 사례(대판 2005.1.28, 2002두4679).

3. (구)토지수용법상 잔여지가 공유인 경우, 각 공유자가 그 소유지분에 대하여 각별로 잔여지수용청구를 할 수 있는지 여부(적극) 및 잔여지수용청구권의 행사방법(=행정소송)

관련 판례

➡ (구)토지수용법상 잔여지가 공유인 경우에도 각 공유자는 그 소유지분에 대하여 각별로 잔여지수용청구를 할 수 있으나, 잔여지에 대한 수용청구를 하려면 우선 기업자에게 잔여지매수에 관한 협의를 요청하여 협의가 성립되지 아니한 경우에 (구)토지수용법(1999.2.8. 법률 제5909호로 개정되기 전의 것) 제36조의 규정에 의한 열람기간 내에 관할 토지수용위원회에 잔여지를 포함한 일단의 토지 전부의 수용을 청구할 수 있고, 그 수용재결 및 이의재결에 불복이 있으면 재결청과 기업자를 공동피고로 하여 그 이의재결의 취소 및 보상금의 증액을 구하는 행정소송을 제기하여야 하며 곧바로 기업자를 상대로 하여 민사소송으로 잔여지에 대한 보상금의 지급을 구할 수는 없다(대판 2001.6.1, 2001다16333).

4. 잔여지수용청구에 대한 토지수용위원회의 거부재결에 대한 불복수단

관련 판례

➡ (구)'공익사업을 위한 토지 등의 취득 및 보상에 관한 법률'(2007.10.17. 법률 제8665호로 개정되기 전의 것) 제74조 제1항에 규정되어 있는 잔여지수용청구권은 손실보상의 일환으로 토지소유자에게 부여되는 권리로서 그 요건을 구비한 때에는 잔여지를 수용하는 토지수용위원회의 재결이 없더라도 그 청구에 의하여 수용의 효과가 발생하는 형성권적 성질을 가지므로, 잔여지수용청구를 받아들이지 않은 토지수용위원회의 재결에 대하여 토지소유자가 불복하여 제기하는 소송은 위 법 제85조 제2항에 규정되어 있는 '보상금의 증감에 관한 소송'에 해당하여 사업시행자를 피고로 하여야 한다(대판 2010.8.19, 2008두822).

5. 수용재결에 대한 이의신청에서 보상액 산정에 관하여만 다투고 잔여지수용청구를 기각한 부분에 대하여는 명시적인 불복을 하지 아니하였더라도 행정소송에서 이를 다툴 수 있는지 여부

관련 판례

➡ 토지수용에 따른 보상은 수용대상토지별로 하는 것이 아니라 피보상자 개인별로 행하여지는 것이고, 잔여지수용청구권은 토지소유자에게 손실보상책의 일환으로 부여된 권리이어서 이는 수용할 토지의 범위와 그 보상액을 결정할 수 있는 토지수용위원회에 대하여 토지수용의 보상가액을 다투는 방법에 의하여도 행사할 수 있고, 또 (구)토지수용법 제75조는 이의신청이 있으면 중앙토지수용위원회는 수용재결의 위법 또는 부당 여부를 심리하도록 규정하고 있을 뿐 이의신청서에 기재된 이의사유에 한하여 심리하도록 제한하고 있지 않으므로, 특별한 사정이 없는 한, 이의신청의 효력은 수용재결 전체에 미치며, 토지수용에 관한 행정소송에 있어서는 이의재결의 고유한 위법사유뿐만 아니라 이의신청 사유로 삼지 아니한 수용재결의 하자도 주장할 수 있으므로 수용재결에 대한 이의신청을 함에 있어서 수용재결 중 기업자가 재결신청한 부분에 관한 보상액의 산정이 위법하다는 취지의 주장만 하고 잔여지수용청구를 기각한 부분에 대하여 불복한다고 명시하지 아니하였다고 하더라도, 행정소송에서 수용재결 중 잔여지수용청구를 기각한 부분에 하자가 있어 보상액의 산정이 잘못되었다는 주장을 할 수 있다(대판 1995.9.15, 93누20627).

➡ 지장물인 건물의 일부가 수용된 경우 잔여건물부분의 교환가치하락으로 인한 감가보상을 잔여지의 감가보상을 규정한 (구)공공용지의 취득 및 손실보상에 관한 특례법 시행규칙 제25조 제2항을 유추적용하여 인정할 수 있는지 여부(적극)(대판 2001.9.25, 2000두2426)

예시답안

Ⅰ 서

공익사업의 시행을 위하여 때로는 공익사업에 필요한 토지나 건물 이외의 토지나 건물을 확대하여 수용하는 것이 피수용자 입장에서 오히려 유리한 경우가 있다. 이러한 경우의 보상을 확장수용보상이라 한다. 즉, 공익사업시행지구에 편입되는 토지나 건물이 일부만이 편입되고 남게 되는 부분은 가치가 감소하거나 종래 목적대로 사용할 수 없는 경우가 발생하게 되는데, 이러한 경우에도 헌법 제23조 제3항의 정당보상에 합치되게 보상을 해주어야 할 것이다. 공익사업을 위한 토지 등의 취득 및 보상에 관한 법률(이하 '토지보상법')에는 잔여지와 잔여 건축물에 대한 보상규정을 마련하고 있다.

Ⅱ 잔여지에 대한 보상

1. 잔여지의 의의

잔여지란 동일한 토지소유자에 속하는 일단의 토지 중 일부만이 공익사업에 제공됨으로써 남는 토지로서 종래의 목적이나 용도에 이용할 수 없게 되거나 다른 용도로 적당하게 이용할 수 없게 된 토지를 말한다.

2. 잔여지 가치하락 및 공사비 보상(법 제73조)

(1) 요건

사업시행자는 동일한 토지소유자에 속하는 일단의 토지의 일부가 취득 또는 사용됨으로 인하여 잔여지의 가격이 감소하거나 그 밖의 손실이 있을 때 또는 잔여지에 공사가 필요한 때에는 국토교통부령이 정하는 바에 따라 그 손실이나 공사비를 보상하여야 한다. 다만, 잔여지 가치감소분과 잔여지 공사비용의 합이 잔여지의 가격보다 큰 경우에는 사업시행자는 그 잔여지를 매수할 수 있다. 잔여지의 가치손실 또는 공사비의 보상은 사업완료일부터 1년이 지난 후에는 청구할 수 없다.

(2) 평가방법

잔여지의 가격이 하락된 경우의 잔여지의 손실은 공익사업시행지구에 편입되기 전의 잔여지의 가격(해당 토지가 공익사업시행지구에 편입됨으로 인하여 잔여지의 가격이 변동된 경우에는 변동되기 전의 가격을 말한다)에서 공익사업시행지구에 편입된 후의 잔여지의 가격을 뺀 금액으로 평가한다. 공사비는 그 시설의 설치나 공사에 필요한 비용으로 평가한다.

3. 잔여지 매수 및 수용청구(법 제74조)

(1) 요건

동일한 토지소유자에 속하는 일단의 토지의 일부가 협의에 의해 매수되거나 수용됨으로 인하여 잔여지를 종래의 목적에 사용하는 것이 현저히 곤란할 때에는 해당 토지소유자는 사업시행자에게 잔여지를 매수하여 줄 것을 청구할 수 있으며, 사업인정 이후에는 관할 토지수용위원회에 수용을 청구할 수 있다. 이 경우 수용의 청구는 매수에 관한 협의가 성립되지 아니한 경우에만 할 수 있으며, 사업완료일까지 하여야 한다.

(2) 잔여지의 판단(영 제39조)

잔여지는 다음의 어느 하나에 해당하는 경우이다. ① 대지로서 면적이 너무 작거나 부정형 등의 사유로 인하여 건축물을 건축할 수 없거나 건축물의 건축이 현저히 곤란한 경우, ② 농지로서 농기계의 진입과 회전이 곤란할 정도로 폭이 좁고 길게 남거나 부정형 등의 사유로 인하여 영농이 현저히 곤란한 경우, ③ 공익사업의 시행으로 인하여 교통이 두절되어 사용이나 경작이 불가능하게 된 경우, ④ 제1호부터 제3호까지에서 규정한 사항과 유사한 정도로 잔여지를 종래의 목적대로 사용하는 것이 현저히 곤란하다고 인정되는 경우. 다만, 잔여지에 해당하는지 여부를 판단함에 있어서는 다음 사항을 종합적으로 고려하여야 한다. ① 잔여지의 위치・형상・이용상황 및 용도지역, ② 공익사업 편입토지의 면적 및 잔여지의 면적

(3) 권리의 존속청구

잔여지의 매수 또는 수용청구가 있는 잔여지 및 잔여지에 있는 물건에 관하여 권리를 가진 자는 사업시행자 또는 관할 토지수용위원회에 그 권리의 존속을 청구할 수 있다.

(4) 평가방법

종래의 목적에 사용하는 것이 현저히 곤란하게 된 잔여지에 대하여는 그 일단의 토지의 전체 가격에서 공익사업시행지구에 편입되는 토지의 가격을 뺀 금액으로 평가한다.

Ⅲ 잔여 건축물에 대한 보상

1. 잔여 건축물의 가치손실 보상과 보수비 보상(법 제75조의2 제1항)

(1) 요건

사업시행자는 동일한 소유자에게 속하는 일단의 건축물의 일부가 취득되거나 사용됨으로 인하여 잔여 건축물의 가격이 감소되거나 그 밖의 손실이 있을 때에는 국토교통부령으로 정하는 바에 따라 그 손실을 보상하여야 한다. 다만, 잔여 건축물의 가격 감소분과 보수비를 합한 금액이 잔여건축물의 가격보다 큰 경우에는 사업시행자는 그 잔여 건축물을 매수할 수 있다.

(2) 평가방법

잔여 건축물의 가격이 감소된 경우의 잔여 건축물의 손실은 공익사업시행지구에 편입되기 전의 잔여 건축물의 가격(해당 건축물이 공익사업시행지구에 편입됨으로 인하여 잔여 건축물의 가격이 변동된 경우에는 변동되기 전의 가격을 말한다)에서 공익사업시행지구에 편입된 후의 잔여 건축물의 가격을 뺀 금액으로 평가한다.

보수비는 건축물의 잔여부분을 종래의 목적대로 사용할 수 있도록 그 유용성을 동일하게 유지하는 데 통상 필요하다고 볼 수 있는 공사에 사용되는 비용(「건축법」 등 관계 법령에 의하여 요구되는 시설의 개선에 필요한 비용은 포함하지 아니한다)으로 평가한다.

2. 잔여 건축물의 매수 또는 수용청구(법 제75조의2 제2항)

동일한 소유자에게 속하는 일단의 건축물의 일부가 협의에 의하여 매수되거나 수용됨으로 인하여 잔여 건축물을 종래의 목적에 사용하는 것이 현저히 곤란할 때에는 그 건축물소유자는 사업시행자에게 잔여 건축물을 매수하여 줄 것을 청구할 수 있으며, 사업인정 이후에는 관할 토지수용위원회에 수용을 청구할 수 있다. 이 경우 수용의 청구는 매수에 관한 협의가 성립되지 아니한 경우에만 하되, 사업완료일까지 하여야 한다.

Ⅳ 결(잔여지수용청구에 대한 토지수용위원회의 재결에 불복)

피수용자의 잔여지수용청구가 있는 경우 토지수용위원회가 이를 받아들여 수용재결을 한 경우에는 수용에 대한 부분은 불만이 없고 보상금액에 불만을 갖는 경우를 상정해 볼 수 있다. 이 경우는 토지보상법에 명문으로 규정하고 있지는 아니하지만 법 제83조의 이의신청과 제85조의 보상금증액청구소송이 실효적인 구제수단이 될 것이다. 다만, 토지수용위원회가 잔여지수용청구에 대해 기각재결을 내리는 경우 피수용자의 권리구제수단이 문제된다. 이의신청과 재결취소소송으로 다툴 수 있으나 판례는 보상금증감청구소송으로 다툴 수 있다고 보았다. 생각건대, 보상금증감청구소송에서 기각재결의 위법확인을 전제로 보상금의 증액 또는 감액을 바로 주장할 수 있기 때문에 항고소송의 활용가능성은 높지 않다. 따라서 이러한 경우에도 보상금증감청구소송이 실효적인 구제수단이 된다.

Chapter

24 2001년 제12회 기출문제 분석

문제 01

공익사업을 위한 토지 등의 취득 및 보상에 관한 법률(이하 '토지보상법') 제67조 및 동법 제70조는 다음과 같이 규정하고 있다. 이 규정과 관련하여 아래의 물음에 답하시오.

(구)토지수용법 제46조(산정의 시기 및 방법)

① 손실액의 산정은 제25조 제1항의 규정에 의한 협의의 경우에는 협의성립 당시의 가격을 기준으로 하고 제29조의 규정에 의한 재결의 경우에는 수용 또는 사용의 재결 당시의 가격을 기준으로 한다.

② 제1항의 규정에 의한 보상액의 산정방법은 다음 각 호와 같다.

1. 협의취득 또는 수용하여야 할 토지에 대하여는 지가공시 및 토지 등의 평가에 관한 법률에 의한 공시지가를 기준으로 하되, 그 공시기준일로부터 협의성립 시 또는 재결 시까지의 관계 법령에 의한 해당 토지의 이용계획, 해당 공익사업으로 인한 지가의 변동이 없는 지역의 대통령령이 정하는 지가변동률, 도매물가상승률 기타 해당 토지의 위치・형상・환경・이용상황 등을 참작하여 평가한 적정가격으로 보상액을 정한다.
2. 사용하여야 할 토지에 대하여는 그 토지 및 인근 토지의 지료・임대료 등을 참작한 적정가격으로 보상액을 정한다.

③ 제2항의 규정에 의한 공시지가는 제16조의 규정에 의한 사업인정고시일 전의 시점을 공시기준일로 하는 공시지가로서 해당 토지의 협의성립 또는 재결 당시 공시된 공시지가 중 해당 사업인정고시일에 가장 근접한 시점에 공시된 공시지가로 한다.

〈공익사업을 위한 토지 등의 취득 및 보상에 관한 법률〉

제67조(보상액의 가격시점 등)

① 보상액의 산정은 협의에 의한 경우에는 협의 성립 당시의 가격을, 재결에 의한 경우에는 수용 또는 사용의 재결 당시의 가격을 기준으로 한다.

② 보상액을 산정할 경우에 해당 공익사업으로 인하여 토지 등의 가격이 변동되었을 때에는 이를 고려하지 아니한다.

제70조(취득하는 토지의 보상)

① 협의나 재결에 의하여 취득하는 토지에 대하여는 「부동산 가격공시에 관한 법률」에 따른 공시지가를 기준으로 하여 보상하되, 그 공시기준일부터 가격시점까지의 관계 법령에 따른 그 토지의 이용계획, 해당 공익사업으로 인한 지가의 영향을 받지 아니하는 지역의 대통령령으로 정하는 지가변동률, 생산자물가상승률(「한국은행법」 제86조에 따라 한국은행이 조사・발표하는 생산자물가지수에 따라 산정된 비율을 말한다)과 그 밖에 그 토지의 위치・형상・환경・이용상황 등을 고려하여 평가한 적정가격으로 보상하여야 한다.

② 토지에 대한 보상액은 가격시점에서의 현실적인 이용상황과 일반적인 이용방법에 의한 객관적 상황을 고려하여 산정하되, 일시적인 이용상황과 토지소유자나 관계인이 갖는 주관적 가치 및 특별한 용도에 사용할 것을 전제로 한 경우 등은 고려하지 아니한다.

③ 사업인정 전 협의에 의한 취득의 경우에 제1항에 따른 공시지가는 해당 토지의 가격시점 당시 공시된 공시지가 중 가격시점과 가장 가까운 시점에 공시된 공시지가로 한다.

④ 사업인정 후의 취득의 경우에 제1항에 따른 공시지가는 사업인정고시일 전의 시점을 공시기준일로 하는 공시지가로서, 해당 토지에 관한 협의의 성립 또는 재결 당시 공시된 공시지가 중 그 사업인정고시일과 가장 가까운 시점에 공시된 공시지가로 한다.

⑤ 제3항 및 제4항에도 불구하고 공익사업의 계획 또는 시행이 공고되거나 고시됨으로 인하여 취득하여야 할 토지의 가격이 변동되었다고 인정되는 경우에는 제1항에 따른 공시지가는 해당 공고일 또는 고시일 전의 시점을 공시기준일로 하는 공시지가로서 그 토지의 가격시점 당시 공시된 공시지가 중 그 공익사업의 공고일 또는 고시일과 가장 가까운 시점에 공시된 공시지가로 한다.

⑥ 취득하는 토지와 이에 관한 소유권 외의 권리에 대한 구체적인 보상액 산정 및 평가방법은 투자비용, 예상수익 및 거래가격 등을 고려하여 국토교통부령으로 정한다.

(1) 토지보상법 제70조 제1항 및 동조 제3항과 제4항의 입법취지에 대하여 설명하시오. 10점

(2) 토지보상법 제70조 제1항이나 부동산 가격공시에 관한 법률 등에 의하여 손실보상액을 산정함에 있어, 보상선례를 참작할 수 있는가에 대하여 설명하시오. 10점

(3) 토지보상법 제67조 및 동법 제70조에서 규정하는 산정방법에 의하여 보상액을 산정하는 것이 정당보상에 합치되는지 논하시오. 10점

문제분석 및 논점파악

보상액을 산정하는 경우에 현행 토지보상법 제70조에서는 공시지가를 기준으로 하여 보상하되, 그 공시기준일로부터 가격시점까지는 해당 공익사업으로 인한 지가의 영향을 받지 아니하는 지역의 지가변동률을 이용하여 적정가격으로 보상하도록 하고 있다. 또한 공익사업의 계획 또는 시행이 공고 또는 고시됨으로 인하여 취득하여야 할 토지의 가격이 변동되었다고 인정되는 경우에는 공시지가를 해당 공고일 또는 고시일 전의 시점을 공시기준일로 하는 공시지가로서 해당 토지의 가격시점 당시 공시된 공시지가 중 해당 공익사업의 공고일 또는 고시일에 가장 가까운 시점에 공시된 공시지가로 한다고 규정하고 있다. 즉, 토지보상평가는 공시지가를 기준으로 하되 해당 공익사업으로 인한 지가변동(개발이익)은 고려하지 않도록 하고 있다.
따라서 해당 문제는 현행 토지보상법 규정을 바탕으로 ① 개발이익의 배제와, ② 기타요인 참작 여부, ③ 공시지가기준 평가와 개발이익이 정당보상에 합치하는지에 대한 답안을 작성한다.

예시답안

Ⅰ 논점의 정리

물음 (1)에서는 토지보상 시에 보상액을 산정함에 있어 해당 공익사업으로 인한 개발이익을 배제하는 취지와 토지보상법상 개발이익의 배제방법을 살펴보고, 물음 (2)에서는 손실보상액 산정에서 기타요인을 참작할 수 있는지를 검토한다. 물음 (3)에서는 공시지가기준 평가와 개발이익의 배제평가가 헌법 제23조 제3항의 정당보상에 합치하는지 검토한다.

Ⅱ 물음 (1)에 대하여

1. 개발이익의 의의

개발이익이란 공익사업의 계획 또는 시행이 공고 또는 고시되거나 공익사업의 시행 그 밖에 공익사업의 시행에 따른 절차로서 행하여진 토지이용계획의 설정·변경·해제 등으로 토지소유자가 자기의 노력에 관계없이 지가가 상승되어 뚜렷하게 받은 이익으로서 정상지가 상승분을 초과하여 증가된 부분을 말한다.

2. 토지보상법상 개발이익의 배제 내용

(1) 개발이익의 배제원칙

토지보상법 제67조 제2항에서는 보상액의 산정에 있어서 해당 공익사업으로 인하여 토지 등의 가격에 변동이 있는 때에는 이를 고려하지 않는다고 규정하여 개발이익의 배제원칙을 규정하고 있다.

(2) 개발이익의 배제방법

1) 지가변동률 적용 시 개발이익의 배제

토지보상법 제70조 제1항에서 보상액을 산정함에 있어서 공시지가를 기준으로 평가하되 해당 공익사업으로 인한 지가의 영향을 받지 않은 지역의 지가변동률을 참작하도록 규정하고 있다. 동법 시행령 제37조 제2항에서는 평가대상토지가 소재하는 시·군·구 지가가 해당 공익사업으로 변동된 경우에는 해당 공익사업과 관계없는 인근 시·군·구 지가변동률을 적용하도록 하고 있다.

2) 적용공시지가의 소급

토지보상법 제70조 제5항에서는 공익사업의 계획 또는 시행이 공고되거나 고시됨으로 인하여 취득하여야 할 토지의 가격이 변동되었다고 인정되는 경우에는 제1항에 따른 공시지가는 해당 공고일 또는 고시일 전의 시점을 공시기준일로 하는 공시지가로서 해당 토지의 가격시점 당시 공시된 공시지가 중 해당 공익사업의 공고일 또는 고시일에 가장 가까운 시점에 공시된 공시지가로 한다고 규정하고 있다.

3) 해당 사업으로 변경되기 전 용도지역·지구 적용

토지보상법 시행규칙 제23조에서는 공법상 제한을 받는 토지에 대하여는 제한받는 상태대로 평가한다. 다만, 그 공법상 제한이 해당 공익사업의 시행을 직접 목적으로 하여 가하여진 경우에는 제한이 없는 상태를 상정하여 평가한다. 해당 공익사업의 시행을 직접 목적으로 하여 용도지역 또는 용도지구 등이 변경된 토지에 대하여는 변경되기 전의 용도지역 또는 용도지구 등을 기준으로 평가한다고 규정하고 있다.

Ⅲ 물음 (2)에 대하여

1. 문제점

현행 토지보상법에는 기타요인을 참작할 수 있다는 규정이 없다. 따라서 기타요인을 참작하여 보상액을 산정할 수 있는지가 문제된다.

2. 기타요인 참작 가능성

(1) 견해대립

① 부정설은 기타요인 참작의 법적인 근거가 없으며, 공시지가는 적정가격이라는 점과 감정평가사의 자의성을 배제하기 위하여 기타사항 참작은 불가하다고 본다.

② 긍정설은 공시지가가 시가에 미달하므로 기타요인을 참작하여 정당보상이 되도록 하여야 하며, 감정평가에 관한 규칙 제14조에서 기타요인 참작 규정이 있다고 본다.

(2) 판례

수용대상토지의 보상액을 산정하면서 인근 유사토지의 보상사례가 있고 그 가격이 정상적인 것으로서 적정한 보상액 평가에 영향을 미칠 수 있는 것임이 입증된 경우에는 이를 참작할 수 있고, 여기서 '정상적인 가격'이란 개발이익이 포함되지 아니하고 투기적인 거래로 형성되지 아니한 가격을 말한다. 그러나 그 보상사례의 가격이 개발이익을 포함하고 있어 정상적인 것이 아닌 경우라도 그 개발이익을 배제하여 정상적인 가격으로 보정할 수 있는 합리적인 방법이 있다면 그러한 방법에 의하여 보정한 보상사례의 가격은 수용대상토지의 보상액을 산정하면서 이를 참작할 수 있다(대판 2010.4.29, 2009두17360).

(3) 검토

헌법 제23조 제3항의 정당보상을 실현하기 위하여는 기타요인을 참작하여 보상액을 산정할 수 있다고 보아야 한다. 다만, 감정평가사의 자의성을 배제하기 위하여 기준이 설정되어야 할 것이다.

3. 판례에서 인정하는 기타요인 고려요소 및 조건

대법원은 기타요인으로 참작 가능한 것은 인근 유사토지의 정상거래사례, 인근 유사토지의 보상사례 등을 들고 있다. 다만, 단순한 호가시세나 담보목적으로 평가한 가격에 불과한 것까지 참작할 것은 아니라고 보고 있다. 참작할 수 있는 경우에도 그 가격이 정상적인 것으로서 해당 사업에 따른 개발이익이 포함되지 않았고, 적정한 평가에 영향을 미칠 수 있는 것임이 인정된 때에 한하여 참작할 수 있다고 보고, 그 입증책임은 이를 주장한 자에게 있다고 본다.

Ⅳ 물음 (3)에 대하여

1. 헌법 제23조 제3항의 '정당한 보상'의 의미

헌법 제23조 제3항은 공용침해에 따른 손실보상은 정당한 보상이 되어야 한다고 규정하고 있다. 이러한 정당한 보상에 대하여 완전보상이라는 견해와 상당보상이라는 견해가 있으며, 대법원과 헌법재판소는 '피침해재산이 갖는 객관적이고 완전한 보상'이라고 보아 완전보상설 입장에 있다.

2. 공시지가기준 보상과 정당보상 관계

(1) 견해대립

공시지가를 기준으로 보상액을 산정하는 것은 보상액 산정방법을 제한하는 것이며, 공시지가가 시가에 미달되어 보상액이 시가에 미달될 수 있으므로 공시지가기준 보상은 정당보상이 아니라고 보는 견해와 공시지가기준 평가는 개발이익의 배제를 위한 것으로 목적의 정당성이 있는 바, 정당보상에 합치한다는 견해가 대립되고 있다.

(2) 판례

수용대상토지의 보상가격을 정함에 있어 표준지공시지가를 기준으로 비교한 금액이 수용대상토지의 수용 사업인정 전의 개별공시지가보다 적은 경우가 있다고 하더라도, 이것만으로 지가공시 및 토지 등의 평가에 관한 법률 제9조, (구)토지수용법 제46조가 정당한 보상 원리를 규정한 헌법 제23조 제3항에 위배되어 위헌이라고 할 수는 없다(대판 2001.3.27, 99두7968).
공시지가는 그 평가의 기준이나 절차로 미루어 대상 토지가 대상지역 공고일 당시 갖는 객관적 가치를 평가하기 위한 것으로서 적정성을 갖고 있으며, 표준지와 지가선정 대상토지 사이에 가격의 유사성을 인정할 수 있도록 표준지 선정의 적정성이 보장되므로 위 조항이 헌법 제23조 제3항이 규정한 정당보상의 원칙에 위배되거나 과잉금지의 원칙에 위배된다고 볼 수 없고, 토지수용 시 개별공시지가에 따라 손실보상액을 산정하지 아니하였다고 하여 위헌이 되는 것은 아니다(헌재 2001.4.26, 2000헌바31).

(3) 검토

공시지가는 토지의 특성상 가격형성요인이 복잡하여 적정가격을 판단하기 어렵고 왜곡되기 쉬운 문제점을 해결하고, 지가체계를 일원화하기 위해 만든 제도이다. 따라서 공시지가가 시장가격에 미치지 못한다고 하면 기타요인 등을 통해서 완전보상에 이르게 하면 되며, 공시지가기준은 객관성이 있으므로 공시지가기준 평가가 정당보상에 위배되는 것은 아니다.

3. 개발이익의 배제가 정당보상에 합치하는지 여부

(1) 견해대립

합헌성을 인정하는 견해는 개발이익은 국가 등의 투자에 의해 발생하는 것이고 토지소유자의 노력이나 투자에 의한 것이 아니므로 형평의 원칙상 개발이익은 토지소유자에게 귀속시켜서는 아니 되며, 국민 모두에게 귀속되어야 할 것으로 본다.
개발이익의 보상을 주장하는 견해는 개발이익이 배제된 보상금으로 종전과 같은 생활을 유지할 수 없고, 개발이익을 향유하는 사업지 주변 토지소유자와의 형평성도 맞지 아니하므로 헌법상 재산권 보장 및 평등원칙에 위배된다고 본다.

(2) 판례

(구)토지수용법 제46조 제1항, 제2항 제1호, 제3항, (구)공공용지의 취득 및 손실보상에 관한 특례법 제4조 제2항 제1호, 제3항, (구)공공용지의 취득 및 손실보상에 관한 특례법 시행규칙 제6조 제8항, 보상평가지침(한국감정평가사협회 제정) 제7조 제1항의 규정들을 종합하여 보면, 수용대상토지를 평가함에 있어서는 수용재결에서 정한 수용시기가 아니라 수용재결일을 기준으로 하고 해당 수용사업의 계획 또는 시행으로 인한 개발이익은 이를 배제하고 평가하여야 한다(대판 1998.7.10, 98두6067).
공익사업법 제67조 제2항은 보상액을 산정함에 있어 해당 공익사업으로 인한 개발이익을 배제하는 조항인데, 공익사업의 시행으로 지가가 상승하여 발생하는 개발이익은 사업시행자의 투자에 의한 것으로서 피수용자인 토지소유자의 노력이나 자본에 의하여 발생하는 것이 아니므로, 이러한 개발이익은 형평의 관념에 비추어 볼 때 토지소유자에게 당연히 귀속되어야 할 성질의 것이 아니고, 또한 개발이익은 공공사업의 시행에 의하여 비로소 발생하는 것이므로, 그것이 피수용 토지가 수용 당시 갖는 객관적 가치에 포함된다고 볼 수도 없다. 따라서 개발이익은 그 성질상 완전보상의 범위에 포함되는 피수용자의 손실이라고 볼 수 없으므로, 이러한 개발이익을 배제하고 손실보상액을 산정한다 하여 헌법이 규정한 정당한 보상의 원칙에 위반되지 않는다 (헌재 2009.12.29. 2009헌바142).

(3) **검토**

개발이익은 피수용자의 노력이나 자본투자에 의해 발생하는 것이 아니므로 토지소유자에게 귀속시키는 것은 타당하지 못하다. 또한 공익사업시행지 주변의 토지에 대한 개발이익은 법 제도를 정비하여 환수하여야 할 것이다.

V 문제의 해결

개발이익의 배제를 규정한 토지보상법상의 규정들은 헌법상 정당보상원칙에 위배되는 것은 아니며, 또한 공시지가를 기준으로 보상액을 산정하는 것도 정당보상에 합치되지 않는 것이라고 보기는 어렵다. 보상액 산정에서 기타요인은 정당보상을 실현하기 위해 사용 가능할 것이나 객관적 기준이 설정되어야 할 것이다.

문제 02

사업시행자 甲이 산업단지를 조성하기 위해 매립 · 간척사업을 시행하게 됨에 따라 해당 지역에서 수산업법 제44조의 규정에 의한 신고를 하고 어업에 종사해 온 乙은 더 이상 신고한 어업에 종사하지 못하게 되었다. 그러나 甲은 乙에게 수산업법 제81조 제1항 제1호의 규정에 의한 손실보상을 하지 아니하고 공유수면매립사업을 시행하였다. 이 경우 乙의 권리구제방법은? 30점

문제분석 및 논점파악

Ⅰ 문제의 해설

어려운 문제이다. 출제하고 채점한 교수님의 강평을 보아도 당시 많은 수험생들이 논점을 찾지 못할 정도로 어려운 문제라고 생각된다. 이 당시만 하더라도 보상제도나 조문암기 정도로 수험준비가 이루어지던 때라서 본 문제는 수험생에게 상당한 충격이었을 것이라 생각된다. 더욱이 근거법을 토지보상법이 아닌 수산업법을 제시하고 있어서 혼란은 더욱 가중되었으리라 추측된다.
출제자는 실무적인 부분에 관심을 가질 것과 판례의 중요성을 강조하고 있다. 또한 수험생들은 교재에만 매달려 보상법규의 응용력이 부족하다고 하였다. 따라서 최근의 이러한 판례에서 보상법규의 문제로 중요하다고 판단되는 사례를 문제로 구성하였다고 했다.
판례의 강조는 현재에도 그대로 통하고 있다고 보인다. 최근 기출문제가 어려워지고 수험생들이 답안작성에 어려움을 느끼는 것은 기출문제가 판례나 실무적인 사례에 근거하여 출제되어 교재로만 공부하는 수험생의 한계가 있기 때문임이 사실이다. 판례는 실무문제와 연관하여 공부하기 적합하고, 법조문의 깊이 있는 이해를 위하여도 반드시 필요하다. 다시 한번 강조하지만, 판례의 중요성을 수험생이 인식하였으면 한다.

Ⅱ 논점파악

사업시행자 甲은 이미 해당 사업을 실시하기 위한 적법절차를 거쳤으나 신고어업에 종사하는 乙에게 수산업법 제81조 제1항 제1호의 규정에 의한 손실보상을 하지 않은 경우이다. 따라서 피수용자 乙의 권리구제수단으로 손실보상청구소송과 손해배상청구소송을 생각해 볼 수 있다.
예시답안은 교수님 강평을 기초로 작성하였다.

대판 2005.9.29, 2002다73807[손해배상(공)]

【판시사항】

(구)공유수면매립법 제16조에 정한 공유수면매립사업으로 인한 면허어업권자의 손실보상청구권 행사방법(=행정소송)

【전문】

【원고, 상고인】 강진군수산업협동조합(소송대리인 변호사 오정현 외 3인)

【피고, 피상고인】 강진군(소송대리인 변호사 김현만)

【피고보조참가인】 대한민국

【원심판결】 서울고법 2002.10.30, 2002나9884 판결

【주문】

상고를 기각한다. 상고비용은 원고가 부담한다.

【이유】

1. 불법행위로 인한 손해배상청구에 대한 판단

공유수면매립사업의 면허를 받은 자가 (구)공유수면매립법(1990.8.1. 법률 제4952호로 개정되기 전의 것, 아래에서도 같다) 제16조 제1항에 의한 보상을 함이 없이 공유수면매립사업을 시행하여 그 보상을 받을 권리를 가진 자에게 손해를 입혔다면, 이는 불법행위를 구성한다 할 것이나, 불법행위가 성립하기 위해서는 공유수면매립사업의 시행이 고의·과실에 의한 위법한 행위일 것을 요한다. 원심이 채용한 증거들에 의하면, 피고가 이 사건 매립공사를 착공하는 데 원고는 사전 또는 사후에 동의하였고, 피고는 사업시행자로서 아무런 보상절차를 거치지 않고 매립공사를 강행한 것이 아니라 상당한 비용을 들여 관계 연구기관에 어업피해에 대한 조사용역을 의뢰하여 그 결과에 따라 합리적이고 현실로 가능한 범위 내에서 보상을 실시하였으며, 원고의 이 사건 어업권에 대하여 조사용역 결과에 따라 간접 일시보상을 하여 원고도 피고의 보상안에 합의한 사실이 인정되므로, 피고의 이 사건 공유수면매립사업이 (구)공유수면매립법 제16조, 제17조의 규정에 위반하여 불법행위를 구성한다고 볼 수 없다.

같은 취지의 피고에게 불법행위책임을 물을 수 없다는 원심의 판단은 정당하고, 거기에 불법행위성립에 관한 법리오해의 위법이 없다.

한편 원심은, 이 사건 방조제의 설치 또는 보존의 하자로 인하여 손해를 입었다는 원고의 주장에 대하여, 피고가 축조한 방조제가 그 용도에 따라 통상 갖추어야 할 안전성을 갖추지 못하였다고 인정할 증거가 없다고 판단하여 위 주장을 배척하였는바, 기록에 비추어 살펴보면, 원심의 판단은 정당하고, 거기에 공작물의 설치·보존의 하자에 관한 법리오해의 위법이 없다.

2. 손실보상청구에 대한 판단

(구)수산업법(1990.8.1. 법률 제4252호로 개정되기 전의 것, 아래에서도 같다)에 의한 손실보상청구권이나 손실보상 관련 법령의 유추적용에 의한 손실보상청구권은 사업시행자를 상대로 한 민사소송의 방법에 의하여 행사하여야 하나, (구)공유수면매립법 제16조 제1항에 정한 권리를 가진 자가 위 규정에 의하여 취득한 손실보상청구권은 민사소송의 방법으로 행사할 수 없고 위 법 제16조 제2항, 제3항이 정한 바에 따라 협의가 성립되지 아니하거나 협의할 수 없을 경우에 토지수용위원회의 재정을 거쳐 토지수용위원회를 상대로 재정에 대한 행정소송을 제기하는 방법에 의하여 행사하여야 한다.

원심이 채용한 증거들에 의하면, 원고는 면허어업을 받은 자로서 (구)공유수면매립법 제16조 제1항의 권리를 가진 자에 해당하므로 원고가 이 사건 공유수면매립사업으로 인하여 취득한 손실보상청구권은 직접 위법조항에 근거하여 발생한 것이라 할 것이어서, 위의 법리에 따라 원고는 (구)공유수면매립법 제16조 제2항, 제3항이 정한 재정과 그에 대한 행정소송의 방법에 의하여 권리를 주장하여야 하고, 피고에 대한 민사소송의 방법으로는 그 손실보상청구권을 행사할 수 없다(대판 2001.6.29, 99다56468 판결 참조).

한편, 원고는 (구)수산업법 제75조의 처분에 의하여 손실보상청구권을 취득한 자에 해당하지 아니하고, 앞서 본 바와 같이 직접 (구)공유수면매립법에 근거하여 손실보상청구권이 인정된 이상 손실보상 관련 법령의 유추적용에 의한 손실보상청구권을 인정할 여지도 없다. 결국, 원고는 피고에 대하여 수산업법이 정한 손실보상을 청구할 수 없다고 하여 손실보상청구를 기각한 원심의 조치는 옳고 거기에 상고이유에서 주장하는 바와 같은 위법이 없다.

상고이유에서 들고 있는 대법원 판결들은 사실관계를 달리하는 것으로 이 사건에 원용할 것이 못된다.

3. 계약에 기한 청구에 대한 판단

원심은, 피고가 원고에게 보상을 약정한 사실을 인정할 증거가 없다고 판단하였는바, 기록에 비추어 살펴보면, 원심의 판단은 옳고 거기에 채증법칙을 위배하여 사실을 오인한 위법이 없다.

4. 결론

그러므로 상고를 기각하고, 상고비용은 원고가 부담하기로 관여 대법관의 의견이 일치되어 주문과 같이 판결한다.

정당한 어업허가를 받고 공유수면매립사업지구 내에서 허가어업에 종사하고 있던 어민들에 대하여 손실보상을 할 의무가 있는 사업시행자가 손실보상의무를 이행하지 아니한 채 공유수면매립공사를 시행함으로써 실질적이고 현실적인 침해를 가한 때에는 불법행위를 구성하는 것이고, 이 경우 허가어업자들이 입게 되는 손해는 그 손실보상금 상당액이다(대판 1999.11.23, 98다11529).

불법행위에 의한 손해배상청구권의 단기소멸시효의 기산점이 되는 민법 제766조 제1항 소정의 '손해 및 가해자를 안 날'이라 함은 손해의 발생사실과 가해자를 알아야 할 뿐만 아니라 그 가해행위가 불법행위로서 이를 이유로 손해배상을 청구할 수 있다는 것을 안 때라고 할 것이고, 이 경우 손해의 발생사실을 알았다고 하기 위해서는 손해의 액수나 정도를 구체적으로 알았다고 할 필요까지는 없다고 하더라도 손해를 현실적이고 구체적으로 인식하여야 한다(대판 1999.11.23, 98다11529).

손실보상의무가 있는 공공사업의 시행자가 그 손실보상절차를 이행하지 아니하고 목적물의 소유자 또는 관계인으로부터 동의를 얻지도 아니한 채 공공사업을 시행하였다고 하더라도, 그 목적물에 대하여 실질적이고 현실적인 침해를 가하지 않는 한 곧바로 그 공공사업의 시행이 위법하여 그 소유자나 관계인들에게 불법행위가 된다고 할 수 없다(대판 1999.9.17, 98다5548).

예시답안

Ⅰ 논점의 정리

사업시행자 甲이 손실보상을 하지 않고 관계 법령에 따라 공익사업을 진행하여 더 이상 신고한 어업에 종사할 수 없게 된 피수용자 乙의 권리구제수단이 문제된다. 乙은 손실보상금을 받거나 손해배상을 받는 것을 고려해볼 수 있다. 이에 권리구제수단으로 손실보상청구소송과 손해배상청구소송을 검토한다. 또한 손해배상의 경우에 그 배상금은 어떻게 결정되는지도 검토한다.

Ⅱ 손실보상청구권과 손해배상청구권의 성립 여부

1. 손실보상청구권의 성립 여부

(1) 손실보상청구권 의의

공공필요에 의한 적법한 공권력의 행사로 특정 개인의 재산권에 가해진 특별한 희생에 대하여 사유재산권 보장과 공평부담의 견지에서 행정주체가 행하는 조절적 재산전보를 말한다. 헌법 제23조 제3항은 손실보상제도에 대한 헌법상 근거를 마련하고 있다.

(2) 성립요건

손실보상청구권이 성립하기 위해서는 ① 공행정작용에 의한 재산권의 침해가 있어야 하며, ② 공공필요가 있어야 하고, ③ 적법한 침해이어야 하며, ④ 특별한 희생이 발생하고, ⑤ 보상규정이 필요하다.

(3) 사안의 경우

사안에서는 산업단지조성사업은 공공필요가 있고 공행정작용에 의한 乙의 재산권 침해가 있었으며, 신고어업을 더 이상 종사하지 못하게 된 것은 乙에게 수인하기 어려운 손실로서 특별한 희생에 해당하고 수산업법 제81조 제1항 제1호에 보상규정이 존재한다. 그러나 관계 법률에 따라 사업을 진행하면서 보상 없이 진행한 것은 위법행위가 된다. 따라서 손실보상청구권이 성립하지 못한다.

관련 판례

➡ (구)토지수용법상 기업자는 토지수용으로 인하여 토지소유자 또는 관계인이 입게 되는 손실을 수용의 시기까지 보상할 의무가 있고 그 보상금의 지급 또는 공탁을 조건으로 수용의 시기에 그 수용목적물에 대한 권리를 취득하게 되는 것이므로 이러한 보상을 함이 없이 수용목적물에 대한 공사를 시행하여 토지소유자 또는 관계인에게 손해를 입혔다면 이는 불법행위를 구성하는 것으로서 이와 같은 불법행위를 주장하여 손해금의 지급을 구하는 소는 손실보상이라는 용어를 사용하였다고 하여도 민사상의 손해배상청구로 보아야 한다(대결 1988.11.3, 88마850).

2. 손해배상청구권의 성립 여부

(1) 사업시행자 甲이 공무수탁사인인지 여부

사안에서 사업시행자 甲이 국가인지 아니면 지방자치단체인지 아니면 사업인정을 통해 수용권을 설정 받은 사인인지가 불분명하다. 이러한 논의는 손해배상책임자의 구별과 손해배상의 성질이 국가배상인지 아니면 민법상 손해배상인지를 구분하는 근거가 될 것이다. 이하에서는 사업시행자 甲이 공무수탁사인으로 보고 사업시행자 甲이 배상책임자이며, 민법상 손해배상설에 따라 논의를 계속한다(국가배상법 제2조에서는 국가와 지방자치단체의 배상책임만을 규정하고 있다는 데 논거를 둔다).

* 제12회 시험 당시 조문을 근거하였다. 현행 국가배상법 제2조에서는 "국가나 지방자치단체는 공무원 또는 공무를 위탁받은 사인(이하 "공무원"이라 한다)이 직무를 집행하면서 고의 또는 과실로 법령을 위반하여 타인에게 손해를 입히거나, 「자동차손해배상 보장법」에 따라 손해배상의 책임이 있을 때에는 이 법에 따라 그 손해를 배상하여야 한다"라고 명시하고 있다.

(2) 불법행위에 의한 손해배상청구 가능성

민법 제750조는 '고의 또는 과실로 인한 위법행위로 타인에게 손해를 가한 자는 그 손해를 배상할 책임이 있다.'고 규정하고 있다.

사안에서는 사업시행자 甲이 손실보상을 하지 않은 것은 고의가 아니더라도 과실에는 해당하며, 손실보상 없이 사업진행으로 乙의 재산권을 침해한 것은 수산업법 제81조 제1항 제1호의 보상의무를 위반한 위법성이 인정되므로 불법행위에 해당한다. 乙은 신고어업을 더 이상 계속할 수 없는 손해를 입었고, 乙의 손해와 甲의 불법행위는 인과관계가 있다. 따라서 손해배상청구권이 성립한다.

관련 판례

➡ 적법하게 어업의 신고를 하고 공유수면매립사업지구 내에서 신고한 어업에 종사하고 있던 어민들에 대하여 손실보상을 할 의무가 있는 사업시행자가 손실보상의무를 이행하지 아니한 채 공유수면매립공사를 시행함으로써 실질적이고 현실적인 침해를 가하였다면 이는 불법행위를 구성하고, 이 경우 어업의 신고를 한 자가 입게 되는 손해는 그 손실보상금 상당액이다(대판 2000.5.26, 99다37382).

Ⅲ 손실보상청구소송과 손해배상청구소송

1. 손실보상청구소송

(1) 손실보상청구권의 성질

1) 학설

손실보상은 그 원인행위인 공권력 작용과 일체관계에 있으므로 손실보상청구권은 공권으로 보는 견해와 사법상의 채권채무관계로 보는 사권설이 대립한다.

2) 판례

국민의 재산상의 사익을 위한 권리라는 점을 논거로 사권설 입장에 있었으나 최근 대법원은 하천법상 손실보상청구권을 하천법 규정에 의해 바로 발생하는 공권이라고 보았다.

3) 검토

행정상 손실보상은 재산권에 대한 공권적 침해로 인하여 발생한 특별한 희생을 보전하기 위한 공법상 특유의 제도이므로 공권설이 타당하다.

(2) 소송의 형태

사권설에 의하면 민사소송으로 손해배상청구를 하여야 하며, 공권설로 보는 경우 공법상 당사자소송으로 손해배상청구를 할 수 있다.

관련 판례

➡ 하천구역 편입토지 보상에 관한 특별조치법(2002.12.11. 법률 제6772호로 개정된 것, 이하 '개정 특조법'이라 한다)에서는 제2조 각 호에 해당하는 경우 중 법률 제3782호 하천법 중 개정법률(이하 '개정 하천법'이라 한다) 부칙 제2조의 규정에 의한 소멸시효의 만료 등으로 보상청구권이 소멸되어 보상을 받지 못한 토지에 대하여 시・도지사가 그 손실을 보상하도록 규정하고 있는 바, 위 손실보상청구권의 법적 성질은 공법상의 권리임이 분명하므로 그에 관한 쟁송은 민사소송이 아닌 행정소송절차에 의하여야 할 것이고, 위 손실보상청구권은 개정 특조법 제2조 소정의 토지가 하천구역으로 된 경우에 당연히 발생되는 것이지, 관리청의 보상금지급결정에 의하여 비로소 발생하는 것이 아니므로, 위 손실보상금의 지급을 구하거나 손실보상청구권의 확인을 구하는 소송은 행정소송법 제3조 제2호 소정의 당사자소송에 의하여야 할 것이다(대판 2006.11.9, 2006다23503).

2. 손해배상청구소송(제9회 3번 문제 해설부분 참조)

앞서 검토한 바와 같이 국가배상법에 공무수탁사인의 배상책임을 규정하고 있지 아니하므로 민법상 손해배상청구소송을 제기하여야 할 것이다(견해대립 있음 : 공무수탁사인을 행정주체로 보지 않고 행정기관에 불과하다고 보면 국가배상청구 가능. 행정주체로 보더라도 국가배상법을 유추적용할 수 있다는 견해 등 대립).

* 제12회 시험 당시 조문을 근거하였다. 현행 국가배상법 제2조에서는 "국가나 지방자치단체는 공무원 또는 공무를 위탁받은 사인(이하 "공무원"이라 한다)이 직무를 집행하면서 고의 또는 과실로 법령을 위반하여 타인에게 손해를 입히거나, 「자동차손해배상 보장법」에 따라 손해배상의 책임이 있을 때에는 이 법에 따라 그 손해를 배상하여야 한다."라고 명시하고 있다.

Ⅳ 손해배상청구소송에서 손해배상금의 산정

판례는 허가어업자들이 입은 손해는 그 손실보상금 상당액이라고 보았다.

관련 판례

➡ 적법하게 어업의 신고를 하고 공유수면매립사업지구 내에서 신고한 어업에 종사하고 있던 어민들에 대하여 손실보상을 할 의무가 있는 사업시행자가 손실보상의무를 이행하지 아니한 채 공유수면매립공사를 시행함으로써 실질적이고 현실적인 침해를 가하였다면 이는 불법행위를 구성하고, 이 경우 어업의 신고를 한 자가 입게 되는 손해는 그 손실보상금 상당액이다(대판 2000.5.26, 99다37382).

Ⅴ 문제의 해결

법령에 손실보상을 규정하고 있음에도 보상을 하지 않고 사업을 진행하여 피수용자에게 손해를 입혔다면, 사업시행자의 불법행위가 인정되므로 乙은 사업시행자를 상대로 손해배상청구소송을 제기하여 권리구제를 도모할 수 있다. 이때 손해배상금은 乙이 입은 손실에 대한 보상금상당액이 될 것이다.

문제 03

(구)토지수용법상 사업인정의 법적 성질과 권리구제에 대하여 논하시오. 30점

 문제분석 및 논점파악

사업인정에 대한 일반론 중에서 법적 성질과 권리구제에 대한 부분만의 물음이다. 사업인정에 대한 권리구제에 대하여 토지보상법상에 규정하고 있지 아니하므로 행정심판법과 행정소송법 등이 적용될 것이다. 제1회 문제 1번과 같은 문제이나 기술하는 논점부분이 축소된 문제이다.
본 문제에 대한 예시답안은 답안 형식에 맞추지 않고 사업인정의 법적 성질과 권리구제수단에 대해 설명하였다.

예시답안

I 사업인정의 의의 및 취지(토지보상법 제20조)

사업인정이란 공익사업을 토지 등을 수용 또는 사용할 사업으로 결정하는 것을 말한다(토지보상법 제2조 제7호). 사업인정은 특정한 사업이 토지 등을 수용 또는 사용할 수 있는 공익사업이라는 것을 인정하는 것과 해당 특정사업의 공공필요성의 인정을 주된 내용으로 한다. 사업인정은 일련의 수용절차 가운데 제1단계를 이루는 행위이다. 해당 사업의 공공성 내지 공익성을 판단하여야 하는데, 공공성은 추상적 개념에 불과하여 법률로 정할 수 없기 때문에 행정청으로 하여금 개별・구체적으로 이를 판단하게 하도록 하기 위해 이 제도를 두고 있다. 공용수용이 공익사업을 위해 불가결하다 하더라도 사인의 재산권을 강제적으로 취득하는 것이기 때문에 이를 위한 국가권력의 발동에 신중을 기하지 않으면 안 되기 때문이다. 사업인정은 토지보상법 이외에 개별법에서 사업인정이 의제되는 경우가 있다.

II 법적 성질

1. 처분성(행정행위)

사업인정으로 사업시행자 및 토지소유자 등에게 일정한 구체적인 법적 효과가 발생한다. 즉, 사업시행자에게는 일정한 절차를 거칠 것을 조건으로 수용권이 설정되며, 토지소유자 등에게는 사업인정고시가 있은 후에는 고시된 토지에 대하여 형질변경이나 물건의 손괴 등을 할 수 없게 된다(법

제25조). 따라서 사업인정은 행정청이 구체적 사실에 대한 법집행으로서 외부에 대하여 직접적 법적 효과를 발생시키는 권력적 행위인 공법행위로 항고소송의 대상이 된다.

> **관련 판례**
>
> ➡ 공익사업을 위한 토지 등의 취득 및 보상에 관한 법률 제20조 제1항, 제22조 제3항은 사업시행자가 토지 등을 수용하거나 사용하려면 국토교통부장관의 사업인정을 받아야 하고, 사업인정은 고시한 날부터 효력이 발생한다고 규정하고 있다. 이러한 사업인정은 수용권을 설정해 주는 행정처분으로서, 이에 따라 수용할 목적물의 범위가 확정되고, 수용권자가 목적물에 대한 현재 및 장래의 권리자에게 대항할 수 있는 공법상 권한이 생긴다(대판 2019.12.12, 2019두47629[영업휴업보상등]).

2. 대물적 처분성과 대인적 처분성

사업인정은 사업에 필요한 토지에 대하여 행해지는 대물처분이고, 이에 의해 해당 토지에 대해 구체적으로 권리의무를 발생시킨다. 따라서 그 효과는 사업시행지 내의 토지에 대하여 발생한다. 또한 사업인정은 특정한 사업시행자에게 수용권을 부여하는 것이기 때문에 대인적 처분의 성격을 갖는다.

3. 형성행위인지 확인행위인지 여부

(1) 학설

① 형성행위설은 사업시행자에게 사업인정 후 일정한 절차를 거칠 것을 조건으로 수용권을 설정하여 주는 형성행위로 본다(통설과 판례). 따라서 토지보상법 제4조의 공익사업이라도 사업인정절차를 통하여 그 사업이 토지 등을 수용할 만한 공공성이 있는지의 여부를 판단하게 된다고 본다.

② 확인행위설은 특정한 사업이 토지 등을 수용할 수 있는 사업에 해당하는 것을 확인하고 선언하는 행위라고 본다. 이 견해는 사업인정에 의해 사업시행자가 일정한 법적 지위를 얻는 것에 대하여 법률의 규정에 따라 당연히 발생하는 것이지 사업인정이라는 행위에 의해 부여되는 것이 아니라고 본다.

(2) 판례

공익사업을 위한 토지 등의 취득 및 보상에 관한 법률의 규정에 의한 사업인정처분이라 함은 공익사업을 토지 등을 수용 또는 사용할 사업으로 결정하는 것으로서(같은 법 제2조 제7호) 단순한 확인행위가 아니라 형성행위이므로, 해당 사업이 외형상 토지 등을 수용 또는 사용할 수 있는 사업에 해당된다 하더라도 행정주체로서는 그 사업이 공용수용을 할 만한 공익성이 있는지의 여부와 공익성이 있는 경우에도 그 사업의 내용과 방법에 대하여 사업인정처분에 관련된 자들의 이익을 공익과 사익 간에서는 물론, 공익 상호 간 및 사익 상호 간에도 정당하게 비교・교량하여야 하고, 그 비교・교량은 비례의 원칙에 적합하도록 하여야 한다(대판 2005.4.29, 2004두14670).

(3) 검토

사업인정은 특정한 사업이 공공성을 지니는가, 토지 등을 사업에 제공하는 것이 타당한가의 여부를 판단하여 수용권을 설정해 주는 행정행위이기 때문에 설권적 형성행위로 보는 것이 타당하다.

4. 제3자효 행정행위 여부

사업인정이 제3자효 행정행위인지 문제된다. 생각건대, 사업인정은 사업시행자에게는 수익적 효과를 발생하는 것은 분명하며, 토지소유자 등에게는 토지보상법 제25조에 따라 토지보존의무 등이 발생하므로 침익적 효과를 가져온다고 볼 수 있다. 따라서 사업인정은 제3자효 행정행위라고 보는 것이 타당할 것이다.

관련 판례

➡ (구)토지수용법상의 사업인정의 고시가 있으면 그 이해관계인은 그 위법을 다툴 법률상 이익이 있어 그 취소를 구할 소송요건을 구비하고 있다고 해석함이 상당하다(대판 1973.7.30, 72누137).

5. 재량행위와 기속행위

설권적 형성행위설은 사업시행자에게 일정한 내용의 수용권을 부여하는 행위이므로 재량행위라고 본다. 확인행위설은 사업인정이 단순히 특정사업이 법률에서 정하는 일정한 요건을 갖추고 있는 공익사업에 해당하는 한 수용은 허용되어야 하고, 사업인정을 거부하면 위법한 처분이 된다는 것이다. 그러나 사업인정이 설권적 형성행위냐 확인행위냐에 의하여 논리 필연적으로 재량행위인가 기속행위인가의 결론이 나오는 것이 아니라 법률의 규정 내지는 법률의 취지에 의하여 밝혀져야 한다고 보는 견해도 있다(김철용).

생각건대, 사업인정의 요건으로 공익의 필요 외에는 별다른 규정을 두고 있지 아니하므로, 공공필요성을 판단함에 있어 관련이익의 형량을 포함하는 전문기술적이고 정책적인 판단이 행해지므로 행정청에게 재량권이 인정된다고 보는 것이 타당하다.

관련 판례

➡ 광업법 제87조 내지 제89조, (구)토지수용법 제14조에 의한 토지수용을 위한 사업인정은 단순한 확인행위가 아니라 형성행위이고 해당 사업이 비록 토지를 수용할 수 있는 사업에 해당된다 하더라도 행정청으로서는 그 사업이 공용수용을 할 만한 공익성이 있는지의 여부를 모든 사정을 참작하여 구체적으로 판단하여야 하는 것이므로 사업인정의 여부는 행정청의 재량에 속한다(대판 1992.11.13, 92누596).

Ⅲ 사업인정에 대한 권리구제

1. 사전적 권리구제

토지보상법 제21조에서는 사업인정을 하려면 사업인정에 이해관계가 있는 자의 의견을 들어야 한다고 규정하여 사전적 권리구제를 도모하고 있으며, 공익성 검토 규정은 법상 규정으로서 절차를 이행하지 않는 경우 절차의 하자를 구성하여 그 위법성을 다툴 수 있다.

2. 사후적 권리구제

(1) 행정쟁송

사업인정은 앞서 검토한 바와 같이 행정행위로 항고소송의 대상이 되는 처분에 해당한다. 사업인정에 대한 권리구제에 대해 토지보상법상에 명문으로 규정되어 있지 아니하므로 행정심판법이나 행정소송법에 따라 행정심판과 행정소송을 통해 권리구제를 도모할 수 있다.

행정심판의 경우 청구요건을 갖춘 경우에 위법 또는 부당한 사업인정에 대하여 취소심판, 무효등확인심판이 가능하고, 사업인정 부작위에 대하여는 의무이행심판의 제기가 가능할 것이다.

행정소송의 경우 소송요건을 갖춘 경우에 위법한 사업인정에 대하여는 취소소송, 무효등확인소송이 가능하고, 사업인정 부작위에 대하여는 부작위위법확인소송이 가능할 것이다.

행정심판을 거쳐서 취소소송을 제기하는 경우 취소소송의 대상이 무엇인가가 문제된다. 행정소송법 제19조에 따라 원처분주의가 적용된다. 행정심판의 재결에 의해 사업인정이 취소된 경우에는 사업인정을 받았던 사업시행자는 해당 행정심판의 재결을 대상으로 행정소송을 제기할 수 있다.

(2) 사업인정과 수용재결의 하자승계

사업인정의 위법이 수용재결에 승계될 수 있는지 문제된다. 학설의 경우 견해가 대립하며, 판례의 경우는 하자승계를 부정하고 있다(이에 대한 자세한 논의는 제17회 기출 1번 문제 참조).

관련 판례

➡ 사업인정처분 자체의 위법은 사업인정단계에서 다투어야 하고 이미 그 쟁송기간이 도과한 수용재결단계에서는 사업인정처분이 당연무효라고 볼 만한 특단의 사정이 없는 한 그 위법을 이유로 재결의 취소를 구할 수는 없다(대판 1992.3.13, 91누4324).

➡ 도시재개발사업시행변경인가 및 그 고시, 관리처분계획인가 및 그 고시 등이 위법한 것이라고 할지라도 이러한 하자는 위 처분의 당연무효 사유가 아니라고 할 것이고, 또한 이와 같은 재개발사업시행변경인가처분 등의 위법은 사업시행변경인가 등의 단계에서 다투어야 하고, 이미 그 쟁송기간이 도과한 수용재결 단계에서는 그 인가처분 등이 당연무효라고 볼만한 특단의 사정이 없는 한 그 위법을 이유로 토지수용재결처분의 취소를 구할 수 없는 것이다(대판 1995.11.14, 94누13572).

(3) 가구제

행정소송법 제23조 제2항은 집행정지를 인정하고 있다. 집행정지요건을 충족하는 경우 사업인정취소소송이나 무효등확인소송에서 본안소송에서 승소판결을 받을 때까지 임시적 권리구제수단으로서 고려할 수 있다. 민사집행법상의 가처분을 행정소송법 제8조 제2항을 통해 적용할 수 있는지에 대하여는 견해가 대립하며, 판례는 부정하고 있다.

(4) 국가배상청구소송

국토교통부장관은 국가공무원임이 분명하므로, 국토교통부장관의 위법한 사업인정으로 인해 손해를 입은 경우 국가배상법 제2조 제1항의 요건을 충족하면 국가배상을 통해 권리구제가 가능할 것이다.

국가배상법 제2조 제1항 "국가 또는 지방자치단체는 공무원이 그 직무를 집행하면서 고의 또는 과실로 법령을 위반하여 타인에게 손해를 입히는 경우 이 법에 의하여 그 손해를 배상하여야 한다."

문제 04

감정평가 및 감정평가사에 관한 법률 제28조 제1항의 규정에 의한 감정평가법인등의 손해배상책임에 대하여 설명하시오. 10점

문제분석 및 논점파악

감정평가법 제28조의 손해배상책임에 대하여 의의와 요건을 중심으로 설명하면 될 것이다. 다만, 민법상 손해배상책임과 관계 및 손해배상의 범위 등은 부가적인 논점이 될 수 있다. 예시답안은 감정평가법인등의 손해배상책임에 대한 내용을 정리하여 공부하는 데 편의를 제공하기 위해 배점과 무관하게 작성하였다.

예시답안

Ⅰ 의의 및 취지

감정평가법인등이 타인의 의뢰에 의하여 감정평가함에 있어서 고의 또는 과실로 감정평가 당시의 적정가격과 현저한 차이가 있게 감정평가하거나 감정평가서류에 허위의 기재를 함으로써 감정평가 의뢰인이나 선의의 제3자에게 손해를 발생하게 한 때에는 감정평가법인등은 그 손해를 배상할 책임이 있다.

감정평가법 제28조 감정평가법인등의 손해배상책임은 감정평가법인등의 성실한 감정평가를 유도하고, 감정평가법인등의 불법행위로 인하여 선의의 평가의뢰인 등이 입은 손해를 구제받을 수 있도록 하기 위해서 인정된다.

Ⅱ 민법상 손해배상책임(제750조)과 감정평가법상 손해배상책임의 관계

1. 논의의 실익

감정평가법 제28조의 손해배상책임이 민법 제750조의 손해배상책임의 특칙이라면, 감정평가법인등의 손해배상책임은 감정평가법 제28조의 손해배상책임만이 인정되며 민법상 손해배상책임은 지지 않으므로 손해배상책임의 범위를 구체화하는 데 의미가 있다.

2. 견해대립

특칙이라는 견해(면책설)는 감정평가법 제28조가 민법 제750조의 특칙이라고 본다. 논거로는 객관적인 적정가격을 찾기 어렵고, 평가수수료에 비해 막대한 책임이 부여되므로 감정평가법인등을 보호할 필요성이 인정된다는 것이다.

특칙이 아니라는 견해(보험관계설)는 감정평가법 제28조는 민법 제750조의 특칙이 아니며, 감정평가법 제28조 제1항은 동조 제2항의 보험이나 공제사업과 관련하여 규정된 것으로 보험금이나 공제금의 지급대상이 되는 손해배상책임의 범위를 한정한 것뿐이라고 본다.

3. 판례

감정평가법인등의 부실감정으로 인하여 손해를 입게 된 감정평가의뢰인이나 선의의 제3자는 지가공시 및 토지 등의 평가에 관한 법률상의 손해배상책임과 민법상의 불법행위로 인한 손해배상책임을 함께 물을 수 있다(대판 1998.9.22, 97다36293).

4. 검토

(1) 면책설로 결론내리는 경우

감정평가법에 별도로 손해배상책임을 규정한 취지는 민법상 손해배상책임의 범위를 한정하려는 것으로 보이므로 면책설이 타당하다.

(2) 보험관계설로 결론내리는 경우

감정평가법 제28조에서 민법상 손해배상책임의 특칙이라고 명문으로 규정하고 있지 아니하며, 면책설을 따를 때 고의에 의한 부당한 감정평가가 있어도 책임을 물을 수 없게 되는 경우가 있다는 점에서 특칙이 아니라고 보는 것이 타당하다.

Ⅲ 손해배상책임의 성립요건

1. 감정평가법인등이 감정평가를 하면서

감정평가법 제28조 손해배상책임이 성립하기 위해서는 감정평가법인등이 감정평가를 하면서 감정평가로 발생한 손해에 해당하여야 하고, 가치판단작용이 아닌 순수한 사실조사 잘못으로 인한 손해에는 적용이 없다. 그러나 판례는 임대차관계에 대한 사실조사에 잘못이 있는 경우에 그러한 사실조사는 감정평가의 내용은 아니라고 하면서도 감정평가법 제28조에 의한 감정평가법인등의 손해배상책임을 인정하였다.

관련 판례

➡ 임대상황의 조사가 지가공시 및 토지 등의 평가에 관한 법률 제26조 제1항 소정의 '감정평가' 그 자체에 포함되지는 않지만 감정평가업자가 담보물로 제공할 아파트에 대한 감정평가를 함에 있어 부수적으로 감정평가업자들의 소위 '아파트 감정요항표'에 따라 그 기재사항으로 되어 있는 임대상황란에 고의 또는 과실로 사실과 다른 기재를 하고 이를 감정평가서의 일부로 첨부하여 교부함으로써 감정평가의뢰인 등으로 하여금 부동산의 담보가치를 잘못 평가하게 함으로 말미암아 그에게 손해를 가하게 되었다면 임대상황의 조사가 같은 항 소정의 '감정평가'에 포함되는지 여부와 관계없이 감정평가업자는 특별한 사정이 없는 한 같은 항에 따라 이로 인한 상당인과관계에 있는 손해를 배상할 책임이 있다고 보아야 하고, 감정평가의뢰계약 체결 당시 그 임대상황에 관한 조사를 특별히 의뢰받지 않았다고 하여 그 결론이 달라지는 것은 아니다(대판 2000.4.21, 99다66618)

2. 고의 또는 과실이 있을 것(과실책임주의)

감정평가법인등이 손해배상책임을 지기 위해서는 주관적인 책임요건으로서 그 손해가 감정평가법인등의 고의·과실로 발생한 것이어야 한다. 이러한 고의·과실 입증책임은 손해배상을 주장하는 평가의뢰인 또는 선의의 제3자가 진다.

고의란 일정한 결과의 발생을 의욕하거나 인식 또는 예견하면서 행위를 하는 것을 말하고, 과실은 자기의 행위가 위법한 가해행위가 된다는 것을 인식하여야 함에도 불구하고 부주의로 인하여 이를 알지 못하고 행동하는 것을 말한다.
판례는 부동산공시법과 감정평가에 관한 규칙의 기준을 무시한 자의적 방법에 의한 감정평가는 고의·중과실에 해당한다고 보았고, 사전조사 준비의 부주의, 평가절차의 부주의, 윤리규정에 대한 부주의 등은 과실의 예로 들고 있다.

관련 판례

➡ 감정평가업자가 지가공시 및 토지 등의 평가에 관한 법률과 감정평가에 관한 규칙의 기준을 무시하고 자의적 방법에 의하여 대상 토지를 감정평가한 경우, 감정평가업자의 고의·중과실에 의한 부당감정을 근거로 하여 같은 법 제26조 제1항의 '현저한 차이'를 인정한 사례(대판 1997.5.7, 96다52427)

3. 부당한 감정평가

(1) 적정가격과 현저한 차이

감정평가 당시의 적정가격과 현저한 차이가 있게 감정평가한 경우에 해당한다. 현저한 차이란 일반적으로 달라질 수 있는 범위를 초과하여 발생한 차이를 말한다.

관련 판례

➡ [1] 지가공시 및 토지 등의 평가에 관한 법률 제5조 제2항, 같은 법 시행령 제7조 제4항, (구)공공용지의 취득 및 손실보상에 관한 특례법 시행규칙 제5조의4 제1항, 제4항의 각 규정들은 표준지공시지가를 정하거나 공공사업에 필요한 토지의 보상가를 산정함에 있어서 2인 이상의 감정평가업자에 평가를 의뢰하였는데 평가액 중 최고평가액이 최저평가액의 1.3배를 초과하는 경우에는 건설교통부장관이나 사업시행자가 다른 2인의 감정평가업자에게 대상물건의 평가를 다시 의뢰할 수 있다는 것뿐으로서 여기서 정하고 있는 1.3배의 격차율이 바로 지가공시 및 토지 등의 평가에 관한 법률 제26조 제1항이 정하는 평가액과 적정 가격 사이에 '현저한 차이'가 있는가의 유일한 판단 기준이 될 수 없다(대판 1997.5.7, 96다52427).

➡ [2] 지가공시 및 토지 등의 평가에 관한 법률 제26조 제1항은 고의에 의한 부당감정과 과실에 의한 부당감정의 경우를 한데 묶어서 그 평가액이 적정가격과 '현저한 차이'가 날 때에는 감정평가업자는 감정의뢰인이나 선의의 제3자에게 손해배상책임을 지도록 정하고 있는 바, 고의에 의한 부당감정의 경우와 과실에 의한 부당감정의 경우를 가리지 아니하고 획일적으로 감정평가액과 적정가격 사이에 일정한 비율 이상의 격차가 날 때에만 '현저한 차이'가 있다고 보아 감정평가업자의 손해배상책임을 인정한다면 오히려 정의의 관념에 반할 수도 있으므로, 결국 감정평가액과 적정가격 사이에 '현저한 차이'가 있는지 여부는 부당감정에 이르게 된 감정평가업자의 귀책사유가 무엇인가 하는 점을 고려하여 사회통념에 따라 탄력적으로 판단하여야 한다(대판 1997.5.7, 96다52427).

(2) 감정평가 서류에 허위기재

허위기재란 물건의 내용, 산출근거, 평가액의 허위기재로 가격에 변화를 일으키는 요인을 말한다.

4. 감정평가의뢰인 또는 선의의 제3자에 손해 발생

감정평가법인등이 감정평가함에 있어서 불법행위가 있더라도 손해가 발생하지 않았다면 행정상 제재의 대상은 될지 몰라도 손해배상책임은 없다.

관련 판례

➡ 여기에서 '선의의 제3자'라 함은 감정내용이 허위 또는 감정평가 당시의 적정가격과 현저한 차이가 있음을 인식하지 못한 것뿐만 아니라 감정평가서 자체에 그 감정평가서를 감정의뢰목적 이외에 사용하거나 감정의뢰인 이외의 타인이 사용할 수 없음이 명시되어 있는 경우에는 그러한 사용 사실까지 인식하지 못한 제3자를 의미한다(대판 2009.9.10, 2006다64627).

5. 상당인과관계

부당한 감정평가와 발생한 손해 사이에 인과관계가 있어야 한다. 상당인과관계는 신의성실원칙 등에 의해 판단된다.

관련 판례

➡ 민사소송법 제615조가 법원은 감정인이 한 평가액을 참작하여 최저경매가격을 정하여야 한다고 하고 있지만, 특별한 사정이 없는 한 감정인의 평가액이 최저경매가격이 되는 것이므로, 감정평가의 잘못과 낙찰자의 손해 사이에는 상당인과관계가 있는 것으로 보아야 한다(대판 1998.9.22, 97다36293).

➡ 감정평가법인등이 담보목적물에 대하여 부당한 감정을 함으로 인하여 금융기관이 그 감정을 믿고 정당한 감정가격을 초과한 대출을 함으로써 재산상 손해를 입게 되리라는 것은 쉽사리 예견할 수 있으므로, 다른 특별한 사정이 없는 한 감정평가업자의 위법행위와 금융기관의 손해 사이에는 상당인과관계가 있다 할 것이고, 그 손해의 발생에 금융기관의 과실이 있다면 과실상계의 법리에 따라 그 과실의 정도를 비교・교량하여 감정평가업자의 책임을 면하게 하거나 감경하는 것은 별론으로 하고 그로 인하여 감정평가업자의 부당감정과 손해 사이에 존재하는 인과관계가 단절된다고는 할 수 없다(대판 2009.9.10, 2006다64627).

6. 위법성 요건이 필요한지 여부

감정평가법 제28조에 손해배상책임 요건으로 위법성을 명시적으로 요구하고 있지 아니하다. 따라서 위법성 요건이 필요한지 문제된다.

위법성이 별도 요건으로 필요하다는 견해와 위법성은 고의 또는 과실 속에 포함되었다는 견해, 위법성 요소는 부당한 감정평가 개념 속에 포함되었다는 견해가 대립한다. 생각건대, 부당한 감정평가 개념 속에 위법성 요건이 포함된 것으로 보는 것이 타당하다.

민법 제750조(불법행위의 내용)

고의 또는 과실로 인한 위법행위로 타인에게 손해를 가한 자는 그 손해를 배상할 책임이 있다.

Ⅳ 손해배상책임의 내용

1. 손해배상 범위

불법행위로 인한 재산상 손해는 위법한 가해행위로 인하여 발생한 재산상 불이익, 즉 위법행위가 없었더라면 존재하였을 재산상태와 위법행위가 가해진 현재의 재산상태와의 차이이므로, 낙찰자가 감정평가법인등의 불법행위로 인하여 입은 손해도 감정평가법인등의 위법한 감정이 없었더라면 존재하였을 재산상태와 위법한 감정으로 인한 재산상태와의 차이가 되고, 이는 결국 위법한 감정이 없었다면 낙찰자가 낙찰받을 수 있었던 낙찰대금과 실제 지급한 낙찰대금과의 차액이 된다(다만 위법한 감정에도 불구하고 시가보다 더 낮은 가격으로 낙찰받은 경우, 위법한 감정이 없었다면 실제 지급한 낙찰대금보다 더 낮은 가격으로 낙찰받을 수 있었다는 사정은 이를 주장하는 자가 입증하여야 한다)(대판 1998.9.22, 97다36293).

담보목적물에 대하여 감정평가법인등이 부당한 감정을 함으로써 감정의뢰인이 그 감정을 믿고 정당한 감정가격을 초과한 대출을 한 경우에는 부당한 감정가격에 근거하여 산출된 담보가치와 정당한 감정가격에 근거하여 산출된 담보가치의 차액을 한도로 하여 대출금 중 정당한 감정가격에 근거하여 산출된 담보가치를 초과한 부분이 손해액이 된다(대판 2009.9.10, 2006다64627).

불법행위로 인한 손해배상청구소송에서 재산적 손해의 발생사실은 인정되나 구체적인 손해의 액수를 증명하는 것이 사안의 성질상 곤란한 경우, 법원은 증거조사의 결과와 변론 전체의 취지에 의하여 밝혀진 당사자들 사이의 관계, 불법행위와 그로 인한 재산적 손해가 발생하게 된 경위, 손해의 성격, 손해가 발생한 이후의 여러 정황 등 관련된 모든 간접사실들을 종합하여 손해의 액수를 판단할 수 있고, 이러한 법리는 자유심증주의하에서 손해의 발생사실은 입증되었으나 사안의 성질상 손해액에 대한 입증이 곤란한 경우 증명도·심증도를 경감함으로써 손해의 공평·타당한 분담을 지도원리로 하는 손해배상제도의 이상과 기능을 실현하고자 함에 그 취지가 있는 것이지, 법관에게 손해액의 산정에 관한 자유재량을 부여한 것은 아니므로, 법원이 위와 같은 방법으로 구체적 손해액을 판단함에 있어서는, 손해액 산정의 근거가 되는 간접사실들의 탐색에 최선의 노력을 다해야 하고, 그와 같이 탐색해 낸 간접사실들을 합리적으로 평가하여 객관적으로 수긍할 수 있는 손해액을 산정해야 한다(대판 2009.9.10, 2006다64627).

담보목적물에 대하여 감정평가법인등이 부당한 감정을 함으로써 감정의뢰인이 그 감정을 믿고 정당한 감정가격을 초과한 대출을 한 경우에는 부당한 감정가격에 근거하여 산출된 담보가치와 정당한 감정가격에 근거하여 산출된 담보가치의 차액을 한도로 하여 대출금 중 정당한 감정가격에 근거하여 산출된 담보가치를 초과한 부분이 손해액이 된다고 할 것이다.

또 민법상 과실상계제도는 채권자가 신의칙상 요구되는 주의를 다하지 아니한 경우 공평의 원칙에 따라 손해배상액을 산정함에 있어서 채권자의 그와 같은 부주의를 참작하게 하려는 것이므로 사회통념상 혹은 신의성실의 원칙상 단순한 부주의라도 그로 말미암아 손해가 발생하거나 확대된 원인을 이루었다면 채권자에게 과실이 있는 것으로 보아 과실상계를 할 수 있고, 채무불이행으로 인한 손해배상책임의 범위를 정함에 있어서의 과실상계사유의 유무와 정도는 개별 사례에서 문제된 계약의 체결 및 이행 경위와 당사자 쌍방의 잘못을 비교하여 종합적으로 판단하여야 하며, 이때에 과실상계 사유에 관한 사실인정이나 그 비율을 정하는 것은 그것이 형평의 원칙에 비추어 현저히 불합리한 것이 아닌 한 사실심의 전권사항이라고 할 수 있다(대판 1999.5.25, 98다56416).

2. 손해배상책임의 보장

감정평가법 제28조 제1항의 손해배상책임을 보장하기 위하여 감정평가사 1인당 1억원 이상 보험에 가입하거나 감정평가사협회에서 운영하는 공제사업에 가입하여야 한다.

V 관련 문제

감정평가법 제28조의 손해배상책임도 민법상 불법행위로 인한 손해배상청구권 소멸시효 규정을 적용받는다고 보아야 한다. 따라서 손해가 발생한 것을 안 날로부터 3년 이내, 불법행위 한 날로부터 10년 이내에 손해배상을 청구할 수 있다.

관련 판례

➡ 불법행위에 의한 손해배상청구권의 단기소멸시효의 기산점이 되는 민법 제766조 제1항 소정의 '손해 및 가해자를 안 날'이라 함은 손해의 발생사실과 가해자를 알아야 할 뿐만 아니라 그 가해행위가 불법행위로서 이를 이유로 손해배상을 청구할 수 있다는 것을 안 때라고 할 것이고, 이 경우 손해의 발생사실을 알았다고 하기 위해서는 손해의 액수나 정도를 구체적으로 알았다고 할 필요까지는 없다고 하더라도 손해를 현실적이고 구체적으로 인식하여야 한다(대판 1999.11.23, 98다11529).

Chapter 25

2000년 제11회 기출문제 분석

문제 01

토지소유자인 甲은 중앙토지수용위원회의 수용재결에 불복하여 이의신청을 제기하였으나 기각되었다. 이에 따라 甲은 행정소송으로서 취소소송을 제기하고자 한다.

(1) 이때 甲은 무엇을 대상으로 행정소송을 제기할 수 있는가와 관련하여 판례의 태도를 설명하고 이를 논평하시오. 30점

(2) 甲이 행정소송을 제기하는 경우에 이것이 토지에 대한 수용효력에 영향을 미치는가를 설명하시오. 10점

문제분석 및 논점파악

〈(구)토지수용법〉

제75조의2(이의신청에 대한 재결의 효력)

① 이의신청의 재결에 대하여 불복이 있을 때에는 재결서가 송달된 날로부터 1월 이내에 행정소송을 제기할 수 있다. 다만, 기업자는 행정소송을 제기하기 전에 제75조 제1항의 규정에 의하여 이의신청에 대한 재결에서 정한 보상금을 공탁하여야 한다. 이 경우, 토지소유자 등은 공탁된 보상금을 소송종결 시까지 수령할 수 없다.

(구)토지수용법 제75조의2 제1항의 해석에 대해 논란이 있었다. 즉, 대법원은 (구)토지수용법이 재결주의를 취한 것으로 보았다. 그러나 현행 토지보상법 제85조에서는 “제34조의 재결에 불복할 때는 이의신청을 거치지 않고 또는 이의신청을 거쳐 행정소송을 제기할 수 있다.”고 규정하고 있어 원처분주의를 확인하고 있다.

최근 대법원 역시 같은 취지의 판결을 내린 바 있어, 과거 토지수용법상 재결주의 논란이 불식되었다고 보인다.

독자의 공부를 위해 현행 토지보상법에서 이의신청을 거쳐 보상금증감청구소송을 제기하는 경우 소송의 대상이 무엇인지에 대한 견해대립이 있는바, 물음 (1)을 보상금증감청구소송으로 문제를 바꾸어 답안을 작성하기로 한다. 다만, 보상금증감청구소송의 성질도 중요한 부분이므로 소송의 성질과 소송의 대상을 주 논점으로 하여 작성하였다.

예시답안

Ⅰ 논점의 정리

물음 (1)은 토지수용위원회의 수용재결에 대한 이의신청을 거쳐 다시 보상금증액청구소송을 제기하려는 경우에 무엇을 대상으로 소송을 제기해야 하는지 문제된다.

물음 (2)에서는 행정소송 제기가 토지수용에 있어 어떠한 효력을 미치는지 토지보상법 제88조를 검토한다.

Ⅱ 물음 (1)에 대하여

* 앞서 밝힌 바와 같이 기출문제를 '보상금증감청구소송'에 대한 물음으로 변경하여 답안을 작성한 것이다.

1. 의의 및 필요성

보상금증감청구소송은 수용재결 중 보상금에 대하여서만 이의가 있는 경우에 보상금의 증액 또는 감액을 청구하는 소송이다. 토지소유자 또는 관계인은 보상금의 증액을 청구하는 소송을, 사업시행자는 보상금의 감액을 청구하는 소송을 제기한다. 이는 재결에 대한 불복수단으로 취소소송만 인정되면 권리구제가 우회적이고 소송경제에 반하므로 이를 시정하고 분쟁을 일회적으로 조속히 해결하기 위하여 도입되었다.

2. 소송의 구조 및 형태

(구)토지수용법에서는 재결청을 피고에 포함하고 있어 제기방식에 있어서 피고의 공동인지, 소송의 병합인지 논란이 있었고, 대법원은 필요적 공동소송(지금은 민사소송법이 개정되어 '필수적 공동소송')으로 보았다. 그러나 현행 토지보상법은 재결청을 피고에서 제외하여 1인의 원고와 1인의 피고를 당사자로 하는 단일소송이 되었다.

형식적 당사자소송이란 행정청의 처분 등을 원인으로 하는 법률관계에 관한 소송으로서, 직접 다투는 것은 아니지만 실질적으로 처분 등을 다투면서도 행정청을 피고로 하지 않고 그 법률관계의 한쪽 당사자를 피고로 하는 소송이다. 즉, 실질은 항고소송이면서 형식은 당사자소송을 취하고 있다고 할 수 있다. 우리나라 행정소송법은 당사자소송만을 규정하고 있다. 현행 토지보상법은 토지수용위원회를 보상금증감청구소송의 피고에서 제외하고 있어 보상금증감청구소송을 형식적 당사자소송으로 보는 것이 일반적 견해이다.

3. 소송의 성질(형성소송인가, 확인 · 급부소송인가)

(1) 견해대립

형성소송설은 공정력을 가진 보상재결의 적극적 변경 또는 소극적 변경(증액 또는 감액)을 구하는 소송이라는 점에서 보상금증감청구소송은 형성소송이라고 본다. 급부·확인의 소라는 견해는 재결의 취소, 변경과 같은 우회적 절차를 거칠 필요 없이 직접 법원이 정당보상액을 확인하고 부족액의 급부를 구하는 것으로 본다.

(2) **검토**

손실보상금증액청구소송은 보상액을 확인하고 그 이행을 명하는 점에서 이행소송(급부소송) 성질을 가지고, 감액청구소송은 보상액을 확인하는 점에서 확인소송의 성질을 가진다고 본다.

4. 판례의 유형별 검토

(1) **2008두822**

토지보상법 제74조 제1항에 규정되어 있는 잔여지수용청구권은 손실보상의 일환으로 토지수용위원회의 재결이 없더라도 그 청구에 의하여 수용의 효과가 발생하는 형성권적 성질을 가지므로, 잔여지수용청구를 받아들이지 않은 토지수용위원회의 재결에 대하여 토지소유자가 불복하여 제기하는 소송은 위 법 제85조 제2항에 규정되어 있는 보상금의 증감에 관한 소송에 해당하여 사업시행자를 피고로 하여야 한다.

(2) **2018두227**

어떤 보상항목이 토지보상법상 손실보상대상에 해당함에도 관할 토지수용위원회가 사실을 오인하거나 법리를 오해함으로써 손실보상대상에 해당하지 않는다고 잘못된 내용의 재결을 한 경우에는, 피보상자는 관할 토지수용위원회를 상대로 그 재결에 대한 취소소송을 제기할 것이 아니라, 사업시행자를 상대로 공익사업을 위한 토지 등의 취득 및 보상에 관한 법률 제85조 제2항에 따른 보상금증감소송을 제기하여야 한다.

(3) **2007다8129**

세입자의 주거이전비 보상에 관하여 재결이 이루어진 다음 세입자가 보상금의 증감 부분을 다투는 경우에는 같은 법 제85조 제2항에 규정된 행정소송에 따라, 보상금의 증감 이외의 부분을 다투는 경우에는 같은 조 제1항에 규정된 행정소송에 따라 권리구제를 받을 수 있다.

(4) **2018두67**

토지보상법 제85조 제2항에 따른 보상금의 증액을 구하는 소의 성질, 토지보상법상 손실보상금 채권의 존부 및 범위를 확정하는 절차 등을 종합하여 보면, 토지보상법에 따른 토지소유자 또는 관계인의 사업시행자에 대한 손실보상금 채권에 관하여 압류 및 추심명령이 있더라도, 추심채권자가 보상금 증액 청구의 소를 제기할 수 없고, 채무자인 토지소유자 등이 보상금 증액 청구의 소를 제기하고 그 소송을 수행할 당사자적격을 상실하지 않는다고 보아야 한다.

5. 소송의 대상

(1) 문제점

토지수용위원회의 수용재결에서 정한 보상금에 대하여 바로 보상금증감청구소송을 제기하는 경우에는 보상금 그 자체가 대상이 되기 때문에 문제가 없다. 그러나 이의신청을 거쳐 이의재결이 난 경우 보상금에 대한 불복으로 보상금증감청구소송을 제기하는 경우 무엇을 대상으로 하여야 하는지 문제된다.

(2) 견해대립

취소소송에서와 같이 원처분주의를 취하여 토지수용위원회의 수용재결에서 정한 보상금을 소송대상이라고 보는 견해, 재결주의를 취하여 이의재결에서 정한 보상금을 소송대상으로 보는 견해, 보상금에 관한 법률관계가 주된 다툼의 대상이 된다고 보는 견해가 대립한다.

(3) 검토

보상금증감청구소송은 취소소송과 달리 당사자소송의 성질을 띠고 있는 바, 원처분주의 또는 재결주의로 해석할 것은 아니라고 본다. 따라서 보상금에 관한 법률관계만이 보상금증감청구소송의 대상이 된다고 보는 견해가 타당하다.

Ⅲ 물음 (2)에 대하여

1. 집행정지의 의의 및 취지(동법 제23조 제2항)

집행정지란 취소소송이 제기된 경우 처분 등이나 그 집행 또는 절차의 속행으로 인하여 생길 회복하기 어려운 손해를 예방하기 위하여 긴급한 필요가 있다고 인정할 때 당사자의 신청 또는 직권으로 처분 등의 효력이나 그 집행 또는 절차 속행의 전부 또는 일부를 정지하는 결정을 말하며, 본안판결의 실효성을 확보하여 권리구제를 도모하기 위해 인정되는 가구제 제도이다.

2. 집행정지의 요건

(1) 적극적 요건

① 적법한 본안소송이 계속 중일 것, ② 집행정지대상인 처분이 존재할 것, ③ 회복하기 어려운 손해의 가능성이 있을 것, ④ 긴급한 필요가 존재할 것을 요건으로 한다.

(2) 소극적 요건

① 공공복리에 중대한 영향을 미칠 우려가 없을 것, ② 본안청구의 이유 없음이 명백하지 않을 것을 요건으로 한다.

3. 수용효력에 영향을 미치는지 여부

(1) 관련 규정의 검토(토지보상법 제88조)

관할 토지수용위원회의 수용재결에 대한 법 제83조의 이의신청이나 제85조의 행정소송의 제기는 사업의 진행 및 토지의 수용 또는 사용을 정지시키지 아니한다고 규정하고 있다.

(2) 행정소송법 제23조와 토지보상법 제88조의 관계

행정소송법 제23조 제1항은 집행부정지 원칙을 규정하고 있으며, 동법 제23조 제2항에서는 예외적인 집행정지를 규정하고 있다. 행정소송법이 집행부정지 원칙을 취한 것은 행정목적의 실효적인 달성을 보장하기 위해서이다.

행정소송법의 이러한 규정에도 불구하고 토지보상법 제88조에서는 특별히 집행부정지만을 규정하고 있다. 이것은 피수용자의 불복에도 불구하고 사업을 진행시켜 사업의 원활을 기하기 위해서이다.

(3) 검토

사안에서 이의재결에 대한 행정소송이 토지수용효력에 미치는 영향은 공공사업의 원활한 시행 및 집행정지의 남용방지라는 토지보상법의 특수한 목적으로 규정된 토지보상법 제88조에 따라 사업의 진행 및 토지의 수용 또는 사용을 정지시키지 아니한다.

Ⅳ 문제의 해결

보상금증감청구소송은 단일소송이며, 형식적 당사자소송에 해당한다. 또한 소송의 성질은 증액청구소송은 이행소송의 성질을, 감액청구소송은 확인·급부소송의 성질을 갖는다. 이의신청을 거쳐 보상금증감청구소송을 제기하는 경우에는 보상금에 관한 법률관계만이 대상이 된다.

토지보상법 제88조는 토지수용위원회의 시심적(始審的) 재결이 있게 되면 그 재결의 집행부정지 효력을 규정하고 있다. 따라서 행정소송의 제기가 있어도 사업의 진행 및 토지의 수용 또는 사용을 정지시키지 아니한다.

문제 02

감정의뢰인 甲은 감정평가사 乙이 고의로 자신의 토지를 잘못 평가하였음을 주장하여 국토교통부장관에게 乙에 대한 제재조치를 요구하였다. 이에 따라 국토교통부장관은 감정평가 및 감정평가사에 관한 법률상의 권한을 행사하여 일정한 제재조치를 취하고자 한다. 이 경우에 국토교통부장관이 취할 수 있는 절차와 구체적인 제재조치 내용을 설명하시오. 30점

문제분석 및 논점파악

I 문제의 해설

해당 문제는 현행법에 맞지 않는 문제이다. 현행 감정평가법 제25조는 감정평가법인등의 성실의무를 규정하고 있고, 성실의무 위반에 대하여 감정평가법상 국토교통부장관이 행할 수 있는 각종 제재규정을 두고 있다. 따라서 본 문제를 감정평가법인등으로 수정하며, 현행 감정평가법 규정에 따라 예시답안을 작성하였다.

ZOOM! 생각해 볼 문제

제11회 합격자 예시답안을 보면 국토교통부장관이 취할 제재조치의 내용을 행정상, 민사상, 형사상 조치로 나누어 설명하고 있다. 민사상 조치로 손해배상을 설명하고 있다. 그러나 본 문제는 감정평가법인등이 감정평가의뢰인의 토지를 고의로 잘못 평가한 경우이다. 따라서 의뢰인이 이로 인해 손해를 입었다면 감정평가법인등에게 손해배상책임을 물을 수는 있어도 국토교통부장관이 제재조치로서 감정평가법인등에게 손해배상책임을 물을 수는 없는 것이다.

종합해보면, 의뢰인의 제재조치 요구에 국토교통부장관이 취할 수 있는 제재조치는 국토교통부장관 자신이 처분권을 갖고 있는 제재수단인 행정상 제재수단이 주된 수단이 된다. 민사상 제재수단이나 형사상 제재수단을 직접 국토교통부장관이 부과할 수는 없는 것이다. 다만, 형사상 제재수단의 경우에 국토교통부장관이 감정평가법인등을 감정평가법 위반사실에 대해 수사기관(경찰 및 검찰)에 고발할 수는 있는 것이다.

Ⅱ 관련 규정 요약

〈감정평가 및 감정평가사에 관한 법률〉

제25조(성실의무 등)

① 감정평가법인등(감정평가법인 또는 감정평가사사무소의 소속 감정평가사를 포함한다)은 제10조에 따른 업무를 하는 경우 품위를 유지하여야 하고, 신의와 성실로써 공정하게 하여야 하며, 고의 또는 중대한 과실로 업무를 잘못하여서는 아니 된다.

제32조(인가취소 등)

① 국토교통부장관은 감정평가법인등이 다음 각 호의 어느 하나에 해당하는 경우에는 그 설립인가를 취소(제29조에 따른 감정평가법인에 한정한다)하거나 2년 이내의 범위에서 기간을 정하여 업무의 정지를 명할 수 있다. 다만, 제2호 또는 제7호에 해당하는 경우에는 그 설립인가를 취소하여야 한다.

11. 제25조, 제26조 또는 제27조를 위반한 경우. 다만, 소속 감정평가사나 그 사무직원이 제25조 제4항을 위반한 경우로서 그 위반행위를 방지하기 위하여 해당 업무에 관하여 상당한 주의와 감독을 게을리하지 아니한 경우는 제외한다.

제41조(과징금의 부과)

① 국토교통부장관은 감정평가법인등이 제32조 제1항 각 호의 어느 하나에 해당하게 되어 업무정지처분을 하여야 하는 경우로서 그 업무정지처분이 「부동산 가격공시에 관한 법률」 제3조에 따른 표준지공시지가의 공시 등의 업무를 정상적으로 수행하는 데에 지장을 초래하는 등 공익을 해칠 우려가 있는 경우에는 업무정지처분을 갈음하여 5천만원(감정평가법인인 경우는 5억원) 이하의 과징금을 부과할 수 있다.

제45조(청문)

국토교통부장관은 다음 각 호의 어느 하나에 해당하는 처분을 하려는 경우에는 청문을 실시하여야 한다.

1. 제13조 제1항 제1호에 따른 감정평가사 자격의 취소
2. 제32조 제1항에 따른 감정평가법인의 설립인가 취소

제47조(지도·감독)

① 국토교통부장관은 감정평가법인등 및 협회를 감독하기 위하여 필요할 때에는 그 업무에 관한 보고 또는 자료의 제출, 그 밖에 필요한 명령을 할 수 있으며, 소속 공무원으로 하여금 그 사무소에 출입하여 장부·서류 등을 검사하게 할 수 있다.

② 제1항에 따라 출입·검사를 하는 공무원은 그 권한을 표시하는 증표를 지니고 이를 관계인에게 내보여야 한다.

제49조(벌칙)

다음 각 호의 어느 하나에 해당하는 자는 3년 이하의 징역 또는 3천만원 이하의 벌금에 처한다.

5. 제25조 제1항을 위반하여 고의로 업무를 잘못하거나 같은 조 제6항을 위반하여 제28조의2에서 정하는 유도 또는 요구에 따른 자

제52조(과태료)

① 제24조 제1항을 위반하여 사무직원을 둔 자에게는 500만원 이하의 과태료를 부과한다.
② 생략
③ 다음 각 호의 어느 하나에 해당하는 자에게는 300만원 이하의 과태료를 부과한다.
  1. 제6조 제3항을 위반하여 감정평가서의 원본과 그 관련 서류를 보존하지 아니한 자

예시답안

I 논점의 정리

국토교통부장관이 감정평가법인등 乙에 대한 제재조치를 취할 수 있는 절차와 구체적인 제재조치가 문제된다. 먼저, 국토교통부장관은 감정평가의뢰인인 甲의 주장대로 감정평가법인등 乙에게 감정평가법 제25조의 성실의무 위반이 있는지 조사하여야 한다. 이러한 조사로 乙에게 의무위반이 있는 경우에는 제재조치를 고려할 수 있으나, 乙에게 의무위반사실이 없다면 제재조치를 취할 수 없는 것이다.

두 번째 논점으로는 乙에게 의무위반사실이 있다면 감정평가법상 어떠한 제재조치가 가능한지 검토하여야 한다.

세 번째 논점은 이러한 제재조치를 취하려는 경우에 국토교통부장관은 어떠한 절차를 거쳐야 하는지가 문제된다. 이하 사안과 관련된 감정평가법 및 행정절차법의 관련 조문을 위주로 문제를 검토한다.

II 국토교통부장관의 지도 · 감독

1. 감정평가법 제47조

국토교통부장관은 감정평가법인등을 감독하기 위하여 필요한 때에는 그 업무에 관한 보고 또는 자료의 제출, 그 밖에 필요한 명령을 할 수 있으며, 소속공무원으로 하여금 그 사무소에 출입하여 장부 · 서류 등을 검사하게 할 수 있다고 규정하고 있다.

2. 사안의 경우

따라서 국토교통부장관은 甲의 주장대로 감정평가법인등 乙에게 감정평가법 제25조 제1항의 '고의로 업무를 잘못하여서는 아니 된다'라는 성실의무 위반 사실이 있는지를 감정평가법 제47조에 근거하여 조사할 수 있다.

Ⅲ 국토교통부장관이 취할 수 있는 제재조치 내용

1. 개설

국토교통부장관은 乙의 잘못을 조사하여 그 결과 乙에게 甲토지를 고의로 잘못 평가한 사실이 있다고 인정되는 경우에는 감정평가법상 제재수단을 고려할 수 있을 것이다. 이때 국토교통부장관이 직접 제재조치를 할 수 있는 수단으로는 자신이 처분권을 갖고 있는 행정상 제재수단이 될 것이다. 다만, 행정형벌과 관련하여는 자신이 직접 징역형이나 벌금형을 내릴 수는 없는바, 수사기관에 乙의 위법사실을 고발조치는 할 수 있을 것이다. 이하에서는 행정상 제재수단을 중심으로 검토한다.

2. 징계(법 제39조)

감정평가사 징계란 감정평가사가 감정평가법상의 의무를 위반하는 경우, 국토교통부장관이 감정평가관리·징계위원회의 의결에 따라 행정적 책임을 가하는 것을 말하며, 감정평가 업무에 대한 신뢰성 제고에 취지가 있다. 그 종류로는 ① 자격의 취소, ② 등록의 취소, ③ 2년 이하의 업무정지, ④ 견책이 있다.

3. 과징금의 부과(법 제41조)

제32조 제1항 각 호의 어느 하나에 해당하게 되어 업무정지처분을 하여야 하는 경우로서 그 업무정지처분이 공익을 해칠 우려가 있는 경우에는 업무정지처분에 갈음하여 과징금을 부과할 수 있다. 따라서 국토교통부장관은 감정평가법인등 乙이 업무정지처분을 받음으로 인하여 표준지공시지가 조사·평가나 표준주택가격의 조사·평가 등의 업무를 정상적으로 수행하지 못하여 공익을 해칠 우려가 있는 경우 업무정지처분에 갈음하여 부과하는 변형된 과징금을 부과할 수 있다.

4. 과태료 부과 가능 여부

감정평가법 제52조에서는 동법 제6조 제3항 등의 위반자에게 300만원 이하의 과태료를 국토교통부장관이 부과할 수 있다고 규정하고 있다. 사안에서 감정평가법인등 乙은 감정평가법 제25조 제1항 위반자이므로 과태료 부과처분사유에 해당하지 아니한다.

Ⅳ 국토교통부장관이 취할 수 있는 절차

1. 乙의 위법사실 조사

감정평가법 제47조에 근거하여 국토교통부장관은 乙에게 감정평가법 제25조 제1항 위반사실이 있는지를 조사할 수 있다. 이때 소속공무원이 사무소를 출입하여 장부·서류 등을 조사하는 경우에는 그 공무원은 그 권한을 표시하는 증표를 지니고 이를 관계인에게 내보여야 한다.

2. 징계 절차

(1) 징계의결의 요구(시행령 제34조 제1항)

국토교통부장관은 감정평가사에게 법 제39조 각 호의 어느 하나에 따른 징계사유가 있다고 인정하는 경우에는 증명서류를 갖추어 감정평가관리·징계위원회에 징계의결을 요구해야 한다.

(2) 징계당사자에게 통보(시행령 제34조 제2항)

감정평가관리·징계위원회는 제1항에 따른 징계의결의 요구를 받으면 지체 없이 징계요구 내용과 징계심의기일을 해당 감정평가사에게 통지하여야 한다.

(3) 의견진술(시행령 제41조)

당사자는 감정평가관리·징계위원회에 출석하여 구술 또는 서면으로 자기에게 유리한 사실을 진술하거나 필요한 증거를 제출할 수 있다.

(4) 징계의결(시행령 제35조)

징계위원회는 징계의결의 요구를 받은 날부터 60일 이내에 징계에 관한 의결을 하여야 한다. 다만, 부득이한 사유가 있는 때에는 징계위원회의 의결로 30일에 한하여 그 기간을 연장할 수 있다.

(5) 징계 사실의 서면 통지 및 징계의 공고(시행령 제36조)

① 국토교통부장관은 감정평가법 제39조의2 제1항에 따라 구체적인 징계사유를 알리는 경우에는 징계의 종류와 사유를 명확히 기재하여 서면으로 알려야 한다.
② 국토교통부장관은 법 제39조의2 제1항에 따라 같은 항에 따른 징계사유 통보일부터 14일 이내에 징계의 종류 등을 관보에 공고해야 한다.

3. 과징금 부과 절차

(1) 과징금의 부과(감정평가법 제41조 제1항)

국토교통부장관은 업무정지 처분이 표준지공시지가의 공시 등의 업무를 수행하는 데에 지장을 초래하는 등 공익을 해칠 우려가 있는 경우에는 업무정지처분에 갈음하여 5천만원(법인의 경우는 5억원) 이하의 과징금을 부과할 수 있다.

(2) 과징금의 부과기준(법 제41조 제2항, 영 제43조 제2항)

위반행위의 내용과 정도, 기간, 횟수, 이익의 규모 등을 고려하여 부과하여야 하며, 금액의 1/2 범위 안에서 이를 늘리거나 줄일 수 있다. 다만, 늘리는 경우에도 과징금의 총액은 과징금최고액을 초과할 수 없다.

(3) 과징금의 통지 및 납부의무(영 제43조 제3항 및 제4항)

국토교통부장관은 과징금을 부과하는 경우에는 위반행위의 종류와 과징금의 금액을 명시하여 서면으로 통지하여야 하며, 통지를 받은 자는 통지가 있은 날부터 60일 이내에 국토교통부장관이 정하는 수납기관에 과징금을 납부하여야 한다.

V 문제의 해결

국토교통부장관은 먼저 감정평가법인등이 감정평가법 제25조 제1항의 위반사실이 있는지 조사할 수 있다. 만약, 乙의 위반사실이 있다면, 감정평가법 제39조에 의거 징계처분, 동법 제41조에 따른 과징금 부과처분을 할 수 있다고 보여지며, 국토교통부장관은 감정평가법에 규정되어 있는 처분절차를 준수하여야 한다. 최근 감정평가법 제39조의2 징계의 공고가 신설됨으로써 감정평가사의 사회적 책임이 더욱 높아진 바 있으며, 이는 국민에게 지대한 영향을 미치는 감정평가업의 객관성과 공정성 측면에서 타당성이 인정된다고 판단된다.

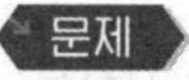

문제 03

공공사업의 시행으로 인하여 공공사업지구 밖에서 발생한 피해에 대한 보상의 이론적 근거, 실제유형과 보상의 한계에 대하여 논술하시오. 20점

문제분석 및 논점파악

이 문제는 소위 간접손실 또는 사업손실에 대한 보상에 관한 문제이다. 간접손실부분은 정리하기가 매우 어려운 논점 중의 하나이다. 그 이유는 첫째, 간접손실에 대한 명확한 개념정립이 이루어지고 있지 아니하며, 통일된 용어도 아니어서 학자들 간에 사용하는 용어도 다르며, 그 용어에서 포함하는 손실의 범위도 다르다. 따라서 수험생들은 어떠한 용어를 사용하고 그 용어에 해당하는 손실의 범위를 어디까지로 할 것인지를 자신 스스로가 규정을 짓고 논의를 해야 하기 때문이다. 둘째, 사업시행지 밖에서 발생하는 손실에 대한 보상규정이 토지보상법상에 일부유형만이 규정되어 있고, 나머지의 유형에 대해서는 어느 조문에 근거해야 하는지가 명확하지 않기 때문이다. 예컨대, 토지보상법 제79조 제2항의 손실유형과 동조 제4항의 손실유형의 차이가 무엇인지 규명하기 어렵다.

이러한 문제에도 불구하고 공익사업의 실무에서는 소위 간접손실에 대한 많은 유형의 손실이 발생하고 그 손실의 보상 여부와 보상 시 손실보상으로 할 것인지 손해배상으로 할 것인지 등이 문제되므로, 학자들의 관심을 많이 받고 있는 영역에 해당한다. 따라서 시험문제에 자주 등장할 수 있는 부분이다.

본 제11회에서는 사업시행지구 밖에서 발생한 피해에 대한 보상의 이론적 근거, 실제유형, 보상의 한계를 물었고, 제14회 시험에서는 사업시행지구 밖의 손실 중 간접침해에 한정된 구제수단을 물었다.

개인적으로는 사업시행지구 밖에서 발생한 손실에 대한 권리구제 문제로서 사례형 문제가 출제될 것 같다고 생각한다. 사례형 문제의 유형은 다양하게 구성될 수 있으나, 가장 유력한 형태는 경제적·사회적 손실과 물리적·기술적 손실에 대한 비교 내지 대비 문제가 되리라 생각된다.

대판 2019.11.28, 2018두227[보상금]

[1] 모든 국민의 재산권은 보장되고, 공공필요에 의한 재산권의 수용 등에 대하여는 정당한 보상을 지급하여야 하는 것이 헌법의 대원칙이고(헌법 제23조), 법률도 그런 취지에서 공익사업의 시행 결과 공익사업의 시행이 공익사업시행지구 밖에 미치는 간접손실 등에 대한 보상의 기준 등에 관하여 상세한 규정을 마련해 두거나 하위법령에 세부사항을 정하도록 위임하고 있다.
이러한 공익사업시행지구 밖의 영업손실은 공익사업의 시행과 동시에 발생하는 경우도 있지만, 공익사업에 따른 공공시설의 설치공사 또는 설치된 공공시설의 가동·운영으로 발생하는 경우도 있어

그 발생원인과 발생시점이 다양하므로, 공익사업시행지구 밖의 영업자가 발생한 영업상 손실의 내용을 구체적으로 특정하여 주장하지 않으면 사업시행자로서는 영업손실보상금 지급의무의 존부와 범위를 구체적으로 알기 어려운 특성이 있다. 공익사업을 위한 토지 등의 취득 및 보상에 관한 법률 제79조 제2항에 따른 손실보상의 기한을 공사완료일부터 1년 이내로 제한하면서도 영업자의 청구에 따라 보상이 이루어지도록 규정한 것[공익사업을 위한 토지 등의 취득 및 보상에 관한 법률 시행규칙(이하 '시행규칙'이라 한다) 제64조 제1항]이나 손실보상의 요건으로서 공익사업시행지구 밖에서 발생하는 영업손실의 발생원인에 관하여 별다른 제한 없이 '그 밖의 부득이한 사유'라는 추상적인 일반조항을 규정한 것(시행규칙 제64조 제1항 제2호)은 간접손실로서 영업손실의 이러한 특성을 고려한 결과이다.

위와 같은 공익사업시행지구 밖 영업손실보상의 특성과 헌법이 정한 '정당한 보상의 원칙'에 비추어 보면, 공익사업시행지구 밖 영업손실보상의 요건인 '공익사업의 시행으로 인한 그 밖의 부득이한 사유로 일정 기간 동안 휴업이 불가피한 경우'란 공익사업의 시행 또는 시행 당시 발생한 사유로 휴업이 불가피한 경우만을 의미하는 것이 아니라 공익사업의 시행 결과, 즉 그 공익사업의 시행으로 설치되는 시설의 형태·구조·사용 등에 기인하여 휴업이 불가피한 경우도 포함된다고 해석함이 타당하다.

[2] 공익사업을 위한 토지 등의 취득 및 보상에 관한 법률(이하 '토지보상법'이라 한다) 제79조 제2항(그 밖의 토지에 관한 비용보상 등)에 따른 손실보상과 환경정책기본법 제44조 제1항(환경오염의 피해에 대한 무과실책임)에 따른 손해배상은 근거 규정과 요건·효과를 달리하는 것으로서, 각 요건이 충족되면 성립하는 별개의 청구권이다. 다만 손실보상청구권에는 이미 '손해 전보'라는 요소가 포함되어 있어 실질적으로 같은 내용의 손해에 관하여 양자의 청구권을 동시에 행사할 수 있다고 본다면 이중배상의 문제가 발생하므로, 실질적으로 같은 내용의 손해에 관하여 양자의 청구권이 동시에 성립하더라도 영업자는 어느 하나만을 선택적으로 행사할 수 있을 뿐이고, 양자의 청구권을 동시에 행사할 수는 없다. 또한 '해당 사업의 공사완료일로부터 1년'이라는 손실보상 청구기간(토지보상법 제79조 제5항, 제73조 제2항)이 도과하여 손실보상청구권을 더 이상 행사할 수 없는 경우에도 손해배상의 요건이 충족되는 이상 여전히 손해배상청구는 가능하다.

[3] 공익사업을 위한 토지 등의 취득 및 보상에 관한 법률(이하 '토지보상법'이라 한다) 제26조, 제28조, 제30조, 제34조, 제50조, 제61조, 제79조, 제80조, 제83조 내지 제85조의 규정 내용과 입법 취지 등을 종합하면, 공익사업으로 인하여 공익사업시행지구 밖에서 영업을 휴업하는 자가 사업시행자로부터 공익사업을 위한 토지 등의 취득 및 보상에 관한 법률 시행규칙 제47조 제1항에 따라 영업손실에 대한 보상을 받기 위해서는, 토지보상법 제34조, 제50조 등에 규정된 재결절차를 거친 다음 그 재결에 대하여 불복이 있는 때에 비로소 토지보상법 제83조 내지 제85조에 따라 권리구제를 받을 수 있을 뿐이다. 이러한 재결절차를 거치지 않은 채 곧바로 사업시행자를 상대로 손실보상을 청구하는 것은 허용되지 않는다.

[4] 어떤 보상항목이 공익사업을 위한 토지 등의 취득 및 보상에 관한 법령상 손실보상대상에 해당함에도 관할 토지수용위원회가 사실을 오인하거나 법리를 오해함으로써 손실보상대상에 해당하지 않는다고 잘못된 내용의 재결을 한 경우에는, 피보상자는 관할 토지수용위원회를 상대로 그 재결에 대한 취소소송을 제기할 것이 아니라, 사업시행자를 상대로 공익사업을 위한 토지 등의 취득 및 보상에 관한 법률 제85조 제2항에 따른 보상금증감소송을 제기하여야 한다.

예시답안

Ⅰ 서

공익사업으로 인한 손실은 해당 공익사업시행지구만이 아니라 사업시행지구 밖에서도 발생한다. 이러한 손실을 소위 간접손실 또는 사업손실이라고 부른다. 이러한 공익사업시행지구 밖에서 발생한 손실이 보상의 대상이 되는지 여부와 보상의 대상이 된다면 손실보상으로 구제하여야 하는지 아니면 손해배상으로 구제하여야 하는지 문제된다. 사업시행지 밖에서 발생한 손실은 사업의 시행 이전에는 쉽게 예견되지 않는 경우도 있고, 그 유형도 다양하기 때문이다. 이하에서 소위 간접손실(또는 사업손실)보상에 대하여 살펴보고, 간접손실에 대한 현행 토지보상법령의 관련 규정과 기타 사례를 검토하고, 이러한 간접손실보상이 갖는 한계의 문제점 등을 검토한다.

Ⅱ 간접손실의 의의 및 이론적 근거

1. 의의

공익사업으로 인하여 사업시행지 밖에서 재산권자에게 발생한 손실 중에서 해당 공익사업으로 인해 필연적으로 발생하는 손실을 간접손실 또는 사업손실이라 한다. 이러한 손실에 대한 보상을 간접손실보상이라 한다.

2. 보상의 필요성

간접손실도 마땅히 보상이 되어야 한다. 해당 공익사업이 시행되지 않았다면 그 지역에서 아무런 변동 없이 생활을 영위할 수 있었을 것이다. 따라서 공익사업의 시행으로 인해 발생한 손실을 보상하지 않게 되면 이들에게 희생만을 강요하는 것이 되고, 사업지 내 토지 등의 소유자에 비해 불공평하게 된다.

3. 기존 손실보상과 관계(이론적 근거)

간접손실도 공익사업이 원인이 되어 발생한 것이므로 특별한 희생이 발생한 경우에는 공적 부담 앞의 평등의 원칙상 보상하여야 한다. 따라서 간접손실보상도 손실보상의 개념에 포함되는 것으로 보아야 할 것이다. 대법원도 간접손실을 헌법 제23조 제3항에 규정된 손실보상의 대상이 된다고 보았다. 다만, 간접손실에 대한 보상을 생활보상의 일종으로 보는 견해가 있다. 이러한 경우 생활보상이 헌법 제23조에 근거하는 것인지 아니면 헌법 제34조에 근거하는지의 견해대립이 있는바, 간접손실보상의 근거에 대한 견해대립이 있을 수 있다.

대판 1999.10.8, 99다27231[손해배상(기)]

수산업협동조합이 수산물 위탁판매장을 운영하면서 위탁판매 수수료를 지급받아 왔고, 그 운영에 대하여는 구 수산자원보호령(1991.3.28. 대통령령 제13333호로 개정되기 전의 것) 제21조 제1항에 의하여 그 대상지역에서의 독점적 지위가 부여되어 있었는데, 공유수면매립사업의 시행으로 그 사업대상지역에서 어업활동을 하던 조합원들의 조업이 불가능하게 되어 일부 위탁판매장에서의 위탁판매사업을 중단하게 된 경우, 그로 인해 수산업협동조합이 상실하게 된 위탁판매수수료 수입은 사업시행자의 매립사업으로 인한 직접적인 영업손실이 아니고 간접적인 영업손실이라고 하더라도 피침해자인 수산업협동조합이 공공의 이익을 위하여 당연히 수인하여야 할 재산권에 대한 제한의 범위를 넘어 수산업협동조합의 위탁판매사업으로 얻고 있는 영업상의 재산이익을 본질적으로 침해하는 특별한 희생에 해당하고, 사업시행자는 공유수면매립면허 고시 당시 그 매립사업으로 인하여 위와 같은 영업손실이 발생한다는 것을 상당히 확실하게 예측할 수 있었고 그 손실의 범위도 구체적으로 확정할 수 있으므로, 위 위탁판매수수료 수입손실은 헌법 제23조 제3항에 규정한 손실보상의 대상이 되고, 그 손실에 관하여 구 공유수면매립법(1997.4.10. 법률 제5335호로 개정되기 전의 것) 또는 그 밖의 법령에 직접적인 보상규정이 없더라도 공공용지의 취득 및 손실보상에 관한 특례법 시행규칙상의 각 규정을 유추적용하여 그에 관한 보상을 인정하는 것이 타당하다.

PART 03

Ⅲ 간접손실의 실제유형

1. 물리적 · 기술적 손실과 사회적 · 경제적 손실

간접손실의 유형은 일반적으로 물리적 · 기술적 손실과 사회적 · 경제적 손실로 구분할 수 있다. 물리적 · 기술적 손실은 공익사업의 시행으로 발생하는 소음 · 진동 · 먼지, 용수고갈, 토사유출, 일조장애, 전파장애, 탁수에 의한 바다오염 등으로 인한 피해이고, 사회적 · 경제적 손실은 공익사업의 영향으로 주민이 이전하거나 생산체계나 유통구조가 변화되어 경제활동에 미치는 영향으로 받은 손실을 말한다. 특히, 물리적 · 기술적 손실을 간접침해라는 용어를 쓰는 경우가 있으며, 이는 사업시행지 밖의 환경권 등의 침해로 나타난다.

2. 토지보상법상 간접손실의 유형

(1) 토지보상법 제79조 제1항

공익사업시행으로 인해 사업시행지구 밖의 토지(잔여지 제외)에 통로 · 도랑 · 담장 등의 신설 그 밖의 공사가 필요한 경우 공사비보상을 규정하고 있다.

(2) 토지보상법 제79조 제2항 및 동법 시행규칙 제59조 내지 제65조

① 시행규칙 제59조

공익사업시행지구 밖의 대지 · 건축물 · 분묘 또는 농지가 공익사업의 시행으로 인하여 산지나 하천 등으로 둘러싸여 교통이 두절되거나 경작이 불가능하게 된 경우에는 그 소유자의 청구에 의해 이를 공익사업지구에 편입된 것으로 보아 보상하여야 한다.

② 시행규칙 제60조

소유농지의 대부분이 공익사업시행지구에 편입됨으로써 건축물만이 공익사업시행지구 밖에 남게 된 경우로서 그 건축물의 매매가 불가능하고 이주가 부득이한 경우에는 그 소유자의 청구에 의하여 이를 공익사업지구에 편입된 것으로 보아 보상하여야 한다.

③ 시행규칙 제61조

공익사업의 시행으로 인하여 1개 마을의 주거용 건축물이 대부분 공익사업시행지구에 편입됨으로써 잔여 주거용 건축물 거주자의 생활환경이 현저히 불편하게 되어 이주가 부득이한 경우에 해당 건축물의 소유자의 청구에 의하여 그 소유자의 토지 등을 공익사업지구에 편입되는 것으로 보아 보상하여야 한다.

④ 시행규칙 제62조

공익사업시행지구 밖에 있는 공작물 등이 공익사업의 시행으로 그 본래의 기능을 다할 수 없게 되는 경우에는 그 소유자의 청구에 의하여 이를 공익사업시행지구에 포함된 것으로 보아 보상하여야 한다.

⑤ 시행규칙 제63조

공익사업의 시행으로 사업시행지구 인근에 있는 어업에 피해가 발생한 경우 사업시행자는 실제 피해액을 확인할 수 있는 때에 그 피해에 대하여 보상하여야 한다.

⑥ 시행규칙 제64조

공익사업시행지구 밖에서 제45조에 따른 영업손실의 보상대상이 되는 영업을 하고 있는 자가 공익사업의 시행으로 인하여 배후지의 3분의 2 이상이 상실되어 그 장소에서 영업을 계속할 수 없는 경우 또는 진출입로의 단절, 그 밖의 부득이한 사유로 일정한 기간 동안 휴업이 불가피한 경우의 영업손실을 입은 경우 이를 보상하여야 한다.

⑦ 시행규칙 제65조

경작하고 있는 농지의 3분의 2 이상에 해당하는 면적이 공익사업시행지구에 편입됨으로 인하여 해당 지역에서 영농을 계속할 수 없게 된 농민에 대하여는 공익사업시행지구 밖에서 그가 경작하고 있는 농지에 대하여도 영농손실액을 보상하여야 한다.

Ⅳ 간접손실보상의 한계

1. 실정법상 보상의 한계

토지보상법에 규정된 간접손실 보상에 관한 규정은 간접손실의 유형 중 일부만을 규정하고 있다. 따라서 간접손실 중에는 보상규정이 없는 경우가 많고, 특히 물리적·기술적 손실에 대한 보상규정은 전혀 마련되어 있지 못하다.

토지보상법령에 마련되어 있는 간접손실보상 규정 중에도 문제가 있다. 요건을 너무 경직되게 규정하고 있다는 문제점이다. 예컨대 교통이 두절되지 않거나 경작이 불가능하게 된 경우가 아니더라도 그와 상당할 정도의 장애라면 특별한 희생으로 볼 수 있어 보상해 주는 것이 타당하다. 영업보상과 영농손실보상의 경우에도 배후지나 농지의 3분의 2라는 요건을 두고 있는데, 3분의 2에 못 미치더라도 특별한 희생이 발생할 수 있다는 것이다.

2. 현실적 보상의 한계

간접손실에 대한 유형이 다양하여 일일이 입법화할 수 없다는 한계와 국가재정상 피해의 유형마다 보상을 할 수 없는 한계가 있다. 또한 간접손실 유형 중에는 손실보상으로 구제할 것인지 사법상 손해배상으로 할 것인지의 범위와 기준설정이 어렵다는 점에서 한계가 있다.

V 결

간접손실도 공익사업의 시행으로 발생하는 것이므로 특별한 희생에 대한 공평부담의 원칙하에 보상이 이루어져야 한다. 그러나 간접손실의 유형이 다양하며, 손실을 사전에 예측하기 어려운 경우도 있다. 따라서 그 피해를 구제하기 위한 보상규정을 사전에 마련하기 어려운 한계가 있다. 다만, 토지보상법상의 간접손실의 개념을 명확히 하고 관련 규정의 문제점을 개선하는 노력은 있어야 할 것이다.

문제 04 **공공사업시행 시 사업인정을 받은 토지상의 지상권자가 지상권의 손실보상을 청구하는 경우 그 지상권의 소멸절차를 설명하시오.** 10점

문제분석 및 논점파악

I 논점

사업인정을 받은 공공사업이라는 점, 지상권자가 지상권에 대한 손실보상청구를 하고 있다는 점 등에 주목해야 한다. 즉, 사업인정을 받은 공공사업이므로 (구)토지수용법을 적용해야 하고, 지상

권의 손실보상을 청구하고 있으므로 기업자는 손실보상대상이 되는지를 판단하여 물건조사를 작성하여야 한다. 지상권 소멸은 토지소유권의 수용절차와 마찬가지로 협의에 의한 소멸과 재결에 의한 소멸절차로 구분할 수 있다.

Ⅱ 강평

합격자 예시답안은 기업자의 토지소유권 취득과 지상권 소멸에 관한 절차를 명확히 구분하지 않고 있다. 문제에서 토지상의 지상권자는 지상권의 손실보상청구를 하고 있으므로 기업자는 먼저 그것이 손실보상대상이 되는지를 판단하여야 한다. (구)토지수용법 제45조 제1항은 관계인이 입은 손실에 대하여도 보상하도록 하고 있으므로 지상권자에게 그 지상권의 손실이 인정되면 손실보상의 대상이 됨은 의문의 여지가 없다. 유의할 것은 지상권자가 손실보상청구를 하고 있음에도 불구하고 이에 대한 보상을 하지 않고는 협의 또는 재결에 의한 토지소유권 변동 시 지상권이 당연히 소멸되거나 기업자에게 취득되지 않는다는 점이다.

기업자는 협의에 의하여 지상권자에게 손실보상을 하고 지상권을 소멸시킬 수 있다. 즉 지상권의 손실보상대상이 인정된다고 판단되면 보상물건 조서를 작성하고, 2개 감정평가 기관의 감정평가액의 산술평균치를 지상권자에게 제시하여 협의가 성립하면 말소등기로서 지상권을 소멸시킬 수 있다. 그리고 협의가 불성립하면 관할 토지수용위원회에 재결신청을 하여 그 재결의 효력으로서 지상권을 소멸시킬 수 있다. 이 경우에도 반드시 손실보상액을 지급하거나 공탁하지 않으면 아니 된다. 지상권에 대한 수용은 토지소유권의 취득수용과는 달리 소멸수용이다. 재결이 의제되는 협의성립의 확인, 화해절차도 지상권 소멸절차가 될 수 있다.

예시답안

Ⅰ 서

토지에 대한 지상권은 토지보상법 제3조 제1호에서 공익사업을 위한 취득 대상에 속하며, 동법 제2조 제5호에서 지상권자는 관계인에 속한다. 또한 동법 제61조에서 공익사업에 필요한 토지를 수용 또는 사용으로 인하여 토지소유자 또는 관계인이 입은 손실을 사업시행자에게 이를 보상하도록 규정하고 있다. 따라서 지상권은 손실보상의 대상이 됨은 분명하다. 이러한 지상권 소멸절차는 사업시행자가 물건조서를 작성한 후 보상액을 산정하여 지상권자와 협의를 통해 소멸시키는 방법과 협의가 성립하지 않은 경우는 토지수용위원회에 재결을 통해 지상권을 소멸시키는 방법이 있다. 물론 재결 전에 토지수용위원회의 화해권고를 통해 화해가 성립하는 경우에도 지상권은 소멸된다.

Ⅱ 물건조서 작성

사업인정의 고시가 있는 후에는 사업시행자는 토지에 출입하여 이를 측량하거나 조사할 수 있으며, 토지조서 및 물건조서를 작성하고 보상계획의 공고・통지 및 열람, 보상액의 산정절차를 거치게 된다. 토지보상법 제68조에 따라 감정평가법인등 2인 이상에게 보상평가를 의뢰하여야 한다.

Ⅲ 협의 및 협의성립 확인

사업시행자는 산정된 보상에 관하여 지상권자와 성실하게 협의하여야 한다. 다만, 사업인정 전에 협의가 있었으나 성립되지 아니하여 사업인정을 받은 경우로서 토지・물건조서의 내용에 변동이 없을 때에는 사업인정 후 협의를 생략할 수 있다(토지보상법 제26조). 협의가 성립된 경우에는 재결의 신청기간 이내에 지상권자의 동의를 얻어 관할 토지수용위원회에 협의성립 확인을 신청할 수 있다. 협의성립 확인은 재결로 간주한다(토지보상법 제29조).

Ⅳ 화해 및 재결

1. 화해(토지보상법 제33조)

협의가 성립되지 아니하여 사업시행자가 토지수용위원회에 재결을 신청한 경우 관할 토지수용위원회는 그 재결이 있기 전에 그 위원 3인으로 구성되는 소위원회로 하여금 사업시행자와 지상권자에게 화해를 권고할 수 있다. 화해가 성립하여 화해조서에 서명 또는 날인하는 경우에 당사자 간 화해조서와 동일한 내용의 합의가 성립된 것으로 본다.

2. 재결(토지보상법 제34조)

관할 토지수용위원회의 재결이 있고 사업시행자가 재결에서 정한 시기까지 보상금을 지급하거나 일정한 요건의 경우 공탁하게 되면 개시일에 해당 지상권은 소멸하게 된다.

Ⅴ 결

지상권자는 관계인에 속하는 바 토지소유자의 토지보상과 관계없이 지상권자 개별적으로 손실보상 청구가 가능하다. 사업시행자는 지상권자와 개별적으로 협의를 하여 지상권을 소멸시키든지, 관할 토지수용위원회의 재결을 통해 지상권을 소멸시켜야 한다.

Chapter 26

1999년 제10회 기출문제 분석

문제 01

식량자원화 시대에 즈음하여, A회사는 비료공장을 건설하고자 공장부지를 매입하려고 하였으나, 여의치 않아 국토교통부장관에게 신청하여 사업인정을 받았다. 그 후 (구)토지수용법상의 협의가 성립되지 못하였고, 중앙토지수용위원회의 재결에 의하여 수용이 행하여졌다. 피수용자인 甲은 사기업을 위한 해당 토지의 수용은 위법하다고 주장하고, 비록 적법하다고 하더라도 보상금이 충분하지 못하다는 이유로 이의신청을 하였지만, 중앙토지수용위원회는 기각재결을 하였다. 이에 甲은 행정소송을 제기하고자 한다.

(1) 사기업인 A회사의 비료공장건설사업에 대한 사업인정의 적법 여부 및 위법하다고 인정되는 경우의 권익구제방법을 논술하시오. 10점

(2) 甲이 보상금증액을 청구하는 소송을 제기하는 경우, 그 소송의 형태와 성질 등의 내용을 논술하시오. 30점

문제분석 및 논점파악

I 물음 (1)에 대해

1999년 제10회 감정평가시험을 실시하던 당시에 시행되던 (구)토지수용법은 제3조 제6호에서 '제철, 비료 기타 대통령령의 정하는 중요산업에 관한 사업'을 공익사업으로 규정하고 있었다. 이는 현행 토지보상법에서는 삭제되고 없다.

본 예시답안에서는 당시의 공익사업에 관한 (구)토지수용법 제3조 제6호에 따라서 사안의 비료공장 건설사업을 공익사업으로 보고, 단지 사기업인 A회사가 사업인정을 받을 수 있는지에 대한 논점만 고려하기로 한다(즉, 현행 토지보상법을 적용하는 경우에는 해당 비료공장건설사업이 공익사업인지 여부도 하나의 논점이 될 수 있다).

II 물음 (2)에 대해

제10회 감정평가시험 당시 시행되던 (구)토지수용법 제75조의2는 다음과 같다.

① 이의신청의 재결에 대하여 불복이 있을 때에는 재결서가 송달된 날로부터 1개월 이내에 행정소송을 제기할 수 있다. 다만, 기업자는 행정소송을 제기하기 전에 제75조 제1항의 규정에 의하여 이의신청에 대한 재결에서 정한 보상금을 공탁하여야 한다. 이 경우, 토지소유자 등은 공탁된

보상금을 소송종결 시까지 수령할 수 없다.

② 제1항의 규정에 의하여 제기하고자 하는 행정소송이 보상금의 증감에 관한 소송인 때에는, 해당 소송을 제기하는 자가 토지소유자 또는 관계인인 경우에는 재결청 외에 기업자를, 기업자인 경우에는 재결청 외에 토지소유자 또는 관계인을 각각 피고로 한다.

위와 같이 규정하고 있어서 보상금증감청구소송의 대상이 무엇인지(제1항과 관련), 또한 해당 소송의 성질과 형태, 구조 등이 문제되었고 그에 대한 견해의 대립이 있었다.

그러나 현행 토지보상법 제85조에서는 제34조의 재결에 대하여 불복이 있을 때는 이의신청을 거치지 않고 또는 이의신청을 거쳐 행정소송을 제기할 수 있다고 규정하고 있으며, 또한 행정소송이 보상금의 증감에 관한 소송인 경우는 재결청을 피고에서 제외하고 사업시행자가 제기하는 경우는 토지소유자 또는 관계인이 피고가 되고, 토지소유자 또는 관계인이 제기하는 경우에는 사업시행자를 피고로 하여 제기하도록 규정하고 있다.

따라서 종래에 보상금증감청구소송과 관련되었던 소송의 구조나 소송의 형식 등은 현행 토지보상법에서는 논란의 여지가 없게 되었다.

본 예시답안은 현행 토지보상법의 규정을 근거로 답안을 작성하여 교수님의 당시 강평내용과 다소 다를 수 있음을 밝히는 바이다.

예시답안

Ⅰ 논점의 정리

물음 (1)에서는 공익사업을 위해 사기업인 A회사에게 수용권을 인정할 수 있는지가 쟁점이 된다. 사적 공용수용의 가능성과 그 근거 및 인정기준 등을 검토한다.

물음 (2)에서는 보상금증액청구소송의 의의 및 취지를 살펴보고, 해당 소송이 단일소송인지, 형식적 당사자소송인지, 형성소송인지 등을 검토하고, 보상금증감청구소송의 소송요건에 대해 살펴본다.

Ⅱ 물음 (1)에 대하여

1. 사적 공용수용의 의의 및 필요성

사적 공용수용이란 특정한 공익사업 기타 복리목적을 위하여 사적(私的) 주체가 법률의 힘에 의하여 손실보상을 전제로 타인의 재산권을 강제로 취득하는 것을 말한다. 공익목적의 토지취득은 공적 주체에게 한정되는 것이 일반적이었으나 사회복리행정국가의 이념추구에 따른 공공필요에의 충당, 공익사업의 증대에 대처, 기술적 · 재원적 측면에서 민간활력 도입의 필요성, 공행정의 활성화를 도모하기 위하여 사적 공용수용이 인정될 필요성이 있다.

2. 사적 공용수용의 법적 근거

공용수용과 보상을 규정한 헌법 제23조 제3항은 수용주체에 대한 직접적인 규정은 없다. 공용수용의 일반법적 지위에 있는 토지보상법에는 제4조 제5호에서 국가나 지방자치단체가 지정한 자의 공익사업수행에 대한 근거를 마련하고 있다. 이외에도 사회기반시설에 대한 민간투자법 등에 규정되어 있다.

3. 사적 공용수용의 인정기준 및 범위

대법원은 "어떤 사업이 공익사업인가의 여부는 그 사업 자체의 성질에 의하여 정할 것이고 사업주체의 여하에 의하여 정할 것이 아니다."라고 판시하여 사적 주체에 대하여도 공용수용의 가능성을 긍정한 것으로 보인다.

사적 공용수용의 요건으로는 헌법 제23조 제3항에 의하여 공공필요, 법률에 근거한 수용일 것, 수용에 따른 정당한 보상이 된다. 이러한 요건 중 특히 공공필요의 요건이 중요하며, 엄격한 판단이 요구된다. 공공필요의 판단기준은 비례의 원칙을 통해 판단될 수 있다. 먼저 공익사업의 공공성이 있어야 한다. 또한 국민의 권익과 공익을 가장 적게 침해하는 방법으로 실시하여야 하는 최소침해성이 충족되어야 한다. 마지막으로 공익사업으로 달성하려는 공익과 해당 사업으로 인하여 침해되는 공익 및 사익 사이에 비례성이 유지되어야 한다.

4. 권익구제 방법

(1) 항고쟁송

사업인정 시 공공필요에 대한 비례원칙의 위반이 있는 경우에는 해당 사업인정은 위법한 사업인정이 된다. 위법성 정도는 중대명백설에 따라 판단하며, 취소 또는 무효사유가 될 것이다. 사업인정에 대한 권리구제가 토지보상법에 규정되어 있지 아니하다. 따라서 행정심판법과 행정소송법에 따라 행정심판과 행정소송을 제기할 수 있다. 사업인정의 위법성 정도에 따라 취소쟁송과 무효확인쟁송을 제기할 수 있을 것이다.

(2) 하자승계 가능성

취소 정도의 하자를 갖는 사업인정에 대하여 제소기간이 도과한 경우 이를 후행 단계의 수용재결처분에 하자를 승계하여 다툴 수 있는지가 문제된다. 학설은 공용수용의 일련의 절차라는 점에서 하자승계를 긍정하는 견해와 하자승계를 부정하는 견해가 대립한다. 판례는 사업인정과 수용재결의 하자승계를 부정하고 있다.

생각건대, 피수용자들이 실제적인 권리침해가 발생하는 수용재결단계에 와서야 공용수용에 대한 불복의 인식을 느끼며, 사업인정단계에서는 다투고 있지 아니하다는 점과 사업인정과 수용재결은 하나의 공용수용을 목적으로 하는 일련의 절차라는 점에서 하자승계를 긍정하는 것이 타당하다.

Ⅲ 물음 (2)에 대하여

1. 의의 및 필요성(취지)

보상금증감청구소송은 수용재결 중 보상금에 대하여서만 이의가 있는 경우에 보상금의 증액 또는 감액을 청구하는 소송이다. 토지소유자 또는 관계인은 보상금의 증액을 청구하는 소송을, 사업시행자는 보상금의 감액을 청구하는 소송을 제기한다. 이는 재결에 대한 불복수단으로 취소소송만 인정되면 권리구제가 우회적이고 소송경제에 반하므로 이를 시정하고 분쟁을 일회적으로 조속히 해결하기 위하여 도입되었다.

2. 소송의 구조

(구)토지수용법에서는 재결청을 피고에 포함하고 있어 제기방식에 있어서 피고의 공동인지, 소송의 병합인지 논란이 있었고, 대법원은 필요적 공동소송(지금은 민사소송법이 개정되어 '필수적 공동소송')으로 보았다. 그러나 현행 토지보상법은 재결청을 피고에서 제외하여 1인의 원고와 1인의 피고를 당사자로 하는 단일소송이 되었다.

3. 소송의 형태(형식적 당사자소송)

형식적 당사자소송이란 행정청의 처분 등을 원인으로 하는 법률관계에 관한 소송으로서, 직접 다투는 것은 아니지만 실질적으로 처분 등을 다투면서도 행정청을 피고로 하지 않고 그 법률관계의 한쪽 당사자를 피고로 하는 소송이다. 즉, 실질은 항고소송이면서 형식은 당사자소송을 취하고 있다고 할 수 있다. 우리나라 행정소송법은 당사자소송만을 규정하고 있다.
현행 토지보상법은 토지수용위원회를 보상금증감청구소송의 피고에서 제외하고 있어 보상금증감청구소송을 형식적 당사자소송으로 보는 것이 일반적 견해이다.

4. 소송의 성질(형성소송인가, 확인 · 급부소송인가)

(1) 의의

행정소송은 일반적인 민사소송의 경우와 같이 그 성질에 따라(또는 청구의 내용에 따라) 형성의 소, 이행의 소, 확인의 소로 분류할 수 있는데 본 소송과 관련하여는 형성소송인지, 급부 · 확인의 소인지 논의가 있다.

(2) 견해대립

형성소송설은 공정력을 가진 보상재결의 적극적 변경 또는 소극적 변경(증액 또는 감액)을 구하는 소송이라는 점에서 보상금증감청구소송은 형성소송이라고 본다. 급부확인의 소라는 견해는 재결의 취소, 변경과 같은 우회적 절차를 거칠 필요 없이 직접 법원이 정당보상액을 확인하고 부족액의 급부를 구하는 것으로 본다.

(3) 검토

손실보상금증액청구소송은 보상액을 확인하고 그 이행을 명하는 점에서 이행소송(급부소송) 성질을 가지고, 감액청구소송은 보상액을 확인하는 점에서 확인소송의 성질을 가진다고 본다.

5. 소송의 요건

(1) 당사자(법 제85조 제2항)

행정소송이 보상금의 증감에 관한 소송인 경우 해당 소송을 제기하는 자가 토지소유자 또는 관계인인 때에는 사업시행자를, 사업시행자인 때에는 토지소유자 또는 관계인을 각각 피고로 한다.

(2) 제기기간

제34조의 규정에 의한 재결에 대하여 불복이 있는 때에는 재결서를 받은 날부터 90일 이내에, 이의신청을 거친 때에는 이의신청에 대한 재결서를 받은 날부터 60일 이내에 각각 행정소송을 제기할 수 있다.

(3) 관할

보상금증감청구소송에서 피고의 소재지의 관할 행정법원과 토지의 소재지를 관할하는 행정법원이 같지 아니한 경우 어느 행정법원에 제소하여야 하는가가 문제된다. 대법원은 이 경우 두 피고 중 어느 하나의 관할에 속하여도 그 법원에 제소할 수 있다고 한다.

(4) 소송의 대상

1) 문제점

토지수용위원회의 수용재결에서 정한 보상금에 대하여 바로 보상금증감청구소송을 제기하는 경우에는 보상금 그 자체가 대상이 되기 때문에 문제가 없다. 그러나 이의신청을 거쳐 이의재결이 날 경우 보상금에 대한 불복으로 보상금증감청구소송을 제기하는 경우 무엇을 대상으로 하여야 하는지 문제된다.

2) 견해대립

취소소송에서와 같이 원처분주의를 취하여 토지수용위원회의 수용재결에서 정한 보상금을 소송대상이라고 보는 견해, 재결주의를 취하여 이의재결에서 정한 보상금을 소송대상으로 보는 견해, 보상금에 관한 법률관계가 주된 다툼의 대상이 된다고 보는 견해가 대립한다.

3) 검토

보상금증감청구소송은 취소소송과 달리 당사자소송의 성질을 띠고 있는바, 원처분주의 또는 재결주의로 해석할 것은 아니라고 본다. 따라서 보상금에 관한 법률관계만이 보상금증감청구소송의 대상이 된다고 보는 견해가 타당하다.

6. 관련 판례의 유형별 검토

(1) 2008두822

토지보상법 제74조 제1항에 규정되어 있는 잔여지수용청구권은 손실보상의 일환으로 토지수용위원회의 재결이 없더라도 그 청구에 의하여 수용의 효과가 발생하는 형성권적 성질을 가지므로, 잔여지수용청구를 받아들이지 않은 토지수용위원회의 재결에 대하여 토지소유자가 불복하여 제기하는 소송은 위 법 제85조 제2항에 규정되어 있는 보상금의 증감에 관한 소송에 해당하여 사업시행자를 피고로 하여야 한다.

(2) 2018두227

어떤 보상항목이 토지보상법상 손실보상대상에 해당함에도 관할 토지수용위원회가 사실을 오인하거나 법리를 오해함으로써 손실보상대상에 해당하지 않는다고 잘못된 내용의 재결을 한 경우에는, 피보상자는 관할 토지수용위원회를 상대로 그 재결에 대한 취소소송을 제기할 것이 아니라, 사업시행자를 상대로 공익사업을 위한 토지 등의 취득 및 보상에 관한 법률 제85조 제2항에 따른 보상금증감소송을 제기하여야 한다.

(3) 2007다8129

세입자의 주거이전비 보상에 관하여 재결이 이루어진 다음 세입자가 보상금의 증감 부분을 다투는 경우에는 같은 법 제85조 제2항에 규정된 행정소송에 따라, 보상금의 증감 이외의 부분을 다투는 경우에는 같은 조 제1항에 규정된 행정소송에 따라 권리구제를 받을 수 있다.

(4) 2018두67

토지보상법 제85조 제2항에 따른 보상금의 증액을 구하는 소의 성질, 토지보상법상 손실보상금 채권의 존부 및 범위를 확정하는 절차 등을 종합하여 보면, 토지보상법에 따른 토지소유자 또는 관계인의 사업시행자에 대한 손실보상금 채권에 관하여 압류 및 추심명령이 있더라도, 추심채권자가 보상금 증액 청구의 소를 제기할 수 없고, 채무자인 토지소유자 등이 보상금 증액 청구의 소를 제기하고 그 소송을 수행할 당사자적격을 상실하지 않는다고 보아야 한다.

Ⅳ 문제의 해결

물음 (1)에서는 사기업인 A회사에 공용수용의 요건이 충족되면 수용을 허용할 수 있을 것이다. 다만, 사업인정 시에 공공필요 판단에 비례원칙 위반이 있다면 피수용자 甲은 항고쟁송으로 권리구제를 도모할 수 있다.
물음 (2)에서는 현행 토지보상법에서 재결청을 보상금증감청구소송의 피고에서 제외하고 있는 바, 보상금증감청구소송은 단일소송이며, 형식적 당사자소송에 해당한다.

문제 02 토지수용위원회, 부동산가격공시위원회, 보상협의회를 비교 논술하시오. 20점

문제분석 및 논점파악

기존 보상심의위원회가 현행 토지보상법에서는 보상협의회로 변경되었다. 토지평가위원회는 현행 부동산공시법상 부동산가격공시위원회로 변경되었다.

예시답안

Ⅰ 서

토지보상법상 토지수용위원회와 보상협의회, 부동산공시법상 부동산가격공시위원회의 근거와 법적 지위, 구성, 권한 등에 대하여 비교・검토한다.

Ⅱ 법적 근거

토지수용위원회는 토지보상법 제49조 내지 제60조, 동법 시행령 제23조 내지 제24조에 근거하며, 보상협의회는 토지보상법 제82조, 동법 시행령 제44조 내지 제44조의2에 근거한다. 부동산가격공시위원회는 부동산공시법 제24조 내지 제25조, 동법 시행령 제71조 내지 제74조에 근거한다.

Ⅲ 법적 지위

1. 토지수용위원회

토지수용위원회는 공익사업에 필요한 토지 등의 수용 또는 사용에 대한 재결을 목적으로 설치되어 있다는 점에서 독립된 행정기관이며, 다수의 구성위원의 합의에 의해 독립적으로 토지수용위원회의 이름으로 재결을 하는 점에서 합의제 행정청이다. 또한 준사법적 행정기관에 해당한다. 법에서 반드시 설치하도록 하고 있어 필수기관이라고 본다.

2. 보상협의회

종래 보상심의위원회의 성격에 대해 자문기관인지 심의기관인지 견해가 대립하였었다. 현행 토지보상법에서는 명칭이 보상협의회로 변경되었다. 보상협의회 기능 가운데 '보상액의 사정'이 삭제되어 보상협의회는 의견수렴 내지는 자문기관으로서의 성격을 갖는다고 보아야 할 것이다. 보상협의회의 설치에 대하여 임의적 사항이나 공익사업지구 면적이 10만 제곱미터 이상이고 토지 등의 소유자가 50인 이상인 공익사업의 경우에는 필수적으로 설치하여야 하는 필수기관이다.

3. 부동산가격공시위원회

부동산가격공시위원회는 부동산공시법 제24조 및 제25조의 내용을 심의하기 위하여 설치되는 행정기관으로서 심의기관에 해당한다. 법령에서 반드시 설치하도록 규정하고 있어 필수기관이다.

Ⅳ 조직 및 운영

1. 토지수용위원회

(1) 중앙토지수용위원회

국토교통부에 두며, 위원장 1명을 포함한 20명 이내의 위원으로 구성한다. 간사 1명과 서기 몇 명을 상임으로 둔다. 위원장은 국토교통부장관이 되며, 위원장은 위원회를 대표하고 위원회의 업무를 총괄한다. 회의는 위원장이 소집하며, 위원장 및 상임위원 1명과 위원장이 회의마다 지정하는 위원 7명으로 구성하며, 이에 대한 구성원의 과반수의 출석과 과반수의 찬성으로 의결한다.

(2) 지방토지수용위원회

위원장 1명을 포함한 20명 이내의 위원으로 구성한다. 위원장은 시・도지사가 된다. 회의는 위원장이 소집하며, 위원장과 위원장이 회의마다 지정하는 위원 8명으로 구성한다. 회의는 구성원 과반수의 출석과 출석위원 과반수의 찬성으로 의결한다.

2. 보상협의회

위원장 1명을 포함한 위원 8명 이상 16명 이내의 위원으로 구성하되, 사업시행자를 위원에 포함시키고, 위원 중 1/3 이상은 토지소유자 또는 관계인으로 구성하여야 한다. 위원장은 해당 특별자치도・시・군 또는 구의 부지사・부시장・부군수 또는 부구청장이 된다.
회의는 재적위원 과반수의 출석으로 개의한다.

3. 부동산가격공시위원회

(1) 중앙부동산가격공시위원회

국토교통부장관 소속하에 두며, 위원장은 국토교통부차관이 된다. 위원장을 포함한 20명 이내의 위원으로 구성한다. 위원장이 회의를 소집하고, 개회 3일 전에 의안을 첨부하여 각 위원에게 통지하여야 한다. 재적위원 과반수의 출석으로 개의하고, 출석위원 과반수의 찬성으로 의결한다.

(2) 시・군・구 부동산가격공시위원회

시장・군수 또는 구청장 소속하에 둔다. 위원장 1명을 포함한 10명 이상 15명 이내의 위원으로 구성한다. 위원장은 부시장・부군수 또는 부구청장이 된다.

Ⅴ 권한

1. 토지수용위원회

토지 등의 수용과 사용에 관한 재결을 하기 위하여 두며, 재결사항은 수용 또는 사용할 토지의 구역 및 사용방법, 손실의 보상, 수용 또는 사용의 개시일과 기간, 그 밖에 이 법 및 다른 법에서 규정한 사항이다.

2. 보상협의회

공익사업이 시행되는 해당 지방자치단체의 장은 다음 사항을 협의하기 위하여 보상협의회를 둔다. ① 보상액 평가를 위한 사전 의견수렴에 관한 사항, ② 잔여지의 범위 및 이주대책의 수립에 관한 사항, ③ 해당 사업지역 내 공공시설의 이전 등에 관한 사항, ④ 토지소유자 또는 관계인 등이 요구하는 사항 중 지방자치단체의 장이 필요하다고 인정하는 사항, ⑤ 그 밖에 지방자치단체의 장이 부의하는 사항

3. 부동산가격공시위원회

(1) 중앙부동산가격공시위원회

다음 각 사항을 심의하기 위하여 국토교통부장관의 소속하에 중앙부동산가격공시위원회를 둔다. ① 부동산 가격공시 관계 법령의 제정・개정에 관한 사항 중 국토교통부장관이 심의에 부치는 사항, ② 표준지의 선정 및 관리지침, ③ 조사・평가된 표준지공시지가, ④ 표준지공시지가에 대한 이의신청에 관한 사항, ⑤ 표준주택의 선정 및 관리지침, ⑥ 조사・산정된 표준주택가격, ⑦ 표준주택가격에 대한 이의신청에 관한 사항, ⑧ 공동주택의 조사 및 산정지침, ⑨ 조사・산정된 공동주택가격, ⑩ 공동주택가격에 대한 이의신청에 관한 사항, ⑪ 비주거용 표준부동산의 선정 및 관리지침, ⑫ 조사・산정된 비주거용 표준부동산가격, ⑬ 비주거용 표준부동산가격에 대한 이의신청에 관한 사항, ⑭ 비주거용 집합부동산의 조사 및 산정지침, ⑮ 조사・산정된 비주거용 집합부동산가격, ⑯ 비주거용 집합부동산가격에 대한 이의신청에 관한 사항, ⑰ 그 밖에 부동산정책에 관한 사항 등 국토교통부장관이 심의에 부치는 사항

(2) 시・군・구 부동산가격공시위원회

다음 각 호의 사항을 심의하기 위하여 시장・군수 또는 구청장 소속하에 시・군・구 부동산가격공시위원회를 둔다.

① 개별공시지가의 결정에 관한 사항, ② 개별공시지가에 대한 이의신청에 관한 사항, ③ 개별주택가격의 결정에 관한 사항, ④ 개별주택가격에 대한 이의신청에 관한 사항, ⑤ 비주거용 개별부동산가격의 결정에 관한 사항, ⑥ 비주거용 개별부동산가격에 대한 이의신청에 관한 사항, ⑦ 그 밖에 시장・군수 또는 구청장이 심의에 부치는 사항

Ⅵ 결

이상과 같이 각각의 위원회는 근거법령, 법적 성격, 설치 및 구성, 심의 또는 협의사항 등이 차이가 난다. 모두 행정기관으로서 관련된 공사이익 조절적 기능을 담당하는 측면에 있어 유사하다.

문제 03

(구)토지수용법상의 확대보상을 설명하고, 확장수용청구가 거부된 경우 그 불복방법을 논급하시오. 20점

대판 2010.8.19, 2008두822[토지수용이의재결처분취소등]

구 '공익사업을 위한 토지 등의 취득 및 보상에 관한 법률'(2007.10.17. 법률 제8665호로 개정되기 전의 것) 제74조 제1항에 규정되어 있는 잔여지 수용청구권은 손실보상의 일환으로 토지소유자에게 부여되는 권리로서 그 요건을 구비한 때에는 잔여지를 수용하는 토지수용위원회의 재결이 없더라도 그 청구에 의하여 수용의 효과가 발생하는 형성권적 성질을 가지므로, 잔여지 수용청구를 받아들이지 않은 토지수용위원회의 재결에 대하여 토지소유자가 불복하여 제기하는 소송은 위 법 제85조 제2항에 규정되어 있는 '보상금의 증감에 관한 소송'에 해당하여 사업시행자를 피고로 하여야 한다.

대판 2015.4.9, 2014두46669[토지수용재결신청거부처분취소]

공익사업을 위한 토지 등의 취득 및 보상에 관한 법률(이하 '토지보상법'이라고 한다) 제72조의 문언, 연혁 및 취지 등에 비추어 보면, 위 규정이 정한 수용청구권은 토지보상법 제74조 제1항이 정한 잔여지 수용청구권과 같이 손실보상의 일환으로 토지소유자에게 부여되는 권리로서 그 청구에 의하여 수용효과가 생기는 형성권의 성질을 지니므로, 토지소유자의 토지수용청구를 받아들이지 아니한 토지수용위원회의 재결에 대하여 토지소유자가 불복하여 제기하는 소송은 토지보상법 제85조 제2항에 규정되어 있는 '보상금의 증감에 관한 소송'에 해당하고, 피고는 토지수용위원회가 아니라 사업시행자로 하여야 한다.

예시답안

I 서

수용은 공익사업을 위하여 강제적으로 목적물을 취득하는 것이므로, 목적물의 범위는 원칙적으로 공익사업을 위해 필요한 최소한도에 그쳐야 한다. 그러나 예외적으로 공익사업에 필요한 범위를 넘는 수용은 수용자와 피수용자 간의 이해관계를 합리적으로 조정하고, 피수용자에 대한 권리구제에 이바지하며, 사업의 원활한 실시를 위해 필요하다. 확장수용은 특정한 공익사업을 위하여 목적물의 필요한 범위 또는 정도를 넘어서 수용하는 것을 말한다. 이와 같은 의미를 갖는 확장수용은 수용의 일종이고, 그 효과도 수용과 같다. 수용목적물의 확장은 강학상으로 확장수용과 지대수용으로 구분되며, 전자는 다시 완전수용을 비롯하여 잔여지수용, 이전수용으로 나누어진다.

Ⅱ 확장수용의 성질

1. 학설

① 〈사법상 매매설〉 피수용자의 청구에 의하며, 사업시행자의 동의에 의해 이루어지므로 사법상 매매로 보는 견해

② 〈공법상 특별행위설〉 피수용자의 청구에 의하고, 공익사업의 필요를 넘는 점에서 수용으로도, 사법상 매매라고도 볼 수 없어 특별행위로 보는 견해

③ 〈공용수용설〉 피수용자의 청구는 요건에 불과할 뿐, 본질적으로는 공용수용과 본질이 같다고 보는 견해

2. 판례(2008두822)

판례는 잔여지수용청구권은 손실보상의 일환으로 토지소유자에게 부여되는 권리로서 그 요건을 구비한 때에는 잔여지를 수용하는 토지수용위원회의 재결이 없더라도 그 청구에 의하여 수용의 효과가 발생하는 형성권적 성질을 가진다고 판시한 바 있다.

3. 검토

확장수용은 본래의 수용개념과는 구별되나, 확장수용은 피수용자의 청구를 요건으로 한 사업시행자의 권리취득 행위로서 공용수용의 효과가 발생하므로, 〈공용수용설〉이 타당하다.

Ⅲ 확장수용의 종류

1. 완전수용(법 제72조)

(1) 의의

완전수용이란 사업시행자의 토지사용으로 해당 토지이용이 현저한 장애 내지 제한을 가져오는 경우 수용보상을 가능하게 하기 위해 마련된 제도이다. 따라서 완전수용은 '사용에 갈음하는 수용'이라고도 한다.

(2) 요건

사업인정고시가 있는 후 ① 토지를 사용하는 기간이 3년 이상인 때, ② 토지의 사용으로 인하여 토지의 형질이 변경되는 때, ③ 사용하고자 하는 토지에 그 토지소유자의 건축물이 있는 때에 그 토지의 수용을 청구할 수 있다. 무단사용을 당하고 있는 토지에 대하여는 완전수용을 허용하지 않는다. 또한 헌법재판소는 불법사용은 국가배상 등에 의해 문제를 해결할 수 있으므로 완전수용의 요건에 해당하지 아니한다고 본다.

2. 잔여지수용(법 제74조)

(1) 의의

잔여지수용이란 동일한 토지소유자에게 속하는 수용목적물인 일단의 토지의 일부가 협의에 의해 매수되거나 수용됨으로 인하여 잔여지를 종래의 목적에 사용하는 것이 현저히 곤란한 때 토지소유자의 청구에 의해 사업시행자가 해당 토지의 전부를 매수하거나 관할 토지수용위원회가 수용하는 것을 말한다.

(2) 요건

① 동일한 토지소유자에 속하는 일단의 토지의 일부가 협의에 의해 매수되거나 수용될 것, ② 잔여지를 종래의 목적에 사용하는 것이 현저히 곤란할 것, ③ 수용의 청구는 매수에 관한 협의가 성립되지 아니할 것, ④ 사업완료일까지 청구할 것(2007년 법 개정 전에는 수용재결 전까지였다)

잔여지의 종래목적이란 수용재결 당시에 해당 잔여지가 현실적으로 사용되고 있는 구체적인 용도를 의미한다. 또한 사용하는 것이 현저히 곤란한 때란 물리적으로 사용하는 것이 곤란하게 된 경우뿐만 아니라 사회적 · 경제적으로 사용하는 것이 곤란하게 된 경우, 즉 절대적으로 이용불능인 경우만이 아니라 이용이 가능할지라도 많은 비용이 소요되는 경우도 여기에 속한다.

(3) 법적 성질

잔여지수용청구권은 토지소유자가 사업시행자에 대하여 잔여토지의 수용을 요구할 수 있는 공법상 권리이다. 또한 그 요건을 구비한 때에는 토지수용위원회의 특별한 조치를 기다릴 것 없이 청구에 의하여 수용의 효과가 발생하는 형성권적 성질을 갖는다. 잔여지수용청구권의 행사기간은 제척기간으로서 토지소유자가 그 행사기간 내에 잔여지수용청구권을 행사하지 아니하면 그 권리는 소멸한다.

3. 이전수용(법 제75조)

건축물 등은 이전료로 보상하는 것이 원칙이다. 그러나 물건 등의 이전을 강행하는 것이 소유자나 사업시행자에게 과중한 손실을 가져오는 경우에는 예외적으로 그 물건을 아울러 수용할 수 있도록 할 필요가 있으며, 이러한 수용을 이전수용 또는 이전에 갈음하는 수용이라 한다.

토지보상법 제75조 제1항에서는 ① 건축물 등을 이전하기 어렵거나 그 이전으로 인하여 건축물 등을 종래의 목적대로 사용할 수 없게 된 경우, ② 건축물 등의 이전비가 그 물건의 가격을 넘는 경우, ③ 사업시행자가 공익사업에 직접 사용할 목적으로 취득하는 경우에는 해당 물건의 가격으로 보상하여야 한다고 규정하고 있다.

Ⅳ 확장수용이 거부된 경우 그 불복방법

1. 이의신청

토지보상법 제83조의 이의신청으로 관할 토지수용위원회의 거부재결에 대하여 중앙토지수용위원회에 이의를 신청할 수 있다.

2. 취소소송

토지보상법 제85조의 행정소송 중 거부재결취소소송을 제기할 수 있다.

3. 보상금증감청구소송으로 다툴 수 있는지 여부

(1) 학설

보상금증감청구소송으로는 다툴 수 없다고 보는 견해와 토지보상법의 보상금증감청구소송으로 다툴 수 있다는 견해, 일반 당사자소송으로 보상금청구소송을 제기하여야 한다는 견해가 대립한다.

(2) 판례

(구)'공익사업을 위한 토지 등의 취득 및 보상에 관한 법률'(2007.10.17. 법률 제8665호로 개정되기 전의 것) 제74조 제1항에 규정되어 있는 잔여지수용청구권은 손실보상의 일환으로 토지소유자에게 부여되는 권리로서 그 요건을 구비한 때에는 잔여지를 수용하는 토지수용위원회의 재결이 없더라도 그 청구에 의하여 수용의 효과가 발생하는 형성권적 성질을 가지므로, 잔여지수용청구를 받아들이지 않은 토지수용위원회의 재결에 대하여 토지소유자가 불복하여 제기하는 소송은 위 법 제85조 제2항에 규정되어 있는 '보상금의 증감에 관한 소송'에 해당하여 사업시행자를 피고로 하여야 한다(대판 2010.8.19, 2008두822).

(3) 검토

잔여지수용청구권은 형성권이므로 잔여지수용은 청구에 의해 수용의 효과가 발생하고 잔여지수용의 문제는 궁극적으로 보상금의 증감에 관한 문제이므로 확장수용거부에 대한 불복은 분쟁의 일회적 해결을 위해 보상금증감청구소송으로 보는 것이 타당하다. 취소소송이 가능하나 보상금증감청구소송에서 기각재결이 위법확인을 전제로 보상금의 증액 또는 감액을 바로 주장할 수 있기 때문에 취소소송의 활용가능성은 높지 않다.

Ⅴ 결

확장수용은 수용자와 피수용자 간의 이해관계를 합리적으로 조정하고, 피수용자에 대한 권리구제에 이바지하며, 사업의 원활한 실시를 위해 필요하다. 이러한 확장수용의 거부에 대하여는 토지보상법 제83조의 이의신청과 제85조의 행정소송으로 다투는 것이 타당하다. 특히, 보상금증감청구소송은 분쟁의 일회적 해결을 위해 인정될 수 있다.

문제 04

공공용지의 취득과 손실보상에 관한 중요한 법으로 (구)토지수용법과 (구)공공용지의 취득 및 손실보상에 관한 특례법이 있다. 이 두 법령의 상호관계를 설명하고, 두 법령의 통합설(공익사업을 위한 토지 등의 취득 및 보상에 관한 법률 2003.1.1. 통합시행)을 논평하시오. 20점

문제분석 및 논점파악

본 문제는 이미 토지보상법이 시행되고 있는지 오래 되었는바, 현재 상황에서는 의미가 없어 합격자 답안의 목차, 교수님의 강평은 생략한다.
이하에서는 토지보상법의 입법목적을 토대로 위의 답을 구성하도록 한다.

토지보상법의 입법목적

토지보상법의 제정은 (구)토지수용법과 (구)공특법으로 이원화되어 있는 공익사업 용지의 취득과 손실보상에 관한 제도를 하나로 통합함으로써 손실보상에 관한 절차와 기준을 체계화하고 각종 불합리한 제도를 개선하여 국민의 재산권을 충실히 보호함과 아울러 공익사업의 효율적인 추진을 도모하기 위해 이루어졌다.

따라서 이 법은 공익사업에 필요한 토지 등을 협의 또는 수용에 의하여 취득하거나 사용함에 따른 손실의 보상에 관한 사항을 규정함으로써 공익사업의 효율적인 수행을 통하여 공공복리의 증진과 재산권의 적정한 보호를 도모함을 목적으로 한다.

이 법의 입법목적은 국민의 재산권 보호와 공익사업의 효율적인 추진에 두고 있다. 양자는 공익사업을 위한 용지취득과 보상에 항상 대립관계에 놓여있으며, 양자를 어떻게 조정할 것인가가 항상 과제로 되어 왔다. 사업시행자 측에서는 언제나 사업의 원활한 수행에 중점이 두어져 왔고, 공익사업에 토지 등을 제공하는 자 측에서는 재산을 비롯하여 피해구제에 관심을 가져왔기 때문이다. 그러나 공익사업은 그로 인해 손실을 입는 자에게 적정한 보상을 하지 않고 원활한 시행을 기대하기 어렵다. 그러므로 양자는 항상 불가분의 관계에 놓여있으며, 이를 원만하게 해결하지 못할 때 용지취득이 지연되고 사업비의 증가를 가져오게 된다(류해웅, 신수용보상법론 제5판).

예시답안

Ⅰ 서

공익사업에 관한 손실보상제도에 대해 일반법적 지위를 갖는 공익사업을 위한 토지 등의 취득 및 손실보상에 관한 법률(이하 '토지보상법')은 2003년 1월 1일부터 시행되었다. 이 법은 토지수용법과 공공용지의 취득 및 손실보상에 관한 특례법이 통합된 것으로 보상체계의 일원화, 공익사업의 범위 조정, 입회공무원 날인제도의 폐지, 개발이익의 배제, 환매제도의 일원화 등이 규정되었고, 보상에 관한 절차의 개선과 기준의 변경 및 이의제도가 바뀌었다. 이하에서는 이러한 통합법안인 토지보상법의 입법목적 및 그 내용에 대하여 논평하도록 한다.

Ⅱ 토지보상법의 입법목적

토지보상법의 제정은 (구)토지수용법과 (구)공특법으로 이원화되어 있는 공익사업 용지의 취득과 손실보상에 관한 제도를 하나로 통합함으로써 손실보상에 관한 절차와 기준을 체계화하고, 각종 불합리한 제도를 개선하여 국민의 재산권을 충실히 보호함과 아울러 공익사업의 효율적인 추진을 도모하기 위하여 이루어졌다.

Ⅲ 통합시행의 주요내용

1. 보상절차의 체계화 · 일원화

토지보상법에서는 이러한 문제점을 해소하여 보상절차를 「토지 · 물건조서작성 → 보상계획 공고 · 열람 → 보상액 산정 → 협의 → 사업인정 → 수용재결」로 일원화하여 사업인정 후에 토지 · 물건조서 내용에 변동이 없을 경우에는 재협의 절차를 생략할 수 있도록 하였다. 이는 이원적인 보상절차를 일원화하여 효율성 제고에 그 취지가 인정된다.

2. 공익사업 범위의 합리적 조정

토지보상법에서는 관계 법률에 의하여 허가 등을 받아 공익을 목적으로 시행하는 사업만이 공익사업의 대상이 되게 하였고, 제철 · 비료 등의 사업을 공익사업의 범위에서 제외하였다. 이는 공익을 위하여 반드시 필요한 사업만 국민의 재산권을 침해할 수 있는 공익사업으로 규정하여 수용권이 남발되지 않도록 제도를 개선한 것이다.

3. 개발이익배제의 원칙

종전의 토지수용법에서는 개발이익의 배제에 관한 명문의 규정이 없었으나, 토지보상법에서는 이를 명문화하였다. 이는 개발이익은 형평의 관념에 비추어 볼 때 토지소유자에게 당연히 귀속되어야 할 성질의 것은 아니고, 오히려 투자자인 사업시행자 또는 궁극적으로는 국민 모두에게 귀속되어야 한다는 헌법재판소의 내용에 기인한 것으로, 토지보상법 제67조 제2항 및 시행규칙 제23조 등에서 이를 규정하고 있다.

Ⅳ 결

통합된 토지보상법은 공익사업에 필요한 토지의 수용과 사용에 관한 사항을 규정하여 공공복리의 증진과 사유재산권과의 조절을 도모함으로써 국토의 합리적인 이용, 개발과 산업의 발전에 기여하고 있다. 향후, 변화되는 현실에 맞는 입법적 보완과 꾸준한 개발이 필요하다 할 것이다.

Chapter 27

1998년 제9회 기출문제 분석

문제 01

택지개발사업이 시행되는 지역에 농지 4,000㎡를 소유하고 있던 甲은 보상금으로 사업 주변지역에서 같은 면적의 농지를 대토하고자 하였다. 이 지역의 농지가격수준은 사업이 시행되기 이전만 하더라도 주변지역과 같게 형성되고 있었다. 그러나 해당 사업으로 인해 주변지역의 지가가 상승하여 甲은 보상금으로 3,000㎡ 밖에 매입할 수 없었다. 40점

(1) 甲이 받은 보상은 정당보상에 해당한다고 볼 수 있는가?

(2) 甲과 사업주변지역 토지소유자와의 불공평관계에서 나타나는 문제점과 개선대책은?

문제분석 및 논점파악

공익사업의 시행에 따른 개발이익을 보상금에서 제외하고 보상하는 것이 헌법 제23조 제3항의 '정당한 보상'에 합치되는지 여부와 사업시행지구 내 토지소유자와 사업시행지구 주변 토지소유자와의 형평성 문제는 줄곧 제기되어 왔고, 감정평가사 자격시험에서 가장 많이 등장한 논점이었다. 따라서 수험생은 이 점에 유의하여 철저히 준비해 놓아야 하며, 개발이익에 대한 논점은 또다시 출제될 가능성이 높다는 점을 인식하였으면 한다. 편저자의 개인적 생각으로는 앞으로 개발이익의 논점이 출제되는 경우 단문형태의 문제이거나 아니면 사례형 문제 중에서 부분논점으로 제시될 가능성이 높다고 본다.

본 예시답안은 공부를 위해 배점과 관계없이 작성하였다.

예시답안

I 문제의 제기

헌법 제23조 제1항은 재산권 보장의 원칙을 천명한 것으로서 그 재산권 보장이란 국민 개개인이 재산권을 향유할 수 있는 법제도로서의 사유재산제도를 보장함과 동시에 그 기조 위에서 그들이 현재 갖고 있는 구체적 재산권을 개인의 기본권으로 보장한다는 이중적 의미를 가지고 있다. 따라서 공용수용은 헌법상 재산권 보장의 원칙에 예외로서 불가피한 최소한에 그쳐야 한다. 또한 공용수용은 헌법 제23조 제3항에 명시되어 있는 대로 국민의 재산권을 그 의사에 반하여 강제적으로라

도 취득해야 할 공익적 필요성이 있을 것, 법률에 의거할 것, 정당한 보상을 지급할 것의 요건을 모두 갖추어야 한다. 특히, 정당한 보상과 관련하여 이것이 무엇을 의미하는지 문제된다. 토지보상법에서는 보상기준으로 개발이익의 배제 및 공시지가기준 평가를 채택하고 있는 바, 이것이 헌법상 정당한 보상에 합치되는지와 사업시행지구 주변토지소유자와의 형평성 문제는 없는지가 문제된다.

Ⅱ 보상금과 정당보상

1. 헌법 제23조 제3항의 '정당한 보상'의 의미

(1) 학설

1) 완전보상설

손실보상은 공용침해로 발생한 객관적 손실 전부를 보상하여야 한다는 견해이다. 완전보상은 피침해재산의 객관적 가치의 보상과 함께 부대적 손실의 보상도 포함하는 것으로 이해하고 있다. 오늘날에는 생활보상을 완전보상의 범주에 포함시키는 새로운 견해가 제기되고 있다. 완전보상의 관념은 미국 수정헌법 제5조의 해석을 중심으로 발전되었다.

2) 상당보상설

피침해 이익의 성질 및 강도와 함께 침해행위의 공공성을 고려하여 보상이 행하여질 때의 사회통념에 비추어 사회적 정의 관점에서 객관적으로 타당하다고 여겨지는 보상을 말한다고 본다. 한편 완전보상을 원칙으로 하면서 합리적 이유가 있는 때에는 완전보상을 상회하거나 하회할 수 있다고 보는 견해도 있다.

(2) 판례

(구)헌법(1962.12.26. 개정 헌법) 제20조 제3항에서 말하는 정당한 보상이라는 취지는 그 손실보상액의 결정에 있어서 객관적인 가치를 충분하게 보상하여야 된다는 취지이고 나아가 그 보상의 시기, 방법 등에 있어서 어떠한 제한을 받아서는 아니 된다는 것을 의미한다고 풀이할 것이므로(대판 1967.11.2, 67다1334 숭合), 헌법 제23조 제3항이 규정하는 정당한 보상이란 원칙적으로 피수용 재산의 객관적인 재산가치를 완전하게 보상하는 것이어야 한다는 완전보상을 의미한다(헌재 1995.4.20, 93헌바20・66, 94헌바4・9, 95헌바6(병합)).

(3) 검토

헌법 제23조의 정당한 보상이란 재산권 보장의 관점에서 볼 때 완전한 보상을 의미하는 것으로 보아야 한다. 독일 기본법 제14조 제3항에서와 같이 '공익 및 관계 제 이익의 정당한 형량에 의한 보상'이 우리나라 헌법에는 명문으로 규정되어 있지 아니하다. 보상의 구체적인 기준 및 방법에 관하여는 완전보상의 원칙에 반하지 않는 한도 내에서 입법자에게 재량이 부여된다.

2. 정당보상 여부의 검토

(1) 공시지가기준 평가와 정당보상

1) 견해대립

공시지가를 기준으로 보상액을 산정하는 것은 보상액 산정방법을 제한하는 것이며, 공시지가가 시가에 미달되어 보상액이 시가에 미달될 수 있으므로 공시지가기준 보상은 정당보상이 아니라고 보는 견해와 공시지가기준 평가는 개발이익의 배제를 위한 것으로 목적의 정당성이 있는 바, 정당보상에 합치한다는 견해가 대립되고 있다.

2) 판례

수용대상토지의 보상가격을 정함에 있어 표준지공시지가를 기준으로 비교한 금액이 수용대상토지의 수용 사업인정 전의 개별공시지가보다 적은 경우가 있다고 하더라도, 이것만으로 지가공시 및 토지 등의 평가에 관한 법률 제9조, (구)토지수용법 제46조가 정당한 보상 원리를 규정한 헌법 제23조 제3항에 위배되어 위헌이라고 할 수는 없다(대판 2001.3.27, 99두7968).
토지수용으로 인한 손실보상액의 산정을 공시지가를 기준으로 하되 공시기준일부터 재결 시까지의 시점보정을 지가상승률 등에 의하여 행하도록 규정한 것은 공시지가가 공시기준일 당시의 표준지의 객관적 가치를 정당하게 반영하는 것이고, 표준지와 지가산정 대상 토지 사이에 가격의 유사성을 인정할 수 있도록 표준지의 선정이 적정하며, 공시기준일 이후 수용 시까지의 시가변동을 산출하는 시점보정의 방법이 적정한 것으로 보이므로 재산권을 침해하였다고 볼 수 없다(헌재 2009.9.24, 2008헌바112).

3) 검토

공시지가는 토지의 특성상 가격형성요인이 복잡하여 적정가격을 판단하기 어렵고 왜곡되기 쉬운 문제점을 해결하고, 지가체계의 일원화를 위해 만든 제도이다. 따라서 공시지가가 시장가격에 못 미친다고 하면 기타요인 등을 통해서 완전보상에 이르게 하면 되며, 공시지가기준은 객관성이 있으므로 공시지가기준 평가가 정당보상에 위배되는 것은 아니다.

(2) 개발이익의 배제와 정당보상

1) 견해대립

합헌성을 인정하는 견해는 개발이익은 국가 등의 투자에 의해 발생하는 것이고 토지소유자의 노력이나 투자에 의한 것이 아니므로 형평의 원칙상 개발이익은 토지소유자에게 귀속시켜서는 아니 되며, 국민 모두에게 귀속되어야 할 것으로 본다.

개발이익의 보상을 주장하는 견해는 개발이익이 배제된 보상금으로 종전과 같은 생활을 유지할 수 없고, 개발이익을 향유하는 사업지 주변 토지소유자와의 형평성도 맞지 아니하므로 헌법상 재산권 보장 및 평등원칙에 위배된다고 본다.

2) 판례

> ➡ 수용대상토지를 평가함에 있어서는 수용재결에서 정한 수용시기가 아니라 수용재결일을 기준으로 하고 해당 수용사업의 계획 또는 시행으로 인한 개발이익은 이를 배제하고 평가하여야 한다(대판 1998.7.10, 98두6067).
>
> ➡ 공익사업법 제67조 제2항은 보상액을 산정함에 있어 해당 공익사업으로 인한 개발이익을 배제하는 조항인데, 공익사업의 시행으로 지가가 상승하여 발생하는 개발이익은 사업시행자의 투자에 의한 것으로서 피수용자인 토지소유자의 노력이나 자본에 의하여 발생하는 것이 아니므로, 이러한 개발이익은 형평의 관념에 비추어 볼 때 토지소유자에게 당연히 귀속되어야 할 성질의 것이 아니고, 또한 개발이익은 공공사업의 시행에 의하여 비로소 발생하는 것이므로, 그것이 피수용 토지가 수용 당시 갖는 객관적 가치에 포함된다고 볼 수도 없다. 따라서 개발이익은 그 성질상 완전보상의 범위에 포함되는 피수용자의 손실이라고 볼 수 없으므로, 이러한 개발이익을 배제하고 손실보상액을 산정한다고 하여 헌법이 규정한 정당한 보상의 원칙에 위반되지 않는다(헌재 2009.12.29, 2009헌바142).

3) 검토

개발이익은 피수용자의 노력이나 자본투자에 의해 발생하는 것이 아니므로 토지소유자에게 귀속시키는 것은 타당하지 못하다. 또한 공익사업시행지 주변의 토지에 대한 개발이익은 법제도를 정비하여 환수하여야 할 것이다.

(3) 사안의 경우

사안에서 甲에게 개발이익을 배제하고 보상하여 3,000㎡ 밖에 대토할 수 없더라도 정당보상의 원칙이 부정되었다고 할 수는 없을 것이고, 공시지가의 수준을 정당보상에 합치되도록 상향조정하는 것이 중요한 선결과제라 하겠다.

Ⅲ 피수용자와 사업주변지역 토지소유자와의 불균등관계

1. 개발이익의 사유화 및 문제점

사업시행으로 발생하는 개발이익을 누구에게 귀속시키느냐 하는 것이 개발사업의 정의와 형평성 확보에 따르는 중요한 문제이다. 피수용자의 정당보상에 대한 불만은 때로는 피수용지 주변 토지소유자와 견주어 상대적 손실에 기인하기도 한다. 피수용자는 개발이익을 배제하여 보상하고, 사업시행지구 주변 토지소유자는 해당 공익사업에 따른 개발이익을 향유하는 경우에는 형평성의 문제가 제기된다. 따라서 사업시행지구 주변에서 발생하는 개발이익을 어떻게 환수하여 피수용자와 형평을 유지하도록 할 것인가에 관심이 모아져야 할 것이다.

헌법재판소도 공익사업에 의한 개발이익은 특정 토지소유자에게 귀속될 성질의 것은 아니며 우리의 법제가 모든 경우에 있어 개발이익을 특정의 토지소유자에게 귀속하게 하는 것을 배제하는 방향으로 제도를 개선하여 나가는 것이 바람직한 일이므로 이에 관한 제도의 개선은 개발이익의 합리적인

PART 03

평가와 공익으로의 완전한 환수를 목표로 하여야 할 것임은 명백하다고 보았다(헌재 1990.6.25, 89헌마107).

2. 해소방안

(1) 완전보상의 충실한 이행

공시지가를 기준으로 한 보상평가는 공시지가가 시가에 미달된다는 문제가 제기되는바, 공시지가의 현실화 또는 기타요인 반영 등을 통해 정당보상이 이루어지도록 하여야 할 것이다.

(2) 개발이익의 환수를 위한 법제 도입

공익사업시행지구 주변지역 토지소유자로부터 불로소득이 완전히 환수될 수 있어야 한다. 이는 피수용자와의 형평성 차원에서도 정당하다. 공익사업시행지구 주변지역에서 발생하는 개발이익의 환수가 정당화된다면 이를 환수할 수 있는 새로운 제도의 도입은 마땅하다.

(3) 대체농지의 보상

수용당하는 농지와 대체할 수 있는 다른 농지를 지급하여 보상금으로 사업지 주변에서 대체토지를 구입하기 어려운 문제를 해결할 수 있다. 이러한 방법은 피수용자의 불만을 축소하며 주변 토지소유자와 형평성 문제도 해결할 수 있다. 다만, 대체농지의 마련이 어려울 수 있고, 수용되는 토지의 효용과 동일한 효용판단에도 어려움이 있다.

(4) 기타 해소방안

각종 토지세제의 감면 등을 통하여 피수용자와 사업시행지구 주변 토지소유자와 형평성 문제를 해소하는 방안을 강구할 수 있을 것이다.

Ⅳ 문제의 해결

개발이익을 배제한 보상금으로 공익사업시행지구 주변에서 3,000㎡ 밖에 대토할 수 없더라도 이것만으로 정당보상에 위배된다고 보기 어렵다. 개발이익의 환수에 대한 정당성이 인정된다면 사업시행지구 주변 토지소유자의 개발이익을 어떻게 환수하여 형평성 문제를 해결할 것인가에 초점이 맞추어져야 할 것이다. 이를 위한 새로운 제도의 도입이 시급하다. 다른 한편으로는 피수용자의 불만을 감소하기 위해 대체지 지급방식의 보상수단을 고려해 보는 것도 좋은 방법이라 생각된다.

문제 02

공익사업을 위한 토지 등의 취득 및 보상에 관한 법률 시행규칙 제23조는 용도지역 지구의 지정과 같은 공법상 제한을 받는 토지를 평가할 때에는, 제한받는 상태대로 평가하도록 규정하고 있다. 이와 같은 기준에 의거하여 토지를 평가하도록 하는 이론적 근거에 대하여 설명하시오. 20점

참조 조문

〈토지보상법 시행규칙〉
제23조(공법상 제한을 받는 토지의 평가)
① 공법상 제한을 받는 토지에 대하여는 제한받는 상태대로 평가한다. 다만, 그 공법상 제한이 당해 공익사업의 시행을 직접 목적으로 하여 가하여진 경우에는 제한이 없는 상태를 상정하여 평가한다.
② 당해 공익사업의 시행을 직접 목적으로 하여 용도지역 또는 용도지구 등이 변경된 토지에 대하여는 변경되기 전의 용도지역 또는 용도지구 등을 기준으로 평가한다.

문제분석 및 논점파악

토지보상법 시행규칙 제23조 제1항에서는 "공법상 제한을 받는 토지에 대하여는 제한받는 상태대로 평가한다. 다만, 그 공법상 제한이 해당 공익사업의 시행을 직접목적으로 하여 가하여진 경우에는 제한이 없는 상태를 상정하여 평가한다."라고 규정하고 있다. 공법상 제한을 받는 토지란 관계법령의 규정에 따라 토지의 이용규제나 제한을 받는 토지를 말하며, 그 제한은 일반적 계획제한과 개별적인 계획제한이 있다. 일반적 계획제한이란 공법상 제한이 그 자체로 목적이 완성되고 구체적인 사업의 시행이 필요하지 아니한 공용제한을 말한다. 일반적 계획제한은 제한받는 상태를 기준으로 평가한다. 개별적인 계획제한이란 그 제한이 구체적인 사업의 시행이 필요한 공용제한을 말한다. 개별적 계획제한이 해당 공익사업을 직접목적으로 하여 가하여진 경우에는 그 제한을 받지 아니한 상태를 기준으로 평가한다. 공용제한으로 인한 손실에는 헌법 제23조 제3항에 의거, 보상을 요하는 특별한 희생의 손실과 보상을 요하지 않는 사회적 제약이 있다. 따라서 공법상 제한받는 상태대로 평가하는 이론적 근거는 공법상 제한에 따른 손실이 특별한 희생이 아니고 사회적 제약이라는 것에서 찾을 수 있다.

예시답안

Ⅰ 서

현대국가의 재산권제도는 재산권 행사에 대한 사회적 구속성이라는 내재적 한계를 인정하고 있다. 공법상 제한이 사회적 제약을 넘어 특별한 희생이 될 경우에만 재산권 침해로서 손실보상의 대상이 될 수 있다. 공법상 제한을 받는 상태대로 평가하는 이론적 근거는 공법상 제한에 따른 손실이 특별한 희생이 아니고 사회적 제약이기 때문이다. 공용제한에 대해서는 개별법에서 보상규정을 마련하고 있지 않는 경우가 일반적인바, 공용제한이 특별한 희생인지 아니면 사회적 제약에 불과한지의 구별이 중요하다.

Ⅱ 공법상 제한받는 토지의 의의 및 구분

1. 의의 및 취지(토지보상법 시행규칙 제23조)

공법상 제한을 받는 토지란 관계 법령에 의해 토지의 각종 이용제한 및 규제를 받고 있는 토지를 말하며 개발이익 내지 손실을 제외하는데 취지가 있다.

2. 공법상 제한의 구분

(1) 일반적 제한(사회적 제약)

일반적 제한은 그 자체로 행정 목적이 달성되는 경우의 제한을 말하며, 일반적 제한인 경우 제한받는 상태대로 평가한다. 다만, 그 제한이 해당 공익사업 시행을 직접 목적으로 하여 가하여진 경우는 제한이 없는 상태를 상정하여 감정평가한다.

(2) 개별적 제한(특별한 희생)

개별적 제한은 그 제한이 구체적 공익사업의 시행을 필요로 하는 경우를 말하며, 그 제한을 받지 아니한 상태를 기준으로 평가한다.

대판 2018.1.25, 2017두61799[보상금증액]

공익사업을 위한 토지 등의 취득 및 보상에 관한 법률과 그 시행규칙의 관련 규정에 의하면, 공법상 제한을 받는 토지에 대한 보상액을 산정할 때에 해당 공법상 제한이 구 도시계획법(2002.2.4. 법률 제6655호 국토의 계획 및 이용에 관한 법률 부칙 제2조로 폐지) 등에 따른 용도지역·지구·구역(이하 '용도지역 등'이라고 한다)의 지정 또는 변경과 같이 그 자체로 제한목적이 달성되는 일반적 계획제한으로서 구체적 도시계획사업과 직접 관련되지 아니한 경우에는 그러한 제한을 받는 상태 그대로 평가하여야 한다. 반면 도로·공원 등 특정 도시계획시설의 설치를 위한 계획결정과 같이 구체적 사업이 따르는 개별적 계획제한이거나, 일반적 계획제한에 해당하는 용도지역 등의 지정 또는 변경에 따른 제한이더라도 그 용도지역 등의 지정 또는 변경이 특정 공익사업의 시행을 위한 것일 때에는, 그 공익사업의 시행을 직접 목적으로 하는 제한으로 보아 그 제한을 받지 아니하는 상태를 상정하여 평가하여야 한다.

Ⅲ 특별한 희생과 사회적 제약

1. 특별한 희생의 판단기준

경계이론 입장에서 형식적 기준설은 침해가 특정인 또는 특정집단에 가해지는 경우에는 평등의 원칙에 위배되어 특별한 희생이 주어진다고 본다(개별행위설). 실질적 기준설은 침해의 중대성으로 판단하는 중대설, 재산권의 보호가치를 기준으로 하는 보호가치설, 수인한도를 기준으로 하는 수인한도설, 침해행위가 재산권의 목적에 위배되는지 여부를 기준으로 하는 목적위배설, 사적 효용성의 제한 여부를 기준으로 하는 사적 효용설 등이 있다.

2. 검토

형식적 기준설과 실질적 기준설은 나름대로 타당성을 갖고 있지만, 완전한 판단기준은 되지 못한다. 따라서 이들을 종합적으로 고려하여 판단하는 것이 타당할 것이다.

Ⅳ 공용제한과 보상

1. 대법원 및 헌법재판소 입장

대법원은 개발제한구역 지정에 따른 구역 안에 있는 토지의 소유자는 재산상의 권리행사에 많은 제약을 받게 되고 그 한도 내에서 일반 토지소유자에 비하여 불이익을 받게 됨은 명백하지만, 그와 같은 제한으로 인한 토지소유자의 불이익은 공공의 복리를 위하여 감수하지 아니하면 안 될 정도의 것이라고 하여 보상을 요하지 않는다고 보았다.

헌법재판소는 도시계획법 제21조에 의한 재산권의 제한은 개발제한구역으로 지정된 토지를 원칙적으로 지정 당시의 지목과 토지현황에 의한 이용방법에 따라 사용할 수 있는 한, 재산권에 내재하는 사회적 제약을 비례의 원칙에 합치하게 합헌적으로 구체화한 것이라고 할 것이나, 종래의 지목과 토지현황에 의한 이용방법에 따른 토지의 사용도 할 수 없거나 실질적으로 사용·수익을 전혀 할 수 없는 예외적인 경우에도 아무런 보상 없이 이를 감수하도록 하고 있는 한, 비례의 원칙에 위반되어 해당 토지소유자의 재산권을 과도하게 침해하는 것으로서 헌법에 위반된다고 보았다.

2. 판례 비판 및 소결

대법원은 경계이론 입장에서 개발제한구역지정에 따른 재산권자의 불이익을 모두 일의적으로 사회적 제약으로 판단하고 있다. 이러한 재산권자의 불이익 중에는 사회적 제약을 넘는 특별한 희생이 존재할 수 있음을 간과하고 있다.

헌법재판소는 분리이론 입장에서 개발제한구역지정에 의한 재산권의 제한을 원칙적으로 사회적 제약으로 보고, 사회적 제약이라 하더라도 예외적으로 비례원칙에 위반되는 경우에는 조정조치가 필요하다고 보았다. 그러나 우리나라 헌법 제23조 제3항 규정상 분리이론의 채택은 타당하지 못한바, 헌법재판소는 오히려 경계이론 입장에서 판단했어야 한다.

특별한 희생을 야기하는 공용제한의 경우 헌법 제23조 제3항에 따라 정당한 보상이 주어져야 한다. 따라서 공용제한이 보상을 요하는 특별한 희생인지 아니면 사회적 제약인지 구별이 중요하며, 공용제한의 종류가 다양하므로 일률적으로 판단하기는 어렵고 개별·구체적으로 판단하여야 할 것이다.

V 결

공법상 제한을 받는 토지는 그 제한받는 상태로 평가한다. 이는 공법상 제한이 사회적 제약에 불과하다는 것에 근거한다. 그러나 공법상 제한이 사회적 제약을 넘어 특별한 희생을 가져오게 되면 그에 대한 보상이 있어야 할 것이다.

03

토지소유자 A는 감정평가법인 B에게 소유부동산의 감정평가를 의뢰하고, B는 이를 접수하여 소속 감정평가사인 C로 하여금 감정평가업무에 착수하게 하였다. 이 경우 다음 사항을 설명하시오. 20점

(1) A와 B의 법률관계의 성질 및 내용은?

(2) A가 국토교통부장관이고 C의 업무내용이 표준지공시지가의 조사·평가라면 A와 B의 법률관계와 C의 법적 지위는?

문제분석 및 논점파악

과거 출제 당시에는 표준지공시지가의 조사·평가 업무를 수행하는 감정평가사는 '공무수탁사인'으로 보는 견해가 타당하였으나, 현행 개정법령에 따르는 경우 '행정보조자'의 역할로 보는 견해가 타당하다고 생각되어, 행정보조자를 기준으로 작성하였다.

예시답안

I 행정법관계(박균성, 행정법강의 제8판)

1. 행정법관계의 의의

법률관계란 법주체 상호 간의 권리의무관계를 말한다. 행정활동을 기초로 하여 맺어지는 법률관계를 행정상 법률관계라고 한다. 행정상 법률관계 중에서 공법이 적용되는 법률관계를 행정법관계라 한다. 행정법관계는 공법관계와 동의어로 사용된다.

2. 공법관계와 사법관계의 구별실익

적용법규 및 적용원리의 결정을 위해 구별이 필요하며, 소송형식 및 소송절차의 결정을 위해서도 필요하다. 공법관계에 관한 소송은 행정소송으로 제기하여야 하고, 사법관계에 관한 소송은 민사소송으로 제기하여야 한다. 처분에 대하여는 항고소송을, 공법상 법률관계에 관한 분쟁은 공법상 당사자소송을 제기하여야 한다.

3. 공법관계와 사업관계의 구별기준

(1) 학설

① 권력설 : 행정주체에게 우월적 지위가 주어지는 지배복종관계인 법률관계는 공법관계로 보는 견해

② 이익설 : 공익의 보호와 관계가 있는 법률관계는 공법관계로 보는 견해

③ 신주체설 : 공권력의 담당자의 지위를 갖는 자에게만 권리의무를 귀속시키는 법률관계를 공법관계로 보는 견해

④ 복수기준설 : 위의 세 이론을 종합적으로 고려하여 문제의 법률관계(행위)가 공법관계인지 사법관계인지를 개별적으로 판단하여야 한다는 견해

(2) 판례

판례는 어느 한 입장에 의하지 않고 각 기준을 종합적으로 판단하는 입장을 취한다.

(3) 검토

공법관계와 사법관계의 구별기준으로 제시된 이익설, 종속설 및 신주체설은 모두 중요한 구별기준을 제시하고 있지만 공법관계와 사법관계의 구별에 관한 완벽한 이론이 되지 못하고, 판례의 태도 또한 각 기준을 종합적으로 판단하는 입장을 취하는바, 가장 현실적인 이론에 해당하는 〈복수기준설〉에 따라 구별함이 타당하다.

4. 행정상 법률관계의 종류

(1) 공법관계

① 공법관계에는 권력관계와 관리(비권력)관계로 구분된다. 권력관계란 공권력 주체로서의 행정주체가 우월적인 지위에서 국민에 대하여 일방적인 조치(법률행위 또는 사실행위)를 취하는 관계를 말한다. 관리관계는 행정주체가 사인과 대등한 관계에서 공행정을 수행함에 있어서 국민과 맺은 관계를 말한다.

② 양자의 구별 이유는 권력관계에는 공정력, 확정력, 강제력 등 행정주체에게 법률상 우월한 힘이 인정되지만, 관리관계는 비권력관계로 이러한 효력이 인정되지 않는다.

(2) 사법관계

사법관계에는 국고관계와 행정사법관계로 구분한다.

Ⅱ 물음 (1) 감정평가의뢰인과 감정평가법인등의 법률관계

1. 법률관계의 성질 및 내용

사인인 토지소유자와 감정평가법인등은 상호 대등한 관계로서 사법관계의 성질을 띤다. 토지소유자의 감정평가의뢰와 상대방인 감정평가법인등의 감정평가에 대한 대가로 감정평가 수수료가 지급된다. 구체적인 내용은 해당 계약의 성질에 따라 다르다.

2. 사법상 계약의 성질

(1) 도급계약이라는 견해

일의 완성을 목적으로 수수료라는 보수를 지급하는 것으로 감정평가의뢰인과 감정평가법인등 간의 계약은 도급계약이라고 본다. 수급인은 보수지급청구권과 일의 완성의무를 지니며, 평가보고서의 인도의무, 목적물에 대한 하자담보책임 또는 손해배상의무를 부담한다.

(2) 위임계약이라는 견해

의뢰인의 의뢰와 감정평가법인등의 승낙으로 계약이 성립하는 점 등에서 위임계약이라고 본다. 수임인은 보수청구권, 선량한 관리자의 주의로써 위임사무를 처리할 의무를 부담한다.

Ⅲ 물음 (2) 국토교통부장관과 감정평가법인등의 법률관계

표준지의 적정가격 조사·평가업무는 국토교통부장관이 감정평가법인등에게 의뢰하는 것이며, 표준지공시지가의 결정·공시는 토지시장의 지가정보 및 국가·지방자치단체 등이 그 업무와 관련하여 지가를 산정하는 데 기준이 되므로 공익을 위하는 점, 부동산공시법은 공법의 성질을 갖는 점 등에서 국토교통부장관과 감정평가법인등과의 법률관계는 공법관계라 볼 수 있다. 국토교통부장관이 감정평가법인등과 대등한 관계에서 공행정을 수행함에 있어서 맺은 관계로 비권력 관계로 볼 수 있다. 따라서 공법상의 권리·의무관계가 성립된다.

※ 과거 출제 당시에는 표준지공시지가의 조사·평가 업무를 수행하는 감정평가사는 '공무수탁사인'으로 보는 견해가 타당하였으나, 현행 개정법령에 따르는 경우 '행정보조자'의 역할로 보는 견해가 타당하다고 생각된다.

Ⅳ 행정보조자

1. 의의

행정보조인으로서 사인이란 행정청의 고권적 임무의 처리에 있어서 단순한 도구로서 사용되는 자를 말한다(「도로교통법」상 견인업무를 대행하는 자동차견인업자, 「부동산 가격공시에 관한 법률」상 표준지공시지가 평가 및 개별공시지가를 검증하는 감정평가사 등). 이들은 국민과 직접적인 법률관계의 당사자가 되지는 않으며, 행정청이 당사자가 된다. 따라서 차량견인조치, 감정평가업무에 있어서 피고는 위 사업자가 아니라 감독행정청이 된다.

2. 법적 지위

행정보조인은 국민과 직접적인 법률관계의 당사자가 되지는 않으며, 행정청이 당사자가 된다. 따라서 감정평가업무에 있어서 피고는 감정평가사가 아니라 감독행정청이 된다.

3. 사안의 경우

감정평가법인에 소속하고 있는 감정평가사는 행정청인 국토교통부장관의 업무를 보조하는 역할로, 행정보조자는 내부적인 책임만을 지게 된다. 따라서 행정보조인에 있어서 공무수행이 공행정작용에 속하는 경우에는 행정보조인이 속한 국가 또는 지방자치단체를 상대방으로 국가배상청구를 하여야 한다.

문제 04

부동산 가격공시에 관한 법률상의 감정평가행위와 지가산정행위의 같은 점과 다른 점을 약술하시오. 20점

예시답안

Ⅰ 서

감정평가행위란 토지 등의 경제적 가치를 판정하여 그 결과를 가액으로 표시하는 것을 말한다. 표준지의 평가, 보상평가, 국공유지 처분 및 매각 평가, 자산재평가, 소송 또는 경매평가 등이 감정평가행위에 해당한다. 한편, 지가산정행위란 시·군·구청장이 각종의 세금 등에 사용할 목적으로 관할지역 안에 위치하고 있는 개별토지의 단위면적당 가격을 산정하는 행위를 말한다. 이에는 개별공시지가 등이 있다.

Ⅱ 같은 점

1. 지가형성행위

감정평가행위나 지가산정행위는 모두 지가를 형성하는 행위라는 점에서 유사하다.

2. 평가기준

표준지공시지가는 국가 지방자치단체 등의 기관이 그 업무와 관련하여 지가를 산정하거나 감정평가법인등이 개별적으로 토지를 감정평가하는 경우에 그 기준이 된다. 따라서 감정평가행위의 기준도 표준지공시지가가 되며, 개별공시지가산정행위도 표준지공시지가가 평가기준이 된다.

Ⅲ 다른 점

1. 평가주체

감정평가행위의 주체는 감정평가법인등이다. 그러나 지가산정행위의 주체는 시장·군수·구청장이 된다.

2. 평가목적

감정평가행위는 표준지공시지가나 보상평가 등을 위해 이루어지며, 지가산정행위는 개별토지와 관련된 각종 과세기준을 위한 목적이 있다.

3. 평가방법

감정평가행위는 인근 유사토지의 거래가격, 임대료 및 비용추정액 등을 종합적으로 참작하여 평가한다. 그러나 지가산정행위는 표준지공시지가를 기준으로 토지가격비준표를 사용하여 산정된다.

4. 평가절차

표준지공시지가는 둘 이상의 감정평가법인등의에게 평가의뢰하여 감정평가법인등이 평가한 가격을 산술평균하여 결정한다. 그러나 개별공시지가는 시·군·구청장이 산정하고 감정평가법인등에게 그 타당성을 검증받아 결정된다.

5. 경제적 가치성 판단 유무

표준지공시지가는 3방식에 의한 평가로 어느 정도 시장성이 반영된다. 그러나 개별공시지가는 거래가격과는 별도로 기계적으로 평가된다. 따라서 경제적 가치성 판단에 어려움이 있다.

6. 행정구제절차

표준지공시지가와 개별공시지가는 모두 이의신청절차를 규정하고 있다. 행정쟁송제기 가능성은 표준지공시지가와 개별공시지가의 법적 성질이 처분성이 인정되는지 여부에 따라 결정된다. 판례는 표준지공시지가와 개별공시지가 모두 처분성을 인정하므로 각각 행정심판과 행정소송으로 다툴 수 있다. 양자간의 하자승계는 부정되고 있다.

Ⅳ 결

감정평가행위로 표준지공시지가평가와 지가산정행위로 개별공시지가를 대표하여 비교하여 보았다. 이들은 유사점이 있으면서도 서로 다른 성질을 갖고 있다.

Chapter 28

1997년 제8회 기출문제 분석

문제 01

법률이 공익목적을 위하여 재산권의 수용 · 사용 또는 제한을 규정하고 있으면서도 그에 따른 보상규정을 두고 있지 않은 경우 재산권을 침해당한 자가 보상을 청구할 수 있는지 여부가 헌법 제23조 제3항의 정당한 보상과의 관련하에 문제된다. 이 문제에 관한 해결 방법을 논하라. 50점

문제분석 및 논점파악

제18회 1번의 물음 (1)과 같은 맥락의 문제이다. 보상규정이 마련되지 않은 특별한 경우의 희생에 대하여 헌법 제23조 제3항에 근거하여 보상이 가능한지의 물음이다.

예시답안

Ⅰ 문제의 제기

헌법 제23조는 사유재산제도의 보장이라는 기조 위에서 원칙적으로 모든 국민의 구체적 재산권의 자유로운 이용 · 수익 · 처분을 보장하면서도 다른 한편 공공필요에 의한 재산권의 수용 · 사용 또는 제한을 헌법이 규정하는 요건을 갖춘 경우에만 예외적으로 인정하고 있다. 헌법 제23조 제3항은 "공공필요에 의한 재산권의 수용 · 사용 또는 제한 및 그에 대한 보상은 법률로써 하되, 정당한 보상을 지급하여야 한다."라고 규정하여 손실보상제도에 대한 헌법상의 근거를 마련하고 있다. 공용수용과 공용사용의 경우에는 대체적으로 그에 대한 보상규정을 법률에 마련하고 있는데, 공용사용의 경우에는 보상규정을 마련하고 있는 경우가 드물다. 따라서 공용침해 시에 특별한 희생이 발생하였음에도 법률에 보상규정이 없는 경우에 해당 손실에 대한 손실보상이 가능한지가 문제된다.

Ⅱ 손실보상의 의의 및 보상주체

헌법 제23조 제3항은 공공필요에 의한 공용침해에 대하여 정당한 보상을 하도록 하여 손실보상제도의 근거를 마련하고 있다. 적법한 공행정작용으로 인하여 개인의 재산권이 침해되어 특별한 희생이 발생된 경우에 공평부담의 원칙하에 보상을 하여 주는 손실보상제도는 기득권 보호라는 자연법사상에서 발전되어 온 제도로 국가배상제도와 그 역사적 배경이 다를 뿐만 아니라, 그 청구권의

행사에 있어서도 상이한 요건을 전제로 하고 있다. 손실보상의 주체는 일반적으로 개인의 재산권을 수용·사용 또는 제한한 행정주체 내지 공용부담권을 부여받은 사업시행자가 된다.

Ⅲ 손실보상청구권 요건

1. 공공필요

공공필요는 공용침해의 실질적 허용요건이자, 본질적 제약요소로 전형적인 불확정개념으로서 헌법 제37조 제2항의 국가안전보장·공공복리·질서유지를 포함하는 넓은 개념으로 이해되고 있다. 이러한 공공필요의 개념은 자의적으로 해석되어서는 안 되며 구체적인 상황에 따라 공용침해를 통하여 추구하는 공익과 재산권자의 이익을 비교형량하여 결정하여야 할 것이다.

2. 공행정작용에 의한 재산권 침해

(1) 재산권의 의미

헌법 제23조 제1항에서 보장하고 있는 재산권 개념은 소유권뿐만 아니라 법에 의하여 보호되고 있는 일체의 재산적 가치가 있는 권리를 의미한다. 이러한 재산권에는 물권뿐만 아니라 채권, 유가증권, 무체재산권을 포함하며, 공법상의 권리도 자신의 노력에 의하여 획득된 경우에는 이에 포함된다. 그러나 단순한 이익이나 재화획득에 대한 기회는 이에 포함되지 않는다.

(2) 공행정작용에 의한 침해

재산권에 대한 공행정작용에 의한 침해는 헌법 제23조 제3항에서 의미하는 수용·사용 및 제한 등 재산적 가치를 감소시키는 일체의 공행정작용을 의미한다. 따라서 행정주체의 사법상 작용으로 인한 재산권 침해는 공용침해의 개념으로부터 배제된다.

3. 침해의 적법성

국가배상청구권과는 달리 손실보상청구권은 침해의 적법성을 요구하고 있다. 재산권의 수용·사용·제한 등 공용침해는 법률에 위배되어서는 안 되며, 아울러 헌법 제23조 제3항에 따라 법률의 근거가 있어야 한다. 여기서 법률이라 함은 의회에서 제정한 형식적 의미의 법률을 가리킨다.

4. 특별한 희생

(1) 문제점

재산권에 대한 침해의 정도가 보상을 요하는 특별한 희생인지 보상을 요하지 않는 사회적 제약인지에 대한 구별의 기준은 경계이론과 분리이론의 입장에서 서로 달라지는바 먼저 경계이론과 분리이론의 검토가 필요하다.

(2) 경계이론과 분리이론

1) 경계이론

공공필요에 의한 재산권의 제약이 재산권에 내재하는 사회적 제약(헌법 제23조 제1항 및 제2항)을 넘어 특별한 희생이 발생한 경우에는 그에 대한 보상을 하여야 하는 것으로 본다. 즉, 재산권 침해의 정도에 따라 사회적 제약과 보상을 요하는 공용침해로 구분된다고 본다.

2) 분리이론

헌법 제23조 제1항 및 제2항의 재산권의 내용과 한계의 문제와 제23조 제3항의 공용제한과 손실보상의 문제를 전혀 다른 제도로 보고 서로 전환될 수 없다고 본다. 공용제한과 재산권의 내용적 제한과의 구분기준은 입법의 목적 및 형식이다. 내용규정이 예외적으로 수인한도를 넘는 경우에는 비례의 원칙에 위배되는 과도한 재산권의 침해에 해당하기 때문에 위헌성을 제한할 조정조치가 필요하다.

3) 검토

헌법 제23조 제3항은 독일기본법 제14조 제3항과는 달리 수용뿐만 아니라 사용 및 제한도 규정하고 있는 바, 독일의 분리이론이 그대로 우리나라에 적용되기는 어렵다고 본다. 또한 분리이론은 보상 여부를 입법자의 판단에 일임하는 이론이므로 보상을 원하는 당사자에게 보상입법이 될 때까지 권리구제가 지연되는 문제가 있다. 따라서 경계이론이 타당하다고 본다.

(3) 특별한 희생의 판단기준

1) 학설

경계이론 입장에서 형식적 기준설은 침해가 특정인 또는 특정집단에 가해지는 경우에는 평등의 원칙에 위배되어 특별한 희생이 주어진다고 본다(개별행위설). 실질적 기준설은 침해의 중대성으로 판단하는 중대설, 재산권의 보호가치를 기준으로 하는 보호가치설, 수인한도를 기준으로 하는 수인한도설, 침해행위가 재산권의 목적에 위배되는지 여부를 기준으로 하는 목적위배설, 사적 효용성의 제한 여부를 기준으로 하는 사적 효용설 등이 있다.

2) 검토

형식적 기준설과 실질적 기준설은 나름대로 타당성을 갖고 있지만, 완전한 판단기준은 되지 못한다. 따라서 이들을 종합적으로 고려하여 판단하는 것이 타당할 것이다.

5. 보상규정의 존재

보상규정 이외에 손실보상요건이 충족하는 경우 법률에 보상규정 없이도 손실보상이 가능한지 문제된다.

Ⅳ 헌법 제23조 제3항의 효력논의

1. 문제점

공용침해에 따른 특별한 희생이 발생하였음에도 공용침해를 규정한 법률에서 보상규정을 두고 있지 아니한 경우에 헌법 제23조 제3항에 근거하여 보상이 가능한지가 문제된다.

2. 학설

(1) 직접효력설

직접효력설은 헌법 제23조 제3항을 국민에 대하여 직접적 효력이 있는 규정으로 보고, 공용침해를 허용한 법률에 보상규정이 없다면 헌법 제23조 제3항에 근거하여 보상을 청구할 수 있다고 본다.

(2) 위헌무효설

위헌무효설은 헌법 제23조 제3항을 불가분조항으로 보면서 헌법 제23조 제3항은 보상청구권의 직접적 근거가 될 수 없고 입법자에 대한 구속규정으로 본다. 따라서 객관적으로 보상규정을 두는 것이 가능함에도 불구하고 이것이 결여되는 경우는 위헌무효이고, 위헌무효인 법률에 근거한 재산권 침해행위는 위법하게 된다. 이 경우 재산권의 존속보장에 따라 우선적으로 행정소송이나 헌법소원을 통해 침해를 방어하여야 하며, 방어할 수 없는 불가피한 경우에는 비로소 국가배상청구권이나 결과제거청구권을 통하여 구제받을 수 있다. 국가배상은 과실의 개념을 객관화함으로써 해결할 수 있다.

(3) 유추적용설

법률에 손실보상규정이 없는 경우에는 헌법 제23조 제1항과 제11조(평등원칙)를 직접적인 근거로 하고, 제23조 제3항 및 관계규정의 유추적용을 통하여 손실보상을 청구할 수 있다고 한다. 이는 독일에서 발전된 수용유사침해이론을 도입하여 위법·무책인 경우에 이를 통해 문제를 해결하고자 하려는 것이다.

(4) 보상입법부작위위헌설

공용제한을 규정하면서 손실보상을 규정하지 않는 것은 그 공용제한규정 자체는 헌법에 위반되는 것은 아니라고 보고, 손실보상을 규정하지 않은 입법부작위가 위헌이라고 보는 견해이다. 입법부작위에 대한 헌법소원을 통해 해결하는 입장이다.

3. 판례

대법원은 제3공화국 때는 직접효력설을 취하였고, 제4공화국 때는 직접효력을 부정하였다. 공용침해로 인해 특별한 손해에 대해서는 보상규정이 없는 경우 관련 규정을 유추적용하여 보상하려는 경향이다. 그러나 이는 법률에 재산권 침해에 대한 보상규정이 있는 경우로 통상적인 법률규정의 흠결을 보충하는 경우이다. 즉, 법률에 아예 보상규정이 하나도 마련되어 있지 않는 경우는 유추적용할 보상규정도 없고 국가배상책임도 인정할 수 없는 경우 권리구제가 안 된다는 문제가 있다. 헌법재판소는 공익목적을 위한 보상규정이 없는 재산권 제한을 분리이론 입장에서 재산권의 내용과 한계를 정한 것으로 보았다. 이에 대해 분리이론이 아닌 경계이론 입장에서 판단했어야 한다는 비판이 가해지고 있다.

4. 검토

① <방침규정설>은 헌법규정의 실효성을 입법자의 의도에 맡기는 것으로 오늘날 법치국가에서는 받아들이기 어렵고, ② <직접효력설>은 보상 여부를 입법자를 대신하여 법원이 결정할 수 없는 바 권력분립원칙에 반한다는 비판이 있고, ③ <유추적용설>은 독일의 관습법으로 인정되는 희생보상청구권은 우리 법제에 존재하지 않으며, ④ <위헌무효설>의 경우 공무원의 고의·과실을 입증하기 어려워 결국 국민의 권리구제에 미흡한 결과를 초래한다. 또한 ⑤ <보상입법부작위위헌설>은 입법부작위에 대한 헌법소원을 통해 해결하여야 한다는 측면에서 다소 현실적인 문제해결에는 한계가 있다는 지적이 있다. 따라서 어느 견해에 의하더라도 만족할만한 결론에 이르기 어려우나 권리구제의 실효성을 위해 <직접효력설>이 타당해 보인다.

V 문제의 해결

사안의 경우, 결국 근원적 해결은 입법의 정비로 해결하여야 할 것이나, 현재로서는 해석론으로 헌법합치적 해석을 할 수밖에 없다. 문리적 해석상 다소 무리가 없는 것은 아니나 직접 적용설이 비교적 타당하다고 보인다.

문제 02 **표준지공시지가와 개별공시지가를 비교하라.** 20점

문제분석 및 논점파악

출제하고 채점한 교수님의 강평을 기준으로 목차화하였다.

예시답안

I 서

표준지공시지가란 부동산 가격공시에 관한 법률(이하 '부동산공시법')의 규정에 의한 절차에 따라 국토교통부장관이 조사·평가하여 공시한 표준지의 단위면적당 적정가격을 말한다. 개별공시지가란 시장·군수 또는 구청장이 조세 및 각종 부담금 산정 등의 행정목적 달성을 위해 부동산공시법이 정하는 절차를 거쳐 결정·공시한 개별토지의 단위면적당 가격을 말한다. 두 지가는 토지가격이라는 점에서 유사성이 있으나 그 산정절차 및 효력 등에서 차이가 난다.

II 차이점

1. 조사·산정방법 및 산정의 주체

(1) 표준지공시지가

국토교통부장관이 제3조의 규정에 따라 표준지의 적정가격을 조사·평가하는 경우에는 인근 유사토지의 거래가격·임대료 및 해당 토지와 유사한 이용가치를 지닌다고 인정되는 토지의 조성에 필요한 비용추정액 등을 종합적으로 참작하여야 한다. 둘 이상의 감정평가법인등에게 이를 의뢰하여야 한다.

(2) 개별공시지가

개별공시지가의 산정은 시·군·구청장이 개별토지와 유사한 이용가치를 지닌 표준지공시지가를 기준으로 토지가격비준표를 사용하여 지가를 산정한다.

2. 공시절차

(1) 표준지공시지가

표준지공시지가는 국토교통부장관이 둘 이상의 감정평가법인등에게 표준지의 적정가격을 조사·평가를 의뢰하며, 감정평가법인등은 평가 후 표준지의 관할 시·군·구청장의 의견을 들어야 하며, 시·군·구청장은 시·군·구 부동산가격공시위원회의 심의를 거쳐야 한다. 국토교통부장관은 감정평가법인등이 제출한 적정가격을 산술평균하여 결정한다. 이를 중앙부동산가격공시위원회의 심의를 거쳐 공시한다.

(2) 개별공시지가

시·군·구청장은 산정한 지가의 타당성을 감정평가법인등에게 검증을 받고, 토지소유자 그 밖의 이해관계인의 의견을 들어야 한다. 다만, 검증이 필요 없다고 인정되는 때에는 감정평가법인등의 검증을 생략할 수 있다. 시·군·구 부동산가격공시위원회의 심의를 거쳐 개별공시지가를 결정·공시하여야 한다.

3. 기간

표준지공시지가에 대한 공시일이 규정되어 있지 아니하나 부동산공시법 제3조에서는 지가공시의 주요사항에 관한 보고서를 매년 정기국회의 개회 전까지 국회에 제출하여야 한다고 규정하고 있다. 개별공시지가는 부동산공시법 시행령 제21조 제1항에서 매년 5월 31일까지 결정·공시하여야 한다고 규정하고 있다.

4. 공시사항

(1) 표준지공시지가

① 표준지의 지번, ② 표준지의 단위면적당 가격, ③ 표준지의 면적 및 형상, ④ 표준지 및 주변토지의 이용상황, ⑤ 지목, ⑥ 지리적 위치, ⑦「국토의 계획 및 이용에 관한 법률」등에 의한 토지의 용도제한, ⑧ 도로·교통상황, ⑨ 지세(地勢), ⑩ 그 밖에 지가공시에 관하여 필요한 사항

(2) 개별공시지가

개별공시지가를 공시하는 시장·군수 또는 구청장은 해당 시·군 또는 구의 게시판에 다음 각 호의 사항을 게시하여야 한다. 이 경우 필요하다고 인정하는 때에는 토지소유자 등에게 개별 통지할 수 있다.

① 개별공시지가의 결정에 관한 사항, ② 이의신청에 관한 사항

5. 이의신청

(1) 표준지공시지가

이의신청 가능한 자는 토지소유자, 토지의 이용자, 법률상 이해관계를 가진 자이다. 이의신청은 국토교통부장관에게 공시일로부터 30일 이내에 한다.

(2) **개별공시지가**

토지소유자 등이 시・군・구청장에게 개별공시지가 결정 공시일로부터 30일 이내에 한다. 시・군・구청장은 이의신청을 심사하기 위해 필요한 때에는 감정평가법인등에게 검증을 의뢰할 수 있다.

6. 적용범위 내지 효력

(1) **표준지공시지가의 효력**

표준지공시지가는 토지시장의 지가정보를 제공하고 일반적인 토지거래의 지표가 되며, 국가・지방자치단체 등의 기관이 그 업무와 관련하여 지가를 산정하거나 감정평가법인등이 개별적으로 토지를 감정평가하는 경우에 그 기준이 된다.

(2) **개별공시지가의 적용**

개발부담금의 부과 그 밖의 다른 법령이 정하는 목적을 위한 지가산정에 사용된다.

7. 기타

표준지공시지가는 개별통지규정이 없으며, 개별공시지가는 개별통지규정이 있다.

Ⅲ 표준지공시지가와 개별공시지가의 법적 성질 비교

표준지공시지가에 대한 법적 성질에 대하여 학설은 ① 행정계획설, ② 행정규칙설, ③ 행정행위설이 대립한다. 개별공시지가의 법적 성질에 대하여는 ① 행정행위설, ② 행정규칙설, ③ 사실행위설이 대립한다. 판례는 표준지공시지가와 개별공시지가의 처분성을 인정하여 행정소송의 대상이 된다고 보았다.

대판 2008.8.21, 2007두13845[토지보상금]

표준지공시지가결정이 위법한 경우에는 그 자체를 행정소송의 대상이 되는 행정처분으로 보아 그 위법 여부를 다툴 수 있음은 물론, 수용보상금의 증액을 구하는 소송에서도 선행처분으로서 그 수용대상 토지 가격 산정의 기초가 된 비교표준지공시지가결정의 위법을 독립한 사유로 주장할 수 있다.

대판 1993.1.15, 92누12407[개별토지가격결정처분취소등]

시장, 군수, 구청장이 산정하여 한 개별토지가액의 결정은 토지초과이득세, 택지초과소유부담금 또는 개발부담금 산정 등의 기준이 되어 국민의 권리, 의무 내지 법률상 이익에 직접적으로 관계된다고 할 것이고, 따라서 이는 행정소송법 제2조 제1항 제1호 소정의 행정청이 행하는 구체적 사실에 관한 법집행으로서의 공권력행사이어서 행정소송의 대상이 되는 행정처분으로 보아야 할 것이다.

Ⅳ 표준지공시지가와 개별공시지가의 관계

① 개별공시지가는 표준지공시지가를 기준으로 토지가격비준표를 사용하여 산정된다.
② 판례는 표준지공시지가와 개별공시지가는 법률효과의 목적이 상이하여 하자승계를 부정하고 있다. 그러나 개별공지지가와 후행 과세처분 간에는 수인가능성과 예측가능성이 없는 경우에는 하자승계를 인정하였다. 그러나 이러한 경우에도 수인가능성과 예측가능성이 있는 경우에는 하자승계를 부정한다.

Ⅴ 결

개별공시지가는 개별토지와 관련된 각종 과세산정의 기준이 되므로 국민의 권익에 영향을 미친다. 이러한 개별공시지가는 표준지공시지가를 기준으로 토지가격비준표를 사용하여 산정된다. 따라서 표준지공시지가와 개별공시지가는 관련성이 있으며, 객관적이고 합리적인 산정이 되어야 할 것이다.

(구)토지수용법상의 협의와 (구)공공용지의 취득 및 손실보상에 관한 특례법상의 협의를 비교하라. - 개정법 수정 : 공익사업을 위한 토지 등의 취득 및 보상에 관한 법률상 사업인정 전 협의와 사업인정 후 협의를 비교하라. 20점

문제분석 및 논점파악

현행 토지보상법에서는 사업인정 전 협의와 사업인정 후 협의의 비교문제이다. 사업인정 전 협의는 (구)공특법상의 협의와 같다. 그리고 사업인정 후 협의는 (구)토지수용법상 협의와 같다. 본 예시답안은 현행 토지보상법을 기준으로 작성하였다.

예시답안

I 서

현행 공익사업에 필요한 공공용지의 취득방식에는 강제취득방식과 임의취득방식이 있다. 현행 토지보상법에는 사업인정 전 협의취득과 사업인정 후 협의취득을 규정하고 있다. 사업인정 후 협의취득은 강제취득절차 중 하나의 절차로서 이루어진다. 그러나 사업인정 전 협의와 사업인정 후 협의는 사업시행자와 토지 등 소유자와 임의적 합의에 의해 목적물이 취득된다는 점에서는 같다. 이하에서 토지보상법상 사업인정 전 협의와 사업인정 후 협의를 비교·설명한다.

II 두 협의의 의의 및 취지

1. 사업인정 전 협의의 의의 및 취지(토지보상법 제16조)

공익사업에 필요한 토지 등을 공용수용절차에 의하지 않고 사업시행자가 토지소유자와 협의하여 취득하는 것을 말한다. ① 협의절차를 통해 최소침해의 원칙을 구현하고 ② 신속하게 사업을 수행하고자 함에 취지가 있다.

2. 사업인정 후 협의의 의의 및 취지(토지보상법 제26조)

사업인정 후 협의란 사업시행자가 수용목적물 및 보상 등에 관하여 피수용자와 합의하는 것을 말하며, ① 최소침해의 원칙, ② 사업의 원활한 진행, ③ 피수용자의 의견존중에 취지가 있다.

III 두 협의의 다른 점과 유사점

1. 다른 점

(1) 법적 성질

사업인정 전 협의에 대한 법적 성질에 대하여 공법에 의한 공법상 계약인지 문제되나, 사업시행자가 수용권을 취득하기 이전이므로 사법상 계약으로 보는 것이 일반적이다. 사업인정 후 협의에 대한 법적 성질은 사법상 계약설과 공법상 계약이라는 견해가 대립한다. 사업인정 후에는 사업시행자가 수용권을 취득하므로 공법상 계약으로 보는 것이 타당하다.

(2) 토지취득의 형태

사업인정 전 협의를 사법상 계약이라고 보면 해당 협의에 의해 취득되는 형태는 승계취득에 불과하다. 사업인정 후 협의를 공법상 계약으로 보는 입장에서 토지의 취득형태는 원시취득으로 보는 입장과 승계취득으로 보는 견해가 대립한다.

(3) 협의성립확인 가능성

사업인정 전 협의는 강제취득절차가 아니므로 협의성립 확인이 불가하다. 그러나 사업인정 후 협의는 토지보상법 제29조에 따라 협의성립 후에는 협의성립 확인이 가능하다. 즉, 사업시행자와 토지소유자 및 관계인 간에 사업인정 후 협의가 성립한 경우에는 사업시행자는 재결의 신청기간 이내에 해당 토지소유자 및 관계인의 동의를 얻어 관할 토지수용위원회에 협의성립의 확인을 신청할 수 있다.

협의성립 확인은 이 법에 의한 재결로 보며, 사업시행자 토지소유자 및 관계인은 그 확인된 협의의 성립이나 내용을 다툴 수 없다.

관련 판례

➡ 간이한 절차만을 거치는 협의 성립의 확인에, 원시취득의 강력한 효력을 부여함과 동시에 사법상 매매계약과 달리 협의 당사자들이 사후적으로 그 성립과 내용을 다툴 수 없게 한 법적 정당성의 원천은 사업시행자와 토지소유자 등이 진정한 합의를 하였다는 데에 있다. 여기에 공증에 의한 협의 성립 확인 제도의 체계와 입법 취지, 그 요건 및 효과까지 보태어 보면, 토지보상법 제29조 제3항에 따른 협의 성립의 확인 신청에 필요한 동의의 주체인 토지소유자는 협의 대상이 되는 '토지의 진정한 소유자'를 의미한다. 따라서 사업시행자가 진정한 토지소유자의 동의를 받지 못한 채 단순히 등기부상 소유명의자의 동의만을 얻은 후 관련 사항에 대한 공증을 받아 토지보상법 제29조 제3항에 따라 협의 성립의 확인을 신청하였음에도 토지수용위원회가 신청을 수리하였다면, 수리 행위는 다른 특별한 사정이 없는 한 토지보상법이 정한 소유자의 동의 요건을 갖추지 못한 것으로서 위법하다. 진정한 토지소유자의 동의가 없었던 이상, 진정한 토지소유자를 확정하는 데 사업시행자의 과실이 있었는지 여부와 무관하게 그 동의의 흠결은 위 수리 행위의 위법사유가 된다. 이에 따라 진정한 토지소유자는 수리 행위가 위법함을 주장하여 항고소송으로 취소를 구할 수 있다(대판 2018.12.13, 2016두51719[협의성립확인신청수리처분취소]).

(4) 권리구제수단

사업인정 전 협의를 사법상 계약으로 보면 그에 대한 다툼은 민사소송에 의한다. 그러나 사업인정 협의를 공법상 계약으로 보면 그에 대한 다툼은 공법상 당사자소송에 의한다.

2. 유사점

(1) 계약의 목적이 공익사업으로 한정

사업인정 전 협의나 사업인정 후 협의는 그 목적이 해당 공익사업을 위한 목적물에 대한 계약이라는 점에서 유사하다.

(2) 당사자의 일방이 사실상 우월적 지위

사업인정 전·후 협의는 사업시행자와 토지소유자 등이 협의를 하게 되는데 사업인정 전에 수용권을 설정받지 못한 사업시행자라 하더라도 협의성립 결렬시 강제취득절차를 밟을 것인바, 토지소유자 등보다 사실상 우월적 지위에 있다는 점에서 유사하다.

(3) 임의적 합의라는 점

사업인정 후에는 사업시행자가 수용권을 취득하나 사업인정 후 협의도 사업시행자와 토지소유자 등과 임의적 합의라는 점에서 사업인정 전 협의와 유사점이 있다.

(4) 계약내용결정방식에 있어서 제한

토지보상법은 공익사업을 위한 용지를 협의에 의해 취득할 경우 보상의 대상을 비롯하여 기준·방법·절차 등에 대하여 규정하고, 계약내용을 결정할 때 이에 의거하도록 하고 있다. 따라서 협의취득은 법에서 정한 기준과 방법 등에 의하여야 하기 때문에 계약내용의 결정에 관한 자유를 제한하고 있다는 점에서 유사하다.

관련 판례

➔ 토지보상법에 의한 보상합의는 공공기관이 사경제주체로서 행하는 사법상 계약의 실질을 가지는 것으로서, 당사자 간의 합의로 같은 법 소정의 손실보상의 기준에 의하지 아니한 손실보상금을 정할 수 있으며, 이와 같이 같은 법이 정하는 기준에 따르지 아니하고 손실보상액에 관한 합의를 하였다고 하더라도 그 합의가 착오 등을 이유로 적법하게 취소되지 않는 한 유효하다. 따라서 토지보상법에 의한 보상을 하면서 손실보상금에 관한 당사자 간의 합의가 성립하면 그 합의 내용대로 구속력이 있고, 손실보상금에 관한 합의 내용이 토지보상법에서 정하는 손실보상기준에 맞지 않는다고 하더라도 합의가 적법하게 취소되는 등의 특별한 사정이 없는 한 추가로 토지보상법상 기준에 따른 손실보상금 청구를 할 수는 없다(대판 2013.8.22, 2012다3517).

Ⅳ 결(협의의 필수절차 여부)

사업인정 전 협의가 공법인 토지보상법에 규정되는 것이 문제가 될 수 있다. 그러나 최근 입법에서 나타나고 있는 사법의 공법화 현상의 하나로 해석하면 될 것이다. 사업인정 전 협의가 필수적 절차인지 문제되는데, 토지보상법상 사업인정 전 협의는 임의절차라고 해석하는 견해가 일반적이다. 다만, 사업인정 후 협의를 반드시 거쳐야 하는 절차라 본다. 사업인정 후 협의도 사업인정 전 협의를 거쳤으며, 조사내용에 변동이 없는 때에는 절차의 중복을 피하기 위해 사업인정 후 협의를 거치지 않아도 되는 특례를 두고 있다.

문제 04

공익사업을 위한 토지 등의 취득 및 보상에 관한 법률상의 토지사용기간 만료 시의 법률관계를 설명하라. 10점

예시답안

Ⅰ 의의

공익사업을 위한 토지사용은 특정인의 토지 등에 관한 권리를 사업시행자가 일시적 또는 영속적으로 점유하여 지배하고, 그 목적에 따라 이용하는 것을 말한다. 토지보상법상 사용은 사업상의 사용권이 아니라 공법상의 사용권으로 해석되며, 공익사업을 위해 사용권의 설정 또는 권리제한을 가져오는 효과를 지닌다. 토지사용의 기간이 만료되면 토지보상법은 원상회복 반환을 원칙으로 규정하고 있다.

Ⅱ 토지사용의 절차

1. 보통사용절차

보통사용절차는 보통수용절차와 동일하다. 즉, 사업인정을 받고, 토지조서 및 물건조서를 작성하여 피수용자와 협의하고, 협의가 불성립 시에는 관할 토지수용위원회에 사용재결 신청을 하여 사용재결에 따라 보상금을 지급하고 토지를 사용하면 된다. 토지사용기간은 재결에서 정한 기간이 된다.

2. 약식사용절차

약식사용절차란 보통사용절차의 모든 단계를 거치지 않고, 그 절차 중 일부를 생략하고 행하는 사용이 약식사용절차에 해당한다.

(1) 천재지변 시의 토지사용(토지보상법 제38조)

천재지변 그 밖의 사변으로 인하여 공공의 안전을 유지하기 위한 공익사업을 긴급히 시행할 필요가 있는 때에는 사업시행자는 특별자치도지사, 시장・군수 또는 구청장의 허가를 받아 즉시 타인의 토지를 사용할 수 있다. 토지의 사용기간은 6개월을 넘지 못한다.

(2) 시급을 요하는 토지의 사용(토지보상법 제39조)

재결의 신청을 받은 토지수용위원회는 그 재결을 기다려서는 재해를 방지하기 곤란하거나 그 밖에 공공의 이익에 현저한 지장을 줄 우려가 있다고 인정하는 때에는 사업시행자의 신청에 의하여 담보를 제공하게 한 후 즉시 해당 토지의 사용을 허가할 수 있다. 다만, 국가 또는 지방자치단체가 사업시행자인 경우에는 담보를 제공하지 아니할 수 있다. 토지의 사용기간은 6개월을 넘지 못한다.

Ⅲ 반환 및 원상회복의무(토지보상법 제48조)

사업시행자는 토지나 물건의 사용기간이 만료된 때 또는 사업의 폐지・변경 그 밖의 사유로 인하여 사용할 필요가 없게 된 때에는 지체 없이 해당 토지나 물건을 토지나 물건의 소유자 또는 그 승계인에게 반환하여야 한다. 사업시행자는 토지소유자의 원상회복 청구가 있는 때에는 미리 그 손실을 보상한 경우를 제외하고는 해당 토지를 원상으로 회복하여 반환하여야 한다.

Chapter 29

1996년 제7회 기출문제 분석

문제 01

무효인 재결과 취소할 수 있는 재결을 예시하여 설명하고 양자의 구별실익을 논급하시오. 50점

문제분석 및 논점파악

무효인 재결과 취소할 수 있는 재결을 예시하여 설명하라는 부분의 부분논점으로 무효와 취소의 구별기준이 들어가야 할 것이다. 또한 양자의 구별실익에는 행정쟁송에 있어서 쟁송의 방식과 불복제기기간, 행정심판전치주의와 관계, 선결문제, 사정재결 및 사정판결, 간접강제 등과 관련되며, 행정행위의 효력, 하자의 치유와 전환 등과도 관련된다.

본 예시답안은 교수님 강평의 내용을 근거로 작성하되, 배점에는 관계없이 작성하여 공부하는 데 도움이 되게 하였다.

예시답안

I 서론

재결은 사업시행자가 수용 또는 사용에 대한 재결신청을 하는 경우 토지수용위원회의 판단으로 토지수용의 최종절차에 해당한다. 재결의 법적 성질은 사업시행자 수용권설에 의하면 사업시행자에게 부여된 수용권의 구체적 내용을 결정하고 그 실행을 완성시키는 형성적 행정행위이다. 대법원 역시 재결은 일정한 법적 효과가 있는 처분으로서 행정행위의 성질을 갖는다고 본다. 또한 재결은 어느 정도 독립성과 전문성이 보장된 토지수용위원회에 의해 사법절차에 준하는 절차에 의해 행해지므로 준사법적인 행위라고 볼 수 있다. 토지수용위원회의 수용재결은 원행정행위에 속한다. 이러한 수용재결에 하자가 있는 경우에는 하자의 정도에 따라 취소할 수 있는 재결과 무효인 재결이 있을 수 있다. 취소사유와 무효사유를 구분하는 실익은 행정쟁송, 행정행위의 효력, 하자의 치유 등에 있다.

Ⅱ 무효인 재결과 취소할 수 있는 재결

1. 무효와 취소의 구별기준

(1) 문제점

행정행위가 흠이 있는 경우 무효사유인지 취소사유인지의 구별은 법령에 규정이 된 경우는 그에 따르면 될 것이나, 법령에 규정이 되어 있지 아니한 경우에는 결국 학설과 판례에 맡겨진다.

(2) 학설

① 〈중대명백성설〉 행정행위의 하자의 내용이 중대하고 명백하면 무효가 되고, 그중 어느 한 요건이라도 결여한 경우 취소로 보는 견해
② 〈명백성보충설〉 무효의 기준은 중대성요건만을 요구하고, 제3자나 공공의 신뢰보호가 있는 경우 보충적으로 명백성요건을 요구하는 견해
③ 〈중대설〉 중대성을 기준으로 강행규정을 위반하면 하자가 중대하여 무효이고, 비강행규정 위반 시는 취소사유가 된다는 견해
④ 〈구체적 가치형량설〉 구체적 사안마다 구체적, 개별적으로 이익형량하여 무효 또는 취소 여부를 결정해야 한다는 견해
⑤ 〈조사의무설〉 일반국민뿐 아니라 관계 공무원이 볼 때 명백한 경우도 명백한 것으로 보아 무효사유를 넓히는 견해

(3) 판례

[다수의견]

➡ 하자 있는 행정처분은 당연무효가 되기 위하여는 그 하자가 법규의 중요한 부분을 위반한 중대한 것으로서 객관적으로 명백한 것이어야 하며 하자가 중대하고 명백한 것인지 여부를 판별함에 있어서는 그 법규의 목적, 의미, 기능 등을 목적론적으로 고찰함과 동시에 구체적 사안 자체의 특수성에 관하여도 합리적으로 고찰함을 요한다.

[반대의견]

➡ 행정행위의 무효사유를 판단하는 기준으로서의 명백성은 행정처분의 법적 안정성 확보를 통하여 행정의 원활한 수행을 도모하는 한편 그 행정처분을 유효한 것으로 믿은 제3자나 공공의 신뢰를 보호하여야 할 필요가 있는 경우에 보충적으로 요구되는 것으로서, 그와 같은 필요가 없거나 하자가 워낙 중대하여 그와 같은 필요에 비하여 처분 상대방의 권익을 구제하고 위법한 결과를 시정할 필요가 훨씬 더 큰 경우라면 그 하자가 명백하지 않더라도 그와 같이 중대한 하자를 가진 행정처분은 당연무효라고 보아야 한다(대판 1995.7.11, 94누4615 全合).

(4) 검토

국민의 권리구제의 요청과 법적 안정성의 요청을 조정하기 위하여 통설과 판례의 입장인 중대명백설이 타당하다고 본다.

2. 무효인 재결

(1) 의의

재결이 외관상 성립하였으나 그 하자의 중대함으로 인하여 재결이 애초부터 아무런 효력을 발생하지 않는 경우를 말한다.

(2) 무효인 재결의 예시

1) 주체의 하자의 경우

① 관할 토지수용위원회가 수용재결의 주체임에도 불구하고 다른 관할의 토지수용위원회가 재결을 내린 경우나 국토교통부장관이 단독으로 재결을 내린 경우 등은 그 재결은 무효사유가 될 것이다. 토지보상법 제49조는 토지수용위원회의 설치를, 제51조에서는 관할을 규정하고 있다.

② 또한 토지수용위원회는 합의제 행정기관인데, 적법한 소집이 없이 재결을 내린 경우, 의사 또는 정족수가 미달한 경우로 내린 재결, 결격사유가 있는 위원이 참가하여 내린 재결 등은 무효사유로 보는 것이 타당하다. 토지보상법 제52조부터 제54조에 중앙토지수용위원회와 지방토지수용위원회의 구성을 규정하고 있고, 제54조에서는 위원의 결격사유를 규정하고 있다.

③ 사업시행자가 자신에게 유리한 재결을 내려달라고 토지수용위원회에 뇌물을 제공하고 그에 따라 재결이 내려진 경우나 사업시행자의 사기, 강박 등에 의하여 내려진 재결 등은 무효사유가 될 것이다.

2) 절차상 하자의 경우

토지수용위원회의 재결은 사업시행자의 재결신청을 받고서 열람 및 심리 등을 거쳐서 내려진다. 그런데 사업시행자의 재결신청이 없었음에도 불구하고 내려진 토지수용위원회의 재결은 무효가 된다.

토지보상법 제35조에서 토지수용위원회가 재결을 내릴 수 있는 기간이 정하여져 있다. 이러한 기간을 준수하지 아니하고 법정의 기간을 경과하여 내려진 재결도 무효라고 보는 것이 타당하다.

3) 형식상 하자의 경우

토지보상법 제34조 제1항은 토지수용위원회의 재결은 서면으로 한다고 규정하고 있다. 따라서 재결을 서면으로 하지 않고 구두로 하는 경우에는 명백한 하자로서 무효사유가 된다.

4) 내용상 하자의 경우

토지보상법 제50조 제1항에서 재결사항을 정하고 있다. 토지수용위원회가 재결을 내리면서 수용 또는 사용할 토지의 구역을 정하면서도 그에 대한 손실보상금을 정하지 않고 내리는 재결은 무효사유라 보는 것이 타당하다. 또한 사업인정을 의미 없게 만드는 재결 역시 무효사유라 보아야 한다. 예컨대, 공익사업을 영위하기 위한 필요최소한도의 범위에 충족하지 못하는 일부 토지만의 재결을 내리는 경우이다.

3. 취소할 수 있는 재결

(1) 의의

하자가 중대명백하지 않은 토지수용위원회의 재결을 말한다.

(2) 취소할 수 있는 재결의 예시

1) 절차상 하자의 경우

토지보상법 제31조에서는 재결신청서가 접수되면 토지수용위원회는 이를 공고하고 공고한 날로부터 14일 이상 관계서류의 사본을 일반인이 열람할 수 있도록 하여야 한다고 규정하고 있다. 공고나 열람의 절차상 하자는 토지수용위원회의 재결을 취소할 수 있는 사유로 보는 것이 타당하다.

2) 형식상 하자의 경우

재결서에 경미한 하자가 있는 경우에 해당한다. 즉, 위원장이나 위원의 기명날인을 누락한 재결의 경우는 취소사유라고 보는 것이 타당하다.

3) 내용상 하자의 경우

토지수용위원회의 재결에서 정한 토지의 범위나 보상금에 경미한 하자가 있는 경우 등에 해당할 것이다.

Ⅲ 양자 구별의 실익

1. 행정쟁송에서 구별실익

(1) 행정쟁송의 방식과의 관계

취소할 수 있는 행정행위는 취소심판과 취소소송을 통해 그 취소를 구할 수 있다. 무효인 행정행위는 무효확인심판과 무효확인소송을 통해 무효확인을 구할 수 있다.

(2) 행정쟁송불복 제기기간과의 관계

취소쟁송은 행정심판법 및 행정소송법에 규정된 제기기간을 준수하여야 한다. 그러나 무효확인쟁송은 그러한 제한을 받지 아니한다. 다만 무효선언을 구하는 취소소송은 제소기간을 준수하여 제기되어야 한다.

(3) 행정심판전치주의와의 관계

개별법에서 정한 행정심판전치주의는 취소소송에 적용되지만, 무효확인소송에는 적용되지 않는다.

(4) 선결문제와의 관계

선결문제란 소송에서 본안판단을 함에 있어서 그 해결이 필수적으로 전제가 되는 법문제를 말한다. 취소할 수 있는 행정행위는 당사자소송이나 민사소송에서 선결문제로서 그 효력을 부인할 수 없다. 형사소송의 경우 학설의 대립이 있다. 그러나 무효인 행정행위는 당사자소송, 민사소송, 형사소송에서 그 선결문제로 무효를 확인받을 수 있다.

(5) 사정재결 및 사정판결과의 관계

행정심판법 제44조 제1항에서 취소심판의 경우 사정재결의 가능성을 인정하면서도 동조 제3항에서는 무효등확인심판에는 적용하지 아니한다고 규정하고 있다. 또한 행정소송법 제28조에서는 취소소송에서 사정판결을 인정하고 있으면서도, 동법 제38조 제1항에서 무효등확인소송에는 취소소송의 사정판결이 준용되고 있지 아니하다.

(6) 간접강제와의 관계

행정소송법 제34조는 거부처분취소판결의 간접강제를 규정하고 있다. 그러나 동법 제38조 제1항에서 무효등확인소송에서는 동법 제34조를 준용하고 있지 아니하다. 이것은 입법의 불비이며, 행정소송법 개정안에는 무효확인판결에도 간접강제를 인정하는 것으로 하고 있다.

2. 행정행위의 효력

무효인 행정행위는 행정행위가 애초부터 효력을 발생하지 않는다. 무효인 행정행위에는 공정력, 불가쟁력이 인정되지 않는다.

그러나 취소할 수 있는 행정행위는 공정력이 인정되어 권한 있는 기관에 의해 취소되기 전까지는 유효하다. 또한 취소할 수 있는 행정행위는 일정한 불복기간이 도과하면 불가쟁력이 발생한다.

3. 하자승계 가능성

무효인 행정행위는 이에 근거한 후행행위도 당연히 무효이므로 하자의 승계문제가 되지 않는다. 그러나 취소할 수 있는 행정행위는 일정한 경우에만 하자승계가 가능하다.

4. 하자치유와 전환

통설에 의하면 하자의 치유는 취소할 수 있는 행정행위에 대하여만 인정되며, 무효인 행정행위에는 인정되지 않는다. 하자의 전환은 무효인 행정행위에 대하여만 인정된다는 견해도 있고, 취소할 수 있는 행정행위에도 하자의 전환이 인정된다는 견해도 있다.

Ⅳ 결어

재결은 국민의 재산권을 강제적으로 수용하게 하는 결정을 내리게 되므로 엄격한 형식과 절차가 요구된다. 또한 재결은 합의제 행정청인 토지수용위원회가 내리는 행정행위이다. 따라서 재결에 위법사유가 있다면 이는 취소할 수 있는 사유 또는 무효사유가 된다. 재결과 관련된 사업시행자, 토지소유자 또는 관계인의 권리구제를 위하여 토지보상법 제83조 및 제85조에서는 재결에 대한 불복수단으로 이의신청과 행정심판을 규정하고 있다.

문제 02 개별공시지가의 검증에 대하여 설명하시오. 20점

예시답안

Ⅰ 개별공시지가 검증제도의 의의 및 취지((부동산공시법 제10조 제5항, 제6항)

개별공시지가 검증이란, 감정평가법인등이 시장・군수・구청장이 산정한 개별토지가격의 타당성에 대하여 전문가적 입장에서 검토하는 것을 말하며, 개별공시지가의 객관성, 신뢰성 확보에 취지가 있다.

Ⅱ 법적 성질

검증은 그 자체로서 외부적으로 어떤 법률효과가 발생하는 것이 아니며, 검증의뢰를 받아 개별토지가격이 제대로 산정되었는지 여부를 단순 확인하고 의견을 제시하는 사실행위에 불과하다.

Ⅲ 검증의 주체 및 책임

시장・군수 또는 구청장이 검증을 받으려는 때에는 해당 지역의 표준지의 공시지가를 조사・평가한 감정평가법인등 또는 감정평가실적 등이 우수한 감정평가법인등에게 의뢰하여야 한다. 감정평가법인등은 형법 제129조부터 제132조 적용(뇌물수뢰죄 등)에 있어 공무원으로 본다.

Ⅳ 검증의 유형

1. 산정지가 검증

(1) 의의 및 특징

시장・군수 또는 구청장이 개별토지가격 산정 후에 그 타당성을 검토하기 위해 감정평가법인등에게 의뢰하여 실시하는 검증을 말한다. 원칙상 개별공시지가 산정 대상의 전체필지에 대하여 실시하며, 필수적 절차이다. 지가 열람 전에 실시한다.

(2) 검토 및 확인사항

검증을 의뢰받은 감정평가법인등은 ① 비교표준지 선정, ② 가격산정의 적정성(토지특성조사 내용, 토지가격비준표 적용 등), ③ 산정된 개별토지가격과 공시지가의 균형, ④ 산정된 개별토지 가격과 인근 토지 지가 및 전년도 지가와 균형유지, ⑤ 기타 시장・군수 또는 구청장이 의뢰한 사항들에 대하여 의견을 제시한다.

(3) 검증의 생략

검증이 필요 없다고 인정되는 경우 검증을 생략할 수 있다. 전년도 개별공시지가와 비교하여 그 변동폭이 작은 순서로 검증을 생략할 수 있다. 단 개발사업이 시행되거나 용도지역 · 지구가 변경되는 등의 사유가 발생한 토지에 대하여는 검증을 실시하여야 한다.

2. 의견제출 지가 및 이의신청 지가에 대한 검증

의견제출 지가 검증이란 토지소유자 및 이해관계인이 지가열람 및 의견제출기간에 의견을 제출한 경우에 실시하는 검증을 말한다. 이의신청 지가에 대한 검증은 개별공시지가를 결정 · 공시한 후에 토지소유자 등이 이의신청을 제기한 경우에 실시하는 검증을 말한다. 이러한 검증은 현장조사를 통한 검증을 실시하며, 의견이 제출된 토지나 이의가 제기된 토지에 대하여만 실시한다.

Ⅴ 검증의 효력

검증 자체는 처분성이 부정된다. 단, 검증이 필요한 경우는 검증이 생략되면 개별공시지가가 절차상 하자를 갖는다.

Ⅵ 문제점 및 개선안

검증기간의 부족, 자료부족, 검증수수료의 현실화 문제 등이 있다. 이에 대하여 충분한 검증기간의 부여, 공무원의 협조요청, 검증수수료의 현실화 등의 방안을 모색하여야 한다.

문제 03 수몰민 보상 20점

문제분석 및 논점파악

현행 토지보상법에 수몰민에 대한 직접적인 보상조항은 없다. 그러나 댐건설로 인하여 이주해야 하는 수몰민에게 수용되는 재산권뿐만 아니라 종전과 같은 생활을 유지할 수 있도록 하는 보상도 필요하다. 본 문제에서는 수용되는 재산권에 대한 보상내용을 설명하라는 의미보다는 수몰민에 대한 생활보상에 대해 초점을 맞추고 있다고 판단된다. 따라서 본 예시답안은 수몰민에 대한 생활보상 측면에서 답안을 작성하였다.

수몰민에 대한 생활보상은 현행 토지보상법상의 생활보상 관련 보상제도를 검토하고, 또한 수몰이주민에 대한 지원 등에 관련 법률인 '댐건설 및 주변지역지원 등에 관한 법률'의 내용도 함께 검토하였다.

예시답안

Ⅰ 서

"수몰이주민"이라 함은 댐건설사업의 시행으로 인하여 생활의 근거를 상실하게 되는 자로서 공익사업을 위한 토지 등의 취득 및 보상에 관한 법률 제78조 제1항의 규정에 의한 이주대책대상자를 말한다(댐건설 및 주변지역지원 등에 관한 법률 제2조 제4호). 다만, 수몰민에 대한 개념을 광의로 해석하면 단순히 댐건설사업지구 내의 이주민뿐만 아니라 댐건설로 인해 남게 되는 소수잔존자를 포함시키는 것이 타당하다고 본다. 이하에서는 수몰민과 관련된 생활보상의 관점에서 검토하기로 한다.

Ⅱ 수몰민에 대한 생활보상의 필요성

생활보상은 피수용자가 종전과 같은 생활을 유지할 수 있도록 실질적으로 보장하는 보상을 말한다. 생활보상은 재산권에 대한 금전보상의 한계가 드러나면서 등장하였다. 따라서 댐건설로 인하여 생활터전을 옮겨야 하는 이주민들에게 단순히 재산권 보상뿐만 아니라 종래 생활을 유지할 수 있도록 하는 생활보상이 필요하다.

Ⅲ 수몰이주민에 대한 생활보상 내용

1. 주거대책

(1) 수몰이주민에 대한 이주대책

댐건설사업으로 인하여 생활의 근거를 상실하게 되는 사업지구 내 주민에 대하여 토지보상법 제78조 및 동법 시행령 제40조 등에 따라 사업시행자는 이주대책을 수립·실시하여야 한다. 이주대책의 내용에는 이주정착지에 대한 도로·급수시설·배수시설 그 밖의 공공시설 등 통상적인 수준의 생활기본시설이 포함되어야 하며, 이에 필요한 비용은 사업시행자의 부담으로 한다.

(2) 이주정착지 미이주자 등에 대한 이주정착금 지원

수몰이주민 중에서 이주정착지가 아닌 다른 지역으로 이주하고자 하는 경우에는 토지보상법 시행령 제41조에서 이주정착금을 지급하도록 규정하고 있다. 댐건설 및 주변지역지원 등에 관한 법률 제39조 및 동법 시행령 제31조에서는 이주정착지 미이주자에게는 이주정착지원금 및 생활안정지원금을 지급할 수 있다고 규정하고 있다.

(3) 주거이전비 보상

토지보상법 제78조 제5항 및 동법 시행규칙 제54조에서 사업지구에 편입되는 주거용 건축물의 소유자에 대하여는 주거이전에 필요한 비용에 대해 보상하도록 규정하고 있다. 주거용 건물 소유자의 경우 가구원수에 따른 2개월분의 주거이전비를, 세입자의 경우 가구원수에 따른 4개월분의 주거이전비를 지급하도록 하여 경제적 약자를 배려하고 있다.

(4) 국민주택자금의 지원

토지보상법 제78조 제3항 및 댐건설 및 주변지역지원 등에 관한 법률 제40조에서는 환경부장관은 수몰이주민이 원활하게 이주하여 정착할 수 있도록 주택의 신축 등 생활기반조성을 위하여 필요하다고 인정되는 경우 주택도시기금법에 의한 주택도시기금을 우선하여 지원하도록 국토교통부장관에게 요청할 수 있다고 규정하고 있다.

(5) 공영주택의 알선

공영주택의 알선에 대한 구체적인 보상규정은 토지보상법이나 댐건설 및 주변지역지원 등에 관한 법률에 규정되어 있지 아니하다.

2. 생계대책

(1) 이농비·이어비

토지보상법 제78조 제7항 및 동법 시행규칙 제56조에서는 공익사업의 시행으로 인하여 영위하던 농·어업을 계속할 수 없게 되어 다른 지역으로 이주하는 농·어민이 지급받을 보상금이 없거나 그 총액이 가구원수에 따른 1년분의 평균생계비에 미달하는 경우에는 그 금액 또는 차액을 보상하여야 한다.

(2) 고용 또는 고용알선, 직업훈련

1) 토지보상법상 규정

토지보상법 제78조 제8항에서는 사업시행지역에 거주하고 있는 국민기초생활보장법의 수급권자 및 차상위계층이 취업을 희망하는 경우에 그 공익사업과 관련된 업무에 우선하여 고용할 수 있으며, 이들의 취업알선에 노력하여야 한다고 규정하고 있다.

2) 댐건설 및 주변지역지원 등에 관한 법률

동법 제40조 제3항 및 동법 시행령 제35조에서는 전업을 희망하는 수몰이주민에 대한 직업훈련 및 취업의 알선을 규정하고 있다.

(3) 농업용지의 공급

댐건설 및 주변지역지원 등에 관한 법률 시행령 제35조에서는 수몰이주민이 농업을 계속하고자 하는 경우 대토알선 및 영농교육을 댐건설지역을 관할하거나 댐건설에 따라 용수혜택을 받는 지역을 관할하는 지방자치단체의 장에게 실시하도록 규정하고 있다.

Ⅳ 간접손실보상

댐건설사업지구 내에 거주하는 주민은 아니지만 해당 댐건설로 인하여 사업지구 주변에 거주하는 주민들이 재산권이나 생활환경에 특별한 희생이 따르는 경우에 이들에게도 정당보상 차원에서 보상이 이루어져야 할 것이다. 토지보상법 제79조 제2항 및 동법 시행규칙 제59조부터 제65조에서 공익사업지구 밖에서 발생한 손실에 대한 보상을 규정하고 있다. 특히 소수잔존자에 대한 보상은 소수잔존자들의 생활이 현저히 침해를 받음으로써 다른 곳으로 이주하기를 희망하는 경우에는 수몰이주민에 대한 생활보상에 준하여 보상이 이루어져야 할 것이다.

Ⅴ 결

댐건설로 인한 수몰지역의 거주자에 대한 보상은 단순히 재산권 보상에 그쳐서는 아니 되며, 생활터전이 바뀌어도 이들이 종래에 누렸던 생활수준이 유지되게 보상하여야 할 것이다. 따라서 생활보상의 필요성이 인정되며, 관련 법령에서 수몰이주민에 대한 보상을 규정하고 있다. 다만, 댐건설 사업지역 내에 거주하는 주민은 아니지만 해당 댐건설에 따른 소수잔존자가 생활상 커다란 불편을 겪는 경우 등에는 수몰이주민에 준하는 생활보상이 요구된다.

문제 04 어업에 관련된 영업보상 10점

해당 문제의 취지가 영업보상을 설명하라는 것인지 어업보상을 설명하라는 것인지 명확하지 않았다. 교수님 강평을 통해 어업보상에 관한 물음이었다는 것을 알 수 있다.

예시답안

I 어업권의 의의 및 어업의 종류

어업권이란 수산업법의 면허어업에 관한 규정에 따라 면허를 받아 어업을 경영할 수 있는 권리를 말한다. 면허어업은 수산업법에 의하여 시장 · 군수 또는 자치구청장의 면허를 받아서 하는 정치망 어업, 마을어업 등이 있다. 허가어업은 농림수산식품부장관 또는 시 · 도지사의 허가를 받아 하는 어업이며, 신고어업은 시장 · 군수 또는 자치구청장에게 신고하여 하는 어업을 말한다.

II 어업별 손실액 산출방법

1. 면허어업

(1) 어업권이 취소되거나 어업권 유효기간의 연장이 허가되지 아니한 경우

평년수익액 ÷ 연리(12퍼센트) + 어선 · 어구 또는 시설물의 잔존가액

(2) 어업권이 정지된 경우

평년수익액 × 어업의 정지기간 + 시설물 등 또는 양식물의 이전 · 수거 등에 드는 손실액 + 어업의 정지기간 중에 발생하는 통상적인 고정적 경비. 단 (1)의 보상액을 초과할 수 없다.

(3) 어업권이 제한된 경우

평년수익액과 제한기간이나 제한정도 등을 고려하여 산출한 손실액. 단 (1)의 보상액을 초과할 수 없다.

2. 허가어업 및 신고어업

(1) 허가어업 및 신고업이 취소된 경우

3년분 평년수익액 + 어선 · 어구 또는 시설물의 잔존가액

(2) 허가어업 및 신고어업이 정지된 경우

평년수익액 × 어업의 정지기간 또는 어선의 계류기간 + 어업의 정지기간 또는 어선의 계류기간 중에 발생하는 통상의 고정적 경비. 단, (1)을 초과하지 못한다.

(3) 허가어업 및 신고어업이 제한되는 경우

어업의 제한기간 또는 제한정도 등을 고려하여 산출한 손실액. 단, (1)을 초과하지 못한다.

3. 이전 또는 제거명령에 의한 경우

측량·검사에 장애가 되는 물건에 대한 이전 또는 제거명령을 받고 이전 또는 제거를 한 경우와 소하성어류의 통로에 방해가 되는 물건에 대한 제거명령을 받고 제거공사를 한 경우에는 물건의 이전 또는 제거공사에 드는 비용과 이전 또는 제거로 인하여 통상적으로 발생하는 손실을 보상한다.

4. 허가 등을 받지 아니한 어업의 보상

허가 등을 받지 아니한 영업의 손실보상에 관한 특례규정은 어업에 대한 보상에 관하여 준용한다. 이는 무허가 등의 영세어업자를 보호하기 위한 규정이다.

5. 관행적 어업에 대한 보상

관행적 어업이란 관행어업과 관행에 의한 입어 등 실제적으로 제도권의 관심 밖에 두어진 어업을 통칭하고 있다. 따라서 관행어업은 독점적 권리라기보다는 단지 타인의 방해를 받지 않고 일정한 공유수면에 출입하면서 수산동식물을 채취할 수 있는 권리에 지나지 않는다. 대법원은 관행적 어업은 신고어업의 형태와 유사한 것이므로 권리의 소멸에 따른 손실보상도 신고어업의 보상에 관한 규정을 유추적용하고 있다.

Chapter

30 1995년 제6회 기출문제 분석

문제 01

공익사업을 위한 토지 등의 취득 및 보상에 관한 법률 제23조에 의한 「사업인정의 실효」가 있는 경우 이로 인하여 불이익을 받게 되는 피수용자에게 손실보상청구권이 있는지 여부를 논하시오. 40점

문제분석 및 논점파악

(구)토지보상법 제23조에서 사업인정의 고시(이하 "사업인정고시"라 한다)가 있은 날부터 1년 이내에 재결신청을 하지 아니한 때에는 사업인정고시가 있은 날부터 1년이 되는 날의 다음 날에 사업인정은 그 효력을 상실한다고 규정하면서 사업시행자는 해당 사업인정이 실효됨으로 인하여 토지소유자 또는 관계인이 입은 손실을 보상하여야 한다고 규정하고 있다. 손실보상에 관하여는 제9조 제5항부터 제7항까지의 규정을 준용한다고 규정하고 있다.

제9조 제5항은 손실보상은 손실이 있은 것을 안 날로부터 1년이 지났거나 손실이 발생한 날로부터 3년이 지난 후에는 이를 청구할 수 없다. 제6항 및 제7항에서는 손실에 대하여 사업시행자와 손실을 입은 자가 협의하여 결정하되, 협의가 불성립 시에는 관할 토지수용위원회에 재결을 신청할 수 있다고 규정하고 있다.

따라서 사업인정의 실효로 인하여 불이익을 받은 자에게는 손실보상청구권이 인정된다. 다만, 그 권리의 실현을 위해서는 사업시행자와 손실보상에 대해 협의하고 협의가 결렬되면 관할 토지수용위원회에 재결을 신청하여 재결에서 정한 보상금을 받으면 된다. 만약, 토지수용위원회가 재결에서 정한 보상금에 대하여 불복하려면 토지보상법상 명문의 규정은 없지만 동법 제83조 이의신청 및 제85조 행정소송을 통해 다투면 될 것이다.

출제 교수님은 손실보상청구권의 성립요건을 나열하여 설명하면 좋은 답안이 될 것이라고 강평하고 있다. 따라서 본 문제는 손실보상의 의의, 손실보상청구권의 성립요건을 각각 분설하면 될 것이고, 모든 요건은 충족된다. 따라서 일반론에 가까운 문제이다.

예시답안

Ⅰ 서

현행 토지보상법 제23조에서는 사업시행자가 사업인정고시가 있는 날부터 1년 이내에 재결신청을 하지 아니한 때에는 사업인정고시가 있는 날부터 1년이 되는 날의 다음 날에 사업인정은 그 효력을 상실한다고 규정하고 있다. 또한 사업인정이 실효됨으로 인하여 토지소유자 또는 관계인이 입은 손실을 보상하여야 한다고 규정하고 있다. 본 조항의 사업인정 실효제도를 둔 취지는 수용재결신청이 사업시행자에게만 부여되고 있어 수용을 둘러싼 법률관계의 조속한 안정과 재결신청 지연에 따른 피수용자의 불이익을 배제하기 위한 것이다.
이하에서 사업인정 실효로 인하여 발생하는 토지소유자 및 관계인의 손실과 그에 대한 손실보상청구권의 성립 여부를 구체적으로 검토한다.

Ⅱ 손실보상청구권의 의의 및 보상주체

헌법 제23조 제3항은 공공필요에 의한 공용침해에 대하여 정당한 보상을 하도록 하여 손실보상제도의 근거를 마련하고 있다. 적법한 공행정작용으로 인하여 개인의 재산권이 침해되어 특별한 희생이 발생된 경우에 공평부담의 원칙하에 보상을 하여주는 손실보상제도는 기득권 보호라는 자연법 사상에서 발전되어 온 제도로 국가배상제도와 그 역사적 배경이 다를 뿐만 아니라, 그 청구권의 행사에 있어서도 상이한 요건을 전제로 하고 있다. 손실보상의 주체는 일반적으로 개인의 재산권을 수용・사용 또는 제한한 행정주체 내지 공용부담권을 부여받은 사업시행자가 된다.
사안에서는 토지보상법 제23조 제2항에서 사업인정 실효로 인하여 발생한 손실에 대해 사업시행자가 보상하도록 규정하고 있다.

Ⅲ 손실보상청구권의 성립요건

1. 공행정작용에 의한 재산권 침해

(1) 재산권의 의미

헌법 제23조 제1항에서 보장하고 있는 재산권 개념은 소유권뿐만 아니라 법에 의하여 보호되고 있는 일체의 재산적 가치가 있는 권리를 의미한다. 이러한 재산권에는 물권뿐만 아니라 채권, 유가증권, 무체재산권을 포함하며, 공법상의 권리도 자신의 노력에 의하여 획득된 경우에는 이에 포함된다. 그러나 단순한 이익이나 재화획득에 대한 기회는 이에 포함되지 않는다.

(2) **공행정작용에 의한 침해**

재산권에 대한 공행정작용에 의한 침해는 헌법 제23조 제3항에서 의미하는 수용 사용 및 제한 등 재산적 가치를 감소시키는 일체의 공행정작용을 의미한다. 따라서 행정주체의 사법상 작용으로 인한 재산권 침해는 공용침해의 개념으로부터 배제된다.

(3) **사안의 경우**

토지 등의 수용을 위한 공용수용 절차 중 첫 번째 절차인 사업인정은 공행정작용이며, 사업인정 실효로 인해 발생한 토지소유자 및 관계인이 입은 재산상 손실은 공행정작용에 의한 재산권의 침해에 해당한다. 구체적으로 사업인정 실효로 인해 발생할 수 있는 피수용자의 재산상 손실을 검토해보면, 공익사업을 신뢰하여 지출한 비용, 공익사업에 협력하기 위해 미리 공작물 · 입목 등을 제거함으로써 발생한 손실 등이 있을 것이다.

2. 공공의 필요

(1) **공공의 필요**

공공필요는 공용침해의 실질적 허용요건이자 본질적 제약요소로, 전형적인 불확정개념으로서 헌법 제37조 제2항의 국가안전보장 · 공공복리 · 질서유지를 포함하는 법의 개념으로 이해되고 있다. 이러한 공공필요의 개념은 자의적으로 해석되어서는 안 되며, 구체적인 상황에 따라 공용침해를 통하여 추구하는 공익과 재산권자의 이익을 비교 · 형량하여 결정하여야 할 것이다.

(2) **사안의 경우**

사업인정의 처분청은 해당 사업이 외형상 토지 등을 수용 또는 사용할 수 있는 사업에 해당된다 하더라도 행정주체로서는 그 사업이 공용수용을 할 만한 공익성이 있는지의 여부와 공익성이 있는 경우에도 그 사업의 내용과 방법에 대하여 사업인정처분에 관련된 자들의 이익을 공익과 사익 간에서는 물론, 공익 상호 간 및 사익 상호 간에도 정당하게 비교 · 교량하여야 하고, 그 비교 · 교량은 비례의 원칙에 적합하도록 하여야 한다. 따라서 사업인정을 받은 공익사업은 공공필요성이 인정된다.

3. 침해의 적법성

(1) **침해의 적법성**

국가배상청구권과는 달리 손실보상청구권은 침해의 적법성을 요구하고 있다. 재산권의 수용 · 사용 · 제한 등 공용침해는 법률에 위배되어서는 안 되며, 아울러 헌법 제23조 제3항에 따라 법률의 근거가 있어야 한다. 여기서 법률이라 함은 의회에서 제정한 형식적 의미의 법률을 가리킨다.

(2) **사안의 경우**

토지보상법에 근거하여 공용수용절차가 진행되고 있었으므로 침해의 적법성은 인정된다.

4. 특별한 희생

(1) 특별한 희생의 의의

특별한 희생이란 재산권에 일반적으로 내재된 사회적 제약을 넘는 특별한 공용침해를 말하며, 사회적 제약은 보상대상이 되지 않는다는 점에서 구별실익이 있다.

(2) 구별기준

1) 학설

① 형식적 기준설의 대표적인 학설로는 개별행위설이 있는데, 침해가 특정인 또는 특정집단에 가하여지는 경우에 평등의 원칙에 위배되는 특별희생이 주어진다고 한다. 따라서 개별적이고 구체적인 행정행위에 의하여 침해가 행하여지는 경우에는 특별희생이 존재하는 반면, 일반적이고 추상적인 규율인 법령에 의하여 직접 재산권의 제한이 가하여지는 경우에는 사회적 기속이 주어진다고 한다.

② 실질적 기준설은 피해자의 침해상태 및 강도 등 실질적 요소에 초점을 두어 판단한다. 여기에는 보호가치성설, 수인한도성설, 목적위배설, 사적효용설, 상황구속성설 등이 있다.

2) 검토

형식적 기준설과 실질적 기준설은 특별한 희생의 존부 여부에 대한 나름대로의 타당성을 갖고 있음을 부인할 수 없으나, 완전한 판단기준은 되지 못하고 있다. 재산권과 사회적 기속과 특별희생을 구별함에 있어서 어떠한 절대적인 기준은 없으며, 그때그때의 구체적인 상황에 따라 형식적 기준설과 실질적 기준을 종합하여 판단하는 수밖에 없다.

(3) 사안의 경우

공익사업시행지구 내 피수용자의 재산상 손실은 침해의 개별성이 인정되며, 공익사업을 신뢰하여 지출한 비용 및 공익사업에 협력하기 위해 미리 공작물·입목 등 이전에 소요된 비용 등 피수용자가 입은 손실은 보호가치가 있으며, 보상 없이 수인하기 어려운 경우에 해당하므로 형식적 기준설과 실질적 기준설을 종합적으로 고려하더라도 특별한 희생에 해당한다.

5. 손실보상규정의 존재

헌법 제23조 제3항은 공행정작용에 의하여 개인의 재산권이 침해되어 특별한 희생이 발생된 경우에는 반드시 이에 대한 정당한 보상을 규율하도록 입법자에게 의무를 부과하고 있다. 그러나 공용침해의 근거 법률에 반드시 보상에 관한 규정을 두어야 한다는 이른바 부대조항은 재산권의 사회적 기속과 특별한 희생의 구별에 관한 절대적 기준의 결여로 인하여 많은 경우에 어려움에 직면할 수밖에 없다. 특히 재산권의 수용이나 사용의 경우에는 그 침해형태의 명확성 때문에 보상규정을 마련하기 쉬우나, 제한의 경우에는 특별한 희생의 판단 여부에 대한 어려움 때문에 보상규정을 두기가 현실적으로 상당히 어려운 것이 사실이다.

토지보상법 제23조 제2항에서는 사업인정 실효로 인해 발생한 손실에 대하여 사업시행자에게 보상의무를 규정하고 있으므로 피수용자가 입은 손실에 대한 보상규정이 존재하는 경우이다.

Ⅳ 손실보상청구권 발생시기 및 청구기간 등

1. 손실보상청구권 발생시점

토지보상법 제23조 제1항에서는 사업인정고시가 있는 날부터 1년 이내에 재결신청을 하지 아니한 때에는 사업인정고시가 있은 날부터 1년이 되는 날의 다음 날에 사업인정은 그 효력을 상실한다고 규정하고 있다. 따라서 손실보상청구권도 해당 사업인정의 효력이 상실되는 때에 발생한다고 보아야 할 것이다.

2. 청구기간

사업인정의 실효로 인해 손실이 발생하는 경우 그에 대한 보상은 토지보상법 제9조 제5항부터 제7항까지 규정을 준용하도록 토지보상법 제23조 제3항에서 규정하고 있다. 따라서 동법 제9조 제5항에 따라 손실이 있는 것을 안 날부터 1년이 지나거나 손실이 발생한 날부터 3년이 지난 후에는 해당 손실보상을 청구할 수 없다.

3. 보상청구절차

토지보상법 제9조 제6항 및 제7항에서는 손실보상에 관하여는 사업시행자와 손실을 입은 자가 협의하여 결정하되, 협의가 성립되지 아니한 때에는 관할 토지수용위원회에 재결을 신청할 수 있다고 규정하고 있다.

Ⅴ 문제의 해결

사업인정 실효로 인해 토지소유자 및 관계인이 입은 재산상 손실에 대한 보상은 공익사업에 대한 신뢰보호 및 피해구제를 위하여 인정된다. 토지보상법 제23조에서 사업인정 실효로 인해 발생한 손실에 대한 보상을 사업시행자가 하도록 명문으로 규정하고 있다. 따라서 손실을 입은 피수용자는 사업시행자에 대한 손실보상청구권을 갖게 된다.

02

(구)공공용지의 취득 및 손실보상에 관한 특례법에서 「보존등기가 되어 있지 아니한 토지에 대한 보상절차와 내용」을 설명하시오. – 법령 개정으로 공익사업을 위한 토지 등의 취득 및 보상에 관한 법률에서 삭제[법률 제8665호, 2007.10.17. 일부개정] 30점

소유사실확인서 발급제도 폐지(현행 제18조 삭제)

(1) 현재는 소유권 보존등기 또는 실제의 소유자에게 이전등기가 되어 있지 아니한 토지 등이 있는 때에는 시장·구청장 또는 읍·면장이 발급한 확인서에 의하여 정당한 권리자로 인정되는 자에게 보상금을 지급하고 있으나, 확인서에 의한 등기는 실체적 권리관계에 부합하는 등기로 추정할 수 없어 사업시행자가 소유권을 안정적으로 확보할 수 없고, 확인서를 발급받는 자가 취득세·등록세 및 양도소득세를 탈세할 우려가 있는 등 부작용이 있으므로 관계 법률에 따라 소유권 보존등기 또는 이전등기를 한 정당한 권리자에게 보상금을 지급할 필요성이 있음.

(2) 소유사실확인서 발급제도를 폐지함.

문제분석 및 논점파악

현행 토지보상법에는 보존등기가 되어 있지 아니한 토지 등에 대한 보상의 특례규정이 삭제되었다(2007.10.17.). 따라서 본 문제는 현행법제하에서는 의미가 없어 문제의 해설이나 예시답안 강평 등은 생략한다. 다만, 2007년 토지보상법 제18조가 삭제되기 전의 조문을 게재하며, 혹여 과거 법령의 내용에 궁금증이 있는 분은 참고하기 바란다.

제18조(보존등기 등이 되어 있지 아니한 토지 등에 대한 보상의 특례)

① 사업시행자는 공익사업의 수행을 위하여 필요한 토지 등에 대한 보상금을 지급함에 있어서 소유권의 보존등기 또는 실제의 소유자에게 이전등기가 되어 있지 아니한 토지 등이 있는 때에는 대통령령이 정하는 바에 따라 해당 지역을 관할하는 시장·구청장 또는 읍·면장(도농복합형태인 시의 읍·면장을 포함한다)이 발급한 확인서에 의하여 정당한 권리자로 인정되는 자에게 보상금을 지급한다.

② 제1항의 규정에 의한 확인서의 발급신청을 받은 시장·구청장 또는 읍·면장은 대통령령이 정하는 바에 따라 30일 이상 그 사실을 공고한 후 확인서를 발급하여야 한다.

③ 제2항의 규정에 의한 공고의 내용에 대하여 이의가 있는 자는 제2항의 규정에 의한 공고기간 이내에 시장·구청장 또는 읍·면장에게 서면으로 이의를 제기할 수 있다.

④ 시장·구청장 또는 읍·면장은 제3항의 규정에 따라 이의가 제기된 때에는 사실을 조사·확인한 후 제2항의 규정에 의한 공고기간이 종료된 날부터 20일 이내에 확인서를 발급하거나 그 신청을 기각하여야 한다.

⑤ 제1항의 규정에 의하여 정당한 권리자로 확인된 자의 토지 등에 대하여는 법률 제471호 민법 부칙 제10조(법률 제1668호 민법 중 개정법률로 개정된 것을 포함한다)의 규정을 적용하지 아니한다.

⑥ 사업시행자가 제1항의 규정에 따라 보상금을 지급하고 토지 등의 취득을 위한 소유권의 이전등기 또는 보존등기의 신청을 함에 있어서 제출하여야 하는 부동산등기법 제40조 제1항 제2호의 등기원인을 증명하는 서면은 다음 각 호의 서류로 이를 갈음하고, 동항 제3호의 등기의무자의 권리에 관한 등기필증은 이를 제출하지 아니한다.

1. 제1항의 규정에 의하여 시장・구청장 또는 읍・면장이 발급한 확인서
2. 보상금의 지급을 증명하는 서류

⑦ 제6항의 규정에 의한 소유권의 이전등기는 부동산등기법 제28조의 규정에 불구하고 등기권리자가 이를 신청할 수 있다.

문제 03

부동산 가격공시에 관한 법률이 규정하고 있는 부동산가격공시위원회의 구성과 권한을 설명하시오. 30점

문제분석 및 논점파악

(구)지가공시법상 토지평가위원회는 현행 부동산공시법상 부동산가격공시위원회로 변경되었다.

예시답안

I 서

부동산가격공시위원회는 부동산 적정가격 형성과 조세 및 부담금의 합리성을 도모하기 위해 부동산 가격공시 관련 사항을 심의하는 기관이다.

부동산가격공시위원회는 국토교통부 소속의 중앙부동산가격공시위원회와 시장・군수 또는 구청장 소속하에 두는 시・군・구 부동산가격공시위원회가 있다. 법적 근거로는 부동산공시법 제24조 및 제25조와 동법 시행령 제71조 및 제74조에 근거한다.

Ⅱ 법적 지위

부동산가격공시위원회는 부동산공시법 제24조 및 제25조의 내용을 심의하기 위하여 설치되는 행정기관으로서 심의기관에 해당한다. 법령에서 반드시 설치하도록 규정하고 있어 필수기관에 해당한다.

Ⅲ 부동산가격공시위원회의 구성

1. 중앙부동산가격공시위원회

(1) 위원회의 구성

위원회는 위원장을 포함한 20명 이내의 위원으로 구성하며, 성별을 고려하여야 한다. 위원회의 위원장은 국토교통부 제1차관이 된다. 위원회의 위원은 기획재정부, 행정안전부, 농림축산식품부, 보건복지부 및 국토교통부장관이 지명하는 6명 이내의 공무원과 다음 각 호의 어느 하나에 해당하는 사람 중 국토교통부장관이 위촉하는 사람이 된다. 공무원이 아닌 위원의 임기는 2년으로 하되, 한 차례 연임할 수 있다.

① 「고등교육법」에 따른 대학에서 토지・주택 등에 관한 이론을 가르치는 조교수 이상으로 재직하고 있거나 재직하였던 사람, ② 판사, 검사, 변호사 또는 감정평가사의 자격이 있는 사람, ③ 부동산 가격공시 또는 감정평가 관련 분야에서 10년 이상 연구 또는 실무경험이 있는 사람

(2) 위원회의 회의

위원장은 위원회를 대표하고, 위원회의 업무를 총괄한다. 부위원장은 위원회의 위원 중 위원장이 지명하는 사람이 되며, 위원장을 보좌하고 위원장이 부득이한 사유로 직무를 수행할 수 없는 때에 그 직무를 대행한다. 위원장 및 부위원장이 모두 부득이한 사유로 직무를 수행할 수 없는 때에는 위원장이 미리 지명한 위원이 그 직무를 대행한다.

위원회의 회의는 위원장이 이를 소집하고, 개회 3일 전까지 의안을 첨부하여 각 위원에게 개별 통지하여야 한다. 위원회의 회의는 재적위원 과반수의 출석으로 개의하고, 출석위원 과반수의 찬성으로 의결한다. 국토교통부장관은 필요하다고 인정하면 위원회의 심의에 부치기 전에 미리 관계전문가의 의견을 듣거나 조사・연구를 의뢰할 수 있다. 위원회의 운영에 필요한 세부적인 사항은 위원회의 의결을 거쳐 위원장이 정한다.

2. 시・군・구 부동산가격공시위원회

시・군・구 부동산가격공시위원회는 위원장 1명을 포함한 10명 이상 15명 이하의 위원으로 구성하며, 성별을 고려하여야 한다. 위원장은 부시장・부군수 또는 부구청장이 되고, 위원은 시장・군수・구청장이 지명하는 6명 이내의 공무원과 부동산 가격공시 또는 감정평가에 관한 학식과 경험이 풍부하고 해당 지역의 사정에 정통한 사람 또는 시민단체(비영리민간단체지원법 제2조에 따른 비영리민간단체를 말한다)에서 추천한 사람 중에서 시장・군수 또는 구청장이 위촉하는 사람이 된다. 시・군・구 부동산가격공시위원회의 구성과 운영에 필요한 사항은 해당 시・군・구의 조례로 정한다.

Ⅳ 부동산가격공시위원회의 권한

1. 중앙부동산가격공시위원회

다음 각 사항을 심의하기 위하여 국토교통부장관의 소속하에 중앙부동산가격공시위원회를 둔다. ① 부동산 가격공시 관계 법령의 제정・개정에 관한 사항 중 국토교통부장관이 심의에 부치는 사항, ② 표준지의 선정 및 관리지침, ③ 조사・평가된 표준지공시지가, ④ 표준지공시지가에 대한 이의신청에 관한 사항, ⑤ 표준주택의 선정 및 관리지침, ⑥ 조사・산정된 표준주택가격, ⑦ 표준주택가격에 대한 이의신청에 관한 사항, ⑧ 공동주택의 조사 및 산정지침, ⑨ 조사・산정된 공동주택가격, ⑩ 공동주택가격에 대한 이의신청에 관한 사항, ⑪ 비주거용 표준부동산의 선정 및 관리지침, ⑫ 조사・산정된 비주거용 표준부동산가격, ⑬ 비주거용 표준부동산가격에 대한 이의신청에 관한 사항, ⑭ 비주거용 집합부동산의 조사 및 산정지침, ⑮ 조사・산정된 비주거용 집합부동산가격, ⑯ 비주거용 집합부동산가격에 대한 이의신청에 관한 사항, ⑰ 적정가격 반영을 위한 계획수립에 관한 사항, ⑱ 그 밖에 부동산정책에 관한 사항 등 국토교통부장관이 심의에 부치는 사항

2. 시・군・구 부동산가격공시위원회

다음 각 호의 사항을 심의하기 위하여 시장・군수 또는 구청장 소속하에 시・군・구 부동산가격공시위원회를 둔다.

① 개별공시지가의 결정에 관한 사항, ② 개별공시지가에 대한 이의신청에 관한 사항, ③ 개별주택가격의 결정에 관한 사항, ④ 개별주택가격에 대한 이의신청에 관한 사항, ⑤ 비주거용 개별부동산가격의 결정에 관한 사항, ⑥ 비주거용 개별부동산가격에 대한 이의신청에 관한 사항, ⑦ 그 밖에 시장・군수 또는 구청장이 심의에 부치는 사항

Ⅴ 결

공시된 부동산가격은 국민의 재산권과 관련되므로 토지, 주택 등 부동산의 가격산정이나 공시 등과 관련된 사항의 심의를 하기 위해 설치된 부동산가격공시위원회의 중요성은 크다고 하겠다. 객관적이고 합리적인 위원회의 운영을 통해 국민의 재산권을 보호하고, 나아가 국민경제의 발전에 이바지할 수 있을 것을 기대한다.

Chapter 31

1994년 제5회 기출문제 분석

문제 01

토지수용의 효과를 논하시오. 50점

문제분석 및 논점파악

토지수용의 효과는 공용수용의 효과를 묻는 것이다. 본 예시답안에서는 문제의 배점과 관계없이 공용수용의 효과에 대해 설명하였다. 또한 답안의 형식에 구애받지 않았다.

예시답안

Ⅰ 토지수용의 개념과 제도적 의의

토지수용이란 공익사업을 위해 특정한 자가 소유하고 있는 토지에 관한 권리를 사업시행자가 강제적으로 취득하고 또한 권리를 소멸시키는 것을 말한다. 수용은 공익사업을 위하여 타인의 재산권을 강제적으로 취득하는 제도이므로 법률이 정하고 있는 일정한 절차를 거치지 않으면 안 된다. 토지수용절차는 소정의 절차를 모두 거치는 '보통절차'와 특별한 경우 절차의 일부를 생략하는 '약식절차'로 구분한다. 토지보상법상 토지수용의 보통절차는 사업인정, 조서작성, 협의, 토지수용위원회의 수용재결로 이루어진다. 공용수용은 타인의 재산권을 강제적으로 취득하는 제도이므로 일정한 절차를 거쳐 수용자와 피수용자 간의 이해관계를 적절히 조정할 필요가 있는 바, 그 제도적 의의를 갖는다.

Ⅱ 토지수용효과의 발생시기

수용의 절차는 재결로 완성되지만 권리의 취득과 소멸의 효과는 재결이 있는 즉시 발생하지 아니하고 재결에서 정해진 시기인 수용의 개시일에 발생한다. 즉, 사업시행자는 수용의 개시일에 토지나 물건의 소유권을 취득하며, 그 토지나 물건에 관한 다른 권리는 이와 동시에 소멸한다. 토지수용위원회의 재결로 인정된 권리는 소유권이나 사용권의 취득에 관한 규정에 불구하고 소멸되거나 그 행사가 정지되지 아니한다.

Ⅲ 토지수용의 대물적 효과의 내용

1. 손실보상청구권과 보상금지급의무

(1) 피수용자의 손실보상청구권

공용수용은 공익사업을 위한 재산권의 강제적 취득이고, 피수용자에게는 특별한 희생이므로 정당한 보상이 주어져야 한다. 토지보상법에는 직접 명문의 규정이 없지만 재결이 행해지면 피수용자는 손실보상청구권을 갖게 된다. 재결이 있게 되면 사업시행자에 대해 손실보상청구권이 발생하고, 수용의 시기에 사업시행자의 손실보상과 함께 피수용자의 목적물의 인도이전이 이루어질 때 수용의 효과가 완성된다.

(2) 사업시행자의 보상금 지급의무

사업시행자는 천재지변 시의 토지사용 및 시급을 요하는 토지사용의 경우를 제외하고는 수용 또는 사용의 개시일까지 관할 토지수용위원회가 재결에서 정한 보상금을 지급하여야 한다. 다만, 토지보상법 제40조 제2항의 공탁사유에 해당하는 때에는 수용 또는 사용의 개시일까지 수용 또는 사용하고자 하는 토지 등의 소재지의 공탁소에 보상금을 공탁할 수 있다.

그러나 사업시행자가 수용의 개시일까지 토지수용위원회가 재결한 보상금을 지급 또는 공탁하지 아니한 때에는 재결은 그 효력을 상실하게 된다. 이때 재결의 효력상실로 인해 토지소유자 또는 관계인이 입은 손실에 대하여는 사업시행자가 보상하여야 한다.

2. 수용목적물의 인도 및 이전의무(토지보상법 제43조)

토지소유자 및 관계인 그 밖에 토지소유자나 관계인에 포함되지 않는 자로서 수용 또는 사용할 토지나 그 토지에 있는 물건에 관하여 권리를 가진 자는 수용 또는 사용의 개시일까지 해당 토지나 물건을 사업시행자에게 인도하거나 이전하여야 한다.

3. 수용목적물의 인도·이전의 대행 및 대집행

(1) 대행(토지보상법 제44조)

특별자치도지사, 시·군·구청장은 ① 토지나 물건을 인도 또는 이전하여야 할 자가 고의나 과실없이 그 의무를 이행할 수 없는 때, 또는 ② 사업시행자가 과실 없이 토지나 물건을 인도 또는 이전하여야 할 의무가 있는 자를 알 수 없는 때에는 사업시행자의 청구에 의하여 토지나 물건의 인도 또는 이전을 대행하여야 한다. 대행 시 그 비용은 그 의무자의 부담으로 한다.

특별자치도지사, 시·군·구청장은 의무자가 그 비용을 납부하지 아니한 때에는 지방세 체납처분의 예에 따라 이를 징수할 수 있다(법 제90조).

(2) 대집행

1) 토지보상법 제89조

① 이 법 또는 이 법에 따른 처분으로 인한 의무를 이행하여야 할 자가 그 정하여진 기간 이내

에 의무를 이행하지 아니하거나 완료하기 어려운 경우, 또는 ② 그로 하여금 그 의무를 이행하게 하는 것이 현저히 공익을 해한다고 인정되는 사유가 있는 경우에는 사업시행자는 시·도지사나 시장·군수 또는 구청장에게 '행정대집행법'에서 정하는 바에 따라 대집행을 신청할 수 있다. 사업시행자가 국가 또는 지방자치단체인 경우에는 '행정대집행법'에서 정하는 바에 따라 직접 대집행을 할 수 있다. 사업시행자가 대집행을 신청하거나 국가 또는 지방자치단체가 직접 대집행을 하려는 경우에는 의무를 이행하여야 할 자를 보호하기 위하여 노력하여야 한다.

2) 토지·물건의 인도의무가 대집행의 대상이 되는지 여부

① 문제점

대집행은 대체적 작위의무를 대상으로 하는 것이다. 그러나 비대체적 작위의무인 토지·물건의 인도의무가 행정대집행법의 특례규정으로 보아 대집행을 실행할 수 있는지 문제된다.

② 판례

판례는 수용대상토지의 인도의무를 대체적 작위의무가 아니라고 보고 행정대집행법에 의한 대집행의 대상이 아니라고 보았다.

관련 판례

➡ 피수용자 등이 기업자에 대하여 부담하는 수용대상토지의 인도의무에 관한 (구)토지수용법(2002.2.4. 법률 제6656호 공익사업을 위한 토지 등의 취득 및 보상에 관한 법률 부칙 제2조로 폐지) 제63조, 제64조, 제77조 규정에서의 '인도'에는 명도도 포함되는 것으로 보아야 하고, 이러한 명도의무는 그것을 강제적으로 실현하면서 직접적인 실력행사가 필요한 것이지 대체적 작위의무라고 볼 수 없으므로 특별한 사정이 없는 한 행정대집행법에 의한 대집행의 대상이 될 수 있는 것이 아니다(대판 2005.8.19, 2004다2809).

➡ 행정대집행법상 대집행의 대상이 되는 대체적 작위의무는 공법상 의무이어야 할 것인데, 구 공공용지의 취득 및 손실보상에 관한 특례법(2002.2.4. 법률 제6656호 공익사업을 위한 토지 등의 취득 및 보상에 관한 법률 부칙 제2조로 폐지)에 따른 토지 등의 협의취득은 공공사업에 필요한 토지 등을 그 소유자와의 협의에 의하여 취득하는 것으로서 공공기관이 사경제주체로서 행하는 사법상 매매 내지 사법상 계약의 실질을 가지는 것이므로, 그 협의취득 시 건물소유자가 매매대상 건물에 대한 철거의무를 부담하겠다는 취지의 약정을 하였다고 하더라도 이러한 철거의무는 공법상의 의무가 될 수 없고, 이 경우에도 행정대집행법을 준용하여 대집행을 허용하는 별도의 규정이 없는 한 위와 같은 철거의무는 행정대집행법에 의한 대집행의 대상이 되지 않는다(대판 2006.10.13, 2006두7096[건물철거대집행계고처분취소]).

③ 검토

신체에 의한 점유를 하고 있는 경우에는 대집행을 할 수 없다고 보는 것이 타당하며, 토지나 건물의 인도의무는 비대체적 작위의무로 행정대집행의 대상이 될 수 없다. 토지보상법 제89조는 대집행이 가능한 경우에 한하여 인정되는 것으로 보아야 할 것이다.

3) 대집행의무 불이행 시 벌칙

토지보상법 제97조는 토지 또는 물건을 인도하거나 이전하지 아니한 자는 200만원 이하의 벌금에 처하도록 규정하여 간접적으로 인도 또는 이전의무를 강제하고 있다.

4. 위험부담 이전

토지수용위원회의 재결이 있다 하더라도 수용의 시기까지는 목적물의 권리가 피수용자에게 있기 때문에 목적물의 멸실·훼손에 대하여는 토지소유자나 관계인이 책임을 져야 한다. 그러나 토지보상법은 피수용자의 손실과 부담을 최소화하여 완전보상을 실현시키기 위하여 이 경우의 부담을 사업시행자에게 전가하고 있으며, 이를 위험부담이라 한다.

즉, 토지수용위원회의 재결이 있은 후 수용 또는 사용할 토지나 물건이 토지소유자 또는 관계인의 고의나 과실 없이 멸실 또는 훼손된 경우 그로 인한 손실은 사업시행자의 부담으로 한다.

5. 담보물권자의 물상대위

담보물권의 목적물이 수용 또는 사용된 경우 해당 담보물권은 그 목적물의 수용 또는 사용으로 인하여 채무자가 받을 보상금에 대하여 행사할 수 있다. 다만, 그 지급 전에 이를 압류하여야 한다.

6. 환매권

(1) 환매권의 의의(토지보상법 제91조)

토지보상법상 환매권이란 공익사업을 위해 취득된 토지가 해당 사업에 필요 없게 되거나 일정기간 동안 해당 사업에 이용되지 않는 경우에 원소유자가 일정한 요건하에 해당 토지의 소유권을 회복할 수 있는 권리를 말한다.

(2) 환매권의 근거

환매권의 이론적 근거로 공평의 원칙이나 피수용자의 감정존중에 두는 견해가 있으나, 오늘날 환매권의 이론적 근거를 재산권 보장, 보다 정확히 말하면 재산권의 존속보장에서 찾는 것이 유력한 견해가 되고 있다. 대법원은 공평의 원칙상 인정되는 권리로 보면서도 재산권 보장과의 관련성을 인정하고 있다.

환매권은 헌법상 재산권 보장에 근거하고 있다. 그런데, 환매권이 헌법상 재산권 보장규정으로부터 직접 도출되는지 아니면 실정법률의 근거가 있어야 하는지 문제된다. 학설의 다수설과 판례는 실정법률의 근거가 있어야 환매권을 행사할 수 있다고 본다.

개별법률상 근거로는 토지보상법 제91조, 택지개발촉진법 제13조 등에서 인정되고 있다.

(3) 환매권의 법적 성질

① 환매권은 제척기간 내에 이를 일단 행사하면 형성적 효력으로 매매의 효력이 생기는 것으로서 〈형성권〉의 성질을 지니며, ② 판례는 사권으로 보았으나, 이론상으로 볼 때 사업시행자라고 하는 공권력의 주체에 대하여 사인이 가지는 공법으로서의 토지보상법상 권리이므로 〈공권〉으로 봄이 타당하다고 판단된다.

대판 2012.8.30, 2011다74109[소유권이전등기]

공익사업을 위한 토지 등의 취득 및 보상에 관한 법률 제91조에 의한 환매는 환매기간 내에 환매의 요건이 발생하면 환매권자가 지급받은 보상금에 상당한 금액을 사업시행자에게 미리 지급하고 일방적으로 의사표시를 함으로써 사업시행자의 의사와 관계없이 환매가 성립한다. 따라서 환매기간 내에 환매대금 상당을 지급하거나 공탁하지 아니한 경우에는 환매로 인한 소유권이전등기 청구를 할 수 없다.

헌법재판소 1994.2.24, 92헌마283

피청구인이 청구인들의 환매권 행사를 부인하는 의사표시를 하였다 하더라도, 이는 환매권의 발생 여부 또는 그 행사의 가부에 관한 사법관계의 다툼을 둘러싸고 사전에 피청구인의 의견을 밝히고, 그 다툼의 연장인 민사소송절차에서 상대방의 주장을 부인하는 것에 불과하므로, 헌법소원 심판의 대상이 되는 공권력의 행사라고 볼 수는 없다.

(4) 소송수단

환매권을 공권으로 보면 환매권에 대한 다툼은 공법상 당사자소송에 의할 것이다. 다만, 사권으로 보는 경우 민사소송으로 소유권이전등기청구소송에 의한다. 유의할 점은 대법원은 토지소유권을 되찾기 위해서는 민사소송으로 소유권이전등기청구소송으로 다투도록 하면서도, 사업시행자가 환매권자를 상대로 하는 환매가격의 증감에 관한 소송은 공법상 당사자소송에 의한다고 보고 있다는 것이다.

(5) 환매권자 및 환매목적물

토지보상법상 환매권자는 '협의취득일 또는 수용의 개시일 당시의 토지소유자 또는 그 포괄승계인'이다. 현행 토지보상법 제91조에서는 '토지'라고 하여 토지에 대해서만 환매권을 인정하고 있다.

(6) 환매권의 통지 · 공고

사업시행자는 환매할 토지가 생긴 때에는 지체 없이 이를 환매권자에게 통지하여야 한다. 다만, 사업시행자가 과실 없이 환매권자를 알 수 없는 때에는 이를 공고하여야 한다. 환매권자는 통지를 받은 날 또는 공고를 한 날로부터 6개월이 경과한 후에는 토지보상법 제91조 제1항 및 동조 제2항의 규정에도 불구하고 환매권을 행사하지 못한다(법 제92조).

사업시행자의 통지는 환매의 청약도 아니고 환매권 행사요건도 아니며 단순한 최고에 불과하다. 그러나 사업시행자가 환매통지를 하지 않아 환매권을 상실하는 손해를 입게 한 경우에는 손해배상책임이 인정된다.

(7) 환매권의 행사

1) 행사요건

① 토지보상법 제91조 제1항(필요가 없게 된 경우)

공익사업의 폐지 · 변경 그 밖의 사유로 취득한 토지의 전부 또는 일부가 필요 없게 된 경우, 사업의 폐지 · 변경으로 취득한 토지의 전부 또는 일부가 필요 없게 된 경우는 관계 법률에 따라 사업이 폐지 · 변경된 날 또는 사업의 폐지 · 변경 고시가 있는 날, 그 밖의 사유로 취득한 토지의 전부 또는 일부가 필요 없게 된 경우는 사업완료일부터 10년 이내에 그 토지를 환매할 수 있다.

대판 2011.5.13, 2010다6567[소유권이전등기]

환매권에 관하여 규정한 「공익사업을 위한 토지 등의 취득 및 보상에 관한 법률」(이하 '공익사업법'이라 한다) 제91조 제1항에서 말하는 '해당 사업'이란 토지의 협의취득 또는 수용의 목적이 된 구체적인 특정의 공익사업으로서 공익사업법 제20조 제1항에 의한 사업인정을 받을 때 구체적으로 특정된 공익사업을 말한다(대판 2010.9.30, 2010다30782 등 참조). 또한 위 규정에서 정한 당해 사업의 '폐지 · 변경'이란 당해 사업을 아예 그만두거나 다른 사업으로 바꾸는 것을 말하며, 취득한 토지의 전부 또는 일부가 '필요 없게 된 때'란 사업시행자가 취득한 토지의 전부 또는 일부가 그 취득 목적 사업을 위하여 사용할 필요 자체가 없어진 경우를 말하고, 협의취득 또는 수용된 토지가 필요 없게 되었는지 여부는 사업시행자의 주관적인 의사를 표준으로 할 것이 아니라 당해 사업의 목적과 내용, 협의취득의 경위와 범위, 당해 토지와 사업의 관계, 용도 등 여러 사정에 비추어 객관적 · 합리적으로 판단하여야 한다.

② 토지보상법 제91조 제2항(사용하지 않는 경우)

취득일부터 5년 이내에 취득한 토지의 전부를 해당 사업에 이용하지 아니한 때에는 환매권은 취득일로부터 6년 이내에 행사하여야 한다.

③ 제1항 및 제2항의 관계

제1항과 제2항의 환매권 행사요건은 서로 독립적으로 성립하므로 어느 한쪽의 요건에 충족되지 못하더라도 다른 쪽의 요건을 주장할 수 있다.

2) 행사방법

환매권자는 해당 토지에 대하여 지급받은 보상금에 상당한 금액을 사업시행자에게 미리 지급하고 일방적으로 의사표시를 행하면 사업시행자의 의사와 관계없이 환매가 성립하게 된다.

3) 환매대금

환매대금은 지급받은 보상금에 상당한 금액으로 한다. 토지의 가격이 취득일 당시에 비하여 현저히 변동된 경우에는 사업시행자와 환매권자가 서로 협의하여 결정하되, 협의가 성립되지 아니한 때에는 그 금액의 증감을 법원에 청구할 수 있다.

(8) 제3자에 대한 대항력

환매권은 부동산등기법이 정하는 바에 의하여 공익사업에 필요한 토지의 협의취득 또는 수용의 등기가 된 때에는 이를 제3자에게 대항할 수 있다.

> **대판 2017.3.15, 2015다238963[손해배상(기)]**
>
> 구 공익사업을 위한 토지 등의 취득 및 보상에 관한 법률(2007.10.17. 법률 제8665호로 개정되기 전의 것) 제91조 제5항은 '환매권은 부동산등기법이 정하는 바에 의하여 공익사업에 필요한 토지의 협의취득 또는 수용의 등기가 된 때에는 제3자에게 대항할 수 있다'고 정하고 있다. 이는 협의취득 또는 수용의 목적물이 제3자에게 이전되더라도 협의취득 또는 수용의 등기가 되어 있으면 환매권자의 지위가 그대로 유지되어 환매권자는 환매권을 행사할 수 있고, 제3자에 대해서도 이를 주장할 수 있다는 의미이다.

(9) 공익사업의 변환

1) 공익사업변환의 의의 및 취지

토지보상법 제91조 제6항은 국가·지방자치단체 또는 「공공기관의 운영에 관한 법률」 제4조에 따른 공공기관 중 대통령령으로 정하는 공공기관이 사업인정을 받아 공익사업에 필요한 토지를 협의취득하거나 수용한 후 해당 공익사업이 동법 제4조 제1호부터 제5호까지 규정된 다른 공익사업으로 변경된 경우에 환매권 행사기간은 관보에 해당 공익사업의 변경을 고시한 날부터 기산한다고 규정하고 있다. 공익사업의 변환취지는 환매와 재수용이라는 무용한 절차의 반복을 피하기 위함이다.

2) 공익사업변환 규정의 위헌성 여부

새로운 공익사업에 대한 재심사, 불복절차 등이 마련됨이 없고, 공익사업변환을 수회 허용하게 되면 환매권이 형해화될 수 있다는 점에서 위헌이라고 보는 견해와 공익사업변환제도의 입법정당성 및 사업시행자를 국가 등으로 제한하고 변환되는 사업도 공익성이 높은 사업으로 제한하고 있다는 점에서 합헌이라고 보는 견해가 대립한다.

생각건대, 공익사업변환제도의 취지가 환매와 재수용의 무용한 절차 반복을 피하려는 것이므로 위헌이라 보기는 어렵다. 다만, 공익사업변환 시에 불복절차 등을 두어 토지소유자에게 권리구제의 기회를 주는 것이 타당하다고 본다.

3) 공익사업변환의 요건

토지보상법 제91조 제6항에서 보면 공익사업의 변환이 인정되기 위해서는 ① 사업주체가 국가 지방자치단체 또는 공공기관에 해당하고, ② 사업인정을 받은 공익사업이어야 하며, ③ 변환되는 새로운 공익사업은 토지보상법 제4조 제1호부터 제5호까지의 공익사업이어야 한다. 다만, 동 조항에 규정되어 있지 않지만 종래 공익사업과 변경되는 공익사업의 사업시행자의 동일성이 요구되는지 문제된다.

공익사업변환규정은 환매권 인정에 대한 예외적 규정이므로 좁게 해석되어야 한다고 보아 사업시행자 동일성은 공익사업변환의 요건으로 보는 견해가 있으나 판례는 관련 규정의 내용과 입법 이유 등을 고려할 때 사업시행자 동일성은 공익사업변환의 요건이 아니라고 보았다.
생각건대, 공익사업의 변환은 사업시행자와 변환사업의 종류를 제한하고 있는 점과 동 제도의 입법 취지를 고려할 때 사업시행자가 동일한 경우에만 공익사업변환이 인정되는 것은 아니라고 본다.

대판 2015.8.19, 2014다201391[소유권이전등기]

토지보상법 제91조 제6항의 입법 취지와 문언, 1981.12.31. 구 토지수용법(2002.2.4. 법률 제6656호로 제정된 토지보상법 부칙 제2조에 의하여 폐지)의 개정을 통해 처음 마련된 공익사업 변환 제도는 기존에 공익사업을 위해 수용된 토지를 그 후의 사정변경으로 다른 공익사업을 위해 전용할 필요가 있는 경우에는 환매권을 제한함으로써 무용한 수용절차의 반복을 피하자는 데 주안점을 두었을 뿐 변경된 공익사업의 사업주체에 관하여는 큰 의미를 두지 않았던 점, 민간기업이 관계 법률에 따라 허가·인가·승인·지정 등을 받아 시행하는 도로, 철도, 항만, 공항 등의 건설사업의 경우 공익성이 매우 높은 사업임에도 사업시행자가 민간기업이라는 이유만으로 공익사업의 변환을 인정하지 않는다면 공익사업 변환 제도를 마련한 취지가 무색해지는 점, 공익사업의 변환이 일단 토지보상법 제91조 제6항에 정한 '국가·지방자치단체 또는 공공기관의 운영에 관한 법률 제4조에 따른 공공기관 중 대통령령으로 정하는 공공기관'(이하 '국가·지방자치단체 또는 일정한 공공기관'이라고 한다)이 협의취득 또는 수용한 토지를 대상으로 하고, 변경된 공익사업이 공익성이 높은 토지보상법 제4조 제1~5호에 규정된 사업인 경우에 한하여 허용되므로 공익사업 변환 제도의 남용을 막을 수 있는 점을 종합해 보면, 변경된 공익사업이 토지보상법 제4조 제1~5호에 정한 공익사업에 해당하면 공익사업의 변환이 인정되는 것이지, 변경된 공익사업의 시행자가 국가·지방자치단체 또는 일정한 공공기관일 필요까지는 없다.

대판 2010.9.30, 2010다30782[소유권이전등기]

[4] '공익사업을 위한 토지 등의 취득 및 보상에 관한 법률' 제91조 제6항에 정한 공익사업의 변환은 같은 법 제20조 제1항의 규정에 의한 사업인정을 받은 공익사업이 일정한 범위 내의 공익성이 높은 다른 공익사업으로 변경된 경우에 한하여 환매권의 행사를 제한하는 것이므로, 적어도 새로운 공익사업에 관해서도 같은 법 제20조 제1항의 규정에 의해 사업인정을 받거나 또는 위 규정에 따른 사업인정을 받은 것으로 의제하는 다른 법률의 규정에 의해 사업인정을 받은 것으로 볼 수 있는 경우에만 공익사업의 변환에 의한 환매권 행사의 제한을 인정할 수 있다.

[5] 공익사업의 원활한 시행을 위한 무익한 절차의 반복 방지라는 '공익사업의 변환'을 인정한 입법 취지에 비추어 볼 때, 만약 사업시행자가 협의취득하거나 수용한 당해 토지를 제3자에게 처분해 버린 경우에는 어차피 변경된 사업시행자는 그 사업의 시행을 위하여 제3자로부터 토지를 재취득해야 하는 절차를 새로 거쳐야 하는 관계로 위와 같은 공익사업의 변환을 인정할 필요성도 없게 되므로, 공익사업의 변환을 인정하기 위해서는 적어도 변경된 사업의 사업시행자가 당해 토지를 소유하고 있어야 한다. 나아가 공익사업을 위해 협의취득하거나 수용한 토지가 제3자에게 처분된 경우에는 특별한 사정이 없는 한 그 토지는 당해 공익사업에는 필요 없게 된 것이라고 보아야 하고, 변경된 공익사업에 관해서도 마찬가지이므로, 그 토지가 변경된 사업의 사업시행자 아닌 제3자에게 처분된 경우에는 공익사업의 변환을 인정할 여지도 없다.

4) 효과

공익사업의 변환이 되면 환매권의 행사기간은 관보에 해당 공익사업의 변경을 고시한 날부터 기산한다.

Ⅳ 토지수용재결에 대한 권리구제(이의신청과 행정소송)

1. 개설

토지수용에 대한 불복은 토지수용위원회의 재결에 불복하는 자가 쟁송절차에 따라 토지수용위원회의 재결의 취소·변경을 구하는 것을 말한다. 재결에 대한 불복수단으로 토지보상법 제83조의 이의신청과 동법 제85조의 행정소송이 있다. 행정소송에는 취소소송 또는 무효확인소송(판례인정)과 보상금증감청구소송이 있다. 수용재결은 수용의 부분과 보상금 부분으로 나뉘므로 그 불복방법도 수용재결과 보상재결에 대하여 이원적으로 규정하고 있다.

토지보상법은 재결에 대한 불복 수단으로 규정하고 있는 이의신청과 행정소송은 행정심판법과 행정소송법에 대한 약간의 특례를 규정하고 있다. 따라서 토지보상법상 특례규정 이외에는 행정쟁송에 관한 일반법인 행정심판법과 행정소송법이 당연히 적용된다.

2. 이의신청(토지보상법 제83조)

(1) 의의

토지수용위원회의 위법 또는 부당한 재결처분으로 인해 권리 또는 이익을 침해당한 자가 복심적 재결기관인 중앙토지수용위원회에 그 처분의 취소 또는 변경을 구하는 행정심판절차이다. 이의신청은 재결이 관할에 따라 중앙토지수용위원회의 재결에 대한 것과 지방토지수용위원회의 재결에 대한 것으로 구분된다.

(2) 법적 성격

이의신청은 행정심판의 성질을 가지며, 토지보상법상 재결에 대한 이의신청에 관한 규정은 행정심판법에 대한 특별규정이다.

(3) 요건

재결에 대하여 이의가 있는 자로서 토지소유자 또는 관계인 및 사업시행자가 제기할 수 있다. 재결서 정본을 받은 날로부터 30일 이내에 제기하여야 한다. 또한 이의신청은 필수적 전치절차가 아니라 임의적 전치절차이다. 형식은 문서로 한다(토지보상법 시행령 제45조 제1항). 중앙토지수용위원회 재결은 중앙토지수용위원회에, 지방토지수용위원회의 재결은 지방토지수용위원회를 경유하여 중앙토지수용위원회에 제기하여야 한다.

(4) 이의신청의 효과

이의신청이 제기되면 중앙토지수용위원회는 이의신청에 대해 심리·재결해야 할 의무를 진다. 이의신청 제기는 사업의 진행 및 토지의 수용 또는 사용을 정지시키지 아니한다(법 제88조).

(5) 이의재결(토지보상법 제84조)

1) 재결의 내용

중앙토지수용위원회는 이의신청이 있는 경우 재결이 위법 또는 부당하다고 인정하는 때에는 그 재결의 전부 또는 일부를 취소하거나 보상액을 변경할 수 있다(법 제84조 제1항).

2) 이의재결의 효력

① 이의재결에서 보상금이 증액된 경우에는 사업시행자는 재결의 취소 또는 변경의 재결서 정본을 받은 날로부터 30일 이내에 증액된 보상금을 지급하여야 한다. 다만, 공탁사유에 해당하는 경우, 공탁할 수 있다(법 제84조 제2항).

② 이의신청에 대한 재결이 확정된 때에는 민사소송법사의 확정판결이 있는 것으로 본다. 재결서 정본은 집행력 있는 판결의 정본과 동일한 효력을 가진다(법 제86조 제1항).

③ 사업시행자, 토지소유자 또는 관계인은 이의신청에 대한 재결이 확정되었을 때에는 관할 토지수용위원회에 재결확정증명서의 발급을 청구할 수 있다(법 제86조 제2항).

3. 취소소송(토지보상법 제85조 제1항)

(1) 의의

토지수용위원회의 재결 또는 이의신청에 대한 중앙토지수용위원회의 재결이 위법함을 이유로 그 재결의 취소 또는 변경을 구하는 소송이다.

(2) 제기요건

1) 대상

이의신청에 대한 중앙토지수용위원회의 이의재결에 대하여도 만족을 못하고 취소소송으로 다투려는 경우 취소소송의 대상이 원재결인지 아니면 이의재결인지가 문제된다.

행정소송법 제19조는 취소소송은 처분 등을 대상으로 한다고 하면서 재결취소소송은 재결자체의 고유한 위법이 있는 경우에 한정하고 있다. 따라서 원처분주의를 취한 것이 분명하다. 또한 현행 토지보상법 제85조는 행정소송의 대상을 제34조의 규정에 의한 재결이라고 규정하고 있고, 이의신청을 임의적 전치절차로 규정하고 있다. 따라서 토지보상법 역시 원처분주의를 확인하고 있다(판례 동지).

2) 당사자 및 제기기간

사업시행자·토지소유자 또는 관계인은 제34조의 규정에 의한 재결에 대하여 불복이 있는 때에는 재결서를 받은 날부터 90일 이내에, 이의신청을 거친 때에는 이의신청에 대한 재결서를 받은 날부터 60일 이내에 각각 행정소송을 제기할 수 있다(법 제85조 제1항).

(3) 제기의 효과

법원은 해당 사건을 심리하고 판결할 구속을 받는다. 취소소송 제기는 사업의 진행 또는 토지의 수용·사용을 정지시키지 아니한다(법 제88조).

4. 무효확인소송

토지수용위원회의 재결에 대하여 무효확인소송 제기도 가능하다. 판례 역시 이를 인정하고 있다. 이때 제소기간의 제한은 없다고 보아야 한다. 또한 개별법에서 행정심판을 거치도록 규정하고 있어도 무효등확인소송에서는 행정심판 임의적 전치주의가 적용된다. 토지보상법에서는 이의신청이 임의적 전치주의로 규정되어 있다. 나머지 소송요건과 관련하여는 취소소송을 준용한다.

> **관련 판례**
>
> ➡ 토지수용에 관한 토지수용위원회의 수용재결은 구체적으로 일정한 법률효과의 발생을 목적으로 하는 점에서 일반의 행정처분과 다를 바 없으므로 수용재결처분이 무효인 경우에는 재결 자체에 대한 무효확인을 소구할 수 있다(대판 1993.4.27, 92누15789).

5. 보상금증감청구소송(토지보상법 제85조 제2항)

(1) 의의 및 필요성(취지)

보상금증감청구소송은 수용재결 중 보상금에 대해서만 이의가 있는 경우에 보상금의 증액 또는 감액을 청구하는 소송이다. 토지소유자 또는 관계인은 보상금의 증액을 청구하는 소송을, 사업시행자는 보상금의 감액을 청구하는 소송을 제기한다. 이는 재결에 대한 불복수단으로 취소소송만 인정되면 권리구제가 우회적이고 소송경제에 반하므로 이를 시정하고 분쟁을 일회적으로 조속히 해결하기 위해 도입되었다.

(2) 소송의 구조

(구)토지수용법에서는 재결청을 피고에 포함하고 있어 제기방식에 있어서 피고의 공동인지, 소송의 병합인지 논란이 있었고, 대법원은 필요적 공동소송(지금은 민사소송법이 개정되어 '필수적 공동소송')으로 보았다. 그러나 현행 토지보상법은 재결청을 피고에서 제외하여 1인의 원고와 1인의 피고를 당사자로 하는 단일소송이 되었다.

(3) 소송의 형태(형식적 당사자소송)

형식적 당사자소송이란 행정처의 처분 등을 원인으로 하는 법률관계에 관한 소송으로서, 직접 다투는 것은 아니지만 실질적으로 처분 등을 다투면서도 행정청을 피고로 하지 않고 그 법률관계의 한쪽 당사자를 피고로 하는 소송이다. 즉, 실질은 항고소송이면서 형식은 당사자소송을 취하고 있다고 할 수 있다. 우리나라 행정소송법은 당사자소송만을 규정하고 있다.
현행 토지보상법은 토지수용위원회를 보상금증감청구소송의 피고에서 제외하고 있어 보상금증감청구소송을 형식적 당사자소송으로 보는 것이 일반적 견해이다.

(4) 소송의 성질(형성소송인가, 확인 · 급부소송인가)

형성소송설은 공정력을 가진 보상재결의 적극적 변경 또는 소극적 변경(증액 또는 감액)을 구하는 소송이라는 점에서 보상금증감청구소송은 형성소송이라고 본다. 급부 · 확인의 소라는 견해는 재결의 취소, 변경과 같은 우회적 절차를 거칠 필요 없이 직접 법원이 정당보상액을 확인하고 부족액의 급부를 구하는 것으로 본다.
생각건대, 손실보상금증액청구소송은 보상액을 확인하고 그 이행을 명하는 점에서 이행소송(급부소송) 또는 확인, 급부소송의 성질을 가지고, 감액청구소송은 보상액을 확인하는 점에서 확인소송의 성질을 가진다고 본다.

(5) 소송의 요건

행정소송이 보상금의 증감에 관한 소송인 경우 해당 소송을 제기하는 자가 토지소유자 또는 관계인인 때에는 사업시행자를, 사업시행자인 때에는 토지소유자 또는 관계인을 각각 피고로 한다. 제34조의 규정에 의한 재결에 대하여 불복이 있는 때에는 재결서를 받은 날부터 90일 이내에, 이의신청을 거친 때에는 이의신청에 대한 재결서를 받은 날부터 60일 이내에 각각 행정소송을 제기할 수 있다.

(6) 소송의 대상

토지수용위원회의 수용재결에서 정한 보상금에 대하여 바로 보상금증감청구소송을 제기하는 경우에는 보상금 그 자체가 대상이 되기 때문에 문제가 없다. 그러나 이의신청을 거쳐 이의 재결이 난 경우 보상금에 대한 불복으로 보상금증감청구소송을 제기하는 경우 무엇을 대상으로 하여야 하는지 문제된다.
취소소송에서와 같이 원처분주의를 취하여 토지수용위원회의 수용재결에서 정한 보상금을 소송대상이라고 보는 견해, 재결주의를 취하여 이의재결에서 정한 보상금을 소송대상으로 보는 견해, 보상금에 관한 법률관계가 주된 다툼의 대상이 되고, 수용재결은 그 전제로서 다투어지는 것이므로 보상금에 관한 법률관계가 소송의 대상이 된다고 보는 견해가 대립한다.
생각건대, 보상금증감청구소송은 취소소송과 달리 당사자소송의 성질을 띠고 있는 바, 원처분주의 또는 재결주의로 해석할 것은 아니라고 본다. 따라서 보상금에 관한 법률관계만이 보상금증감청구소송의 대상이 된다고 보는 견해가 타당하다.

(7) 판결

증액판결의 경우 주문에서 수용재결을 취소하거나 수용재결의 위법성을 판단하지 않고 재결에서 정한 보상액을 초과하는 부분만의 지급을 명한 판결을 하고, 감액판결의 경우에는 보상금을 확인하는 판결을 한다.

(8) 기타

1) 표준지공시지가 하자승계

수용보상금의 증액을 구하는 소송에서 선행처분으로서 그 수용대상 토지가격 산정의 기초가 된 비교표준지공시지가 결정의 위법을 독립한 사유로 주장할 수 있다는 것이 판례의 견해이다.

2) 입증책임

대법원은 재결에서 정한 보상금액보다 정당한 손실보상액이 많다는 점에 대한 입증책임은 원고에게 있다고 보았다.

3) 보상항목 상호 간의 유용

(구)토지수용법 제45조 제2항의 규정에 의하면 토지를 수용함으로 인한 보상은 수용의 대상이 되는 물건별로 하는 것이 아니라 피보상자의 개인별로 행하여지는 것이므로, 피보상자는 수용대상물건 중 일부에 대하여만 불복이 있는 경우에는 그 부분에 대하여만 불복의 사유를 주장하여 행정소송을 제기할 수 있다고 할 것이나, 행정소송의 대상이 된 물건 중 일부 항목에 관한 보상액이 과소하고 다른 항목의 보상액은 과다한 경우에는 그 항목 상호 간의 유용을 허용하여 과다 부분과 과소 부분을 합산하여 보상금의 합계액을 결정하여야 한다(대판 1998.1.20, 96누12597).

4) 청구의 병합 등

주위적으로 수용재결 취소소송을, 예비적으로 보상금증액청구소송을 제기할 수 있다. 재결의 고유한 하자를 다투는 이의재결취소소송을 주위적으로, 보상금증액청구소송을 예비적으로 제기할 수 있다. 수용재결 또는 이의재결 취소소송을 보상금증액청구소송으로 소변경을 할 수 있다.

문제 02

개별공시지가 결정 절차상의 하자에 대한 불복절차를 설명하시오. 30점

문제분석 및 논점파악

개별공시지가 결정절차는 부동산공시법 제10조 및 제11조 등에 규정되어 있다. 즉, 시장・군수 또는 구청장이 표준지공시지가를 기준으로 토지가격비준표를 사용하여 지가를 산정하고, 산정된 지가는 그 타당성을 감정평가법인등의 검증받아야 하며, 토지소유자 그 밖의 이해관계인의 의견을 들어야 한다. 그리고 공시하기 전에 시・군・구 부동산가격공시위원회의 심의를 거쳐야 한다. 따라서 개별공시지가 결정에서 감정평가법인등의 검증을 누락하거나 토지소유자 그 밖의 이해관계인의 의견을 듣지 아니하거나 또는 부동산가격공시위원회의 심의를 거치지 않은 경우는 개별공시지가 결정의 절차상 하자가 된다.

예시답안

I 서

개별공시지가란 시장・군수 또는 구청장이 조세 및 각종 부담금 산정 등의 행정목적달성을 위해 부동산공시법이 정하는 절차를 거쳐 결정・공시한 개별토지의 단위면적당 가격을 말한다. 개별공시지가는 국민의 재산권과 밀접한 관련이 있으므로 신뢰성이 낮은 경우 토지정책의 효율적 집행이 어렵고, 조세저항이 발생할 수 있는바, 만약 산정절차상에 하자가 있다면 그에 대한 불복절차를 통해 객관성을 확보하여야 할 것이다.

II 결정・공시의 법적 성질

1. 학설

① 행정행위설은 개별공시지가는 조세부과처분 등의 별도의 행정처분이 개입되나 후행처분을 함에 처분청은 개별공시지가에 구속을 받으므로 국민의 권리・의무에 직접 영향을 미치는 것으로 보아야 한다. 개별공시지가는 물적 행정행위로 보아 일반처분이라고 보는 견해도 있다.

② 행정규칙설은 개별공시지가는 세금 등의 산정기준으로서 성질을 가지며, 일반적・추상적인 규율이다. 처분성을 인정하면 후행처분과의 관계에서 여러 가지 어려운 문제를 일으킨다.

③ 사실행위설은 개별공시지가는 시장에 지가정보를 제공하는 의사작용을 요소로 하는 사실행위에 지나지 않는다고 본다.

2. 판례

개별토지가격 결정은 관계 법령에 의한 토지초과이득세, 택지초과 소유부담금 또는 개발부담금 산정의 기준이 되어 국민의 권리나 의무 또는 법률상 이익에 직접적으로 관계되는 것으로 행정소송법 제23조 제1항 제1호 소정의 행정청이 행하는 구체적 사실에 관한 법집행으로서 공권력 행사이므로 항고소송의 대상이 되는 행정처분에 해당한다.

3. 검토

조세부과 등에 있어 직접적 구속력을 가지므로 국민의 재산권에 대한 직접적인 법적 규율성을 가진다고 할 수 있다. 또한 개별토지의 성질이나 상태에 대한 규율로서 물적 행정행위로 볼 수 있다. 따라서 처분성을 인정하는 것이 타당하다.

Ⅲ 공시절차

1. 산정

시·군·구청장은 개별토지와 유사한 이용가치를 지닌 표준지공시지가를 기준으로 토지가격비준표를 사용하여 지가를 산정한다. 해당 토지가격과 표준지공시지가가 균형을 유지하도록 하여야 한다.

2. 지가의 타당성 검증 및 의견청취

산정지가에 대한 타당성을 감정평가법인등의 검증을 받고, 토지소유자 그 밖의 이해관계인의 의견을 들어야 한다. 다만, 검증이 필요 없다고 인정되는 때에는 감정평가법인등의 검증을 생략할 수 있다.

3. 심의 및 결정 공시

시·군·구 부동산가격공시위원회의 심의를 거쳐 매년 5월 31일까지 개별공시지가를 결정·공시하여야 한다. 해당 시·군·구 게시판에 게시하고 필요시 개별통지할 수 있다.

Ⅳ 개별공시지가 결정의 절차하자 유형 및 하자 정도

1. 절차하자의 유형

산정된 지가의 타당성을 감정평가법인등에게 검증을 거쳐야 함에도 불구하고 검증을 거치지 않은 경우, 토지소유자 그 밖의 이해관계인의 의견을 듣지 아니하거나 또는 부동산가격공시위원회의 심의를 거치지 않은 경우는 개별공시지가 결정의 절차상 하자가 된다.

2. 절차하자의 독자적 위법성 여부

(1) 문제점

행정행위에 실체적 하자가 없고 절차적 하자만 있는 경우에 해당 행정행위의 위법성을 인정할 수 있는지가 문제된다.

(2) 학설

① 소극설은 절차상 하자를 이유로 취소하더라도 행정청은 절차의 하자를 치유하여 동일한 내용의 처분을 다시 할 수 있으므로 이는 행정상 및 소송상 경제에 반하므로 절차하자의 독자적 위법성을 부정한다.

② 적극설은 행정소송법 제30조 제3항에서 취소판결의 기속력이 절차의 위법을 이유로 취소된 경우에도 준용하고 있으며, 소극설을 취하면 절차적 규제가 유명무실해진다고 보아 절차하자의 독자적 위법성을 인정한다.

③ 절충설은 기속행위와 재량행위를 구분하여 재량행위에 있어서만 절차하자의 독자적 위법성을 긍정한다.

(3) 판례

재량행위뿐만 아니라 기속행위에 있어서도 적극설 입장에 있다.

관련 판례

➡ 같은 법 제49조 제3항, 제52조 제1항이 정하고 있는 절차적 요건을 갖추지 못한 공정거래위원회의 시정조치 또는 과징금납부명령은 설령 실체법적 사유를 갖추고 있다고 하더라도 위법하여 취소를 면할 수 없다(대판 2001.5.8, 2000두10212).

➡ 과세처분 시 납세고지서에 과세표준, 세율, 세액의 계산명세서 등을 첨부하여 고지하도록 한 것은 조세법률주의의 원칙에 따라 처분청으로 하여금 자의를 배제하고 신중하고도 합리적인 처분을 행하게 함으로써 조세행정의 공정성을 기함과 동시에 납세의무자에게 부과처분의 내용을 상세히 알려서 불복여부의 설정 및 불복신청에 편의를 주려는 취지에서 나온 것이므로 이러한 규정은 강행규정으로서 납세고지서에 위와 같은 기재가 누락되면 과세처분 자체가 위법하여 취소대상이 된다(대판 1983.7.26, 82누420).

(4) 검토

취소판결의 기속력이 절차의 위법을 이유로 취소된 경우에도 준용하고 있는 점과 적극설을 취하면 절차중시의 행정을 유도할 수 있어 적극설이 타당하다.

3. 하자의 검토

중대명백설에 따라 판단하면, 개별공시지가 결정상 절차상 하자는 일반인의 시각에서 일응 명백한 하자라 판단하기 어려운바 취소 정도의 하자라 볼 수 있다.

V 절차하자에 대한 불복절차

1. 이의신청

(1) 의의(부동산공시법 제11조)

개별공시지가에 이의가 있는 자가 개별공시지가 결정・공시일로부터 30일 이내에 서면으로 개별공시지가 결정의 주체인 시장・군수・구청장에게 이의를 신청하고 이를 시장・군수・구청장이 심사하는 것을 말한다.

(2) 법적 성질

1) 논의의 실익

행정심판법 제51조에서 행정심판 재청구 금지를 규정하고 있으므로, 개별공시지가 이의신청이 만약 부동산 가격공시에 관한 법률이 정하고 있는 행정심판법상의 행정심판이라면 이의신청을 거쳐 다시 행정심판을 제기할 수 없기 때문이다.

2) 관련 규정의 검토(행정기본법 제36조 제4항)

이의신청에 대한 결과를 통지받은 후 행정심판 또는 행정소송을 제기하려는 자는 그 결과를 통지받은 날부터 90일 이내에 행정심판 또는 행정소송을 제기할 수 있다고 규정하고 있다.

3) 판례의 태도

(구)부동산 가격공시 및 감정평가에 관한 법률 제12조, 행정소송법 제20조 제1항, 행정심판법 제3조 제1항의 규정 내용 및 취지와 아울러 (구)부동산 가격공시 및 감정평가에 관한 법률에 행정심판의 제기를 배제하는 명시적인 규정이 없고 (구)부동산 가격공시 및 감정평가에 관한 법률에 따른 이의신청과 행정심판은 그 절차 및 담당기관에 차이가 있는 점을 종합하면, (구)부동산 가격공시 및 감정평가에 관한 법률이 이의신청에 관하여 규정하고 있다고 하여 이를 행정심판법 제3조 제1항에서 행정심판의 제기를 배제하는 '다른 법률에 특별한 규정이 있는 경우'에 해당한다고 볼 수 없으므로, 개별공시지가에 대하여 이의가 있는 자는 곧바로 행정소송을 제기하거나 (구)부동산 가격공시 및 감정평가에 관한 법률에 따른 이의신청과 행정심판법에 따른 행정심판청구 중 어느 하나만을 거쳐 행정소송을 제기할 수 있을 뿐 아니라, 이의신청을 하여 그 결과 통지를 받은 후 다시 행정심판을 거쳐 행정소송을 제기할 수도 있다고 보아야 하고, 이 경우 행정소송의 제소기간은 그 행정심판 재결서 정본을 송달받은 날부터 기산한다(대판 2010.1.28, 2008두19987).

4) 검토

처분청에게 신청하는 점과 관련 규정 및 관련 판례의 태도에 따르면 〈강학상 이의신청〉으로 봄이 타당하며, 이에 따라 이의신청을 거쳐 다시 행정심판을 제기할 수 있다고 판단된다.

2. 행정심판

개별공시지가가 처분성이 인정된다는 입장에서 절차상 하자가 있는 개별공시지가에 대하여 하자의 정도에 따라 취소심판 또는 무효확인심판을 행정심판법에 따라 제기할 수 있다. 개별공시지가의 이의신청이 임의적 절차이므로 이의신청을 거쳐 또는 거치지 않고 직접 행정심판을 제기할 수 있다.

3. 행정소송

개별공시지가의 처분성을 인정하는 입장에서 개별공시지가의 하자 정도에 따라 취소소송 또는 무효확인소송을 행정소송법에 따라 제기할 수 있다. 이의신청과 행정심판 모두 임의적 절차이므로 이들의 불복방법을 거쳐 행정소송을 거쳐도 되며, 거치지 않고 직접 행정소송을 제기하여도 된다.

Ⅵ 결

개별공시지가는 국민의 재산권과 밀접한 관련이 있으므로 처분성을 인정하여 위법한 경우 이를 다투게 하여 국민의 권익을 보호하는 것이 타당하다. 또한 개별공시지가에 대한 이의신청이 행정내부에 대한 단순한 불복절차에 불과하므로 절차상 하자를 지니는 개별공시지가에 대해서는 부동산공시법상 이의신청뿐만 아니라 행정심판법의 행정심판, 행정소송법의 행정소송을 통해서도 권리구제가 가능할 것이다.

문제 03

농업보상을 약술하시오. 20점

문제분석 및 논점파악

농업보상이 무엇을 의미할까? 농업손실보상이라고 생각할 수 있을 것이다. 필자 역시 농업손실이라고 추측하였고, 이를 보다 명확히 하기 위하여 제5회 시험 당시 시행되고 있던 (구)'공공용지의 취득 및 손실보상에 관한 특례법'(이하 '(구)공특법')을 찾아보았다. 당시 공특법 시행규칙 제4장 농업보상이라는 타이틀 아래 제18조 농작물의 평가, 제19조 축산에 대한 평가, 제20조 잠업의 평가로 내용이 이루어져 있었다. 제18조 농작물의 평가는 제1항 농작물 평가, 제2항 농업용 자산에 대한 손실평가로 이루어져 있었다.

따라서 농업보상이라는 것이 현행 토지보상법의 농업손실보상과 동일한 것이 아니라는 것이다. 본 예시답안은 본래 물음과는 다르게 독자들의 공부를 위해 해당 문제를 농작물평가와 축산업평가, 잠업평가에 대한 내용을 정리하는 것으로 하였다.

현행 토지보상법 시행규칙 제41조의 농작물의 평가, 제49조 축산업의 손실에 대한 평가, 제50조 잠업의 손실에 대한 평가를 정리하였으며, 답안의 형식은 갖추지 아니하였다.

예시답안

I 농작물의 보상

1. 농작물 보상의 기준

토지보상법 제75조 제2항에서 '농작물에 대한 손실은 그 종류와 성장의 정도 등을 종합적으로 고려하여 보상하여야 한다'고 규정하고 있다.

2. 농작물의 평가기준

농작물을 수확하기 전에 토지를 사용하는 경우의 농작물의 손실은 농작물의 종류 및 성숙도 등을 종합적으로 고려하여 다음 각 호의 구분에 따라 평가한다.

① 파종 중 또는 발아기에 있거나 묘포에 있는 농작물 : 가격시점까지 소요된 비용의 현가액

② 제1호의 농작물 외의 농작물 : 예상총수입의 현가액에서 장래 투하비용의 현가액을 뺀 금액 이 경우 보상 당시에 상품화가 가능한 풋고추·들깻잎 또는 호박 등의 농작물이 있는 경우에는 그 금액을 뺀다.

"예상총수입"이라 함은 해당 농작물의 최근 3년간(풍흉작이 현저한 연도를 제외한다)의 평균총수입을 말한다.

3. 농작물 보상에서의 문제점

① 현행 토지보상법 시행규칙 제41조의 농작물 보상기준으로는 다양한 농작물의 상황에 적용할 수 없다는 문제점이 있다.

② 사업시행자가 공익사업에 편입될 것이므로 경작금지를 통지하였으나 토지소유자 등이 농작물을 경작하는 경우이다. 이 경우 해당 농작물에 대한 보상을 하여야 하는지 문제된다. 농지가 사업시행자에게 소유권이 넘어가지 않은 경우라면 농지소유자는 농지의 사용・수익할 권리가 있으므로 해당 농작물에 대해서 보상을 해 주어야 한다. 만약, 농지소유권이 사업시행자에게 이전된 경우라면 해당 경작은 불법경작이 된다. 그러나 이러한 경우에도 민원인과 충돌을 피하기 위해 약식보상을 하는 것이 일반적이다.

Ⅱ 축산업의 손실에 대한 보상

1. 손실보상의 대상이 되는 축산업

①「축산법」 제22조에 따라 허가를 받았거나 등록한 종축업・부화업・정액등처리업 또는 가축사육업

② 가축별 기준마리수 이상의 가축을 기르는 경우

③ 가축별 기준마리수 미만의 가축을 기르는 경우로서 그 가축별 기준마리수에 대한 실제 사육마리수의 비율의 합계가 1 이상인 경우

2. 보상대상의 요건

① 보상대상이 되는 축산업에 해당하여야 하고, ② 영업보상의 대상이 되는 시행규칙 제45조의 기준에 부합하여야 한다.

3. 축산업 손실평가기준

공익사업으로 인한 축산업을 휴업하거나 폐업하게 되는 경우에는 영업손실의 평가에 관한 규정이 준용된다. [별표 3]에 규정된 가축 외에 이와 유사한 가축에 대하여는 제2항 제2호 또는 제3호의 예에 따라 평가할 수 있다.

4. 손실보상의 대상이 되지 아니하는 가축의 평가

손실보상의 대상이 되지 아니하는 가축에 대하여는 이전비로 평가하되, 이전으로 인하여 체중감소・산란율 저하 및 유산 그 밖의 손실이 예상되는 경우에는 이를 포함하여 평가한다.

Ⅲ 잠업의 손실에 대한 보상

공익사업으로 인해 잠업을 폐업하거나 휴업하게 되는 경우에는 영업보상의 관계규정을 준용하여 평가하여 보상한다. 즉, 영업손실의 보상대상인 영업, 영업의 폐지에 대한 손실의 평가, 영업의 휴업 등에 대한 손실의 평가규정은 잠업에 대한 손실의 평가에 관하여 이를 준용한다.

Chapter 32

1993년 제4회 기출문제 분석

문제 01

A시는 도로건설용지로 사용하기 위하여 甲소유 토지 1,000㎡를 수용하기 위해 재결을 신청하였다. 이에 관할 지방토지수용위원회는 1993년 8월 20일자로 수용재결을 하려고 한다. 이 경우 수용위원회가 재결을 함에 있어서 적용할 현행법상의 보상기준에 대하여 논하고, 그 보상기준과 정당보상과의 관계를 언급하라. 50점

문제분석 및 논점파악

토지의 수용에 있어서 보상기준은 헌법 제23조 제3항에서 대원칙으로 정당한 보상을 지급하도록 규정하고 있다. 이러한 헌법상의 정당한 보상이 무엇인지에 대한 학설상 견해의 대립이 있다. 이러한 견해에 따라서 토지소유자에 대한 보상액의 산정이 다르게 될 수 있다. 토지보상법 제70조 이하에서 손실보상의 종류와 기준에 대하여 규정하고 있다.

사안에서 유의할 점은 구체적인 수용재결일이 나오고 있으므로 보상액 가격시점과 적용 공시지가의 선택을 구체적으로 언급할 필요가 있을 것이다.

예시답안

I 논점의 정리

공용수용을 통해 토지를 강제적으로 취득하는 경우 헌법 제23조 제3항에서 정당한 보상을 지급하도록 규정하고 있다. 어떠한 보상이 정당한 보상이 되는지 한마디로 말하기 어려우며, 이에 대해 학설상 견해대립이 있다. 즉, 완전보상설, 상당보상설, 절충설 등이 제기된다. 정당보상에 관한 어떤 학설을 취하는지의 여부에 따라 보상액의 산정이 다르게 될 수 있다. 헌법은 정당한 보상의 원칙을 선언하면서도 보상의 구체적인 기준과 방법은 법률로 정하도록 규정하고 있으며, 토지보상법에서는 구체적인 보상기준들을 마련하고 있다. 이하에서 헌법상 보상기준과 토지보상법상의 구체적인 토지보상기준을 검토하고, 이들 보상기준들이 정당보상에 해당되는지를 검토한다.

Ⅱ 손실보상의 기준

1. 헌법 제23조 제3항의 '정당한 보상'의 의미

(1) 학설

① 〈완전보상설〉 손실보상은 피침해재산이 가지는 재산적 가치와 부대적 손실까지 합친 완전한 보상을 해야 한다는 견해, ② 〈상당보상설〉 재산권의 사회적 구속성과 침해행위의 공공성에 비추어 사회국가원리에 바탕을 둔 조화로운 보상이면 족하다는 견해, ③ 〈절충설〉 완전보상을 요하는 경우와 상당보상을 요하는 경우로 나누어 평가하는 견해가 대립한다.

(2) 판례

➡ "정당한 보상"이라 함은 원칙적으로 피수용재산의 객관적인 재산가치를 완전하게 보상하여야 한다는 완전보상을 뜻하는 것이라 할 것이나, 투기적인 거래에 의하여 형성되는 가격은 정상적인 객관적 재산가치로는 볼 수 없으므로 이를 배제한다고 하여 완전보상의 원칙에 어긋나는 것은 아니며, 공익사업의 시행으로 지가가 상승하여 발생하는 개발이익은 궁극적으로는 국민 모두에게 귀속되어야 할 성질의 것이므로 이는 완전보상의 범위에 포함되는 피수용토지의 객관적 가치 내지 피수용자의 손실이라고는 볼 수 없다(대판 1993.7.13, 93누2131).

➡ 헌법 제23조 제3항에서 규정한 "정당한 보상"이란 원칙적으로 피수용재산의 객관적인 재산가치를 완전하게 보상하여야 한다는 완전보상을 뜻하는 것이지만, 공익사업의 시행으로 인한 개발이익은 완전보상의 범위에 포함되는 피수용토지의 객관적 가치 내지 피수용자의 손실이라고는 볼 수 없다(헌재 1990.6.25, 89헌마107).

(3) 검토

정당한 보상은 재산권 보장의 관점에서 볼 때 완전한 보상을 의미한다고 본다. 우리나라 헌법에는 독일 기본법 제14조 제3항의 '공익 및 관계 제 이익의 정당한 형량에 의한 보상'을 명문으로 규정하고 있지 아니하므로 침해행위의 공공성을 이유로 재산권 보장을 제한할 수는 없다고 본다.

2. 정당보상의 의미 확대

보상의 대상은 일반적으로 해당 재산권에 대한 객관적 가치로 이해되어 왔다. 그러나 손실보상이론에 사회복리국가 이념이 도입됨에 따라 보상은 부대적 손실까지 포함하는 재산권 보상은 물론 피수용자의 생활안정까지 확대하여 생활권 보상도 포함하여야 한다는 주장이 일반화되고 있다. 따라서 정당보상의 의미는 부대적 손실을 포함하는 재산권 보상에서 한 걸음 나아가 생활권 보상으로까지 확대되는 경향을 보이고 있다.

3. 토지보상법상 보상기준

(1) 보상의 가격시점

토지보상법 제67조 제1항에서 보상액의 산정은 협의에 의한 경우에는 협의성립 당시의 가격을, 재결에 의한 경우에는 수용 또는 사용의 재결 당시의 가격을 기준으로 한다고 규정하고 있다. 따라서 사안에서 토지보상금 산정에 있어 가격시점은 수용재결일인 1993년 8월 20일이 된다.

(2) 공시지가기준 평가

토지보상법 제70조 제1항에서 협의 또는 재결에 의하여 취득하는 토지는 공시지가를 기준으로 하여 보상하도록 규정하고 있다. 또한 동법 시행규칙 제22조 제1항에서 평가대상 토지와 유사한 이용가치를 지닌다고 인정되는 하나 이상의 표준지의 공시지가를 기준으로 평가하도록 규정하고 있다.

사안에서는 甲소유 토지와 유사한 이용가치를 지닌 표준지의 공시지가를 기준으로 보상액을 평가하면 된다.

(3) 개발이익의 배제평가

토지보상법 제67조 제2항에서 해당 사업으로 인한 토지가격 변동은 보상액 산정에서 고려하지 않도록 규정하고 있다. 그 구체적 방법으로 토지보상법 제70조 제1항에서는 지가변동률 적용 시 해당 공익사업으로 인한 지가의 영향을 받지 아니하는 지역의 지가변동률을 적용하며, 동조 제4항에서는 사업인정 후 취득 시에는 재결 당시 공시된 공시지가 중 해당 사업인정고시일에 가장 가까운 시점의 공시된 공시지가를 적용하며, 제5항에서는 공익사업의 공고 또는 고시로 가격이 변동된 경우에는 공고일 또는 고시일에 가장 가까운 시점의 공시지가를 적용하도록 하여 개발이익을 배제하고 있다.

사안에서는 사업인정이 언제 있었는지 명확하지 않다. 또한 공익사업의 공고 또는 고시로 지가가 변동된 경우인지 알 수 없다. 다만, 사업인정 후 수용재결을 통한 토지취득이므로 적용공시지가의 소급적용을 통해 개발이익을 배제하고 평가하여야 한다.

(4) 현금보상원칙의 예외로서 채권보상

토지보상법 제63조 제1항에서는 손실보상은 현금보상을 원칙으로 규정하고 있다. 동조 제7항 및 제8항에서 현금보상의 예외로서 채권보상을 규정하고 있다.

Ⅲ 보상기준과 정당보상과의 관계

1. 가격시점과 정당보상과의 관계

보상의 가격시점을 앞당기면서 손실보상금의 지불시기를 늦게 하면 피수용자가 종전의 재산가치를 회복할 수 없게 되어 위헌의 문제가 발생할 우려가 있다. 따라서 보상의 기준시점과 보상금의 지불시기를 적정하게 할 필요가 있다. 이런 관점에서 보상의 기준시점과 보상금의 지불시기를 일치시켜야 한다는 주장도 있다. 그렇지만, 보상의 기준시점은 개발이익을 배제하기 위해 보상금의 지불시기와 일치시킬 수 없는 한계가 있다. 따라서 재결일을 가격시점으로 한다고 하여 이것이 헌법상 정당보상에 위배된다고는 보기 어려울 것이다.

2. 공시지가기준 평가와 정당보상과의 관계

(1) 문제점

헌법 제23조 제3항의 정당한 보상은 완전보상을 의미하며, 완전보상은 보상의 시기나 방법 등에 있어서도 어떠한 제한을 두어서는 아니 된다. 그런데 토지보상법에서 보상금 산정 시에 공시지가를 기준으로 평가하도록 하고 있어 이것이 헌법상 정당보상에 합치되는지가 문제된다.

(2) 학설

공시지가기준 평가는 보상액 산정방법을 제한하는 것이고, 공시지가가 시가에 미달하므로 완전보상이 어렵다는 점에서 공시지가기준 평가는 위헌이라고 보는 견해가 있다. 반면, 합헌이라는 견해는 공시지가를 통한 개발이익의 배제목적이 정당하며, 기타사항 등의 반영을 통해 정당보상에 이르도록 할 수 있다고 본다.

(3) 판례

➡ 수용대상토지의 보상가격을 정함에 있어 표준지공시지가를 기준으로 비교한 금액이 수용대상토지의 수용사업인정 전의 개별공시지가보다 적은 경우가 있다고 하더라도, 이것만으로 지가공시 및 토지 등의 평가에 관한 법률 제9조, (구)토지수용법 제46조가 정당한 보상 원리를 규정한 헌법 제23조 제3항에 위배되어 위헌이라고 할 수는 없다(대판 2001.3.27, 99두7968).

➡ 공시지가는 그 평가의 기준이나 절차로 미루어 대상 토지가 대상지역공고일 당시 갖는 객관적 가치를 평가하기 위한 것으로서 적정성을 갖고 있으며, 표준지와 지가선정 대상 토지 사이에 가격의 유사성을 인정할 수 있도록 표준지 선정의 적정성이 보장되므로 위 조항이 헌법 제23조 제3항이 규정한 정당보상의 원칙에 위배되거나 과잉금지의 원칙에 위배된다고 볼 수 없고, 토지수용 시 개별공시지가에 따라 손실보상액을 산정하지 아니하였다고 하여 위헌이 되는 것은 아니다(헌재 2001.4.26, 2000헌바31).

(4) 검토

공시지가는 토지의 특성상 가격형성요인이 복잡하여 적정가격을 판단하기 어렵고 왜곡되기 쉬운 문제점을 해결하고, 지가체계를 일원화하기 위해 만든 제도이다. 따라서 공시지가가 시장가격에 못 미친다고 하면 기타요인 등을 통해서 완전보상에 이르게 하면 되며, 개발이익의 배제와 손실보상의 객관화를 이룰 수 있는 바, 공시지가기준 평가는 헌법에 위반된다고 보기 어렵다.

3. 개발이익의 배제와 정당보상과의 관계

(1) 견해대립

합헌성을 인정하는 견해는 개발이익은 국가 등의 투자에 의해 발생하는 것이고 토지소유자의 노력이나 투자에 의한 것이 아니므로 형평의 원칙상 개발이익은 토지소유자에게 귀속시켜서는 아니 되며, 국민 모두에게 귀속되어야 할 것으로 본다.

개발이익의 보상을 주장하는 견해는 개발이익이 배제된 보상금으로 종전과 같은 생활을 유지할 수 없고, 개발이익을 향유하는 사업지 주변 토지소유자와의 형평성도 맞지 아니하므로 헌법상 재산권 보장 및 평등원칙에 위배된다고 본다.

(2) 판례

➡ (구)토지수용법 제46조 제1항, 제2항 제1호, 제3항, (구)공공용지의 취득 및 손실보상에 관한 특례법 제4조 제2항 제1호, 제3항, (구)공공용지의 취득 및 손실보상에 관한 특례법 시행규칙 제6조 제8항, 보상평가지침(한국감정평가사협회 제정) 제7조 제1항의 규정들을 종합하여 보면, 수용대상토지를 평가함에 있어서는 수용재결에서 정한 수용시기가 아니라 수용재결일을 기준으로 하고 해당 수용사업의 계획 또는 시행으로 인한 개발이익은 이를 배제하고 평가하여야 한다(대판 1998.7.10, 98두6067).

➡ 공익사업법 제67조 제2항은 보상액을 산정함에 있어 해당 공익사업으로 인한 개발이익을 배제하는 조항인데, 공익사업의 시행으로 지가가 상승하여 발생하는 개발이익은 사업시행자의 투자에 의한 것으로서 피수용자인 토지소유자의 노력이나 자본에 의하여 발생하는 것이 아니므로, 이러한 개발이익은 형평의 관념에 비추어 볼 때 토지소유자에게 당연히 귀속되어야 할 성질의 것이 아니고, 또한 개발이익은 공공사업의 시행에 의하여 비로소 발생하는 것이므로, 그것이 피수용토지가 수용 당시 갖는 객관적 가치에 포함된다고 볼 수도 없다. 따라서 개발이익은 그 성질상 완전보상의 범위에 포함되는 피수용자의 손실이라고 볼 수 없으므로, 이러한 개발이익을 배제하고 손실보상액을 산정한다 하여 헌법이 규정한 정당한 보상의 원칙에 위반되지 않는다(헌재 2009.12.29, 2009헌바142).

(3) 검토

개발이익은 피수용자의 노력이나 자본투자에 의해 발생하는 것이 아니므로 토지소유자에게 귀속시키는 것은 타당하지 못하다. 또한 공익사업시행지 주변의 토지에 대한 개발이익은 법제도를 정비하여 환수하여야 할 것이다.

4. 채권보상과 정당보상의 관계

(1) 견해대립

① 위헌설은 채권보상이 지급방법과 절차에 부당한 제한을 가하고, 채권보상이 사실상 사후보상이 되며, 사업시행자의 재정상태를 이유로 하는 것은 목적의 정당성에 반하며, 부재부동산 소유자에게 강제하는 것은 평등의 원칙에 위반되어 위헌이라고 본다.

② 합헌설은 채권보상으로도 보상 또는 공탁할 수 있어 반드시 사전보상원칙에 어긋나는 것은 아니며, 부재부동산 소유자는 자산증식수단으로 소유하기 때문에 통상의 수익만 보장하면 되

고, 채권보상은 간접시설 확충에 이바지하므로 목적이 정당하고, 투기방지 기능이 있어 수단의 적합성과 필요성이 인정되어 합헌이라고 본다.

(2) **검토**

채권보상을 통해 달성되는 공익을 고려하고, 정기예금이자를 통한 정상수익률을 보장하며, 보상금의 투기자금화를 차단하는 순기능이 있으므로 헌법에 위반된다고는 보기 어려울 것이다. 다만, 강제적 채권보상은 필요최소한도에 그쳐야 하며, 남용되어서는 아니 될 것이다.

Ⅳ 결어

침해된 재산가치에 대하여 어느 정도로 보상할 것인가에 대하여는 각국의 입법태도나 헌법을 뒷받침하는 사회논리적 가치관의 차이에 따라 서로 다르다. 헌법 제23조 제3항의 정당한 보상은 완전보상으로 이해하는 것이 타당하다. 토지보상법상 토지보상기준들은 수용되는 재산의 가치를 완전하게 보상하기 위한 기준으로 볼 수 있다. 따라서 甲소유 토지의 보상액 산정 시에 공시지가를 기준 평가하고, 해당 공익사업으로 인한 개발이익은 배제를 하고 평가되어야 할 것이다. 보상액의 가격시점은 재결일이 될 것이다.

문제 02 **부동산 가격공시에 관한 법률에 근거하여 시장·군수·구청장이 행하는 개별공시지가 결정의 법적 성질에 대하여 설명하라.** 30점

문제분석 및 논점파악

본 문제는 개별공시지가 결정의 법적 성질에 대한 30점 배점의 문제이다. 법적 성질 하나의 논점만으로는 30점이 지나친 배점이라 생각된다. 출제한 교수님도 법적 성질을 검토하되 개별공시지가에 관한 다른 논점도 쓰기를 바랐던 것 같다. 교수님 강평을 보니 산정절차를 소홀히 다룬 답안이 많았다고 했다.

본 예시답안에는 답안의 형식과 무관하게 개별공시지가의 의의, 법적 성질, 공시절차, 개별공시지가의 효력 등으로 작성하였다.

예시답안

Ⅰ 서

개별공시지가란 시장·군수 또는 구청장이 조세 및 각종 부담금 산정 등의 행정목적 달성을 위해 부동산공시법이 정하는 절차를 거쳐 결정 공시한 개별토지의 단위면적당 가격을 말한다. 개별공시지가의 법적 성질 논의는 처분성 인정 여부가 문제되며 개별공시지가 산정절차상 하자의 위법성여부, 항고쟁송의 대상적격을 인정할 수 있는지 여부에 논의 실익이 있다.

Ⅱ 결정 공시의 법적 성질

1. 학설

① **행정행위설** : 개별공시지가는 조세부과처분 등의 별도의 행정처분이 개입되나 후행처분을 함에 처분청은 개별공시지가에 구속을 받으므로 국민의 권리의무에 직접 영향을 미치는 것으로 보아야 한다. 개별공시지가는 물적 행정행위로 보아 일반처분이라고 보는 견해도 있다.

② **행정규칙설** : 개별공시지가는 세금 등의 산정기준으로서 성질을 가지며, 일반적·추상적인 규율이다. 처분성을 인정하면 후행처분과의 관계에서 여러 가지 어려운 문제를 일으킨다.

③ **사실행위설** : 시장에 지가정보를 제공하는 의사작용을 요소로 하는 사실행위에 지나지 않는다.

2. 판례

개별토지가격 결정은 관계 법령에 의한 토지초과이득세, 택지초과 소유부담금 또는 개발부담금 산정의 기준이 되어 국민의 권리나 의무 또는 법률상 이익에 직접적으로 관계되는 것으로 행정소송법 제23조 제1항 제1호 소정의 행정청이 행하는 구체적 사실에 관한 법집행으로서 공권력 행사이므로 항고소송의 대상이 되는 행정처분에 해당한다.

대판 1993.1.15, 92누12407[개별토지가격결정처분취소등]

토지초과이득세법, 택지소유상한에 관한 법률, 개발이익환수에 관한 법률 및 각 그 시행령이 각 그 소정의 토지초과이득세, 택지초과소유부담금 또는 개발부담금을 산정함에 있어서 기초가 되는 각 토지의 가액을 시장, 군수, 구청장이 지가공시 및 토지 등의 평가에 관한 법률 및 같은 법 시행령에 의하여 정하는 개별공시지가를 기준으로 하여 산정한 금액에 의하도록 규정하고 있고, 시장, 군수, 구청장은 같은 법 제10조 제1항 제6호, 같은 법 시행령 제12조 제1, 2호의 규정에 의하여 각개 토지의 지가를 산정할 의무가 있다고 할 것이므로 시장, 군수, 구청장이 산정하여 한 개별토지가액의 결정은 토지초과이득세, 택지초과소유부담금 또는 개발부담금 산정 등의 기준이 되어 국민의 권리, 의무 내지 법률상 이익에 직접적으로 관계된다고 할 것이고, 따라서 이는 행정소송법 제2조 제1항 제1호 소정의 행정청이 행하는 구체적 사실에 관한 법집행으로서의 공권력행사이어서 행정소송의 대상이 되는 행정처분으로 보아야 할 것이다.

3. 검토

조세부과 등에 있어 직접적 구속력을 가지므로 국민의 재산권에 대한 직접적인 법적 규율성을 가진다고 할 수 있다. 또한 개별토지의 성질이나 상태에 대한 규율로서 물적 행정행위로 볼 수 있다. 따라서 처분성을 인정하는 것이 타당하다.

Ⅲ 공시절차

1. 산정(부동산공시법 제10조 제4항)

시장・군수・구청장은 개별토지와 유사한 이용가치를 지닌 표준지공시지가를 기준으로 토지가격비준표를 사용하여 지가를 산정한다. 해당 토지가격과 표준지공시지가가 균형을 유지하도록 하여야 한다.

2. 지가의 타당성 검증 및 의견청취(부동산공시법 제10조 제5항, 제6항)

산정에 대한 타당성을 감정평가법인등의 검증을 받고, 토지소유자 그 밖의 이해관계인의 의견을 들어야 한다. 다만, 검증이 필요 없다고 인정되는 때에는 감정평가법인등의 검증을 생략할 수 있다.

3. 심의 및 결정 공시(부동산공시법 제10조 제1항, 시행령 제21조)

시・군・구 부동산가격공시위원회의 심의를 거쳐 매년 5월 31일까지 개별공시지가를 결정・공시하여야 한다. 해당 시・군・구 게시판에 게시하고 필요시 개별통지할 수 있다.

4. 이의신청(부동산공시법 제11조)

이의 있는 자는 결정・공시일로부터 30일 이내에 서면으로 시장・군수・구청장에게 이의를 신청할 수 있고, 타당하다고 인정되는 경우 조정하여 다시 결정・공시하여야 한다. 이의신청 기간이 만료된 날로부터 30일 이내에 이의신청을 심사하여 그 결과를 신청인에게 서면으로 통지하여야 한다. 이의신청 내용이 타당하다고 인정될 때에는 해당 개별공시지가를 조정하여 다시 결정・공시하여야 한다.

Ⅳ 효력

개발부담금 부과, 농지전용부담금 부과, 재산세 양도소득세 부과처분 등 과세처분 시 지가산정에 사용된다.

Ⅴ 권리구제

개별공시지가 결정・공시의 법적 성질을 어떻게 보는가에 따라 불복절차의 내용이 달라진다. 처분성을 인정하면 항고쟁송으로, 처분성을 부정하는 경우는 과세처분단계에서 개별공시지가의 하자를 다투어야 한다. 최근 대법원은 개별공시지가에 대한 이의신청을 행정심판으로 보지 않고 개별공시지가에 대한 행정심판의 제기가 가능하다고 보았다. 따라서 개별공시지가의 처분성을 인정하는 입장에서는 이의신청을 거쳐 행정심판, 행정소송을 제기하거나, 이의신청을 거치지 않고 바로 행정심판이나 행정소송을 제기할 수 있다. 물론 이의신청이나 행정심판을 제기하지 않고 바로 행정소송으로 다툴 수도 있다.

문제 03

공익사업을 위한 토지 등의 취득 및 보상에 관한 법률이 규정하고 있는 생활보상적 성격을 지닌 보상에 관하여 설명하라. 20점

문제분석 및 논점파악

생활보상의 대상과 구체적인 내용에 대하여는 생활보상의 개념을 광의로 볼 것인지 또는 협의로 볼 것인지에 따라 달라질 수 있다. 그러나 이들 입장에서도 각 학자마다 구체적인 내용을 달리보고 있는 경우가 허다하다. 따라서 생활보상의 필요성과 그 존재에 대한 인식은 동일한 바, 세부적인 항목이 광의설과 협의설 중 어디에 속하느냐의 분류작업은 의미가 없을 수도 있다. 그 이유는 앞서 말한 바와 같이 같은 범주 안에서도 학자마다 세부적인 내용이 달라지고 있으며, 시대의 변화와 개별법에서 규정하고 있는 보상의 내용들이 다르기 때문이다. 이러한 이유로 생활보상의 구체적인 내용들은 실정법에서 인정하고 있는 보상내용을 중심으로 그 범위를 구성하는 경향이 보인다고 한다. 여기서는 생활보상의 개념에 대한 학설의 분류에 따른 생활보상의 내용을 정리하지 않고 현행 토지보상법과 기타 개별법에서 규정하고 있는 생활보상 성격의 보상내용을 정리하였다.

예시답안

I 서

생활보상은 재산권에 대한 금전보상의 한계가 드러나면서 등장하였다. 생활보상이란 피수용자가 종전과 같은 생활을 유지할 수 있도록 실질적으로 보장하는 보상을 말한다. 생활보상의 개념에 대해 광의로 보는 견해와 협의로 보는 견해가 나뉘고 있다. 그러나 모두 생활보상을 재산권 보상과 구별하고 있으며, 생활보상의 필요성을 인정하고 있다는 점에서 일치한다. 생활보상의 근거로는 헌법 제23조, 제34조에 근거한다는 견해들이 대립하고 있으나 판례는 제23조와 제34조에 동시에 근거하는 것으로 본다. 토지보상법에도 생활보상적 성격을 지닌 보상규정들이 있는 바, 이하에서 검토한다.

Ⅱ 주거대책

1. 의의

주거대책이란 피수용자가 종전과 같은 주거를 획득하는 것을 보장하는 보상을 말한다. 주거대책으로는 이주정착지의 조성과 분양, 이주정착금 지급, 주거이전비의 보상, 공영주택의 알선, 국민주택자금의 지원 등을 들 수 있다.

2. 내용

(1) 이주대책

대규모의 공익사업을 실시함으로써 이주해야 하는 주민에게 종전과 같은 생활기반이 유지되고 조속히 일상생활이 안정 정착될 수 있도록 하기 위해 사업시행자에게 의무로 부여되어 있는 생활보상의 일종이다. 토지보상법 제78조 및 동법 제40조 등에서 사업시행자에게 이주대책을 수립・실시할 의무를 부여하고 있다. 이주대책의 내용에는 이주정착지에 대한 도로・급수시설・배수시설 그 밖의 공공시설 등 통상적인 수준의 생활기본시설이 포함되어야 하며, 이에 필요한 비용은 사업시행자의 부담으로 한다. 다만, 이주정착지가 아닌 다른 지역으로 이주하고자 하는 경우에는 토지보상법 시행령 제41조에서 이주정착금을 지급하도록 규정하고 있다.

(2) 주거이전비

토지보상법 제78조 제6항 및 동법 시행규칙 제54조에서 사업지구 내 주거용 건물의 거주자에 대하여는 주거이전에 필요한 비용에 대한 보상을 규정하고 있다.

주거이전비의 경우 주거용 건물소유자는 가구원 수에 따른 2개월분의 주거이전비를, 세입자의 경우 가구원 수에 따른 4개월분의 주거이전비를 보상하도록 하여 경제적 약자를 배려하고 있다.

(3) 국민주택자금의 지원

토지보상법 제78조 제3항에서는 국가나 지방자치단체는 이주대책의 실시에 따른 주택지의 조성 및 주택의 건설에 대하여 주택법에 의한 주택도시기금을 우선하여 지원할 수 있다고 규정하고 있다.

(4) 주거용 건물의 보상특례

토지보상법 시행규칙 제58조에서는 주거용 건축물에 대하여 최저보상액으로 600만원을 규정하고 있으며, 재편입가산금의 지급을 규정하고 있다. 재편입가산금의 경우 주거용 건축물 및 그 대지에 대하여 해당 평가액의 30퍼센트를 가산하여 보상하며, 가산금이 1천만원을 초과하는 경우 1천만원으로 한다.

Ⅲ 생계대책

1. 의의

생활대책이라고도 하는데 종전과 같은 경제수준을 유지할 수 있도록 하는 조치를 말한다. 생계대책으로는 이농비·이어비 보상, 상업·농업용지 등 용지공급, 직업훈련, 고용 또는 고용알선, 각종 상담, 보상금에 대한 조세감면조치 등을 들 수 있다.

2. 내용

(1) 이농비·이어비

토지보상법 제78조 제7항 및 동법 시행규칙 제56조에서는 공익사업의 시행으로 인하여 영위하던 농·어업을 계속할 수 없게 되어 다른 지역으로 이주하는 농·어민이 지급받을 보상금이 없거나 그 총액이 가구원 수에 따른 1년분의 평균생계비에 미달하는 경우에는 그 금액 또는 차액을 보상하여야 한다.

(2) 고용 또는 고용알선

토지보상법 제78조 제8항에서는 사업시행지역에 거주하고 있는 국민기초생활보장법의 수급권자 및 차상위계층이 취업을 희망하는 경우에 그 공익사업과 관련된 업무에 우선하여 고용할 수 있으며, 이들의 취업알선에 노력하여야 한다고 규정하고 있다. 산업입지 및 개발에 관한 법률 및 댐건설 및 주변지역지원 등에 관한 법률에서도 규정하고 있다.

(3) 직업훈련

토지보상법에는 규정되어 있지 아니하고, 댐건설 및 주변지역지원 등에 관한 법률 제40조 제3항 및 동법 시행령 제35조에서는 전업을 희망하는 수몰이주민에 대한 직업훈련을 규정하고 있다.

(4) 농업용지의 공급

토지보상법에는 규정되어 있지 아니하고, 댐건설 및 주변지역지원 등에 관한 법률 시행령 제35조에서는 수몰이주민이 농업을 계속하고자 하는 경우 대토알선 및 영농교육을 댐건설지역을 관할하거나 댐건설에 따라 용수혜택을 받는 지역을 관할하는 지방자치단체의 장에게 실시하도록 규정하고 있다.

(5) 조세감면조치

토지보상법에는 규정이 없고, 조세특례제한법 제77조 제1항에서 규정하고 있다.

〈조세특례제한법〉

제77조(공익사업용 토지 등에 대한 양도소득세의 감면)

① 다음 각 호의 어느 하나에 해당하는 소득으로서 해당 토지 등이 속한 사업지역에 대한 사업인정고시일(사업인정고시일 전에 양도하는 경우에는 양도일)부터 소급하여 2년 이전에 취득한 토지 등을 2026년 12월 31일 이전에 양도함으로써 발생하는 소득에 대해서는 양도소득세의 100분의 10[토지 등의 양도대금을 대통령령으로 정하는 채권으로 받는 부분에 대해서는 100분의 15로 하되, 「공공주택 특별법」 등 대통령령으로 정하는 법률에 따라 협의매수 또는 수용됨으로써 발생하는 소득으로서 대통령령으로 정하는 방법으로 해당 채권을 3년 이상의 만기까지 보유하기로 특약을 체결하는 경우에는 100분의 30(만기가 5년 이상인 경우에는 100분의 40)]에 상당하는 세액을 감면한다.

1. 「공익사업을 위한 토지 등의 취득 및 보상에 관한 법률」이 적용되는 공익사업에 필요한 토지 등을 그 공익사업의 시행자에게 양도함으로써 발생하는 소득
2. 「도시 및 주거환경정비법」에 따른 정비구역(정비기반시설을 수반하지 아니하는 정비구역은 제외한다)의 토지 등을 같은 법에 따른 사업시행자에게 양도함으로써 발생하는 소득
3. 「공익사업을 위한 토지 등의 취득 및 보상에 관한 법률」이나 그 밖의 법률에 따른 토지 등의 수용으로 인하여 발생하는 소득

(6) 이직자 보상(실직 및 휴업보상)

토지보상법 시행규칙 제51조에서는 공익사업으로 인하여 폐지 또는 이전되는 사업장에 근무하는 근로자에게 휴직 또는 실직보상을 하도록 규정하고 있다.

Ⅳ 간접손실보상

생활보상을 광의적으로 이해할 때 간접손실보상도 생활보상의 일종으로 보는 견해가 있다. 간접손실보상은 토지・건물 등 재산권이 직접 공익사업을 위한 용지의 취득대상 또는 수용대상이 되지는 않으나, 공익사업으로 인하여 본래의 기능을 수행할 수 없게 됨으로써 그 소유자 등이 입은 손실에 대한 보상을 말한다. 토지보상법 제79조 제2항 및 동법 시행규칙 제59조 내지 제65조에 공익사업지구 밖에서 발생한 손실에 대한 보상을 규정하고 있다. 소수잔존자 보상도 여기에 포함되어 있다.

Ⅴ 결

사회복리국가 이념의 도입에 따라 손실보상은 대물적 보상에서 생활보상으로 변천되게 되었다. 손실보상은 종래 대물적 보상에 의한 등가교환적 가치의 보상에서 한걸음 더 나가 종전과 같은 수준의 생활을 보장하기 위해 생활보상이 등장하게 된 것이다. 생활보상의 대상은 학문적 개념과 일치하지 않을 뿐만 아니라 실정법상으로도 제도가 완벽하게 정비되어 있지는 못하다. 각 개별법에서 규정하고 있는 생활보상적 성격의 보상도 서로 달라 형평에 어긋나는 경우도 있다. 따라서 입법적인 보완을 통해 균형성과 통일성 있는 보상규정이 필요하다고 본다.

Chapter 33

1992년 제3회 기출문제 분석

문제 01

토지수용의 재결에 대한 불복을 논하라. 50점

문제분석 및 논점파악

수용재결에 대한 불복으로 피수용자의 권리구제를 묻는 문제라고 출제자가 밝히고 있다. 또한 이의신청과 취소소송, 보상금증감청구소송 중 보상금증감청구소송에 대해 집중하여 설명하기를 바랐다고 강평에 후기하였다.
본 문제에 대한 예시답안은 문제의 취지와는 별도로 수용재결에 대한 불복의 내용을 정리하여 수험생이 공부하는 데 도움이 되도록 하였으며, 답안형식은 갖추지 않았다.

예시답안

I 개설

토지수용에 대한 불복은 토지수용위원회의 재결에 불복하는 자가 쟁송절차에 따라 토지수용위원회의 재결의 취소 변경을 구하는 것을 말한다. 재결에 대한 불복수단으로 토지보상법 제83조의 이의신청과 동법 제85조의 행정소송이 있다. 행정소송에는 취소소송 또는 무효확인소송(판례 인정)과 보상금증감청구소송이 있다. 이의신청은 행정심판절차에 해당한다. 수용재결은 수용의 부분과 보상금 부분으로 나뉘므로 그 불복방법도 수용재결과 보상재결에 대하여 이원적으로 규정하고 있다. 토지보상법은 재결에 대한 불복수단으로 규정하고 있는 이의신청과 행정소송은 행정심판법과 행정소송법에 대한 약간의 특례를 규정하고 있다. 따라서 토지보상법상 특례규정 이외에는 행정쟁송에 관한 일반법인 행정심판법과 행정소송법이 당연히 적용된다.

II 이의신청

1. 의의(토지보상법 제83조)

토지수용위원회의 위법 또는 부당한 재결처분으로 인해 권리 또는 이익을 침해당한 자가 복심적 재결기관인 중앙토지수용위원회에 그 처분의 취소 또는 변경을 구하는 행정심판절차이다. 이의신청은 재결의 관할에 따라 중앙토지수용위원회의 재결에 대한 것과 지방토지수용위원회의 재결에 대한 것으로 구분된다.

2. 법적 성격

이의신청은 행정심판의 성질을 가지며, 토지보상법상 재결에 대한 이의신청에 관한 규정은 행정심판법에 대한 특별규정이다. 이의신청은 주관적 쟁송이며, 항고쟁송이고, 복심적 쟁송의 성질을 갖는다.

3. 요건

이의신청은 재결에 대하여 이의가 있는 자로서 토지소유자 또는 관계인 및 사업시행자가 제기할 수 있다. 재결서 정본을 받은 날로부터 30일 이내에 하여야 한다. 또한 이의신청은 필수적 전치절차가 아니라 임의적 전치절차이다. 형식은 문서에 의하여야 한다(토지보상법 시행령 제45조 제1항). 중앙토지수용위원회 재결은 중앙토지수용위원회에, 지방토지수용위원회의 재결은 지방토지수용위원회를 경유하여 중앙토지수용위원회에 제기하여야 한다.

토지수용위원회의 재결은 수용부분과 보상금액 부분으로 분리될 수 있는 바, 수용재결부분과 보상재결부분 중 한 부분만에 대하여 불복이 가능하다.

4. 이의신청의 효과

이의신청이 제기되면 중앙토지수용위원회는 이의신청에 대해 심리・재결해야 할 의무를 진다. 이의신청 제기는 사업의 진행 및 토지의 수용 또는 사용을 정지시키지 아니한다(법 제88조).

5. 이의재결

(1) 재결의 내용

중앙토지수용위원회는 이의신청을 받은 경우 재결이 위법하거나 부당하다고 인정할 때에는 그 재결의 전부 또는 일부를 취소하거나 보상액을 변경할 수 있다(법 제84조 제1항).

(2) 이의재결의 효력

이의재결에서 보상금이 늘어난 경우 사업시행자는 재결의 취소 또는 변경의 재결서 정본을 받은 날부터 30일 이내에 보상금을 받을 자에게 그 늘어난 보상금을 지급하여야 한다. 다만, 공탁사유에 해당하는 경우, 공탁할 수 있다(법 제84조 제2항).

관련 판례

➡ (구)토지수용법상의 이의재결절차는 수용재결에 대한 불복절차이면서 수용재결과는 확정의 효력 등을 달리하는 별개의 절차이므로 기업자가 이의재결에서 증액된 보상금을 일정한 기한 내에 지급 또는 공탁하지 아니하였다 하더라도 그 때문에 이의재결 자체가 당연히 실효된다고는 할 수 없다(대판 1992.3.10, 91누8081).

Ⅲ 취소소송

1. 의의(토지보상법 제85조 제1항)

토지수용위원회의 재결 또는 이의신청에 대한 중앙토지수용위원회의 재결이 위법함을 이유로 그 재결의 취소 또는 변경을 구하는 소송이다.

2. 제기요건

(1) 대상

이의신청에 대한 중앙토지수용위원회의 이의재결에 대하여도 만족을 못하고 취소소송으로 다투려는 경우 취소소송의 대상이 원재결인지 아니면 이의재결인지가 문제된다.

1) 원처분주의와 재결주의

① 개념

원처분주의란 행정심판의 재결의 당부를 다투는 취소소송의 대상을 원처분으로 하고, 재결의 취소소송은 재결자체에 고유한 위법이 있는 경우에만 인정하는 것을 말한다. 재결주의란 원처분에 대하여는 취소소송을 제기할 수 없고 재결에 대하여만 취소소송을 제기할 수 있도록 하는 제도이다.

② 이론적 근거

원처분주의를 채택할 것인가 재결주의를 채택할 것인가는 입법정책의 문제이다. 재결주의는 위법한 원처분을 다투는 것보다 재결을 다투어 그 효력을 배제하는 것이 효율적인 권리구제와 판결의 적정성을 담보하는 데 유리하다는 장점이 있다. 그러나 재결주의를 취하면 이의신청을 거치지 않으면 권리구제의 길이 막히는 문제가 있다는 점에서 이론상 법치행정의 원칙의 실효성 확보 및 행정소송의 행정통제적 기능에 비추어 원처분주의가 타당하다.

③ 현행법 규정

행정소송법 제19조는 취소소송은 처분 등을 대상으로 한다고 하면서 재결취소소송은 재결 자체의 고유한 위법이 있는 경우에 한정하고 있다. 따라서 원처분주의를 취한 것이 분명하다. 또한 현행 토지보상법 제85조는 행정소송의 대상을 제34조의 규정에 의한 재결이라고 규정하고 있고, 이의신청을 임의적 전치절차로 규정하고 있다. 따라서 토지보상법 역시 원처분주의를 확인하고 있다(판례 동지).

관련 판례

➡ 공익사업을 위한 토지 등의 취득 및 보상에 관한 법률 제85조 제1항 전문의 문언 내용과 같은 법 제83조, 제85조가 중앙토지수용위원회에 대한 이의신청을 임의적 절차로 규정하고 있는 점, 행정소송법 제19조 단서가 행정심판에 대한 재결은 재결 자체에 고유한 위법이 있음을 이유로 하는 경우에 한하여 취소소송의 대상으로 삼을 수 있도록 규정하고 있는 점 등을 종합하여 보면, 수용재결에 불복하여 취소소송을 제기하는 때에는 이의신청을 거친 경우에도 수용재결을 한 중앙토지수용위원회 또는 지방토지수용위원회를 피고로 하여 수용재

> 결의 취소를 구하여야 하고, 다만 이의신청에 대한 재결 자체에 고유한 위법이 있음을 이유로 하는 경우에는 그 이의재결을 한 중앙토지수용위원회를 피고로 하여 이의재결의 취소를 구할 수 있다고 보아야 한다(대판 2010.1.28, 2008두1504).

(2) 당사자 및 제기기간

사업시행자 토지소유자 또는 관계인은 제34조의 규정에 의한 재결에 대하여 불복이 있는 때에는 재결서를 받은 날부터 90일 이내에, 이의신청을 거친 때에는 이의신청에 대한 재결서를 받은 날부터 60일 이내에 각각 행정소송을 제기할 수 있다.

3. 제기의 효과

법원은 해당 사건을 심리하고 판결할 구속을 받는다. 취소소송 제기는 사업의 진행 또는 토지의 수용・사용을 정지시키지 아니한다(법 제88조).

Ⅳ 무효확인소송

토지수용위원회의 재결에 대하여 무효확인소송 제기도 가능하다. 판례 역시 이를 인정하고 있다. 이때 제소기간의 제한은 없다고 보아야 한다. 또한 개별법에서 행정심판을 거치도록 규정하고 있어도 무효등확인소송에서는 행정심판 임의적 전치주의가 적용된다. 토지보상법에서는 이의신청이 임의적 전치주의로 규정되어 있다. 나머지 소송요건과 관련하여는 취소소송을 준용한다.

> **관련 판례**
>
> ➡ 토지수용에 관한 토지수용위원회의 수용재결은 구체적으로 일정한 법률효과의 발생을 목적으로 하는 점에서 일반의 행정처분과 다를 바 없으므로 수용재결처분이 무효인 경우에는 재결 자체에 대한 무효확인을 소구할 수 있다(대판 1993.4.27, 92누15789).

Ⅴ 보상금증감청구소송

1. 의의 및 필요성(취지)(토지보상법 제85조 제2항)

보상금증감청구소송은 수용재결 중 보상금에 대하여서만 이의가 있는 경우에 보상금의 증액 또는 감액을 청구하는 소송이다. 토지소유자 또는 관계인은 보상금의 증액을 청구하는 소송을, 사업시행자는 보상금의 감액을 청구하는 소송을 제기한다. 이는 재결에 대한 불복수단으로 취소소송만 인정되면 권리구제가 우회적이고 소송경제에 반하므로 이를 시정하고 분쟁을 일회적으로 조속히 해결하기 위하여 도입되었다.

2. 소송의 형태(형식적 당사자소송)

형식적 당사자소송이란 행정청의 처분 등을 원인으로 하는 법률관계에 관한 소송으로서, 직접 다투는 것은 아니지만 실질적으로 처분 등을 다투면서도 행정청을 피고로 하지 않고 그 법률관계의 한쪽 당사자를 피고로 하는 소송이다. 즉, 실질은 항고소송이면서 형식은 당사자소송을 취하고 있다고 할 수 있다. 우리나라 행정소송법은 당사자소송만을 규정하고 있다.

현행 토지보상법은 토지수용위원회를 보상금증감청구소송의 피고에서 제외하고 있어 보상금증감청구소송을 형식적 당사자소송으로 보는 것이 일반적 견해이다.

3. 소송의 성질(형성소송인가, 확인 · 급부소송인가)

(1) 의의

행정소송은 일반적인 민사소송의 경우와 같이 그 성질에 따라(또는 청구의 내용에 따라) 형성의 소, 이행의 소, 확인의 소로 분류할 수 있는데 본 소송과 관련하여는 형성소송인지, 급부, 확인의 소인지 논의가 있다.

(2) 견해대립

형성소송설은 공정력을 가진 보상재결의 적극적 변경 또는 소극적 변경(증액 또는 감액)을 구하는 소송이라는 점에서 보상금증감청구소송은 형성소송이라고 본다. 급부, 확인의 소라는 견해는 재결의 취소, 변경과 같은 우회적 절차를 거칠 필요 없이 직접 법원이 정당보상액을 확인하고 부족액의 급부를 구하는 것으로 본다.

(3) 검토

1) 형성소송설을 취하는 경우

법원이 재결로 정한 보상금을 취소하고 다시 정당한 보상금을 확정하는 것은 구체적인 손실보상청구권을 형성하는 것을 의미하는 것이므로 형성소송설이 타당하다. 그 논거로는 토지보상법 제85조 제2항의 규정이 소정의 기간 내에 소를 제기하지 아니하면 재결이 확정되도록 규정하고 있는 점, 재결은 형성력을 갖는 것이고 이를 다투는 소송은 형성력의 배제를 목적으로 하지 않으면 안 되는 점을 들고 있다.

2) 확인, 급부소송을 취하는 경우

정당한 보상이란 법에서 구체적으로 정해져 있고 법원이 객관적으로 확인하는 것에 불과하다고 본다. 따라서 확인, 급부소송설이 타당하다.

박균성 교수님 견해

손실보상금증액청구소송은 보상액을 확인하고 그 이행을 명하는 점에서 이행소송(급부소송) 또는 확인, 급부소송의 성질을 가지고, 감액청구소송은 보상액을 확인하는 점에서 확인소송의 성질을 가진다고 본다.

4. 소송의 요건

(1) 당사자

행정소송이 보상금의 증감에 관한 소송인 경우 해당 소송을 제기하는 자가 토지소유자 또는 관계인인 때에는 사업시행자를, 사업시행자인 때에는 토지소유자 또는 관계인을 각각 피고로 한다(법 제85조 제2항).

(2) 제기기간

제34조의 규정에 의한 재결에 대하여 불복이 있는 때에는 재결서를 받은 날부터 90일 이내에, 이의신청을 거친 때에는 이의신청에 대한 재결서를 받은 날부터 60일 이내에 각각 행정소송을 제기할 수 있다.

(3) 관할

보상금증감청구소송에서 피고의 소재지의 관할 행정법원과 토지의 소재지를 관할하는 행정법원이 같지 아니한 경우 어느 행정법원에 제소하여야 하는가가 문제된다. 대법원은 이 경우 두 피고 중 어느 하나의 관할에 속하여도 그 법원에 제소할 수 있다고 한다.

관련 판례

➡ 가. 행정소송법 제9조나 제40조에 항고소송이나 당사자소송의 토지관할에 관하여 이를 전속관할로 하는 명문의 규정이 없는 이상 이들 소송의 토지관할을 전속관할이라 할 수 없다.

나. 토지소유자 또는 관계인이 (구)토지수용법 제75조의2 제2항에 근거하여 제기하는 보상금증액청구소송은 재결청과 기업자를 공동피고로 하여야 하는 필요적 공동소송이므로 행정소송법 제8조 제2항, 민사소송법 제22조 제2항, 제1항에 의하여 재결청이나 기업자 중 어느 하나의 당사자에 대하여만 관할권이 있더라도 그 법원에 제소할 수 있다(대판 1994.1.25, 93누18655).

(4) 소송의 대상

1) 문제점

토지수용위원회의 수용재결에서 정한 보상금에 대하여 바로 보상금증감청구소송을 제기하는 경우에는 보상금 그 자체가 대상이 되기 때문에 문제가 없다. 그러나 이의신청을 거쳐 이의재결이 난 경우 보상금에 대한 불복으로 보상금증감청구소송을 제기하는 경우 무엇을 대상으로 하여야 하는지 문제된다.

2) 견해대립

취소소송에서와 같이 원처분주의를 취하여 토지수용위원회의 수용재결에서 정한 보상금을 소송대상이라고 보는 견해, 재결주의를 취하여 이의재결에서 정한 보상금을 소송대상으로 보는 견해, 보상금에 관한 법률관계가 주된 다툼의 대상이 된다고 보는 견해가 대립한다.

3) 검토

보상금증감청구소송은 취소소송과 달리 당사자소송의 성질을 띠고 있는 바, 원처분주의 또는 재결주의로 해석할 것은 아니라고 본다. 따라서 보상금에 관한 법률관계만이 보상금증감청구소송의 대상이 된다고 보는 견해가 타당하다.

5. 판례의 유형별 검토

(1) 2008두822

토지보상법 제74조 제1항에 규정되어 있는 잔여지수용청구권은 손실보상의 일환으로 토지수용위원회의 재결이 없더라도 그 청구에 의하여 수용의 효과가 발생하는 형성권적 성질을 가지므로, 잔여지수용청구를 받아들이지 않은 토지수용위원회의 재결에 대하여 토지소유자가 불복하여 제기하는 소송은 위 법 제85조 제2항에 규정되어 있는 보상금의 증감에 관한 소송에 해당하여 사업시행자를 피고로 하여야 한다.

(2) 2018두227

어떤 보상항목이 토지보상법상 손실보상대상에 해당함에도 관할 토지수용위원회가 사실을 오인하거나 법리를 오해함으로써 손실보상대상에 해당하지 않는다고 잘못된 내용의 재결을 한 경우에는, 피보상자는 관할 토지수용위원회를 상대로 그 재결에 대한 취소소송을 제기할 것이 아니라, 사업시행자를 상대로 공익사업을 위한 토지 등의 취득 및 보상에 관한 법률 제85조 제2항에 따른 보상금증감소송을 제기하여야 한다.

(3) 2007다8129

세입자의 주거이전비 보상에 관하여 재결이 이루어진 다음 세입자가 보상금의 증감 부분을 다투는 경우에는 같은 법 제85조 제2항에 규정된 행정소송에 따라, 보상금의 증감 이외의 부분을 다투는 경우에는 같은 조 제1항에 규정된 행정소송에 따라 권리구제를 받을 수 있다.

(4) 2018두67

토지보상법 제85조 제2항에 따른 보상금의 증액을 구하는 소의 성질, 토지보상법상 손실보상금 채권의 존부 및 범위를 확정하는 절차 등을 종합하여 보면, 토지보상법에 따른 토지소유자 또는 관계인의 사업시행자에 대한 손실보상금 채권에 관하여 압류 및 추심명령이 있더라도, 추심채권자가 보상금 증액 청구의 소를 제기할 수 없고, 채무자인 토지소유자 등이 보상금 증액 청구의 소를 제기하고 그 소송을 수행할 당사자적격을 상실하지 않는다고 보아야 한다.

6. 기타

(1) 표준지공시지가 하자승계

수용보상금의 증액을 구하는 소송에서 선행처분으로서 그 수용대상 토지가격 산정의 기초가 된 비교표준지공시지가 결정의 위법을 독립한 사유로 주장할 수 있다는 것이 판례의 견해이다.

관련 판례

➡ 표준지공시지가 결정은 이를 기초로 한 수용재결 등과는 별개의 독립된 처분으로서 서로 독립하여 별개의 법률효과를 목적으로 하지만, 표준지공시지가는 이를 인근 토지의 소유자나 기타 이해관계인에게 개별적으로 고지하도록 되어 있는 것이 아니어서 인근 토지의 소유자 등이 표준지공시지가 결정 내용을 알고 있었다고 전제하기가 곤란할 뿐만 아니라, 결정된 표준지공시지가가 공시될 당시 보상금 산정의 기준이 되는 표준지의 인근 토지를 함께 공시하는 것이 아니어서 인근 토지소유자는 보상금 산정의 기준이 되는 표준지가 어느 토지인지를 알 수 없으므로, 인근 토지소유자가 표준지의 공시지가가 확정되기 전에 이를 다투는 것은 불가능하다. 더욱이 장차 어떠한 수용재결 등 구체적인 불이익이 현실적으로 나타나게 되었을 경우에 비로소 권리구제의 길을 찾는 것이 우리 국민의 권리의식임을 감안하여 볼 때, 인근 토지소유자 등으로 하여금 결정된 표준지공시지가를 기초로 하여 장차 토지보상 등이 이루어질 것에 대비하여 항상 토지의 가격을 주시하고 표준지공시지가 결정이 잘못된 경우 정해진 시정절차를 통하여 이를 시정하도록 요구하는 것은 부당하게 높은 주의의무를 지우는 것이고, 위법한 표준지공시지가 결정에 대하여 그 정해진 시정절차를 통하여 시정하도록 요구하지 않았다는 이유로 위법한 표준지공시지가를 기초로 한 수용재결 등 후행 행정처분에서 표준지공시지가 결정의 위법을 주장할 수 없도록 하는 것은 수인한도를 넘는 불이익을 강요하는 것으로서 국민의 재산권과 재판받을 권리를 보장한 헌법의 이념에도 부합하는 것이 아니다. 따라서 표준지공시지가 결정이 위법한 경우에는 그 자체를 행정소송의 대상이 되는 행정처분으로 보아 그 위법 여부를 다툴 수 있음은 물론, 수용보상금의 증액을 구하는 소송에서도 선행처분으로서 그 수용대상 토지 가격 산정의 기초가 된 비교표준지공시지가 결정의 위법을 독립한 사유로 주장할 수 있다(대판 2008.8.21, 2007두13845).

(2) 입증책임

대법원은 재결에서 정한 보상금액보다 정당한 손실보상액이 많다는 점에 대한 입증책임은 원고에게 있다고 보았다.

관련 판례

➡ (구)토지수용법 제75조의2 제2항 소정의 손실보상금 증액청구의 소에 있어서 그 이의재결에서 정한 손실보상금액보다 정당한 손실보상금액이 더 많다는 점에 대한 입증책임은 원고에게 있다고 할 것이다(대판 1997.11.28, 96누2255).

(3) 보상항목 상호 간의 유용

(구)토지수용법 제45조 제2항의 규정에 의하면 토지를 수용함으로 인한 보상은 수용의 대상이 되는 물건별로 하는 것이 아니라 피보상자의 개인별로 행해지는 것이므로, 피보상자는 수용대상 물건 중 일부에 대해서만 불복이 있는 경우에는 그 부분에 대하여만 불복의 사유를 주장하여 행정소송을 제기할 수 있다고 할 것이나, 행정소송의 대상이 된 물건 중 일부 항목에 관한 보상액이 과소하고 다른 항목의 보상액은 과다한 경우에는 그 항목 상호 간의 유용을 허용하여 과다 부분과 과소 부분을 합산하여 보상금의 합계액을 결정하여야 한다(대판 1998.1.20, 96누12597).

(4) 청구의 병합 등

주위적으로 수용재결 취소소송을, 예비적으로 보상금증액청구소송을 제기할 수 있다. 재결의 고유한 하자를 다투는 이의재결취소소송을 주위적으로, 보상금증액청구소송을 예비적으로 제기할 수 있다. 수용재결 또는 이의재결 취소소송을 보상금증액청구소송으로 소변경을 할 수 있다.

문제 02

공익사업을 위한 토지 등의 취득 및 보상에 관한 법률상 개발이익의 배제에 대하여 논하라. 20점

예시답안

I 서

개발이익이란 공익사업의 계획 또는 시행이 공고 또는 고시되거나 공익사업의 시행 그 밖에 공익사업의 시행에 따른 절차로서 행하여진 토지이용계획의 설정·변경·해제 등으로 토지소유자가 자기의 노력에 관계없이 지가가 상승되어 뚜렷하게 받은 이익으로서 정상지가 상승분을 초과하여 증가된 부분을 말한다. 토지보상법 제67조 제2항에서는 개발이익의 배제를 명문으로 규정하고 있다. 개발이익의 배제방법과 개발이익의 배제가 헌법상 정당보상원칙에 위배되는지를 검토한다.

II 토지보상법상 개발이익의 배제 내용

1. 개발이익의 배제원칙

토지보상법 제67조 제2항에서는 보상액의 산정에 있어서 해당 공익사업으로 인하여 토지 등의 가격에 변동이 있는 때에는 이를 고려하지 않는다고 규정하여 개발이익의 배제원칙을 규정하고 있다.

2. 개발이익배제의 필요성

① 개발이익은 미실현된 잠재적 이익이고, ② 토지소유자의 노력과 관계가 없으므로 사회에 귀속시키는 것이 형평의 원리에 부합한다. ③ 또한 수용 당시 재산권에 내재된 객관적 가치가 아니라 주관적 가치부여에 지나지 않는바 토지소유자의 손실에 해당하지 않는다.

3. 개발이익의 배제방법

(1) 지가변동률 적용 시 개발이익의 배제

토지보상법 제70조 제1항에서 보상액을 산정함에 있어서 공시지가를 기준으로 평가하되 해당 공익사업으로 인한 지가의 영향을 받지 않은 지역의 지가변동률을 참작하도록 규정하고 있다. 동법 시행령 제37조 제2항에서는 평가대상토지가 소재하는 시・군・구 지가가 해당 공익사업으로 변동된 경우에는 해당 공익사업과 관계없는 인근 시・군・구 지가변동률을 적용하도록 하고 있다.

(2) 적용공시지가의 소급

토지보상법 제70조 제5항에서는 공익사업의 계획 또는 시행이 공고되거나 고시됨으로 인하여 취득하여야 할 토지의 가격이 변동되었다고 인정되는 경우에는 제1항에 따른 공시지가는 해당 공고일 또는 고시일 전의 시점을 공시기준일로 하는 공시지가로서 그 토지의 가격시점 당시 공시된 공시지가 중 그 공익사업의 공고일 또는 고시일에 가장 가까운 시점에 공시된 공시지가로 한다고 규정하고 있다.

(3) 해당 사업으로 변경되기 전 용도지역・지구 적용

토지보상법 시행규칙 제23조에서는 공법상 제한을 받는 토지에 대하여는 제한받는 상태대로 평가한다. 다만, 그 공법상 제한이 해당 공익사업의 시행을 직접 목적으로 하여 가하여진 경우에는 제한이 없는 상태를 상정하여 평가한다. 해당 공익사업의 시행을 직접 목적으로 하여 용도지역 또는 용도지구 등이 변경된 토지에 대하여는 변경되기 전의 용도지역 또는 용도지구 등을 기준으로 평가한다고 규정하고 있다.

Ⅲ 개발이익의 배제가 헌법상 정당보상원칙에 위반되는지 여부

1. 헌법 제23조 제3항의 '정당한 보상'의 의미

헌법 제23조 제3항은 공용침해에 따른 손실보상은 정당한 보상이 되어야 한다고 규정하고 있다. 이러한 정당한 보상에 대하여 완전보상이라는 견해와 상당보상이라는 견해가 있으며, 대법원과 헌법재판소는 '피침해재산이 갖는 객관적이고 완전한 보상'이라고 보아 완전보상설 입장에 있다.

2. 개발이익의 배제가 정당보상에 합치하는지 여부

(1) 견해대립

합헌성을 인정하는 견해는 개발이익은 국가 등의 투자에 의해 발생하는 것이고 토지소유자의 노력이나 투자에 의한 것이 아니므로 형평의 원칙상 개발이익은 토지소유자에게 귀속시켜서는 아니 되며, 국민 모두에게 귀속되어야 할 것으로 본다.

개발이익의 보상을 주장하는 견해는 개발이익이 배제된 보상금으로 종전과 같은 생활을 유지할 수 없고, 개발이익을 향유하는 사업지 주변 토지소유자와의 형평성도 맞지 아니하므로 헌법상 재산권 보장 및 평등원칙에 위배된다고 본다.

(2) 판례

➡ (구)토지수용법 제46조 제1항, 제2항 제1호, 제3항, (구)공공용지의 취득 및 손실보상에 관한 특례법 제4조 제2항 제1호, 제3항, (구)공공용지의 취득 및 손실보상에 관한 특례법 시행규칙 제6조 제8항, 보상평가지침(한국감정평가사협회 제정) 제7조 제1항의 규정들을 종합하여 보면, 수용대상토지를 평가함에 있어서는 수용재결에서 정한 수용시기가 아니라 수용재결일을 기준으로 하고 해당 수용사업의 계획 또는 시행으로 인한 개발이익은 이를 배제하고 평가하여야 한다(대판 1998.7.10, 98두6067).

➡ 공익사업법 제67조 제2항은 보상액을 산정함에 있어 해당 공익사업으로 인한 개발이익을 배제하는 조항인데, 공익사업의 시행으로 지가가 상승하여 발생하는 개발이익은 사업시행자의 투자에 의한 것으로서 피수용자인 토지소유자의 노력이나 자본에 의하여 발생하는 것이 아니므로, 이러한 개발이익은 형평의 관념에 비추어 볼 때 토지소유자에게 당연히 귀속되어야 할 성질의 것이 아니고, 또한 개발이익은 공공사업의 시행에 의하여 비로소 발생하는 것이므로, 그것이 피수용토지가 수용 당시 갖는 객관적 가치에 포함된다고 볼 수도 없다. 따라서 개발이익은 그 성질상 완전보상의 범위에 포함되는 피수용자의 손실이라고 볼 수 없으므로, 이러한 개발이익을 배제하고 손실보상액을 산정한다 하여 헌법이 규정한 정당한 보상의 원칙에 위반되지 않는다(헌재 2009.12.29, 2009헌바142).

(3) 검토

개발이익은 피수용자의 노력이나 자본투자에 의해 발생하는 것이 아니므로 토지소유자에게 귀속시키는 것은 타당하지 못하다. 또한 공익사업시행지 주변의 토지에 대한 개발이익은 법제도를 정비하여 환수하여야 할 것이다.

Ⅳ 결(보완책)

개발이익의 배제를 규정한 토지보상법상의 규정들은 헌법상 정당보상원칙에 위배되는 것은 아니다. 다만, 사업시행지 주변의 토지소유자들과의 형평성을 위하여 관련 법제도를 개선하여 개발이익의 환수를 이루어야 할 것이다. 또한 보다 엄격한 개발이익의 배제를 위하여 가격시점의 조기화나 사업인정 의제 시점을 조기화하는 방안을 고려해 볼 수 있다.

문제 03

다음 문제를 약술하라.

(1) **채권보상** 10점

(2) **이주대책** 10점

(3) **공시지가의 적용** 10점

예시답안

I 채권보상

1. 의의 및 취지(토지보상법 제63조 제7항, 제8항)

현금보상의 원칙에 대한 예외로서 채권으로 하는 손실보상을 말한다. 일시에 과다한 재정지출의 부담을 완화하고, 대규모 보상금이 투기자본화되는 것을 방지하는 목적이 있다.

2. 종류 및 요건

(1) 임의적 채권보상(법 제63조 제7항)

① 사업시행자 : 국가, 지자체, 대통령령이 정하는 공공기관, 공공단체

② 대상자 : 소유자가 원하거나, 사업인정 받은 사업에서 부재부동산 토지소유자의 보상액 중 1억원(영 제27조 제1항) 초과부분

(2) 강제적 채권보상(법 제63조 제8항)

① 사업시행자 : 공공기관, 공공단체

② 대상지역 : 토지투기 우려로 토지거래허가구역으로 지정된 시・군・구와 그 연접 시・군・구

③ 대상사업 : 택지개발사업, 산업단지개발사업, 물류단지개발사업, 관광단지조성사업, 도시개발사업, 공공주택사업, 행정중심복합도시건설사업

④ 대상자 : 사업인정 받은 사업으로 부재부동산 소유자 토지에 대한 보상금이 1억원을 초과하는 경우

3. 채권보상의 방법

채권의 상환기간은 5년 이내로 한다.

(1) 부재부동산 소유자에게 채권으로 지급하는 경우 이율

① 상환기한이 3년 이하인 채권 : 3년 만기 정기예금이율(채권발행일 전 달의 「은행법」에 따라 설립된 은행 중 전국을 영업구역으로 하는 은행이 적용하는 이자율을 평균한 이자율로 한다)

② 상환기한이 3년 초과 5년 이하인 채권 : 5년 만기 국고채금리(채권발행일 전 달의 국고채 평균유통금리로 한다)

(2) **부재부동산 소유자가 아닌 자가 원하여 채권으로 지급하는 경우 이율**

① 상환기한이 3년 이하인 채권 : 3년 만기 국고채금리(채권발행일 전 달의 국고채 평균유통금리로 한다)로 하되, 제1호 가목에 따른 3년 만기 정기예금이자율이 3년 만기 국고채금리보다 높은 경우에는 3년 만기 정기예금이자율을 적용한다.

② 상환기한이 3년 초과 5년 이하인 채권 : 5년 만기 국고채금리(채권발행일 전 달의 국고채 평균유통금리로 한다)

4. 채권보상의 정당성 논의

(1) 문제점

채권보상제도가 보상방법에 대한 제한으로 헌법 제23조 제3항의 '정당한 보상'에 위반되는지 문제된다.

(2) 학설

1) 위헌설

① 채권보상은 보상액 산정 시 지급방법 및 절차에 부당한 제한, 사실상 사후보상

② 부재부동산 소유자에게 강제하는 것은 평등원칙 위반

③ 사업시행자의 불충분한 재정상태를 이유로 하는 것은 목적의 정당성 반함, 환가나 수익률에서 현금보상보다 불리 – 수단의 적합성, 필요성에 반함

2) 합헌설

① 채권으로도 보상 또는 공탁할 수 있어 반드시 사전보상 원칙에 어긋나지 않음

② 부재부동산 소유자는 자산증식 수단으로 소유하기 때문에 통상의 수익만 보장하면 됨

③ 자금 확보, 간접시설 확충에 이바지하는 목적 – 목적의 정당성, 투기방지 기능 – 수단의 적합성, 필요성

(3) 검토

채권보상을 통해 달성되는 공익과 정기예금이자를 통한 정상적인 수익률의 보장에 비추어 볼 때 헌법에 위반된다고 볼 수 없다. 다만 강제적 채권보상은 필요최소한도에 그쳐야 하며, 남용되어서는 아니 될 것이다.

Ⅱ 이주대책

1. 의의 및 취지

공익사업의 시행으로 인하여 주거용 건축물을 제공함에 따라 생활의 근거를 상실하게 되는 자에 대하여 사업시행자가 택지를 조성하거나, 주택을 건설하여 공급하는 것을 말한다. 피수용자의 생활 안정과 공익사업의 원활한 도모를 위해 인정된다.

2. 법적 근거

토지보상법 제78조, 제78조의2, 동법 시행령 제40조, 제41조의3

3. 수립 및 실시

(1) 수립요건(영 제40조 제2항)

부득이한 사유가 있는 경우를 제외하고는 이주대책대상자 중 이주정착지에 이주를 희망하는 자의 가구 수가 10호 이상인 경우 수립・실시한다. 다만 사업시행자가 이주대책대상자에게 택지 또는 주택을 공급한 경우 이주대책을 수립・실시한 것으로 본다.

대판 2013.8.22, 2011두28301[이주대책대상자거부처분취소]

"영 제40조 제2항에서 국토해양부령이 정하는 부득이한 사유라 함은 다음 각 호의 1에 해당하는 경우를 말한다."고 하면서 제1호에서 "공익사업시행지구의 인근에 택지 조성에 적합한 토지가 없는 경우"를, 제2호에서 "이주대책에 필요한 비용이 당해 공익사업의 본래의 목적을 위한 소요비용을 초과하는 등 이주대책의 수립・실시로 인하여 당해 공익사업의 시행이 사실상 곤란하게 되는 경우"를 들고 있다.

(2) 대상자 요건(영 제40조 제5항)

① 무허가 건축물 등의 소유자와 ② 관계 법령에 따른 고시 등이 있은 날부터 수용재결일(계약체결일)까지 계속 거주하고 있지 않은 건축물의 소유자, ③ 타인이 소유하고 있는 건축물에 거주하는 세입자는 이주대책 대상자에서 제외한다.

(3) 수립절차

사업시행자는 이주대책을 수립하고자 하는 경우에는 미리 그 내용을 이주대책 대상자에게 통지하고, 미리 관할 지자체의 장과 협의하여야 한다.

(4) 이주대책의 내용

1) 토지보상법상 내용

이주정착지에 통상적인 수준의 생활기본시설(도로, 상・하수도・전기・통신・가스시설)이 포함되어야 하며, 그 비용은 사업시행자가 부담한다. '국민기초생활보장법' 수급권자 및 차상위 계층의 고용, 취업알선에 노력해야 한다.

2) 이 법에 정하여진 것을 제외하고는 사업시행자가 정한다.

실시될 수 있는 것은 대체상가 · 점포건축용지 분양, 이주정착금 지급, 생활안정자금 지급, 직업훈련, 취업알선, 대토알선, 공장이전 알선 등이다.

대판 2009.3.12, 2008두12610[입주권확인]

구 도시개발법(2007.4.11. 법률 제8376호로 개정되기 전의 것) 제23조, 공익사업을 위한 토지 등의 취득 및 보상에 관한 법률 제78조 제1항, 같은 법 시행령 제40조 제3항 제2호의 문언, 내용 및 입법 취지 등을 종합하여 보면, 위 시행령 제40조 제3항 제2호에서 말하는 '공익사업을 위한 관계 법령에 의한 고시 등이 있은 날'은 이주대책대상자와 아닌 자를 정하는 기준이지만, 나아가 사업시행자가 이주대책대상자 중에서 이주대책을 수립 · 실시하여야 할 자와 이주정착금을 지급하여야 할 자를 정하는 기준이 되는 것은 아니므로, 사업시행자는 이주대책기준을 정하여 이주대책대상자 중에서 이주대책을 수립 · 실시하여야 할 자를 선정하여 그들에게 공급할 택지 또는 주택의 내용이나 수량을 정할 수 있고, 이를 정하는 데 재량을 가지므로, 이를 위해 사업시행자가 설정한 기준은 그것이 객관적으로 합리적이 아니라거나 타당하지 않다고 볼 만한 다른 특별한 사정이 없는 한 존중되어야 한다.

4. 수분양권

(1) 법적 성질

판례는 수분양권의 법적 성질을 공법상의 권리관계로 보고 있다.

(2) 수분양권의 취득시기

1) 견해대립

이주대책 계획수립시설(대법 반대의견, 보충의견)은 구체적인 계획을 수립하여 이를 해당자에게 통지 내지 공고한 경우에 이주자에게 수분양권이 취득된다고 본다. 이주대책 수립 이전에는 수분양권이 아직 추상적 권리나 법률상의 지위 내지 이익에 불과하나 수립 후에는 구체적 권리로 바뀐다.

확인 · 결정시설의 경우 종전에는 이주대책계획 수립 후 대상자를 선정하고 이주대책 대상자로 확인 · 결정하여야 비로소 수분양권이 발생한다고 보았지만, 최근 판례는 이주대책대상자 확인 · 결정은 이주자의 권리의무에 직접적인 영향을 미치는바 항고소송의 대상인 처분에 해당한다고 판시한 바 있다.

대판 2014.2.27, 2013두10885[일반분양이주택지결정무효확인]
공익사업을 위한 토지 등의 취득 및 보상에 관한 법률상의 공익사업시행자가 하는 이주대책대상자 확인・결정은 구체적인 이주대책상의 수분양권을 부여하는 요건이 되는 행정작용으로서의 처분이지 이를 단순히 절차상의 필요에 따른 사실행위에 불과한 것으로 평가할 수는 없다. 따라서 수분양권의 취득을 희망하는 이주자가 소정의 절차에 따라 이주대책대상자 선정신청을 한 데 대하여 사업시행자가 이주대책대상자가 아니라고 하여 위 확인・결정 등의 처분을 하지 않고 이를 제외시키거나 거부조치한 경우에는, 이주자로서는 사업시행자를 상대로 항고소송에 의하여 제외처분이나 거부처분의 취소를 구할 수 있다. 나아가 이주대책의 종류가 달라 각 그 보장하는 내용에 차등이 있는 경우 이주자의 희망에도 불구하고 사업시행자가 요건 미달 등을 이유로 그중 더 이익이 되는 내용의 이주대책대상자로 선정하지 않았다면 이 또한 이주자의 권리의무에 직접적 변동을 초래하는 행위로서 항고소송의 대상이 된다.

2) 검토

이주대책대상자의 경우 이주대책 계획수립시설이 타당하다. 다만, 세입자 등 법상 이주대책 대상자가 아닌 경우는 확인・결정을 하여야 비로소 실체적 권리를 취득한다.

Ⅲ 공시지가 적용

1. 표준지공시지가의 의의(부동산공시법 제3조)

표준지공시지가란 "부동산 가격공시에 관한 법률(이하 '부동산공시법')에 의한 절차에 따라 국토교통부장관이 조사・평가하여 공시한 표준지의 단위면적당 적정가격"을 말한다.

2. 표준지공시지가의 결정절차

(1) 표준지의 선정(부공법 제3조 제1항)

토지이용상황이나 주변 환경, 자연적・사회적 조건이 유사한 일단의 지역 내에서 표준지선정관리지침상 ① 지가의 대표성, ② 특성의 중용성, ③ 토지용도의 안정성, ④ 토지구별의 확실성을 충족하는 표준지를 선정한다.

(2) 표준지공시지가의 조사・평가(법 제3조 제4항, 제5항)

① 국토교통부장관이 표준지의 적정가격을 조사・평가하는 경우에는 인근 유사토지의 거래가격・임대료 및 해당 토지와 유사한 이용가치를 지닌다고 인정되는 토지의 조성에 필요한 비용추정액, 인근 지역 및 다른 지역과의 형평성・특수성, 표준지공시지가 변동의 예측 가능성 등 제반사항을 종합적으로 참작하여야 하며, ② 표준지의 적정가격을 조사・평가하고자 할 때에는 둘 이상의 감정평가법인등에게 이를 의뢰하여야 한다.

(3) **중앙부동산가격공시위원회 심의(법 제3조 제1항)**

일련의 절차를 거쳐 조사・평가된 표준지의 가격을 공시지가의 공신력 제고와 공시지가의 적정성 확보 및 지역 간 균형 확보를 위해 중앙부동산가격공시위원회의 심의를 거쳐야 한다.

(4) **표준지공시지가의 공시 및 열람(법 제6조)**

① 국토교통부장관은 중앙부동산가격공시위원회의 심의를 거쳐 표준지의 지번, 표준지의 단위면적당 가격, 이의신청에 관한 사항 등을 공시하며, ② 내용을 특별시장・광역시장 또는 도지사를 거쳐 시장 등에게 송부하여 일반으로 하여금 열람하게 하고, 이를 도서・도표 등으로 작성하여 관계 행정기관 등에 공급하여야 한다.

3. 표준지공시지가의 적용 및 효력

(1) **적용**

국가, 지방자치단체, 「공공기관의 운영에 관한 법률」에 따른 공공기관, 그 밖에 대통령령으로 정하는 공공단체가 다음 각 호의 목적을 위하여 토지의 가격을 산정할 때에는 해당 토지와 유사한 이용가치를 지닌다고 인정되는 하나 또는 둘 이상의 표준지의 공시지가를 기준으로 토지가격비준표를 사용하여 지가를 직접 산정하거나 감정평가법인등에 감정평가를 의뢰하여 산정할 수 있다. 다만, 필요하다고 인정하는 때에는 산정된 지가를 다음 각 호의 목적에 따라 가감조정하여 적용할 수 있다.

① 공공용지의 매수 및 토지의 수용・사용에 대한 보상
② 국유지・공유지의 취득 또는 처분
③ 「국토의 계획 및 이용에 관한 법률」 또는 그 밖의 법령에 따라 조성된 용지 등의 공급 또는 분양
④ 「도시개발법」에 따른 도시개발사업, 「도시 및 주거환경정비법」에 따른 정비사업 또는 「농어촌정비법」에 따른 농업생산기반 정비사업
⑤ 토지의 관리・매입・매각・경매 또는 재평가

(2) **효력(법 제9조)**

표준지공시지가는 ① 토지시장의 지가정보 제공, ② 일반적인 토지거래의 지표, ③ 국가・지방자치단체 등의 기관이 그 업무와 관련하여 지가를 산정하거나 감정평가법인등이 개별적으로 토지를 감정평가하는 경우에 그 기준이 된다.

Chapter

34 1991년 제2회 기출문제 분석

문제 01 **피수용자의 법적 지위에 관하여 설명하여라.** 50점

예시답안

Ⅰ 서

공익사업시행에 있어서 피수용자란 수용의 목적물인 재산권의 주체 및 수용에 의해 영향을 받는 기타 관계권리자를 말한다. 사업시행자는 공익사업을 위해 목적물을 수용하는 경우에 헌법 제23조 제3항에서 정당한 보상을 하도록 규정하고 있다. 또한 원활한 공익사업의 진행을 위해서는 피수용자의 협조가 필요하다. 이러한 의미에서 피수용자의 법적 지위가 보장되어야 하며, 최근 공공필요의 확대에 따라 수용의 대상도 확대되고 있는 바, 피수용자의 법적 지위는 더욱더 의미를 갖게 된다 하겠다.

Ⅱ 피수용자의 의의

토지보상법에서는 피수용자는 토지소유자와 관계인으로 규정된다.

1. 토지소유자

토지소유자란 공익사업에 필요한 토지의 소유자를 말한다. 진실한 소유자를 수용・사용의 당사자로 하여야 하지만, 이를 확정할 수 없는 경우도 있을 수 있다. 대법원은 사업시행자가 과실 없이 진정한 토지소유자를 알지 못하는 경우 형식상 권리자를 피수용자로 하여 수용절차를 마쳤더라도 수용의 효과가 발생한다고 본다. 또한 토지보상법 제40조에서는 사업시행자가 과실 없이 보상금을 받을 자를 알 수 없는 경우에는 보상금을 공탁할 수 있다고 규정하고 있다.

관련 판례

➡ 기업자가 과실 없이 진정한 토지소유자를 알지 못하여 형식상의 권배자인 등기부상 소유명의자를 그 피수용자로 확정하더라도 적법하고, 그 수용의 효과로서 수용 목적물의 소유자가 누구임을 막론하고 이미 가졌던 소유권이 소멸함과 동시에 기업자는 완전하고 확실하게 그 권리를 원시취득한다(대판 1995.12.22, 94다40765).

2. 관계인

토지보상법 제2조 제5호에서 "관계인"이라 함은 사업시행자가 취득하거나 사용할 토지에 관하여 지상권·지역권·전세권·저당권·사용대차 또는 임대차에 따른 권리 또는 그 밖에 토지에 관한 소유권 외의 권리를 가진 자나 그 토지에 있는 물건에 관하여 소유권이나 그 밖의 권리를 가진 자를 말한다고 규정하고 있다. 다만, 사업인정의 고시가 된 후에 권리를 취득한 자는 기존의 권리를 승계한 자를 제외하고는 관계인에 포함되지 아니한다.

Ⅲ 피수용자의 권리

1. 사업인정과 재결 절차상 의견제출권

국토교통부장관은 사업인정을 하고자 하는 때에는 미리 중앙토지수용위원회 및 사업인정에 관하여 이해관계가 있는 자의 의견을 들어야 한다. 토지수용위원회는 심리를 함에 있어서 필요하다고 인정하는 때에는 사업시행자·토지소유자 및 관계인을 출석시켜 그 의견을 진술하게 할 수 있다.

2. 물건조서작성 시 이의제기권

사업인정고시가 있은 후에는 토지소유자 또는 관계인이 토지조서 및 물건조서의 내용에 대하여 열람기간 이내에 이의를 제기하는 경우를 제외하고는 작성된 토지조서 및 물건조서의 내용에 대하여 이의를 제기할 수 없다. 다만, 토지조서 및 물건조서의 내용이 진실과 다르다는 것을 입증하는 때에는 그러하지 아니하다.

3. 재결신청청구권

사업인정고시가 된 후 협의가 성립되지 아니하였을 때에는 토지소유자 및 관계인은 서면으로 사업시행자에게 재결을 신청할 것을 청구할 수 있다.

4. 사용하는 토지 매수청구권 및 권리존속 청구권

사업인정고시가 된 후 다음 각 호의 어느 하나에 해당하는 때에는 해당 토지소유자는 사업시행자에게 그 토지의 매수를 청구하거나 관할 토지수용위원회에 그 토지의 수용을 청구할 수 있다. 이 경우 관계인은 사업시행자나 관할 토지수용위원회에 그 권리의 존속을 청구할 수 있다.

① 토지를 사용하는 기간이 3년 이상인 경우, ② 토지의 사용으로 인하여 토지의 형질이 변경되는 경우, ③ 사용하고자 하는 토지에 그 토지소유자의 건축물이 있는 경우

5. 잔여지 등의 매수 및 수용청구권

동일한 토지소유자에 속하는 일단의 토지의 일부가 협의에 의하여 매수되거나 수용됨으로 인하여 잔여지를 종래의 목적에 사용하는 것이 현저히 곤란할 때에는 해당 토지소유자는 사업시행자에게 잔여지를 매수하여 줄 것을 청구할 수 있으며, 사업인정 이후에는 관할 토지수용위원회에 수용을 청구할 수 있다. 이 경우 수용의 청구는 매수에 관한 협의가 성립되지 아니한 경우에만 할 수 있으며, 사업완료일까지 하여야 한다. 잔여 건축물의 경우에도 마찬가지다.

6. 비용보상 및 간접손실에 대한 협의 불성립 시 재결신청권

비용 또는 손실이나 토지의 취득에 대한 보상은 사업시행자와 손실을 입은 자가 협의하여 결정한다. 협의가 성립되지 아니하였을 때에는 사업시행자나 손실을 입은 자는 관할 토지수용위원회에 재결을 신청할 수 있다.

7. 환매권

토지가 필요 없게 된 경우나 취득한 토지의 전부를 사용하지 아니한 때에는 토지보상법 제91조에 따라 종전 토지소유자는 환매권을 행사할 수 있다.

8. 행정쟁송권

토지수용위원회의 재결에 불복하는 자는 토지보상법 제83조의 이의신청이나 제85조의 행정소송을 제기할 수 있다. 다른 행정처분에 대하여는 행정심판법과 행정소송법에 따라 행정쟁송을 제기할 수 있다.

9. 손실보상청구권

수용재결이 있은 후에는 피수용자는 사업시행자에 대한 손실보상청구권을 갖는다.

Ⅳ 피수용자의 의무

1. 사업시행자의 토지출입에 따른 인용의무

토지점유자는 정당한 사유 없이 사업시행자가 통지하고 출입・측량 또는 조사하는 행위를 방해하지 못한다.

2. 토지 등의 보전의무

사업인정고시가 있은 후에는 누구든지 고시된 토지에 대하여 사업에 지장을 줄 우려가 있는 형질의 변경이나 물건을 손괴하거나 수거하는 행위를 하지 못한다. 사업인정고시가 된 후에 고시된 토지에 건축물의 건축・대수선, 공작물의 설치 또는 물건의 부가(附加)・증치(增置)를 하려는 자는 특별자치도지사, 시장・군수 또는 구청장의 허가를 받아야 한다. 이 경우 특별자치도지사, 시장・군수 또는 구청장은 미리 사업시행자의 의견을 들어야 한다.

3. 토지・물건의 인도와 이전의무

토지소유자 및 관계인과 그 밖에 토지소유자나 관계인에 포함되지 않는 자로서 수용하거나 사용할 토지나 그 토지에 있는 물건에 관한 권리를 가진 자는 수용 또는 사용의 개시일까지 그 토지나 물건을 사업시행자에게 인도하거나 이전하여야 한다.

Ⅴ 피수용자의 권리구제

1. 사전적 권리구제

사업인정이나 재결 절차에서 의견진술권이 인정된다. 또한 문서 열람권이나 정보공개청구권 등을 생각해 볼 수 있다.

2. 사후적 권리구제

(1) 재결에 대한 불복

토지수용위원회가 내리는 재결에 대하여 불복하는 경우에는 토지보상법 제83조의 이의신청이나 동법 제85조의 행정소송으로 다투면 된다.

(2) 기타 행정처분에 대한 권리구제

피수용자는 침익적 행정처분에 대하여는 행정심판법상 행정심판과 행정소송법상 행정소송을 통해 권리구제를 도모할 수 있다.

(3) 손해배상청구

사업시행자의 위법한 행위로 인하여 손해를 입은 피수용자는 사업시행자를 상대로 손해배상요건이 성립된 경우에는 손해배상청구를 할 수 있다.

Ⅵ 결

공용수용은 헌법상 재산권 보장의 원칙에 예외적인 경우로 일정한 요건을 갖춘 경우에 인정된다. 따라서 피수용자의 권익보호를 위한 제도가 사후적인 쟁송제기권만이 아니라 사전적 권리구제수단이 충분히 마련될 필요가 있다.

문제
02 감정평가법인등의 의무와 책임을 설명하여라. 30점

문제분석 및 논점파악

지도·감독에 관한 설명도 논점이며, 아울러 감정평가법인등의 권익보호를 위한 제도적 장치에 대한 설명도 논점이라고 할 수 있다.

예시답안

Ⅰ 서

부동산 적정가격의 형성을 도모하고 나아가 국토의 효율적인 이용과 국민경제의 발전에 이바지하기 위해 부동산가격공시제도가 도입되었다. 이를 위하여 감정평가제도의 필요성이 인정되며, 부동산이 갖는 사회적·국가적 측면에서 그 중요성이 크다 할 것이므로 감정평가법인등의 의무와 책임이 막중하다 하겠다. 따라서 부동산공시법 및 감정평가법에서는 감정평가법인등의 의무와 책임에 대해 구체적으로 규정하고 있는바, 이하에서 감정평가법인등의 의무와 책임을 검토하기로 한다.

Ⅱ 감정평가법인등의 정의

감정평가법 제2조 제3호에서는 감정평가업이란 타인의 의뢰에 따라 일정한 보수를 받고 토지 등의 감정평가를 업으로 행하는 것이라 규정하고 있다. 동조 제4호에서는 감정평가법인등이라 함은 동법 제21조에 따라 감정평가사무소를 개설한 감정평가사와 제29조에 따라 인가를 받은 감정평가법인을 말한다고 규정하고 있다.

Ⅲ 감정평가법인등의 의무

1. 법령준수의무

감정평가법인등은 부동산공시법 및 감정평가법 및 감정평가준칙 등 모든 법령을 준수할 의무가 있다.

2. 적정가격 평가의무

부동산공시법 및 감정평가법에 명시적으로 규정하고 있지는 않지만, 부동산공시법 및 감정평가법의 목적에서 나타난 바와 같이 부동산의 적정가격의 공시와 이를 위한 감정평가에 관하여 규정하므로 감정평가법인등은 부동산의 감정평가 시 적정가격 평가의무가 발생한다.

3. 성실의무 등(감정평가법 제25조)

감정평가법인등은 업무를 수행함에 있어 품위를 유지하고 신의와 성실로 공정하게 하여야 하며, 고의 또는 중대한 과실로 업무를 잘못하여서는 아니 된다. 또한, 등록증 또는 인가증의 대여금지, 불공정감정평가가 우려되는 경우 평가금지, 매매업 영위 금지, 수수료 및 실비 외 금품수수 금지, 비밀누설금지, 중복소속금지 등의 의무가 있다.

4. 감정평가서 발급 및 보존의무(감정평가법 제6조)

감정평가법인등은 감정평가를 의뢰받은 때에는 지체 없이 감정평가를 실시한 후 감정평가 의뢰인에게 감정평가서를 발급하여야 한다. 감정평가서에는 감정평가법인등의 사무소 또는 법인의 명칭을 적고, 감정평가를 한 감정평가사가 그 자격을 표시한 후 서명과 날인을 하여야 한다. 감정평가법인등은 감정평가서의 원본은 발급일로부터 5년, 감정평가서의 관련 서류는 발급일로부터 2년 이상 보존하여야 한다.

5. 국토교통부장관의 지도・감독에 따를 의무(감정평가법 제47조)

국토교통부장관은 감정평가법인등 및 협회를 감독하기 위하여 필요할 때에는 그 업무에 관한 보고 또는 자료의 제출, 그 밖의 필요한 명령을 할 수 있으며, 소속 공무원으로 하여금 그 사무소에 출입하여 장부・서류 등을 검사하게 할 수 있다. 이때 감정평가법인등은 지도・감독에 따를 의무가 있다.

6. 타인 토지출입 시 증표와 허가증 소지 및 제시의무(부동산공시법 제13조)

관계공무원 등은 표준지공시지가 산정 또는 개별공시지가 산정을 위하여 타인의 토지에 출입 시 그 권한을 표시하는 증표와 허가증을 지니고 이를 관계인에게 내보여야 한다.

7. 사무소 개설 등(감정평가법 제21조)

① 제17조에 따라 등록을 한 감정평가사가 감정평가업을 하려는 경우에는 감정평가사사무소를 개설할 수 있다.

② 다음 각 호의 어느 하나에 해당하는 사람은 제1항에 따른 개설을 할 수 없다.

1. 제18조 제1항 각 호의 어느 하나에 해당하는 사람
2. 제32조 제1항(제1호, 제7호 및 제15호는 제외한다)에 따라 설립인가가 취소되거나 업무가 정지된 감정평가법인의 설립인가가 취소된 후 1년이 지나지 아니하였거나 업무정지기간이 지나지 아니한 경우 그 감정평가법인의 사원 또는 이사였던 사람

> 3. 제32조 제1항(제1호 및 제7호는 제외한다)에 따라 업무가 정지된 감정평가사로서 업무정지기간 이 지나지 아니한 사람

③ 감정평가사는 그 업무를 효율적으로 수행하고 공신력을 높이기 위하여 합동사무소를 대통령령으로 정하는 바에 따라 설치할 수 있다. 이 경우 합동사무소는 대통령령으로 정하는 수 이상의 감정평가사를 두어야 한다.

8. 회계처리의무 및 재무제표 작성하여 제출할 의무(감정평가법 제29조)

감정평가법인은 '주식회사의 외부감사에 관한 법률' 제5조에 따른 회계처리기준에 따라 회계처리하여야 하며, 재무제표를 작성하여 매 사업연도가 끝난 후 3개월 이내에 국토교통부장관에게 제출하여야 한다.

9. 명칭사용의무(감정평가법 제22조)

사무소를 개설한 감정평가법인등은 그 사무소 명칭에 '감정평가사무소'라는 용어를, 인가받은 법인은 그 명칭에 '감정평가법인'이라는 용어를 사용하여야 한다. 이 명칭사용은 의무이자 권리이다.

Ⅳ 감정평가법인등의 책임

1. 민사상 책임(감정평가법 제28조)

고의 또는 과실로 적정가격과 현저한 차이가 있게 감정평가한 경우 또는 감정평가서류에 거짓으로 기재하여 감정평가의뢰인이나 선의의 제3자에게 손해가 발생하게 했을 경우에는 감정평가법인등이 그 손해를 배상할 책임이 있다.

2. 행정상 책임

(1) 법인설립인가 취소 또는 업무정지처분(감정평가법 제32조)

국토교통부장관은 감정평가법인등이 성실의무위반 등이 있는 경우에 그 설립인가를 취소하거나 업무정지를 명할 수 있다.

(2) 과징금 부과처분(감정평가법 제41조)

국토교통부장관은 감정평가법인등에게 제32조 제1항의 업무정지처분을 하여야 하는 경우로서 그 업무정지처분이 공익을 해칠 우려가 있는 경우에는 업무정지처분에 갈음하는 과징금을 부과할 수 있다.

(3) 과태료 부과처분(감정평가법 제52조)

국토교통부장관은 감정평가법 제52조의 위반사유가 있는 경우 감정평가법인등에게 과태료를 부과할 수 있다.

3. 형사상 책임

감정평가법인등은 감정평가법 제49조 및 제50조에 규정된 위반사유에 해당하는 경우에는 징역형이나 벌금형에 처해질 수 있다. 또한 공적평가업무를 수행하는 경우 공무원으로 의제하여 알선수뢰 등 가중처벌받을 수 있고(제48조), 제51조에 따라 양벌규정이 적용된다.

대판 2003.6.27, 2002도4727[지가공시 및 토지 등의 평가에 관한 법률위반]

사용인 기타의 종업원이 감정평가업자를 보조하여 감정에 필요한 자료를 수집하였을 뿐 감정평가업자와의 공모 등에 의하여 감정평가를 한 것으로 볼 수 있는 경우에 해당하지 않는다면 구 지가공시 및 토지 등의 평가에 관한 법률(1999.3.31. 법률 제5954호로 개정되기 전의 것) 제35조 소정의 양벌규정에 의하더라도 그 사용인 기타의 종업원은 물론이고 법인 또는 개인도 처벌할 수 없다.

V 결(감정평가 권익구제를 위한 제도적 장치)

1. 청문권(감정평가법 제45조)

국토교통부장관은 감정평가법인 설립인가취소를 하려는 경우에 청문을 실시하여야 한다.

2. 행정절차법

의무를 과하거나 권익을 제한하는 처분을 하는 경우는 행정절차법에 따라 처분의 사전통지, 의견청취가 필요하며, 처분 시에는 이유제시의무가 처분권자에게 있다.

3. 행정쟁송권

행정심판법 및 행정소송법에 따라 침익적 처분에 대한 쟁송을 제기하여 권익구제를 도모할 수 있다.

문제 03

다음 문제를 약술하라.

(1) **보상액의 산정시기** 10점

(2) **간접보상의 대상사업과 보상기준** 10점

예시답안

I 보상액의 산정시기

1. 의의

손실보상액의 적정성과 객관성을 도모하기 위해서 보상액의 가격시점이 필요하다. 보상액 산정시기란 보상액을 산정하는 기준일, 즉 가격시점을 의미한다.

2. 가격시점

(1) 협의에 의한 취득 시

토지보상법 제67조 제1항에서는 보상액의 산정은 협의에 의한 경우에는 협의성립 당시의 가격을 기준으로 하도록 하고 있다. 이것은 정당보상과 함께 개발이익을 배제하기 위한 것이다.

(2) 재결에 의한 취득 시

토지보상법 제67조 제1항에서는 재결에 의한 경우에는 수용 또는 사용의 재결 당시의 가격을 기준으로 한다고 규정하고 있다. 이는 정당보상을 위한 것이다. 개발이익은 공시지가를 기준으로 시점수정을 하는 방법에 의해 배제하고 있다.

II 간접보상의 대상사업과 보상기준

1. 간접보상의 의의

간접보상이란 토지·건물 등 재산권이 직접 공익사업을 위한 용지의 취득대상 또는 수용대상이 되지는 않으나, 대상물건이 공익사업으로 인하여 본래의 기능을 수행할 수 없게 됨으로써 그 소유자 등이 입은 손실을 보상하는 것이다.

2. 간접보상의 성격 및 근거

생활보상의 개념을 광의로 해석하면 간접보상도 생활보상의 일종이라고 보는 견해가 있다. 그렇다면 간접보상도 종전과 같은 생활을 유지할 수 있도록 하는 보상이며, 헌법 제23조 또는 제34조에 근거한다고 볼 수 있다. 토지보상법에서는 제79조 제2항과 동법 시행규칙 제59조 내지 제65조에 규정하고 있다.

3. 대상사업

간접보상은 주로 대규모 공익사업의 시행으로 인하여 발생하는 사업시행지 밖의 보상인데, 그 사업에는 댐건설, 택지조성사업, 산업단지조성사업, 신도시개발사업 등을 생각해 볼 수 있다.

4. 보상기준

토지보상법 시행규칙 제59조 내지 제65조에서는 사업시행지구 밖의 손실에 대한 보상으로 손실입은 자의 청구에 따라 사업시행자가 이를 공익사업시행지구에 편입된 것으로 보아 보상하도록 규정하고 있다.

Chapter

35 1990년 제1회 기출문제 분석

문제 01

공익사업을 위한 토지 등의 취득 및 보상에 관한 법률상의 사업인정을 설명하고 권리구제에 대하여 논급하시오. 50점

문제분석 및 논점파악

사업인정 전반에 대한 논술문제이다. 사업인정에 대한 권리구제는 토지보상법에 규정되어 있지 아니하므로 행정심판법과 행정소송법 등에 의해서 이루어질 것이다. 본 예시답안은 배점과 상관없이 사업인정에 대한 내용을 정리하였다.

예시답안

I 사업인정의 의의 및 취지(토지보상법 제20조)

사업인정이란 공익사업을 토지 등을 수용하거나 사용할 사업으로 결정하는 것을 말한다(토지보상법 제2조 제7호). 사업인정은 특정한 사업이 토지 등을 수용 또는 사용할 수 있는 공익사업이라는 것을 인정하는 것과 해당 특정사업의 공공필요성의 인정을 주된 내용으로 한다. 사업인정은 일련의 수용절차 가운데 제1단계를 이루는 행위이다. 해당 사업의 공공성 내지 공익성을 판단하여야 하는데, 공공성은 추상적 개념에 불과하여 법률로 정할 수 없기 때문에 행정청으로 하여금 개별·구체적으로 이를 판단하게 하도록 하기 위해 이 제도를 두고 있다. 공용수용이 공익사업을 위해 불가결하다 하더라도 사인의 재산권을 강제적으로 취득하는 것이기 때문에 이를 위한 국가권력의 발동에 신중을 기하지 않으면 안 되기 때문이다. 사업인정은 토지보상법 이외에 개별법에서 사업인정이 의제되는 경우가 있다.

II 법적 성질

1. 처분성(행정행위)

사업인정으로 사업시행자 및 토지소유자 등에게 일정한 구체적인 법적 효과가 발생한다. 즉, 사업시행자에게는 일정한 절차를 거칠 것을 조건으로 수용권이 설정되며, 토지소유자 등에게는 사업인

정고시가 된 후에는 고시된 토지에 대하여 형질변경이나 물건의 손괴 등을 할 수 없게 된다(법 제25조). 따라서 사업인정은 행정청이 구체적 사실에 대한 법집행으로서 외부에 대하여 직접적 법적 효과를 발생시키는 권력적 행위인 공법행위로 항고소송의 대상이 된다.

관련 판례

➡ (구)토지수용법 제14조의 규정에 의한 사업인정은 그 후 일정한 절차를 거칠 것을 조건으로 하여 일정한 내용의 수용권을 설정해 주는 행정처분의 성격을 띠는 것으로서 그 사업인정을 받음으로써 수용할 목적물의 범위가 확정되고 수용권으로 하여금 목적물에 관한 현재 및 장래의 권리자에게 대항할 수 있는 일종의 공법상의 권리로서의 효력을 발생시킨다(대판 1994.11.11, 93누19375).

2. 대물적 처분성과 대인적 처분성

사업인정은 사업에 필요한 토지에 대하여 행해지는 대물처분이고, 이에 의해 해당 토지에 대해 구체적으로 권리의무를 발생시킨다. 따라서 그 효과는 사업시행지 내의 토지에 대하여 발생한다. 또한 사업인정은 특정한 사업시행자에게 수용권을 부여하는 것이기 때문에 대인적 처분의 성격을 갖는다.

3. 형성행위인지 확인행위인지 여부

(1) 학설

① 형성행위설은 사업시행자에게 사업인정 후 일정한 절차를 거칠 것을 조건으로 수용권을 설정하여 주는 형성행위로 본다(통설과 판례). 따라서 토지보상법 제4조의 공익사업이라도 사업인정 절차를 통하여 그 사업이 토지 등을 수용할 만한 공공성이 있는지의 여부를 판단하게 된다고 본다.

② 확인행위설은 특정한 사업이 토지 등을 수용할 수 있는 사업에 해당하는 것을 확인하고 선언하는 행위라고 본다. 이 견해는 사업인정에 의해 사업시행자가 일정한 법적 지위를 얻는 것에 대하여 법률의 규정에 따라 당연히 발생하는 것이지 사업인정이라는 행위에 의해 부여되는 것이 아니라고 본다.

(2) 판례

공익사업을 위한 토지 등의 취득 및 보상에 관한 법률의 규정에 의한 사업인정처분이라 함은 공익사업을 토지 등을 수용하거나 사용할 사업으로 결정하는 것으로서(같은 법 제2조 제7호) 단순한 확인행위가 아니라 형성행위이므로, 해당 사업이 외형상 토지 등을 수용 또는 사용할 수 있는 사업에 해당된다 하더라도 행정주체로서는 그 사업이 공용수용을 할 만한 공익성이 있는지의 여부와 공익성이 있는 경우에도 그 사업의 내용과 방법에 대하여 사업인정처분에 관련된 자들의 이익을 공익과 사익 간에서는 물론, 공익 상호 간 및 사익 상호 간에도 정당하게 비교·교량하여야 하고, 그 비교·교량은 비례의 원칙에 적합하도록 하여야 한다(대판 2005.4.29, 2004두14670).

(3) 검토

사업인정은 특정한 사업이 공공성을 지니는가, 토지 등을 사업에 제공하는 것이 타당한가의 여부를 판단하여 수용권을 설정해 주는 행정행위이기 때문에 설권적 형성행위로 보는 것이 타당하다.

4. 제3자효 행정행위 여부

사업인정이 제3자효 행정행위인지 문제된다. 생각건대, 사업인정은 사업시행자에게는 수익적 효과를 발생하는 것은 분명하며, 토지소유자 등에게는 토지보상법 제25조에 따라 토지보존의무 등이 발생하므로 침익적 효과를 가져온다고 볼 수 있다. 따라서 사업인정은 제3자효 행정행위라고 보는 것이 타당할 것이다.

관련 판례

➡ (구)토지수용법상의 사업인정의 고시가 있으면 그 이해관계인은 그 위법을 다툴 법률상 이익이 있어 그 취소를 구할 소송요건을 구비하고 있다고 해석함이 상당하다(대판1973.7.30, 72누137).

5. 재량행위와 기속행위

설권적 형성행위설은 사업시행자에게 일정한 내용의 수용권을 부여하는 행위이므로 재량행위라고 본다. 확인행위설은 사업인정이 단순히 특정사업이 법률에서 정하는 일정한 요건을 갖추고 있는 공익사업에 해당하는 한 수용은 허용되어야 하고, 사업인정을 거부하면 위법한 처분이 된다는 것이다. 그러나 사업인정이 설권적 형성행위냐 확인행위냐에 의하여 논리 필연적으로 재량행위인가 기속행위인가의 결론이 나오는 것이 아니라 법률의 규정 내지는 법률의 취지에 의하여 밝혀져야 한다고 보는 견해도 있다(김철용).

생각건대, 사업인정의 요건으로 공익의 필요 외에는 별다른 규정을 두고 있지 아니하므로, 공공필요성을 판단함에 있어 관련이익의 형량을 포함하는 전문기술적이고 정책적인 판단이 행해지므로 행정청에게 재량권이 인정된다고 보는 것이 타당하다.

관련 판례

➡ 광업법 제87조 내지 제89조, (구)토지수용법 제14조에 의한 토지수용을 위한 사업인정은 단순한 확인행위가 아니라 형성행위이고 해당 사업이 비록 토지를 수용할 수 있는 사업에 해당된다 하더라도 행정청으로서는 그 사업이 공용수용을 할 만한 공익성이 있는지의 여부를 모든 사정을 참작하여 구체적으로 판단하여야 하는 것이므로 사업인정의 여부는 행정청의 재량에 속한다(대판 1992.11.13, 92누596).

Ⅲ 사업인정의 요건

1. 사업인정의 대상이 되는 공익사업

사업인정이 행해지기 위해서는 법률의 근거가 있어야 한다. 기존 토지보상법은 제한적 열거주의를 채택하면서 그 실질에 있어서는 포괄주의를 채택하고 있어 공익성판단에 자의가 개입될 소지가 있다는 비판이 있었다. 이에 따라 2015년 개정된 토지보상법에서는 다른 법률에 의한 공익사업을 별표에 규정된 법률에 의한 공익사업으로 한정하고, 제4조의2를 신설하여 제1항에서 공익사업은 제4조 또는 별표에 규정된 법률에 따르지 아니하고는 정할 수 없도록 하였으며, 제2항에서 별표는 토지보상법 외의 다른 법률로는 개정할 수 없도록 하여 사실상 공익사업이 무분별하게 확대되는 것을 막을 수 있게 되었다.

관련 판례

➡ 공익사업을 위한 토지 등의 취득 및 보상에 관한 법률 제20조는 공익사업의 수행을 위하여 필요한 때, 즉 공공의 필요가 있을 때 사업인정처분을 할 수 있다고 되어 있을 뿐 장래에 시행할 공익사업만을 대상으로 한정한다거나 이미 시행된 공익사업의 유지를 그 대상에서 제외하고 있지 않은 점, 해당 공익사업이 적법한 절차를 거치지 아니한 채 시행되었다 하여 그 시행된 공익사업의 결과를 원상회복한 후 다시 사업인정처분을 거쳐 같은 공익사업을 시행하도록 하는 것은 해당 토지소유자에게 비슷한 영향을 미치면서도 사회적으로 불필요한 비용이 소요되고, 그 과정에서 해당 사업에 의하여 제공되었던 공익적 기능이 저해되는 사태를 초래하게 되어 사회·경제적인 측면에서 반드시 합리적이라고 할 수 없으며, 이미 시행된 공익사업의 유지를 위한 사업인정처분의 허용 여부는 사업인정처분의 요건인 공공의 필요, 즉 공익사업의 시행으로 인한 공익과 재산권 보장에 의한 사익 사이의 이익형량을 통한 재량권의 한계문제로서 통제될 수 있는 점 등에 비추어 보면, 사업인정처분이 이미 실행된 공익사업의 유지를 위한 것이라는 이유만으로 당연히 위법하다고 할 수 없다(대판 2005.4.29, 2004두14670).

2. 공공필요

(1) 공익사업의 공공성

법률에서 수용할 수 있는 공익사업으로 규정된 사업이라고 하여 당연히 공공사업이 인정되는 것은 아니다. 사업의 공공성은 개별적으로 판단되어야 한다. 오늘날 공익사업의 공공성은 국가안전보장, 질서유지, 공공복리와 함께 국가 또는 지역경제상의 이익도 포함한다고 보아야 할 것이다.

관련 판례

➡ 헌법 제23조 제3항은 정당한 보상을 전제로 하여 재산권의 수용 등에 관한 가능성을 규정하고 있지만, 재산권 수용의 주체를 한정하지 않고 있다. 위 헌법조항의 핵심은 해당 수용이 공공필요에 부합하는가, 정당한 보상이 지급되고 있는가 여부 등에 있는 것이지, 그 수용의 주체가 국가인지 민간기업인지 여부에 달려 있다고 볼 수 없다. 또한 국가 등의 공적기관이 직접 수용의 주체가 되는 것이든 그러한 공적기관의 최종적인 허부판단과 승인결정하에 민간기업이 수용의 주체가 되는 것이든, 양자 사이에 공공필요에 대한 판단과 수용의 범위에 있어서 본질적인 차이를 가져올 것으로 보이지 않는다. 따라서 위 수용 등의 주체를 국가 등의 공적 기관에 한정하여 해석할 필요가 없다(헌재 2009.9.24, 2007헌바114).

(2) 최소침해성

공익사업을 위한 방안이 수 개인 경우에는 국민의 권익과 공익을 가장 적게 침해하는 방안을 채택하여야 한다.

관련 판례

➡ 공용수용은 공익사업을 위하여 타인의 특정한 재산권을 법률의 힘에 의하여 강제적으로 취득하는 것이므로 수용할 목적물의 범위는 원칙적으로 사업을 위하여 필요한 최소한도에 그쳐야 하므로 그 한도를 넘는 부분은 수용대상이 아니므로 그 부분에 대한 수용은 위법하고, 초과수용된 부분이 적법한 수용대상과 불가분적 관계에 있는 경우에는 그에 대한 이의재결 전부를 취소할 수밖에 없다(대판 1994.1.11, 93누8108).

➡ 사정이 이와 같다면, 의정부북부역사 동쪽에 주출입문을 설치하는 것보다는 서쪽에 주출입문을 설치하고 그 앞에 위치한 이 사건 토지에 보행광장과 택시베이를 설치하는 것이 이 사건 건설사업의 목적을 달성하기 위한 유효・적절하고 또한 가능한 한 최소침해를 가져오는 방법이라고 할 것이다(대판 2005.11.10, 2003두7507).

(3) 비례의 원칙으로서 공공필요 판단

공익사업으로 인하여 달성되는 공익과 해당 사업으로 인해 침해되는 이익(공익 및 사익) 사이에는 비례성이 유지되어야 한다.

관련 판례

➡ 공익사업을 위한 토지 등의 취득 및 보상에 관한 법률의 규정에 의한 사업인정처분이라 함은 공익사업을 토지 등을 수용하거나 사용할 사업으로 결정하는 것으로서(같은 법 제2조 제7호) 단순한 확인행위가 아니라 형성행위이므로, 해당 사업이 외형상 토지 등을 수용 또는 사용할 수 있는 사업에 해당된다 하더라도 행정주체로서는 그 사업이 공용수용을 할 만한 공익성이 있는지의 여부와 공익성이 있는 경우에도 그 사업의 내용과 방법에 대하여 사업인정처분에 관련된 자들의 이익을 공익과 사익 간에서는 물론, 공익 상호 간 및 사익 상호 간에도 정당하게 비교・교량하여야 하고, 그 비교・교량은 비례의 원칙에 적합하도록 하여야 한다(대판 2005.4.29, 2004두14670).

➡ 공용수용은 공익사업을 위하여 특정의 재산권을 법률에 의하여 강제적으로 취득하는 것을 내용으로 하므로 그 공익사업을 위한 필요가 있어야 하고, 그 필요가 있는지에 대하여는 수용에 따른 상대방의 재산권 침해를 정당화할 만한 공익의 존재가 쌍방의 이익의 비교・형량의 결과로 입증되어야 하며, 그 입증책임은 사업시행자에게 있다(대판 2005.11.10, 2003두7507).

(4) 사업시행자의 공익사업 수행 능력과 의사

관련 판례

➡ 사업인정이란 공익사업을 토지 등을 수용 또는 사용할 사업으로 결정하는 것으로서 공익사업의 시행자에게 그 후 일정한 절차를 거칠 것을 조건으로 일정한 내용의 수용권을 설정하여 주는 형성행위이므로, 해당 사업이 외형상 토지 등을 수용 또는 사용할 수 있는 사업에 해당한다고 하더라도 사업인정기관으로서는 그 사업이 공용수용을 할 만한 공익성이 있는지의 여부와 공익성이 있는 경우에도 그 사업의 내용과 방법에 관하여 사업인정에 관련된 자들의 이익을 공익과 사익 사이에서는 물론, 공익 상호 간 및 사익 상호 간에도 정당하게 비교・교량하여야 하고, 그 비교・교량은 비례의 원칙에 적합하도록 하여야 한다. 그뿐만 아니라 해당 공익사업을 수행하여 공익을 실현할 의사나 능력이

없는 자에게 타인의 재산권을 공권력적·강제적으로 박탈할 수 있는 수용권을 설정하여 줄 수는 없으므로, 사업시행자에게 해당 공익사업을 수행할 의사와 능력이 있어야 한다는 것도 사업인정의 한 요건이라고 보아야 한다(대판 2011.1.27, 2009두1051).

Ⅳ 사업인정의 절차

1. 사업인정의 신청(시행령 제10조)

사업인정을 받으려는 자는 사업인정신청서를 특별시장·광역시장·도지사 또는 특별자치도지사를 거쳐 국토교통부장관에게 제출하여야 한다. 사업시행자가 국가인 경우에는 해당 사업을 시행할 관계 중앙행정기관의 장이 직접 사업인정신청서를 국토교통부장관에게 제출할 수 있다.

2. 협의 및 의견청취(법 제21조 제1항, 제2항)

국토교통부장관은 사업인정을 하려면 관계 중앙행정기관의 장 및 특별시장·광역시장·도지사·특별자치도지사와 협의하여야 하며, 미리 중앙토지수용위원회 및 사업인정에 관하여 이해관계가 있는 자의 의견을 들어야 한다.

3. 중앙토지수용위원회의 검토(법 제21조 제3항)

중앙토지수용위원회는 협의요청을 받은 경우 사업인정에 이해관계가 있는 자에 대한 의견수렴 절차 이행 여부, 사업의 공공성, 수용의 필요성 등을 검토하여야 한다.

4. 의견제시 및 보완요청(법 제21조 제5항, 제6항, 제7항)

① 중앙토지수용위원회는 협의를 요청받은 날부터 30일 내 의견을 제시해야 하고, 30일 범위 내에서 한 차례 그 기간을 연장할 수 있으며, 정해진 기간 내에 의견을 제시하지 않은 경우 협의가 완료된 것으로 본다. ② 중앙토지수용위원회는 검토 결과 자료 등을 보완할 필요가 있는 경우 허가권자 등에게 14일 이내 기간을 정하여 보완을 요청할 수 있다.

5. 사업인정 통지 및 고시(법 제22조)

국토교통부장관은 토지보상법 제20조에 따른 사업인정을 하였을 때에는 지체 없이 그 뜻을 사업시행자, 토지소유자, 관계인 및 관계 시도지사에게 통지하고 사업시행자의 성명이나 명칭, 사업의 종류, 사업지역 및 사용할 토지의 세목을 관보에 고시하여야 한다. 이에 따라 사업인정의 사실을 통지받은 시도지사는 관계 시장 등에게 이를 통지해야 한다.

관련 판례

➡ 토지의 세목의 공고는 사업인정에 의하여 지정된 범위 내에서 구체적으로 수용할 수 있는 목적물을 임시로 결정하는 행위이며, 이로써 목적물에 대하여 막연한 효력밖에 없었던 사업인정이 현실화하고 구체화된다(대판 1988.12.27, 87누1141).

➡ 도시계획사업허가의 공고 시에 토지세목의 고시를 누락하거나 사업인정을 함에 있어 수용 또는 사용할 토지의 세목을 공시하는 절차를 누락한 경우, 이는 절차상의 위법으로서 수용재결 단계 전의 사업인정 단계에서 다툴 수 있는 취소사유에 해당하기는 하나 더 나아가 그 사업인정 자체를 무효로 할 중대하고 명백한 하자라고 보기는 어렵고, 따라서 이러한 위법을 들어 수용재결처분의 취소를 구하거나 무효확인을 구할 수는 없다(대판 2009.11.26, 2009두11607).

➡ (구)토지수용법(1990.4.7. 법률 제4231호로 개정되기 전의 것) 제16조 제1항에서는 건설부장관이 사업인정을 하는 때에는 지체 없이 그 뜻을 기업자・토지소유자 관계인 및 관계 도지사에게 통보하고 기업자의 성명 또는 명칭, 사업의 종류, 기업지 및 수용 또는 사용할 토지의 세목을 관보에 공시하여야 한다고 규정하고 있는 바, 가령 건설부장관이 위와 같은 절차를 누락한 경우 이는 절차상의 위법으로서 수용재결단계 전의 사업인정단계에서 다툴 수 있는 취소사유에 해당하기는 하나, 더 나아가 그 사업인정 자체를 무효로 할 중대하고 명백한 하자라고 보기는 어렵고, 따라서 이러한 위법을 들어 수용재결처분의 취소를 구하거나 무효확인을 구할 수는 없다(대판 2000.10.13, 2000두5142).

➡ (구)택지개발촉진법(1999.1.25. 법률 제5688호로 개정되기 전의 것)에 의하면, 택지개발은 택지개발예정지구의 지정(제3조), 택지개발계획의 승인(제8조), 이에 기한 수용재결 등의 순서로 이루어지는 바, 위 각 행위는 각각 단계적으로 별개의 법률효과가 발생되는 독립한 행정처분이어서 선행처분에 불가쟁력이 생겨 그 효력을 다툴 수 없게 된 경우에는 선행처분에 위법사유가 있다고 할지라도 그것이 당연무효의 사유가 아닌 한 선행처분의 하자가 후행처분에 승계되는 것은 아니라고 할 것인데, 같은 법 제3조에서 건설부장관이 택지개발예정지구를 지정함에 있어 미리 관계중앙행정기관의 장과 협의를 하라고 규정한 의미는 그의 자문을 구하는 것이지 그 의견에 따라 처분을 하라는 의미는 아니라 할 것이므로 이러한 협의를 거치지 아니하였다고 하더라도 이는 위 지정처분을 취소할 수 있는 원인이 되는 하자 정도에 불과하고 위 지정처분이 당연무효가 되는 하자에 해당하는 것은 아니다(대판 2000.10.13, 99두653).

V 사업인정의 효과

사업인정은 고시한 날부터 그 효력이 발생한다.

1. 수용권의 발생

사업인정이 고시됨으로써 사업시행자는 자기가 시행하는 공익사업을 위하여 일정한 절차를 거칠 것을 조건으로 목적물을 수용할 수 있는 권한이 부여된다.

2. 수용목적물의 확정

국토교통부장관이 사업인정을 고시할 때 토지의 세목을 함께 고시하도록 하고 있다. 따라서 사업인정이 고시되면 수용하거나 사용할 토지의 범위가 특정된다. 사업시행자는 수용 또는 사용할 토지의 위치와 예정면적의 범위가 정해지면, 그 범위 내에서 공익사업의 시행에 따른 권리를 행사할 수 있고 현재 또는 장래의 권리자에게 대항할 수 있다.

관련 판례

➡ (구)토지수용법 제14조의 규정에 의한 사업인정은 그 후 일정한 절차를 거칠 것을 조건으로 하여 일정한 내용의 수용권을 설정해 주는 행정처분의 성격을 띠는 것으로서 그 사업인정을 받음으로써 수용할 목적물의 범위가 확정되고 수용권으로 하여금 목적물에 관한 현재 및 장래의 권리자에게 대항할 수 있는 일종의 공법상의 권리로서의 효력을 발생시킨다(대판 1994.11.11, 93누19375).

3. 관계인의 범위확정

관계인은 수용하거나 사용할 토지에 관하여 소유권 이외의 권리를 가진 자 또는 그 토지에 있는 물건에 관하여 소유권 기타의 권리를 가진 자를 말한다. 그러나 사업인정의 고시가 있는 후 새로운 권리를 취득한 자는 기존 권리를 승계한 자를 제외하고 관계인에 포함되지 않는다. 따라서 사업인정고시 후 새로이 권리를 취득한 자는 관계인으로 인정되지 않으므로 보상금을 받을 수 없다. 관계인의 범위를 제한하는 것은 수용절차에 참여하는 자를 제한함으로써 절차를 간소하게 하는 데 이바지한다.

4. 토지 등의 보존의무

토지보상법 제25조에서는 토지 등의 보존의무를 규정하고 있다. 즉, 사업인정고시가 된 후에는 누구든지 고시된 토지에 대하여 사업에 지장을 줄 우려가 있는 형질의 변경이나 물건을 손괴하거나 수거하는 행위를 하지 못한다. 사업인정고시가 된 후에는 고시된 토지에 건축물의 건축·대수선, 공작물의 설치 또는 물건의 부가(附加)·증치(增置)를 하려는 자는 특별자치도지사, 시장·군수 또는 구청장의 허가를 받아야 한다. 이 경우 특별자치도지사, 시장·군수 또는 구청장은 미리 사업시행자의 의견을 들어야 한다. 이를 위반하여 건축물의 건축·대수선, 공작물의 설치 또는 물건의 부가·증치를 한 토지소유자 또는 관계인은 해당 건축물·공작물 또는 물건을 원상으로 회복하여야 하며 이에 관한 손실의 보상을 청구할 수 없다.

5. 토지·물건조사권과 보상의무

사업인정의 고시가 된 후에는 사업시행자 또는 감정평가를 의뢰받은 감정평가법인등(「감정평가 및 감정평가사에 관한 법률」에 따른 감정평가법인을 말한다. 이하 "감정평가법인등"이라 한다)은 해당 토지나 물건에 출입하여 이를 측량하거나 조사할 수 있다. 사업시행자는 타인이 점유하는 토지에 출입하여 측량·조사함으로써 발생하는 손실(감정평가법인등이 감정평가를 위하여 측량·조사함으로써 발생하는 손실을 포함한다)을 보상하여야 한다.

Ⅵ 사업인정의 효력상실

1. 하자 있는 사업인정의 효력상실

사업인정 성립 당시에 하자가 있어 사업인정처분을 한 처분청이 직접 해당 사업인정을 취소하거나 쟁송을 통해서 취소되는 경우에 사업인정의 효력은 상실된다.

2. 하자 없는 사업인정의 효력상실

(1) 사업인정의 철회

사업인정이 하자 없이 성립한 후에 더 이상 공익상의 이유로 그 효력을 유지하기 어려운 새로운 사정이 발생한 경우에 처분권자가 사업인정을 철회할 수 있다.

(2) 사업인정의 실효

1) 사유

① 사업시행자가 사업인정의 고시가 된 날부터 1년 이내에 재결을 신청하지 아니한 때에는 사업인정고시가 된 날로부터 1년이 되는 날의 다음 날에 사업인정은 그 효력을 상실한다(토지보상법 제23조 제1항).

② 사업인정고시가 된 후 사업의 전부 또는 일부를 폐지하거나 변경함으로 인하여 토지 등의 전부 또는 일부를 수용하거나 사용할 필요가 없게 되었을 때에는 사업시행자는 지체 없이 사업지역을 관할하는 시・도지사에게 신고하고, 토지소유자 및 관계인에게 이를 통지하여야 한다. 시・도지사는 신고를 받으면 사업의 전부 또는 일부가 폐지되거나 변경된 내용을 관보에 고시하여야 한다. 시・도지사는 신고가 없는 경우에도 사업시행자가 사업의 전부 또는 일부를 폐지하거나 변경함으로 인하여 토지를 수용하거나 사용할 필요가 없게 된 것을 알았을 때에는 미리 사업시행자의 의견을 듣고 고시를 하여야 한다(토지보상법 제24조). 고시가 된 날부터 그 고시된 내용에 따라 사업인정의 전부 또는 일부는 그 효력을 상실한다.

2) 손실보상

사업시행자는 토지보상법 제23조의 사업인정의 실효나 제24조의 사업의 전부 또는 일부를 폐지・변경함으로 인하여 토지소유자 또는 관계인이 입은 손실을 보상하여야 한다.

Ⅶ 사업인정에 대한 권리구제

사업인정 시에 이해관계가 있는 자의 의견청취절차가 있으므로 사업인정에 대한 절차적 참여를 통해 권리구제를 도모할 수 있다. 이하에서는 사후적인 권리구제수단을 검토한다.

1. 행정쟁송

사업인정은 앞서 검토한 바와 같이 행정행위로 항고소송의 대상이 되는 처분에 해당한다. 사업인정에 대한 권리구제에 대해 토지보상법상에 명문으로 규정되어 있지 아니하므로 행정심판법이나 행정소송법에 따라 행정심판과 행정소송을 통해 권리구제를 도모할 수 있다.

행정심판의 경우 청구요건을 갖춘 경우에 위법 또는 부당한 사업인정에 대하여 취소심판, 무효등확인심판이 가능하고, 사업인정 부작위에 대하여는 의무이행심판의 제기가 가능할 것이다. 행정소송의 경우 소송요건을 갖춘 경우에 위법한 사업인정에 대하여는 취소소송, 무효등확인소송이 가능하고, 사업인정 부작위에 대하여는 부작위위법확인소송이 가능할 것이다.

행정심판을 거쳐서 취소소송을 제기하는 경우 취소소송의 대상이 무엇인가가 문제된다. 행정소송법 제19조에 따라 원처분주의가 적용된다. 행정심판의 재결에 의해 사업인정이 취소된 경우에는 사업인정을 받았던 사업시행자는 해당 행정심판의 재결을 대상으로 행정소송을 제기할 수 있다.

2. 사업인정과 수용재결의 하자승계

사업인정의 위법이 수용재결에 승계될 수 있는지 문제된다. 학설의 경우 견해가 대립하며, 판례의 경우는 하자승계를 부정하고 있다(이에 대한 자세한 논의는 제17회 기출 1번 문제 참조).

관련 판례

- 사업인정처분 자체의 위법은 사업인정단계에서 다투어야 하고 이미 그 쟁송기간이 도과한 수용재결단계에서는 사업인정처분이 당연무효라고 볼 만한 특단의 사정이 없는 한 그 위법을 이유로 재결의 취소를 구할 수는 없다(대판 1992.3.13, 91누4324).
- 도시재개발사업시행변경인가 및 그 고시, 관리처분계획인가 및 그 고시 등이 위법한 것이라고 할지라도 이러한 하자는 위 처분의 당연무효 사유가 아니라고 할 것이고, 또한 이와 같은 재개발사업시행변경인가처분 등의 위법은 사업시행변경인가 등의 단계에서 다투어야 하고, 이미 그 쟁송기간이 도과한 수용재결단계에서는 그 인가처분 등이 당연무효라고 볼만한 특단의 사정이 없는 한 그 위법을 이유로 토지수용재결처분의 취소를 구할 수 없는 것이다(대판 1995.11.14, 94누13572).

3. 가구제

행정소송법 제23조 제2항은 집행정지를 인정하고 있다. 집행정지요건을 충족하는 경우 사업인정취소소송이나 무효등확인소송에서 본안소송에서 승소판결을 받을 때까지 임시적 권리구제수단으로서 고려할 수 있다. 민사집행법상의 가처분을 행정소송법 제8조 제2항을 통해 적용할 수 있는지에 대하여는 견해가 대립하며, 판례는 부정하고 있다.

4. 국가배상청구소송

국토교통부장관은 국가공무원임이 분명하고, 국토교통부장관의 위법한 사업인정으로 인해 손해를 입은 경우 국가배상법 제2조 제1항의 요건을 충족하면 국가배상을 통해 권리구제가 가능할 것이다. 국가배상법 제2조 제1항에서는 '국가 또는 지방자치단체는 공무원이 그 직무를 집행하면서 고의 또는 과실로 법령을 위반하여 타인에게 손해를 입히는 경우 이 법에 의하여 그 손해를 배상하여야 한다.'고 규정하고 있다.

문제 02 **공시지가는 어떻게 작성되며 지가의 고시는 어떠한 성질과 효력을 가지는가에 대하여 설명하시오.** 30점

문제분석 및 논점파악

일반적으로 공시지가라고 하면 표준지공시지가를 말한다. 따라서 본 문제는 표준지공시지가에 대한 문제이다.

예시답안

Ⅰ 표준지공시지가의 의의

표준지공시지가란 「부동산 가격공시에 관한 법률」(이하 '부동산공시법')의 규정에 의한 절차에 따라 국토교통부장관이 조사・평가하여 공시한 표준지의 단위면적당 적정가격을 말한다(법 제3조).

Ⅱ 표준지공시지가의 결정절차

1. 표준지의 선정(부공법 제3조 제1항)

국토교통부장관은 표준지를 선정할 때에는 일단의 토지 중에서 해당 일단의 토지를 대표할 수 있는 필지의 토지를 선정하여야 한다. 표준지의 선정은 표준지의 선정 및 관리지침에 따라야 한다.

2. 표준지가격의 조사・평가(법 제3조 제4항, 제5항)

국토교통부장관은 표준지공시지가를 조사・평가할 때는 업무실적, 신인도 등을 고려하여 둘 이상의 감정평가법인등에게 이를 의뢰하여야 한다. 다만 지가변동이 작은 경우 등에는 하나의 감정평가법인등에 의뢰할 수 있다. 표준지공시지가의 조사・평가를 의뢰받은 감정평가법인등은 표준지공시지가 및 그 밖에 국토교통부령으로 정하는 사항을 조사・평가한 후 국토교통부령으로 정하는 바에 따라 조사・평가보고서를 국토교통부장관에게 제출하여야 한다. 감정평가법인등이 조사・평가보고서를 작성하는 경우에는 미리 해당 표준지를 관할하는 시・도지사 및 시장・군수 또는 구청장(자치구의 구청장을 말한다)의 의견을 들어야 한다. 시・도지사 및 시장・군수 또는 구청장은 의견을 요청받은 때에는 20일 이내에 의견을 제시하여야 한다. 이 경우 시장・군수 또는 구청장은 미리 시・군・구 부동산가격공시위원회의 심의를 거쳐야 한다.

감정평가법인등에게 의뢰한 표준지공시지가는 감정평가법인등이 제출한 조사·평가액의 산술평균치를 기준으로 한다.

3. 재조사·평가(시행령 제8조)

국토교통부장관은 감정평가법인등이 제출한 보고서의 조사·평가가 관계 법령에 위반하여 수행되었다고 인정되는 경우에는 해당 감정평가법인등에게 그 사유를 통보하고, 다른 감정평가법인등 2인에게 다시 조사·평가를 의뢰해야 하며, 조사·평가보고서 검토 결과 부적정하다고 판단되거나 조사·평가액 중 최고평가액이 최저평가액의 1.3배를 초과하는 경우에는 해당 감정평가법인등에게 보고서를 수정하여 다시 제출하게 할 수 있다. 이 경우 표준지의 적정가격은 다시 조사·평가한 가액의 산술평균치를 기준으로 한다.

4. 중앙부동산가격공시위원회의 심의(법 제3조 제1항)

조사·평가된 표준지공시지가는 중앙부동산가격공시위원회의 심의를 거쳐야 한다. 이는 공시지가에 대한 공신력을 제고하고 지가의 균형을 확보하기 위함이다.

5. 지가공시 및 열람(법 제6조)

국토교통부장관은 공시기준일을 1월 1일로 하여 표준지공시지가를 공시하여야 한다. 국토교통부장관은 지가를 공시한 때에는 그 내용을 특별시장·광역시장 또는 도지사를 거쳐 시장·군수 또는 구청장(지방자치단체인 구의 구청장에 한한다)에게 송부하여 일반인이 열람할 수 있게 하고, 이를 도서·도표 등으로 작성하여 관계 행정기관 등에 공급하여야 한다.

6. 이의신청(법 제7조)

표준지공시지가에 대하여 이의가 있는 자는 표준지공시지가의 공시일부터 30일 이내에 서면으로 국토교통부장관에게 이의를 신청할 수 있다. 국토교통부장관은 이의신청기간이 만료된 날부터 30일 이내에 이의신청을 심사하여 그 결과를 신청인에게 서면으로 통지하여야 한다. 이 경우 국토교통부장관은 이의신청의 내용이 타당하다고 인정될 때에는 해당 표준지공시지가를 조정하여 다시 공시하여야 한다.

Ⅲ 공시지가 고시의 성질

1. 학설

① 행정계획설은 능률적인 지가정책의 집행을 위해 설정되는 활동기준이라고 본다(내부구속적 행정계획).

② 행정규칙설은 일반적·추상적 기준을 설정하는 것이고, 개별적·구체적 규율로서의 성질을 가지는 처분이라 볼 수 없다고 본다.

③ 행정행위설은 표준지공시지가는 개발부담금 등의 산정기준이 되므로 국민의 구체적인 권리·의무에 직접 영향을 미치는 행정행위로 본다.

2. 판례

표준지공시지가에 대하여 불복하기 위하여는 처분청인 국토교통부장관을 피고로 하여 공시지가의 결정의 취소를 구하는 행정소송을 제기하여야 한다고 하여 처분성을 인정하고 있다.

대판 2008.8.21, 2007두13845[토지보상금]

(생략) 표준지공시지가결정이 위법한 경우에는 그 자체를 행정소송의 대상이 되는 행정처분으로 보아 그 위법 여부를 다툴 수 있음은 물론, 수용보상금의 증액을 구하는 소송에서도 선행처분으로서 그 수용대상 토지 가격 산정의 기초가 된 비교표준지공시지가결정의 위법을 독립한 사유로 주장할 수 있다.

3. 검토

생각건대, 공시지가는 보상액 산정 등에 있어 구속적 기능을 수행하고, 비록 가감조정이 행해지기는 하나 개별가격의 산정에 결정적인 기준이 된다는 점 및 공시지가 결정·공시단계에서는 그 자체로 외부적 구속력을 인정하기 어려우나 처분성을 인정하여 법률관계의 조기 확정을 가져오게 함이 법적 안정성측면에서 타당하다는 점을 고려할 때 처분성을 인정함이 타당하다고 생각된다.

Ⅳ 표준지공시지가의 효력

표준지공시지가는 ① 토지시장의 지가정보 제공, ② 일반적인 토지거래의 지표, ③ 국가·지방자치단체 등의 기관이 그 업무와 관련하여 지가를 산정하거나 감정평가법인등이 개별적으로 토지를 감정평가하는 경우에 그 기준이 된다(법 제9조).

문제 03 **환매요건을 약술하시오.** 10점

예시답안

I 서

토지보상법상 환매권이란 공익사업을 위해 취득(협위취득 또는 수용)된 토지가 해당 사업에 필요 없게 되거나 일정기간 동안 해당 사업에 이용되지 않고 있는 경우에 일정한 요건하에서 해당 토지의 소유권을 되찾을 수 있는 권리를 말한다. 환매권의 이론적 근거로 공평의 원칙과 피수용자의 감정 존중에서 찾는 견해도 있지만 재산권 존속보장에서 찾는 것이 일반적이다. 또한 환매권은 헌법상 재산권 보장에 근거하고 있으나 학설의 다수설과 판례는 환매권이 헌법상 재산권 보장규정으로부터 직접 도출되는 것은 아니며 실정법률의 근거가 있어야 한다고 본다. 환매권은 환매요건이 충족되면 환매금액을 지급하고 일방적으로 환매의사를 표시함으로써 환매가 성립하는 것으로 보아 형성권에 해당한다는 것이 학설과 판례의 입장이다.

II 환매권의 행사요건

1. 환매권의 성립시기

환매권이 언제 성립하느냐에 대하여 토지의 수용 또는 협의취득 시에 성립한다고 보는 견해와 환매의 요건이 충족될 때 비로소 환매권이 성립한다는 견해가 대립한다. 수용시설에 따르면 토지보상법 제91조 제1항과 제2항의 요건은 환매권 행사요건이 되며, 요건성립시설에 따르면 환매의 요건은 성립요건이 된다. 환매권은 수용의 효과로 발생하므로 수용시설이 타당하다.

2. 환매권의 행사요건

(1) 전부 또는 일부가 필요 없게 된 때(법 제91조 제1항)

사업의 폐지・변경으로 취득한 토지의 전부 또는 일부가 필요 없게 된 경우는 관계 법률에 따라 사업이 폐지・변경된 날 또는 사업의 폐지・변경 고시가 있는 날, 그 밖의 사유로 취득한 토지의 전부 또는 일부가 필요 없게 된 경우는 사업완료일부터 10년 이내에 그 토지를 환매할 수 있다.

관련 판례

➡ 해당 사업의 '폐지・변경'이란 해당 사업을 아예 그만두거나 다른 사업으로 바꾸는 것을 말하고, 취득한 토지의 전부 또는 일부가 '필요 없게 된 때'란 사업시행자가 취득한 토지의 전부 또는 일부가

그 취득목적사업을 위하여 사용할 필요 자체가 없어진 경우를 말하며 협의취득 또는 수용된 토지가 필요 없게 되었는지 여부는 사업시행자의 주관적인 의사를 표준으로 할 것이 아니라 해당 사업의 목적과 내용, 협의취득의 경위와 범위, 해당 토지와 사업의 관계, 용도 등 제반 사정에 비추어 객관적・합리적으로 판단하여야 한다(대판 2010.9.30, 2010다30782).

➡ 공익사업을 위한 토지 등의 취득 및 보상에 관한 법률 제91조 제1항에서 환매권의 행사요건으로 정한 "해당 토지의 전부 또는 일부가 필요 없게 된 때로부터 1년 또는 그 취득일로부터 10년 이내에 그 토지를 환매할 수 있다."라는 규정의 의미는 취득일로부터 10년 이내에 그 토지가 필요 없게 된 경우에는 그때로부터 1년 이내에 환매권을 행사할 수 있으며, 또 필요 없게 된 때로부터 1년이 지났더라도 취득일로부터 10년이 지나지 않았다면 환매권자는 적법하게 환매권을 행사할 수 있다는 의미로 해석함이 옳다(대판 2010.9.30, 2010다30782).

(2) 해당 사업에 이용하지 아니하는 경우(법 제91조 제2항)

취득일로부터 5년 이내에 취득한 토지의 전부를 해당 사업에 이용하지 아니한 때에는 환매권은 취득일로부터 6년 이내에 이를 행사하여야 한다.

관련 판례

➡ (구)공공용지의 취득 및 손실보상에 관한 특례법 제9조 제2항은 제1항과는 달리 "취득한 토지 전부"가 공공사업에 이용되지 아니한 경우에 한하여 환매권을 행사할 수 있고 그중 일부라도 공공사업에 이용되고 있으면 나머지 부분에 대하여도 장차 공공사업이 시행될 가능성이 있는 것으로 보아 환매권의 행사를 허용하지 않는다는 취지이므로, 이용하지 아니하였는지 여부도 그 취득한 토지 전부를 기준으로 판단할 것이고, 필지별로 판단할 것은 아니라 할 것이다(대판 1995.2.10, 94다31310).

(3) 제1항 및 제2항의 관계

제1항과 제2항의 환매권 행사요건은 서로 독립적으로 성립하므로 어느 한쪽의 요건에 충족되지 못하더라도 다른 쪽의 요건을 주장할 수 있다.

관련 판례

➡ (구)공공용지의 취득 및 손실보상에 관한 특례법 제9조 제1항과 제2항의 환매권 행사요건에 모두 해당되는 경우, 더 짧은 제척기간을 정한 제2항에 의하여 제1항의 환매권 행사가 제한되는지 여부
(구)공공용지의 취득 및 손실보상에 관한 특례법 제9조 제1항은 공공사업에 필요한 토지 등의 취득일부터 10년 이내에 해당 공공사업의 폐지・변경 기타의 사유로 인하여 취득한 토지 등의 전부 또는 일부가 필요 없게 되었을 때를 환매권 행사의 요건으로 하고 있음에 반하여, 제2항은 그 취득일부터 5년을 경과하여도 취득한 토지 등의 전부를 공공사업에 이용하지 아니하였을 때를 환매권 행사의 요건으로 하고 있는 등 그 요건을 서로 달리하고 있으므로, 어느 한쪽의 요건에 해당되면 다른 쪽의 요건을 주장할 수 없게 된다고 할 수는 없고, 양쪽의 요건에 모두 해당된다고 하여 더 짧은 제척기간을 정한 제2항에 의하여 제1항의 환매권의 행사가 제한된다고 할 수도 없을 것이므로, 제2항의 규정에 의한 제척기간이 도과되었다 하여 제1항의 규정에 의한 환매권 행사를 할 수 없는 것도 아니라 할 것이다(대판 1995.2.10, 94다31310).

3. 환매요건의 특칙

토지보상법 제91조 제6항에서는 사업인정을 받은 사업으로 사업시행자가 국가·지방자치단체 또는 공공기관이 취득한 토지가 토지보상법 제4조 제1호부터 제5호까지에 규정된 다른 공익사업으로 변경된 경우에는 환매권 행사기간은 관보에 해당 공익사업의 변경을 고시한 날로부터 기산한다고 규정하고 있다. 이 경우 사업시행자의 동일성이 요구되는지에 대해 견해가 대립하나 판례는 사업시행자의 동일성은 공익사업변환의 요건이 아니라고 보고 있다.

Ⅲ 결(환매권의 통지)

토지보상법 제92조에서는 환매할 토지가 생겼을 때에는 지체 없이 그 사실을 환매권자에게 통지하도록 사업시행자에게 의무를 부과하고 있다. 이러한 통지가 있는 경우에는 토지보상법 제91조 제1항 및 제2항에도 불구하고 통지를 받은 날로부터 6개월이 지난 후에는 환매권을 행사할 수 없다. 사업시행자가 환매통지의무를 다하지 못하여 환매권 행사가 불가능하게 되어 환매권자가 손해를 입게 되는 경우에 판례는 사업시행자의 불법행위를 인정하여 손해배상책임을 지우고 있다.

문제 04 실농보상을 약술하시오. 10점

문제분석 및 논점파악

실농보상은 현행 토지보상법상의 농업손실보상에 해당한다. 토지보상법 제77조 제2항 및 동법 시행규칙 제48조에서 규정하고 있다.

예시답안

I 의의

농업손실이란 공익사업이 시행되지 아니하였다면 영농을 계속할 수 있었으나, 공익사업의 시행으로 인하여 해당 토지가 공익사업시행지구에 편입되어 영농을 계속할 수 없게 됨에 따라 보상하는 것이다. 생활재건 조치, 일실손실의 지급이라는 측면의 취지가 있다(토지보상법 제77조 제2항 및 동법 시행규칙 제48조).

II 영농손실액의 산정기준

1. 원칙

공익사업시행지구에 편입되는 농지에 대하여는 그 면적에 「통계법」 제3조 제3호에 따른 통계작성기관이 매년 조사·발표하는 농가경제조사통계의 도별 농업총수입 중 농작물수입을 도별 표본농가현황 중 경지면적으로 나누어 산정한 도별 연간 농가평균 단위경작면적당 농작물총수입의 직전 3년간 평균의 2년분을 곱하여 산정한 금액을 영농손실액으로 보상한다.

2. 예외

국토교통부장관이 농림수산식품부장관과의 협의를 거쳐 관보에 고시하는 농작물 실제소득인정기준에서 정하는 바에 따라 실제소득을 입증하는 자가 경작하는 편입농지에 대해서는 그 면적에 단위경작면적당 3년간 실제소득 평균의 2년분을 곱하여 산정한 금액을 영농손실액으로 보상한다.

Ⅲ 농업손실 보상이 되는 농지

1. 보상의 대상이 되는 농지

「농지법」 제2조 제1호 가목 및 같은 법 시행령 제2조 제3항 제2호 가목에 해당하는 토지가 농업손실 보상의 대상이 되는 농지이다.

2. 농지로 보지 아니하는 경우

다음 각 호의 어느 하나에 해당하는 토지는 농업손실 보상의 대상이 되는 농지로 보지 아니한다.

① 사업인정고시일 등 이후부터 농지로 이용되고 있는 토지

② 토지이용계획・주위환경 등으로 보아 일시적으로 농지로 이용되고 있는 토지

③ 타인소유의 토지를 불법으로 점유하여 경작하고 있는 토지

④ 농민(농지법 제2조 제3호의 규정에 의한 농업법인 또는 농지법 시행령 제3조 제1호 및 같은 조 제2호의 규정에 의한 농업인을 말한다)이 아닌 자가 경작하고 있는 토지

Ⅳ 농업손실 보상 대상자

자신의 농지에서 경작하는 자경농은 그 본인이 보상 대상자가 된다. 그러나 경작자가 자신의 농지가 아닌 타인의 농지에서 경작하는 경우에는 농업손실 보상 대상자에 대하여 문제가 된다.

1. 농지의 소유자가 해당 지역에 거주하는 농민인 경우에는 농지소유자와 실제 경작자 간에 협의가 성립된 경우에는 협의내용에 따라 보상하며, 협의불성립 시에는 각각 50%에 해당하는 금액을 보상한다.
2. 농지의 소유자가 해당 지역에 거주하지 않는 경우는 실제 경작자에게 지급한다.
3. 실제 경작자가 자의로 이동하는 등의 사유로 보상협의일 또는 수용재결일 당시에 경작을 하고 있지 않는 경우의 영농손실액은 농지의 소유자가 해당 지역에 거주하는 농민인 경우에 한정하여 농지의 소유자에게 보상한다.

Ⅴ 농기구의 매각손실에 대한 보상

해당 지역에서 경작하고 있는 농지의 3분의 2 이상에 해당하는 면적이 공익사업시행지구에 편입됨으로 인하여 농기구를 이용하여 해당 지역에서 영농을 계속할 수 없게 된 경우 해당 농기구에 대해서는 매각손실액을 평가하여 보상하여야 한다. 다만, 매각손실액의 평가가 현실적으로 곤란한 경우에는 원가법에 의하여 산정한 가격의 60퍼센트 이내에서 매각손실액을 정할 수 있다.

» 참고문헌 2024

- 석종현·송동수, 일반행정법 총론, 박영사, 2024
- 홍정선, 행정기본법 해설, 박영사, 2024
- 정관영 외4인, 분쟁해결을 위한 행정기본법 실무해설, 신조사, 2021
- 박균성, 행정법 강의, 박영사, 2024
- 정남철, 한국행정법론, 법문사, 2024
- 김철용, 행정법, 고시계사, 2024
- 홍정선, 기본행정법, 박영사, 2024
- 강정훈·박혜준, 감평행정법 기본서, 박문각, 2024
- 강정훈·박혜준, 감정평가 및 보상법규 기본서, 박문각, 2024
- 강정훈·박혜준, 감정평가 및 보상법규 종합문제, 박문각, 2024
- 강정훈·박혜준, 감정평가 및 보상법규 기출문제분석, 박문각, 2024
- 강정훈·박혜준, 감정평가 및 보상법규 판례정리분석, 박문각, 2024
- 강정훈 보상법규 암기장 시리즈, 박문각, 2024
- 홍정선, 행정법 특강, 박영사, 2013
- 류해웅, 토지법제론, 부연사, 2012
- 류해웅, 신수용보상법론, 부연사, 2012
- 김성수·이정희, 행정법연구, 법우사, 2013
- 박균성, 신경향행정법연습, 삼조사, 2012
- 박정훈, 행정법사례연습, 법문사, 2012
- 김연태, 행정법사례연습, 홍문사, 2012
- 홍정선, 행정법연습, 신조사, 2011
- 김남진·김연태, 행정법Ⅰ, 법문사, 2007
- 김성수, 일반행정법, 법문사, 2005
- 김철용, 행정법Ⅰ, 박영사, 2004
- 류지태, 행정법신론, 신영사, 2008
- 박균성, 행정법론(상), 박영사, 2008
- 박윤흔, 최신행정법강의(상), 박영사, 2004
- 정하중, 행정법총론, 법문사, 2004
- 홍정선, 행정법원론(상), 박영사, 2008
- 노병철, 감정평가 및 보상법규, 회경사, 2008
- 강구철, 국토계획법, 2006, 국민대 출판부

• 강구철, 도시정비법, 2006, 국민대 출판부
• 佐久間 晟, 用地買收, 2004, 株式會社 プログレス
• 日本 エネルギー 研究所, 損失補償と事業損失, 1994, 日本 エネルギー 研究所
• 西埜 章・田邊愛壹, 損失補償の要否と內容, 1991, 一粒社
• 西埜 章・田邊愛壹, 損失補償法, 2000, 一粒社
• 한국토지공법학회, 토지공법연구 제40집(한국학술진흥재단등재), 2008.5
• 한국토지보상법 연구회, 토지보상법연구 제8집, 2008.2
• 월간감정평가사 편집부, 감정평가사 기출문제, 부연사, 2008
• 임호정・강교식, 부동산가격공시 및 감정평가, 부연사, 2007
• 가람동국평가연구원, 감정평가 및 보상판례요지, 부연사, 2007
• 김동희, 행정법(Ⅰ)(Ⅱ), 박영사, 2009
• 박균성, 행정법 강의, 박영사, 2011
• 홍정선, 행정법 특강, 박영사, 2011
• 강구철・강정훈, 감정평가사를 위한 쟁점행정법, 부연사, 2009
• 류해웅, 신수용보상법론, 부연사, 2009
• 한국감정평가협회, 감정평가 관련 판례 및 질의회신(제1,2집), 2009년
• 임호정, 보상법전, 부연사, 2007
• 강정훈, 감정평가 및 보상법규 강의, 리북스, 2010
• 강정훈, 감정평가 및 보상법규 판례정리, 리북스, 2010
• 한국토지공법학회, 토지공법연구(제51집), 2010
• 국토연구원, 국토연구 논문집(국토연구원 연구전집), 2011
• 감정평가 및 보상법전, 리북스, 2019
• 강구철・강정훈, 新 감정평가 및 보상법규, 2013
• 감정평가 관련 판례 및 질의 회신 Ⅰ・Ⅱ(한국감정평가사협회/2016년)
• 한국토지보상법연구회 발표집 제1집-제19집(한국토지보상법연구회/2019년)
• 한국토지보상법연구회 발표집 제1집-제20집(한국토지보상법연구회/2020년)
• 한국토지보상법연구회 발표집 제21집(한국토지보상법연구회/2021년)
• 한국토지보상법연구회 발표집 제22집(한국토지보상법연구회/2022년)
• 토지보상법 해설(가람감정평가법인, 김원보, 2022년)
• 국가법령정보센터(2024년)
• 대법원종합법률정보서비스(2024년)
• 국토교통부 정보마당(2024년)

박문각 감정평가사

강정훈 감정평가 및 보상법규

2차 | 기출문제분석

제7판 인쇄 2024. 9. 25. | **제7판 발행** 2024. 9. 30. | **편저자** 강정훈

발행인 박 용 | **발행처** (주)박문각출판 | **등록** 2015년 4월 29일 제2019-000137호

주소 06654 서울시 서초구 효령로 283 서경 B/D 4층 | **팩스** (02)584-2927

전화 교재 문의 (02)6466-7202

저자와의 협의하에 인지생략

정가 56,000원

ISBN 979-11-7262-146-9